9급 공무원

파워특강

행정법총론

9급 공무원

파워특강 행정법총론

초판 발행　　　　　2022년 01월 14일

2쇄 발행　　　　　2023년 01월 13일

편 저 자 │ 공무원시험연구소

발 행 처 │ (주)서원각

등록번호 │ 1999-1A-107호

주　　소 │ 경기도 고양시 일산서구 덕산로 88-45(가좌동)

교재주문 │ 031-923-2051

팩　　스 │ 031-923-3815

교재문의 │ 카카오톡 플러스친구 [서원각]

홈페이지 │ www.goseowon.co.kr

2000년대 들어와서 꾸준히 이어지던 공무원 시험의 인기는 2022년에도 변함이 없으며 9급 공무원 시험 합격선이 지속적으로 상승하고 높은 체감 경쟁률도 보이고 있습니다.

최근의 공무원 시험은 과거와는 달리 단편적인 지식을 확인하는 수준의 문제보다는 기본 개념을 응용한 수능형 문제, 또는 과목에 따라 매우 지엽적인 영역의 문제 등 다소 높은 난이도의 문제가 출제되는 경향을 보입니다. 그럼에도 불구하고 합격선이 올라가는 것은 그만큼 합격을 위한 철저한 준비가 필요하다는 것을 의미합니다.

행정법총론은 많은 수험생들이 부담스러워하는 과목입니다. 다루고 있는 내용이 낯설고 그 양이 방대하여 처음에는 학습에 어려움을 느낄 수 있지만 시험의 난도 자체는 높은 편이 아닙니다. 또한 출제영역이 반복되는 경향이 있어 빈출 내용을 중심으로 공부한다면 고득점을 얻을 수 있습니다.

본서는 광범위한 내용을 체계적으로 정리하여 수험생으로 하여금 보다 효율적인 학습이 가능하도록 구성하였습니다. 핵심이론에 더해 해당 이론에서 출제된 기출문제를 수록하여 실제 출제경향 파악 및 중요 내용에 대한 확인이 가능하도록 하였으며, 출제 가능성이 높은 다양한 유형의 예상문제를 단원평가로 수록하여 학습내용을 점검할 수 있도록 하였습니다. 또한 2022년 최신 기출 문제분석을 수록하여 자신의 실력을 최종적으로 평가해 볼 수 있도록 구성하였습니다.

신념을 가지고 도전하는 사람은 반드시 그 꿈을 이룰 수 있습니다. 서원각 파워특강 시리즈와 함께 공무원 시험 합격이라는 꿈을 이룰 수 있도록 열심히 응원하겠습니다.

Structure

step 1

핵심이론 정리

방대한 양의 기본이론을 체계적으로 정리하여 필수적인 핵심이론을 담았습니다. 행정법총론을 서론, 일반행정작용법, 실효성 확보수단, 행정구제법 단원으로 구분하여 행정법 체계를 쉽게 파악할 수 있습니다. 서원각만의 빅데이터로 구축된 빈출 사료를 수록하여 이론 학습과 동시에 문제 출제 포인트 파악이 가능합니다.

step 2

기출문제 파악

공무원 시험에서 가장 중요한 것은 기출 동향을 파악하는 것입니다. 이론정리와 기출문제를 함께 수록하여 개념이해와 출제경향 파악이 즉각적으로 이루어지도록 구성했습니다. 이를 통해 문제에 대한 이해도와 해결능력을 동시에 향상시켜 학습의 효율성을 높였습니다.

step3

예상문제 연계

문제가 다루고 있는 개념과 문제 유형, 문제 난도에 따라 엄선한 예상문제를 수록하여 문제풀이를 통해 기본개념과 빈출이론을 다시 한 번 학습할 수 있도록 구성하였습니다. 예상문제를 통해 응용력과 문제해결능력을 향상시켜 보다 탄탄하게 실전을 준비할 수 있습니다.

step 4

최신기출 분석

부록으로 최근 시행된 2022년 국가직 및 지방직 기출문제를 수록하였습니다. 최신 기출 동향을 파악하고 학습된 이론을 기출과 연계하여 정리할 수 있습니다.

step 5

반복학습

반복학습은 자신의 약점을 보완하고 학습한 내용을 온전히 자기 것으로 만드는 과정입니다. 반복학습을 통해 이전 학습에서 확실하게 깨닫지 못했던 세세한 부분까지 철저히 파악하여 보다 완벽하게 실전에 대비할 수 있습니다.

핵심이론정리

1. 이론 정리
행정법총론 핵심이론을 이해하기 쉽게 체계적으로 요약하여 정리했습니다.

2. 기출문제 연계
이론학습이 기출문제 풀이와 바로 연결될 수 있도록 이론과 기출문제를 함께 수록하였습니다.

3. 포인트 팁
학습의 포인트가 될 수 있는 중요 내용을 한눈에 파악할 수 있도록 구성하였습니다.

문제유형파악

1. 단원별 예상문제
기출문제 분석을 통해 예상문제를 엄선하여 다양한 유형과 난도로 구성하였습니다.

2. 핵심을 콕!
핵심이론을 반영한 문제 구성으로 앞서 배운 이론복습과 실전대비가 동시에 가능합니다.

3. 친절한 해설
수험생의 빠른 이해를 돕기 위해 세심하고 친절한 해설을 담았습니다.

실전완벽대비

1. 2022년 기출문제
최신 기출문제를 풀며 출제 경향을 파악하고, 스스로의 학습상태를 점검할 수 있습니다.

2. 실전감각 up!
최신 기출문제를 통해 실전감각을 익히고 보다 완벽하게 시험에 대비할 수 있습니다.

Contents

04 행정구제법

부록   최신 기출문제 분석

행정법 서론

01

01 행정

기출문제

section 1 행정의 개념

행정이란 "공익을 증진시키고 공공문제를 해결하기 위해 공공정책을 형성하고 집행하는 공공부문의 활동"으로 정의될 수 있다.

※ 행정의 개념은 권력분립의 원칙과 법치주의를 전제로 성립

(1) 행정의 성립

행정이라는 관념은 권력분립이론의 완성을 통해 성립되었다. 즉, 절대군주의 통치권으로부터 입법·행정·사법권이 분리되어 나오면서 행정의 관념이 형성되었고 이는 시대와 장소에 따라 다양한 모습으로 발전되었다.

Point 팁 행정관념의 성립

　　　㉠ 행정관념의 성립은 권력분립의 원칙에 따라 행정이 입법과 사법으로부터 분립된 근대국가의 탄생과 그 시기를 같이 한다.
　　　㉡ 근대 이전에는 국왕의 통치작용을 행정이라고 보았다.
　　　　　→ 현대 행정국가 입법＝입법부
　　　　　　　　　　　　 사법＝사법부
　　　　　　　　　　　　 행정＝행정부
　　　㉢ 행정의 개념은 반드시 주권국가에만 있는 개념이다.

(2) 권력분립론

① 의의 … 권력분립론이란 국가권력을 분리하여 각각 독립된 기관에 분산시킴으로써 권력 상호 간의 견제와 균형을 통해 국민의 자유와 권리를 보장하기 위한 이론이다. 이는 국가의 통치작용을 입법·행정·사법으로 나누고 이들 작용을 각각 독립한 기관에 귀속시킴으로써, 기관 상호 간에 견제와 균형(Check and Balance)의 관계를 유지하게 하여 어떤 기관도 국가의 전 기구를 지배할 수 없게 하는 원리를 의미한다.

② 성립배경 … 근대 법치국가에 있어서 자유주의적 정치 조직원리로 등장한 권력분립의 이론은 국가권력이 하나의 기관에 집중되어 남용되는 폐단을 방지하고 개인의 (자유권적) 기본권을 보장하기 위해 성립되었다.

③ 고전적 권력분립론

   ㉠ **로크(J. Locke)의 2권분립론**: 로크는 그의 저서 「시민정부이론(1690)」에서 입법권과 행정권의 분립을 주장하여 권력분립론을 창시하였다. 그러나 그의 2권분립론은 엄격한 의미의 권력분립이라기보다는 국민주권의 원칙하에 국민의 대표기관인 의회의 입법권에 우위를 둔 이론이다.

   ㉡ **몽테스키외(C. Montesquieu)의 3권분립론**: 몽테스키외는 그의 저서 「법의 정신(1748)」에서 국가권력을 입법 · 행정 · 사법으로 나누고 이를 각각 입법부 · 행정부 · 사법부에 분립시킴으로써 상호견제와 균형을 통한 국민의 자유와 권리의 보장을 주장하여 권력분립론을 완성하였다.

④ 현대적 권력분립론

   ㉠ **고전적 권력분립론의 위기**: 국가 간 긴장관계의 지속으로 인한 비상사태의 만성화, 정당정치로 인한 권력통합 현상, 복지국가 이념의 실천을 위한 행정부의 비대화, 행정입법의 증가와 이로 인한 의회의 통법기관으로의 전락 등의 현상으로 인해 고전적 권력분립이론은 위기를 맞게 되었다.

   ㉡ **뢰벤슈타인(K. Löwenstein)의 동태적 권력분립론**: 뢰벤슈타인은 권력을 정적인 분립으로 파악해서는 안 되며 국가기능을 동적으로 파악할 것을 주장하였다. 그는 국가기능을 정책결정 · 정책집행 · 정책통제의 기능으로 구분하여 이들 기능이 입법부 · 행정부 · 사법부에 의해 유기적으로 연결되어 작용하여야 한다고 주장하였다.

   • 정책결정 : 정치적 공동체의 종류와 기본적인 의사를 결정하는 권한으로 정부형태, 경제질서, 외교문제 등을 결정한다.

   • 정책집행 : 결정된 정책을 집행하는 기능으로 입법부의 입법작용, 행정부의 행정입법과 법적 작용, 사법부의 사법작용 등이 있다.

   • 정책통제 : 권력기관이 정책결정과 집행을 상호통제하는 것이다(가장 핵심적인 기능).

section 2 행정의 의의

(1) 형식적 의미의 행정

① 국가작용의 성질에서가 아니고 제도적인 입장에서 현실적인 국가기관의 권한을 기준으로 하여 정립한 개념이다.

② 담당부서에 따른 분류로서 현행 실정법상 행정부에서 행하는 모든 작용을 말한다.

③ 행정부에 의하여 행하여지는 국가작용은 그것이 성질상 입법에 속하든 사법에 속하든 모두 행정이라 한다.

   ※ 실정법에 의해 행정부의 권한으로 되어 있는 작용

기출문제

(2) 실질적 의미의 행정

국가작용에 성질상 차이가 있음을 전제로 하여 그 성질에 따라 입법·사법과 구별되는 의미에서의 행정개념을 정립하려고 하는 것

※ 입법→법 정립작용, 사법→법 선언작용, 행정→법 집행작용

① 행정개념 긍정설

　㉠ 소극설(공제설, W. Jellinek, 일본 통설)

　　• 행정의 복잡·다양성으로 인해 행정의 개념을 적극적으로 정의할 수 없으므로 국가작용 중 입법과 사법을 제외한 나머지 작용을 행정이라 정의하는 견해이다.

　　• 행정의 내용을 적극적으로 밝히지 못한다는 점에서 정의 관념으로는 적절하지 않다. 그러나 행정의 개념을 부정하는 것은 아니므로 긍정설에 포함된다.

　㉡ 적극설

　　• 목적실현설(O. Mayer)

　　　– 행정이란 국가가 법질서 아래에서 공익이라는 국가목적을 실현하기 위하여 행하는 작용 또는 국가가 국민의 이익을 도모하는 작용이라 정의하는 견해이다.

　　　– 입법·사법 역시 공익·국가목적을 실현하기 위한 작용이라는 점에서 국가작용의 정의와 행정의 정의를 혼동하고 있다는 비판을 받고 있다.

　　• 결과실현설(양태설·성질설, 田中二郎, 우리나라 통설)

　　　– 행정이란 법 아래에서 법의 규제를 받으면서 국가목적 실현을 위하여 현실적·구체적으로 행해지는 전체로서의 통일성을 지닌 계속적·형성적 국가활동이라 정의하는 견해이다.

　　　– 비교적 행정의 관념을 구체적으로 정의하고 있으나 이 역시 행정의 관념과 범위를 완벽하게 적시하지는 못하고 있다.

　㉢ 개념징표설(E. Forsthoff, 독일 통설) : 포르스트호프는 "행정은 정의할 수 없고 묘사할 수 있을 뿐이다."라고 하여, 행정의 개념을 적극적으로 정의하는 대신 행정의 본질적 성격을 특징지을 수 있는 개념징표의 발견을 통한 접근방법이 보다 유용하다는 견해이다.

Point 팁 행정의 개념징표

　㉠ 공익실현을 목적으로 하는 점
　㉡ 공동체에 있어서 사회형성을 담당하는 점
　㉢ 행정주체의 작용인 점
　㉣ 적극적·미래지향적 형성활동이라는 점
　㉤ 포괄적인 지도·통제를 받는 한편 광범위한 활동자유를 가지는 점
　㉥ 다양한 법형식에 의하여 행해지는 점
　㉦ 구체적 사안에 대한 규율을 행하는 점

② 행정개념 부정설[기관양태설(A. Merkle), 법단계설(H. Kelsen)]

    ㉠ 입법·사법과 본질적으로 구별되는 행정의 개념을 부정하고, 다만 실정법 질서에서의 단계적 구조와 그 작용을 담당하는 기관의 양태에 따른 차이밖에 없다는 견해이다.

    ㉡ 입법·행정·사법이 절대적으로 구분되는 것은 아니라는 사실을 밝힌 점은 옳지만, 오히려 담당기관의 차이는 그 작용의 성질상의 차이에서 기인하는 것이라는 점에서 비판받고 있다.

(3) 행정의 의의와 국가의 다른 작용과의 구별

① **입법과의 구별** … 입법은 국가기관의 일반적·추상적 법규를 정립하는 작용으로 성문의 법규를 정립하는 작용을 말하는 데 비하여, 행정은 구체적으로 집행함으로써 국가목적을 실현하는 작용을 말한다.

② **사법과의 구별** … 사법은 법률상의 분쟁에 관해 당사자의 쟁송제기를 전제로 독립한 지위에 있는 심판기관이 법령을 적용하여 분쟁을 해결하는 작용으로 법선언적 작용을 말한다. 행정은 법의 집행 작용이다.

구분	사법	행정
본질	수동적 법 인식 혹은 판단작용	능동적 사회형성작용
신청	반드시 요함	반드시 필요하지 않음
목적	법질서 유지	구체적인 국가의 목적 및 공익실현
기관	독립적 기관	계층적 기관
절차	엄격한 법의 규제와 기속	재량의 여지가 많음

③ **통치행위와의 구별** … 통치행위는 행정권에 의한 행위이기는 하나 정치성 있는 국가의 작용으로서 사법심사에서 제외되는 행위를 말함에 비하여 행정은 사법심사의 대상이 되는 처분성이 있는 작용이다.

(4) 형식적·실질적 의미의 입법·행정·사법

① 형식적 의미의 입법(입법부에서 담당하는 일체의 작용)

    ㉠ 실질적 의미의 입법 : 일반·추상적인 성문법규 정립작용

    ㉡ 실질적 의미의 행정 : 국회사무총장의 직원임명 등

    ㉢ 실질적 의미의 사법 : 의원의 징계 등

② 형식적 의미의 행정(행정부에서 담당하는 일체의 작용)

    ㉠ 실질적 의미의 입법 : 대통령령 및 각 부령의 제정 등

    ㉡ 실질적 의미의 행정 : 법집행작용(행정대집행, 집회의 금지통고)

    ㉢ 실질적 의미의 사법 : 행정심판재결, 경찰서장의 통고처분(범칙금 부과) 등

기출문제

문 행정법의 대상인 행정에 대한 설명으로 가장 옳지 않은 것은?
▶ 2018. 6. 23. 제2회 서울특별시

① 행정은 적극적 미래지향적 형성작용이다.

② 국가행정과 자치행정은 행정주체를 기준으로 행정을 구분한 것이다.

③ 행정법의 대상이 되는 행정은 실질적 행정에 한한다.

④ 행정은 그 법 형식을 기준으로 하여 공법형식의 행정과 사법형식의 행정으로 구분할 수 있다.

문 실질적 의미의 행정에 해당하는 것으로만 묶인 것은?
▶ 2015. 10. 17. 지방직 7급

ㄱ. 비상계엄의 선포
ㄴ. 집회의 금지통고
ㄷ. 행정심판의 재결
ㄹ. 일반법관의 임명
ㅁ. 대통령령의 제정
ㅂ. 통고처분

① ㄱ, ㄷ   ② ㄴ, ㄷ
③ ㄴ, ㄹ   ④ ㅁ, ㅂ

정답 ③, ③

☞ 통치행위에 대한 설명으로 옳지 않은 것은? (다툼이 있는 경우 판례에 의함)

▶ 2015. 4. 18. 인사혁신처

① 헌법재판소는 대통령의 해외파병 결정은 국방 및 외교와 관련된 고도의 정치적 결단을 요하는 문제로서 헌법과 법률이 정한 절차를 지켜 이루어진 것이 명백한 이상 사법적 기준만으로 이를 심판하는 것은 자제되어야 한다고 판시하였다.

② 비상계엄의 선포와 그 확대행위가 국헌문란의 목적을 달성하기 위하여 행하여진 경우에는 법원은 그 자체가 범죄행위에 해당하는지의 여부에 관하여 심사할 수 있다.

③ 남북정상회담 개최는 고도의 정치적 성격을 지니고 있는 행위로서 사법심사의 대상으로 하는 것은 적절치 못하므로 그 개최 과정에서 당국에 신고하지 아니하거나 승인을 얻지 아니한 채 북한 측에 송금한 행위는 사법심사의 대상이 되지 않는다.

④ 대통령의 긴급재정경제명령은 고도의 정치적 결단에 의하여 발동되는 이른바 통치행위에 속하지만 그것이 국민의 기본권 침해와 직접 관련되는 경우에는 헌법재판소의 심판대상이 된다.

정답 ③

③ 형식적 의미의 사법(사법부에서 담당하는 일체의 작용)

　　㉠ 실질적 의미의 입법 : 대법원규칙 제정 등
　　㉡ 실질적 의미의 행정 : 일반 법관의 임명, 등기업무 등
　　㉢ 실질적 의미의 사법 : 재판작용

※ 형식적 의미에서 행정은 아니나 실질적 의미에서 행정인 예
　㉠ 국회의장의 국회직원의 파면　　　(형식적-입법, 실질적-행정)
　㉡ 대법원장의 예산집행　　　　　　(형식적-사법, 실질적-행정)

※ 형식적 의미에서는 행정이나 실질적 의미에서 행정이 아닌 예
　㉠ 대통령령·총리령·부령 제정　　　　　　(형식적-행정, 실질-입법)
　㉡ 대통령의 긴급명령, 긴급재정·경제명령　(형식적-행정, 실질적-입법)
　㉢ 행정규칙의 제정　　　　　　　　　　　(형식적-행정, 실질적-입법)
　㉣ 조약의 체결　　　　　　　　　　　　　(형식적-행정, 실질적-입법)
　㉤ 조례의 제정　　　　　　　　　　　　　(형식적-행정, 실질적-입법)
　㉥ 행정심판의 재결　　　　　　　　　　　(형식적-행정, 실질적-사법)
　㉦ 통고처분　　　　　　　　　　　　　　　(형식적-행정, 실질적-사법)
　㉧ 대통령의 사면　　　　　　　　　　　　(형식적-행정, 실질적-사법)
　㉨ 이의신청에 대한 결정　　　　　　　　　(형식적-행정, 실질적-사법)
　㉩ 소청심사위원회의 결정　　　　　　　　(형식적-행정, 실질적-사법)
　㉪ 토지수용위원회의 수용재결　　　　　　(형식적-행정, 실질적-사법)

Point 팁 행정의 표현 형태
　㉠ 행정은 공익실현을 내용으로 하는 사회형성적 작용이다.
　㉡ 행정은 장래에 대한 능동적인 형성작용이다.
　㉢ 행정은 통일적이고 계속적인 사회형성작용이다.
　㉣ 행정은 구체적 처분에 의하여 그 목적을 실현하는 작용이다.

---

section **3** 통치행위

(1) 통치행위의 개념

법률적 판단이 가능함에도 불구하고 고도의 정치성을 가짐으로 인하여 사법적 심사의 대상에서 제외되는 국가작용을 말한다. 이는 국가 최고기관의 정치적·국가 정책적 행위로서 사법심사의 대상에서 제외되는 제4의 국가작용이라고도 한다.

기출문제

(2) 이론적 근거

법치주의가 확립된 선진국에서도 일정한 범위에서 정치성이 강한 국가행위(예컨대 국회해산·조약체결)를 그 심사대상에서 제외하고 있다. 그러나 각국에서의 통치행위나 정치문제의 개념은 동일한 것이 아니며, 그것을 사법심사의 대상에서 제외하는 이유 또한 일치하지 않는다.

① **통치행위 긍정설**

　㉠ **재량행위설** : 통치행위를 재량행위의 일종으로 이해하는 견해이다. 그러나 재량행위는 재량의 일탈·남용의 경우 사법심사의 대상이 된다는 점에서 처음부터 사법심사의 대상에서 제외되는 통치행위와 구별된다.

　　※ 재량행위는 법원의 심사가 불가능하다는 전통적인 행정법이론에 터 잡은 이론으로서, 오늘날 행정소송법 제27조에 의해 재량행위도 일탈·남용 등의 경우에 법원의 심사대상이 되기 때문에 재량행위설은 타당성이 없어졌다.

　㉡ **권력분립설**(내재적 한계설, 우리나라 통설) : 권력분립의 원칙상 정치적 문제는 일반 법원이 관여할 수 없으며, 국민의 대표기관인 의회에서 해결하거나 국민의 의사에 의해 민주적으로 통제되어야 한다는 견해이다.

　㉢ **대권행위설** : 영국의 대권행위불심사의 사상에 의거한 것으로 통치행위는 국가대권행위이므로 사법심사의 대상에서 제외된다는 견해이다. 그러나 현대 법치국가 하에서 대권의 개념을 인정하기는 어렵다.

　㉣ **사법부자제설** : 통치행위도 사법심사의 대상임이 원칙이나 통치행위는 고도의 정치적인 행위이기 때문에 법원의 정치화를 방지하기 위하여 사법부가 스스로 통치행위에 대한 심사를 자제한다는 견해이다. 그러나 정치적 중립을 위한 심사포기 자체가 어느 일방의 정치적 입장을 지지하는 결과를 초래할 수도 있다는 점에서 논란이 있다.

② **통치행위 부정설** … 법치주의원칙과 개괄주의(헌법 제107조 제2항) 채택으로 모든 행정작용은 사법심사의 대상이 되므로 통치행위의 개념은 성립될 수 없다는 견해이다. 이론적으로는 타당하나 현실을 적시하지 못하고 있다는 비판이 있다.

Point 팁 　개괄주의와 열기주의

　㉠ 개괄주의 : 법률상 특별히 인정되는 예외사항 외에는 일반적으로 모든 사항에 대하여 행정소송을 인정하는 제도이다. 다만, 행정소송의 남발을 초래할 우려와 행정소송의 한계가 명확하지 않다는 단점이 있다.

　㉡ 열기주의 : 법률상 특히 열기한 사항에 대해서만 행정소송을 인정하는 제도이다. 다만, 열기주의는 행정소송의 범위는 명확한 반면에 권리구제에는 충실하지 못한 것이 단점이다.

☞열기주의 시대에는 일반행정작용 중의 대부분은 행정부의 독단적 처리를 위하여 행정소송 대상이 되지 않았고, 결국 법원의 심사가 가능한 영역이 한정된다. 굳이 통치작용이라는 개념을 내세우지 않더라도 행정소송 대상에서 제외하면 그만이기 때문이다.

(3) 외국의 사례

① 프랑스 … 최고행정재판소인 꽁세유데따(Conseil d'Etat, 국참사원)의 판례에 의해 인정되어 왔다. 현재는 그 범위가 축소되어 외교 분야에서의 행위, 의회의 행위 등에 대하여 인정되고 있다.

② 독일 … 주로 이론적으로 통치행위가 발달하게 되었다. 즉, 제2차 세계대전 후 행정소송에서 열기주의 대신 개괄주의를 채택하면서 논의가 시작되었다. 수상의 선거, 국회의 해산, 조약의 체결 등에 대해 인정된다.

③ 영국 … 판례를 중심으로 의회의 특권과 국왕의 대권에 대해 사법심사를 자제하면서 성립되었다. 의원의 징계, 국가의 승인, 선전포고, 강화, 사면 등에 대해 인정된다.

④ 미국 … 법원이 정치적 문제에 대한 관할권을 부인함으로써 성립되었고 외교·군사 분야 등의 행위에 대해 인정되고 있다. 통치행위를 인정한 미국 최초의 판례는 루터 대 보던 사건(Luther vs Borden Case, 1848)이다.

⑤ 일본 … 독일과 같이 전후에 개괄주의를 취함으로써 비로소 통치행위가 논의되기 시작하였다. 판례는 미·일안보조약의 해석과 중의원 해산 등을 통치행위로 인정한 바 있다.

(4) 우리나라에서의 통치행위

① 헌법규정 … 제4공화국 헌법은 대통령의 긴급조치를 사법적 심사의 대상에서 제외하였으며, 현행 헌법은 국회의원의 자격심사와 징계에 대하여 명문으로 사법심사를 배제하고 있다〈헌법 제64조 제4항〉.

※ 지방의회가 지방의원을 징계하는 경우 지방의원은 국회의원과 달리 법원에 제소할 수 있다. 이때 피고는 지방의회가 된다.

② 학설 … 권력분립설이 통설적 견해이고 판례는 권력분립설과 사법부자제설을 모두 취하는 것으로 이해되고 있다.

③ 헌법재판소 판례

　　㉠ 대통령의 긴급재정·경제명령은 국가긴급권의 일종으로서 고도의 정치적 결단에 의해 발동되는 행위로 이른바 통치행위에 속한다고 할 수 있으나, 통치행위를 포함하는 모든 국가작용은 비록 고도의 정치적 결단에 의해 행해지는 국가작용이라 할지라도 그것이 국민의 기본권 침해와 직접 관련되는 경우에는 당연히 헌법재판소의 심판대상이 된다(헌재 1996. 2. 29, 93헌마186).

　　㉡ 외국에의 국군의 파견결정은 고도의 정치적 결단이 요구되는 사안이다. 우리 헌법은 그 권한을 국민으로부터 직접 선출되고 국민에게 직접 책임을 지는 대통령에게 부여하고 그 권한행사에 신중을 기하도록 하기 위해 국회로 하여금 파병에 대한 동의여부를 결정할 수 있도록 하고 있는바, 현행 헌법이 채택하고 있는 대의민주제 통치구조 하에서 대의기관인 대통령과 국회의 그와 같은 고도의 정치적 결단은 가급적 존중되어야 한다. 이 사건 파견결정은 그 성격상 국방 및 외교에 관련된 고도의 정치적 결단을 요하는 문제로서, 헌법과 법률이 정한 절차를 지켜 이루어진 것임이 명백하므로, 대통령과 국회의 판단은 존중되어야 하고 헌법재판소가 사법적 기준만으로 이를 심판하는 것은 자제되어야 한다(헌재결 2004.4.29. 2003헌마814).

　　㉢ 신행정수도건설이나 수도이전의 문제를 국민투표에 붙일지 여부에 관한 대통령의 의사결정이 사법심사의 대상이 될 경우 위 의사결정은 고도의 정치적 결단을 요하는 문제여서 사법심사를 자제함이 바람직하다. 그러나 대통령의 위 의사결정이 국민의 기본권침해와 직접 관련되는 경우에는 헌법재판소의 심판대상이 될 수 있고, 이에 따라 위 의사결정과 관련된 법률도 헌법재판소의 심판대상이 될 수 있다(헌재결 2004.10.21. 2004헌마554).

　　㉣ 한미연합 군사훈련은 1978. 한미연합사령부의 창설 및 1979. 2. 15. 한미연합연습 양해각서의 체결 이후 연례적으로 실시되어 왔고, 특히 이 사건 연습(전시증원연습)은 대표적인 한미연합 군사훈련으로서, 피청구인이 2007. 3.경에 한 이 사건 연습결정이 새삼 국방에 관련되는 고도의 정치적 결단에 해당하여 사법심사를 자제하여야 하는 통치행위에 해당된다고 보기 어렵다(헌재결 2009. 5.28. 2007헌마369).

기출문제

문 통치행위에 대한 판례의 입장으로 옳지 않은 것은?
▶ 2017. 6. 17. 제1회 지방직

① 고도의 정치적 성격을 지니는 남북정상회담 개최과정에서 정부에 신고하지 아니하거나 협력사업 승인을 얻지 아니한 채 북한측에 사업권의 대가 명목으로 송금한 행위 자체는 사법심사의 대상이 된다.

② 기본권 보장의 최후 보루인 법원으로서는 사법심사권을 행사함으로써, 대통령의 긴급조치권 행사로 인하여 우리나라 헌법의 근본이념인 자유민주적 기본질서가 부정되는 사태가 발생하지 않도록 그 책무를 다하여야 한다.

③ 신행정수도건설이나 수도이전문제는 그 자체로 고도의 정치적 결단을 요하므로 사법심사의 대상에서 제외되고, 그것이 국민의 기본권 침해와 관련되는 경우에도 헌법재판소의 심판대상이 될 수 없다.

④ 외국에의 국군 파견결정은 그 성격상 국방 및 외교에 관련된 고도의 정치적 결단을 요하는 문제로서, 헌법과 법률이 정한 절차가 지켜진 것이라면 대통령과 국회의 판단은 존중되어야 하고 사법적 기준만으로 이를 심판하는 것은 자제되어야 한다.

정답 ③

④ 대법원 판례

㉠ 한 · 일국교정상화를 반대하는 6 · 3사태 수습을 위한 대통령의 비상계엄선포 (대판 1964. 7. 21, 64초4) : 대통령의 계엄선포행위는 고도의 정치적 · 군사적 성격의 행위로서 그것이 누구나 일견 헌법이나 법률에 위반되는 것이 명백하게 인정될 수 있는 것이라면 몰라도 그렇지 아니한 이상 당연무효라고는 단정할 수 없다. 계엄선포의 당 · 부당을 판단할 권한은 오로지 정치기관인 국회에만 있다.

㉡ 10 · 26사태 수습을 위한 대통령의 비상계엄선포(대판 1979. 12. 7, 79초70) : 사법기관인 법원이 계엄선포의 요건구비나 선포의 당 · 부당을 심사하는 것은 사법권의 내재적 본질적 한계를 넘어서는 것이 되어 적절한 바가 못 된다.

㉢ 군사시설보호구역의 설정변경(대판 1983. 6. 14, 83누43) : 군사시설보호법에 의한 군사시설보호구역의 설정변경 또는 해제와 같은 행위는 통치행위로서 협의의 행정행위와 구별된다.

㉣ 계엄선포행위(대판 1997.4.17.96도3376) : 대통령의 비상계엄선포 및 그 확대는 고도의 정치적 · 군사적 판단에서 나오는 것으로 통치행위에는 속하나, 비상계엄의 선포나 확대가 국헌문란의 목적을 달성하기 위하여 행하여진 경우 법원은 그 자체가 범죄행위에 해당하는지의 여부에 관하여 심사할 수 있다.

㉤ 대통령의 사면권(서울행정법원 2000. 2. 2, 99구24405) : 대통령의 사면권은 통치행위로서 사법심사의 대상이 되지 않는다.

㉥ 남북정상회담의 개최는 고도의 정치적 성격을 지니고 있는 행위라 할 것이므로 특별한 사정이 없는 한 그 당부를 심판하는 것은 사법권의 내재적 · 본질적 한계를 넘어서는 것이 되어 적절하지 못하지만, 남북정상회담의 개최과정에서 재정경제부장관에게 신고하지 아니하거나 통일부장관의 협력사업 승인을 얻지 아니한 채 북한 측에 사업권의 대가 명목으로 송금한 행위 자체는 헌법상 법치국가의 원리와 법 앞에 평등원칙 등에 비추어 볼 때 사법심사의 대상이 된다(대판 2004. 3. 26. 2003도7878).

㉦ 서훈취소는 서훈수여의 경우와는 달리 이미 발생된 서훈대상자 등의 권리 등에 영향을 미치는 행위로서 관련 당사자에게 미치는 불이익의 내용과 정도 등을 고려하면 사법심사의 필요성이 크다. 따라서 기본권의 보장 및 법치주의의 이념에 비추어 보면, 비록 서훈취소가 대통령이 국가원수로서 행하는 행위라고 하더라도 법원이 사법심사를 자제하여야 할 고도의 정치성을 띤 행위라고 볼 수는 없다(대판 2015. 4. 23. 2012두26920).

기출문제

⑤ **통치행위의 범위**

  ⊙ **국정 전반에 관한 사항** : 비상조치, 계엄선포, 국회해산, 국민투표회부

  ⓒ **국회에 대한 사항** : 임시국회소집요구, 법률안거부

  ⓒ **사법부에 대한 사항** : 사면, 복권

  ⓔ **외교에 대한 사항** : 국가승인, 조약체결, 선전포고, 남북정상회담

  ⓜ **행정부 자체에 대한 사항** : 영전수여, 국무위원의 임면

  ⓗ **국회의 자율권에 대한 사항** : 국회의원의 자격심사, 징계의결

⑥ **통치행위에 해당하지 않는 사례**

  ⊙ 대통령 및 국회의원 선거(대법원 관할)

  ⓒ 비정치적 공무원의 파면(법원의 심사대상)

  ⓒ **도시계획의 결정 · 공고** : 행정행위(일반처분의 성질)

  ⓔ 지방자치단체에 대한 지휘감독

  ⓜ **지방의회 의원 제명** : 사법적 쟁송대상

  ⓗ 대통령의 법규명령의 제정

  ⓢ **국회공무원 징계행위** : 행정처분

  ⓞ 영업허가

(5) 통치행위의 법적 문제

① **통제** … 통치행위는 법률로부터의 자유이지 법으로부터의 자유는 아니므로 헌법재판 등에 의한 통제는 가능하고 국회나 국민여론에 의한 정치적 통제도 가능하다.

  ⊙ **정치적 통제**

    • 국회에 의한 통제 : 정치기관인 국회는 정치문제의 하나인 통치행위를 통제할 수 있다.

    • 여론에 의한 통제 : 명문으로 규제하고 있지는 않지만 위법한 통치행위에 대하여 헌법 전문의 '불의에 항거한 4 · 19 민주이념을 계승하고'라고 한 것을 근거로 국민은 저항권을 행사할 수 있다.

  ⓒ **사법적 통제** : 통치행위가 국민의 권리이익을 침해하는 경우 구제수단이 없기 때문에 우선 목적에 의한 구속을 받아 통치권이 일탈 · 남용된 경우에 사법 심사가 가능하다고 해석하는 것이 국민의 권익구제에 유리하다고 할 것이다.

    • 법원에 의한 통제 : 통치행위가 사법심사의 대상이 아니라고 하였다.

    • 헌법재판소에 의한 통제 : 통치행위 중 국민의 기본권을 침해하는 것에 대하여 제한적인 범위 내에서 심판의 대상으로 인정하고 있다.

기출문제

판례 **통치행위 주장에 대한 판단**: 통치행위를 포함하여 모든 국가작용은 국민의 기본권적 가치를 실현하기 위한 수단이라는 한계를 반드시 지켜야 하는 것이고, 헌법재판소는 헌법의 수호와 국민의 기본권 보장을 사명으로 하는 국가기관이므로 비록 고도의 정치적 결단에 의하여 행해지는 국가작용이라고 할지라도 그것이 국민의 기본권 침해와 직접 관련되는 경우에는 당연히 헌법재판소의 심판대상이 된다(헌재 1996. 2. 29, 93헌마186).

② 한계

㉠ 통치행위의 개념을 인정한다 하더라도 무제한의 자유행위를 의미하는 것은 아니므로 헌법상의 국민주권원리, 비례의 원칙 등을 위배하여 행사할 수 없다.

㉡ 통치행위는 행정에 대한 개괄적인 사법심사와 국민의 재판청구권을 규정한 헌법의 취지에 비추어 그 범위는 매우 제한적으로 인정되어야 할 것이다.

㉢ 정치적 책임은 면할 수 없다.

Point 팁 통치행위의 분류

구분	내용	비고
상대적 통치행위	비록 고도의 정치적 성격을 띤 집행부의 행위일지라도 헌법 또는 법률에 행사절차와 요건이 구체적으로 규정되어 있거나, 국민의 기본권 보장에 중대한 영향을 미치는 행위	사법심사의 대상
절대적 통치행위	고도의 정치성을 띤 행위이며, 헌법도 법률도 그 내용이나 절차를 규제하는 규정을 두고 있지 않을 뿐더러 국민의 기본권 보장과도 직접 관련이 없는 것(외교작용 등)	사법심사 제외 대상

③ 판단의 주체

㉠ 통치행위인지의 여부에 대한 판단권은 <u>오로지 사법부만</u>에 의하여 이루어져야 하는 것이다(대판 2004. 3. 26. 2003도7878).

㉡ 이렇게 하는 것이 통치행위로 인한 기본권의 침해가능성을 축소시키게 된다.

④ 국가배상

㉠ 원칙적으로 국가배상이 배제될 이유는 없을 것이다.

㉡ 통치행위는 사법심사의 대상에서 제외되므로 위법성의 주장이 불가능하여 실제 배상을 받지 못하는 경우가 일반적일 것이다.

판례 5·18사건 불기소처분에 대한 국가배상판결: 검사의 불기소처분이 잘못되었다는 사정만으로 막바로 위법행위에 해당한다고 볼 수 없고 적어도 그 합리성을 도저히 긍정할 수 없을 정도로 그 불기소처분이 잘못되었다고 볼 수 있어야 위법행위에 해당한다(서울지방법원 1998. 6. 2, 95가합109826).

section 4 행정의 분류

(1) 주체에 의한 분류

① **국가행정** … 국가가 직접 그 기관을 통하여 행하는 행정을 말한다. 행정권은 원래 국가의 통치권의 일부이므로 국가행정이 행정의 원칙이다.

② **자치행정** … 지방자치단체 기타 공공단체가 행정권의 주체로서 행하는 행정을 말한다. 헌법 제117조 제1항은 '주민의 복리에 관한 사무'를 지방자치단체의 사무로 규정하고 있다.

③ **위임행정** … 국가 또는 공공단체가 자기 사무를 다른 공공단체 또는 사인에게 위임하여 처리하게 하는 행정을 말한다. 사인은 행정객체의 지위에 서는 것이 보통이지만 국가나 공공단체로부터 수임한 행정사무를 집행하는 경우에는 공무수탁사인으로서 그 한도 내에서는 행정주체가 된다.

> **Point 팁**
> **사인에게 위임된 행정(수권사인)**
> ㉠ 사립대학 총장·학장의 학위수여
> ㉡ 회사의 종업원에 대한 원천징수행위(판례는 인정하지 않음)
> ㉢ 별정우체국장의 체신업무 수행
> ㉣ 토지수용상의 기업자
> ㉤ 선장의 경찰·호적사무 수행

(2) 목적(내용)에 의한 분류

① **질서행정** … 사회공공의 안녕과 질서를 유지하기 위한 행정을 말한다. 종래에는 경찰기관에 의한 작용을 의미하였으나, 현재는 경찰 이외의 기관에서 담당하는 영업규제, 교통정리, 위생감시, 산불단속, 감염병 예방활동 등도 이에 속한다.

② **계획행정** … 일정한 행정 목적의 실현을 위해 관련된 모든 권리와 이익을 비교·형량하고 검토하여 행하는 계획적이고 형성적인 행정작용을 말한다.

③ **급부행정** … 오늘날의 국가는 모든 국민에 대하여 인간다운 생활을 영위하게 할 의무를 부담하는 복지국가를 지향하는 바, 국민의 복지를 적극적으로 증진하기 위하여 행하는 수익적 행정작용이다. 공급행정, 사회보장행정, 조성행정(행정주체가 공공복리를 증진시키기 위하여 개인의 활동을 조성하는 자금, 정보 등 수단을 공여하는 비권력적 행정작용) 등이 이에 속한다.

④ **유도행정** … 행정주체가 규제·지원 등의 조치(행정계획이나 보조금 지급)를 통해 국민의 경제·사회생활 등을 일정한 방향으로 이끌어 가기 위한 활동을 말한다. 행정지도, 보조금 지급 등이 이에 속한다.

문 다음 중 행정주체가 아닌 것은?
▶ 2016. 6. 25. 서울특별시
① 법무부장관
② 농지개량조합
③ 서울대학교
④ 대구광역시

문 다음은 목적에 의한 행정의 분류이다. 가장 이질적인 것은?
▶ 2004. 10. 31. 서울특별시
① 재무행정
② 군사행정
③ 사법행정
④ 외무행정
⑤ 급부행정

|정답 ①, ⑤

⑤ **공과행정** … 국가·지방자치단체 등이 그 소요재원을 마련하기 위해 조세 기타 공과금을 징수하고 관리하는 행정을 말한다.

⑥ **조달행정** … 행정을 위해 필요한 인적·물적 자원을 확보·관리하는 활동을 말한다. 법적 근거로는 공무원법, 예산회계법 등이 있다.

> **Point 팁** 전통적 분류에 의한 행정(목적에 의한 행정의 분류)
> ㉠ 국가목적적 행정
>   • 재무행정 : 국가의 존립과 활동에 필요한 재원을 취득·관리하는 행정을 말한다.
>   • 외무행정 : 대외관계의 유지에 필요한 인적·물적 자원을 취득·관리하는 행정을 말한다.
>   • 군사행정 : 국방을 위하여 개인에게 명령·통제하며 군대를 관리하는 작용이다.
>   • 사법행정 : 법 판단·선언에 필요한 인적·물적 자원을 취득·관리하는 행정이다.
> ㉡ 사회목적적 행정
>   • 경찰행정(질서행정) : 사회의 공공질서유지를 위한 소극적 행정이다(19세기 법치국가).
>   • 복리행정 : 사회의 공공복리증진을 위한 적극적 행정으로, 급부행정, 규제행정, 공용부담행정 등이 이에 속한다. 20세기 국가기능을 수행하는 행정분야로 발전되고 있다.

(3) 수단에 의한 분류

① **권력행정(본래적 행정)** … 행정주체가 우월적인 지위에서 공권력을 발동하여 국민에 대하여 일방적으로 명령·강제하는 행정을 말한다(경찰, 조세, 병사 등).

② **관리행정** … 행정주체가 공권력의 주체가 아닌 공기업, 공물 등의 관리주체로서 국민과 대등한 지위에서 행하는 작용을 말한다. 원칙상 사법규정이 적용되나 행정목적을 위해 필요한 한도 내에서는 공법이 적용된다.

③ **국고행정** … 행정주체와 국민의 대등한 관계를 전제로 사법형식에 의해 행해지는 행정을 말한다.

(4) 법적 효과에 의한 분류

① **침익행정(규제행정)** … 사인의 자유와 권리를 침해·제한하거나 새로운 의무·부담을 과하는 행정을 말한다.

② **수익행정(급부행정)** … 사인에 대해 제한되었던 자유를 회복시켜 주거나 새로운 권리·이익을 부여하는 행정을 말한다.

③ **복효적 행정(이중효과적 행정, 제3자효 행정)** … 하나의 행정행위로 인해 한 사람에게는 수익적이나, 이로 인해 다른 사람에게는 침익적인 행정작용, 또는 한 사람에게 수익과 침익이 동시에 발생하는 행정작용을 말한다.

문 복효적 행정행위에 관한 설명으로 옳지 않은 것은?
▶ 2007. 7. 8. 서울특별시
① 불이익을 받는 제3자의 수익자의 보조참가는 인정되나 독립당사자참가는 인정되지 않는다.
② 「건축법」분야, 「환경법」분야 등에서 많은 문제가 되고 있다.
③ 법률상 이익을 침해당한 자만이 원고적격이 인정된다.
④ 가처분제도가 인정된다.
⑤ 집행정지신청은 당사자만이 신청할 수 있다.

정답 ④

1 행정주체가 될 수 없는 것은? (다툼이 있는 경우 판례에 의함)

① 대한민국
② 「도시 및 주거환경정비법」에 따른 주택재건축정비사업조합
③ 서울특별시
④ 행정안전부장관

2 다음의 연결이 옳은 것은?

① 행정심판의 재결 – 실질적 의미의 행정
② 토지수용위원회의 수용재결 – 실질적 의미의 행정
③ 긴급명령의 제정 – 실질적 의미의 행정
④ 일반 법관의 임명 – 실질적 의미의 행정

3 다음 중 통치행위에 관한 설명 중 옳지 않은 것은?

① 통치행위의 개념을 인정한다 하더라도 무제한의 자유행위를 의미하는 것은 아니므로 헌법상의 국민주권원리, 비례의 원칙 등을 위배하여 행사할 수 없다.
② 비록 고도의 정치적 성격을 띤 집행부의 행위일지라도 헌법 또는 법률에 행사절차와 요건이 구체적으로 규정되어 있거나, 국민의 기본권 보장에 중대한 영향을 미치는 행위는 사법심사의 대상이다.
③ 헌법재판소는 헌법의 수호와 국민의 기본권 보장을 사명으로 하는 국가기관이므로 비록 고도의 정치적 결단에 의하여 행해지는 국가작용이라고 할지라도 그것이 국민의 기본권 침해와 직접 관련되는 경우에는 당연히 헌법재판소의 심판대상이 된다.
④ 통치행위는 법으로부터의 자유이므로 헌법재판 등에 의한 통제 및 국회나 국민여론에 의한 정치적 통제도 가능하다.

4 **통치행위에 대한 판례의 태도로 옳지 않은 것은?**

① 대통령의 긴급재정경제명령은 국가긴급권의 일종으로서 고도의 정치적 결단에 의하여 발동되는 행위이고 그 결단을 존중하여야 할 필요성이 있는 행위라는 의미에서 이른바 통치행위에 속한다.

② 남북정상회담의 개최과정에서 재정경제부장관에게 신고하지 아니하거나 통일부장관의 협력사업 승인을 얻지 아니한 채 북한 측에 사업권의 대가 명목으로 송금한 행위는 고도의 정치적 성격을 지니고 있는 행위라 할 것이므로 특별한 사정이 없는 한 그 당부를 심판하는 것은 사법권의 내재적·본질적 한계를 넘어서는 것이 되어 적절하지 못하다.

③ 통치행위의 개념을 인정한다고 하더라도 과도한 사법심사의 자제가 기본권을 보장하고 법치주의 이념을 구현하여야 할 법원의 책무를 태만히 하거나 포기하는 것이 되지 않도록 그 인정을 지극히 신중하게 하여야 하며, 그 판단은 오로지 사법부만에 의하여 이루어져야 한다.

④ 외국에의 국군의 파견결정은 파견군인의 생명과 신체의 안전뿐만 아니라 국제사회에서의 우리나라의 지위와 역할, 동맹국과의 관계, 국가안보문제 등 궁극적으로 국민 내지 국익에 영향을 미치는 복잡하고도 중요한 문제로서 국내 및 국제정치관계 등 제반상황을 고려하여 미래를 예측하고 목표를 설정하는 등 고도의 정치적 결단이 요구되는 사안이다.

5 **다음 중 실질적 의미의 행정에는 속하나 형식적 의미의 행정으로는 볼 수 없는 것은?**

① 행정심판의 재결
② 이발소영업허가
③ 법규명령 제정
④ 국회사무총장의 소속공무원 임명

정답및해설

1	④	2	④	3	④	4	②	5	④

1 행정주체는 국가와 공공단체 등 공권력의 담당자로, 국가나 공공단체가 행정활동을 하기 위해 그 의사를 결정하고 집행하는 행정기관과 구분된다.
④ 행정안전부장관은 행정기관으로 행정주체가 아니다.

2 ① 실질적 의미의 사법, 형식적 의미의 행정
② 실질적 의미의 사법, 형식적 의미의 행정
③ 실질적 의미의 입법, 형식적 의미의 행정

3 ④ 통치행위는 법률로부터의 자유이지 법으로부터의 자유는 아니므로 헌법재판 등에 의한 통제는 가능하고 국회나 국민여론에 의한 정치적 통제도 가능하다.

4 ② 남북정상회담의 개최는 고도의 정치적 성격을 지니고 있는 행위라 할 것이므로 특별한 사정이 없는 한 그 당부를 심판하는 것은 사법권의 내재적·본질적 한계를 넘어서는 것이 되어 적절하지 못하지만, 남북정상회담의 개최과정에서 재정경제부장관에게 신고하지 아니하거나 통일부장관의 협력사업 승인을 얻지 아니한 채 북한 측에 사업권의 대가 명목으로 송금한 행위 자체는 헌법상 법치국가의 원리와 법 앞에 평등원칙 등에 비추어 볼 때 사법심사의 대상이 된다고 판단한 원심판결을 수긍(대판 2004.3.26, 2003도7878).

5 '국회사무총장의 소속 공무원 임명'은 구체적인 법 집행이므로 실질적으로 '행정'에 속하나, 국회사무총장이 의회 기관이므로 형식적으로는 '입법'에 속한다.

section 1 행정법의 의의

행정의 조직 · 작용 및 구제에 관한 국내 공법을 말한다.

(1) 행정법은 '행정'에 관한 법이다.

행정법은 행정을 대상으로 하는 점에서 국가의 기본조직과 작용에 관한 법인 헌법과 구별된다. 또한 입법권의 조직과 작용에 관한 법인 입법법(국회법 등)과, 사법권의 조직과 작용에 관한 법인 사법법(법원조직법, 민사소송법 등)과 구별된다.

① 헌법 … 국가의 통치작용에 관한 법

② 입법법 … 입법권의 조직과 작용에 관한 법(국회법 등)

③ 사법법 … 사법권의 조직과 작용에 관한 법(법원조직법, 민사소송법 등)

(2) 행정법은 행정에 관한 '공법'이다.

행정법은 행정에 관한 모든 법 가운데 행정에 고유한 공법만을 의미한다. 따라서 행정법은 권력행정 · 관리행정 · 국고행정 중 공법상의 법률관계라고 할 수 있는 권력행정을 규율대상으로 한다. 관리행정과 국고행정은 원칙상 사법(私法)이 적용되나 공적 목적을 추구하는 범위 내에서는 공법이 적용되며 이러한 한도 내에서 행정법의 연구대상이 된다.

※ 행정주체의 사법적 작용인 국고작용은 행정법의 대상영역이 아닌 사법의 영역이다.

(3) 행정법은 행정에 관한 '국내 공법'이다.

행정법은 행정에 관한 공법 중 국제법(행정에 관한 국제 공법)을 제외한 국내법을 말한다. 다만, 헌법에 의하여 체결 · 공포된 조약과 일반적으로 승인된 국제법규는 국내법과 동일한 효력을 가지므로 그 한도 내에서는 국내 행정법의 일부가 된다 〈헌법 제6조 제1항〉.

section 2 행정법의 성립과 유형

(1) 행정법의 성립

① 국가의 모든 작용은 국민의 대표기관인 의회에서 제정한 법률에 기속되어야 한다는 법치주의 사상의 확립으로 인해 행정도 법률에 근거해서만 행해져야 하고 이를 위해 행정을 규율하는 법인 행정법이 성립하게 되었다.

② **대륙법계 국가** … 법치주의 사상이 확립되어 행정이 법률에 따라 행하여지게 됨으로써 행정에 관한 기준인 법이 정립될 필요성이 생겨났으며, 행정에 특수한 법 체계의 형성과 행정재판소의 발달을 통해 성립되었다.

③ **영미법계 국가** … 행정위원회의 발달을 통해 행정법이 성립되었다. 행정위원회는 준입법적, 준사법적 권한을 가지는 합의제 행정기관인데, 이들 행정위원회가 각종의 행정입법을 양산한다. 따라서 행정입법이라는 형식을 모르던 영미법계에서도 행정법이라는 법 영역이 발생한다 할 수 있다.

(2) 각국의 행정법의 성립

① **프랑스** … 최고행정재판소인 꽁세유데따의 판례를 통해 행정법이 성립하게 되었고, 특히 블랑꼬판결을 통해 최초로 공역무 관념을 중심으로 행정법의 범위가 결정되었다. 공역무 관념은 권력행정과 관리행정을 포괄하는 개념으로 라뻬리에르의 권력행정 · 관리행정 2분법을 극복하고 행정법의 적용범위와 행정재판의 관할권을 확대하는 계기가 되었다.

Point 팁

블랑꼬 판결 … Blanco라는 소년이 국영 담배운반차에 치여 부상당하자 이 사건이 민사사건인가 행정사건인가에 대한 재판관할 문제가 제기되었다. 이에 대해 꽁세유데따와 최고사법재판소의 대표자로 구성된 '관할재판소'가 동사건을 공역무과실이론에 입각한 국가배상책임사건(공법적 책임)으로 확정하고 그 관할을 행정재판소로 인정하였다. 이 판결은 공역무 관념을 최초로 인정하여 행정법의 적용범위와 행정재판의 관할권을 확대하는 계기가 되었다. 또한 최초로 국가배상을 인정한 판례가 되었다.

② **독일** … 전통적인 국가권위주의(국고학설)의 영향으로 인해 공권력을 중심개념으로 하여 발전하였다. 즉, 행정을 권력행정과 국고행정으로 나누어 권력행정만을 공법상 규율대상으로 인정하였다. 따라서 프랑스보다 공법관계의 범위가 상대적으로 좁다. 그러나 제2차 세계대전 이후 법치주의가 실질화되면서 전통적인 행정법이 새로운 발전을 이루고 있다.

※ 독일의 행정법은 제정법 중심, 권력 작용 중심이었으며, 행정소송사항의 열기주의에서 제2차 세계대전 이후 개괄주의로 바뀌었다.

기출문제

③ 영·미 … 국가와 국민은 대등한 관계에서 보통법(Common Law)의 지배를 받았기 때문에 행정법이 성립할 여지가 없었으나 20세기 복지국가의 등장으로 국가기능이 확대되면서 전문적·기술적인 행정위원회(통상위원회, 연방거래위원회, 연방통신위원회 등)가 설치되자 이러한 행정위원회를 규율하기 위해 절차법 중심으로 행정법을 제정하기 시작하였다.

㉠ Rule of Law : 권력자의 자의적인 지배를 의미하는 '사람의 지배'에 대비되는 개념으로, 국민은 누구나 일반법원이 적용하는 법에 의해서만 지배 받는다는 법치주의 사상이다

㉡ 일반법원의 관할 : 대륙계와 달리 행정소송에 관한 사항도 일반법원의 관할로 한다.

㉢ 행정위원회 : 일반행정권으로부터 어느 정도의 독립적 지위를 가지며, 처분권한 등의 행정적 권능 이외에 행정심판의 판단 등 준사법적 기능과 규칙제정 등의 준입법적 기능을 지닌 합의제 행정기관을 말한다. 미국·영국에서 발전한 독립규제위원회가 전형적인 행정위원회다.

※ 우리나라의 행정위원회 : 소청심사위원회, 교육위원회, 노동위원회 등

Point·팁 **행정제도국가와 사법제도국가**

㉠ 행정제도국가(행정국가) : 행정소송을 일반 사법법원과 분리되어 있는 독립된 행정법원의 관할하에 두는 국가를 말한다. 프랑스의 최고행정재판소인 꽁세유데따는 독립된 기관이고 독일의 연방행정재판소도 사법부에 속하기는 하나 독자성을 가지고 있다.

㉡ 사법제도국가(사법국가) : 행정소송을 사법법원이 통일적으로 관할하는 국가를 말한다. 영국, 미국, 우리나라는 사법제도국가에 속한다.

(3) 우리나라 행정법의 성립과 유형

① 성립 … 일제시대 우리나라 행정법은 독일 행정법을 계수한 일본 행정법을 받아들여 공·사법 이원론에 입각한 대륙법계 행정법 체계를 수립하게 되었다.

② 유형 … 광복 이후 미국의 영향으로 영미법계 사법제도를 받아들이게 되어 행정소송을 포함한 모든 법률적 쟁송을 사법법원이 통일적으로 관할하는 사법제도국가의 형태를 가지게 되었다〈헌법 제107조 제1항, 법원조직법 제2조〉.

③ 행정제도국가의 요소 가미 … 공·사법이원론에 의해 독립한 법체계로서 행정법이 존재하므로 행정소송에 있어서는 일반 소송과 다른 특례가 많이 존재하게 되었다.

section ③ 법치행정의 원리

(1) 의의

행정작용은 법률에 위반되어서는 아니 되며, 국민의 권리를 제한하거나 의무를 부과하는 경우와 그 밖에 국민생활에 중요한 영향을 미치는 경우에는 법률에 근거하여야 한다는 원칙을 의미한다(행정기본법 제8조). 헌법상 법치주의의 원리가 행정 분야에 적용된 것이 바로 법치행정의 원리이다.

(2) 근대적 법치주의

① **대륙법계 국가에서의 법치주의** … 형식적 법치주의(법률의 지배)로서 의회에서 제정된 법률이기만 하면 내용적 타당성이 확보되는 것으로 인정하였다. 그러나 제2차 세계대전 이후 법률에 의한 독재의 반성으로 의회에서 제정된 법률이더라도 그 내용이 타당한 합헌적 법률이어야 한다는 실질적 법치주의 이념이 대두되었다.

② **영미법계 국가에서의 법치주의** … Rule of Law 사상에서 Law는 판례법이면서 자연법으로서의 자연적 정의를 의미했으므로 일찍부터 영미는 실질적 법치주의 이념이 확립되어 있었다.

　ㄱ 법의 절대적 우위 : 권력의 자의적 지배에 대한 정당한 법의 지배를 말한다.

　ㄴ 법적 평등원칙 : 행정부도 국민과 같이 보통법의 지배를 받는다는 원칙이다.

　ㄷ 인권에 관한 일반법원의 판례법상의 원칙 : 법의 내용이 인권 보장에 합치되어야 한다.

③ **실질적 법치주의의 보편화** … 오늘날 위헌법률심사제의 제도적 전제로서 법계를 막론하고 실질적 법치주의가 법치주의의 보편적인 사상이 되고 있다.

(3) 법치행정의 내용

독일법 특유의 개념이론을 기초로 성립·전개되어 오다 오토마이어의 3분류로 정립되었다. 우리의 경우 행정기본법이 제정되어 제8조에서 법률우위의 원칙과 법률유보의 원칙을 규정하고 있다.

① **법률의 법규창조력** … 의회가 정립한 법률만이 법규로서 구속력을 가지며 법률 이외의 각종 행정입법도 법률이 그 효력을 위임한 범위 안에서 타당하다는 원칙으로 이는 법률만이 법규를 창조하는 힘이 있다는 원칙을 말한다. 오늘날 행정 국가화 경향으로 적용영역이 축소되고 있다.

기출문제

📌 법치행정의 원칙에서 볼 때 옳지 않은 것은? (다툼이 있는 경우 다수설에 의함)

▶ 2011. 4. 9. 행정안전부

① 법치행정의 목적은 행정의 효율성과 행정작용의 예견가능성을 보장하는 데 있다.

② 동종사건에 관하여 대법원의 판례가 있더라도 하급법원은 그 판례와 다른 판단을 하는 것이 가능하다.

③ 조례는 법령의 범위 내에서 상위 법령의 구체적 위임이 없는 사항도 규율하는 것이 가능하다.

④ 상대방의 신청내용을 모두 인정하는 경우에는 그 처분의 근거와 이유를 제시하지 아니하더라도 무방하다.

┃정답 ①

② **법률우위의 원칙** … 국민의 권리를 제한하거나 의무를 부과하는 경우와 국민 생활에 중요한 영향을 미치는 경우에는 법률에 근거하여야 한다는 원칙이다

판례 하위법령의 규정이 상위법령의 규정에 저촉되는지 여부가 명백하지 아니한 경우에, 관련 법령의 내용과 입법 취지 및 연혁 등을 종합적으로 살펴 하위법령의 의미를 상위법령에 합치되는 것으로 해석하는 것도 가능한 경우라면, 하위법령이 상위법령에 위반된다는 이유로 쉽게 무효를 선언할 것은 아니다(대판 2019. 5. 16. 선고 2017두45698).
동지판례) 대판 2019. 7.10. 2016두61051

③ **법률유보의 원칙** … 국민의 권리를 제한하거나 의무를 부과하는 경우와 국민생활에 중요한 영향을 미치는 경우에는 법률에 근거하여야 한다는 원칙이다. 본래 의미의 법률유보는 기본권의 제한을 법률에 위임하는 조항을 의미하며 법률유보의 원리는 개인의 기본권을 행정의 자의적 침해로부터 보장하기 위하여 행정권 발동을 제한하는 데 그 목적이 있었으나 반대로 법률에 의하기만 하면 얼마든지 기본권을 제한·침해할 수 있다고 이해되는 경우도 있었다.

판례 법률유보원칙 위반 여부 : 헌법 제37조 제2항은 "국민의 모든 자유와 권리는… 법률로써 제한할 수 있으며"라고 하여 법률유보원칙을 규정하고 있다. 여기서 '법률'이란 국회가 제정한 형식적 의미의 법률을 말한다. 입법자는 행정부로 하여금 규율하도록 입법권을 위임할 수 있으므로, 법률에 근거한 행정입법에 의해서도 기본권 제한이 가능하다. 즉 기본권 제한에 관한 법률유보원칙은 '법률에 의한 규율'을 요청하는 것이 아니라 '법률에 근거한 규율'을 요청하는 것이므로, 기본권 제한에는 법률의 근거가 필요할 뿐이고 기본권 제한의 형식이 반드시 법률의 형식일 필요는 없으므로(헌재 2005. 5. 26. 99헌마513, 판례집 17-1, 668, 685 참조), 법규명령, 규칙, 조례 등 실질적 의미의 법률을 통해서도 기본권 제한이 가능하다(헌재 2013. 7. 25, 2012헌마167).

판례 [1] 오늘날의 법률유보원칙은 단순히 행정작용이 법률에 근거를 두기만 하면 충분한 것이 아니라, 국가공동체와 그 구성원에게 기본적이고도 중요한 의미를 갖는 영역, 특히 국민의 기본권 실현에 관련된 영역에 있어서는 행정에 맡길 것이 아니고 국민의 대표자인 입법자 스스로 그 본질적 사항에 대하여 결정하여야 한다는 요구, 즉 의회유보원칙까지 내포하는 것으로 이해되고 있다. 여기서 어떠한 사안이 국회가 형식적 법률로 스스로 규정하여야 하는 본질적 사항에 해당되는지는, 구체적 사례에서 관련된 이익 내지 가치의 중요성, 규제 또는 침해의 정도와 방법 등을 고려하여 개별적으로 결정하여야 하지만, 규율대상이 국민의 기본권과 관련한 중요성을 가질수록 그리고 그에 관한 공개적 토론의 필요성 또는 상충하는 이익 사이의 조정 필요성이 클수록, 그것이 국회의 법률에 의하여 직접 규율될 필요성은 더 증대된다. 따라서 국민의 권리·의무에 관한 기본적이고 본질적인 사항은 국회가 정하여야 하고, 헌법상 보장된 국민의 자유나 권리를 제한할 때에는 적어도 그 제한의 본질적인 사항에 관하여 국회가 법률로써 스스로 규율하여야 한다. [2] 법률의 시행령은 모법인 법률에 의하여 위임받은 사항이나 법률이 규정한 범위 내에서 법률을 현실적으로 집행하는 데 필요한 세부적인 사항만을 규정할 수 있을 뿐, 법률에 의한 위임이 없는 한 법률이 규정한 개인의 권리·의무에 관한 내용을 변경·보충하거나 법률에 규정되지 아니한 새로운 내용을 규정할 수는 없다. [3] 법외노조 통보는 적법하게 설립된 노동조합의 법적 지위를 박탈하는 중대한 침익적 처분으로서 원칙적으로 국민의 대표자인 입법자가 스스로 형식적 법률로써 규정하여야 할 사항이고, 행정입법으로 이를 규정하기 위하여는 반드시 법률의 명시적이고 구체적인 위임이 있어야 한다. 그런데 노동조합 및 노동관계조정법 시행령 제9조 제2항은 법률의 위임 없이 법률이 정하지 아니한 법외노조 통보에

게 설립된 노동조합의 법적 지위를 박탈하는 중대한 침익적 처분으로서 원칙적으로 국민의 대표자인 입법자가 스스로 형식적 법률로써 규정하여야 할 사항이고, 행정입법으로 이를 규정하기 위하여는 반드시 법률의 명시적이고 구체적인 위임이 있어야 한다. 그런데 <u>노동조합 및 노동관계조정법 시행령 제9조 제2항은 법률의 위임 없이 법률이 정하지 아니한 법외노조 통보에 관하여 규정함으로써 헌법상 노동3권을 본질적으로 제한하고 있으므로 그 자체로 무효이다</u>(대판 2020. 9. 3. 2016두32992(전합)).

Point 팁 법률우위의 원칙은 모든 행정작용이 법률에 위반해서는 안 된다는 법치주의의 <u>소극적</u> 측면에 관한 것이고, 법률유보의 원칙은 행정기관이 적극적으로 행위를 할 수 있게 하는 법적근거에 관한 것으로 법치주의의 <u>적극적</u> 측면에 관한 것이다.

④ **법치주의의 형식화** ··· 오토 마이어의 법치주의 3대 원칙은 독일·일본의 군국주의에 의해 악용되면서 형식화되었다.

　㉠ **법률의 법규창조력의 변질**: 군주의 독립명령·긴급명령 등 행정권에 대한 입법권의 포괄적인 수권이 행해졌다.

　㉡ **법률의 우위원칙의 변질**: 법률의 형식과 절차만 갖추면 실질적 내용은 문제삼지 않는 것으로 이해하여 인권을 유린하는 내용의 법률이 적법하게 시행되었다.

　㉢ **법률의 유보원칙의 변질**: 법률의 유보를 침해적 행정작용에만 제한하여 그 외의 행정작용은 법률의 근거 없이 자의적으로 행해졌다.

(4) 현대적 법치주의

① **법치행정원칙의 일반적 적용** ··· 특별권력관계 내부의 행위나 통치행위 등에도 법치주의가 적용되는 것으로 봄으로써 행정의 모든 영역에서 법치주의가 일반적으로 적용되게 되었다.

② **행정입법에 대한 법률의 전권적 법규창조력** ··· 입법부의 수권 없이 행해지던 행정부의 행정입법권이 거부되어 독립명령의 부인, 긴급명령의 발동요건 강화, 행정입법권에 대한 개별적·구체적 위임이 이루어졌다.

③ **합헌적 법률의 우위** ··· 헌법률심사제도의 채택으로 과거 형식적 법치주의하에서와 달리 형식뿐만 아니라 내용적으로도 합법적인(합헌적인) 법률만이 인정된다.

④ **법치행정보장을 위한 제도 강화** ··· 헌법재판제도 채택, 행정소송에 있어서의 개괄주의, 국가배상책임의 인정과 범위 확대, 행정절차에 대한 통제 강화 등 법치행정을 보장하기 위한 제도를 강화하였다.

문 행정의 법률적합성 내지 법치행정의 원리에 관한 설명 중 옳지 않은 것은?
▶ 2013. 9. 7. 국회사무처

① 법률의 법규창조력이란 국민의 권리의무관계에 구속력을 가지는 법규(법규범)를 창조하는 것은 국민의 대표기관인 의회에서 제정한 법률만이라고 한다.

② 법률의 우위원칙은 행정의 법률에의 구속성을 의미하는 것으로 제한없이 행정의 모든 영역에 적용된다.

③ 법률유보의 원칙에 있어서 법률은 형식적 의미의 법률을 의미하므로 관습법은 포함되지 않는다.

④ 법률의 우위원칙에 위반된 행정작용의 법적 효과는 행위형식에 따라 상이하여 일률적으로 말할 수 없다.

⑤ 법률의 우위원칙은 행정의 법률에의 구속성을 의미하는 적극적인 성격의 것인 반면에 법률유보의 원칙은 행정은 단순히 법률의 수권에 의하여 행해져야 한다는 소극적 성격의 것이다.

｜정답 ⑤

기출문제

🔎 "오늘날 **법률유보원칙**은 단순히 행정작용이 법률에 근거를 두기만 하면 충분한 것이 아니라, 국가공동체와 그 구성원에게 기본적이고도 중요한 의미를 갖는 영역, 특히 국민의 기본권실현과 관련된 영역에 있어서는 국민의 대표자인 입법자가 그 본질적 사항에 대해서 스스로 결정하여야 한다는 요구까지 내포하고 있다"는 헌법재판소 결정과 가장 관계가 깊은 것은?

▶ 2014. 6. 28. 서울특별시

① 법률우위원칙
② 의회유보원칙
③ 침해유보원칙
④ 과잉금지원칙
⑤ 신뢰보호원칙

⑤ **법률유보의 원칙의 적용범위 확대** … 종래에는 법률의 유보범위를 침해적 행정에 국한시켜 왔으나 오늘날에는 그 범위를 확대해 나가고 있다.

㉠ **침해유보설**(오토 마이어, 과거 독일·일본의 통설) : 국민의 자유와 권리를 제한·침해하거나 새로운 의무를 부과하는 행정작용은 반드시 법률의 근거를 요한다는 견해이다. 이 견해에 의하면 침해적 행정 이외의 분야와 특별권력관계 내부에서는 법률유보원칙이 적용되지 않는다. 또한 급부행정영역에 법률유보가 필요한 경우를 설명하지 못하는 단점이 있다.

㉡ **신침해유보설** : 침해유보설을 전제로 하되 특별권력관계에도 법률유보의 원칙이 적용된다는 학설이다.

㉢ **전부유보설** : 모든 행정작용은 법률의 근거가 필요하다는 견해이다. 그러나 현대행정의 다양성과 급변하는 사회현실을 무시한 이상론에 불과하다는 비판을 받고 있다.

㉣ **사회유보설**

• 급부행정유보설 : 현대복지국가에 있어 급부활동의 중요성을 강조하여 침해행정뿐 아니라 모든 급부행정에도 법률유보의 원칙이 적용되어야 한다는 견해이다. 그러나 이 학설은 법률의 유보가 없이 이루어진 급부작용을 위법한 것으로 보게 되어 오히려 국민에게 불리해진다는 단점을 가지고 있다. 사회국가이념에 기초한 주장이다.

• 사회적 유보설 : 급부행정 중에서 권리·의무성이 강한 사회보장에 관한 내용에만 법률의 유보가 이루어져야 한다는 학설로서 오늘날의 다수설이다. 이는 종래의 침해유보설이 비판받는 이유는 비록 국민에게 침해를 주지 않는 급부행정에 있어서도, 자의적인 수익행위가 행정부에 용납될 경우 국민의 평등권이 침해되고 또한 국가의 자원배분이라는 점에서 국회가 행정부에 대해 통제할 필요성을 느끼고 있기 때문이다.

㉤ **중요사항유보설**(본질성설, 의회유보설) : 국민의 기본권 실현과 공익에 있어 가장 중요하고 본질적인 사항은 법률에 근거가 있어야 한다는 이론이다. 독일 연방헌법재판소의 판례(칼카르결정)를 통해 정립된 이론으로, 법률유보의 범위뿐만 아니라 정도에 대해서도 기준을 제시하고 있기 때문에 우리 헌법재판소도 이 견해를 취하고 있다.

┃정답 ②

[본질적 사항에 해당하는 판례]

(1) 판례 헌재 결정 전원재판부 1999. 5. 27. 98헌바70

[한국방송공사법 제35조 등 위헌소원]

오늘날 법률유보원칙은 단순히 행정작용이 법률에 근거를 두기만 하면 충분한 것이 아니라, 국가공동체와 그 구성원에게 기본적이고도 중요한 의미를 갖는 영역, 특히 국민의 기본권실현과 관련된 영역에 있어서는 국민의 대표자인 입법자가 그 본질적 사항에 대해서 스스로 결정하여야 한다는 요구까지 내포하고 있다(의회유보원칙). 그런데 텔레비전방송수신료는 대다수 국민의 재산권 보장의 측면이나 한국방송공사에게 보장된 방송자유의 측면에서 국민의 기본권실현에 관련된 영역에 속하고, 수신료금액의 결정은 납부의무자의 범위 등과 함께 수신료에 관한 본질적인 중요한 사항이므로 국회가 스스로 행하여야 하는 사항에 속하는 것임에도 불구하고 한국방송공사법 제36조 제1항에서 <u>국회의 결정이나 관여를 배제한 채 한국방송공사로 하여금 수신료금액을 결정해서 문화관광부장관의 승인을 얻도록 한 것은 법률유보원칙에 위반된다.</u>

(2) 판례 헌재 결정 전원재판부 1998. 7. 16. 96헌바52

[구 지방세법 제112조 제2항 위헌소원]

고급주택, 고급오락장의 기준과 <u>범위를 대통령령에 위임함에 있어서는 위임의 요건과 범위를 보다 구체적이고 명확히 하지 않으면 헌법상의 조세법률주의와 포괄위임 입법금지원칙의 요청에 부응할 수 없다 할 것이다.</u>

(3) 판례 대법원 1985. 2. 28., 선고, 85초13, 판결

[재판권쟁의에 대한 재정신청]

<u>병의 복무기간은 국방의무의 본질적 내용에 관한 것이어서 이는 반드시 법률로 정하여야 할 입법사항에 속한다고 풀이할 것인바</u> 육군본부 방위병소집복무해제규정(육군규정 104-1) 제23조가 질병휴가, 청원휴가, 각종사고(군무이탈, 구속, 영창, 징역, 유계결근), 1일 24시간 이상 지각, 조퇴한 날, 전속 및 보직변경에 따른 출발일자부터 일보변경 전일까지의 기간 등을 복무에서 제외한다고 규정하여 병역법 제25조 제3항이 규정하지 아니한 구속 등의 사유를 복무기간에 산입하지 않도록 규정한 것은 병역법에 위반하여 무효라고 할 것이다.

🔲 법률유보의 원칙에 대한 설명으로 옳지 않은 것은? (다툼이 있는 경우 판례에 의함)

▶ 2019. 4. 6. 인사혁신처

① 법률유보의 원칙에서 요구되는 법적 근거는 작용법적 근거를 의미한다.

② 개인택시운송사업자의 운전면허가 아직 취소되지 않았더라도 운전면허 취소사유가 있다면 행정청은 명문 규정이 없더라도 개인택시운송사업면허를 취소할 수 있다.

③ 법률유보의 원칙은 국민의 기본권실현과 관련된 영역에 있어서는 입법자가 그 본질적 사항에 대해서 스스로 결정하여야 한다는 요구까지 내포하고 있다.

④ 국회가 형식적 법률로 직접 규율하여야 하는 필요성은 규율대상이 기본권 및 기본적 의무와 관련된 중요성을 가질수록, 그에 관한 공개적 토론의 필요성 또는 상충하는 이익 사이의 조정 필요성이 클수록 더 증대된다.

(4) 판례 헌재 결정 전원재판부 2011. 8. 30. 2009헌바128

[도시 및 주거환경정비법 제8조 제3항 등 위헌소원]

헌법 제37조 제2항은 "국민의 모든 자유와 권리는 국가안전보장·질서유지 또는 공공복리를 위하여 필요한 경우에 한하여 법률로써 제한할 수 있다."고 규정하고 있는바, 여기서 "법률로써"라고 한 것은 국민의 자유나 권리를 제한하는 행정작용의 경우 적어도 그 제한의 본질적인 사항에 관한 한 국회가 제정하는 법률에 근거를 두는 것만으로 충분한 것이 아니라 국회가 직접 결정함으로써 실질에 있어서도 법률에 의한 규율이 되도록 요구하고 있는 것으로 이해하여야 한다.

(5) 판례 전원재판부 2015. 7. 30. 2013헌바204

[구 소득세법 제98조 위헌소원]

자산의 취득 및 양도 시기는 양도소득세 납세의무의 존부 및 성립시기 등을 결정하는 데 있어 중요한 사항 내지 본질적 내용이므로, 조세법률주의를 규정한 헌법 제38조 및 제59조의 요청에 따라 그 내용이 법률로써 가능한 한 구체적이고 명확하게 규정되어야 한다.

(6) 판례 대법원 2013. 1. 16., 선고, 2012추84, 판결

[예산안 재의결 무효확인의 소]

甲 광역시의회가 '상임(특별)위원회 행정업무보조 기간제근로자 42명에 대한 보수 예산안'을 포함한 2012년도 광역시 예산안을 재의결하여 확정한 사안에서, 위 근로자의 담당 업무, 채용규모 등을 종합해 보면, 지방의회에서 위 근로자를 두어 의정활동을 지원하는 것은 실질적으로 유급보좌인력을 두는 것과 마찬가지여서 개별 지방의회에서 정할 사항이 아니라 국회의 법률로 규정하여야 할 입법사항에 해당하는데, 지방자치법이나 다른 법령에 위 근로자를 지방의회에 둘 수 있는 법적 근거가 없으므로, 위 예산안 중 '상임(특별)위원회 운영 기간제근로자 등 보수' 부분은 법령 및 조례로 정하는 범위에서 지방자치단체의 경비를 산정하여 예산에 계상하도록 한 지방재정법 제36조 제1항의 규정에 반하고, 이에 관하여 한 재의결은 효력이 없다고 한 사례.

(7) 판례 대법원 2015. 8. 20., 선고, 2012두23808, 전원합의체 판결

[조정반지정거부처분]

법인세, 종합소득세와 같이 납세의무자에게 조세의 납부의무뿐만 아니라 스스로 과세표준과 세액을 계산하여 신고하여야 하는 의무까지 부과하는 경우에는 신고의무 이행에 필요한 기본적인 사항과 신고의무불이행 시 납세의무자가 입게 될 불이익 등은 납세의무를 구성하는 기본적, 본질적 내용으로서 법률로 정하여야 한다.

▍정답 ②

(8) 판례 전원재판부 1994. 7. 29. 92헌바49

[토지초과이득세법 제10조 등 위헌소원]

토초세법상의 기준시가는 국민의 납세의무의 성부 및 범위와 직접적인 관계를 가지고 있는 중요한 사항이므로 이를 하위법규에 백지위임하지 아니하고 그 대강이라도 토초세법 자체에서 직접 규정해 두어야만 함에도 불구하고, 토초세법 제11조 제2항이 그 기준시가를 전적으로 대통령령에 맡겨 두고 있는 것은 헌법상의 조세법률주의 혹은 위임입법의 범위를 구체적으로 정하도록 한 헌법 제75조의 취지에 위반되나, 아직까지는 대부분의 세법규정이 그 기준시가를 토초세법과 같이 단순히 시행령에 위임해 두는 방식을 취하고 있으며, 이는 우리의 오래된 입법관례로까지 굳어져 왔는바, 이러한 상황에서 성급하게 위 조문을 무효화(無效化)할 경우 세정전반에 관한 일대 혼란이 일어날 것이므로 위 조항(條項)에 대해서는 위헌선언결정을 하는 대신 이를 조속히 개정하도록 촉구하기로만 한다.

[본질적 사항에 해당하지 않는 판례]

(1) 판례 헌재 결정 전원재판부 2008. 2. 28. 2006헌바70

[방송법 제64조 등 위헌소원 (제67조 제2항)]

수신료 징수업무를 한국방송공사가 직접 수행할 것인지 제3자에게 위탁할 것인지, 위탁한다면 누구에게 위탁하도록 할 것인지, 위탁받은 자가 자신의 고유업무와 결합하여 징수업무를 할 수 있는지는 징수업무 처리의 효율성 등을 감안하여 결정할 수 있는 사항으로서 국민의 기본권제한에 관한 본질적인 사항이 아니라 할 것이다. 따라서 방송법 제64조 및 제67조 제2항은 법률유보의 원칙에 위반되지 아니한다.

(2) 판례 헌재 결정 전원재판부 2006. 3. 30. 2005헌바31

[국가유공자 등 단체설립에 관한 법률 제11조 위헌소원]

법률이 자치적인 사항을 정관에 위임할 경우 원칙적으로 헌법상의 포괄위임입법금지원칙이 적용되지 않는다 하더라도, 그 사항이 국민의 권리·의무에 관련되는 것일 경우에는, 적어도 국민의 권리와 의무의 형성에 관한 사항을 비롯하여 국가의 통치조직과 작용에 관한 기본적이고 본질적인 사항은 반드시 국회가 정하여야 할 것인바, 각 국가유공자 단체의 대의원의 선출에 관한 사항은 각 단체의 구성과 운영에 관한 것으로서, 국민의 권리와 의무의 형성에 관한 사항이나 국가의 통치조직과 작용에 관한 기본적이고 본질적인 사항이라 고볼 수 없으므로, 법률유보 내지 의회유보의 원칙이 지켜져야 할 영역이라고 할 수 없다. 따라서 각 단체의 대의원의 정수 및 선임방법 등은 정관으로 정하도록 규정하고 있는 국가유공자 등 단체설립에 관한 법률 제11조가 법률유보 혹은 의회유보의 원칙에 위배되어 청구인의 기본권을 침해한다고 할 수 없다.

문 법률유보원칙에 대한 판례의 입장으로 옳지 않은 것은?

▶ 2017. 12. 16. 지방직 추가선발

① 대법원은 구「도시 및 주거환경정비법」제28조제4항 본문이 사업시행인가 신청시의 동의요건을 조합의 정관에 포괄적으로 위임한 것은 헌법 제75조가 정하는 포괄위임 입법금지의 원칙이 적용되어 이에 위배된다고 하였다.

② 헌법재판소는 법률유보의 형식에 대하여 반드시 법률에 의한 규율만이 아니라 법률에 근거한 규율이면 되기 때문에 기본권제한의 형식이 반드시 법률의 형식일 필요는 없다고 하였다.

③ 헌법재판소는 중학교 의무교육 실시여부 자체는 법률로 정하여야 하는 기본사항으로서 법률유보사항이나 그 실시의 시기, 범위 등 구체적 실시에 필요한 세부사항은 법률유보사항이 아니라고 하였다.

④ 대법원은 지방의회의원에 대하여 유급보좌인력을 두는 것은 지방의회의원의 신분·지위 및 그 처우에 관한 현행 법령상의 제도에 중대한 변경을 초래하는 것으로서, 이는 개별 지방의회의 조례로써 규정할 사항이 아니라 국회의 법률로써 규정할 입법사항이라고 하였다.

정답 ①

기출문제

(3) 판례 대법원 2007. 10. 12., 선고, 2006두14476, 판결
[주택재개발사업시행인가처분취소]
법리 및 관계 법령의 내용에 비추어 살펴보면, 도시정비법상 사업시행자에게 사업
시행계획의 작성권이 있고 행정청은 단지 이에 대한 인가권만을 가지고 있으므로
사업시행자인 조합의 사업시행계획 작성은 자치법적 요소를 가지고 있는 사항이라
할 것이고, 이와 같이 사업시행계획의 작성이 자치법적 요소를 가지고 있는 이상,
조합의 사업시행인가 신청시의 토지 등 소유자의 동의요건 역시 자치법적 사항이라
할 것이며, 따라서 개정 도시정비법 제28조 제4항 본문이 사업시행인가 신청시의
동의요건을 조합의 정관에 포괄적으로 위임하고 있다고 하더라도 헌법 제75조가 정
하는 포괄위임입법금지의 원칙이 적용되지 아니하므로 이에 위배된다고 할 수 없다.

비교판례 토지등소유자가 도시환경정비사업을 시행하는 경우 사업시행인가 신청시 필요한 토지등
소유자의 동의는, 개발사업의 주체 및 정비구역 내 토지등소유자를 상대로 수용권을 행사하고
각종 행정처분을 발할 수 있는 행정주체로서의 지위를 가지는 사업시행자를 지정하는 문제로
서, 그 동의요건을 정하는 것은 국민의 권리와 의무의 형성에 관한 기본적이고 본질적인 사항
이므로 국회가 스스로 행하여야 하는 사항에 속하는 것임에도 불구하고, 사업시행인가 신청에
필요한 동의정족수를 토지등소유자가 자치적으로 정하여 운영하는 규약에 정하도록 한 것은 법
률유보원칙에 위반된다(헌재결 2012. 4. 24. 2010헌바1).

※ **행정유보**: 행정권이 입법권에 의한 제한을 받지 않고 스스로 규율할 수 있는 행정의 고유한 영
역을 말한다. 침해유보설을 취하면 행정유보영역은 넓어지지만 전부유보설을 취하면 행정유보
의 여지는 없어지게 된다.

Point 팁 형식적 법치주의와 실질적 법치주의 비교

형식적 법치주의	실질적 법치주의
• 절차와 형식 중시	• 절차 · 형식 및 내용 중시
• 행정에 대한 법률 우위	• 법률에 대한 헌법 우위
• 포괄적 위임입법 인정	• 개별 · 구체적 범위에서 위임입법 인정
• 법률의 편면적 구속력	• 법률의 양면적 구속력
• 광범위한 자유재량의 존재	• 재량의 일탈 · 남용 시 사법통제
• 국가의 손해배상책임 부정	• 국가의 손해배상책임 인정
• 행정소송의 열기주의	• 행정소송의 개괄주의
• 특별권력관계 내의 법치주의 적용 부정	• 특별권력관계 내의 법치주의 적용 인정
• 침해유보설	• 법률유보의 원칙 확대(본질성설)
• 자유권적 기본권 중시	• 사회권적 기본권 중시

(5) 법치행정원리의 보장

① 행정구제제도가 확립되어야 한다.

② 법률의 위헌심사 · 헌법소원제도가 마련되어야 한다.

③ 국회의 국정 감시권이 보장되어야 한다.

④ 위임입법의 통제제도가 있어야 한다.

⑤ 행정에 대한 절차적 규제의 강화 … 행정절차법의 제정

⑥ 특별권력관계의 변용 … 사법적 심사와 법치주의의 제한적 적용

(6) 법치 행정의 한계

① 행정입법의 증대로 인한 한계

② 행정계획의 증가로 인한 한계

③ 행정재량의 증대로 인한 한계

  ※ 단, 신뢰보호의 원칙이 법치주의와 모순되는 원칙으로 볼 수는 없다.

section 4 행정법의 특수성

행정법이라는 단일 법전은 존재하지 않는다. 다만, 법의 일반원칙으로서의 공통의 기초원리이다.

(1) 형식상의 특수성

① 성문성 … 행정법은 국민의 권리의무에 대한 일방적 규율을 하므로, 국민으로 하여금 장래의 행정작용의 예측과 법적생활의 안정을 도모하기 위해 행정법은 성문법의 형식으로 제정될 것이 요구된다. 다만, 불문법도 보충적인 법원이 될 수 있다.

  ※ 사법체계는 법계에 따라 다르다. 성문법주의인 우리나라 등의 대륙법계는 성문법 형식이나 영미법계는 불문법 체계이다.

② 다양성 … 행정은 그 규율대상이 복잡·다양하고 수시로 변화하므로 행정법을 구성하는 법의 형식도 단일의 행정법전이 존재함이 없이 헌법, 법률, 명령, 자치법규(조례·규칙), 국제법규 등 다양하다.

  ※ 사법체계는 원칙적으로 법률이 가장 중요한 법원이며, 법규명령이 보충적 역할을 한다. 행정규칙과 조례 등은 법원(法源)성을 원칙적으로 띠지 않는다.

(2) 성질상의 특수성

① 재량성 … 행정법은 구체적인 상황에 적절히 대처하도록 행정청에 재량을 부여하는 경우가 많다. 그러나 이러한 재량도 일탈·남용의 경우 위법하여 사법심사의 대상이 된다.

② 수단·기술성 … 헌법 등에 비해 목적달성을 위한 수단적·기술적 성격을 가진다.

기출문제

기출문제

Point 팁 행정법의 기술성을 강조한 명제

    ⊙ O. Mayer의 "헌법은 변화하나 행정법은 변화하지 않는다." : 헌법은 정치의 산물인 점에서 어떤 정치적 변동에 민감하지만 헌법에 규정한 행정에 관한 이념을 실천하고자 하는 행정법은 현실문제에 합목적적이고 공정하게 대처하고자 기술성·수단성을 지니므로 헌법의 변화성에 대한 무감수성 내지는 정치적 면역성을 지닌다는 의미이다.

    ⊙ F. Werner의 "행정법은 자주 변화한다.", "행정법은 헌법의 구체화법이다." : 행정법의 규율대상인 행정은 복잡·다양하고 유동적이어서 법적 안정성이 강조되는 사법법에 비해, 현실 문제를 보다 합리적으로 공정하게 처리하기 위해서는 변모해가는 행정의 대상에 따라 발전지향적으로 나아갈 수밖에 없으며, 행정법이 민주국가적·사회국가적 헌법의 이념을 구현하는 현실적 수단이 되는 법이라는 관점에서 F. Werner의 명제인 '헌법 구체화법인 행정법으로서 행정법은 민법, 형법 등 사법법에 비해 자주 변모하는 성질을 지닌다고 할 수 있다.

③ **획일성** … 행정법은 전체 국민에 적용되는 경우가 많으므로 획일적이고 강행적인 성질을 지닌다.

④ **외관성** … 행정법은 일반 국민의 신뢰보호를 위해 외형상 나타나는 모습을 기준으로 판단하는 것이 원칙이다.

⑤ **명령성** … 행정법은 국민에게 의무를 명하는 명령규정(단속법규)으로 이루어져 있는 것이 일반적이다.

Point 팁 명령규정과 능력규정

    ⊙ 명령규정(단속법규) : 규정의 위반이 처벌 또는 제재의 원인이 될 수는 있으나 그 행위효력 자체는 유효한 규정을 말한다(무허가 음식점에서 상거래행위 자체는 유효한 경우 등).

    ⊙ 능력규정(효력규정) : 규정위반이 처벌의 대상이 되는 것은 아니나 당해 위반행위는 효력을 가지지 못하는 규정이다(요건을 갖추지 못한 법인설립이 무효로 되는 경우 등).

(3) 내용상의 특수성

① **행정주체의 우월성** … 행정주체와 국민간의 관계를 규율하는 행정법은 행정주체에게 우월한 법적 힘을 인정하는 것이 일반적이다. 이러한 우월성으로 인해 행정주체의 명령권과 형성권, 행정행위의 공정력, 행정상 자력집행력 등이 인정된다.

② **공익추구성** … 행정법은 공익달성을 위해 일반사법과는 다른 특별한 규율을 하는 경우가 있다. 이것은 사익을 무시하는 것이 아니고, 공익과 사익의 조화를 도모하여 전체로서 공익목적의 실현을 기하고 있는 것인데, 이 점에서도 행정법의 특수성을 발견할 수 있다.

③ **집단·평등성** … 행정법은 불특정 다수인을 대상으로 획일적으로 규율함이 보통이므로 집단적 성격을 띠며 평등성을 내용으로 한다.

section 5 우리나라 행정법의 기본원리

(1) 민주행정의 원리

행정권의 수반인 대통령을 국민의 선거에 의해 선출하도록 하고(헌법 제67조 ① 대통령은 국민의 보통·평등·직접·비밀선거에 의하여 선출한다.), 행정담당자인 공무원에게 국민전체의 봉사자의 지위를 갖도록 한 (헌법 제7조 ① 공무원은 국민 전체에 대한 봉사자이며, 국민에 대하여 책임을 진다.) 헌법규정들은 행정의 민주 성을 잘 표현하고 있다. 국민주권주의와 자유민주적 기본질서는 헌법상 최고원리 의 하나인 바, 이에 따라 행정의 조직과 작용도 민주주의 원칙에 입각하여야 한다. 이를 위해 우리나라는 행정조직 법정주의, 직업공무원제, 행정과정에의 국민참여 등을 채택하고 있다.

> **판례** 미국산 쇠고기 및 쇠고기 제품 수입위생조건 위헌확인 : 국가가 국민의 생명·신체의 안전에 대한 보호의무를 다하지 않았는지 여부를 헌법재판소가 심사할 때에는 국가가 이를 보호하기 위하여 적어도 적절하고 효율적인 최소한의 보호조치를 취하였는가 하는 이른바 '과소보호 금 지원칙'의 위반 여부를 기준으로 삼아, 국민의 생명·신체의 안전을 보호하기 위한 조치가 필요 한 상황인데도 국가가 아무런 보호조치를 취하지 않았든지 아니면 취한 조치가 법익을 보호하 기에 전적으로 부적합하거나 매우 불충분한 것임이 명백한 경우에 한하여 국가의 보호의무의 위반을 확인하여야 한다(헌법재판소 2008. 12. 26. 선고 2008헌마419).

(2) 실질적 법치주의의 원리

실질적 법치주의란 '정당한 법'에 의한 지배를 뜻하는 것으로 과거 법치주의를 형 식적으로만 이해하여 법이라는 형식만 가지면 당연히 정당한 것으로 취급되던 시 대가 있었지만, 이제는 법이라도 정당한 법이어야 한다는 것이 실질적 법치주의 개념징표로 이해되고 있다. 즉 국민의 기본권 보호를 위해 행정권의 발동은 법률 에 근거하여야 한다. 우리나라는 위헌법률심사제도, 행정구제제도 등을 통해 실질 적인 법치주의를 보장하고 있다.

(3) 사회국가의 원리(복지국가주의)

19C의 지배적 헌법이념인 자유방임주의를 철폐하고 20C 중반 이후의 지배적 헌 법사상인 사회국가주의를 채택하여 공공목적 실현을 위하여 정부가 적극 개입하 여 국민의 사회적 기본권을 보장하는 원리이다.

※ 경찰행정중심(근대 야경국가) → 급부행정중심으로(현대 복지국가)

(4) 자치행정의 원리

헌법 제117조(① 지방자치단체는 주민의 복리에 관한 사무를 처리하고 재산을 관 리하며, 법령의 범위 안에서 자치에 관한 규정을 제정할 수 있다.)에서 지방자치 제도를 규정하고 있으며 그 기본법으로서 지방자치법 등이 있다.

기출문제

(5) 사법국가의 원리

우리나라는 영미식의 사법국가주의를 채택하여 행정사건도 원칙적으로 일반법원이 담당하도록 하였으나 법원조직법 개정 법률안의 국회통과 후 서울행정법원을 설치하게 되었다. 또한 행정심판 전치주의 폐지로 사법국가의 원리를 강화하였다.

※ 공·사법 이원적 체제를 취하고 있으므로 행정소송에 있어 민사소송에 대한 특례가 다수 인정되고 있다.

section 6 행정법의 법원

(1) 의의

① **개념** … 행정법의 법원이란 행정법의 존재형식을 말하며 성문법원과 불문법으로 나뉜다. 우리나라는 원칙적으로 성문법주의를 채택하고 보충적으로 불문법을 적용하고 있다.

② **행정법 법원의 범위**
   ㉠ **협의설(법규설, 독일·일본의 다수설)** : 법규만을 행정법의 법원으로 본다. 따라서 행정규칙에 대해서는 법원성을 인정하지 않는다.
   ㉡ **광의설(행정기준설, 우리나라 다수설)** : 법규는 물론 행정사무의 기준이 되는 행정규칙까지 행정법의 법원으로 본다.

③ **이론적 근거**
   ㉠ **조직면** : 행정권의 소재를 명시하여 국민에게 널리 행정조직을 알린다.
   ㉡ **작용면** : 행정작용의 획일적이고 공정한 수행을 도모한다.
   ㉢ **구제면** : 행정구제절차를 명확히 하여 국민의 권익을 보장한다.
   ㉣ **법적 안정성** : 장래의 행정작용을 예측 가능케 하여 법적생활의 안정성을 확보한다.

④ **행정법의 법전화** … 행정법은 민법 등의 사법질서와 달리 통일적 법전이 존재하지 않고 수많은 개별법령으로 존재할 뿐이다. 그 이유는 행정법의 규율대상의 광범위성 및 유동성, 행정작용의 특수한 전문성·기술성, 행정법의 짧은 역사 등이 원인이 되고 있다. 또한 행정법의 법전화 노력이 각국에서 행하여지고 있다. 독일연방행정절차법은 행정절차뿐만 아니라 통칙적 규정(일반법적 역할)을 많이 두어 통일적 법전의 역할을 기대하며 제정되었다. 우리나라의 경우 행정절차법에 몇 개의 통칙적 규정을 두고 있었는데, 최근 행정법의 일반법에 해당하는 행정기본법이 제정되어 시행되고 있다.

(2) 성문법원

① **헌법** … 국가의 기본조직과 작용에 관한 기본법인 헌법이 행정법의 최고법원이 된다.

② **법률** … 국회가 입법절차에 따라 제정하는 형식적 의미의 법률을 말한다. 행정법의 가장 중요한 법원이다.

③ **명령**

  ㉠ **법규명령** : 국민의 권리와 의무를 규정하는, 즉 법규의 성질을 가지는 명령을 말한다.
  • 명령은 원칙적으로 법률 하위의 효력을 가지나 긴급명령과 긴급재정·경제명령은 법률과 동위의 효력을 가진다.
  • 법률의 위임 여부에 따라 위임명령과 집행명령으로 나누고 주체에 따라 대통령령·총리령·부령 등으로 나누어진다. 그 외에 중앙선거관리위원회규칙, 대법원규칙, 헌법재판소규칙 등이 법규명령에 속한다.
  • 헌법이 아닌 감사원법에 규정된 감사원규칙에 대해서는 논란이 있지만 법규명령으로 보는 것이 다수설이다.

  ㉡ **행정규칙** : 법규성이 없는 명령으로서 행정기관 내부에서만 효력을 가질 뿐 국민에 대해 구속력을 가지지 않는다. 우리나라 다수설은 행정규칙도 법원성을 인정한다.

④ **자치법규** … 지방자치단체가 자치입법권에 의하여 법령범위 내에서 제정하는 것으로, 지방의회가 제정하는 조례와 지방자치단체의 장이 제정하는 규칙이 있다. 당해 지방자치단체의 구역 내에서만 효력을 가진다.

⑤ **조약·국제법규** … 헌법에 의하여 체결·공포된 조약과 일반적으로 승인된 국제법규는 국내법과 같은 효력을 갖는다〈헌법 제6조 제1항〉. 이러한 조약과 국제법규는 법률과 동위의 효력을 가지는 것도 있고 명령과 같은 효력을 가지는 것도 있다. 일반적으로 승인된 국제법규를 국내에 적용하기 위해 별도의 입법절차는 필요하지 않다고 본다(일원설).

> **판례** '1994년 관세 및 무역에 관한 일반협정'(General Agreement on Tariffs and Trade 1994, 이하 'GATT'라 한다)은 1994. 12. 16. 국회의 동의를 얻어 같은 달 23. 대통령의 비준을 거쳐 같은 달 30. 공포되고 1995. 1. 1. 시행된 조약인 '세계무역기구(WTO) 설립을 위한 마라케쉬협정'(Agreement Establishing the WTO)(조약 1265호)의 부속 협정(다자간 무역협정)이고, '정부조달에 관한 협정'(Agreement on Government Procurement, 이하 'AGP'라 한다)은 1994. 12. 16. 국회의 동의를 얻어 1997. 1. 3. 공포시행된 조약(조약 1363호, 복수국가간 무역협정)으로서 각 헌법 제6조 제1항에 의하여 국내법령과 동일한 효력을 가지므로 지방자치단체가 제정한 조례가 GATT나 AGP에 위반되는 경우에는 그 효력이 없다(대판 2005. 9. 9. 2004추10). 회원국 정부의 반덤핑부과처분이 WTO 협정 위반이라는 이유만으로 사인(私人)이 직접 국내 법원에 회원국 정부를 상대로 그 처분의 취소를 구하는 소를 제기하거나 협정 위반을 처분의 독립된 취소사유로 주장할 수는 없다(대판 2009. 1.30. 2008두17936).

기출문제

문 행정법의 법원(法源)의 효력에 대한 설명으로 옳지 않은 것은? (다툼이 있는 경우 판례에 의함)
▶ 2020. 7. 11. 인사혁신처

① 학교급식을 위해 국내 우수농산물을 사용하는 자에게 식재료나 구입비의 일부를 지원하는 것 등을 내용으로 하는 지방자치단체의 조례안이 '1994년 관세 및 무역에 관한 일반협정'을 위반하여 위법한 이상, 그 조례안은 효력이 없다.

② 국민의 권리 제한 또는 의무 부과와 직접 관련되는 법률, 대통령령, 총리령 및 부령은 긴급히 시행하여야 할 특별한 사유가 있는 경우를 제외하고는 공포일부터 적어도 30일이 경과한 날부터 시행되도록 하여야 한다.

③ 진정소급입법이라 하더라도 예외적으로 국민이 소급입법을 예상할 수 있었거나 신뢰보호의 요청에 우선하는 심히 중대한 공익상의 사유가 소급입법을 정당화하는 경우 등에는 허용될 수 있다.

④ 개발제한구역의 지정 및 관리에 관한 특별조치법령의 개정으로 허가나 신고 없이 개발제한구역 내 공작물 설치행위를 할 수 있게 되었다면, 그 법령의 시행 전에 이미 범하여진 위법한 설치행위에 대한 가벌성은 소멸한다.

정답 ④

문 행정법의 법원(法源)에 대한 설명으로 가장 옳은 것은?

▶ 2019. 6. 15. 제2회 서울특별시

① 인간다운 생활을 할 권리와 같은 헌법상의 추상적인 기본권에 관한 규정은 행정법의 법원이 되지 못한다.

② 국제법규도 행정법의 법원이므로, 사인이 제기한 취소 소송에서 WTO협정과 같은 국제협정 위반을 독립된 취소사유로 주장할 수 있다.

③ 위법한 행정관행에 대해서도 신뢰보호의 원칙이 적용될 수 있다.

④ 행정의 자기구속의 원칙은 처분청이 아닌 제3자 행정청에 대해서도 적용된다.

(3) 불문법원

① 관습법

ⓐ 의의 : 관습법이란 거듭된 관행으로 형성된 사회생활 규범이 사회의 법적 확신과 인식에 의하여 법적 규범으로 승인 강행되기에 이른 것을 의미한다. 관습법은 거듭된 관행은 있되 국민의 법적 확신까지는 얻지 못한 사회규범인 '사실인 관습'과는 구별된다.

※ 관습법 = 장기적 · 계속적 관행 + 법적 확신 + 국가의 승인(독일의 학설)
   cf) 사실인 관습→법적 확신의 부재

Point 팁 관습법의 3요소

관행	국가의 관행, 국민의 관행
법적 확신	일반국민의 법적 확신
승인	국가의 승인(독일의 학설)

관습법에 있어 국가의 승인여부에 관하여 우리나라의 경우는 필요 없다는 것이 통설 · 판례의 입장이다.

ⓑ 요건 : 객관적 요소인 관행과 주관적 요소인 법적 확신만 갖추면 성립한다(법적 확신설 · 법력내재설, 우리나라 통설, 판례).

※ 국가승인설 : 법적 확신설에 대립하는 견해로서, 관습법이 성립하기 위해서는 객관적 요소인 관행과 주관적 요소인 법적 확신 외에 국가의 명시적 또는 묵시적 승인이라는 요건이 더 필요하다는 학설이다.

판례 관습헌법이 성립하기 위하여서는 관습법의 성립에서 요구되는 일반적 성립 요건이 충족되어야 한다. 첫째, <u>기본적 헌법사항에 관하여 어떠한 관행 내지 관례가 존재</u>하고, 둘째, 그 관행은 국민이 그 존재를 인식하고 사라지지 않을 관행이라고 인정할 만큼 <u>충분한 기간 동안 반복 내지 계속되어야 하며(반복 · 계속성)</u>, 셋째, 관행은 지속성을 가져야 하는 것으로서 그 중간에 <u>반대되는 관행이 이루어져서는 아니 되고(항상성)</u>, 넷째, 관행은 여러 가지 해석이 가능할 정도로 모호한 것이 아닌 <u>명확한 내용을 가진 것이어야 한다(명료성)</u>. 또한 다섯째, 이러한 관행이 헌법관습으로서 국민들의 승인 내지 확신 또는 폭넓은 컨센서스를 얻어 국민이 강제력을 가진다고 믿고 있어야 한다(국민적 합의). 서울이 우리나라의 수도인 것은 조선시대 이래 600여 년간 우리나라의 국가생활에 관한 당연한 규범적 사실이 되어 왔으므로 우리나라의 국가생활에 있어서 전통적으로 형성되어있는 계속적 관행이라고 평가할 수 있고(계속성), 이러한 관행은 변함없이 오랜 기간 실효적으로 지속되어 중간에 깨어진 일이 없으며(항상성), 서울이 수도라는 사실은 우리나라의 국민이라면 개인적 견해 차이를 보일 수 없는 명확한 내용을 가진 것이며(명료성), 나아가 이러한 관행은 오랜 세월간 굳어져 와서 국민들의 승인과 폭넓은 컨센서스를 이미 얻어(국민적 합의) 국민이 실효성과 강제력을 가진다고 믿고 있는 국가생활의 기본사항이라고 할 것이다. 따라서 서울이 수도라는 점은 우리의 제정헌법이 있기 전부터 전통적으로 존재하여온 헌법적 관습이며 우리 헌법조항에서 명문으로 밝힌 것은 아니지만 자명하고 헌법에 전제된 규범으로서, 관습헌법으로 성립된 불문헌법에 해당한다(헌재결 2004.10.21. 2004헌마554).

정답 ③

ⓒ **효력** : 성문법의 흠결 시 이를 보충하는 보충적 효력만이 인정된다. 보충적 효력설이 우리나라 다수설이다. 판례도 가정의례준칙에 해당 규정이 있으면 이는 관습법에 우선한다고 한 바 있다. 이와 대비되는 개폐적 효력설도 존재한다. 개폐적 효력설은 행정관습법은 성문법이 존재하는 경우에도 성립될 수 있고, 기존 성문법의 개폐효력도 인정된다고 하는 학설이다.

ⓔ **종류**

- 행정선례법 : 행정청의 선례가 계속 반복되어 형성되는 관습법이다. 국세기본법 제18조 제3항은 비과세관행이 성립한 후에는 새로이 소급하여 과세할 수 없다고 규정하고 있으며, 신뢰보호의 원칙을 명문화한 실정법상 규정이기도 하다.

  ※ **국세기본법 제18조 제3항** : 세법의 해석 또는 국세행정의 관행이 일반적으로 납세자에게 받아들여진 후에는 그 해석이나 관행에 의한 행위 또는 계산은 정당한 것으로 보며, 새로운 해석이나 관행에 의하여 소급하여 과세되지 아니한다.

- 민중관습법 : 민중 사이에서 공법관계에 대한 일정한 사항이 오랜 시간에 걸쳐 관행으로서 성립되는 것을 말한다. 입어권〈수산업법 제46조〉, 관습법상의 유수사용권(관개 용수이용권, 유수권, 음용용수권), 온천사용권, 유지사용권 등이 있다.

판례 공유하천으로부터 용수를 함에 있어서 하천법 제25조에 의하여 하천관리청으로부터 허가를 얻어야 한다고 하더라도 그 허가를 필요로 하는 법규의 공포 시행 전에 원고가 위 화덕상 언(둑)에 의하여 용수할 수 있는 권리를 관습에 의하여 취득하였음이 뚜렷하므로 위 하천법에 관한 법규에도 불구하고 그 기득권이 있다(대판 1972. 3. 31, 선고 72다78).

판례 구 수산업법 제40조 소정의 <u>입어의</u> 관행이라 함은 어떤 어업장에 대한 공동어업권 설정 이전부터 어업의 면허 없이 당해 어업장에서 오랫동안 계속 수산동식물을 채포 또는 채취함으로써 그것이 대다수 사람들에게 일반적으로 시인될 정도에 이른 것을 말한다(대판 1994. 3. 25. 93다45701).

Point 팁 입어권과 어업권의 차이
입어권은 관습법상 권리이나, 어업권은 형성적 행정행위인 특허에 의해 취득하는 권리이다.

[관습법 예시]

> **민중 관습법 예시**
> 하천은 국가가 관리하는 공물이다. 그런데 성문법규에는 사인이 하천을 사용하는 관계에 관하여는 별도의 규정이 없다. 그럼에도 일반 민중들이 오랜 세월 동안의 관행으로 하천용수에 관해 서로 간에 협정을 맺고 마치 사용권이 있는 것처럼 사용하고 있다며, 만일 성문법규에서 이를 금지한다면 이 하천용수권은 성립될 수 없다. 그런데 문제는 이 사용에 대하여 오랜 동안 행정관청이 이의를 제기하지 않았고 그래서 민중들이 이 사용권은 법적으로 용인된다고 믿고 있다면, 국가의 재차 승인 필요 없이 이 권리는 관습상 권리로 확정되는 것이다.

반대로 행정주체가 관습법을 형성하는 예시

어떤 사무에 관해 성문법규가 없는 상태이다. 그래서 행정청은 내부적인 행정규칙을 수립하여 독자적으로 그 사무를 처리해 오고 있었다. 엄밀히 말해 이 사무는 법적 근거가 없는 사무인 경우이다. 그러나 오랜 세월 동안 행정청이 그 행정규칙에 기해 사무를 해왔고, 일반국민들은 행정청이 해오던 일이라 당연히 법적 효력이 있는 것인 줄 알고 있다면 이 사무처리는 관습법적 근거를 갖게 된다.

② 판례법

ㄱ 의의 : 행정사건에 대한 법원의 판결이 행정법의 해석·적용과 관련하여 추상적인 행정법규를 구체화하고 명백히 하여, 일정한 법원리 내지 기준을 설정하는 경우를 말한다.

ㄴ 법원성

- 선례구속의 원칙이 인정되는 영·미법계 국가에서는 판례의 법원성이 긍정되어 법적인 구속력이 인정되지만, 선례구속의 원칙이 부정되는 대륙법계 국가에서는 판례의 법원성이 부정되어 법적인 구속력이 인정되지 않는다.
- 대륙법계 국가인 우리나라의 경우 원칙적으로 선례구속의 원칙이 인정되지 않지만, 법원조직법 제8조에서 상급법원 재판에서의 판단은 해당 사건에 관하여 하급심을 기속한다고 규정하여 해당 사건에 대한 상급심 재판의 법적 구속력을 인정하고 있다. 또한 헌법재판소법 제47조 제1항에서는 법률의 위헌결정은 법원과 그 밖의 국가기관 및 지방자치단체를 기속한다고 규정하여 위헌결정의 법적 구속력을 인정하고 있다.

ㄷ 법계에 따른 차이

- 영미법계 : 선례구속성원칙 → 법원성 인정
- 대륙법계 : 선례구속원칙 불채택 → 법원성 인정여부에 따라 문제됨

③ 조리(행정법의 일반원리)

ㄱ 의의 : 조리란 사물의 본질적 법칙 또는 일반 사회의 정의 관념에 비추어 반드시 그러하여야 할 것이라고 인정되는 것을 말한다.

ㄴ 내용 : 조리의 내용은 시대와 사회에 따라 가변적이며 내용적으로는 관습법과 판례법에 속하지 않는 행정법의 모든 불문법원리를 포함한다. 이러한 관념의 포괄성·다양성으로 인해 근래에는 '조리'라는 표현 대신 '행정법의 일반원리'라는 표현을 사용하고 있다. 학설과 판례는 평등의 원칙, 행정의 자기구속의 원칙, 비례의 원칙, 신뢰보호의 원칙, 부당결부금지의 원칙, 신의성실·권리남용금지의 원칙, 불가능금지의 원칙, 과잉급부금지의 원칙 등을 조리법으로 인정하고 있다.

ⓒ 최후의 보충적 법원 : 법원성 여부가 문제되나 대체로 긍정하고 있다. 이는 어떤 사례에 관해 성문법규도 없고 불문법규도 없는 경우 법관은 재판을 거부하지는 못하므로 결국 법관의 직업적 양심, 즉 조리에 의해 재판할 수밖에 없다.

ⓔ 행정법 해석의 기본원리 : 법관이 법을 해석함에 있어서도 그 사회의 일반적인 정의감에 따라 공정한 법해석을 함이 요구된다. 특히 이른바 '조리해석'은 성문법규가 형식적으로 해석되면 국민에게 너무 불이익한 경우 판사가 이를 너그럽게 해석할 수 있는 이론적 근거가 되고 있다.

section 7 행정법의 일반원리

(1) 의의

행정법의 일반원리는 관습법과 판례법에 속하지 않는 모든 불문법 원리로 인정되어 왔으나, 최근 행정기본법이 제정되어 대부분 성문화 되었다. 불문법원으로 인정되어 오던 대부분의 원리가 행정기본법에 규정되어 성문법원화 되기에 이르렀다.

(2) 종류

① 평등의 원칙

ⓐ 의의 : 특별히 합리적인 사유가 존재하지 않는 이상, 행정작용을 함에 있어서 행정기관은 상대방인 국민을 공평하게 대우해야 한다는 원칙

ⓑ 근거 : 헌법 제11조 제1항에서 모든 국민은 법 앞에 평등하다. 누구든지 성별·종교 또는 사회적 신분에 의하여 정치적·경제적·사회적·문화적 생활의 모든 영역에 있어서 차별을 받지 아니한다고 규정하고 있다. 또한 행정기본법 제9조에서 행정청은 합리적 이유 없이 국민을 차별하여서는 아니 된다고 규정하고 있다.

ⓒ 효력 : 헌법 제11조에서 도출되는 원칙으로서 헌법적 효력을 가지므로 이 원칙에 위반하면 위헌이 된다. 따라서 손해배상청구와 행정쟁송이 가능하다.

ⓔ 한계 : 평등의 원칙은 불법의 영역에서는 인정되지 않으므로, 위법한 행정작용에는 적용되지 않는다.

문 행정법의 법원(法源)에 대한 설명 중 가장 옳은 것은?
▶ 2016. 6. 25. 서울특별시

① 헌법재판소 판례에 의하면 감사원 규칙은 헌법에 근거가 없으므로 법규명령으로 인정되지 않는다.

② 법원(法源)을 법의 인식근거로 보면 헌법은 행정법의 법원이 될 수 없다.

③ 관습법은 성문법령의 흠결을 보충하기 때문에 법률유보 원칙에서 말하는 법률에 해당한다.

④ 행정법의 일반원칙은 다른 법원(法源)과의 관계에서 보충적 역할에 그치지 않으며 헌법적 효력을 갖기도 한다.

정답 ④

[평등원칙 위반으로 본 판례]

(1) 대판 1972. 12. 26, 72누194

대법원은 당직근무 대기중 심심풀이로 화투놀이를 한 경우 3명은 견책에 처하고 한 명은 파면을 택한 경우 이는 재량의 범위를 벗어난 위법한 것이라 한 바 있다.

(2) 헌재결정 1990.10.8, 89헌마89

국·공립사범대학 등 출신자를 교육공무원인 국·공립학교 교사로 우선하여 채용하도록 규정한 교육공무원법 제11조 제1항은 사립사범대학졸업자와 일반대학의 교직과정이수자가 교육공무원으로 채용될 수 있는 기회를 제한 또는 박탈하게 되어 결국 교육공무원이 되고자 하는 자를 그 출신학교의 설립주체나 학과(學科)에 따라 차별(差別)하는 결과가 되는 바, 이러한 차별은 이를 정당화할 합리적(合理的)인 근거가 없으므로 헌법상 평등의 원칙에 어긋난다.

(3) 헌재결정 1999.12.23, 98헌마363

제대군인 가산점제도는 제대군인에 비하여, 여성 및 제대군인이 아닌 남성을 부당한 방법으로 지나치게 차별하는 것으로서 헌법 제11조에 위배되며, 이로 인하여 청구인들의 평등권이 침해된다.

(4) 대판 1990.8.28, 89누8255

대학 입학 전형 중 해외근로자 자녀대상 특별전형에서 외교관과 공무원 자녀에 대하여만 가산점을 부여하는 것은 평등의 원칙에 위반한다고 본 사례

(5) 대판 2002.2.8, 2000두4057

청원경찰법 제5조 제1항, 제3항, 제11조, 구 청원경찰법 시행령(1999. 9. 30. 대통령령 제16562호로 개정되기 전의 것) 제16조 제1항 등의 규정을 종합하면, 청원주는 청원경찰이 인원의 감축으로 과원이 되었을 때에는 직권으로 면직시킬 수 있는 바, 지방자치단체의 장이 청원주인 경우 그 면직처분은 재량행위라 할 것이므로, 지방자치단체의 장이 합리적이고 공정한 기준에 의하여 면직대상자를 선정하고 그에 따라 면직처분을 하였다면 일응 적법한 재량행사라 할 것이나, 그 기준이 평등의 원칙에 위배되는 등 비합리적이고 불공정하다면 그에 따른 면직처분은 재량권의 일탈·남용으로서 위법하다 할 것이다.

(6) 대판 1997.2.25, 96추213

조례안이 지방의회의 감사 또는 조사를 위하여 출석요구를 받은 증인이 5급 이상 공무원인지 여부, 기관(법인)의 대표나 임원인지 여부 등 증인의 사회적 신분에 따라 미리부터 과태료의 액수에 차등을 두고 있는 경우, 그와 같은 차별은 증인의 불출석이나 증언거부에 대하여 과태료를 부과하는 목적에 비추어 볼 때 그 합리성을 인정할 수 없고 지위의 높고 낮음만을 기준으로 한 부당한 차별대우라고 할 것이어서 헌법에 규정된 평등의 원칙에 위배되어 무효이다.

(7) 대판 2007.10.29, 2005두14417 전합

집단에너지공급시설에 대한 훼손부담금의 부과율을 전기공급시설 등에 대한 훼손부담금의 부과율인 100분의 20의 다섯 배에 이르는 100분의 100으로 정한 것은, 집단에너지공급시설과 전기공급시설 등의 사이에 그 공급받는 수요자가 다소 다를 수있음을 감안하더라도, 부과율에 과도한 차등을 둔 것으로서 합리적 근거 없는 차별에 해당하므로 헌법상 평등원칙에 위배되어 무효이다.

(8) 대판 1989.12.26, 87누308

사회단체등록신청에 형식상의 요건불비가 없는데 등록청이 이미 설립목적 및 사업내용을 같이 하는 선등록단체가 있다 하여 그 단체와 제휴하거나 또는 등록없이 자체적으로 설립목적을 달성하는 것이 바람직하다는 이유로 원고의 등록신청을 반려하였다면 그 반려처분은 평등의 원칙에 위반한다.

[평등원칙 위반이 아니라고 본 판례]

(1) 대판 2009.10.15, 2008추32

'원주 혁신도시 및 기업도시 편입지역 주민지원 조례안' 제6조 등이 '공공기관 지방이전에 따른 혁신도시 건설 및 지원에 관한 특별법' 제47조의2 등의 법령에 위배되지 않는다고 한 사례

(2) 헌재결정 2010.2.25, 2008헌바160

청원경찰은 기본적으로 공무원이 아니고 청원주가 임명하는 일반 근로자이므로 공무원과 청원경찰을 동일한 비교집단이라고 보기 어려워 동일한 비교집단임을 전제로 공무원과 비교하여 합리적 이유 없는 차별이 있다고 볼 수 없고, 설령 청원경찰복무의 공공성만을 취하여 일반 공무원이나 경찰 공무원과 비교하더라도 청원경찰의 징계사유나 종류, 효력, 절차 등이 사업장의 특성에 따라 다르고 경영자가 소요경비를 부담하고 임용 역시 청원주가 결정한다는 점을 고려하면 징계에 관한 규정형식이 일반 공무원과 다르다고 하여 합리적인 이유 없는 차별에 해당한다고 보기어렵다.

(3) 대판 1996.8.23, 94누13589

일반직 직원의 정년을 58세로 규정하면서 전화교환직렬 직원만은 정년을 53세로규정한 것이 합리성이 있다고 본 사례

(4) 대판 1999.8.20, 99누2611

같은 정도의 비위를 저지른 자들 사이에 있어서도 그 직무의 특성 등에 비추어, 개전의 정이 있는지 여부에 따라 징계의 종류의 선택과 양정에 있어서 차별적으로 취급하는 것은, 사안의 성질에 따른 합리적 차별로서 이를 자의적 취급이라고 할 수없는 것이어서 평등원칙 내지 형평에 반하지 아니한다.

기출문제

📝 다음은 행정법의 일반원칙을 설명한 것이다. 가장 적절한 것은? (다툼이 있으면 판례에 의함)

▶ 2014. 3. 15. 제1차 경찰공무원(순경)

① 신뢰보호의 원칙과 행정의 법률적합성의 원칙이 충돌하는 경우 법률적합성의 원칙이 우선한다.

② 신뢰보호의 원칙에서 선행조치의 상대방에 대한 신뢰보호의 이익과 제3자의 이익이 충돌하는 경우에는 신뢰보호의 이익이 우선한다.

③ 같은 정도의 비위를 저지른 자들에 대해 그 직무의 특성 및 개전의 정이 있는지 여부에 따라 징계의 종류 및 양정에 있어서 차별적으로 취급하는 것은 합리적 차별로서 평등의 원칙에 반하지 않는다.

④ 신뢰보호의 원칙에서 행정청이 상대방에 대하여 장차 어떤 처분을 하겠다는 공적인 견해를 표명하였다면 공적인 견해 표명 후에 그 전제가 된 사실적, 법률적 상태가 변경되었다고 하더라도 그러한 견해 표명은 효력을 유지한다.

정답 ③

기출문제

(5) 대판 2008.5.15, 2005두11463

이 사건 법률조항인 법 제51조 제1항이 대부계약 등을 맺지 아니하고 국유 잡종재산을 무단 점유한 자에 대하여 통상의 대부료에 20%를 할증한 변상금을 부과·징수하도록 하고 있는 데에는 국유재산의 효율적인 보존·관리라는 합리적인 이유가 있다고 할 것이므로 헌법 제11조 제1항의 평등원칙에 반한다고 볼 수 없고…

(6) 헌재결정 2004.7.15, 2001헌마646

LPG는 석유에 비하여 화재 및 폭발의 위험성이 훨씬 커서 주택 및 근린생활시설이 들어설 지역에 LPG충전소의 설치금지는 불가피하다 할 것이고 석유와 LPG의 위와 같은 차이를 고려하여 연구단지 내 녹지구역에 LPG충전소의 설치를 금지한 것은 위와 같은 합리적 이유에 근거한 것이므로 이 사건 시행령 규정이 평등원칙에 위배된다고 볼 수 없다.

② 행정의 자기구속의 원칙

🔎 행정의 자기구속의 원칙에 대한 설명으로 옳지 않은 것은? (다툼이 있는 경우 판례에 의함)

▶ 2018. 4. 7. 인사혁신처

① 헌법재판소는 평등의 원칙이나 신뢰보호의 원칙을 근거로 행정의 자기구속의 원칙을 인정하고 있다.
② 반복적으로 행해진 행정처분이 위법하더라도 행정의 자기구속의 원칙에 따라 행정청은 선행처분에 구속된다.
③ 행정의 자기구속의 원칙은 법적으로 동일한 사실관계, 즉 동종의 사안에서 적용이 문제되는 것으로 주로 재량의 통제법리와 관련된다.
④ 재량준칙이 공표된 것만으로는 행정의 자기구속의 원칙이 적용될 수 없고, 재량준칙이 되풀이 시행되어 행정관행이 성립한 경우에 행정의 자기구속의 원칙이 적용될 수 있다.

㉠ 의의 : 평등의 원칙에서 도출되는 원리로서 동종의 사안에 대하여 제3자에게 한 것과 동일한 기준의 결정을 상대방에게도 하여야 한다는 원칙이다.

㉡ 도출 : 행정규칙(재량준칙)은 원래 외부적 효력이 없지만 이것이 평등의 원칙을 매개로 하면 행정청은 모든 국민에게 동일한 준칙을 적용하도록 구속되므로 결과적으로 재량권을 축소하게 되는 외부적 효력을 갖게 된다(전환규범).

㉢ 근거 : 독일에서는 신뢰보호의 원칙에서 찾고 있으나, 우리나라에서는 평등의 원칙에서 찾고 있다. 참고로, 헌법재판소의 판례에서는 평등의 원칙, 신뢰보호의 원칙 모두를 근거로 보기도 한다.

판례 이른바 행정규칙은 일반적으로 행정조직 내부에서만 효력을 가지는 것이고 대외적인 구속력을 갖는 것이 아니다. 다만, 행정규칙이 법령의 규정에 의하여 행정관청에 법령의 구체적 내용을 보충할 권한을 부여한 경우, 또는 재량권 행사의 준칙인 규칙이 그 정한 바에 따라 되풀이 시행되어 행정관행이 이룩되게 되면 평등의 원칙이나 신뢰보호의 원칙에 따라 행정기관은 그 상대방에 대한 관계에서 그 규칙에 따라야 할 자기구속을 당하게 되는 경우에는 대외적인 구속력을 가지게 된다(헌재결 1990. 9. 3. 90헌마13).

㉣ 요건 : 재량행위에서만 인정되고 행정규칙 중 재량준칙에만 적용이 가능하다. 규범해석규칙은 기속행위이므로 이 원칙이 적용되지 않는다. 행정청이 구속되기 위해 선례가 필요한가에 대해 필요설과 불요설이 대립하고 있다. 필요설은 선례가 반드시 필요하다고 하나 불요설은 '예기관행'의 관념을 이용하여 선례가 불필요하다고 한다.

※ 예기관행 : 행정규칙이 최초로 적용되는 경우에도 그 기준이 예상되면 이것을 '예기관행'이라 하여 행정청은 이에 따라 처분하여야 한다.

‖정답 ②

ⓜ **효력** : 자기구속의 원칙에 위반한 행정작용은 위헌·위법한 것이어서 항고소송의 대상이 되며, 이 원칙에 위반한 행정작용으로 인해 손해를 입은 자는 국가배상청구도 가능하게 된다.

ⓗ **한계** : 자기구속의 원칙은 적법한 행정행위에만 인정되며 위법한 행정행위에는 인정되지 않는다.

③ 비례의 원칙(과잉금지의 원칙)

ⓐ **의의** : 행정주체가 구체적인 행정목적을 실현함에 있어서 그 목적과 수단 간에는 합리적 비례 관계가 유지되어야 한다는 것을 의미한다.

ⓑ **근거** : 헌법 제37조 제2항에서 국민의 모든 자유와 권리는 국가안전보장·질서유지 또는 공공복리를 위하여 필요한 경우에 한하여 법률로써 제한할 수 있으며, 제한하는 경우에도 자유와 권리의 본질적인 내용을 침해할 수 없다고 규정하고 있다. 또한 행정기본법 제10조와 행정대집행법 제2조 등 개별법에 근거를 두고 있다.

ⓒ **내용** : 행정청이 행하는 행정작용은 행정목적을 달성하는 데 유효하고 적절할 것(적합성), 행정목적을 달성하는 데 필요한 최소한도에 그칠 것(필요성-최소침해), 행정작용으로 인한 국민의 이익 침해가 그 행정작용이 의도하는 공익보다 크지 아니할 것(상당성-협의의 비례)이라는 요건을 충족하여 행해져야 한다(행정기본법 제10조).

ⓓ **적용영역** : 모든 행정작용에 적용된다. 이 원칙이 수익적 행정영역(급부행정)에 적용되면 과잉급부금지의 원칙이 된다.

ⓔ **효력** : 비례의 원칙에 위반한 행정작용은 위헌·위법한 것이어서 항고소송의 대상이 되며, 이 원칙에 위반한 행정작용으로 인해 손해를 입은 자는 국가배상청구도 가능하게 된다.

Point 팁

비례의 원칙 관련 판례 정리

ⓐ 헌재결정 1997.7.16, 95헌가6 : 동성동본 금혼 관련 혼인에 관한 국민의 자유와 권리를 제한하는 것은 위헌이다.

ⓑ 헌재결정 2007.6.28, 2004헌마44 : 재외국민의 선거권 행사에 대한 전면 부정은 정당한 목적을 찾기 어렵다 결정하여, 재외 국민의 선거권 행사 부정에 대한 위헌결정

ⓒ 헌재결정 1989.11.20, 89헌가102 : 변호사 개업신고 관련 개업신고 전 2년 이내의 근무자가 속하는 지방법원의 관할구역 안에서 3년간 개업을 금지하는 것은 선택된 수단이 목적에 적합하지 아니하다 하여 비례원칙 위반으로 본 사례

ⓓ 대판 1985.11.12, 85누303 : 행정청이 면허취소와 관련된 재량권을 보유하고 있는 경우라도 그 재량권이 비례의 원칙과 평등의 원칙의 한계를 벗어났다면 위법하다고 한 사례

기출문제

문 다음 중 비례의 원칙에 대한 설명으로 옳지 않은 것은?
▶ 2009. 7. 19. 서울특별시

① 행정청이 행정작용을 통해 달성하려는 목적과 그 목적달성을 위해 행정청이 선택한 구체적 수단 간에 합리적 비례관계가 존재하여야 한다는 것을 의미한다.

② 행정작용에 대한 비례의 원칙은 일반적으로 헌법적 원칙으로 이해되고 있다.

③ 비례의 원칙이 적용되는 것은 침해행정영역이고, 급부행정영역의 경우에는 이 원칙이 적용되지 않는다.

④ 비례의 원칙의 내용 중 상당성의 원칙을 흔히 협의의 비례의 원칙이라고도 한다.

⑤ 비례의 원칙에 반하는 행정작용은 위헌·위법이 된다.

정답 ③

기출문제

[비례원칙위반으로 본 사례]

(1) 헌재결 2011.6.30, 2009헌마406
집회 관련 서울 광장에서의 일체의 집회는 물론 일반인의 통행까지 막는 것은 필요한 최소한의 조치였다 보기 어렵다.

(2) 대판 1967.5.2, 67누24
1회의 요정 출입을 이유로 공무원을 파면 처분한 사건은 비례의 원칙을 넘어 과도한 징계로 비례원칙 위반으로 본 사례

(3) 대판 2001.7.27, 99두9490
청소년 유해매체물로 결정·고시된 만화인 사실을 모르고 있던 도서대여업자가 그 고시일로부터 8일 후에 청소년에게 그 만화를 대여하고 그에 따라 700만 원의 과징금이 부과된 사건에서 대법원은 비례원칙 위반으로 본 사례

(4) 대판 2003.3.14, 2002다57218
경찰관의 가스총 사용시 최소한의 안전수칙을 준수함으로써 장비사용으로 인한 사고 발생을 미리 막아야 할 주의 의무가 있다고 판단함으로써 경찰의 진압 과정에서 비례의 원칙을 위반한 사례

(5) 공정한 업무처리에 대한 사의로 두고 간 돈 30만원이 든 봉투를 소지함으로써 피동적으로 금품을 수수하였다가 돌려 준 20여년 근속의 경찰공무원에 대한 해임처분이 사회통념상 현저하게 타당성을 잃어 재량권의 남용에 해당한다(대판 1991. 7.23. 90누8954).

[비례원칙위반이 아니라고 본 사례]

(1) 대판 2006.4.14, 2004두3854
지방식품의약품안전처장이 수입 녹용 중 전지 3대를 절단부위로부터 5cm까지의 부분을 절단하여 측정한 회분함량이 기준치를 0.5% 초과하였다는 이유로 수입 녹용 전부에 대하여 전량 폐기 또는 반송처리를 지시한 처분이 재량권을 일탈·남용한 경우에 해당하지 않는다고 한 사례

(2) 대판 1996.5.10, 96누2903
15년간 공무원생활을 했고 재직 중 표창을 받는 등 성실하였다 하더라도 공무원이 그 직무와 관련하여 부탁을 받거나 스스로 사례를 요구하여 금원을 수수한 경우, 해임의 징계처분 조치는 비례의 원칙에 위반하지 않는다고 한 사례

(3) 대판 1998.11.10, 98두12017
교도소 수용자에게 반입 금지된 물품 등을 전달하여 주고 그 가족으로부터 금품 및 향응을 제공받은 경우 해임의 징계처분을 한 조치는 비례의 원칙에 위반하지 않는다.

(4) 대판 2007.1.11, 2004두10432
사법시험 2차 과락제도는 비례의 원칙을 위반하지 않는다고 본 사례

(5) 대판 1996.9.6, 96누5995

다른 차들의 통행을 원활하게 하기 위하여 승용차를 주차목적으로 자신의 집 앞약 6m를 운행했다 해도 이는 도로교통법상의 음주운전에 해당하고 이미 음주운전으로 면허정지처분을 받은 적이 있는데도 혈중알콜농도 0.182%의 만취상태에서 운전한 것이라면 교통사고가 발생하지 않았어도 운전면허취소처분은 적법하다.

(6) 대판 2012.11.29, 2012도10269

"도로교통법 제44조 제1항을 2회 이상 위반한" 것에 개정된 위 도로교통법이 시행된 2011. 12. 9. 이전에 구 도로교통법 제44조 제1항을 위반한 음주운전 전과까지 포함되는 것으로 해석하는 것이 형벌불소급의 원칙이나 일사부재리의 원칙또는 비례의 원칙에 위배된다고 할 수 없다.

(7) 대판 1995.9.26, 95누6069

음주측정 요구 거부 등을 이유로 자동차운전면허의 취소는 비례원칙을 위반한것이 아니라는 사례

④ 신뢰보호의 원칙

ㄱ 의의 : 행정청은 공익 또는 제3자의 이익을 현저히 해칠 우려가 있는 경우를 제외하고는 행정에 대한 국민의 정당하고 합리적인 신뢰를 보호하여야 한다는 원칙을 말한다(행정기본법 제12조 제1항). 영미법상의 '금반언의 법리(Estoppel)'와 같은 의미이다.

※ 금반언의 법리(Estoppel) : 일방 당사자가 전에 주장한 바 있고 타방에서 이를 신뢰한경우에는 일방 당사자는 종전의 자신의 주장과 모순되는 주장 내지 언동을 하는 것이금지된다는 불문율이다.

ㄴ 근거 : 헌법상 법치주의의 내용인 법적안정성을 신뢰보호의 원칙의 이론적 근거로 보는 것이 학설의 일반적 견해이며, 실정법에서는 행정기본법 제12조제1항, 국세기본법 제18조 제3항, 행정절차법 제4조 제2항에서 명문으로 신뢰보호의 원칙을 규정하고 있다.

판례 법령의 개정에서 신뢰보호원칙이 적용되어야 하는 이유는, 어떤 법령이 장래에도 그대로 존속할 것이라는 합리적이고 정당한 신뢰를 바탕으로 국민이 그 법령에 상응하는 구체적 행위로 나아가 일정한 법적 지위나 생활관계를 형성하여 왔음에도 국가가 이를 전혀 보호하지 않는다면 법질서에 대한 국민의 신뢰는 무너지고 현재의 행위에 대한 장래의 법적 효과를 예견할 수 없게 되어 법적 안정성이 크게 저해되기 때문이다(대판 2007.10.29. 2005두4649(전합)).

Point 팁 독일 미망인사건 … 동베를린에 거주하고 있던 공무원의 과부가 서베를린의 관계행정기관에 대해 자기가 서베를린에 이주하게 되면 과부연금을 탈 수 있는가를 문의하였다. 그에 대해 관계공무원은 가능하다고 대답하였다. 그 말을 믿고 그 동베를린 여인은 서베를린에 이주하였는데, 너무 늦게 이주한 탓으로 이미 연금청구권은 실권상태에 있었다. 그럼에도 불구하고 연방행정법원은 이 사건에서 신뢰보호사상을 원용하여원고의 청구를 인용하였다.

문 행정법의 일반원칙에 대한 설명으로 옳은 것은? (다툼이 있는 경우 판례에 의함)

▶ 2020. 6. 13. 지방직/서울특별시

① 비례의 원칙은 행정에만 적용되는 원칙이므로 입법에서는 적용될 여지가 없다.

② 신뢰보호의 원칙이 적용되기 위한 요건인 행정권의 행사에 관하여 신뢰를 주는 선행조치가되기 위해서는 반드시 처분청자신의 적극적인 언동이 있어야만 한다.

③ 동일한 사항을 다르게 취급하는것은 합리적 이유가 없는 차별이므로, 같은 정도의 비위를 저지른 자들은 비록 개전의 정이있는지 여부에 차이가 있다고하더라도 징계 종류의 선택과양정에 있어 동일하게 취급받아야 한다.

④ 재량권행사의 준칙인 행정규칙이 그 정한 바에 따라 되풀이시행되어 행정관행이 이루어지게 되면 평등의 원칙이나 신뢰보호의 원칙에 따라 행정기관은그 상대방에 대한 관계에서 그규칙에 따라야 할 자기구속을받게 된다.

정답 ④

ⓒ **신뢰보호의 요건**

- **선행조치** : 행정기관의 선행조치가 존재하여야 한다. 선행조치에는 법령, 규칙, 처분, 합의, 행정지도 등 국가의 모든 작용이 포함되며 명시적·묵시적 또는 적극적·소극적 언동을 모두 포함한다. 선행조치는 명시적·묵시적 의사표시를 모두 포함하나 행정청의 처분행위가 아직 존재하지 않는 경우에는 선행조치가 있다고 할 수 없으므로 신뢰보호를 주장할 수 없다. 판례는 '공적 견해표명'이라는 표현을 쓰고 있다. 행정청의 위법한 행정행위도 선행조치가 될 수 있지만, 무효인 견해표명에 대한 신뢰는 부정된다.
- **선행조치에 반하는 처분** : 행정기관이 선행조치에 반하는 처분을 행해야 한다.
- **보호가치** : 선행조치에 대한 관계인의 신뢰가 보호가치가 있어야 한다. 즉, 상대방의 귀책사유가 없어야 한다. 따라서 사기, 강박, 증수뢰, 부정신고 등 관계자의 부정행위가 있었거나 그 작용의 위법성을 인식하고 있었던 경우에는 보호가치가 부정된다.
- **상대방의 조치** : 행정기관의 조치를 신뢰하여 상대방이 건축개시 등 일정한 조치를 행한 경우에만 인정된다.
- **인과관계** : 행정청의 선행조치와 상대방의 조치 사이에는 인과관계가 있어야 한다. 즉, 상대방이 행정청의 선행행위에 대하여 정당성과 계속성을 믿음으로써 일정한 행위를 하였어야 한다.

[공적 견해표명으로 본 경우]

(1) 대판 1997. 9.12. 96누18380

일반적으로 행정상의 법률관계에 있어서 행정청의 행위에 대하여 신뢰보호의 원칙이 적용되기 위하여는, 첫째 행정청이 개인에 대하여 신뢰의 대상이 되는 공적인 견해표명을 하여야 하고, 둘째 행정청의 견해표명이 정당하다고 신뢰한 데에 대하여 그 개인에게 귀책사유가 없어야 하며, 셋째 그 개인이 그 견해표명을 신뢰하고 이에 어떠한 행위를 하였어야 하고, 넷째 행정청이 위 견해표명에 반하는 처분을 함으로써 그 견해표명을 신뢰한 개인의 이익이 침해되는 결과가 초래되어야 하며, 이러한 요건을 충족할 때에는 행정청의 처분은 신뢰보호의 원칙에 반하는 행위로서 위법하게 된다고 할 것이고, 또한 위 요건의 하나인 행정청의 공적 견해표명이 있었는지의 여부를 판단하는 데 있어 반드시 행정조직상의 형식적인 권한분장에 구애될 것은 아니고 담당자의 조직상의 지위와 임무, 당해 언동을 하게 된 구체적인 경위 및 그에 대한 상대방의 신뢰가능성에 비추어 실질에 의하여 판단하여야 한다. <u>종교법인이 도시계획구역 내 생산녹지로 답인 토지에 대하여 종교회관 건립을 이용목적으로 하는 토지거래계약의 허가를 받으면서 담당공무원이 관련 법규상 허용된다 하여 이를 신뢰하고 건축준비를 하였으나 그 후 당해 지방자치단체장이 다른 사유를 들어 토지형질변경허가신청을 불허가 한 것이 신뢰보호원칙에 반한다.</u>

(2) 대판 1998. 5. 8. 98두4061

폐기물처리업에 대하여 사전에 관할 관청으로부터 적정통보를 받고 막대한 비용을 들여 허가요건을 갖춘 다음 허가신청을 하였음에도 다수 청소업자의 난립으로 안정적이고 효율적인 청소업무의 수행에 지장이 있다는 이유로 한 불허가처분이 신뢰보호의 원칙 및 비례의 원칙에 반하는 것으로서 재량권을 남용한 위법한 처분이다.

(3) 대판 2019. 1.17. 2018두42559

과세관청의 공적인 견해표명은 원칙적으로 일정한 책임 있는 지위에 있는 세무공무원에 의하여 명시적 또는 묵시적으로 이루어짐을 요하나, 신의성실의 원칙 내지 금반언의 원칙은 합법성을 희생하여서라도 납세자의 신뢰를 보호함이 정의, 형평에 부합하는 것으로 인정되는 특별한 사정이 있는 경우에 적용되는 것으로서 납세자의 신뢰보호라는 점에 그 법리의 핵심적 요소가 있는 것이므로, <u>과세관청의 공적 견해표명이 있었는지 여부를 판단하는 데 있어 반드시 행정조직상의 형식적인 권한분장에 구애될 것은 아니고 담당자의 조직상 지위와 임무, 당해 언동을 하게 된 구체적인 경위 및 그에 대한 납세자의 신뢰가능성에 비추어 실질에 의하여 판단하여야 한다.</u> 외교부 소속 전·현직 공무원을 회원으로 하는 비영리 사단법인인 甲 법인이 재외공무원 자녀들을 위한 기숙사 건물을 신축하면서, 甲 법인과 외무부장관이 과세관청과 내무부장관에게 취득세 등 지방세 면제 의견을 제출하자, 내무부장관이 '甲 법인이 학술연구단체와 장학단체이고 甲 법인이 직접 사용하기 위하여 취득하는 부동산이라면 취득세가 면제된다'고 회신하였고, 이에 과세관청은 약 19년 동안 甲 법인에 대하여 기숙사 건물 등 부동산과 관련한 취득세·재산세 등을 전혀 부과하지 않았는데, 그 후 과세관청이 위 부동산이 학술연구단체가 고유업무에 직접 사용하는 부동산에 해당하지 않는다는 등의 이유로 재산세 등의 부과처분을 한 사안에서, <u>甲 법인이 위 견해표명을 신뢰한 데에 어떠한 귀책사유가 있다고 볼 수 없으므로,</u> 위 처분은 신의성실의 원칙에 반하는 것으로서 위법하다.

[공적 견해표명이 아니라고 본 경우]

(1) 대판 1998. 9.25. 98두6494

일반적으로 폐기물처리업 사업계획에 대한 적정통보에 당해 토지에 대한 형질변경 허가신청을 허가하는 취지의 공적 견해표명이 있는 것으로는 볼 수 없다고 할 것이고, 더구나 토지의 지목변경 등을 조건으로 그 토지상의 폐기물처리업 사업계획에 대한 적정통보를 한 경우에는 위 조건부적정통보에 토지에 대한 형질변경허가의 공적 견해표명이 포함되어 있었다고 볼 수 없다.

(2) 대판 2001. 4.24. 2000두5203

일반적으로 조세 법률관계에서 과세관청의 행위에 대하여 신의성실의 원칙이 적용되기 위하여는 과세관청이 납세자에게 신뢰의 대상이 되는 공적인 견해표명을 하여야 하고, 또한 국세기본법 제18조 제3항에서 말하는 비과세관행이 성립하려면 상당한 기간에 걸쳐 과세를 하지 아니한 객관적 사실이 존재할 뿐만 아니라 과세관청 자신이 그 사항에 관하여 과세할 수 있음을 알면서도 어떤 특별한 사정 때문에 과세하지 않는다는 의사가 있어야 하며 위와 같은 공적 견해나 의사는 명시적 또는 묵시적으로 표시되어야 하지만, 묵시적 표시가 있다고 하기 위하여는 단순한 과세누락과는 달리 과세관청이 상당기간 불과세 상태에 대하여 과세하지 않겠다는 의사표시를 한 것으로 볼 수 있는 사정이 있어야 하고, 이 경우 특히 과세관청의 의사표시가 일반론적인 견해표명에 불과한 경우에는 위 원칙의 적용을 부정하여야 한다.

(3) 대판 2003. 6.27. 2002두6965

헌법재판소의 위헌결정은 행정청이 개인에 대하여 신뢰의 대상이 되는 공적인 견해를 표명한 것이라고 할 수 없으므로 그 결정에 관련한 개인의 행위에 대하여는 신뢰보호의 원칙이 적용되지 아니한다.

(4) 대판 2006. 6. 9. 2004두46

개발이익환수에 관한 법률에 정한 개발사업을 시행하기 전에, 행정청이 토지 지상에 예식장 등을 건축하는 것이 관계 법령상 가능한지 여부를 질의하는 민원예비심사에 대하여 관련부서 의견으로 개발이익환수에 관한 법률에 '저촉사항 없음'이라고 기재하였다고 하더라도, 이후의 개발부담금부과처분에 관하여 신뢰보호의 원칙을 적용하기 위한 요건인, 개인에 대하여 신뢰의 대상이 되는 공적인 견해표명을 한 것이라고는 보기 어렵다.

(5) 대판 2005. 4.28. 2004두8828

폐기물관리법령에 의한 폐기물처리업 사업계획에 대한 적정통보와 국토이용관리법령에 의한 국토이용계획변경은 각기 그 제도적 취지와 결정단계에서 고려해야 할 사항들이 다르다는 이유로, 폐기물처리업 사업계획에 대하여 적정통보를 한 것만으로 그 사업부지 토지에 대한 국토이용계획변경신청을 승인하여 주겠다는 취지의 공적인 견해표명을 한 것으로 볼 수 없다.

ⓒ **보호의 내용**: 존속보호를 원칙으로 하되 그것이 불가능할 경우 보상보호에 의한다.

ⓓ **효력**: 신뢰보호의 원칙에 위반한 행정작용은 위헌·위법한 것이어서 항고소송의 대상이 되며, 이 원칙에 위반한 행정작용으로 인해 손해를 입은 자는 국가배상청구도 가능하게 된다.

ⓗ **신뢰보호의 한계**: 법치국가원리의 2대 요소인 법률적합성과 법적 안정성은 서로 상충관계에 있다. 따라서 이들 중 어느 쪽에 우위를 두는가에 따라 신뢰보호의 한계가 정해진다. 법률적합성 우위설, 동위설, 이익교량설 등이 대립하고 있으나 양자는 동등한 가치를 가진다는 전제하에 추구하고자 하는 공익과 보호해야 할 사익을 비교·형량하여야 한다는 이익교량설이 우리나라 통설·판례이다.

ⓢ **신뢰보호의 적용례**

- 위법한 수익적 행정행위의 취소는 제한된다.
- 적법한 행정행위의 철회는 제한된다.
- 계획변경의 경우에도 이를 신뢰한 사인은 보호된다. 그러나 원칙적으로 계획보장청구권은 인정되지 않고 다만 손실보상청구권만이 인정된다.
- 실권의 법리 : 행정청은 권한 행사의 기회가 있음에도 불구하고 장기간 권한을 행사하지 아니하여 국민이 그 권한이 행사되지 아니할 것으로 믿을 만한 정당한 사유가 있는 경우에는 그 권한을 행사해서는 아니 된다. 다만, 공익 또는 제3자의 이익을 현저히 해칠 우려가 있는 경우는 예외로 한다(행정기본법 제12조 제2항).

판례 택시운전사가 1983.4.5 운전면허정지기간중의 운전행위를 하다가 적발되어 형사처벌을 받았으나 행정청으로부터 아무런 행정조치가 없어 안심하고 계속 운전업무에 종사하고 있던중 행정청이 위 위반행위가 있은 이후에 장기간에 걸쳐 아무런 행정조치를 취하지 않은채 방치하고 있다가 3년여가 지난 1986.7.7에 와서 이를 이유로 행정제재를 하면서 가장 무거운 운전면허를 취소하는 행정처분을 하였다면 이는 행정청이 그간 별다른 행정조치가 없을 것이라고 믿은 신뢰의 이익과 그 법적안정성을 빼앗는 것이 되어 매우 가혹할 뿐만 아니라 비록 그 위반행위가 운전면허취소사유에 해당한다 할지라도 그와 같은 공익상의 목적만으로는 위 운전사가 입게 될 불이익에 견줄바 못된다 할 것이다(대판 1987.9.8.87누373).

비교판례 교통사고가 일어난지 1년 10개월이 지난 뒤 그 교통사고를 일으킨 택시에 대하여 운송사업면허를 취소하였더라도 처분관할관청이 위반행위를 적발한 날로부터 10일 이내에 처분을 하여야 한다는 교통부령인 자동차운수사업법제31조등의규정에의한사업면허의취소등의처분에관한규칙 제4조 제2항 본문을 강행규정으로 볼 수 없을 뿐만 아니라 택시운송사업자로서는 자동차운수사업법의 내용을 잘 알고 있어 교통사고를 낸 택시에 대하여 운송사업면허가 취소될 가능성을 예상할 수도 있었을 터이니, 자신이 별다른 행정조치가 없을 것으로 믿고 있었다 하여 바로 신뢰의 이익을 주장할 수는 없으므로 그 교통사고가 자동차운수사업법 제31조 제1항 제5호 소정의 "중대한 교통사고로 인하여 많은 사상자를 발생하게 한 때"에 해당한다면 그 운송사업면허의 취소가 행정에 대한 국민의 신뢰를 저버리고 국민의 법생활의 안정을 해치는 것이어서 재량권의 범위를 일탈한 것이라고 보기는 어렵다(대판 1989.6.27.88누6283).

기출문제

신뢰보호의 원칙에 대한 설명으로 옳지 않은 것은? (다툼이 있는 경우 판례에 의함)
▶ 2020. 7. 11. 인사혁신처

① 관할관청이 폐기물처리업 사업계획에 대하여 적정통보를 한 것만으로도 그 사업부지 토지에 대한 국토이용계획변경신청을 승인하여 주겠다는 취지의 공적인 견해표명을 한 것으로 볼 수 있다.

② 행정청의 확약 또는 공적인 의사표명이 있은 후에 사실적·법률적 상태가 변경되었다면, 그와 같은 확약 또는 공적인 의사표명은 행정청의 별다른 의사표시를 기다리지 않고 실효된다.

③ 행정청의 공적 견해표명이 있었는지 여부를 판단하는 데 있어 반드시 행정조직상의 형식적인 권한분장에 구애될 것은 아니고 담당자의 조직상의 지위와 임무, 당해 언동을 하게 된 구체적인 경위 및 그에 대한 상대방의 신뢰가능성에 비추어 실질에 의하여 판단하여야 한다.

④ 입법 예고를 통해 법령안의 내용을 국민에게 예고한 적이 있다고 하더라도 그것이 법령으로 확정되지 아니한 이상 국가가 이해관계자들에게 그 법령안에 관련된 사항을 약속하였다고 볼 수 없으며, 이러한 사정만으로 어떠한 신뢰를 부여하였다고 볼 수도 없다.

정답 ①

⑤ **부당결부금지의 원칙**

　㉠ **의의** : 행정작용을 함에 있어서 그와 실체적 관련이 없는 상대방의 반대급부를 조건으로 해서는 안된다는 원칙이다(백화점 건축허가에 있어 인근 공원의 미화사업을 조건으로 하는 경우 등).

　㉡ **근거** : 학설은 일반적으로 헌법상 법치국가원리에서 도출된다고 보고 있다. 실정법으로는 행정기본법 제13조에서 명문으로 부당결부금지의 원칙을 규정하고 있다.

　㉢ **적용영역** : 공법상 계약, 보조금지급, 부관 등에 적용된다. 판례는 주택사업계획승인을 하면서 이 사업과 아무 관련이 없는 토지를 기부채납하도록 하는 부관을 붙인 경우 이 부관은 위법하다고 했다(대판 1997. 3. 11,96다49650). 또한 오토바이 음주운전을 이유로 제1종 대형면허를 취소한 처분은 부당결부금지의 원칙에 위배되어 위법하다고 하였다(대판 1992. 9. 22, 91누8289).

　　※ **기부채납** : 증여계약의 일종으로 기부자 소유의 재산을 지방자치단체에 기부하고자 하는 의사표시에 대하여 지방자치단체 또는 관리청이 승낙함으로써 그 재산이 국가에 귀속되게 하는 계약이다.

판례 65세대의 공동주택을 건설하려는 사업주체(지역주택조합)에게 주택건설촉진법 제33조에 의한 주택건설사업계획의 승인처분을 함에 있어 그 주택단지의 진입도로 부지의 소유권을 확보하여 진입도로 등 간선시설을 설치하고 그 부지 소유권 등을 기부채납하며 그 주택건설사업 시행에 따라 폐쇄되는 인근 주민들의 기존 통행로를 대체하는 통행로를 설치하고 그 부지 일부를 기부채납하도록 조건을 붙인 경우, 주택건설촉진법과 같은법 시행령 및 주택건설기준등에관한 규정 등 관련 법령의 관계 규정에 의하면 그와 같은 조건을 붙였다 하여도 다른 특별한 사정이 없는 한 필요한 범위를 넘어 과중한 부담을 지우는 것으로서 형평의 원칙 등에 위배되는 위법한 부관이라 할 수 없다(대판 1997. 3.14. 96누16698).

section 8 행정법의 효력

(1) 시간적 효력

① **효력발생시기**

　㉠ 법령과 조례·규칙은 그 시행일에 관하여 특별한 규정이 없으면 공포한 날로부터 20일을 경과함으로써 효력을 발생한다. 다만, 국민의 권리제한과 의무부과에 관한 경우에는 30일을 경과함으로써 효력을 발생한다〈헌법 제53조 제7항, 법령 등 공포에 관한 법률 제13조의2〉.

　㉡ 공포일은 '그 법령 등을 게재한 관보 또는 신문이 발행된 날'이다〈법령 등 공포에 관한 법률 제12조〉.

ⓒ 발행된 날을 언제로 보느냐에 대하여는 도달주의에 입각해서 관보가 서울의 중앙보급소에 도달하여 국민이 구독 가능한 상태에 놓인 최초의 시점으로 보는 설(최초구독가능시설)이 통설·판례이다.

ⓔ 효력발생일이 시행일이 된다.

ⓜ 헌법개정·법률·조약·대통령령·총리령 및 부령의 공포와 헌법개정안·예산 및 예산 외 국고부담계약의 공고는 <u>관보</u>에 게재함으로써 한다(법령등 공포에 관한 법률 제11조 제1항). 국회의장이 법률을 공포하는 경우(국회법 제98조 제3항)에는 서울특별시에서 발행되는 둘 이상의 일간신문에 게재함으로써 한다(법령 등 공포에 관한 법률 제11조 제2항).

ⓗ 지방자치법 제26조에 따른 조례와 규칙의 공포는 해당 지방자치단체의 <u>공보</u>에 게재하는 방법으로 한다. 다만, 지방의회의 의장이 공포하는 경우에는 <u>공보</u>나 <u>일간신문</u>에 게재하거나 <u>게시판</u>에 게시한다(지방자치법시행령 제30조 제1항).

② **소급입법금지의 원칙** … 기득권 존중과 법적 안정성, 예측가능성을 위해 법령이 공포·시행되기 전에 종결된 사실에 대하여는 적용되지 않는다. 그러나 소급적용이 국민에게 유리한 경우(진정소급)와 계속 진행중인 사실(부진정소급)에 대해서는 예외적으로 소급적용이 가능하다(대판 1995. 4. 25, 93누13728).

> **판례** 소급입법은, 새로운 입법을 이미 종료된 사실관계 또는 법률관계에 적용하도록 하는 진정소급입법과, 현재 진행 중인 사실관계 또는 법률관계에 적용하게 하는 부진정소급입법으로 나눌 수 있다. 이 중에서 기존의 법에 의하여 이미 형성된 개인의 법적 지위를 사후입법을 통하여 박탈함을 내용으로 하는 <u>진정소급입법은 개인의 신뢰보호와 법적 안정성을 내용으로 하는 법치국가원리에 의하여 허용되지 않음이 원칙이다. 반면 부진정소급입법은 원칙적으로 허용되지만, 소급효를 요구하는 공익상의 사유와 신뢰보호를 요구하는 개인보호의 사유 사이의 교량과정에서 그 범위에 제한이 가하여질 수 있다.</u> 또한 법률불소급의 원칙은 그 법률의 효력발생 전에 완성된 요건사실에 대하여 그 법률을 적용할 수 없다는 의미일 뿐, 계속 중인 사실이나 그 이후에 발생한 요건사실에 대한 법률적용까지를 제한하는 것은 아니다(대판 2001. 11. 13. 2001두5705).
>
> 친일재산은 취득·증여 등 원인행위 시에 국가의 소유로 한다고 규정하고 있는 '친일반민족행위자 재산의 국가귀속에 관한 특별법' 제3조 제1항 본문은 진정소급입법에 해당하지만, 진정소급입법이라 하더라도 예외적으로 국민이 소급입법을 예상할 수 있었거나 신뢰보호 요청에 우선하는 심히 중대한 공익상 사유가 소급입법을 정당화하는 경우 등에는 허용될 수 있는데, <u>친일재산의 소급적 박탈은 일반적으로 소급입법을 예상할 수 있었던 예외적인 사안이</u>고, 진정소급입법을 통해 침해되는 법적 신뢰는 심각하다고 볼 수 없는 데 반해 이를 통해 달성되는 공익적 중대성은 압도적이라고 할 수 있으므로 진정소급입법이 허용되는 경우에 해당한다(대판 2011. 5.13. 2009다26831,26848,26855,26862).
>
> 과세단위가 시간적으로 정해지는 조세에 있어 과세표준기간인 <u>과세연도 진행 중</u>에 세율인상 등 납세의무를 가중하는 세법의 제정이 있는 경우에는 이미 충족되지 아니한 과세요건을 대상으로 하는 강학상 이른바 부진정 소급효의 경우이므로 그 과세년도개시시에 소급적용이 허용된다(대판1983. 4.26. 81누423).

기출문제

📖 **행정법의 시간적 효력에 대한 판례의 입장으로 옳지 않은 것은?**
▶ 2015. 3. 14. 사회복지직

① 법령을 소급적용하더라도 일반 국민의 이해에 직접 관계가 없는 경우나 오히려 그 이익을 증진하는 경우, 불이익이나 고통을 제거하는 경우에는 예외적으로 법령의 소급적용이 허용된다.

② 일반적으로 국민이 소급입법을 예상할 수 있었거나 법적 상태가 불확실하고 혼란스러워 보호할 만한 신뢰이익이 적은 경우에도 진정소급입법이 허용되지 않는다.

③ 법률조항에 대하여 헌법재판소가 헌법불합치결정을 하여 그 법률조항을 합헌적으로 개정 또는 폐지하는 임무를 입법자의 형성 재량에 맡긴 이상, 그 개선입법의 소급적용 여부와 소급적용의 범위는 원칙적으로 입법자의 재량에 달려 있다.

④ 법령의 효력이 시행일 이전에 소급하지 않는다는 것은 시행일 이전에 이미 종결된 사실에 대하여 법령이 적용되지 않는다는 것을 의미하는 것이지, 시행일 이전부터 계속되는 사실에 대하여도 법령이 적용되지 않는다는 의미가 아니다.

┃정답 ②

③ **효력의 소멸**

　㉠ 일정한 유효기간이 규정되어 있는 한시법의 경우 그 기한이 도래하면 효력이 당연히 상실된다.

　㉡ 비한시법인 경우에는 당해 법령 또는 그와 동위·상위의 법령에 의한 명시적 개폐가 있거나 그와 저촉되는 법령이 사후 제정에 의하여 효력을 상실한다. 판례는 집행명령의 경우 근거법령인 상위법령이 폐지되면 실효되는 것이나 상위법령이 개정됨에 그친 경우에는 개정법령에 저촉되지 아니한 범위 내에서 효력을 유지한다고 하였다(대판 1989. 9.12. 88누6962).

(2) 지역적 효력

행정법은 원칙적으로 대한민국 내에서 효력을 가짐이 원칙이다.

① **원칙** … 일반적으로 행정법규는 그것을 제정한 기관의 권한이 미치는 모든 지역에 대하여 효력을 가진다. 따라서 국회나 중앙행정관청이 제정한 법령은 전국에 효력을 미치고, 지방자치단체가 제정하는 조례·규칙은 당해 자치단체의 구역에 대해서만 효력을 가진다.

② **지역적 효력의 예외**

　㉠ 국제법상 치외법권을 가지는 외교사절이 사용하는 토지 등이나 외국 군대가 사용하는 시설 등

　㉡ 국가가 제정한 법이라도 그 내용에 따라 일부지역에 대해서만 효력을 가지는 경우 : 수출자유지역설치법 등 영토 내의 일부지역에서만 적용됨을 예상하여 제정된 법률(수도권정비계획법, 지역균형개발 및 지방중소기업육성에 관한 법률, 자유무역지역의 지정 및 운영에 관한 법률 등)

　㉢ 지자체가 다른 지자체의 구역 안에 공공시설을 설치한 경우처럼 제정기관의 본래의 관할구역을 벗어나 적용되는 경우

(3) 대인적 효력

① **원칙** … 행정법규는 속지주의의 원칙에 따라 내국인·외국인, 자연인·법인 여하를 불문하고 그 영토 또는 구역 내에 있는 모든 자에게 적용된다. 동시에 속인주의에 의해 보충적으로 국외의 내국인에게도 적용된다.

② **대인적 효력의 예외**

　㉠ 국제법상 치외법권을 가진 외국 원수 또는 외교사절에는 우리나라 행정법규가 적용되지 않는다(외교관계에 관한 Wien조약).

　㉡ 국내에 주둔하는 미합중국군대 구성원에 대하여는 한·미행정협정에 의하여 우리나라 법의 적용이 매우 제한되고 있다.

ⓒ 일반 외국인에 대하여는 행정법규의 일반적 적용이 원칙이나, 상호주의의 원칙에 따라 적용되거나(국가배상법) 법령상 외국인에 대한 특칙을 두는 경우도 있다〈출입국관리법 제11조〉.

ⓔ 판례는 북한 주민도 속지주의에 따라 우리 행정법이 적용된다고 하였고(대판 1996. 11. 12, 96누1221), 일본 영주권을 취득한 우리나라 국민도 국내법을 적용해야 한다고 한 바 있다(대판 1981. 10. 13, 80다2435).

2020 지방직 9급

1 행정법의 일반원칙에 대한 설명으로 옳은 것은? (다툼이 있는 경우 판례에 의함)

① 비례의 원칙은 행정에만 적용되는 원칙이므로 입법에서는 적용될 여지가 없다.

② 신뢰보호의 원칙이 적용되기 위한 요건인 행정권의 행사에 관하여 신뢰를 주는 선행조치가 되기 위해서는 반드시 처분청 자신의 적극적인 언동이 있어야만 한다.

③ 동일한 사항을 다르게 취급하는 것은 합리적 이유가 없는 차별이므로, 같은 정도의 비위를 저지른 자들은 비록 개전의 정이 있는지 여부에 차이가 있다고 하더라도 징계 종류의 선택과 양정에 있어 동일하게 취급받아야 한다.

④ 재량권행사의 준칙인 행정규칙이 그 정한 바에 따라 되풀이 시행되어 행정관행이 이루어지게 되면 평등의 원칙이나 신뢰보호의 원칙에 따라 행정기관은 그 상대방에 대한 관계에서 그 규칙에 따라야 할 자기구속을 받게 된다.

2020 국가직 9급

2 행정법의 법원(法源)의 효력에 대한 설명으로 옳지 않은 것은? (다툼이 있는 경우 판례에 의함)

① 학교급식을 위해 국내 우수농산물을 사용하는 자에게 식재료나 구입비의 일부를 지원하는 것 등을 내용으로 하는 지방자치단체의 조례안이 '1994년 관세 및 무역에 관한 일반협정'을 위반하여 위법한 이상, 그 조례안은 효력이 없다.

② 국민의 권리 제한 또는 의무 부과와 직접 관련되는 법률, 대통령령, 총리령 및 부령은 긴급히 시행하여야 할 특별한 사유가 있는 경우를 제외하고는 공포일부터 적어도 30일이 경과한 날부터 시행되도록 하여야 한다.

③ 진정소급입법이라 하더라도 예외적으로 국민이 소급입법을 예상할 수 있었거나 신뢰보호의 요청에 우선하는 심히 중대한 공익상의 사유가 소급입법을 정당화하는 경우 등에는 허용될 수 있다.

④ 개발제한구역의 지정 및 관리에 관한 특별조치법령의 개정으로 허가나 신고 없이 개발제한구역 내 공작물 설치행위를 할 수 있게 되었다면, 그 법령의 시행 전에 이미 범하여진 위법한 설치행위에 대한 가벌성은 소멸한다.

2020 국가직 9급

3 신뢰보호의 원칙에 대한 설명으로 옳지 않은 것은?(다툼이 있는 경우 판례에 의함)

① 관할관청이 폐기물처리업 사업계획에 대하여 적정통보를 한 것만으로도 그 사업부지 토지에 대한 국토이용계획변경신청을 승인하여 주겠다는 취지의 공적인 견해표명을 한 것으로 볼 수 있다.

② 행정청의 확약 또는 공적인 의사표명이 있은 후에 사실적·법률적 상태가 변경되었다면, 그와 같은 확약 또는 공적인 의사표명은 행정청의 별다른 의사표시를 기다리지 않고 실효된다.

③ 행정청의 공적 견해표명이 있었는지 여부를 판단하는 데 있어 반드시 행정조직상의 형식적인 권한분장에 구애될 것은 아니고 담당자의 조직상의 지위와 임무, 당해 언동을 하게 된 구체적인 경위 및 그에 대한 상대방의 신뢰가능성에 비추어 실질에 의하여 판단하여야 한다.

④ 입법 예고를 통해 법령안의 내용을 국민에게 예고한 적이 있다고 하더라도 그것이 법령으로 확정되지 아니한 이상 국가가 이해관계자들에게 그 법령안에 관련된 사항을 약속하였다고 볼 수 없으며, 이러한 사정만으로 어떠한 신뢰를 부여하였다고 볼 수도 없다.

2021 국가직 9급

4 행정법의 법원(法源)에 대한 설명으로 옳지 않은 것은? (다툼이 있는 경우 판례에 의함)

① 지방자치단체가 제정한 조례가 헌법에 의하여 체결·공포된 조약에 위반되는 경우 그 조례는 효력이 없다.

② 행정소송에 관하여 「행정소송법」에 특별한 규정이 없는 사항에 대하여는 「법원조직법」과 「민사소송법」 및 「민사집행법」의 규정을 준용한다.

③ 평등원칙은 일체의 차별적 대우를 부정하는 절대적 평등을 의미하는 것이 아니라 입법과 법의 적용에 있어서 합리적인 근거가 없는 차별을 배제하는 상대적 평등을 뜻한다.

④ 개정 법령이 기존의 사실 또는 법률관계를 적용대상으로 하면서 국민의 재산권과 관련하여 종전보다 불리한 법률효과를 규정하고 있는 경우, 그러한 사실 또는 법률관계가 개정 법률이 시행되기 이전에 이미 완성 또는 종결된 것이 아니라면 소급입법금지원칙에 위반된다.

2021 국가직 9급

5 행정법의 일반원칙에 관련된 다음의 설명 중 옳은 것은? (다툼이 있는 경우 판례에 의함)

① 국가가 국민의 생명·신체의 안전에 대한 보호의무를 다하지 않았는지 여부를 헌법재판소가 심사할 때에는 국가가 이를 보호하기 위하여 적어도 적절하고 효율적인 최소한의 보호조치를 취하였는가 하는 '과소보호 금지원칙'의 위반 여부를 기준으로 삼는다.

② 행정청이 조합설립추진위원회의 설립승인 심사에서 위법한 행정처분을 한 선례가 있는 경우에는, 행정청에 대해 자기구속력을 갖게 되어 이후에도 그러한 기준에 따라야 한다.

③ 공무원 임용신청 당시 잘못 기재된 호적상 출생연월일을 생년월일로 기재하고, 임용 후 36년 동안 이의를 제기하지 않다가, 정년을 1년 3개월 앞두고 정정된 출생연월일을 기준으로 정년연장을 요구하는 것은 신의성실의 원칙에 반한다.

④ 일반적으로 행정청이 폐기물처리업 사업계획에 대한 적정통보를 한 경우 이는 토지에 대한 형질변경신청을 허가하는 취지의 공적 견해표명까지도 포함한다.

2021 지방직 9급

6 행정법의 법원(法源)의 효력에 대한 설명으로 옳지 않은 것은?

① 헌법개정·법률·조약·대통령령·총리령 및 부령의 공포는 관보에 게재함으로써 한다.

② 「국회법」에 따라 하는 국회의장의 법률 공포는 서울특별시에서 발행되는 둘 이상의 일간신문에 게재함으로써 한다.

③ 법령의 공포일은 해당 법령을 게재한 관보 또는 신문이 발행된 날로 한다.

④ 관보의 내용 해석 및 적용 시기 등에 대하여 종이관보가 전자관보보다 우선적 효력을 가진다.

2021 지방직 9급

7 신뢰보호의 원칙에 대한 설명으로 옳은 것(O)과 옳지 않은 것(×)을 바르게 연결한 것은? (다툼이 있는 경우 판례에 의함)

> ㉮ 행정청이 공적인 의사표명을 하였다면 이후 사실적·법률적 상태의 변경이 있더라도 행정청이 이를 취소하지 않는 한 여전히 공적인 의사표명은 유효하다.
> ㉯ 재량권 행사의 준칙인 행정규칙의 공표만으로 상대방은 보호가치 있는 신뢰를 갖게 되었다고 볼 수 있다.
> ㉰ 행정청이 공적 견해를 표명하였는지를 판단할 때는 반드시 행정조직상의 형식적인 권한분장에 구애될 것은 아니다.
> ㉱ 신뢰보호원칙의 위반은 「국가배상법」상의 위법 개념을 충족시킨다.

	㉮	㉯	㉰	㉱
①	×	×	O	O
②	O	O	×	O
③	O	×	O	×
④	×	O	O	×

2020 지방직 7급

8 신뢰보호원칙에 대한 설명으로 옳지 않은 것은? (다툼이 있는 경우 판례에 의함)

① 신뢰보호의 원칙과 행정의 법률적합성의 원칙이 충돌하는 경우 국민보호를 위해 원칙적으로 신뢰보호의 원칙이 우선한다.

② 수익적 행정처분의 하자가 당사자의 사실은폐에 의한 신청행위에 기인한 것이라면 당사자는 그 처분에 관한 신뢰이익을 원용할 수 없다.

③ 면허세의 근거법령이 제정되어 폐지될 때까지의 4년 동안 과세관청이 면허세를 부과할 수 있음을 알면서도 수출확대라는 공익상 필요에서 한 건도 부과한 일이 없었다면 비과세의 관행이 이루어졌다고 보아도 무방하다.

④ 행정청이 상대방에게 장차 어떤 처분을 하겠다고 공적인 의사표명을 하면서 상대방에게 언제까지 처분의 발령을 신청하도록 유효기간을 둔 경우, 그 기간 내에 상대방의 신청이 없었다면 그 공적인 의사표명은 행정청의 별다른 의사표시를 기다리지 않고 실효된다.

9 법률유보원칙에 대한 설명으로 옳지 않은 것은?

① 전부유보설은 모든 행정작용이 법률에 근거해야 한다는 입장으로, 행정의 자유영역을 부정하는 견해이다.

② 헌법재판소는 예산도 일종의 법규범이고, 법률과 마찬가지로 국회의 의결을 거쳐 제정되며, 국가기관뿐만 아니라 일반국민도 구속한다고 본다. 따라서 법률유보원칙에서 말하는 법률에는 예산도 포함된다.

③ 중요사항유보설은 행정작용에 법률의 근거가 필요한지 여부에 그치지 않고 법률의 규율정도에 대해서도 설명하는 이론이다.

④ 헌법재판소는 텔레비전방송수신료의 금액결정은 납부의무자의 범위 등과 함께 수신료에 관한 본질적인 중요한 사항이므로 국회가 스스로 행하여야 하는 사항에 속한다는 입장이다.

10 신뢰보호의 원칙에 대한 대법원 판례의 내용으로 옳지 않은 것은?

① 「개발이익환수에 관한 법률」에 정한 개발사업을 시행하기 전에, 행정청이 민원예비심사로서 관련부서 의견으로 '저촉사항 없음'이라고 기재한 것은 공적인 견해표명에 해당한다.

② 도시계획구역 내 생산녹지로 답(畓)인 토지에 대하여 종교회관 건립을 이용목적으로 하는 토지거래계약의 허가를 받으면서 담당공무원이 관련법규상 허용된다고 하여 이를 신뢰하고 건축준비를 하였으나 그 후 토지형질변경허가신청을 불허가한 것은 신뢰보호의 원칙에 위반된다.

③ 병무청 담당부서의 담당공무원에게 공적 견해의 표명을 구하는 정식의 서면질의 등을 하지 아니한 채 총무과 민원팀장에 불과한 공무원이 민원봉사차원에서 상담에 응하여 안내한 것을 신뢰한 경우, 신뢰보호의 원칙이 적용되지 않는다.

④ 교통사고가 일어난 지 1년 10개월이 지난 뒤 그 교통사고를 일으킨 택시에 대하여 운송사업면허를 취소한 경우, 택시운송사업자로서는 「자동차운수사업법」의 내용을 잘 알고 있어 교통사고를 낸 택시에 대하여 운송사업면허가 취소될 가능성을 예상할 수 있었으므로 별다른 행정조치가 없을 것으로 자신이 믿고 있었다 하여도 신뢰의 이익을 주장할 수는 없다.

11 다음 중 평등의 원칙에 관한 설명 중 옳지 않은 것은?

① 정당한 사유가 없는 한 다른 자에게 행한 처분보다 불리한 처분을 하여서는 안된다.

② 평등의 원칙은 헌법 제11조에서 도출되는 원칙이며 이를 위반하면 위헌이 된다.

③ 따라서 이 원칙에 위반하면 손해배상청구와 행정쟁송이 가능하다.

④ 대법원은 당직근무대기중 심심풀이로 화투놀이를 한 경우 3명은 견책에 처하고 한 명은 파면을 택한 경우 이를 합법한 것이라 한 바 있다.

12 다음 중 비례의 원칙에 관한 설명 중 옳지 않은 것은?

① 행정작용에 있어 목적과 수단 사이에는 합리적인 비례관계가 있어야 한다는 원리이다.

② 적합성의 원칙, 필요성의 원칙, 상당성의 원칙을 그 내용으로 한다.

③ 판례는 구「변호사법」제10조 제2항의 개업지 제한규정에 대하여 직업선택의 자유를 제한하고 있으나 상당성의 원칙에 부합하여 합헌이라고 하였다.

④ 비례의 원칙은 헌법에 근거하는 원리로서 이에 위반하면 위헌·위법이나 취소사유가 됨이 원칙이다.

13 행정법의 효력에 대한 설명으로 옳지 않은 것은? (다툼이 있는 경우 판례에 의함)

① 신뢰보호의 요청에 우선하는 심히 중대한 공익상의 사유가 소급입법을 정당화하는 경우 등에는 예외적으로 진정소급 입법이 허용된다.

② 부진정소급입법은 원칙적으로 허용되지만 소급효를 요구하는 공익상의 사유와 신뢰보호의 요청 사이의 교량 과정에서 신뢰보호의 관점이 입법자의 형성권에 제한을 가하게 된다.

③ 경과규정 등의 특별규정 없이 법령이 변경된 경우, 그 변경 전에 발생한 사항에 대하여 적용할 법령은 개정 후의 신법령이다.

④ 대통령령, 총리령 및 부령은 특별한 규정이 없으면 공포한 날부터 20일이 경과함으로써 효력을 발생한다.

14 다음 중 부당결부금지원칙의 관계에 관한 설명 중 옳지 않은 것은?

① 이륜자동차로서 제2종 소형면허를 가진 사람만이 운전할 수 있는 오토바이는 제1종 대형면허나 보통면허를 가지고서도 이를 운전할 수 없는 것이어서 이와 같은 이륜자동차의 운전은 제1종 대형면허나 보통면허와는 아무런 관련이 없는 것이므로 이륜자동차를 음주운전한 사유만 가지고서는 제1종 대형면허나 보통면허의 취소나 정지를 할 수 없다.

② 택시의 운전은 제1종 보통면허 및 특수면허 모두로 운전할 수 있으므로 택시의 음주운전을 이유로 위 두 가지 운전면허 모두를 취소할 수 있다.

③ 제1종 보통·대형·특수면허를 가진 자가 제1종 보통·대형면허만으로 운전할 수 있는 12인승 승합자동차를 운전하다 운전면허취소 사유가 발생한 경우, 제1종 특수면허도 취소할 수 있다.

④ 건축물에 인접한 도로의 개설을 위한 도시계획사업시행허가처분은 건축물에 대한 건축허가처분과는 별개의 행정처분이므로 사업시행허가를 함에 있어 조건으로 내세운 기부채납의무를 이행하지 않았음을 이유로 한 건축물에 대한 준공거부처분은 건축법에 근거 없이 이루어진 것으로서 위법하다

15 다음 중 비례원칙과 관련된 설명으로 옳지 않은 것은?

① 행정작용에 있어 목적과 수단 사이에는 합리적인 비례관계가 있어야 한다는 원리이다.

② 필요성의 원칙은 행정기관의 조치가 그 목적달성에 적합한 것이어야 한다는 것이다.

③ 비례의 원칙은 적합성의 원칙, 필요성의 원칙, 상당성의 원칙이 순서대로 적용된다. 즉, 먼저 적합성의 원칙이 충족되는지 본 후 충족되면 다음 단계인 필요성의 원칙으로 넘어간다.

④ 모든 행정작용에 적용되고, 이 원칙이 수익적 행정영역(급부행정)에 적용되면 과잉급부금지의 원칙이 된다.

정답및해설

1	④	2	④	3	①	4	④	5	①
6	④	7	①	8	①	9	②	10	①
11	④	12	③	13	③	14	③	15	②

1 ④ 재량권행사의 준칙인 규칙이 그 정한 바에 따라 되풀이 시행되어 행정관행이 이룩되게 되면, 평등의 원칙이나 신뢰보호의 원칙에 따라 행정기관은 그 상대방에 대한 관계에서 그 규칙에 따라야할 자기구속을 당하게 되고, 그러한 경우에는 대외적인 구속력을 가지게 된다 할 것이다(헌재결 1990. 9. 3. 90헌마13).

① 비례의 원칙은 목적과 수단사이에 합리적인 비례관계가 유지되어야 한다는 원칙으로 헌법 제37조제2항을 근거로 하고 있다. 비례의 원칙은 헌법상의 원칙으로 입법행위에도 당연히 적용된다.

② 공적 견해표명이 있었는지의 여부를 판단하는 데 있어 반드시 행정조직상의 형식적인 권한분장에 구애될 것은 아니고 담당자의 조직상의 지위와 임무, 당해 언동을 하게 된 구체적인 경위 및 그에 대한 납세자의 신뢰가능성에 비추어 실질에 의하여 판단하여야 한다. 보건사회부장관이 "의료취약지 병원설립운영자 신청공고"를 하면서 국세 및 지방세를 비과세하겠다고 발표하였고, 그 후 내무부장관이나 시·도지사가 도 또는 시·군에 대하여 지방세 감면조례제정을 지시하여 그 조례에 대한 승인의 의사를 미리 표명하였다면, 보건사회부장관에 의하여 이루어진 위 비과세의 견해표명은 당해 과세관청의 그것과 마찬가지로 볼 여지가 충분하다고 할 것이다(대판 1996. 1.23. 95누13746)

③ 같은 정도의 비위를 저지른 자들 사이에 있어서도 그 직무의 특성 등에 비추어, 개전의 정이 있는지 여부에 따라 징계의 종류의 선택과 양정에 있어서 차별적으로 취급하는 것은, 사안의 성질에 따른 합리적 차별로서 이를 자의적 취급이라고 할 수 없는 것이어서 평등원칙 내지 형평에 반하지 아니한다(대판 1999 8.20. 99두2611).

2 ④ 종전에 허가를 받거나 신고를 하여야만 할 수 있던 행위의 일부를 허가나 신고 없이 할 수 있도록 법령이 개정되었다 하더라도 이는 법률 이념의 변천으로 과거에 범죄로서 처벌하던 일부 행위에 대한 처벌 자체가 부당하다는 반성적 고려에서 비롯된 것이라기보다는 사정의 변천에 따른 규제 범위의 합리적 조정의 필요에 따른 것이라고 보이므로, 위 개발제한구역의 지정 및 관리에 관한 특별조치법과 같은 법 시행규칙의 신설 조항들이 시행되기 전에 이미 범하여진 개발제한구역 내 비닐하우스 설치행위에 대한 가벌성이 소멸하는 것은 아니다(대판 2007. 9. 6. 2007도4197).

① 특정 지방자치단체의 초·중·고등학교에서 실시하는 학교급식을 위해 위 지방자치단체에서 생산되는 우수 농수축산물과 이를 재료로 사용하는 가공식품(이하 '우수농산물')을 우선적으로 사용하도록 하고 그러한 우수농산물을 사용하는 자를 선별하여 식재료나 식재료 구입비의 일부를 지원하며 지원을 받은 학교는 지원금을 반드시 우수농산물을 구입하는 데 사용하도록 하는 것을 내용으로 하는 위 지방자치단체의 조례안이 내국민대우원칙을 규정한 '1994년 관세 및 무역에 관한 일반협정'(General Agreement on Tariffs and Trade 1994)에 위반되어 그 효력이 없다(대판 2005. 9. 9. 2004추10).

② 법령공포법 제13조의 2

③ 진정소급입법이 허용되는 예외적인 경우로는 일반적으로, 국민이 소급입법을 예상할 수 있었거나, 법적 상태가 불확실하고 혼란스러웠거나 하여 보호할 만한 신뢰의 이익이 적은 경우와 소급입법에 의한 당사자의 손실이 없거나 아주 경미한 경우, 그리고 신뢰보호의 요청에 우선하는 심히 중대한 공익상의 사유가 소급입법을 정당화하는 경우를 들 수 있다(헌재결 1996. 2.16. 96헌가2 등).

3 ① 폐기물관리법령에 의한 폐기물처리업 사업계획에 대한 적정통보와 국토이용관리법령에 의한 국토이용계획변경은 각기 그 제도적 취지와 결정단계에서 고려해야 할 사항들이 다르다는 이유로, 폐기물처리업 사업계획에 대하여 적정통보를 한 것만으로 그 사업부지 토지에 대한 국토이용계획변경신청을 승인하여 주겠다는 취지의 공적인 견해표명을 한 것으로 볼 수 없다(대판 2005. 4.28. 2004두8828).

② 행정청이 상대방에게 장차 어떤 처분을 하겠다고 확약 또는 공적인 의사표명을 하였다고 하더라도, 그 자체에서 상대방으로 하여금 언제까지 처분의 발령을 신청을 하도록 유효기간을 두었는데도 그 기간 내에 상대방의 신청이 없었다거나 확약 또는 공적인 의사표명이 있은 후에 사실적·법률적 상태가 변경되었다면, 그와 같은 확약 또는 공적인 의사표명은 행정청의 별다른 의사표시를 기다리지 않고 실효된다(대판 1996. 8.20. 95누10877).

③ 행정상의 법률관계에 있어서 행정청의 행위에 대하여 신뢰보호의 원칙이 적용되기 위하여는, 첫째 행정청이 개인에 대하여 신뢰의 대상이 되는 공적인 견해표명을 하여야 하고, 둘째 행정청의 견해표명이 정당하다고 신뢰한 데에 대하여 그 개인에게 귀책사유가 없어야 하며, 셋째 그 개인이 그 견해표명을 신뢰하고 이에 어떠한 행위를 하였어야 하고, 넷째 행정청이 위 견해표명에 반하는 처분을 함으로써 그 견해표명을 신뢰한 개인의 이익이 침해되는 결과가 초래되어야 하며, 이러한 요건을 충족할 때에는 행정청의 처분은 신뢰보호의 원칙에 반하는 행위로서 위법하게 된다고 할 것이고, 또한 위 요건의 하나인 행정청의 공적 견해표명이 있었는지의 여부를 판단하는 데 있어 반드시 행정조직상의 형식적인 권한분장에 구애될 것은 아니고 담당자의 조직상의 지위와 임무, 당해 언동을 하게 된 구체적인 경위 및 그에 대한 상대방의 신뢰가능성에 비추어 실질에 의하여 판단하여야 한다(대판 1997. 9.12. 96누18380).

④ 정책의 주무 부처인 중앙행정기관이 그 소관 사항에 대하여 입안한 법령안은 법제처 심사 등의 절차를 거쳐 공포함으로써 확정되므로, 법령이 확정되기 이전에는 법적 효과가 발생할 수 없다. 따라서 입법 예고를 통해 법령안의 내용을 국민에게 예고한 적이 있다고 하더라도 그것이 법령으로 확정되지 아니한 이상 국가가 이해관계자들에게 위 법령안에 관련된 사항을 약속하였다고 볼 수 없으며, 이러한 사정만으로 어떠한 신뢰를 부여하였다고 볼 수도 없다(대판 2018. 6.15. 2017다249769).

4 ④ 소급입법은, 신법이 이미 종료된 사실관계에 작용하는지(과거에 완성된 사실 또는 법률관계를 규율대상으로 하는지), 아니면 과거에 시작되었으나 아직 완성되지 아니하고 현재 진행 중에 있는 사실관계에 작용하는지에 따라 이른바 '진정소급입법'과 '부진정소급입법'으로 구분되는바, 전자는 헌법적으로 허용되지 않는 것이 원칙인 반면, 후자는 원칙적으로 허용되지만 소급효를 요구하는 공익상의 사유와 신뢰보호의 요청 사이의 교량과정에서 신뢰보호의 관점이 입법자의 형성권에 제한을 가하게 된다(헌재 2003. 4.24. 2002헌바9).

① (가) '1994년 관세 및 무역에 관한 일반협'(이하 'GATT)은 1994. 12. 16. 국회의 동의를 얻어 같은 달 23. 대통령의 비준을 거쳐 같은 달 30. 공포되고 1995. 1. 1. 시행된 조약인 '세계무역기구(WTO) 설립을 위한 마라케쉬협정'의 부속 협정(다자간 무역협정)이고, '정부조달에 관한 협정'(이하 'AGP'라 한다)은 1994. 12. 16. 국회의 동의를 얻어 1997. 1. 3. 공포시행된 조약(복수국가간 무역협정)으로서 각 헌법 제6조 제1항에 의하여 국내법령과 동일한 효력을 가지므로 지방자치단체가 제정한 조례가 GATT나 AGP에 위반되는 경우에는 그 효력이 없다. (나) 특정 지방자치단체의 초·중·고등학교에서 실시하는 학교급식을 위해 위 지방자치단체에서 생산되는 우수 농수축산물과 이를 재료로 사용하는 가공식품을 우선적으로 사용하도록 하고 그러한 우수농산물을 사용하는 자를 선별하여 식재료나 식재료 구입비의 일부를 지원하며 지원을 받은 학교는 지원금을 반드시 우수농산물을 구입하는 데 사용하도록 하는 것을 내용으로 하는 위 지방자치단체의 조례안이 내국민대우원칙을 규정한 '1994년 관세 및 무역에 관한 일반협정'에 위반되어 그 효력이 없다(대판 2005. 9. 9. 2004추10).

② 행정소송법 제8조 제2항.

③ 헌법 제11조 제1항에서 말하는 평등의 원칙은 일체의 차별적 대우를 부정하는 절대적 평등을 의미하는 것이 아니라, 입법과 법의 적용에 있어서 합리적인 근거가 없는 차별을 하여서는 아니된다는 상대적 평등을 뜻하고, 따라서 합리적인 근거가 있는 차별 또는 불평등은 평등의 원칙에 반하는 것이 아니다(대판 2010. 5.27. 2009추190).

5 ① 헌법재판소는 권력분립의 관점에서 소위 "과소보호금지원칙"을, 즉 국가가 국민의 법익보호를 위하여 적어도 적절하고 효율적인 최소한의 보호조치를 취했는가를 기준으로 심사하게 된다. 따라서 입법부작위나 불완전한 입법에 의한 기본권의 침해는 입법자의 보호의무에 대한 명백한 위반이 있는 경우에만 인정될 수 있다. 다시 말하면 국가가 국민의 법익을 보호하기 위하여 전혀 아무런 보호조치를 취하지 않았든지 아니면 취한 조치가 법익을 보호하기에 명백하게 전적으로 부적합하거나 불충분한 경우에 한하여 헌법재판소는 국가의 보호의무의 위반을 확인할 수 있을 뿐이다(헌재 1997. 1.16. 90헌마110).

② 평등의 원칙은 본질적으로 같은 것을 자의적으로 다르게 취급함을 금지하는 것이고, 위법한 행정처분이 수차례에 걸쳐 반복적으로 행하여졌다 하더라도 그러한 처분이 위법한 것인 때에는 행정청에 대하여 자기구속력을 갖게 된다고 할 수 없다(대판 2009. 6.25. 2008두13132).

③ 지방공무원 임용신청 당시 잘못 기재된 호적상 출생연월일을 생년월일로 기재하고, 이에 근거한 공무원인사기록카드의 생년월일 기재에 대하여 처음 임용된 때부터 약 36년 동안 전혀 이의를 제기하지 않다가, 정년을 1년 3개월 앞두고 호적상 출생연월일을 정정한 후 그 출생연월일을 기준으로 정년의 연장을 요구하는 것이 신의성실의 원칙에 반하지 않는다(대판 2009. 3.26. 2008두21300).

④ 일반적으로 폐기물처리업 사업계획에 대한 적정통보에 당해 토지에 대한 형질변경허가신청을 허가하는 취지의 공적 견해표명이 있는 것으로는 볼 수 없다고 할 것이고, 더구나 토지의 지목변경 등을 조건으로 그 토지상의 폐기물처리업 사업계획에 대한 적정통보를 한 경우에는 위 조건부적정통보에 토지에 대한 형질변경허가의 공적 견해표명이 포함되어 있었다고 볼 수 없다(대판 1998. 9.25. 98두6494).

6 ④ 관보의 내용 해석 및 적용 시기 등에 대하여 종이관보와 전자관보는 동일한 효력을 가진다(법령공포법 제11조 제4항).

① 헌법개정·법률·조약·대통령령·총리령 및 부령의 공포와 헌법개정안·예산 및 예산 외 국고부담계약의 공고는 관보(官報)에 게재함으로써 한다(법령공포법 제11조 제1항).

② 「국회법」 제98조제3항 전단에 따라 하는 국회의장의 법률 공포는 서울특별시에서 발행되는 둘 이상의 일간신문에 게재함으로써 한다(법령공포법 제11조 제2항).

③ 법령 등의 공포일 또는 공고일은 해당 법령 등을 게재한 관보 또는 신문이 발행된 날로 한다(법령공포법 제12조).

cf. 조례와 규칙의 공포는 해당 지방자치단체의 공보에 게재하는 방법으로 한다. 다만, 지방의회의 의장이 공포하는 경우에는 공보나 일간신문에 게재하거나 게시판에 게시한다(지방자치법시행령 제30조).

7 ㈎ (x)행정청이 상대방에게 장차 어떤 처분을 하겠다고 확약 또는 공적인 의사표명을 하였다고 하더라도, 그 자체에서 상대방으로 하여금 언제까지 처분의 발령을 신청을 하도록 유효기간을 두었는데도 그 기간 내에 상대방의 신청이 없었다거나 확약 또는 공적인 의사표명이 있은 후에 사실적·법률적 상태가 변경되었다면, 그와 같은 확약 또는 공적인 의사표명은 행정청의 별다른 의사표시를 기다리지 않고 실효된다(대판 1996. 8.20. 95누10877).

㈏ (x)상급행정기관이 하급행정기관에 대하여 업무처리지침이나 법령의 해석적용에 관한 기준을 정하여 발하는 이른바 '행정규칙이나 내부지침'은 일반적으로 행정조직 내부에서만 효력을 가질 뿐 대외적인 구속력을 갖는 것은 아니므로 행정처분이 그에 위반하였다고 하여 그러한 사정만으로 곧바로 위법하게 되는 것은 아니다. 다만, 재량권 행사의 준칙인 행정규칙이 그 정한 바에 따라 되풀이 시행되어 행정관행이 이루어지게 되면 평등의 원칙이나 신뢰보호의 원칙에 따라 행정기관은 그 상대방에 대한 관계에서 그 규칙에 따라야 할 자기구속을 받게 되므로, 이러한 경우에는 특별한 사정이 없는 한 그를 위반하는 처분은 평등의 원칙이나 신뢰보호의 원칙에 위배되어 재량권을 일탈·남용한 위법한 처분이 된다(대판 2009.12.24. 2009두7967).

㈐ (o)과세관청의 공적 견해표명이 있었는지 여부를 판단하는 데 있어 반드시 행정조직상의 형식적인 권한분장에 구애될 것은 아니고 담당자의 조직상 지위와 임무, 당해 언동을 하게 된 구체적인 경위 및 그에 대한 납세자의 신뢰가능성에 비추어 실질에 의하여 판단하여야 한다(대판 2019. 1.17. 2018두42559).

㈑ (o)신뢰보호원칙은 헌법상 일반원칙에 해당하므로 이를 위반한 경우 위헌·위법한 행정작용이 된다.

8 ① 행정의 법률적합성의 원칙을 통해서 실현하고자 하는 공익과 침해되는 국민의 신뢰이익을 비교 형량하여 개별적으로 결정하여야 한다.

② 행정행위를 한 처분청은 그 행위에 하자가 있는 경우에는 별도의 법적 근거가 없더라도 스스로 이를 취소할 수 있고, 다만 수익적 행정처분을 취소할 때에는 이를 취소하여야 할 공익상의 필요와 그 취소로 인하여 당사자가 입게 될 기득권과 신뢰보호 및 법률생활 안정의 침해 등 불이익을 비교·교량한 후 공익상의 필요가 당사자가 입을 불이익을 정당화할 만큼 강한 경우에 한하여 취소할 수 있다. 그런데 수익적 행정처분의 하자가 당사자의 사실은폐나 기타 사위의 방법에 의한 신청행위에 기인한 것이라면, 당사자는 처분에 의한 이익을 위법하게 취득하였음을 알아 취소가능성도 예상하고 있었을 것이므로, 그 자신이 처분에 관한 신뢰이익을 원용할 수 없음은 물론, 행정청이 이를 고려하지 않았다 하여도 재량권의 남용이 되지 않는다(대판 2017. 4.27. 2015두41791).

③ 보세운송면허세의 과세관청은 면허부여기관인 세관장이 아니라 피고(서울특별시 영등포구청장)이므로 과세관청인 피고가 면허세를 부과할 수 있는 점을 알면서 면허세를 부과하지 아니한 것이라고 볼 수 있는 경우라야만 비과세의 관행이 성립되었다고 인정할 여지가 있는 것이다. 과세관청(서울특별시 영등포구청장)은 면허부여기관으로 부터 면허지령서 교부통보가 없어 과세원인발생사실을 모르고 있었기 때문에 4년동안 면허세의 과세처분이 없었다고 보여지는 바, 이 사건 면허세의 경우와 같이 면허세납부가 면허부여사무와 직결되어 면허부여기관의 사무처리에 따라 과세관청의 과세 및 징수처리가 이루어져 온 경우에 있어서는 납세자인 국민으로서는 면허세의 과세관청이 그 정을 알고 비과세처리를 하여온 것으로 믿을 수 밖에 없으니 납세자에 대한 관계에 있어서 외관상 과세관청이 그 정을 알고 면허세를 과세하지 아니한 것과 같이 해석함이 타당한 바이니 이로써 비과세의 관행이 성립된 것으로 볼 것이다(대판 1982.11.23. 81누21).

④ 행정청이 상대방에게 장차 어떤 처분을 하겠다고 확약 또는 공적인 의사표명을 하였다고 하더라도, 그 자체에서 상대방으로 하여금 언제까지 처분의 발령을 신청을 하도록 유효기간을 두었는데도 그 기간 내에 상대방의 신청이 없었다거나 확약 또는 공적인 의사표명이 있은 후에 사실적·법률적 상태가 변경되었다면, 그와 같은 확약 또는 공적인 의사표명은 행정청의 별다른 의사표시를 기다리지 않고 실효된다(대판 1996. 8.20. 95누10877).

9 ② 예산은 일종의 법규범이고 법률과 마찬가지로 국회의 의결을 거쳐 제정되지만 법률과 달리 국가기관만을 구속할 뿐 일반국민을 구속하지 않는다. 국회가 의결한 예산 또는 국회의 예산안 의결은 헌법재판소법 제68조 제1항 소정의 '공권력의 행사'에 해당하지 않고 따라서 헌법소원의 대상이 되지 아니한다(헌재 2006. 4. 25, 2006헌마409).

10 ① 「개발이익환수에 관한 법률」에 정한 개발사업을 시행하기 전에, 행정청이 토지 지상에 예식장 등을 건축하는 것이 관계 법령상 가능한지 여부를 질의하는 민원예비심사에 대하여 관련부서 의견으로 개발이익환수에 관한 법률에 '저촉사항 없음'이라고 기재하였다고 하더라도, 이후의 개발부담금부과처분에 관하여 신뢰보호의 원칙을 적용하기 위한 요건인, 개인에 대하여 신뢰의 대상이 되는 공적인 견해표명을 한 것이라고는 보기 어렵다(대판 2006. 6. 9, 2004두46)

11 ④ 대법원은 당직근무 대기중 심심풀이로 화투놀이를 한 경우 3명은 견책에 처하고 한 명은 파면을 택한 경우 이를 위법한 것이라 한 바 있다(대판 1972. 12. 26, 72누194).

12 ③ 판례는 구 변호사법 제10조 제2항의 개업지 제한규정에 대하여 직업선택의 자유를 제한하는 것으로 비례의 원칙에 위반하여 위헌이라고 하였다(헌재 1989. 11. 20, 89헌가102).

13 ③ 법령이 변경된 경우 신 법령이 피 적용자에게 유리하여 이를 적용하도록 하는 경과규정을 두는 등의 특별한 규정이 없는 한 헌법 제13조 등의 규정에 비추어 볼 때 그 변경 전에 발생한 사항에 대하여는 변경 후의 신 법령이 아니라 변경 전의 구 법령이 적용되어야 한다(대판 2002. 12. 10, 2001두3280).
① 헌재 1999. 7. 22, 97헌바76
② 헌재 1999. 7 .22, 97헌바76
④ 법령 등 공포에 관한 법률 제13조

14 ③ 제1종 보통·대형·특수면허를 가진 자가 제1종 보통·대형면허만으로 운전할 수 있는 12인승 승합자동차를 운전하다 운전면허취소 사유가 발생한 경우, 제1종 특수면허는 취소할 수 없다(대판 1998. 3. 24, 98두1031).

15 ②는 적합성의 원칙에 해당한다.

※ 비례의 원칙은 다음의 3요소를 그 내용으로 한다. 이는 단계적으로 적용되는데 어느 한 가지 요소만 흠결이 있어도 당해 원칙에 위배된다.

- 적합성의 원칙 : 행정기관의 조치·수단은 그 목적달성에 적합한 것이어야 한다.
- 필요성의 원칙(최소 침해의 원칙) : 목적달성을 위한 여러 수단이 존재하는 경우 침해가 가장 적은 방법을 선택해야 한다.
- 상당성의 원칙(협의의 비례원칙) : 위의 두 요건이 충족되는 경우에도 그것에 의해 달성되는 이익이 침해되는 불이익보다 더 커야 한다.

03 행정법상의 법률관계

기출문제

section 1 공법관계와 사법(私法)관계

(1) 의의

공법관계와 사법관계 중 공법관계만이 행정법관계(행정상 법률관계)에 해당한다. 그러나 공법관계와 사법관계의 구별 또는 공법과 사법의 구별은 선험적으로 존재하는 것이 아니라 실정법·제도상으로 구분되는 것일 뿐이다. 오늘날은 행정상 법률관계가 사인 간의 법률관계와 성질을 달리한다는 법기술적 이유가 오히려 주된 이유가 되고 있다.

① 공법의 법적 근원
　㉠ 대륙법계: 공·사법 이원적 법체계→공·사법 구별 확립
　㉡ 영미법계: 공·사법 일원적 법체계→공·사법 구별 하지 않음

② 공사법 구별에 관한 다툼
　㉠ 구별부정설: Kelsen은 순수법학을 제창하고 법 단계설을 수립한 오스트리아의 법학자로서 법치주의 사상, 즉 법 아래의 지배를 주장하였다.
　㉡ 구별긍정설이 오늘날 다수설이다.

(2) 구별실익

우리 나라의 경우 프랑스·독일 등과 달리 행정사건도 일반 사법법원의 일반적 관할로 되어 있기 때문에 이들 국가들만큼 구별이 중요하지는 않으나 실체법적으로는 구체적 법률관계에 적용할 법규나 법원칙을 결정하기 위해, 절차법적으로는 쟁송수단과 재판 관할의 문제를 결정하기 위해 필요하며 행정법이 행정에 관한 국내 공법을 의미하므로 행정법학의 대상이 되는 행정법의 범위를 결정하기 위하여서도 공·사법관계의 구별은 실익이 있다. 이는 구체적 법률관계에 적용할 법규나 법 원칙을 결정하기 위하여 필요하다는 가장 중요한 의미를 가진다.

① 적용법리의 결정 … 특정법관계가 공법관계로 파악되는 경우 그것은 행정법규 및 행정법 고유의 불문법원리에 의한 규율을 받게 된다.

② 소송절차 … 우리나라에서는 행정사건도 일반 사법(司法)법원의 관할로 되어 있으나 소송절차에 있어서는 행정사건의 특수성을 감안하여 행정소송법이 제정되어 있고 민사소송과는 다른 절차(제소기간 등)를 규정하고 있다.

문 공법관계와 사법관계에 대한 설명으로 옳은 것은? (다툼이 있는 경우 판례에 의함)
▶ 2020. 6. 13. 지방직/서울특별시

① 「행정절차법」은 공법관계는 물론 사법관계에 대해서도 적용된다.
② 공법관계는 행정소송 중 항고소송의 대상이 되며, 사인 간의 법적 분쟁에 관한 사법관계는 행정소송 중 당사자소송의 대상이 된다.
③ 법률관계의 한쪽 당사자가 행정주체인 경우에는 공법관계로 보는 것이 판례의 일관된 입장이다.
④ 입찰보증금의 국고귀속조치는 국가가 사법상의 재산권의 주체로서 행위하는 것이지, 공권력을 행사하는 것이거나 공권력작용과 일체성을 가진 것이 아니라 할 것이다.

┃정답 ④

③ **행정강제** … 행정상 강제는 행정법상의 의무위반 또는 그 불이행에 대하여만 적용되므로 당해 법률관계가 행정법관계인지 사법관계인지를 구별할 실익이 있다.

(3) 구별기준

① **주체설**

㉠ **구 주체설** : 법률관계의 주체를 기준으로 하여 적어도 그 일방당사자가 국가 기타 행정주체인 경우는 공법관계이고 그 당사자가 모두 사인인 경우는 사법(私法)관계라고 본다. 그러나 행정주체의 행위라도 국고행위는 사법관계이고 사인간의 관계라도 조세의 원천징수나 선장·기장의 경찰권행사 등은 공법관계가 된다는 점에서 적절한 기준이 되지 못한다.

※ **공법** : 국가 등 행정주체를 적어도 일방당사자로 하는 법률관계 규율
　사법(私法) : 사인 상호 간의 법률관계 규율

㉡ **신 주체설**(특별법설, 귀속설, 독일 통설) : 울프(Wolff)가 구 주체설을 보완한 것으로서 국가 등 공권력을 담당하는 행정주체에 대해서만 권리·의무를 부여하면 공법이고 모든 권리주체에 권리·의무를 부여하면 사법이라고 한다. 그러나 행정주체에 대해서만 권리·의무를 부여하는지의 여부는 관계법규가 공법인지 여부에 의해서 비로소 결정되는 것이라는 비판이 있다. 행정주체가 사경제주체로서 행하는 영역(공사도급계약·물품구입계약)은 공법에서 제외되고, 공법상 계약 또는 수권사인의 행위는 공법의 적용을 받는다.

※ **공법** : 공권력의 부하자(擔荷者)(담당자, 귀속주체)에 대해서만 권리의무 귀속
　사법 : 누구에게나 권리의무를 귀속

② **권력설**(지배설, 복종설, 성질설) … 당해 법률관계가 지배·복종관계인지 또는 대등관계인지에 따라 전자를 공법관계로, 후자를 사법관계로 보고 전자를 규율하는 법을 공법, 후자를 규율하는 법을 사법이라 한다. 그러나 민법 친족편 등 사법관계에도 지배·복종관계가 있고 공법관계에도 공법상 계약과 같은 대등관계가 있다.

※ **공법** : 상하관계·지배복종관계 규율
　사법 : 대등관계 규율

③ **이익설** … 공익목적에 봉사하는 법률관계를 공법관계로, 사익추구에 봉사하는 법률관계를 사법관계로 보고 각각을 규율하는 법을 공법과 사법이라 한다. 그러나 공익의 관념을 명확히 구분하기 어렵고 대부분의 법규는 공익과 사익을 모두 추구하고 있다는 점에서 비판되고 있다.

※ **공법** : 공익의 보호목적
　사법 : 사익의 보호목적

④ **생활설(관계설)** … 법이 규율하는 생활관계를 기준으로 구별하는 견해이다. 그러나 정치적 생활관계와 민사적 생활관계의 구분이 모호하다.

※ 공법 : 정치적 생활관계 규율
사법 : 민사적 생활관계 규율

⑤ **행정특별법설** … 특별취급을 규정한 조항의 유무를 기준으로 구별한다.

⑥ **부정설(법일원설)** … 순수법학자들의 견해로, 법적으로는 국가도 하나의 권리의무의 주체에 지나지 않음을 들어 공법과 사법의 구별을 부정한다. 그러나 상대적 구별이 가능하다는 점에서 비판된다.

⑦ **종합적 판단설(복수기준설, 우리나라 통설)** … 구체적인 법률관계의 결정에 있어 상기의 학설을 모두 종합적으로 감안하여 판단하는 것이 바람직하다는 견해이다. 국가적 · 지배적 · 윤리적 · 타율적 · 공익적 규율에 관한 법은 공법이고, 개인적 · 평등적 · 경제적 · 자율적 · 사익적 규율에 관한 법은 사법이다.

(4) 구체적인 예

① **공법관계**

　㉠ 기부채납 행정재산에 대한 사용수익 허가

　㉡ 국유재산 무단점유자에 대한 변상금 부과

　㉢ 행정재산 사용수익자에 대한 사용료 부과, 국유재산 관리청의 사용료 부과

　㉣ 농지개량조합 직원의 근무관계

　㉤ 국가나 지방자치단체에 근무하는 청원경찰의 근무관계

　㉥ 서울시립무용단원의 위촉 · 해촉, 공중보건의사의 채용계약

　㉦ 전화요금 강제징수, 텔레비전 수신료 부과, 수도요금 부과징수

　㉧ 부가가치세 환급세액 지급청구(판례변경)(대판 2013.3.21.2011다95564전합)

② **사법관계**

　㉠ 국유일반재산(잡종재산)의 매각, 임대, 대부료 납입고지

　㉡ 기부채납 공유재산에 대한 무상사용 수익허가

　㉢ 토지수용시의 협의취득, 폐천부지의 양여행위

　㉣ 서울지하철공사, 한국방송공사, 교직원의료보험공단 직원의 근무관계
　　(단, 공단의 보험료 부과는 공법)

　㉤ 창덕궁 비원안내원 채용, 마사회소속 조교사 기수의 면허취소

　㉥ 철도, 지하철, 시영버스 이용

　㉦ 전기, 전화 가입 및 해지

　㉧ 국가를 당사자로 하는 계약에 관한 법률에 따른 입찰보증금 국고귀속조치
　　(동법에 따른 입찰참가자격 제한은 공법)

(5) 공법관계와 사법관계의 결합현상

① 상호 혼합하여 규율하는 경우(철도법은 공법 적용, 운송계약은 사법 준용 등)

② 공법적 행위에 의해 사법적 효과가 발생하는 경우[(광업허가(특허)에 의한 광업권(사권), 어업면허(특허)에 의한 어업권(사권) 등)]

③ 공법적 행위가 사법적 법률행위의 요소가 되는 경우(비영리법인의 설립인가, 공익사업의 양도인가, 토지거래허가 등)

④ 사법상 법률행위에 공법상 제한을 가하는 경우(경찰법·건축법·식품위생법 등에 의한 사법상의 영업단속 등)

> **판례** 국유재산의 무단점유자에 대한 변상금 부과는 공권력을 가진 우월적 지위에서 행하는 행정처분이고, 그 부과처분에 의한 변상금 징수권은 공법상의 권리인 반면, 민사상 부당이득반환청구권은 국유재산의 소유자로서 가지는 사법상의 채권이다. 변상금 부과·징수의 요건과 민사상 부당이득반환청구권의 성립 요건이 일치하는 것도 아니다. 이처럼 구 국유재산법상의 변상금 부과·징수권은 민사상 부당이득반환청구권과 법적 성질을 달리하므로, 국가는 무단점유자를 상대로 변상금 부과·징수권의 행사와 별도로 국유재산의 소유자로서 민사상 부당이득반환청구의 소를 제기할 수 있다. 그리고 이러한 법리는 국유재산 중 잡종재산(현행 국유재산법상의 일반재산)의 관리·처분에 관한 사무를 위탁받은 한국자산관리공사의 경우에도 마찬가지로 적용된다(대판 2014. 7.16. 2011다76402(전합)).
> 구 국유재산법 제51조 제1항, 제4항, 제5항(현행 국유재산법 제72조 제1항, 제73조에 해당한다)에 의한 변상금 부과·징수권과 민사상 부당이득반환청구권은 동일한 금액 범위 내에서 경합하여 병존하게 되고, 민사상 부당이득반환청구권이 만족을 얻어 소멸하면 그 범위 내에서 변상금 부과·징수권도 소멸하는 관계에 있다(대판 2014. 9. 4. 2012두5688).

section 2 행정법관계와 종류

행정주체가 당사자가 되는 모든 법률관계를 총칭하는 것으로, 광의의 행정법관계는 행정조직법적 관계와 행정작용법적 관계를 모두 포함하나 협의의 행정법관계는 행정작용법적 관계만을 의미한다.

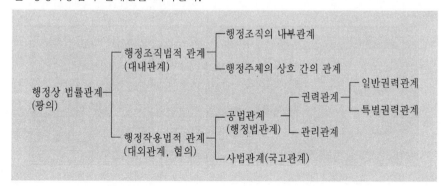

(1) 행정조직법적 관계

① 행정조직의 내부관계 … 권리주체 간의 관계가 아니라 직무권한에 관한 관계로 상하 행정청 간의 관계(권한위임, 감독 등)와 대등 행정청 간의 관계(행정청 간의 협의, 사무위탁 등)가 이에 속한다.

② 행정주체 상호 간의 관계 … 국가와 지방자치단체의 관계, 지방자치단체 상호 간의 관계를 말한다.

(2) 행정작용법적 관계

행정주체와 국민 간의 관계로서 권력관계 · 관리관계 · 국고관계로 나뉜다. 전통적으로 권력관계와 관리관계는 공법관계, 국고관계는 사법관계로 명확하게 구분하여 왔다(개괄적 구별설). 그러나 오늘날에는 관리관계와 국고관계를 본질적으로 사법관계로 파악하여 사법을 적용함을 원칙으로 하되 공익목적상 공법규정이 적용될 때에만 공법관계가 되는 것으로 본다(개별적 구별설).

① 공법관계(행정법관계)

　　㉠ 권력관계(본래적 공법관계 · 지배관계) : 행정주체가 공권력의 주체로서 우월적인 지위에서 국민에 대해 일방적으로 명령 · 강제하는 관계이다. 행정주체의 행위에 공정력 · 확정력 · 강제력 등이 인정되고 특별한 규정이 없는 한 공법규정 · 공법원리가 적용되며 그에 대한 불복은 항고소송에 의한다.

　　㉡ 관리관계(전래적 공법관계, 비권력관계) : 행정주체가 공물 · 공기업 등을 관리 · 경영하는 경우 그 관리주체로서 국민을 대하는 관계이다. 성질상 사인 간의 행위로서 사법이 적용됨이 원칙이나 공적 목적을 달성하기 위한 한도에서 공법의 적용을 받는다. 공정력 · 불가쟁력 · 집행력 등이 부인되며 공법상 당사자소송의 대상이 된다. 프랑스는 공법관계로, 독일은 사법관계로 파악한다.

② 사법관계(국고관계) … 행정주체가 국고의 주체(사법상 재산권의 주체)로서 국민과 대등한 지위를 가지는 관계로 사법관계이며 사법의 적용을 받는다. 국유잡종재산의 매각, 물품공급계약(조달행정), 각종공사의 도급계약. 국채 · 국고수표 발행, 공기업자와 이용자의 관계 등이 있다

③ 행정사법(Wolff)

　　㉠ 의의 : 공법과 사법이 혼재하는 형태로서, 공법과 사법의 형식 중 하나를 선택할 수 있는 행정작용이 사법적 형식에 의해 수행되고 있을 때 이 사법작용이 공익목적상 일정한 공법규정 · 원리에 의해 제한 · 수정을 받게 되는 것 또는 그러한 사법상태를 행정사법이라 한다. 관리작용과 동일시하는 견해도 있으나 그 독자적 의의를 인정하는 것이 통설이다.

㉠ 국유재산 무단점유자에 대한 변상금 부과처분

㉡ 국유(잡종)재산에 관한 대부료의 납부고지

㉢ 지방자치단체에 근무하는 청원경찰의 근무관계

㉣ 농지개량조합의 직원에 대한 징계처분

㉤ 구 「지방재정법 시행령」 제71조의 규정에 따라 기부채납받은 공유재산을 무상으로 기부자에게 사용을 허용하는 행위

㉥ 환매권의 행사

㉦ 서울특별시지하철공사 임직원의 근무관계

① ㉠, ㉡, ㉢, ㉥

② ㉠, ㉢, ㉤, ㉥

③ ㉡, ㉢, ㉤, ㉦

④ ㉡, ㉤, ㉥, ㉦

정답 ④

ⓒ 사법원리의 제한 및 수정의 내용
- 행정주체가 사법적 형식에 의해 행정작용을 수행하더라도 그 권한의 부여는 공법규정에 근거가 있어야 한다.
- 행정주체가 사법적 형식에 의해 공행정작용을 수행하더라도 자유권·평등원칙·비례원칙 등 헌법상 기본규정 내지 기본원리를 위반해서는 안 된다. 이는 사법으로의 도피를 막아준다.
- 국민에게 수익을 제공하는 급부행정의 경우 공역무 앞의 평등원칙, 공역무 계속성의 원칙 등이 적용된다.
- 적용영역 : 운수사업(국영철도 등), 공급사업(전기·수도·가스 등), 우편·전신·전화사업, 하수도처리사업 등의 급부행정과 보조금 지급 등을 수단으로 하는 경제지도행정 등에 적용된다. 다만, 경찰·조세 등의 분야에는 적용될 여지가 없다.
ⓒ 권리구제 : 본질상 사법관계이므로 민사소송에 의하는 것이 원칙이다.

section 3 행정법관계와 특징

행정법관계에서는 공익목적의 실현을 위하여 행정주체에 대해 특수한 지위가 인정되므로 대등한 관계를 전제로 하는 사법관계에 비해 여러 가지 특징을 가지게 된다. 그러나 이러한 특징은 본질적인 것이 아니라 실정법에 의해 비로소 부여된 것이다.

(1) 법적합성

법치행정의 원칙상 당연한 결과로서 행정은 법에 적합해야 한다. 그러나 비권력행정에 대하여도 이 원칙이 타당할 것인가에 대하여는 법률유보의 범위에 따라 달라진다.

(2) 공정력(예선적 효력)

행정행위에 있어 그 성립에 흠이 있는 경우에도 그 흠이 중대·명백하여 당연무효로 되는 경우를 제외하고는 일단 유효한 행위로 통용되어 권한 있는 기관 또는 일정한 쟁송수단에 의하여 취소되기 전까지는 그 효력을 부인할 수 없는 힘을 말한다.

(3) 구성요건적 효력

행정청의 행위를 다른 국가기관이 존중하여 스스로의 처분의 기초 내지 구성요건으로 삼아야 한다는 것을 말한다. 이는 효력의 근거, 효력이 미치는 범위 등에서 공정력과 구별된다.

(4) 확정력(존속력)

하자 있는 행정행위라도 일정 기간의 도과로 인해 또는 그 성질상 취소할 수 없는 경우를 말한다.

① **불가쟁력(형식적 확정력)** … 하자 있는 행정행위라 할지라도 그에 대한 불복기간이 도과하거나 쟁송절차가 모두 경료된 경우에는 더 이상 그 효력을 다툴 수 없게 된다. 다만, 처분청은 직권으로 당해 행위를 취소할 수 있고 상대방은 효력을 다툴 수는 없으나 행정상 손해배상을 청구할 수는 있다. 불가쟁력은 모든 행정행위에 인정되는 절차법적 구속력이며, 국민에 대한 구속력이다.

② **불가변력(실질적 확정력)** … 일정한 행정행위는 그 성질상 행정청도 이를 취소·철회하지 못하는 효력을 갖는다. 그러나 상대방 또는 제3자는 행정쟁송절차에 의해 당해 행위의 효력을 다툴 수 있다. 행정심판의 재결, 소청심사위원회·토지수용위원회의 재결, 국가시험 합격자의 결정, 당선인 결정, 발명특허 등의 확인행위들이 이에 해당한다. 준사법적 행정행위 등에만 인정되는 실체법적 구속력이며, 행정청에 대한 구속력이라 할 수 있다.

(5) 강제력(자력집행력)

상대방이 행정상의 의무를 이행하지 않는 경우 행정청은 스스로 실력을 행사하여 그 이행을 확보하거나 일정한 제재(행정형벌·행정질서벌)를 가하여 간접적으로 그 의무이행을 담보할 수 있다.

(6) 권리·의무의 특수성

개인의 권리가 공익적 사항과 관계될 경우 그 권리가 동시에 의무의 성격을 가지는 경우가 있다. 이 경우 그 이전·포기가 제한되고 특별한 보호와 강제가 과하여지는 경우가 있다.

(7) 권리구제수단의 특수성

① **행정상 손해전보** … 행정작용으로 인한 손해의 전보는 행정상 손해배상과 손실보상이 있다. 손해전보는 성질상 행정소송(당사자소송)에 의해야 할 것이나 소송실무상으로는 민사소송으로 다루어지고 있다. 손해배상을 학설은 공법관계로, 판례는 사법관계로 보고 있다.

② **행정쟁송** … 우리나라는 영·미식의 사법국가에 해당하나 행정사건의 특수성에 비추어 일정한 특칙을 두고 있다. 임의적 행정심판전치주의, 행정법원 제1심 관할주의, 단기제소기간, 집행부정지원칙, 사정판결 등이 그 예이다.

③ 행정법상 각 특징 비교

행정법의 특징	행정법관계의 특징	행정행위의 특징	행정행위의 효력
행정주체의 우월성, 공익추구성, 성문성, 다양성, 재량성, 수단성·기술성, 획일성, 강행성, 외관성, 명령성, 집단성·평등성	법적합성, 구성요건적 효력, 공정력, 확정력, 권리·의무의 특수성, 강제력, 권리구제수단의 특수성	법적합성, 공정성, 확정성, 강제성	구속력, 구성요건적 효력, 공정력, 확정력, 강제력

기출문제

section 4 행정법관계의 당사자

행정법상 권리·의무의 주체를 말한다. 이는 법 효과의 궁극적 귀속자를 정하는 것으로 행정주체와 행정객체로 나누어진다.

※ 행정주체-국가, 공공단체 / 행정객체-사인

(1) 행정주체

행정법관계에서 행정권을 행사하고, 그의 법적 효과가 궁극적으로 귀속되는 당사자를 말하며, 행정법관계에 있어 행정권의 담당자인 당사자를 행정주체라 한다.

※ **구별해야 할 대상**: 행정기관 → 법적효과가 귀속되지 않는 점에서 행정주체가 아니다.
　　예 건설교통부장관이 도로를 관리에 관한 업무를 하면 건교부장관은 행정기관으로서 실제로 행정권을 행사하게 된다. 그러나 그 법적 효과는 국가에게 귀속하게 되어 있다. 따라서 만일 건교부장관의 도로관리에 하자가 있어서 일반국민이 피해를 입은 경우 그 국민은 건교부장관이 아니라 대한민국을 상대로 국가배상을 청구해야 한다.

① **국가** … 시원적으로 행정권을 가지고 있는 행정주체이다.

② **공공단체** … 국가로부터 존립 목적을 부여 받아 행정목적을 수행하는 공법인으로서 지방자치단체와 협의의 공공단체로 구분된다.

　㉠ **지방자치단체**: 국가 영토의 일부 지역을 그 구성단위로 하여 그 지역 안의 주민을 통치하는 포괄적 자치권을 가진 공공단체이다. 지방자치단체에는 보통지방자치단체와 특별지방자치단체가 있는 바, 보통지방자치단체에는 광역자치단체(특별시·광역시·도·특별자치시·특별자치도)와 기초자치단체(시·군·자치구)가 있고 특별지방자치단체에는 지방자치단체조합이 있다.

🔒 **다음 중 행정주체에 대한 설명으로 옳지 않은 것은? (단, 다툼이 있는 경우 판례에 의함)**
▶ 2017. 3. 18. 서울특별시

① 「도시 및 주거환경정비법」상 주택재건축정비사업조합은 공법인으로서 목적 범위 내에서 법령이 정하는 바에 따라 일정한 행정작용을 행하는 행정주체의 지위를 갖는다.

② 공무수탁사인은 수탁받은 공무를 수행하는 범위 내에서 행정주체이고, 「행정절차법」이나 「행정소송법」에서는 행정청이다.

③ 경찰과의 사법상 용역계약에 의해 주차위반차량을 견인하는 민간사업자는 공무수탁사인이 아니다.

④ 지방자치단체는 행정주체이지 행정권 발동의 상대방인 행정객체는 될 수 없다.

▮정답 ④

ⓒ **공공조합**(공법상의 사단법인) : 특정한 행정목적을 위해 일정한 자격을 가진 사람으로 구성된 사단법인을 말한다. 상공회의소, 변호사회, 의사회, 약사회, 국민건강보험공단 등이 이에 해당한다.

ⓒ **영조물법인** : 일정한 행정목적 달성을 위해 설립된 인적·물적 결합체(영조물)에 공법상의 법인격을 부여한 경우를 말한다. 한국은행, 한국방송공사, 한국전력공사, 한국도로공사, 한국토지공사, 서울대학교 병원, 적십자병원, 한국과학기술원 등이 이에 속한다. 단, 국립대학·도서관·극장·박물관·의료원 등은 영조물이지만 법인격을 취득하지 않았기 때문에 행정주체가 될 수 없다.(* 서울대학교는 특별법에 의해 '법인'으로 인정된다.)

ⓒ **공공재단**(공법상의 재단법인) : 국가나 지방자치단체가 출연한 재산을 관리하기 위해 설립된 재단법인을 말한다. 한국학중앙연구원, 한국학술진흥재단 등이 있다.

③ **공무수탁사인**(공권이 부여된 사인)

㉠ 사인은 일반적으로 행정객체가 되지만, 예외적으로 국가 등 행정주체로부터 공적인 업무를 처리할 권한을 부여 받은 사인을 말하며, 특정 행정의 수행을 위해 법규상 공권력이 부여되어 자신의 명의로 공행정작용을 수행하는 사인 또는 사기업 등이 있다.

㉡ 종업원의 조세를 원천징수하는 사기업, 토지보상법에 따라 개인의 토지를 수용하는 사업시행자(기업자), 일정한 경찰사무 또는 호적사무를 수행하는 상선의 선장, 별정우체국장, 학위를 수여하는 사립대학장 등이 이에 해당한다.

㉢ 학설은 조세의 원천징수자를 공무수탁사인으로 인정하나 판례는 조세원천징수행위를 행정처분이 아니라 하여 간접적으로 부정하고 있다.

판례 조세원천징수자의 공무수탁사인성 부정 : 원천징수하는 소득세에 있어서는 납세의무자의 신고나 과세관청의 부과결정이 없이 법령이 정하는 바에 따라 그 세액이 자동적으로 확정되고, 원천징수의무자는 소득세법 제142조 및 제143조의 규정에 의하여 이와 같이 자동적으로 확정되는 세액을 수급자로부터 징수하여 과세관청에 납부하여야 할 의무를 부담하고 있으므로, 원천징수의무자가 비록 과세관청과 같은 행정청이라 하더라도 그의 원천징수행위는 법령에서 규정된 징수 및 납부의무를 이행하기 위한 것에 불과한 것이지, 공권력의 행사로서의 행정처분을 한 경우에 해당되지 아니한다(대판 1990. 3.23. 89누4789). ⇒ 결국 판례의 취지는 조세원천징수자는 독립된 조세징수처분을 소속 근로자에게 행하는 것이 아니라 근로자에게서 징수된 조세를 단순히 세무관청에 납부하는 사실상의 역할만 하고 있을 뿐이라는 것으로 볼 수 있다.

(2) 행정객체

행정주체의 상대방으로서 행정권 발동의 대상이 되는 자를 행정객체라 한다. 공공단체(지방자치단체, 공공조합, 영조물법인, 공법상 재단)와 사인(내국인, 외국인, 자연인, 법인 모두 포함)은 모두 행정객체가 될 수 있으나 국가는 시원적 권리주체로서 행정객체가 될 수 없다. 행정청은 국가 등의 기관일 뿐 권리·의무의 주체가 아니므로 역시 행정객체가 될 수 없다.

① 행정주체에 의한 공권력 행사의 상대방

② 원칙적으로 사인

③ 예외적으로 공공단체

> ※ 국가가 공공단체를 감독할 권한을 가지는데, 이때 공공단체는 국가의 감독권 행사라는 행정작용의 객체가 된다.

section 5 행정법관계의 내용

(1) 의의

행정법관계의 내용은 공권과 공의무로 이루어진다. 이는 다시 행정주체의 공권과 사인의 공권, 행정주체의 공의무와 사인의 공의무로 나눌 수 있다.

Point 팁 행정법관계

국가 등 행정주체	국민 등 행정객체
국가적 공권	개인적 공의무
국가적 공의무	개인적 공권

(2) 공권

① **의의** … 공권이란 공법관계에 있어서 직접 자기를 위하여 일정한 이익을 주장할 수 있는 법적인 힘을 말한다. 즉, 법의 보호를 받는 이익이며, 단순한 반사적 이익과 구별된다.

② **종류**

ㄱ **행정주체의 공권** : 행정주체가 가지는 공권으로 이는 목적을 기준으로 조직권·형벌권·경찰권·통제권·재정권·군정권 등이 있으며, 내용을 기준으로 하명권·강제권·형성권 등이 있다.

ㄴ **사인의 공권** : 행정객체인 개인이 가지는 권리로 내용상 자유권, 수익권, 참정권이 있으며 기타 무하자재량행사청구권, 행정개입청구권, 절차적공권 등이 있다.

③ 특수성

　㉠ 국가 등 행정주체의 공권은 법률이 정하는 바에 따라 스스로 결정·집행할 수 있고 제재를 과할 수 있다(권리의 자율성, 자력집행성).

　㉡ 사인의 공권은 일신전속적인 경우가 많으므로 원칙상 이전·포기가 금지·제한되나 경제적 가치를 지닌 공권은 이전이 가능하다.

(3) 공의무

① 의의 … 공권에 대응한 개념으로서 공법상의 구속을 말하며 행정주체의 공의무와 사인의 공의무가 있다.

② 종류

　㉠ 행정주체의(국가적) 공의무 : 행정주체가 개인에 대하여 부담하는 의무이다. 공의무가 이행되지 않은 경우 행정쟁송이나 손해배상을 통해 그 의무를 달성할 수 있다.

　㉡ 사인의(개인적) 공의무 : 행정주체의 공권에 대응하여 그 내용을 실현시키기 위하여 개인에 과하여진 의무이다. 법령이나 법령에 의한 행정행위에 의하여 발생되는 경우가 많으며 불이행시 행정권의 자력집행이 인정된다.

③ 특수성 … 사인의 공의무는 일신전속적인 것으로 이전·포기·대리가 금지·제한되나(병역의무, 교육의무 등), 순수한 경제적 의무는 이전·상속이 인정된다(납세의무 등).

section 6 사인의 공권

(1) 의의

① 개념 … 사인이 행정주체에 대하여 가지는 공권을 말한다. 즉, 사인이 자기의 이익을 위해 국가 등에 대하여 일정한 행위를 요구할 수 있도록 공법상 사인에게 부여되어 있는 법적인 힘을 말한다(권리법력설).

② 발생원인 … 공권은 공법상 계약이나 관습법 또는 법률·명령·행정행위에 의하여 발생할 수 있다. 한편, 헌법상의 기본권 규정으로부터 공권이 도출될 수 있는지 여부에 관하여는 긍정설과 부정설이 대립하고 있는 바, 헌법재판소는 정보공개법 제정 이전에도 헌법상 언론의 자유를 근거로 알권리 특히 정보공개청구권을 구체적 권리로 인정해왔다.

판례 국민의 '알 권리'의 실현은 법률의 제정이 뒤따라 이를 구체화시키는 것이 충실하고도 바람직하지만 그러한 법률이 제정되어 있지 않다고 하더라도 불가능한 것은 아니고 헌법 제21조에 의해 직접 보장될 수 있다(헌재 1991. 5.13. 90헌마133).

(2) 성립요건

① 뷜러(O. Bühler)의 공권 성립의 3요소론

  ㉠ **강행법규의 존재** : 행정법상의 강행법규에 의하여 국가 등 행정주체에게 일정한 행위의무를 부과하는 강행법규가 존재하여야 한다. 즉, 그 법 규정에 근거한 행정청의 행위가 기속행위이어야 한다. 임의법규로서 행정주체에게 재량권이 인정되는 경우, 과거에는 상대방에게는 공권이 성립하지 않는다고 보았으나 재량권도 법령과 행정법의 일반 원리에 구속되므로 이 요건은 일반적으로 충족된다는 것이 오늘날 다수의 견해이다.

  ㉡ **강행법규의 사익보호성** : 행정주체에게 일정한 행위의무를 부과하고 있는 강행법규가 사인의 이익을 보호하고자 하는 목적·취지를 가지고 있어야 이 이익을 법적으로 주장할 수 있고 비로소 권리가 된다. 다만, 당해 법규가 공익추구만을 목적으로 하는 경우에는 개인의 이익은 권리가 아닌 반사적 이익에 불과하다.

  ㉢ **이익관철의사력**(청구권능의 부여성) : 법적으로 인정된 이러한 이익이 궁극적으로 소송에 의하여 관철될 수 있어야 한다. 우리 헌법은 재판을 받을 권리를 일반적으로 보장하고 있으므로 이 요건은 오늘날 독자적 의의를 상실했다(통설).

② **옐리네크(G. Jellinek)의 지위이론** … 사인의 공권을 자유권(소극적 공권), 수익권(적극적 공권), 참정권(능동적 공권)으로 분류하였다.

(3) 공권과 반사적 이익

① **반사적 이익의 의의** … 당해 법규가 개인의 이익보호를 목적으로 하는 것이 아니라, 다만 공익목적만을 위한 것이고 그 결과로 인해 반사적 효과로서 개인이 이익을 얻는 경우 이를 반사적 이익이라 한다.

Point 팁 반사적 이익의 예
  ㉠ (경찰)허가를 통하여 누리는 사실상의 독점적 이익
  ㉡ 제3자에 대한 법적 규제로부터 얻는 이익
  ㉢ 공물의 보통사용(일반사용, 자유사용)을 통해 누리는 이익(근래에는 공권으로 보는 것이 다수설)

판례 일반적으로 도로는 국가나 지방자치단체가 직접 공중의 통행에 제공하는 것으로서 일반국민은 이를 자유로이 이용할 수 있는 것이기는 하나, 그렇다고 하여 그 이용관계로부터 당연히 그 도로에 관하여 특정한 권리나 법령에 의하여 보호되는 이익이 개인에게 부여되는 것이라고까지는 말할 수 없으므로, 일반적인 시민생활에 있어 도로를 이용만 하는 사람은 그 용도폐지를 다툴 법률상의 이익이 있다고 말할 수 없지만, 공공용재산이라고 하여도 당해 공공용재산의 성질상 특정개인의 생활에 개별성이 강한 직접적이고 구체적인 이익을 부여하고 있어서 그에게 그로 인한 이익을 가지게 하는 것이 법률적인 관점으로도 이유가 있다고 인정되는 특별한 사정이 있는 경우에는 그와 같은 이익은 법률상 보호되어야 할 것이다(대판 1992. 9.22. 91누13212).

기출문제

🔎 개인적 공권에 대한 설명으로 옳은 것은? (다툼이 있는 경우 판례에 의함)
▶ 2015. 4. 18. 인사혁신처

① 규제권한발동에 관해 행정청의 재량을 인정하는 「건축법」의 규정은 소정의 사유가 있는 경우 행정청에 건축물의 철거 등을 명할 수 있는 권한을 부여한 것일 뿐만 아니라, 행정청에 그러한 의무가 있음을 규정한 것이다.

② 공무원의 직무행위로 인한 국가배상책임이 인정되려면 공무원에게 부과된 직무상 의무의 내용이 단순히 공공 일반의 이익을 위한 것이거나 행정기관 내부의 질서를 규율하기 위한 것이 아니고 전적으로 또는 부수적으로 사회구성원 개인의 안전과 이익을 보호하기 위하여 설정된 것이어야 한다.

③ 다수의 검사 임용신청자 중 일부만을 검사로 임용하는 결정을 함에 있어, 임용신청자들에게 전형의 결과인 임용 여부의 응답을 할 것인지는 임용권자의 편의재량사항이다.

④ 일반적인 개인적 공권의 성립요건인 사익보호성은 무하자재량행사청구권이나 행정개입청구권에는 적용되지 않는다.

▎정답 ②

② **공권과 반사적 이익의 구별 실익** … 반사적 이익의 관념은 행정쟁송에 있어서 원고적격의 인정문제와 관련하여 중요한 의미가 있다. 우리나라 행정소송법 제12조는 "취소소송은 처분 등의 취소를 구한 법률상의 이익이 있는 자가 제기할 수 있다."라고 규정하고 있다. 여기서 '법률상의 이익'이란 법적으로 보호되는 이익, 즉 공권을 말하는 것으로서 당해 관련법의 취지가 공익뿐만 아니라 개인의 이익도 보호하고자 하는 것이면 법률상의 이익, 즉 공권이 성립하여 원고적격을 가지나 그렇지 아니하면 반사적 이익으로서 행정쟁송수단을 통하여 구제받을 수 없다.

③ **공권의 확대경향(반사적 이익의 공권화)** … 개인이 받는 이익이 공권인지 여부의 판단은 뷜러의 이론에 따라 당해 법규의 강행법규성과 사익보호성을 기준으로 결정한다. 오늘날에는 이 중 사익보호성을 넓게 인정하여 공권을 확대하고자 하는 경향이 두드러지게 나타나고 있다. 또한 무하자재량행사청구권, 행정개입청구권, 각종 정보공개권 등 새로운 공권을 인정하여 원고적격을 넓히고 있다.

④ **판례**

　㉠ **인근주민의 원고적격을 인정한 경우**
- 연탄공장건축허가취소소송(대판 1975. 5. 13, 73누96)
- LPG충전소설치허가취소소송(대판 1983. 7. 12, 83누59)
- 도시계획결정처분취소소송(대판 1995. 9. 26, 94누14544)
- 전원개발사업실시계획승인처분취소소송(대판 1998. 9. 22, 97누19571)

　㉡ **경업자의 원고적격을 인정한 경우**
- 선박운항사업면허취소소송(대판 1969. 12. 30, 69누106)
- 자동차운송사업의 노선연장허가취소소송(대판 1975. 7. 22, 73누173)
- 시외버스정류장설치허가취소소송(대판 1975. 7. 22, 75누12)
- 광구의 증구허가취소소송(대판 1982. 7. 22, 81누271)
- 1약종상영업소이전허가취소소송(대판 1988. 6. 14, 87누873)
- 화물자동차증차인가취소소송(대판 1992. 7. 10, 91누9107)
- 하천부지점용허가취소소송(대판 1993. 10. 8, 93누5017)

　㉢ **원고적격을 부정한 경우**
- 판례는 공물의 일반 사용(도로의 통행, 공원의 산책, 하천에서의 수영 등)을 반사적 이익으로 보고 있다.
- 공중목욕탕영업허가는 특허가 아닌 허가이고 신규영업허가에 대한 기존업자의 이익은 반사적 이익이다.
- 의사의 진료의무를 규정한 의료법으로 인해 환자가 받는 이익은 반사적 이익이므로 의사가 진료를 거부해도 이는 처벌대상이 될 뿐 환자는 진료를 요구할 수 없다.
- 약사의 한약제조권 인정에 대한 한의사의 이익은 반사적 이익이다.

問 취소소송의 원고적격 및 협의의 소익에 대한 설명으로 옳지 않은 것은? (다툼이 있는 경우 판례에 의함)
▶ 2015. 4. 18. 인사혁신처

① 허가를 받은 경업자에게는 원고적격이 인정되나, 특허사업의 경업자는 특별한 사정이 없는 한 원고적격이 부인된다.

② 원천납세의무자는 원천징수의무자에 대한 납세고지를 다툴 수 있는 원고적격이 없다.

③ 사법시험 제2차 시험 불합격처분 이후 새로 실시된 제2차 및 제3차 시험에 합격한 자는 불합격처분의 취소를 구할 협의의 소익이 없다.

④ 고등학교졸업학력검정고시에 합격하였다 하더라도, 고등학교에서 퇴학처분을 받은 자는 퇴학처분의 취소를 구할 협의의 소익이 있다.

정답 ①

(4) 사인의 공권의 종류

① **자유권** … 소극적으로 행정작용에 의한 침해를 저지하는 권리이다. 헌법상 자유권적 기본권이 이에 해당한다.

② **참정권** … 선거권, 국민투표권, 공무담임권 등이 이에 속한다.

③ **수익권** … 적극적으로 작위·급부를 청구할 수 있는 권리를 말한다. 현행 헌법상 청원권, 재판을 받을 권리, 형사보상청구권, 국가배상청구권, 손실보상청구권, 교육을 받을 권리, 근로의 권리, 인간다운 생활권, 보건에 관한 권리, 환경권 등이 이에 해당한다.

(5) 사인의 공권의 특수성

① 이전성 금지·제한

　㉠ 사인의 공권은 일신전속적인 권리로 원칙상 양도·상속·압류 등이 금지 또는 제한된다.

　　• 생명·신체의 침해로 인한 국가배상을 받을 권리는 이를 양도하거나 압류하지 못한다〈국가배상법 제4조〉.

　　• 수급자는 급여를 받을 권리를 타인에게 양도할 수 없다〈국민기초생활 보장법 제36조〉.

　　• 급여를 받을 권리는 이를 양도, 압류하거나 담보에 제공할 수 없다. 다만 연금인 급여를 받을 권리는 이를 대통령령이 정하는 금융기관에 담보로 제공할 수 있고, 「국세징수법」·「지방세기본법」·기타 법률에 의한 체납처분의 대상으로 할 수 있다〈공무원연금법 제32조〉.

　　• 임금·퇴직금 등 급여는 그 총액의 2분의 1을 초과하여 압류할 수 없다〈국세징수법 제33조〉.

> **판례** 승계규정이 있는 경우
>
> 석유 및 석유대체연료 사업법 제10조 제5항에 의하여 석유판매업자의 지위 승계 및 처분 효과의 승계에 관하여 준용되는 법 제8조는 "제7조에 따라 석유정제업자의 지위가 승계되면 종전의 석유정제업자에 대한 제13조 제1항에 따른 사업정지처분(사업정지를 갈음하여 부과하는 과징금 부과처분을 포함)의 효과는 새로운 석유정제업자에게 승계되며, 처분의 절차가 진행 중일 때에는 새로운 석유정제업자에 대하여 그 절차를 계속 진행할 수 있다. 다만, 새로운 석유정제업자(상속으로 승계받은 자는 제외)가 석유정제업을 승계할 때에 그 처분이나 위반의 사실을 알지 못하였음을 증명하는 경우에는 그러하지 아니하다"라고 규정하고 있다(대판 2017. 9. 7. 2017두41085).

관련판례 승계규정이 없는 경우

농어촌정비법상 관광농원 개발사업의 사업시행자 명의가 변경되는 경우 새로운 사업시행자가 종전 사업시행자의 지위를 승계하는지 여부 등에 관하여는 명시적 규정을 두고 있지 않다. 이러한 지위 승계 관련 규정이 없는 이상 사업계획 변경승인의 의미를 사업권 양도·양수에 대한 '인가'로서의 성격을 가진다고 볼 수 없는 것이 원칙이다. 종전 사업시행자가 농업인 등에 해당하지 않음에도 부정한 방법으로 사업계획승인을 받음으로써 그 승인에 대한 취소 사유가 있더라도, <u>행정청이 사업시행자 변경으로 인한 사업계획 변경승인 과정에서 변경되는 사업시행자가 농업인 등에 해당하는지 여부에 관하여 새로운 심사를 거쳤다면, 지위 승계 등에 관한 별도의 명문 규정이 없는 이상, 종전 사업시행자가 농업인 등이 아님에도 부정한 방법으로 사업계획승인을 취득하였다는 이유만을 들어 변경된 사업시행자에 대한 사업계획 변경승인을 취소할 수는 없다</u>(대판 2018. 4.24. 2017두73310).

ⓒ 선거권은 이전이 허용되지 않는다.

  ※ 권리의 불행사와 구별 : 투표행사의 자유, 제소의 자유

ⓒ 재산상 침해로 인한 국가배상청구권과 손실보상청구권 등 재산적 가치를 지닌 공권은 이전이 가능하다.

  ※ 채권적·경제적 성질의 공권 : 손실보상청구권, 하천의 사석채취권

② **포기성 금지·제한** … 사인의 공권은 권리인 동시에 의무의 성질을 가지므로 임의로 포기할 수 없음이 원칙이다. 선거권, 소권, 공무원연금청구권 등이 이에 해당한다. 다만, 경제적 가치를 지닌 공권은 포기할 수 있다. 또한 권리의 포기가 아닌 불행사는 가능하다(선거에 있어 기권 등).

판례 주거이전비 등 : 공익사업을 위한 토지 등의 취득 및 보상에 관한 법률 시행규칙(이하 '공익사업법 시행규칙'이라 한다) 제54조 제2항에 규정된 주거이전비 지급요건에 해당하는 세입자인 경우, 임시수용시설인 임대아파트에 거주하게 하는 것과 별도로 주거이전비를 지급할 의무가 있고, 甲이 임대아파트에 입주하면서 주거이전비를 포기하는 취지의 포기각서를 제출하였다 하더라도, 포기각서의 내용은 강행규정인 공익사업법 시행규칙 제54조 제2항에 위배되어 무효이다(대판 2011. 7.14. 2011두3685).

판례 행정소송에 있어서 소권 포기의 가부 : 행정소송에 있어 소권은 개인이 국가에 대한 공권이므로 당사자의 합의로써 이를 포기할 수 없다(대판 1995.9.15. 94누4455).

③ **대행성 금지·제한** … 사인의 공권은 일신전속적 성질로 인해 대행 또는 대리가 금지된다. 선거권의 대행금지가 이에 속한다.

④ **보호의 특수성** … 법원에 제소하여 그 구제를 청구할 경우 행정소송법이 정하는 바에 따라 특례가 인정된다.

(6) 무하자재량행사청구권

① 의의 … 개인이 행정청에 대하여 하자 없는, 즉 적법한 재량처분을 구하는 적극적 공권을 말한다. 이는 재량행위에만 인정되는 것으로 행정청이 재량권의 한계를 준수하면서 처분을 할 것을 구할 수 있는 절차적 권리(형식적 공권)일 뿐 특정 처분을 행할 것을 요구할 수 있는 실체적 권리는 아니다. 독일에서 이론적으로 주장되어 우리나라에서도 널리 인정되고 있는, 새로이 등장한 개인적공권이다. 1914년 뷜러(O. Büler)에 의해 전개되고 바호프(O. Bachof)에 의해 체계화되었다.

② 존재의 실익 … 재량행위로 인해 얻는 이익은 모두 반사적 이익으로서 원고적격이 인정되지 않는다. 그러나 무하자재량행사청구권으로 인해 재량행위에서도 원고적격을 인정할 수 있게 된다.

③ 성립요건 … 행정청에 재량권의 한계를 준수할 법적 의무가 있어야 하고 관계법규의 목적·취지가 공익 외에 개인의 이익도 보호하고 있어야 한다. 오늘날에는 대부분의 행정법규들이 공익뿐만 아니라 개인의 이익도 보호하고 있는 것으로 널리 인정되고 있다.

④ 내용 … 행정청이 재량을 가지고 있는 경우에 당해 재량의 하자를 범하지 말 것을 청구할 수 있는 권리에 그친다. 따라서 하자 없이 재량을 행사하는 한 어떤 결정을 내리더라도 이 권리를 침해하는 것이 아니다. 다만, 예외적으로 재량권이 영(0)으로 수축됨으로써 오직 하나의 처분만이 적법한 재량권 행사로 인정되는 경우에는 이 권리는 행정개입청구권으로 전환될 수 있다.

⑤ 쟁송수단 … 무하자재량행사청구가 거부될 경우 이 거부처분에 대해 의무이행심판·취소심판·취소소송 등을 제기할 수 있다.

⑥ 판례 … 대법원은 검사임용거부처분취소소송에서 이 권리를 인정하였다(대판 1991. 2. 12, 90누5825). 그러나 그 후 교수임용거부처분취소소송에서는 다시 원고적격을 부인하여 각하한 바 있다. 또한 도시계획변경을 청구한 사건에서도 원고적격을 부인하여 각하하였다.

(7) 행정개입청구권(공권력발동청구권)

① 의의 … 기속행위와 재량권이 영(0)으로 수축되는 재량행위의 경우 사인이 행정청에 대해 자기 또는 타인에게 행정권을 발동해 줄 것을 청구할 수 있는 적극적 권리(실체적 공권)를 말한다. 이는 행정편의주의를 극복한 것으로서 과거에는 행정청의 개입으로 얻는 이익을 반사적 이익으로 보았으나 이 권리를 통해 공권화되었다. 행정개입청구권은 독일에서 처음 인정되었고 우리나라에서도 학설에 의해 인정받고 있다.

기출문제

개인적 공권에 관한 설명으로 옳지 않은 것은?
▶ 2009. 4. 11. 행정안전부

① 개인적 공권은 공익적 성질을 가지므로 임의로 포기할 수 없는 것이 원칙이다.

② 개인적 공권은 일반적으로 일신전속적 성질을 가지므로 대행이나 위임이 제한되는 경우가 많다.

③ 무하자재량행사청구권은 기속규범에서는 인정되지 않고 재량규범에서 인정된다.

④ 무하자재량행사청구권은 위법한 처분의 배제를 구하는 실체적 권리이다.

정답 ④

☞ **다음 설명 중 옳지 않은 것은?**

▶ 2007. 4. 29. 경상북도

① 무하자재량청구권은 행정기관이 선택재량을 가지는 경우뿐만 아니라 결정재량만을 가지는 경우에도 인정된다.

② 행정개입청구권은 특정한 내용의 처분을 하여 줄 것을 청구하는 권리가 아니고 재량권을 흠 없이 행사하여 처분하여 줄 것을 청구하는 권리인 점에서 형식적 권리라고 할 수 있다.

③ 행정개입청구권의 보장을 위한 가장 적절한 소송수단은 의무이행소송이나 현행법상 인정되지 않는다.

④ 재량행위의 경우에는 무하자재량행사청구권이 인정되고 행정개입청구권은 원칙상 인정되지 않지만 재량권이 영으로 수축하는 경우에는 무하자재량행사청구권이 행정개입청구권으로 전환되어 행정개입청구권이 인정된다.

Point 팁 재량권의 영(0)으로의 수축이론 : 행정청에 재량권이 있더라도 개인의 생명·신체·재산은 물론 공공의 안녕·질서에 대한 위험이 급박한 경우에는 재량권이 영으로 수축되어 오직 행정권의 발동만이 유일한 적법행위가 된다는 이론이다.

② **성립요건** … 법규에 의해 구체적인 행정권발동의무가 부과되어 있어야 한다. 다만, 발동의무가 부과되어 있더라도 위해성이 수인의 한계를 넘을 경우에만 행정권이 개입해야 하고 또 위해가 발생하였더라도 당사자가 스스로 제거하지 못하는 경우에만 개입해야 한다. 이 외에 당해 법규가 개인의 이익도 보호하고 있어야 한다.

③ **내용** … 기속행위에 대해서는 당연히 이 청구권이 인정된다. 재량행위의 경우에 있어서도 재량권이 영으로 수축되는 예외적인 경우에는 인정된다. 다만, 이 경우에도 결정재량만이 영으로 수축될 뿐 행정청의 선택재량은 여전히 존재한다. 따라서 행정권은 반드시 개입해야 하나 그 수단의 선택에 있어서는 여전히 행정청이 재량권을 가진다.

④ **적용범위** … 행정개입청구권은 초기에는 경찰행정에서 논의되었으나 오늘날에는 급부행정 등 모든 행정영역에서 인정되고 있다.

⑤ **쟁송수단** … 의무이행소송이 가장 실효적이나 우리나라에서 이 소송형태는 인정되지 않으므로 의무이행심판과 부작위위법확인소송에 의해야 한다. 그리고 행정기관의 개입의무가 발생하였음에도 개입하지 않아 손해가 발생한 경우에는 손해배상을 청구할 수 있다(통설·판례).

⑥ **판례** … 아직 사인의 행정개입청구권을 직접적으로 인정한 예가 없다. 국민의 생명·신체 또는 공공의 안녕·질서에 급박한 경우란 단시간 내에 종결되는 것이 일반적이므로 이 권리가 성립되기는 쉽지 않다. 그러나 판례는 무장공비사건(김신조 사건)에서 경찰기관의 위법한 부작위로 인한 손해에 대해 국가의 배상책임을 인정한 바 있다. 이 판례는 외형상 국가배상청구소송이나, 간접적으로 사인의 행정개입청구권을 인정한 판례로 볼 수 있다(대판 1971.4.6. 71다124).

|정답 ②

section ⑦ 행정법관계에 대한 사법규정의 적용(행정법의 흠결 보충)

(1) 의의

행정법관계에서 구체적 사건이 문제가 된 경우에 그에 적용할 법규나 법 원칙에 흠결이 발생할 때가 많다. 이에 대해 사법규정을 적용함으로써 보완할 수 있는가가 문제된다. 이 경우 사법규정을 어느 정도까지 적용할 수 있는지의 문제이다. 이는 공사법 이원적 체계를 유지해 온 대륙법계의 고유한 문제라 볼 수 있다. 최근 행정법 관계를 규율하는 일반법으로 행정기본법이 제정되었지만, 성문화되지 않은 여러 규정에 대해서는 여전히 사법규정의 적용필요성이 남아있다.

(2) 사법규정의 준용

행정법관계에 법의 흠결이 있는 경우에 법 스스로 사법규정의 적용을 인정하는 경우에는 사법규정의 적용이 당연하다.(명문규정⇒'국가배상법 제8조 국가나 지방자치단체의 손해배상 책임에 관하여는 이 법에 규정된 사항 외에는 「민법」에 따른다. 다만, 「민법」 외의 법률에 다른 규정이 있을 때에는 그 규정에 따른다.') 그러한 명문의 규정이 없는 경우에는 행정법관계에 대한 사법규정의 적용 여부가 문제된다.

(3) 학설

① 긍정설

　⑤ **직접적용설**(일반적 적용설, 특별사법설) : 대부분의 사법규정은 법의 일반원리로 이루어져 있으므로 행정법에도 당연히 사법규정이 일반적 · 직접적으로 적용된다는 이론이다.

　⑥ **유추적용설**(제한적 적용설) : 행정법의 특수성을 고려하여 법률관계의 내용 및 사법규정의 성질에 따라 사법규정이 유추적용된다는 이론이다(통설 · 판례).

　　※ 유추적용 : 법의 문언을 그대로 적용하는 것이 아니라 법문에 내재된 기본원리를 적용

② **부정설**(O. Mayer) ··· 공법과 사법은 분리 · 독립된 별개의 법체제로서 공통적인 법제가 존재하지 않으므로 공법규정의 흠결을 사법규정의 적용으로 보충할 수 없다는 주장이다. 직접적용은 물론 유추적용도 안 된다고 한다.

(4) 사법 규정의 유추적용의 범위

① 가능 범위

　⑤ 신의칙 · 권리남용

　⑥ 자연인 중 의사무능력 법인

기출문제

📖 행정법관계에서 「민법」의 적용에 대한 설명으로 옳지 않은 것은?
▶ 2016. 4. 9. 인사혁신처
① 「민법」상의 일반법원리적인 규정은 행정법상 권력관계에 대해서도 적용될 수 있다.
② 행정법관계에서 기간의 계산에 관하여 특별한 규정이 없으면 「민법」의 기간 계산에 관한 규정이 적용된다.
③ 현행법상 국가에 대한 금전채권의 소멸시효에 대하여는 「민법」의 규정이 그대로 적용된다.
④ 현행법상 행정목적을 위하여 제공된 행정재산에 대해서는 공용폐지가 되지 않는 한 「민법」상 취득시효규정이 적용되지 않는다.

▎정답 ③

ⓒ 물건(동산·부동산, 원물·과실, 주물·종물)

ⓔ 법률행위의 무효·취소·대리·조건·기한

ⓜ 주소의 개념

ⓗ 사무관리 부당이득

② 적용의 제한

　　㉠ 행위무능력 의사표시(비진의표시·허위표시·사기·강박·착오)

　　ⓛ 소멸시효의 기간

　　ⓒ 주소의 복수주의

(5) 적용이 가능한 공법관계의 범위

① 권력관계 … 권력관계는 행정주체의 의사의 우월성으로 인하여 사법관계와는 본질적으로 성질이 다르므로 사법규정이 적용되지 않는다. 단, 법의 일반원칙적 규정(신의칙, 권리남용 등)이 적용됨은 별론이다.

② 관리관계 … 관리관계는 행정주체와 객체의 대등성을 본질로 하므로 사법관계와 성질이 다르지 않다. 따라서 관리관계에는 사법규정이 폭넓게 적용된다.

(6) 적용순서

① 공법에 명시적 규정이 있으면 이를 적용한다(공법에 "이 법에 없으면 민법을 준용한다."는 조항이 있으면 바로 민법을 적용).

② 명시적 규정이 없으면 다른 관련조항·관련공법을 먼저 적용한다(당해 하천법에 보상규정 없으면 다른 조항, 또는 다른 하천관련법을 먼저 적용해 본다).

③ 관련공법에도 없는 경우 비로소 사법규정을 적용한다.

(7) 사법규정 적용의 한계

① 사법규정의 성격에 따른 한계

　　㉠ 사법규정 중 법의 일반원리적 규정이나 법기술적 규정은 모든 행정법관계(권력관계·관리관계·국고관계)에 직접 또는 유추적용된다. 법의 일반원리적 규정으로는 신의성실의 원칙, 권리남용금지의 원칙, 자연인·법인·물건·법률행위·대리·무효·취소 등의 총칙규정, 사무관리·부당이득·불법행위에 관한 채권법 규정 등이 있고 법기술적 규정으로는 시효·주소에 관한 규정 등이 있다.

　　ⓛ 기타 사법규정은 행정법관계 중 권력관계를 제외한 관리관계, 국고관계에만 적용된다.

② **행정법관계의 종류에 따른 한계**
  ㉠ 권력관계는 행정주체와 국민 간의 부대등한 관계로서 사법관계와 성질이 다르므로 법의 일반원리적 규정이나 법기술적 규정 이외의 규정은 적용되지 않는다.
  ㉡ 관리관계·국고관계에는 원칙상 사법이 적용된다. 그러나 행정목적의 달성을 위하여 해석상 필요한 경우에는 사법규정이 적용되지 않는다.
  ㉢ 오늘날에는 권력관계·관리관계·국고관계 구별없이 그 구체적 성질에 따라 개별적으로 결정한다는 주장(개별적 판단설)이 유력해지고 있다.

section 8 특별행정법관계(특별권력관계)

(1) 의의

특별행정법관계(특별권력관계, 특별신분관계)란 행정주체와 국민 간의 일반권력관계와 달리 특별한 공법상 원인에 기하여 성립되며 일정한 행정목적에 필요한 한도 내에서 그 특별권력주체에게 포괄적 지배권이 인정되는 법률관계를 말한다.

(2) 성립

① **역사적 배경** … 19세기 말 독일의 입헌군주제하에서 군주와 의회 간의 타협의 산물로서 성립되었다. 즉, 법치주의를 인정하는 대신 군주는 행정조직 내부관계에 있어 법치주의의 예외가 인정되는 특권적 지위를 인정받게 된 것이다.

② **이론적 기초** … G. Jellinek의 국가법인설에 따라 하나의 법인격체인 국가 내에는 또 다른 권리·의무주체가 있을 수 없다고 한다. 국가와 국민 간의 외부관계에서는 서로 대립하는 권리·의무관계가 성립되어 법치주의의 적용을 받지만 행정의 내부, 즉 특별권력관계에서는 그 구성원과 법주체로서의 행정권이 일체를 이루므로 상호 대립하는 법주체를 전제로 하는 법규가 존재하지 않는다(P. Laband의 국가법인격에의 법의 불침투성 이론). 이후 O.Mayer와 F. Fleiner가 체계화하였다.

Point 팁
행정법관계 = 일반권력관계 + 특별권력관계
☞ 특별권력관계를 알기 쉽게 풀이하면 국가내부의 영역에 속하는 사람은 국가영역의 외부에 속하는 일반시민과는 달리 특별한 법적 복종을 받는다는 것이다. 즉, 공무원과 수형자, 군인, 국립학교 학생 등은 국가의 영역에 자의에 의하든 강제에 의하든 편입된 사람이며 따라서 일반국민이 누리는 권리는 자제를 받고 국가목적의 달성을 위하여 의무가 강화된 국가의 공복이 된다는 사고이다.

기출문제

🔲 다음 중에서 특별권력관계에 대한 설명으로 옳은 것은?
▶ 2007. 4. 29. 경상북도
① 특별권력관계의 행정주체에는 명령권, 징계권, 경찰권, 과세권을 그 내용으로 하는 포괄적 지배권과 징계권의 특별권력이 인정된다.
② 특별권력관계이론은 19세기 후반 독일에서 성립된 독일법에 특유한 이론으로 프랑스법에는 특별권력관계이론이 존재하지 않는다고 하였다.
③ Bachof는 특별권력관계 내에서 취해진 행위 중 기본관계에서의 행위는 사법심사의 대상이 되지만 경영수행관계에서의 행위는 사법심사의 대상이 되지 않는다고 하였다.
④ 학설과 판례는 특별권력관계에 대하여는 법률의 유보 및 사법심사가 완전히 배제된다는 입장을 취한다.

‖정답 ②

(3) 인정 여부에 관한 학설

① 긍정설

　㉠ **절대적 구별설** : 일반권력관계와 특별권력관계는 본질적으로 다르므로 법치주의가 전면배제된다고 한다.

　㉡ **상대적 구별설** : 양자는 본질적으로 다르지 않으므로 특별권력관계에도 법치주의가 적용됨이 원칙이다. 그러나 특별권력관계 내의 특수성을 인정하여 법치주의의 적용이 제한될 수 있다.

② 부정설

　㉠ **일반적 · 형식적 부정설** : 특별권력관계의 관념을 전면적으로 부정한다. 따라서 법치주의가 전면적으로 적용된다고 한다.

　㉡ **개별적 · 실질적 부정설** : 각각의 관계를 하나하나 분리하여 개별적 · 구체적으로 검토하는 이론이다. 독일의 재소자 판결에서 인정된 이론으로 동판결에서는 교도소의 재소관계를 일반권력관계로 보았다. 이 이론에 따르면 공무원신분관계, 군복무관계, 교도소 수용관계 등은 일반권력관계로, 국 · 공립학교재학관계는 계약관계로 파악된다.

③ 수정이론

　㉠ **울레(C.H. Ule)의 기본관계 · 경영관계 구분론** : 울레는 특별권력관계를 기본관계와 경영수행관계로 구분하여 이 중 기본관계만을 사법심사의 대상으로 해야 한다고 한다. 기본관계란 특별권력관계 자체의 성립 · 변경 · 소멸 또는 관계구성원의 법적 지위에 본질적으로 중요한 법률관계를 말한다(공무원의 임면 · 전직, 군인의 입대 · 제대, 국 · 공립학교 학생의 입학 · 제적 · 정학, 수형자의 형의 집행 등). 경영수행관계란 관계구성원이 특별권력관계 내부에서 가지는 직무관계 또는 영조물 이용에 관련된 경영수행적 관계를 말한다(공무원에 대한 직무명령, 군인의 훈련, 학생의 수업 · 학점, 수형자에 대한 행형 등).

　㉡ **에릭슨의 제한적 특별권력관계론** : 에릭슨의 주장으로 제한적 긍정설과 유사하다.

(4) 성립과 소멸

① 성립

　㉠ **법률 규정으로 직접 성립** : 징집대상자의 입대, 수형자의 수감, 공공조합에의 강제가입, 전염병 환자의 국 · 공립병원에의 강제입원 등

　㉡ **본인의 의무적 동의로 성립** : 학령아동의 초등학교 취학 등

　㉢ **본인의 임의적 동의로 성립** : 공무원 임명, 국 · 공립대학 입학, 국립도서관 이용 등

② **소멸**

　㉠ **목적달성** : 병역의무의 완수, 국·공립대학생의 졸업 등

　㉡ **임의탈퇴** : 공무원의 사임, 학생의 자퇴 등

　㉢ **권력주체의 일방적 배제** : 파면, 퇴학 등

(5) 종류

① **공법상 근무관계** … 국가나 지방자치단체에 대하여 포괄적인 근무의무를 지는 관계로 민사상 고용관계, 공법상의 위임관계와 구별된다. 상대방의 동의에 의하여 성립하는 경우(공무원 근무관계), 법률에 근거하여 국가의 일방적 의사로 성립하는 경우(군복무 관계) 등이 있다.

② **공법상 영조물 이용관계** … 교도소 재소관계, 국·공립대학 재학관계, 국·공립병원 입원관계 등이 해당된다.

③ **공법상 특별감독관계** … 국가사무를 위임받은 지방자치단체, 행정사무 수임자(별정우체국장 등), 행정목적을 위해 설립된 공공조합, 특허기업자 등이 국가의 특별한 감독을 받는 관계를 말한다.

④ **공법상 사단관계** … 공공조합과 그 조합원(의사회와 의사, 변호사회와 변호사 등)의 관계가 해당한다. 경제적 급부를 내용으로 하는 시영식당, 시영버스, 국영철도이용관계는 사법관계이다.

(6) 특별권력의 내용

① **명령권** … 특별권력주체는 목적달성에 필요한 범위 내에서 그 구성원에게 명령을 내릴 수 있다. 그 발동형식은 일반·추상적인 행정규칙(훈령·복무규정·영조물규칙 등) 또는 개별·구체적인 지시(직무명령·시정명령 등)의 형식에 의한다.

② **징계권(강제권)** … 특별행정법관계의 내부질서를 유지하기 위해 질서문란자에 대하여 징계벌을 과할 수 있다. 단, 조리상 상당하다고 인정되는 범위 내에서만 발동 가능하며 특별권력관계로부터의 배제와 신분상 이익의 박탈을 최고한도로 하여야 한다.

(7) 특별권력의 한계

① 특별권력의 발동은 그 설립 목적을 달성하기 위해 필요한 범위 내에서 행사되어야 함은 당연하다.

② 특별행정법관계 내에서의 기본권 제한은 법률에 근거 없이는 불가능하다.

기출문제

(8) 현대 특별권력관계 이론

오늘날 특별권력관계 이론이 유효성이 완전히 소멸되지는 않았다는 상대적 구별설이 통설이나 전면적 법치주의의 배제라는 고전적 특별권력관계이론은 더 이상 타당하지 않다고 본다. 다만, 특별권력관계의 특수성을 법치주의와 관련해서 어느 정도까지 인정하느냐가 오늘날 논의의 중점이 되고 있다.

① **원칙적인 법치주의(법률유보의 원칙)의 전면 적용** … 법치주의가 완성된 현대국가에서 특별권력관계도 법치주의가 전면적으로 적용된다. 다만, 부분사회의 자율성을 존중하기 위해 본질적 내용을 침해하지 않는 한도 내에서 어느 정도 개괄조항에 의한 수권도 가능하다.

② **기본권 제한** … 특별권력관계 내에서도 그 구성원의 기본권 제한에는 법률의 근거가 필요하다. 국가공무원법상 근로 3권의 제한 등이 이에 해당한다. 그러나 법률의 근거에 의해 기본권을 제한하더라도 양심의 자유 · 종교의 자유 · 학문과 예술의 자유 등 절대적 자유권은 제한할 수 없다.

③ **사법심사** … 특별권력관계에도 사법심사가 미치는 것이 원칙이다. 판례는 서울교육대학사건에서 퇴학처분을 행정처분이라 했고(대판 1991. 11. 22, 91누2144), 공무원의 전보발령도 처분에 해당한다고 하였다. 그러나 특별권력관계의 특수성 · 전문성으로 인해 사법심사가 제한되는 경우도 있다.

> **판례** **퇴학처분의 행정처분성 인정**: 서울교육대학의 학장(피고)이 동 대학의 교육목적 실현과 학교의 내부질서 유지를 위해 학칙위반자인 동 대학의 재학생인 원고에 대한 구체적 법 집행으로서 국가공권력의 하나인 징계권을 발동하여 원고의 학생으로서의 신분을 일방적으로 박탈하는 국가의 교육행정에 관한 의사를 외부에 표시하는 것이므로 이는 행정처분임이 명백하다(대판 1991. 11. 22, 91누2144).

> **판례** **유치장 내 화장실 설치 및 관리행위 위헌확인**: 차폐시설이 불충분하여 사용과정에서 신체부위가 다른 유치인들 및 경찰관들에게 관찰될 수 있고 냄새가 유출되는 유치실 내 화장실을 사용하도록 강제한 피청구인의 행위가 인간의 존엄성과 가치를 규정한 헌법 제10조에 반한다(헌재 2001. 7. 19, 2000헌마546).

2020 지방직 9급

1 공법관계와 사법관계에 대한 설명으로 옳은 것은?(다툼이 있는 경우 판례에 의함)

① 「행정절차법」은 공법관계는 물론 사법관계에 대해서도 적용된다.

② 공법관계는 행정소송 중 항고소송의 대상이 되며, 사인 간의 법적 분쟁에 관한 사법관계는 행정소송 중 당사자소송의 대상이 된다.

③ 법률관계의 한쪽 당사자가 행정주체인 경우에는 공법관계로 보는 것이 판례의 일관된 입장이다.

④ 입찰보증금의 국고귀속조치는 국가가 사법상의 재산권의 주체로서 행위하는 것이지, 공권력을 행사하는 것이거나 공권력작용과 일체성을 가진 것이 아니라 할 것이다.

2020 국가직 7급

2 공법관계와 사법관계에 대한 설명으로 옳은 것은? (다툼이 있는 경우 판례에 의함)

① 구「예산회계법」에 따른 입찰보증금의 국고귀속조치는 국가가 공법상의 재산권의 주체로서 행위하는 것으로 그 행위는 공법행위에 속한다.

② 공유재산의 관리청이 행하는 행정재산의 사용·수익에 대한 허가는 순전히 사경제주체로서 행하는 사법상의 법률행위이다.

③ 개발부담금 부과처분이 취소된 후의 부당이득으로서의 과오납금 반환에 관한 법률관계는 공법상 법률관계이다.

④ 공익사업을 위한 토지 등의 취득 및 보상에 관한 법령에 의한 협의취득은 사법상의 법률행위이다.

2019 국가직 7급

3 행정상 법률관계에 대한 판례의 입장으로 옳지 않은 것은?

① 공법상 근무관계의 형성을 목적으로 하는 채용계약의 체결 과정에서 행정청의 일방적인 의사표시로 계약이 성립하지 아니한 경우, 관계 법령이 상대방의 법률관계에 관하여 구체적으로 어떻게 규정하고 있는지에 따라 의사표시가 항고소송의 대상이 되는 처분에 해당하는지 아니면 공법상 계약관계의 일방 당사자로서 대등한 지위에서 행하는 의사표시인지를 개별적으로 판단하여야 한다.

② 행정처분과 부관 사이에 실제적 관련성이 있다고 볼 수 없는 경우 공무원이 이와 같은 공법상의 제한을 회피할 목적으로 행정처분의 상대방과 사이에 사법상 계약을 체결하는 형식을 취하였다면 이는 법치행정의 원리에 반하는 것으로서 위법하다.

③ 지방전문직공무원 채용계약 해지의 의사표시에 대하여는 공법상 당사자소송으로 그 의사표시의 무효확인을 청구할 수 있다.

④ 재단법인 한국연구재단이 A대학교 총장에게 연구개발비의 부당집행을 이유로 과학기술기본법령에 따라 '두뇌한국(BK)21 사업' 협약의 해지를 통보한 것은 공법상 계약을 계약당사자의 지위에서 종료시키는 의사표시에 해당한다.

4 행정행위의 성립요건과 효력요건에 대한 설명으로 옳지 않은 것은? (다툼이 있는 경우 판례에 의함)

① 행정청의 권한은 지역적 한계가 있으므로 행정청이 자신의 권한이 미치는 지역적 한계를 벗어나 발하는 행정행위는 위법하게 된다.

② 행정청이 처분을 할 때에는 다른 법령 등에 특별한 규정이 있는 경우를 제외하고는 문서로 하여야 하며, 전자문서로 하는 경우에는 당사자 등의 동의가 있어야 한다. 다만, 신속히 처리할 필요가 있거나 사안이 경미한 경우에는 말 또는 그 밖의 방법으로 할 수 있다.

③ 면허관청이 운전면허정지처분을 하면서 통지서에 의하여 면허정지사실을 통지하지 아니하거나 처분집행예정일 7일 전까지 이를 발송하지 아니한 경우에는 절차와 형식을 갖추지 아니한 조치로서 효력이 없으나, 면허관청이 임의로 출석한 상대방의 편의를 위하여 구두로 면허정지사실을 알렸다면 운전면허정지처분의 효력이 인정된다.

④ 납세고지서의 교부송달 및 우편송달에 있어서 반드시 납세의무자 또는 그와 일정한 관계에 있는 사람의 현실적인 수령행위를 전제로 하고 있다고 보아야 하며, 납세자가 과세처분의 내용을 이미 알고 있는 경우에도 납세고지서의 송달이 불필요하다고 할 수 없다.

5 다음 중 행정법 관계에 관한 설명 중 옳지 않은 것은?

① 하자 있는 행정행위라 할지라도 그에 대한 불복기간이 도과하거나 쟁송절차가 모두 경료된 경우에는 더 이상 그 효력을 다툴 수 없는 것을 불가쟁력이라고 한다.

② 불가쟁력이 발생하더라도 처분청은 당해 행위를 직권으로 취소할 수 있고 상대방은 행정행위의 효력을 다툴 수는 없으나 행정상 손해배상을 청구할 수 있다.

③ 불가쟁력은 행정행위에 인정되는 절차법적 구속력이며, 국민에 대한 구속력이다.

④ 일정한 행정행위는 그 성질상 행정청도 이를 취소·철회하지 못하는 것을 불가변력이라고 하며, 불가변력이 발생하면 상대방 또는 제3자는 행정쟁송절차에 의해 당해 행위의 효력을 다툴 수 없다.

6 다음 중 무하자재량행사청구권에 관한 대법원 판례의 내용으로 옳지 않은 것은?

① 검사 지원자 중 한정된 수의 임용대상자에 대한 임용결정은 한편으로는 그 임용대상에서 제외된 자에 대한 임용거부결정이라는 양면성을 지니는 것이다.

② 임용대상에서 제외한 자에 대한 임용거부의 의사표시는 본인에게 직접 고지되지 않았다고 하여도 본인이 이를 알았거나 알 수 있었을 때에 그 효력이 발생한 것으로 보아야 한다.

③ 법령상 검사임용신청 및 그 처리에 관한 명문규정이 없는 경우에는 조리상 임용권자는 임용신청자들에게 전형의 결과인 임용 여부의 응답을 해 줄 의무가 없다.

④ 임용신청자는 재량권의 한계일탈이나 남용이 없는 적법한 응답을 요구할 권리가 있다.

7 다음 설명 중 옳은 것을 모두 고르면?

> ㉠ 국유재산의 매각관계는 국고관계이므로 공정력이 인정되지 않는다.
> ㉡ 관리관계는 권력관계, 사법관계는 비권력관계에 해당한다.
> ㉢ 행정법관계는 행정상의 법률관계 중 공법의 규율을 받는 관계를 말한다.
> ㉣ 권력관계에는 공정력, 확정력, 자력집행력 등 법률상 우월한 효력이 인정된다.

① ㉠㉢

② ㉠㉡㉢

③ ㉠㉢㉣

④ ㉠㉡㉢㉣

8 다음 판례의 견해 중 옳지 않은 것은?

① 일반국민 또는 주민이 문화재를 향유할 이익은 구체적이고 법률적인 이익은 아니다.

② 국내산업의 보호육성도 구「무역거래법」이 기도하고 있는 목적의 하나가 되지만, 이를 근거로 원고가 제조판매하는 것과 같은 품종의 수입을 다른 사람에게 허가한 것에 대해 자신의 법률상의 이익이 침해되었다고 주장 할 수 없다.

③ 대학생들이 전공이 다른 교수를 임용함으로써 학습권을 침해당하였다는 이유를 들어 교수임용처분의 취소를 구할 소의 이익이 있다.

④ 하천부지 점용권자의 폐천부지 매각에 관한 연고권이 법적 권리나 이익이라 할 수 없으므로 사실심 변론종결일 전에 하천부지 점용허가기간이 경과한 이상 하천부지 점용권자로서는 하천부지 점용허가취소처분의 취소를 구할 법률상의 이익이 없다.

정답및해설

1	④	2	④	3	④	4	③	5	④
6	③	7	③	8	③				

1 ④ 예산회계법에 따라 체결되는 계약은 사법상의 계약이라고 할 것이고 동법 제70조의5의 입찰보증금은 낙찰자의 계약체결의무이행의 확보를 목적으로 하여 그 불이행시에 이를 국고에 귀속시켜 국가의 손해를 전보하는 사법상의 손해배상 예정으로서의 성질을 갖는 것이라고 할 것이므로 입찰보증금의 국고귀속조치는 국가가 사법상의 재산권의 주체로서 행위하는 것이지 공권력을 행사하는 것이거나 공권력작용과 일체성을 가진 것이 아니라 할 것이므로 이에 관한 분쟁은 행정소송이 아닌 민사소송의 대상이 될 수밖에 없다고 할 것이다(대판 1983.12.27. 81누366).

① 행정절차법은 모든 행정작용에 적용되는 것은 아니고 동법 제3조에서 적용제외대상을 규정하고 있다. 그러나 행정절차법은 사법관계에는 적용되지 않는다.

② 공법관계 중 공법상의 법률관계에 관한 소송은 항고소송이 아니라 당사자 소송의 대상이 되며(행정소송법 제3조), 사인간의 법적 분쟁에 관한 사법관계는 민사소송에 의하여야 한다.

③ 지방자치단체가 구 지방재정법시행령 제71조(현행 지방재정법시행령 제83조)의 규정에 따라 기부채납받은 공유재산을 무상으로 기부자에게 사용을 허용하는 행위는 사경제주체로서 상대방과 대등한 입장에서 하는 사법상 행위이지 행정청이 공권력의 주체로서 행하는 공법상 행위라고 할 수 없으므로, 기부자가 기부채납한 부동산을 일정기간 무상사용한 후에 한 사용허가기간 연장신청을 거부한 행정청의 행위도 단순한 사법상의 행위일 뿐 행정처분 기타 공법상 법률관계에 있어서의 행위는 아니다(대판 1994. 1.25. 93누7365).

2 ④ 공익사업을 위한 토지 등의 취득 및 보상에 관한 법령에 의한 협의취득은 사법상의 법률행위이므로 당사자 사이의 자유로운 의사에 따라 채무불이행책임이나 매매대금 과부족금에 대한 지급의무를 약정할 수 있다(대판 2012. 2.23. 2010다91206).

① 예산회계법에 따라 체결되는 계약은 사법상의 계약이라고 할 것이고 동법 제70조의5의 입찰보증금은 낙찰자의 계약체결의무이행의 확보를 목적으로 하여 그 불이행시에 이를 국고에 귀속시켜 국가의 손해를 전보하는 사법상의 손해배상 예정으로서의 성질을 갖는 것이라고 할 것이므로 입찰보증금의 국고귀속조치는 국가가 사법상의 재산권의 주체로서 행위하는 것이지 공권력을 행사하는 것이거나 공권력작용과 일체성을 가진 것이 아니라 할 것이므로 이에 관한 분쟁은 행정소송이 아닌 민사소송의 대상이 될 수밖에 없다고 할 것이다(대판 1983.12.27. 81누366).

② 공유재산의 관리청이 행정재산의 사용·수익에 대한 허가는 순전히 사경제주체로서 행하는 사법상의 행위가 아니라 관리청이 공권력을 가진 우월적 지위에서 행하는 행정처분으로서 특정인에게 행정재산을 사용할 수 있는 권리를 설정하여 주는 강학상 특허에 해당한다. 행정재산의 사용·수익허가처분의 성질에 비추어 국민에게는 행정재산의 사용·수익허가를 신청할 법규상 또는 조리상의 권리가 있다고 할 것이므로 공유재산의 관리청이 행정재산의 사용·수익에 대한 허가 신청을 거부한 행위 역시 행정처분에 해당한다(대판 1998. 2.27. 97누1105). 그 행정재산이 구 지방재정법 제75조의 규정에 따라 기부채납받은 재산이라 하여 그에 대한 사용·수익허가의 성질이 달라진다고 할 수는 없다(대판 2001. 6.15. 99두509).

③ 개발부담금 부과처분이 취소된 이상 그 후의 부당이득으로서의 과오납금 반환에 관한 법률관계는 단순한 민사 관계에 불과한 것이고, 행정소송 절차에 따라야 하는 관계로 볼 수 없다(대판 1995.12.22. 94다51253).

3 ④ 과학기술기본법령상 사업 협약의 해지 통보는 단순히 대등 당사자의 지위에서 형성된 공법상계약을 계약당사자의 지위에서 종료시키는 의사표시에 불과한 것이 아니라 행정청이 우월적 지위에서 연구개발비의 회수 및 관련자에 대한 국가연구개발사업 참여제한 등의 법률상 효과를 발생시키는 행정처분에 해당한다(대판 2014.12.11. 2012두28704).

cf)상기 판례에서 연구팀장에 대한 대학자체 징계 요구는 법률상 구속력이 없는 권유 또는 사실상의 통지로서 연구팀장의 권리, 의무 등 법률상 지위에 직접적인 법률적 변동을 일으키지 않는 행위에 해당하므로 항고 소송의 대상이 되는 행정처분에 해당하지 않는다.

① 행정청이 자신과 상대방 사이의 법률관계를 일방적인 의사표시로 종료시켰다고 하더라도 곧바로 의사표시가 행정청으로서 공권력을 행사하여 행하는 행정처분이라고 단정할 수는 없고, 관계 법령이 상대방의 법률관계에 관하여 구체적으로 어떻게 규정하고 있는지에 따라 의사표시가 항고소송의 대상이 되는 행정처분에 해당하는지 아니면 공법상 계약관계의 일방 당사자로서 대등한 지위에서 행하는 의사표시인지를 개별적으로 판단하여야 한다(대판 2015. 8.27. 2015두41449).

② 행정처분과 부관 사이에 실제적 관련성이 있다고 볼 수 없는 경우 공무원이 위와 같은 공법상의 제한을 회피할 목적으로 행정처분의 상대방과 사이에 사법상 계약을 체결하는 형식을 취하였다면 이는 법치행정의 원리에 반하는 것으로서 위법하다고 보지 않을 수 없다(대판 2010. 1.28. 2007다9331).

③ 공중보건의사 채용계약 해지의 의사표시에 대하여는 대등한 당사자간의 소송형식인 공법상의 당사자소송으로 그 의사표시의 무효확인을 청구할 수 있는 것이지, 이를 항고소송의 대상이 되는 행정처분이라는 전제하에서 그 취소를 구하는 항고소송을 제기할 수는 없다(대판 1996. 5.31. 95누10617).

4 ③ 면허관청이 운전면허정지처분을 하면서 별지 52호 서식의 통지서에 의하여 면허정지사실을 통지하지 아니하거나 처분집행예정일 7일 전까지 이를 발송하지 아니한 경우에는 특별한 사정이 없는 한 위 관계 법령이 요구하는 절차·형식을 갖추지 아니한 조치로서 그 효력이 없고, 이와 같은 법리는 면허관청이 임의로 출석한 상대방의 편의를 위하여 구두로 면허정지사실을 알렸다고 하더라도 마찬가지이다(대판 1996. 6. 14. 95누17823).

5 ④ 불가변력이 발생하면 행정청은 직권으로 취소할 수 없으나 상대방 또는 제3자는 쟁송기간이 경과하지 않은 경우 행정쟁송절차에 의해 당해 행위의 효력을 다툴 수 있다.

6 ③ 검사의 임용 여부는 임용권자의 자유재량에 속하는 사항이나 명문의 규정이 없더라도 조리상 임용권자는 임용신청자들에게 전형의 결과인 임용 여부의 응답을 해 줄 의무가 있다고 할 것이며, 응답할 것인지 여부조차도 임용권자의 편의재량사항이라고는 할 수 없다(대판 1991. 2. 12. 90누5825).

7 ㉡ 관리관계와 사법관계는 모두 비권력관계에 해당한다.

8 ③ 대학생들이 전공이 다른 교수를 임용함으로써 학습권을 침해당하였다는 이유를 들어 교수임용처분의 취소를 구할 소의 이익이 없다(대법원 1993. 7. 27. 선고 93누8139).

04 행정법상의 법률요건과 법률사실

section 1 의의 및 종류

(1) 의의

① 행정법상의 법률요건

    ㉠ 행정법관계의 발생, 변경, 소멸의 법률효과를 발생시키는 원인행위의 총체이다.

    ㉡ 1개의 법률사실로 이루어지는 경우도 있고(시효의 완성 등), 여러 개의 법률
사실로 이루어지는 경우도 있다(공법상 계약에서의 청약행위와 승낙행위, 건
축허가에서의 신청과 허가 등).

② 행정법상의 법률사실 … 법률요건을 이루는 개개의 사실이다.

(2) 법률사실의 종류

행정법상의 법률사실은 「민법」에서와 같이 사람의 정신작용을 요소로 하는가의
여부에 따라 용태와 사건으로 나뉜다.

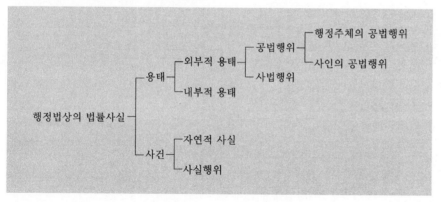

① 용태 … 사람의 정신적 작용을 요소로 하는 법률사실이다.

    ㉠ 외부적 용태 : 사람의 정신작용이 외부에 행동으로 나타나는 것으로서 행정법
상 효과를 발생시키는 것을 말한다.

    • 공법행위 : 공법적 효과를 발생시키는 행위로 공법상 법률사실의 대부분을 이룬
다(행정입법, 행정행위, 공법상 계약 등).

    – 주체에 따른 분류 : 행정주체에 의한 공법행위(행정행위, 행정상 입법, 공법상
계약), 사인에 의한 공법행위(자체완성적 행위, 행정요건적 행위)

    – 내용에 따른 분류 : 법률행위적 공법행위(법률행위적 행정행위, 행정상 입법), 준
법률적 공법행위(준법률적 행정행위, 공법상 사무관리)

- 사법행위 : 사법행위도 공법적 효과를 발생시키는 한도 안에서 공법상의 법률사실이 된다(매매·증여가 납세의무를 발생시키는 경우 등).

  ⓒ 내부적 용태(내심) : 외부에 표시되지 아니한 정신상태로서 행정법상 효과를 발생시키는 것을 말한다. 선의·악의, 고의·과실 등이 이에 해당한다.

    ※ 행정법에서는 외형주의를 택하고 있으므로 내심은 의미가 없다고 할 수 있다.

② **사건** … 사람의 정신작용을 요소로 하지 아니하는 법률사실로서 자연적 사실과 사실행위가 있다.

  ㉠ **자연적 사실** : 사람의 생사(의사의 사망으로 인한 의사면허의 실효 등), 시간의 경과(제소기간, 시효, 제척기간 등), 일정 연령에의 도달(선거권·피선거권 발생, 취학의무 발생 등), 목적물의 멸실(가옥멸실로 납세의무소멸 등) 등

  ㉡ **사실행위** : 권력적 사실행위(행정상 강제집행, 즉시강제, 권력적 행정조사 등), 비권력적 행정조사, 사인의 거주, 물건의 소유·점유(가옥의 소유로 재산세의 납세의무 발생 등) 등

section 2 행정법상의 공법행위

(1) 의의

① **개념** … 공법행위란 일반적으로 공법관계에서의 행위로서 공법적 효과를 발생·변경·소멸시키는 행위를 말한다. 이는 입법·행정·사법관계에서의 행위를 모두 포함하는 학문상의 개념이다. 이 중 행정법관계에서의 공법행위를 행정법상의 공법행위라 한다.

② **종류**(행위주체에 따라)

  ㉠ **행정주체의 공법행위** : 행정주체가 우월적 지위에서 하는 권력행위(행정입법, 행정행위 등)와 상대방과 대등한 지위에서 하는 관리행위(공법상 계약 등) 등 2편 일반행정작용법에서 논해지는 행위 등이 이에 해당한다.

  ㉡ **사인의 공법행위** : 자기완성적 공법행위(투표, 본래적 의미의 신고 등)와 행정행위 요건적 공법행위(신청, 수리를 요하는 신고 등)가 있다.

(2) 사인의 공법행위

① **의의** … 행정법관계에서의 사인의 행위로서 공법적 효과를 발생시키는 일체의 행위를 말한다. 공법적 효과를 발생한다는 점에서 사인의 사법행위와 구별되고 공권력의 행사가 아니라는 점에서 행정주체의 공법행위와 구별된다. 따라서 공정력, 확정력 등은 발생하지 않는다.

② 종류

㉠ 성질에 따른 분류

- 단독행위(허가신청, 소송제기 등)
- 쌍방행위(공법상 계약, 공법상 합동행위 등)

㉡ 효과에 따른 분류

- 자기완성적 공법행위 : 당해 행위 그 자체만으로 법적 효과를 발생하는 공법행위를 말한다(투표행위, 출생신고, 혼인신고, 납세신고, 국적이탈신고, 합동행위 등). 이는 행정청이 그 수리를 거부할 수 없다.
- 행정행위요건적 공법행위 : 그 자체만으로는 행정행위의 일방당사자로서의 의사표시에 그치고 행정주체의 행위와 결합함으로써 비로소 법적 효과를 발생하는 공법행위를 말한다(각종 인·허가신청, 특허신청, 공법상 계약에서의 청약행위, 행정심판청구, 행정소송의 제기, 공무원 임용에 있어서의 동의, 행정계약에 있어서의 승낙 등). 이는 행정청이 그 수리 여부를 결정할 수 있다.

Point 팁 자기완결적 신고와 행위요건적 신고

㉠ 자기완결적 신고(자체완성적 신고, 행정청의 수리를 요하지 않는 신고) : 사인이 행하는 자기완결적 공법행위의 하나로서 요건을 갖춘 적법한 신고가 행정청에 도달하면 신고 자체만으로 효력이 발생하는 신고를 말한다. 별도의 행정청의 수리행위가 필요하지 않으며 신고자체로 법적효과가 발생하기 때문에 수리거부는 처분성이 인정되지 않는다. 자기완결적 신고가 본래적 의미의 신고이며 건축법상 건축신고, 행정절차법상의 신고, 가족관계등록에 관한 법률상의 출생신고, 체육시설의 설치 이용에 관한 법률에 의한 변경신고 등이 있다.

㉡ 행위요건적 신고(행정청의 수리를 요하는 신고) : 사인이 행정청에 구체적 사안에 대해 통지하고 행정청이 이를 수리하여야 법적효과가 발생하는 신고를 말한다. 행정청의 수리나 수리거부는 처분성이 인정된다. 국토의 계획 및 이용에 관한 법률상의 개발행위 허가로 의제되는 건축신고, 건축주 명의변경신고, 영업양도에 따른 지위 승계신고, 주민등록 전입신고, 납골당 설치신고 등이 있다.

판례 주민들의 거주지 이동에 따른 주민등록전입신고에 대하여 행정청이 이를 심사하여 그 수리를 거부할 수는 있다고 하더라도, 그러한 행위는 자칫 헌법상 보장된 국민의 거주·이전의 자유를 침해하는 결과를 가져올 수도 있으므로, 시장·군수 또는 구청장의 주민등록전입신고 수리 여부에 대한 심사는 주민등록법의 입법 목적의 범위 내에서 제한적으로 이루어져야 한다. 한편, 주민등록법의 입법 목적에 관한 제1조 및 주민등록 대상자에 관한 제6조의 규정을 고려해 보면, 전입신고를 받은 시장·군수 또는 구청장의 심사 대상은 전입신고자가 30일 이상 생활의 근거로 거주할 목적으로 거주지를 옮기는지 여부만으로 제한된다고 보아야 한다. 따라서 전입신고자가 거주의 목적 이외에 다른 이해관계에 관한 의도를 가지고 있는지 여부, 무허가 건축물의 관리, 전입신고를 수리함으로써 당해 지방자치단체에 미치는 영향 등과 같은 사유는 주민등록법이 아닌 다른 법률에 의하여 규율되어야 하고, 주민등록전입신고의 수리 여부를 심사하는 단계에서는 고려 대상이 될 수 없다(대판 2009.6.18. 2008두10997(전합)).

장기요양기관의 폐업신고와 노인의료복지시설의 폐지신고는, 행정청이 관계 법령이 규정한 요건에 맞는지를 심사한 후 수리하는 이른바 '수리를 필요로 하는 신고'에 해당한다. 그러나 행정청이 그 신고를 수리하였다고 하더라도, 신고서 위조 등의 사유가 있어 신고행위 자체가 효력

기출문제

🔘 신고와 수리에 대한 설명으로 옳지 않은 것은? (다툼이 있는 경우 판례에 의함)

▶ 2020. 6. 13. 지방직/서울특별시

① 다른 법령에 의한 인허가가 의제되지 않는 일반적인 건축신고는 자기완결적 신고이므로 이에 대한 수리 거부행위는 항고소송의 대상이 되는 처분이 아니다.

② 「국토의 계획 및 이용에 관한 법률」상의 개발행위허가가 의제되는 건축신고는 특별한 사정이 없는 한 행정청이 그 실체적 요건에 관한 심사를 한 후 수리하여야 하는 이른바 '수리를 요하는 신고'로 보아야 한다.

③ 「행정절차법」은 '법령등에서 행정청에 일정한 사항을 통지함으로써 의무가 끝나는 신고'에 대하여 '그 밖에 법령등에 규정된 형식상의 요건에 적합할 것'을 그 신고의무 이행요건의 하나로 정하고 있다.

④ 「식품위생법」에 따른 식품접객업(일반음식점영업)의 영업신고의 요건을 갖춘 자라고 하더라도, 그 영업신고를 한 당해 건축물이 「건축법」 소정의 허가를 받지 아니한 무허가 건물이라면 적법한 신고를 할 수 없다.

| 정답 ①

기출문제

이 없다면, 그 수리행위는 유효한 대상이 없는 것으로서, 수리행위 자체에 중대·명백한 하자가 있는지를 따질 것도 없이 당연히 무효이다(대판 2018. 6.12. 2018두33593).

노동조합 및 노동관계조정법이 행정관청으로 하여금 설립신고를 한 단체에 대하여 같은 법 제2조 제4호 각 목에 해당하는지를 심사하도록 한 취지가 노동조합으로서의 실질적 요건을 갖추지 못한 노동조합의 난립을 방지함으로써 근로자의 자주적이고 민주적인 단결권 행사를 보장하려는 데 있는 점을 고려하면, 행정관청은 일단 제출된 설립신고서와 규약의 내용을 기준으로 노동조합법 제2조 제4호 각 목의 해당 여부를 심사하되, 설립신고서를 접수할 당시 그 해당 여부가 문제된다고 볼 만한 객관적인 사정이 있는 경우에 한하여 설립신고서와 규약 내용 외의 사항에 대하여 실질적인 심사를 거쳐 반려 여부를 결정할 수 있다(대판 2014. 4.10. 2011두6998).

판례 건축신고는 자기완결적 신고에 해당하지만, 이에 대한 반려(수리거부)가 항고소송의 대상이 된다고 인정한 경우

구 건축법 관련 규정의 내용 및 취지에 의하면, 행정청은 건축신고로써 건축허가가 의제되는 건축물의 경우에도 그 신고 없이 건축이 개시될 경우 건축주 등에 대하여 공사 중지·철거·사용금지 등의 시정명령을 할 수 있고(제69조 제1항), 그 시정명령을 받고 이행하지 않은 건축물에 대하여는 당해 건축물을 사용하여 행할 다른 법령에 의한 영업 기타 행위의 허가를 하지 않도록 요청할 수 있으며(제69조 제2항), 그 요청을 받은 자는 특별한 이유가 없는 한 이에 응하여야 하고(제69조 제3항), 나아가 행정청은 그 시정명령의 이행을 하지 아니한 건축주 등에 대하여는 이행강제금을 부과할 수 있으며(제69조의2 제1항 제1호), 또한 건축신고를 하지 않은 자는 200만 원 이하의 벌금에 처해질 수 있다(제80조 제1호, 제9조). 이와 같이 건축주 등은 신고제하에서도 건축신고가 반려될 경우 당해 건축물의 건축을 개시하면 시정명령, 이행강제금, 벌금의 대상이 되거나 당해 건축물을 사용하여 행할 행위의 허가가 거부될 우려가 있어 불안정한 지위에 놓이게 된다. 따라서 건축신고 반려행위가 이루어진 단계에서 당사자로 하여금 반려행위의 적법성을 다투어 그 법적 불안을 해소한 다음 건축행위에 나아가도록 함으로써 장차 있을지도 모르는 위험에서 미리 벗어날 수 있도록 길을 열어 주고, 위법한 건축물의 양산과 그 철거를 둘러싼 분쟁을 조기에 근본적으로 해결할 수 있게 하는 것이 법치행정의 원리에 부합한다. 그러므로 건축신고 반려행위는 항고소송의 대상이 된다고 보는 것이 옳다(대판2010.11.18. 2008두167전합).

ⓒ **의사표시의 수에 의한 분류**

- 단순행위 : 신고·신청
- 합성행위 : 선거에서의 투표행위

ⓓ **지위에 의한 분류**

- 행정주체의 지위에서 하는 행위 : 사인이 선거인단의 일원으로서 하는 투표행위
- 행정객체의 지위에서 하는 행위 : 각종의 신고·신청 또는 동의 등

③ **사인의 공법행위에 대한 적용법리**

ㄱ **제한능력** : 특별한 규정이 없는 한 「민법」의 규정이 유추적용된다. 다만, 행위능력에 대해서 「우편법」은 제한능력자의 행위도 유효하다는 특칙을 두고 있다〈우편법 제10조〉.

ㄴ **대리** : 일신전속적인 행위에 있어서는 대리가 금지된다.

ㄷ **효력발생시기** : 「민법」에서와 같이 도달주의에 의한다. 그러나 예외적으로 발신주의를 취하는 경우도 있다〈국세기본법 제5조의 2〉.

ㄹ **부관** : 행정행위와 달리 부관을 붙일 수 없음이 원칙이다.

ⓜ 형식 : 반드시 요구하는 형식은 없지만 행위의 존재 및 내용을 명확히 하기 위하여 일정한 문서나(행정심판청구서), 일정한 서식(여권신청서)을 요구하는 경우가 많다.

ⓗ 의사표시에 관한 규정 : 민법상의 의사표시에 관한 규정을 유추적용하는 것이 학설의 일반적 태도이다. 다만, 비진의 의사표시(민법 제107조)는 사인의 공법행위에는 적용되지 않으며 투표와 같은 행위는 집단적 성격이 강하므로 착오(민법 제108조)를 이유로 취소할 수 없다.

ⓢ 철회·보정 : 사인의 공법행위는 법적 효과가 완성되기까지는 철회·보정이 가능하나 소장의 수정 등 법률상 제한이 되는 경우가 있고, 투표나 수험행위와 같이 행위의 성질상 제한되는 경우도 있다.

④ 사인의 공법행위의 효과

㉠ 행정청은 법령의 규정에 따라 수리, 심사, 처리, 통지의 의무를 진다.

㉡ 특별한 규정이 없는 한 수정인가는 허용되지 않는다.

⑤ 사인의 공법행위의 하자의 효과

㉠ 하자 있는 사인의 공법행위가 행정행위의 중요 요건인 경우

• 하자가 단순한 위법이면 행정행위는 유효하다.

• 하자가 중대·명백한 위법이면 행정행위는 무효이다.

㉡ 하자 있는 사인의 공법행위가 행정행위의 중요 요건이 아닌 경우 : 흠결은 행정행위의 효과에 영향을 주지 않는다.

section 3 공법상의 사무관리와 부당이득

(1) 공법상의 사무관리

① 의의 … 법률상 의무 없이 타인을 위하여 그 사무를 관리하는 것을 말한다. 민법에 규정되어 있는 제도이나 사무관리가 공법 분야에서 이루어지면 공법상의 사무관리가 된다. 과거 Jellinek는 공법상의 사무관리를 부정했지만 오늘날은 인정하는 것이 통설이다.

② 종류

㉠ 강제관리 : 국가가 자신의 특별감독하에 있는 사업에 대하여 감독권을 행사하여 강제적으로 관리하는 경우이다(도시재개발법상의 강제관리 등).

㉡ 보호관리 : 행정청이 재해시에 보호를 위하여 관리하는 경우이다(시·군에서 행하는 행려병자의 취급 등).

기출문제

💬 다음 중 사인의 공법행위에 대한 설명으로 가장 옳지 않은 것은?
▶ 2016. 6. 25. 서울특별시

① 사인의 공법행위에는 행위능력에 관한 「민법」의 규정이 원칙적으로 적용된다.

② 판례에 의하면 「민법」상 비진의 의사표시의 무효에 관한 규정은 그 성질상 영업재개신고나 사직의 의사표시와 같은 사인의 공법행위에 적용된다.

③ 사인의 공법행위가 행정행위의 단순한 동기에 불과한 경우에는 그 하자는 행정행위의 효력에 아무런 영향을 미치지 않는다는 것이 일반적인 견해이다.

④ 공무원이 한 사직의사표시의 철회나 취소는 그에 터잡은 의원면직처분이 있을 때까지 할 수 있는 것이고, 일단 면직처분이 있고 난 이후에는 철회나 취소할 여지가 없다.

정답 ②

기출문제

🔈 공법상 부당이득에 대한 설명으로 옳지 않은 것은? (다툼이 있는 경우 판례에 의함)
▶ 2017. 6. 17. 제1회 지방직

① 공법상 부당이득에 관한 일반법은 없으므로 특별한 규정이 없는 경우, 「민법」상 부당이득반환의 법리가 준용된다.

② 부가가치세법령에 따른 환급세액 지급의무 등의 규정과 그 입법취지에 비추어 볼 때 부가가치세 환급세액 반환은 공법상 부당이득반환으로서 민사소송의 대상이다.

③ 잘못 지급된 보상금에 해당하는 금액의 징수처분을 해야 할 공익상 필요가 당사자가 입게 될 불이익을 정당화할 만큼 강한 경우, 보상금을 받은 당사자로부터 오지급금액의 환수처분이 가능하다.

④ 공법상 부당이득반환에 대한 청구권의 행사는 개별적인 사안에 따라 행정주체도 주장할 수 있다.

ⓒ **역무제공**(사인에 의한 행정사무의 일부관리) : 비상재해시에 사인이 행정사무의 일부를 관리하는 경우이다.

③ **적용법규** … 공법상의 사무관리에 대하여는 법령에 특별한 규정이 없으면 「민법」상의 사무관리에 관한 규정이 준용된다〈민법 제734조~제740조〉.

(2) 공법상의 부당이득

① **의의** … 공법분야에서 법률상 원인 없이 타인의 재산 또는 노무로 인하여 이익을 얻고 이로 인하여 다른 타인에게 손해를 끼친 경우 그 이득을 반환하도록 하는 제도를 말한다.

② **근거 · 성질** … 「국세기본법」, 「지방세법」, 「관세법」, 「도로법」 등에 규정되어 있는 특별한 경우 외에는 민법 제741조~제749조에 의한다. 통설은 공법상의 권리라고 하고 판례는 사법상의 권리라고 한다.

③ **종류**

　ⓒ **행정주체의 부당이득** : 조세의 과오납, 수수료 · 요금의 과오납, 과오에 의한 제3자의 재산압류, 과오에 의해 사인의 토지를 도로에 편입하는 경우 등이 있다. 조세 · 수수료 등을 원래보다 더 내게 되면 행정주체의 부당이득이 되나 덜 내게 되면 사인의 부당이득이 된다.

　ⓒ **사인의 부당이득** : 봉급의 과액수령, 무자격자의 연금수령 등이 있다.

④ **성립**

　ⓒ **행정주체의 부당이득** : 행정행위가 무효인 경우에는 행정주체의 부당이득이 바로 성립하나, 행정행위가 단순 위법인 경우에는 공정력으로 인해 권한 있는 기관이 이를 취소해야 비로소 부당이득이 성립한다.

　ⓒ **사인의 부당이득** : 행정행위의 취소가 있어야 비로소 사인의 부당이득이 성립한다.

⑤ **효과** … 부당이득의 반환의무가 발생한다. 사인의 부당이득에 대해서는 강제징수 절차를 통해 징수한다.

- -

Point 팁 반환 범위에 대해 민법은 선의일 땐 남은 금액만 돌려주도록 규정하고 있으나 공법상의 부당이득은 선의 · 악의를 불문하고 전액 반환해야 한다. 이자에 대해서는 학설의 대립이 있으나 국세기본법은 조세 과 · 오납금에 이자까지 붙여서 반환하도록 규정하고 있다.

⑥ **시효** … 공법상의 금전채권이므로 소멸시효기간은 「국가재정법」에 따라 5년이다 (관세 과오납금 환급청구권도 5년).

┃정답 ②

(3) 공법상의 임치

① **의의**··· 행정주체 또는 그 소속기관이 어떤 물건을 공법에 의해 보관하는 것을 말한다.

② **성질**··· 행정행위와 그에 따른 사실행위로 성립하고 예외적으로 공법상의 계약을 통해서도 임치가 성립한다.

③ **특징**

㉠ 무상을 원칙으로 한다.

㉡ 행정행위에 의해 임치가 성립하는 경우 임치인의 해지권에 관한 규정은 배제할 수 있다.

㉢ 수치인인 행정기관의 고의·과실에 의하여 손해를 입은 자는「국가배상법」에 의한 배상을 청구할 수도 있다.

기출문제

---

section 4 행정법상의 사건

(1) 기간

행정법상의 법률관계가 시간의 경과에 의하여 발생변경 또는 소멸되는 경우가 있다. 기간이란 한 시점에서 다른 시점까지의 시간적 간격을 말한다. 기간은 사건에 해당하나 기한은 행정행위의 부관으로서 용태에 해당한다. 행정기본법에는 행정에 관한 기간의 계산에 관하여 이 법 또는 다른 법령 등에 특별한 규정이 있는 경우를 제외하고는 「민법」을 준용하도록 하는 규정을 두고 있다(행정기본법 제6조 제1항).

① **행정에 관한 기간의 계산**··· 법령등 또는 처분에서 국민의 권익을 제한하거나 의무를 부과하는 경우 권익이 제한되거나 의무가 지속되는 기간의 계산은 국민에게 불리한 경우가 아닌 한 ⅰ)기간을 일, 주, 월 또는 연으로 정한 경우에는 기간의 첫날을 산입하고, ⅱ)기간의 말일이 토요일 또는 공휴일인 경우에도 기간은 그 날로 만료한다(행정기본법 제6조 제2항).

② **법령등 시행일의 기간의 계산**··· 법령등(훈령·예규·고시·지침 등을 포함)의 시행일을 정하거나 계산할 때에는 ⅰ)법령등을 공포한 날부터 시행하는 경우에는 공포한 날을 시행일로 하고, ⅱ)법령등을 공포한 날부터 일정 기간이 경과한 날부터 시행하는 경우 법령등을 공포한 날을 첫날에 산입하지 아니하며, ⅲ)법령등을 공포한 날부터 일정 기간이 경과한 날부터 시행하는 경우 그 기간의 말일이 토요일 또는 공휴일인 때에는 그 말일로 기간이 만료한다(행정기본법 제7조).

기출문제

문 행정법상 시효제도에 대한 설명으로 옳은 것은? (다툼이 있는 경우 판례에 의함)

▶ 2016. 6. 18. 제1회 지방직

① 「국유재산법」상 일반재산은 취득시효의 대상이 될 수 없다.

② 「국가재정법」상 5년의 소멸시효가 적용되는 '금전의 급부를 목적으로 하는 국가의 권리'에는 국가의 사법(私法)상 행위에서 발생한 국가에 대한 금전채무도 포함된다.

③ 조세에 관한 소멸시효가 완성된 후에 부과된 조세부과처분은 위법한 처분이지만 당연무효라고 볼 수는 없다.

④ 납입고지에 의한 소멸시효의 중단은 그 납입고지에 의한 부과처분이 추후 취소되면 효력이 상실된다.

∥정답 ②

③ **역산** … 국민의 권익을 제한하거나 의무를 부과하는 법령등과 처분의 경우 기간의 역산에도 행정기본법 제6조 제2항이 적용되며, 그 외의 경우에는 민법의 규정이 준용된다.

Point 팁 기간의 역산(선거일이 7월 15일인 경우)
 ㉠ 선거일 3일 전 : 선거일 전일(14일)부터 3일째인 7월 12일의 전날인 7월 11일을 말한다.
 ㉡ 선거일 전 3일 : 선거일 전일(14일)부터 3일째인 7월 12일을 말한다.

(2) 시효

시효란 당해 법률관계의 진실에 관계없이 일정한 사실 상태가 일정 기간 계속된 경우 그 사실 상태를 그대로 인정하여 법적으로 보호함으로써 법률생활의 안정을 기하려는 제도이다. 이는 특별한 규정이 없는 한 민법의 규정이 적용된다〈민법 제162조~제184조〉.

※ **소멸시효** : 일정한 기간 동안 권리불행사의 상태가 계속된 경우에 권리자의 권리를 소멸시키는 제도이다.

① **공물의 취득시효**

 ㉠ **의의** : 취득시효란 「민법」상 타인의 물건을 소유의 의사로써 평온·공연하게 일정 기간(동산은 10년간, 부동산은 20년간) 계속해서 점유하면 점유자는 그 물건의 소유권을 취득하게 되는 제도를 말한다〈민법 제245조〉. 이러한 「민법」상의 취득시효제도가 공물에도 적용되는가가 문제된다. 공물은 공적목적에 제공된 물건이므로 공용폐지가 없는 한 취득시효의 대상이 될 수 없다는 것이 학설과 판례의 견해이다.

 ㉡ **판례** : 헌법재판소는 국·공유재산 중 일반재산(잡종재산)을 시효취득의 대상에서 제외한 것을 위헌이라 판결하였다(헌재 1991. 5. 13, 89헌가97, 헌재 1992. 10. 1, 92헌가6·7병합). 따라서 국·공유재산 중 일반재산에 대해서도 시효취득이 가능하다.

② **금전채권의 소멸시효**

 ㉠ **의의** : 소멸시효란 「민법」상 자신의 권리를 일정 기간 동안 행사하지 않을 경우 그 권리를 소멸시키는 제도를 말한다. 이러한 민법상의 소멸시효제도가 공법상의 금전채권에도 적용되는가가 문제된다.

 ㉡ **시효기간** : 국가나 지방자치단체가 국민에 대하여 갖는 채권이나 국민이 국가나 지방자치단체에 대하여 갖는 채권은 다른 법률에 특별한 규정이 없는 한 5년간 행사하지 않으면 소멸한다〈국가재정법 제96조, 지방재정법 제82조〉.

 ㉢ **시효의 중단·정지**

  • 시효의 중단·정지 등에 관하여는 법령에 특별한 규정이 없으면 「민법」의 규정이 적용된다.

기출문제

- 국가 또는 지방자치단체에 의한 납입의 고지는 시효중단의 효력이 있다.

판례 예산회계법 제98조에서 법령의 규정에 의한 납입고지를 시효중단 사유로 규정하고 있는바, 이러한 납입고지에 의한 시효중단의 효력은 그 납입고지에 의한 부과처분이 취소되더라도 상실되지 않는다(대판 2000.9.8, 98두19933).

판례 국세기본법 제28조 제1항은 국세징수권의 소멸시효의 중단사유로서 납세고지, 독촉 또는 납부최고, 교부청구 외에 '압류'를 규정하고 있는바, 여기서의 '압류'란 세무공무원이 국세징수법 제24조 이하의 규정에 따라 납세자의 재산에 대한 압류 절차에 착수하는 것을 가리키는 것이므로, 세무공무원이 국세징수법 제26조에 의하여 체납자의 가옥·선박·창고 기타의 장소를 수색하였으나 압류할 목적물을 찾아내지 못하여 압류를 실행하지 못하고 수색조서를 작성하는 데 그친 경우에도 소멸시효 중단의 효력이 있다(대판 2001.8.21. 2000다12419).

- 시효의 중단은 직권심리사항이다.

판례 시효 중단의 직권심리 : 시효중단의 사유가 기록상 현출되어 있다면 피고의 시효중단에 관한 명시적인 항변이 없더라도 행정소송법 제26조에 따라 직권으로 심리판단할 상황이다(대판 1987. 1. 20, 86누346).

ⓔ **소멸시효완성의 효과** : 소멸시효기간이 경과하면 권리는 절대적으로 소멸한다는 절대적 소멸설과 다만, 권리자가 그 권리를 주장하는 경우 이에 대한 항변권을 발생시키는 데 그친다는 상대적 소멸설이 대립하고 있다. 다수설과 판례는 절대적 소멸설을 취하고 있다. 그러나 변론주의원칙상 법정에서 당사자가 주장하여야 하므로 결과적으로 상대적 소멸설과 차이가 없어진다.

(3) 제척기간

① 제척기간이란 법률관계의 신속한 확정을 위해 일정한 권리에 대하여 법률이 정한 존속기간을 말한다(행정심판·행정소송의 제기기간 등).

② 일정한 기간 동안 권리를 행사하지 않으면 그 권리가 소멸된다는 점에서 소멸시효와 같으나 법률관계의 신속한 확정을 목적으로 하기 때문에 그 기간이 짧고 중단제도가 없다는 점에서 시효와 구별된다.

Point 팁 소멸시효와 제척기간

구분	소멸시효	제척기간
취지	• 권리 불행사에 대한 제재, 사실상태 보호를 그 주된 목적으로 한다. • 제척기간보다 장기인 경우가 보통이다.	• 법률관계의 신속한 안정을 그 목적으로 한다. • 소멸시효보다 단기인 경우가 보통이다.
중단·정지제도	인정	부정
기간	기간 장기(원칙상 5년)	단기(길어야 1년)
일반적 규정	일반적 규정 있음(국가재정법 제96조 등)	없음(각 개별법에서 규정)

주장책임 (원용)	재판상 당사자의 주장이 있어야 법원은 이를 참작할 수 있다(판례).	재판상 당사자의 주장이 없어도 법원은 이를 직권으로 참작하여야 한다.
포기	시효완성 후 시효이익의 포기가 가능하다(시효완성 전에는 포기 할 수 없다).	성질상 포기제도가 없다.
기간의 기산점	권리를 행사할 수 있는 때로부터 기산한다.	권리가 발생한 때로부터 기산한다.
효과	소급하여 권리가 소멸한다.	장래에 향하여 권리가 소멸한다.
예	공법상 채권소멸시효, 징계시효	행정심판 제기기간, 행정소송 제기기간

(4) 주소 · 거소

① **주소** … 「민법」상 주소란 생활의 근거가 되는 곳을 말한다〈민법 제18조〉. 공법관계에서의 주소는 다른 법률에 특별한 규정이 없으면 주민등록법상의 주민등록지를 주소로 한다.

② **거소** … 사람이 다소의 기간 동안 거주하는 장소로서, 밀접도가 주소에 비해 떨어지는 곳을 말한다. 공법관계에서 거소를 기준으로 법률관계를 규율하는 경우가 있다〈국세징수법 제16조 제1항〉.

③ **주소의 수** … 「민법」은 여러 곳에 주소를 둘 수 있는 주소복수주의를 취하고 있으나, 주민등록법은 이중등록을 금지하고 있으므로 결국 행정법상의 주소는 1개소에 한정된다.

2020 지방직 9급

1 **신고와 수리에 대한 설명으로 옳지 않은 것은? (다툼이 있는 경우 판례에 의함)**

① 다른 법령에 의한 인허가가 의제되지 않는 일반적인 건축신고는 자기완결적 신고이므로 이에 대한 수리 거부 행위는 항고소송의 대상이 되는 처분이 아니다.

② 「국토의 계획 및 이용에 관한 법률」상의 개발행위허가가 의제되는 건축신고는 특별한 사정이 없는 한 행정청 이 그 실체적 요건에 관한 심사를 한 후 수리하여야 하는 이른바 '수리를 요하는 신고'로 보아야 한다.

③ 「행정절차법」은 '법령등에서 행정청에 일정한 사항을 통지함으로써 의무가 끝나는 신고'에 대하여 '그 밖에 법 령등에 규정된 형식상의 요건에 적합할 것'을 그 신고의무 이행요건의 하나로 정하고 있다.

④ 「식품위생법」에 따른 식품접객업(일반음식점영업)의 영업신고의 요건을 갖춘 자라고 하더라도, 그 영업신고를 한 당해 건축물이 「건축법」 소정의 허가를 받지 아니한 무허가 건물이라면 적법한 신고를 할 수 없다.

2020 국가직 9급

2 **신고에 대한 설명으로 옳지 않은 것은? (다툼이 있는 경우 판례에 의함)** 〈2020국가직9급〉

① 「건축법」상 인·허가의제 효과를 수반하는 건축신고는 특별한 사정이 없는 한 행정청이 그 실체적 요건에 관 한 심사를 한 후 수리하여야 하는 이른바 '수리를 요하는 신고'이다.

② 「건축법」상의 착공신고의 경우에는 신고 그 자체로서 법적 절차가 완료되어 행정청의 처분이 개입될 여지가 없으므로, 행정청의 착공신고 반려행위는 항고소송의 대상인 처분에 해당하지 않는다.

③ 주민등록의 신고는 행정청에 도달하기만 하면 신고로서의 효력이 발생하는 것이 아니라 행정청이 수리한 경 우에 비로소 신고의 효력이 발생한다.

④ 행정청이 구「식품위생법」상의 영업자지위승계신고 수리처분을 하는 경우, 행정청은 종전의 영업자에 대하여 「행정절차법」 소정의 행정절차를 실시하여야 한다.

2021 지방직 9급

3 신고에 대한 설명으로 옳은 것은? (다툼이 있는 경우 판례에 의함) 〈2021지방직9급〉

① 구「관광진흥법」에 의한 지위승계신고를 수리하는 허가관청의 행위는 사실적인 행위에 불과하여 항고소송의 대상이 되지 않는다.

② 정보통신매체를 이용하여 학습비를 받고 불특정 다수인에게 원격 평생교육을 실시하기 위해 구「평생교육법」에서 정한 형식적 요건을 모두 갖추어 신고한 경우, 행정청은 신고대상이 된 교육이나 학습이 공익적 기준에 적합하지 않는다는 등의 실체적 사유를 들어 신고 수리를 거부할 수 없다.

③ 「건축법」에 의한 인·허가의제 효과를 수반하는 건축신고는 건축을 하고자 하는 자가 적법한 요건을 갖춘 신고만 하면 건축을 할 수 있고, 행정청의 수리 등 별단의 조처를 기다릴 필요가 없다.

④ 주민등록의 신고는 행정청에 도달하기만 하면 신고로서의 효력이 발생한다.

2020 국가직 7급

4 사인의 공법행위로서의 신고에 대한 설명으로 옳지 않은 것은? (다툼이 있는 경우 판례에 의함)

① 「부가가치세법」상 사업자등록은 단순한 사업사실의 신고에 해당하므로, 과세관청이 직권으로 등록을 말소한 행위는 항고소송의 대상인 행정처분에 해당하지 않는다.

② 허가대상 건축물의 양수인이 건축법령에 규정되어 있는 형식적 요건을 갖추어 행정청에 적법하게 건축주 명의변경 신고를 한 경우, 행정청은 실체적인 이유를 들어 신고의 수리를 거부할 수 없다.

③ 구「체육시설의 설치·이용에 관한 법률」의 규정에 따라 체육시설의 회원을 모집하고자 하는 자의 '회원모집계획서 제출'은 수리를 요하는 신고이며, 이에 대하여 회원모집계획을 승인하는 시·도지사 등의 검토결과 통보는 수리행위로서 행정처분에 해당한다.

④ 장기요양기관의 폐업신고 자체가 효력이 없음에도 행정청이 이를 수리한 경우, 그 수리행위가 당연무효로 되는 것은 아니다.

5 사인(私人)의 공법행위에 대한 설명 중 옳지 않은 것은?

① 공법적 효과를 가져오는 사인의 행위를 말한다.

② 사인의 행위만으로 공법적 효과를 가져오는 것과 국가나 지방자치단체의 행위의 전제요건이 되는 것으로 구분할 수 있다.

③ 전입신고자가 거주의 목적 외에 다른 이해관계에 관한 의도를 가지고 있는지도 전입신고 수리여부 심사 시 고려하여야 한다.

④ 수리를 요하는 신고에서의 수리와 허가제의 허가는 구별되는 개념이다.

6 다음 중 사인의 공법행위에 대한 설명 중 옳지 않은 것은?

① 특별한 규정이 없는 한 「민법」의 규정이 유추적용 된다.

② 행정행위와 달리 부관을 붙일 수 없음이 원칙이다.

③ 사인의 공법행위는 법적 효과가 완성되기까지는 철회·보정이 가능하나 소장의 수정 등 법률상 제한이 되는 경우가 있다.

④ 행정청은 법령의 규정에 따라 수리, 심사, 통지의 의무를 지며, 특별한 규정이 없는 한 수정인가가 허용된다.

7 공법상의 사무관리와 부당이득에 관한 설명 중 옳지 않은 것은?

① 사무관리는 원래 사법상의 관념이나 그에 해당하는 행위는 공법분야에도 존재하므로 이 법리는 공법에서도 인정된다는 것이 일반적인 견해이다.

② 공법상의 부당이득에 관하여 특별한 규정이 없는 경우에는 「민법」이 준용 또는 유추적용된다.

③ 공법상의 사무관리의 예로는 보호기업의 강제관리, 압수물에 대한 국가기관의 환가처분 등이 있다.

④ 공법상의 부당이득반환청구권의 성질에 대해 판례는 공권으로 보고 있다.

8 사인의 공법행위에 대한 설명으로 옳지 않은 것은? (다툼이 있는 경우 판례에 의함)

① 신청권은 행정청의 응답을 구하는 권리이며, 신청된 대로의 처분을 구하는 권리는 아니다.

② 신청에 따른 행정청의 처분이 기속행위인 때에는 행정청은 신청에 대한 응답의무를 지지만, 재량행위인 때에는 응답의무가 없다.

③ 법규상 또는 조리상 신청권이 없는 경우에는 거부행위의 처분성이 인정되지 아니한다.

④ 사인의 공법상 행위는 명문으로 금지되거나 성질상 불가능한 경우가 아닌 한, 그에 의거한 행정행위가 행하여질 때까지는 자유로이 철회나 보정이 가능하다.

9 공법상의 시효에 대한 다음 설명 중 가장 옳지 않은 것은?

① 다른 법률의 규정에도 불구하고 공법상의 채권의 소멸시효는 6년이다.

② 시효의 중단과 정지에 대해서는 다른 법률에서 특별한 규정이 없는 한 「민법」의 규정이 준용된다.

③ 지방자치단체의 납입의 고지는 시효중단의 효력이 있다.

④ 국유의 일반재산은 사인에 의한 시효취득이 인정된다.

정답및해설

1	①	2	②	3	②	4	④	5	③
6	④	7	④	8	②	9	①		

1 ① 구 건축법 관련 규정의 내용 및 취지에 의하면, 행정청은 건축신고로써 건축허가가 의제되는 건축물의 경우에도 그 신고 없이 건축이 개시될 경우 건축주 등에 대하여 공사 중지·철거·사용금지 등의 시정명령을 할 수 있고, 그 시정명령을 받고 이행하지 않은 건축물에 대하여는 당해 건축물을 사용하여 행할 다른 법령에 의한 영업 기타 행위의 허가를 하지 않도록 요청할 수 있으며, 그 요청을 받은 자는 특별한 이유가 없는 한 이에 응하여야 하고, 나아가 행정청은 <u>그 시정명령의 이행을 하지 아니한 건축주 등에 대하여는 이행강제금을 부과할 수 있으며 또한 건축신고를 하지 않은 자는 200만 원 이하의 벌금에 처해질 수 있다.</u> 이와 같이 건축주 등은 신고제하에서도 건축신고가 반려될 경우 당해 건축물의 건축을 개시하면 시정명령, 이행강제금, 벌금의 대상이 되거나 당해 건축물을 사용하여 행할 행위의 허가가 거부될 우려가 있어 불안정한 지위에 놓이게 된다. 따라서 건축신고 반려행위가 이루어진 단계에서 당사자로 하여금 반려행위의 적법성을 다투어 그 법적 불안을 해소한 다음 건축행위에 나아가도록 함으로써 장차 있을지도 모르는 위험에서 미리 벗어날 수 있도록 길을 열어 주고, 위법한 건축물의 양산과 그 철거를 둘러싼 분쟁을 조기에 근본적으로 해결할 수 있게 하는 것이 법치행정의 원리에 부합한다. 그러므로 <u>건축신고 반려행위는 항고소송의 대상이 된다</u>고 보는 것이 옳다(대판 2010.11.18. 2008두167(전합)).

② <u>인·허가의제 효과를 수반하는 건축신고는 일반적인 건축신고와는 달리, 특별한 사정이 없는 한 행정청이 그 실체적 요건에 관한 심사를 한 후 수리하여야 하는 이른바 '수리를 요하는 신고'로 보는 것이 옳다</u>(대판 2011. 1.20. 2010두14954(전합)).

③ 행정절차법 제40조 제1항

④ 식품위생법과 건축법은 그 입법 목적, 규정사항, 적용범위 등을 서로 달리하고 있어 식품접객업에 관하여 식품위생법이 건축법에 우선하여 배타적으로 적용되는 관계에 있다고는 해석되지 않는다. 그러므로 <u>식품위생법에 따른 식품접객업(일반음식점영업)의 영업신고의 요건을 갖춘 자라고 하더라도, 그 영업신고를 한 당해 건축물이 건축법 소정의 허가를 받지 아니한 무허가 건물이라면 적법한 신고를 할 수 없다</u>(대판 2009. 4.23. 2008도6829).

2 ② 건축주 등으로서는 착공신고가 반려될 경우, 당해 건축물의 착공을 개시하면 시정명령, 이행강제금, 벌금의 대상이 되거나 당해 건축물을 사용하여 행할 행위의 허가가 거부될 우려가 있어 불안정한 지위에 놓이게 된다. 따라서 <u>착공신고 반려행위가 이루어진 단계에서 당사자로 하여금 반려행위의 적법성을 다투어 법적 불안을 해소한 다음 건축행위에 나아가도록 함으로써</u> 장차 있을지도 모르는 위험에서 미리 벗어날 수 있도록 길을 열어 주고, 위법한 건축물의 양산과 철거를 둘러싼 분쟁을 조기에 근본적으로 해결할 수 있게 하는 것이 법치행정의 원리에 부합한다. 그러므로 <u>행정청의 착공신고 반려행위는 항고소송의 대상이 된다</u>(대판 2011. 6.10. 2010두7321).

① 건축신고를 하려는 자는 인·허가의제사항 관련 법령에서 제출하도록 의무화하고 있는 신청서와 구비서류를 제출하여야 하는데, 이는 건축신고를 수리하는 행정청으로 하여금 인·허가의제사항 관련 법률에 규정된 요건에 관하여도 심사를 하도록 하기 위한 것으로 볼 수밖에 없다. 따라서 <u>인·허가의제 효과를 수반하는 건축신고는 일반적인 건축신고와는 달리, 특별한 사정이 없는 한 행정청이 그 실체적 요건에 관한 심사를 한 후 수리하여야 하는 이른바 '수리를 요하는 신고'로 보는 것이 옳다</u>(대판 2011. 1.20. 2010두14954(전합)).

③ 주민등록은 단순히 주민의 거주관계를 파악하고 인구의 동태를 명확히 하는 것 외에도 주민등록에 따라 공법관계상의 여러 가지 법률상 효과가 나타나게 되는 것으로서, <u>주민등록의 신고는 행정청에 도달하기만 하면 신고로서의 효력이 발생하는 것이 아니라 행정청이 수리한 경우에 비로소 신고의 효력이 발생한다.</u> 따라서 주민등록 신고서를 행정청에 제출하였다가 행정청이 이를 수리하기 전에 신고서의 내용을 수정하여 위와 같이 수정된 전입신고서가 수리되었다면 수정된 사항에 따라서 주민등록 신고가 이루어진 것으로 보는 것이 타당하다(대판 2009. 1.30. 2006다17850).

④ 행정청이 구 식품위생법 규정에 의하여 <u>영업자지위승계신고를 수리하는 처분은 종전의 영업자의 권익을 제한하는 처분이라 할 것이고</u> 따라서 종전의 영업자는 그 처분에 대하여 직접 그 상대가 되는 자에 해당한다고 봄이 상당하므로, <u>행정청으로서는 위 신고를 수리하는 처분을 함에 있어서 행정절차법 규정 소정의 당사자에 해당하는 종전의 영업자에 대하여 위 규정 소정의 행정절차를 실시하고 처분을 하여야 한다</u>(대판 2003. 2.14. 2001두7015).

3 ② 불특정 다수인을 대상으로 학습비를 받고 정보통신매체를 이용하여 원격평생교육을 실시하고자 하는 경우에는 누구든지 구 평생교육법 제22조 제2항에 따라 이를 신고하여야 하나, 신고서의 기재사항에 흠결이 없고 소정의 서류가 구비된 때에는 이를 수리하여야 하고, 이러한 형식적 요건을 모두 갖추었음에도 그 신고대상이 된 교육이나 학습이 공익적 기준에 적합하지 않다는 등의 실체적 사유를 들어 신고의 수리를 거부할 수는 없다(대판 2016. 7.22. 2014두42179).

① 구 관광진흥법 제8조 제4항에 의한 지위승계신고를 수리하는 허가관청의 행위는 단순히 양도·양수인 사이에 이미 발생한 사법상 사업양도의 법률효과에 의하여 양수인이 그 영업을 승계하였다는 사실의 신고를 접수하는 행위에 그치는 것이 아니라, 영업허가자의 변경이라는 법률효과를 발생시키는 행위이다(대판 2012.12.13. 2011두29144).

③ 건축법에서 인·허가의제 제도를 둔 취지는, 인·허가의제사항과 관련하여 건축허가 또는 건축신고의 관할 행정청으로 그 창구를 단일화하고 절차를 간소화하며 비용과 시간을 절감함으로써 국민의 권익을 보호하려는 것이지, 인·허가의제사항 관련 법률에 따른 각각의 인·허가 요건에 관한 일체의 심사를 배제하려는 것으로 보기는 어렵다. 왜냐하면, 건축법과 인·허가의제사항 관련 법률은 각기 고유한 목적이 있고, 건축신고와 인·허가의제사항도 각각 별개의 제도적 취지가 있으며 그 요건 또한 달리하기 때문이다. 나아가 인·허가의제사항 관련 법률에 규정된 요건 중 상당수는 공익에 관한 것으로서 행정청의 전문적이고 종합적인 심사가 요구되는데, 만약 건축신고만으로 인·허가의제사항에 관한 일체의 요건 심사가 배제된다고 한다면, 중대한 공익상의 침해나 이해관계인의 피해를 야기하고 관련 법률에서 인·허가 제도를 통하여 사인의 행위를 사전에 감독하고자 하는 규율체계 전반을 무너뜨릴 우려가 있다. 또한 무엇보다도 건축신고를 하려는 자는 인·허가의제사항 관련 법령에서 제출하도록 의무화하고 있는 신청서와 구비서류를 제출하여야 하는데, 이는 건축신고를 수리하는 행정청으로 하여금 인·허가의제사항 관련 법률에 규정된 요건에 관하여도 심사를 하도록 하기 위한 것으로 볼 수밖에 없다. 따라서 인·허가의제 효과를 수반하는 건축신고는 일반적인 건축신고와는 달리, 특별한 사정이 없는 한 행정청이 그 실체적 요건에 관한 심사를 한 후 수리하여야 하는 이른바 '수리를 요하는 신고'로 보는 것이 옳다(대판 2011. 1.20. 2010두14954(전합)).

④ 주민들의 거주지 이동에 따른 주민등록전입신고에 대하여 행정청이 이를 심사하여 그 수리를 거부할 수 있으나 그러한 행위는 자칫 헌법상 보장된 국민의 거주·이전의 자유를 침해하는 결과를 초래할 수도 있으므로, 시장 등의 주민등록전입신고 수리 여부에 대한 심사는 주민등록법의 입법 목적의 범위 내에서 제한적으로 이루어져야 하는바, 그 전입신고자가 30일 이상 생활의 근거로서 거주할 목적으로 거주지를 옮기는지 여부가 심사 대상으로 되어야 한다(대판 2009. 7. 9. 2008두19048).

4 ④ 장기요양기관의 폐업신고와 노인의료복지시설의 폐지신고는, 행정청이 관계 법령이 규정한 요건에 맞는지를 심사한 후 수리하는 이른바 '수리를 필요로 하는 신고'에 해당한다. 그러나 행정청이 그 신고를 수리하였다고 하더라도, 신고서 위조 등의 사유가 있어 신고행위 자체가 효력이 없다면, 그 수리행위는 유효한 대상이 없는 것으로서, 수리행위 자체에 중대·명백한 하자가 있는지를 따질 것도 없이 당연히 무효이다(대판 2005.12.23. 2005두3554).

① 부가가치세법상의 사업자등록은 과세관청으로 하여금 부가가치세의 납세의무자를 파악하고 그 과세자료를 확보케 하려는 데 입법취지가 있는 것으로서, 이는 단순한 사업사실의 신고로서 사업자가 소관 세무서장에서 소정의 사업자등록신청서를 제출함으로써 성립되는 것이고, 사업자등록증의 교부는 이와 같은 등록사실을 증명하는 증서의 교부행위에 불과한 것이며, 부가가치세법 제5조 제5항에 의하면 사업자가 폐업하거나 또는 신규로 사업을 개시하고자 하여 사업개시일 전에 등록한 후 사실상 사업을 개시하지 아니하게 되는 때에는 과세관청이 직권으로 이를 말소하도록 하고 있는데, 사업자등록의 말소 또한 폐업사실의 기재일 뿐 그에 의하여 사업자로서의 지위에 변동을 가져오는 것이 아니라는 점에서 과세관청의 사업자등록 직권말소행위는 불복의 대상이 되는 행정처분으로 볼 수가 없다(대판 2000.12.22. 99두6903, 2000).

② 건축허가를 받은 건축물의 양수인이 건축주 명의변경을 위하여 건축관계자 변경신고서에 첨부하여야 하는 구 건축법 시행규칙 제11조 제1항에서 정한 '권리관계의 변경사실을 증명할 수 있는 서류'란 건축할 대지가 아니라 허가대상 건축물에 관한 권리관계의 변경사실을 증명할 수 있는 서류를 의미하고, 그 서류를 첨부하였다면 이로써 구 건축법 시행규칙에 규정된 건축주 명의변경신고의 형식적 요건을 갖추었으며, 허가권자는 양수인에 대하여 구 건축법 시행규칙 제11조 제1항에서 정한 서류에 포함되지 아니하는 '건축할 대지의 소유 또는 사용에 관한 권리를 증명하는 서류'의 제출을 요구하거나, 양수인에게 이러한 권리가 없다는 실체적인 이유를 들어 신고의 수리를 거부하여서는 아니 된다(대판 2015.10.29. 2013두11475).

③ 체육시설의 회원을 모집하고자 하는 자는 시·도지사 등으로부터 회원모집계획서에 대한 검토결과 통보를 받은 후에 회원을 모집할 수 있다고 보아야 하고, 따라서 체육시설의 회원을 모집하고자 하는 자의 시·도지사 등에 대한 회원모집계획서 제출은 수리를 요하는 신고에서의 신고에 해당하며, 시·도지사 등의 검토결과 통보는 수리행위로서 행정처분에 해당한다(대판 2009. 2.26. 2006두16243).

5 ③ 주민들의 거주지 이동에 따른 주민등록전입신고에 대하여 행정청이 이를 심사하여 그 수리를 거부할 수는 있다고 하더라도, 그러한 행위는 자칫 헌법상 보장된 국민의 거주·이전의 자유를 침해하는 결과를 가져올 수도 있으므로, 시장·군수 또는 구청장의 주민등록전입신고 수리여부에 대한 심사는 주민등록법의 입법 목적의 범위 내에서 제한적으로 이루어져야 한다. 한편, 주민등록법의 입법 목적에 관한 제1조 및 주민등록 대상자에 관한 제6조의 규정을 고려해 보면, 전입신고를 받은 시장·군수 또는 구청장의 심사 대상은 전입신고자가 30일 이상 생활의 근거로 거주할 목적으로 거주지를 옮기는지 여부만으로 제한된다고 보아야 한다. 따라서 전입신고자가 거주의 목적 이외에 다른 이해관계에 관한 의도를 가지고 있는지 여부, 무허가 건축물의 관리, 전입신고를 수리함으로써 당해 지방자치단체에 미치는 영향 등과 같은 사유는 주민등록법이 아닌 다른 법률에 의하여 규율되어야 하고, 주민등록전입신고의 수리 여부를 심사하는 단계에서는 고려 대상이 될 수 없다(대법원 2009. 6. 18, 2008두10997 전원합의체 판결).

6 ④ 특별한 규정이 없는 한 수정인가는 허용되지 않는다.

7 ④ 공법상의 부당이득반환청구권에 대해 통설은 공권설을 취하고 있으나 판례는 일관하여 사권설을 취하고 있다.

8 ② 검사임용거부처분취소소송에서 임용여부는 임용권자의 재량사항이지만 적어도 재량권의 한계 일탈이나 남용이 없는 적법한 응답을 할 의무가 있고, 그에 대응하여 임용신청자도 응답신청권이 있다고 판시하고 있다(대판 1991. 2. 12, 90누5825).

9 ① 국가나 지방자치단체를 당사자로 하는 금전채권은 다른 법률에 특별한 규정이 없는 한 5년간 이를 행사하지 않을 때에는 시효로 인하여 소멸한다(국가재정법 제96조, 지방재정법 제82조).

02

일반행정
작용법

01 행정입법

section 1 행정입법

(1) 의의 및 종류

① 개념 … 행정입법이란 행정기관이 법조의 형식에 의하여 일반·추상적인 규범을 정립하는 작용 또는 그에 따라 정립된 규범을 의미한다.

② 종류
  ㉠ 국가의 행정권에 의한 입법(법규성 여부) : 법규명령과 행정규칙으로 나뉜다.
  ㉡ 지방자치단체에 의한 입법 : 제정주체에 따라 조례와 규칙으로 나뉜다.

구분	법적 효력 있는 것	법적 효력 없는 것
일반적·추상적 규율	법률, 법규(법규명령, 조례 등)	행정규칙, 행정계획
개별적·구체적 규율	행정행위, 공법상 계약, 확약, 공법상 합동행위, 권력적 사실행위, 도시계획	사실행위(행정지도), 직무명령
일반적·구체적 규율	일반처분	

• 일반적 ⇒ 불특정다수인에게 적용
• 추상적 ⇒ 불특정다수사안에 적용

(2) 필요성

① 현대행정의 전문화·기술화로 인해 전문성을 갖춘 행정기관의 입법이 보다 능률적인 것이 되었다.

② 의회의 심의는 시간이 많이 소요되므로 행정 대상의 급속한 변화에 신속히 대응하기 어렵다.

③ 국제적 긴장의 만성화로 인해 행정부에의 광범위한 수권이 불가피하게 되었다.

④ 일정한 사항은 의회보다 행정기관이 정치적으로 중립을 지키기 용이하다.

⑤ 일반적 규범인 법률에 비해 지방의 특수사정에 적절히 대응할 수 있다.

🔒 행정입법에 대한 설명으로 옳은 것은? (다툼이 있는 경우 판례에 의함)

▶ 2019. 4. 6. 인사혁신처

① 상위 법령 등의 단순한 집행을 위해 총리령을 제정하려는 경우, 행정상 입법예고를 하지 아니할 수 있다.
② 특히 긴급한 필요가 있거나 미리 법률로 자세히 정할 수 없는 부득이한 사정이 있어 법률에 형벌의 종류·상한·폭을 명확히 규정하더라도, 행정형벌에 대한 위임입법은 허용되지 않는다.
③ 교육부장관이 대학입시기본계획의 내용에서 내신성적 산정기준에 관한 시행지침을 정한 경우, 각 고등학교는 이에 따라 내신성적을 산정할 수밖에 없어 이는 행정처분에 해당된다.
④ 행정소송에 대한 대법원 판결에 의하여 명령·규칙이 헌법 또는 법률에 위반된다는 것이 확정된 경우, 대법원은 지체없이 그 사유를 해당 법령의 소관부처의 장에게 통보하여야 한다.

▮정답 ①

section 2 법규명령

(1) 의의

행정권이 정립하는 일반·추상적인 규범 중에서 법규의 성질을 지닌 성문의 법규범을 말한다. 법규란 법령의 위임 또는 시행을 위해 제정되는 것으로, 국가기관은 물론 국민에 대해서도 직접 구속력을 가지는 법규범을 말한다.

Point 팁
법규명령이 행정규칙과 다른 점은 법규성을 가지므로, 법규명령에 위반한 행정작용은 그것이 위법으로 평가된다는 것이며, 따라서 그러한 위법한 행정작용의 상대방인 국민은 그 하자에 대하여 행정쟁송 등의 제기를 통하여 법적 구제를 받을 수 있다.

(2) 종류

① 수권(授權)의 범위·근거에 의한 분류

 ㉠ **비상명령** : 비상사태 수습을 위해 행정권이 발하는 헌법적 효력의 독자적 명령을 말한다. 우리나라에서는 제4공화국 「헌법」의 긴급조치와 제5공화국 헌법의 비상조치가 헌법적 효력을 가지고 있었으나 현행 「헌법」에서는 헌법적 효력을 가지는 법규명령은 인정되고 있지 않다.

 ㉡ **법률대위명령** : 헌법적 근거에 의해 행정권이 발하는 법률적 효력의 명령을 의미한다. 현행 「헌법」상 대통령의 긴급명령, 긴급재정·경제명령이 이에 해당한다. 법률대위명령은 「헌법」에서 직접 수권을 받아 발하는 독립명령이다.

 ㉢ **법률종속명령**

  • 위임명령(법률보충명령) : 법률 또는 상위명령에 의하여 위임된 사항을 규율하는 명령으로서 위임받은 범위 안에서 국민의 권리·의무사항을 새로이 정할 수 있다.

  • 집행명령 : 법률의 집행을 위하여 필요한 구체적·기술적 사항을 규율하는 명령으로서 법률의 명시적 근거가 없어도 발할 수 있으나 새로운 국민의 권리·의무에 관한 사항을 규율할 수는 없다.

② 우리나라의 법형식에 의한 분류

 ㉠ **대통령의 긴급명령과 긴급재정·경제명령** : 헌법 제76조를 근거로 하며 법률적 효력을 가진다.

 ㉡ **대통령령(시행령)** : 내용상 위임명령과 집행명령으로 나뉜다.

 ㉢ **총리령·부령** : 부령은 보통 시행규칙 또는 시행세칙이라고 한다. 양자 모두 위임명령과 집행명령을 포함하고 있다. 총리령과 부령의 관계에 대해 총리령 우위설과 효력동위설이 대립하고 있지만, 국무총리는 일면으로는 그 소관사무에 관하여는 다른 행정각부의 장과 같이 그 분장사무를 처리하는 중앙관청으로서의 지위를 가지나 한편으로는 행정각부를 통할하는 우월적 지위를

기출문제

문 법규명령에 대한 설명으로 옳지 않은 것은? (다툼이 있는 경우 판례에 의함)

▶ 2018. 4. 7. 인사혁신처

① 법규명령이 법률에서 위임받은 사항에 관하여 대강을 정하고 그 중의 특정사항에 대하여 범위를 정하여 하위법령에 다시 위임하는 경우에는 재위임이 허용된다.

② 행정 각부의 장이 정하는 고시(告示)는 법령의 규정으로부터 구체적 사항을 정할 수 있는 권한을 위임받아 그 법령 내용을 보충하는 기능을 가진 경우라도 그 형식상 대외적으로 구속력을 갖지 않는다.

③ 법규명령이 법률상 위임의 근거가 없어 무효이더라도 나중에 법률의 개정으로 위임의 근거가 부여되면 그때부터는 유효한 법규명령으로서 구속력을 갖는다.

④ 법규명령이 구체적인 집행행위 없이 직접 개인의 권리의무에 영향을 주는 경우 처분성이 인정된다.

정답 ②

동시에 가지므로 그러한 한도에서는 총리령이 상위의 효력을 가진다고 할 수 있다. 국무총리의 직속기관인 법제처장, 국민안전처장, 인사혁신처장 등은 행정각부의 장이 아니므로 부령제정권을 가지지 않는다.

ⓒ **중앙선거관리위원회 규칙**: 헌법 제114조 제6항에 기하여 중앙선거관리위원회는 법령의 범위 안에서 선거관리, 국민투표관리, 정당사무 등에 관한 규칙을 제정할 수 있다.

ⓓ **국제조약**: 「헌법」에 의하여 체결·공포되는 국제조약 등이 있다.

ⓔ **감사원 규칙**: 감사원법 제52조에 기하여 제정되는 감사원 규칙은 헌법에는 근거가 없어 법규성 인정 여부에 대해 논란이 있으나 법규명령으로 보는 것이 다수설이다.

ⓕ **대법원 규칙, 헌법재판소 규칙, 국회의사 규칙**: 행정입법은 아니나 국회의 의결을 거치지 아니하고 제정되므로 법규명령의 일종으로 본다.

(3) 한계

① 위임명령의 한계

㉠ **포괄위임금지**: 법치행정의 원리에 의해 일반적·포괄적 위임은 인정되지 않고 반드시 구체적으로 범위를 정하여 위임하여야 한다. 따라서 법률은 그 수권규정에서 행정입법의 목적, 규율대상, 범위 등을 명확하게 규정하여야 한다. 헌재는 토지초과이득세법상 기준시가를 대통령령에 위임한 것은 포괄적 위임으로서 위헌이라 결정한 바 있다(헌재 1994. 7. 29, 92 헌바49).

Point 팁 조례의 포괄적·일반적 위임: 「헌법」은 법령의 범위 안에서 조례의 제정이 가능하다고 규정하고 있는 바, 조례의 경우에는 명령과 달리 법령에 반하지만 않으면 포괄적·일반적 위임도 가능하다. 판례도 부천시 담배자판기조례사건 등에서 이를 인정하고 있다. 다만, 주민의 권리제한 또는 의무부과에 관한 사항이나 벌칙을 정할 때에는 법률의 위임이 있어야 한다. 지방자치단체는 조례로써 1천만 원 이하의 과태료를 규정할 수 있다.

㉡ **헌법상의 입법사항**: 헌법에서 법률로 규율할 것을 규정한 사항은 원칙적으로 위임할 수 없다. 국적취득요건〈헌법 제2조 제1항〉, 죄형법정주의〈헌법 제12조〉, 재산권의 수용 및 보상〈헌법 제23조 제3항〉, 조세법률주의〈헌법 제59조〉, 행정각부의 설치〈헌법 제96조〉 및 지방자치단체의 종류〈헌법 제117조 제2항〉 등 「헌법」이 입법사항으로 규정한 사항은 적어도 그 기본적인 내용은 법률로 규정되어야 한다. 다만, 일정한 경우 구체적인 범위를 정하여 행정입법에의 위임도 가능하다.

ⓒ 처벌규정의 위임 : 죄형법정주의 원칙상 처벌규정은 법률에 의해야 한다. 다만, 구성요건부분에 있어 처벌대상인 행위의 구체적인 기준을 정하여 위임하는 것은 가능하다. 또한 처벌규정, 즉 형벌의 정도 부분에 있어 법률이 형벌의 상한을 정하여 위임하는 것도 허용된다(통설·판례).

ⓔ 재위임 : 법률이 명시적으로 허용하는 경우에는 가능하다. 명시적 규정이 없는 경우 수임권한 전부를 다시 위임하는 것은 허용되지 않는다. 그러나 일반적인 사항을 규정한 후 그 세부적인 사항을 다시 하위명령에 위임하는 것은 가능하다.

> **판례** 법률의 시행령이나 시행규칙의 규정이 모법의 위임범위를 벗어났는지를 판단할 때에는, 당해 특정 조항뿐 아니라 모법의 입법 취지와 관련 조항 전체를 유기적·체계적으로 살펴서 판단하여야 하고, 법률의 시행령이나 시행규칙의 내용이 모법의 해석상 가능한 것을 명시하거나 모법 조항의 취지를 구체화하기 위한 것이라면 모법의 규율 범위를 벗어난 것으로 볼 수 없으므로, 모법이 이에 관하여 직접 위임하는 규정을 두지 않았다고 하더라도 무효라고 할 수 없다 (대판 2016. 2.18. 2014두6135).
>
> 하위법령의 규정이 상위법령의 규정에 저촉되는지 여부가 명백하지 아니한 경우에, 관련 법령의 내용과 입법 취지 및 연혁 등을 종합적으로 살펴 하위법령의 의미를 상위법령에 합치되는 것으로 해석하는 것도 가능한 경우라면, 하위법령이 상위법령에 위반된다는 이유로 쉽게 무효를 선언할 것은 아니다(대판 2019. 5.16. 2017두45698).
>
> 법률 하위의 법규명령은 법률에 의한 위임이 없으면 개인의 권리·의무에 관한 내용을 변경·보충하거나 법률이 규정하지 아니한 새로운 내용을 정할 수는 없지만, 법률의 시행령이나 시행규칙의 내용이 모법의 입법 취지와 관련 조항 전체를 유기적·체계적으로 살펴보아 모법의 해석상 가능한 것을 명시한 것에 지나지 아니하거나 모법 조항의 취지에 근거하여 이를 구체화하기 위한 것인 때에는 모법의 규율 범위를 벗어난 것으로 볼 수 없으므로, 모법에 이에 관하여 직접 위임하는 규정을 두지 아니하였다고 하더라도 이를 무효라고 볼 수는 없다(대판 2020. 4. 9. 2015다34444).

② 집행명령의 한계 … 법률 또는 상위명령을 집행하기 위하여 필요한 사항만을 규정하여야 한다.

(4) 성립요건·효력요건

① 성립요건

  ㉠ 주체 : 정당한 권한을 가진 기관이 그 범위 내에서 제정하여야 한다.
  ㉡ 내용 : 상위법령에 저촉되지 않아야 하고 실현가능한 명백한 내용이어야 한다.
  ㉢ 절차 : 대통령령은 법제처의 심사와 국무회의의 심의를 거쳐야 한다. 총리령·부령은 법제처의 심사를 거쳐 제정한다.
  ㉣ 형식 : 법규명령은 법조형식으로 한다.
  ㉤ 공포 : 공포를 통해 유효하게 성립한다.

기출문제

② 효력요건

   ⊙ 원칙 : 특별한 규정이 없는 한 공포한 날로부터 20일을 경과함으로써 효력을 발생한다〈법령 등 공포에 관한 법률 제13조〉.

   ⓛ 예외 : 국민의 권리제한 또는 의무부과와 직접 관련되는 법률·대통령령·총리령 및 부령은 긴급히 시행하여야 할 특별한 사유가 있는 경우를 제외하고는 공포일로부터 적어도 30일이 경과한 날로부터 시행되도록 하여야 한다〈법령 등 공포에 관한 법률 제13조의 2〉.

(5) 소멸

① 폐지 … 동위 또는 상위의 법령에 의해 장래의 효력을 소멸시키는 것이다.

② 근거법령의 효력 상실 … 근거법인 법률 또는 상위명령이 소멸하면 법적 근거가 없는 것으로 되어 효력이 소멸된다. 다만, 상위법령이 개정됨에 그친 경우에는 성질상 모순되지 아니하는 범위 내에서 유효하다.

③ 부관의 성취 … 한시법은 해제조건의 성취, 종기의 도래에 의해 소멸된다.

④ 간접적 폐지 … 내용상 그와 충돌되는 동위 또는 상위법령의 제정에 의해 효력이 소멸된다.

(6) 통제

① 의회의 통제

   ⊙ 외국의 예 : 독일의 동의권 유보, 영국의 의회제출절차, 미국의 입법적 거부 등이 있다.

   ⓛ 국회의 동의·승인권 : 대통령의 긴급명령과 긴급재정·경제명령에 대해서는 국회의 사후승인권을 통해 직접 통제가 가능하다.

   ⓒ 법규명령의 국회제출제도(국회법 제98조의 2) : 중앙행정기관의 장은 법률에서 위임한 사항이나 법률을 집행하기 위하여 필요한 사항을 규정한 대통령령·총리령·부령·훈령·예규·고시 등이 제정·개정 또는 폐지되었을 때에는 10일 이내에 이를 국회 소관 상임위원회에 제출하여야 한다. 다만, 대통령령의 경우에는 입법예고를 할 때(입법예고를 생략하는 경우에는 법제처장에게 심사를 요청할 때)에도 그 입법예고안을 10일 이내에 제출하여야 한다(동조 제1항). 중앙행정기관의 장은 제1항의 기간 이내에 제출하지 못한 경우에는 그 이유를 소관 상임위원회에 통지하여야 한다(동조 제2항). 상임위원회는 위원회 또는 상설소위원회를 정기적으로 개회하여 그 소관 중앙행정기관이 제출한 대통령령·총리령 및 부령의 법률 위반 여부 등을 검토하여야 한다(동조 제3항). 상임위원회는 제3항에 따른 검토 결과 대통령령 또는 총리령이 법률의 취지 또는 내용에 합치되지 아니한다고 판단되는 경우

문 '행정입법에 대한 통제에 대한 설명으로 옳지 않은 것은?
▶ 2012. 4. 7. 행정안전부

① 법규명령이 그 자체로서 처분적 효과를 발생하는 때에는 이를 항고소송으로 다투는 것이 가능하다.

② 명령·규칙의 위헌·위법심사는 그 위헌 또는 위법의 여부가 재판의 전제가 된 경우에 가능하다.

③ 판례는 행정입법의 부작위에 대하여 이를 항고소송으로 다툴 수 있다고 본다.

④ 명령·규칙에 대한 헌법소원도 가능하다는 것이 헌법재판소 결정례의 입장이다.

▎정답 ③

에는 검토의 경과와 처리 의견 등을 기재한 <u>검토결과보고서를 의장에게 제출하여야 한다</u>(동조 제4항). 의장은 제4항에 따라 제출된 검토결과보고서를 본회의에 보고하고, <u>국회는 본회의 의결로 이를 처리하고 정부에 송부한다</u>(동조 제5항). 정부는 제5항에 따라 송부받은 검토결과에 대한 처리 여부를 검토하고 그 처리결과(송부받은 검토결과에 따르지 못하는 경우 그 사유를 포함)를 국회에 제출하여야 한다(동조 제6항). 상임위원회는 제3항에 따른 검토 결과 부령이 법률의 취지 또는 내용에 합치되지 아니한다고 판단되는 경우에는 소관 중앙행정기관의 장에게 그 내용을 통보할 수 있다(동조 제7항). 제7항에 따라 검토내용을 통보받은 중앙행정기관의 장은 통보받은 내용에 대한 처리 계획과 그 결과를 지체 없이 소관 상임위원회에 보고하여야 한다(동조 제8항).

   ㉣ 간접적 통제수단 : 국정감사, 국정조사, 국무총리 등에 대한 질문, 국무총리·국무위원해임건의, 탄핵소추 등이 있다.

② 행정적 통제

  ㉠ 행정감독권에 의한 통제 : 상급행정기관의 감독 또는 국가의 지방자치단체감독 등이 있다.

  ㉡ 행정심판에 의한 통제 : 상급행정청은 행정심판·재결을 통해 하급행정청을 통제할 수 있다. 또한 중앙행정심판위원회는 심판청구를 심리·의결함에 있어 처분의 근거가 되는 명령·규칙이 현저하게 불합리하다고 인정되는 경우 관계행정기관에 당해 명령 등의 개정·폐지 등 적절한 시정조치를 요청할 수 있다. 이 시정조치의 요청을 받은 행정기관은 정당한 사유가 없는 한 이에 따라야 한다.

③ 사법적 통제

  ㉠ 일반 법원에 의한 통제 : 행정입법에 대한 일반 법원의 통제에는 추상적 규범통제와 구체적 규범통제가 있다. 우리나라는 구체적 규범통제를 취하므로 법규명령에 대해서는 그 위헌·위법 여부가 재판의 전제가 되는 경우에만 선결문제로서 각급 법원이 심사할 수 있으며 대법원은 최종심사권을 가진다. 또한 법원에 의해서 무효로 판정된 법규명령도 일반적으로 실효되는 것이 아니라 당해 사건에만 그 적용이 거부됨에 그친다. 단, 법규명령이 직접적으로 국민의 법적 지위에 영향을 미치는 것일 때에는 당해 법규명령에 처분성이 인정되어 취소소송의 대상이 될 수 있다. 판례는 두밀분교사건에서 조례가 집행행위의 개입 없이도 그 자체로서 직접 국민의 구체적인 권리·의무나 법적 이익에 영향을 미치는 경우에는 항고소송의 대상이 되는 '처분'에 해당한다고 한 바 있다(대판 1996. 9. 20, 95누8003).

Point 팁 명령·규칙의 위헌판결등 공고제

행정소송에 대한 대법원판결에 의하여 명령·규칙이 헌법 또는 법률에 위반된다는 것이 확정된 경우에는 대법원은 지체 없이 그 사유를 행정안전부장관에게 통보하여야 한다. 통보를 받은 행정안전부장관은 지체 없이 이를 관보에 게재하여야 한다(행정소송법 제6조).

ⓒ 헌법재판소에 의한 통제 : 명령과 규칙이 국민의 기본권을 침해하는 경우 그 위헌 여부를 헌법재판소가 심사할 수 있다(다수설·헌재). 헌법재판소는 법무사법 시행규칙에 대한 헌법소원사건에서 위임명령으로서의 성질을 갖는 법무사법 시행규칙(대법원 규칙)이 헌법소원의 대상이 됨을 인정하여 동 규칙을 위헌결정한 바 있다(헌재 1990. 10. 15, 89헌마178).

④ 국민에 의한 통제

ㄱ 행정상 입법예고

- 「행정절차법 제41조」는 법령 등을 제정·개정 또는 폐지하려는 경우에는 해당 입법안을 마련한 행정청은 이를 예고하여야 한다고 규정하고 있다. 다만, 다음의 어느 하나에 해당하는 경우에는 예고를 하지 아니할 수 있다.
  - 신속한 국민의 권리 보호 또는 예측 곤란한 특별한 사정의 발생 등으로 입법이 긴급을 요하는 경우
  - 상위 법령 등의 단순한 집행을 위한 경우
  - 입법내용이 국민의 권리·의무 또는 일상생활과 관련이 없는 경우
  - 단순한 표현·자구를 변경하는 경우 등 입법내용의 성질상 예고의 필요가 없거나 곤란하다고 판단되는 경우
  - 예고함이 공공의 안전 또는 복리를 현저히 해칠 우려가 있는 경우
- 입법예고기간은 예고할 때 정하되, 특별한 사정이 없으면 40일(자치법규는 20일) 이상으로 한다.

ㄴ 공청회·청문절차 : 공청회·청문 등을 통해 국민의 의사를 반영시킬 수 있다.

section 3 행정규칙

(1) 의의

행정규칙이란 행정기관이 독자적 권한으로 정립하는 일반·추상적인 규범으로서 법규의 성질을 가지지 않는 것을 말한다. 행정명령이라고도 한다.

※ 행정규칙은 행정부가 제정하는 일반적·추상적 규율인 행정입법이라는 점에서 법규명령과 차이가 없다. 그러나 행정규칙은 일반국민의 권리의무와 직접 관계되는 법규명령과 달리 일차적으로는 행정사무를 담당하는 공무원을 수범자로 하므로 일반국민에 대한 구속효가 부정되어 법규성이 없다는 것이 통설이다.

문 다음은 행정규칙에 대해 설명한 것이다. 가장 적절하지 않은 것은? (다툼이 있으면 판례에 의함)

▶ 2014. 3. 15. 제1차 경찰공무원(순경)

① 행정규칙은 법적 근거를 요한다.
② 행정규칙은 원칙적으로 대외적 구속력이 없다.
③ 행정규칙 자체는 원칙적으로 행정소송법상 처분에 해당되지 않는다.
④ 행정규칙의 종류로는 훈령, 예규, 지시 등이 있다.

정답 ①

(2) 종류

① **조직규칙** … 행정기관이 그 보조기관 또는 소속관서의 설치·조직·내부적 권한 배분·사무처리절차 등을 정하기 위해 발하는 행정규칙이다. 이는 행정조직 법정주의로 의해 사실상 인정되기 어렵다.

② **근무규칙** … 상급행정기관이 하급행정기관의 근무에 관한 사항을 계속적으로 규율하기 위하여 발하는 행정규칙을 말한다.

　㉠ **규범해석규칙** : 법해석·적용의 통일성을 위해 법령, 특히 불확정개념의 해석·적용에 대한 지침을 정해주는 행정규칙이다.

　　※ 근로기준법 제27조는 "해고에는 정당한 이유가 있어야 한다."고 규정하는 바, '정당한 이유'의 해석에 관하여 노동부는 자체의 행정해석으로 그 기준을 정하고 있다. 이 같은 규범해석규칙은 행정규칙의 비법규성이 전형적으로 적용된다고 한다. 그 이유는 법규의 해석의 문제는 전적인 법원의 고유한 권한이며 행정청의 유권해석이 법원의 해석을 대체할 수는 없기 때문이다.

　㉡ **재량준칙** : 하급행정기관의 재량권 행사에 일반적 방향을 제시해 주는 행정규칙으로서 평등원칙을 매개로 하여 간접적으로 대외적 구속력을 갖는다.

> **판례** 상급행정기관이 하급행정기관에 대하여 업무처리지침이나 법령의 해석적용에 관한 기준을 정하여 발하는 이른바 '행정규칙이나 내부지침'은 일반적으로 행정조직 내부에서만 효력을 가질 뿐 대외적인 구속력을 갖는 것은 아니므로 행정처분이 그에 위반하였다고 하여 그러한 사정만으로 곧바로 위법하게 되는 것은 아니다. 다만, 재량권 행사의 준칙인 행정규칙이 그 정한 바에 따라 되풀이 시행되어 행정관행이 이루어지게 되면 평등의 원칙이나 신뢰보호의 원칙에 따라 행정기관은 그 상대방에 대한 관계에서 그 규칙에 따라야 할 자기구속을 받게 되므로, 이러한 경우에는 특별한 사정이 없는 한 그를 위반하는 처분은 평등의 원칙이나 신뢰보호의 원칙에 위배되어 재량권을 일탈·남용한 위법한 처분이 된다(대판 2009.12.24. 2009두7967).

> 공정거래위원회는 독점규제 및 공정거래에 관한 법령상 과징금 상한의 범위에서 과징금 부과 여부와 과징금 액수를 정할 재량을 가지고 있다. 위 고시조항은 과징금 산정에 관한 재량권 행사의 기준으로 마련된 행정청 내부의 사무처리준칙, 즉 재량준칙이다. 이러한 재량준칙은 그 기준이 헌법이나 법률에 합치되지 않거나 객관적으로 합리적이라고 볼 수 없어 재량권을 남용한 것이라고 인정되지 않는 이상 가급적 존중되어야 한다(대판 2020.11.12. 2017두36212)

　　※ 도로교통법이 "음주운전을 한 자에 대하여 면허취소 또는 6개월 이하의 면허정지를 과할 수 있다."라고 규정한 경우, 알코올농도에 비례하여 면허취소 또는 면허정지의 기준을 행정규칙으로 정한 경우이다. 이 경우 처분의 상대방인 국민은 자신의 알코올농도가 일정수준 이상이면 면허취소사유에 해당한다는 것을 선례를 통하여 알 수 있는데, 이 반복된 행정규칙 집행행위의 효과로 국민은 이 행정규칙이 마치 법규인 듯한 인식을 하게 된다. 종래 행정규칙의 법규성 여부가 가장 뜨겁게 논의되는 분류이다.

　㉢ **간소화지침** : 대량적 행정행위에 대한 획일적 지침을 정해주는 행정규칙이다.

　　※ 형식에 따른 구분의 예규에 해당한다고 볼 수 있다.

　㉣ **법률대위규칙** : 법률의 유보가 적용되지 않는 영역에서 법률이 흠결되었거나 불충분할 때(특히 급부행정분야) 발하는 행정규칙이다. 이는 실질적으로 법률의 기능을 수행한다.

기출문제

문 행정규칙에 대한 설명으로 옳지 않은 것은? (다툼이 있는 경우 판례에 의함)
▶ 2020. 7. 11. 인사혁신처

① 법령의 위임이 없음에도 법령에 규정된 처분 요건에 해당하는 사항을 부령에서 변경하여 규정한 경우에는 그 부령의 규정은 행정명령의 성격을 지닐 뿐 국민에 대한 대외적 구속력은 없다.

② 행정관청 내부의 사무처리규정에 불과한 전결규정에 위반하여 원래의 전결권자 아닌 보조기관 등이 처분권자인 행정관청의 이름으로 행정처분을 한 경우, 그 처분은 권한 없는 자에 의하여 행하여진 것으로 무효이다.

③ 법령의 규정이 특정 행정기관에게 법령 내용의 구체적 사항을 정할 수 있는 권한을 부여하면서 권한행사의 절차나 방법을 특정하지 아니한 경우에는 수임 행정기관은 행정규칙으로 법령 내용이 될 사항을 구체적으로 정할 수 있다.

④ 재량권행사의 준칙인 행정규칙이 그 정한 바에 따라 되풀이 시행되어 행정관행이 형성되어 행정기관이 그 상대방에 대한 관계에서 그 행정규칙에 따라야 할 자기구속을 당하게 되는 경우에는 그 행정규칙은 헌법소원의 심판대상이 될 수도 있다.

정답 ②

기출문제

ⓜ 규범구체화행정규칙 : 독일의 뷜(Wyhl) 판결에서 비롯된 것으로서, 원자력·환경 등 고도의 전문적·기술적 영역에서 입법기관이 그 대상의 전문성 등을 이유로 하여 법률에 그 세부적인 사항을 직접 규율하지 못하고 행정기관에 당해 내용의 구체화 권한을 일임한 경우에 당해 행정기관이 당해 규범을 구체화하는 내용으로 발령하는 행정규칙을 말한다. 이는 형식상 행정규칙이나 직접적으로 외부적인 효력을 갖는다.

판례 보건복지부장관이 고시의 형식으로 정한 '의료보험진료수가기준'(1995. 12. 9. 보건복지부고시 제1995-55호로 개정된 것) 중 '수탁검사실시기관인정등기준'은 요양급여 및 분만급여의 방법·절차·범위·상한기준 및 그 비용 등 법령의 내용이 되는 구체적인 사항을 보건복지부장관으로 하여금 정하도록 한 의료보험법의 위임에 따라 이를 정한 규정으로서 <u>법령의 위임한계를 벗어나지 아니하는 한 법령의 내용을 보충하는 기능을 하면서 그와 결합하여 대외적으로 구속력이 있는 법규명령으로서의 효력을 가진다</u>고 볼 것이므로, 요양기관의 진료비청구가 위 규정에 적합하지 아니하여 진료비심사지급기관이 그 지급을 거절하였다면 특별한 사정이 없는 한 그 처분은 적법하다고 보아야 한다(대판 1999.6.22. 98두17807).

상급행정기관이 하급행정기관에 대하여 업무처리지침이나 법령의 해석적용에 관한 기준을 정하여 발하는 이른바 행정규칙은 일반적으로 행정조직 내부에서만 효력을 가질 뿐 대외적인 구속력을 갖는 것은 아니다. 하지만 <u>법령의 규정이 특정 행정기관에 그 법령 내용의 구체적 사항을 정할 수 있는 권한을 부여하면서 그 권한 행사의 절차나 방법을 특정하고 있지 아니한 관계로 수임행정기관이 행정규칙의 형식으로 그 법령의 내용이 될 사항을 구체적으로 정하고 있다면 그와 같은 행정규칙은 위에서 본 행정규칙이 갖는 일반적 효력으로서가 아니라, 행정기관에 법령의 구체적 내용을 보충할 권한을 부여한 법령 규정의 효력에 의하여 그 내용을 보충하는 기능을 갖게 된다. 따라서 이와 같은 행정규칙은 해당 법령의 위임한계를 벗어나지 않는 한 그것들과 결합하여 대외적인 구속력이 있는 법규명령으로서의 효력을 가진다.</u> 그리고 이러한 경우 특정 행정규칙이 위임의 한계를 준수하고 있는지는 해당 법령 규정의 목적과 규정 내용, 규정의 체계, 다른 규정과의 관계 등을 종합적으로 살펴 판단하여야 하는데, 해당 법령의 해석상 가능한 것을 명시한 것에 지나지 아니하거나 해당 법령 조항의 취지에 근거하여 이를 구체화하기 위한 것인 때에는 위임 범위를 벗어난 것으로 볼 수 없다(대판 2019.10.17. 2014두3020, 3037).

<u>요양기관의 시설·인력 및 장비 등의 공동이용 시 요양급여비용 청구에 관한 사항 부분(이하 '고시 규정')은 상위법령의 위임에 따라 제정된 '요양급여의 세부적인 적용기준'의 일부로 상위법령과 결합하여 대외적으로 구속력 있는 '법령보충적 행정규칙'에 해당하므로, 요양기관이 위 고시 규정에서 정한 절차와 요건을 준수하여 요양급여를 실시한 경우에 한하여 요양급여비용을 지급받을 수 있다</u>(대판 2021. 1.14. 2020두38171).

③ **영조물 규칙**… 영조물의 조직·관리·이용관계 등을 규율하기 위하여 발하는 행정규칙으로 특별명령이라고도 한다(국립도서관 규칙 등).

Point 팁 **비상명령·독립명령·특별명령의 구별**
　　　ⓐ 비상명령 : 헌법적 효력의 법규명령으로 현행 헌법상 인정 안 됨
　　　ⓑ 독립명령 : 긴급명령, 긴급재정·경제명령 등 법률대위규칙
　　　ⓒ 특별명령 : 영조물 규칙

문 **다음 중 행정규칙에 대한 설명으로 가장 옳지 않은 것은?**

▶ 2016. 6. 25. 서울특별시

① 대법원 판례에 의하면, 법령보충적 행정규칙은 행정기관에 법령의 구체적 사항을 정할 수 있는 권한을 부여한 상위 법령과 결합하여 대외적 효력을 갖게 된다.
② 대법원 판례에 의하면, 법령보충적 행정규칙은 상위 법령에서 위임한 범위 내에서 대외적 효력을 갖는다.
③ 헌법재판소 판례에 의하면, 헌법상 위임입법의 형식은 열거적이기 때문에, 국민의 권리·의무에 관한 사항을 고시 등 행정규칙으로 정하도록 위임한 법률 조항은 위헌이다.
④ 헌법재판소 판례에 의하면, 재량준칙인 행정규칙도 행정의 자기구속의 법리에 의거하여 헌법소원심판의 대상이 될 수 있다.

∥정답 ③

④ **형식에 따른 행정규칙**

　⊙ **훈령** : 상급기관이 하급기관에 대해, 상당한 장기간에 걸쳐 그의 권한행사를 일반적으로 지휘·감독하기 위하여 발하는 명령을 말한다.

　ⓛ **지시** : 상급기관이 직권 또는 하급기관의 문의나 신청에 의하여 개별적·구체적으로 발하는 명령을 말한다.

　　※ 노동행정업무에 관해 지방노동청이 근로기준법 해석·적용에 관하여 의문이 생긴 경우 노동부에 질의를 하고 노동부는 이에 대해 행정해석으로서 해석과 적용의 지침을 발하는 경우이다.

　ⓒ **예규** : 문서로써 반복적 행정사무처리의 기준을 제시하는 명령을 말한다.

　　※ 추곡수매업무에 관하여 루틴(routine)화된 업무처리의 효율화를 위하여 추곡수매일시의 통지에서부터 추곡수매의 완료에 이르기까지의 모든 단계를 표준화시켜 놓은 경우 등이 해당한다.

　ⓐ **일일명령** : 당직·출장·퇴근 등 일일업무에 관한 명령을 말한다.

(3) 법적 성질

① **전통적 견해**(법규성 부정) … 행정조직 내부 또는 특별권력관계의 조직·작용을 규율하는 것으로 국민에 대한 구속력이 없고 법원의 재판규범성도 부인된다.

② **현재의 견해**(일정한 행정규칙에 대한 준법규성 인정) … 재량준칙은 행정규칙이지만 이에 따른 행정처분이 반복되면 평등원칙이나 신뢰보호의 원칙에 따라 자기구속을 받게 되어 결과적으로 재량준칙은 평등원칙을 매개로 하여 간접적으로 대외적 구속력을 가지게 된다. 이러한 점에서 재량준칙의 준법규성이 인정될 수 있다(통설).

③ **판례**

　⊙ **원칙** : 행정규칙의 법규성을 부인한 판례

　　• 자동차운수사업법 제31조 등에 관한 처분요령[별표 2]에 논지와 같은 행정처분의 기준이 정하여져 있더라도 이는 훈시적인 규정에 지나지 아니하는 것이다(대판 1996. 9. 6, 96누914).

　　• 한국전력공사의 전기공급 규정에 신수용자가 구수용자의 체납전기요금을 승계하도록 규정되어 있다 하더라도 이는 한국전력공사 내부의 업무처리지침에 불과할 뿐이다(대판 1992. 12. 24, 92다16669).

　　• 검찰보존사무규칙이 검찰청법 제11조에 기하여 제정된 법무부령이기는 하지만, 그 사실만으로 같은 규칙 내의 모든 규정이 법규적 효력을 가지는 것은 아니다. 기록의 열람·등사의 제한을 정하고 있는 같은 규칙 제22조는 법률상의 위임근거가 없어 행정기관 내부의 사무처리준칙으로서 행정규칙에 불과하므로, 위 규칙상의 열람·등사의 제한을 공공기관의 정보공개에 관한 법률 제9조 제1항 제1호의 '다른 법률 또는 법률에 의한 명령에 의하여 비공개사항으로 규정된 경우'에 해당한다고 볼 수 없다(대판 2006.5.25. 2006두3049).

ⓛ 예외 : 행정규칙의 법규성을 인정한 판례
  • 국무총리 훈령인 개별토지가격합동조사지침에 관한 판결(대판 1994. 2.8, 93누111)
  • 국세청장의 훈령인 재산제세조사사무처리규정(대판 1987. 9. 29, 86누484, 동지 대판 1989. 11. 14, 89누5676)
  • 건설부장관의 훈령에 정한 청문절차를 결한 건축사사무소의 등록취소처분을 위법하다 하였다(대판 1984. 9. 11, 82누166).
  • 건축사사무소의 등록취소 및 폐쇄처분에 관한 규정에 관한 판결(대판1984. 9. 11, 82누166)

(4) 법규형식의 행정규칙과 법규적 내용을 가진 행정규칙

① **법규명령의 형식을 취하는 행정규칙** … 형식은 법규명령이나 내용상 행정규칙에 불과한 경우 그 성질이 문제된다. 학설은 법규명령으로 본다. 판례는 대통령령(시행령)의 형식으로 제정된 경우에는 법규명령으로 보고, 부령(시행규칙)의 형식으로 제정된 경우에는 행정규칙이라 보고 있다.

판례 대통령령(시행령) : 주택건설촉진법 시행령(대통령령) 제10조의3 제1항 [별표1]은 형식상 대통령령이므로 그 성질상 부령과 같이 행정조직내부의 행정명령에 지나지 않는 것이 아니라 대외적으로 국민이나 법원을 구속하는 힘이 있는 법규명령에 해당한다(대판 1997. 12. 26, 97누15418).

판례 부령(시행규칙)
  ㉠ '자동차운수사업법 제31조 등의 규정에 의한 사업면허의 취소 등의 처분에 관한 규칙'은 부령의 형식으로 되어 있으나 규정의 성질과 내용상 행정명령에 불과하다(대판 1984. 2. 28, 83누551).
  ㉡ 공중위생법 시행규칙은 형식은 부령이나 실질은 행정명령이다(대판1990. 6. 12, 90누1588).
  ㉢ 식품위생법 시행규칙 제53조에서 [별표15]로 행정처분의 기준을 정한 것은 형식상 부령이나 실질적으로 행정명령의 성질을 가진다(대판1994. 10. 14, 94누4370).

② **법규의 내용을 가진 행정규칙** … 형식상 행정규칙이나 내용적으로 법률의 보충적 성질을 가지는 것은 그 실질적 내용에 따라 법규명령(위임명령)으로 보아야 한다(통설·판례). 물가안정에 관한 법률 제2조에 의하여 주무부장관이 긴요물품 등의 최고가를 고시하는 경우 등이 이에 해당한다.

판례 국세청장 훈령인 재산제세조사 사무처리 규정은 형식상 행정규칙이나 당해 법령의 위임한계를 벗어나지 아니하는 한 그것들과 결합하여 대외적인 구속력이 있는 법규명령으로서의 효력을 갖게 된다(대판 1987.9. 29, 86누484, 동지 대판 1989. 11. 14, 89누5676).

(5) 성립요건 · 효력요건

① **성립요건** … 정당한 권한을 가진 행정기관이 적법 · 가능 · 타당한 내용에 관해 소정의 절차를 갖추어 제정해야 한다. 그리고 행정규칙은 공포의 형식을 요하지 않으나 대부분 관보에 게재하고 있다.

② **효력요건** … 특별한 규정이 없는 한 성립요건을 갖춘 때에 효력을 발생하며 수명기관에게 도달된 때부터 구속력을 발생하며, 법규명령과 달리 공포를 요하지 않는다.

(6) 통제

① **국회에 의한 통제** … 국정감사 · 국정조사, 대정부질문 등을 통한 간접통제만이 가능하다.

② **행정적 통제** … 법규명령과 같이 행정감독권이나 행정절차 등을 통한 자율적 통제가 가능하다.

③ **사법적 통제** … 원칙적으로 판례는 행정규칙에 대하여 국민에 대한 법적 효력을 인정하고 있지 않으므로 소송을 제기할 수는 없으나 예외적으로 인정될 수 있다.

(7) 근거와 한계

① **법률유보원칙** … 개인의 권리 · 의무와 직접 관련 없으므로 법률의 수권이 필요 없다.

② **법률우위원칙** … 적용된다.

(8) 하자

① 행정규칙에 하자가 있으면 무효가 된다.

② 행정규칙은 소송의 대상은 아니다. 그러나 이에 근거한 행정처분의 경우에는 쟁송의 대상이 된다.

기출문제

기출문제

[법규명령과 행정규칙의 비교]

구분	법규명령	행정규칙
제정 기관	행정기관	
형식	추상적 · 일반적 법조형식	
법원성	인정	
의의 · 본질	• 공권력으로 발동되며, 일반 국민에게 권리 · 의무를 지우는 법규성을 가진다. • 형식적으로는 행정이지만 실질적으로는 입법이다.	• 특별권력으로 발동되며, 행정조직 내부의 사항만을 규율하므로 법규성이 없다. • 형식적 · 실질적 모두 행정
구속력	일반국민뿐만 아니라 집권자도 구속되는 일반적 · 양면적 구속력이 인정된다.	특별권력 내부의 하명을 받은 상대방만을 구속하는 일면적 구속력이 인정된다.
위반 시	위법행위가 되며 하자 있는 행위로서 행정소송의 대상이 된다.	위반하더라도 적법 · 유효하므로 행정소송을 제기할 수 없다.
근거	헌법 등 상위명령의 근거가 있어야 하며, 위임명령은 개별적 · 구체적 위임이 있어야 한다.	법률의 근거를 요하지 않으며 행정권의 권능으로 제정된다.
형성 효력	명령의 종류를 밝힌 조문형식이며 관보게재를 통한 공포로서 효력 발생	문서(훈령 · 지시 · 예규 · 통첩 등)의 형식을 취하나 구두로도 가능하며 해당 행정기관에 도달만 하면 효력이 발생
소멸 · 변경	법령의 폐지 · 취소, 해제조건의 성취, 상위법령의 개폐, 근거법령의 소멸 등으로 소멸 · 변경	법규명령의 소멸사유 이외에도 비교적 자유로이 소멸 · 변경

2020 지방직 9급

1 대외적 구속력을 인정할 수 없는 경우만을 모두 고르면? (다툼이 있는 경우 판례에 의함)

> ⊙ 운전면허에 관한 제재적 행정처분의 기준이 「도로교통법 시행규칙」 [별표]에 규정되어 있는 경우
>
> ⓒ 행정 각부의 장이 정하는 특정 고시가 비록 법령에 근거를 둔 것이더라도 규정 내용이 법령의 위임 범위를 벗어난 것일 경우
>
> ⓒ 상위법령에서 세부사항 등을 시행규칙으로 정하도록 위임하였음에도 이를 고시 등 행정규칙으로 정한 경우
>
> ⓔ 상위 법령의 위임이 없음에도 상위 법령에 규정된 처분 요건에 해당하는 사항을 하위 부령에서 변경하여 규정한 경우

① ⊙, ⓒ

② ⓒ, ⓒ

③ ⊙, ⓒ, ⓒ

④ ⊙, ⓒ, ⓒ, ⓔ

2020 지방직 9

2 조례제정권의 범위와 한계에 대한 설명으로 옳지 않은 것은? (다툼이 있는 경우 판례에 의함)

① 지방자치단체는 법령에 위반되지 않는 범위 내에서 자치사무에 관하여 주민의 권리를 제한하거나 의무를 부과하는 사항이 아닌 한 법률의 위임 없이 조례를 제정할 수 있다.

② 담배자동판매기의 설치를 금지하고 설치된 판매기를 철거하도록 하는 조례는 기존 담배자동판매기업자의 직업의 자유와 재산권을 제한하는 조례이므로 법률의 위임이 필요하다.

③ 영유아 보육시설 종사자의 정년을 조례로 규정하고자 하는 경우에는 법률의 위임이 필요 없다.

④ 군민의 출산을 장려하기 위하여 세 자녀 이상 세대 중 세 번째 이후 자녀에게 양육비 등을 지원할 수 있도록 하는 조례의 제정에는 법률의 위임이 필요 없다.

2020 국가직 9급

3 행정규칙에 대한 설명으로 옳지 않은 것은? (다툼이 있는 경우 판례에 의함)

① 법령의 위임이 없음에도 법령에 규정된 처분 요건에 해당하는 사항을 부령에서 변경하여 규정한 경우에는 그 부령의 규정은 행정명령의 성격을 지닐 뿐 국민에 대한 대외적 구속력은 없다.

② 행정관청 내부의 사무처리규정에 불과한 전결규정에 위반하여 원래의 전결권자 아닌 보조기관 등이 처분권자인 행정관청의 이름으로 행정처분을 한 경우, 그 처분은 권한 없는 자에 의하여 행하여진 것으로 무효이다.

③ 법령의 규정이 특정 행정기관에게 법령 내용의 구체적 사항을 정할 수 있는 권한을 부여하면서 권한행사의 절차나 방법을 특정하지 아니한 경우에는 수임 행정기관은 행정규칙으로 법령 내용이 될 사항을 구체적으로 정할 수 있다.

④ 재량권행사의 준칙인 행정규칙이 그 정한 바에 따라 되풀이 시행되어 행정관행이 형성되어 행정기관이 그 상대방에 대한 관계에서 그 행정규칙에 따라야 할 자기구속을 당하게 되는 경우에는 그 행정규칙은 헌법소원의 심판대상이 될 수도 있다.

2020 국가직 9급

4 위임명령의 한계에 대한 설명으로 옳지 않은 것은? (다툼이 있는 경우 판례에 의함)

① 법률이 공법적 단체 등의 정관에 자치법적 사항을 위임한 경우에는 헌법 제75조가 정하는 포괄적인 위임입법의 금지는 원칙적으로 적용되지 않지만, 그 사항이 국민의 권리·의무에 관련되는 것일 경우에는 적어도 국민의 권리·의무에 관한 기본적이고 본질적인 사항은 국회가 정하여야 한다.

② 헌법에서 채택하고 있는 조세법률주의의 원칙상 과세요건과 징수절차에 관한 사항을 명령·규칙 등 하위법령에 구체적·개별적으로 위임하여 규정할 수 없다.

③ 법률에서 위임받은 사항에 관하여 대강을 정하고 그 중의 특정사항을 범위를 정하여 하위법령에 다시 위임하는 경우에는 재위임이 허용된다. 이러한 법리는 조례가 「지방자치법」에 따라 주민의 권리제한 또는 의무부과에 관한 사항을 법률로부터 위임받은 후, 이를 다시 지방자치단체장이 정하는 '규칙'이나 '고시' 등에 재위임하는 경우에도 마찬가지이다.

④ 법률의 시행령이나 시행규칙의 내용이 모법 조항의 취지에 근거하여 이를 구체화하기 위한 것인 때에는 모법의 규율 범위를 벗어난 것으로 볼 수 없다. 이러한 경우에는 모법에 이에 관하여 직접 위임하는 규정을 두지 않았다고 하여도 이를 무효라고 볼 수 없다.

2021 지방직 9급

5 행정입법에 대한 설명으로 옳은 것은? (다툼이 있는 경우 판례에 의함)

① 법규명령이 위임의 근거가 없어 무효였더라도 나중에 법 개정으로 위임의 근거가 부여되면, 법규명령 제정 당시로 소급하여 유효한 법규명령이 된다.

② 법률의 시행령 내용이 모법 조항의 취지에 근거하여 이를 구체화하기 위한 것인 때에는 모법에 직접 위임하는 규정을 두지 않았더라도 이를 무효라고 볼 수 없다.

③ 대통령령의 입법부작위에 대한 국가배상책임은 인정되지 않는다.

④ 법규명령의 위임근거가 되는 법률에 대하여 위헌결정이 선고되더라도 그 위임에 근거하여 제정된 법규명령은 별도의 폐지행위가 있어야 효력을 상실한다.

2020 국가직 7급

6 행정입법에 대한 설명으로 옳지 않은 것은? (다툼이 있는 경우 판례에 의함)

① 헌법에서 인정한 법규명령의 형식을 예시적으로 이해하는 견해에 의하면 감사원규칙은 법규명령이 아니라고 본다.

② 고시가 상위법령과 결합하여 대외적 구속력을 갖고 국민의 기본권을 침해하는 법규명령으로 기능하는 경우 헌법소원의 대상이 된다.

③ 집행명령은 상위법령의 집행을 위해 필요한 사항을 규정한 것으로 법규명령에 해당하지만 법률의 수권 없이 제정할 수 있다.

④ 상위법령을 시행하기 위하여 하위법령을 제정하거나 필요한 조치를 함에 있어서는 상당한 기간을 필요로 하며 합리적인 기간 내의 지체를 위헌적인 부작위로 볼 수 없다.

2020 지방직 7급

7 행정입법에 대한 설명으로 옳은 것은? (다툼이 있는 경우 판례에 의함) 〈2020지방직7급〉

① 처분적 조례에 대한 무효확인소송을 제기함에 있어서 피고적격이 있는 처분 등을 행한 행정청은 지방의회이다.

② 상위법령에서 세부사항 등을 시행규칙으로 정하도록 위임하였음에도 이를 고시 등 행정규칙으로 정하였다면 대외적 구속력을 가지는 법규명령으로서 효력이 인정될 수 없다.

③ 법률의 위임에 따라 효력을 갖는 법규명령이 위임의 근거가 없어 무효였더라도 나중에 법개정으로 위임의 근거가 부여되면 당해 법규명령의 제정 시에 소급하여 유효한 법규명령이 된다.

④ 의료기관의 명칭표시판에 진료과목을 함께 표시하는 경우 글자 크기를 제한하고 있는 구「의료법 시행규칙」 제31조는 그 자체로 국민의 구체적 권리의무나 법률관계에 직접적 변동을 초래하므로 항고소송의 대상이 될 수 있다.

2019 국가직 7급

8 행정규칙에 대한 판례의 입장으로 옳지 않은 것은?

① 행정규칙인 고시가 법령의 수권에 의해 법령을 보충하는 사항을 정하는 경우에는 법령보충적 고시로서 근거 법령규정과 결합하여 대외적으로 구속력을 가진다.

② 법령보충적 행정규칙은 법령의 수권에 의하여 인정되고, 그 수권은 포괄위임금지의 원칙상 구체적·개별적으로 한정된 사항에 대하여 행해져야 한다.

③ 고시에 담긴 내용이 구체적 규율의 성격을 갖는다고 하더라도, 해당 고시를 행정처분으로 볼 수는 없으며 법령의 수권 여부에 따라 법규명령 또는 행정규칙으로 볼 수 있을 뿐이다.

④ 재산권 등의 기본권을 제한하는 작용을 하는 법률이 구체적으로 범위를 정하여 고시와 같은 형식으로 입법위임을 할 수 있는 사항은 전문적·기술적 사항이나 경미한 사항으로서 업무의 성질상 위임이 불가피한 사항에 한정된다.

9 행정입법에 대한 설명으로 옳지 않은 것은? (다툼이 있는 경우 판례에 의함)

① 구법에 위임의 근거가 없어 법규명령이 무효였다면 사후에 법개정으로 위임의 근거가 부여되었다 할지라도 무효이다.

② 처벌법규나 조세법규는 다른 법규보다 구체성과 명확성의 요구가 강화되어야 한다.

③ 법률에서 위임받은 사항을 하위법규명령에 다시 위임하기 위해서는 위임받은 사항의 대강을 정하고 그중 특정사항을 범위를 정하여 하위의 법규명령에 다시 위임하는 경우에만 재위임이 허용된다.

④ 명령·규칙 그 자체에 의하여 직접 기본권이 침해되었을 경우에는 그것을 대상으로 하여 헌법소원심판을 청구할 수 있다.

10 행정입법의 법적 성질에 관한 판례의 입장으로 옳지 않은 것은?

① 「주택건설촉진법 시행령」 제10조의3 제1항 [별표 1]은 「주택건설촉진법」 제7조 제2항의 위임규정에 터잡은 규정 형식상 대통령령이므로 대외적으로 국민이나 법원을 구속하는 힘이 있다.

② 구 「청소년보호법」 제49조 제1항·제2항에 따른 동법 시행령 제40조 [별표 6]의 위반행위의 종별에 따른 과징금 처분기준은 법규명령에 해당하고 과징금처분기준의 수액은 최고한도액이 아니라 정액이다.

③ 국세청장의 훈령형식으로 되어 있는 「재산제세사무처리규정」은 「소득세법 시행령」의 위임에 따라 「소득세법 시행령」의 내용을 보충하는 기능을 가지므로 「소득세법 시행령」과 결합하여 대외적 효력을 갖는다.

④ 「도로교통법 시행규칙」 제53조 제1항이 정한 [별표 16]의 운전면허행정처분기준은 부령의 형식으로 되어 있으나, 그 규정의 성질과 내용이 행정청 내부의 사무처리준칙을 규정한 것에 지나지 아니하므로 대외적으로 국민이나 법원을 기속하는 효력이 없다.

11 다음 중 위임명령의 한계에 관한 설명 중 옳지 않은 것은?

① 법치행정의 원리에 의해 일반적·포괄적 위임은 인정되지 않는다.

② 국적취득요건, 죄형법정주의, 재산권의 수용 및 보상, 조세법률주의 등 헌법이 입법사항으로 규정한 사항은 적어도 그 기본적인 내용은 법률로 규정되어야 한다.

③ 죄형법정주의의 원칙상 처벌규정은 법률에 의해야 하므로 형벌의 정도 부분에 있어 법률이 「형법」의 상한을 정하여 위임하는 것은 허용된다.

④ 조례의 경우에도 포괄적·일반적 위임은 허용되지 않는다.

12 법규명령에 대한 설명 중 옳지 않은 것은?

① 제정권자를 기준으로 대통령령, 총리령, 부령 등으로 구분할 수 있다.

② 법규명령에 위반하는 행위는 위법행위가 된다.

③ 법규명령 중 위임명령은 원칙적으로 헌법 제75조와 헌법 제95조에 따라 법률이나 상위명령에 개별적인 수권 규범이 있는 경우만 가능하다.

④ 행정의 효율성을 도모하기 위해 법률에서 위임받은 사항을 전혀 규정하지 않고 하위의 법규명령에 재위임하는 것도 가능하다.

13 다음 중 법규명령과 관련한 판례의 내용 중 옳지 않은 것은?

① 법률의 위임은 구체적이고 개별적으로 한정된 사항에 관하여 행해져야 할 것이고, 여기서 구체적이라는 것은 일반적·추상적이어서는 안된다는 것을, 범위를 정한다는 것은 포괄적·전면적이어서는 아니된다는 것을 의미하고, 이러한 구체성의 요구 정도는 규제 대상의 종류와 성격에 따라 달라진다고 할 것이다.

② 법률이 주민의 권리의무에 관한 사항에 관하여 구체적으로 아무런 범위를 정하지 아니한 채 조례로 정하도록 포괄적으로 위임하였다고 하더라도, 행정관청의 명령과는 달리, 조례는 주민의 대표기관인 지방의회의 의결로 제정되는 지방자치단체의 자주법인 만큼, 지방자치단체가 법령에 위반되지 않는 범위 내에서 주민의 권리의무에 관한 사항을 조례로 제정할 수 있는 것이다.

③ 건물 등의 시가표준액에 관한 구 지방세법 시행규칙 제40조의5가 가감산율 결정에 있어 참작 대상인 건물의 특수부대설비를 구체적으로 구분하여 규정하고 있지 않고, 또 가감산율의 크기나 참작의 정도에 관하여도 아무런 규정을 두고 있지 않다면 과세요건명확주의에 반한다고 할 수 있다.

④ 무효인 육본 방위병소집복무해제규정 제23조에 기한 소집해제명령의 무효명령이 당연무효라고는 할 수 없고 취소할 수 있을 따름이다.

14 행정규칙에 대한 설명으로 옳지 않은 것은?

① 훈령, 지시, 예규, 일일명령 등 행정기관이 그 하급기관이나 소속 공무원에 대하여 일정한 사항을 지시하는 문서는 지시문서이다.

② 대법원은 교육부장관이 내신성적산정지침을 시·도 교육감에게 통보한 것은 행정조직 내부에서 내신성적평가에 관한 심사기준을 시달한 것에 불과하다고 보아 위 지침을 행정처분으로 볼 수 없다고 판단하였다.

③ 대법원은 제재적 처분의 기준이 부령 형식으로 규정되어 있더라도 그것은 행정청 내부의 사무처리준칙을 정한 것에 지나지 아니하여 대외적으로 국민이나 법원을 기속하는 효력이 없고, 당해 처분의 적법여부는 위 처분기준뿐만 아니라 관계 법령의 규정내용과 취지에 따라야 한다고 판단하였다.

④ 대법원은 행정적 편의를 도모하기 위해 법령의 위임을 받아 제정된 절차적 규정을 법령보충적 행정규칙으로 본다.

15 행정입법에 대한 판례의 입장으로 옳은 것은?

① 행정입법부작위는 부작위위법확인소송의 대상이 된다.

② 의료기관의 명칭표시판에 진료과목을 함께 표시하는 경우 진료과목의 글자 크기를 제한하고 있는 구 「의료법 시행규칙」 제31조는 그 자체로서 국민의 구체적인 권리의무나 법률관계에 직접적인 변동을 초래하므로 항고소송의 대상이 되는 행정처분이라 할 수 있다.

③ 법률의 위임에 의하여 효력을 갖는 법규명령의 경우 구법에 위임의 근거가 없어 무효였더라도 사후에 법개정으로 위임의 근거가 부여되면 그때부터는 유효한 위임명령이 된다.

④ 국립대학의 대학입학고사 주요요강은 행정쟁송의 대상인 행정처분에 해당되지만 헌법소원의 대상인 공권력의 행사에는 해당되지 않는다.

정답및해설

1	④	2	③	3	②	4	②	5	②
6	①	7	②	8	③	9	①	10	②
11	④	12	④	13	④	14	③	15	③

1 ㉠ 규정형식상 부령인 시행규칙 또는 지방자치단체의 규칙으로 정한 행정처분의 기준은 행정처분 등에 관한 사무처리기준과 처분절차 등 행정청 내의 사무처리준칙을 규정한 것에 불과하므로 행정조직 내부에 있어서의 행정명령의 성격을 지닐 뿐 대외적으로 국민이나 법원을 구속하는 힘이 없다(대판 1995.10.17. 94누14148(전합)).

㉡ 행정 각부의 장이 정하는 특정 고시가 비록 법령에 근거를 둔 것이더라도 규정 내용이 법령의 위임 범위를 벗어난 것일 경우에는 법규명령으로서의 대외적 구속력을 인정할 여지는 없다. 그리고 특정 고시가 위임의 한계를 준수하고 있는지를 판단할 때에는, 당해 법률 규정의 입법 목적과 규정 내용, 규정의 체계, 다른 규정과의 관계 등을 종합적으로 살펴야 하고, 법률의 위임 규정 자체가 의미 내용을 정확하게 알 수 있는 용어를 사용하여 위임의 한계를 분명히 하고 있는데도 고시에서 문언적 의미의 한계를 벗어났다든지, 위임 규정에서 사용하고 있는 용어의 의미를 넘어 범위를 확장하거나 축소함으로써 위임 내용을 구체화하는 단계를 벗어나 새로운 입법을 한 것으로 평가할 수 있다면, 이는 위임의 한계를 일탈한 것으로서 허용되지 아니한다(대판 2019. 5.30. 2016다276177).

㉢ 행정규칙이나 규정이 상위법령의 위임범위를 벗어난 경우에는 법규명령으로서 대외적 구속력을 인정할 여지는 없다. 이는 행정규칙이나 규정 '내용'이 위임범위를 벗어난 경우뿐 아니라 상위법령의 위임규정에서 특정하여 정한 권한행사의 '절차'나 '방식'에 위배되는 경우도 마찬가지이므로, 상위법령에서 세부사항 등을 시행규칙으로 정하도록 위임하였음에도 이를 고시 등 행정규칙으로 정하였다면 그 역시 대외적 구속력을 가지는 법규명령으로서 효력이 인정될 수 없다(대판 2012. 7. 5. 2010다72076).

㉣ 위임명령은 법률이나 상위명령에서 구체적으로 범위를 정한 개별적인 위임이 있을 때에 가능하고, 여기에서 구체적인 위임의 범위는 규제하고자 하는 대상의 종류와 성격에 따라 달라지는 것이어서 일률적 기준을 정할 수는 없지만, 적어도 위임명령에 규정될 내용 및 범위의 기본사항이 구체적으로 규정되어 있어서 누구라도 당해 법률이나 상위법령으로부터 위임명령에 규정될 내용의 대강을 예측할 수 있어야 하나, 이 경우 그 예측가능성의 유무는 당해 위임조항 하나만을 가지고 판단할 것이 아니라 그 위임조항이 속한 법률의 전반적인 체계와 취지 및 목적, 당해 위임조항의 규정형식과 내용 및 관련 법규를 유기적ㆍ체계적으로 종합하여 판단하여야 한다(대판 2015. 1.15. 2013두14238).

2 ③ 영유아보육법이 보육시설 종사자의 정년에 관한 규정을 두거나 이를 지방자치단체의 조례에 위임한다는 규정을 두고 있지 않은데도 보육시설 종사자의 정년을 규정한 '서울특별시 중구 영유아 보육조례 일부개정조례안'은, 법률의 위임 없이 헌법이 보장하는 직업을 선택하여 수행할 권리의 제한에 관한 사항을 정한 것이어서 그 효력을 인정할 수 없으므로, 위 조례안에 대한 재의결은 무효이다(대판 2009. 5.28. 207추134).

① 법률이 주민의 권리의무에 관한 사항에 관하여 구체적으로 아무런 범위도 정하지 아니한 채 조례로 정하도록 포괄적으로 위임하였다고 하더라도, 행정관청의 명령과는 달리, 조례도 주민의 대표기관인 지방의회의 의결로 제정되는 지방자치단체의 자주법인 만큼, 지방자치단체가 법령에 위반되지 않는 범위 내에서 주민의 권리의무에 관한 사항을 조례로 제정할 수 있는 것이다(대판 1991. 8.27. 90누6613).

② 부천시의 조례들은 담배소매업을 영위하는 주민들에게 자판기 설치를 제한하는 것을 내용으로 하고 있으므로 주민의 직업선택의 자유 특히 직업수행의 자유를 제한하는 것이 되어 지방자치법 제15조 단서 소정의 주민의 권리의무에 관한 사항을 규율하는 조례라고 할 수 있으므로 지방자치단체가 이러한 조례를 제정함에 있어서는 법률의 위임을 필요로 한다(헌재결 1995. 4.20. 92헌마264).

④ 지방자치단체의 세 자녀 이상 세대 양육비 등 지원에 관한 조례안은 저출산 문제의 국가적ㆍ사회적 심각성을 십분 감안하여 향후 지방자치단체의 출산을 적극 장려토록 하여 인구정책을 보다 전향적으로 실효성 있게 추진하고자 세 자녀 이상 세대 중 세 번째 이후 자녀에게 양육비 등을 지원할 수 있도록 하는 것으로서, 위와 같은 사무는 지방자치단체 고유의 자치사무 중 주민의 복지증진에 관한 사무를 규정한 지방자치법 제9조 제2항 제2호 (라)목에서 예시하고 있는 아동ㆍ청소년 및 부녀의 보호와 복지증진에 해당되는 사무이고, 또한 위 조례안에는 주민의 편의 및 복리증진에 관한 내용을 담고 있어 그 제정에 있어서 반드시 법률의 개별적 위임이 따로 필요한 것은 아니다(대판 2006.10.12. 2006추36).

3 ② 전결과 같은 행정권한의 내부위임은 법령상 처분권자인 행정관청이 내부적인 사무처리의 편의를 도모하기 위하여 그의 보조기관 또는 하급 행정관청으로 하여금 그의 권한을 사실상 행사하게 하는 것으로서 법률이 위임을 허용하지 않는 경우에도 인정되는 것이므로, 설사 <u>행정관청 내부의 사무처리규정에 불과한 전결규정에 위반하여 원래의 전결권자 아닌 보조기관 등이 처분권자인 행정관청의 이름으로 행정처분을 하였다고 하더라도 그 처분이 권한 없는 자에 의하여 행하여진 무효의 처분이라고는 할 수 없다</u>(대판 1998. 2.27. 97누1105).

① 법령에서 행정처분의 요건 중 일부 사항을 부령으로 정할 것을 위임한 데 따라 시행규칙 등 부령에서 이를 정한 경우에 그 부령의 규정은 국민에 대해서도 구속력이 있는 법규명령에 해당한다고 할 것이지만, <u>법령의 위임이 없음에도 법령에 규정된 처분 요건에 해당하는 사항을 부령에서 변경하여 규정한 경우에는 그 부령의 규정은 행정청 내부의 사무처리 기준 등을 정한 것으로서 행정조직 내에서 적용되는 행정명령의 성격을 지닐 뿐 국민에 대한 대외적 구속력은 없다고 보아야 한다</u>(대판 2013. 9.12. 2011두10584).

③ 상급행정기관이 하급행정기관에 대하여 업무처리지침이나 법령의 해석적용에 관한 기준을 정하여 발하는 이른바 행정규칙은 일반적으로 행정조직 내부에서만 효력을 가질 뿐 대외적인 구속력을 갖지 않지만, <u>법령의 규정이 특정 행정기관에게 그 법령 내용의 구체적 사항을 정할 수 있는 권한을 부여하면서 그 권한 행사의 절차나 방법을 특정하고 있지 않아 수임행정기관이 행정규칙의 형식으로 그 법령의 내용이 될 사항을 구체적으로 정하고 있다면, 그와 같은 행정규칙은 위에서 본 행정규칙이 갖는 일반적 효력으로서가 아니라 행정기관에 법령의 구체적 내용을 보충할 권한을 부여한 법령 규정의 효력에 의하여 그 내용을 보충하는 기능을 갖게 되고, 따라서 이와 같은 행정규칙은 당해 법령의 위임 한계를 벗어나지 않는 한 그것들과 결합하여 대외적인 구속력이 있는 법규명령으로서의 효력을 가진다</u>(대판2008.3.27.2006두3742).

④ <u>입법부, 행정부, 사법부에서 제정한 규칙이 별도의 집행행위를 기다리지 않고 직접 기본권을 침해하는 것일 때에는 모두 헌법소원심판의 대상이 될 수 있다</u>(헌재결1990.10.15.89헌마178).

4 ② 헌법 제38조, 제59조에서 채택하고 있는 조세법률주의의 원칙은 과세요건과 징수절차 등 조세권행사의 요건과 절차는 국민의 대표기관인 국회가 제정한 법률로써 규정하여야 한다는 것이나, 과세요건과 징수절차에 관한 사항을 명령·규칙 등 하위법령에 위임하여 규정하게 할 수 없는 것은 아니고, 이러한 사항을 하위법령에 위임하여 규정하게 하는 경우 구체적·개별적 위임만이 허용되며 포괄적·백지적 위임은 허용되지 아니하고(과세요건법정주의), 이러한 법률 또는 그 위임에 따른 명령·규칙의 규정은 일의적이고 명확하여야 한다(과세요건명확주의)는 것이다(대판 1994. 9.30. 94부18).

① 법률이 공법적 단체 등의 정관에 자치법적 사항을 위임한 경우에는 헌법 제75조가 정하는 포괄적인 위임입법의 금지는 원칙적으로 적용되지 않는다고 봄이 상당하고, 그렇다 하더라도 그 사항이 국민의 권리·의무에 관련되는 것일 경우에는 적어도 국민의 권리·의무에 관한 기본적이고 본질적인 사항은 국회가 정하여야 한다(대판 2007.10.12. 2006두14476).

③ 위임명령은 법률이나 상위명령에서 구체적으로 범위를 정한 개별적인 위임이 있을 때에 가능하고, 여기에서 구체적인 위임의 범위는 규제하고자 하는 대상의 종류와 성격에 따라 달라지는 것이어서 일률적 기준을 정할 수는 없지만, 적어도 위임명령에 규정될 내용 및 범위의 기본사항이 구체적으로 규정되어 있어서 누구라도 당해 법률이나 상위법령으로부터 위임명령에 규정될 내용의 대강을 예측할 수 있어야 하나, 이 경우 그 예측가능성의 유무는 당해 위임조항 하나만을 가지고 판단할 것이 아니라 그 위임조항이 속한 법률의 전반적인 체계와 취지 및 목적, 당해 위임조항의 규정형식과 내용 및 관련 법규를 유기적·체계적으로 종합하여 판단하여야 하며, 나아가 각 규제 대상의 성질에 따라 구체적·개별적으로 검토함을 요한다. 또한 법률에서 위임받은 사항을 전혀 규정하지 않고 재위임하는 것은 복위임금지 원칙에 반할 뿐 아니라 위임명령의 제정 형식에 관한 수권법의 내용을 변경하는 것이 되므로 허용되지 않으나 위임받은 사항에 관하여 대강을 정하고 그 중의 특정사항을 범위를 정하여 하위법령에 다시 위임하는 경우에는 재위임이 허용된다. 이러한 법리는 조례가 지방자치법 제22조 단서에 따라 주민의 권리제한 또는 의무부과에 관한 사항을 법률로부터 위임받은 후, 이를 다시 지방자치단체장이 정하는 '규칙'이나 '고시' 등에 재위임하는 경우에도 마찬가지이다(대판 2015. 1.15. 2013두14238).

④ 법률 하위의 법규명령은 법률에 의한 위임이 없으면 개인의 권리·의무에 관한 내용을 변경·보충하거나 법률이 규정하지 아니한 새로운 내용을 정할 수는 없지만, 법률의 시행령이나 시행규칙의 내용이 모법의 입법 취지와 관련 조항 전체를 유기적·체계적으로 살펴보아 모법의 해석상 가능한 것을 명시한 것에 지나지 아니하거나 모법 조항의 취지에 근거하여 이를 구체화하기 위한 것인 때에는 모법의 규율 범위를 벗어난 것으로 볼 수 없으므로, 모법에 이에 관하여 직접 위임하는 규정을 두지 아니하였다고 하더라도 이를 무효라고 볼 수는 없다(대판 2020. 4. 9. 2015다34444).

5 ② 법률의 시행령이나 시행규칙은 그 법률에 의한 위임이 없으면 개인의 권리·의무에 관한 내용을 변경·보충하거나 법률이 규정하지 아니한 새로운 내용을 정할 수 없다. 그러나 모법의 입법 취지와 관련 조항 전체를 유기적·체계적으로 살펴보아 모법의 해석상 가능한 것을 명시한 것에 지나지 아니하거나 모법 조항의 취지에 근거하여 이를 구체화하기 위한 것인 때에는 모법의 규율 범위를 벗어난 것으로 볼 수 없다. 이러한 경우에는 모법에 이에 관하여 직접 위임하는 규정을 두지 아니하였다고 하더라도 이를 무효라고 볼 수 없다(대판 2018.10.25. 2015두57277).

① 일반적으로 법률의 위임에 따라 효력을 갖는 법규명령의 경우에 위임의 근거가 없어 무효였더라도 나중에 법 개정으로 위임의 근거가 부여되면 그때부터는 유효한 법규명령으로 볼 수 있다. 그러나 법규명령이 개정된 법률에 규정된 내용을 함부로 유추·확장하는 내용의 해석규정이어서 위임의 한계를 벗어난 것으로 인정될 경우에는 법규명령은 여전히 무효이다(대판 2017. 4.20. 2015두45700).

③ 법률이 군법무관의 보수를 판사, 검사의 예에 의하도록 규정하면서 그 구체적 내용을 시행령에 위임하고 있다면, 이는 군법무관의 보수의 내용을 법률로써 일차적으로 형성한 것이고, 따라서 상당한 수준의 보수청구권이 인정되는 것이라 해석함이 상당하다. 그러므로 이 사건에서 대통령이 법률의 명시적 위임에도 불구하고 지금까지 해당 시행령을 제정하지 않아 그러한 보수청구권이 보장되지 않고 있다면 그러한 입법부작위는 정당한 이유 없이 청구인들의 재산권을 침해하는 것으로써 헌법에 위반된다(대판 2004. 2.26. 2001헌마718).

④ 법률에 대하여 위헌이 선고되면 당해 법률은 폐지되어 무효가 되며, 이에 근거한 법규명령도 당연히 효력을 상실한다.

6 ① 헌법에서 인정한 법규명령의 형식을 예시적으로 이해하는 견해에 의하면 감사원 규칙도 법규명령에 해당한다.

② 국립대학인 서울대학교의 "94학년도 대학입학고사주요요강"은 사실상의 준비행위 내지 사전안내로서 행정쟁송의 대상이 될 수 있는 행정처분이나 공권력의 행사는 될 수 없지만 그 내용이 국민의 기본권에 직접 영향을 끼치는 내용이고 앞으로 법령의 뒷받침에 의하여 그대로 실시될 것이 틀림없을 것으로 예상되어 그로 인하여 직접적으로 기본권 침해를 받게 되는 사람에게는 사실상의 규범작용으로 인한 위험성이 이미 현실적으로 발생하였다고 보아야 할 것이므로 이는 헌법소원의 대상이 되는 헌법재판소법 제68조 제1항 소정의 공권력의 행사에 해당된다(헌재결 1992.10. 1. 92헌마68).

③ 헌법 제75조는 '대통령은 법률에서 구체적으로 범위를 정하여 위임받은 사항과 법률을 집행하기 위하여 필요한 사항에 관하여 대통령령을 발할 수 있다.'고 규정하고 있는바, 그 취지는 모든 대통령령의 제정에 있어서 법률의 위임이 있어야 한다는 것이 아니고, 대통령은 국민의 기본권 제한 등 헌법이 반드시 법률에 의하여서만 규율할 수 있도록 하는 것을 제외하고는 법률의 집행을 위한 구체적인 방법과 절차 등에 관하여 대통령령을 제정할 수 있다는 것이다(대판 2007. 1.11. 2004두10432).

④ 통상 상위 법령을 시행하기 위해 하위 법령을 제정하거나 필요한 조치를 함에 있어서는 상당한 기간을 필요로 하며 합리적인 기간 내의 지체를 위헌적인 부작위로 볼 수 없으나, 이 사건의 경우 구법 조항이 신설된 1967년부터 2005년까지 38년여 동안 행정입법 부작위의 상태가 지속되었으므로, 이를 가리켜 합리적인 기간 내의 지체라고 볼 수는 없다(대판 2007.11.29. 2006다3561).

7 ② 법령의 규정이 특정 행정기관에게 법령 내용의 구체적 사항을 정할 수 있는 권한을 부여하면서 권한행사의 절차나 방법을 특정하지 아니한 경우에는 수임 행정기관은 행정규칙이나 규정 형식으로 법령 내용이 될 사항을 구체적으로 정할 수 있다. 이 경우 행정규칙 등은 당해 법령의 위임한계를 벗어나지 않는 한 대외적 구속력이 있는 법규명령으로서 효력을 가지게 되지만, 이는 행정규칙이 갖는 일반적 효력이 아니라 행정기관에 법령의 구체적 내용을 보충할 권한을 부여한 법령 규정의 효력에 근거하여 예외적으로 인정되는 것이다. 따라서 그 행정규칙이나 규정이 상위법령의 위임범위를 벗어난 경우에는 법규명령으로서 대외적 구속력을 인정할 여지는 없다. 이는 행정규칙이나 규정 '내용'이 위임범위를 벗어난 경우뿐 아니라 상위법령의 위임규정에서 특정하여 정한 권한행사의 '절차'나 '방식'에 위배되는 경우도 마찬가지이므로, 상위법령에서 세부사항 등을 시행규칙으로 정하도록 위임하였음에도 이를 고시 등 행정규칙으로 정하였다면 그 역시 대외적 구속력을 가지는 법규명령으로서 효력이 인정될 수 없다(대판 2012. 7. 5. 2010다72076).

① 조례가 집행행위의 개입 없이도 그 자체로서 직접 국민의 구체적인 권리의무나 법적 이익에 영향을 미치는 등의 법률상 효과를 발생하는 경우 그 조례는 항고소송의 대상이 되는 행정처분에 해당하고, 이러한 조례에 대한 무효확인소송을 제기함에 있어서 행정소송법 제38조 제1항, 제13조에 의하여 피고적격이 있는 처분 등을 행한 행정청은, 행정주체인 지방자치단체 또는 지방자치단체의 내부적 의결기관으로서 지방자치단체의 의사를 외부에 표시한 권한이 없는 지방의회가 아니라, 구 지방자치법 제19조 제2항, 제92조에 의하여 지방자치단체의 집행기관으로서 조례로서의 효력을 발생시키는 공포권이 있는 지방자치단체의 장이다(대판 1996. 9.20. 95누8003).

③ 일반적으로 법률의 위임에 따라 효력을 갖는 법규명령의 경우에 위임의 근거가 없어 무효였더라도 <u>나중에 법 개정으로 위임의 근거가</u> <u>부여되면 그때부터는 유효한 법규명령으로 볼 수 있다.</u> 그러나 법규명령이 개정된 법률에 규정된 내용을 함부로 유추·확장하는 내용 의 해석규정이어서 위임의 한계를 벗어난 것으로 인정될 경우에는 법규명령은 여전히 무효이다(대판 2017. 4.20. 2015두45700(전합)).

④ 의료기관의 명칭표시판에 진료과목을 함께 표시하는 경우 글자 크기를 제한하고 있는 구 의료법 시행규칙 제31조가 그 자체로서 국민의 구체적인 권리의무나 법률관계에 직접적인 변동을 초래하지 아니하므로 <u>항고소송의 대상이 되는 행정처분이라고 할 수 없다</u>(대판 2007. 4.12. 2005두15168).

8 ③ 어떠한 고시가 일반적·추상적 성격을 가질 때에는 법규명령 또는 행정규칙에 해당할 것이지만, <u>다른 집행행위의 매개 없이 그 자체로</u> <u>서 직접 국민의 구체적인 권리의무나 법률관계를 규율하는 성격을 가질 때에는 항고소송의 대상이 되는 행정처분에 해당한다</u>(대판 2003.10. 9. 2003무23).

① 구 독점규제및공정거래에관한법률 제23조 제3항은 "공정거래위원회가 불공정거래행위를 예방하기 위하여 필요한 경우 사업자가 준수하 여야 할 지침을 제정·고시할 수 있다."고 규정하고 있으므로 위 위임규정에 근거하여 <u>제정·고시된 표시·광고에관한공정거래지침의</u> <u>여러 규정 중 불공정거래행위를 예방하기 위하여 사업자가 준수하여야 할 지침을 마련한 것으로 볼 수 있는 내용의 규정은 위 법</u> <u>의 위임범위 내에 있는 것으로서 위 법의 규정과 결합하여 법규적 효력을 가진다</u>(대판 2000. 9.29. 98두12772).

②④ 국회입법에 의한 수권이 입법기관이 아닌 행정기관에게 법률 등으로 구체적인 범위를 정하여 위임한 사항에 관하여는 당해 행정기관에 게 법정립의 권한을 갖게 되고, 입법자가 규율의 형식도 선택할 수 있다 할 것이므로, <u>헌법이 인정하고 있는 위임입법의 형식은 예시</u> <u>적인 것으로 보아야 할 것이고, 그것은 법률이 행정규칙에 위임하더라도 그 행정규칙은 위임된 사항만을 규율할 수 있으므로, 국회</u> <u>입법의 원칙과 상치되지도 않는다.</u> 다만 행정규칙은 법규명령과 같은 엄격한 제정 및 개정절차를 요하지 아니하므로, 재산권 등과 같 <u>은 기본권을 제한하는 작용을 하는 법률이 입법위임을 할 때에는 대통령령, 총리령, 부령 등 법규명령에 위임함이 바람직하고, 고시</u> <u>와 같은 형식으로 입법위임을 할 때에는 적어도 행정규제기본법 제4조 제2항 단서에서 정한 바와 같이 법령이 전문적·기술적 사</u> <u>항이나 경미한 사항으로서 업무의 성질상 위임이 불가피한 사항에 한정된다 할 것이고, 그러한 사항이라 하더라도 포괄위임금지의</u> <u>원칙상 법률의 위임은 반드시 구체적·개별적으로 한정된 사항에 대하여 행하여져야 한다.</u>(헌재결 2006.12.28. 2005헌바59).

9 ① 일반적으로 법률의 위임에 의하여 효력을 갖는 법규명령의 경우, 구법에 위임의 근거가 없어 무효였더라도 사후에 법 개정으로 위임의 근거가 부여되면 그 때부터는 유효한 법규명령이 되나, 반대로 구법의 위임에 의한 유효한 법규명령이 법 개정으로 위임의 근거가 없어 지게 되면 그 때부터 무효인 법규명령이 되므로, 어떤 법령의 위임 근거 유무에 따른 유효 여부를 심사하려면 법 개정의 전·후에 걸쳐 모두 심사하여야만 그 법규명령의 시기에 따른 유효·무효를 판단할 수 있다.(대법원 1995. 6. 30. 93추83)

② 헌재 1997. 2. 20. 95헌바27

③ 헌재 1996. 2. 29. 94헌마213

④ 헌재 1990. 10. 15. 89헌마178

10 ② 구 「청소년보호법」(1999.2.5. 법률 제5817호로 개정되기 전의 것) 제49조 제1항, 제2항에 따른 같은 법 시행령(1999.6.30. 대통령령 제 16461호로 개정되기 전의 것) 제40조 [별표 6]의 위반행위의 종별에 따른 과징금 처분기준은 법규명령이기는 하나 모법의 위임규정의 내용 과 취지 및 헌법상의 과잉금지의 원칙과 평등의 원칙 등에 비추어 같은 유형의 위반행위라 하더라도 그 규모나 기간·사회적 비난 정도· 위반행위로 인하여 다른 법률에 의하여 처벌받은 다른 사정·행위자의 개인적 사정 및 위반행위로 얻은 불법이익의 규모 등 여러 요소를 종합적으로 고려하여 사안에 따라 적정한 과징금의 액수를 정하여야 할 것이므로 그 수액은 정액이 아니라 최고한도액이다(대판 2001. 3. 9. 99두5207).

11 ④ 조례의 경우에는 명령과 달리 법령에 반하지만 않으면 포괄적·일반적 위임도 가능하다.

12 ④ 법률에서 위임받은 사항을 전혀 규정하지 않고 재위임하는 것은 이위임금지(履委任禁止)의 법리에 반할 뿐 아니라 수권법의 내용변경을 초래하는 것이 되므로 허용되지 아니한다 할 것이나, 위임받은 사항에 관하여 대강을 정하고 그 중의 특정사항을 범위를 정하여 하위법령 에 다시 위임하는 경우에는 재위임이 허용된다 할 것이다(대판 2006. 4. 14, 2004두14793, 헌재 1996. 2. 29, 94헌마213).

13 ③ 구 지방세법 시행규칙 제40조의5가 참작의 대상이 되는 건물의 특수부대설비를 구체적으로 구분하여 규정하고 있지 않고, 또 가감산율 의 크기나 참작의 정도에 관하여도 아무런 규정을 두고 있지 않다고 하더라도, 법관의 법보충 작용으로서의 해석을 통하여 그 의미가 구체 화 · 명확화될 수 있다면 그 규정이 명확성을 결여하여 과세요건명확주의에 반하는 것으로 볼 수는 없다(대판 2001. 4. 27, 2000두9076).

14 ④ 법인은 법인세 신고 시 세무조정사항을 기입한 소득금액조정합계표와 유보소득 계산 서류인 적정유보초과 소득조정명세서(을) 등을 신 고서에 첨부하여 제출하여야 하는데, 위 소득금액조정합계표 작성요령 제4호 단서는 잉여금 증감에 따른 익금산입 및 손금산입 사항의 처분인 경우 익금산입은 기타 사외유출로, 손금산입은 기타로 구분하여 기입한다고 규정하고 있고, 위 적정유보초과소득조정명세서(을) 작성요령 제6호는 각 사업연도 소득금액계산상 배당 · 상여 · 기타소득 및 기타 사외유출은 소득금액조정합계표의 배당 · 상여 · 기타소득 및 기타 사외유출 처분액을 기입한다고 규정하고 있는바, 위와 같은 작성요령은 법률의 위임을 받은 것이기는 하나 법인세의 부과징수 라는 행정적 편의를 도모하기 위한 절차적 규정으로서 단순히 행정규칙의 성질을 가지는 데 불과하여 관세관청이나 일반국민을 기속하 는 것이 아니므로, 비록 납세의무자가 소득금액조정합계표 작성요령 제4호 단서에 의하여 잉여금 증감에 따라 익금산입된 금원을 기타 사외유출로 처분하였다고 하더라도 그 금원이 사회에 유출된 것이 분명하지 아니한 경우에는 이를 기타 사외유출로 보아 유보소득을 계 산함에 있어 공제할 수 없다.(대법원 2003. 9. 5, 2001두403)
① 행정 효율과 협업 촉진에 관한 규정 제4조 제2호
② 대판 1994. 9. 10, 94두33
③ 대판 2013. 9. 12, 2012두28865

15 ① 행정소송은 구체적 사건에 대한 법률상 분쟁을 법에 의하여 해결함으로써 법적 안정을 기하자는 것이므로 부작위위법확인소송의대상이 될 수 있는 것은 구체적 권리의무에 관한 분쟁이어야 하고 추상적인 법령에 관하여 제정의 여부 등은 그 자체로서 국민의 구체적인 권 리의무에 직접적 변동을 초래하는 것이 아니어서 행정소송의 대상이 될 수 없으므로 이 사건 소는 부적법하다(대법원 1992.5.8, 91누 11261).
② 의료기관의 명칭표시판에 진료과목을 함께 표시하는 경우 그 글자의 크기를 의료기관 명칭을 표시하는 글자 크기의 2분의 1 이내로 제 한하고 있지만, 위 규정은 그 위반자에 대하여 과태료를 부과하는 등의 별도의 집행행위 매개 없이는 그 자체로서 국민의 구체적인 권 리의무나 법률관계에 직접적인 변동을 초래하지 아니하므로 항고소송의 대상이 되는 행정처분이라고 할 수 없다(대법원 2007.4.12, 2005두15168).
④ 국립대학인 서울대학교의 "94학년도 대학입학고사주요요강"은 사실상의 준비행위 내지 사전안내로서 행정쟁송의 대상이 될 수 있는 행 정처분이나 공권력의 행사는 될 수 없지만 그 내용이 국민의 기본권에 직접 영향을 끼치는 내용이고 앞으로 법령의 뒷받침에 의하여 그 대로 실시될 것이 틀림없을 것으로 예상되어 그로 인하여 직접적으로 기본권 침해를 받게 되는 사람에게는 사실상의 규범작용으로 인한 위험성이 이미 현실적으로 발생하였다고 보아야 할 것이므로 이는 헌법소원의 대상이 되는 헌법재판소법 제68조 제1항 소정의 공권력 의 행사에 해당된다고 할 것이며, 이 경우 헌법소원 외에 달리 구제방법이 없다(헌재 1992.10.1, 92헌마68 · 76)

02 행정행위

기출문제

section 1 의의

(1) 개설

① 행정행위의 개념은 실정법상의 개념이 아니라 학문상의 개념이다. 실정법상으로는 인가·허가·면허·특허·결정·재결 등의 여러 명칭으로 불리우나 그 실질에 따라 판단해야 한다.

※ **행정처분**: 실정법(행정기본법, 행정소송법, 행정절차법 등)상 개념

② 행정행위에 해당하는 작용은 행정청이 국민의 권리·의무에 일방적·구체적 변동을 가져오는 권력적 작용으로서 다른 행정작용과는 달리 공정력·확정력·강제력 등이 인정되고 그에 대한 구제제도도 특수성이 인정되므로 개념의 정립에 실익이 있다.

③ 「행정기본법」·「행정심판법」·「행정소송법」상의 '처분'은 행정행위와 동의어는 아니라는 것이 일반적인 견해이다.

(2) 행정행위의 의의

① **최광의** … 행정청이 행하는 일체의 행위로 통치행위, 사실행위, 법적 행위(공법행위·사법행위) 등이 포함된다.

② **광의** … 행정청에 의한 공법행위로 사법행위, 입법행위, 협의의 행정행위 등이 포함된다.

③ **협의** … 행정청이 구체적 사실에 관한 법 집행으로서 행하는 공법행위로 행정입법·통치행위는 배제되는 권력적 단독행위, 관리행위(공법상 계약, 공법상 합동행위) 등이 포함된다.

④ **최협의(통설)** … 행정청이 법 아래서 구체적 사실에 관한 법 집행으로서 행하는 권력적·단독적인 공법행위이다.

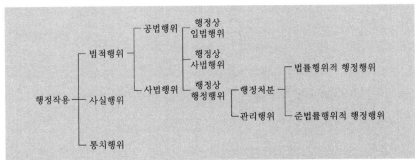

(3) 행정행위의 개념요소

① **행정청의 공법행위** … 행정청이란 행정에 관한 의사를 결정하여 표시하는 국가 또는 지방자치단체의 기관, 그 밖에 법령등에 따라 행정에 관한 의사를 결정하여 표시하는 권한을 가지고 있거나 그 권한을 위임 또는 위탁받은 공공단체 또는 그 기관이나 사인(私人)을 말한다(행정기본법 제2조 제2호). 행정조직법상의 행정기관에 국한되는 것이 아니라 공사 기타 공법인도 포함되며 공무수탁사인도 행정청에 포함된다. 그러나 행정기관 중 보좌기관의 행위는 포함되지 않는다.

② **구체적인 사실에 대한 규율행위** … 일반·추상적인 법률이나 조례, 규칙 등은 특정 범위의 사람을 대상으로 하는 경우라고 할지라도 행정행위가 아니다. 그러나 구체적인 사실을 규율하는 한 불특정 다수인을 대상으로 하는 일반처분도 행정행위에 해당한다(도로통행금지 등).

> **판례** 조례의 처분성 인정: 경기도 두밀분교 통폐합에 관한 조례가 행정청의 행위 없이도 그 자체로서 직접 국민의 권리의무나 법적 이익에 영향을 미치는 등 법률상 효과를 발생하는 경우 그 조례는 항고소송의 대상이 되는 행정처분에 해당한다(대판 1996. 9. 20, 95누8003).

Point 팁

일반처분
　㉠ 의의: 불특정 다수인을 대상으로 하여 구체적인 사실에 대해 발하여지는 행정청의 단독적·권력적 규율행위를 말한다. 규율의 수범자가 불특정 다수인이라는 점에서 일반적이지만 그 규율대상이 시간·공간 등의 관점에서 특정된다는 점에서 구체적이다. 이러한 일반처분은 집행과 입법의 중간에 있다는 주장도 있으나 행정행위의 일종이라고 보는 것이 다수설이다.
　㉡ 종류
　　• 대인적 일반처분: 구체적 사안과 관련하여 일반적 기준에 따라 결정되는 자를 대상으로 하여 발하는 행정행위이다. 특정일, 특정 시간, 특정 장소에서의 집회행위의 금지조치 등이 있다.
　　• 물적 행정행위(대물적 일반처분): 직접적으로는 물건에 대한 규율을 내용으로 하나 간접적으로 사람에 대해 적용되는 처분을 말한다. 도로의 공용개시행위, 속도제한, 일방통행표지판 등이 있다.

③ **법집행 행위로서 외부적 행위** … 행정행위는 행정조직 내부의 영역을 넘어서 개인에 대하여 직접적으로 권리·의무의 발생·변경·소멸 등의 법적 효과를 가져오는 행위이다. 따라서 행정기관의 내부적 행위는 행정행위가 아니다. 단, 특별권력관계에 있어서 그 구성원에 대한 처분에 대해서는 원칙적으로 행정행위의 성격을 인정하는 것이 학설·판례의 입장이다.

④ **권력적 단독행위** … 공권력의 행사로서 행정청이 일방적으로 국민에게 권리를 부여하거나 의무를 명하고 또는 권리·의무관계를 규율·확정하는 행위이다.

(4) 행정행위와 실정법상 '처분' 개념의 관계

① **의의** … 행정기본법 제2조에서 '처분이라 함은 행정청이 행하는 구체적 사실에 관한 법집행으로서의 공권력의 행사 또는 그 거부와 그 밖에 이에 준하는 행정작용을 말한다'라고 정의하고 있다. 이에 학문상의 '행정행위'의 개념과 설정법상의 '처분'의 개념을 동일한 개념으로 볼 것인가에 대해 일원설과 이원설이 대립하고 있다.

② **일원설(실체법상 개념설)** … 행정행위와 처분의 개념을 동일한 것으로 파악하고 처분과 타 행정작용과의 구별을 탐구하는 이론이다.

> **Point 팁** 형식적 행정행위 … 일본에서 인정되고 있는 개념으로서 일원론의 전제하에 국민의 생활에 직접 영향을 주는 비권력적 행정작용(육교 건설 등)을 '형식적 행정행위'라는 관념을 통해 행정행위에 포함시킴으로써 처분의 대상을 넓히고자 하는 이론을 말한다. 그러나 우리나라에서는 형식적 행정행위의 개념을 인정하지 않고 있다.

③ **이원설(절차법상 개념설)** … 행정행위보다 처분의 개념을 넓은 것으로 인식하여 항고소송의 대상을 넓히고자 하는 이론이다. 이원설에 따르면 행정행위에 속하지 않는 행정규칙, 행정지도 등 사실행위도 처분에 속하게 되어 항고소송의 대상이 넓어지게 된다.

④ **결론** … 우리나라에서는 행정행위와 처분에 대하여 학설의 대립이 심하고 판례도 입장이 분명하지는 않지만, 일반적으로 행정행위와 처분의 개념을 동일시하지는 않고 있다. 다만, 판례는 일관되게 권력적 사실행위를 처분으로 보고 있다.

section 2 행정행위의 특수성

(1) 법적합성

행정행위를 발할 때에는 반드시 법적인 근거가 있어야 하고 이에 적합하여야 한다. 이 때의 법은 원칙적으로 의회가 제정한 형식적 의미의 법률을 의미한다.

(2) 공정성

행정행위는 그 성립에 중대·명백한 하자가 있어 무효가 되는 경우를 제외하고는 권한 있는 기관이 이를 취소하기까지는 그 상대방은 물론이고 행정청과 제3자도 이에 구속된다.

(3) 실효성(강제성)

행정청이 법률의 규정에 따라 스스로 그 이행을 강제할 수 있고(자력집행성) 의무위반에 대하여 일정한 제재를 가하여 그 의무이행을 확보할 수 있는 특성(제재성)을 말한다.

(4) 확정성(불가쟁력 · 불가변력)

행정행위는 위법한 것이라도 그 하자가 중대 · 명백하여 무효가 되는 경우를 제외하고는 일정한 기간이 지나면 그 효력을 더 이상 다툴 수 없게 되는 바 이를 불가쟁력이라고 한다. 또한 행정청 스스로도 당해 행위의 성질 또는 법적 안정성 등의 견지에서 행정행위를 취소 · 변경할 수 없는 바 이를 불가변력이라고 한다. 행정행위가 이 두 가지 힘을 갖는 것을 행정행위의 확정성이라고 한다.

(5) 행정행위에 대한 구제수단의 특수성

영 · 미식 사법국가주의를 채택하므로 행정사건도 일반 법원에서 관할하고 있으나 민사소송과 달리 행정상의 손해전보제도 또는 행정쟁송절차상의 여러 가지 특수성이 인정되고 있다.

Point 팁

행정행위의 기능
- ㉠ 행정실체법상의 기능 : 일반 · 추상적인 법률을 개별 · 구체화하여 특정인의 권리 및 의무를 명백하게 확정시키는 실체법상의 행위
- ㉡ 행정절차법상의 기능 : 행정절차법이 요구하는 일련의 행정절차를 거쳐야만 발할 수 있는 행위
- ㉢ 행정집행법상의 기능 : 명령불이행에 대하여 직접 강제집행이 가능
- ㉣ 행정쟁송법상의 기능 : 행정쟁송의 종류 결정과 관련됨

section 3 행정행위의 종류

(1) 법률행위적 행정행위와 준법률행위적 행정행위

의사표시를 구성요소로 하는가, 의사표시 이외의 정신작용(인식, 판단)의 표현을 요소로 하는가에 따라 법률행위적 행정행위와 준법률행위적 행정행위로 구분된다. 양자의 구별 실익은 행정청에 재량을 인정할 수 있는지 그리고 부관을 붙일 수 있는지의 여부에 있다.

① **법률행위적 행정행위** … 법적 효과가 행정청의 효과의사의 내용에 따라 발생하는 행위이다. 하명 · 허가 · 면제 · 특허 · 인가 · 대리 등이 해당한다.

② **준법률행위적 행정행위** … 의사표시 이외의 행정청의 단순한 정신작용의 표현에 의하여 행해지고 그 효과는 법령의 규정에 따라 직접 부여되는 행위이다. 확인 · 공증 · 통지 · 수리 등이 해당한다.

기출문제

준법률행위적 행정행위가 아닌 것은?
▶ 2014. 3. 22. 사회복지직
① 발명특허
② 교과서의 검정
③ 도로구역의 결정
④ 행려병자의 유류품처분

정답 ④

(2) 기속행위와 재량행위(법규에 의한 구속성 정도)

① **기속행위** … 법이 어떤 요건하에서 어떤 행위를 할 것인가에 관해 일의적·확정적으로 규정함으로써 법이 정한 일정한 요건이 충족되어 있을 때 법이 정한 효과로서 일정한 행정행위를 반드시 하도록 되어 있는 경우의 행정행위를 말한다.

> **예** "노동조합이 설립신고서를 행정청에게 제출한 경우, 행정청은 법상의 형식적 요건에 결함이 없는 한 신고증을 교부하여야 한다."고 규정한 경우, 행정청은 법상의 요건이 충족되는 한 신고증 교부를 거부할 수 없고, 거부한 경우는 위법한 처분이 된다.

② **재량행위** … 일정한 행위를 할 것인지 여부 또는 복수의 행위 중에 선택의 자유가 인정되어 있는 경우의 행정행위를 말한다.

> **판례** 공증사무는 국가 사무로서 공증인 인가·임명행위는 국가가 사인에게 특별한 권한을 수여하는 행위이다. 그런데 위와 같이 공증인법령은 공증인 선정에 관한 구체적인 심사기준이나 절차를 자세하게 규율하지 않은 채 법무부장관에게 맡겨두고 있다. 위와 같은 공증인법령의 내용과 체계, 입법 취지, 공증사무의 성격 등을 종합하면, 법무부장관에게는 각 지방검찰청 관할 구역의 면적, 인구, 공증업무의 수요, 주민들의 접근가능성 등을 고려하여 공증인의 정원을 정하고 임명공증인을 임명하거나 인가공증인을 인가할 수 있는 광범위한 재량이 주어져 있다고 보아야 한다(대판 2019.12.13. 2018두41907).
>
> 폐기물관리법 제1조, 제25조 제1항, 제2항 제4호, 환경정책기본법 제12조 제1항, 제13조, 제3조 제1호의 내용과 체계, 입법 취지에 비추어 보면, 행정청은 사람의 건강이나 주변 환경에 영향을 미치는지 여부 등 생활환경과 자연환경에 미치는 영향을 두루 검토하여 폐기물처리사업계획서의 적합 여부를 판단할 수 있으며, 이에 관해서는 행정청에 광범위한 재량권이 인정된다. 따라서 법원이 적합 여부 결정과 관련한 행정청의 재량권 일탈·남용 여부를 심사할 때에는 해당 지역의 자연환경, 주민들의 생활환경 등 구체적 지역 상황, 상반되는 이익을 가진 이해관계자들 사이의 권익 균형과 환경권의 보호에 관한 각종 규정의 입법 취지 등을 종합하여 신중하게 판단하여야 한다. '자연환경·생활환경에 미치는 영향과 같이 장래에 발생할 불확실한 상황과 파급효과에 대한 예측이 필요한 요건에 관한 행정청의 재량적 판단은 그 내용이 현저히 합리적이지 않다거나 상반되는 이익이나 가치를 대비해 볼 때 형평이나 비례의 원칙에 뚜렷하게 배치되는 등의 사정이 없는 한 폭넓게 존중될 필요가 있다(대판 2019.12.24. 2019두45579).

(3) 수익적 행정행위·침익적 행정행위·복효적 행정행위

① **수익적 행정행위** … 상대방에게 권리·이익을 부여하는 행정행위를 말한다. 대개 상대방의 신청을 요하는 쌍방적 행정행위이다. 위법한 거부·부작위에 대해서는 취소심판, 취소소송, 의무이행심판, 부작위위법확인소송이 가능하다. 수익적 행정행위의 무효·취소·철회에 있어서는 신뢰보호의 원칙이 적용된다.

② **침익적 행정행위** … 상대방에게 의무를 부과하거나 권리·이익을 침해·제한하는 등의 불이익처분을 의미한다. 반드시 법률의 근거가 필요하고 기속행위인 것이 보통이다. 침익적 행정행위로 인한 부당한 권리침해를 방지하기 위해 일정한 절차를 거칠 것이 요청되며 일반법으로서 행정절차법이 마련되어 있다.

③ 복효적 행정행위

㉠ 의의 : 하나의 행위가 수익과 침익이라는 복수의 효과를 발생하는 행위를 말하는 것으로 이중효과적 행정행위라고도 한다. 이는 다시 제3자효 행정행위와 혼합효 행정행위로 나뉜다.

- 제3자효 행정행위(협의의 복효적 행정행위) : 한 사람에게는 수익적이나 다른 한 사람에게는 침익적인 경우를 말한다. 이는 오늘날 제3자의 권리구제와 관련하여 중요성이 부각되고 있다.
- 혼합효 행정행위 : 행정행위의 상대방에게 수익적 효과와 침익적 효과가 동시에 발생하는 경우를 말한다.

㉡ 특성 : 일반적으로 행정행위는 상대방에 통지되어야 효력을 발생한다. 그러나 복효적 행정행위에 있어서 직접 상대방 외에 제3자에 대한 통지의무를 규정한 법령은 없다. 다만, 「행정절차법」이 의견청취의무와 의견제출에 관한 규정만을 두고 있을 뿐이다.

㉢ 취소·철회 : 제3자에게 수익이 되는 행정행위는 취소·철회가 제한된다. 그러나 복효적 행정행위의 취소·철회에 있어서는 공익 및 상대방의 신뢰보호뿐만 아니라 제3자의 이익도 구체적으로 비교형량하여야 한다.

㉣ 복효적 행정행위에 대한 행정쟁송

- 제3자의 원고적격문제 : 제3자의 피침해 이익이 법적으로 보호되는 법률상 이익인 경우에는 제3자의 원고적격이 인정된다. 그 동안 판례는 제3자의 이익을 단순한 반사적 이익이라 하여 원고적격을 인정하는 데 소극적이었으나 근래 들어 점차 원고적격을 넓혀가고 있다. 판례는 LPG 충전소인근주민에게 원고적격을 인정한 바 있다(대판 1983. 7.12. 83누59).
- 행정개입청구권 : 행정청의 공장설립허가 등으로 인해 인근주민이 생명·신체에 중대한 위협을 받게 된 때에는 인근주민은 행정청에 대해 규제를 청구할 수 있는바 이것이 이른바 행정개입청구권이다.

(4) 단독적 행정행위와 쌍방적 행정행위(상대방의 협력 여부에 따른 분류)

① 단독적 행정행위 … 상대방의 협력을 요건으로 하지 않는 독립적이고 일방적인 행정행위를 말한다. 조세부과, 허가의 취소 등이 여기에 포함된다.

② 쌍방적 행정행위 … 상대방의 협력을 유효요건 또는 적법요건으로 하는 행정행위로서 허가·인가·특허와 같이 상대방의 신청을 요건으로 하는 행정행위와 공무원 임명과 같이 상대방의 동의를 요하는 행정행위가 있다. 신청 등이 없이 행한 행정행위는 무효로 된다.

기출문제

기출문제

Point 팁 **쌍방적 행정행위와 쌍방적 행위(공법상 계약)의 구별** … 쌍방적 행정행위는 상대방의
신청 또는 동의라는 의사표시가 있기는 하나 그 법률관계의 내용은 법규에 기한 행정
청의 결정에 의해 일방적으로 결정될 따름이고 당해 행위가 행정청과 상대방의 의사
의 합치에 의하여 성립하는 것은 아니라는 면에서 쌍방적 행위(공법상 계약)와 구별된
다. 다만, 양자 모두 상대방의 협력 또는 계약 당사자로서의 행위가 결여되면 무효로
된다는 점에서 양자의 구별 실익이 큰 것은 아니다.

(5) 대인적 행정행위 · 대물적 행정행위 · 혼합적 행정행위(대상에 따른 분류)

① **대인적 행정행위** … 오직 사람의 학식 · 기술 · 경험과 같은 주관적인 사정에 착안
하여 행하여지는 행정행위를 말한다(의사면허, 자동차운전면허, 인간문화재 지
정 등).

② **대물적 행정행위** … 행정행위가 오직 물건의 객관적 사정에 착안하여 행하여지는
경우를 말한다(자동차검사증 교부, 건물준공검사, 자연공원지정 등).

③ **혼합적 행정행위** … 인적 · 주관적 사정과 물적 · 객관적 사정을 모두 고려하여 행
하여지는 경우이다(석유사업허가, 전당포영업허가 등).

④ **구별 실익** … 당해 허가 · 특허 등의 법률효과에 대한 이전성의 인정 여부에 있다.

  ㉠ **대인적 행정행위** : 원칙적으로 일신전속적이기 때문에 이전될 수 없다.

  ㉡ **대물적 행정행위** : 이전 또는 상속이 인정된다.

  ㉢ **혼합적 행정행위** : 이를 이전하려면 관련 법규상 다시 양수자의 주관적 및 객
관적 사정에 대한 행정청의 승인 · 허가를 받도록 하고 있는 것이 보통이다.

(6) 적극적 행정행위와 소극적 행정행위

하명 · 허가 · 특허 등 현재의 법률상태의 변경을 가져오는 행정행위를 적극적 행
정행위라 하고, 거부처분 등 현재의 법률상태를 그대로 존속시키려는 행정행위를
소극적 행정행위라 한다.

(7) 가행정행위와 종행정행위

가행정행위란 종행정행위가 있을 때까지 잠정적 · 임시적으로만 구속력을 가지는
행위형식을 말한다. 이는 조세법 등의 영역에서 인정되고 있다(납세신고 – 과세처
분의 효과발생 – 과세행정청의 경정결정). 종행정행위란 법적 효과 또는 구속력이
최종적으로 결정되는 행정행위로서 대부분의 행정행위가 여기에 해당한다.

section ④ 기속행위와 재량행위

(1) 의의

① **재량행위의 인정 이유**

   ㉠ 행정청의 전문적·기술적 판단의 존중이라는 권력분립적 고려가 필요하다.

   ㉡ 법이 가능한 모든 경우를 예상하여 완전하게 규정한다는 것은 입법기술상 불가능하다는 현실적 이유에서 재량행위가 인정된다.

② **재량행위의 종류** … 재량행위는 행정청이 당해 행위를 할 것인가의 여부에 관한 결정재량과 법적으로 허용되는 다수의 처분 중에서 어떠한 처분을 할 것인가에 관한 선택재량으로 나뉜다. 과거에는 재량행위를 기속재량과 자유재량으로 분류하였으나 오늘날 양자의 구분은 실익이 없다.

   ㉠ **기속재량(법규재량)** : 무엇이 '법(法)'인가를 판단하는 재량으로서 형식적으로는 재량이 인정되는 외관을 가지지만 실질적인 취지는 일의적으로 특정한 행정결정을 확정하는 경우로서, 사법심사의 대상이다.

   ㉡ **자유재량(공익재량)** : 무엇이 공익목적에 적합한가를 판단하는 재량으로, 재량에 위배된 행위는 부당함에 그쳐 사법심사의 대상이 되지 않는다고 보는 견해이다.

   ㉢ **결정재량** : 어떠한 행정행위를 할 수도 안 할 수도 있는 자유가 있는 경우의 재량을 말한다.

   ㉣ **선택재량** : 다수의 행정행위 중 무엇을 할 것인가의 자유, 즉 다수의 행정행위 중 어느 것을 해도 괜찮은 자유가 인정되어 있는 경우의 재량을 말한다.

     예 경찰권은 공공의 안녕질서에 위해가 있는 경우에 발동될 수 있다. 경찰이 공공의 안녕질서에 위해를 끼치는 자(경찰책임자)가 있는 경우 먼저 경찰관은 이익형량을 통해 경찰권을 발동할 것인가, 아니면 굳이 경찰권을 발동할 필요가 없다고 볼 것인가에 대해 선택할 자유가 있다. 이것이 결정재량이다. 한편, 경찰권을 일단 발동한다고 결정한 이후에도 위해를 끼치는 다수의 사람(경찰책임자) 중에서 어느 누구에게 먼저 경찰권을 발동할 것인가를 선택할 자유가 있다. 이것이 선택재량이다.

(2) 기속행위와 재량행위의 구별필요성

① **공권의 내용** … 기속행위인 경우에는 실체적 공권이 성립하나, 재량행위인 경우에는 무하자재량행사청구권 등 형식적·절차적 공권만이 성립한다.

② **행정소송의 대상 여부** … 기속행위의 경우에는 그 위반시 곧바로 위법이 되어 행정심판과 행정소송 모두의 대상이 되나, 재량행위에서는 재량을 그르친 경우 부당에 그치므로 행정심판의 대상이 될 뿐 행정소송의 대상이 되지는 않는다. 다만, 재량의 일탈·남용에 이르면 위법이 되어 행정소송의 대상이 된다.

기출문제

🔲 **기속행위와 재량행위에 대한 설명으로 옳지 않은 것은? (다툼이 있는 경우 판례에 의함)**

▶ 2020. 6. 13. 지방직/서울특별시

① 「국토의 계획 및 이용에 관한 법률」상 개발행위허가는 허가기준 및 금지요건이 불확정개념으로 규정된 부분이 많아 그 요건에 해당하는지 여부는 행정청의 재량판단의 영역에 속한다.

② 기속행위와 재량행위의 구분은 당해 행위의 근거가 된 법규의 체재·형식과 그 문언, 당해 행위가 속하는 행정 분야의 주된 목적과 특성, 당해 행위 자체의 개별적 성질과 유형 등을 모두 고려하여 판단하여야 한다.

③ 처분을 할 것인지 여부와 처분의 정도에 관하여 재량이 인정되는 과징금 납부명령에 대하여 그 명령이 재량권을 일탈하였을 경우, 법원은 재량권의 범위 내에서 어느 정도가 적정한 것인지에 관하여 판단할 수 있고 그 일부를 취소할 수 있다.

④ 마을버스운송사업면허의 허용 여부는 운수행정을 통한 공익실현과 아울러 합목적성을 추구하기 위하여 보다 구체적 타당성에 적합한 기준에 의하여야 할 것이므로 행정청의 재량에 속하는 것이라고 보아야 한다.

정답 ③

문 **불확정개념과 판단여지 및 기속행위와 재량행위에 대한 설명으로 옳지 않은 것은?**

▶ 2017. 4. 8. 인사혁신처

① 판단여지를 긍정하는 학설은 판단여지는 법률효과 선택의 문제이고 재량은 법률요건에 대한 인식의 문제라는 점, 양자는 그 인정근거와 내용 등을 달리하는 점에서 구별하는 것이 타당하다고 한다.

② 대법원은 재량행위에 대한 사법심사를 하는 경우에 법원은 행정청의 재량에 기한 공익판단의 여지를 감안하여 독자적인 판단을 하여 결론을 도출하지 않고, 당해 처분이 재량권의 일탈·남용에 해당하는지의 여부만을 심사하여야 한다고 한다.

③ 대법원은 처분을 할 것인지 여부와 처분의 정도에 관하여 재량이 인정되는 과징금 납부명령에 대하여 그 명령이 재량권을 일탈하였을 경우, 법원으로서는 재량권의 일탈 여부만 판단할 수 있을 뿐이지 재량권의 범위 내에서 어느 정도가 적정한 것인지에 관하여는 판단할 수 없어 그 전부를 취소할 수밖에 없고, 법원이 적정하다고 인정하는 부분을 초과한 부분만 취소할 수는 없다고 한다.

④ 다수설에 따르면 불확정개념의 해석은 법적 문제이기 때문에 일반적으로 전면적인 사법심사의 대상이 되고, 특정한 사실관계와 관련하여서는 원칙적으로 일의적인 해석(하나의 정당한 결론)만이 가능하다고 본다.

정답 ①

판례 행정행위를 기속행위와 재량행위로 구분하는 경우 양자에 대한 사법심사는, 전자의 경우 그 법규에 대한 원칙적인 기속성으로 인하여 법원이 사실인정과 관련 법규의 해석·적용을 통하여 일정한 결론을 도출한 후 그 결론에 비추어 행정청이 한 판단의 적법 여부를 독자의 입장에서 판정하는 방식에 의하게 되나, 후자의 경우 행정청의 재량에 기한 공익판단의 여지를 감안하여 법원은 독자의 결론을 도출함이 없이 당해 행위에 재량권의 일탈·남용이 있는지 여부만을 심사하게 되고, 이러한 재량권의 일탈·남용 여부에 대한 심사는 사실오인, 비례·평등의 원칙 위배 등을 그 판단 대상으로 한다(대판 2005. 7. 14. 2004두6181).

③ **부관의 허용성 여부** … 견해의 대립은 있으나 원칙적으로 기속행위에는 부관을 붙일 수 없고, 재량행위에는 부관을 붙일 수 있다.

(3) 기속행위와 재량행위의 구별기준

① **요건재량설(법규성, 판단재량설)** … 당해 법률이 요건규정에 공백을 두거나 종국목적(공익) 또는 중간목적만을 규정하고 있으면 행정청에 재량을 준 것으로 보고 그렇지 않으면 기속행위인 것으로 보는 견해. 그러나 종국목적·중간목적의 구별이 애매하고 법률문제인 요건 인정을 사실문제인 재량으로 오인하고 있다는 비판을 받고 있다.

② **효과재량설(성질성)** … 재량의 여부는 요건이 아니라 법률효과의 선택에 판단의 여지가 인정되는가의 여부에 따라 결정된다는 학설이다. 이는 그 성질을 기준으로 하여 행정행위가 국민의 권리·이익을 제한·침해하거나 의무를 부과하는 침익적 행위는 기속행위이고 새로운 권리를 설정하거나 기타 이익을 부여하는 수익적 행위는 재량행위라고 한다. 그러나 침익적 행위에도 재량행위가 되는 경우가 많고 수익적 행정영역에서도 획일적으로 기속되는 경우가 적지 않다는 점에서 비판이 가해지고 있다.

③ **개별판단설(통설·판례)** … 재량의 수권 여부는 해당 근거법규의 규정형식('~할 수 있다.'의 경우에는 재량행위, '~해야 한다.'의 경우에는 기속행위), 작용의 성질, 헌법상 기본권과의 관련성 등을 종합적으로 검토하여 개별·구체적으로 판단하여야 한다.

④ **판단여지설과 불확정 개념**

㉠ 의의 : 행정법규는 일반적으로 요건규정과 효과규정으로 구성되어 있는바 요건규정에 불확정 개념(중대한 사유, 공공의 안녕과 질서, 공익을 해하지 않는 한 등)이 사용되는 경우가 많은데 이 경우 행정청이 이들 불확정 개념을 해석·적용함에 있어 판단의 여지가 있는가가 문제된다. 요건규정에 불확정 개념이 사용된 경우에도 이는 법개념으로서 법원이 그 개념을 해석·판단할 수 있으므로 당해 행위는 기속행위임에 틀림없으나 일정한 경우 행정부의 판단을 존중하여 사법심사를 자제한다는 것이 판단여지설이다. 이는 기속·재량

행위의 구별기준과 별 관계는 없으나 요건재량설을 비판하기 위해 등장한 개념이다. 즉, 요건재량설은 요건에 공백규정이 있으면 원칙상 이는 재량행위라고 하나 판단여지설은 원칙상 기속행위이나 사법부가 판단을 자제할 뿐이라는 것이다. 따라서 양자는 이론상 구별되나 결과적으로는 차이가 없다.

ⓒ **인정영역**
- 비대체적 결정(근무성적평정, 시험채점 등)
- 구속적 가치평가(문화·예술작품평가 등)
- 장래예측 및 결정
- 형성결정

ⓒ **한계**: 행정부에 판단여지를 주더라도 조직법상 또는 절차상 규정을 지켜야 하고 행정법의 일반원칙도 준수해야 한다.

ⓒ **판례**: 교과서 검인정사건과 감정평가사사건에서 재량의 일탈·남용이 없는 한 사법심사는 인정되지 않는다고 한 바 있다.

> **판례** 국토의 계획 및 이용에 관한 법률상 개발행위허가는 허가기준 및 금지요건이 불확정개념으로 규정된 부분이 많아 그 요건에 해당하는지 여부는 행정청의 재량판단의 영역에 속한다. 그러므로 그에 대한 사법심사는 행정청의 공익판단에 관한 재량의 여지를 감안하여 원칙적으로 재량권의 일탈·남용이 있는지 여부만을 대상으로 하고, 사실오인과 비례·평등원칙 위반 여부 등이 판단 기준이 된다. 특히 환경의 훼손이나 오염을 발생시킬 우려가 있는 개발행위에 대한 행정청의 허가와 관련하여 재량권의 일탈·남용 여부를 심사할 때에는 해당 지역 주민들의 토지이용실태와 생활환경 등 구체적 지역 상황과 상반되는 이익을 가진 이해관계자들 사이의 권익 균형 및 환경권의 보호에 관한 각종 규정의 입법 취지 등을 종합하여 신중하게 판단하여야 한다. '환경오염 발생 우려'와 같이 장래에 발생할 불확실한 상황과 파급효과에 대한 예측이 필요한 요건에 관한 행정청의 재량적 판단은 그 내용이 현저히 합리성을 결여하였다거나 상반되는 이익이나 가치를 대비해 볼 때 형평이나 비례의 원칙에 뚜렷하게 배치되는 등의 사정이 없는 한 폭넓게 존중하여야 한다. 그리고 처분이 재량권을 일탈·남용하였다는 사정은 그 처분의 효력을 다투는 자가 주장·증명하여야 한다(대판 2021. 3. 25. 2020두51280).

(4) 재량행위의 위법사유

① **재량권의 일탈·남용** ··· 일탈이란 관계법상의 재량권의 외적 한계(법에 의하여 허용된 재량권의 범위)를 넘어서는 것을 말하고 남용이란 재량권의 내적 한계(법의 목적 및 헌법 원칙과 조리상의 원칙 등에 의한 제한)를 넘어서는 것을 말한다. 그러나 양자의 구별 실익은 없고 판례도 양자를 구별하지 않고 있다. 6개월 이하의 영업정지처분을 할 수 있다고 규정되어 있는 경우에 1년간의 영업정지처분을 한 경우 등이 이에 해당한다.

기출문제

판례 전국공무원노동조합의 불법 총파업에 참가한 지방자치단체 소속 공무원들의 행위는 임용권자의 징계의결요구 의무가 인정될 정도의 징계사유에 해당함이 명백하므로, 임용권자인 하급 지방자치단체장으로서는 위 공무원들에 대하여 지체 없이 관할 인사위원회에 징계의결의 요구를 하여야 함에도 불구하고 상급 지방자치단체장의 여러 차례에 걸친 징계의결요구 지시를 이행하지 않고 오히려 그들을 승진임용시키기에 이른 경우, 하급 지방자치단체장의 위 승진처분은 법률이 임용권자에게 부여한 승진임용에 관한 재량권의 범위를 현저하게 일탈한 것으로서 위법한 처분이라 할 것이다(대판 2007. 3.22. 2005추62 (전합)).

공정한 업무처리에 대한 사의로 두고 간 돈 30만원이 든 봉투를 소지함으로써 피동적으로 금품을 수수하였다가 돌려 준 20년 근속의 경찰공무원에 대한 해임처분이 사회통념상 현저하게 타당성을 잃어 재량권의 남용에 해당한다(대판 1991. 7.23. 90누8954).

공무원이 그 단속의 대상이 되는 신호위반자에게 먼저 적극적으로 돈을 요구하고 다른 사람이 볼 수 없도록 돈을 접어 건네주도록 전달방법을 구체적으로 알려주었으며 동승자에게 신고시 범칙금 처분을 받게 된다는 등 비위신고를 막기 위한 말까지 하고 금품을 수수한 경우, 비록 그 받은 돈이 1만원에 불과하더라도 위 금품수수행위를 징계사유로 하여 당해 경찰공무원을 해임처분한 것은 징계재량권의 일탈·남용이 아니다(대판 2006.12.21. 2006두16274).

지방공무원 복무조례개정안에 대한 의견을 표명하기 위하여 전국공무원노동조합 간부 10여 명과 함께 시장의 사택을 방문한 위 노동조합 시지부 사무국장에게 지방공무원법 제58조에 정한 집단행위 금지의무를 위반하였다는 등의 이유로 징계권자가 파면처분을 한 사안에서, 그 징계처분이 사회통념상 현저하게 타당성을 잃거나 객관적으로 명백하게 부당하여 징계권의 한계를 일탈하거나 재량권을 남용하였다고 볼 수 없다(대판 2009. 6.23. 2006두16786).

재외동포에 대한 사증발급은 행정청의 재량행위에 속하는 것으로서, 재외동포가 사증발급을 신청한 경우에 출입국관리법 시행령에서 정한 재외동포체류자격의 요건을 갖추었다고 해서 무조건 사증을 발급해야 하는 것은 아니다. 재외동포에게 출입국관리법 제11조 제1항 각호에서 정한 입국금지사유 또는 재외동포법 제5조 제2항에서 정한 재외동포체류자격 부여 제외사유(예컨대 '대한민국 남자가 병역을 기피할 목적으로 외국국적을 취득하고 대한민국 국적을 상실하여 외국인이 된 경우')가 있어 그의 국내 체류를 허용하지 않음으로써 달성하고자 하는 공익이 그로 말미암아 발생하는 불이익보다 큰 경우에는 행정청이 재외동포체류자격의 사증을 발급하지 않을 재량을 가진다. 처분의 근거 법령이 행정청에 처분의 요건과 효과 판단에 일정한 재량을 부여하였는데도, 행정청이 자신에게 재량권이 없다고 오인한 나머지 처분으로 달성하려는 공익과 그로써 처분상대방이 입게 되는 불이익의 내용과 정도를 전혀 비교형량 하지 않은 채 처분을 하였다면, 이는 재량권 불행사로서 그 자체로 재량권 일탈·남용으로 해당 처분을 취소하여야 할 위법사유가 된다(대판 2019. 7.11. 2017두38874).

판례 [1] 의료기관을 개설할 수 없는 자가 개설한 의료기관은 국민건강보험법상 요양기관이 될 수 없지만, 이러한 의료기관이라 하더라도 요양기관으로서 요양급여를 실시하고 그 급여비용을 청구한 이상 구 국민건강보험법 제52조 제1항에서 정한 부당이득징수 처분의 상대방인 요양기관에 해당하고, 이러한 의료기관이 요양급여비용을 청구하는 것은 '사위 기타 부당한 방법'에 해당한다. [2] 구 국민건강보험법 제52조 제1항이 정한 부당이득징수는 재량행위라고 보는 것이 옳다. 그리고 요양기관이 실시한 요양급여 내용과 요양급여비용의 액수, 의료기관 개설·운영 과정에서의 개설명의인의 역할과 불법성의 정도, 의료기관 운영성과의 귀속 여부와 개설명의인이 얻은 이익의 정도, 그 밖에 조사에 대한 협조 여부 등의 사정을 고려하지 않고 의료기관의 개설명의인을 상대로 요양급여비용 전액을 징수하는 것은 다른 특별한 사정이 없는 한 비례의 원칙에 위배된 것으로 재량권을 일탈·남용한 때에 해당한다고 볼 수 있다(대판 2020. 6. 4. 2015두39996).

행정청이 제재처분 양정을 하면서 공익과 사익의 형량을 전혀 하지 않았거나 이익형량의 고려대상에 마땅히 포함하여야 할 사항을 누락한 경우 또는 이익형량을 하였으나 정당성·객관성이 결여된 경우에는 제재처분은 재량권을 일탈·남용한 것이라고 보아야 한다. 처분상대방에게 법령에서 정한 임의적 감경사유가 있는 경우에, 행정청이 감경사유까지 고려하고도 감경하지 않은 채 개별처분기준에서 정한 상한으로 처분을 한 경우에는 재량권을 일탈·남용하였다고 단정할 수는 없으나, 행정청이 감경사유를 전혀 고려하지 않았거나 감경사유에 해당하지 않는다고 오인하여 개별처분기준에서 정한 상한으로 처분을 한 경우에는 마땅히 고려대상에 포함하여야 할 사항을 누락하였거나 고려대상에 관한 사실을 오인한 경우에 해당하여 재량권을 일탈·남용한 것이라고 보아야 한다(대판 2020. 6.25. 2019두52980).

② **목적위반** … 공익목적을 위반하여 악의, 정치적 배려, 사익도모 등의 목적으로 하는 경우를 말한다. 또한 일반적 공익목적에는 부합하나 관계법상의 구체적 목적에 배치된다면 그 경우에도 위법한 처분이 된다.

③ **사실오인** … 일정한 사실이 재량처분의 요건으로 규정되어 있는 경우, 이에 반하면 위법하여 재판통제가 미친다.

④ **재량권의 불행사** … 법령이 행정청에 재량권을 부여한 취지는 구체적인 사정에 따라 가장 적합한 결정을 하도록 하려는 데에 있으므로 행정청이 구체적 사정을 고려하지 않거나 제이익을 형량하지 않고 결정을 하면 그것은 재량권의 불행사로서 위법한 것이 된다.

⑤ **비례원칙의 위반** … 행정목적과 수단 간에는 적절한 균형이 성립되어야 하는 것인 바, 수단이 목적에 비해 과도하게 국민의 권익을 침해하는 것인 때에는 당해 재량처분은 위법하다. 판례는 대중음식점 영업을 하는 자가 성년에 이르기 5개월 전인 여자에게 연령을 확인하지 아니하고 생맥주를 판매하였음을 이유로 한 영업정지처분이 위반사항의 경미함에 비추어 위 처분으로 업주가 입게될 불이익이 막대하므로 재량권을 일탈하여 위법하다고 하였다(대판 1991. 4.26. 91누1660).

⑥ **평등원칙**(행정의 자기구속의 원리)**의 위반** … 재량권 행사에 일정한 관행이 형성된 경우 동일한 사안에 대해서는 특별한 사유가 없는 한 관행에 따른 처분을 하여야 한다. 판례는 당직근무대기 중 심심풀이로 한 화투놀이를 한 사실로 인해 3명은 견책에 처하고 1명은 파면한 것은 평등의 원칙을 위반한 것으로 위법하다 하였다(대판 1972.12.26. 72누194).

⑦ **재량권의 영(0)으로의 수축** … 행정청에 독자적 판단권이 부여되어 있는 재량행위일지라도 예외적 상황에서는 오직 하나의 결정처분만이 의무에 합당한 재량행사로 인정되는 경우가 있는데 이렇게 재량권이 영(0)으로 수축되는 경우에 당해 재량행위는 내용적으로는 기속행위로 전환된다고 볼 수 있다.

기출문제

🔘 **재량권의 한계에 대한 설명으로 옳은 것은?**

▶ 2015. 4. 18. 인사혁신처

① 재량권의 일탈이란 재량권의 내적 한계를 벗어난 것을 말하고, 재량권의 남용이란 재량권의 외적 한계를 벗어난 것을 말한다.
② 판례는 재량권의 일탈과 재량권의 남용을 명확히 구분하고 있다.
③ 재량권의 불행사에는 재량권을 충분히 행사하지 아니한 경우는 포함되지 않는다.
④ 개인의 신체, 생명 등 중요한 법익에 급박하고 현저한 침해의 우려가 있는 경우 재량권이 영으로 수축된다.

┃정답 ④

(5) 재량행위의 통제

① **입법적 통제**

   ㉠ **법규적 통제** : 의회가 관계 법률을 제정함에 있어 가능한 한 그 내용을 구체적이고 명확하게 규정할 필요가 있다.

   ㉡ **정치적 통제** : 국정감사·국정조사, 탄핵소추, 대정부질문, 국무위원해임건의 등을 통한 국정통제도 가능하다.

② **행정적 통제**

   ㉠ **상급행정청에 의한 통제** : 직무감독, 감사원의 감사, 상급행정청에 의한 직무감독, 재량준칙의 제정을 통해 재량권 행사의 자의성을 방지할 수 있다.

   ㉡ **내부적 통제** : 위법·부당한 재량행위의 취소·철회를 통해 내부적으로 통제할 수 있다.

   ㉢ **행정절차에 의한 통제** : 재량처분 형성과정에 있어서 청문회, 공청회, 이유부기 등의 절차를 거치게 함으로써 적법·타당한 재량권 행사를 담보할 수 있다.

   ㉣ **행정심판에 의한 통제** : 행정심판을 통해 위법·부당한 경우에 하급행정청을 통제할 수 있다.

③ **사법적 통제**(사법심사) … 재량권의 일탈·남용의 경우에는 위법한 처분이 되어 사법심사의 대상이 된다.

---

section 5 행정행위의 내용

> • 법률행위적 행정행위
>   – 명령적 행정행위 : 하명, 허가, 면제
>   – 형성적 행정행위 : 특허, 인가, 대리
> • 준법률행위적 행정행위 : 확인, 공증, 통지, 수리

(1) 법률행위적 행정행위

행정청의 의사표시를 요소로 하며 해당 효과의사의 내용에 따라 법률효과를 발생하는 행정행위를 말한다. 이는 법률효과의 내용에 따라 명령적 행정행위와 형성적 행정행위로 나뉜다.

① **명령적 행정행위** … 상대방에게 일정한 의무를 과하거나 해제함을 내용으로 하는 행정행위를 말한다. 명령적 행정행위는 의무를 명하는 하명과 의무를 해제하는 허가·면제로 나뉜다.

㉠ 하명

- 의의 : 일정한 작위·부작위·수인·급부를 명하는 행정행위를 말한다. 이 중에서 작위·수인·급부의무를 과하는 것을 명령이라 하고 부작위의무를 과하는 것을 금지라 한다.
- 성질 : 부담적 행정행위이며 원칙적으로 기속행위이다.
- 형식
  - 법규하명 : 법률·명령 등에 의하여 직접 하명의 효과가 발생하는 경우(처분법규)에 의한 하명이다(「건축법」에 따른 일정한 건축금지, 「청소년보호법」에 따른 청소년음주금지 등). 이러한 처분법규는 「행정소송법」상의 처분에 해당하여 취소소송 등의 대상이 된다(두밀분교폐지조례사건).
  - 하명처분 : 근거법규에 의거한 구체적인 행정처분의 형식에 의한 하명으로, 불특정 다수인에 대하여 행해지는 경우(도로통행금지)와 특정의 상대방에 대하여 개별·구체적으로 행해지는 경우(개별처분)가 해당된다.
- 종류
  - 의무의 내용에 따라 : 작위하명(소방협력, 위법건축물의 철거), 부작위하명(통행금지), 수인하명(대집행실행의 수인의무), 급부하명(조세부과)
  - 기초가 되는 행정분야에 따라 : 조직하명(선거실시), 경찰하명(통행금지), 재정하명(조세부과), 군정하명(징집영장발부)
- 대상 : 법률행위(무기매매, 고시가격초과판매금지 등)는 물론 사실행위(무단건축금지)도 그 대상이 된다.
- 효과 : 수명자는 하명의 내용에 따라 공법상의 작위·부작위·수인·급부의 의무가 발생한다. 하명의 효과는 원칙적으로 그 수명자에게 발생하나 대물적 하명은 그 대상인 물건을 승계한 자에게도 그 효과가 미친다.
- 하명 위반의 효과 : 수명자가 하명에 따른 의무를 이행하지 않을 때에는 행정상 강제집행으로 그 이행을 강제당하거나 행정벌 기타 제재를 받게 된다. 그러나 하명은 사실로서 어떠한 행위를 하거나 하지 아니할 것을 명하는 데 불과하고 직접 사법행위의 효력을 제한 또는 부인하는 것은 아니기 때문에 하명에 위반한 행위의 사법적 효과는 인정된다. 그러나 필요한 경우에는 법률이 당해 행위 자체를 무효로 규정하는 경우도 있다.

㉡ 허가

- 의의 : 법령에 의한 일반적·상대적 금지, 즉 부작위의무를 특정한 경우에 해제하여 자연적 자유를 회복시켜 주는 명령적 행정행위를 말한다. 실정법상 허가·면허·인가·특허·승인 등의 용어가 사용되었더라도 학문상의 허가와는 다르므로 그 실질에 따라 판단해야 한다. 허가는 상대적 금지(건축허가)의 경우에만 인정되고 절대적 금지(청소년 음주)를 해제하는 것은 인정되지 않는다.

- 성질 : 통설·판례는 명령적 행위의 일종으로 본다. 그러나 이를 형성적 행위로 보는 견해도 유력하다. 독일에서는 허가를 형성적 행위에 포함시키고 있다. 허가는 관계법상의 허가요건이 충족되는 경우에는 허가를 하여야 하는 기속행위이다.
- 출원 : 허가는 상대방의 출원에 따라 행해지는 것이 보통이나 출원에 의하지 아니하는 경우도 있다(통행금지 해제). 상대방의 출원과 다른 수정허가도 가능하며 이 때에는 상대방의 동의에 의하여 효력이 완성된다.
- 종류 : 허가의 심사대상에 따라 대인적 허가(운전면허, 의사면허 등), 대물적 허가(건축허가, 차량검사합격처분 등), 혼합적 허가(가스사업허가, 총포류제조업허가 등)로 나뉜다. 대인적 허가는 이전이 불가능하고 대물적 허가는 이전이 가능하며 혼합적 허가는 이전이 제한된다. 이 외에도 허가의 목적에 따라 조직허가, 경찰허가, 재정허가, 군정허가 등으로 나눌 수 있다.
- 효과 : 허가는 상대적으로 금지되었던 자연의 자유를 회복하여 주는 것일 뿐 새로운 권리를 설정하는 것은 아니다. 따라서 이를 통해 얻는 이익은 반사적 이익에 불과하다. 다만, 관계법규의 취지가 적어도 개인의 이익도 보호하고자 하는 것인 때에는 당해 이익은 법적으로 보호되는 법률상 이익, 즉 공권이 된다.

판례 구내소매인과 일반소매인 사이에서는 구내소매인의 영업소와 일반소매인의 영업소 간에 거리제한을 두지 아니할 뿐 아니라 건축물 또는 시설물의 구조·상주인원 및 이용인원 등을 고려하여 동일 시설물 내 2개소 이상의 장소에 구내소매인을 지정할 수 있으며, 이 경우 일반소매인이 지정된 장소가 구내소매인 지정대상이 된 때에는 동일 건축물 또는 시설물 안에 지정된 일반소매인은 구내소매인으로 보고, 구내소매인이 지정된 건축물 등에는 일반소매인을 지정할 수 없으며, 구내소매인은 담배진열장 및 담배소매점 표시판을 건물 또는 시설물의 외부에 설치하여서는 아니 된다고 규정하는 등 일반소매인의 입장에서 구내소매인과의 과당경쟁으로 인한 경영의 불합리를 방지하는 것을 그 목적으로 할 수 있다고 보기 어려우므로, 일반소매인으로 지정되어 영업을 하고 있는 기존업자의 신규 구내소매인에 대한 이익은 법률상 보호되는 이익이 아니라 단순한 사실상의 반사적 이익이라고 해석함이 상당하므로, 기존 일반소매인은 신규 구내소매인 지정처분의 취소를 구할 원고적격이 없다(대판 2008. 4.10. 2008두402).

비교판례 담배 일반소매인의 지정기준으로서 일반소매인의 영업소 간에 일정한 거리제한을 두고 있는 것은 담배유통구조의 확립을 통하여 국민의 건강과 관련되고 국가 등의 주요 세원이 되는 담배산업 전반의 건전한 발전 도모 및 국민경제에의 이바지라는 공익목적을 달성하고자 함과 동시에 일반소매인 간의 과당경쟁으로 인한 불합리한 경영을 방지함으로써 일반소매인의 경영상 이익을 보호하는 데에도 그 목적이 있다고 보이므로, 일반소매인으로 지정되어 영업을 하고 있는 기존업자의 신규 일반소매인에 대한 이익은 단순한 사실상의 반사적 이익이 아니라 법률상 보호되는 이익이라고 해석함이 상당하다(대판 2008. 3.27. 2007두23811).

판례 일반적으로 면허나 인·허가 등의 수익적 행정처분의 근거가 되는 법률이 해당 업자들 사이의 과당경쟁으로 인한 경영의 불합리를 방지하는 것도 그 목적으로 하고 있는 경우, 다른 업자에 대한 면허나 인·허가 등의 수익적 행정처분에 대하여 이미 같은 종류의 면허나 인·허가 등의 수익적 행정처분을 받아 영업을 하고 있는 기존의 업자는 경업자에 대하여 이루어진 면허나 인·허가 등 행정처분의 상대방이 아니라 하더라도 당해 행정처분의 취소를 구할 원고적격이 있다(대판2006. 7.28. 2004두6716).

- 무허가행위의 효과 : 허가를 받아야 할 행위를 허가없이 행한 경우 행정상 강제 집행이나 처벌의 대상은 될 수 있지만 특별한 규정이 없는 한 그 행위 자체의 사법적(私法的) 효력은 그대로 인정된다(적법요건). 다만, 예외적으로 무효로 하는 경우도 있다.
- 다른 법령과의 관계 : 허가는 특정된 하나의 법령상의 금지를 해제하는 것이므로 특별한 규정이 없는 한 다른 법령상 금지까지 해제해 주는 효력은 없다. 단, 법령에서 하나의 법령에 대한 허가를 받은 경우 다른 법령에 대한 허가까지 받은 것으로 간주하는 제도가 있다(인 · 허가 의제제도).

판례 건축법에서 인허가의제 제도를 둔 취지는, 인허가의제사항과 관련하여 건축허가의 관할 행정청으로 창구를 단일화하고 절차를 간소화하며 비용과 시간을 절감함으로써 국민의 권익을 보호하려는 것이지, 인허가의제사항 관련 법률에 따른 각각의 인허가 요건에 관한 일체의 심사를 배제하려는 것으로 보기는 어려우므로, 도시계획시설인 주차장에 대한 건축허가신청을 받은 행정청으로서는 건축법상 허가 요건뿐 아니라 국토의 계획 및 이용에 관한 법령이 정한 도시계획시설사업에 관한 실시계획인가 요건도 충족하는 경우에 한하여 이를 허가해야 한다(대판 2015. 7. 9. 2015두39590).

주택건설사업계획 승인권자가 관계 행정청의 장과 미리 협의한 사항에 한하여 승인처분을 할 때에 인허가 등이 의제될 뿐이고, 각호에 열거된 모든 인허가 등에 관하여 일괄하여 사전협의를 거칠 것을 주택건설사업계획 승인처분의 요건으로 규정하고 있지 않다. 따라서 인허가 의제 대상이 되는 처분에 어떤 하자가 있더라도, 그로써 해당 인허가 의제의 효과가 발생하지 않을 여지가 있게 될 뿐이고, 그러한 사정이 주택건설사업계획 승인처분 자체의 위법사유가 될 수는 없다. 또한 의제된 인허가는 통상적인 인허가와 동일한 효력을 가지므로, 적어도 '부분 인허가 의제'가 허용되는 경우에는 그 효력을 제거하기 위한 법적 수단으로 의제된 인허가의 취소나 철회가 허용될 수 있고, 이러한 직권 취소 · 철회가 가능한 이상 그 의제된 인허가에 대한 쟁송취소 역시 허용된다. 따라서 주택건설사업계획 승인처분에 따라 의제된 인허가가 위법함을 다투고자 하는 이해관계인은, 주택건설사업계획 승인처분의 취소를 구할 것이 아니라 의제된 인허가의 취소를 구하여야 하며, 의제된 인허가는 주택건설사업계획 승인처분과 별도로 항고소송의 대상이 되는 처분에 해당한다. 인허가 의제 규정을 둔 입법 취지는, 주택건설사업을 시행하는 데 필요한 각종 인허가 사항과 관련하여 주택건설사업계획 승인권자로 그 창구를 단일화하고 절차를 간소화함으로써 각종 인허가에 드는 비용과 시간을 절감하여 주택의 건설 · 공급을 활성화하려는 데에 있다. 이러한 인허가 의제 규정의 입법 취지를 고려하면, 주택건설사업계획 승인권자가 구 주택법 제17조 제3항에 따라 도시 · 군관리계획 결정권자와 협의를 거쳐 관계 주택건설사업계획을 승인하면 같은 조 제1항 제5호에 따라 도시 · 군관리계획결정이 이루어진 것으로 의제되고, 이러한 협의 절차와 별도로 국토의 계획 및 이용에 관한 법률 제28조 등에서 정한 도시 · 군관리계획 입안을 위한 주민 의견청취 절차를 거칠 필요는 없다(대판 2018.11.29. 2016두38792).

[1] 어떤 인허가의 근거 법령에서 절차간소화를 위하여 관련 인허가를 의제 처리할 수 있는 근거 규정을 둔 경우에는, 사업시행자가 인허가를 신청하면서 하나의 절차 내에서 관련 인허가를 의제 처리해줄 것을 신청할 수 있다. 관련 인허가 의제 제도는 사업시행자의 이익을 위하여 만들어진 것이므로, 사업시행자가 반드시 관련 인허가 의제 처리를 신청할 의무가 있는 것은 아니다. [2] 건축주가 건축물을 건축하기 위해서는 건축법상 건축허가와 국토계획법상 개발행위(건축물의 건축) 허가를 각각 별도로 신청하여야 하는 것이 아니라, 건축법상 건축허가절차에서 관련 인허가 의제 제도를 통해 두 허가의 발급 여부가 동시에 심사 · 결정되도록 하여야 한다. 즉, 건축주는 건축행정청에 건축법상 건축허가를 신청하면서 국토계획법상 개발행위(건축물의 건축) 허가 심사에도 필요한 자료를 첨부하여 제출하여야 하고, 건축행정청은 개발행위허가권자와 사전 협의절차를 거침으로써 건축법상 건축허가를 발급할 때 국토계획법상 개발행위(건축물의 건축) 허가가 의제되도록 하여야 한다(대판 2020. 7.23. 2019두31839).

기출문제

기출문제

Point 팁 새롭게 제정된 행정기본법은 제24조에서 제26조까지 인·허가의제에 대한 규정을 명문화하고 있지만, 그 시행일을 2023. 3.24로 하고 있다.

제24조(인허가의제의 기준)

① 이 절에서 "인허가의제"란 하나의 인허가(이하 "주된 인허가")를 받으면 법률로 정하는 바에 따라 그와 관련된 여러 인허가(이하 "관련 인허가")를 받은 것으로 보는 것을 말한다.

② 인허가의제를 받으려면 주된 인허가를 신청할 때 관련 인허가에 필요한 서류를 함께 제출하여야 한다. 다만, 불가피한 사유로 함께 제출할 수 없는 경우에는 주된 인허가 행정청이 별도로 정하는 기한까지 제출할 수 있다.

③ 주된 인허가 행정청은 주된 인허가를 하기 전에 관련 인허가에 관하여 미리 관련 인허가 행정청과 협의하여야 한다.

④ 관련 인허가 행정청은 제3항에 따른 협의를 요청받으면 그 요청을 받은 날부터 20일 이내(제5항 단서에 따른 절차에 걸리는 기간은 제외한다)에 의견을 제출하여야 한다. 이 경우 전단에서 정한 기간(민원 처리 관련 법령에 따라 의견을 제출하여야 하는 기간을 연장한 경우에는 그 연장한 기간을 말한다) 내에 협의 여부에 관하여 의견을 제출하지 아니하면 협의가 된 것으로 본다.

⑤ 제3항에 따라 협의를 요청받은 관련 인허가 행정청은 해당 법령을 위반하여 협의에 응해서는 아니 된다. 다만, 관련 인허가에 필요한 심의, 의견 청취 등 절차에 관하여는 법률에 인허가의제 시에도 해당 절차를 거친다는 명시적인 규정이 있는 경우에만 이를 거친다.

제25조(인허가의제의 효과)

① 제24조제3항·제4항에 따라 협의가 된 사항에 대해서는 주된 인허가를 받았을 때 관련 인허가를 받은 것으로 본다.

② 인허가의제의 효과는 주된 인허가의 해당 법률에 규정된 관련 인허가에 한정된다.

제26조(인허가의제의 사후관리 등)

① 인허가의제의 경우 관련 인허가 행정청은 관련 인허가를 직접 한 것으로 보아 관계 법령에 따른 관리·감독 등 필요한 조치를 하여야 한다.

② 주된 인허가가 있은 후 이를 변경하는 경우에는 제24조·제25조 및 이 조 제1항을 준용한다.

③ 이 절에서 규정한 사항 외에 인허가의제의 방법, 그 밖에 필요한 세부 사항은 대통령령으로 정한다.

[시행일 : 2023. 3. 24.]

• 허가 자체의 존속기간과 허가조건의 존속기간

판례 일반적으로 행정처분에 효력기간이 정하여져 있는 경우에는 그 기간의 경과로 그 행정처분의 효력은 상실되고, 다만 허가에 붙은 기한이 그 허가된 사업의 성질상 부당하게 짧은 경우에는 이를 그 허가 자체의 존속기간이 아니라 그 허가조건의 존속기간으로 보아 그 기한이 도래함으로써 그 조건의 개정을 고려한다는 뜻으로 해석할 수는 있지만, 그와 같은 경우라 하더라도 그 허가기간이 연장되기 위하여는 그 종기가 도래하기 전에 그 허가기간의 연장에 관한 신청이 있어야 하며, 만일 그러한 연장신청이 없는 상태에서 허가기간이 만료하였다면 그 허가의 효력은 상실된다(대판 2007.10.11. 2005두12404).

Point 팁 예외적 허가(예외적 승인) … 허가가 예방적 금지를 해제해 주는 것인 데 비해 예외적 허가는 억제적 금지를 예외적으로 허가해 주는 것을 말한다. 이는 사회적으로 유해한 것을 예외적으로 허가해 주는 것으로서 그 본질이 허가임에도 불구하고 재량행위이다. 학설은 이를 특허와 허가의 중간적 성격을 가진 것으로 보고 있다(카지노 허가, 그린벨트 내 건축허가, 치료목적의 마약류 사용허가 등).

  ⓒ 면제 : 법령에 의하여 일반적으로 부과되어 있는 작위·수인·급부의무를 특정한 경우에 해제하는 행정행위를 말한다(예방접종 면제, 조세면제 등). 의무를 해제한다는 점에서 허가와 동일하나 허가가 부작위의무의 해제인 데 비해 면제는 작위·수인·급부의무의 해제이다.

② **형성적 행정행위** … 국민에게 새로운 권리·능력 기타 법적 지위를 발생·변경·소멸시키는 행정행위를 말한다. 직접 상대방을 위하여 권리·능력 기타 법적 지위를 발생·변경·소멸시키는 특허, 타인을 위하여 그 행위의 효력을 보충하는 인가, 그리고 타인을 대신하여 행하는 대리로 나누어진다.

  ㉠ 특허
- 의의
 - 특정 상대방을 위하여 새로이 권리를 설정하는 행위(공기업특허, 공물사용권의 특허, 광업허가, 어업면허 등)
 - 능력을 설정하는 행위(공법인의 설립행위 등)
 - 포괄적 법적 지위를 설정하는 행위(공무원 임명, 귀화허가 등)
- 성질 : 재량행위에 해당한다.
- 대상 : 특정인에게 행하여지며 불특정 다수에게는 행하여지지 않는다.
- 출원 : 특허는 출원을 필요요건으로 하며 출원이 없거나 그 취지에 반하는 특허는 완전한 효력을 발생할 수 없다.
- 수정특허 : 수정특허는 인정되지 않는다.
- 특허를 통해 취득한 권리 : 공권인 것이 보통이나 사권(광업권, 어업권 등)인 경우도 있다.
- **예** 귀화허가, 어업면허, 광업허가, 공기업특허, 자동차운수사업면허, 공물사용특허, 도로점용허가, 공용수용권 설정, 공유수면매립면허, 하천도강료징수권 설정, 도시가스사업허가 등

판례 여객자동차운송사업의 한정면허는 특정인에게 권리나 이익을 부여하는 수익적 행정행위로서, 교통수요, 운송업체의 수송 및 공급능력 등에 관한 기술적·전문적 판단이 필요하고, 원활한 운송체계의 확보, 일반 공중의 교통 편의성 제고 등 운수행정을 통한 공익적 측면과 함께 관련 운송사업자들 사이의 이해관계 조정 등 사익적 측면을 고려하는 등 합목적성과 구체적 타당성을 확보하기 위한 적합한 기준에 따라야 하므로, 그 범위 내에서는 법령이 특별히 규정한 바가 없으면 행정청이 재량을 보유하고 이는 한정면허가 기간만료로 실효되어 갱신되는 경우에도 마찬가지이다. 따라서 <u>한정면허가 신규로 발급되는 때는 물론이고 한정면허의 갱신 여부를 결정하는 때에도 관계 법규 내에서 한정면허의 기준이 충족되었는지를 판단하는 것은 관할 행정청의 재량에 속한다</u>(대판 2020. 6.11. 2020두34384).

기출문제

문 판례가 그 법적 성질을 다르게 본 것은?
▶ 2018. 6. 23. 제2회 서울특별시
① 학교환경위생정화구역의 금지행위해제
② 토지거래계약허가
③ 사회복지법인의 정관변경허가
④ 자동차관리사업자단체의 조합설립인가

문 다음 〈보기〉 중 강학상 특허인 것을 모두 고른 것은? (단, 다툼이 있는 경우 판례에 의함)
▶ 2017. 3. 18. 제1회 서울특별시

〈보기〉
㉠ 공유수면매립면허
㉡ 재건축조합설립인가
㉢ 운전면허
㉣ 여객자동차운수사업법에 따른 개인택시운송사업면허
㉤ 귀화허가
㉥ 재단법인의 정관변경허가
㉦ 사립학교 법인임원취임에 대한 승인

① ㉠, ㉢
② ㉡, ㉣, ㉦
③ ㉠, ㉡, ㉤, ㉥
④ ㉠, ㉡, ㉣, ㉤

정답 ①, ④

ⓒ 인가

- 의의 : 제3자의 법률행위를 보충하여 그 법률적 효력을 완성시키는 행정행위를 말한다(사업양도의 인가, 비영리법인 설립인가, 공공조합 설립인가, 사립대설립인가, 지방채기채승인, 토지거래계약허가, 하천사용권양도인가, 특허기업요금인가, 재단법인 정관변경허가, 감독청의 학교법인 임원 취임승인 등).
- 성질 : 효력요건이므로 무인가행위는 무효가 될 뿐 행정강제나 처벌의 대상이 되지는 않는다. 반면, 허가는 적법요건이므로 허가 없이 행한 행위는 위법하여 행정강제나 처벌의 대상이 되지만 원칙적으로 당해 행위가 무효로 되는 것은 아니다.
- 대상 : 당해 행위의 유효요건이므로 그 대상은 법률행위에 한정된다. 다만, 공법적 행위(공공조합의 정관변경 등)와 사법적 행위(비영리법인 설립, 지방채기채 등)가 모두 포함된다.
- 신청 및 수정인가 : 항상 신청에 의하여 행해진다. 또한 수정인가는 인정되지 않는다.
- 기본적 법률행위와의 관계 : 기본적 법률행위가 불성립 또는 무효인 경우에는 인가가 있어도 그 법률행위는 무효이고 따라서 그 인가도 무효가 된다. 또한 기본적 법률행위는 유효하고 인가만 무효인 경우에도 무인가 행위로서 무효이다.

판례 자동차관리법상 자동차관리사업자로 구성하는 사업자단체인 조합 또는 협회의 설립인가처분은 국토해양부장관 또는 시·도지사가 자동차관리사업자들의 <u>단체결성행위를 보충하여 효력을 완성시키는 처분에 해당한다.</u> 인가권자인 국토해양부장관 또는 시·도지사는 조합 등의 설립인가 신청에 대하여 자동차관리법 제67조 제3항에 정한 설립요건의 충족 여부는 물론, 나아가 조합 등의 사업내용이나 운영계획 등이 자동차관리사업의 건전한 발전과 질서 확립이라는 사업자단체 설립의 공익적 목적에 부합하는지 등을 함께 검토하여 <u>설립인가 여부를 결정할 재량을 가진다.</u> 다만 이러한 재량을 행사할 때 기초가 되는 사실을 오인하였거나 비례·평등의 원칙을 위반하는 등의 사유가 있다면 이는 재량권의 일탈·남용으로서 위법하다(대판 2015. 5.29. 2013두635).

도시 및 주거환경정비법(이하 '도시정비법')에 기초하여 주택재개발정비사업조합이 수립한 사업시행계획 및 관리처분계획에 대하여 관할 행정청의 인가·고시가 있게 되면, 사업시행계획 및 관리처분계획은 행정처분으로서 효력이 발생한다. 이 경우에 <u>사업시행계획 및 관리처분계획이라는 행정처분에 이르는 절차적 요건 중 하나로서 해당 총회 결의에 하자가 있다 하더라도, 행정처분인 사업시행계획 및 관리처분계획에 대하여 항고소송의 방법으로 취소 또는 무효확인을 구하여야 하고,</u> 그와 별도로 해당 총회 결의 부분만을 따로 떼어내어 효력 유무를 다투는 확인의 소를 제기하는 것은 특별한 사정이 없는 한 허용되지 아니한다(대판 2016. 10.13. 2012두24481).

주택재개발정비사업조합이 수립한 사업시행계획은 관할 행정청의 인가·고시가 이루어지면 이해관계인들에게 구속력이 발생하는 독립된 행정처분에 해당하고, 관할 행정청의 사업시행계획 인가처분은 사업시행계획의 법률상 효력을 완성시키는 보충행위에 해당한다. 따라서 <u>기본행위인 사업시행계획에는 하자가 없는데 보충행위인 인가처분에 고유한 하자가 있다면 그 인가처분의 무효확인이나 취소를 구하여야 할 것이지만, 인가처분에는 고유한 하자가 없는데 사업시행계획에 하자가 있다면 사업시행계획의 무효확인이나 취소를 구하여야 할 것이지 사업시행계획의 무효를 주장하면서 곧바로 그에 대한 인가처분의 무효확인이나 취소를 구하여서는 아니 된다</u>(대판 2021. 2.10. 2020두48031).

기본행위인 사업시행계획이 무효인 경우 그에 대한 인가처분이 있다고 하더라도 그 기본행위인 사업시행계획이 유효한 것으로 될 수 없으며, 기본행위가 적법·유효하고 보충행위인 인가처분 자체에만 하자가 있다면 그 인가처분의 무효나 취소를 주장할 수 있다고 할 것이지만, <u>인가처</u>

분에 하자가 없다면 기본행위에 하자가 있다고 하더라도 따로 그 기본행위의 하자를 다투는 것은 별론으로 하고 기본행위의 무효를 내세워 바로 그에 대한 인가처분의 취소 또는 무효확인을 구할 수 없다(대판 2014. 2.27. 2011두25173).

ⓒ **공법상 대리**

- **의의** : 타자가 하여야 할 행위를 행정주체가 대신하여 행하고 그 행위의 효과는 본인이 행한 것과 같은 법적 효과를 발생하는 행정행위를 말한다. 이는 본인의 의사에 의한 대리행위가 아니라 법령의 규정에 의한 법정대리이다. 행정행위로서의 대리를 의미하므로 행정조직 내부에서 행해지는 행정청의 대리는 포함되지 않는다.
- **종류** : 감독상의 대리(감독청에 의한 공법인의 정관 작성 및 임원 임명 등), 협의 불성립의 경우의 조정(토지수용위원회의 재결, 노사분쟁의 조정 등), 사무관리(압류재산의 공매처분, 행려병자의 유류품처분 등) 등이 있다.

[허가 · 특허 · 인가]

구분	허가	특허	인가
공통점	법률행위적 행정행위		
의의	자연적 자유를 회복	권리 · 능력을 설정	법률행위를 보충
목적	소극적 질서유지	적극적 복리증진	법률행위를 완성
성질	명령적 행정행위	형성적 행정행위	형성적 행정행위
재량성	기속행위(원칙)	재량행위	재량행위(원칙)
출원	필요 요건 아님	필요 요건임	필요 요건임
수정	수정 허가 가능	수정 특허 불가	수정 인가 불가
상대방	특정인 · 불특정인	특정인만 가능	특정인만 가능
효력	적법요건	효력요건	효력요건
예시	• 의사면허 • 운전면허 • 건축 · 영업허가 • 수출입허가 • 총포류영업허가	• 귀화 · 광업허가 • 어업면허 • 운수사업면허 • 공기업특허 • 공유수면매립면허 • 공무원 임명	• 법인설립인가 • 사립대학설립인가 • 공공조합정관승인 • 지방채기채승인 • 토지거래허가 • 특허기업요금인가

(2) 준법률행위적 행정행위

준법률행위적 행정행위란 의사표시 이외의 정신작용(판단 · 인식 · 관념의 표시)을 구성요소로 하며 그 법적 효과는 행위자의 의사 여하를 불문하고 전적으로 법이 정한 바에 따라 발생하는 행정행위를 말한다. 준법률행위적 행정행위는 그 법률 효과의 내용에 따라 확인 · 공증 · 통지 · 수리로 나누어진다.

ㄱ 행정심판의 재결
ㄴ 의료유사업자 자격증 갱신발급행위
ㄷ 상표사용권설정등록행위
ㄹ 건설업 면허증의 재교부
ㅁ 특허출원의 공고

① ㄱ, ㄴ, ㄷ
② ㄱ, ㄹ, ㅁ
③ ㄴ, ㄷ, ㄹ
④ ㄴ, ㄹ, ㅁ

정답 ③

기출문제

① 확인
　㉠ **의의** : 특정 사실 또는 법률관계에 관하여 의문이 있거나 다툼이 있는 경우에 공권적으로 그존부 또는 정부를 판단·선언하는 행위이다.
　㉡ **성질** : 새로운 법률관계를 설정하는 것이 아니고 기존의 사실 또는 법률관계를 유권적으로 확정하는 행위로서 법선언적 행위이며 준사법적 행위이다. 확인은 일정한 사실 또는 법률관계의 존재가 객관적으로 확정되는 경우에 행정청이 확인을 하여야 하는 기속행위이다. 또한 확인에는 부관을 붙일 수 없다. 대법원은 교과서 검정의 경우 재량을 인정한다(대판 1992. 5.12. 91누1813). 헌법재판소의 경우 교과서 검인정을 특허로 보아 재량을 인정하고 있다(헌재결 1992.11.13. 89헌마88).
　㉢ **종류** : 당선인결정, 국가시험합격자결정, 소득금액결정, 도로·하천구역설정, 신체검사, 발명특허, 교과서의 검정, 도시계획상의 지역·지구·구역지정, 이의신청결정, 행정심판재결 등이 있다.
　　※ 학문상 발명특허는 특허가 아니라 확인에 해당한다. 또한 특허출원의 공고는 통지에 해당한다.
　㉣ **형식** : 일반적으로 요식행위이다. 확인은 구체적 처분의 형식으로 이루어진다.
　㉤ **효과** : 확인에는 불가변력이 발생한다.

② 공증
　㉠ **의의** : 특정 사실 또는 법률관계의 존부를 공적으로 증명하여 공적 증거력을 부여하는 행정행위의 하나로 의문 또는 다툼이 없는 사항을 그 대상으로 한다.
　㉡ **성질** : 공증은 성질상 요식행위인 것이 원칙이며 특정 사실 또는 법률관계가 객관적으로 존재하는 한 공증을 하여야 하는 기속행위이다.
　㉢ **종류** : 등기·등록(부동산등기, 외국인등록, 광업권등록 등), 등재(토지대장에 등재 등), 기재(의사록에 기재 등), 합격증발급, 영수증교부, 여권발급, 검인의 날인 등이 있다.
　㉣ **효과** : 공증된 사실 또는 법률관계에 대하여 공적 증거력을 발생시키나 그에 대한 반증이 있는 때에는 행정청의 취소를 기다리지 아니하고 이를 번복할 수 있다. 판례는 토지대장, 건물관리대장 등에의 등재행위의 처분성을 부인하고 있다.

> **판례** **지적공부에 대한 처분성 불인정** : 멸실된 지적공부를 복구하거나 지적공부에 기재된 일정한 사항을 변경하는 행위는 행정사무집행의 편의와 사실증명의 자료로 삼기 위한 것으로 이로 인하여 당해 토지에 대한 실체상의 권리관계에 어떤 변동을 가져오는 것이 아니고, 특단의 사정이 없는 한 토지의 소재, 지번, 지목 및 경계가 지적공부의 기재에 의하여 확정된다 하여 토지소유권의 범위가 지적공부의 기재만에 의하여 증명되는 것이 아니므로, 소관청이 지적공부의 복구신청을 거부하거나 그 등재사항에 대한 변경신청을 거부한 것을 가리켜 항고소송의 대상이 되는 행정처분이라고 할 수 없다(대판 91누 8357).

판례 **처분성 인정**: 건축물대장은 건축물에 대한 공법상의 규제, 지방세의 과세대상, 손실보상가액의 산정 등 건축행정의 기초자료로서 공법상의 법률관계에 영향을 미칠 뿐만 아니라, 건축물에 관한 소유권보존등기 또는 소유권이전등기를 신청하려면 이를 등기소에 제출하여야 하는 점 등을 종합해 보면, 건축물대장은 건축물의 소유권을 제대로 행사하기 위한 전제요건으로서 건축물 소유자의 실체적 권리관계에 밀접하게 관련되어 있으므로, 이러한 <u>건축물대장을 직권말소한 행위는 국민의 권리관계에 영향을 미치는 것으로서 항고소송의 대상이 되는 행정처분에 해당한다</u>(대판 2010. 5.27. 2008두22655).

토지대장은 토지에 대한 공법상의 규제, 개발부담금의 부과대상, 지방세의 과세대상, 공시지가의 산정, 손실보상가액의 산정 등 토지행정의 기초자료로서 공법상의 법률관계에 영향을 미칠 뿐만 아니라, 토지에 관한 소유권보존등기 또는 소유권이전등기를 신청하려면 이를 등기소에 제출해야 하는 점 등을 종합해 보면, 토지대장은 토지의 소유권을 제대로 행사하기 위한 전제요건으로서 토지 소유자의 실체적 권리관계에 밀접하게 관련되어 있으므로, 이러한 <u>토지대장을 직권으로 말소한 행위는 국민의 권리관계에 영향을 미치는 것으로서 항고소송의 대상이 되는 행정처분에 해당한다</u>(대판 2013.10.24. 2011두13286).

지목은 토지에 대한 공법상의 규제, 개발부담금의 부과대상, 지방세의 과세대상, 공시지가의 산정, 손실보상가액의 산정 등 토지행정의 기초로서 공법상의 법률관계에 영향을 미치고, 토지소유자는 지목을 토대로 토지의 사용·수익·처분에 일정한 제한을 받게 되는 점 등을 고려하면, 지목은 토지소유권을 제대로 행사하기 위한 전제요건으로서 토지소유자의 실체적 권리관계에 밀접하게 관련되어 있으므로 <u>지적공부 소관청의 지목변경신청 반려행위는 국민의 권리관계에 영향을 미치는 것으로서 항고소송의 대상이 되는 행정처분에 해당한다</u>(대판 2004. 4.22. 2003두9015).

건축물의 용도는 토지의 지목에 대응하는 것으로서 건물의 이용에 대한 공법상의 규제, 건축법상의 시정명령, 지방세 등의 과세대상 등 공법상 법률관계에 영향을 미치고, 건물소유자는 용도를 토대로 건물의 사용·수익·처분에 일정한 영향을 받게 된다. 이러한 점 등을 고려해 보면, 건축물대장의 용도는 건축물의 소유권을 제대로 행사하기 위한 전제요건으로서 건축물 소유자의 실체적 권리관계에 밀접하게 관련되어 있으므로, <u>건축물대장 소관청의 용도변경신청 거부행위는 국민의 권리관계에 영향을 미치는 것으로서 항고소송의 대상이 되는 행정처분에 해당한다</u>(대판 2009. 1.30. 2007두7277).

Point 팁 **확인과 공증의 구별** … 당선인의 결정, 합격자의 결정 그 자체는 확인이나 합격증서 등을 발급하는 것은 공증이다. 교과서 검정 자체는 확인이나 검인의 압날은 공증이다.

③ **통지**

㉠ **의의**: 특정인 또는 불특정 다수인에게 특정 사실을 알리는 행정행위를 말한다.

㉡ **성질**: 그 자체가 독립한 행정행위로서 이미 성립한 행정행위의 효력발생 요건으로서의 공포나 교부 또는 송달과 구별된다. 따라서 법령·조약의 공포, 납세고지서 발부, 당연퇴직의 통보 등은 통지에 해당하지 않는다.

㉢ **종류**: 사실 그 자체를 알리는 관념의 통지(토지세목의 공고, 특허출원의 공고, 귀화의 고시 등)와 행정청의 내심을 알리는 의사의 통지(납세독촉, 대집행계고 등)가 있다.

㉣ **효과**: 각 법률에 따라 효과가 발생하므로 구체적인 내용은 법령의 규정에 따라 다르게 된다.

④ 수리
- ㉠ **의의**: 타인의 행위를 유효한 행위로 받아들이는 행위를 말한다.
- ㉡ **성질**: 단순한 사실인 도달 또는 접수와는 달리 행정청이 타인의 행위를 유효한 행위로 판단하여 수령하는 수동적 의사행위의 하나라고 할 수 있다.
- ㉢ **종류**: 각종 신청서·신고서의 수리(혼인신고의 수리 등), 이의신청서의 수리, 행정심판청구서의 수리 등이 있다.
- ㉣ **효과**: 공법적 효과를 발생시키는 경우와 사법적 효과를 발생시키는 경우가 있다. 수리거절행위는 소극적 행정행위로서 행정쟁송의 대상이 된다. 그러나 수리를 요하지 않는 단순한 신고에 있어서의 수리거부는 처분에 해당하지 않으므로 행정쟁송의 대상이 되지 않는다.

section 6 행정행위의 부관

(1) 의의

행정행위의 부관이란 행정행위의 효과를 제한하기 위하여 행정행위의 주된 내용에 부가되는 규율을 말한다. 행정청은 처분에 재량이 있는 경우에는 부관(조건, 기한, 부담, 철회권의 유보 등)을 붙일 수 있다. 행정청은 처분에 재량이 없는 경우에는 법률에 근거가 있는 경우에 부관을 붙일 수 있다. 행정청은 부관을 붙일 수 있는 처분이 i)법률에 근거가 있는 경우, ii)당사자의 동의가 있는 경우, iii)사정이 변경되어 부관을 새로 붙이거나 종전의 부관을 변경하지 아니하면 해당 처분의 목적을 달성할 수 없다고 인정되는 경우 등 어느 하나에 해당하는 경우에는 그 처분을 한 후에도 부관을 새로 붙이거나 종전의 부관을 변경할 수 있다. 그리고 부관은 i)해당 처분의 목적에 위배되지 아니할 것, ii)해당 처분과 실질적인 관련이 있을 것, iii)해당 처분의 목적을 달성하기 위하여 필요한 최소한의 범위일 것이라는 제 요건에 적합하여야 한다(행정기본법 제17조).

(2) 부관의 종류

① 조건
- ㉠ **의의**: 행정행위 효력의 발생 또는 소멸을 장래의 불확실한 사실의 성부에 의존하게 하는 부관을 의미한다.
- ㉡ **종류**
  - 정지조건: 그 성취에 의하여 행정행위의 효력이 발생하는 경우(시설완성조건의 학교법인설립인가, 도로확장조건의 여객자동차운수사업면허 등)
  - 해제조건: 그 효력이 상실되는 경우(면허일로부터 6월 내에 공사에 착수할 것을 조건으로 하는 공유수면매립면허 등)

② 기한

　㉠ **의의** : 행정행위의 효력의 발생 또는 소멸을 발생이 확실한 장래의 사실에 의존하게 하는 부관을 말한다. 기한은 장래 사실의 도래가 확실하다는 점에서 조건과 구별된다.

　㉡ **종류**

　　• 확정기한 : 도래시기가 언제인지 분명한 기한(××××년 ××월 ××일까지 허가한다)

　　• 불확정기한 : 언제 도래할지 확실하지 않은 기한(甲이 사망할 때까지 연금을 지급한다)

　　• 시기 : 효력 발생에 관한 기한(××××년 ××월 ××일부터 도로사용허가)

　　• 종기 : 효력 소멸에 관한 기한(××××년 ××월 ××일까지 도로사용허가)

　　※ 종기가 행정행위의 절대적 소멸 원인인지 갱신기간인지에 대해 논란이 있으나 갱신기간으로 보는 것이 통설·판례이다.

판례 옥외 광고물 등 표시허가 연장거부처분취소 : 행정행위인 허가 또는 특허에 붙인 조항으로서 종료의 기한을 정한 경우 종기인 기한에 관하여는 일률적으로 기한이 왔다고 하여 당연히 그 행정행위의 효력이 상실된다고 할 것이 아니고 그 기한이 그 허가 또는 특허된 사업의 성질상 부당하게 짧은 기한을 정한 경우에 있어서는 그 기한은 그 허가 또는 특허의 조건의 존속기간을 정한 것이며 그 기한이 도래함으로써 그 조건의 개정을 고려한다는 뜻으로 해석하여야 할 것임은 상고이유에서 지적하는 바와 같으나, 이 사건에서 원고가 허가연장을 구한 종전의 허가처분의 허가기간은 3년간으로서 부당하게 짧은 기한을 정한 것으로 보여지지 아니하므로 이 점에 관련된 상고이유는 받아들일 수 없다(대판 1995.11.10. 제2부 판결 94누11866).

　※ 기한의 경우 그 기한이 현저하게 짧은 경우는 부관의 일탈·남용으로 보고 상당기간인 경우는 적법하다고 본다.

판례 일반적으로 행정처분에 효력기간이 정하여져 있는 경우에는 그 기간의 경과로 그 행정처분의 효력은 상실되고, 다만 허가에 붙은 기한이 그 허가된 사업의 성질상 부당하게 짧은 경우에는 이를 그 허가 자체의 존속기간이 아니라 <u>그 허가조건의 존속기간으로 보아 그 기한이 도래함으로써 그 조건의 개정을 고려한다는 뜻으로 해석할 수는 있다</u>(대판2007.10.11. 2005두12404).

③ 부담

　㉠ **의의** : 행정행위의 주된 내용에 부가하여 그 상대방에게 작위·부작위·수인·급부 등을 부과하는 부관을 말한다(영업허가시 각종 준수의무부과, 도로점용허가시 점용료부과, 건축허가시 각종 의무부과 등).

　㉡ **성질** : 부담은 다른 부관과 달리 그 자체가 독립된 하나의 행정행위이다. 따라서 부담은 독립하여 강제집행이나 행정쟁송의 대상이 될 수 있다.

　㉢ **조건과의 구별** : 부담은 법령 또는 실무상 조건이라 불리우는 경우가 많으나 양자는 서로 다르다.

　　• 정지조건부 행정행위는 조건이 성취되기 전까지는 그 효력이 발생하지 않으나, 부담부 행정행위는 처음부터 완전히 효력을 발생하고 다만, 그와 관련하여 상대방에 일정한 의무가 부과되고 있는 것이라는 점에서 다르다.

📖 **행정행위의 부관에 대한 설명으로 가장 옳지 않은 것은?**

　▶ 2018. 6. 23. 제2회 서울특별시

① 부담은 행정청이 행정처분을 하면서 일방적으로 부가할 수도 있지만 부담을 부가하기 이전에 상대방과 협의하여 부담의 내용을 협약의 형식으로 미리 정한 다음 행정처분을 하면서 이를 부가할 수도 있다.

② 행정청이 수익적 행정처분을 하면서 사전에 상대방과 체결한 협약상의 의무를 부담으로 부가하였는데 부담의 전제가 된 주된 행정처분의 근거 법령이 개정되어 부관을 붙일 수 없게 된 경우, 위 협약의 효력이 소멸한다.

③ 부관은 행정의 탄력성을 보장하는 기능을 갖는다.

④ 행정행위의 부관은 부담인 경우를 제외하고는 독립하여 행정소송의 대상이 될 수 없다.

정답 ②

- 해제조건부 행정행위는 조건의 성취에 의하여 당연히 효력이 소멸되는 데 반하여, 부담부 행정행위는 상대방이 그 의무를 이행하지 않는 경우에도 당연히 그 효력이 상실되는 것은 아니고 행정청이 그 의무 불이행을 이유로 당해 행정행위를 철회하거나 행정상 강제집행 또는 일정한 제재를 과할 수 있을 뿐이다.

Point 팁 **부담의 특징**

ㄱ 주로 수익적 행정행위에 붙여진다. 부담은 허가 등의 수익적 행정행위에 많이 붙여지는데 행정청은 이를 통해 상대방에게 이익을 주는 한편 공익 등의 보호를 위해 상대방에게 각종형태의 부담적 제한을 가할 수가 있다.

　예 ・건축허가를 내어주면서 시영주차장 기부를 요구하는 경우
　　・유흥주점영업허가를 내어주면서 위락지구 이외의 지역에서는 개업하지 말 것을 요구하는 경우

ㄴ 부담이 있더라도 주된 행정행위는 처음부터 효력을 발생한다. 정지조건이나 시기의 부관은 부관의 완성 혹은 시기의 도래로 효력이 발생한다.

ㄷ 부담 불이행 경우에도 주된 행정행위의 효력에는 원칙적으로 영향이 없다. 해제조건이나 종기의 부관은 부관이 불이행된 경우 효력이 소멸된다.

ㄹ 부담은 주된 행정행위와 독립된 행위로서 부담을 이행하지 않는 경우 행정청은 부담의 내용을 강제집행할 수 있다. 조건, 기한은 독립된 강제집행의 대상이 되지 않는다.

판례 수익적 행정처분에 있어서는 법령에 특별한 근거규정이 없다고 하더라도 그 부관으로서 부담을 붙일 수 있고, 그와 같은 부담은 행정청이 행정처분을 하면서 일방적으로 부가할 수도 있지만 부담을 부가하기 이전에 상대방과 협의하여 부담의 내용을 협약의 형식으로 미리 정한 다음 행정처분을 하면서 이를 부가할 수도 있다. 행정청이 수익적 행정처분을 하면서 부가한 부담의 위법 여부는 처분 당시 법령을 기준으로 판단하여야 하고, 부담이 처분 당시 법령을 기준으로 적법하다면 처분 후 부담의 전제가 된 주된 행정처분의 근거 법령이 개정됨으로써 행정청이 더 이상 부관을 붙일 수 없게 되었다 하더라도 곧바로 위법하게 되거나 그 효력이 소멸하게 되는 것은 아니다. 따라서 행정처분의 상대방이 수익적 행정처분을 얻기 위하여 행정청과 사이에 행정처분에 부가할 부담에 관한 협약을 체결하고 행정청이 수익적 행정처분을 하면서 협약상의 의무를 부담으로 부가하였으나 부담의 전제가 된 주된 행정처분의 근거 법령이 개정됨으로써 행정청이 더 이상 부관을 붙일 수 없게 된 경우에도 곧바로 협약의 효력이 소멸하는 것은 아니다(대판2009.2.12.2005다65500).

④ **수정부담**

ㄱ **의의**: 행정행위의 주된 내용에 부가되어 일정한 의무를 부과하는 것이 아니라 행정행위의 내용 자체를 수정・변경하는 것을 내용으로 하는 것이다.

ㄴ **성질**: 일반적인 부담이 Ja(Yes)-aber(but) 구조를 취하고 있는 데 반해, 수정부담은 Nein(No)-aber(but) 구조를 취하고 있다(A국에의 수출을 신청했으나 B국에의 수출을 허가하는 경우, 경사식 지붕의 건축허가를 신청했으나 평면식 지붕의 건축을 허가하는 경우 등).

문 **행정행위의 부관에 대한 설명으로 옳은 것은? (다툼이 있는 경우 판례에 의함)**

▶ 2017. 6. 17. 제1회 지방직

① 부담부 행정행위의 경우 부담에서 부과하고 있는 의무의 이행이 있어야 비로소 주된 행정행위의 효력이 발생한다.

② 공유재산의 관리청이 기부채납된 행정재산에 대하여 행하는 사용・수익 허가의 경우, 부관인 사용・수익 허가의 기간에 위법사유가 있다면 허가 전부가 위법하게 된다.

③ 학설의 다수견해는 수정부담의 성격을 부관으로 이해한다.

④ 행정행위의 부관은 법령에 명시적 근거가 있는 경우에만 부가할 수 있다.

정답 ②

⑤ **행정행위의 사후변경의 유보**(사후부관, 부담권 유보)

  ㉠ 의의 : 행정청이 사후에 행정행위에 부담을 부가하거나 이미 부과된 부관의 내용을 보완하는 권리를 유보하는 것을 말한다. 예측하기 어려운 경우에 대비하기 위해 붙이는 부관이다.

  ㉡ 제한 : 법률에 명문의 규정이 있거나 그 변경이 미리 유보되어 있는 경우, 상대방의 동의가 있는 경우, 사정변경으로 인하여 당초에 부담을 부가한 목적을 달성할 수 없게 된 경우 등에 한하여 예외적으로 허용된다.

⑥ **철회권의 유보**

  ㉠ 의의 : 행정청이 일정한 경우에 당해 행위를 철회할 수 있다는 권한을 규정한 부관을 말한다.

  ㉡ 제한 : 철회권이 유보되어 있더라도 행정행위의 철회에 관한 일반적 요건이 충족되어야 비로소 철회가 허용된다.

⑦ **법률효과의 일부 배제**

  ㉠ 의의 : 행정행위의 주된 내용에 부가하여 그 법적 효과 발생의 일부를 배제하는 행정청의 의사표시이다(격일제 운행을 조건으로 하는 택시영업허가, 버스노선 지정, 도로점용허가시 야간만 사용 등).

  ㉡ 제한 : 관계법령에 명시적 근거가 있는 경우에만 허용된다.

(3) 부관의 한계

① **부관을 붙일 수 있는 행정행위**

  ㉠ **법률행위적 행정행위와 준법률적 행정행위** : 부관이란 행정청의 의사에 기해 주된 행정행위의 내용을 제한하기 위한 것이므로 법률행위적 행정행위에만 붙일 수 있고 그 법적 효과가 법률의 규정에 의하여 발생하는 준법률행위적 행정행위에는 관계법상의 수권규정이 없는 한 부관을 붙일 수 없다(통설).

  ㉡ **재량행위와 기속행위** : 부관은 법률행위적 행정행위 중에서도 재량행위에만 붙일 수 있다(통설·판례). 이에 대해 기속행위의 경우에도 요건충족을 위한 부관은 허용된다는 견해가 있다.

Point 팁 　**요건충족적 부관** … 기속행위의 경우 일부 요건을 갖추지 못하면 허가하지 말아야 하나 그 요건이 경미하여 이를 마저 갖출 것을 조건으로 허가해주는 것을 말한다. 갖추지 못한 요건이 경미하여 이를 이유로 허가하지 않는 것이 가혹한 경우 인정된다. 이는 형식적 법치주의에는 어긋나나 비례의 원칙상 인정되고 있다. 실정법상 식품위생법 제37조에서 인정하고 있다.

기출문제

② **사후부관의 인정 여부**(시간적 한계) … 원칙적으로 인정될 수 없으나 법령에 근거가 있거나 상대방의 동의가 있는 경우 또는 부담이 유보되어 있는 경우에는 가능하다고 본다(통설·판례). 행정기본법 제17조 제3항은 i)법률에 근거가 있는 경우, ii)당사자의 동의가 있는 경우, iii)사정이 변경되어 부관을 새로 붙이거나 종전의 부관을 변경하지 아니하면 해당 처분의 목적을 달성할 수 없다고 인정되는 경우에는 그 처분을 한 후에도 부관을 새로 붙이거나 종전의 부관을 변경할 수 있다고 규정하고 있다.

> **판례** 행정처분에 이미 부담이 부가되어 있는 상태에서 그 의무의 범위 또는 내용 등을 변경하는 부관의 사후변경은, 법률에 명문의 규정이 있거나 그 변경이 미리 유보되어 있는 경우 또는 상대방의 동의가 있는 경우에 한하여 허용되는 것이 원칙이지만, 사정변경으로 인하여 당초에 부담을 부가한 목적을 달성할 수 없게 된 경우에도 그 목적달성에 필요한 범위 내에서 예외적으로 허용된다(대판 1997. 5. 30. 97누2627).

③ **법령 및 일반 원칙상의 한계** … 부관은 법령은 물론 행정법의 일반 원리에도 위반할 수 없다.

(4) 부관의 하자와 행정행위의 효력

① **부관의 무효와 행정행위의 효력** … 부관의 무효는 원칙적으로 본체인 행정행위에는 영향이 없는 것으로 부관만이 무효로 되어 당해 행위는 부관이 없는 단순 행정행위가 된다. 그러나 부관이 그 행위에 있어 없어서는 안될 본질적인 요소를 이루는 것인 때에는 부관의 무효는 본체인 행위 자체를 무효로 한다(통설·판례).

> **판례** 원고가 신축한 상가등 시설물을 부산직할시에 기부채납함에 있어 그 무상사용을 위한 도로점용기간은 원고의 총공사비와 시 징수조례에 의한 점용료가 같아지는 때까지로 정하여 줄 것을 전제조건으로 하고 원고의 위 조건에 대하여 시는 아무런 이의없이 수락하고 위 상가등 건물을 기부채납받아 그 소유권을 취득하였다면 시가 원고에 대하여 위 상가 등의 사용을 위한 도로점용허가를 함에 있어서는 그 점용기간을 수락한 조건대로 해야 할 것임에도 합리적인 근거없이 단축한 것은 위법한 처분이라 할 것이며 가사 원고가 위 상가를 타에 임대하여 보증금 및 임료수입을 얻는다하여 위 무상점용기간을 단축할 사유가 될 수 없다(대판 1985. 7. 9. 84누604).

② **부관의 취소와 행정행위의 효력** … 부관이 취소할 수 있는 것인 때에는 취소가 확정되기까지는 일응 유효한 부관부 행정행위로서 효력을 가지며 취소가 확정된 경우에는 부관이 무효인 경우와 동일하게 다루어진다.

(5) 위법한 부관에 대한 쟁송

① **독립쟁송가능성** … 부담은 그 자체로서 독자적인 행정행위성을 가지므로 부담만이 본체인 행정행위와 분리하여 취소소송의 대상이 될 수 있다. 부관이 위법한 경우 부관은 그것만을 분리하여 취소소송의 대상으로 할 수 없고 본체인 행정행위 전체를 대상으로 해야 한다(통설·판례).

문 부관에 대한 행정쟁송에 관한 설명으로 옳지 않은 것은? (다툼이 있는 경우 판례에 의함)

▶ 2017. 6. 24. 제2회 서울특별시

① 부담이 아닌 부관은 독립하여 행정소송의 대상이 될 수 없으므로 이의 취소를 구하는 소송에 대하여는 각하판결을 하여야 한다.

② 위법한 부관에 대하여 신청인이 부관부행정행위의 변경을 청구하고, 행정청이 이를 거부한 경우 동 거부처분의 취소를 구하는 소송을 제기할 수 있다.

③ 기부채납받은 행정재산에 대한 사용·수익허가에서 공유재산의 관리청이 정한 사용·수익허가의 기간은 그 허가의 효력을 제한하기 위한 행정행위의 부관으로서 이러한 사용·수익허가의 기간에 대해서는 독립하여 행정소송을 제기할 수 있다.

④ 토지소유자가 토지형질변경행위허가에 붙은 기부채납의 부관에 따라 토지를 국가나 지방자치단체에 기부채납(증여)한 경우, 기부채납의 부관이 당연무효이거나 취소되지 아니한 이상 토지소유자는 위 부관으로 인하여 증여계약의 중요부분에 착오가 있음을 이유로 증여계약을 취소할 수 없다.

정답 ③

판례 행정행위의 부관은 행정행위의 일반적인 효력이나 효과를 제한하기 위하여 의사표시의 주된 내용에 부가되는 종된 의사표시이지 그 자체로서 직접 법적 효과를 발생하는 독립된 처분이 아니므로 현행 행정쟁송제도 아래서는 부관 그 자체만을 독립된 쟁송의 대상으로 할 수 없는 것이 원칙이나 행정행위의 부관 중에서도 행정행위에 부수하여 그 행정행위의 상대방에게 일정한 의무를 부과하는 행정청의 의사표시인 <u>부담의 경우에는 다른 부관과는 달리 행정행위의 불가분적인 요소가 아니고 그 존속이 본체인 행정행위의 존재를 전제로 하는 것일 뿐이므로 부담 그 자체로서 행정쟁송의 대상이 될 수 있다</u>(대판 1992. 1. 21. 91누1264).

② **독립취소가능성** … 부관만이 쟁송의 대상이 되는 경우, 부관이 본체인 행정행위와 분리될 수 없는 본질적인 요소인 경우에는 부관만 분리하여 취소할 수 없고 본질적인 요소가 아닌 경우에는 분리하여 취소할 수 있다(통설 · 판례).

section 7 행정행위의 성립과 효력

(1) 행정행위의 성립

① 성립요건

  ㉠ 내부적 성립요건

  • 주체 : 행정행위는 정당한 권한을 가진 행정청이, 권한 내에서 행해야 한다.

  • 내용 : 실현가능하고 명확하며 법과 공익에 적합한 내용이어야 한다.

  • 형식 : 법령이 특별한 규정을 정하고 있지 아니한 한 문서로 하여야 하며, 다만 신속한 처리가 필요한 등의 사정이 있을 경우 구두 기타의 형식으로 행할 수 있다.

  • 절차 : 관계법상 규정된 절차를 거쳐야 한다.

  ㉡ 외부적 성립요건 : 행정 내부에서의 결정 · 재결이 있는 것만으로는 성립하였다고 할 수 없고 외부에 표시되어야 비로소 성립한다.

② 효력요건

  ㉠ 원칙 : 법규 또는 부관에 의한 제한이 있는 경우를 제외하고는 외부적 성립요건이 충족되면 그와 동시에 효력을 발생한다.

  ㉡ 예외 : 불특정 다수인의 경우에는 공고에 의해 고지해야 비로소 효력이 발생한다. 서면에 의한 통지는 그 서면이 상대방에게 도달함으로써 통지의 요건이 충족된다(도달주의). 도달이란 상대방이 요지할 수 있는 상태에 두는 것으로서 상대방이 실제로 그 서면을 수령하여 요지해야 하는 것은 아니다.

③ **행정행위의 요건불비의 효과** … 성립요건이나 효력요건 중 하나 이상을 결여하면 하자 있는 행정행위로서 위법 또는 부당한 행정행위가 된다. 그 하자의 정도에 따라 취소의 대상이 되거나 무효 또는 부존재인 행정행위가 된다.

기출문제

문 **행정행위의 효력과 선결문제에 대한 설명으로 옳지 않은 것은?**

▶ 2015. 3. 14. 사회복지직

① 공정력은 행정행위가 위법하더라도 당연무효인 경우를 제외하고는 권한있는 기관에 의해 취소되지 않는 한 유효한 것으로 통용되는 효력을 말한다.

② 판례에 의하면, 행정청의 계고처분이 위법임을 이유로 국가배상소송이 제기된 경우에 수소법원인 민사법원은 계고처분의 위법성을 스스로 심사할 수 있다.

③ 불가변력이 인정되는 행정행위에 대하여 상대방은 행정쟁송절차에 의하여 그 효력을 다툴 수 없다.

④ 무효인 행정행위는 쟁송제기기간의 제한을 받지 않으므로 불가쟁력이 발생하지 않는다.

▎정답 ③

(2) 행정행위의 효력

유효하게 성립한 행정행위는 공권력의 행사로서 사법상의 법률행위와 비교하여 특수한 효력을 가진다. 구속력·공정력·확정력·자력집행력·구성요건적 효력 등이 그것이다.

① **구속력(기속력)**
  ㉠ **의의**: 행정행위가 각각의 규율내용에 따라 당사자, 즉 관계행정청, 상대방, 이해관계인을 구속하는 실체법적 효과를 말한다. 내용상의 구속력 또는 기속력이라고도 한다.
  ㉡ **성질**: 모든 행정행위에 공통으로 인정되는, 가장 기본이 되는 효력이다. 단, 구속력은 무효인 행정행위에는 발생하지 않는다.

② **공정력(예선적 효력)**
  ㉠ **의의**: 비록 행정행위에 하자가 있는 경우에도 그 하자가 중대하고 명백하여 당연무효인 경우를 제외하고는, 권한 있는 기관에 의하여 취소될 때까지는 일응 유효한 것으로 보아 누구든지(상대방은 물론 제3의 국가기관도) 그 효력을 부인하지 못하는 힘을 말한다. 그 효력은 처분청을 포함하는 국가기관과 처분의 상대방, 이해관계인에 미친다. 다만, 당해 행정행위가 적법한 것으로 통용되는 것은 아니다.
  ㉡ **인정근거**: 자기확인설(O. Mayer), 국가권위설(E. Forsthoff), 법적 안정성설(행정정책설) 등이 대립하나 법적 안정성·상대방의 신뢰보호 등과 같은 정책적 고려에서 그 근거를 구한다는 법적 안정성설이 다수설이다.
  ㉢ **공정력의 한계**: 공정력은 법적 안정성이라는 본래의 취지상 취소할 수 있는 행정행위에만 인정될 뿐 무효인 행정행위에는 인정되지 않는다.
  ㉣ **공정력과 입증책임**: 공정력은 행정의 실효성 확보와 신뢰보호의 원칙상 잠정적으로 유효성을 인정하는 것에 불과한 것이며 실체법적으로 적법한 것은 아니므로 공정력이 취소소송에 있어서의 입증책임의 소재에까지 영향을 미치는 것은 아니다(입증책임무관설, 법률요건분류설, 통설).
  ㉤ **공정력과 선결문제**: 민·형사소송에서 본안판단의 전제로서 제기되는 행정행위의 위법성 또는 유효 여부, 즉 선결문제를 항고소송의 관할 법원 이외의 법원이 스스로 심리·판단할 수 있는가의 문제이다. 즉, 선결문제인 행정행위의 위법성 유효 여부를 수소법원이 심판할 수 있는가의 문제이다. 이는 전통적으로 공정력에 관련된 문제로 인식되어 왔으나 최근에는 구성요건적 효력과 관련하여 논하는 견해도 있다. 민·형사사건 모두 그 위법성은 민·형사법원이 판단할 수 있으나 무효가 아닌 한 공정력으로 인해 그 효력은 판단할 수 없다.

Point 팁 수소법원의 선결문제판단

   ⊙ 민사사건의 경우

- 행정행위가 당연무효인 경우 : 행정행위가 당연무효 또는 부존재인 경우 수소민사법원이 그 행정행위에 대한 위법성 및 효력유무판단을 할수 있다(통설 · 판례).
- 행정행위가 단순위법으로 취소할 수 있는 경우 : 위법성과 유효성을 구분하여 행정행위가 단순위법인 경우에는 공정력으로 인해 효력유무를 판단할 수는 없지만 위법성은 심사할 수 있다(통설 · 판례). 따라서 민사법원은 행정행위의 위법을 선언할 수 있지만 그 무효임을 판정할 수 없다.

   ⓒ 형사사건의 경우

- 학설 : 민사소송에서의 논의가 그대로 적용된다. 즉, 행정행위가 당연무효인 경우에는 위법성 및 효력유무를 형사법원이 판단할 수 있으나 단순 위법에 그치는 경우에는 위법성만 판단할 수 있다.
- 판례 : 학설과 같이 행정행위의 위법성은 판단할 수 있으나 행정행위의 효력 여부가 선결문제인 경우 행정행위가 당연무효일 때에는 이를 무효로 판단할 수 있지만 단순위법인 경우에는 공정력으로 인해 그 효력을 부인할 수 없다고 한다. 판례는 연령을 속여 발급받은 운전면허는 비록 위법하기는 하나 취소할 수 있는 경우에 해당할 뿐이므로 그 효력을 인정하여야 할 것이므로 이 운전면허에 의한 운전행위는 무면허운전이라 할 수 없다고 하였다(대판 1982. 6. 8, 80도2646).

③ **구성요건적 효력**

   ⊙ **의의** : 행정행위가 당연무효가 아닌 한 처분청 이외의 국가기관은 이를 존중하여 권한 행사의 기초 내지는 구성요건으로 삼아야 한다는 행정행위의 구속력을 말하는 것으로 독일에서 정립된 이론으로 공정력이 미치는 범위에 관한 이론이다. 즉, 구성요건적 효력이란 공정력 중에서 처분청과 상대방, 이해관계인을 제외한 제3의 모든 국가기관에 대한 구속력을 말한다.

   ⓒ **근거** : 이 이론의 근거는 헌법상 권력분립의 원칙과 국가기관 상호 간의 권한 존중에 있다.

   ⓒ **공정력과의 구별** : 공정력이 미치는 범위 중에서 처분청과 상대방, 이해관계인을 제외한 제3의 국가기관에 대한 구속력만을 분리하여 관념화한 것이다. 이 이론에 따르면 선결문제에 있어 민 · 형사 수소법원을 구속하는 것은 공정력이 아니라 구성요건적 효력이므로 선결문제는 구성요건적 효력의 문제가 된다. 그러나 통설 · 판례는 공정력과 구성요건적 효력을 굳이 나눌 논리적 필연성이나 실익이 없다고 한다.

④ **확정력**(존속력)

   ⊙ **불가쟁력**(형식적 확정력)

- 의의 : 쟁송절차의 제소기간 경과 또는 심급종료로 인하여 행정행위의 상대방, 기타 관계인이 더 이상 그 효력을 다툴 수 없게 되는 힘을 말한다.

기출문제

 행정행위의 하자에 대한 설명으로 옳지 않은 것은? (다툼이 있는 경우 판례에 의함)
▶ 2020. 7. 11. 인사혁신처

① 행정청이 「식품위생법」상의 청문절차를 이행함에 있어 청문서 도달기간을 다소 어겼지만 영업자가 이의하지 아니한 채 청문일에 출석하여 의견을 진술하고 변명하는 등 방어의 기회를 충분히 가졌다면 청문서 도달기간을 준수하지 아니한 하자는 치유되었다고 본다.

② 행정처분을 한 처분청은 그 처분의 성립에 하자가 있는 경우 이를 취소할 별도의 법적 근거가 없다고 하더라도 직권으로 이를 취소할 수 있다.

③ 행정처분에 있어 여러 개의 처분사유 중 일부가 적법하지 않으면 다른 처분사유로써 그 처분의 정당성이 인정된다고 하더라도, 그 처분은 위법하게 된다.

④ 계고처분의 후속절차인 대집행에 위법이 있다고 하더라도 그와 같은 후속절차에 위법성이 있다는 점을 들어 선행절차인 계고처분이 부적법하다는 사유로 삼을 수는 없다.

┃정답 ③

- 효과 : 상대방은 재심사를 청구할 수 없다. 그러나 이는 행정법관계를 신속히 안정시키기 위해 제소기간 등 절차법적 규정을 둔 결과 인정되는 효력이며 위법함이 확인된 경우에는 손해배상청구, 행정청에 의한 직권취소는 가능하다. 무효인 행정행위에는 불가쟁력이 발생하지 않는다.

ⓒ **불가변력(실질적 확정력)**

- 의의 : 행정행위가 위법하거나 공익에 적합하지 아니한 때에는 행정청은 이를 취소·철회할 수 있는 것이 원칙이다. 그러나 일정한 행정행위는 성질상 행정청도 이를 취소·철회할 수 없는 효력이 발생하는 바, 이를 불가변력이라 한다. 불가변력은 예외적으로 특별한 행정행위의 경우에만 인정된다.

- 본질
  - 소송법적 확정력설 : 소송절차와 관련시켜 그 행정행위가 행하여진 절차 때문에 생기는 효력으로 보고 독립된 행정재판소의 판결에만 인정된다고 보는 견해이다.
  - 불가변력설(통설) : 소송절차와 관련시키지 않고 법적 안정성의 견지에서 국가행위의 성질상 발생하는 효력이라고 보는 견해이다.
  - 법규범설 : 일반법 이론으로부터 출발하여 모든 법규범에는 그 타당할 장소적 한계가 있는 것과 같이 시간적 한계가 있으며, 이것이 확정력이라는 견해이다.

- 종류 : 불가변력이 발생하는 경우로는 준법률행위적 행정행위인 확인, 행정심판의 재결 등 준사법적 행위, 수익적 행정행위의 취소나 철회 제한, 시험의 합격자 결정, 선거에서의 당선인 결정 등이 있다.

ⓒ **불가쟁력과 불가변력과의 관계**

- 불가쟁력과 불가변력은 상호 아무런 관련이 없다.
- 불가쟁력은 상대방 및 이해관계인에, 불가변력은 처분청 등 행정기관에 대한 구속력이다.
- 불가쟁력은 절차적 효력, 불가변력은 실체적 효력이다.
- 불가쟁력이 발생해도 처분청 등 행정기관은 이를 취소·변경할 수 있다.
- 불가변력이 발생해도 제소기간이 경과하지 않는 한 상대방 등은 제소가 가능하다.

⑤ **강제력(자력집행력)**

ⓐ 집행력 : 행정행위에 의하여 부과된 행정상 의무를 상대방이 이행하지 않는 경우에 행정청이 스스로의 강제력을 발동하여 그 의무를 실현시키는 힘을 말한다.

ⓑ 제재력 : 행정행위에 의하여 부과된 의무를 위반하는 경우 행정벌이 과해지는 경우가 많다. 강제력은 넓은 의미에서는 이처럼 의무 위반에 대한 제재력도 포함하는 의미로 파악된다.

ⓒ 근거 : 행정행위에 내재하는 효력은 아니므로 관련 법규의 근거가 있어야 한다.

section 8 행정행위의 하자

(1) 하자의 의의

① 의의 … 행정행위가 그 성립·효력요건을 갖추지 못하여 적법·유효하게 성립하지 못한 경우를 하자 있는 행정행위라 한다. 이는 위법한 행정행위와 부당한 행정행위로 나눌 수 있고 위법한 행정행위는 다시 무효인 행정행위와 취소할 수 있는 행정행위로 나뉜다. 단순한 오기나 오산은 법령규정 없이도 당사자의 신청이나 직권으로 언제나 정정할 수 있으므로 여기서의 하자에 해당하지 않는다.

② 행정행위의 부존재와의 구별 … 행정행위의 부존재란 외관상으로도 행정행위라 할 수 있는 행위가 존재하지 않는 경우를 말한다. 이에 해당하는 경우로는 행정기관이 아닌 명백한 사인의 행위, 행정권의 발동으로 볼 수 없는 행위, 내부의사결정, 취소·철회·실효 등으로 소멸한 경우 등이 있다.

(2) 무효인 행정행위와 취소할 수 있는 행정행위

① 의의

  ㉠ 무효인 행정행위 : 외관상으로는 행정행위로서 존재하나 처음부터 전혀 법적 효과를 발생하지 않는 행위로서 누구나 그 무효를 주장할 수 있는 행정행위를 말한다.

  ㉡ 취소할 수 있는 행정행위 : 그 성립에 흠이 있음에도 불구하고 일단 유효한 행위로 통용되어 국가기관 또는 국민을 기속하고 다만, 행정쟁송 또는 직권에 의하여 취소됨으로써 비로소 그 효력을 상실하는 행정행위를 말한다.

② 구별기준 … 중대설, 중대·명백설, 명백성보충요건설 등이 대립하고 있으나 행정행위의 하자가 중대한 법규의 위반이고 또한 그것이 외관상 명백할 경우에는 무효가 되고 그에 이르지 않는 단순위법인 경우에는 취소할 수 있는 행정행위라는 중대·명백설이 통설·판례이다.

판례 하자 있는 행정처분이 당연무효가 되기 위하여는 그 하자가 법규의 중요한 부분을 위반한 중대한 것으로서 객관적으로 명백한 것이어야 하며, 행정청이 어느 법률관계나 사실관계에 대하여 어느 법률의 규정을 적용하여 행정처분을 한 경우에 그 법률관계나 사실관계에 대하여는 그 법률의 규정을 적용할 수 없다는 법리가 명백히 밝혀져 그 해석에 다툼의 여지가 없음에도 불구하고 행정청이 위 규정을 적용하여 처분을 한 때에는 그 하자가 중대하고도 명백하다고 할 것이나, 그 법률관계나 사실관계에 대하여 그 법률의 규정을 적용할 수 없다는 법리가 명백히 밝혀지지 아니하여 그 해석에 다툼의 여지가 있는 때에는 행정관청이 이를 잘못 해석하여 행정처분을 하였더라도 이는 그 처분 요건사실을 오인한 것에 불과하여 그 하자가 명백하다고 할 수 없는 것이고, 또한 행정처분의 대상이 되는 법률관계나 사실관계가 전혀 없는 사람에게 행정처분을 한 때에는 그 하자가 중대하고도 명백하다 할 것이나, 행정처분의 대상이 되지 아니하는 어떤 법률관계나 사실관계에 대하여 이를 처분의 대상이 되는 것으로 오인할 만한 객관적

기출문제

문 하자의 승계에 대한 설명으로 옳지 않은 것은? (다툼이 있는 경우 판례에 의함)
▶ 2017. 6. 17. 제1회 지방직

① 선행행위에 무효의 하자가 존재하더라도 선행행위와 후행행위가 결합하여 하나의 법적 효과를 목적으로 하는 경우에는 하자의 승계에 대한 논의의 실익이 있다.

② 적정행정의 유지에 대한 요청에서 나오는 하자의 승계를 인정하면 국민의 권리를 보호하고 구제하는 범위가 더 넓어진다.

③ 선행행위에 대하여 불가쟁력이 발생하지 않았거나 선행행위와 후행행위가 서로 독립하여 각각 별개의 법률효과를 목적으로 하는 때에는 원칙적으로 선행행위의 하자를 이유로 후행행위의 효력을 다툴 수 없다.

④ 선행행위와 후행행위가 서로 독립하여 별개의 법률효과를 목적으로 하는 경우라도 선행행위의 불가쟁력이나 구속력이 그로 인하여 불이익을 입는 자에게 수인한도를 넘는 가혹함을 가져오고 그 결과가 예측가능한 것이 아닌 때에는 하자의 승계를 인정할 수 있다.

정답 ①

인 사정이 있는 경우로서 그것이 처분대상이 되는지의 여부가 그 사실관계를 정확히 조사하여야 비로소 밝혀질 수 있는 때에는 비록 이를 오인한 하자가 중대하다고 할지라도 외관상 명백하다고 할 수는 없다(대판 2004.10.15. 2002다68485).

③ **구별실익** … 공정력, 불가쟁력 등의 효력 여부, 제소기간, 사정판결 등의 인정 여부를 결정하는 실익이 있다.

※ 무효→처음부터 효력발생 안함. 취소→취소될 때까지는 일응 유효

[무효인 행정행위와 취소할 수 있는 행정행위]

구분	무효인 행정행위	취소할 수 있는 행정행위
효력	처음부터 효력이 발생하지 않음	취소될 때까지 효력발생
공정력	없음	있음
불가쟁력	없음	있음
하자의 승계	승계됨	일련의 과정일 때만 승계되고 독립된 행위일 때는 승계되지 않음
하자의 치유와 전환	전환만 가능	치유만 가능
쟁송형태	무효확인심판, 무효확인소송	취소심판, 취소소송
제소기간	제한없음	제한있음 (쟁송제기 기간 내에 제기해야 함)
사정판결	부정	인정
선결문제	위법성 및 효력판단 가능	위법성은 판단 가능, 효력은 판단 불가능

(3) 하자의 승계

① **의의** … 둘 이상의 행정행위가 연속하여 행해지는 경우 선행행위의 하자를 후행행위의 위법사유로서 주장할 수 있는가의 문제이다. 즉, 선행행위의 하자가 후행행위에 승계되는가의 문제이다.

② **승계가 문제되는 행위** … 하자의 승계문제가 논의되기 위해서는 첫째, 선행행위가 무효가 아니어야 하고, 둘째, 선행행위에 불가쟁력이 발생하여야 하며, 셋째, 선행행위에는 하자가 존재하나 후행행위에는 하자가 존재하지 않아야 한다.

③ **학설** … 선행행위와 후행행위가 서로 결합하여 하나의 효과를 완성하는 경우에는 하자가 승계되고(행정대집행에 있어서의 계고·대집행영장의 통지·대집행실행·비용징수의 각 행위 사이, 조세체납처분에 있어서의 독촉·압류·매각·청산의 각 행위 사이 등) 두 행위가 서로 독립하여 각각 별개의 목적을 추구하는 경우에는 선행행위가 당연 무효인 경우에만 승계되고 그 밖의 경우에는 승계되지 않는다(과세처분과 체납처분 사이).

④ 판례
  ㉠ 하자의 승계 인정
    • 개별공시지가결정과 과세(개발부담금부과)처분
    • 표준지공시지가결정과 수용재결(수용보상금)
    • 강제징수(독촉 · 압류 · 매각 · 청산), 대집행(계고 · 통지 · 실행 · 비용납부명령) 각
      절차 사이
    • 암매장분묘개장명령과 계고처분
    • 귀속재산의 임대처분과 매각처분
    • 한지의사시험자격인정과 한지의사면허처분
    • 안경사시험의 합격취소처분과 안경사면허취소처분
    • 친일반민족행위자 결정과 「독립유공자예우에관한법률」의 법적용 대상으로부터의 배
      제결정
  ㉡ 하자의 승계 부정
    • 과세처분과 체납처분
    • 철거명령과 대집행절차
    • 표준지공시지가결정과 개별공시지가결정
    • 표준지공시지가결정과 조세부과처분
    • 공무원의 직위해제처분과 면직처분
    • 도시계획결정과 수용재결
    • 재개발사업시행인가처분과 토지수용재결
    • 변상판정과 변상명령
    • 액화석유가스판매사업허가 처분과 사업개시신고 반려처분

판례 2개 이상의 행정처분이 연속적 또는 단계적으로 이루어지는 경우 <u>선행처분과 후행처분이
서로 합하여 1개의 법률효과를 완성하는</u> 때에는 선행처분에 하자가 있으면 그 하자는 후행처분
에 승계된다. 이러한 경우에는 선행처분에 불가쟁력이 생겨 그 효력을 다툴 수 없게 되더라도
선행처분의 하자를 이유로 후행처분의 효력을 다툴 수 있다. 그러나 <u>선행처분과 후행처분이 서
로 독립하여 별개의 법률효과를 발생시키는</u> 경우에는 선행처분에 불가쟁력이 생겨 그 효력을
다툴 수 없게 되면 선행처분의 하자가 당연무효인 경우를 제외하고는 특별한 사정이 없는 한
선행처분의 하자를 이유로 후행처분의 효력을 다툴 수 없는 것이 원칙이다. 국토의 계획 및 이
용에 관한 법률에 따르면, <u>도시 · 군계획시설결정과 실시계획인가는 도시 · 군계획시설사업을 위
하여 이루어지는 단계적 행정절차에서 별도의 요건과 절차에 따라 별개의 법률효과를 발생시키
는 독립적인 행정처분이다.</u> 그러므로 선행처분인 도시 · 군계획시설결정에 하자가 있더라도 그
것이 당연무효가 아닌 한 원칙적으로 후행처분인 실시계획인가에 승계되지 않는다(대판 2017.
7.18. 2016두49938).

기출문제

🔢 행정행위의 하자의 승계에 대한
설명으로 옳지 않은 것은? (다툼이
있는 경우 판례에 의함)
▶ 2018. 4. 7. 인사혁신처
① 구 「부동산 가격공시 및 감정평
  가에 관한 법률」상 선행처분인
  표준지공시지가의 결정에 하자
  가 있는 경우에 그 하자는 보상
  금 산정을 위한 수용재결에 승
  계된다.
② 「국토의 계획 및 이용에 관한
  법률」상 도시 · 군계획시설결정
  과 실시계획인가는 동일한 법률
  효과를 목적으로 하는 것이므로
  선행처분인 도시 · 군계획시설결
  정의 하자는 실시계획인가에 승
  계된다.
③ 「행정대집행법」상 선행처분인
  계고처분의 하자는 대집행영장
  발부통보처분에 승계된다.
④ 「도시 및 주거환경정비법」상 사
  업시행계획에 관한 취소사유인
  하자는 관리처분계획에 승계되
  지 않는다.

▌정답 ②

(4) 하자의 치유와 전환

① **의의** … 행정행위의 하자론의 예외로서 하자 있는 행정행위를 적법한 행정행위로서 그 효력을 유지시키고자 하는 법리이다.

② **하자의 치유**

  ㉠ **의의** : 행정처분 당시에는 위법한 행정행위였으나 사후에 요건이 충족된 경우 또는 위법성이 지극히 경미하여 취소할 필요성이 없는 경우에 이를 적법한 행위로 인정하는 것을 말한다.

  ㉡ **근거** : 법적 생활의 안정, 무익한 행정행위의 반복금지, 상대방의 신뢰보호, 기득권의 존중 등이 제시되고 있다.

  ㉢ **치유사유** : 요건의 사후보완(필요한 신청서의 사후제출, 무권대리행위의 추인, 승인·동의 등이 결여된 경우의 추인, 허가요건의 사후충족, 행정심판·청문절차의 사후이행, 요식행위의 형식보완 등)과 지극히 경미한 위법성(허가기준을 0.1m 초과한 건축물에 대한 허가처분 등)에 인정된다.

  ㉣ **인정범위** : 취소할 수 있는 행정행위에만 인정되고 무효인 행정행위에는 인정되지 않는다(통설). 절차상·형식상 하자는 치유가 가능하지만, 내용상 하자는 치유가 불가능하다. 또한 하자의 치유는 행정쟁송 제기 이전에만 가능하다.

> **판례** 증여세의 납세고지서에 과세표준과 세액의 계산명세가 기재되어 있지 아니하거나 그 계산명세서를 첨부하지 아니하였다면 그 납세고지는 위법하다고 할 것이나, 한편 과세관청이 과세처분에 앞서 납세의무자에게 보낸 과세예고통지서 등에 납세고지서의 필요적 기재사항이 제대로 기재되어 있어 납세의무자가 그 처분에 대한 불복 여부의 결정 및 불복신청에 전혀 지장을 받지 않았음이 명백하다면, 이로써 납세고지서의 하자가 보완되거나 치유될 수 있다(대판 2001. 3. 27. 99두8039).
>
> 행정청이 식품위생법상의 청문절차를 이행함에 있어 소정의 청문서 도달기간을 지키지 아니하였다면 이는 청문의 절차적 요건을 준수하지 아니한 것이므로 이를 바탕으로 한 행정처분은 일단 위법하다고 보아야 할 것이지만 이러한 청문제도의 취지는 처분으로 말미암아 받게 될 영업자에게 미리 변명과 유리한 자료를 제출할 기회를 부여함으로써 부당한 권리침해를 예방하려는 데에 있는 것임을 고려하여 볼 때, 가령 행정청이 청문서 도달기간을 다소 어겼다하더라도 영업자가 이에 대하여 이의하지 아니한 채 스스로 청문일에 출석하여 그 의견을 진술하고 변명하는 등 방어의 기회를 충분히 가졌다면 청문서 도달기간을 준수하지 아니한 하자는 치유되었다고 봄이 상당하다(대판 1992. 10. 23. 92누2844).
>
> 세액산출근거가 기재되지 아니한 납세고지서에 의한 부과처분은 강행법규에 위반하여 취소대상이 된다 할 것이므로 이와 같은 하자는 납세의무자가 전심절차에서 이를 주장하지 아니하였거나, 그 후 부과된 세금을 자진납부하였다거나, 또는 조세채권의 소멸시효기간이 만료되었다 하여 치유되는 것이라고는 할 수 없다(대판 1985. 4. 9. 84누431).

  ㉤ **효과** : 처음부터 하자가 없는 행위로 인정된다.

기출문제

③ 하자의 전환

   ㉠ 의의 : 원래의 행정행위로서는 무효이나 이를 다른 행정행위로 보면 그 요건이 충족되는 경우에 이를 그 다른 행정행위로 보아 효력을 인정하는 것을 말한다.

   ㉡ 전환의 요건
- 두 행정행위 사이에 처분청·요건·효과상의 실질적 공통성이 있어야 한다.
- 전환되는 행정행위로서의 성립·효력요건을 갖추어야 한다.
- 원처분을 한 행정청의 의도에 반하지 않아야 한다.
- 당사자에게 원처분보다 불리하지 않아야 한다.
- 제3자의 이익을 침해하지 않아야 한다.

   ㉢ 인정범위 : 무효인 행정행위에 대해서만 인정된다(통설).

   ㉣ 제한 : 기속행위를 재량행위로 전환해서는 안된다.

   ㉤ 성질 : 전환은 그 자체로서 독립적인 행정행위이다. 따라서 전환행위를 행정소송의 대상으로 할 수 있다. 하자 있는 행정행위의 전환은 법원이 아니라 처분청과 행정심판위원회만이 할 수 있다.

   ㉥ 전환의 효과 : 전환으로 인하여 생긴 새로운 행정행위는 종전의 행정행위의 발령 당시로 소급하여 효력을 발생한다.

section 9 행정행위의 무효와 취소

(1) 행정행위의 무효

① 의의 … 행정행위의 무효란 행정행위로서의 외형은 갖추고 있으나 중대하고 명백한 흠이 있어 처음부터 행정행위로서의 효력을 발생하지 못하는 것을 말한다. 외형은 존재한다는 점에서 외형도 존재하지 않는 '부존재'와 구별되며 처음부터 아무런 효력이 발생하지 않는다는 점에서 '취소할 수 있는 행정행위'와 구별된다.

② 무효원인

   ㉠ 주체에 관한 하자
- 공무원이 아닌 자의 행위는 무효이다. 다만, 예외적으로 사실상의 공무원이론이 적용될 때에는 유효하다.
- 의사능력 없는 자의 행위는 무효이다.
- 18세 이상의 미성년자도 공무원이 될 수 있으므로, 미성년자인 공무원의 행위는 유효하다.
- 정당한 권한의 위임을 받지 아니한 자의 행위는 무효이다.
- 사기·강박·착오로 인한 행위는 취소가 원칙이다.

문 행정행위의 하자에 대한 판례의 입장으로 옳지 않은 것은?

▶ 2018. 5. 19. 제1회 지방직

① 친일반민족행위자로 결정한 최종발표와 그에 따라 그 유가족에 대하여 한 「독립유공자 예우에 관한 법률」 적용배제자 결정은 별개의 법률효과를 목적으로 하는 처분이다.

② 무권한의 행위는 원칙적으로 무효라고 할 것이므로, 5급 이상의 국가정보원 직원에 대해 임면권자인 대통령이 아닌 국가정보원장이 행한 의원면직처분은 당연무효에 해당한다.

③ 「국가유공자 등 예우 및 지원에 관한 법률」에 따른 여러 개의 상이에 대한 국가유공자요건비해당처분에 대한 취소소송에서 그 중 일부 상이만이 국가유공자요건이 인정되는 상이에 해당하는 경우, 국가유공자요건비해당처분 중 그 요건이 인정되는 상이에 대한 부분만을 취소하여야 한다.

④ 위법하게 구성된 폐기물처리시설 입지선정위원회가 의결을 한 경우, 그에 터잡아 이루어진 폐기물처리시설 입지결정처분의 하자는 무효사유로 본다.

▌정답 ②

판례 운전면허에 대한 정지처분권한은 경찰청장으로부터 경찰서장에게 권한위임된 것이므로 음주운전자를 적발한 단속 경찰관으로서는 관할 경찰서장의 명의로 운전면허정지처분을 대행처리할 수 있을지는 몰라도 자신의 명의로 이를 할 수는 없다 할 것이므로, 단속 경찰관이 자신의 명의로 운전면허행정처분통지서를 작성·교부하여 행한 운전면허정지처분은 비록 그 처분의 내용·사유·근거"등이 기재된 서면을 교부하는 방식으로 행하여졌다고 하더라도 권한 없는 자에 의하여 행하여진 점에서 무효의 처분에 해당한다(대판 1997. 5.16. 97누2313).

구 폐기물처리시설 설치촉진 및 주변지역 지원 등에 관한 법률에 정한 입지선정위원회가 그 구성방법 및 절차에 관한 같은 법 시행령의 규정에 위배하여 군수와 주민대표가 선정·추천한 전문가를 포함시키지 않은 채 임의로 구성되어 의결을 한 경우, 그에 터잡아 이루어진 폐기물처리시설 입지결정처분의 하자는 중대한 것이고 객관적으로도 명백하므로 무효사유에 해당한다(대판 2007. 4.12. 2006두20150).

행정처분이 당연무효라고 하기 위하여는 처분에 위법사유가 있다는 것만으로는 부족하고 하자가 법규의 중요한 부분을 위반한 중대한 것으로서 객관적으로 명백한 것이어야 하며, 하자의 중대·명백 여부를 판별함에 있어서는 법규의 목적, 의미, 기능 등을 목적론적으로 고찰함과 동시에 구체적 사안 자체의 특수성에 관하여도 합리적으로 고찰함을 요한다. 적법한 권한 위임 없이 세관출장소장에 의하여 행하여진 관세부과처분이 그 하자가 중대하기는 하지만 객관적으로 명백하다고 할 수 없어 당연무효는 아니다(대판 2004.11.26. 2003두2403).

5급 이상의 국가정보원직원에 대한 의원면직처분이 임면권자인 대통령이 아닌 국가정보원장에 의해 행해진 것으로 위법하고, 나아가 국가정보원직원의 명예퇴직원 내지 사직서 제출이 직위해제 후 1년여에 걸친 국가정보원장 측의 종용에 의한 것이었다는 사정을 감안한다 하더라도 그러한 하자가 중대한 것이라고 볼 수는 없으므로, 대통령의 내부결재가 있었는지에 관계없이 당연무효는 아니다(대판 2007. 7.26. 2005두15748).

Point 팁 **사실상 공무원이론**

공무원선임행위의 유·무효 여부 또는 정년·면직·임기만료 등 외부에서 쉽게 알 수 없는 사유가 있는 공무원의 행위가 항상 무효라면, 이를 신뢰하였던 상대방은 예기치 못한 손해를 입을 수 있다. 따라서 위 행위가 객관적으로 공무원의 행위라고 믿을 만한 사정하에서 행하여진 경우에는 상대방의 신뢰보호 및 법률생활의 안정을 위하여 그 행위를 유효로 보려는 이론을 말한다.

ⓛ **내용에 관한 하자** : 사실상 또는 법률상 실현불가능하거나 내용이 불명확한 경우에는 무효이다. 다만, 공서양속에 위반되는 행위는 민법에서는 무효이나 행정법에서는 취소에 해당한다.

ⓒ **절차에 관한 하자** : 법률상 필요한 상대방의 신청·동의·의결을 결한 행정행위는 무효이고, 심의·협의·청문(개별법에서 무효로 하는 경우 있음)을 결한 행정행위는 취소사유가 된다.

판례 행정절차법 제22조 제1항 제1호에 정한 청문제도는 행정처분의 사유에 대하여 당사자에게 변명과 유리한 자료를 제출할 기회를 부여함으로써 위법사유의 시정가능성을 고려하고 처분의 신중과 적정을 기하려는 데 그 취지가 있으므로, 행정청이 특히 침해적 행정처분을 할 때 그 처분의 근거 법령 등에서 청문을 실시하도록 규정하고 있다면, 행정절차법 등 관련 법령상 청문을 실시하지 않아도 되는 예외적인 경우에 해당하지 않는 한 반드시 청문을 실시하여야 하며, 그러한 절차를 결여한 처분은 위법한 처분으로서 취소사유에 해당한다(대판 2007.11.16. 2005두15700).

도시관리계획결정·고시와 그 도면에 특정 토지가 도시관리계획에 포함되지 않았음이 명백한데도 도시관리계획을 집행하기 위한 후속 계획이나 처분에서 그 토지가 도시관리계획에 포함된 것처럼 표시되어 있는 경우가 있다. 이것은 실질적으로 도시관리계획결정을 변경하는 것에 해당하여 구 국토의 계획 및 이용에 관한 법률 제30조 제5항에서 정한 <u>도시관리계획 변경절차를 거치지 않는 한 당연무효이다</u>(대판 2019. 7.11. 2018두47783).

ⓔ **형식에 관한 하자** : 필요한 문서에 의하지 아니한 행위, 서명·날인을 결여한 행위는 무효이다.

판례 행정절차법 제24조는, 행정청이 처분을 하는 때에는 다른 법령 등에 특별한 규정이 있는 경우를 제외하고는 문서로 하여야 하고 전자문서로 하는 경우에는 당사자 등의 동의가 있어야 하며, 다만 신속을 요하거나 사안이 경미한 경우에는 구술 기타 방법으로 할 수 있다고 규정하고 있는데, 이는 행정의 공정성·투명성 및 신뢰성을 확보하고 국민의 권익을 보호하기 위한 것이므로 위 규정을 위반하여 행하여진 행정청의 처분은 하자가 중대하고 명백하여 원칙적으로 무효이다(대판 2011.11.10. 2011도11109).

③ **주장방법** … 무효확인심판과 무효확인소송을 통해 주장할 수 있다.

④ **효과**

ⓐ 행정청의 별도의 의사표시 없이 처음부터 아무런 효력도 발생하지 못한다.

ⓑ 일정한 요건을 갖춘 경우 무효행위의 전환이 인정된다. 무효인 법률행위가 다른 법률행위의 요건을 구비하고 당사자가 그 무효를 알았더라면 다른 법률행위를 하는 것을 의욕하였으리라고 인정될 때에는 다른 법률행위로서 효력을 가진다〈민법 제138조〉.

(2) 행정행위의 취소

① **의의**

ⓐ **개념** : 그 성립에 흠이 있음에도 불구하고 일단 유효하게 성립한 행정행위를 권한 있는 기관이 그 효력의 전부 또는 일부를 원칙적으로 소급하여 상실시키는 별개의 독립된 행정행위를 말한다. 이러한 의미의 취소에는 직권취소와 쟁송취소가 있다.

ⓑ **구별개념** : 취소는 일응 유효하게 성립한 행정행위의 효력을 소멸시키는 행위인 점에서 처음부터 효력이 없는 무효와 구별되고 또 그 성립에 흠이 있음을 이유로 하는 점에서 흠없이 성립한 행정행위의 효력을 장래에 대하여 소멸시키는 철회와 구별된다.

ⓒ **직권취소와 쟁송취소의 구별** : 직권취소란 행정청이 직권으로 행하는 별도의 행정행위인 취소를 말하고, 쟁송취소란 행정행위의 위법성을 이유로 소송의 제기에 의해 법원이 행하는 취소를 말한다.

기출문제

📩 행정행위의 취소에 대한 설명으로 옳은 것만을 모두 고르면? (다툼이 있는 경우 판례에 의함)

▶ 2019. 6. 15. 제1회 지방직

㉠ 「산업재해보상보험금」상 각종 보험급여 등의 지급결정을 변경 또는 취소하는 처분과 처분에 터 잡아 잘못 지급된 보험급여액에 해당하는 금액을 징수하는 처분이 적법한지를 판단하는 경우, 지급결정을 변경 또는 취소하는 처분이 적법하다면 그에 터 잡은 징수처분도 적법하다고 판단해야 한다.

㉡ 권한 없는 행정기관이 한 당연무효인 행정처분을 취소할 수 있는 권한은 당해 행정처분을 한 처분청에게 속하고, 당해 행정처분을 할 수 있는 적법한 권한을 가지는 행정청에게 그 취소권이 귀속되는 것이 아니다.

㉢ 수익적 처분이 상대방의 허위 기타 부정한 방법으로 인하여 행하여졌다면 상대방은 그 처분이 그와 같은 사유로 인하여 취소될 것임을 예상할 수 없었다고 할 수 없으므로, 이러한 경우에까지 상대방의 신뢰를 보호하여야 하는 것은 아니다.

① ㉠, ㉡
② ㉠, ㉢
③ ㉡, ㉢
④ ㉠, ㉡, ㉢

정답 ③

② 취소권자

㉠ 직권취소 : 처분청과 감독청이 직권으로 행하는 바, 이는 하나의 독립된 행정행위이다. 감독청이 취소권을 가지는가에 대해서는 적극설과 소극설이 대립하고 있으나 취소권은 감독권에 당연히 포함되어 있으므로 가능하다는 적극설이 통설이다. 반면, 감독청은 취소명령권만을 가진다는 소극설이 최근 유력시되고 있다.

㉡ 쟁송취소 : 행정심판위원회(재결청) 또는 법원이다.

③ 취소의 목적

㉠ 직권취소 : 법치행정의 원칙과 행정목적의 실현을 위해 행한다.

㉡ 쟁송취소 : 법치행정의 실현과 국민의 권리구제를 목적으로 한다.

④ 취소권의 근거

㉠ 직권취소 : 법적 근거가 필요하다는 적극설과 별도의 법적 근거를 요하지 않는다는 소극설이 대립하나 판례는 소극설을 취하고 있다.

㉡ 쟁송취소 : 행정심판법, 행정소송법 등의 근거에 의해 행해진다.

⑤ 취소사유

㉠ 무효에 이르지 않는 경우에는 일반적으로 취소사유가 된다. 직권취소와 행정심판에 의한 취소는 행정행위의 위법뿐만 아니라 부당도 취소사유가 되나, 행정소송에 의한 취소는 행정행위의 위법만 취소사유가 된다.

㉡ 권한 초과, 행위능력 결여, 사기·강박 등 부정행위에 의한 경우, 착오, 공서양속에 위반한 경우, 경미한 법규 위반, 경미한 절차나 형식의 결여 등을 들 수 있다.

⑥ 취소의 대상

㉠ 직권취소 : 수익적·침익적·복효적 행정행위를 모두 대상으로 하나 상대방의 권익과 관련하여 수익적 행정행위와 복효적 행정행위의 취소가 문제된다.

㉡ 쟁송취소 : 주로 침익적 행정행위를 대상으로 한다.

⑦ 취소의 내용

㉠ 직권취소 : 행정행위의 적극적 변경이 가능하다.

㉡ 쟁송취소 : 권력분립의 원칙상 행정심판의 경우에는 행정행위의 적극적인 변경이 가능하고, 행정소송의 경우에는 소극적인 변경(일부취소)만 가능하다.

⑧ 제기기간

㉠ 직권취소 : 원칙상 기간의 제한이 없다.

㉡ 쟁송취소 : 쟁송제기기간이 정해져 있다.

⑨ **취소의 절차**

㉠ **직권취소** : 특별한 절차가 없는 것이 보통이다. 그러나 수익적 행정행위의 취소는 상대방에 대하여 의견제출 기회를 부여하여야 한다. 또한 관계 법률에서 청문절차 등을 규정하고 있는 경우도 있다.

㉡ **쟁송취소** : 「행정심판법」, 「행정소송법」의 절차에 따라 행한다.

⑩ **취소의 효과**

㉠ **직권취소** : 성립 당시의 하자를 원인으로 하므로 소급하여 효력을 소멸하는 것이 원칙이다. 그러나 신뢰보호의 원칙상 상대방의 귀책사유 없이 수익적 행정행위를 취소할 경우에는 장래에 대하여 효력이 소멸한다. 또한 그로 인한 손실은 보상해야 한다.

㉡ **쟁송취소** : 당사자의 권리구제가 목적이므로 소급효가 원칙이다. 다만, 쟁송취소의 대상은 부담적 행정행위인 경우가 대부분이므로 직권취소에 비해 장래효가 인정되는 경우는 별로 없다.

⑪ **취소권의 제한**

㉠ **직권취소**

- 침익적 행정행위 : 적법성을 확보할 수 있고 상대방에 이익을 주므로 원칙적으로 취소가 자유롭다.
- 수익적 행정행위 : 취소권이 제한된다. 다만, 수익자가 그 하자에 책임이 있는 경우에는 취소가 제한되지 않는다. 실제에 있어서는 그 구체적인 사안에 따라 제 이익을 형량하여 개별적으로 결정한다(통설·판례).
  - 행정행위를 이용하고 있는 경우 : 건축허가를 받고 건축에 착수한 경우
  - 포괄적 신분관계 설정행위 : 귀화허용, 공무원임용행위 등
  - 불가변력이 발생한 행정행위 : 행정심판의 재결, 합격자의 결정 등
  - 사인의 법률행위를 완성시켜 주는 행위 : 인가 등의 행위는 사적 거래의 안정, 법률생활의 안정의 관점에서 취소가 제한
  - 경제적 효과의 영향 : 위법한 개간허가이지만, 많은 사람의 생계가 달려 있는 경우
  - 하자의 치유·전환이 가능한 행정행위
  - 실권의 법리 : 취소권자가 상당히 장기간에 걸쳐 그 권한을 행사하지 아니한 결과 장차 당해 행위는 취소되지 아니할 것이라는 신뢰가 형성된 경우에는 그 취소권은 상실된다.

판례 (1) 구 공업배치 및 공장설립에 관한 법률에 의하여 등록된 공장을 통계청장이 고시하는 표준산업분류에 의한 제조업 외의 용도로 활용하는 때에는, ① 당해 공장과 관련된 산업의 용도로 활용하는 것도 아니고 당해 공장을 운영함에 있어서 필요한 용도로 활용하는 것도 아닌 경우, ② 당해 공장의 제조활동에 현저하게 지장을 초래하는 경우, ③ 위 제조업 외의 용도로 활용하는 부분이 공장의 일부가 아닌 경우 중 어느 한 가지에 해당하면 시장 등은 공장의 등록을 취소할 수 있다.
(2) 행정행위를 한 처분청은 그 행위에 하자가 있는 경우에는 별도의 법적 근거가 없더라도 스

기출문제

📖 **행정행위의 직권취소에 대한 설명으로 옳지 않은 것은? (다툼이 있는 경우 판례에 의함)**

▶ 2016. 4. 9. 인사혁신처

① 처분청이라도 자신이 행한 수익적 행정행위를 위법 또는 부당을 이유로 취소하려면 취소에 대한 법적 근거가 있어야 한다.

② 과세처분을 직권취소한 경우 그 취소가 당연무효가 아닌 한 과세처분은 확정적으로 효력을 상실하므로, 취소처분을 직권취소하여 원과세처분의 효력을 회복시킬 수 없다.

③ 위법한 행정행위에 대하여 불가쟁력이 발생한 이후에도 당해 행정행위의 위법을 이유로 직권취소할 수 있다.

④ 행정행위의 위법이 치유된 경우에는 그 위법을 이유로 당해 행정행위를 직권취소할 수 없다.

정답 ①

기출문제

스로 이를 취소할 수 있고, 다만 수익적 행정처분을 취소할 때에는 이를 취소하여야 할 공익상의 필요와 그 취소로 인하여 당사자가 입게 될 기득권과 신뢰보호 및 법률생활 안정의 침해 등 불이익을 비교·교량한 후 공익상의 필요가 당사자가 입을 불이익을 정당화할 만큼 강한 경우에 한하여 취소할 수 있으며, 나아가 수익적 행정처분의 하자가 당사자의 사실은폐나 기타 사위의 방법에 의한 신청행위에 기인한 것이라면 당사자는 처분에 의한 이익이 위법하게 취득되었음을 알아 취소가능성도 예상하고 있었다 할 것이므로, 그 자신이 처분에 관한 신뢰이익을 원용할 수 없음은 물론 행정청이 이를 고려하지 아니하였다고 하여도 재량권의 남용이 되지 않는다(대판 2006. 5.25. 2003두4669).

ㄴ 쟁송취소 : 주로 침익적 행정행위가 대상이 되므로 원칙적으로 자유롭게 취소할 수 있다. 다만, 사정재결과 사정판결에 있어 공공복리에 현저하게 적합하지 않은 때에는 취소할 수 없으므로 공공복리는 쟁송취소의 일반적인 제한사유가 될 것이다.

⑫ 취소의 취소
  ㄱ 직권취소 : 행정행위를 직권으로 취소한 후에 그 취소행위에 하자 있음을 이유로 해서 이를 다시 취소하여 원처분을 소생시킬 수 있는가의 문제가 있다.
   • 취소에 무효사유인 하자가 있는 경우 : 취소는 처음부터 효력을 발생하지 아니하고 원처분은 그대로 존속한다.
   • 취소에 단순 취소사유만 있을 경우에는 취소도 행정행위이므로 그 하자의 일반론에 따라 그에 하자가 있는 때에는 이를 취소하여 원처분을 다시 소생시킬 수 있다고 본다(통설).
  ㄴ 쟁송취소 : 쟁송절차를 거친 후에는 확정력이 발생하므로 취소가 제한된다.

[직권취소와 쟁송취소]

구분	직권취소	쟁송취소
취소권자	처분청·감독청	처분청(이의신청), 행정심판위원회(행정심판), 법원(행정소송)
대상	주로 수익적 행정행위	주로 침익적 행정행위
내용	적극적 변경 가능	행정심판은 변경 가능, 행정소송은 인용·기각만 가능
기간	기간제한 없음	기간제한 있음
효과	원칙적으로 소급효	원칙적으로 소급효
취소권의 제한	• 침익적 행정행위는 제한없음 • 수익적 행정행위, 포괄적 신분설정행위, 불가변력이 발생한 행위, 인가행위 등은 제한됨	• 자유롭게 취소할 수 있음(원칙) • 사정재결과 사정판결에 있어 공공복리에 현저하게 적합하지 않은 때에는 취소할 수 없음
법적근거	특별한 법적 근거를 요하지 않음	행정심판법·행정소송법에 근거 있음

판례 국세기본법 제26조 제1호는 부과의 취소를 국세납부의무 소멸사유의 하나로 들고 있으나, 그 부과의 취소에 하자가 있는 경우의 부과의 취소의 취소에 대하여는 법률이 명문으로 그 취소요건이나 그에 대한 불복절차에 대하여 따로 규정을 둔 바도 없으므로, 설사 부과의 취소에 위법사유가 있다고 하더라도 당연무효가 아닌 한 일단 유효하게 성립하여 부과처분을 확정적으로 상실시키는 것이므로, 과세관청은 부과의 취소를 다시 취소함으로써 원부과처분을 소생시킬 수는 없고 납세의무자에게 종전의 과세대상에 대한 납부의무를 지우려면 다시 법률에서 정한 부과절차에 좇아 동일한 내용의 새로운 처분을 하는 수밖에 없다(대판 1995. 3.10. 94누7027).

지방병무청장이 재신체검사 등을 거쳐 현역병입영대상편입처분을 보충역편입처분이나 제2국민역편입처분으로 변경하거나 보충역편입처분을 제2국민역편입처분으로 변경하는 경우 비록 새로운 병역처분의 성립에 하자가 있다고 하더라도 그것이 당연무효가 아닌 한 일단 유효하게 성립하고 제소기간의 경과 등 형식적 존속력이 생김과 동시에 종전의 병역처분의 효력은 취소 또는 철회되어 확정적으로 상실된다고 보아야 할 것이므로 그 후 새로운 병역처분의 성립에 하자가 있었음을 이유로 하여 이를 취소한다고 하더라도 종전의 병역처분의 효력이 되살아난다고 할 수 없다(대판 2002. 5.28. 2001두9653).

section 10 행정행위의 철회

(1) 의의

행정행위의 철회라 함은 하자 없이 적법하게 성립한 행정행위를 행정청이 새로운 사정의 발생으로 인해 장래를 향하여 그 효력을 상실시키는 독립된 행정행위를 말한다. 실정법에서는 취소라는 용어가 많이 사용되고 있다.

(2) 철회권자

행정행위의 철회는 처분청만이 할 수 있다. 감독청은 처분청에 철회를 명할 수는 있으나, 법률에 특별한 규정이 없는 한 직접 당해 행위를 철회할 수는 없다.

(3) 철회권의 근거

철회에 법률적 근거가 필요한가에 대해 법적 근거가 없는 경우에도 허용된다는 근거불요설이 다수설·판례이다.

판례 행정행위를 한 처분청은 비록 그 처분 당시에 별다른 하자가 없었고, 또 그 처분 후에 이를 취소할 별도의 법적 근거가 없다 하더라도 원래의 처분을 존속시킬 필요가 없게 된 사정변경이 생겼거나 또는 중대한 공익상의 필요가 발생한 경우에는 그 효력을 상실케 하는 별개의 행정행위로 이를 취소(철회)할수 있다(대판 1995. 6. 9. 95누1194).

(4) 철회의 원인

① 근거법령이 개폐되는 경우

② 사정변경 및 중대한 공익상의 필요 발생

기출문제

📝 다음 중 행정행위의 취소와 철회에 대한 설명으로 가장 옳은 것은?
▶ 2016. 6. 25. 서울특별시

① 특별한 사정이 없는 한 부담적 행정행위의 취소는 원칙적으로 자유롭지 않다.

② 수익적 행정행위에 대한 철회권 유보의 부관은 그 유보된 사유가 발생하여 철회권이 행사된 경우 상대방이 신뢰보호원칙을 원용하는 것을 제한한다는 데 실익이 있다.

③ 철회권이 유보된 경우라도 수익적 행정행위의 철회에 있어서는 반드시 법적근거가 필요하다.

④ 판례는 불가쟁력이 생긴 행정처분이라도 공권의 확대화경향에 따라 이에 대한 취소 또는 변경을 구할 신청권을 적극적으로 인정하고 있다.

▌정답 ②

③ 상대방의 의무 위반

④ 철회권이 유보된 경우

⑤ 사실관계의 변경

(5) 철회의 제한

① 침익적(부담적) 행정행위의 철회

    ㉠ 원칙 : 상대방에게 이익을 주므로 철회가 자유롭다.

    ㉡ 예외 : 행정행위를 존속시켜야 할 중대한 공익상의 필요가 있는 경우나 행정행위를 철회한 후에 다시 동일한 내용의 행정행위를 발령해야 되는 경우(기속행위)에는 제한된다.

② 수익적 행정행위의 철회

    ㉠ 철회가 제한되는 경우 : 포괄적 신분설정행위와 불가변력이 발생한 행정행위, 실권의 법리가 적용된 경우, 기득권익의 존중, 복효적 행정행위(관계이익을 비교형량하여 결정)

    ㉡ 철회가 제한되지 않는 경우 : 위험방지, 수익자의 책임

(6) 철회의 절차

철회의 절차에 관한 일반적 규정은 없다. 다만, 수익적 행정행위의 철회는 행정절차법이 정하는 바에 따라 의견제출 기회 등이 보장되어야 한다.

(7) 철회의 효과

① 장래효 … 원칙적으로 장래에 대해서 효력이 발생한다. 그러나 장래효 만으로는 철회의 의미가 없는 예외적인 경우에는 소급효가 인정된다.

② 손실보상 … 상대방의 귀책사유 없이 철회되는 때에는 그에 따른 손실을 보상해야 한다.

③ 하자있는 철회의 취소 … 하자 있는 철회를 취소하여 원행정행위를 소생시킬 수 있는가의 문제로서 이는 취소의 취소에 준한다.

[취소와 철회]

구분	취소	철회
행사권자	처분청, 감독청, 행정심판위원회, 법원	처분청
원인	위법, 부당	행정행위 성립 후의 상황으로 효과를 지속시킬 수 없는 경우
효과	소급효(원칙)	장래효(원칙)

문 **행정행위의 직권취소 및 철회에 대한 설명으로 가장 옳지 않은 것은?**

▶ 2018. 6. 23. 제2회 서울특별시

① 한 사람이 여러 종류의 자동차 운전면허를 취득하는 경우뿐 아니라 이를 취소 또는 정지함에 있어서도 서로 별개의 것으로 취급하는 것이 원칙이다.

② 처분청은 하자있는 행정행위의 행위자로서 그 하자를 시정할 지위에 있어 그 취소에 관한 법률의 규정이 없어도 행정행위를 취소할 수 있다.

③ 수익적 행정행위의 철회는 법령에 명시적인 규정이 있거나 행정행위의 부관으로 그 철회권이 유보되어 있는 경우, 또는 원래의 행정행위를 존속시킬 필요가 없게 된 사정변경이 생겼거나 또는 중대한 공익상의 필요가 발생한 경우 등의 예외적인 경우에만 허용된다.

④ 철회 자체가 행정행위의 성질을 가지는 것은 아니어서 「행정절차법」상 처분절차를 적용하여야 하는 것은 아니나, 신뢰보호원칙이나 비례원칙과 같은 행정법의 일반원칙은 준수해야 한다.

❙정답 ④

손해전보	손해배상책임	손실보상책임
절차	직권취소는 특별한 절차 필요 없음 (쟁송취소는 필요)	특별한 절차 필요 없음
공통점	실정법상 혼용, 유효한 행정행위의 효력상실, 형성행위, 조리상 제한, 취소가 인정	

section 11 행정행위의 실효

(1) 의의

행정행위의 실효란 하자 없이 성립·발효한 행정행위가 이후 일정한 사실의 발생으로 인해 그 효력이 소멸되는 것을 말한다.

(2) 구별개념

실효는 처음부터 효력이 발생하지 않는 무효와 구별되고 행정청의 의사표시에 의하지 않고 자동 소멸된다는 점에서 취소나 철회와 다르다. 즉, 취소와 철회는 별개의 행정행위에 의하여 원행정행위의 효력을 소멸시키는 것이나 실효는 일정 사유의 발생에 따라 당연히 기존의 행정행위의 효력이 행정청의 의사표시 없이 자동 소멸되는 것이다.

(3) 실효의 사유

① 행정행위의 목적물의 소멸(상대방의 사망, 물건의 소멸, 허가영업의 자진 폐업 등)

② 행정행위의 목적 달성

③ 행정행위의 부관으로서의 해제조건의 성취 또는 종기의 도래

(4) 실효의 효과

실효사유가 있으면 당해 행정행위는 그 때부터 장래를 향하여 당연히 효력을 상실한다.

(5) 실효의 주장방법

실효의 주장방법으로서 실효확인소송 또는 유효확인소송을 제기할 수 있다.

실권(失權)의 법리 내지 실효(失效)의 법리를 인정할 수 있는 경우에 해당하는 것은?
▶ 2013. 9. 7. 국회사무처

① 처분청이 취소처분을 할 수 있는 사정을 알고서도 상당기간 동안 취소처분을 하지 아니한 경우

② 민원인이 법정요건을 갖추지 못하였음에도 갖춘 것처럼 사실을 숨겨 허가를 받은 후 상당한 기간이 경과한 경우

③ 법정요건을 갖추지 못한 채 허가를 받고, 상당한 기간이 경과한 후 감사원의 지적을 통해 허가청이 비로소 법령위반의 사실을 안 때

④ 허가를 받은 후 본인의 책임에 의해 허가의 요건을 사후적으로 갖추지 못하게 된 경우

⑤ 청소년유해매체물임을 모르고 이를 청소년에게 대여한 업주에게 과징금을 부과한 경우

정답 ①

2020 지방직 9급

1 기속행위와 재량행위에 대한 설명으로 옳지 않은 것은? (다툼이 있는 경우 판례에 의함)

① 「국토의 계획 및 이용에 관한 법률」상 개발행위허가는 허가기준 및 금지요건이 불확정개념으로 규정된 부분이 많아 그 요건에 해당하는지 여부는 행정청의 재량판단의 영역에 속한다.

② 기속행위와 재량행위의 구분은 당해 행위의 근거가 된 법규의 체재·형식과 그 문언, 당해 행위가 속하는 행정 분야의 주된 목적과 특성, 당해 행위 자체의 개별적 성질과 유형 등을 모두 고려하여 판단하여야 한다.

③ 처분을 할 것인지 여부와 처분의 정도에 관하여 재량이 인정되는 과징금 납부명령에 대하여 그 명령이 재량권을 일탈하였을 경우, 법원은 재량권의 범위 내에서 어느 정도가 적정한 것인지에 관하여 판단할 수 있고 그 일부를 취소할 수 있다.

④ 마을버스운송사업면허의 허용 여부는 운수행정을 통한 공익실현과 아울러 합목적성을 추구하기 위하여 보다 구체적 타당성에 적합한 기준에 의하여야 할 것이므로 행정청의 재량에 속하는 것이라고 보아야 한다.

2020 지방직 9급

2 강학상 인가에 대한 설명으로 옳은 것만을 모두 고르면? (다툼이 있는 경우 판례에 의함)

> ㉠ 강학상 인가는 기본행위에 대한 법률상의 효력을 완성시키는 보충행위로서, 그 기본이 되는 행위에 하자가 있을 때에는 그에 대한 인가가 있었다 하여도 기본행위가 유효한 것으로 될 수 없다.
>
> ㉡ 「민법」상 재단법인의 정관변경에 대한 주무관청의 허가는 법률상 표현이 허가로 되어 있기는 하나, 그 성질은 법률행위의 효력을 보충해 주는 것이지 일반적 금지를 해제하는 것은 아니다.
>
> ㉢ 인가처분에 하자가 없더라도 기본행위에 무효사유가 있다면 기본행위의 무효를 내세워 그에 대한 행정청의 인가처분의 취소 또는 무효확인을 구할 소의 이익이 있다.
>
> ㉣ 「도시 및 주거환경정비법」상 관리처분계획에 대한 인가는 강학상 인가의 성격을 갖고 있으므로 관리처분계획에 대한 인가가 있더라도 관리처분계획안에 대한 총회결의에 하자가 있다면 민사소송으로 총회결의의 하자를 다투어야 한다.

① ㉠, ㉡

② ㉡, ㉢

③ ㉢, ㉣

④ ㉠, ㉡, ㉣

3 행정행위의 부관에 대한 설명으로 옳은 것은?(다툼이 있는 경우 판례에 의함)

① 부관 중에서 부담은 주된 행정행위로부터 분리될 수 있다 할지라도 부담 그 자체는 독립된 행정행위가 아니므로 주된 행정행위로부터 분리하여 쟁송의 대상이 될 수 없다.

② 기부채납받은 행정재산에 대한 사용·수익허가에서 공유재산의 관리청이 정한 사용·수익허가의 기간은 그 허가의 효력을 제한하기 위한 행정행위의 부관으로서, 이러한 사용·수익허가의 기간에 대해서는 독립하여 행정소송을 제기할 수 있다.

③ 지방국토관리청장이 일부 공유수면매립지를 국가 또는 지방자치단체에 귀속처분한 것은 법률효과의 일부를 배제하는 부관을 붙인 것이므로 이러한 행정행위의 부관은 독립하여 행정쟁송 대상이 될 수 없다.

④ 행정청이 부담을 부가하기 이전에 상대방과 협의하여 부담의 내용을 협약의 형식으로 미리 정한 경우에는 행정처분을 하면서 이를 부담으로 부가할 수 없다.

4 행정행위의 하자에 대한 설명으로 옳지 않은 것은? (다툼이 있는 경우 판례에 의함)

① 행정청이 「식품위생법」상의 청문절차를 이행함에 있어 청문서 도달기간을 다소 어겼지만 영업자가 이의하지 아니한 채 청문일에 출석하여 의견을 진술하고 변명하는 등 방어의 기회를 충분히 가졌다면 청문서 도달기간을 준수하지 아니한 하자는 치유되었다고 본다.

② 행정처분을 한 처분청은 그 처분의 성립에 하자가 있는 경우 이를 취소할 별도의 법적 근거가 없다고 하더라도 직권으로 이를 취소할 수 있다.

③ 행정처분에 있어 여러 개의 처분사유 중 일부가 적법하지 않으면 다른 처분사유로써 그 처분의 정당성이 인정된다고 하더라도, 그 처분은 위법하게 된다.

④ 계고처분의 후속절차인 대집행에 위법이 있다고 하더라도 그와 같은 후속절차에 위법성이 있다는 점을 들어 선행절차인 계고처분이 부적법하다는 사유로 삼을 수는 없다.

2020 국가직 9급

5 행정행위의 부관에 대한 설명으로 옳은 것만을 모두 고르면?(다툼이 있는 경우 판례에 의함)

⊙ 허가에 붙은 기한이 그 허가된 사업의 성질상 부당하게 짧아 그 기한을 허가조건의 존속기간으로 볼 수 있는 경우에 허가기간이 연장되기 위하여는 그 종기가 도래하기 전에 그 허가기간의 연장에 관한 신청이 있어야 한다.

ⓒ 토지소유자가 토지형질변경행위허가에 붙은 기부채납의 부관에 따라 토지를 기부채납(증여)한 경우, 기부채납의 부관이 당연무효이거나 취소되지 않은 상태에서 그 부관으로 인하여 증여계약의 중요 부분에 착오가 있음을 이유로 증여계약을 취소할 수 없다.

ⓒ 행정청이 수익적 행정처분을 하면서 사전에 상대방과 체결한 협약상의 의무를 부담으로 부가하였는데, 부담의 전제가 된 주된 행정처분의 근거 법령이 개정되어 부관을 붙일 수 없게 된 경우에는 곧바로 협약의 효력이 소멸한다.

ⓒ 행정처분과 실제적 관련성이 없어 부관으로 붙일 수 없는 부담이라고 하더라도 행정처분의 상대방에게 사법상 계약의 형식으로 이를 부과할 수 있다.

① ⊙, ⓒ

② ⓒ, ⓒ

③ ⓒ, ⓒ

④ ⊙, ⓒ, ⓒ

2020 국가직 9급

6 인가에 대한 설명으로 옳지 않은 것은? (다툼이 있는 경우 판례에 의함)

① 공유수면매립면허의 공동명의자 사이의 면허로 인한 권리의무양도약정은 면허관청의 인가를 받지 않은 이상 법률상 아무런 효력도 발생할 수 없다.

② 재단법인의 임원취임을 인가 또는 거부할 것인지 여부는 주무관청의 권한에 속하는 사항이라고 할 것이고, 재단법인의 임원취임승인 신청에 대하여 주무관청이 이에 기속되어 이를 당연히 승인(인가)하여야 하는 것은 아니다.

③ 인가처분에 하자가 없다면 기본행위에 하자가 있다 하더라도 따로 그 기본행위의 하자를 다투는 것은 별론으로 하고 기본행위의 무효를 내세워 바로 그에 대한 행정청의 인가처분의 취소 또는 무효확인을 소구할 법률상의 이익이 없다.

④ 공익법인의 기본재산 처분에 대한 허가의 법률적 성질이 형성적 행정행위로서의 인가에 해당하므로, 그 허가에 조건으로서의 부관의 부과가 허용되지 아니한다.

2021 국가직 9급

7 **행정행위의 부관에 대한 설명으로 옳은 것은?(다툼이 있는 경우 판례에 의함)**

① 행정처분과 부관 사이에 실제적 관련성이 있다고 볼 수 없는 경우, 공무원이 공법상의 제한을 회피할 목적으로 행정처분의 상대방과 사이에 사법상 계약을 체결하는 형식을 취하였더라도 법치행정의 원리에 반하는 것으로서 위법하다고 볼 수 없다.

② 처분 당시 법령을 기준으로 처분에 부가된 부담이 적법하였더라도, 처분 후 부담의 전제가 된 주된 행정처분의 근거 법령이 개정됨으로써 행정청이 더이상 부관을 붙일 수 없게 되었다면 그때부터 부담의 효력은 소멸한다.

③ 부담의 이행으로서 하게 된 사법상 매매 등의 법률행위는 부담을 붙인 행정처분과는 별개의 법률행위이므로, 그 부담의 불가쟁력의 문제와는 별도로 법률행위가 사회질서 위반이나 강행규정에 위반되는지 여부 등을 따져보아 그 법률행위의 유효 여부를 판단하여야 한다.

④ 허가에 붙은 기한이 그 허가된 사업의 성질상 부당하게 짧아서 이 기한이 허가 자체의 존속기간이 아니라 허가조건의 존속기간으로 해석되는 경우에는 허가 여부의 재량권을 가진 행정청은 허가조건의 개정만을 고려할 수 있고, 그 후 당초의 기한이 상당 기간 연장되어 그 기한이 부당하게 짧은 경우에 해당하지 않게 된 때라도 더 이상의 기간연장을 불허가할 수는 없다.

2021 국가직 9급

8 **인·허가 의제에 대한 설명으로 옳지 않은 것은? (다툼이 있는 경우 판례에 의함)**

① 주택건설사업계획 승인권자가 구「주택법」에 따라 도시·군관리계획 결정권자와 협의를 거쳐 관계 주택건설사업계획을 승인하면 도시·군관리계획결정이 이루어진 것으로 의제되고, 이러한 협의 절차와 별도로 「국토의 계획 및 이용에 관한 법률」 등에서 정한 도시·군관리계획 입안을 위한 주민 의견청취 절차를 거칠 필요는 없다.

② 건축물의 건축이 「국토의 계획 및 이용에 관한 법률」상 개발행위에 해당할 경우 그 건축의 허가권자는 국토계획법령의 개발행위허가기준을 확인하여야 하므로, 국토계획법상 건축물의 건축에 관한 개발행위허가가 의제되는 건축허가신청이 국토계획법령이 정한 개발행위허가기준에 부합하지 아니하면 허가권자로서는 이를 거부할 수 있다.

③ 「건축법」에서 관련 인·허가 의제 제도를 둔 취지는 인·허가 의제사항 관련 법률에 따른 각각의 인·허가 요건에 관한 일체의 심사를 배제하려는 것이 아니다.

④ 주택건설사업계획 승인처분에 따라 의제된 인·허가가 위법함을 다투고자 하는 이해관계인은, 주택건설사업계획 승인처분의 취소를 구해야지 의제된 인·허가의 취소를 구해서는 아니되며, 의제된 인·허가는 주택건설사업계획 승인처분과 별도로 항고소송의 대상이 되는 처분에 해당하지 않는다.

2021 국가직 9급

9 행정행위에 대한 설명으로 옳은 것만을 모두 고르면? (다툼이 있는 경우 판례에 의함)

> ㉠ 행정의사가 외부에 표시되어 행정청이 자유롭게 취소·철회할 수 없는 구속을 받게 되는 시점에 처분이 성립하고, 그 성립 여부는 행정청이 행정의사를 공식적인 방법으로 외부에 표시하였는지를 기준으로 판단해야 한다.
>
> ㉡ 구「공중위생관리법」상 공중위생영업에 대하여 영업을 정지할 위법사유가 있다면, 관할 행정청은 그 영업이 양도·양수되었다 하더라도 양수인에 대하여 영업정지처분을 할 수 있다.
>
> ㉢ 「도시 및 주거환경정비법」상 주택재건축조합에 대해 조합설립 인가처분이 행하여진 후에는, 조합설립결의의 하자를 이유로 조합설립의 무효를 주장하려면 조합설립 인가처분의 취소 또는 무효확인을 구하는 소송으로 다투어야 하며, 따로 조합설립결의의 하자를 다투는 확인의 소를 제기할 수 없다.
>
> ㉣ 공정거래위원회가 부당한 공동행위를 한 사업자들 중 자진신고자에 대하여 구 독점규제 및 공정거래에 관한 법령에 따라 과징금 부과처분(선행처분)을 한 뒤, 다시 자진신고자에 대한 사건을 분리하여 자진신고를 이유로 과징금 감면처분(후행처분)을 한 경우라도 선행처분의 취소를 구하는 소는 적법하다.

① ㉡, ㉢

② ㉠, ㉡, ㉢

③ ㉠, ㉡, ㉣

④ ㉠, ㉢, ㉣

2021 지방직 9급

10 행정행위의 취소와 철회에 대한 설명으로 옳지 않은 것은?(다툼이 있는 경우 판례에 의함)

① 과세관청은 과세처분의 취소를 다시 취소함으로써 이미 효력을 상실한 과세처분을 소생시킬 수 있다.

② 행정청은 적법한 처분이 중대한 공익을 위하여 필요한 경우에는 그 처분을 장래를 향하여 철회할 수 있다.

③ 수익적 행정행위의 철회는 특별한 다른 규정이 없는 한 「행정절차법」상의 절차에 따라 행해져야 한다.

④ 처분청은 처분의 성립에 하자가 있는 경우 별도의 법적 근거가 없더라도 직권으로 이를 취소할 수 있다.

2021 지방직 9급

11 행정행위의 부관에 대한 설명으로 옳지 않은 것은? (다툼이 있는 경우 판례에 의함)

① 행정청은 처분에 재량이 없는 경우에는 법률에 근거가 있는 경우에 부관을 붙일 수 있다.

② 부담이 처분 당시 법령을 기준으로 적법하다면 처분 후 부담의 전제가 된 주된 처분의 근거 법령이 개정됨으로써 행정청이 더 이상 부관을 붙일 수 없게 되었다 하더라도 곧바로 그 효력이 소멸하게 되는 것은 아니다.

③ 처분과 실제적 관련성이 없어 부관으로 붙일 수 없는 부담이라도 사법상 계약의 형식으로 처분의 상대방에게 부과할 수 있다.

④ 행정재산에 대한 사용·수익허가에서 공유재산의 관리청이 정한 사용·수익허가의 기간에 대해서는 독립하여 행정소송을 제기할 수 없다.

2021 지방직 9급

12 행정행위의 효력에 대한 설명으로 옳지 않은 것은? (다툼이 있는 경우 판례에 의함)

① 행정처분이 아무리 위법하다고 하여도 그 하자가 중대하고 명백하여 당연 무효라고 보아야 할 사유가 있는 경우를 제외하고는 아무도 그 하자를 이유로 무단히 그 효과를 부정하지 못한다.

② 민사소송에 있어서 어느 행정처분의 당연무효 여부가 선결문제로 되는 때에는 이를 판단하여 당연무효임을 전제로 판결할 수 있고 반드시 행정소송 등의 절차에 의하여 그 취소나 무효확인을 받아야 하는 것은 아니다.

③ 불가쟁력이 발생한 행정행위로 손해를 입은 국민은 국가배상청구를 할 수 있다.

④ 행정행위의 불가변력은 당해 행정행위에 대해서만 인정되는 것이 아니고, 동종의 행정행위라면 그 대상을 달리하더라도 인정된다.

2020 국가직 7급

13 무효인 행정행위에 대한 설명으로 옳은 것은?(다툼이 있는 경우 판례에 의함)〈2020국가직7급〉

① 무효인 행정행위에 대해서 무효선언을 구하는 의미의 취소소송을 제기하는 경우 취소소송의 제소요건을 구비하여야 한다.

② 행정행위의 무효사유를 판단하는 기준으로서의 명백성은 행정행위의 법적 안정성 확보를 통하여 행정의 원활한 수행을 도모하는 한편, 그 행정행위를 유효한 것으로 믿은 제3자나 공공의 신뢰를 보호하여야 할 필요가 있는 경우에 보충적으로 요구된다.

③ 무효인 행정행위에 대해서 사정판결을 할 수 있다.

④ 거부처분에 대한 무효확인판결에는 간접강제가 인정된다.

2020 국가직 7급

14 기속행위와 재량행위에 대한 설명으로 옳지 않은 것은? (다툼이 있는 경우 판례에 의함)

① 재량행위는 요건이 충족되어도 공익과의 이익형량을 통하여 법에 정해진 효과를 부여하지 않을 수 있다.

② 기속행위의 경우 법원이 사실인정과 관련 법규의 해석·적용을 통하여 일정한 결론을 도출한 후 그 결론에 비추어 행정청이 한 판단의 적법 여부를 독자의 입장에서 판정한다.

③ 의제되는 인·허가가 재량행위인 경우에는 주된 인·허가가 기속행위인 경우에도 인·허가가 의제되는 한도 내에서 재량행위로 보아야 한다.

④ 사실의 존부에 대한 판단에도 재량권이 인정될 수 있으므로, 사실을 오인하여 재량권을 행사한 경우라도 처분이 위법한 것은 아니다.

2020 지방직 7급

15 행정행위의 효력에 대한 설명으로 옳지 않은 것은? (다툼이 있는 경우 판례에 의함)

① 선행처분과 후행처분이 서로 독립하여 별개의 법률효과를 목적으로 하는 때에도 선행처분이 당연무효이면 선행처분의 하자를 이유로 후행처분의 효력을 다툴 수 있다.

② 도시·군계획시설결정과 실시계획인가는 서로 결합하여 도시·군계획시설사업의 실시라는 하나의 법적 효과를 완성하므로, 도시·군계획시설결정의 하자는 실시계획인가에 승계된다.

③ 도지사의 인사교류안 작성과 그에 따른 인사교류의 권고가 전혀 이루어지지 않은 상태에서, 관할구역 내 A시의 시장이 인사교류로서 소속 지방공무원인 甲에게 B시 지방공무원으로 전출을 명한 처분은 당연무효이다.

④ 물품세 과세대상이 아닌 것을 세무공무원이 직무상 과실로 과세대상으로 오인하여 과세처분을 행함으로 인하여 손해가 발생된 경우에는, 동 과세처분이 취소되지 아니하였다 하더라도, 국가는 이로 인한 손해를 배상할 책임이 있다.

2020 지방직 7급

16 행정행위의 직권취소 및 철회에 대한 설명으로 옳은 것만을 모두 고르면? (다툼이 있는 경우 판례에 의함)

> ㉠ 과세관청은 세금부과처분을 취소한 처분에 취소원인인 하자가 있다는 이유로 취소처분을 다시 취소함으로써 원부과처분을 소생시킬 수 있다.
>
> ㉡ 행정처분을 한 행정청은 원래의 처분을 존속시킬 필요가 없게 된 사정변경이 생겼거나 중대한 공익상의 필요가 생긴 경우 이를 철회할 별도의 법적 근거가 없다 하더라도 별개의 행정행위로 이를 철회할 수 있다.
>
> ㉢ 보건복지부장관이 어린이집에 대한 평가인증이 이루어진 이후에 새로이 발생한 사유를 들어 「영유아보육법」 제30조 제5항에 따라 평가인증을 철회하는 처분을 하면서도, 그 평가인증의 효력을 과거로 소급하여 상실시키기 위해서는, 특별한 사정이 없는 한 「영유아보육법」 제30조 제5항과는 별도의 법적 근거가 필요하다.
>
> ㉣ 면허의 취소처분에는 그 근거가 되는 법령이나 취소권 유보의 부관 등을 명시하여야 함은 물론 처분을 받은 자가 어떠한 위반사실에 대하여 당해 처분이 있었는지를 알 수 있을 정도로 사실을 적시할 것을 요하지만, 이와 같은 취소처분의 근거와 위반사실의 적시를 빠뜨린 하자는 피처분자가 처분 당시 그 취지를 알고 있었거나 그 후 알게 되었다면 그 하자는 치유될 수 있다.

① ㉠, ㉡

② ㉠, ㉣

③ ㉡, ㉢

④ ㉢, ㉣

2019 국가직 7급

17 행정행위의 직권취소에 대한 설명으로 옳은 것은? (다툼이 있는 경우 판례에 의함)

① 법률에서 직권취소에 대한 근거를 두고 있는 경우에는 이해관계인이 처분청에 대하여 위법을 이유로 행정행위의 취소를 요구할 신청권을 갖는다고 보아야 한다.

② 행정행위를 한 행정청은 그 행정행위에 하자가 있는 경우에는 원칙적으로 별도의 법적 근거가 없더라도 스스로 그 행정행위를 직권으로 취소할 수 있다.

③ 직권취소는 행정행위의 성립상의 하자를 이유로 하는 것이므로, 개별법에 특별한 규정이 없는 한 「행정절차법」에 따른 절차규정이 적용되지 않는다.

④ 행정행위의 위법 여부에 대하여 취소소송이 이미 진행 중인 경우 처분청은 위법을 이유로 그 행정행위를 직권취소할 수 없다.

18 위법한 행정행위의 취소에 대한 설명으로 옳지 않은 것은? (다툼이 있는 경우 판례에 의함)

① 처분청은 그 처분의 성립에 하자가 있는 경우 이를 취소할 별도의 법적 근거가 없다고 하더라도 직권으로 이를 취소할 수 있다.

② 무효인 처분에 대하여 취소소송이 제기된 경우 소송제기요건이 구비되었다면 법원은 당해 소를 각하하여서는 아니 되며, 무효를 선언하는 의미의 취소판결을 하여야 한다.

③ 위법한 처분에 대해 불가쟁력이 발생한 이후에도 불가변력이 발생하지 않은 이상, 당해 처분은 처분의 위법성을 이유로 직권취소될 수 있다.

④ 현역병 입영대상편입처분을 보충역편입처분으로 변경한 경우, 보충역편입처분에 불가쟁력이 발생한 이후 보충역편입처분이 하자를 이유로 직권취소 되었다면 종전의 현역병 입영대상 편입처분의 효력은 되살아난다.

19 행정행위의 효력에 관한 판례의 입장으로 옳지 않은 것은?

① 구 「도시계획법」에 정한 처분이나 조치명령을 받은 자가 이에 위반한 경우 이로 인하여 동법 제92조에 정한 처벌을 하기 위하여는 그 처분이나 조치명령이 적법한 것이라야 하고, 그 처분이 당연무효가 아니라 하더라도 그것이 위법한 처분으로 인정되는 한 동법 제92조 위반죄가 성립될 수 없다.

② 조세의 과오납이 부당이득이 되기 위하여는 납세 또는 조세의 징수가 전혀 법률상의 근거가 없거나 과세처분의 하자가 중대하고 명백하여 당연무효이어야 하고, 과세처분의 하자가 단지 취소할 수 있는 정도에 불과할 때에는 과세관청이 이를 스스로 취소하거나 항고소송절차에 의하여 취소되지 않는 한 그로 인한 조세의 납부가 부당이득이 된다고 할 수 없다.

③ 물품을 수입하고자 하는 자가 일단 세관장에게 수입신고를 하여 그 면허를 받고 물품을 통관한 경우에는, 세관장의 수입면허가 중대하고도 명백한 하자가 있는 행정행위이어서 당연무효가 아닌 한 「관세법」 제181조 소정의 무면허수입죄가 성립될 수 없다.

④ 위법한 대집행이 완료되면 그 처분의 무효확인 또는 취소를 구할 소의 이익은 없다 하더라도, 미리 그 행정처분의 취소판결이 있어야만, 그 행정처분의 위법임을 이유로 손해배상청구를 할 수 있다.

20 행정행위의 부관에 관한 설명으로 옳지 않은 것은? (다툼이 있는 경우 판례에 의함)

① 행정행위의 부관은 부담의 경우를 제외하고는 독립하여 행정소송의 대상이 될 수 없다.

② 행정행위의 부관으로 철회권의 유보가 되어 있는 경우라 하더라도 그 철회권의 행사에 대해서는 행정행위의 철회의 제한에 관한 일반원리가 적용된다.

③ 행정청이 부담을 부가하기 전에 상대방과 협의하여 부담의 내용을 협약의 형식으로 미리 정하는 것은 부담 또한 단독행위로서 행정행위로서의 본질을 갖는다는 점에서 허용되지 않는다.

④ 행정처분이 발하여진 후 새로운 부담을 부가하거나 이미 부가되어 있는 부담의 범위 또는 내용 등을 변경하는 사후부담은, 법률에 명문의 규정이 있거나 그것이 미리 유보되어 있는 경우 또는 상대방의 동의가 있는 경우에 허용되는 것이 원칙이다.

21 다음 중 일반처분에 대한 설명으로 잘못된 것은?

① 구체적 사실과 관련하여 불특정 다수인을 대상으로 하여 발하여지는 행정행위를 말한다.

② 일반·추상적 규율은 입법행위로서 일반처분이 아니다.

③ 물건의 법적 성질을 규율내용으로 하는 물적 행정행위는 일반처분이 아니다.

④ 도로의 공용개시 또는 통행금지, 교통표지판 등은 일반처분의 예이다.

22 허가 및 특허에 대한 설명으로 옳지 않은 것은? (다툼이 있는 경우 판례에 의함)

① 「여객자동차 운수사업법」에 의한 개인택시운송사업면허는 특정인에게 권리나 이익을 부여하는 행정청의 재량행위이며, 동법(同法) 및 그 시행규칙의 범위 내에서 면허를 위하여 필요한 기준을 정하는 것 역시 행정청의 재량에 속한다.

② 주류판매업면허는 강학상의 허가로 해석되므로 「주세법」에 열거된 면허제한사유에 해당하지 아니하는 한 면허관청으로서는 임의로 그 면허를 거부할 수 없다.

③ 건축허가시 건축허가서에 건축주로 기재된 자는 당연히 그 건물의 소유권을 취득하며, 건축 중인 건물의 소유자와 건축허가의 건축주는 일치하여야 한다.

④ 한약조제시험을 통하여 약사에게 한약조제권을 인정함으로써 한의사들의 영업상 이익이 감소되었다고 하더라도 이러한 이익은 사실상의 이익에 불과하다.

23 다음 중 부관인 부담과 조건에 관한 설명으로 옳지 않은 것은?

① 부담은 사후부관의 형태로 부가할 수 있으나, 조건은 원칙적으로 사후부관이 허용되지 않는다.

② 부담에 대하여는 주된 행정행위와 별도의 행정소송을 제기할 수 있으나, 조건에 대하여는 원칙적으로 별도의 행정소송이 허용되지 않는다.

③ 주된 행정행위가 소멸하면 조건과 마찬가지로 부담의 효력도 소멸한다.

④ 부담을 불이행하면 주된 행정행위의 효력이 발생하지 않는다.

24 같은 성질의 행정행위만으로 묶인 것은?

㉠ 정관승인	㉡ 광업허가
㉢ 귀화허가	㉣ 입산금지해제
㉤ 운전면허	㉥ 어업면허
㉦ 공유수면매립면허	㉧ 건축허가
㉨ 특허기업양도허가	

① ㉠㉣㉨

② ㉢㉧㉨

③ ㉣㉤㉧

④ ㉤㉥㉦

25 행정행위의 부관에 대한 판례의 태도로 옳지 않은 것은?

① 재량행위에 있어서는 법령상의 근거가 없다고 하더라도 부관을 붙일 수 있다.

② 기부채납 받은 행정재산에 대한 사용·수익허가에서 공유재산의 관리청이 정한 사용·수익허가의 기간은 그 허가의 효력을 제한하기 위한 행정행위의 부관으로서 독립하여 행정소송의 대상으로 삼을 수 있다.

③ 공무원이 인·허가 등 수익적 행정처분을 하면서 그 처분과 부관 사이에 실제적 관련성이 있다고 볼 수 없는 경우 공법상의 제한을 회피할 목적으로 행정처분의 상대방과 사법상 계약을 체결하는 형식을 취하였다면 이는 법치행정의 원리에 반하는 것으로서 위법하다.

④ 행정청이 수익적 행정처분을 하면서 부가한 부담이 처분 당시 법령을 기준으로 적법하다면 처분 후 부담의 전제가 된 주된 행정처분의 근거 법령이 개정됨으로써 행정청이 더 이상 부관을 붙일 수 없게 되었다 하더라도 곧바로 위법하게 되거나 그 효력이 소멸하게 되는 것은 아니다.

26 다음 중 부담에 대한 설명으로 옳은 것은?

① 부담은 독립하여 행정쟁송의 대상이 될 수 있다는 것이 일반적 견해이다.

② 일정한 사실의 성취가 있어야 비로소 효력이 발생한다.

③ 부담상의 의무불이행이 있으면 주된 행정행위의 효력은 당연히 소멸한다.

④ 조건과의 구별이 명확하지 않을 경우 침익성이 적은 조건으로 해석함이 타당하다.

27 다음 중 선결문제에 관한 설명으로 옳지 않은 것은?

① 행정행위의 위법 여부가 재판의 전제가 된 경우 민사법원은 독자적으로 그 위법성을 심사할 수 있다.

② 행정행위의 효력 유무가 선결문제인 경우 선결문제가 당연무효이면 민사법원이 직접 무효를 판단할 수 있다.

③ 행정행위의 적법성이 범죄의 구성요건으로 규정된 경우 형사법원은 독자적으로 행정행위의 위법성을 심사할 수 있다.

④ 판례는 연령을 속여서 발급받은 하자 있는 운전면허의 경우에 상대방을 무면허로 처벌할 수 있다고 판시하였다.

28 다음 중 행정행위의 공정력에 관한 설명으로 옳지 않은 것은?

① 행정행위가 무효가 아닌 한 권한있는 기관에 의하여 취소될 때까지는 유효한 것으로 추정된다.

② 구성요건적 효력과 구분하는 견해도 있다.

③ 국가배상소송에서 수소법원은 선결문제로서 행정행위의 위법 여부를 심리·판단할 수 없다는 것이 판례의 입장이다.

④ 판례에 의하면 연령을 속여 발급받은 운전면허를 가지고 운전하였다 하더라도 행정청이 그 면허를 취소하지 않는 한 무면허운전으로 처벌할 수 없다고 한다.

29 다음 중 행정행위의 하자에 관한 설명으로 옳은 것은?

① 위법성의 승계는 선행행위와 후행행위가 서로 연속하여 행해지는 경우에도 각 행위가 목적을 달리하고 독립된 효과를 발생하는 경우에는 위법성이 승계되지 않는다.

② 하자의 치유는 위법한 행정행위가 그 후의 사정에 의해 적법요건을 구비하는 등의 경우에 하자가 치유되는 경우를 말하지만 법원은 이를 좁게 본다.

③ 위법행위의 전환은 사실에 동일성이 없어도 행정행위로서는 위법이지만, 다른 이유에 의하면 적법으로 되는 경우에 그 행정행위를 적법하게 하는 것이다.

④ 위법성의 승계는 선행행위에 불가쟁력이 발생한 경우, 그 위법성을 후행행위에 승계되지 않고, 선행행위의 위법을 이유로 후행행위를 다툴 수 없다.

30 행정행위의 하자의 승계에 관한 설명 중 옳지 않은 것은?

① 하자의 승계라 함은 둘 이상의 행정행위가 단계적인 일련의 절차로 연속하여 행하여지는 경우에 불가쟁력을 발생한 선행행위가 가지는 흠을 이유로 흠없는 후행행위의 효력을 다투는 것을 말한다.

② 선행행위가 무효인 때에는 흠없는 후행행위에 선행행위의 흠이 승계된다.

③ 취소사유를 지닌 선행행위가 후행행위와 결합하여 하나의 법률효과를 완성하는 경우에 흠의 승계가 인정된다.

④ 판례는 과세처분과 체납처분 사이에 하자의 승계를 인정하였다.

정답및해설

1	③	2	①	3	③	4	③	5	①
6	④	7	③	8	④	9	②	10	①
11	③	12	④	13	①	14	④	15	②
16	③	17	②	18	①	19	④	20	③
21	③	22	①	23	④	24	④	25	②
26	①	27	④	28	③	29	④	30	④

1 ③ 처분을 할 것인지 여부와 처분의 정도에 관하여 재량이 인정되는 과징금 납부명령에 대하여 그 명령이 재량권을 일탈하였을 경우, 법원으로서는 재량권의 일탈 여부만 판단할 수 있을 뿐이지 재량권의 범위 내에서 어느 정도가 적정한 것인지에 관하여는 판단할 수 없어 그 전부를 취소할 수밖에 없고, 법원이 적정하다고 인정하는 부분을 초과한 부분만 취소할 수는 없다(대판 2009. 6.23. 2007두18062).

① 국토의 계획 및 이용에 관한 법률상 개발행위허가는 그 금지요건·허가기준 등이 불확정개념으로 규정된 부분이 많아 그 요건·기준에 부합하는지의 판단에 관하여 행정청에 재량권이 부여되어 있으므로, 그 요건에 해당하는지 여부는 행정청의 재량판단 영역에 속한다. 그러므로 그에 대한 사법심사는 행정청의 공익판단에 관한 재량의 여지를 감안하여 원칙적으로 재량권의 일탈이나 남용이 있는지 여부만을 대상으로 하고, 사실오인과 비례·평등의 원칙 위반 여부 등이 그 판단 기준이 된다(대판 2018.12.27. 2018두49796).

② 행정행위가 재량성의 유무 및 범위와 관련하여 이른바 기속행위 내지 기속재량행위와 재량행위 내지 자유재량행위로 구분된다고 할 때, 그 구분은 당해 행위의 근거가 된 법규의 체재·형식과 문언, 당해 행위가 속하는 행정 분야의 주된 목적과 특성, 당해 행위 자체의 개별적 성질과 유형 등을 모두 고려하여 판단하여야 한다. 이렇게 구분되는 양자에 대한 사법심사는, 전자의 경우 그 법규에 대한 원칙적인 기속성으로 인하여 법원이 사실인정과 관련 법규의 해석·적용을 통하여 일정한 결론을 도출한 후 그 결론에 비추어 행정청이 한 판단의 적법 여부를 독자의 입장에서 판정하는 방식에 의하게 된다. 후자의 경우 행정청의 재량에 기한 공익판단의 여지를 감안하여 법원은 독자의 결론을 도출함이 없이 당해 행위에 재량권의 일탈·남용이 있는지 여부만을 심사하게 되고, 이러한 재량권의 일탈·남용 여부에 대한 심사는 사실오인, 비례·평등의 원칙 위배, 당해 행위의 목적 위반이나 동기의 부정 유무 등을 판단 대상으로 한다(대판 2018.10. 4. 2014두37702).

④ 마을버스운송사업면허의 허용 여부는 사업구역의 교통수요, 노선결정, 운송업체의 수송능력, 공급능력 등에 관하여 기술적·전문적인 판단을 요하는 분야로서 이에 관한 행정처분은 운수행정을 통한 공익실현과 아울러 합목적성을 추구하기 위하여 보다 구체적 타당성에 적합한 기준에 의하여야 할 것이므로 그 범위 내에서는 법령이 특별히 규정한 바가 없으면 행정청의 재량에 속하는 것이라고 보아야 할 것이고, 또한 마을버스 한정면허시 확정되는 마을버스 노선을 정함에 있어서도 기존 일반노선버스의 노선과의 중복 허용 정도에 대한 판단도 행정청의 재량에 속한다(대판 2001. 1.19. 99두3812). **정답 ③**

2 ㉠ 학교법인의 임원에 대한 감독청의 취임승인은 학교법인의 임원선임행위를 보충하여 그 법률상의 효력을 완성케하는 보충적 행정행위로서 성질상 기본행위를 떠나 승인처분 그 자체만으로는 법률상 아무런 효력도 발생할 수 없으므로 기본행위인 학교법인의 임원선임행위가 불성립 또는 무효인 경우에는 비록 그에 대한 감독청의 취임승인이 있었다 하여도 이로써 무효인 그 선임행위가 유효한 것으로 될 수는 없다(대판 1987. 8.18. 86누152).

㉡ 민법 제45조와 제46조에서 말하는 재단법인의 정관변경 "허가"는 법률상의 표현이 허가로 되어 있기는 하나, 그 성질에 있어 법률행위의 효력을 보충해 주는 것이지 일반적 금지를 해제하는 것이 아니므로, 그 법적 성격은 인가라고 보아야 한다(대판1996.5.16.95누4810(전합)).

㉢ 기본행위인 이사선임결의가 적법·유효하고 보충행위인 승인처분 자체에만 하자가 있다면 그 승인처분의 무효확인이나 그 취소를 주장할 수 있지만, 기본행위인 임시이사들에 의한 이사선임결의의 내용 및 그 절차에 하자가 있다는 이유로 이사선임결의의 효력에 관하여 다툼이 있는 경우에는 민사쟁송으로서 그 기본행위에 해당하는 위 이사선임결의의 무효확인을 구하는 등의 방법으로 분쟁을 해결할 것이지 그 이사선임결의에 대한 보충적 행위로서 그 자체만으로는 아무런 효력이 없는 승인처분만의 무효확인이나 그 취소를

구하는 것은 특단의 사정이 없는 한 분쟁해결의 유효적절한 수단이라 할 수 없으므로, 임원취임승인처분의 무효확인이나 그 취소를 구할 법률상 이익이 없다(대판 2002. 5.24. 2000두3641).

㉣ 도시 및 주거환경정비법에 기초하여 주택재개발정비사업조합이 수립한 사업시행계획 및 관리처분계획에 대하여 관할 행정청의 인가·고시가 있게 되면, 사업시행계획 및 관리처분계획은 행정처분으로서 효력이 발생한다. 이 경우에 사업시행계획 및 관리처분계획이라는 행정처분에 이르는 절차적 요건 중 하나로서 해당 총회 결의에 하자가 있다 하더라도, 행정처분인 사업시행계획 및 관리처분계획에 대하여 항고소송의 방법으로 취소 또는 무효확인을 구하여야 하고, 그와 별도로 해당 총회 결의 부분만을 따로 떼어내어 효력 유무를 다투는 확인의 소를 제기하는 것은 특별한 사정이 없는 한 허용되지 아니한다(대판 2016.10.13. 2012두24481).

3 ③ 행정행위의 부관은 부담의 경우를 제외하고는 독립하여 행정소송의 대상이 될 수 없는 것인바, 지방국토관리청장이 일부 공유수면매립지에 대하여 한 국가 또는 직할시 귀속처분은 매립준공인가를 함에 있어서 매립의 면허를 받은 자의 매립지에 대한 소유권취득을 규정한 공유수면매립법 제14조의 효과 일부를 배제하는 부관을 붙인 것이고, 이러한 행정행위의 부관은 위 법리와 같이 독립하여 행정소송 대상이 될 수 없다(대판 1993.10. 8. 93누2032).

① 행정행위의 부관은 행정행위의 일반적인 효력이나 효과를 제한하기 위하여 의사표시의 주된 내용에 부가되는 종된 의사표시이지 그 자체로서 직접 법적 효과를 발생하는 독립된 처분이 아니므로 현행 행정쟁송제도 아래서는 부관 그 자체만을 독립된 쟁송의 대상으로 할 수 없는 것이 원칙이나 행정행위의 부관 중에서도 행정행위에 부수하여 그 행정행위의 상대방에게 일정한 의무를 부과하는 행정청의 의사표시인 부담의 경우에는 다른 부관과는 달리 행정행위의 불가분적인 요소가 아니고 그 존속이 본체인 행정행위의 존재를 전제로 하는 것일 뿐이므로 부담 그 자체로서 행정쟁송의 대상이 될 수 있다(대판 1992. 1.21. 91누1264).

② 기부채납받은 행정재산에 대한 사용·수익허가에서 공유재산의 관리청이 정한 사용·수익허가의 기간은 그 허가의 효력을 제한하기 위한 행정행위의 부관으로서 이러한 사용·수익허가의 기간에 대해서는 독립하여 행정소송을 제기할 수 없다(대판 2001. 6.15. 99두509).

④ 수익적 행정처분에 있어서는 법령에 특별한 근거규정이 없다고 하더라도 그 부관으로서 부담을 붙일 수 있고, 그와 같은 부담은 행정청이 행정처분을 하면서 일방적으로 부가할 수도 있지만 부담을 부가하기 이전에 상대방과 협의하여 부담의 내용을 협약의 형식으로 미리 정한 다음 행정처분을 하면서 이를 부가할 수도 있다.

4 ③ 수개의 징계사유 중 그 일부가 인정되지 않는다 하더라도 인정되는 타의 일부 징계사유만으로도 당해 징계처분이 정당하다고 인정되는 경우에는 그 징계처분을 유지한다고 하여 위법하다고 할 수 없다(대판 1997. 5. 9. 96누1184).

① 청문제도의 취지는 처분으로 말미암아 받게 될 영업자에게 미리 변명과 유리한 자료를 제출할 기회를 부여함으로써 부당한 권리침해를 예방하려는 데에 있는 것임을 고려하여 볼 때, 가령 행정청이 청문서 도달기간을 다소 어겼다하더라도 영업자가 이에 대하여 이의하지 아니한 채 스스로 청문일에 출석하여 그 의견을 진술하고 변명하는 등 방어의 기회를 충분히 가졌다면 청문서 도달기간을 준수하지 아니한 하자는 치유되었다고 봄이 상당하다(대판 1992.10.23. 92누2844).

② 행정처분을 한 처분청은 그 처분의 성립에 하자가 있는 경우 이를 취소할 별도의 법적 근거가 없다고 하더라도 직권으로 이를 취소할 수 있는바, 병역의무가 국가수호를 위하여 전 국민에게 과하여진 헌법상의 의무로서 그를 수행하기 위한 전제로서의 신체등위판정이나 병역처분 등은 공정성과 형평성을 유지하여야 함은 물론 그 면탈을 방지하여야 할 공익적 필요성이 매우 큰 점에 비추어 볼 때, 지방병무청장은 군의관의 신체등위판정이 금품수수에 따라 위법 또는 부당하게 이루어졌다고 인정하는 경우에는 그 위법 또는 부당한 신체등위판정을 기초로 자신이 한 병역처분을 직권으로 취소할 수 있다(대판 2002. 5.28. 2001두9653).

④ 행정청이 행정대집행법 제3조 제1항에 의한 대집행계고를 함에 있어서는 의무자가 스스로 이행하지 아니하는 경우에 대집행할 행위의 내용 및 범위가 구체적으로 특정되어야 하지만, 그 행위의 내용 및 범위는 반드시 대집행계고서에 의하여서만 특정되어야 하는 것이 아니고 계고처분 전후에 송달된 문서나 기타 사정을 종합하여 행위의 내용이 특정되거나 대집행 의무자가 그 이행의무의 범위를 알 수 있으면 족하다. 계고처분의 후속절차인 대집행에 위법이 있다고 하더라도, 그와 같은 후속절차에 위법성이 있다는 점을 들어 선행절차인 계고처분이 부적법하다는 사유로 삼을 수는 없다(대판 1997. 2.14. 96누15428).

5 ㉠ 일반적으로 행정처분에 효력기간이 정하여져 있는 경우에는 그 기간의 경과로 그 행정처분의 효력은 상실되고, <u>다만 허가에 붙은 기한</u> <u>이 그 허가된 사업의 성질상 부당하게 짧은 경우에는 이를 그 허가 자체의 존속기간이 아니라 그 허가조건의 존속기간으로 보아</u> <u>그 기한이 도래함으로써 그 조건의 개정을 고려한다는 뜻으로 해석할 수는 있지만,</u> 그와 같은 경우라 하더라도 그 허가기간이 연장되 기 위하여는 <u>그 종기가 도래하기 전에 그 허가기간의 연장에 관한 신청이 있어야 하며,</u> 만일 그러한 연장신청이 없는 상태에서 허가 기간이 만료하였다면 그 허가의 효력은 상실된다(대판 2007.10.11. 2005두12404).

㉡ 토지소유자가 토지형질변경행위허가에 붙은 기부채납의 부관에 따라 토지를 국가나 지방자치단체에 기부채납(증여)한 경우, 기부채납의 부관이 당연무효이거나 취소되지 아니한 이상 토지소유자는 위 부관으로 인하여 증여계약의 중요 부분에 착오가 있음을 이유로 증여계 약을 취소할 수 없다고 할 것이다(대판 1999. 5.25. 98다53134).

㉢ 행정청이 수익적 행정처분을 하면서 부가한 부담의 위법 여부는 처분 당시 법령을 기준으로 판단하여야 하고, 부담이 처분 당시 법령을 기준으로 적법하다면 처분 후 부담의 전제가 된 주된 행정처분의 근거 법령이 개정됨으로써 행정청이 더 이상 부관을 붙일 수 없게 되 었다 하더라도 곧바로 위법하게 되거나 그 효력이 소멸하게 되는 것은 아니다. 따라서 <u>행정처분의 상대방이 수익적 행정처분을 얻기</u> <u>위하여 행정청과 사이에 행정처분에 부가할 부담에 관한 협약을 체결하고 행정청이 수익적 행정처분을 하면서 협약상의 의무를 부</u> <u>담으로 부가하였으나 부담의 전제가 된 주된 행정처분의 근거 법령이 개정됨으로써 행정청이 더 이상 부관을 붙일 수 없게 된 경우</u> <u>에도 곧바로 협약의 효력이 소멸하는 것은 아니다</u>(대판 2009. 2.12. 2005다65500).

㉣ 공무원이 인·허가 등 수익적 행정처분을 하면서 상대방에게 그 처분과 관련하여 이른바 부관으로서 부담을 붙일 수 있다 하더라도, 그 러한 부담은 법치주의와 사유재산 존중, 조세법률주의 등 헌법의 기본원리에 비추어 비례의 원칙이나 부당결부의 원칙에 위반되지 않아 야만 적법한 것인바, <u>행정처분과 부관 사이에 실제적 관련성이 있다고 볼 수 없는 경우 공무원이 위와 같은 공법상의 제한을 회피할</u> <u>목적으로 행정처분의 상대방과 사이에 사법상 계약을 체결하는 형식을 취하였다면 이는 법치행정의 원리에 반하는 것으로서 위법하</u> <u>다</u>(대판 2009.12.10. 2007다63966).

6 ④ 공익법인의 기본재산의 처분에 관한 공익법인의 설립·운영에 관한 법률 제11조 제3항의 규정은 강행규정으로서 이에 위반하여 주무관 청의 허가를 받지 않고 기본재산을 처분하는 것은 무효라 할 것인데, <u>위 처분허가에 부관을 붙인 경우 그 처분허가의 법률적 성질이</u> <u>형성적 행정행위로서의 인가에 해당한다고 하여 조건으로서의 부관의 부과가 허용되지 아니한다고 볼 수는 없고,</u> 다만 구체적인 경 우에 그것이 조건, 기한, 부담, 철회권의 유보 중 어느 종류의 부관에 해당하는지는 당해 부관의 내용, 경위 기타 제반 사정을 종합하여 판단하여야 할 것이다(대판 2005. 9.28. 2004다50044).

① 공유수면매립법 제20조 제항 및 같은법시행령 제29조 제1항 등 관계법령의 규정내용과 공유수면매립의 성질 등에 비추어 볼 때, 공유 수면매립의 면허로 인한 권리의무의 양도·양수에 있어서의 면허관청의 인가는 효력요건으로서, 위 각 규정은 <u>강행규정이라고 할 것인</u> <u>바, 위 면허의 공동명의자 사이의 면허로 인한 권리의무양도약정은 면허관청의 인가를 받지 않은 이상 법률상 아무런 효력도 발생</u> <u>할 수 없다</u>(대판 1991. 6.25. 90누5184).

② 종교법인 임원의 취임이 사법인인 그 법인의 정관에 근거한다 할지라도 이에 대한 행정청의 승인(인가)행위는 법인에 대한 주무관청의 감독권에 연유하는 이상 그 인가행위 또는 인가거부행위는 공법상의 행정처분으로서, <u>그 임원취임을 인가 또는 거부할 것인지 여부는</u> <u>주무관청의 권한에 속하는 사항이므로,</u> 종교법인의 임원취임승인신청에 대하여 주무관청이 이에 기속되어 이를 당연히 승인(인가)하 <u>여야 하는 것은 아니다</u>(대판 1995. 7.25. 95누2883).

③ 도시재개발법 제34조에 의한 행정청의 인가는 주택개량재개발조합의 관리처분계획에 대한 법률상의 효력을 완성시키는 보충행위로서 그 기본 되는 관리처분계획에 하자가 있을 때에는 그에 대한 인가가 있었다 하여도 기본행위인 관리처분계획이 유효한 것으로 될 수 없으며, 다만 <u>그 기본행위가 적법·유효하고 보충행위인 인가처분 자체에만 하자가 있다면 그 인가처분의 무효나 취소를 주장할 수</u> <u>있다고 할 것이지만,</u> 인가처분에 하자가 없다면 기본행위에 하자가 있다 하더라도 따로 그 기본행위의 하자를 다투는 것은 별론으로 하고 <u>기본행위의 무효를 내세워 바로 그에 대한 행정청의 인가처분의 취소 또는 무효확인을 소구할 법률상의 이익이 있다고 할 수</u> <u>없다</u>(대판 2001.12.11. 2001두7541).

7 ③ 행정처분에 부담인 부관을 붙인 경우 부관의 무효화에 의하여 본체인 행정처분 자체의 효력에도 영향이 있게 될 수는 있지만, 그 처분을 받은 사람이 부담의 이행으로 사법상 매매 등의 법률행위를 한 경우에는 그 부관은 특별한 사정이 없는 한 법률행위를 하게 된 동기 내지 연유로 작용하였을 뿐이므로 이는 법률행위의 취소사유가 될 수 있음은 별론으로 하고 그 법률행위 자체를 당연히 무효화하는 것은 아니다. 또한, 행정처분에 붙은 부담인 부관이 제소기간의 도과로 확정되어 이미 불가쟁력이 생겼다면 그 하자가 중대하고 명백하여 당연 무효로 보아야 할 경우 외에는 누구나 그 효력을 부인할 수 없을 것이지만, 부담의 이행으로서 하게 된 사법상 매매 등의 법률행위는 부담을 붙인 행정처분과는 어디까지나 별개의 법률행위이므로 그 부담의 불가쟁력의 문제와는 별도로 법률행위가 사회질서 위반이나 강행규정에 위반되는지 여부 등을 따져보아 그 법률행위의 유효 여부를 판단하여야 한다(대판 2009. 6.25. 2006다18174).

① 공무원이 인ㆍ허가 등 수익적 행정처분을 하면서 상대방에게 그 처분과 관련하여 이른바 부관으로서 부담을 붙일 수 있다 하더라도, 그러한 부담은 법치주의와 사유재산 존중, 조세법률주의 등 헌법의 기본원리에 비추어 비례의 원칙이나 부당결부의 원칙에 위반되지 않아야만 적법한 것인바, 행정처분과 부관 사이에 실제적 관련성이 있다고 볼 수 없는 경우 공무원이 위와 같은 공법상의 제한을 회피할 목적으로 행정처분의 상대방과 사이에 사법상 계약을 체결하는 형식을 취하였다면 이는 법치행정의 원리에 반하는 것으로서 위법하다(대판 2009.12.10. 2007다63966).

② 행정청이 수익적 행정처분을 하면서 부가한 부담의 위법 여부는 처분 당시 법령을 기준으로 판단하여야 하고, 부담이 처분 당시 법령을 기준으로 적법하다면 처분 후 부담의 전제가 된 주된 행정처분의 근거 법령이 개정됨으로써 행정청이 더 이상 부관을 붙일 수 없게 되었다 하더라도 곧바로 위법하게 되거나 그 효력이 소멸하게 되는 것은 아니다. 따라서 행정처분의 상대방이 수익적 행정처분을 얻기 위하여 행정청과 사이에 행정처분에 부가할 부담에 관한 협약을 체결하고 행정청이 수익적 행정처분을 하면서 협약상의 의무를 부담으로 부가하였으나 부담의 전제가 된 주된 행정처분의 근거 법령이 개정됨으로써 행정청이 더 이상 부관을 붙일 수 없게 된 경우에도 곧바로 협약의 효력이 소멸하는 것은 아니다(대판 2009. 2.12. 2005다65500).

④ 일반적으로 행정처분에 효력기간이 정하여져 있는 경우에는 그 기간의 경과로 그 행정처분의 효력은 상실되며, 다만 허가에 붙은 기한이 그 허가된 사업의 성질상 부당하게 짧은 경우에는 이를 그 허가 자체의 존속기간이 아니라 그 허가조건의 존속기간으로 보아 그 기한이 도래함으로써 그 조건의 개정을 고려한다는 뜻으로 해석할 수 있지만, 이와 같이 당초에 붙은 기한을 허가 자체의 존속기간이 아니라 허가조건의 존속기간으로 보더라도 그 후 당초의 기한이 상당 기간 연장되어 연장된 기간을 포함한 존속기간 전체를 기준으로 볼 경우 더 이상 허가된 사업의 성질상 부당하게 짧은 경우에 해당하지 않게 된 때에는 관계 법령의 규정에 따라 허가 여부의 재량권을 가진 행정청으로서는 그 때에도 허가조건의 개정만을 고려하여야 하는 것은 아니고 재량권의 행사로서 더 이상의 기간연장을 불허가할 수도 있는 것이며, 이로써 허가의 효력은 상실된다(대판 2004. 3.25. 2003두12837).

8 ④① 주택건설사업계획 승인권자가 관계 행정청의 장과 미리 협의한 사항에 한하여 승인처분을 할 때에 인허가 등이 의제될 뿐이고, 각호에 열거된 모든 인허가 등에 관하여 일괄하여 사전협의를 거칠 것을 주택건설사업계획 승인처분의 요건으로 규정하고 있지 않다. 따라서 인허가 의제 대상이 되는 처분에 어떤 하자가 있더라도, 그로써 해당 인허가 의제의 효과가 발생하지 않을 여지가 있게 될 뿐이고, 그러한 사정이 주택건설사업계획 승인처분 자체의 위법사유가 될 수는 없다. 또한 의제된 인허가는 통상적인 인허가와 동일한 효력을 가지므로, 적어도 '부분 인허가 의제'가 허용되는 경우에는 그 효력을 제거하기 위한 법적 수단으로 의제된 인허가의 취소나 철회가 허용될 수 있고, 이러한 직권 취소ㆍ철회가 가능한 이상 그 의제된 인허가에 대한 쟁송취소 역시 허용된다. 따라서 주택건설사업계획 승인처분에 따라 의제된 인허가가 위법함을 다투고자 하는 이해관계인은, 주택건설사업계획 승인처분의 취소를 구할 것이 아니라 의제된 인허가의 취소를 구하여야 하며, 의제된 인허가는 주택건설사업계획 승인처분과 별도로 항고소송의 대상이 되는 처분에 해당한다. 인허가 의제 규정을 둔 입법 취지는, 주택건설사업을 시행하는 데 필요한 각종 인허가 사항과 관련하여 주택건설사업계획 승인권자로 그 창구를 단일화하고 절차를 간소화함으로써 각종 인허가에 드는 비용과 시간을 절감하여 주택의 건설ㆍ공급을 활성화하려는 데에 있다. 이러한 인허가 의제 규정의 입법 취지를 고려하면, 주택건설사업계획 승인권자가 구 주택법 제17조 제3항에 따라 도시ㆍ군관리계획 결정권자와 협의를 거쳐 관계 주택건설사업계획을 승인하면 같은 조 제1항 제5호에 따라 도시ㆍ군관리계획결정이 이루어진 것으로 의제되고, 이러한 협의 절차와 별도로 국토의 계획 및 이용에 관한 법률 제28조 등에서 정한 도시ㆍ군관리계획 입안을 위한 주민 의견청취 절차를 거칠 필요는 없다(대판 2018.11.29. 2016두38792).

② 일정한 건축물에 관한 건축신고는 건축법 제14조 제2항, 제11조 제5항 제3호에 의하여 국토의 계획 및 이용에 관한 법률 제56조에 따른 개발행위허가를 받은 것으로 의제되는데, 국토의 계획 및 이용에 관한 법률 제58조 제1항 제4호에서는 개발행위허가의 기준으로 주변 지역의 토지이용실태 또는 토지이용계획, 건축물의 높이, 토지의 경사도, 수목의 상태, 물의 배수, 하천·호소·습지의 배수 등 주변 환경이나 경관과 조화를 이룰 것을 규정하고 있으므로, 국토의 계획 및 이용에 관한 법률상의 개발행위허가로 의제되는 건축신고가 위와 같은 기준을 갖추지 못한 경우 행정청으로서는 이를 이유로 그 수리를 거부할 수 있다고 보아야 한다(대판 2011. 1.20. 2010두14954(전합)).

③ 건축법에서 인허가의제 제도를 둔 취지는, 인허가의제사항과 관련하여 건축허가의 관할 행정청으로 창구를 단일화하고 절차를 간소화하며 비용과 시간을 절감함으로써 국민의 권익을 보호하려는 것이지, 인허가의제사항 관련 법률에 따른 각각의 인허가 요건에 관한 일체의 심사를 배제하려는 것으로 보기는 어려우므로, 도시계획시설인 주차장에 대한 건축허가신청을 받은 행정청으로서는 건축법상 허가 요건뿐 아니라 국토의 계획 및 이용에 관한 법령이 정한 도시계획시설사업에 관한 실시계획인가 요건도 충족하는 경우에 한하여 이를 허가해야 한다(대판 2015. 7. 9. 2015두39590).

9 ㉠ 일반적으로 처분이 주체·내용·절차와 형식의 요건을 모두 갖추고 외부에 표시된 경우에는 처분의 존재가 인정된다. 행정의사가 외부에 표시되어 행정청이 자유롭게 취소·철회할 수 없는 구속을 받게 되는 시점에 처분이 성립하고, 그 성립 여부는 행정청이 행정의사를 공식적인 방법으로 외부에 표시하였는지를 기준으로 판단해야 한다(대판 2019. 7.11. 2017두38874).

㉡ 영업정지나 영업장폐쇄명령 모두 대물적 처분으로 보아야 할 이치이고, 아울러 구 공중위생관리법 제3조 제1항에서 보건복지부장관은 공중위생영업자로 하여금 일정한 시설 및 설비를 갖추고 이를 유지·관리하게 할 수 있으며, 제2항에서 공중위생영업자가 영업소를 개설한 후 시장 등에게 영업소개설사실을 통보하도록 규정하는 외에 공중위생영업에 대한 어떠한 제한규정도 두고 있지 아니한 것은 공중위생영업의 양도가 가능함을 전제로 한 것이라 할 것이므로, 양수인이 그 양수 후 행정청에 새로운 영업소개설통보를 하였다 하더라도, 그로 인하여 영업양도·양수로 영업소에 관한 권리의무가 양수인에게 이전하는 법률효과까지 부정되는 것은 아니라 할 것인바, 만일 어떠한 공중위생영업에 대하여 그 영업을 정지할 위법사유가 있다면, 관할 행정청은 그 영업이 양도·양수되었다 하더라도 그 업소의 양수인에 대하여 영업정지처분을 할 수 있다고 봄이 상당하다(대판 2001. 6.29. 2001두1611).

㉢ 일단 조합설립 인가처분이 행하여진 경우 조합설립결의는 위 인가처분이라는 행정처분을 하는 데 필요한 요건 중 하나에 불과한 것이어서, 조합설립 인가처분이 행하여진 후에는 조합설립결의의 하자를 이유로 조합설립의 무효를 주장하려면 행정청을 상대로 조합설립 인가처분의 취소 또는 무효확인을 구하는 항고소송의 방법에 의하여야 하고, 이와는 별도로 재건축조합을 상대로 조합설립결의의 효력을 다투는 확인의 소를 제기하는 것은 확인의 이익이 없어 허용되지 아니한다(대판 2010. 2.25. 2007다73598).

㉣ 공정거래위원회가 부당한 공동행위를 행한 사업자로서 구 독점규제 및 공정거래에 관한 법률 제22조의2에서 정한 자진신고자나 조사협조자에 대하여 과징금 부과처분(이하 '선행처분')을 한 뒤, 독점규제 및 공정거래에 관한 법률 시행령 제35조 제3항에 따라 다시 자진신고자 등에 대한 사건을 분리하여 자진신고 등을 이유로 한 과징금 감면처분(이하 '후행처분')을 하였다면, 후행처분은 자진신고 감면까지 포함하여 처분 상대방이 실제로 납부하여야 할 최종적인 과징금액을 결정하는 종국적 처분이고, 선행처분은 이러한 종국적 처분을 예정하고 있는 일종의 잠정적 처분으로서 후행처분이 있을 경우 선행처분은 후행처분에 흡수되어 소멸한다. 따라서 위와 같은 경우에 선행처분의 취소를 구하는 소는 이미 효력을 잃은 처분의 취소를 구하는 것으로 부적법하다(대판 2015. 2.12. 2013두987).

10 ① 행정행위(과세처분)의 취소처분의 위법이 중대하고 명백하여 당연무효이거나, 그 취소처분에 대하여 소원 또는 행정소송으로 다툴 수 있는 명문규정이 있는 경우는 별론, 행정행위의 취소처분의 취소에 의하여 이미 효력을 상실한 행정행위를 소생시킬 수 없고, 그러기 위하여는 원 행정행위와 동일내용의 행정행위를 다시 행할 수밖에 없다(대판 1979. 5. 8. 77누61).

②③ 행정청이 당사자에게 의무를 부과하거나 권익을 제한하는 처분을 하는 경우에는 원칙적으로 행정절차법 제21조 제1항에 따른 사전통지를 하고, 제22조 제3항에 따른 의견제출 기회를 주는 것으로 족하며, 다른 법령 등에서 반드시 청문을 실시하도록 규정한 경우이거나 행정청이 필요하다고 인정하는 경우 등에 한하여 청문을 실시할 의무가 있다. 처분청은 비록 처분 당시에 별다른 하자가 없었고, 또 처분 후에 이를 철회할 별도의 법적 근거가 없더라도 원래의 처분을 존속시킬 필요 없게 된 사정변경이 생겼거나 또는 중대한 공익상의 필요가 발생한 경우에는 그 효력을 상실케 하는 별개의 처분으로 이를 철회할 수 있다. 다만 수익적 처분을 취소 또는 철회하는 경우에는 이미 부여된 국민의 기득권을 침해하는 것이 되므로, 비록 취소 등의 사유가 있더라도 취소권 등의 행사는 기득권의 침해를 정당화할 만한 중대한 공익상의 필요 또는 제3자의 이익보호의 필요가 있는 때에 한하여 상대방이 받는 불이익과 비교·형량하여 결정하여야 하고, 그 처분으로 인하여 공익상의 필요보다 상대방이 받게 되는 불이익 등이 막대한 경우에는 재량권의 한계를 일탈한 것으로서 허용되지 않는다(대판 2020. 4.29. 2017두31064).

④ 행정처분을 한 처분청은 처분의 성립에 하자가 있는 경우 별도의 법적 근거가 없더라도 직권으로 이를 취소할 수 있다고 봄이 원칙이므로, 국민연금법이 정한 수급요건을 갖추지 못하였음에도 연금 지급결정이 이루어진 경우에는 이미 지급된 급여 부분에 대한 환수처분과 별도로 지급결정을 취소할 수 있다. 이 경우에도 이미 부여된 국민의 기득권을 침해하는 것이므로 취소권의 행사는 지급결정을 취소할 공익상의 필요보다 상대방이 받게 될 불이익 등이 막대한 경우에는 재량권의 한계를 일탈한 것으로서 위법하다고 보아야 한다. 다만 이처럼 연금 지급결정을 취소하는 처분과 그 처분에 기초하여 잘못 지급된 급여액에 해당하는 금액을 환수하는 처분이 적법한지를 판단하는 경우 비교·교량할 각 사정이 동일하다고는 할 수 없으므로, 연금 지급결정을 취소하는 처분이 적법하다고 하여 환수처분도 반드시 적법하다고 판단하여야 하는 것은 아니다(대판 2017. 3.30. 2015두4397).

11 ③ 공무원이 인·허가 등 수익적 행정처분을 하면서 상대방에게 그 처분과 관련하여 이른바 부관으로서 부담을 붙일 수 있다 하더라도, 그러한 부담은 법치주의와 사유재산 존중, 조세법률주의 등 헌법의 기본원리에 비추어 비례의 원칙이나 부당결부의 원칙에 위반되지 않아야만 적법한 것인바, 행정처분과 부관 사이에 실제적 관련성이 있다고 볼 수 없는 경우 공무원이 위와 같은 공법상의 제한을 회피할 목적으로 행정처분의 상대방과 사이에 사법상 계약을 체결하는 형식을 취하였다면 이는 법치행정의 원리에 반하는 것으로서 위법하다(대판 2009.12.10. 2007다63966).
① 기속행위에는 부관을 붙일 수 없지만, 법률에 근거가 있는 경우에는 예외적으로 가능하다.
② 행정청이 수익적 행정처분을 하면서 부가한 부담의 위법 여부는 처분 당시 법령을 기준으로 판단하여야 하고, 부담이 처분 당시 법령을 기준으로 적법하다면 처분 후 부담의 전제가 된 주된 행정처분의 근거 법령이 개정됨으로써 행정청이 더 이상 부관을 붙일 수 없게 되었다 하더라도 곧바로 위법하게 되거나 그 효력이 소멸하게 되는 것은 아니다. 따라서 행정처분의 상대방이 수익적 행정처분을 얻기 위하여 행정청과 사이에 행정처분에 부가할 부담에 관한 협약을 체결하고 행정청이 수익적 행정처분을 하면서 협약상의 의무를 부담으로 부가하였으나 부담의 전제가 된 주된 행정처분의 근거 법령이 개정됨으로써 행정청이 더 이상 부관을 붙일 수 없게 된 경우에도 곧바로 협약의 효력이 소멸하는 것은 아니다(대판 2009. 2.12. 2005다65500).
④ 행정행위의 부관은 부담인 경우를 제외하고는 독립하여 행정소송의 대상이 될 수 없는바, 기부채납받은 행정재산에 대한 사용·수익허가에서 공유재산의 관리청이 정한 사용·수익허가의 기간은 그 허가의 효력을 제한하기 위한 행정행위의 부관으로서 이러한 사용·수익허가의 기간에 대해서는 독립하여 행정소송을 제기할 수 없다(대판 2001. 6.15. 99두509).

12 ④ 국민의 권리와 이익을 옹호하고 법적안정을 도모하기 위하여 특정한 행위에 대하여는 행정청이라 하여도 이것을 자유로이 취소, 변경 및 철회할 수 없다는 행정행위의 불가변력은 당해 행정행위에 대하여서만 인정되는 것이고, 동종의 행정행위라 하더라도 그 대상을 달리할 때에는 이를 인정할 수 없다(대판 1974.12.10. 73누129).
① 행정처분이 아무리 위법하다고 하여도 그 하자가 중대하고 명백하여 당연 무효라고 보아야 할 사유가 있는 경우를 제외하고는 아무도 그 하자를 이유로 무단히 그 효과를 부정하지 못하는 것으로, 이러한 행정행위의 공정력은 판결의 기판력과 같은 효력은 아니지만 그 공정력의 객관적 범위에 속하는 행정행위의 하자가 취소사유에 불과한 때에는 그 처분이 취소되지 않는 한 처분의 효력을 부정할 수 없는 것이고, 또한 하자 있는 행정처분이 당연 무효가 되기 위해서는 그 하자가 법규의 중요한 부분을 위반한 중대한 것으로서 객관적으로 명백한 것이어야 한다(대판 2010. 4.29. 2007다12012).
② 민사소송에 있어서 어느 행정처분의 당연무효 여부가 선결문제로 되는 때에는 이를 판단하여 당연무효임을 전제로 판결할 수 있고 반드시 행정소송 등의 절차에 의하여 그 취소나 무효확인을 받아야 하는 것은 아니다(대판 2010. 4. 8. 2009다90092).
③ 행정행위에 불가쟁력이 생겨 효력을 다툴 수 없는 경우에도 행정행위로 인해 피해를 입은 국민은 손해 발생 사실을 증명하여 국가배상청구를 받을 수 있다.
관련판례) 선행처분에 불가쟁력이 생겨 그 효력을 다툴 수 없게 되었더라도, 선행처분의 상대방이 입었다고 주장하는 피해가 선행처분 자체로 인하여 생긴 것이 아니라, 위 선행처분에 연속하여 나중에 이루어지는 별도의 후행처분에 의하여 장차 부과될 의무와 관련된 것이고, 사실심 변론종결 시점에 후행처분이 실제로 이루어질 가능성에 의문이 제기되는 등의 예외적인 상황이 존재하며, 실제로 행정관청에서 장기간 후행처분을 하지 않고 있을 뿐만 아니라 제반 사정에 비추어 볼 때 앞으로도 후행처분이 이루어지지 아니할 가능성을 배제할 수 없는 경우라면, 가까운 장래에 선행처분의 상대방에게 후행처분이 이루어질 개연성을 인정하기 부족하여 후행처분에 의하여 부과될 의무이행을 위한 비용 상당의 손해가 확정적으로 발생하였다고 보기는 어렵다. 그리고 불법행위로 인한 손해배상청구에서 위와 같은 손해의 발생 사실은 행정처분을 받은 당사자인 피해자가 이를 증명하여야 한다(대판 2020.10.15. 2017다278446).

13 ① 행정처분의 당연무효를 선언하는 의미에서 그 취소를 청구하는 행정소송을 제기하는 경우에도 소원의 전치와 제소기간의 준수등 취소소송의 제소요건을 갖추어야 한다(대판 1984. 5.29. 84누175).

② 하자 있는 행정처분이 당연무효가 되기 위하여는 그 하자가 법규의 중요한 부분을 위반한 중대한 것으로서 객관적으로 명백한 것이어야 하며 하자가 중대하고 명백한 것인지 여부를 판별함에 있어서는 그 법규의 목적, 의미, 기능 등을 목적론적으로 고찰함과동시에 구체적 사안 자체의 특수성에 관하여도 합리적으로 고찰함을 요한다(대판 1995. 7.11. 94누4615).

③④ 행정소송법 제38조 제1항에 의하면 무효등 확인소송에는 취소소송에 관한 사정판결(동법 제28조)과 간접강제(동법 제34조)의 규정이 준용되지 않는다.

관련판례) 당연무효의 행정처분을 소송목적물로 하는 행정소송에서는 존치시킬 효력이 있는 행정행위가 없기 때문에 행정소송법 제28조 소정의 사정판결을 할 수 없다(대판 1996. 3.22. 95누5509).

14 ④ 개발제한구역 내에서는 구역 지정의 목적상 건축물의 건축, 공작물의 설치, 토지의 형질변경 등의 행위는 원칙적으로 금지되고, 다만 구체적인 경우에 위와 같은 구역 지정의 목적에 위배되지 아니할 경우 예외적으로 허가에 의하여 그러한 행위를 할 수 있게 되며, 한편 개발제한구역 내에서의 건축물의 건축 등에 대한 예외적 허가는 그 상대방에게 수익적인 것으로서 재량행위에 속하는 것이라고 할 것이므로 그에 관한 행정청의 판단이 사실오인, 비례·평등의 원칙 위배, 목적위반 등에 해당하지 아니하는 이상 재량권의 일탈·남용에 해당한다고 할 수 없다(대판 2004. 7.22. 2003두7606).

① 산림훼손은 국토 및 자연의 유지와 수질 등 환경의 보전에 직접적으로 영향을 미치는 행위이므로, 법령이 규정하는 산림훼손 금지 또는 제한 지역에 해당하는 경우는 물론 금지 또는 제한 지역에 해당하지 않더라도 허가관청은 산림훼손허가신청 대상토지의 현상과 위치 및 주위의 상황 등을 고려하여 국토 및 자연의 유지와 환경의 보전 등 중대한 공익상 필요가 있다고 인정될 때에는 허가를 거부할 수 있고, 그 경우 법규에 명문의 근거가 없더라도 거부처분을 할 수 있다(대판 2002.10.25. 2002두6651).

② 행정행위를 기속행위와 재량행위로 구분하는 경우 양자에 대한 사법심사는, 전자의 경우 그 법규에 대한 원칙적인 기속성으로 인하여 법원이 사실인정과 관련 법규의 해석·적용을 통하여 일정한 결론을 도출한 후 그 결론에 비추어 행정청이 한 판단의 적법 여부를 독자의 입장에서 판정하는 방식에 의하게 되나, 후자의 경우 행정청의 재량에 기한 공익판단의 여지를 감안하여 법원은 독자의 결론을 도출함이 없이 당해 행위에 재량권의 일탈·남용이 있는지 여부만을 심사하게 되고 이러한 재량권의 일탈·남용 여부에 대한 심사는 사실오인, 비례·평등의 원칙 위배 등을 그 판단 대상으로 한다(대판 2001. 2. 9. 98두17593).

③ 국토의계획및이용에관한법률에서 정한 도시지역 안에서 토지의 형질변경행위를 수반하는 건축허가는 건축법 제8조 제1항의 규정에 의한 건축허가와 국토의계획및이용에관한법률 제56조 제1항 제2호의 규정에 의한 토지의 형질변경허가의 성질을 아울러 갖는 것으로 보아야 할 것이고, 토지의 형질변경허가는 그 금지요건이 불확정개념으로 규정되어 있어 그 금지요건에 해당하는지 여부를 판단함에 있어서 행정청에게 재량권이 부여되어 있다고 할 것이므로, 같은 법에 의하여 지정된 도시지역 안에서 토지의 형질변경행위를 수반하는 건축허가는 결국 재량행위에 속한다(대판 2005. 7.14. 2004두6181).

15 ②① 2개 이상의 행정처분이 연속적 또는 단계적으로 이루어지는 경우 선행처분과 후행처분이 서로 합하여 1개의 법률효과를 완성하는 때에는 선행처분에 하자가 있으면 그 하자는 후행처분에 승계된다. 이러한 경우에는 선행처분에 불가쟁력이 생겨 그 효력을 다툴 수 없게 되더라도 선행처분의 하자를 이유로 후행처분의 효력을 다툴 수 있다. 그러나 선행처분과 후행처분이 서로 독립하여 별개의 법률효과를 발생시키는 경우에는 선행처분에 불가쟁력이 생겨 그 효력을 다툴 수 없게 되면 선행처분의 하자가 당연무효인 경우를 제외하고는 특별한 사정이 없는 한 선행처분의 하자를 이유로 후행처분의 효력을 다툴 수 없는 것이 원칙이다. 도시·군계획시설결정과 실시계획인가는 도시·군계획시설사업을 위하여 이루어지는 단계적 행정절차에서 별도의 요건과 절차에 따라 별개의 법률효과를 발생시키는 독립적인 행정처분이다. 그러므로 선행처분인 도시·군계획시설결정에 하자가 있더라도 그것이 당연무효가 아닌 한 원칙적으로 후행처분인 실시계획인가에 승계되지 않는다(대판 2017. 7.18. 2016두49938).

③ 도지사의 인사교류안 작성과 그에 따른 인사교류의 권고가 전혀 이루어지지 않은 상태에서 행하여진 관할구역 내 시장의 인사교류에 관한 처분은 지방공무원법 제30조의2 제2항의 입법 취지에 비추어 그 하자가 중대하고 객관적으로 명백하여 당연무효이다(대판 2005. 6.24. 2004두10968).

④ 물품세 과세대상이 아닌 것을 세무공무원이 직무상 과실로 과세대상으로 오인하여 과세처분을 행함으로 인하여 손해가 발생된 경우에는, 동 과세처분이 취소되지 아니하였다 하더라도, 국가는 이로 인한 손해를 배상할 책임이 있다(대판 1979. 4.10. 79다262).

16 ㉡ 처분청은 비록 처분 당시에 별다른 하자가 없었고, 또 처분 후에 이를 철회할 별도의 법적 근거가 없더라도 원래의 처분을 존속시킬 필요가 없게 된 사정변경이 생겼거나 또는 중대한 공익상의 필요가 발생한 경우에는 그 효력을 상실케 하는 별개의 처분으로 이를 철회할 수 있다. 다만 수익적 처분을 취소 또는 철회하는 경우에는 이미 부여된 국민의 기득권을 침해하는 것이 되므로, 비록 취소 등의 사유가 있더라도 취소권 등의 행사는 기득권의 침해를 정당화할 만한 중대한 공익상의 필요 또는 제3자의 이익보호의 필요가 있는 때에 한하여 상대방이 받는 불이익과 비교·형량하여 결정하여야 하고, 그 처분으로 인하여 공익상의 필요보다 상대방이 받게 되는 불이익 등이 막대한 경우에는 재량권의 한계를 일탈한 것으로서 허용되지 않는다(대판 2020. 4.29. 2017두31064).

㉢ 영유아보육법 제30조 제5항 제3호에 따른 평가인증의 취소는 평가인증 당시에 존재하였던 하자가 아니라 그 이후에 새로이 발생한 사유로 평가인증의 효력을 소멸시키는 경우에 해당하므로, 법적 성격은 평가인증의 '철회'에 해당한다. 그런데 행정청이 평가인증을 철회하면서 그 효력을 철회의 효력발생일 이전으로 소급하게 하면, 철회 이전의 기간에 평가인증을 전제로 지급한 보조금 등의 지원이 그 근거를 상실하게 되어 이를 반환하여야 하는 법적 불이익이 발생한다. 이는 장래를 향하여 효력을 소멸시키는 철회가 예정한 법적 불이익의 범위를 벗어나는 것이다. 이처럼 행정청이 평가인증이 이루어진 이후에 새로이 발생한 사유를 들어 영유아보육법 제30조 제5항에 따라 평가인증을 철회하는 처분을 하면서도, 평가인증의 효력을 과거로 소급하여 상실시키기 위해서는, 특별한 사정이 없는 한 영유아보육법 제30조 제5항과는 별도의 법적 근거가 필요하다(대판 2018. 6.28. 2015두58195).

㉠ 국세기본법 제26조 제1호는 부과의 취소를 국세납부의무 소멸사유의 하나로 들고 있으나, 그 부과의 취소에 하자가 있는 경우의 부과의 취소의 취소에 대하여는 법률이 명문으로 그 취소요건이나 그에 대한 불복절차에 대하여 따로 규정을 둔 바도 없으므로, 설사 부과의 취소에 위법사유가 있다고 하더라도 당연무효가 아닌 한 일단 유효하게 성립하여 부과처분을 확정적으로 상실시키는 것이므로, 과세관청은 부과의 취소를 다시 취소함으로써 원부과처분을 소생시킬 수는 없고 납세의무자에게 종전의 과세대상에 대한 납부의무를 지우려면 다시 법률에서 정한 부과절차에 좇아 동일한 내용의 새로운 처분을 하는 수밖에 없다(대판 1995. 3.10. 94누7027).

㉣ 면허의 취소처분에는 그 근거가 되는 법령이나 취소권 유보의 부관 등을 명시하여야 함은 물론 처분을 받은 자가 어떠한 위반사실에 대하여 당해 처분이 있었는지를 알 수 있을 정도로 사실을 적시할 것을 요하며, 이와 같은 취소처분의 근거와 위반사실의 적시를 빠뜨린 하자는 피처분자가 처분 당시 그 취지를 알고 있었다거나 그후 알게 되었다 하여도 치유될 수 없다고 할 것인바, 세무서장인 피고가 주류도매업자인 원고에 대하여 한 이 사건 일반주류도매업면허취소통지에 "상기 주류도매장은 무면허 주류판매업자에게 주류를 판매하여 주세법 제11조 및 국세법사무처리규정 제26조에 의거 지정조건위반으로 주류판매면허를 취소합니다"라고만 되어 있어서 원고의 영업기간과 거래상대방 등에 비추어 원고가 어떠한 거래행위로 인하여 이 사건 처분을 받았는지 알 수 없게 되어 있다면 이 사건 면허취소처분은 위법하다(대판 1990. 9.11. 90누1786).

17 ② 도시계획시설사업의 시행자 지정이나 실시계획의 인가처분을 한 관할청은 구 국토의 계획 및 이용에 관한 법률 제133조 제1항 제21호(라)목, (마)목의 사유가 발생하였을 때 그 조항에 따라 사업시행자 지정이나 실시계획 인가처분을 취소할 수 있을 뿐만 아니라, 사업시행자 지정이나 실시계획 인가처분에 하자가 있는 경우에는 별도의 법적 근거가 없다고 하더라도 스스로 이를 취소할 수 있다(대판 2014. 7.10. 2013두7025).

① 국민의 적극적 행위신청에 대한 행정청의 거부행위가 항고소송의 대상이 되는 행정처분에 해당하기 위하여는 국민이 행정청에 대하여 그 행위발동을 요구할 법규상 또는 조리상의 신청권이 있어야 한다. 산림법령에는 채석허가처분을 한 처분청이 산림을 복구한 자에 대하여 복구설계서승인 및 복구준공통보를 한 경우 그 취소신청과 관련하여 아무런 규정을 두고 있지 않고, 원래 행정처분을 한 처분청은 그 처분에 하자가 있는 경우에는 원칙적으로 별도의 법적 근거가 없더라도 스스로 이를 직권으로 취소할 수 있지만, 그와 같이 직권취소를 할 수 있다는 사정만으로 이해관계인에게 처분청에 대하여 그 취소를 요구할 신청권이 부여된 것으로 볼 수는 없으므로, 처분청이 위와 같이 법규상 또는 조리상의 신청권이 없이 한 이해관계인의 복구준공통보 등의 취소신청을 거부하더라도, 그 거부행위는 항고소송의 대상이 되는 처분에 해당하지 않는다(대판 2006. 6.30. 2004두701).

③ 구 행정절차법 제21조 제1항, 제4항, 제22조에 의하면, 행정청이 당사자에게 의무를 과하거나 권익을 제한하는 처분을 하는 경우에는 미리 처분하고자 하는 원인이 되는 사실과 처분의 내용 및 법적 근거, 이에 대하여 의견을 제출할 수 있다는 뜻과 의견을 제출하지 아니하는 경우의 처리방법 등의 사항을 당사자 등에게 통지해야 하고, 다른 법령 등에서 필수적으로 청문을 실시하거나 공청회를 개최하도록 규정하고 있지 아니한 경우에도 당사자 등에게 의견제출의 기회를 주어야 하되, '당해 처분의 성질상 의견청취가 현저히 곤란하거나 명백히 불필요하다고 인정될 만한 상당한 이유가 있는 경우' 등에는 처분의 사전통지나 의견청취를 아니 할 수 있도록 규정하고 있다. 따라서 행정청이 침해적 행정처분을 하면서 당사자에게 위와 같은 사전통지를 하거나 의견제출의 기회를 주지 않았다면, 사전통지를 하지 않거나 의견제출의 기회를 주지 않아도 되는 예외적인 경우에 해당하지 않는 한, 그 처분은 위법하여 취소를 면할 수 없다(대판 2013. 1.16. 2011두30687).

④ 취소소송은 처분의 위법성 일반을 그 대상으로 하며 처분 상대방의 권리를 구제하고자 하는 것이므로, 행정청은 당해 처분을 발령한 주체로서 위법성을 이유로 처분을 직권취소하여 상대방의 불이익을 제거할 수 있다.

cf) 도시계획시설사업의 사업자 지정이나 실시계획의 인가처분을 한 관할청은 도시계획시설사업의 시행자 지정이나 실시계획 인가처분에 하자가 있는 경우, 별도의 법적 근거가 없더라도 스스로 이를 취소할 수 있다(대판 2014. 7.10. 2013두7025).

18 ④ 지방병무청장이 재신체검사 등을 거쳐 현역병입영대상편입처분을 보충역편입처분이나 제2국민역편입처분으로 변경하거나 보충역편입처분을 제2국민역편입처분으로 변경하는 경우 비록 새로운 병역처분의 성립에 하자가 있다고 하더라도 그것이 당연무효가 아닌 한 일단 유효하게 성립하고 제소기간의 경과 등 형식적 존속력이 생김과 동시에 종전의 병역처분의 효력은 취소 또는 철회되어 확정적으로 상실된다고 보아야 할 것이므로 그 후 새로운 병역처분의 성립에 하자가 있었음을 이유로 하여 이를 취소한다고 하더라도 종전의 병역처분의 효력이 되살아난다고 할 수 없다(대판 2002. 5. 28. 2001두9653).

19 ④ 미리 그 행정처분의 취소판결이 없더라도 국가배상 담당 법원은 그 행정처분의 위법을 별도로 확인하여 배상 결정을 할 수 있다.

20 ③ 수익적 행정처분에 있어서는 법령에 특별한 근거규정이 없다고 하더라도 그 부관으로서 부담을 붙일 수 있고, 그와 같은 부담은 행정청이 행정처분을 하면서 일방적으로 부가할 수도 있지만 부담을 부가하기 이전에 상대방과 협의하여 부담의 내용을 협약의 형식으로 미리 정한 다음 행정처분을 하면서 이를 부가할 수도 있다. 행정청이 수익적 행정처분을 하면서 부가한 부담의 위법 여부는 처분 당시 법령을 기준으로 판단하여야 하고, 부담이 처분 당시 법령을 기준으로 적법하다면 처분 후 부담의 전제가 된 주된 행정처분의 근거 법령이 개정됨으로써 행정청이 더 이상 부관을 붙일 수 없게 되었다 하더라도 곧바로 위법하게 되거나 그 효력이 소멸하게 되는 것은 아니다. 따라서 행정처분의 상대방이 수익적 행정처분을 얻기 위하여 행정청과 사이에 행정처분에 부가할 부담에 관한 협약을 체결하고 행정청이 수익적 행정처분을 하면서 협약상의 의무를 부담으로 부가하였으나 부담의 전제가 된 주된 행정처분의 근거 법령이 개정됨으로써 행정청이 더 이상 부관을 붙일 수 없게 된 경우에도 곧바로 협약의 효력이 소멸하는 것은 아니다(대판 2009. 2. 12. 2005다65500).

21 ③ 일반처분의 종류로는 물적 행정행위, 대인적 일반처분이 있다. 다만, 물건의 이용관계에 관한 규율은 독일에서는 일반처분에 포함시키고 있으나 우리나라에서는 영조물이용규칙(행정규칙)으로 보고 있다.

22 ③ 건축허가시 건물의 소유자와 건축허가의 건축주가 반드시 일치해야 하는 것은 아니다(대판 2009. 3. 12. 2006다28454).

23 조건과 부담과의 차이는 부담은 불이행시 행정행위의 효력은 발생하나, 조건은 조건이 완성되어야만 행정행위의 효력이 발생한다.

24 ㉠㉣ 인가 ㉡㉢㉧㉤ 특허 ㉢㉥㉦ 허가

25 ② 행정행위의 부관은 부담인 경우를 제외하고는 독립하여 행정소송의 대상이 될 수 없는바, 기부채납 받은 행정재산에 대한 사용·수익허가에서 공유재산의 관리청이 정한 사용·수익허가의 기간은 그 허가의 효력을 제한하기 위한 행정행위의 부관으로서 이러한 사용·수익 허가의 기간에 대해서는 독립하여 행정소송을 제기할 수 없다.(대판 2001. 6. 15. 99두509)

① 대판 1990. 10. 16. 90누2253
③ 대판 2009. 12. 10. 2007다63966
④ 대판 2009. 2. 12. 2005다65500

26 ② 정지조건부 행정행위는 일정한 사실의 성취가 있어야 비로소 효력이 발생하게 되는 데 비하여 부담부 행정행위는 처음부터 효력이 발생한다.

③ 부담의 불이행이 있어도 주된 행정행위의 효력이 당연히 소멸하는 것은 아니며 철회나 강제집행의 원인이 될 뿐이다.

④ 조건과의 구별이 명확하지 않을 경우 침익성이 적은 부담으로 해석함이 타당하다.

※ 부담

　㉠ 의의 : 행정행위의 주된 내용에 부가하여 그 상대방에게 작위·부작위·수인·급부 등을 부과하는 부관을 말한다(영업허가시 각종 준수의무부과, 도로점용허가시 점용료부과, 건축허가시 각종 의무부과 등). 부담은 다른 부관과 달리 그 자체가 독립된 하나의 행정행위이다. 따라서 부담은 독립하여 강제집행이나 행정쟁송의 대상이 될 수 있다.

　㉡ 조건과의 구별 : 부담은 법령 또는 실무상 조건이라 불리우는 경우가 많으나 양자는 서로 다르다.

　　• 정지조건부 행정행위는 조건이 성취되기 전까지는 그 효력이 발생하지 않으나 부담부 행정행위는 처음부터 완전히 효력을 발생하고, 다만 그와 관련하여 상대방에 일정한 의무가 부과되고 있는 것이라는 점에서 다르다.

　　• 해제조건부 행정행위는 조건의 성취에 의하여 당연히 효력이 소멸되는 데 반하여 부담부 행정행위는 상대방이 그 의무를 이행하지 않는 경우에도 당연히 그 효력이 상실되는 것은 아니고 행정청이 그 의무불이행을 이유로 당해 행정행위를 철회하거나 행정상 강제집행 또는 일정한 제재를 과할 수 있을 뿐이다.

27 ④ 판례는 연령을 속여서 면허를 발급받은 경우 그 하자는 무효사유로 보기는 어렵고 단순취소사유에 불과하므로 형사법원은 이를 무효로 할 수 없으므로 상대방을 무면허로 처벌할 수 없다고 판시하였다(대판 1982. 6. 8, 80도2646).

※ 선결문제 … 특정한 행정행위의 위법 또는 효력의 유무가 다른 사건의 재판에 있어서 먼저 해결되어야 하는 것인 때 그 특정한 행정행위의 위법·무효 여부를 항고소송의 관할 법원 이외의 법원이 스스로 심리·판단할 수 있는가의 문제를 말한다. 행정행위의 위법 여부가 재판의 전제가 된 경우에는 민·형사법원은 독자적으로 그 위법성을 심사할 수 있으나 행정행위의 효력 유무가 재판의 전제가 된 경우에는 당연무효인 경우에만 민·형사법원이 이를 무효로 선언할 수 있고 단순위법하여 취소사유가 된 경우에는 행정행위의 공정력(구성요건적 효력)으로 인해 민·형사법원이 독자적으로 이를 무효로 할 수 없다.

28 ③ 행정상 손해배상에서 민사법원은 선결문제로서 행정행위의 위법성 여부에 대하여 심사를 할 수 있다.

① 행정행위의 공정력이란 비록 행정행위에 하자가 있을지라도 그 하자가 중대하고 명백하여 당연무효인 경우를 제외하고는 권한 있는 기관에 의하여 취소될 때까지는 유효한 것으로 보아 누구도 그 효력을 부인하지 못하는 힘을 말한다.

② 행정행위의 공정력을 구성요건적 효력과 구분하는 입장에서는 공정력은 상대방 또는 이해관계인을, 구성요건적 효력은 취소권을 가진 기관 외의 다른 국가기관을 구속하는 힘을 말한다고 한다.

④ 대판 1982. 6. 8, 80도2646

29 ② 하자의 치유는 위법인 행정행위가 그 후의 사정에 의해 적법요건을 구비하는 경우에 하자가 치유되는 것으로 복잡한 현대 행정에서 법원은 이를 넓게 인정하는 경향이 있다.

③ 위법행위의 전환은 사실에 동일성이 있고, 행정행위로서는 위법성이 있지만, 다른 이유에 의하면 적법하게 하는 것을 말한다.

④ 위법성의 승계는 선행행위의 불가쟁력이 발생한 후에도 그 위법성은 후행행위에 승계되고, 선행행위의 위법을 이유로 후행행위를 다툴 수 있다.

30 ④ 과세처분과 체납처분은 일련의 절차로 연속하여 행해지지만 서로 독립하여 별개의 효과를 발생시키므로 하자의 승계를 부인하는 것이 판례(대판 1977. 7. 12, 76누51)이며, 통설이다.

① 통설이다.

② 취소의 경우에는 당연히 승계되지는 않는다.

③ 통설·판례의 입장이다.

03 그 밖의 행정의 주요 행위형식

기출문제

문 행정계획에 대한 판례의 입장으로 옳지 않은 것은?
▶ 2016. 6. 18. 제1회 지방직

① 비구속적 행정계획안이라도 국민의 기본권에 직접적으로 영향을 끼치고 앞으로 법령의 뒷받침에 의하여 그대로 실시될 것이 틀림없을 것으로 예상되는 경우에는 예외적으로 헌법소원의 대상이 될 수 있다.
② 도시계획구역 내 토지 등을 소유하고 있는 주민이라도 도시계획입안권자에게 도시계획의 입안을 요구할 수 있는 법규상·조리상 신청권은 없다.
③ 구「도시계획법」상 도시기본계획은 도시계획입안의 지침이 되는 것으로서 일반 국민에 대한 직접적 구속력이 없다.
④ 선행 도시계획의 결정·변경 등의 권한이 없는 행정청이 행한 선행 도시계획과 양립할 수 없는 새로운 내용의 후행 도시계획결정은 무효이다.

문 행정계획에 대한 설명으로 가장 옳은 것은?
▶ 2016. 6. 25. 서울특별시

① 행정계획에는 변화가능성이 내재되어 있으므로, 국민의 신뢰보호를 위하여 계획보장청구권이 널리 인정된다.
② 이익형량을 전혀 하지 않았다면 위법하다고 볼 수 있으나, 이익형량의 고려사항을 일부 누락하였거나 이익형량에 있어 정당성이 결여된 것만으로는 위법하다고 볼 수 없다.
③ 일반적인 행정행위에 비하여 행정청에 폭넓은 재량권이 부여된다.
④ 행정계획은 항고소송의 대상이 될 수 없다.

┃정답 ②, ③

section 1 행정계획

(1) 의의

① 개념

㉠ **광의설**: 행정주체가 장래 일정 기간 내에 도달하고자 하는 목표를 설정하고 그와 관련되는 행정수단들을 조정하고 통합하는 과정으로서의 계획행정(planning)과 그 결과로 설정된 활동기준으로서의 행정계획(plan)이라는 견해이다. 오늘날 장기성·종합성을 요하는 사회국가적 복지행정의 영역에서 그 의의가 크다.

㉡ **협의설**: 계획을 수립·책정하는 과정으로서의 행위인 계획행정(planning)을 행정계획에서 제외하는 견해이다.

② 필요성

㉠ 목표설정 기능

㉡ 행정작용의 기준설정적 기능

㉢ 행정수단의 종합화 기능

㉣ 행정과 국민간의 매체적 기능

(2) 행정계획의 종류

① 법적 효력 유무에 따른 분류

㉠ **구속력 있는 계획**: 법규 또는 행정행위의 성격을 띠어 구속력을 갖춘 계획이다.
• 국민에 대하여 구속력을 가지는 계획: 「국토의 계획 및 이용에 관한 법률」상의 도시관리계획, 「도시개발법」상의 도시개발 계획, 「도시 및 주거 환경정비법」에 의한 도시·주거환경 정비계획 등은 국민에 대하여 구속력을 가진다. 따라서 이는 처분의 성격을 가지고 이를 대상으로 소송을 제기할 수 있다.
• 행정기관에 대하여 구속력을 가지는 계획: 「국토기본법」상의 국토종합계획, 「국가재정 법」상의 예산운용계획, 도시계획법령상의 도시기본계획 등은 행정기관에 대해 구속력을 가진다.

㉡ **구속력 없는 계획**: 행정기관의 구상 또는 행정의 지침에 불과하며 대외적으로 국민에 대하여, 대내적으로 행정기관에 대하여 구속력을 가지지 않는 계획으로 교육진흥계획, 체육진흥계획, 인구계획 등 대부분의 행정계획이 이에 속한다.

② 계획범위에 따른 분류

　　㉠ 종합계획 : 국토종합계획, 장기경제계획, 장기사회계획 등

　　㉡ 부문별 계획 : 시 · 군종합계획, 교육계획, 공해방지계획 등

③ 다른 계획의 기준이 되는 여부에 따른 분류

　　㉠ 상위계획 : 다른 계획의 기준이 되는가에 따른 구분으로 국토종합계획은 도종합계획과 시 · 군종합계획 등의 기본이 되는 상위계획이다.

　　㉡ 하위계획 : 도시관리계획은 도시기본계획의 하위계획이 된다.

④ 기간에 따른 분류

　　㉠ 장기계획 : 6년 이상의 기간

　　㉡ 중기계획 : 2년 이상 5년 이하

　　㉢ 연도별 계획 : 1년

(3) 행정계획의 법적 성질

① 입법행위설(법규명령설) … 행정계획은 국민의 권리 · 자유에 관계되는 일반추상적인 규율을 정립하는 행위로서 일반적 구속력을 가질 수 있다는 견해이다.

② 복수성질설(개별검토설)(다수설 · 판례) … 행정계획은 그 계획마다 특수성이 있으므로 모두를 묶어 법적 성질을 논하기에는 무리가 있다. 각 계획별로 그 성질을 판단해야 할 것이다. 대법원은 "도시계획결정은 특정 개인의 권리 내지 법률상의 이익을 개별적이고 구체적으로 규제하는 효과를 가져오게 하는 행정청의 처분이라 할 것이고, 이는 행정소송의 대상이 되는 것이라 할 것이다(대판 1982. 3. 9, 80누105)."라고 하여 도시계획결정의 처분성을 인정하고 있다.

> **판례** 도시및주거환경정비법에 따른 주택재건축정비사업조합은 관할 행정청의 감독 아래 도시정비법상의 주택재건축사업을 시행하는 공법인(도시정비법 제18조)으로서, 그 목적 범위 내에서 법령이 정하는 바에 따라 일정한 행정작용을 행하는 행정주체의 지위를 갖는다. 그리고 재건축조합이 행정주체의 지위에서 도시정비법 제48조에 따라 수립하는 <u>관리처분계획</u>은 정비사업의 시행 결과 조성되는 대지 또는 건축물의 권리귀속에 관한 사항과 조합원의 비용 분담에 관한 사항 등을 정함으로써 조합원의 재산상 권리 · 의무 등에 구체적이고 직접적인 영향을 미치게 되므로, 이는 <u>구속적 행정계획으로서 재건축조합이 행하는 독립된 행정처분에 해당한다</u>(대판 2009. 9.17. 2007다2428 (전합)).
>
> <u>개발제한구역지정처분</u>은 건설부장관이 법령의 범위 내에서 도시의 무질서한 확산 방지 등을 목적으로 도시정책상의 전문적 · 기술적 판단에 기초하여 행하는 일종의 행정계획으로서 그 입안 · 결정에 관하여 광범위한 형성의 자유를 가지는 <u>계획재량처분</u>이므로, 그 지정에 관련된 공익과 사익을 전혀 비교교량하지 아니하였거나 비교교량을 하였더라도 그 정당성과 객관성이 결여되어 비례의 원칙에 위반되었다고 볼 만한 사정이 없는 이상, 그 개발제한구역지정처분은 재량권을 일탈 · 남용한 위법한 것이라고 할 수 없다(대판 1997. 6.24.96누1313).
>
> 국토해양부, 환경부, 문화체육관광부, 농림수산부, 식품부가 합동으로 2009. 6. 8. 발표한 '<u>4대 강 살리기 마스터플랜</u>' 등은 행정기관 내부에서 사업의 기본방향을 제시하는 것일 뿐, 국민의 권리 · 의무에 직접 영향을 미치는 것이 아니어서 <u>행정처분에 해당하지 않는다</u>(대판 2011. 4.21. 2010무111 (전합)).

기출문제

문 행정계획에 대한 설명으로 옳지 않은 것은? (다툼이 있는 경우 판례에 의함)

　▶ 2020. 6. 13. 지방직/서울특별시

① 도시계획구역 내 토지 등을 소유하고 있는 사람과 같이 당해 도시계획시설결정에 이해관계가 있는 주민은 도시시설계획의 입안권자 내지 결정권자에게 도시시설계획의 입안 내지 변경을 요구할 수 있는 법규상 또는 조리상의 신청권이 있다.

② 구「국토이용관리법」상의 국토이용계획은 그 계획이 일단 확정된 후에 어떤 사정의 변동이 있다고 하여 지역주민이나 일반 이해관계인에게 일일이 그 계획의 변경을 신청할 권리를 인정하여 줄 수 없다.

③ 장래 일정한 기간 내에 관계 법령이 규정하는 시설 등을 갖추어 일정한 행정처분을 구하는 신청을 할 수 있는 법률상 지위에 있는 자의 국토이용계획변경 신청을 거부하는 것이 실질적으로 당해 행정처분 자체를 거부하는 결과가 되는 경우에는 항고소송의 대상이 되는 처분에 해당한다.

④ 문화재보호구역 내의 토지소유자가 문화재보호구역의 지정해제를 신청하는 경우에는 그 신청인에게 법규상 또는 조리상 행정계획 변경을 신청할 권리가 인정되지 않는다.

| 정답 ④

구 도시계획법 제19조 제1항 및 도시계획시설결정 당시의 지방자치단체의 도시계획조례에서는, 도시계획이 도시기본계획에 부합되어야 한다고 규정하고 있으나, 도시기본계획은 도시의 장기적 개발방향과 미래상을 제시하는 도시계획 입안의 지침이 되는 장기적·종합적인 개발계획으로서 행정청에 대한 직접적인 구속력은 없다(대판 2007. 4.12. 2005두1893).

토지구획정리사업법 제57조, 제62조 등의 규정상 환지예정지 지정이나 환지처분은 그에 의하여 직접 토지소유자 등의 권리의무가 변동되므로 이를 항고소송의 대상이 되는 처분이라고 볼 수 있으나, 환지계획은 위와 같은 환지예정지 지정이나 환지처분의 근거가 될 뿐 그 자체가 직접 토지소유자 등의 법률상의 지위를 변동시키거나 또는 환지예정지 지정이나 환지처분과는 다른 고유한 법률효과를 수반하는 것이 아니어서 이를 항고소송의 대상이 되는 처분에 해당한다고 할 수가 없다(대판 1999. 8.20. 97누6889).

(4) 행정계획의 절차

일반적인 절차는 없고 보통 심의회의 조사·심의, 관계기관 간의 조정, 이해관계인의 참여, 지방자치단체의 참가, 공고의 순서를 거친다. 행정절차법은 행정계획에 대해 아무런 규정을 두고 있지 않다.

(5) 계획재량

① 의의 … 행정주체가 행정계획을 책정하는 데 있어서는 일반 재량행위에 비하여 광범한 판단 여지 내지는 형성의 자유를 갖는 것을 계획재량 또는 계획상 형성의 자유라고 한다.

② 규범구조상의 특징 … 일반 행정행위의 수권규범은 요건·효과의 형식을 갖춘 조건 프로그램인 데 반해, 행정계획의 수권규범은 목적·수단의 형식인 목적 프로그램으로 이루어져 있다.

③ 사법심사 … 행정계획에 관해서는 입법·사법적 통제가 곤란하므로 다른 행정작용에 비해 이해관계인의 참여 등 행정절차적 규제가 중요한 의미를 가지게 된다. 다만, 사법심사의 대상에서 전혀 배제되는 것은 아니고 형량의 원리 또는 정당한 형량의 원리에 의해 형량의 하자가 있으면 위법한 것이 된다.

④ 형량명령의 원칙 … 형량명령이란 계획을 수립하는 행정주체가 계획재량을 행사함에 있어 공익과 사익 상호간 정당한 형량을 하여야 한다는 원리를 의미한다. 우리 실정법에 규정되어 있지 않지만 학설과 판례를 통해 계획재량의 통제원리로서 기능하고 있다.

판례 행정주체가 구체적인 행정계획을 입안·결정할 때에 가지는 비교적 광범위한 형성의 자유는 무제한적인 것이 아니라 행정계획에 관련되는 자들의 이익을 공익과 사익 사이에서는 물론이고 공익 상호 간과 사익 상호 간에도 정당하게 비교 교량하여야 한다는 제한이 있는 것이므로, 행정주체가 행정계획을 입안·결정하면서 이익형량을 전혀 행하지 않거나(형량의 해태) 이익형량의 고려 대상에 마땅히 포함시켜야 할 사항을 빠뜨린 경우(형량의 흠결) 또는 이익형량을 하였으나 정당성과 객관성이 결여된 경우(오형량)에는 행정계획결정은 형량에 하자가 있어 위법하게 된다. 이러한 법리는 행정주체가 구 국토의 계획 및 이용에 관한 법률 제26조에 의한 주민의 도시관리계획 입안 제안을 받아들여 도시관리계획결정을 할 것인지를 결정할 때에도 마찬가지이고, 나아가 도시계획시설구역 내 토지 등을 소유하고 있는 주민이 장기간 집행되지 아니한 도시계획시설의 결정권자에게 도시계획시설의 변경을 신청하고, 결정권자가 이러한 신청을 받아들여 도시계획시설을 변경할 것인지를 결정하는 경우에도 동일하게 적용된다고 보아야 한다(대판 2012. 1. 12. 2010두5806).

행정주체가 노외주차장의 필요성과 그 구체적인 내용을 결정하는 것에 관한 형성의 재량은 무제한적인 것이 아니라, 관련되는 제반 공익과 사익을 비교·형량하여 노외주차장을 설치하여 달성하려는 공익이 그로써 제한받는 다른 공익이나 침해받는 사익보다 우월한 경우에 한하여 그 주차장 설치계획이 정당하다고 볼 수 있다. 행정주체가 주차장 설치계획을 입안·결정할 때 이러한 이익형량을 전혀 하지 아니하거나 이익형량의 고려 대상에 마땅히 포함시켜야 할 사항을 누락한 경우, 또는 이익형량을 하였으나 정당성·객관성이 결여된 경우에는 그 주차장 설치계획 결정은 재량권을 일탈·남용한 것으로 위법하다고 보아야 한다(대판 2018. 6. 18. 2018두35490).

(6) 행정계획의 효과

① **국민에 대하여 구속력을 갖는 계획** … 「국토의 계획 및 이용에 관한 법률」상 도시관리계획이 결정·고시되면 당해 계획으로 정하여진 용도지역 안에서는 일정한 행위가 제한된다.

② **관계행정기관에 대한 구속력을 갖는 계획** … 「비상대비자원 관리법」상 비상대책 기본계획이 확정되면 관계행정기관은 이에 따를 의무를 진다.

③ **다른 계획에 대하여 구속력을 갖는 계획** … 「국토기본법」에 의한 국토종합계획은 도종합계획, 시·군종합계획의 기본이 된다.

(7) 행정계획에 대한 구제

① **처분에 대한 소송** … 국민에 대한 구속력을 갖는 행정계획은 처분성을 가지므로 재판에 의한 통제가 가능하다. 그러나 공익실현의 차원에서 보상보호(손실보상)가 원칙이고 존속보호(계획보장청구권)는 예외적으로만 인정된다.

② **손실보상** … 행정계획으로 인하여 특별한 희생을 당한 자는 손실보상을 청구할 수 있다. 그러나 개발제한구역의 지정에서 보듯이 구 도시계획법 등은 계획제한에 있어서 보상규정을 두어야 함에도 불구하고 그렇지 않은 경우가 많다. 이러한 경우에 대한 구제수단으로 수용유사침해, 수용적 침해에 의한 보상론과 국가배상법에 의한 배상론 등이 논의되고 있다.

③ **계획보장청구권** … 행정계획의 폐지·변경 등이 있는 경우에 당사자가 신뢰보호를 위해 주장하는 청구권으로서 계획존속청구권, 계획실행청구권, 경과조치청구권 등을 그 내용으로 한다. 그러나 공익실현의 차원에서 이는 인정되지 않는 것이 원칙이고 예외적인 상황에서만 인정될 뿐이다.

Point 팁 계획보장청구권

㉠ 계획존속청구권 : 계획의 변경이나 폐지에 대항하여 계획의 존치를 주장하는 권리를 말한다.

㉡ 계획이행청구권 : 이미 확정된 것과 다르게 집행되는 경우 확정된 계획대로 집행할 것을 요구하는 권리인 계획준수청구권과 계획을 책정만 하고 집행하지 아니하는 경우 그 집행을 요구할 수 있는 권리인 계획집행청구권이 있다.

㉢ 계획변경청구권 : 기존의 계획이 확정된 후 사정의 변경 등의 이유로 관계주민이 당해 계획의 변경을 신청할 수 있는 권리를 말한다.

㉣ 경과조치청구권 : 행정계획이 변경되거나 폐지되는 경우에 이로 인하여 손해를 받게 될 자가 행정청에 대하여 경과조치나 적응조치를 청구할 수 있는 권리를 말한다.

판례 구 국토이용관리법상 주민이 국토이용계획의 변경에 대하여 신청을 할 수 있다는 규정이 없을 뿐만 아니라, 국토건설종합계획의 효율적인 추진과 국토이용질서를 확립하기 위한 국토이용계획은 장기성, 종합성이 요구되는 행정계획이어서 원칙적으로는 그 계획이 일단 확정된 후에 어떤 사정의 변동이 있다고 하여 그러한 사유만으로는 지역주민이나 일반 이해관계인에게 일일이 그 계획의 변경을 신청할 권리를 인정하여 줄 수는 없을 것이지만, 장래 일정한 기간 내에 관계 법령이 규정하는 시설 등을 갖추어 일정한 행정처분을 구하는 신청을 할 수 있는 법률상 지위에 있는 자의 국토이용계획변경신청을 거부하는 것이 실질적으로 당해 행정처분 자체를 거부하는 결과가 되는 경우에는 예외적으로 그 신청인에게 국토이용계획변경을 신청할 권리가 인정된다고 봄이 상당하므로, 이러한 신청에 대한 거부행위는 항고소송의 대상이 되는 행정처분에 해당한다(대판 2003. 9. 23. 2001두10936).

문화재보호구역 내에 있는 토지소유자 등으로서는 위 보호구역의 지정해제를 요구할 수 있는 법규상 또는 조리상의 신청권이 있다고 할 것이고, 이러한 신청에 대한 거부행위는 항고소송의 대상이 되는 행정처분에 해당한다(대판 2004. 4. 27. 2003두8821).

④ **형량하자로 인한 위법성** ··· 정당한 형량의 원리에 위반된 경우에는 위법성이 인정되어 법원의 심사대상이 된다.

⑤ **사전적 권리구제수단** ··· 행정계획의 사후적인 권리보호수단이 갖는 한계로 인해 사전적인 절차적 단계에서의 통제가 의미를 갖게 된다. 이의 주된 수단으로는 행정계획안에 대한 공람이나 의견제출권 인정, 공청회의 개최, 청문의 인정 등을 들 수 있다.

(8) 장기미집행 도시계획의 실효

국토의계획및이용에관한법률 제48조 제1항에는 도시군계획결정 고시일로부터 20년이 지날 때까지 사업이 시행되지 않은 경우 고시일로부터 20년이 되는 날의 다음날에 효력을 잃는다고 규정하고 있다.

section 2 행정상의 사실행위

(1) 의의

① 일정한 법률효과의 발생을 목적으로 하는 것이 아니라 직접적으로는 사실상의 결과만을 가져오는 행정주체의 행위형식 전체를 말한다.

② 사실행위가 사실상의 효과발생을 목적으로 하는 점에서 특정한 법적 효과의 발생을 목적으로 하는 행정행위 등 법적 행위와 구분된다.

Point 팁 사실행위의 중요성
　　㉠ 현대행정은 다양한 형식의 행정작용이 행해지고 있으며 이로 인해 사실행위의 비중도 높아지고 있다. 따라서 사실행위는 극히 다양하고 이질적인 내용을 지닌 행위유형을 총칭하는 집합개념으로서 결코 동질적인 것이 아니다.
　　㉡ 현실적으로는 사실행위에 대한 권리구제문제가 주요한 의미를 갖게 된다.

(2) 종류

① 권력적 사실행위와 비권력적 사실행위

　㉠ **권력적 사실행위** : 당해 행위가 공권력의 행사로서 행하여지는 것을 말한다(감염병 환자의 강제격리, 강제출국조치, 대집행의 실행 등). 권력적사실행위는 「행정기본법」·「행정심판법」과 「행정소송법」상의 '처분'에 해당하는 것으로 심판과 소송의 대상이 된다.

　㉡ **비권력적 사실행위** : 공권력 행사와 관련 없는 사실행위를 말한다(행정지도, 보고, 경고 등). 이는 「행정쟁송법」상 '처분'에 해당하지 않는다.

② 집행적 사실행위와 독립적 사실행위

　㉠ **집행적 사실행위** : 법령이나 행정행위를 집행하기 위한 사실행위를 말한다(경찰관의 무기사용, 대집행의 실행 등).

　㉡ **독립적 사실행위** : 그 자체로서 독립적인 의미를 갖는 사실행위를 말한다(행정조사, 행정지도 등).

(3) 사실행위의 법적 근거와 한계

① **법적 근거** ⋯ 사실행위도 조직법상의 근거가 필요하나 이러한 조직법상의 수권 이외에도 다시 작용법적 근거가 필요한지에 대해서는 논란이 있다. 최소한 권력적 사실행위에는 법률의 근거가 필요한 것으로 보아야 한다.

② **한계** ⋯ 관계법상 모든 요건과 행정법의 일반원리(평등원칙, 비례원칙, 신뢰보호원칙 등)를 준수하여야 한다.

문 항고소송의 대상이 되는 처분에 해당하는 사실행위만을 모두 고른 것은? (다툼이 있는 경우 판례에 의함)
▶ 2017. 12. 16. 지방직 추가선발

㉠ 수형자의 서신을 교도소장이 검열하는 행위

㉡ 구청장이 사회복지법인에 특별감사 결과 지적사항에 대한 시정지시와 그 결과를 관계서류와 함께 보고하도록 지시한 경우, 그 시정지시

㉢ 구「공원법」에 의해 건설부장관이 행한 국립공원지정처분에 따라 공원관리청이 행한 경계측량 및 표지의 설치

① ㉠　　　　② ㉠, ㉡
③ ㉡, ㉢　　④ ㉠, ㉡, ㉢

│정답 ②

│ 217

(4) 사실행위에 대한 구제

① **사실행위와 손해전보** … 위법한 사실행위는 국가배상법 제2조상의 '공무원의 직무'에 포함되며 국가배상법 제5조상의 '영조물의 설치·관리의 하자'에도 인정될 수 있다. 따라서 국가배상법상 손해배상이 가능하다.

② **사실행위와 행정쟁송** … 권력적 사실행위에 대해서는 공권력의 행사로서 '처분'에 해당한다는 점에 이견이 없다. 그러나 사실행위는 비교적 단기간에 집행이 종료되므로 그러한 경우 소익이 부정되어 각하되는 경우가 많다. 비권력적 사실행위에 대해서는 처분성을 부인하고 있다(통설·판례).

판례 단수처분은 항고소송의 대상이 되는 행정처분에 해당한다(대판 1979.12.28. 79누218).

수도사업자가 급수공사 신청자에 대하여 급수공사비 내역과 이를 지정기일 내에 선납하라는 취지로 한 납부통지는 수도사업자가 급수공사를 승인하면서 급수공사비를 계산하여 급수공사 신청자에게 이를 알려 주고 위 신청자가 이에 따라 공사비를 납부하면 급수공사를 하여 주겠다는 취지의 강제성이 없는 의사 또는 사실상의 통지행위라고 풀이함이 상당하고, 이를 가리켜 항고소송의 대상이 되는 행정처분이라고 볼 수 없다(대판 1993.10.26. 93누6331).

구청장이 사회복지법인에 특별감사 결과 지적사항에 대한 시정지시와 그 결과를 관계서류와 함께 보고하도록 지시한 경우, 그 시정지시는 비권력적 사실행위가 아니라 항고소송의 대상이 되는 행정처분에 해당한다(대판 2008. 4.24. 2008두3500).

section 3 행정지도

(1) 의의

행정주체가 권고·조언 등의 방법으로 국민이나 기타 관계자의 행동을 유도하여 그 의도하는 바를 실현하기 위하여 행하는 비권력적 사실행위를 말한다.

(2) 행정지도의 필요성과 문제점

① **필요성**
   ㉠ 급변하는 행정 현실의 구체적 상황에 탄력적으로 대처할 수 있다.
   ㉡ 권력적 집행을 완화할 수 있다.
   ㉢ 이해의 조정·통합이 용이하다.

② **문제점**
   ㉠ 법적 제약이 없고 책임소재가 불분명하다.
   ㉡ 실질적으로 권력작용과 같은 기능을 가진다.
   ㉢ 처분이 아니므로 손해가 발생한 경우 배상책임을 인정하기 어렵다.

(3) 법령의 근거

행정지도는 행정기관의 직무범위 내에서 행해져야 하므로 조직법상의 근거는 필요하지만, 비권력적인 사실행위에 해당하여 작용법상의 근거를 요하지 않는다.

(4) 종류

① **조성적 행정지도** … 사회 각 분야에서 국민에 대한 서비스의 형식으로 지식·기술·정보 등을 제공하는 것이다(중소기업의 기술지도 등).

② **조정적 행정지도** … 경제적 이해대립이나 과당경쟁 등의 조정을 위하여 행하는 행정지도이다(노사분쟁조정 등).

③ **규제적 행정지도** … 공공복리 또는 질서유지에 반하는 것으로 판단되는 행위 등을 제거 또는 억제하기 위해 특정인에게 행하는 행정지도이다(물가억제를 위한 지도).

(5) 행정지도의 원칙 및 방식

행정절차법은 행정지도의 원칙과 방식을 명문화하고 있다.

① 행정지도의 원칙

　㉠ **과잉금지의 원칙** : 행정지도는 그 목적 달성에 필요한 최소한도에 그쳐야 한다.

　㉡ **임의성의 원칙** : 상대방의 의사에 반하여 부당하게 강요하여서는 아니된다.

　㉢ **불이익조치금지의 원칙** : 행정기관은 상대방이 행정지도에 따르지 아니하였다는 것을 이유로 불이익한 조치를 하여서는 아니된다.

② 행정지도의 방식

　㉠ **행정지도실명제** : 행정지도를 행하는 자는 그 상대방에게 행정지도의 취지, 내용 및 신분을 밝혀야 한다.

　㉡ **형식** : 행정지도의 형식은 명문의 규정이 없으므로 서면과 구술로도 할 수 있으나 상대방이 서면의 교부를 요구하는 때에는 직무수행에 특별한 지장이 없는 한 이를 교부하여야 한다.

　㉢ **의견제출** : 행정지도의 상대방은 당해 행정지도의 방식·내용 등에 관하여 행정기관에 의견제출을 할 수 있다.

　㉣ **공통사항의 공표** : 행정지도의 명확성과 공평성을 위해 동일 행정목적으로 다수인에게 행정지도를 하는 경우에는 특별한 사정이 없는 한 행정지도에 공통적인 내용이 되는 사항을 공표하여야 한다.

문 행정지도에 대한 설명으로 옳지 않은 것은? (다툼이 있는 경우 판례에 의함)

▶ 2019. 4. 6. 인사혁신처

① 행정지도는 상대방의 의사에 반하여 부당하게 강요하여서는 안 된다.

② 행정지도는 작용법적 근거가 필요하지 않으므로, 비례원칙과 평등원칙에 구속되지 않는다.

③ 교육인적자원부장관의 대학총장들에 대한 학칙시정요구는 법령에 따른 것으로 행정지도의 일종이지만, 단순한 행정지도로서의 한계를 넘어 헌법소원의 대상이 되는 공권력의 행사라고 볼 수 있다.

④ 세무당국이 주류제조회사에 대하여 특정 업체와의 주류거래를 일정기간 중지하여 줄 것을 요청한 행위는 권고적 성격의 행위로서 행정처분이라고 볼 수 없다.

정답 ②

(6) 행정지도의 법적 한계

① **법규상의 한계** … 법률우위의 원칙이 적용된다.

② **조리상의 한계** … 비례의 원칙, 평등의 원칙, 신의성실의 원칙, 신뢰보호의 원칙을 지켜야 한다.

(7) 행정지도의 구제수단

① **행정쟁송** … 행정지도는 비권력적 사실행위이고 상대방의 동의에 기초하므로 법적 구속력과 강제력을 갖지 않는다. 따라서 행정쟁송법상의 처분에 해당하지 않으므로 행정지도에 대한 취소소송은 원칙적으로 인정되지 아니한다(통설 · 판례).

② **손해전보** … 행정지도에 따를지 여부의 선택은 상대방에게 완전한 자유가 보장되므로 행정지도와 손해 사이에는 인과관계가 부정되어 배상청구권은 인정되지 않는다.

③ **헌법소원** … 구 교육인적자원부장관의 국 · 공립대학총장들에 대한 학칙시정요구가 헌법소원의 대상이 되는 공권력 행사라고 보았다(헌재 2003. 6. 26, 2002헌마337).

> **판례** 행정규칙에 의한 '불문경고조치'가 비록 법률상의 징계처분은 아니지만 위 처분을 받지 아니하였다면 차후 다른 징계처분이나 경고를 받게 될 경우 징계감경사유로 사용될 수 있었던 표창공적의 사용가능성을 소멸시키는 효과와 1년 동안 인사기록카드에 등재됨으로써 그 동안은 장관표창이나 도지사표창 대상자에서 제외시키는 효과 등이 있다는 이유로 <u>항고소송의 대상이 되는 행정처분에 해당한다</u>(대판 2002. 7.26.2001두3532).
>
> 금융기관의 임원에 대한 <u>금융감독원장의 문책경고</u>는 그 상대방에 대한 직업선택의 자유를 직접 제한하는 효과를 발생하게 하는 등 상대방의 권리의무에 직접 영향을 미치는 행위로서 항고소송의 대상이 되는 <u>행정처분에 해당한다</u>(대판 2005. 2.17. 2003두14765).
>
> 행정지도가 강제성을 띠지 않은 비권력적 작용으로서 행정지도의 한계를 일탈하지 아니하였다면, 그로 인하여 상대방에게 어떤 손해가 발생하였다 하더라도 행정기관은 그에 대한 손해배상책임이 없다(대판 2008. 9.25. 2006다18228).
>
> <u>교육인적자원부장관의 대학총장들에 대한 이 사건 학칙시정요구</u>는 고등교육법 제6조 제2항, 동법시행령 제4조 제3항에 따른 것으로서 그 법적 성격은 대학총장의 임의적인 협력을 통하여 사실상의 효과를 발생시키는 <u>행정지도의 일종</u>이지만, 그에 따르지 않을 경우 일정한 불이익조치를 예정하고 있어 사실상 상대방에게 그에 따를 의무를 부과하는 것과 다를 바 없으므로 단순한 행정지도로서의 한계를 넘어 규제적 · 구속적 성격을 상당히 강하게 갖는 것으로서 <u>헌법소원의 대상이 되는 공권력의 행사라고 볼 수 있다</u>(헌재결 2003. 6.26. 2002헌마337).

section 4 비공식적 행정작용

(1) 의의

행정행위·행정계약 등 전통적인 공식적 행정작용에 속하지 않는 일단의 행위유형으로서 공식적 행정작용에 앞서 그 준비행위로서 또는 그 대체적 행위로서 행해지는 행정청과 국민 간의 법적 구속력 없는 합의·협의 등의 사실행위를 말한다.

(2) 비공식적 행정행위의 필요성과 문제점

① 필요성
  - ㉠ 법적 불확실성의 제거
  - ㉡ 행정의 능률화
  - ㉢ 융통성·탄력성 제고
  - ㉣ 법적 분쟁의 회피·경감

② 문제점
  - ㉠ 법치행정의 후퇴
  - ㉡ 제3자의 지위약화 초래
  - ㉢ 권리구제의 곤란
  - ㉣ 능률적 행정의 장애

(3) 비공식적 행정작용의 허용성·효과·한계

① 허용성 … 행정작용의 형식에는 특별한 제한이 있는 것이 아니므로 허용된다.

② 법적 효과 … 법적 효과가 전혀 없다. 합의내용에 대한 손해배상청구권도 인정되지 않는다. 처분성이 인정되지 않으므로 소송의 대상이 될 수 없다.

③ 한계 … 실체법적으로 위법한 결과를 합의해서는 안되며 절차법적으로 제3자의 참가권 등을 배제하기 위한 수단으로 사용해서는 안된다.

(4) 비공식적 행정작용의 종류

① 사전절충 … 인·허가 등 신청시 사전절충절차를 거치면 사인은 허가전망이 없는 신청을 처음부터 단념하게 되므로 사후분쟁이 방지되는 장점이 있다. 건축허가에 앞서 관청과 신청인 간의 협의 등이 이에 해당한다.

② 처분안 및 부관안의 사전 제시 … 행정청이 인·허가신청에 대한 처분에 앞서 신청인에게 처분안을 송부하는 것이다. 상대방이 당해 처분안에 찬성하는 경우 사후 소송포기를 요청하고, 반대하는 경우에는 다른 처분안을 제시하거나 당해 허가 등에 부가될 부관을 미리 제시하여 상대방의 의향을 타진하기도 한다.

③ **응답유보** … 허가 등의 신청에 대하여 행정청이 그 결정을 유보하고 신청인을 지도하여 허가의 장애사유를 사전에 치유하는 것이다. 기속행위라도 시간에 관한 재량은 있으므로 인정된다.

④ **규범집행형 합의** … 법정조치의 수정 또는 그 대체적 조치 등을 교섭내용으로 하여 행정청과 사인 간에 이루어지는 합의를 말한다.

⑤ **규범대체형 합의** … 규범이 없을 경우 규범제정을 회피 또는 보류할 것을 내용으로 하는 합의이다. 예컨대, 사업자가 환경보호를 약속하는 대신 행정청도 공해 규제규범을 보류하는 경우이다.

section 5 행정자동결정

(1) 의의

행정작용에 있어 최종산물이 컴퓨터에 의해 자동으로 결정되는 것을 말한다(교통신호등, 컴퓨터에 의한 중·고등학교 배정, 공과금부과결정, 객관식시험답안의 채점, 주차요금계산 등).

(2) 법적 성질

프로그램은 행정규칙에 해당하고 종국결정은 행정행위로서 처분에 해당한다.

(3) 대상

기속행위에 가능하다. 재량행위는 안되나 재량준칙에 따른 자동화는 가능하다.

(4) 절차

명문의 규정은 없으나 행정청의 서명·날인·이유부기·청문 등의 절차가 생략될 수 있고 문자·부호 등의 사용이 가능하다.

(5) 하자

일반 행정행위의 하자론이 그대로 적용된다. 명백한 오기·오산은 하자에 포함되지 않으며 언제든지 정정이 가능하다.

(6) 권리구제

무효와 취소의 일반론이 그대로 적용되며 위법한 행정자동결정에 의한 손해의 경우에는 국가배상법에 의해 구제받을 수 있다.

section 6 공법상 계약

(1) 의의

공법적 효과의 발생을 목적으로 복수의 당사자 사이에 반대방향의 의사표시의 합치로 성립되는 공법행위를 의미한다. 행정기본법 제27조는 행정청은 법령등을 위반하지 아니하는 범위에서 행정목적을 달성하기 위하여 필요한 경우에는 공법상 법률관계에 관한 계약(공법상 계약)을 체결할 수 있고, 이 경우 계약의 목적 및 내용을 명확하게 적은 계약서를 작성하여야 하며, 행정청은 공법상 계약의 상대방을 선정하고 계약 내용을 정할 때 공법상 계약의 공공성과 제3자의 이해관계를 고려하여야 한다고 규정하고 있다.

(2) 구별개념

① **사법상 계약과의 구별** ⋯ 복수 당사자 사이의 의사합치에 의하여 일정한 법적효과를 발생시키는 점은 같으나 공법상 계약의 경우 쌍방 당사자의 의사가 대등가치를 갖지 않으며 공법적 효과를 발생시킨다.

② **행정행위와의 구별** ⋯ 공법적 효과를 발생시킨다는 점은 같으나 행정행위는 일방적 의사에 의하여, 공법상 계약은 복수당사자 간의 의사의 합치에 의하여 법률효과를 발생시킨다.

③ **공법상 합동행위와의 구별** ⋯ 공법상 계약은 반대방향의 의사의 합치에 의하여 당사자 쌍방에 대한 반대적 의미의 효과가 발생하나 공법상 합동행위는 같은 방향의 의사의 합치에 의하여 당사자에 대한 같은 의미의 효과가 발생된다(지방자치단체간의 협의로 지방자치단체조합을 설립하는 행위, 공공조합간의 합의로 공공조합연합회를 설립하는 행위).

Point 팁 합동행위와 합성행위 ⋯ 공법상 합동행위는 복수의 의사의 합치이나 합성행위는 각각의 의사가 모여 하나의 의사를 형성하는 행위(선거, 의결행위)이다.

④ **행정계약과 구별** ⋯ 행정주체가 당사로 되어 있는 모든 계약은 행정계약에 포함된다. 행정계약은 공법상 계약을 포함하는 더 포괄적인 개념이다.

(3) 공법상 계약의 인정 여부와 법적 근거

① **인정 여부** … 권력관계를 기본으로 하는 행정법 영역에서 공법상 계약의 인정 여부에 대해서 논란이 있으나 긍정설이 다수설이다. 이는 주로 급부행정 등에서 이용되나 권력작용에도 인정하는 것이 통설이다. 행정행위에 갈음하는 공법상 계약이 그것이다.

② **법적 근거** … 법률의 명시적 근거 없이도 가능한가가 문제된다. 공법상 계약은 비권력적 작용이며 법적 효력의 근원은 당사자의 의사합치에 있으므로 법률의 명시적 근거 없이도 성립할 수 있다는 긍정설이 다수설이다. 그러나, 최근 제정된 행정기본법에 공법상 계약에 관한 규정이 명문화 되었다.

(4) 외국의 공법상 계약

① **프랑스** … 꽁세유데따의 판례를 중심으로 행정계약 관념이 발달하였다. 당사자 일방이 공법상 권리주체이고 계약목적이 공역무의 수행에 있으면 모두 행정계약으로 봄으로써 그 범위가 매우 넓다. 공기업특허, 공물사용특허는 물론 공공토목공사도급계약, 물품납품계약, 운송계약 등도 포함된다.

② **독일** … 행정법관계의 중심을 권력관계에 두고 이를 행정행위로 해결해 왔기 때문에 연혁적으로는 프랑스보다 적용범위가 좁았으나 비권력적 수단, 특히 상대방과의 합의에 의한 수단의 유용성이 인정되어 1976년 연방행정절차법에서 명문화된 이후 공법상 계약의 범위를 넓히고 있다. 오늘날 독일의 행정법이론에서는 공법상 계약과 사법상 계약을 구별하지 아니하고 그 공공성에 착안하여 행정사법론이 발달하고 있다.

③ **영·미** … 공사법 구별이 없었으므로 공법상 계약의 관념은 존재하지 않았으나 행정기능의 확대에 따라 정부계약이 사용되었다.

(5) 공법상 계약의 종류

① **행정주체 상호 간의 공법상 계약**(대등관계) … 공공단체 상호 간의 사무위탁, 지방자치단체간의 도로·하천의 경비분담에 관한 협의, 도로관리협의 기타 공무수행에 관한 협정 등

② **행정주체와 사인 간의 공법상 계약**(불대등관계) … 별정우체국장 지정(행정사무위탁), 정부와 원자력사업자 사이에 체결되는 원자력손해배상계약, 사유지의 도로부지 제공 등 임의적 공용부담, 계약직 공무원의 임용·채용

  ※ 최근에 논의되고 있는 규제행정, 특히 공해방지협정 또는 환경보전협정 등은 독일의 교환계약과 같은 것으로 이는 행정측에서 사인에게 허가 등 수익적 행정행위를 행할 것을 약속하고, 사인측이 행정주체에게 개발협력금의 납부의무를 부담하는 것이다. 따라서 당해 협정은 공법상의 권리·의무에 관한 것이라는 점에서 공법상 계약에 해당한다고 한다.

판례 서울특별시립무용단원의 공연 등 활동은 지방문화 및 예술을 진흥시키고자 하는 서울특별시의 공공적 업무수행의 일환으로 이루어진다고 해석될 뿐 아니라, 단원으로 위촉되기 위하여는 일정한 능력요건과 자격요건을 요하고, 계속적인 재위촉이 사실상 보장되며, 공무원연금법에 따른 연금을 지급받고, 단원의 복무규율이 정해져 있으며, 정년제가 인정되고, 일정한 해촉사유가 있는 경우에만 해촉되는 등 서울특별시립무용단원이 가지는 지위가 공무원과 유사한 것이라면, <u>서울특별시립무용단 단원의 위촉은 공법상의 계약</u>이라고 할 것이고, 따라서 그 단원의 해촉에 대하여는 공법상의 당사자소송으로 그 무효확인을 청구할 수 있다(대판1995.12.22. 95누4636).

③ **사인 상호 간의 공법상 계약** … 공익사업을 위한 토지 등의 취득 및 보상에 관한 법률상의 토지수용시 사업시행자와 토지소유자 간의 합의

※ 초중교 외의 국·공립학교 입학관계는 실질적 의사합치가 존재하지 않으므로 상대방의 협력을 요하는 행정행위에 해당된다.

(6) 공법상 계약의 특수성

① 실체법적 특수성

㉠ **법적합성**: 행정기본법 제27조에 공법상 계약의 체결에 관한 규정이 있지만, 규정이 없는 그 외의 사항에 대해서는 민법의 규정이 준용된다.

㉡ **부합계약**: 영조물규칙, 공급규정 등은 계약내용이 사전에 정형화된 경우가 많다. 이를 부합계약이라 한다.

㉢ **사정변경**: 사정변경이 있는 경우에는 계약내용을 변경·해제·해지할 수 있다. 이 때 당사자에게 귀책사유가 없으면 손실보상을 하여야 한다.

② 절차법적 특수성

㉠ **계약의 강제**: 계약의 강제성을 가져 독점적 사업의 경우에는 관계법에 사업자의 공급의무를 규정하고 있다. 행정주체가 예외적으로 자력강제권을 가지는 경우가 있다.

㉡ **쟁송절차**: 공법상 당사자소송을 쟁송수단으로 한다. 판례는 서울특별시립무용단 단원의 위촉과 공중보건의의 채용계약을 처분이 아닌 공법상 계약이라 하여 이를 해약 시 이를 항고소송이 아닌 공법상 당사자소송으로 해야 한다고 한 바 있다.

판례 현행 실정법이 전문직공무원인 <u>공중보건의사의 채용계약</u> 해지의 의사표시는 일반공무원에 대한 징계처분과는 달라서 항고소송의 대상이 되는 처분 등의 성격을 가진 것으로 인정되지 아니하고, 일정한 사유가 있을 때에 관할 도지사가 채용계약 관계의 한쪽 당사자로서 대등한 지위에서 행하는 의사표시로 취급하고 있는 것으로 이해되므로, 공중보건의사 채용계약 해지의 의사표시에 대하여는 대등한 당사자간의 소송형식인 <u>공법상의 당사자소송으로 그 의사표시의 무효확인을 청구할 수 있는 것</u>이지, 이를 항고소송의 대상이 되는 행정처분이라는 전제하에서 그 취소를 구하는 항고소송을 제기할 수는 없다(대판 1996. 5.31. 95누10617).

기출문제

문 행정계약에 대한 판례의 입장으로 옳지 않은 것은?
▶ 2018. 4. 7. 인사혁신처

① 계약직공무원 채용계약해지의 의사표시는 일반공무원에 대한 징계처분과는 다르지만, 「행정절차법」의 처분절차에 의하여 근거와 이유를 제시하여야 한다.

② 구 「중소기업 기술혁신 촉진법」상 중소기업 정보화지원사업의 일환으로 중소기업기술정보진흥원장이 甲 주식회사와 중소기업 정보화지원사업에 관한 협약을 체결한 후 甲 주식회사의 협약 불이행으로 인해 사업실패가 초래된 경우, 중소기업기술진흥원장이 협약에 따라 甲에 대해 행한 협약의 해지 및 지급받은 정부지원금의 환수통보는 행정처분에 해당하지 않는다.

③ 구 「도시계획법」상 도시계획사업의 시행자가 그 사업에 필요한 토지를 협의취득하는 행위는 사경제주체로서 행하는 사법상의 법률행위이므로 행정소송의 대상이 되지 않는다.

④ 「지방공무원법」상 지방전문직공무원 채용계약에서 정한 채용기간이 만료한 경우에는 채용계약의 갱신이나 기간연장 여부는 기본적으로 지방자치단체장의 재량이다.

정답 ①

문 행정청의 확약에 대한 설명으로
옳은 것은? (다툼이 있는 경우 판례
에 의함)

▶ 2018. 4. 7. 인사혁신처

① 행정청의 확약은 위법하더라도
중대명백한 하자가 있어 당연무
효가 아닌 한 취소되기 전까지
는 유효한 것으로 통용된다.

② 재량행위에 대해 상대방에게
확약을 하려면 확약에 대한 법
적 근거가 있어야 한다.

③ 행정청이 상대방에게 확약을 한
후에 사실적·법률적 상태가 변
경되었다면 확약은 행정청의 별
다른 의사표시가 없더라도 실효
된다.

④ 행정청의 확약에 대해 법률상 이
익이 있는 제3자는 확약에 대해
취소소송으로 다툴 수 있다.

문 확약에 대한 설명으로 가장 옳
지 않은 것은?

▶ 2016. 6. 25. 서울특별시

① 「행정절차법」은 확약에 관한 명
문규정을 두고 있지 않다.

② 판례는 어업권면허에 선행하는
우선순위결정의 처분성을 인정
하고 있다.

③ 확약을 행한 행정청은 확약의
내용인 행위를 하여야 할 자기
구속적 의무를 지며, 상대방은
행정청에 그 이행을 청구할 권
리를 갖게 된다.

④ 확약이 있은 이후에 사실적·법
률적 상태가 변경되었다면 그와
같은 확약은 행정청의 별다른
의사표시 없이도 실효된다.

▌정답 ③, ②

226 ▌

중소기업기술정보진흥원장이 甲 주식회사와 중소기업 정보화지원사업 지원대상인 사업의 지원
에 관한 협약을 체결하였는데, 협약이 甲 회사에 책임이 있는 사업실패로 해지되었다는 이유로
협약에서 정한 대로 지급받은 정부지원금을 반환할 것을 통보한 사안에서, 중소기업 정보화지원
사업에 따른 지원금 출연을 위하여 중소기업청장이 체결하는 협약은 공법상 대등한 당사자 사이
의 의사표시의 합치로 성립하는 공법상 계약에 해당하는 점, 구 중소기업 기술혁신 촉진법 제32
조 제1항은 제10조가 정한 기술혁신사업과 제11조가 정한 산학협력 지원사업에 관하여 출연한
사업비의 환수에 적용될 수 있을 뿐 이와 근거 규정을 달리하는 중소기업 정보화지원사업에 관
하여 출연한 지원금에 대하여는 적용될 수 없고 달리 지원금 환수에 관한 구체적인 법령상 근거
가 없는 점 등을 종합하면, 협약의 해지 및 그에 따른 환수통보는 공법상 계약에 따라 행정청이
대등한 당사자의 지위에서 하는 의사표시로 보아야 하고, 이를 행정청이 우월한 지위에서 행하
는 공권력의 행사로서 행정처분에 해당한다고 볼 수는 없다(대판 2015. 8.27. 2015두41449).

section 7 행정법상의 확약

(1) 의의

① 행정법상의 확약이란 일정한 행정행위를 하거나 하지 않을 것을 약속하는 행정
청의 구속력 있는 의사표시를 말한다(각종 인·허가 발급약속 등).

② 확약은 약속의 대상을 행정행위에 한정하지 않고 널리 행정작용에 인정되는 확
언의 일종이다. 따라서 확약은 확언 중에서 행정행위를 대상으로 하는 것이다.

(2) 구별개념

구분	차이점
예비결정	한정된 사항에 종국적 규율인 데 반해 확약은 결정내용 전반에 관한 사전적 약속이다.
공법상 계약	행정청과의 쌍방적 행위인 점에서 일방적 조치인 확약과 구별된다.
가행정행위	관계사실 등의 확정 이전에 잠정적으로나마 규율을 가지는 행정행위라는 점에서 확약과 구별된다.
확언	모든 행정작용을 대상으로 하는 약속이 확언으로, 행정행위만을 대상으로 하는 확약과 다르다.

Point 팁 다단계 행정절차·예비결정·부분허가 … 다단계 행정절차란 행정기관의 결정이 내려
지기까지의 각각의 절차·단계를 각각의 독립된 행정행위로 보는 것을 말한다. 각각의
단계에서 종결되므로 안정적으로 행정작용을 수행할 수 있다. 각각의 단계는 독립된
행정행위이므로 하자는 승계되지 않고 각각을 쟁송의 대상으로 삼을 수 있다. 원자력
발전소 건설에 있어 부지승인과 건설허가를 각각의 단계로 취급하는 경우 등이 이에
해당한다. 예비결정이나 부분허가도 이와 동일한 구조를 가지는 행위이다.

(3) 법적 성격

다수설은 확약의 행정행위성을 인정하나 판례는 이를 부정하고 있다. 일정한 행정행위에 대해 확약을 할 것인가의 여부는 행정청의 재량에 속한다고 할 수 있다.

> **판례** 어업권면허에 선행하는 우선순위결정은 행정청이 우선권자로 결정된 자의 신청이 있으면 어업권면허처분을 하겠다는 것을 약속하는 행위로서 강학상 확약에 불과하고 행정처분은 아니므로, 우선순위결정에 공정력이나 불가쟁력과 같은 효력은 인정되지 아니하며, 따라서 우선순위결정이 잘못되었다는 이유로 종전의 어업권면허처분이 취소되면 행정청은 종전의 우선순위결정을 무시하고 다시 우선순위를 결정한 다음 새로운 우선순위결정에 기하여 새로운 어업권면허를 할 수 있다(대판 1995. 1. 20. 94누6529).

(4) 허용성

법적 근거가 없는 경우 확약이 가능한가에 대해 부정설, 신뢰보호설, 본처분권한포함설이 대립하고 있으나 법령이 본행정행위에 대한 권한을 부여한 경우 그 안에 확약의 권한도 함께 부여한 것으로 보아 별도의 법적 근거가 없어도 인정된다는 본처분권한포함설이 다수설이다. 행정절차법은 확약에 대한 규정이 없다.

(5) 한계

확약은 원칙상 재량행위에 대해서만 가능하나 예외적으로 상대방에게 대비할 수 있는 기회를 주는 경우에는 기속행위에도 가능하다.

(6) 형식

명문의 규정이 없으므로 서면이나 구술에 의해서도 가능하다.

(7) 효과

① 행정청은 확약된 행위를 하여야 할 의무를 지게 된다. 반면 상대방은 확약된 내용의 이행을 청구할 수 있는 권리를 가진다. 행정청이 의무를 이행하지 않을 때에는 상대방은 의무이행심판과 부작위위법확인소송을 제기할 수 있다.

② 확약의 취소·철회·실효는 행정행위에 관한 규정이 준용된다.

③ 확약에도 사정변경의 원리가 적용된다. 즉 확약 후 사실상태 또는 법률상태가 변경된 경우 행정청이 그와 같은 변경이 있을 것을 미리 알았더라면 그와 같은 확약을 하지 않았을 것으로 인정되는 경우에는 확약에 대한 구속이 면제된다.

> **판례** 행정청이 상대방에게 장차 어떤 처분을 하겠다고 확약 또는 공적인 의사표명을 하였다고 하더라도, 그 자체에서 상대방으로 하여금 언제까지 처분의 발령을 신청을 하도록 유효기간을 두었는데도 그 기간 내에 상대방의 신청이 없었다거나 확약 또는 공적인 의사표명이 있은 후에 사실적·법률적 상태가 변경되었다면, 그와 같은 확약 또는 공적인 의사표명은 행정청의 별다른 의사표시를 기다리지 않고 실효된다(대판 1996. 8. 20. 95누10877).

기출문제

2020 지방직 9급

1 행정계획에 대한 설명으로 옳지 않은 것은? (다툼이 있는 경우 판례에 의함)

① 도시계획구역 내 토지 등을 소유하고 있는 사람과 같이 당해 도시계획시설결정에 이해관계가 있는 주민은 도시시설계획의 입안권자 내지 결정권자에게 도시시설계획의 입안 내지 변경을 요구할 수 있는 법규상 또는 조리상의 신청권이 있다.

② 구「국토이용관리법」상의 국토이용계획은 그 계획이 일단 확정된 후에 어떤 사정의 변동이 있다고 하여 지역주민이나 일반 이해관계인에게 일일이 그 계획의 변경을 신청할 권리를 인정하여 줄 수 없다.

③ 장래 일정한 기간 내에 관계 법령이 규정하는 시설 등을 갖추어 일정한 행정처분을 구하는 신청을 할 수 있는 법률상 지위에 있는 자의 국토이용계획변경신청을 거부하는 것이 실질적으로 당해 행정처분 자체를 거부하는 결과가 되는 경우에는 항고소송의 대상이 되는 처분에 해당한다.

④ 문화재보호구역 내의 토지소유자가 문화재보호구역의 지정해제를 신청하는 경우에는 그 신청인에게 법규상 또는 조리상 행정계획 변경을 신청할 권리가 인정되지 않는다.

2020 국가직 9급

2 행정계획에 대한 설명으로 옳지 않은 것은? (다툼이 있는 경우 판례에 의함)

① 행정주체가 구체적인 행정계획을 입안·결정할 때 가지는 형성의 자유의 한계에 관한 법리는 주민의 입안 제안 또는 변경신청을 받아들여 도시관리계획결정을 하거나 도시계획시설을 변경할 것인지를 결정할 때에도 동일하게 적용된다.

② 「도시 및 주거환경정비법」에 기초하여 주택재건축정비사업조합이 수립한 사업시행계획은 인가·고시를 통해 확정되어도 이해관계인에 대한 직접적인 구속력이 없는 행정계획으로서 독립된 행정처분에 해당하지 아니한다.

③ 장래 일정한 기간 내에 관계 법령이 규정하는 시설 등을 갖추어 일정한 행정처분을 구하는 신청을 할 수 있는 법률상 지위에 있는 자의 국토이용계획변경신청을 거부하는 것이 실질적으로 당해 행정처분 자체를 거부하는 결과가 되는 경우에는 예외적으로 그 신청인에게 국토이용계획변경을 신청할 권리가 인정된다.

④ 장기미집행 도시계획시설결정의 실효제도에 의해 개인의 재산권이 보호되는 것은 입법자가 새로운 제도를 마련함에 따라 얻게 되는 법률에 기한 권리일 뿐 헌법상 재산권으로부터 당연히 도출되는 권리는 아니다.

2021 국가직 9급

3 **공법상 계약에 대한 설명으로 옳지 않은 것은? (다툼이 있는 경우 판례에 의함)**

① 행정청이 자신과 상대방 사이의 법률관계를 일방적인 의사표시로 종료시켰다고 하더라도 곧바로 그 의사표시가 행정청으로서 공권력을 행사하여 행하는 행정처분이라고 단정할 수는 없고, 관계 법령이 상대방의 법률관계에 관하여 구체적으로 어떻게 규정하고 있는지에 따라 개별적으로 판단하여야 한다.

② 채용계약상 특별한 약정이 없는 한, 지방계약직공무원에 대하여 「지방공무원법」, 「지방공무원 징계 및 소청 규정」에 정한 징계절차에 의하지 않고서는 보수를 삭감할 수 없다.

③ 중소기업 정보화지원사업에 대한 지원금출연협약의 해지 및 환수통보는 공법상 계약에 따른 의사표시가 아니라 행정청이 우월한 지위에서 행하는 공권력의 행사로서 행정처분이다.

④ 계약직공무원 채용계약해지는 국가 또는 지방자치단체가 대등한 지위에서 행하는 의사표시로서 처분이 아니므로 「행정절차법」에 의하여 근거와 이유를 제시하여야 하는 것은 아니다.

2021 국가직 9급

4 **행정계획에 대한 설명으로 옳지 않은 것은?(다툼이 있는 경우 판례에 의함)**

① 구「도시계획법」상 도시기본계획은 도시의 기본적인 공간구조와 장기발전방향을 제시하는 종합계획으로서 도시계획입안의 지침이 되므로 일반 국민에 대한 직접적인 구속력은 없다.

② 장래 일정한 기간 내에 관계 법령이 규정하는 시설 등을 갖추어 일정한 행정처분을 구하는 신청을 할 수 있는 법률상 지위에 있는 자의 국토이용계획변경신청을 거부하는 것이 실질적으로 당해 행정처분 자체를 거부하는 결과가 되는 경우라도, 구「국토이용관리법」상 주민이 국토이용계획의 변경에 대하여 신청을 할 수 있다는 규정이 없으므로 그 신청인에게 국토이용계획변경을 신청할 권리가 인정된다고 볼 수 없다.

③ 구속력 없는 행정계획안이나 행정지침이라도 국민의 기본권에 직접적으로 영향을 끼치고 법령의 뒷받침에 의하여 그대로 실시될 것이 틀림없을 것으로 예상되는 때에는 예외적으로 헌법소원의 대상이 된다.

④ 도시계획의 결정·변경 등에 대한 권한행정청은 이미 도시계획이 결정·고시된 지역에 대하여도 다른 내용의 도시계획을 결정·고시할 수 있고, 이 때에 후행 도시계획에 선행 도시계획과 양립할 수 없는 내용이 포함되어 있다면 특별한 사정이 없는 한 선행 도시계획은 후행 도시계획과 같은 내용으로 변경된다.

2021 지방직 9급

5 공법상 계약에 대한 설명으로 옳지 않은 것은? (다툼이 있는 경우 판례에 의함)

① 공중보건의사 채용계약 해지의 의사표시에 대하여는 공법상의 당사자소송으로 그 의사표시의 무효확인을 청구할 수 있다.

② 공법상 계약에는 법률우위의 원칙이 적용된다.

③ 계약직공무원 채용계약해지의 의사표시는 항고소송의 대상이 되는 처분 등의 성격을 가진 것으로 행정처분과 같이 「행정절차법」에 의하여 근거와 이유를 제시하여야 한다.

④ 행정청은 공법상 계약의 상대방을 선정하고 계약 내용을 정할 때 공법상 계약의 공공성과 제3자의 이해관계를 고려하여야 한다.

2020 지방직 7급

6 공법상 계약에 대한 설명으로 옳은 것은? (다툼이 있는 경우 판례에 의함)〈2020지방직7급〉

① 지방자치단체가 사인과 체결한 자원회수시설에 대한 위탁운영협약은 사법상 계약에 해당하므로 그에 관한 다툼은 민사소송의 대상이 된다.

② 구「사회간접자본시설에 대한 민간투자법」에 근거한 서울－춘천 간 고속도로 민간투자시설사업의 사업시행자 지정은 공법상 계약에 해당한다.

③ 과학기술기본법령상 사업 협약의 해지 통보는 대등 당사자의 지위에서 형성된 공법상 계약을 계약당사자의 지위에서 종료시키는 의사표시에 해당한다.

④ A광역시립합창단원으로서 위촉기간이 만료되는 자들의 재위촉 신청에 대하여 A광역시문화예술회관장이 실기와 근무성적에 대한 평정을 실시하여 재위촉을 하지 아니한 것은 항고소송의 대상이 되는 불합격 처분에 해당한다.

7 행정지도에 대한 설명으로 옳지 않은 것은? (다툼이 있는 경우 판례에 의함)

① 교육인적자원부장관(현 교육부장관)의 대학총장들에 대한 학칙시정요구는 행정지도에 해당하므로 규제적, 구속적 성격을 강하게 가지고 있더라도 헌법소원의 대상이 되는 공권력의 행사라고 볼 수 없다.

② 「행정절차법」에 따르면, 행정기관은 행정지도의 상대방이 행정지도에 따르지 않았다는 것을 이유로 불이익한 조치를 하여서는 아니된다고 규정하고 있다.

③ 위법건축물에 대한 단전 및 전화통화단절조치 요청행위는 처분성이 부인된다.

④ 행정지도가 강제성을 띠지 않은 비권력적 작용으로서 행정지도의 한계를 일탈하지 아니하였다면 그로 인하여 상대방에게 어떤 손해가 발생하였다 하더라도 행정기관은 그에 대한 손해배상책임이 없다.

8 확약에 관한 설명으로 옳지 않은 것은? (다툼이 있는 경우 판례에 의함)

① 확약에 관한 일반법은 없다.

② 유효한 확약은 권한을 가진 행정청에 의해서만 그리고 권한의 범위 내에서만 발해질 수 있다.

③ 확약이 있은 후에 사실적·법률적 상태가 변경되었다면, 그와 같은 확약은 행정청의 별다른 의사표시를 기다리지 않고 실효된다.

④ 어업권면허에 선행하는 우선순위결정은 행정청이 우선권자로 결정된 자의 신청이 있으면 어업권면허처분을 하겠다는 것을 약속하는 행위로서 그 우선순위결정에 공정력과 불가쟁력이 인정된다.

9 다음 중 비공식적 행정작용에 관한 설명으로 옳지 않은 것은?

① 비공식적 행정작용은 명시적인 법적 근거가 없어도 허용된다는 것이 다수설이다.

② 비공식적 행정작용은 행정기관과 사인 간에 행하여지기 때문에 제3자의 지위보장에 적합한 행위형식이다.

③ 비공식적 행정작용은 사실행위로서 아무런 법적 효과를 발생하지 않는 작용이므로 처분성이 인정되지 않는다.

④ 비공식적 행정작용도 행정법의 일반원칙에 의한 구속을 받는다.

10 다음 중 행정상 확약에 대한 설명으로 가장 옳지 않은 것은?

① 확약이란 일정한 행정행위를 하거나 하지 않을 것을 약속하는 행정청의 구속력 있는 의사표시를 말한다.

② 판례는 확약의 처분성을 인정한다.

③ 확약의 불이행에 대하여는 의무이행심판·부작위위법확인소송을 통한 구제를 생각할 수 있다.

④ 확약은 원칙상 재량행위에 대해서만 가능하나 예외적으로 상대방에게 대비할 수 있는 기회를 주는 경우에는 기속행위에도 가능하다.

정답및해설

| 1 | ④ | 2 | ② | 3 | ③ | 4 | ② | 5 | ③ |
| 6 | ① | 7 | ① | 8 | ④ | 9 | ② | 10 | ② |

1 ④ 문화재보호구역 내에 있는 토지소유자 등으로서는 위 보호구역의 지정해제를 요구할 수 있는 법규상 또는 조리상의 신청권이 있다고 할 것이고, 이러한 신청에 대한 거부행위는 항고소송의 대상이 되는 행정처분에 해당한다(대판 2004. 4.27. 2003두8821).

　① 도시계획구역 내 토지 등을 소유하고 있는 주민으로서는 입안권자에게 도시계획입안을 요구할 수 있는 법규상 또는 조리상의 신청권이 있다고 할 것이고, 이러한 신청에 대한 거부행위는 항고소송의 대상이 되는 행정처분에 해당한다(대판 2004. 4.28. 2003두1806).

　② 도시계획법상 주민이 행정청에 대하여 도시계획 및 그 변경에 대하여 어떤 신청을 할 수 있다는 규정이 없고, 도시계획과 같이 장기성, 종합성이 요구되는 행정계획에 있어서 그 계획이 일단 확정된 후 어떤 사정의 변동이 있다 하여 지역주민에게 일일이 그 계획의 변경을 청구할 권리를 인정해 줄 수도 없는 것이므로 그 변경 거부행위를 항고소송의 대상이 되는 행정처분에 해당한다고 볼 수 없다(대판 1994. 1.28. 93누22029).〈계획변경청구권을 부정하는 판례(원칙)〉

　③ 장래 일정한 기간 내에 관계 법령이 규정하는 시설 등을 갖추어 일정한 행정처분을 구하는 신청을 할 수 있는 법률상 지위에 있는 자의 국토이용계획변경신청을 거부하는 것이 실질적으로 당해 행정처분 자체를 거부하는 결과가 되는 경우에는 예외적으로 그 신청인에게 국토이용계획변경을 신청할 권리가 인정된다고 봄이 상당하므로, 이러한 신청에 대한 거부행위는 항고소송의 대상이 되는 행정처분에 해당한다(대판 2003. 9.23. 2001두10936).

2 ② 구 도시 및 주거환경정비법에 따른 주택재건축정비사업조합은 관할 행정청의 감독 아래 위 법상 주택재건축사업을 시행하는 공법인으로서, 그 목적 범위 내에서 법령이 정하는 바에 따라 일정한 행정작용을 행하는 행정주체의 지위를 가진다 할 것인데, 재건축정비사업조합이 이러한 행정주체의 지위에서 위 법에 기초하여 수립한 사업시행계획은 인가·고시를 통해 확정되면 이해관계인에 대한 구속적 행정계획으로서 독립된 행정처분에 해당한다(대판 2009.11. 2. 2009마596).

　① 행정주체가 구체적인 행정계획을 입안·결정할 때에 가지는 비교적 광범위한 형성의 자유는 무제한적인 것이 아니라 행정계획에 관련되는 자들의 이익을 공익과 사익 사이에서는 물론이고 공익 상호 간과 사익 상호 간에도 정당하게 비교 교량하여야 한다는 제한이 있는 것이므로, 행정주체가 행정계획을 입안·결정하면서 이익형량을 전혀 행하지 않거나 이익형량의 고려 대상에 마땅히 포함시켜야 할 사항을 빠뜨린 경우 또는 이익형량을 하였으나 정당성과 객관성이 결여된 경우에는 행정계획결정은 형량에 하자가 있어 위법하게 된다. 이러한 법리는 행정주체가 구 국토의 계획 및 이용에 관한 법률 제26조에 의한 주민의 도시관리계획 입안 제안을 받아들여 도시관리계획결정을 할 것인지를 결정할 때에도 마찬가지이고, 나아가 도시계획시설구역 내 토지 등을 소유하고 있는 주민이 장기간 집행되지 아니한 도시계획시설의 결정권자에게 도시계획시설의 변경을 신청하고, 결정권자가 이러한 신청을 받아들여 도시계획시설을 변경할 것인지를 결정하는 경우에도 동일하게 적용된다고 보아야 한다(대판 2012. 1.12. 2010두5806).

　③ 장래 일정한 기간 내에 관계 법령이 규정하는 시설 등을 갖추어 일정한 행정처분을 구하는 신청을 할 수 있는 법률상 지위에 있는 자의 국토이용계획변경신청을 거부하는 것이 실질적으로 당해 행정처분 자체를 거부하는 결과가 되는 경우에는 예외적으로 그 신청인에게 국토이용계획변경을 신청할 권리가 인정된다고 봄이 상당하므로, 이러한 신청에 대한 거부행위는 항고소송의 대상이 되는 행정처분에 해당한다(대판 2003. 9.23. 2001두10936).

　④ 장기미집행 도시계획시설결정의 실효제도는 도시계획시설부지로 하여금 도시계획시설결정으로 인한 사회적 제약으로부터 벗어나게 하는 것으로서 결과적으로 개인의 재산권이 보다 보호되는 측면이 있는 것은 사실이나, 이와 같은 보호는 입법자가 새로운 제도를 마련함에 따라 얻게 되는 법률에 기한 권리일 뿐 헌법상 재산권으로부터 당연히 도출되는 권리는 아니다(헌재결 2005. 9. 29. 2002헌바84·89, 2003헌마678·943(병합)).

3 ③① 행정청이 자신과 상대방 사이의 법률관계를 일방적인 의사표시로 종료시켰다고 하더라도 곧바로 의사표시가 행정청으로서 공권력을 행사하여 행하는 행정처분이라고 단정할 수는 없고, 관계 법령이 상대방의 법률관계에 관하여 구체적으로 어떻게 규정하고 있는지에 따라 의사표시가 항고소송의 대상이 되는 행정처분에 해당하는지 아니면 공법상 계약관계의 일방 당사자로서 대등한 지위에서 행하는 의사표시인지를 개별적으로 판단하여야 한다. 중소기업기술정보진흥원장이 甲 주식회사와 중소기업 정보화지원사업 지원대상인 사업의 지원에 관한 협약을 체결하였는데, 협약이 甲 회사에 책임이 있는 사업실패로 해지되었다는 이유로 협약에서 정한 대로 지급받은 정부지원금을 반환할 것을 통보한 사안에서, 중소기업 정보화지원사업에 따른 지원금 출연을 위하여 중소기업청장이 체결하는 협약은 공법상 대등한 당사자 사이의 의사표시의 합치로 성립하는 공법상 계약에 해당하는 점, 구 중소기업 기술혁신 촉진법 제32조 제1항은 제10조가 정한 기술혁신사업과 제11조가 정한 산학협력 지원사업에 관하여 출연한 사업비의 환수에 적용될 수 있을 뿐 이와 근거 규정을 달리하는 중소기업 정보화지원사업에 관하여 출연한 지원금에 대하여는 적용될 수 없고 달리 지원금 환수에 관한 구체적인 법령상 근거가 없는 점 등을 종합하면, 협약의 해지 및 그에 따른 환수통보는 공법상 계약에 따라 행정청이 대등한 당사자의 지위에서 하는 의사표시로 보아야 하고, 이를 행정청이 우월한 지위에서 행하는 공권력의 행사로서 행정처분에 해당한다고 볼 수는 없다(대판 2015. 8.27. 2015두41449).

② 근로기준법 등의 입법 취지, 지방공무원법과 지방공무원징계및소청규정의 여러 규정에 비추어 볼 때, 채용계약상 특별한 약정이 없는 한, 지방계약직공무원에 대하여 지방공무원법, 지방공무원징계및소청규정에 정한 징계절차에 의하지 않고서는 보수를 삭감할 수 없다고 봄이 상당하다(대판 2008. 6.12. 2006두16328).

④ 계약직공무원에 관한 현행 법령의 규정에 비추어 볼 때, 계약직공무원 채용계약해지의 의사표시는 일반공무원에 대한 징계처분과는 달라서 항고소송의 대상이 되는 처분 등의 성격을 가진 것으로 인정되지 아니하고, 일정한 사유가 있을 때에 국가 또는 지방자치단체가 채용계약 관계의 한쪽 당사자로서 대등한 지위에서 행하는 의사표시로 취급되는 것으로 이해되므로, 이를 징계해고 등에서와 같이 그 징계사유에 한하여 효력 유무를 판단하여야 하거나, 행정처분과 같이 행정절차법에 의하여 근거와 이유를 제시하여야 하는 것은 아니다(대판 2002.11.26. 2002두5948).

4 ② 구 국토이용관리법상 주민이 국토이용계획의 변경에 대하여 신청을 할 수 있다는 규정이 없을 뿐만 아니라, 국토건설종합계획의 효율적인 추진과 국토이용질서를 확립하기 위한 국토이용계획은 장기성, 종합성이 요구되는 행정계획이어서 원칙적으로는 그 계획이 일단 확정된 후에 어떤 사정의 변동이 있다고 하여 그러한 사유만으로는 지역주민이나 일반 이해관계인에게 일일이 그 계획의 변경을 신청할 권리를 인정하여 줄 수는 없을 것이지만, 장래 일정한 기간 내에 관계 법령이 규정하는 시설 등을 갖추어 일정한 행정처분을 구하는 신청을 할 수 있는 법률상 지위에 있는 자의 국토이용계획변경신청을 거부하는 것이 실질적으로 당해 행정처분 자체를 거부하는 결과가 되는 경우에는 예외적으로 그 신청인에게 국토이용계획변경을 신청할 권리가 인정된다고 봄이 상당하므로, 이러한 신청에 대한 거부행위는 항고소송의 대상이 되는 행정처분에 해당한다(대판 2003. 9.23. 2001두10936).

① 도시기본계획은 도시의 기본적인 공간구조와 장기발전방향을 제시하는 종합계획으로서 그 계획에는 토지이용계획, 환경계획, 공원녹지계획 등 장래의 도시개발의 일반적인 방향이 제시되지만, 그 계획은 도시계획입안의 지침이 되는 것에 불과하여 일반 국민에 대한 직접적인 구속력은 없는 것이므로, 도시기본계획을 입안함에 있어 토지이용계획에는 세부적인 내용을 기재하지 아니하고 다소 포괄적으로 기재하였다 하더라도 기본구상도상에 분명하게 그 내용을 표시한 이상 도시기본계획으로서 입안된 것이라고 봄이 상당하고, 또 공청회 등 절차에서 다른 자료에 의하여 그 내용이 제시된 다음 관계 법령이 정하는 절차에 따라 건설교통부장관의 승인을 받아 공람공고까지 되었다면 도시기본계획으로서 적법한 효력이 있는 것이다(대판 2002.10.11. 2000두8226).

③ 비구속적 행정계획안이나 행정지침이라도 국민의 기본권에 직접적으로 영향을 끼치고, 앞으로 법령의 뒷받침에 의하여 그대로 실시될 것이 틀림없을 것으로 예상될 수 있을 때에는, 공권력행위로서 예외적으로 헌법소원의 대상이 될 수 있다(헌재 2000. 6. 1. 99헌마538).

④ 행정청은 이미 도시계획이 결정·고시된 지역에 대하여도 다른 도시계획을 결정·고시할 수 있고, 이 때에 후행 도시계획에 선행 도시계획과 서로 양립할 수 없는 내용이 포함되어 있다면, 특별한 사정이 없는 한 선행 도시계획은 후행 도시계획과 같은 내용으로 적법하게 변경되었다고 할 것이다(대판 1997. 6.24. 96누1313).

5 ③ 계약직공무원에 관한 현행 법령의 규정에 비추어 볼 때, 계약직공무원 채용계약해지의 의사표시는 일반공무원에 대한 징계처분과는 달라서 항고소송의 대상이 되는 처분 등의 성격을 가진 것으로 인정되지 아니하고, 일정한 사유가 있을 때에 국가 또는 지방자치단체가 채용계약 관계의 한쪽 당사자로서 대등한 지위에서 행하는 의사표시로 취급되는 것으로 이해되므로, 이를 징계해고 등에서와 같이 그 징계사유에 한하여 효력 유무를 판단하여야 하거나, 행정처분과 같이 행정절차법에 의하여 근거와 이유를 제시하여야 하는 것은 아니다 (대판 2002.11.26. 2002두5948).

① 현행 실정법이 전문직공무원인 공중보건의사의 채용계약 해지의 의사표시는 일반공무원에 대한 징계처분과는 달라서 항고소송의 대상이 되는 처분 등의 성격을 가진 것으로 인정되지 아니하고, 일정한 사유가 있을 때에 관할 도지사가 채용계약 관계의 한쪽 당사자로서 대등한 지위에서 행하는 의사표시로 취급하고 있는 것으로 이해되므로, 공중보건의사 채용계약 해지의 의사표시에 대하여는 대등한 당사자간의 소송형식인 공법상의 당사자소송으로 그 의사표시의 무효확인을 청구할 수 있는 것이지, 이를 항고소송의 대상이 되는 행정처분이라는 전제하에서 그 취소를 구하는 항고소송을 제기할 수는 없다(대판 1996. 5.31. 95누10617).

6 ① 지방자치법 제104조 제3항은 지방자치단체의 장은 조례나 규칙으로 정하는 바에 따라 그 권한에 속하는 사무 중 조사·검사·검정·관리업무 등 주민의 권리·의무와 직접 관련되지 아니하는 사무를 법인·단체 또는 그 기관이나 개인에게 위탁할 수 있다고 규정하고 있다. 그리고 지방자치단체가 일방 당사자가 되는 이른바 '공공계약'이 사경제의 주체로서 상대방과 대등한 위치에서 체결하는 사법상 계약에 해당하는 경우 그에 관한 법령에 특별한 정함이 있는 경우를 제외하고는 사적 자치와 계약자유의 원칙 등 사법의 원리가 그대로 적용된다(대판 2017. 1.25. 2015다205796).

② 선행처분인 서울-춘천간 고속도로 민간투자시설사업의 사업시행자 지정처분의 무효를 이유로 그 후행처분인 도로구역결정처분의 취소를 구하는 소송에서, 선행처분인 사업시행자 지정처분을 무효로 할 만큼 중대하고 명백한 하자가 없다(대판 2009. 4.23. 2007두13159).

③ 과학기술기본법령상 사업 협약의 해지 통보는 단순히 대등 당사자의 지위에서 형성된 공법상계약을 계약당사자의 지위에서 종료시키는 의사표시에 불과한 것이 아니라 행정청이 우월적 지위에서 연구개발비의 회수 및 관련자에 대한 국가연구개발사업 참여제한 등의 법률상 효과를 발생시키는 행정처분에 해당한다(대판 2011. 6.30. 2010두23859).

cf) 재단법인 한국연구재단이 甲 대학교 총장에게 연구개발비의 부당집행을 이유로 '해양생물유래 고부가식품·향장·한약 기초소재 개발 인력양성사업에 대한 2단계 두뇌한국(BK)21 사업' 협약을 해지하고 연구팀장 乙에 대한 대학자체 징계 요구 등을 통보한 사안에서, 乙에 대한 대학자체 징계 요구는 항고소송의 대상이 되는 행정처분에 해당하지 않는다(대판 2014.12.11. 2012두28704).

④ 광주광역시문화예술회관장의 단원 위촉은 광주광역시문화예술회관장이 행정청으로서 공권력을 행사하여 행하는 행정처분이 아니라 공법상의 근무관계의 설정을 목적으로 하여 광주광역시와 단원이 되고자 하는 자 사이에 대등한 지위에서 의사가 합치되어 성립하는 공법상 근로계약에 해당한다고 보아야 할 것이므로, 광주광역시립합창단원으로서 위촉기간이 만료되는 자들의 재위촉 신청에 대하여 광주광역시문화예술회관장이 실기와 근무성적에 대한 평정을 실시하여 재위촉을 하지 아니한 것을 항고소송의 대상이 되는 불합격처분이라고 할 수는 없다(대판 2001.12.11. 2001두7794).

7 ① 교육인적자원부장관의 대학총장들에 대한 이 사건 학칙시정요구는 「고등교육법」 제6조 제2항, 동법시행령 제4조 제3항에 따른 것으로서 그 법적 성격은 대학총장의 임의적인 협력을 통하여 사실상의 효과를 발생시키는 행정지도의 일종이지만, 그에 따르지 않을 경우 일정한 불이익조치를 예정하고 있어 사실상 상대방에게 그에 따를 의무를 부과하는 것과 다를 바 없으므로 단순한 행정지도로서의 한계를 넘어 규제적·구속적 성격을 상당히 강하게 갖는 것으로서 헌법소원의 대상이 되는 공권력의 행사라고 볼 수 있다(헌재 2003. 6. 26. 2002헌마337).

8 ④ 어업권면허에 선행하는 우선순위결정은 행정청이 우선권자로 결정된 자의 신청이 있으면 어업권면허처분을 하겠다는 것을 약속하는 행위로서 강학상 확약에 불과하고 행정처분은 아니므로, 우선순위결정에 공정력이나 불가쟁력과 같은 효력은 인정되지 아니하며, 따라서 우선순위결정이 잘못되었다는 이유로 종전의 어업권면허처분이 취소되면 행정청은 종전의 우선순위결정을 무시하고 다시 우선순위를 결정한 다음 새로운 우선순위결정에 기하여 새로운 어업권면허를 할 수 있다(대판 1995. 1. 20. 94누6529).

9 비공식적 행정작용 … 넓은 의미로는 그 요건 · 효과 · 절차 등이 일반적으로 법에 의해 정해지지 않으며 법적 구속력을 발생하지 않는 일체의 행정작용을 말하지만, 일반적으로 좁은 의미로는 공식적인 행정작용(행정입법, 행정행위, 공법상 계약 등)의 준비행위 또는 그 대체적인 것으로 행해지는 행정청과 국민간의 협의 · 합의 등을 말한다.

① 비공식적 행정작용은 법적 근거가 없으므로 법치국가의 원리상 허용되지 않는다는 소수 견해도 있으나 일반적으로 그 허용성을 인정하는 것이 다수설이다.

② 비공식적 행정작용은 통상 행정청과 상대방의 양자관계에서 행해지므로 이해관계에 있는 제3자에게 불리하게 작용될 가능성이 많다.

④ 비공식적 행정작용은 법적 구속력이 없는 것이므로 이는 신뢰보호의 원칙, 신의성실의 원칙, 행정의 자기구속의 원칙 등을 매개로 하여서도 법적 구속성이 인정될 수 없다. 하지만 그것이 무제한의 자유를 허용하는 것은 아니므로 비공식적 행정작용에도 일정한 법적 한계는 존재한다.

10 ② 판례는 확약의 처분성을 부정한다(대판누1995.1.20. 94누6529).

04 행정절차법

기출문제

section 1 의의

(1) 행정절차의 개념

① **광의** … 행정의 결정과 집행에 관한 일체의 과정을 말한다. 이에는 행정입법, 행정계획, 행정처분, 행정계약 및 행정지도에 관한 절차와 행정심판절차, 행정상의 의무이행확보 절차까지 모두 포함된다.

② **협의** … 행정청이 공권력을 행사하여 행정에 관한 결정을 함에 있어 요구되는 일련의 교섭과정, 즉 종국적 행정처분의 형성과정상에서 이루어지는 제1차적 행정절차만을 의미한다(통설).

③ **최협의** … 행정처분(행정행위)의 사전절차만을 의미한다.

(2) 행정절차의 필요성

① **행정의 민주화** … 행정과정에 이해관계인의 참여기회를 보장함으로써 행정작용의 민주화에 기여한다.

② **행정작용의 적정화** … 이해관계인에게 자신의 의견 등을 진술할 기회를 부여함으로써 사실인정 및 법령의 해석·적용을 올바르게 하여 행정의 적법·타당성(적정화)을 확보할 수 있게 한다.

③ **행정의 능률화** … 복잡한 행정작용에 관한 절차를 행정절차를 통해서 법으로 명확히 하는 것은 행정작용을 원활하게 수행하게 하여 행정능률을 높인다. 다만, 지나친 번잡한 사전절차는 행정의 신속성을 해하는 요인으로 작용할 수 있음에 유의한다.

④ **국민의 참여 확대** … 적절한 행정절차에 따라 상대방의 능동적인 참여하에 행정작용이 이루어지는 경우에 상대방의 신뢰감에 따른 협력을 기대할 수 있다.

⑤ **사전적 권익 구제** … 행정작용으로 인한 권익 침해를 미연에 방지하고 사후구제로 인한 시간과 비용을 절약하는 효과가 있다.

⑥ **사법기능의 보완** … 종국적 처분에 앞서 상대방에게 의견진술·자료제출 등의 기회를 부여하여 행정의 적법·타당성을 보장하는 기능을 수행한다.

(3) 행정절차의 발달

① 영 · 미법계

    ㉠ 영국 : 19세기 이래 자연적 정의 원칙에 입각한 행정절차를 통해 행정권의 활동을 규제하여 왔다. 자연적 정의 원칙은 국가권력의 적정한 행사에 관한 기본원칙으로서 편견배제와 쌍방청문의 원칙으로 구성된다. 이러한 자연적 정의 원칙의 위반에 대하여 각종 구제수단을 마련하고 있다.

    ㉡ 미국 : 행정절차는 헌법상의 적법절차조항에 의해 성립 · 발전되었다. 미국은 이를 토대로 1946년에 「행정절차법」을 제정하였다.

② 대륙법계 … 영 · 미법계 국가들에 비해 상대적으로 행정절차의 발달이 미흡했다. 이는 행정작용의 법 적합성은 행정기관의 책임하에 실현되어야 하며, 개인의 권익 보장을 위한 절차는 필요에 따라 사후적인 재심사의 길이 열려 있으면 충분한 것으로 보았기 때문이다. 그러나 제2차 세계대전 후에 행정운영의 통일 · 능률을 기한다는 데 중점을 두면서, 그리고 사회적 법치국가는 개인의 인권을 존중하는 데 중점을 두면서 행정절차가 발달하게 되었다.

    ㉠ 프랑스 : 프랑스에는 행정절차에 관한 일반법이 없고 판례상 방어권의 법리 등만이 인정되고 있다.

    ㉡ 독일 : 전통적으로 고전적 법치주의에 입각하여 행정작용에 대한 실체법적 규제와 사후구제를 원칙으로 하고 있었다. 그러나 최근 사전적 통제를 강화한 행정절차법을 마련하여 시행하고 있다.

    ㉢ 일본 : 1993년 「행정수속법」을 제정하였다.

(4) 우리나라의 행정절차법제

① 행정절차의 헌법적 근거 … 헌법 제12조 제1항, 제3항이 간접적으로 행정절차에 유추적용될 수 있다. 또한 헌법 제10조와 제37조에 의해서도 그 근거를 찾을 수 있다.

② 행정절차의 법률적 근거

    ㉠ 일반법으로 「행정절차법」이 1996년에 제정되어 1998년 1월 1일부터 시행되었다. 행정절차법은 처분절차, 신고, 행정예고, 행정상 입법예고, 행정지도 등에 관한 규정은 있지만 공법상의 계약, 행정계획 확정, 확약, 행정조사에 관해서는 규정이 없다.

    ㉡ 개별법으로 「민원 처리에 관한 법률」이 있다.

    • 민원 1회 방문처리제의 시행(동법 제32조)

    • 불필요한 서류요구의 금지(동법 제10조)

    • 민원편람의 비치(동법 제13조)

    • 처리결과의 통지(동법 제27조)

section 2 행정절차법

(1) 의의

① **구조** … 행정절차에 관한 일반법으로서 총칙, 처분, 신고, 행정상 입법예고, 행정예고, 행정지도, 국민참여의 확대, 보칙의 총 8장 56조로 이루어져 있다.

② **특징**

　㉠ 원칙적으로 절차규정만으로 구성되어 있다. 예외적으로 처분의 정정과 행정지도에 관한 일부 규정은 실체적 규정에 해당한다.

　㉡ 규율범위가 사전절차에 한정되어 있다.

　㉢ 행정계획 및 행정조사절차가 제외되어 있다.

(2) 총칙

① **목적** … 「행정절차법」은 행정운영에 있어서의 공정성, 투명성 및 신뢰성을 확보하고 국민의 권익을 보호함을 그 목적으로 한다. 여기서의 국민에는 외국인도 포함된다.

② **적용범위** … 처분, 신고, 행정상 입법예고, 행정예고 및 행정지도에 관한 일반법으로서 다른 법률에 특별한 규정이 있는 경우 외에는 이 법이 적용된다. 동법은 조례에 관하여 특별한 규정을 두고 있지 않으므로 국법으로서의 「행정절차법」은 지방자치단체의 사무에도 일반적으로 적용된다.

③ **적용예외사항**

　㉠ 국회 또는 지방의회의 의결을 거치거나 동의 또는 승인을 받아 행하는 사항

　㉡ 법원 또는 군사법원의 재판에 의하거나 그 집행으로 행하는 사항

　㉢ 헌법재판소의 심판을 거쳐 행하는 사항

　㉣ 각급 선거관리위원회의 의결을 거쳐 행하는 사항

　㉤ 감사원이 감사위원회의의 결정을 거쳐 행하는 사항

　㉥ 형사(刑事), 행형(行刑) 및 보안처분 관계 법령에 따라 행하는 사항

　㉦ 국가안전보장·국방·외교 또는 통일에 관한 사항 중 행정절차를 거칠 경우 국가의 중대한 이익을 현저히 해칠 우려가 있는 사항

　㉧ 심사청구, 해양안전심판, 조세심판, 특허심판, 행정심판, 그 밖의 불복절차에 따른 사항

     ⓒ 「병역법」에 따른 징집·소집, 외국인의 출입국·난민인정·귀화, 공무원인사 관계 법령에 따른 징계와 그 밖의 처분, 이해 조정을 목적으로 하는 법령에 따른 알선·조정·중재(仲裁)·재정(裁定) 또는 그 밖의 처분 등 해당 행정작용의 성질상 행정절차를 거치기 곤란하거나 거칠 필요가 없다고 인정되는 사항과 행정절차에 준하는 절차를 거친 사항으로서 대통령령으로 정하는 사항

④ **행정절차의 원칙**

     ㉠ **공정성의 원칙**: 행정절차가 공평하고 정당하게 이루어져야 한다는 원칙으로 「행정절차법」 차원에서 명시적인 근거를 획득하지는 못했지만 헌법상 적법 절차의 원리로부터 직접 도출된 원칙이다.

     ㉡ **신의성실의 원칙과 신뢰보호원칙**: 행정청은 직무를 수행함에 있어서 신의에 따라 성실히 하여야 한다. 행정청은 법령 등의 해석 또는 행정청의 관행이 일반적으로 국민들에게 받아들여진 때에는 공익 또는 제3자의 정당한 이익을 현저히 해할 우려가 있는 경우를 제외하고는 새로운 해석 또는 관행에 의하여 소급하여 불리하게 처리하여서는 아니된다.

     ㉢ **투명성의 원칙**: 행정청이 행하는 행정작용은 그 내용이 구체적이고 명확하여야 한다. 행정작용의 근거가 되는 법령 등의 내용이 명확하지 아니한 경우 상대방은 해당 행정청에 그 해석을 요청할 수 있으며, 해당 행정청은 특별한 사유가 없으면 그 요청에 따라야 한다. 행정청은 상대방에게 행정작용과 관련된 정보를 충분히 제공하여야 한다.

⑤ **행정청의 관할**

     ㉠ 행정청이 그 관할에 속하지 아니하는 사안을 접수하거나 이송받은 경우에는 이를 관할 행정청에 이송하여야 하고 그 사실을 신청인에게 통지하여야 한다. 관할이 변경된 경우에도 또한 같다.

     ㉡ 행정청의 관할이 분명하지 아니한 경우에는 당해 행정청을 공통으로 감독하는 상급행정청이 그 관할을 결정하며, 공통으로 감독하는 상급행정청이 없는 경우에는 각 상급행정청의 협의로 그 관할을 결정한다.

⑥ **당사자 등**

     ㉠ **개념**: 행정청의 처분에 대하여 직접 그 상대가 되는 당사자와 행정청이 직권 또는 신청에 의하여 행정절차에 참여하게 한 이해관계인을 말하는 바, 「행정절차법」은 당사자 등의 자격, 지위의 승계, 대표자, 대리인, 대표자·대리인의 통지에 관한 규정을 갖고 있다.

     ㉡ **자격**: 자연인, 법인 또는 법인 아닌 사단이나 재단 기타 다른 법령 등에 의하여 권리의무의 주체가 될 수 있는 자가 된다.

기출문제

문 행정행위의 효력발생요건에 관한 설명으로 가장 옳지 않은 것은? (다툼이 있는 경우 판례에 의함)

▶ 2017. 6. 24. 제2회 서울특별시

① 행정행위의 효력발생요건으로서의 도달은 상대방이 그 내용을 현실적으로 알 필요까지는 없고, 다만 알 수 있는 상태에 놓여짐으로써 충분하다.

② 교부에 의한 송달은 수령확인서를 받고 문서를 교부함으로써 하며, 송달하는 장소에서 송달받을 자를 만나지 못한 경우에는 그 사무원·피용자 또는 동거인으로서 사리를 분별할 지능이 있는 사람에게 문서를 교부할 수 있다.

③ 정보통신망을 이용한 송달은 송달받을 자의 동의 여부와 상관없이 허용된다.

④ 판례는 내용증명우편이나 등기우편과는 달리 보통우편의 방법으로 발송되었다는 사실만으로는 그 우편물이 상당한 기간 내에 도달하였다고 추정할 수 없고, 송달의 효력을 주장하는 측에서 증거에 의하여 이를 입증하여야 한다고 본다.

정답 ③

⑦ **행정청 간의 협조 및 행정응원**: 행정청은 행정의 원활한 수행을 위하여 서로 협조하고 필요한 경우 다른 행정청에 행정응원을 요청할 수 있다.

Point 팁 행정응원을 요청할 수 있는 경우
ⓐ 법령 등의 이유로 독자적인 직무수행이 어려운 경우
ⓑ 인원·장비의 부족 등 사실상의 이유로 독자적인 업무수행이 어려운 경우
ⓒ 다른 행정청에 소속되어 있는 전문기관의 협조가 필요한 경우
ⓓ 다른 행정청이 관리하고 있는 문서(전자문서 포함)·통계 등 행정자료가 직무수행을 위하여 필요한 경우
ⓔ 다른 행정청의 응원을 받아 처리하는 것이 보다 능률적이고 경제적인 경우

⑧ **송달**

㉠ **방법**: 우편·교부 또는 정보통신망 이용 등의 방법에 의하되 송달받을 자의 주소·거소·영업소·사무소 또는 전자우편주소로 한다. 다만, 송달받을 자가 동의하는 경우에는 그를 만나는 장소에서 송달할 수 있다.

㉡ **효력발생**: 다른 법령 등에 특별한 규정이 있는 경우를 제외하고는 송달받을 자에게 도달됨으로써 그 효력이 발생한다. 정보통신망을 이용하여 전자문서로 송달하는 경우에는 송달 받을 자가 지정한 컴퓨터 등에 입력된 때에 도달된 것으로 본다. 공고에 의한 송달의 경우에는 다른 법령 등에 특별한 규정이 있는 경우를 제외하고는 공고일로부터 14일이 경과한 때에 그 효력이 발생한다. 다만, 긴급히 시행하여야 할 특별한 사유가 있어 효력발생시기를 달리 정하여 공고한 경우에는 그에 의한다.

(3) 처분

① **의의** … 처분절차는 행정절차의 중심을 이루는데 「행정절차법」은 통칙, 의견제출 및 청문, 공청회의 3개절에 걸쳐 이를 규정하고 있다.

② **적용범위** … 직권주의, 서면심리주의, 처분기준의 설정공표, 의견제출, 처분의 이유제시, 처분의 방식, 고지 등은 모든 처분절차에 적용되나 처분의 신청은 수익적 처분에 적용되고 처분의 사전통지와 의견제출은 상대방의 권리를 제한하거나 의무를 부과하는 불이익조치에만 적용된다. 또한 청문과 공청회는 다른 법령에 규정되어 있거나 행정청이 필요하다고 인정하는 경우에 실시한다.

③ **직권주의** … 당사자주의에 대응하는 관념으로 본래에는 쟁송절차상 원칙이나 「행정절차법」도 이를 채택하고 있다. 따라서 절차의 진행은 행정청에 맡겨져 있고 결정에 필요한 자료는 행정청 스스로 조사·수집할 수 있다. 다만, 신청에 의한 처분에서는 신청인의 발의에 의해 절차가 개시되고 내용도 신청의 범위에 한정된다.

④ 서면심리주의 … 「행정절차법」은 문서주의 원칙을 취하여 처분은 문서로써 하도록 하고 있다. 처분을 하는 문서에는 그 처분 행정청과 담당자의 소속·성명 및 연락처(전화번호, 팩스번호, 전자우편주소 등)를 적어야 한다(행정실명제).

⑤ 처분기준의 설정·공표 … 「행정절차법」은 행정청의 자의적인 권한 행사를 방지하고 상대방의 예측가능성을 보장하기 위해 행정청의 처분기준을 설정·공표하도록 하고 있다. 이에 따라 행정청은 처분의 심사에 필요한 기준을 가능한 한 구체적으로 정하여 공표하여야 한다. 다만, 처분기준을 공표하는 것이 현저히 곤란하거나 공공의 안전·복리를 현저히 해하는 경우에는 이를 공표하지 아니할 수 있다. 여기서의 처분기준은 해석규칙 또는 재량준칙 등의 행정규칙에 해당한다. 따라서 그 자체로는 법적 구속력이 없으나 평등의 원칙을 매개로 하여 대외적인 법적 구속력을 가질 수 있다.

⑥ 처분의 이유제시

　㉠ 원칙 : 행정청은 처분을 하고자 하는 때에는 당사자에게 그 근거와 이유를 제시하여야 한다. 이유제시는 기능적인 측면에서 볼 때 자의억제기능 내지는 신중배려확보기능, 행정쟁송제기편의제공기능, 상대방에 대한 설득기능, 결정과정공개기능 등을 들 수 있다.

　㉡ 이유제시가 불필요한 경우
　　• 신청내용을 모두 그대로 인정하는 처분인 경우
　　• 단순·반복적인 처분 또는 경미한 처분으로서 당사자가 그 이유를 명백히 알 수 있는 경우
　　• 긴급히 처분을 할 필요가 있는 경우

　㉢ 단순·반복적·경미한 처분으로서 당사자가 이유를 명백히 알 수 있는 경우와 긴급히 처분을 할 필요가 있는 경우에 당사자가 제시를 요청하는 경우에는 그 근거와 이유를 제시하여야 한다.

행정절차법
제23조(처분의 이유 제시)
① 행정청은 처분을 할 때에는 다음 각 호의 어느 하나에 해당하는 경우를 제외하고는 당사자에게 그 근거와 이유를 제시하여야 한다.
　1. 신청 내용을 모두 그대로 인정하는 처분인 경우
　2. 단순·반복적인 처분 또는 경미한 처분으로서 당사자가 그 이유를 명백히 알 수 있는 경우
　3. 긴급히 처분을 할 필요가 있는 경우
② 행정청은 제1항 제2호 및 제3호의 경우에 처분 후 당사자가 요청하는 경우에는 그 근거와 이유를 제시하여야 한다.

기출문제

🔍 행정처분의 이유제시에 대한 설명으로 옳지 않은 것은? (다툼이 있는 경우 판례에 의함)
▶ 2018. 5. 19. 제1회 지방직

① 당초 행정처분의 근거로 제시한 이유가 실질적인 내용이 없는 경우에도 행정소송의 단계에서 행정처분의 사유를 추가할 수 있다.
② 행정처분의 이유제시가 아예 결여되어 있는 경우에 이를 사후적으로 추완하거나 보완하는 것은 늦어도 당해 행정처분에 대한 쟁송이 제기되기 전에는 행해져야 위법성이 치유될 수 있다.
③ 당사자가 신청하는 허가 등을 거부하는 처분을 하면서 당사자가 그 근거를 알 수 있을 정도로 이유를 제시했다면 처분의 근거와 이유를 구체적으로 명시하지 않았더라도 당해 처분이 위법한 것은 아니다.
④ 이유제시에 하자가 있어 당해 처분을 취소하는 판결이 확정된 경우에 처분청이 그 이유제시의 하자를 보완하여 종전의 처분과 동일한 내용의 처분을 하는 것은 종전의 처분과는 별개의 처분을 하는 것이다.

┃정답 ①

② 이유제시의 정도 : 그 사안에 따라 구체적으로 상세하게 하여야 한다. 판례는 주류제조업취소처분사건에서 이유제시가 불충분한 경우에도 위법성이 인정된다고 한 바 있다. 판례는 세무서장이 주류도매업자에 다하여 일반주류도매업면허취소통지를 하면서 그 위반 사실을 구체적으로 특정하지 아니한 것은 위법하다고 한 바 있다(대판1990. 9.11. 90누1786).

판례 행정절차법 제23조 제1항은 행정청은 처분을 하는 때에는 당사자에게 그 근거와 이유를 제시하여야 한다고 규정하고 있는바, 일반적으로 <u>당사자가 근거규정 등을 명시하여 신청하는 인·허가 등을 거부하는 처분을 함에 있어 당사자가 그 근거를 알 수 있을 정도로 상당한 이유를 제시한 경우에는 당해 처분의 근거 및 이유를 구체적 조항 및 내용까지 명시하지 않았더라도 그로 말미암아 그 처분이 위법한 것이 된다고 할 수 없다.</u> 행정청이 토지형질변경허가신청을 불허하는 근거규정으로 '도시계획법시행령 제20조'를 명시하지 아니하고 '도시계획법'이라고만 기재하였으나, 신청인이 자신의 신청이 개발제한구역의 지정목적에 현저히 지장을 초래하는 것이라는 이유로 구 도시계획법시행령 제20조 제1항 제2호에 따라 불허된 것임을 알 수 있었던 경우, 그 불허처분이 위법하지 아니하다(대판 2002. 5.17. 2000두8912).

행정청은 처분을 하는 때에는 원칙적으로 당사자에게 근거와 이유를 제시하여야 한다(행정절차법 제23조 제1항). <u>당사자가 신청하는 허가 등을 거부하는 처분을 하면서 당사자가 그 근거를 알 수 있을 정도로 이유를 제시한 경우에는 처분의 근거와 이유를 구체적으로 명시하지 않았더라도 그로 말미암아 그 처분이 위법하다고 볼 수는 없다.</u> 이때 '이유를 제시한 경우'는 처분서에 기재된 내용과 관계 법령 및 당해 처분에 이르기까지의 전체적인 과정 등을 종합적으로 고려하여, 처분 당시 당사자가 어떠한 근거와 이유로 처분이 이루어진 것인지를 충분히 알 수 있어서 그에 불복하여 행정구제절차로 나아가는 데 별다른 지장이 없었다고 인정되는 경우를 뜻한다(대판 2017. 8.29. 2016두44186).

③ 이유제시의 하자와 행정행위의 효력 : 전통적인 견해는 이유제시를 행정행위의 성립요건으로 파악하여 이유제시가 없는 경우 무효로 보았으나 판례는 원칙적으로 취소사유로 보고 있다.

⑦ **처분의 방식** … 행정청이 처분을 하는 때에는 특별한 규정이 없는 한 문서로 하여야 한다. 전자문서로 하는 경우에는 당사자의 동의가 있어야 하며, 신속을 요하거나 사안이 경미한 경우에는 말 또는 그 밖의 방법으로 할 수 있다. 이 경우 당사자의 요청이 있는 때에는 지체 없이 처분에 관한 문서를 교부하여야 한다.

⑧ **처분의 고지** … 행정청이 처분을 하는 때에는 당사자에게 그 처분에 관하여 행정심판 등 불복가능성 여부, 청구절차, 청구기간 등 기타 필요한 사항을 알려야 한다.

⑨ **수익적 처분에 적용되는 규정**
　㉠ 신청 : 수익적 행정작용에 대해 신청인은 문서로써 신청해야 한다.
　㉡ 처리기간의 기준 공표 : 수익적 행정작용의 경우 행정청은 국민의 예측가능성과 법적 안정성을 위해 처리기간의 기준을 공표해야 한다.

판례 행정청이 행정절차법 제20조 제1항 의 처분기준 사전공표 의무를 위반하여 미리 공표하지 아니한 기준을 적용하여 처분을 하였다고 하더라도, 그러한 사정만으로 곧바로 해당 처분에 취소사유에 이를 정도의 흠이 존재한다고 볼 수는 없다. 다만 해당 처분에 적용한 기준이 상위법령의 규정이나 신뢰보호의 원칙 등과 같은 법의 일반원칙을 위반하였거나 객관적으로 합리성이 없다고 볼 수 있는 구체적인 사정이 있다면 해당 처분은 위법하다고 평가할 수 있다(대판 2020.12.24. 2018두45633).

⑩ 불이익처분에 적용되는 규정

　㉠ 처분의 사전통지

- 행정청이 당사자에게 의무를 과하거나 권익을 침해하는 행정처분을 하는 경우에는 처분의 제목과 내용, 법적 근거, 의견제출기회 기타 필요한 사항을 문서로써 당사자에게 미리 통지하여야 한다.
- 당사자는 의견제출권을 갖게 되는데 통지를 받는 당사자는 서면, 통신 또는 구술로 의견을 제출할 수 있으며 자신의 주장을 입증하기 위한 증거자료도 제출할 수 있다.
- 의견이 제출된 경우 행정청은 이를 성실히 고려하여야 한다.

> **행정절차법 제21조(처분의 사전 통지)**
> ① 행정청은 당사자에게 의무를 부과하거나 권익을 제한하는 처분을 하는 경우에는 미리 다음 각 호의 사항을 당사자등에게 통지하여야 한다.
> 　1. 처분의 제목
> 　2. 당사자의 성명 또는 명칭과 주소
> 　3. 처분하려는 원인이 되는 사실과 처분의 내용 및 법적 근거
> 　4. 제3호에 대하여 의견을 제출할 수 있다는 뜻과 의견을 제출하지 아니하는 경우의 처리방법
> 　5. 의견제출기관의 명칭과 주소
> 　6. 의견제출기한
> 　7. 그 밖에 필요한 사항
> ② 행정청은 청문을 하려면 청문이 시작되는 날부터 10일 전까지 제1항 각 호의 사항을 당사자등에게 통지하여야 한다. 이 경우 제1항제4호부터 제6호까지의 사항은 청문 주재자의 소속·직위 및 성명, 청문의 일시 및 장소, 청문에 응하지 아니하는 경우의 처리방법 등 청문에 필요한 사항으로 갈음한다.
> ③ 제1항 제6호에 따른 기한은 의견제출에 필요한 기간을 10일 이상으로 고려하여 정하여야 한다. 〈개정 2019. 12. 10.〉[시행일 : 2020. 6. 11.]
> ④ 다음 각 호의 어느 하나에 해당하는 경우에는 제1항에 따른 통지를 하지 아니할 수 있다.
> 　1. 공공의 안전 또는 복리를 위하여 긴급히 처분을 할 필요가 있는 경우
> 　2. 법령 등에서 요구된 자격이 없거나 없어지게 되면 반드시 일정한 처분을 하여야 하는 경우에 그 자격이 없거나 없어지게 된 사실이 법원의 재판 등에 의하여 객관적으로 증명된 경우

기출문제

문 「행정절차법」상 행정절차에 대한 설명으로 옳지 않은 것은?
▶ 2018. 4. 7. 인사혁신처
① 단순·반복적인 처분 또는 경미한 처분으로서 당사자가 그 이유를 명백히 알 수 있는 경우라 하더라도 처분 후 당사자가 요청하는 경우에는 행정청은 그 근거와 이유를 제시하여야 한다.
② 행정청이 당사자에게 의무를 과하거나 권익을 제한하는 처분을 하는 경우라도 당사자가 명백히 의견진술의 기회를 포기한다는 뜻을 표시한 경우에는 의견청취를 하지 않을 수 있다.
③ 행정청은 대통령령을 입법예고하는 경우에는 이를 국회 소관 상임위원회에 제출하여야 한다.
④ 인허가 등의 취소 또는 신분·자격의 박탈, 법인이나 조합 등의 설립허가의 취소 시 의견제출기한 내에 당사자등의 신청이 있는 경우에 공청회를 개최한다.

정답 ④

  3. 해당 처분의 성질상 의견청취가 현저히 곤란하거나 명백히 불필요하다고 인
   정될 만한 상당한 이유가 있는 경우
⑤ 처분의 전제가 되는 사실이 법원의 재판 등에 의하여 객관적으로 증명된 경우
  등 제4항에 따른 사전 통지를 하지 아니할 수 있는 구체적인 사항은 대통령령
  으로 정한다.
⑥ 제4항에 따라 사전 통지를 하지 아니하는 경우 행정청은 처분을 할 때 당사자
  등에게 통지를 하지 아니한 사유를 알려야 한다. 다만, 신속한 처분이 필요한
  경우에는 처분 후 그 사유를 알릴 수 있다.
⑦ 제6항에 따라 당사자등에게 알리는 경우에는 제24조(처분의 방식)를 준용한다.

판례 행정청이 당사자에게 의무를 부과하거나 권익을 제한하는 처분을 하는 경우에는 원칙적으로 행정절차법 제21조 제1항에 따른 사전통지를 하고, 제22조 제3항에 따른 의견제출 기회를 주는 것으로 족하며, 다른 법령 등에서 반드시 청문을 실시하도록 규정한 경우이거나 행정청이 필요하다고 인정하는 경우 등에 한하여 청문을 실시할 의무가 있다. 처분청은 비록 처분 당시에 별다른 하자가 없었고, 또 처분 후에 이를 철회할 별도의 법적 근거가 없더라도 원래의 처분을 존속시킬 필요가 없게 된 사정변경이 생겼거나 또는 중대한 공익상의 필요가 발생한 경우에는 그 효력을 상실케 하는 별개의 처분으로 이를 철회할 수 있다. 다만 수익적 처분을 취소 또는 철회하는 경우에는 이미 부여된 국민의 기득권을 침해하는 것이 되므로, 비록 취소 등의 사유가 있더라도 취소권 등의 행사는 기득권의 침해를 정당화할 만한 중대한 공익상의 필요 또는 제3자의 이익보호의 필요가 있는 때에 한하여 상대방이 받는 불이익과 비교·형량하여 결정하여야 하고, 그 처분으로 인하여 공익상의 필요보다 상대방이 받게 되는 불이익 등이 막대한 경우에는 재량권의 한계를 일탈한 것으로서 허용되지 않는다(대판 2020. 4.29. 2017두31064).

 ⓛ 의견제출
  • 의견제출은 행정청이 일정한 결정을 하기에 앞서 당사자 등에게 의견을 제시할
   기회를 주는 절차로서 청문이나 공청회에 해당하지 아니하는 약식절차를 말한다.
  • 서면·구술 또는 정보통신망을 이용하여 의견제출을 한다.
  • 청문 및 공청회는 법이 규정하고 있는 경우에만 실시하도록 되어 있으나 의견제
   출은 불이익처분의 경우 일반적으로 인정된다.

행정절차법 제27조의2(제출 의견의 반영 등)
① 행정청은 처분을 할 때에 당사자등이 제출한 의견이 상당한 이유가 있다고 인
 정하는 경우에는 이를 반영하여야 한다. 〈개정 2019. 12. 10.〉
② 행정청은 당사자등이 제출한 의견을 반영하지 아니하고 처분을 한 경우 당사자
 등이 처분이 있음을 안 날부터 90일 이내에 그 이유의 설명을 요청하면 서면으
 로 그 이유를 알려야 한다. 다만, 당사자등이 동의하면 말, 정보통신망 또는 그
 밖의 방법으로 알릴 수 있다. 〈신설 2019. 12. 10.〉

⑪ 청문

ⓐ 의의 : 청문은 행정청이 결정을 하기에 앞서 그 결정의 당사자 또는 이해관계인으로 하여금 자기에게 유리한 증거를 제출하고 의견을 진술할 수 있게 하는, 불이익처분에 관한 절차 가운데 가장 공식적인 절차이다. 청문은 법령 등에서 청문의 실시를 규정하고 있는 경우와 행정청이 필요하다고 인정하는 경우에 실시한다.

판례 구 행정절차법 제22조 제3항에 따라 행정청이 의무를 부과하거나 권익을 제한하는 처분을 할 때 의견제출의 기회를 주어야 하는 '당사자'는 '행정청의 처분에 대하여 직접 그 상대가 되는 당사자'를 의미한다. 그런데 <u>'고시'의 방법으로 불특정 다수인을 상대로 의무를 부과하거나 권익을 제한하는 처분은 성질상 의견제출의 기회를 주어야 하는 상대방을 특정할 수 없으므로,</u> 이와 같은 처분에 있어서까지 구 행정절차법 제22조 제3항에 의하여 <u>그 상대방에게 의견제출의 기회를 주어야 한다고 해석할 것은 아니다</u>(대판 2014.10.27. 2012두7745).

행정절차법 제22조 제1항 제1호는, 행정청이 처분을 할 때에는 다른 법령 등에서 청문을 실시하도록 규정하고 있는 경우 청문을 실시한다고 규정하고 있다. 이러한 청문제도는 행정처분의 사유에 대하여 당사자에게 변명과 유리한 자료를 제출할 기회를 부여함으로써 위법사유의 시정 가능성을 고려하고, 처분의 신중과 적정을 기하려는 데 그 취지가 있다. 그러므로 <u>행정청이 특히 침해적 행정처분을 할 때 그 처분의 근거 법령 등에서 청문을 실시하도록 규정하고 있다면, 행정절차법 등 관련 법령상 청문을 실시하지 않아도 되는 예외적인 경우에 해당하지 않는 한, 반드시 청문을 실시하여야 하며, 그러한 절차를 결여한 처분은 위법한 처분으로서 취소사유에 해당한다</u>(대판 2017. 4. 7. 2016두63224).

ⓑ 청문주재자 : 행정청은 소속 직원 또는 대통령령으로 정하는 자격을 가진 사람 중에서 청문 주재자를 공정하게 선정하여야 한다. 청문주재자는 독립하여 직무를 수행하며 청문을 진행한다. 청문주재자의 제척 · 기피 · 회피제도도 인정된다.

ⓒ 청문의 공개 : 청문은 당사자의 공개신청이 있거나 청문주재자가 필요하다고 인정하는 경우 이를 공개할 수 있다. 다만, 공익 또는 제3자의 정당한 이익을 현저히 해할 우려가 있는 경우에는 공개하지 않는다.

ⓓ 청문의 진행

• 청문은 당사자 등의 의견진술, 증거제출, 질문과 답변 등에 의해 진행된다.
• 청문주재자는 신청 또는 직권에 의하여 필요한 증거를 조사할 수 있다.
• 행정청은 직권 또는 당사자의 신청에 의하여 수개의 사안을 병합하거나 분리하여 청문을 실시할 수 있다.

ⓔ 청문결과의 반영 : 청문이 끝나면 행정청은 청문조서를 검토하고 상당한 이유가 있는 경우에는 그 결과를 적극 반영하여야 한다.

ⓕ 청문절차의 하자 : 법령이 청문절차를 규정하고 있는 경우 이를 행하지 않고 과하는 처분은 하자있는 행정행위로 취소소송의 대상이 된다. 그러나 관계법령이 청문절차를 규정하지 않은 경우에는 청문을 거치지 않고 처분을 해도 위법한 것이 아니다(통설 · 판례).

기출문제

「행정절차법」상 행정절차에 대한 설명으로 옳지 않은 것은?
▶ 2016. 6. 18. 제1회 지방직

① 말로 행정지도를 하는 자는 상대방이 그 행정지도의 취지 및 내용과 행정지도를 하는 자의 신분을 적은 서면의 교부를 요구하는 경우에 직무수행에 특별한 지장이 없으면 이를 교부하여야 한다.

② 행정청은 부득이한 사유로 공표한 처리기간 내에 처분을 처리하기 곤란한 경우에는 해당 처분의 처리기간의 범위에서 한 번만 그 기간을 연장할 수 있다.

③ 정보통신망을 이용한 공청회(전자공청회)는 공청회를 실시할 수 없는 불가피한 상황에서만 실시할 수 있다.

④ 청문은 원칙적으로 당사자가 공개를 신청하거나 청문주재자가 필요하다고 인정하는 경우 공개할 수 있다.

정답 ③

판례 행정청이 식품위생법상의 청문절차를 이행함에 있어 소정의 청문서 도달기간을 지키지 아니하였다면 이는 청문의 절차적 요건을 준수하지 아니한 것이므로 이를 바탕으로 한 행정처분은 일단 위법하다고 보아야 할 것이지만 이러한 청문제도의 취지는 처분으로 말미암아 받게 될 영업자에게 미리 변명과 유리한 자료를 제출할 기회를 부여함으로써 부당한 권리침해를 예방하려는 데에 있는 것임을 고려하여 볼 때, 가령 행정청이 청문서 도달기간을 다소 어겼다하더라도 영업자가 이에 대하여 이의하지 아니한 채 스스로 청문일에 출석하여 그 의견을 진술하고 변명하는 등 방어의 기회를 충분히 가졌다면 청문서 도달기간을 준수하지 아니한 하자는 치유되었다고 봄이 상당하다(대판1992.10.23. 92누2844).

⑫ **공청회**

ㄱ **의의** : 특정 사항에 대하여 발표자와 이해관계인들이 서로 질문과 답변을 하여 행정결정을 위해 필요한 의사를 형성하는 절차를 말한다. 청문과는 달리 공청사항에 대하여 이해관계가 없는 사람도 참가할 수 있다. 그 사항은 중요한 국가시책, 국토계획, 입법안 등 광범위하다. 이를 통해 행정청은 다수의 의견을 수렴하고 사전적으로 이해관계를 조정할 수 있다.

ㄴ **실시사유** : 행정청이 처분을 함에 있어서 다른 법령에 공청회를 개최하도록 규정하고 있는 경우와 당해 처분의 영향이 광범위하여 널리 의견을 수렴할 필요가 있다고 인정되는 경우에는 공청회를 개최한다.

ㄷ **공청회의 개최** : 행정청은 공청회 개최 14일 전까지 제목, 일시, 장소, 주요 내용, 발표자 기타 필요한 사항을 당사자 등에게 통지하고 관보 또는 일간신문 등에 널리 공고하여야 한다. 다만, 공청회 개최를 알린 후 예정대로 개최하지 못하여 새로 일시 및 장소 등을 정한 경우에는 공청회 개최 7일 전까지 알려야 한다.

> **행정절차법 제22조(의견청취)**
> ① 행정청이 처분을 할 때 다음 각 호의 어느 하나에 해당하는 경우에는 청문을 한다.
>   1. 다른 법령등에서 청문을 하도록 규정하고 있는 경우
>   2. 행정청이 필요하다고 인정하는 경우
>   3. 다음 각 목의 처분 시 제21조제1항제6호에 따른 의견제출기한 내에 당사자 등의 신청이 있는 경우
>   가. 인허가 등의 취소
>   나. 신분·자격의 박탈
>   다. 법인이나 조합 등의 설립허가의 취소
> ② 행정청이 처분을 할 때 다음 각 호의 어느 하나에 해당하는 경우에는 공청회를 개최한다. 〈개정 2019. 12. 10.〉
>   1. 다른 법령등에서 공청회를 개최하도록 규정하고 있는 경우

2. 해당 처분의 영향이 광범위하여 널리 의견을 수렴할 필요가 있다고 행정청이 인정하는 경우

3. 국민생활에 큰 영향을 미치는 처분으로서 대통령령으로 정하는 처분에 대하여 대통령령으로 정하는 수 이상의 당사자등이 공청회 개최를 요구하는 경우

③ 행정청이 당사자에게 의무를 부과하거나 권익을 제한하는 처분을 할 때 제1항 또는 제2항의 경우 외에는 당사자등에게 의견제출의 기회를 주어야 한다.

④ 제1항부터 제3항까지의 규정에도 불구하고 <u>제21조제4항 각 호의 어느 하나에 해당하는 경우와 당사자가 의견진술의 기회를 포기한다는 뜻을 명백히 표시한 경우</u>에는 의견청취를 하지 아니할 수 있다.

⑤ 행정청은 청문·공청회 또는 의견제출을 거쳤을 때에는 신속히 처분하여 해당 처분이 지연되지 아니하도록 하여야 한다.

⑥ 행정청은 처분 후 1년 이내에 당사자등이 요청하는 경우에는 청문·공청회 또는 의견제출을 위하여 제출받은 서류나 그 밖의 물건을 반환하여야 한다.

제38조(공청회 개최의 알림)

행정청은 공청회를 개최하려는 경우에는 공청회 개최 14일 전까지 다음 각 호의 사항을 당사자등에게 통지하고 관보, 공보, 인터넷 홈페이지 또는 일간신문 등에 공고하는 등의 방법으로 널리 알려야 한다. 다만, 공청회 개최를 알린 후 예정대로 개최하지 못하여 새로 일시 및 장소 등을 정한 경우에는 공청회 개최 7일 전까지 알려야 한다. 〈개정 2019. 12. 10.〉

1. 제목
2. 일시 및 장소
3. 주요 내용
4. 발표자에 관한 사항
5. 발표신청 방법 및 신청기한
6. 정보통신망을 통한 의견제출
7. 그 밖에 공청회 개최에 필요한 사항

제38조의3(공청회의 주재자 및 발표자의 선정)

① 행정청은 해당 공청회의 사안과 관련된 분야에 전문적 지식이 있거나 그 분야에 종사한 경험이 있는 사람으로서 대통령령으로 정하는 자격을 가진 사람 중에서 공청회의 주재자를 선정한다. 〈개정 2019. 12. 10.〉

② 공청회의 발표자는 발표를 신청한 사람 중에서 행정청이 선정한다. 다만, 발표를 신청한 사람이 없거나 공청회의 공정성을 확보하기 위하여 필요하다고 인정하는 경우에는 다음 각 호의 사람 중에서 지명하거나 위촉할 수 있다.

1. 해당 공청회의 사안과 관련된 당사자등
2. 해당 공청회의 사안과 관련된 분야에 전문적 지식이 있는 사람
3. 해당 공청회의 사안과 관련된 분야에 종사한 경험이 있는 사람

③ 행정청은 공청회의 주재자 및 발표자를 지명 또는 위촉하거나 선정할 때 공정성이 확보될 수 있도록 하여야 한다.

④ 공청회의 주재자, 발표자, 그 밖에 자료를 제출한 전문가 등에게는 예산의 범위에서 수당 및 여비와 그 밖에 필요한 경비를 지급할 수 있다.

제39조의3(공청회의 재개최) 행정청은 공청회를 마친 후 처분을 할 때까지 새로운 사정이 발견되어 공청회를 다시 개최할 필요가 있다고 인정할 때에는 공청회를 다시 개최할 수 있다.
[본조신설 2019. 12. 10.]

ⓔ 공청회의 진행 : 공청회의 주재자는 공정하게 진행을 하여야 하며 발표자의 발표, 상호 간의 질의, 답변, 방청인의 의견제시 등에 의해 진행된다.

ⓜ 공청회 결과의 반영 : 행정기관은 공청회에서 제시된 의견을 성실히 반영하여야 한다.

(4) 신고

① 신고란 행정청에 대하여 일정한 사항을 통지하는 행위로서 법령 등이 정하는 바에 따라 당해 통지가 의무로 되어 있는 작용을 말한다.

② 사인의 신고의무는 형식상의 요건이 충족되어 있는 한 그 신고서가 행정청에 도달한 때에 이행된 것으로 보며 별도의 행정청의 수리행위를 요건으로 하지 않는다. 즉, 「행정절차법」상의 신고는 본래적 의미의 신고(자기완결적 신고)를 뜻한다.

(5) 행정상 입법예고

① 의의 … 국민의 일상생활과 밀접하게 관련되는 법령안의 내용을 국민들에게 미리 알림으로써 국민들의 참여기회를 보장하여 입법과정의 민주화를 확보하기 위한 절차를 말한다.

② 내용 … 국민의 권리의무 또는 일상생활과 밀접한 관련이 있는 법령을 제 · 개정 또는 폐지하고자 할 때에는 당해 입법안을 마련한 행정청은 이를 예고하여야 한다. 다만, 긴급을 요하거나 기타 사유로 예고의 필요가 없거나 곤란한 경우에는 입법예고를 하지 아니할 수 있다.

행정절차법 제41조(행정상 입법예고)

① 법령등을 제정·개정 또는 폐지(이하 "입법"이라 한다)하려는 경우에는 해당 입법안을 마련한 행정청은 이를 예고하여야 한다. 다만, 다음 각 호의 어느 하나에 해당하는 경우에는 예고를 하지 아니할 수 있다.

  1. <u>신속한 국민의 권리 보호 또는 예측 곤란한 특별한 사정의 발생 등으로 입법이 긴급을 요하는 경우</u>
  2. <u>상위 법령등의 단순한 집행을 위한 경우</u>
  3. <u>입법내용이 국민의 권리·의무 또는 일상생활과 관련이 없는 경우</u>
  4. <u>단순한 표현·자구를 변경하는 경우 등 입법내용의 성질상 예고의 필요가 없거나 곤란하다고 판단되는 경우</u>
  5. <u>예고함이 공공의 안전 또는 복리를 현저히 해칠 우려가 있는 경우</u>

③ 방식 ··· 소관 행정청은 입법안의 취지, 주요 내용 또는 전문을 관보 및 정보시스템 그리고 공보를 통해 공고하여야 하며 추가로 인터넷, 신문 또는 방송 등을 통하여 공고 할 수 있다. 예고기간은 특별한 사정이 없는 한 40일 이상 행한다(자치법규는 20일).

행정절차법 제42조(예고방법)

① 행정청은 입법안의 취지, 주요 내용 또는 전문(全文)을 다음 각 호의 구분에 따른 방법으로 공고하여야 하며, 추가로 인터넷, 신문 또는 방송 등을 통하여 공고할 수 있다. 〈개정 2019. 12. 10.〉

  1. 법령의 입법안을 입법예고하는 경우: 관보 및 법제처장이 구축·제공하는 정보시스템을 통한 공고
  2. 자치법규의 입법안을 입법예고하는 경우: 공보를 통한 공고

② 행정청은 대통령령을 입법예고하는 경우 국회 소관 상임위원회에 이를 제출하여야 한다.

③ 행정청은 입법예고를 할 때에 입법안과 관련이 있다고 인정되는 중앙행정기관, 지방자치단체, 그 밖의 단체 등이 예고사항을 알 수 있도록 예고사항을 통지하거나 그 밖의 방법으로 알려야 한다.

④ 행정청은 제1항에 따라 예고된 입법안에 대하여 전자공청회 등을 통하여 널리 의견을 수렴할 수 있다. 이 경우 제38조의2 제2항부터 4항까지의 규정(전자공청회)을 준용한다.

⑤ 행정청은 예고된 입법안의 전문에 대한 열람 또는 복사를 요청받았을 때에는 특별한 사유가 없으면 그 요청에 따라야 한다.

⑥ 행정청은 제5항에 따른 복사에 드는 비용을 복사를 요청한 자에게 부담시킬 수 있다.

기출문제

📗 다음은 「행정절차법」상 기간과 관련된 규정을 정리한 것이다. ㉠ ~ ㉣에 들어갈 기간을 바르게 나열한 것은?
▶ 2017. 12. 16. 지방직 추가선발

• 행정청은 공청회를 개최하려는 경우에는 공청회 개최 (㉠)일 전까지 제목, 일시 및 장소 등을 당사자 등에게 통지하고 관보, 공보, 인터넷 홈페이지 또는 일간신문 등에 공고하는 등의 방법으로 널리 알려야 한다.
• 입법예고기간은 예고할 때 정하되, 특별한 사정이 없으면 (㉡)일 (자치법규는 (㉢)일) 이상으로 한다.
• 행정예고기간은 예고 내용의 성격 등을 고려하여 정하되, 특별한 사정이 없으면 (㉣)일 이상으로 한다.

	㉠	㉡	㉢	㉣
①	10	40	30	30
②	14	30	20	20
③	14	40	20	20
④	15	30	20	30

정답 ③

④ **의견제출 및 공청회** ··· 입법안에 대해서는 누구든지 의견을 제출할 수 있고 행정청은 의견을 제출한 자에게 그 제출된 의견의 처리결과를 통지하여야 한다. 행정청은 입법안에 관하여 공청회를 개최할 수 있다.

(6) 행정예고

① 행정에 대한 예측가능성 및 국민의 행정에의 참여, 행정시책에 대한 이해 도모를 위해 국민생활에 중요한 일정한 행정시책에 대해서는 이를 미리 예고하도록 하고 있다. 예고의 방법과 의견제출 및 처리, 공청회 등은 행정상 입법예고에 관한 규정이 준용된다.

② 행정예고기간은 예고내용의 성격 등을 고려하여 정하되, 특별한 사정이 없는 한 20일 이상으로 한다.

> **행정절차법 제46조(행정예고)**
> ① 행정청은 정책, 제도 및 계획(이하 "정책등"이라 한다)을 수립·시행하거나 변경하려는 경우에는 이를 예고하여야 한다. 다만, 다음 각 호의 어느 하나에 해당하는 경우에는 예고를 하지 아니할 수 있다. 〈개정 2019. 12. 10.〉
> 1. 신속하게 국민의 권리를 보호하여야 하거나 예측이 어려운 특별한 사정이 발생하는 등 긴급한 사유로 예고가 현저히 곤란한 경우
> 2. 법령등의 단순한 집행을 위한 경우
> 3. 정책등의 내용이 국민의 권리·의무 또는 일상생활과 관련이 없는 경우
> 4. 정책등의 예고가 공공의 안전 또는 복리를 현저히 해칠 우려가 상당한 경우
> ② 제1항에도 불구하고 법령등의 입법을 포함하는 행정예고는 입법예고로 갈음할 수 있다.
> ③ 행정예고기간은 예고 내용의 성격 등을 고려하여 정하되, 특별한 사정이 없으면 20일 이상으로 한다.

(7) 행정지도

① **의의** ··· 행정주체가 조언·권고 등의 방법으로 국민이나 기타 관계자의 행동을 유도하여 그 의도하는 바를 실현하기 위하여 행하는 비권력적 사실행위를 말한다.

② **원칙**
　㉠ 목적 달성에 필요한 최소한도에 그쳐야 한다.
　㉡ 상대방의 의사에 반하여 부당하게 강요하여서는 아니된다.
　㉢ 행정기관은 상대방이 행정지도에 따르지 아니하였다는 것을 이유로 불이익한 조치를 하여서는 아니된다.

③ **방식** … 행정지도를 행하는 자는 그 상대방에게 당해 행정지도의 취지, 내용 및 신분을 밝혀야 한다. 상대방이 행정지도의 서면의 교부를 요구하는 때에는 당해 행정지도를 행하는 자는 직무수행에 특별한 지장이 없는 한 이를 교부하여야 한다.

④ **의견제출** … 상대방은 당해 행정지도의 방식, 내용 등에 관하여 행정기관에 의견을 제출할 수 있다.

⑤ **다수인을 대상으로 하는 행정지도** … 특별한 사정이 없는 한 행정지도에 공통적인 내용이 되는 사항을 공표하여야 한다.

(8) 국민참여 확대

① 행정청은 행정과정에 국민참여 확대를 위해 다양한 참여방법, 협력 기회를 제공하도록 노력하여야 한다.

② 행정청은 주요 정책 등에 대하여 전자적 정책토론을 실시할 수 있다.

(9) 절차상의 하자 있는 행정행위의 효력

① **재량행위의 경우** … 행정행위의 하자의 일반론에 따라 절차상 하자 있는 재량처분에 있어서 그 절차상의 하자는 독자적 취소사유가 된다.

② **기속행위의 경우** … 기속행위의 경우에는 그 절차상의 하자를 시정하여 적법한 절차를 거쳐 다시 처분을 하더라도 결국 동일한 처분을 하게 될 것이라는 점에서 그 절차상의 하자가 독자적 취소사유가 될 수 있는가가 문제되고 있다. 이에 적극설과 소극설이 대립하고 있으나 적법한 결정은 적정한 절차에 따라서만 가능하다는 기본 전제에 입각하여 절차상의 하자도 그 자체로 무효나 취소사유가 될 수 있다고 하는 적극설이 통설·판례이다.

기출문제

2020 지방직 9급

1 「행정절차법」상 처분의 사전통지 및 의견청취 등에 대한 설명으로 옳은 것은? (다툼이 있는 경우 판례에 의함)

① 고시의 방법으로 불특정 다수인을 상대로 권익을 제한하는 처분을 할 경우 당사자는 물론 제3자에게도 의견 제출의 기회를 주어야 한다.

② 청문은 다른 법령등에서 규정하고 있는 경우 이외에 행정청이 필요하다고 인정하는 경우에도 실시할 수 있으나, 공청회는 다른 법령등에서 규정하고 있는 경우에만 개최할 수 있다.

③ 행정청이 당사자에게 의무를 과하거나 권익을 제한하는 처분을 하는 경우에는 처분의 사전통지를 하여야 하는데, 이때의 처분에는 신청에 대한 거부처분도 포함된다.

④ 행정청이 당사자와 사이에 도시계획사업시행 관련 협약을 체결하면서 청문 실시를 배제하는 조항을 두었더라도, 이와 같은 협약의 체결로 청문 실시 규정의 적용을 배제할 만한 법령상 규정이 없는 한, 이러한 협약이 체결되었다고 하여 청문을 실시하지 않아도 되는 예외적인 경우에 해당한다고 할 수 없다.

2020 국가직 9급

2 행정절차에 대한 설명으로 옳은 것은? (다툼이 있는 경우 판례에 의함)

① 퇴직연금의 환수결정은 당사자에게 의무를 과하는 처분이기는 하나 관련 법령에 따라 당연히 환수금액이 정하여지는 것이므로, 퇴직연금의 환수결정에 앞서 당사자에게 의견진술의 기회를 주지 아니하여도 「행정절차법」에 어긋나지 아니한다.

② 수익적 행정행위의 신청에 대한 거부처분은 직접 당사자의 권익을 제한하는 처분에 해당하므로, 그 거부처분은 「행정절차법」상 처분의 사전통지대상이 된다.

③ 절차상의 하자를 이유로 과세처분을 취소하는 판결이 확정된 후 그 위법사유를 보완하여 이루어진 새로운 부과처분은 확정판결의 기판력에 저촉된다.

④ 행정청이 당사자와 사이에 도시계획사업의 시행과 관련한 협약을 체결하면서 관련 법령상 요구되는 청문절차를 배제하는 조항을 두었다면, 이는 청문을 실시하지 않아도 되는 예외적인 경우에 해당한다.

3 행정절차에 대한 설명으로 옳은 것은? (다툼이 있는 경우 판례에 의함)

① 「국가공무원법」상 직위해제처분은 공무원의 인사상 불이익을 주는 처분이므로 「행정절차법」상 사전통지 및 의견청취절차를 거쳐야 한다.

② 처분 당시 당사자가 어떠한 근거와 이유로 처분이 이루어진 것인지를 충분히 알 수 있어서 그에 불복하여 행정구제절차로 나아가는 데에 별다른 지장이 없었던 것으로 인정되는 경우에도 처분서에 처분의 근거와 이유가 구체적으로 명시되어 있지 않았다면 그 처분은 위법하다.

③ 세액산출근거가 기재되지 아니한 납세고지서에 의한 부과처분은 그 후 부과된 세금을 자진납부하였다거나 또는 조세채권의 소멸시효기간이 만료되었다 하여 하자가 치유되는 것이라고는 할 수 없다.

④ 당사자등은 청문조서의 내용을 열람·확인할 수 있을 뿐, 그 청문조서에 이의가 있더라도 정정을 요구할 수는 없다.

4 「행정절차법」상 행정절차에 대한 설명으로 옳지 않은 것은? (다툼이 있는 경우 판례에 의함)

① 행정청이 처분절차를 준수하였는지는 취소소송의 본안에서 고려할 요소이지, 소송요건 심사단계에서 고려할 요소가 아니다.

② 신청인이 신청에 앞서 행정청의 허가업무 담당자에게 한 신청서의 내용에 대한 검토요청은 다른 특별한 사정이 없는 한 명시적이고 확정적인 신청의 의사표시로 보기 어렵다.

③ 「병역법」에 따라 지방병무청장이 산업기능요원에 대하여 산업기능요원 편입취소처분을 할 때에는 「행정절차법」에 따라 처분의 사전통지를 하고 의견제출의 기회를 부여하여야 한다.

④ 행정청은 행정처분의 상대방에 대한 청문통지서가 반송되었거나, 행정처분의 상대방이 청문일시에 불출석하였다는 이유로 청문절차를 생략하고 침해적 행정처분을 할 수 있다.

2020 지방직 7급

5 「행정절차법」의 적용 대상이 되지 않는 것만을 모두 고르면? (다툼이 있는 경우 판례에 의함)

> ㉠ 「병역법」에 따른 징집 · 소집   ㉡ 산업기능요원편입취소처분
> ㉢ 「국가공무원법」상 직위해제처분   ㉣ 헌법재판소의 심판을 거쳐 행하는 사항
> ㉤ 대통령의 한국방송공사 사장의 해임처분

① ㉠, ㉡, ㉢   ② ㉠, ㉢, ㉣
③ ㉡, ㉣, ㉤   ④ ㉢, ㉣, ㉤

6 절차상 하자에 대한 설명으로 옳지 않은 것은? (다툼이 있는 경우 판례에 의함)

① 구 「학교보건법」상 학교환경위생정화구역에서의 금지행위 및 시설의 해제 여부에 관한 행정처분을 하면서 학교환경위생정화위원회의 심의를 누락한 흠은 행정처분을 위법하게 하는 취소사유가 된다.

② 다른 법령 등에서 청문절차를 거치도록 규정하고 있지 않은 경우에는 원칙적으로 청문을 거치지 않고 다른 의견청취절차만 거치더라도 위법하지 않다.

③ 대법원은 청문통지서가 반송되었거나, 행정처분의 상대방이 청문일시에 불출석했다는 이유로 청문을 실시하지 않을 경우에도 위법하지 않다고 보는 입장이다.

④ 대법원은 신청에 대한 거부처분은 「행정절차법」상의 사전통지의 대상이 되는 '당사자의 권익을 제한하는 처분'에 해당하지 않는다는 입장이다.

7 행정절차와 관련한 판례의 입장으로 옳은 것은?

① 행정청이 구 「관광진흥법」의 규정에 의하여 유원시설업자 지위승계신고를 수리하는 처분을 하는 경우, 종전 유원시설업자에 대하여는 「행정절차법」상 처분의 사전통지절차를 거칠 필요가 없다.

② 불이익처분을 하면서 행정청과 당사자 사이의 합의에 의해 청문절차를 배제하기로 하였더라도 청문을 실시하지 않아도 되는 예외사유에 해당하지 아니한다.

③ 부과처분에 앞서 보낸 과세예고통지서에 납세고지서의 필요적 기재사항이 제대로 기재되어 있었더라도, 납세고지서에 그 기재사항의 일부가 누락되었다면 이유제시의 하자는 치유의 대상이 될 수 없다.

④ 「도로법」 제25조 제3항에 의한 도로구역변경고시의 경우는 「행정절차법」상 사전통지나 의견청취의 대상이 되는 처분에 해당한다.

8 다음 중 우리나라 「행정절차법」이 규정하고 있는 것을 모두 고르면?

> ㉠ 행정상 입법예고절차   ㉡ 행정응원절차
> ㉢ 행정지도절차   ㉣ 행정예고절차
> ㉤ 행정조사절차   ㉥ 행정계획확정절차

① ㉠㉡㉢㉣   ② ㉠㉡㉣㉤
③ ㉠㉢㉣㉤   ④ ㉠㉢㉤㉥

9 다음 중 청문과 공청회에 관한 설명으로 옳지 않은 것은?

① 청문과 공청회는 다른 법령에 규정이 있거나 행정청이 필요하다고 인정하는 경우에 개최한다.
② 청문은 당사자 외에 관보나 신문·방송 등을 통해 널리 알려야 한다.
③ 청문은 이해관계자의 자기변명기회나 공청회는 국민생활에 중요한 사항을 결정하기 위해 널리 의견을 구하는 절차이다.
④ 법령에 규정이 없는 경우에는 이를 행하지 않아도 절차상의 하자에 해당하지 않는다.

10 「행정절차법」상의 처분절차에 관한 설명으로 옳지 않은 것은? (다툼이 있는 경우 판례에 의함)

① 행정청은 신청에 구비서류의 미비 등 흠이 있는 경우에는 보완에 필요한 상당한 기간을 정하여 지체없이 신청인에게 보완을 요구하여야 한다.
② 당사자 등은 공표된 처분기준이 명확하지 아니한 경우 해당 행정청에 그 해석 또는 설명을 요청할 수 있으며 이 경우 해당 행정청은 특별한 사정이 없으면 그 요청에 따라야 한다.
③ 퇴직연금의 환수결정과 같이 법령상 확정된 불이익처분의 경우에도 당사자에게 의견진술의 기회를 주지 않았다면 「행정절차법」 위반이 된다.
④ 행정처분의 상대방이 통지된 청문일시에 불출석하였다는 이유만으로는 관계법령상 요구되는 청문절차없이 침해적 행정처분을 할 수는 없다.

정답및해설

1	④	2	①	3	③	4	④	5	②
6	③	7	②	8	①	9	②	10	③

1 ④ 행정청이 당사자와 사이에 도시계획사업의 시행과 관련한 협약을 체결하면서 관계 법령 및 행정절차법에 규정된 청문의 실시 등 의견청취절차를 배제하는 조항을 두었다고 하더라도, 국민의 행정참여를 도모함으로써 행정의 공정성·투명성 및 신뢰성을 확보하고 국민의 권익을 보호한다는 행정절차법의 목적 및 청문제도의 취지 등에 비추어 볼 때, 위와 같은 협약의 체결로 청문의 실시에 관한 규정의 적용을 배제할 수 있다고 볼 만한 법령상의 규정이 없는 한, 이러한 협약이 체결되었다고 하여 청문의 실시에 관한 규정의 적용이 배제된다거나 청문을 실시하지 않아도 되는 예외적인 경우에 해당한다고 할 수 없다(대판 2004. 7. 8. 2002두8350).
   ① 구 행정절차법 제22조 제3항에 따라 행정청이 의무를 부과하거나 권익을 제한하는 처분을 할 때 의견제출의 기회를 주어야 하는 '당사자'는 '행정청의 처분에 대하여 직접 그 상대가 되는 당사자'를 의미한다. 그런데 '고시'의 방법으로 불특정 다수인을 상대로 의무를 부과하거나 권익을 제한하는 처분은 성질상 의견제출의 기회를 주어야 하는 상대방을 특정할 수 없으므로, 이와 같은 처분에 있어서까지 구 행정절차법 제22조 제3항에 의하여 그 상대방에게 의견제출의 기회를 주어야 한다고 해석할 것은 아니다(대판 2014. 10. 27. 2012두7745).
   ② 해당 처분의 영향이 광범위하여 널리 의견을 수렴할 필요가 있다고 행정청이 인정하는 경우에도 공청회를 개최할 수 있다(행정절차법 제22조 제2항)
   ③ 신청에 따른 처분이 이루어지지 아니한 경우에는 아직 당사자에게 권익이 부과되지 아니하였으므로 특별한 사정이 없는 한 신청에 대한 거부처분이라고 하더라도 직접 당사자의 권익을 제한하는 것은 아니어서 신청에 대한 거부처분을 여기에서 말하는 '당사자의 권익을 제한하는 처분'에 해당한다고 할 수 없는 것이어서 처분의 사전통지대상이 된다고 할 수 없다(대판2003.11.28. 2003두674).

2 ① 퇴직연금의 환수결정은 당사자에게 의무를 과하는 처분이기는 하나, 관련 법령에 따라 당연히 환수금액이 정하여지는 것이므로, 퇴직연금의 환수결정에 앞서 당사자에게 의견진술의 기회를 주지 아니하여도 행정절차법 제22조 제3항이나 신의칙에 어긋나지 아니한다(대판 2000.11.28. 99두5443).
   ② 신청에 따른 처분이 이루어지지 아니한 경우에는 아직 당사자에게 권익이 부과되지 아니하였으므로, 특별한 사정이 없는 한 신청에 대한 거부처분이라고 하더라도 직접 당사자의 권익을 제한하는 것은 아니어서 여기에서 말하는 '당사자의 권익을 제한하는 처분'에 해당한다고 할 수 없고, 따라서 처분의 사전통지대상이나 의견청취대상이 된다고 할 수 없다(대판 2017.11.23. 2014두1628).
   ③ 과세의 절차 내지 형식에 위법이 있어 과세처분을 취소하는 판결이 확정되었을 때는 그 확정판결의 기판력은 거기에 적시된 절차내지 형식의 위법사유에 한하여 미치는 것이므로 과세관청은 그 위법사유를 보완하여 다시 새로운 과세처분을 할 수 있고 그 새로운 과세처분은 확정판결에 의하여 취소된 종전의 과세처분과는 별개의 처분이라 할 것이어서 확정판결의 기판력에 저촉되는 것이 아니다(대판 1987. 2.10. 86누91).
   ④ 행정청이 당사자와 사이에 도시계획사업의 시행과 관련한 협약을 체결하면서 관계 법령 및 행정절차법에 규정된 청문의 실시 등 의견청취절차를 배제하는 조항을 두었다고 하더라도, 국민의 행정참여를 도모함으로써 행정의 공정성·투명성 및 신뢰성을 확보하고 국민의 권익을 보호한다는 행정절차법의 목적 및 청문제도의 취지 등에 비추어 볼 때, 위와 같은 협약의 체결로 청문의 실시에 관한 규정의 적용을 배제할 수 있다고 볼 만한 법령상의 규정이 없는 한, 이러한 협약이 체결되었다고 하여 청문의 실시에 관한 규정의 적용이 배제된다거나 청문을 실시하지 않아도 되는 예외적인 경우에 해당한다고 할 수 없다(대판 2004. 7. 8. 2002두8350).

3 ③ 세액산출근거가 기재되지 아니한 납세고지서에 의한 부과처분은 강행법규에 위반하여 취소대상이 된다 할 것이므로 이와 같은 하자는 납세의무자가 전심절차에서 이를 주장하지 아니하였거나, 그 후 부과된 세금을 자진납부하였다거나, 또는 조세채권의 소멸시효기간이 만료되었다 하여 치유되는 것이라고는 할 수 없다(대판 1985. 4. 9. 84누431).

① 국가공무원법상 직위해제처분은 구 행정절차법 제3조 제2항 제9호, 구 행정절차법 시행령 제2조 제3호에 의하여 당해 행정작용의 성질상 행정절차를 거치기 곤란하거나 불필요하다고 인정되는 사항 또는 행정절차에 준하는 절차를 거친 사항에 해당하므로, 처분의 사전통지 및 의견청취 등에 관한 행정절차법의 규정이 별도로 적용되지 않는다(대판 2014. 5.16. 2012두26180).

② 처분 당시 당사자가 어떠한 근거와 이유로 처분이 이루어진 것인지를 충분히 알 수 있어서 그에 불복하여 행정구제절차로 나아가는 데에 별다른 지장이 없었던 것으로 인정되는 경우에는, 처분서에 처분의 근거와 이유가 구체적으로 명시되어 있지 않았다고 하더라도 그로 말미암아 그 처분이 위법한 것으로 된다고 할 수는 없다(대판 2014. 9. 4. 2012두12570).

④ 당사자등은 청문조서의 내용을 열람·확인할 수 있으며, 이의가 있을 때에는 그 정정을 요구할 수 있다(행정절차법 제34조 제2항).

4 ④ 행정절차법 제21조 제4항 제3호는 침해적 행정처분을 할 경우 청문을 실시하지 않을 수 있는 사유로서 "당해 처분의 성질상 의견청취가 현저히 곤란하거나 명백히 불필요하다고 인정될 만한 상당한 이유가 있는 경우"를 규정하고 있으나, 여기에서 말하는 '의견청취가 현저히 곤란하거나 명백히 불필요하다고 인정될 만한 상당한 이유가 있는지 여부'는 당해 행정처분의 성질에 비추어 판단하여야 하는 것이지, 청문통지서의 반송 여부, 청문통지의 방법 등에 의하여 판단할 것은 아니며, 또한 행정처분의 상대방이 통지된 청문일시에 불출석하였다는 이유만으로 행정청이 관계 법령상 그 실시가 요구되는 청문을 실시하지 아니한 채 침해적 행정처분을 할 수는 없을 것이므로, 행정처분의 상대방에 대한 청문통지서가 반송되었다거나, 행정처분의 상대방이 청문일시에 불출석하였다는 이유로 청문을 실시하지 아니하고 한 침해적 행정처분은 위법하다(대판 2001. 4.13. 2000두3337).

① 행정청의 행위가 항고소송의 대상이 될 수 있는지는 추상적·일반적으로 결정할 수 없고, 구체적인 경우에 관련 법령의 내용과 취지, 행위의 주체·내용·형식·절차, 행위와 상대방 등 이해관계인이 입는 불이익 사이의 실질적 견련성, 법치행정의 원리와 행위에 관련된 행정청이나 이해관계인의 태도 등을 고려하여 개별적으로 결정하여야 한다. 또한 어떠한 처분에 법령상 근거가 있는지, 행정절차법에서 정한 처분절차를 준수하였는지는 본안에서 당해 처분이 적법한가를 판단하는 단계에서 고려할 요소이지, 소송요건 심사단계에서 고려할 요소가 아니다(대판 2020. 4. 9. 2015다34444).

② 구 행정절차법 제17조 제3항 본문은 "행정청은 신청이 있는 때에는 다른 법령 등에 특별한 규정이 있는 경우를 제외하고는 그 접수를 보류 또는 거부하거나 부당하게 되돌려 보내서는 아니 되며, 신청을 접수한 경우에는 신청인에게 접수증을 교부하여야 한다."고 규정하고 있는바, 여기에서의 신청인의 행정청에 대한 신청의 의사표시는 명시적이고 확정적인 것이어야 한다고 할 것이므로 신청인이 신청에 앞서 행정청의 허가업무 담당자에게 신청서의 내용에 대한 검토를 요청한 것만으로는 다른 특별한 사정이 없는 한 명시적이고 확정적인 신청의 의사표시가 있었다고 하기 어렵다(대판 2004. 9.24. 2003두13236).

③ 지방병무청장이 병역법 제41조 제1항 제1호, 제40조 제2호의 규정에 따라 산업기능요원에 대하여 한 산업기능요원 편입취소처분은, 행정처분을 할 경우 '처분의 사전통지'와 '의견제출 기회의 부여'를 규정한 행정절차법 제21조 제1항, 제22조 제3항에서 말하는 '당사자의 권익을 제한하는 처분'에 해당하는 한편, 행정절차법의 적용이 배제되는 사항인 행정절차법 제3조 제2항 제9호, 같은법시행령 제2조 제1호에서 규정하는 '병역법에 의한 소집에 관한 사항'에는 해당하지 아니하므로, 행정절차법상의 '처분의 사전통지'와 '의견제출 기회의 부여'등의 절차를 거쳐야 한다(대판 2002. 9. 6. 2002두554).

5 ㉠㉣ 행정절차법 제3조 제2항 3호, 9호.

> **제3조(적용 범위)**
> ① 처분, 신고, 행정상 입법예고, 행정예고 및 행정지도의 절차(이하 "행정절차"라 한다)에 관하여 다른 법률에 특별한 규정이 있는 경우를 제외하고는 이 법에서 정하는 바에 따른다.
> ② 이 법은 다음 각 호의 어느 하나에 해당하는 사항에 대하여는 적용하지 아니한다.
> 　1. 국회 또는 지방의회의 의결을 거치거나 동의 또는 승인을 받아 행하는 사항
> 　2. 법원 또는 군사법원의 재판에 의하거나 그 집행으로 행하는 사항
> 　3. <u>헌법재판소의 심판을 거쳐 행하는 사항</u>
> 　4. 각급 선거관리위원회의 의결을 거쳐 행하는 사항
> 　5. 감사원이 감사위원회의의 결정을 거쳐 행하는 사항
> 　6. 형사(刑事), 행형(行刑) 및 보안처분 관계 법령에 따라 행하는 사항
> 　7. 국가안전보장·국방·외교 또는 통일에 관한 사항 중 행정절차를 거칠 경우 국가의 중대한 이익을 현저히 해칠 우려가 있는 사항
> 　8. 심사청구, 해양안전심판, 조세심판, 특허심판, 행정심판, 그 밖의 불복절차에 따른 사항
> 　9. 「병역법」에 따른 징집·소집, 외국인의 출입국·난민인정·귀화, 공무원 인사 관계 법령에 따른 징계와 그 밖의 처분, 이해 조정을 목적으로 하는 법령에 따른 알선·조정·중재(仲裁)·재정(裁定) 또는 그 밖의 처분 등 해당 행정작용의 성질상 행정절차를 거치기 곤란하거나 거칠 필요가 없다고 인정되는 사항과 행정절차에 준하는 절차를 거친 사항으로서 대통령령으로 정하는 사항

ⓒ 국가공무원법상 <u>직위해제처분은</u> 구 행정절차법 제3조 제2항 제9호, 구 행정절차법 시행령 제2조 제3호에 의하여 당해 행정작용의 성질상 행정절차를 거치기 곤란하거나 불필요하다고 인정되는 사항 또는 행정절차에 준하는 절차를 거친 사항에 해당하므로, <u>처분의 사전통지 및 의견청취 등에 관한 행정절차법의 규정이 별도로 적용되지 않는다</u>(대판 2014. 5.16. 2012두26180).

ⓛ 지방병무청장이 병역법에 따라 산업기능요원에 대하여 한 <u>산업기능요원 편입취소처분은,</u> 행정처분을 할 경우 '처분의 사전통지'와 '의견제출 기회의 부여'를 규정한 행정절차법 제21조 제1항, 제22조 제3항에서 말하는 '당사자의 권익을 제한하는 처분'에 해당하는 한편, 행정절차법의 적용이 배제되는 사항인 행정절차법 제3조 제2항 제9호, 같은법시행령 제2조 제1호에서 규정하는 '<u>병역법에 의한 소집에 관한 사항</u>'에는 해당하지 아니하므로, 행정절차법상의 '처분의 사전통지'와 '의견제출 기회의 부여'등의 절차를 거쳐야 한다(대판 2002. 9. 6. 2002두554).

ⓜ 행정절차법 제23조 제1항은 행정청이 처분을 할 때에는 당사자에게 그 근거와 이유를 제시하도록 규정하고 있다. 이는 행정청의 자의적 결정을 배제하고 당사자로 하여금 행정구제절차에서 적절히 대처할 수 있도록 하는 데 그 취지가 있다. 따라서 처분서의 내용, 관계 법령, 처분에 이른 전체적인 과정 등을 종합하여, <u>처분 당시 당사자가 어떠한 근거와 이유로 처분이 이루어졌는지를 충분히 알 수 있어서 행정구제절차로 나아가는 데 별다른 지장이 없었다고 인정되는 경우에는, 처분서에 처분의 근거와 이유가 구체적으로 명시되어 있지 않았다고 하더라도 그 처분이 위법하다고 할 수 없다.</u> 대통령이 이 사건 해임처분을 하면서 한국방송공사사장에게 해임처분의 법적 근거와 해임사유 등의 이유를 제시하지는 않았지만, 참가인 공사의 이사회가 대통령에게 한국방송공사사장을 해임하여 줄 것을 제청하였는데, 그 결의를 하는 과정에서 한국방송공사사장에게 이사회 소집통지서와 회의자료 등을 전달하였고, 한국방송공사사장이 위 이사회에 서면과 구두로 의견을 진술할 기회를 보장받았다는 등의 사정을 들어, <u>한국방송공사사장은 이 사건 해임처분의 원인이 되는 사실과 처분의 내용, 그 법적 근거를 충분히 알 수 있었고, 행정소송을 통해 해임처분을 다투는 데 별다른 지장이 없었으므로, 대통령이 한국방송공사사장에게 이 사건 해임처분의 근거와 이유를 제시하지 않았다는 이유로 위 처분이 위법하다고 할 수는 없다</u>(대판 2016.11. 9. 2016두45578).

6 ③ 「행정절차법」 제21조 제4항 제3호는 침해적 행정처분을 할 경우 청문을 실시하지 않을 수 있는 사유로서 "당해 처분의 성질상 의견청취가 현저히 곤란하거나 명백히 불필요하다고 인정될 만한 상당한 이유가 있는 경우"를 규정하고 있으나, 여기에서 말하는 '의견청취가 현저히 곤란하거나 명백히 불필요하다고 인정될 만한 상당한 이유가 있는지 여부'는 당해 행정처분의 성질에 비추어 판단하여야 하는 것이지, 청문통지서의 반송 여부, 청문통지의 방법 등에 의하여 판단할 것은 아니며, 또한 행정처분의 상대방이 통지된 청문일시에 불출석하였다는 이유만으로 행정청이 관계 법령상 그 실시가 요구되는 청문을 실시하지 아니한 채 침해적 행정처분을 할 수는 없을 것이므로, 행정처분의 상대방에 대한 청문통지서가 반송되었다거나, 행정처분의 상대방이 청문일시에 불출석하였다는 이유로 청문을 실시하지 아니하고 한 침해적 행정처분은 위법하다(대판 2001. 4. 13. 2000두3337).

7 ② 행정청이 당사자와 사이에 도시계획사업의 시행과 관련한 협약을 체결하면서 관계 법령 및 행정절차법에 규정된 청문의 실시 등 의견청취절차를 배제하는 조항을 둔 경우, 청문 예외사유에 해당하지 않는다. 행정청이 당사자와 사이에 도시계획사업의 시행과 관련한 협약을 체결하면서 관계 법령 및 행정절차법에 규정된 청문의 실시 등 의견청취절차를 배제하는 조항을 두었다고 하더라도, 국민의 행정참여를 도모함으로써 행정의 공정성·투명성 및 신뢰성을 확보하고 국민의 권익을 보호한다는 행정절차법의 목적 및 청문제도의 취지 등에 비추어 볼 때, 위와 같은 협약의 체결로 청문의 실시에 관한 규정의 적용을 배제할 수 있다고 볼 만한 법령상의 규정이 없는 한, 이러한 협약이 체결되었다고 하여 청문의 실시에 관한 규정의 적용이 배제된다거나 청문을 실시하지 않아도 되는 예외적인 경우에 해당한다고 할 수 없다(대판 2004. 7. 8. 2002두8350).

8 ① 우리나라 행정절차법에는 행정계획확정절차·행정조사절차 등이 규정되어 있지 않으며, 처분·신고·행정상 입법예고·행정예고 및 행정지도의 절차에 관하여는 행정절차법 제3조 제1항에, 행정응원절차는 동법 제8조 제1항에 제시되어 있다.

9 ①④ 청문과 공청회는 다른 법령에 규정이 있거나 행정청이 필요하다고 인정하는 경우에 한다. 따라서 법령에 규정이 없는 경우에는 이를 행하지 않고 처분을 하여도 절차상의 하자에 해당하지 않는다.
②③ 청문은 불이익처분을 하기에 앞서 당사자 및 이해관계자에게 자기변명의 기회를 주기 위한 절차이나 공청회는 국민생활에 중요한 사항을 결정하기에 앞서 널리 전문가, 일반 국민의 의견을 청취하기 위한 절차이다. 따라서 공청회는 당사자 외에 관보나 신문·방송 등을 통해 그 시행일시·장소 등을 널리 알려야 하나 청문에 관해서는 그런 규정이 없다.

10 ③ 퇴직연금의 환수결정에 앞서 당사자에게 의견진술의 기회를 주지 아니하여도 행정절차법 제22조 제3항이나 신의칙에 어긋나지 아니한다(대판 2000.11.28. 99두5443).
① 행정절차법 제17조 제5항
② 행정절차법 제20조 제3항
④ 행정처분의 상대방이 청문일시에 불출석하였다는 이유로 청문을 실시하지 아니하고 한 침해적 행정처분은 위법하다(대판 2001.04.13. 2000두3337).

05 행정정보의 공개와 개인정보의 보호

기출문제

section 1 의의

정보공개제도나 개인정보보호제도는 행정절차법의 일부로서 규정될 수도 있으나 그 내용상의 중요성으로 인하여 독자적인 법제로 규율하고 있는 것이 일반적이다.

section 2 행정정보공개제도

(1) 의의

① 개념 … 행정정보공개제도란 행정권이 보유하는 다양한 정보를 국민에게 공개하여 국민의 알 권리를 보장하고 행정의 공정화 · 민주화를 실현하는 제도를 말한다.

② 필요성

   ⊙ 국민의 알 권리의 충족을 위하여 필요하다.

   ⓛ 공공기관이 수집 · 축적한 방대하고 다양한 정보를 개인이 유용하게 활용할 수 있게 한다.

   ⓒ 정보공개에 의하여 개방된 정부의 실현은 국정운영의 투명성을 확보하여 공정하고 민주적인 국정운영을 구현하고 국정에 대한 국민의 신뢰성을 확보하게 한다.

③ 역기능

   ⊙ 국가기밀이나 개인정보가 침해될 우려가 커진다.

   ⓛ 경쟁상대가 되는 기업의 비밀을 탐지하기 위한 목적으로 악용될 소지가 있다.

   ⓒ 정보접근능력이 있는 자만이 정보를 접함으로써 정보접근능력이 없는 자보다 상대적으로 유리해져서 형평성을 잃을 우려 등이 있다.

(2) 행정정보공개청구권의 법적 근거

① 행정정보공개청구권의 의의 … 행정정보공개청구권은 국민의 알 권리에 포함되어 있는 권리이다. 알 권리란 일반적으로 접근할 수 있는 정보원으로부터 방해받지 않고 보고, 듣고, 읽을 수 있는 권리 및 정보의 공개를 청구할 수 있는 권리를 말한다.

② 「헌법」적 근거 … 알 권리의 헌법적 근거는 헌법 제10조의 인간의 존엄과 가치 및 행복추구권과 제21조의 표현의 자유라 할 수 있다. 헌법재판소 역시 정보공개청구권을 알 권리의 핵심적 내용이라고 판시함으로써 이를 명시적으로 확인한 바 있다.

③ **법률상 근거** … 정보공개제도에 관한 일반법으로서 「공공기관의 정보공개에관한 법률」(정보공개법)이 있다. 그 외 대통령령인 사무관리규정도 법적 근거가 될 수 있다.

④ **조례에 의한 정보공개제도**(청주시 정보공개조례사건) … 공공기관의 정보공개에 관한 법률 제정에 대해 정부가 소극적 태도로 일관하자 청주시의회는 1991년 지방자치단체 최초로 정보공개조례를 의결하였다. 이에 청주시장은 근거 법률이 없다는 이유로 대법원에 조례의 취소를 구하는 소송을 제기하였으나 대법원은 조례는 법률의 개별적 위임이 필요한 것은 아니라 하여 이 정보공개조례를 적법한 것으로 인정하였다.

(3) 「공공기관의 정보공개에 관한 법률」의 내용

① **목적**〈공공기관의 정보공개에 관한 법률 제1조〉 … 이 법은 공공기관이 보유·관리하는 정보에 대한 국민의 공개청구 및 공공기관의 공개의무에 관하여 필요한 사항을 정함으로써 국민의 알 권리를 보장하고 국정에 대한 국민의 참여와 국정운영의 투명성을 확보함을 목적으로 한다.

② **정의**〈공공기관의 정보공개에 관한 법률 제2조〉

   ⊙ **정보** : 공공기관이 직무상 작성 또는 취득하여 관리하고 있는 문서(전자문서를 포함한다) 및 전자매체를 비롯한 모든 형태의 매체 등에 기록된 사항을 말한다.

   ⓛ **공개** : 공공기관이 이 법의 규정에 의하여 정보를 열람하게 하거나 그 사본·복제물을 제공하는 것 또는 정보통신망을 통하여 정보를 제공하는 것 등을 말한다.

   ⓒ **공공기관** : 국가기관, 지방자치단체, 공공기관의 운영에 관한 법률 제2조에 따른 공공기관, 「지방공기업법」에 따른 지방공사 및 지방공단, 그 밖에 대통령령이 정하는 기관을 말한다.

> **판례** 정보공개 의무기관을 정하는 것은 입법자의 입법형성권에 속하고, 이에 따라 입법자는 구 공공기관의 정보공개에 관한 법률 제2조 제3호에서 정보공개 의무기관을 공공기관으로 정하였는바, <u>공공기관은 국가기관에 한정되는 것이 아니라 지방자치단체, 정부투자기관, 그 밖에 공동체 전체의 이익에 중요한 역할이나 기능을 수행하는 기관도 포함되는 것으로 해석되고,</u> 여기에 정보공개의 목적, 교육의 공공성 및 공·사립학교의 동질성, 사립대학교에 대한 국가의 재정지원 및 보조 등 여러 사정을 고려해 보면, 사립대학교에 대한 국비 지원이 한정적·일시적·국부적이라는 점을 고려하더라도, <u>같은 법 시행령 제2조 제1호가 정보공개의무를 지는 공공기관의 하나로 사립대학교를 들고 있는 것이 모법인 구 공공기관의 정보공개에 관한 법률의 위임 범위를 벗어났다거나 사립대학교가 국비의 지원을 받는 범위 내에서만 공공기관의 성격을 가진다고 볼 수 없다</u>(대판 2006. 8.24. 2004두2783).
>
> 구 공공기관의 정보공개에 관한 법률은 정보의 공개를 청구하는 이가 정보공개방법도 아울러 지정하여 정보공개를 청구할 수 있도록 하고 있고, 전자적 형태의 정보를 전자적으로 공개하여

기출문제

📋 **정보공개청구에 대한 설명으로 옳은 것은? (다툼이 있는 경우 판례에 의함)**

▶ 2020. 6. 13. 지방직/서울특별시

① 공공기관이 공개청구의 대상이 된 정보를 공개는 하되, 청구인이 신청한 공개방법 이외의 방법으로 공개하기로 하는 결정을 한 경우 이는 정보공개방법만을 달리 한 것이므로 일부 거부처분이라 할 수 없다.

② 「공공기관의 정보공개에 관한 법률」에 의하면 "다른 법률 또는 법률에서 위임한 명령에 의하여 비밀 또는 비공개 사항으로 규정된 정보"는 이를 공개하지 아니할 수 있다고 규정하고 있는바, 여기에서 '법률에 의한 명령'은 정보의 공개에 관하여 법률의 구체적인 위임 아래 제정된 법규명령(위임명령)을 의미한다.

③ 국민의 알권리를 두텁게 보호하기 위해 「공공기관의 정보공개에 관한 법률」 제9조제1항제6호 본문의 규정에 따라 비공개대상이 되는 정보는 이름·주민등록번호 등 '개인식별정보'로 한정된다.

④ 공개청구의 대상이 되는 정보가 이미 다른 사람에게 공개되어 널리 알려져 있다거나 인터넷 등을 통하여 공개되어 인터넷 검색 등을 통하여 쉽게 알 수 있다면 행정청의 정보비공개 결정이 정당화될 수 있다.

정답 ②

줄 것을 요청한 경우에는 공공기관은 원칙적으로 요청에 응할 의무가 있고, 나아가 비전자적 형태의 정보에 관해서도 전자적 형태로 공개하여 줄 것을 요청하면 재량판단에 따라 전자적 형태로 변환하여 공개할 수 있도록 하고 있다. 이는 정보의 효율적 활용을 도모하고 청구인의 편의를 제고함으로써 구 정보공개법의 목적인 국민의 알 권리를 충실하게 보장하려는 것이므로, 청구인에게는 특정한 공개방법을 지정하여 정보공개를 청구할 수 있는 법령상 신청권이 있다. 따라서 공공기관이 공개청구의 대상이 된 정보를 공개는 하되, 청구인이 신청한 공개방법 이외의 방법으로 공개하기로 하는 결정을 하였다면, 이는 정보공개청구 중 정보공개방법에 관한 부분에 대하여 일부 거부처분을 한 것이고, 청구인은 그에 대하여 항고소송으로 다툴 수 있다(대판 2016.11.10. 2016두44674).

③ **정보공개청구권자**〈공공기관의 정보공개에 관한 법률 제5조〉

　㉠ 모든 국민은 정보의 공개를 청구할 권리를 가진다.

> **판례** 공공기관의정보공개에관한법률 제6조 제1항은 "모든 국민은 정보의 공개를 청구할 권리를 가진다."고 규정하고 있는데, 여기에서 말하는 국민에는 자연인은 물론 법인, 권리능력 없는 사단·재단도 포함되고, 법인, 권리능력 없는 사단·재단 등의 경우에는 설립목적을 불문하며, 한편 정보공개청구권은 법률상 보호되는 구체적인 권리이므로 청구인이 공공기관에 대하여 정보공개를 청구하였다가 거부처분을 받은 것 자체가 법률상 이익의 침해에 해당한다(대판 2003.12.12. 2003두8050).

　㉡ 정보공개를 청구할 수 있는 외국인은 다음에 해당하는 자이어야 한다.

　　• 국내에 일정한 주소를 두고 거주하거나 학술·연구를 위하여 일시적으로 체류하는 자

　　• 국내에 사무소를 두고 있는 법인 또는 단체

④ **정보의 사전적 공개 등**〈공공기관의 정보공개에 관한 법률 제7조〉

　㉠ 공공기관은 다음에 해당하는 정보에 대하여는 공개의 구체적 범위, 공개의 주기·시기 및 방법 등을 미리 정하여 정보통신망 등을 통하여 알리고, 이에 따라 정기적으로 공개하여야 한다.

　　• 국민생활에 매우 큰 영향을 미치는 정책에 관한 정보

　　• 국가의 시책으로 시행하는 공사(工事) 등 대규모의 예산이 투입되는 사업에 관한 정보

　　• 예산집행의 내용과 사업평가 결과 등 행정감시를 위하여 필요한 정보

　　• 그 밖에 공공기관의 장이 정하는 정보

　㉡ 공공기관은 ㉠에 규정된 사항 외에도 국민이 알아야 할 필요가 있는 정보를 국민에게 공개하도록 적극적으로 노력하여야 한다.

⑤ **비공개대상정보**〈공공기관의 정보공개에 관한 법률 제9조〉

　㉠ 다른 법률 또는 법률이 위임한 명령(국회규칙·대법원규칙·헌법재판소규칙·중앙선거관리위원회규칙·대통령령 및 조례에 한한다)에 의하여 비밀 또는 비공개 사항으로 규정된 정보

　㉡ 국가안전보장·국방·통일·외교관계 등에 관한 사항으로서 공개될 경우 국가의 중대한 이익을 현저히 해할 우려가 있다고 인정되는 정보

ⓒ 공개될 경우 국민의 생명·신체 및 재산의 보호에 현저한 지장을 초래할 우려가 있다고 인정되는 정보

ⓔ 진행 중인 재판에 관련된 정보와 범죄의 예방, 수사, 공소의 제기 및 유지, 형의 집행, 교정, 보안처분에 관한 사항으로서 공개될 경우 그 직무수행을 현저히 곤란하게 하거나 형사피고인의 공정한 재판을 받을 권리를 침해한다고 인정할 만한 상당한 이유가 있는 정보

ⓜ 감사·감독·검사·시험·규제·입찰계약·기술개발·인사관리에 관한 사항이나 의사결정 과정 또는 내부검토 과정에 있는 사항 등으로서 공개될 경우 업무의 공정한 수행이나 연구·개발에 현저한 지장을 초래한다고 인정할 만한 상당한 이유가 있는 정보

ⓗ 해당 정보에 포함되어 있는 성명·주민등록번호 등 「개인정보 보호법」 제2조제1호에 따른 개인정보로서 공개될 경우 사생활의 비밀 또는 자유를 침해할 우려가 있다고 인정되는 정보

ⓢ 법인·단체 또는 개인의 경영·영업상 비밀에 관한 사항으로서 공개될 경우 법인 등의 정당한 이익을 현저히 해할 우려가 있다고 인정되는 정보

ⓞ 공개될 경우 부동산 투기·매점매석 등으로 특정인에게 이익 또는 불이익을 줄 우려가 있다고 인정되는 정보

판례 국민으로부터 보유·관리하는 정보에 대한 공개를 요구받은 공공기관으로서는 같은 법 제7조 제1항 각 호에서 정하고 있는 비공개사유에 해당하지 않는 한 이를 공개하여야 할 것이고, 만일 이를 거부하는 경우라 할지라도 대상이 된 정보의 내용을 구체적으로 확인·검토하여 어느 부분이 어떠한 법익 또는 기본권과 충돌되어 같은 법 제7조 제1항 몇 호에서 정하고 있는 비공개사유에 해당하는지를 주장·입증하여야만 할 것이며, 그에 이르지 아니한 채 개괄적인 사유만을 들어 공개를 거부하는 것은 허용되지 아니한다(대판 2003.12.11. 2001두8827).

검찰보존사무규칙이 검찰청법 제11조에 기하여 제정된 법무부령이기는 하지만, 그 사실만으로 같은 규칙 내의 모든 규정이 법규적 효력을 가지는 것은 아니다. 기록의 열람·등사의 제한을 정하고 있는 같은 규칙 제22조는 법률상의 위임근거가 없어 행정기관 내부의 사무처리준칙으로서 행정규칙에 불과하므로, 위 규칙상의 열람·등사의 제한을 공공기관의 정보공개에 관한 법률 제9조 제1항 제1호의 '다른 법률 또는 법률에 의한 명령에 의하여 비공개사항으로 규정된 경우'에 해당한다고 볼 수 없다(대판 2006. 5.25. 2006두3049).

학교폭력예방 및 대책에 관한 법률 제21조 제1항, 제2항, 제3항 및 같은 법 시행령 제17조 규정들의 내용, 학교폭력예방 및 대책에 관한 법률의 목적, 입법 취지, 특히 학교폭력예방 및 대책에 관한 법률 제21조 제3항이 학교폭력대책자치위원회의 회의를 공개하지 못하도록 규정하고 있는 점 등에 비추어, 학교폭력대책자치위원회의 회의록은 공공기관의 정보공개에 관한 법률 제9조 제1항 제1호의 '다른 법률 또는 법률이 위임한 명령에 의하여 비밀 또는 비공개 사항으로 규정된 정보'에 해당한다(대판 2010. 6.10. 2010두2913).

국가정보원이 그 직원에게 지급하는 현금급여 및 월초수당에 관한 정보는 국가정보원 예산집행 내역의 일부를 구성하는 것이므로, 위 현금급여 및 월초수당에 관한 정보는 국가정보원법 제12조에 의하여 비공개 사항으로 규정된 정보로서 공공기관의 정보공개에 관한 법률 제9조 제1항 제1호의 비공개대상정보인 '다른 법률에 의하여 비공개 사항으로 규정된 정보'에 해당한다고 보아야 하고, 위 현금급여 및 월초수당이 근로의 대가로서의 성격을 가진다거나 정보공개청구인

기출문제

문 「공공기관의 정보공개에 관한 법률」에 따른 정보공개제도에 관한 설명으로 가장 옳은 것은?
▶ 2019. 6. 15. 제2회 서울특별시
① 정보공개청구권자인 '모든 국민'에는 자연인 외에 법인, 권리능력 없는 사단·재단도 포함되므로 지방자치단체도 포함된다.
② 공개청구의 대상정보가 이미 다른 사람에게 널리 알려져 있거나 인터넷 검색을 통해 쉽게 알 수 있는 경우에는 비공개결정을 할 수 있다.
③ 정보를 취득 또는 활용할 의사가 전혀 없이 사회통념상 용인될 수 없는 부당이득을 얻으려는 목적의 정보공개청구는 권리남용행위로서 허용되지 않는다.
④ 공개청구된 정보가 제3자와 관련이 있는 경우 행정청은 제3자에게 통지하여야 하고 의견을 들을 수 있으나, 제3자가 비공개를 요청할 권리를 갖지는 않는다.

정답 ③

이 해당 직원의 배우자라고 하여 달리 볼 것은 아니다(대판 2010.10.23. 2010두14800).

<u>지방자치단체의 업무추진비 세부항목별 집행내역 및 그에 관한 증빙서류에 포함된 개인에 관한 정보는 '공개하는 것이 공익을 위하여 필요하다고 인정되는 정보'에 해당하지 않는다</u>(대판 2003. 3.11. 2001두6425).

국민의 정보공개청구는 정보공개법 제9조에 정한 비공개 대상 정보에 해당하지 아니하는 한 원칙적으로 폭넓게 허용되어야 하지만, <u>실제로는 해당 정보를 취득 또는 활용할 의사가 전혀 없이 정보공개 제도를 이용하여 사회통념상 용인될 수 없는 부당한 이득을 얻으려 하거나, 오로지 공공기관의 담당공무원을 괴롭힐 목적으로 정보공개청구를 하는 경우처럼 권리의 남용에 해당하는 것이 명백한 경우에는 정보공개청구권의 행사를 허용하지 아니하는 것이 옳다</u>(대판 2014.12.24. 2014두9349).

⑥ **정보공개의 청구방법**〈공공기관의 정보공개에 관한 법률 제10조〉

　㉠ 정보의 공개를 청구하는 자는 당해 정보를 보유하거나 관리하고 있는 공공기관에 대하여 다음의 사항을 기재한 정보공개청구서를 제출하거나 구술로써 정보의 공개를 청구할 수 있다.

　　• 청구인의 성명·생년월일·주소 및 연락처(전화번호·전자우편주소 등을 말한다). 다만, 청구인이 법인 또는 단체인 경우에는 그 명칭, 대표자의 성명, 사업자등록번호 또는 이에 준하는 번호, 주된 사무소의 소재지 및 연락처를 말한다.

　　• 청구인의 주민등록번호(본인임을 확인하고 공개 여부를 결정할 필요가 있는 정보를 청구하는 경우로 한정)

　　• 공개를 청구하는 정보의 내용 및 공개방법

　㉡ 구술로써 정보의 공개를 청구하는 때에는 담당공무원 또는 담당 임·직원의 앞에서 진술하여야 하고, 담당공무원 등은 정보공개청구 조서를 작성하고 이에 청구인과 함께 기명날인하거나 서명하여야 한다.

⑦ **정보공개여부의 결정**〈공공기관의 정보공개에 관한 법률 제11조〉

　㉠ 공공기관은 정보공개의 청구가 있는 때에는 청구를 받은 날부터 10일 이내에 공개여부를 결정하여야 한다.

　㉡ 공공기관은 부득이한 사유로 규정된 기간 이내에 공개여부를 결정할 수 없는 때에는 그 기간의 만료일 다음 날부터 기산하여 10일 이내의 범위에서 공개여부 결정기간을 연장할 수 있다. 이 경우 공공기관은 연장된 사실과 연장사유를 청구인에게 지체 없이 문서로 통지하여야 한다.

　㉢ 공공기관은 공개청구 된 공개대상정보의 전부 또는 일부가 제3자와 관련이 있다고 인정되는 때에는 그 사실을 제3자에게 지체 없이 통지하여야 하며, 필요한 경우에는 그의 의견을 청취할 수 있다.

　㉣ 공공기관은 다른 공공기관이 보유·관리하는 정보의 공개청구를 받은 때에는 지체 없이 이를 소관기관으로 이송하여야 하며, 이송을 한 공공기관은 지체 없이 소관기관 및 이송사유 등을 명시하여 청구인에게 문서로 통지하여야 한다.

⑧ **정보공개심의회**〈공공기관의 정보공개에 관한 법률 제12조〉 ··· 국가기관, 지방자치단체 및 공공기관의 운영에 관한 법률에 따른 공기업은 정보공개여부 등을 심의하기 위하여 정보공개심의회를 설치 · 운영한다.

> **제12조(정보공개심의회)**
> ① 국가기관, 지방자치단체, 「공공기관의 운영에 관한 법률」 제5조에 따른 공기업 및 준정부기관, 「지방공기업법」에 따른 지방공사 및 지방공단(이하 "국가기관등" 이라 한다)은 제11조에 따른 정보공개 여부 등을 심의하기 위하여 정보공개심의회(이하 "심의회"라 한다)를 설치 · 운영한다. 이 경우 국가기관등의 규모와 업무 성격, 지리적 여건, 청구인의 편의 등을 고려하여 소속 상급기관(지방공사 · 지방공단의 경우에는 해당 지방공사 · 지방공단을 설립한 지방자치단체를 말한다)에서 협의를 거쳐 심의회를 통합하여 설치 · 운영할 수 있다. 〈개정 2020. 12. 22.〉
> ② 심의회는 위원장 1명을 포함하여 5명 이상 7명 이하의 위원으로 구성한다.
> ③ 심의회의 위원은 소속 공무원, 임직원 또는 외부 전문가로 지명하거나 위촉하되, 그 중 3분의 2는 해당 국가기관등의 업무 또는 정보공개의 업무에 관한 지식을 가진 외부 전문가로 위촉하여야 한다. 다만, 제9조제1항제2호 및 제4호에 해당하는 업무를 주로 하는 국가기관은 그 국가기관의 장이 외부 전문가의 위촉 비율을 따로 정하되, 최소한 3분의 1 이상은 외부 전문가로 위촉하여야 한다. 〈개정 2020. 12. 22.〉
> ④ 심의회의 위원장은 위원 중에서 국가기관등의 장이 지명하거나 위촉한다. 〈개정 2020. 12. 22.〉
> ⑤ 심의회의 위원에 대해서는 제23조제4항 및 제5항을 준용한다.
> ⑥ 심의회의 운영과 기능 등에 관하여 필요한 사항은 국회규칙 · 대법원규칙 · 헌법재판소규칙 · 중앙선거관리위원회규칙 및 대통령령으로 정한다.
> [시행일 : 2021. 12. 23.]

⑨ **정보공개여부결정의 통지**〈공공기관의 정보공개에 관한 법률 제13조〉
  ㉠ 공공기관은 제11조의 규정에 의하여 정보의 공개를 결정한 때에는 공개일시 · 공개장소 등을 명시하여 청구인에게 통지하여야 한다.
  ㉡ 공공기관은 청구인이 사본 또는 복제물의 교부를 원하는 경우에는 이를 교부하여야 한다.
  ㉢ 공공기관은 공개 대상 정보의 양이 너무 많아 정상적인 업무수행에 현저한 지장을 초래할 우려가 있는 경우에는 해당 정보를 일정 기간별로 나누어 제공하거나 사본 · 복제물의 교부 또는 열람과 병행하여 제공할 수 있다.
  ㉣ 공공기관은 정보를 공개하는 경우에 그 정보의 원본이 더럽혀지거나 파손될 우려가 있거나 그 밖에 상당한 이유가 있다고 인정할 때에는 그 정보의 사본 · 복제물을 공개할 수 있다.

기출문제

▶ 2016. 4. 9. 인사혁신처

문 「공공기관의 정보공개에 관한 법률」에 따른 정보공개에 대한 설명으로 옳은 것은? (다툼이 있는 경우 판례에 의함)

① 국·공립의 초등학교는 공공기관의 정보공개에 관한 법령상 공공기관에 해당하지만, 사립 초등학교는 이에 해당하지 않는다.

② 공개방법을 선택하여 정보공개를 청구하였더라도 공공기관은 정보공개청구자가 선택한 방법에 따라 정보를 공개하여야 하는 것은 아니며, 원칙적으로 그 공개방법을 선택할 재량권이 있다.

③ 정보공개청구에 대해 공공기관의 비공개결정이 있는 경우 이의신청절차를 거치지 않더라도 행정심판을 청구할 수 있다.

④ 정보공개청구자는 정보공개와 관련한 공공기관의 비공개결정에 대해서는 이의신청을 할 수 있지만, 부분공개의 결정에 대해서는 따로 이의신청을 할 수 없다.

▮정답 ③

ⓜ 공공기관은 정보의 비공개 결정을 한 경우에는 그 사실을 청구인에게 지체 없이 문서로 통지하여야 한다. 이 경우 비공개 대상 정보인지를 포함한 비공개 이유와 불복(不服)의 방법 및 절차를 구체적으로 밝혀야 한다.

판례 구 공공기관의 정보공개에 관한 법률은 공공기관이 정보를 비공개하는 결정을 한 때에는 비공개이유를 구체적으로 명시하여 청구인에게 그 사실을 통지하여야 한다고 규정하고 있다. 국민으로부터 보유·관리하는 정보에 대한 공개를 요구받은 공공기관으로서는, 정보공개법상 비공개사유에 해당하지 않는 한 이를 공개하여야 한다. 이를 거부하는 경우라 할지라도, 대상이 된 정보의 내용을 구체적으로 확인·검토하여, 어느 부분이 어떠한 법익 또는 기본권과 충돌되어 정보공개법이 규정하고 있는 비공개사유에 해당하는지를 주장·증명하여야만 하고, 그에 이르지 아니한 채 개괄적인 사유만을 들어 공개를 거부하는 것은 허용되지 아니한다(대판 2018. 4.12. 2014두5477).

⑩ **부분공개**〈공공기관의 정보공개에 관한 법률 제14조〉 … 공개청구한 정보가 비공개대상정보에 해당하는 부분과 공개가 가능한 부분이 혼합되어 있는 경우 공개청구의 취지에 어긋나지 아니하는 범위 안에서 두 부분을 분리할 수 있는 때에는 비공개대상정보에 해당하는 부분을 제외하고 공개하여야 한다.

⑪ **정보의 전자적 공개**〈공공기관의 정보공개에 관한 법률 제15조〉

　㉠ 공공기관은 전자적 형태로 보유·관리하는 정보에 대하여 청구인이 전자적 형태로 공개하여 줄 것을 요청하는 경우에는 당해 정보의 성질상 현저히 곤란한 경우를 제외하고는 청구인의 요청에 응하여야 한다.

　㉡ 공공기관은 전자적 형태로 보유·관리하지 아니하는 정보에 대하여 청구인이 전자적 형태로 공개하여 줄 것을 요청한 경우에는 정상적인 업무수행에 현저한 지장을 초래하거나 당해 정보의 성질이 훼손될 우려가 없는 한 그 정보를 전자적 형태로 변환하여 공개할 수 있다.

⑫ **즉시처리가 가능한 정보의 공개**〈공공기관의 정보공개에 관한 법률 제16조〉

　㉠ 법령 등에 의하여 공개를 목적으로 작성된 정보

　㉡ 일반 국민에게 알리기 위하여 작성된 각종 홍보자료

　㉢ 공개하기로 결정된 정보로서 공개에 오랜 시간이 걸리지 아니하는 정보

　㉣ 그 밖에 공공기관의 장이 정하는 정보

⑬ **비용부담**〈공공기관의 정보공개에 관한 법률 제17조〉

　㉠ 정보의 공개 및 우송 등에 소요되는 비용은 실비의 범위 안에서 청구인의 부담으로 한다.

　㉡ 공개를 청구하는 정보의 사용목적이 공공복리의 유지·증진을 위하여 필요하다고 인정되는 경우에는 비용을 감면할 수 있다.

⑭ 이의신청〈공공기관의 정보공개에 관한 법률 제18조〉

  ㉠ 청구인이 정보공개와 관련한 공공기관의 비공개 결정 또는 부분 공개 결정에 대하여 불복이 있거나 정보공개 청구 후 20일이 경과하도록 정보공개 결정이 없는 때에는 공공기관으로부터 정보공개 여부의 결정 통지를 받은 날 또는 정보공개 청구 후 20일이 경과한 날부터 30일 이내에 해당 공공기관에 문서로 이의신청을 할 수 있다.

  ㉡ 국가기관등은 이의신청이 있는 경우에는 심의회를 개최하여야 한다. 다만, ⅰ) 심의회의 심의를 이미 거친 사항, ⅱ) 단순·반복적인 청구, ⅲ) 법령에 따라 비밀로 규정된 정보에 대한 청구의 경우에는 심의회를 개최하지 아니할 수 있으며 개최하지 아니하는 사유를 청구인에게 문서로 통지하여야 한다.

  ㉢ 공공기관은 이의신청을 받은 날부터 7일 이내에 그 이의신청에 대하여 결정하고 그 결과를 청구인에게 지체 없이 문서로 통지하여야 한다. 다만, 부득이한 사유로 정해진 기간 이내에 결정할 수 없는 때에는 그 기간의 만료일 다음 날부터 기산하여 7일 이내의 범위에서 연장할 수 있으며, 연장사유를 청구인에게 통지하여야 한다.

  ㉣ 공공기관은 이의신청을 각하 또는 기각하는 결정을 한 때에는 청구인에게 행정심판 또는 행정소송을 제기할 수 있다는 취지를 결과 통지와 함께 통지하여야 한다.

⑮ 행정심판〈공공기관의 정보공개에 관한 법률 제19조〉

  ㉠ 청구인이 정보공개와 관련한 공공기관의 결정에 대하여 불복이 있거나 정보공개 청구 후 20일이 경과하도록 정보공개 결정이 없는 때에는 「행정심판법」에서 정하는 바에 따라 행정심판을 청구할 수 있다. 이 경우 국가기관 및 지방자치단체 외의 공공기관의 결정에 대한 감독행정기관은 관계 중앙행정기관의 장 또는 지방자치단체의 장으로 한다.

  ㉡ 청구인은 이의신청 절차를 거치지 아니하고 행정심판을 청구할 수 있다.

⑯ 행정소송〈공공기관의 정보공개에 관한 법률 제20조〉

  ㉠ 청구인이 정보공개와 관련한 공공기관의 결정에 대하여 불복이 있거나 정보공개 청구 후 20일이 경과하도록 정보공개 결정이 없는 때에는 「행정소송법」에서 정하는 바에 따라 행정소송을 제기할 수 있다.

  ㉡ 재판장은 필요하다고 인정하면 당사자를 참여시키지 아니하고 제출된 공개 청구 정보를 비공개로 열람·심사할 수 있다.

section 3 개인정보의 보호

(1) 의의

개인의 사생활의 자유와 비밀의 보호 또는 프라이버시권의 보호의 문제는 정보화 사회에 있어서 특히 중요한 문제로 제기된다. 프라이버시권이란 혼자 평온히 있을 수 있는 권리 및 자기정보통제권이라 할 수 있다.

(2) 법적 근거

① 「헌법」적 근거 … 헌법 제17조의 사생활 보호, 제10조의 인간의 존엄과 가치 및 행복추구권, 제18조의 통신의 비밀 등이 있다.

② 법률적 근거 … 개인정보 보호제도에 관한 일반법으로는 「개인정보 보호법」이 있다. 그 외 「공공기관의 정보공개에 관한 법률」, 「정보통신망 이용촉진 및 정보보호 등에 관한 법률」, 「신용정보의 이용 및 보호에 관한 법률」, 「통신비밀보호법」 등이 있으며, 「행정절차법」에서도 비밀누설금지·목적 외 사용 금지 등을 규정하고 있다.

(3) 「개인정보 보호법」의 내용

① 목적〈개인정보 보호법 제1조〉 … 이 법은 개인정보의 처리 및 보호에 관한 사항을 정함으로써 개인의 자유와 권리를 보호하고, 나아가 개인의 존엄과 가치를 구현함을 목적으로 한다.

② 정의〈개인정보 보호법 제2조〉

   ㉠ 개인정보 : 개인에 관한 정보로서 ⅰ)성명, 주민등록번호 및 영상 등을 통하여 개인을 알아볼 수 있는 정보, ⅱ)해당 정보만으로는 특정 개인을 알아볼 수 없더라도 다른 정보와 쉽게 결합하여 알아볼 수 있는 정보(쉽게 결합할 수 있는지 여부는 다른 정보의 입수 가능성 등 개인을 알아보는 데 소요되는 시간, 비용, 기술 등을 합리적으로 고려), ⅲ)앞의 ⅰ)또는 ⅱ)의 정보를 가명처리(개인정보의 일부를 삭제하거나 일부 또는 전부를 대체하는 등의 방법으로 추가 정보가 없이는 특정 개인을 알아볼 수 없도록 처리하는 것)함으로써 원래의 상태로 복원하기 위한 추가 정보의 사용·결합 없이는 특정 개인을 알아볼 수 없는 정보를 말한다.

판례 인간의 존엄과 가치, 행복추구권을 규정한 헌법 제10조 제1문에서 도출되는 일반적 인격권 및 헌법 제17조의 사생활의 비밀과 자유에 의하여 보장되는 개인정보자기결정권은 자신에 관한 정보가 언제 누구에게 어느 범위까지 알려지고 또 이용되도록 할 것인지를 정보주체가 스스로 결정할 수 있는 권리이다. 개인정보자기결정권의 보호대상이 되는 개인정보는 개인의 신체, 신념, 사회적 지위, 신분 등과 같이 개인의 인격주체성을 특징짓는 사항으로서 개인의 동일성을 식별할 수 있게 하는 일체의 정보이고, 반드시 개인의 내밀한 영역에 속하는 정보에 국한되지 아니하며 공적 생활에서 형성되었거나 이미 공개된 개인정보까지 포함한다. 또한 개인정보를 대상으로 한 조사·수집·보관·처리·이용 등의 행위는 모두 원칙적으로 개인정보자기결정권에 대한 제한에 해당한다(대판 2016. 8.17. 2014다235080).

ⓒ **처리** : 개인정보의 수집, 생성, 연계, 연동, 기록, 저장, 보유, 가공, 편집, 검색, 출력, 정정(訂正), 복구, 이용, 제공, 공개, 파기(破棄), 그 밖에 이와 유사한 행위를 말한다.

ⓒ **정보주체** : 처리되는 정보에 의하여 알아볼 수 있는 사람으로서 그 정보의 주체가 되는 사람을 말한다.

ⓔ **개인정보파일** : 개인정보를 쉽게 검색할 수 있도록 일정한 규칙에 따라 체계적으로 배열하거나 구성한 개인정보의 집합물(集合物)을 말한다.

ⓜ **개인정보처리자** : 업무를 목적으로 개인정보파일을 운용하기 위하여 스스로 또는 다른 사람을 통하여 개인정보를 처리하는 공공기관, 법인, 단체 및 개인 등을 말한다.

ⓗ **공공기관**
- 국회, 법원, 헌법재판소, 중앙선거관리위원회의 행정사무를 처리하는 기관, 중앙행정기관(대통령 소속 기관과 국무총리 소속 기관을 포함한다) 및 그 소속 기관, 지방자치단체
- 그 밖의 국가기관 및 공공단체 중 대통령령으로 정하는 기관

ⓢ **영상정보처리기기** : 일정한 공간에 지속적으로 설치되어 사람 또는 사물의 영상 등을 촬영하거나 이를 유·무선망을 통하여 전송하는 장치로서 대통령령으로 정하는 장치를 말한다.

ⓞ **과학적 연구** : 기술의 개발과 실증, 기초연구, 응용연구 및 민간 투자 연구 등 과학적 방법을 적용하는 연구를 말한다.

③ **개인정보 보호 원칙**〈개인정보 보호법 제3조〉

ⓐ 개인정보처리자는 개인정보의 처리 목적을 명확하게 하여야 하고 그 목적에 필요한 범위에서 최소한의 개인정보만을 적법하고 정당하게 수집하여야 한다.

ⓑ 개인정보처리자는 개인정보의 처리 목적에 필요한 범위에서 적합하게 개인정보를 처리하여야 하며, 그 목적 이외의 용도로 활용하여서는 아니된다.

ⓒ 개인정보처리자는 개인정보의 처리 목적에 필요한 범위에서 개인정보의 정확성, 완전성 및 최신성이 보장되도록 하여야 한다.

ⓓ 개인정보처리자는 개인정보의 처리 방법 및 종류 등에 따라 정보주체의 권리가 침해 받을 가능성과 그 위험 정도를 고려하여 개인정보를 안전하게 관리하여야 한다.

기출문제

　　ⓜ 개인정보처리자는 개인정보 처리방침 등 개인정보의 처리에 관한 사항을 공개하여야 하며, 열람청구권 등 정보주체의 권리를 보장하여야 한다.

　　ⓗ 개인정보처리자는 정보주체의 사생활 침해를 최소화하는 방법으로 개인정보를 처리하여야 한다.

　　ⓢ 개인정보처리자는 개인정보를 익명 또는 가명으로 처리하여도 개인정보 수집목적을 달성할 수 있는 경우 익명처리가 가능한 경우에는 익명에 의하여, 익명처리로 목적을 달성할 수 없는 경우에는 가명에 의하여 처리될 수 있도록 하여야 한다.

　　ⓞ 개인정보처리자는 이 법 및 관계 법령에서 규정하고 있는 책임과 의무를 준수하고 실천함으로써 정보주체의 신뢰를 얻기 위하여 노력하여야 한다.

④ **정보주체의 권리**〈개인정보 보호법 제4조〉

　　㉠ 개인정보의 처리에 관한 정보를 제공받을 권리

　　㉡ 개인정보의 처리에 관한 동의 여부, 동의 범위 등을 선택하고 결정할 권리

　　㉢ 개인정보의 처리 여부를 확인하고 개인정보에 대하여 열람(사본의 발급을 포함한다)을 요구할 권리

　　㉣ 개인정보의 처리 정지, 정정·삭제 및 파기를 요구할 권리

　　㉤ 개인정보의 처리로 인하여 발생한 피해를 신속하고 공정한 절차에 따라 구제받을 권리

⑤ **국가 등의 책무**〈개인정보 보호법 제5조〉

　　㉠ 국가와 지방자치단체는 개인정보의 목적 외 수집, 오용·남용 및 무분별한 감시·추적 등에 따른 폐해를 방지하여 인간의 존엄과 개인의 사생활 보호를 도모하기 위한 시책을 강구하여야 한다.

　　㉡ 국가와 지방자치단체는 제4조에 따른 정보주체의 권리를 보호하기 위하여 법령의 개선 등 필요한 시책을 마련하여야 한다.

　　㉢ 국가와 지방자치단체는 개인정보의 처리에 관한 불합리한 사회적 관행을 개선하기 위하여 개인정보처리자의 자율적인 개인정보 보호활동을 존중하고 촉진·지원하여야 한다.

　　㉣ 국가와 지방자치단체는 개인정보의 처리에 관한 법령 또는 조례를 제정하거나 개정하는 경우에는 이 법의 목적에 부합되도록 하여야 한다.

⑥ 개인정보 보호위원회 … 개인정보 보호에 관한 사무를 독립적으로 수행하기 위하여 국무총리 소속으로 개인정보 보호위원회를 둔다.

제7조의2(보호위원회의 구성 등)

① 보호위원회는 상임위원 2명(위원장 1명, 부위원장 1명)을 포함한 9명의 위원으로 구성한다.

② 보호위원회의 위원은 개인정보 보호에 관한 경력과 전문지식이 풍부한 다음 각 호의 사람 중에서 위원장과 부위원장은 국무총리의 제청으로, 그 외 위원 중 2명은 위원장의 제청으로, 2명은 대통령이 소속되거나 소속되었던 정당의 교섭단체 추천으로, 3명은 그 외의 교섭단체 추천으로 대통령이 임명 또는 위촉한다.

1. 개인정보 보호 업무를 담당하는 3급 이상 공무원(고위공무원단에 속하는 공무원을 포함한다)의 직에 있거나 있었던 사람
2. 판사·검사·변호사의 직에 10년 이상 있거나 있었던 사람
3. 공공기관 또는 단체(개인정보처리자로 구성된 단체를 포함한다)에 3년 이상 임원으로 재직하였거나 이들 기관 또는 단체로부터 추천받은 사람으로서 개인정보 보호 업무를 3년 이상 담당하였던 사람
4. 개인정보 관련 분야에 전문지식이 있고 「고등교육법」 제2조제1호에 따른 학교에서 부교수 이상으로 5년 이상 재직하고 있거나 재직하였던 사람

③ 위원장과 부위원장은 정무직 공무원으로 임명한다.

④ 위원장, 부위원장, 제7조의13에 따른 사무처의 장은 「정부조직법」 제10조에도 불구하고 정부위원이 된다.

제7조의3(위원장)

① 위원장은 보호위원회를 대표하고, 보호위원회의 회의를 주재하며, 소관 사무를 총괄한다.

② 위원장이 부득이한 사유로 직무를 수행할 수 없을 때에는 부위원장이 그 직무를 대행하고, 위원장·부위원장이 모두 부득이한 사유로 직무를 수행할 수 없을 때에는 위원회가 미리 정하는 위원이 위원장의 직무를 대행한다.

③ 위원장은 국회에 출석하여 보호위원회의 소관 사무에 관하여 의견을 진술할 수 있으며, 국회에서 요구하면 출석하여 보고하거나 답변하여야 한다.

④ 위원장은 국무회의에 출석하여 발언할 수 있으며, 그 소관 사무에 관하여 국무총리에게 의안 제출을 건의할 수 있다.

제7조의4(위원의 임기)

① 위원의 임기는 3년으로 하되, 한 차례만 연임할 수 있다.

② 위원이 궐위된 때에는 지체 없이 새로운 위원을 임명 또는 위촉하여야 한다. 이 경우 후임으로 임명 또는 위촉된 위원의 임기는 새로이 개시된다.

⑦ 개인정보의 수집·이용〈개인정보 보호법 제15조〉

㉠ 개인정보처리자는 다음의 어느 하나에 해당하는 경우에는 개인정보를 수집할 수 있으며 그 수집 목적의 범위에서 이용할 수 있다.

• 정보주체의 동의를 받은 경우
• 법률에 특별한 규정이 있거나 법령상 의무를 준수하기 위하여 불가피한 경우
• 공공기관이 법령 등에서 정하는 소관 업무의 수행을 위하여 불가피한 경우
• 정보주체와의 계약의 체결 및 이행을 위하여 불가피하게 필요한 경우
• 정보주체 또는 그 법정대리인이 의사표시를 할 수 없는 상태에 있거나 주소 불명 등으로 사전 동의를 받을 수 없는 경우로서 명백히 정보주체 또는 제3자의 급박한 생명, 신체, 재산의 이익을 위하여 필요하다고 인정되는 경우
• 개인정보처리자의 정당한 이익을 달성하기 위하여 필요한 경우로서 명백하게 정보주체의 권리보다 우선하는 경우. 이 경우 개인정보처리자의 정당한 이익과 상당한 관련이 있고 합리적인 범위를 초과하지 아니하는 경우에 한한다.

㉡ 개인정보처리자는 개인정보 수집·이용에 대하여 정보주체의 동의를 받은 경우 다음의 사항을 정보주체에게 알려야 한다. 또한 어느 하나의 사항을 변경하는 경우에도 이를 알리고 동의를 받아야 한다.

• 개인정보의 수집·이용 목적
• 수집하려는 개인정보의 항목
• 개인정보의 보유 및 이용 기간
• 동의를 거부할 권리가 있다는 사실 및 동의 거부에 따른 불이익이 있는 경우에는 그 불이익의 내용

㉢ 개인정보처리자는 당초 수집 목적과 합리적으로 관련된 범위에서 정보주체에게 불이익이 발생하는지 여부, 암호화 등 안전성 확보에 필요한 조치를 하였는지 여부 등을 고려하여 대통령령으로 정하는 바에 따라 정보주체의 동의 없이 개인정보를 이용할 수 있다.

판례 정보주체가 직접 또는 제3자를 통하여 이미 공개한 개인정보는 공개 당시 정보주체가 자신의 개인정보에 대한 수집이나 제3자 제공 등의 처리에 대하여 일정한 범위 내에서 동의를 하였다고 할 것이다. 이와 같이 공개된 개인정보를 객관적으로 보아 정보주체가 동의한 범위 내에서 처리하는 것으로 평가할 수 있는 경우에도 동의의 범위가 외부에 표시되지 아니하였다는 이유만으로 또다시 정보주체의 별도의 동의를 받을 것을 요구한다면 이는 정보주체의 공개의사에도 부합하지 아니하거니와 정보주체나 개인정보처리자에게 무의미한 동의절차를 밟기 위한 비용만을 부담시키는 결과가 된다. 다른 한편 개인정보 보호법 제20조는 공개된 개인정보 등을 수집·처리하는 때에는 정보주체의 요구가 있으면 즉시 개인정보의 수집 출처, 개인정보의 처리 목적, 제37조에 따른 개인정보 처리의 정지를 요구할 권리가 있다는 사실을 정보주체에게 알리도록 규정하고 있으므로, 공개된 개인정보에 대한 정보주체의 개인정보자기결정권은 이러한 사후통제에 의하여 보호받게 된다. 따라서 <u>이미 공개된 개인정보를 정보주체의 동의가 있었다고 객관적으로 인정되는 범위 내에서 수집·이용·제공 등 처리를 할 때는 정보주체의 별도의 동의는 불필요하다고 보아야 하고, 별도의 동의를 받지 아니하였다고 하여 개인정보 보호법 제15조나 제17조를 위반한 것으로 볼 수 없다</u>(대판 2016. 8.17. 2014다235080).

⑧ 개인정보의 수집 제한〈개인정보 보호법 제16조〉

ㄱ 개인정보처리자는 개인정보를 수집하는 경우에는 그 목적에 필요한 최소한의 개인정보를 수집하여야 한다. 이 경우 최소한의 개인정보 수집이라는 입증책임은 개인정보처리자가 부담한다.

ㄴ 개인정보처리자는 정보주체가 필요한 최소한의 정보 외의 개인정보 수집에 동의하지 아니한다는 이유로 정보주체에게 재화 또는 서비스의 제공을 거부하여서는 아니 된다.

ㄷ 개인정보처리자는 정보주체의 동의를 받아 개인정보를 수집하는 경우 필요한 최소한의 개인정보 외 수집에는 동의하지 아니할 수 있다는 사실을 구체적으로 알려야 한다.

⑨ 개인정보의 제공〈개인정보 보호법 제17조〉

ㄱ 개인정보처리자는 ⅰ)정보주체의 동의를 받은 경우, ⅱ)개인정보를 수집한 목적 범위에서 개인정보를 제공하는 경우에 해당되는 경우에는 정보주체의 개인정보를 제3자에게 제공(공유를 포함)할 수 있다.

ㄴ 개인정보처리자는 정보주체의 동의를 받을 때에는 ⅰ)개인정보를 제공받는 자, ⅱ)개인정보를 제공받는 자의 개인정보 이용 목적, ⅲ)제공하는 개인정보의 항목, ⅳ)개인정보를 제공받는 자의 개인정보 보유 및 이용 기간, ⅴ)동의를 거부할 권리가 있다는 사실 및 동의 거부에 따른 불이익이 있는 경우에는 그 불이익의 내용을 정보주체에게 알려야 한다. 어느 하나의 사항을 변경하는 경우에도 이를 알리고 동의를 받아야 한다.

ㄷ 개인정보처리자가 개인정보를 국외의 제3자에게 제공할 때에는 ㄴ에 따른 사항을 정보주체에게 알리고 동의를 받아야 하며, 이 법을 위반하는 내용으로 개인정보의 국외 이전에 관한 계약을 체결하여서는 아니 된다.

ㄹ 개인정보처리자는 당초 수집 목적과 합리적으로 관련된 범위에서 정보주체에게 불이익이 발생하는지 여부, 암호화 등 안전성 확보에 필요한 조치를 하였는지 여부 등을 고려하여 대통령령으로 정하는 바에 따라 정보주체의 동의 없이 개인정보를 제공할 수 있다.

판례 개인정보 보호법 제17조와 정보통신망법 제24조의2에서 말하는 개인정보의 '제3자 제공'은 본래의 개인정보 수집·이용 목적의 범위를 넘어 정보를 제공받는 자의 업무처리와 이익을 위하여 개인정보가 이전되는 경우인 반면, 개인정보 보호법 제26조와 정보통신망법 제25조에서 말하는 개인정보의 '처리위탁'은 본래의 개인정보 수집·이용 목적과 관련된 위탁자 본인의 업무 처리와 이익을 위하여 개인정보가 이전되는 경우를 의미한다. 개인정보 처리위탁에 있어 수탁자는 위탁자로부터 위탁사무 처리에 따른 대가를 지급받는 것 외에는 개인정보 처리에 관하여 독자적인 이익을 가지지 않고, 정보제공자의 관리·감독 아래 위탁받은 범위 내에서만 개인정보를 처리하게 되므로, 개인정보 보호법 제17조와 정보통신망법 제24조의2에 정한 '제3자'에 해당하지 않는다(대판 2017. 4. 7. 2016도13263).

기출문제

⑩ **정보주체 이외로부터 수집한 개인정보의 수집 출처 등 고지**〈개인정보 보호법 제20조〉 ··· 개인정보처리자가 정보주체 이외로부터 수집한 개인정보를 처리하는 때에는 정보주체의 요구가 있으면 즉시 다음의 모든 사항을 정보주체에게 알려야 한다.

㉠ 개인정보의 수집 출처

㉡ 개인정보의 처리 목적

㉢ 개인정보 처리의 정지를 요구할 권리가 있다는 사실

⑪ **개인정보의 파기**〈개인정보 보호법 제21조〉

㉠ 개인정보처리자는 보유기간의 경과, 개인정보의 처리 목적 달성 등 그 개인정보가 불필요하게 되었을 때에는 지체 없이 그 개인정보를 파기하여야 한다. 다만, 다른 법령에 따라 보존하여야 하는 경우에는 그러하지 아니하다.

㉡ 개인정보처리자가 개인정보를 파기할 때에는 복구 또는 재생되지 아니하도록 조치하여야 한다.

㉢ 개인정보처리자가 다른 법령에 따라 개인정보를 파기하지 아니하고 보존하여야 하는 경우에는 해당 개인정보 또는 개인정보파일을 다른 개인정보와 분리하여서 저장·관리하여야 한다.

㉣ 개인정보의 파기방법 및 절차 등에 필요한 사항은 대통령령으로 정한다.

⑫ **동의를 받는 방법**〈개인정보 보호법 제22조〉

㉠ 개인정보처리자는 이 법에 따른 개인정보의 처리에 대하여 정보주체(법정대리인을 포함한다)의 동의를 받을 때에는 각각의 동의 사항을 구분하여 정보주체가 이를 명확하게 인지할 수 있도록 알리고 각각 동의를 받아야 한다.

㉡ 개인정보처리자는 개인정보의 처리에 대하여 정보주체의 동의를 받을 때에는 정보주체와의 계약 체결 등을 위하여 정보주체의 동의 없이 처리할 수 있는 개인정보와 정보주체의 동의가 필요한 개인정보를 구분하여야 한다. 이 경우 동의 없이 처리할 수 있는 개인정보라는 입증책임은 개인정보처리자가 부담한다.

㉢ 개인정보처리자는 정보주체에게 재화나 서비스를 홍보하거나 판매를 권유하기 위하여 개인정보의 처리에 대한 동의를 받으려는 때에는 정보주체가 이를 명확하게 인지할 수 있도록 알리고 동의를 받아야 한다.

㉣ 개인정보처리자는 정보주체가 선택적으로 동의할 수 있는 사항을 동의하지 아니한다는 이유로 정보주체에게 재화 또는 서비스의 제공을 거부하여서는 아니 된다.

ⓤ 개인정보처리자는 만 14세 미만 아동의 개인정보를 처리하기 위하여 이 법에 따른 동의를 받아야 할 때에는 그 법정대리인의 동의를 받아야 한다. 이 경우 법정대리인의 동의를 받기 위하여 필요한 최소한의 정보는 법정대리인의 동의 없이 해당 아동으로부터 직접 수집할 수 있다.

ⓥ 개인정보처리자는 동의를 서면(「전자문서 및 전자거래 기본법」 제2조 제1호에 따른 전자문서를 포함한다)으로 받을 때에는 개인정보의 수집·이용 목적, 수집·이용하려는 개인정보의 항목 등 대통령령으로 정하는 중요한 내용을 보호위원회가 고시로 정하는 방법에 따라 명확히 표시하여 알아보기 쉽게 하여야 한다.

⑬ **개인정보 유출 통지 등**〈개인정보 보호법 제34조〉

㉠ 개인정보처리자는 개인정보가 유출되었음을 알게 되었을 때에는 지체 없이 해당 정보주체에게 다음의 사실을 알려야 한다.
- 유출된 개인정보의 항목
- 유출된 시점과 그 경위
- 유출로 인하여 발생할 수 있는 피해를 최소화하기 위하여 정보주체가 할 수 있는 방법 등에 관한 정보
- 개인정보처리자의 대응조치 및 피해 구제절차
- 정보주체에게 피해가 발생한 경우 신고 등을 접수할 수 있는 담당부서 및 연락처

㉡ 개인정보처리자는 개인정보가 유출된 경우 그 피해를 최소화하기 위한 대책을 마련하고 필요한 조치를 하여야 한다.

㉢ 개인정보처리자는 대통령령으로 정한 규모 이상(1천명 이상)의 개인정보가 유출된 경우에는 통지 및 조치 결과를 지체 없이 보호위원회 또는 대통령령으로 정하는 전문기관에 신고하여야 한다. 이 경우 보호위원회 또는 대통령령으로 정하는 전문기관은 피해 확산방지, 피해 복구 등을 위한 기술을 지원할 수 있다.

판례 甲 등이 인터넷 포털사이트 등의 개인정보 유출사고로 자신들의 주민등록번호 등 개인정보가 불법 유출되자 이를 이유로 관할 구청장에게 주민등록번호를 변경해 줄 것을 신청하였으나 구청장이 '주민등록번호가 불법 유출된 경우 주민등록법상 변경이 허용되지 않는다는 이유로 주민등록번호 변경을 거부하는 취지의 통지를 한 사안에서, 피해자의 의사와 무관하게 주민등록번호가 유출된 경우에는 조리상 주민등록번호의 변경을 요구할 신청권을 인정함이 타당하고, 구청장의 주민등록번호 변경신청 거부행위는 항고소송의 대상이 되는 행정처분에 해당한다(대판 2017. 6.15. 2013두2945).

⑭ 개인정보의 열람〈개인정보 보호법 제35조〉

　㉠ 정보주체는 개인정보처리자가 처리하는 자신의 개인정보에 대한 열람을 해당 개인정보처리자에게 요구할 수 있다.

　㉡ ㉠에도 불구하고 정보주체가 자신의 개인정보에 대한 열람을 공공기관에 요구하고자 할 때에는 공공기관에 직접 열람을 요구하거나 대통령령으로 정하는 바에 따라 보호위원회를 통하여 열람을 요구할 수 있다.

　㉢ 개인정보처리자는 개인정보의 열람을 요구받았을 때에는 10일 내에 정보주체가 해당 개인정보를 열람할 수 있도록 하여야 한다. 이 경우 해당기간 내에 열람할 수 없는 정당한 사유가 있을 때에는 정보주체에게 그 사유를 알리고 열람을 연기할 수 있으며, 그 사유가 소멸하면 지체 없이 열람하게 하여야 한다.

　㉣ 개인정보처리자는 다음의 어느 하나에 해당하는 경우에는 정보주체에게 그 사유를 알리고 열람을 제한하거나 거절할 수 있다.
　• 법률에 따라 열람이 금지되거나 제한되는 경우
　• 다른 사람의 생명·신체를 해할 우려가 있거나 다른 사람의 재산과 그 밖의 이익을 부당하게 침해할 우려가 있는 경우
　• 공공기관의 업무를 수행할 때 중대한 지장을 초래하는 경우
　　－조세의 부과·징수 또는 환급에 관한 업무
　　－「초·중등교육법」 및 「고등교육법」에 따른 각급 학교, 「평생교육법」에 따른 평생교육시설, 그 밖의 다른 법률에 따라 설치된 고등교육기관에서의 성적 평가 또는 입학자 선발에 관한 업무
　　－학력·기능 및 채용에 관한 시험, 자격 심사에 관한 업무
　　－보상금·급부금 산정 등에 대하여 진행 중인 평가 또는 판단에 관한 업무
　　－다른 법률에 따라 진행 중인 감사 및 조사에 관한 업무

⑮ 손해배상책임〈개인정보 보호법 제39조〉

　㉠ 정보주체는 개인정보처리자가 이 법을 위반한 행위로 손해를 입으면 개인정보처리자에게 손해배상을 청구할 수 있다. 이 경우 그 개인정보처리자는 고의 또는 과실이 없음을 입증하지 아니하면 책임을 면할 수 없다.

　㉡ 개인정보처리자의 고의 또는 중대한 과실로 인하여 개인정보가 분실·도난·유출·위조·변조 또는 훼손된 경우로서 정보주체에게 손해가 발생한 때에는 법원은 그 손해액의 3배를 넘지 아니하는 범위에서 손해배상액을 정할 수 있다. 다만, 개인정보처리자가 고의 또는 중대한 과실이 없음을 증명한 경우에는 그러하지 아니하다.

⑯ 개인정보 분쟁조정위원회 … 개인정보에 관한 분쟁의 조정(調停)을 위하여 개인정보 분쟁조정위원회를 둔다.

⑰ 단체소송의 대상〈개인정보 보호법 제51조〉 … 다음의 어느 하나에 해당하는 단
체는 개인정보처리자가 집단분쟁조정을 거부하거나 집단분쟁조정의 결과를 수
락하지 아니한 경우에는 법원에 권리침해 행위의 금지·중지를 구하는 소송(이
하 "단체소송")을 제기할 수 있다.

ⓐ 「소비자기본법」 제29조에 따라 공정거래위원회에 등록한 소비자단체로서 다
음 각 목의 요건을 모두 갖춘 단체
• 정관에 따라 상시적으로 정보주체의 권익증진을 주된 목적으로 하는 단체일 것
• 단체의 정회원수가 1천명 이상일 것
• 「소비자기본법」 제29조에 따른 등록 후 3년이 경과하였을 것

ⓑ 「비영리민간단체 지원법」 제2조에 따른 비영리민간단체로서 다음 각 목의
요건을 모두 갖춘 단체
• 법률상 또는 사실상 동일한 침해를 입은 100명 이상의 정보주체로부터 단체소송
의 제기를 요청받을 것
• 정관에 개인정보 보호를 단체의 목적으로 명시한 후 최근 3년 이상 이를 위한
활동실적이 있을 것
• 단체의 상시 구성원수가 5천명 이상일 것
• 중앙행정기관에 등록되어 있을 것

2020 지방직 9급

1 **정보공개청구에 대한 설명으로 옳은 것은? (다툼이 있는 경우 판례에 의함)**

① 공공기관이 공개청구의 대상이 된 정보를 공개는 하되, 청구인이 신청한 공개방법 이외의 방법으로 공개하기로 하는 결정을 한 경우 이는 정보공개방법만을 달리 한 것이므로 일부 거부처분이라 할 수 없다.

② 「공공기관의 정보공개에 관한 법률」에 의하면 "다른 법률 또는 법률에서 위임한 명령에 의하여 비밀 또는 비공개 사항으로 규정된 정보"는 이를 공개하지 아니할 수 있다고 규정하고 있는바, 여기에서 '법률에 의한 명령'은 정보의 공개에 관하여 법률의 구체적인 위임 아래 제정된 법규명령(위임명령)을 의미한다.

③ 국민의 알권리를 두텁게 보호하기 위해 「공공기관의 정보공개에 관한 법률」 제9조제1항제6호 본문의 규정에 따라 비공개대상이 되는 정보는 이름·주민등록번호 등 '개인식별정보'로 한정된다.

④ 공개청구의 대상이 되는 정보가 이미 다른 사람에게 공개되어 널리 알려져 있다거나 인터넷 등을 통하여 공개되어 인터넷 검색 등을 통하여 쉽게 알 수 있다면 행정청의 정보비공개 결정이 정당화될 수 있다.

2020 국가직 9급

2 **정보공개에 대한 설명으로 옳지 않은 것은? (다툼이 있는 경우 판례에 의함)**

① 정보공개거부처분의 취소를 구하는 소송에서 공공기관이 청구정보를 증거 등으로 법원에 제출하여 법원을 통하여 그 사본을 청구인에게 교부 또는 송달되게 하여 청구인에게 정보를 공개하는 셈이 되었다면, 이러한 우회적인 방법에 의한 공개는 「공공기관의 정보공개에 관한 법률」에 의한 공개라고 볼 수 있다.

② 정보공개청구권자에는 자연인은 물론 법인, 권리능력 없는 사단·재단도 포함되고, 법인, 권리능력 없는 사단·재단 등의 경우에는 설립목적을 불문한다.

③ 공개청구의 대상이 되는 정보가 이미 다른 사람에게 공개되어 널리 알려져 있다거나 인터넷 등을 통하여 공개되어 인터넷검색 등을 통하여 쉽게 알 수 있다는 사정만으로는 비공개결정이 정당화될 수 없다.

④ 「공공기관의 정보공개에 관한 법률」은 정보공개청구권자가 공개를 청구하는 정보와 어떤 관련성을 가질 것을 요구하거나 정보공개청구의 목적에 특별한 제한을 두고 있지 아니하므로 정보공개청구권자의 권리구제 가능성 등은 정보의 공개 여부 결정에 아무런 영향을 미치지 못한다.

2021 국가직 9급

3 정보공개에 대한 판례의 입장으로 옳지 않은 것은?

① 국민의 알 권리의 내용에는 일반 국민 누구나 국가에 대하여 보유·관리하고 있는 정보의 공개를 청구할 수 있는 이른바 일반적인 정보공개청구권이 포함된다.

② 정보공개청구권은 법률상 보호되는 구체적인 권리이므로 청구인이 공공기관에 대하여 정보공개를 청구하였다가 거부처분을 받은 것 자체가 법률상 이익의 침해에 해당한다.

③ 「공공기관의 정보공개에 관한 법률」상 공개청구의 대상이 되는 정보란 공공기관이 직무상 작성 또는 취득하여 현재 보유·관리하고 있는 원본인 문서만을 의미한다.

④ 정보공개가 신청된 정보를 공공기관이 보유·관리하고 있지 아니한 경우에는 특별한 사정이 없는 한 정보공개거부처분의 취소를 구할 법률상의 이익이 없다.

2021 국가직 9급

4 개인정보의 보호에 대한 판례의 설명으로 옳은 것만을 모두 고르면?

> ㉠ 개인정보자기결정권의 보호대상이 되는 개인정보는 반드시 개인의 내밀한 영역에 속하는 정보에 국한되지 않고 공적 생활에서 형성되었거나 이미 공개된 개인정보까지 포함한다.
>
> ㉡ 이미 공개된 개인정보를 정보주체의 동의가 있었다고 객관적으로 인정되는 범위 내에서 처리를 할 때는 정보주체의 별도의 동의는 불필요하다고 보아야 하고, 별도의 동의를 받지 아니하였다고 하여 「개인정보 보호법」을 위반한 것으로 볼 수 없다.
>
> ㉢ 개인정보 처리위탁에 있어 수탁자는 정보제공자의 관리·감독 아래 위탁받은 범위 내에서만 개인정보를 처리하게 되지만, 위탁자로부터 위탁사무 처리에 따른 대가를 지급받는 이상 개인정보 처리에 관하여 독자적인 이익을 가지므로, 그러한 수탁자는 「개인정보 보호법」제17조에 의해 개인정보처리자가 정보주체의 개인정보를 제공할 수 있는 '제3자'에 해당한다.
>
> ㉣ 인터넷 포털사이트 등의 개인정보 유출사고로 주민등록번호가 불법 유출 되어 그 피해자가 주민등록번호 변경을 신청했으나 구청장이 거부 통지를 한 사안에서, 피해자의 의사와 무관하게 주민등록번호가 유출된 경우에는 조리상 주민등록번호의 변경요구신청권을 인정함이 타당하다.

① ㉠, ㉢

② ㉡, ㉣

③ ㉠, ㉡, ㉢

④ ㉠, ㉡, ㉣

2021 지방직 9급

5 「공공기관의 정보공개에 관한 법률」상 정보공개에 대한 설명으로 옳지 않은 것은? (다툼이 있는 경우 판례에 의함)

① 정보의 공개 및 우송 등에 드는 비용은 실비의 범위에서 청구인이 부담한다.

② 공공기관은 공개 청구된 정보가 공공기관이 보유·관리하지 아니하는 정보인 경우로서 「민원 처리에 관한 법률」에 따른 민원으로 처리할 수 있는 경우에는 민원으로 처리할 수 있다.

③ 청구인이 공공기관에 대하여 정보공개를 청구하였다가 거부처분을 받은 것 자체가 법률상 이익의 침해에 해당한다.

④ 오로지 공공기관의 담당공무원을 괴롭힐 목적으로 정보공개청구를 하는 경우에도 정보공개청구권의 행사는 허용되어야 한다.

2020 국가직 7급

6 「공공기관의 정보공개에 관한 법률」상 정보공개에 대한 설명으로 옳지 않은 것은? (다툼이 있는 경우 판례에 의함)

① 정보공개청구권자에는 자연인은 물론 법인, 권리능력 없는 사단·재단도 포함되며, 법인, 권리능력 없는 사단·재단의 경우에는 설립목적을 불문한다.

② 공개청구된 정보가 수사의견서인 경우 수사의 방법 및 절차 등이 공개되더라도 수사기관의 직무수행을 현저히 곤란하게 하지 않는 때에는 비공개대상정보에 해당하지 않는다.

③ 외국 또는 외국 기관으로부터 비공개를 전제로 입수한 정보는 비공개를 전제로 하였다는 이유만으로 비공개대상정보에 해당한다.

④ 교육공무원의 근무성적평정 결과를 공개하지 아니한다고 규정하고 있는 「교육공무원 승진규정」을 근거로 정보공개청구를 거부하는 것은 위법하다.

2020 지방직 7급

7 정보공개제도에 대한 설명으로 옳지 않은 것은?(다툼이 있는 경우 판례에 의함)

① 정보공개를 청구하는 자가 공개를 구하는 정보를 행정기관이 보유·관리하고 있을 상당한 개연성이 있다는 점을 입증하여야 한다.

② 국민의 알 권리, 즉 정보에의 접근·수집·처리의 자유는 자유권적 성질과 청구권적 성질을 공유하는 것으로서, 헌법 제21조에 의하여 직접 보장되는 권리이다.

③ 사립대학교에 정보공개를 청구하였다가 거부될 경우 사립대학교에 대한 국가의 지원이 한정적·국부적·일시적임을 고려한다면 사립대학교 총장을 피고로 하여 취소소송을 제기할 수 없다.

④ 공개를 구하는 정보를 공공기관이 한때 보유·관리하였으나 그 후에 그 정보가 담긴 문서 등이 폐기되어 존재하지 않게 된 것이라면 그 정보를 더 이상 보유·관리하고 있지 아니하다는 점에 대한 증명책임은 공공기관에 있다.

8 행정정보공개에 관한 판례의 입장으로 옳은 것은?

① 사법시험 제2차 시험의 답안지와 시험문항에 대한 채점위원별 채점 결과는 비공개정보에 해당한다.

② 청주시의회에서 의결한 청주시 행정정보공개조례안은 행정에 대한 주민의 알 권리의 실현을 그 근본내용으로 하면서도 이로 인한 개인의 권익침해 가능성을 배제하고 있으므로, 이를 들어 주민의 권리를 제한하거나 의무를 부과하는 조례라고는 단정할 수 없고 따라서 그 제정에 있어서 반드시 법률의 개별적 위임이 따로 필요한 것은 아니다.

③ 교도관이 직무 중 발생한 사유에 관하여 작성한 근무보고서는 비공개대상정보에 해당한다.

④ 학교폭력대책자치위원회의 회의록은 공개대상정보에 해당한다.

9 개인정보보호에 대한 설명으로 옳지 않은 것은?

① 정보주체는 개인정보처리자가 「개인정보 보호법」을 위반한 행위로 손해를 입으면 개인정보처리자에게 손해배상을 청구할 수 있으며, 이 경우 그 정보주체는 고의 또는 과실을 입증해야 한다.

② 「개인정보 보호법」상 '개인정보처리자'란 업무를 목적으로 개인정보파일을 운용하기 위하여 스스로 또는 다른 사람을 통하여 개인정보를 처리하는 공공기관, 법인, 단체 및 개인 등을 말한다.

③ 「개인정보 보호법」상 '개인정보'란 살아있는 개인에 관한 정보로서 사자(死者)나 법인의 정보는 포함되지 않는다.

④ 「행정절차법」도 비밀누설금지·목적 외 사용금지 등 개인의 정보보호에 관한 규정을 두고 있다.

10 「공공기관의 정보공개에 관한 법률」상 정보공개에 대한 판례의 입장으로 옳지 않은 것은?

① 국가정보원이 그 직원에게 지급하는 현금급여 및 월초수당에 관한 정보는 비공개대상 정보에 해당한다.

② 법무부령으로 제정된 「검찰보존사무규칙」상의 기록의 열람·등사의 제한규정은 구 「공공기관의 정보공개에 관한 법률」 제9조 제1항 제1호의 '다른 법률 또는 법률에 의한 명령에 의하여 비공개사항으로 규정된 경우'에 해당한다.

③ '감사·감독·검사·시험·규제·입찰계약·기술개발·인사관리·의사결정과정 또는 내부검토과정에 있는 사항 등으로서 공개될 경우 업무의 공정한 수행에 현저한 지장을 초래한다고 인정할 만한 상당한 이유가 있는 정보'란 공개될 경우 업무의 공정한 수행이 객관적으로 현저하게 지장을 받을 것이라는 고도의 개연성이 존재하는 경우를 말한다.

④ 비공개대상인 '법인 등의 경영·영업상 비밀'은 「부정경쟁방지 및 영업비밀보호에 관한 법률」 제2조 제2호에 규정된 '영업비밀'에 한하지 않고, '타인에게 알려지지 아니함이 유리한 사업활동에 관한 일체의 정보' 또는 '사업활동에 관한 일체의 비밀사항'을 말한다.

11 「개인정보 보호법」에서 규정한 개인정보 보호 원칙에 대한 설명으로 틀린 것은?

① 개인정보처리자는 개인정보 처리 목적을 명확하게 하여야 하고 그 목적에 필요한 최소한의 개인정보만을 적법하고 정당하게 수집하여야 한다.

② 개인정보처리자는 개인정보의 처리 방법 및 종류 등에 따라 정보주체의 권리가 침해 받을 가능성과 그 위험 정도를 고려하여 개인정보를 안전하게 관리하여야 한다.

③ 개인정보 처리방침 등 개인정보의 처리에 관한 사항을 공개하여야 하며, 열람청구권 등 정보주체의 권리를 보장하여야 한다.

④ 개인정보는 익명처리가 불가능하므로 개인정보처리자는 정보주체의 사생활 침해를 최소화하는 방법으로 개인정보를 처리하여야 한다.

정답및해설

1	②	2	①	3	③	4	④	5	④
6	③	7	③	8	②	9	①	10	②
11	④								

1 ② 공공기관의정보공개에관한법률 제7조 제1항 제1호 소정의 '<u>법률에 의한 명령</u>'은 법률의 위임규정에 의하여 제정된 대통령령, 총리령, 부령 전부를 의미한다기보다는 <u>정보의 공개에 관하여 법률의 구체적인 위임 아래 제정된 법규명령(위임명령)을 의미한다</u>(대판 2003.12.11.2003두8395).

① 정보공개를 청구하는 자가 공공기관에 대해 정보의 사본 또는 출력물의 교부의 방법으로 공개방법을 선택하여 정보공개청구를 한 경우에 공개청구를 받은 공공기관으로서는 같은 법 제8조 제2항에서 규정한 정보의 사본 또는 복제물의 교부를 제한할 수 있는 사유에 해당하지 않는 한 <u>정보공개청구자가 선택한 공개방법에 따라 정보를 공개하여야 하므로 그 공개방법을 선택할 재량권이 없다고 해석함이 상당하다</u>(대판 2002.12.12. 2003두8050).

③ 정보공개법 제9조 제1항 제6호 본문의 규정에 따라 <u>비공개대상이 되는 정보</u>에는 구 공공기관의 정보공개에 관한 법률의 <u>이름 · 주민등록번호 등</u> 정보 형식이나 유형을 기준으로 비공개대상정보에 해당하는지를 판단하는 '<u>개인식별정보</u>'뿐만 아니라 그 외에 정보의 내용을 구체적으로 살펴 '개인에 관한 사항의 공개로 개인의 내밀한 내용의 비밀 등이 알려지게 되고, 그 결과 인격적 · 정신적 내면생활에 지장을 초래하거나 자유로운 사생활을 영위할 수 없게 될 위험성이 있는 정보'도 포함된다고 새겨야 한다. 따라서 불기소처분 기록 중 피의자신문조서 등에 기재된 피의자 등의 인적사항 이외의 진술내용 역시 개인의 사생활의 비밀 또는 자유를 침해할 우려가 인정되는 경우 정보공개법 제9조 제1항 제6호 본문 소정의 비공개대상에 해당한다(대판 2012. 6.18. 2011두2361(전합)).

④ 공개청구의 대상이 되는 정보가 이미 다른 사람에게 공개하여 널리 알려져 있다거나 인터넷이나 관보 등을 통하여 공개하여 인터넷검색이나 도서관에서의 열람 등을 통하여 쉽게 알 수 있다는 사정만으로는 소의 이익이 없다거나 비공개결정이 정당화될 수는 없다(대판 2008.11.27.2005두15694).

2 ① 정보공개법 제2조 제2호는 '공개'라 함은 공공기관이 이 법의 규정에 의하여 정보를 열람하게 하거나 그 사본 또는 복제물을 교부하는 것 등을 말한다고 정의하고 있는데, 정보공개방법에 대하여 법시행령 제14조 제1항은 문서 · 도면 · 사진 등은 열람 또는 사본의 교부의 방법 등에 의하도록 하고 있고, 제2항은 공공기관은 정보를 공개함에 있어서 본인 또는 그 정당한 대리인임을 직접 확인할 필요가 없는 경우에는 청구인의 요청에 의하여 사본 등을 우편으로 송부할 수 있도록 하고 있으며, 한편 법 제15조 제1항은 정보의 공개 및 우송 등에 소요되는 비용은 실비의 범위 안에서 청구인의 부담으로 하도록 하고 있는바, <u>청구인이 정보공개거부처분의 취소를 구하는 소송에서 공공기관이 청구정보를 증거 등으로 법원에 제출하여 법원을 통하여 그 사본을 청구인에게 교부 또는 송달하게 하여 결과적으로 청구인에게 정보를 공개하는 셈이 되었다고 하더라도, 이러한 우회적인 방법은 법이 예정하고 있지 아니한 방법으로서 법에 의한 공개라고 볼 수는 없으므로,</u> 당해 문서의 비공개결정의 취소를 구할 소의 이익은 소멸되지 않는다고 할 것이다(대판 2004. 3.26. 2002두6583).

② 정보공개법 제6조 제1항은 "모든 국민은 정보의 공개를 청구할 권리를 가진다."고 규정하고 있는데, 여기에서 말하는 국민에는 <u>자연인은 물론 법인, 권리능력 없는 사단 · 재단도 포함되고, 법인, 권리능력 없는 사단 · 재단 등의 경우에는 설립목적을 불문하며,</u> 한편 정보공개청구권은 법률상 보호되는 구체적인 권리이므로 청구인이 공공기관에 대하여 정보공개를 청구하였다가 거부처분을 받은 것 자체가 법률상 이익의 침해에 해당한다(대판 2003.12.12. 2003두8050).

③ 국민의 정보공개청구권은 법률상 보호되는 구체적인 권리이므로, 공공기관에 대하여 정보의 공개를 청구하였다가 공개거부처분을 받은 청구인은 행정소송을 통하여 그 공개거부처분의 취소를 구할 법률상의 이익이 있고, <u>공개청구의 대상이 되는 정보가 이미 다른 사람에게 공개되어 널리 알려져 있다거나 인터넷 등을 통하여 공개되어 인터넷검색 등을 통하여 쉽게 알 수 있다는 사정만으로는 소의 이익이 없다거나 비공개결정이 정당화될 수 없다</u>(대판 2010.12.23.2008두13101).

④ 공공기관의 정보공개에 관한 법률은 국민의 알권리를 보장하고 국정에 대한 국민의 참여와 국정 운영의 투명성을 확보함을 목적으로 하고(제1조), 공공기관이 보유·관리하는 정보는 국민의 알권리 보장 등을 위하여 적극적으로 공개하여야 한다는 정보공개의 원칙을 선언하고 있으며(제3조), 모든 국민은 정보의 공개를 청구할 권리를 가진다고 하면서(제5조 제1항) 비공개대상정보에 해당하지 않는 한 공공기관이 보유·관리하는 정보는 공개 대상이 된다고 규정하고 있을 뿐(제9조 제1항) <u>정보공개 청구권자가 공개를 청구하는 정보와 어떤 관련성을 가질 것을 요구하거나 정보공개청구의 목적에 특별한 제한을 두고 있지 아니하므로 정보공개 청구권자의 권리구제 가능성 등은 정보의 공개 여부 결정에 아무런 영향을 미치지 못한다</u>(대판 2017. 9. 7. 2017두44558).

3 ③ 공공기관의 정보공개에 관한 법률상 공개청구의 대상이 되는 정보란 공공기관이 직무상 작성 또는 취득하여 현재 보유·관리하고 있는 문서에 한정되는 것이기는 하나, 그 문서가 반드시 원본일 필요는 없다(대판 2006. 5.25. 2006두3049).

① 국민의 알 권리, 특히 국가정보에의 접근의 권리는 우리 헌법상 기본적으로 표현의 자유와 관련하여 인정되는 것으로 그 권리의 내용에는 일반 국민 누구나 국가에 대하여 보유·관리하고 있는 정보의 공개를 청구할 수 있는 이른바 일반적인 정보공개청구권이 포함되고, 이 청구권은 공공기관의정보공개에관한법률이 1998. 1. 1. 시행되기 전에는 구 사무관리규정 제33조 제2항과 행정정보공개운영지침에서 구체화되어 있었다(대판 1999. 9.21. 97누5114).

② 공공기관의정보공개에관한법률 제6조 제1항은 '모든 국민은 정보의 공개를 청구할 권리를 가진다'고 규정하고 있는데, 여기에서 말하는 국민에는 자연인은 물론 법인, 권리능력 없는 사단·재단도 포함되고, 한편 정보공개청구권은 법률상 보호되는 구체적인 권리이므로 청구인이 공공기관에 대하여 정보공개를 청구하였다가 거부처분을 받은 것 자체가 법률상 이익의 침해에 해당한다(대판 2004. 8.20. 2003두8302).

④ 정보공개제도는 공공기관이 보유·관리하는 정보를 그 상태대로 공개하는 제도라는 점 등에 비추어 보면, 정보공개를 구하는 자가 공개를 구하는 정보를 행정기관이 보유·관리하고 있을 상당한 개연성이 있다는 점을 입증함으로써 족하다 할 것이지만, 공공기관이 그 정보를 보유·관리하고 있지 아니한 경우에는 특별한 사정이 없는 한 정보공개거부처분의 취소를 구할 법률상의 이익이 없다(대판 2006. 1.13. 2003두9459).

4 ㉠ 헌법 제10조의 인간의 존엄과 가치, 행복추구권과 헌법 제17조의 사생활의 비밀과 자유에서 도출되는 개인정보자기결정권은 자신에 관한 정보가 언제 누구에게 어느 범위까지 알려지고 또 이용되도록 할 것인지를 정보주체가 스스로 결정할 수 있는 권리이다. 개인정보자기결정권의 보호대상이 되는 개인정보는 개인의 신체, 신념, 사회적 지위, 신분 등과 같이 인격주체성을 특징짓는 사항으로서 개인의 동일성을 식별할 수 있게 하는 일체의 정보를 의미하며, 반드시 개인의 내밀한 영역에 속하는 정보에 국한되지 않고 공적 생활에서 형성되었거나 이미 공개된 개인정보까지도 포함한다(헌재 2016. 3.10. 2012다105482).

㉡ 정보주체가 직접 또는 제3자를 통하여 이미 공개한 개인정보는 공개 당시 정보주체가 자신의 개인정보에 대한 수집이나 제3자 제공 등의 처리에 대하여 일정한 범위 내에서 동의를 하였다고 할 것이다. 이와 같이 공개된 개인정보를 객관적으로 보아 정보주체가 동의한 범위 내에서 처리하는 것으로 평가할 수 있는 경우에도 동의의 범위가 외부에 표시되지 아니하였다는 이유만으로 또다시 정보주체의 별도의 동의를 받을 것을 요구한다면 이는 정보주체의 공개의사에도 부합하지 아니하거니와 정보주체나 개인정보처리자에게 무의미한 동의절차를 밟기 위한 비용만을 부담시키는 결과가 된다. 다른 한편 개인정보 보호법 제20조는 공개된 개인정보 등을 수집·처리하는 때에는 정보주체의 요구가 있으면 즉시 개인정보의 수집 출처, 개인정보의 처리 목적, 제37조에 따른 개인정보 처리의 정지를 요구할 권리가 있다는 사실을 정보주체에게 알리도록 규정하고 있으므로, 공개된 개인정보에 대한 정보주체의 개인정보자기결정권은 이러한 사후통제에 의하여 보호받게 된다. 따라서 이미 공개된 개인정보를 정보주체의 동의가 있었다고 객관적으로 인정되는 범위 내에서 수집·이용·제공 등 처리를 할 때는 정보주체의 별도의 동의는 불필요하다고 보아야 하고, 별도의 동의를 받지 아니하였다고 하여 개인정보 보호법 제15조나 제17조를 위반한 것으로 볼 수 없다(대판 2016. 8.17. 2014다235080).

㉢ 甲 등이 인터넷 포털사이트 등의 개인정보 유출사고로 자신들의 주민등록번호 등 개인정보가 불법 유출되자 이를 이유로 관할 구청장에게 주민등록번호를 변경해 줄 것을 신청하였으나 구청장이 '주민등록번호가 불법 유출된 경우 주민등록법상 변경이 허용되지 않는다'는 이유로 주민등록번호 변경을 거부하는 취지의 통지를 한 사안에서, 피해자의 의사와 무관하게 주민등록번호가 유출된 경우에는 조리상 주민등록번호의 변경을 요구할 신청권을 인정함이 타당하고, 구청장의 주민등록번호 변경신청 거부행위는 항고소송의 대상이 되는 행정처분에 해당한다(대판 2017. 6.15. 2013두2945).

ⓒ 개인정보 보호법 제17조와 정보통신망법 제24조의2에서 말하는 개인정보의 '제3자 제공'은 본래의 개인정보 수집·이용 목적의 범위를 넘어 정보를 제공받는 자의 업무처리와 이익을 위하여 개인정보가 이전되는 경우인 반면, 개인정보 보호법 제26조와 정보통신망법 제25조에서 말하는 개인정보의 '처리위탁'은 본래의 개인정보 수집·이용 목적과 관련된 위탁자 본인의 업무 처리와 이익을 위하여 개인정보가 이전되는 경우를 의미한다. 개인정보 처리위탁에 있어 수탁자는 위탁자로부터 위탁사무 처리에 따른 대가를 지급받는 것 외에는 개인정보 처리에 관하여 독자적인 이익을 가지지 않고, 정보제공자의 관리·감독 아래 위탁받은 범위 내에서만 개인정보를 처리하게 되므로, 개인정보 보호법 제17조와 정보통신망법 제24조의2에 정한 '제3자'에 해당하지 않는다(대판 2017. 4. 7. 2016도13263).

5 ④ 국민의 정보공개청구는 정보공개법 제9조에 정한 비공개 대상 정보에 해당하지 아니하는 한 원칙적으로 폭넓게 허용되어야 하지만, 실제로는 해당 정보를 취득 또는 활용할 의사가 전혀 없이 정보공개 제도를 이용하여 사회통념상 용인될 수 없는 부당한 이득을 얻으려 하거나, 오로지 공공기관의 담당공무원을 괴롭힐 목적으로 정보공개청구를 하는 경우처럼 권리의 남용에 해당하는 것이 명백한 경우에는 정보공개청구권의 행사를 허용하지 아니하는 것이 옳다(대판 2014.12.24. 2014두9349).
① 정보공개법 제17조 제1항.
② 정보공개법 제11조 제5항 제1호.
③ 공공기관의정보공개에관한법률 제6조 제1항은 '모든 국민은 정보의 공개를 청구할 권리를 가진다'고 규정하고 있는데, 여기에서 말하는 국민에는 자연인은 물론 법인, 권리능력 없는 사단·재단도 포함되고, 한편 정보공개청구권은 법률상 보호되는 구체적인 권리이므로 청구인이 공공기관에 대하여 정보공개를 청구하였다가 거부처분을 받은 것 자체가 법률상 이익의 침해에 해당한다(대판 2004. 8.20. 2003두8302).

6 ③ 공공기관의 정보공개에 관한 법률(이하 '정보공개법'이라 한다) 제9조 제1항 제5호가 비공개대상정보로서 규정하고 있는 '공개될 경우 업무의 공정한 수행에 현저한 지장을 초래한다고 인정할 만한 상당한 이유가 있는 정보'란 정보공개법 제1조의 정보공개제도의 목적과 정보공개법 제9조 제1항 제5호의 규정에 의한 비공개대상정보의 입법 취지에 비추어 볼 때, 공개될 경우 업무의 공정한 수행이 객관적으로 현저하게 지장을 받을 것이라는 고도의 개연성이 존재하는 경우를 말한다. 이러한 경우에 해당하는지는 비공개에 의하여 보호되는 업무수행의 공정성 등의 이익과 공개에 의하여 보호되는 국민의 알 권리 보장과 국정에 대한 국민의 참여 및 국정운영 투명성 확보 등의 이익을 비교·교량하여 구체적인 사안에 따라 신중하게 판단하여야 한다. 한편 외국 또는 외국 기관으로부터 비공개를 전제로 정보를 입수하였다는 이유만으로 이를 공개할 경우 업무의 공정한 수행에 현저한 지장을 받을 것이라고 단정할 수는 없다. 다만 위와 같은 사정은 정보 제공자와의 관계, 정보 제공자의 의사, 정보의 취득 경위, 정보의 내용 등과 함께 업무의 공정한 수행에 현저한 지장이 있는지를 판단할 때 고려하여야 할 형량 요소이다(대판 2018. 9.28. 2017두69892).
① 공공기관의정보공개에관한법률 제6조 제1항(현행 제5조 제1항)은 "모든 국민은 정보의 공개를 청구할 권리를 가진다."고 규정하고 있는데, 여기에서 말하는 국민에는 자연인은 물론 법인, 권리능력 없는 사단·재단도 포함되고, 법인, 권리능력 없는 사단·재단 등의 경우에는 설립목적을 불문하며, 한편 정보공개청구권은 법률상 보호되는 구체적인 권리이므로 청구인이 공공기관에 대하여 정보공개를 청구하였다가 거부처분을 받은 것 자체가 법률상 이익의 침해에 해당한다(대판 2003.12.12. 2003두8050).
② 공공기관의 정보공개에 관한 법률(이하 '정보공개법') 제9조 제1항 제4호는 '수사'에 관한 사항으로서 공개될 경우 그 직무수행을 현저히 곤란하게 한다고 인정할 만한 상당한 이유가 있는 정보를 비공개대상정보의 하나로 규정하고 있다. 그 취지는 수사의 방법 및 절차 등이 공개되어 수사기관의 직무수행에 현저한 곤란을 초래할 위험을 막고자 하는 것으로서, 수사기록 중의 의견서, 보고문서, 메모, 법률검토, 내사자료 등(이하 '의견서 등'이라 한다)이 이에 해당한다고 할 수 있으나 공개청구대상인 정보가 의견서 등에 해당한다고 하여 곧바로 정보공개법 제9조 제1항 제4호에 규정된 비공개대상정보라고 볼 것은 아니고, 의견서 등의 실질적인 내용을 구체적으로 살펴 수사의 방법 및 절차 등이 공개됨으로써 수사기관의 직무수행을 현저히 곤란하게 한다고 인정할 만한 상당한 이유가 있어야만 위 비공개대상정보에 해당한다고 봄이 타당하다(대판 2012. 7.12. 2010두7048).
④ 교육공무원법 제13조, 제14조의 위임에 따라 제정된 교육공무원승진규정은 정보공개에 관한 사항에 관하여 구체적인 법률의 위임에 따라 제정된 명령이라고 할 수 없고, 따라서 교육공무원승진규정 제26조에서 근무성적평정의 결과를 공개하지 아니한다고 규정하고 있다고 하더라도 위 교육공무원승진규정은 공공기관의 정보공개에 관한 법률 제9조 제1항 제1호에서 말하는 법률이 위임한 명령에 해당하지 아니하므로 위 규정을 근거로 정보공개청구를 거부하는 것은 잘못이다(대판 2006.10.26. 2006두11910).

7 ③ 사립대학교는 정보공개법상 정보공개의무를 지는 공공기관에 해당하기 때문에 정보공개청구가 거부되었을 때 사립대학교 총장을 피고로 하여 취소소송을 제기할 수 있다.

관련판례) 정보공개 의무기관을 정하는 것은 입법자의 입법형성권의 범위에 속하고, 이에 따라 정보공개법 제2조 제3호는 정보공개의무를 지는 '공공기관'에 관하여 국가기관에 한정하지 않고 지방자치단체, 정부투자기관, 그 밖에 공동체 전체의 이익에 중요한 역할이나 기능을 수행하는 기관도 포함하여 정한 것이므로, 정보공개의 목적, 교육의 공공성 및 공·사립학교의 동질성, 사립대학교에 대한 국가의 재정지원 및 보조 등 여러 사정에 비추어 보면, 사립대학교에 대한 국비 지원이 한정적·일시적·국부적이라는 점을 고려하더라도, 정보공개법 시행령 제2조 제1호가 정보공개의무를 지는 공공기관의 하나로 사립대학교를 들고 있는 것이 헌법이 정한 대학의 자율성 보장 이념 등에 반하거나 모법인 정보공개법의 위임 범위를 벗어났다고 볼 수 없다(대판 2006. 8.24. 2004두2783).

①④ 공공기관의 정보공개에 관한 법률(이하 '정보공개법')에서 말하는 공개대상 정보는 정보 그 자체가 아닌 정보공개법 제2조 제1호에서 예시하고 있는 매체 등에 기록된 사항을 의미하고, 공개대상 정보는 원칙적으로 공개를 청구하는 사가 정보공개법 제10조 제1항 제2호에 따라 작성한 정보공개청구서의 기재내용에 의하여 특정되며, 만일 공개청구자가 특정한 바와 같은 정보를 공공기관이 보유·관리하고 있지 않은 경우라면 특별한 사정이 없는 한 해당 정보에 대한 공개거부처분에 대하여는 취소를 구할 법률상 이익이 없다. 이와 관련하여 공개청구자는 그가 공개를 구하는 정보를 공공기관이 보유·관리하고 있을 상당한 개연성이 있다는 점에 대하여 입증할 책임이 있으나, 공개를 구하는 정보를 공공기관이 한때 보유·관리하였으나 후에 그 정보가 담긴 문서들이 폐기되어 존재하지 않게 된 것이라면 그 정보를 더 이상 보유·관리하고 있지 않다는 점에 대한 증명책임은 공공기관에 있다(대판 2013. 1.24. 2010두18918).

② 국민의 '알권리', 즉 정보에의 접근·수집·처리의 자유는 자유권적 성질과 청구권적 성질을 공유하는 것으로서 헌법 제21조에 의하여 직접 보장되는 권리이고, 그 구체적 실현을 위하여 제정된 공공기관의 정보공개에 관한 법률도 제3조에서 공공기관이 보유·관리하는 정보를 원칙적으로 공개하도록 하여 정보공개의 원칙을 천명하고 있고, 위 법 제9조가 예외적인 비공개사유를 열거하고 있는 점에 비추어 보면, 국민으로부터 보유·관리하는 정보에 대한 공개를 요구받은 공공기관으로서는 위 법 제9조 제1항 각 호에서 정하고 있는 비공개사유에 해당하지 않는 한 이를 공개하여야 하고, 이를 거부하는 경우라 할지라도 대상이 된 정보의 내용을 구체적으로 확인·검토하여 어느 부분이 어떠한 법익 또는 기본권과 충돌되어 위 각 호의 어디에 해당하는지를 주장·증명하여야만 하며, 여기에 해당하는지 여부는 비공개에 의하여 보호되는 업무수행의 공정성 등의 이익과 공개에 의하여 보호되는 국민의 알권리의 보장과 국정에 대한 국민의 참여 및 국정운영의 투명성 확보 등의 이익을 비교·교량하여 구체적인 사안에 따라 개별적으로 판단하여야 한다(대판 2009.12.10. 2009두12785, 2009).

8 ② 지방자치단체는 그 내용이 주민의 권리의 제한 또는 의무의 부과에 관한 사항이거나 벌칙에 관한 사항이 아닌 한 법률의 위임이 없더라도 조례를 제정할 수 있다 할 것인데 청주시의회에서 의결한 청주시행정정보공개조례안은 행정에 대한 주민의 알 권리의 실현을 그 근본내용으로 하면서도 이로 인한 개인의 권익침해 가능성을 배제하고 있으므로 이를 들어 주민의 권리를 제한하거나 의무를 부과하는 조례라고는 단정할 수 없고 따라서 그 제정에 있어서 반드시 법률의 개별적 위임이 따로 필요한 것은 아니다(대판 1992. 6. 23, 92추17)

① 시험문항에 대한 채점위원별 채점 결과가 비공개정보인 것과 달리 답안지의 경우 공개정보에 해당한다.

③ 교도관이 작성한 근무보고서는 공개대상정보에 해당한다.

④ 학교폭력대책자치위원회의 회의록은 비공개대상정보에 해당한다.

9 ① 해당 손해에 대한 고의 또는 과실의 입증은 개인정보처리자의 할 일이지 정보주체가 할 일이 아니다.

② 개인정보 보호법 제2조 제5호

③ 개인정보 보호법 제2조 제1호

④ 행정절차법 제37조 제6항

※ **개인정보 보호법 제39조**(손해배상책임)

㉠ 정보주체는 개인정보처리자가 이 법을 위반한 행위로 손해를 입으면 개인정보처리자에게 손해배상을 청구할 수 있다. 이 경우 그 개인정보처리자는 고의 또는 과실이 없음을 입증하지 아니하면 책임을 면할 수 없다.

㉡ 개인정보처리자의 고의 또는 중대한 과실로 인하여 개인정보가 분실·도난·유출·위조·변조 또는 훼손된 경우로서 정보주체에게 손해가 발생한 때에는 법원은 그 손해액의 3배를 넘지 아니하는 범위에서 손해배상액을 정할 수 있다. 다만, 개인정보처리자가 고의 또는 중대한 과실이 없음을 증명한 경우에는 그러하지 아니하다.

10　② 「검찰보존사무규칙」이 「검찰청법」 제11조에 기하여 제정된 법무부령이기는 하지만, 그 사실만으로 같은 규칙 내의 모든 규정이 법규적 효력을 가지는 것은 아니다. 기록의 열람·등사의 제한을 정하고 있는 같은 규칙 제22조는 법률상의 위임근거가 없어 행정기관 내부의 사무처리준칙으로서 행정규칙에 불과하므로, 위 규칙상의 열람·등사의 제한이 공공기관의 정보공개에 관한 법률 제9조 제1항 제1호의 '다른 법률 또는 법률에 의한 명령에 의하여 비공개사항으로 규정된 경우'에 해당한다고 볼 수 없다(대판 2006. 5. 25, 2006두3049).

11　④ 개인정보처리자는 개인정보를 익명 또는 가명으로 처리하여도 개인정보 수집목적을 달성할 수 있는 경우 익명처리가 가능한 경우에는 익명에 의하여, 익명처리로 목적을 달성할 수 없는 경우에는 가명에 의하여 처리될 수 있도록 하여야 한다(개인정보보호법 제3조 제7항).

06 행정규제

기출문제

section 1 의의

국가경쟁력 강화와 국민의 자율성 · 창의성 제고를 위해 행정규제의 정비와 완화가 필요하다. 이를 위해 종전의 「행정규제 및 민원사무기본법」을 분리하여 「행정규제기본법」과 「민원사무 처리에 관한 법률」을 제정하게 되었다.

section 2 행정규제기본법

(1) 의의

「행정규제기본법」은 행정규제에 관한 일반법이다. 이는 「행정절차법」과는 목적 · 취지가 상이한 법제라 할 수 있다.

(2) 행정규제의 의미

행정규제라 함은 국가 또는 지방자치단체가 특정한 행정목적을 실현하기 위해 국민의 권리를 제한하거나 의무를 부과하는 것으로 법령 등 또는 조례 · 규칙 등에 규정되는 사항을 말한다. 여기서 '법령 등'이라 함은 법률, 대통령령, 총리령, 부령과 그 위임에 정하여진 고시 등을 말한다.

(3) 행정규제의 기본원칙

행정규제는 법률에 근거하여야 하며 그 내용은 알기 쉬운 용어로 구체적이고 명확하게 규정되어야 한다. 또한 국민의 자유와 창의를 존중하고 최소한의 범위 안에서 객관적이고 투명하게 행해져야 한다. 국가나 지방자치단체가 신기술을 활용한 새로운 서비스 또는 제품과 관련된 규제를 법령등이나 조례 · 규칙에 규정할 때에는 우선허용 · 사후규제 방식을 우선적으로 고려하여야 한다.

(4) 규제의 등록 · 공표제

중앙행정기관의 장은 소관 규제의 명칭, 내용, 근거, 처리기관 등을 규제개혁위원회에 등록하여야 한다. 이를 통해 규제의 총량관리와 투명성을 확보할 수 있다.

(5) 규제영향분석

중앙행정기관의 장은 규제를 신설 또는 강화하고자 할 때에는 규제영향분석을 행해야 한다.

(6) 규제의 존속기한 및 재검토기한 명시

중앙행정기관의 장은 규제를 신설하거나 강화하려는 경우에 존속시켜야 할 명백한 사유가 없는 규제는 존속기한 또는 재검토기한을 설정하여 그 법령 등에 규정하여야 한다. 규제의 존속기한 또는 재검토기한은 규제의 목적을 달성하기 위하여 필요한 최소한의 기간 내에서 설정되어야 하며, 그 기간은 원칙적으로 5년을 초과할 수 없다.

(7) 규제개혁위원회

정부의 규제정책을 심의·조정하고 규제의 심사·정비 등에 관한 사항을 종합적으로 추진하기 위하여 대통령 소속하에 규제개혁위원회를 둔다. 위원회는 위원장 2명을 포함한 20명 이상 25명 이하의 위원으로 구성한다. 위원장은 국무총리와 학식과 경험이 풍부한 사람 중에서 대통령이 위촉하는 사람이 된다. 위원은 학식과 경험이 풍부한 사람 중에서 대통령이 위촉하는 사람과 대통령령으로 정하는 공무원이 된다. 이 경우 공무원이 아닌 위원이 전체위원의 과반수가 되어야 한다. 위원회에 간사 1명을 두되, 공무원이 아닌 위원 중에서 국무총리가 아닌 위원장이 지명하는 사람이 된다. 위원 중 공무원이 아닌 위원의 임기는 2년으로 하되, 한 차례만 연임할 수 있다. 위원장 모두가 부득이한 사유로 직무를 수행할 수 없을 때에는 국무총리가 지명한 위원이 그 직무를 대행한다. 위원회의 회의는 재적위원 과반수의 찬성으로 의결한다.

section 3 「민원 처리에 관한 법률」의 내용

(1) 총칙

① **목적**〈민원 처리에 관한 법률 제1조〉 … 이 법은 민원 처리에 관한 기본적인 사항을 규정하여 민원의 공정하고 적법한 처리와 민원행정제도의 합리적 개선을 도모함으로써 국민의 권익을 보호함을 목적으로 한다.

② **정의**〈민원 처리에 관한 법률 제2조〉
  ㉠ 민원인 : 행정기관에 대하여 민원을 제기하는 개인·법인 또는 단체를 말한다.
  ㉡ 민원 : 민원인이 행정기관에 대하여 처분 등 특정한 행위를 요구하는 것을 말한다.
  ㉢ 복합민원 : 하나의 민원목적을 실현하기 위하여 법령·훈령·예규·고시 등에 의하여 다수의 관계기관(민원사항과 관련된 단체·협회 등을 포함한다) 또는 관계부서의 허가·인가·승인·추천·협의 또는 확인 등을 거쳐 처리되는 법정민원을 말한다.

③ **적용범위**〈민원 처리에 관한 법률 제3조〉… 민원에 관하여 다른 법률에 특별한 규정이 있는 경우를 제외하고는 이 법이 정하는 바에 따른다.

(2) 민원의 처리

① **민원 처리 담당자의 의무**〈민원 처리에 관한 법률 제4조〉… 민원을 처리하는 담당자는 담당 민원을 신속 · 공정 · 친절 · 적법하게 처리하여야 한다.

② **민원인의 권리와 의무**〈민원 처리에 관한 법률 제5조〉
　㉠ 민원인은 행정기관에 민원을 신청하고 신속 · 공정 · 친절 · 적법한 응답을 받을 권리가 있다.
　㉡ 민원인은 민원을 처리하는 담당자의 적법한 민원처리를 위한 요청에 협조하여야 하고, 행정기관에 부당한 요구를 하거나 다른 민원인에 대한 민원처리를 지연시키는 등 공무를 방해하는 행위를 하여서는 아니 된다.

③ **민원 처리의 원칙**〈민원 처리에 관한 법률 제6조〉
　㉠ 행정기관의 장은 관계 법령 등에서 정한 처리기간이 남아 있다거나 그 민원과 관련 없는 공과금 등을 미납하였다는 이유로 민원 처리를 지연시켜서는 아니 된다. 다만, 다른 법령에 특별한 규정이 있는 경우에는 그에 따른다.
　㉡ 행정기관의 장은 법령의 규정 또는 위임이 있는 경우를 제외하고는 민원처리의 절차 등을 강화하여서는 아니 된다.

④ **민원의 신청**〈민원 처리에 관한 법률 제8조〉… 민원의 신청은 문서나 전자문서로 하여야 한다. 다만, 기타민원은 구술(口述) 또는 전화로 할 수 있다.

⑤ **민원의 접수**〈민원 처리에 관한 법률 제9조〉
　㉠ 행정기관의 장은 민원의 신청을 받았을 때에는 다른 법령에 특별한 규정이 있는 경우를 제외하고는 그 접수를 보류하거나 거부할 수 없으며, 접수된 민원문서를 부당하게 되돌려 보내서는 아니 된다.
　㉡ 행정기관의 장은 민원을 접수하였을 때에는 해당 민원인에게 접수증을 내주어야 한다. 다만, 기타민원과 민원인이 직접 방문하지 아니하고 신청한 민원 및 처리기간이 '즉시'인 민원 등 대통령령으로 정하는 경우에는 접수증 교부를 생략할 수 있다.

⑥ **불필요한 서류 요구의 금지**〈민원 처리에 관한 법률 제10조〉
　㉠ 행정기관의 장은 민원을 접수 · 처리할 때에 민원인에게 관계 법령 등에서 정한 구비서류 외의 서류를 추가로 요구하여서는 아니 된다.
　㉡ 행정기관의 장은 동일한 민원서류 또는 구비서류를 복수로 받는 경우에는 특별한 사유가 없으면 원본과 함께 그 사본의 제출을 허용하여야 한다.

ⓒ 행정기관의 장은 민원을 접수·처리할 때에 다음 각 호의 어느 하나에 해당하는 경우에는 민원인에게 관련 증명서류 또는 구비서류의 제출을 요구할 수 없으며, 그 민원을 처리하는 담당자가 직접 이를 확인·처리하여야 한다.

• 민원인이 소지한 주민등록증·여권·자동차운전면허증 등 행정기관이 발급한 증명서로 그 민원의 처리에 필요한 내용을 확인할 수 있는 경우

• 해당 행정기관의 공부(公簿) 또는 행정정보로 그 민원의 처리에 필요한 내용을 확인할 수 있는 경우

• 「전자정부법」에 따른 행정정보의 공동이용을 통하여 그 민원의 처리에 필요한 내용을 확인할 수 있는 경우

ⓔ 행정기관의 장은 원래의 민원의 내용 변경 또는 갱신 신청을 받았을 때에는 특별한 사유가 없으면 이미 제출되어 있는 관련 증명서류 또는 구비서류를 다시 요구하여서는 아니 된다.

제10조의2(민원인의 요구에 의한 본인정보 공동이용)

① 민원인은 행정기관이 컴퓨터 등 정보처리능력을 지닌 장치에 의하여 처리가 가능한 형태로 본인에 관한 행정정보를 보유하고 있는 경우 민원을 접수·처리하는 기관을 통하여 행정정보 보유기관의 장에게 본인에 관한 증명서류 또는 구비서류 등의 행정정보(법원의 재판사무·조정사무 및 그 밖에 이와 관련된 사무에 관한 정보는 제외한다)를 본인의 민원 처리에 이용되도록 제공할 것을 요구할 수 있다. 이 경우 민원을 접수·처리하는 기관의 장은 민원인에게 관련 증명서류 또는 구비서류의 제출을 요구할 수 없으며, 행정정보 보유기관의 장으로부터 해당 정보를 제공받아 민원을 처리하여야 한다.

② 제1항에 따른 요구를 받은 행정정보 보유기관의 장은 다음 각 호의 어느 하나에 해당하는 법률의 규정에도 불구하고 해당 정보를 컴퓨터 등 정보처리능력을 지닌 장치에 의하여 처리가 가능한 형태로 본인 또는 본인이 지정한 민원처리기관에 지체 없이 제공하여야 한다. 다만, 「개인정보 보호법」 제35조제4항에 따른 제한 또는 거절의 사유에 해당하는 경우에는 그러하지 아니하다.

1. 「전자정부법」 제39조
2. 「국세기본법」 제81조의13
3. 「관세법」 제116조
4. 「지방세기본법」 제86조
5. 「가족관계의 등록 등에 관한 법률」 제13조
6. 「부동산등기법」 제109조의2
7. 「주민등록법」 제30조
8. 「공간정보의 구축 및 관리 등에 관한 법률」 제76조
9. 「자동차관리법」 제69조

10. 「건축법」 제32조

11. 「상업등기법」 제21조

12. 그 밖에 제1호부터 제11호까지의 규정과 유사한 규정으로서 대통령령으로 정하는 법률의 관련 규정

③ 행정안전부장관은 제1항 및 제2항에 따라 민원인이 행정정보 보유기관의 장에게 요구할 수 있는 본인에 관한 행정정보의 종류를 보유기관의 장과 협의하여 정하고, 이를 국민에게 공표하여야 한다.

④ 행정안전부장관은 「전자정부법」 제37조에 따른 행정정보 공동이용센터를 통하여 안전하고 신뢰할 수 있는 방법으로 같은 법 제2조제13호에 따른 정보시스템을 연계하는 등 해당 행정정보의 위조·변조·훼손·유출 또는 오용·남용을 방지하여야 한다.

⑤ 행정기관의 장은 제1항부터 제3항까지의 규정에 따라 컴퓨터 등 정보처리능력을 지닌 장치에 의하여 처리가 가능한 형태로 행정정보를 제공하는 경우에는 다른 법률에도 불구하고 수수료를 감면할 수 있다.

⑥ 민원인은 제1항에 따라 본인에 관한 행정정보의 공동이용을 요구하는 경우 다음 각 호의 어느 하나에 해당하는 방법으로 해당 행정정보가 본인에 관한 것임을 증명하여야 한다.

1. 「전자정부법」 제10조에 따른 민원인의 본인 확인 방법

2. 행정기관이 보유하고 있는 지문 등의 생체정보를 이용하는 방법

3. 「주민등록법」 제35조제2호, 「도로교통법」 제137조제5항, 「여권법」 제23조의2제2항에 따라 신분증명서의 진위를 확인하는 방법

⑦ 제1항에 따라 다른 기관으로부터 행정정보를 제공받아 이용하는 행정기관의 장은 해당 행정정보가 위조·변조·훼손·유출 또는 오용·남용되지 아니하도록 적절한 보안대책을 마련하여야 하며, 행정안전부장관은 이에 대한 실태를 점검할 수 있다.

⑧ 제1항부터 제5항까지 및 제7항의 규정에 따른 본인에 관한 행정정보의 요구방법, 해당 행정정보의 제공방법·제공기준, 종류 및 그 세부유형, 수수료, 보안대책 및 실태점검 등에 필요한 사항은 국회규칙, 대법원규칙, 헌법재판소규칙, 중앙선거관리위원회규칙 및 대통령령으로 정한다.

[본조신설 2020. 10. 20.] [시행일 : 2021. 10. 21.]

(3) 처리결과의 통지, 민원 1회 방문 처리제, 이의신청

기출문제

① 처리결과의 통지〈민원 처리에 관한 법률 제27조〉

㉠ 행정기관의 장은 접수된 민원에 대한 처리를 완료한 때에는 그 결과를 민원인에게 문서로 통지하여야 한다. 다만, 기타민원의 경우와 통지에 신속을 요하거나 민원인이 요청하는 등 대통령령으로 정하는 경우에는 구술 또는 전화로 통지할 수 있다.

㉡ 행정기관의 장은 민원의 처리결과를 통지할 때에 민원의 내용을 거부하는 경우에는 거부 이유와 구제절차를 함께 통지하여야 한다.

㉢ 행정기관의 장은 민원의 처리결과를 허가서 · 신고필증 · 증명서 등의 문서(전자문서 및 전자화문서 제외)로 민원인에게 직접 교부할 필요가 있는 때에는 그 민원인 또는 그 위임을 받은 자임을 확인한 후에 이를 교부하여야 한다.

② 민원 1회 방문 처리제의 시행〈민원 처리에 관한 법률 제32조〉

㉠ 행정기관의 장은 복합민원을 처리할 때에 그 행정기관의 내부에서 할 수 있는 자료의 확인, 관계 기관 · 부서와의 협조 등에 따른 모든 절차를 담당 직원이 직접 진행하도록 하는 민원 1회 방문 처리제를 확립함으로써 불필요한 사유로 민원인이 행정기관을 다시 방문하지 아니하도록 하여야 한다.

㉡ 행정기관의 장은 민원 1회 방문 처리에 관한 안내와 상담의 편의를 제공하기 위하여 민원 1회 방문 상담창구를 설치하여야 한다.

㉢ 민원 1회 방문 처리제 시행 절차

• 민원 1회 방문 상담창구의 설치 · 운영
• 민원후견인의 지정 · 운영
• 복합민원을 심의하기 위한 실무기구의 운영
• 실무기구의 심의결과에 대한 민원조정위원회의 재심의(再審議)
• 행정기관의 장의 최종 결정

③ 거부처분에 대한 이의신청〈민원 처리에 관한 법률 제35조〉

㉠ 법정민원에 대한 행정기관의 장의 거부처분에 불복하는 민원인은 그 거부처분을 받은 날부터 60일 이내에 그 행정기관의 장에게 문서로 이의신청을 할 수 있다.

㉡ 행정기관의 장은 이의신청을 받은 날부터 10일 이내에 그 이의신청에 대하여 인용 여부를 결정하고 그 결과를 민원인에게 지체 없이 문서로 통지하여야 한다. 다만, 부득이한 사유로 정하여진 기간 이내에 인용 여부를 결정할 수 없을 때에는 그 기간의 만료일 다음 날부터 기산(起算)하여 10일 이내의 범위에서 연장할 수 있으며, 연장 사유를 민원인에게 통지하여야 한다.

㉢ 민원인은 이의신청 여부와 관계없이 「행정심판법」에 따른 행정심판 또는 「행정소송법」에 따른 행정소송을 제기할 수 있다.

(4) 민원행정제도의 개선

① 민원제도의 개선〈민원 처리에 관한 법률 제39조〉

  ㉠ 행정기관의 장은 민원제도에 대한 개선안을 발굴·개선하도록 노력하여야 한다.

  ㉡ 행정기관의 장은 개선한 내용을 대통령령으로 정하는 바에 따라 행정안전부장관에게 통보하여야 한다.

  ㉢ 행정기관의 장과 민원을 처리하는 담당자는 민원제도에 대한 개선안을 행정안전부장관 또는 그 민원의 소관 행정기관의 장에게 제출할 수 있다.

  ㉣ 행정안전부장관은 제출받은 개선안을 검토하여 필요한 경우에는 그 소관 행정기관의 장에게 통보하여 검토하도록 하여야 한다.

  ㉤ 개선안을 제출·통보받은 소관 행정기관의 장은 그 수용 여부를 결정하여야 하며, 행정안전부장관은 행정기관의 장이 수용하지 아니하기로 한 사항 중 개선할 필요성이 있다고 인정되는 사항에 대하여는 소관 행정기관의 장에게 개선을 권고할 수 있다.

  ㉥ 행정기관의 장이 행정안전부장관으로부터 권고 받은 사항을 수용하지 아니하는 경우 행정안전부장관은 민원제도개선조정회의에 심의를 요청할 수 있다.

② 민원의 실태조사 및 간소화〈민원 처리에 관한 법률 제41조〉 ··· 중앙행정기관의 장은 매년 그 기관이 관장하는 민원의 처리 및 운영 실태를 조사하여야 하며, 조사 결과에 따라 소관 민원의 구비서류, 처리절차 등의 간소화 방안을 마련하여야 한다.

③ 확인·점검·평가 등〈민원 처리에 관한 법률 제42조〉 ··· 행정안전부장관은 효과적인 민원행정 및 제도의 개선을 위하여 필요하다고 인정할 때에는 행정기관에 대하여 민원의 개선 상황과 운영 실태를 확인·점검·평가할 수 있고, 확인·점검·평가 결과 민원의 개선에 소극적이거나 이행 상태가 불량하다고 판단되는 경우 국무총리에게 이를 시정하기 위하여 필요한 조치를 건의할 수 있다.

④ 행정기관의 협조〈민원 처리에 관한 법률 제43조〉 ··· 행정기관의 장은 이 법에 따라 행정안전부장관이 실시하는 민원 관련 자료수집과 민원제도 개선사업에 적극 협조하여야 한다.

⑤ 민원행정에 관한 여론 수집〈민원 처리에 관한 법률 제44조〉 ··· 행정안전부장관은 행정기관의 민원 처리에 관하여 필요한 경우 국민들의 여론을 수집하여 민원행정제도 및 그 운영의 개선에 반영할 수 있다.

⑥ 국민제안의 처리〈민원 처리에 관한 법률 제45조〉 ··· 중앙행정기관의 장, 지방자치단체의 장 등 대통령령으로 정하는 행정기관의 장은 정부시책이나 행정제도 및 그 운영의 개선에 관한 국민제안을 접수·처리하여야 한다.

1 다음 중 「행정규제기본법」의 내용이 아닌 것은?

① 종전의 「행정규제 및 민원사무기본법」을 분리하여 「행정규제기본법」과 「민원사무 처리에 관한 법률」을 제정하게 되었다.

② 중앙행정기관의 장은 소관 규제의 명칭, 내용, 근거, 처리기관 등을 규제개혁위원회에 등록하여야 한다.

③ 중앙행정기관의 장은 규제의 존속기한 또는 재검토기한을 연장할 필요가 있는 때에는 당해 규제의 존속기한 또는 재검토기한이 도래하기 1년까지 위원회에 심사를 요청하여야 한다.

④ 국가 또는 지방자치단체는 국민의 자유와 창의를 존중하고, 규제를 정하는 경우에도 그 본질적 내용을 침해하지 아니하도록 하여야 한다.

2 다음 중 「행정규제기본법」에 관한 설명으로 옳지 않은 것은?

① 국가경쟁력 강화와 국민의 자율성·창의성 제고를 위해 행정규제의 정비와 완화가 필요하다.

② 「행정규제기본법」은 행정규제에 관한 일반법이다.

③ 규제의 등록·공표제와 규제일몰제가 시행되고 있다.

④ 규제의 존속기간 또는 재검토기한은 원칙적으로 10년을 초과할 수 없다.

3 다음 중 「민원 처리에 관한 법률」에 대한 내용 중 옳지 않은 것은?

① 민원이라 함은 민원인이 행정기관에 대하여 처분 등 특정한 행위를 요구하는 것을 말한다.

② 행정기관의 장은 민원의 신청에 필요한 사항을 게시하거나 편람을 비치하여 민원인이 이를 볼 수 있도록 하여야 한다.

③ 민원사항의 신청은 반드시 문서로만 하여야 한다.

④ 법정민원에 대한 행정기관의 장의 거부처분에 대하여 불복이 있는 민원인은 그 거부처분을 받은 날부터 60일 이내에 그 행정기관의 장에게 문서로 이의신청을 할 수 있다.

4 다음 중 「민원 처리에 관한 법률」에서 정의하고 있는 용어에 대한 설명이 옳지 않은 것은?

① 민원인이란 행정기관에 대하여 처분 등 특정한 행위를 요구하는 개인 · 법인 또는 단체를 말한다.

② 민원이란 민원인이 행정기관에 대하여 처분 등 특정한 행위를 요구하는 것을 말한다.

③ 복합민원이란 둘 이상의 민원목적을 실현하기 위하여 관계법령 등에 의하여 관계기관 또는 관계부서의 허가 · 인가 · 승인 · 추천 · 협의 또는 확인 등을 거쳐 처리되는 민원사무를 말한다.

④ 무인민원발급창구란 행정기관의 장이 행정기관 또는 공공장소 등에 설치하여 민원인이 직접 민원문서를 교부받을 수 있도록 하는 전자장비를 말한다.

5 「민원 처리에 관한 법률」에 대한 내용으로 옳지 않은 것은?

① 민원을 처리하는 담당자는 담당 민원을 신속 · 공정 · 친절 · 적법하게 처리하여야 한다.

② 행정기관의 장은 민원실에 민원의 신청에 필요한 사항을 게시하거나 편람을 비치하여 편의를 제공하여야 한다.

③ 행정기관의 장은 민원에 대한 처리결과를 민원인에게 문서로만 통지할 수 있다.

④ 행정기관의 장은 법령의 규정 또는 위임이 있는 경우를 제외하고는 민원 처리의 절차 등을 강화하여서는 아니 된다.

정답및해설

1	③	2	④	3	③	4	③	5	③

1 ③ 6개월 전까지 위원회에 심사를 요청하여야 한다〈행정규제기본법 제8조 제3항〉.

2 ④ 규제의 존속기한 또는 재검토기한은 규제의 목적을 달성하기 위하여 필요한 최소한의 기간 내에서 설정되어야 하며 그 기간은 원칙적으로 5년을 초과할 수 없다〈행정규제기본법 제8조 제2항〉.

3 ③ 민원의 신청은 문서로 하여야 한다. 다만, 기타민원은 구술 또는 전화로 할 수 있다〈민원 처리에 관한 법률 제8조〉.

4 ③ 복합민원이라 함은 하나의 민원목적을 실현하기 위하여 법령·훈령·예규·고시 등에 의하여 다수의 관계기관(민원사항과 관련된 단체·협회 등을 포함한다) 또는 관계부서의 허가·인가·승인·추천·협의 또는 확인 등을 거쳐 처리되는 법정민원을 말한다〈민원 처리에 관한 법률 제2조 제5호〉.

5 ③ 행정기관의 장은 접수된 민원에 대한 처리를 완료한 때에는 그 결과를 민원인에게 문서로 통지하여야 한다. 다만, 기타민원의 경우와 통지에 신속을 요하거나 민원인이 요청하는 등 대통령령으로 정하는 경우에는 구술 또는 전화로 통지할 수 있다〈민원 처리에 관한 법률 제27조〉.

03

행정의 실효성 확보수단

01 의의

기출문제

section 1 개념

행정은 공익의 실현을 목적으로 하는 국가작용이므로 국민에 대하여 일정한 의무를 부과하거나 일정한 행위를 금지하는 경우가 많으며 이를 실효성 있게 확보하기 위해 여러가지 수단이 인정되고 있다. 이를 행정의 실효성 확보수단 또는 행정의 의무이행확보수단이라 한다.

section 2 영 · 미법계와 대륙법계

(1) 영 · 미법계

행정법상의 의무이행을 강제하기 위한 방법으로 영 · 미법계 국가에서는 법원에 의해서 강제집행하는 사법강제제도를 원칙으로 한다.

(2) 대륙법계

대륙법계 국가에서는 법원의 힘을 빌리지 않고 행정권 스스로의 힘에 의하여 강제집행하는 행정강제제도를 채택하고 있다.

(3) 우리나라

우리나라 역시 대륙법계처럼 행정강제제도를 채택하고 있다.

section 3 종류

행정의 의무이행확보수단으로는 직접적 의무이행확보수단과 간접적 의무이행확보수단이 있다. 직접적 의무이행확보수단으로는 강제집행과 즉시강제가 있고 간접적 의무이행확보수단으로는 행정벌과 기타 새로운 수단이 있다.

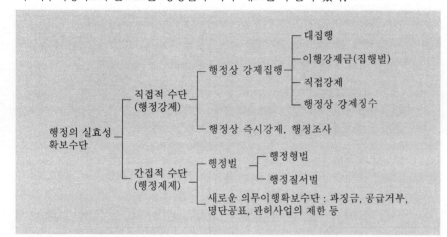

기출문제

❓ 다음 중 행정상 강제집행의 수단이 아닌 것은?

▶ 2010. 6. 12. 서울특별시

① 행정상 즉시강제
② 행정상 강제징수
③ 대집행
④ 직접강제
⑤ 이행강제금

정답 ①

1 다음 중 행정강제에 대한 내용으로 옳은 것은?

① 직접강제는 의무불이행의 경우에 직접 의무자의 신체 또는 재산에 실력을 가하여 의무의 이행이 있는 것과 동일한 상태를 실현하는 작용이다.

② 즉시강제는 행정상 의무의 불이행에 대하여 장래에 향하여 실력으로 그 의무를 이행시키는 작용이다.

③ 행정상 강제징수에 대한 일반법으로 「국세기본법」이 있다.

④ 대집행은 법률에 의해 직접 명해진 행위가 이행되지 않는 경우에는 곧바로 행하는 것이 원칙이다.

2 다음 중 행정의 실효성 확보를 위한 직접적 수단이 아닌 것은?

① 강제징수   ② 즉시강제

③ 대집행   ④ 과징금

3 다음 중 행정의 실효성 확보를 위한 수단 중 성격이 다른 하나는?

① 집행벌   ② 강제징수

③ 행정질서벌   ④ 행정조사

4 행정상 강제집행에 관한 설명으로 옳지 않은 것은?

① 사업장의 폐쇄, 외국인의 강제퇴거는 직접강제의 예에 해당한다.

② 행정법상의 의무를 명할 수 있는 명령권의 근거가 되는 법은 동시에 행정강제의 근거가 될 수 있다.

③ 행정상 강제집행 수단으로는 대집행과 강제징수가 일반적으로 인정되고 직접강제와 집행벌은 예외적으로만 인정된다.

④ 허가권자는「건축법」상의 이행강제금 부과처분을 받은 자가 이행강제금을 납부기한까지 내지 아니하면「지방세외수입금의 징수 등에 관한 법률」에 따라 징수한다.

5 의료법 제87조는 면허증을 대여한 자에 대하여 5년 이하의 징역 또는 2천만 원 이하의 벌금에 처하는 것으로 규정하고 있다. 이에 대한 설명으로 옳지 않은 것은?

① 행정벌 가운데 행정형벌을 규정한 것이다.

② 형사소송절차에 의하여 과벌된다.

③ 행정행위의 실효성을 확보함에 있어서 간접적인 의무이행 확보수단이 된다.

④ 대여행위가 있기만 하면 고의 또는 과실이 없는 자도 처벌의 대상이 된다.

정답및해설

1	①	2	④	3	③	4	②	5	④

1 ② 행정상 의무의 불이행에 대하여 장래에 향하여 실력으로 그 의무를 이행시키는 것은 강제집행이다.

③ 행정상 강제징수에 대한 일반법은 국세징수법이다.

④ 대집행은 일정한 절차하에 인정된다. 곧바로 행할 수 없으며 원칙적으로 상당한 이행기간을 부여하여야 한다.

※ 행정의 의무이행확보수단

ㄱ 직접적 의무이행확보수단(행정강제)

• 강제집행 : 대집행, 집행벌, 직접강제, 강제징수

• 즉시강제(행정조사)

ㄴ 간접적 의무이행확보수단

• 행정벌 : 행정형벌, 행정질서벌

• 새로운 의무이행확보수단 : 금전적 제재, 공급거부, 명단의 공포, 관허사업의 제한, 차량 등의 사용금지, 수익적 행정행위의 철회, 해외여행의 제한, 세무조사

2 ④ 과징금은 새로운 의무이행확보수단으로서 간접적인 수단에 해당한다.

3 ③ 간접적 수단(행정제재)

①②④ 직접적 수단(행정강제)

4 ② 일반적 견해에 의하면 의무를 명할 수 있는 행위와 행정강제는 그 성질이 다르기 때문에 각각의 행위에 대하여 각각의 법적 근거를 요구한다.

5 ④ 행정형벌은 죄형법정주의가 적용되며 형법 제8조에 의하여 다른 법률에 특별한 규정이 없는 한 형법이 적용되므로 고의 또는 과실이 없으면 처벌의 대상이 되지 않는다.

02 행정상 강제집행

section 1 의의

(1) 개념

행정상 강제집행이란 법령 또는 행정처분에 의하여 과하여진 행정상의 의무를 의무자가 이행하지 않을 경우 행정청이 그 의무자의 신체·재산에 실력을 가하여 장래에 향하여 그 의무를 이행시키거나 또는 이행된 것과 같은 상태를 실현하는 작용을 말한다.

(2) 구별개념

① **행정상 즉시강제와의 구별** … 행정상 강제집행은 의무의 존재 및 그 불이행을 전제로 하는 점에서 급박한 경우 의무의 존재 없이도 행정목적을 위해 행해지는 행정상 즉시강제와 구별된다.

② **행정벌과의 구별** … 행정상 강제집행은 장래에 대한 의무이행수단인 반면, 행정벌은 과거의 의무불이행에 대한 제재로서 과하여지고 심리적 강제에 의하여 간접적으로 의무이행을 담보하여 주는 기능을 수행한다. 따라서 양자는 그 목적과 성질이 다르므로 이를 병과할 수 있다.

③ **민사상 강제집행과의 구별** … 민사법관계에서는 의무불이행의 경우 민사소송에 의해 집행할 권리의 확인을 구하고 그 집행권원에 기하여 국가의 집행기관에 의한 강제집행을 구하여야 한다. 그러나 행정상 강제집행은 행정권의 스스로의 판단과 수단에 의하여 당해 의무를 강제로 실현시킨다는 점에서 차이가 난다.

> **판례** 아무런 권원 없이 국유재산에 설치한 시설물에 대하여 행정청이 행정대집행을 할 수 있음에도 민사소송의 방법으로 그 시설물의 철거를 구하는 것은 허용되지 않는다. 그러나, 아무런 권원 없이 국유재산에 설치한 시설물에 대하여 행정청이 행정대집행을 실시하지 않는 경우, 그 국유재산에 대한 사용청구권을 가지고 있는 자가 국가를 대위하여 민사소송으로 그 시설물의 철거를 구할 수 있다(대판 2009. 6.11. 2009다1122).

(3) 법적 근거

① **이론적 근거** … 행정상 강제집행은 권력적 행정작용이므로 반드시 법령의 근거를 요한다. 종래 일부 견해에 의하면 행정권에게 명령권이 부여된 법에 의하여 행정권은 스스로 강제할 수 있는 권능이 부여되었다 하여 강제권의 근거는 별도로 필요없다는 견해도 있었으나(직권집행설 또는 직권강제설), 지금은 원칙적으로 별도의 법적 근거를 요한다고 본다(법규설 또는 법적 실효설).

기출문제

문 행정상 강제집행에 대한 설명으로 옳은 것은? (다툼이 있는 경우 판례에 의함)

▶ 2016. 4. 9. 인사혁신처

① 법령에 의해 행정대집행의 절차가 인정되는 경우에도 행정청은 따로 민사소송의 방법으로 시설물의 철거를 구할 수 있다.

② 행정대집행을 함에 있어 비상시 또는 위험이 절박한 경우에 당해 행위의 급속한 실시를 요하여 절차를 취할 여유가 없을 때에는 계고 및 대집행영장 통지 절차를 생략할 수 있다.

③ 체납자에 대한 공매통지는 체납자의 법적 지위나 권리·의무에 직접적인 영향을 주는 행정처분에 해당한다.

④ 사망한 건축주에 대하여 「건축법」상 이행강제금이 부과된 경우 그 이행강제금 납부의무는 상속인에게 승계된다.

정답 ②

기출문제

② **실정법적 근거**… 현행 실정법으로는 대집행의 일반법인 「행정대집행법」이 있고 행정상 강제징수의 일반법인 「국세징수법」이 있다. 그 외 단행법으로서 「출입국관리법」, 「공익사업을 위한 토지 등의 취득 및 보상에 관한 법률」 등이 있다.

   ※ 최근 제정된 행정기본법에는 행정상 강제에 관한 규정을 두고 있지만, 그 시행을 2023년 3월 24일로 규정하고 있다.

제5절 행정상 강제
제30조(행정상 강제)

① 행정청은 행정목적을 달성하기 위하여 필요한 경우에는 법률로 정하는 바에 따라 필요한 최소한의 범위에서 다음 각 호의 어느 하나에 해당하는 조치를 할 수 있다.

1. 행정대집행 : 의무자가 행정상 의무(법령등에서 직접 부과하거나 행정청이 법령등에 따라 부과한 의무를 말한다. 이하 이 절에서 같다)로서 타인이 대신하여 행할 수 있는 의무를 이행하지 아니하는 경우 법률로 정하는 다른 수단으로는 그 이행을 확보하기 곤란하고 그 불이행을 방치하면 공익을 크게 해칠 것으로 인정될 때에 행정청이 의무자가 하여야 할 행위를 스스로 하거나 제3자에게 하게 하고 그 비용을 의무자로부터 징수하는 것

2. 이행강제금의 부과 : 의무자가 행정상 의무를 이행하지 아니하는 경우 행정청이 적절한 이행기간을 부여하고, 그 기한까지 행정상 의무를 이행하지 아니하면 금전급부의무를 부과하는 것

3. 직접강제 : 의무자가 행정상 의무를 이행하지 아니하는 경우 행정청이 의무자의 신체나 재산에 실력을 행사하여 그 행정상 의무의 이행이 있었던 것과 같은 상태를 실현하는 것

4. 강제징수 : 의무자가 행정상 의무 중 금전급부의무를 이행하지 아니하는 경우 행정청이 의무자의 재산에 실력을 행사하여 그 행정상 의무가 실현된 것과 같은 상태를 실현하는 것

5. 즉시강제 : 현재의 급박한 행정상의 장해를 제거하기 위한 경우로서 다음 각 목의 어느 하나에 해당하는 경우에 행정청이 곧바로 국민의 신체 또는 재산에 실력을 행사하여 행정목적을 달성하는 것

   가. 행정청이 미리 행정상 의무 이행을 명할 시간적 여유가 없는 경우

   나. 그 성질상 행정상 의무의 이행을 명하는 것만으로는 행정목적 달성이 곤란한 경우

② 행정상 강제 조치에 관하여 이 법에서 정한 사항 외에 필요한 사항은 따로 법률로 정한다.

③ 형사(刑事), 행형(行刑) 및 보안처분 관계 법령에 따라 행하는 사항이나 외국인의 출입국·난민인정·귀화·국적회복에 관한 사항에 관하여는 이 절을 적용하지 아니한다.

제31조(이행강제금의 부과)

① 이행강제금 부과의 근거가 되는 법률에는 이행강제금에 관한 다음 각 호의 사항을 명확하게 규정하여야 한다. 다만, 제4호 또는 제5호를 규정할 경우 입법목적이나 입법취지를 훼손할 우려가 크다고 인정되는 경우로서 대통령령으로 정하는 경우는 제외한다.

　1. 부과·징수 주체

　2. 부과 요건

　3. 부과 금액

　4. 부과 금액 산정기준

　5. 연간 부과 횟수나 횟수의 상한

② 행정청은 다음 각 호의 사항을 고려하여 이행강제금의 부과 금액을 가중하거나 감경할 수 있다.

　1. 의무 불이행의 동기, 목적 및 결과

　2. 의무 불이행의 정도 및 상습성

　3. 그 밖에 행정목적을 달성하는 데 필요하다고 인정되는 사유

③ 행정청은 이행강제금을 부과하기 전에 미리 의무자에게 적절한 이행기간을 정하여 그 기한까지 행정상 의무를 이행하지 아니하면 이행강제금을 부과한다는 뜻을 문서로 계고(戒告)하여야 한다.

④ 행정청은 의무자가 제3항에 따른 계고에서 정한 기한까지 행정상 의무를 이행하지 아니한 경우 이행강제금의 부과 금액·사유·시기를 문서로 명확하게 적어 의무자에게 통지하여야 한다.

⑤ 행정청은 의무자가 행정상 의무를 이행할 때까지 이행강제금을 반복하여 부과할 수 있다. 다만, 의무자가 의무를 이행하면 새로운 이행강제금의 부과를 즉시 중지하되, 이미 부과한 이행강제금은 징수하여야 한다.

⑥ 행정청은 이행강제금을 부과받은 자가 납부기한까지 이행강제금을 내지 아니하면 국세강제징수의 예 또는 「지방행정제재·부과금의 징수 등에 관한 법률」에 따라 징수한다.

제32조(직접강제)

① 직접강제는 행정대집행이나 이행강제금 부과의 방법으로는 행정상 의무 이행을 확보할 수 없거나 그 실현이 불가능한 경우에 실시하여야 한다.

② 직접강제를 실시하기 위하여 현장에 파견되는 집행책임자는 그가 집행책임자임을 표시하는 증표를 보여 주어야 한다.

③ 직접강제의 계고 및 통지에 관하여는 제31조제3항 및 제4항을 준용한다.

제33조(즉시강제)

① 즉시강제는 다른 수단으로는 행정목적을 달성할 수 없는 경우에만 허용되며, 이 경우에도 최소한으로만 실시하여야 한다.

② 즉시강제를 실시하기 위하여 현장에 파견되는 집행책임자는 그가 집행책임자임을 표시하는 증표를 보여 주어야 하며, 즉시강제의 이유와 내용을 고지하여야 한다.

[시행일 : 2023. 3. 24.]

기출문제

(4) 종류

행정상 강제집행의 종류로는 대집행, 이행강제금(집행벌), 직접강제, 행정상 강제
징수가 있다.

section 2 대집행

(1) 의의

대집행이란 법령 또는 행정처분에 의하여 명하여진 대체적 작위의무를 의무자가
이행하지 않는 경우 당해 행정청이 스스로 그 의무를 행하거나 제3자로 하여금
이를 행하게 하고 그 비용을 의무자로부터 징수하는 행위를 말한다. 이는 대체적
의무에만 적용되므로 일신전속적인 비대체적 의무의 불이행시에는 행할 수 없고
작위의무에만 적용되므로 부작위의무의 불이행시에는 행할 수 없다.

대집행의 대상이 되는 경우 (대체적 작위의무)	대집행의 대상이 되지 않는 경우
• 위법건물철거의무 • 교통장해물제거의무 • 위험축대파괴의무 • 불법광고판철거의무 • 건물의 이전 · 개량 · 청소 의무	• 비대체적 작위의무 : 증인출석의무, 의사의 진료의무, 전문가의 감정의무, 토지 · 건물의 인도의무, 건물명도 의무, 국유지퇴거의무 • 부작위의무 : 허가 없이 영업하지 아니할 의무, 야간통 행금지의무 • 수인의무 : 전염병 예방접종, 신체검사, 건강진단 받을 의무

(2) 직접강제와의 구별

행정청이 실력을 행사한다는 점에서 직접강제와의 구별이 쉽지 않다. 다만, 대집
행은 대체적 작위의무에만 적용되고 계고 · 통지 · 실행 · 비용징수 등 일정한 절차
를 거치나, 직접강제는 대체적 · 비대체적, 작위 · 부작위를 불문하고 모든 의무 위
반에 적용되고 별도의 절차 없이 바로 실행된다는 점에서 구별된다.

(3) 법적 근거

일반법으로서 「행정대집행법」이 있고 개별법으로서 「공익사업을 위한 토지등의
취득 및 보상에 관한 법률」, 「건축법」 등이 있다.

(4) 성질

대집행은 재량행위이므로 대체적 작위의무의 불이행이 있더라도 대집행을 할 것인지의 여부는 행정청이 결정하며 대집행을 하지 않는 경우에도 이를 이유로 소송을 제기할 수 없다.

(5) 주체

대집행의 주체는 의무를 부과하는 처분을 한 당해 행정청이다. 당해 행정청은 대집행을 다른 행정청이나 제3자(공공단체 또는 사인)에게 위탁할 수 있다.

> **판례** 한국토지공사는 구 한국토지공사법 제2조, 제4조에 의하여 정부가 자본금의 전액을 출자하여 설립한 법인이고, 같은 법 제9조 제4호에 규정된 한국토지공사의 사업에 관하여는 공익사업을 위한 토지 등의 취득 및 보상에 관한 법률 제89조 제1항, 위 한국토지공사법 제22조 제6호 및 같은 법 시행령 제40조의3 제1항의 규정에 의하여 본래 시·도지사나 시장·군수 또는 구청장의 업무에 속하는 대집행권한을 한국토지공사에게 위탁하도록 되어 있는바, 한국토지공사는 이러한 법령의 위탁에 의하여 대집행을 수권받은 자로서 공무인 대집행을 실시함에 따르는 권리·의무 및 책임이 귀속되는 행정주체의 지위에 있다고 볼 것이지 지방자치단체 등의 기관으로서 국가배상법 제2조 소정의 공무원에 해당한다고 볼 것은 아니다(대판 2010. 1.28. 2007다82950).

(6) 요건

「행정대집행법」 제2조는 '법률에 의하여 직접 명령되었거나 또는 법률에 의거한 행정청의 명령에 의한 행위로서 타인이 대신하여 행할 수 있는 행위를 의무자가 이행하지 아니하는 경우 다른 수단으로써 그 이행을 확보하기 곤란하고 또한 그 불이행을 방치함이 심히 공익을 해할 것으로 인정되는 때에는 당해 행정청은 스스로 의무자가 하여야 할 행위를 하거나 또는 제3자로 하여금 이를 하게 하여 그 비용을 의무자로부터 징수할 수 있다.'고 규정하고 있다.

① 대체적 작위의무의 불이행

　　㉠ 의무의 기초 : 법령에 의하여 직접 부과된 의무와 법령에 기한 행정청의 처분에 의하여 부과된 의무 모두를 포함한다. 그러나 사법상의 의무는 대집행의 대상이 아니다.

> **판례** 행정대집행법상 대집행의 대상이 되는 대체적 작위의무는 공법상 의무이어야 할 것인데, 구 공공용지의 취득 및 손실보상에 관한 특례법에 따른 토지 등의 협의취득은 공공사업에 필요한 토지 등을 그 소유자와의 협의에 의하여 취득하는 것으로서 공공기관이 사경제주체로서 행하는 사법상 매매 내지 사법상 계약의 실질을 가지는 것이므로, 그 협의취득시 건물소유자가 매매대상 건물에 대한 철거의무를 부담하겠다는 취지의 약정을 하였다고 하더라도 이러한 철거의무는 공법상의 의무가 될 수 없고, 이 경우에도 행정대집행법을 준용하여 대집행을 허용하는 별도의 규정이 없는 한 위와 같은 철거의무는 행정대집행법에 의한 대집행의 대상이 되지 않는다(대판 2006.10.13. 2006두7096).

기출문제

❓ 행정대집행에 대한 설명으로 가장 옳지 않은 것은?
▶ 2018. 6. 23. 제2회 서울특별시

① 대집행의 대상이 되는 행위는 법률에서 직접 명령된 것이 아니라, 법률에 의거한 행정청의 명령에 의한 행위를 말한다.

② 법령에서 정한 부작위의무자체에서 의무위반으로 인해 형성된 현상을 제거할 작위의무가 바로 도출되는 것은 아니다.

③ 건물의 용도에 위반되어 장례식장으로 사용하는 것을 중지할 것을 명한 경우, 이 중지의무는 대집행의 대상이 아니다.

④ 공익사업을 위해 토지를 협의 매도한 종전 토지소유자가 토지 위의 건물을 철거하겠다는 약정을 하였다고 하더라도 이러한 약정 불이행시 대집행의 대상이 되지 아니한다.

정답 ①

기출문제

📝 행정상 강제집행 중 대집행에 대한 설명으로 옳지 않은 것은? (다툼이 있는 경우 판례에 의함)

▶ 2020. 6. 13. 지방직/서울특별시

① 대집행의 대상은 원칙적으로 대체적 작위의무에 한하며, 부작위의무위반의 경우 대체적 작위의무로 전환하는 규정을 두고 있지 아니하는 한 대집행의 대상이 되지 않는다.

② 행정청이 계고를 함에 있어 의무자가 스스로 이행하지 아니하는 경우 대집행의 내용과 범위가 구체적으로 특정되어야 하며, 대집행의 내용과 범위는 반드시 대집행 계고서에 의해서만 특정되어야 한다.

③ 대집행을 함에 있어 계고요건의 주장과 입증책임은 처분행정청에 있는 것이지, 의무불이행자에 있는 것이 아니다.

④ 대집행 비용은 원칙상 의무자가 부담하며 행정청은 그 비용액과 납기일을 정하여 의무자에게 문서로 납부를 명하여야 한다.

관계 법령상 행정대집행의 절차가 인정되어 <u>행정청이 행정대집행의 방법으로 건물의 철거 등 대체적 작위의무의 이행을 실현할 수 있는 경우에는 따로 민사소송의 방법으로 그 의무의 이행을 구할 수 없다.</u> 한편 건물의 점유자가 철거의무자일 때에는 건물철거의무에 퇴거의무도 포함되어 있는 것이어서 별도로 퇴거를 명하는 집행권원이 필요하지 않다(대판 2017. 4. 28. 2016다213916).

ⓛ **대체적 작위의무** : 대집행의 대상이 되는 의무는 타인이 대신 행할 수 있는 대체적인 의무이어야 한다. 따라서 일신전속적인 의무는 대집행의 대상이 되지 않는다. 또한 작위의무이어야 하므로 일정한 행위를 하지 말아야 할 부작위의무는 대집행의 대상이 되지 않는다.

ⓒ **부작위의무의 작위의무로의 전환** : 부작위의무 위반을 이유로 바로 대집행을 행할 수 없으므로 당해 부작위의무 위반의 시정을 명하여 작위의무로 전환한 다음 이를 이행하지 않을 경우 대집행을 실행해야 한다(통설 · 판례). 이 경우 법치행정의 원리상 별도의 전환규정이 필요하다. 예컨대 도로 · 공원 등에 불법공작물을 설치한 경우, 불법공작물설치금지는 부작위의무이므로 이를 철거하도록 작위의무를 부과한 다음 이를 철거하지 않는 경우에 비로소 대집행을 실행해야 한다.

ⓔ **토지 · 건물의 인도** : 일반적으로 대체가능한 물건인 경우에는 그 대체물을 인도하고 의무자로부터 그에 상당하는 금액을 징수하는 방법으로 대집행을 할 수 있으나 사람이 불법점유 또는 거주하고 있는 토지 · 건물의 경우에는 대집행을 통해 강제로 퇴거시킬 수 없으므로 이는 대집행의 대상이 되지 않는다.

② **다른 수단으로는 그 이행확보가 곤란할 것**(보충성의 원칙) … 불이행된 의무에 대하여 다른 수단으로는 이행을 확보하기가 곤란하여야 한다. 즉 의무이행확보에 침익성이 적은 다른 수단이 있는 경우에는 그에 의하여야 하고 다른 수단이 없을 때 비로소 대집행을 행해야 한다. 이는 비례의 원칙 중 최소침해의 원칙을 명문화한 것이라 할 수 있다.

③ **불이행의 방치가 심히 공익을 해할 것** : 그 불이행을 방치함이 심히 공익을 해하는 것이어야 한다. 이는 구체적인 사안에 따라 개별적으로 판단해야 한다. 판례는 무허가로 불법건축되어 철거할 의무가 있는 건축물의 경우 건축행정의 원활한 수행을 위태롭게 할 우려가 있고 소방시설관련 규정을 회피하는 등 공익을 해칠 우려가 매우 크므로 이는 공익을 심히 해하는 경우에 당한다고 한 바 있다.

> **판례** 무허가로 불법 건축되어 철거할 의무가 있는 건축물을 도시미관, 주거환경, 교통소통에 지장이 없다는 등의 사유만을 들어 그대로 방치한다면 불법 건축물을 단속하는 당국의 권능을 무력화하여 건축행정의 원활한 수행을 위태롭게 하고 건축허가 및 준공검사 시에 소방시설, 주차시설 기타 건축법 소정의 제한규정을 회피하는 것을 사전 예방한다는 더 큰 공익을 해칠 우려가 있다(대판 1989. 3. 28. 87누930).

∥정답 ②

판례 개발제한구역 및 도시공원에 속하는 임야상에 신축된 위법건축물인 대형 교회건물의 합법화가 불가능할 경우, 교회건물의 건축으로 공원미관조성이나 공원관리측면에서 유리하고 철거될 경우 막대한 금전적 손해를 입게 되며, 신자들이 예배할 장소를 잃게 된다는 사정을 고려하더라도 위 교회건물의 불이행을 방치함은 심히 공익을 해한다고 보아야 한다(대판 2000. 6. 23, 98두3112).

④ **재량행위** … 「행정대집행법」 제2조는 '~할 수 있다.'라고 규정하여 대집행이 재량행위에 해당함을 밝히고 있다. 따라서 대집행의 요건이 충족된 경우에도 행정청은 대집행을 할 것인지의 여부에 대해서는 재량적 판단을 할 수 있으며 대집행을 행하지 않더라도 이해관계자는 그 부작위의 위법을 이유로 제소할 수 없다.

(7) 대집행절차

① 계고

ㄱ **의의** : 대집행을 하려면 미리 상당한 이행 기간을 정하여 그 기한까지 이행되지 않을 때에는 대집행을 한다는 뜻을 문서로써 계고하여야 한다. 단, 예외적으로 긴급을 요하거나 위험이 임박한 경우에는 계고 없이 대집행을 할 수 있다.

ㄴ **성질** : 통지로서 준법률행위적 행정행위이므로 위법한 계고에 대해서는 취소소송을 제기할 수 있다(통설 · 판례). 다만, 계고처분에 대한 취소소송의 변론종결 전에 대집행의 실행이 완료되면 소의 이익이 없으므로 당해 취소소송은 각하된다. 대집행의 요건은 계고 시 이미 충족되어야 한다.

판례 '계고서'라는 명칭의 1장의 문서로서 일정기간 내에 위법건축물의 자진철거를 명함과 동시에 그 소정기간 내에 자진철거를 하지 아니할 때에는 대집행할 뜻을 미리 계고한 경우라도 「건축법」에 의한 철거명령과 「행정대집행법」에 의한 계고처분은 독립하여 있는 것으로 각 그 요건이 충족되었다고 볼 것이다(대판 1992. 6. 12, 91누13564).

② 대집행영장에 의한 통지

ㄱ **의의** : 의무자가 계고를 받고도 지정기한까지 그 의무를 이행하지 않을 때에는 행정청은 대집행영장으로써 대집행을 할 시기, 대집행 책임자의 성명, 대집행비용 등을 의무자에게 통지하여야 한다. 다만, 비상시 또는 위험이 임박한 경우에는 이를 생략할 수 있다.

ㄴ **성질** : 준법률행위적 행정행위에 해당하므로 독자적인 취소소송의 대상이 된다.

「행정대집행법」상 대집행에 대한 설명으로 옳지 않은 것은? (다툼이 있는 경우 판례에 의함)

▶ 2020. 7. 11. 인사혁신처

① 「공익사업을 위한 토지 등의 취득 및 보상에 관한 법률」상의 협의취득시에 매매대상 건물에 대한 철거의무를 부담하겠다는 취지의 약정을 건물소유자가 하였다고 하더라도, 그 철거의무는 대집행의 대상이 되지 않는다.
② 공유수면에 설치한 건물을 철거하여 공유수면을 원상회복하여야 할 의무는 대체적 작위의무에 해당하므로 행정대집행의 대상이 된다.
③ 행정청이 건물 철거의무를 행정대집행의 방법으로 실현하는 과정에서, 건물을 점유하고 있는 철거의무자들에 대하여 제기한 건물퇴거를 구하는 소송은 적법하다.
④ 철거대상건물의 점유자들이 적법한 행정대집행을 위력을 행사하여 방해하는 경우, 행정청은 필요하다면 「경찰관 직무집행법」에 근거한 위험발생 방지조치 차원에서 경찰의 도움을 받을 수 있다.

③ 대집행의 실행
　⑦ 의의 : 물리적 실력으로 의무가 이행된 상태를 실현하는 것을 말한다. 대집행의 실행은 행정청 또는 제3자가 집행한다.
　ⓛ 성질 : 권력적 사실행위로서 「행정소송법」상의 처분에 해당하므로 이를 대상으로 취소소송을 제기할 수 있다. 의무자가 이에 저항할 때에는 「형법」상 공무집행방해죄가 성립한다.
④ 비용징수(비용납부명령)
　⑦ 의의 : 대집행에 소요된 모든 비용은 의무자에게 그 금액과 납부기일을 정하여 문서로써 납부 고지함으로서 징수한다. 의무자가 이를 납부하지 않을 때에는 「국세징수법」상 국세체납처분의 예에 따라 강제 징수한다. 징수된 비용은 사무비의 소속에 따라 국고 또는 지방자치단체의 수입으로 한다.
　ⓛ 성질 : 처분에 해당되어 행정소송의 대상이 된다.

(8) 대집행에 대한 구제

① 대집행의 실행완료 전
　⑦ 대집행에 대하여는 행정심판을 제기할 수 있다.
　ⓛ 임의적 행정심판전치주의에 따라 행정심판을 거치지 않고 바로 행정소송을 제기할 수 있다.
　ⓒ 각각의 단계가 행정소송의 대상이 되는가가 문제되는데 계고와 대집행영장의 통지는 준법률행위적 행정행위, 대집행의 실행은 권력적 사실행위로서, 비용징수는 급부하명으로서 모두 「행정소송법」상 처분에 해당한다. 따라서 이들 각각을 대상으로 취소소송이 가능하다.
② 대집행의 실행완료 후 … 대집행의 실행행위 역시 「행정소송법」상 처분에 해당하여 취소소송의 대상이 되나 이는 성질상 단기간에 종료되는 것이 보통이므로 취소소송을 제기하는 실익이 없어 각하되는 경우가 대부분이다. 따라서 대집행의 실행이 종료된 후에는 손해배상청구소송이나 원상회복 또는 결과제거청구 등이 가능하다.
③ 입증책임과 하자의 승계 … 대집행 요건을 구비하였는지에 관한 주장 및 입증책임은 처분 행정청에 있다(대판1996.10.11. 96누8086). 한편, 대체적 작위의무부과처분(철거명령 등)과 계고처분 사이에는 하자가 승계되지 않지만, 대집행 절차 상호간에는 하자의 승계가 인정된다.

section ③ 이행강제금(집행벌)

(1) 의의

이행강제금이란 비대체적 작위의무 또는 부작위의무를 이행하지 않는 경우에 일정한 기한까지 의무를 이행하지 않으면 과태료 등을 과할 것을 계고함으로써 의무자에게 심리적 압박을 가하여 그 이행을 간접적으로 강제하기 위하여 부과하는 금전부담을 말한다.

(2) 구별개념

① **대집행과의 구별** … 대집행은 직접적·물리적 강제수단이지만, 이행강제금은 금전적인 제재수단이다. 또한 대집행은 대체적 작위의무에만 적용되나, 이행강제금은 비대체적 작위·부작위의무에 적용된다.

② **행정벌과의 구별** … 이행강제금은 장래의 의무이행을 확보하는 수단이나, 행정벌은 과거의 의무 위반에 대한 제재이다. 따라서 양자는 병과될 수 있다.

(3) 특징

이행강제금은 의무불이행의 상태가 계속되는 경우에는 법정최고액의 한도 내에서 의무이행 시까지 반복부과가 가능하다. 이행강제금은 장래의 의무이행을 확보하기 위한 수단이므로 이행명령을 받은 자가 그 명령을 이행한 경우에는 이행강제금을 부과할 수 없다.

> **판례** 국토의 계획 및 이용에 관한 법률(이하 '국토계획법'이라고 한다) 제124조의2 제5항이 이행명령을 받은 자가 그 명령을 이행하는 경우에 새로운 이행강제금의 부과를 즉시 중지하도록 규정한 것은 이행강제금의 본질상 이행강제금 부과로 이행을 확보하고자 한 목적이 이미 실현된 경우에는 그 이행강제금을 부과할 수 없다는 취지를 규정한 것으로서, 이에 의하여 <u>부과가 중지되는 '새로운 이행강제금'에는 국토계획법 제124조의2 제3항의 규정에 의하여 반복 부과되는 이행강제금뿐만 아니라 이행명령 불이행에 따른 최초의 이행강제금도 포함된다.</u> 따라서 이행명령을 받은 의무자가 그 명령을 이행한 경우에는 이행명령에서 정한 기간을 지나서 이행한 경우라도 최초의 이행강제금을 부과할 수 없다(대판 2014.12.11. 2013두15750).

(4) 실정법상 예

① 「**건축법**」**상 이행강제금** … 「건축법」상의 불법건축물에 대한 시정명령을 이행하지 않으면 이행강제금을 부과·징수한다는 뜻을 미리 문서로써 계고하고 그 기한까지 이를 행하지 않을 경우에는 이행강제금을 부과할 수 있다. 이는 1년에 2회 이내의 범위 안에서 해당 지방자치단체의 조례로 정하는 횟수만큼 그 이행 시까지 반복하여 부과할 수 있다.

기출문제

問 행정의 실효성 확보수단으로서 이행강제금에 대한 설명으로 옳지 않은 것은? (다툼이 있는 경우 판례에 의함)
▶ 2020. 6. 13. 지방직/서울특별시
① 이행강제금은 침익적 강제수단이므로 법적 근거를 요한다.
② 형사처벌과 이행강제금은 병과될 수 있다.
③ 대체적 작위의무 위반에 대해서는 이행강제금이 부과될 수 없다.
④ 「건축법」상 이행강제금은 반복하여 부과·징수될 수 있다.

ㅣ정답 ③

판례 전통적으로 행정대집행은 대체적 작위의무에 대한 강제집행수단으로, 이행강제금은 부작위의무나 비대체적 작위의무에 대한 강제집행수단으로 이해되어 왔으나, 이는 이행강제금제도의 본질에서 오는 제약은 아니며, 이행강제금은 대체적 작위의무의 위반에 대하여도 부과될 수 있다. 현행 건축법상 위법건축물에 대한 이행강제수단으로 대집행과 이행강제금이 인정되고 있는데, 양 제도는 각각의 장·단점이 있으므로 행정청은 개별사건에 있어서 위반내용, 위반자의 시정의지 등을 감안하여 대집행과 이행강제금을 선택적으로 활용할 수 있으며, 이처럼 그 합리적인 재량에 의해 선택하여 활용하는 이상 중첩적인 제재에 해당한다고 볼 수 없다(헌재결 2004. 2.26.2001헌바80).

② 「농지법」상의 이행강제금, 「장사 등에 관한 법률」상의 이행강제금 등 계속해서 도입되고 있다.

(5) 구제수단

① 개별법에서 이행강제금 불복절차에 관한 특별한 절차를 규정하고 있는 경우에는 그 절차에 따라 권리를 구제받을 수 있을 뿐 항고소송을 제기할 수 없다.

② 개별법에서 이행강제금 불복절차에 관한 특별한 규정이 없다면, 급부하명에 해당하는 이행강제금의 특성상 당연히 행정심판 또는 행정소송을 제기할 수 있다.

③ 현행 건축법에서는 이행강제금에 비송사건절차법을 적용한다는 규정이 삭제되었다. 따라서 현행 건축법상 이행강제금에 대하여 불복하고자 하는 경우에는 항고소송을 제기할 수 있다.

(6) 일신전속성

이행강제금은 일신전속성이 있으므로 상속되지 않는다.

판례 구 건축법(2005. 11. 8. 법률 제7696호로 개정되기 전의 것)상의 이행강제금은 구 건축법의 위반행위에 대하여 시정명령을 받은 후 시정기간 내에 당해 시정명령을 이행하지 아니한 건축주 등에 대하여 부과되는 간접강제의 일종으로서 그 이행강제금 납부의무는 상속인 기타의 사람에게 승계될 수 없는 일신전속적인 성질의 것이므로 이미 사망한 사람에게 이행강제금을 부과하는 내용의 처분이나 결정은 당연무효이고, 이행강제금을 부과받은 사람의 이의에 의하여 비송사건절차법에 의한 재판절차가 개시된 후에 그 이의한 사람이 사망한 때에는 사건 자체가 목적을 잃고 절차가 종료한다(대결 2006.12. 8. 2006마470).

section 4 직접강제

(1) 의의

의무자가 의무를 이행하지 않는 경우에 직접 의무자의 신체·재산에 실력을 가하여 일정한 상태를 실현하는 작용을 말한다. 이 때의 의무에는 대체적 작위의무, 비대체적 작위의무, 부작위의무, 수인의무 등 모든 의무가 포함된다.

(2) 구별개념

① **대집행과의 구별** ⋯ 행정청이 실력을 행사한다는 점에서 외관상 대집행의 실행과 구별하기 어려우나, 대집행은 대체적 작위의무에만 가능하고 계고·통지·실행·비용징수 등 일정한 절차를 거치나 직접강제는 모든 의무 위반시 가능하고 별도의 절차 없이 바로 실행한다는 점에서 차이가 있다.

② **행정상 즉시강제와의 구별** ⋯ 직접강제는 의무의 부과와 이의 불이행이 전제가 되나, 행정상 즉시강제는 의무가 없이도 행할 수 있다는 점에서 차이가 있다.

(3) 법적 근거

법적 근거가 반드시 필요하다. 직접강제는 매우 실효적이나 개인의 권익에 대한 침해적 성격이 매우 강하므로 실정법상 일반적 수단으로는 인정되지 아니하고 「출입국관리법」, 「공중위생관리법」, 「식품위생법」, 「군사기지 및 군사시설보호법」 등에 예외적으로 규정되어 있다.

(4) 종류

「출입국관리법」상 강제출국조치, 「공중위생관리법」·「식품위생법」상의 무허가영업소 강제폐쇄조치 등이 있다.

(5) 한계

직접강제수단의 사용에 있어서는 특히, 국민의 기본권이 침해될 가능성이 높기 때문에 비례원칙의 준수하에 최후 수단으로 활용되어야 할 것이다.

> **판례** 「학원의설립·운영에관한법률」(현 「학원의설립·운영 및 과외교습에 관한 법률」)의 관련 규정에 의하면, 학원을 설립·운영하고자 하는 자는 소정의 시설과 설비를 갖추어 등록을 하여야 하고, 그와 같은 등록절차를 거치지 아니한 경우에는 관할 행정청이 직접 그 무등록 학원의 폐쇄를 위하여 출입제한 시설물의 설치와 같은 조치를 취할 수 있게 되어 있으나, 무등록 학원의 설립·운영자에 대하여 그 폐쇄를 명할 수 있는 것으로는 규정하고 있지 아니하고, 위와 같은 폐쇄조치에 관한 규정이 그와 같은 폐쇄명령의 근거 규정이 된다고 할 수도 없다(대판 2001.2. 23, 99두6002).

(6) 직접강제의 도입 확대

① 전통적으로 직접강제는 예외적으로만 인정되어 왔다. 현행법상 부작위의무위반의 경우에 벌칙 등 간접강제수단을 활용하고 그 실효성도 문제이지만, 의무불이행자를 전과자로 만들 가능성도 있는 등 벌칙의 의무이행확보수단으로서는 여러 가지 문제가 있다. 이러한 이유로 직접강제수단의 도입이 확대되고 있다.

기출문제

기출문제

⊕ 행정상 강제징수에 관한 설명으로 옳지 않은 것은?
▶ 2017. 3. 18. 제1회 서울특별시

① 행정상의 금전급부의무를 이행하지 않는 경우를 대상으로 한다.
② 독촉만으로는 시효중단의 효과가 발생하지 않는다.
③ 매각은 원칙적으로 공매에 의하나 예외적으로 수의계약에 의할 수도 있다.
④ 판례에 따르면 공매행위는 행정행위에 해당된다.

② 최근 식품제조분야, 의약품제조분야, 환경보전분야 등 사회질서와 밀접한 관련이 있는 분야에서 직접강제를 도입하는 법 규정이 늘고 있다. 「공중위생관리법」, 「식품위생법」 등이 이에 해당한다.

(7) 구제수단

직접강제는 권력적 사실행위로서 처분성이 인정되어 항고소송의 대상이 되지만, 성질상 소의 이익이 부정되는 경우가 많다. 위법한 직접강제로 인하여 손해를 입은 자는 국가배상법에 따라 손해배상을 청구하여 구제받을 수 있다.

section 5 행정상 강제징수

(1) 의의

행정상 강제징수란 행정주체에 대한 공법상의 금전납부의무를 이행하지 않은 경우에 행정청이 의무자의 재산에 실력을 가하여 의무가 이행된 것과 같은 상태를 실현하는 강제집행을 말한다.

(2) 근거

'공익사업을 위한 토지 등의 취득 및 보상에 관한 법률'에서는 지방세 체납처분의 예에 따라 징수할 수 있다고 규정하고 있으며, '보조금 관리에 관한 법률'에서는 국세 체납처분의 예에 따라 징수하거나 지방세외수입금의 징수 등에 관한 법률에 따라 징수할 수 있다고 규정하고 있다. 이처럼 공법상 금전의무의 불이행에 대하여 다른 법률들이 국세체납 또는 지방세체납처분의 예에 따른 강제징수를 규정하고 있기 때문에 국세징수법과 지방세기본법은 일반법적인 역할을 하고 있다.

(3) 절차

① 독촉

　　㉠ 의의 : 의무자에게 금전납부의무의 이행을 최고하고 이를 이행하지 않을 경우엔 체납처분을 할 것임을 예고하는 통지행위를 말한다.

　　㉡ 성질 : 준법률행위적 행정행위인 통지에 해당한다. 문서로써 행하며 생략될 수 없다. 독촉은 이후 체납처분의 전제요건을 충족시키고 또한 채권의 소멸시효의 진행을 중단시키는 법적 효과가 있다. 국세를 그 납부기한까지 완납하지 아니하였을 때에는 세무서장은 <u>납부기한이 지난 후 10일 내에 독촉장</u>을 발급하여야 한다(국세징수법 제10조 제1항).

┃정답 ②

Point 팁 독촉절차를 결여한 체납처분의 효력

> **판례** 조세의 부과처분과 압류 등의 체납처분은 별개의 행정처분으로서 독립성을 가지므로 부과처분에 하자가 있더라도 그 부과처분이 취소되지 아니하는 한 그 부과처분에 의한 체납처분은 위법이라고 할 수는 없지만, 체납처분은 부과처분의 집행을 위한 절차에 불과하므로 그 부과처분에 중대하고도 명백한 하자가 있어 무효인 경우에는 그 부과처분의 집행을 위한 체납처분도 무효라 할 것이다. <u>납세의무자가 세금을 납부기한까지 납부하지 아니하자 과세청이 그 징수를 위하여 압류처분에 이른 것이라면 비록 독촉절차없이 압류처분을 하였다 하더라도 이러한 사유만으로는 압류처분을 무효로 되게 하는 중대하고도 명백한 하자로는 되지 않는다</u>(대판 1987. 9.22. 87누383).

② **체납처분** ··· 재산압류, 압류재산의 매각, 청산의 3단계로 진행된다. 이들 절차는 서로 결합하여 하나의 법률효과를 완성하므로 선행행위의 하자는 후행행위에 승계된다. 그러나 과세처분과 체납처분은 서로 다른 별개의 행위이므로 과세처분의 하자가 체납처분에 승계되지는 않는다.

　㉠ **재산압류** : 체납자의 재산처분을 금함으로써 체납액의 징수를 확보하는 강제행위이다.

- 요건 : 국세와 가산금의 미납, 기타 법정사유가 있는 경우
- 대상재산 : 체납자의 소유이며 금전적 가치를 가지며 양도성 있는 재산, 생활에 필요한 일정한 재산은 압류금지
- 압류재산의 선택 : 집행청의 재량, 적정한 비례 유지
- 압류방법 : 압류조서를 체납자에게 교부
- 압류의 효력 : 사실상·법률상 처분의 금지, 질권자의 질권인도의무, 과실취득권, 우선징수권 등이 발생
- 압류 후 부과처분의 근거법률이 위헌으로 결정된 경우에 압류처분은 취소사유가 있는 것이 되므로 압류를 필요적으로 해제하여야 할 것이다(대판 2002. 7.12. 2002두3317).

> **판례** 체납처분으로서 압류의 요건을 규정하는 「국세징수법」 제24조 각 항의 규정을 보면, 어느 경우에나 압류의 대상을 납세자의 재산에 국한하고 있으므로, 납세자가 아닌 제3자의 재산을 대상으로 한 압류처분은 그처분의 내용이 법률상 실현될 수 없는 것이어서 당연무효이다(대판 2001. 2. 23, 2000다68924).

> **판례** 관세관청이 조세의 징수를 위하여 납세의무자 소유의 부동산을 압류한 이후에 압류등기가 된 부동산을 양도 받아 소유권이전등기를 마친 사람은 위 압류처분에 대하여 사실상 간접적 이해관계를 가질 뿐, 법률상 직접적이고 구체적인 이익을 가지는 것은 아니어서 그 압류처분의 무효확인을 구할 당사자 적격이 없다(대판 1990. 10. 16, 89누5706).

　㉡ **압류재산의 매각**

- 압류재산은 통화 외에는 매각하여 금전으로 환가한다.

• 매각은 공매에 의하는 것이 원칙이나 예외적으로 수의계약에 의하는 경우도 있다.

• 공매는 우월한 공권의 행사로서 행정처분에 해당한다.

판례 한국자산공사가 당해 부동산을 인터넷을 통하여 재공매(입찰)하기로 한 결정 자체는 내부적인 의사결정에 불과하여 항고소송의 대상이 되는 행정처분이라고 볼 수 없고, 한국자산공사의 공매통지는 공매의 요건이 아니라 공매사실 자체를 체납자에게 알려주는 데 불과한 것으로서, 통지의 상대방의 법적 지위나 권리·의무에 직접 영향을 주는 것이 아니라고 할 것이므로 행정처분에 해당한다고 할 수 없다(대판 2007. 7. 27, 2006두8464).

구 국세징수법 제68조는 세무서장이 압류된 재산의 공매를 공고한 때에는 즉시 그 내용을 체납자 등에게 통지하도록 정하고 있다. 이러한 <u>체납자 등에 대한 공매통지</u>는 국가의 강제력에 의하여 진행되는 공매절차에서 체납자 등의 권리 내지 재산상 이익을 보호하기 위하여 법률로 규정한 <u>절차적 요건에 해당하지만, 그 통지를 하지 아니한 채 공매처분을 하였다 하여도 그 공매처분이 당연무효로 되는 것은 아니다</u>(대판 2012. 7. 26. 2010다50625).

ⓒ 청산 : 체납처분의 집행으로서 수령한 금전을 체납국세, 지방세, 공과금 등에 배분하는 것을 말한다. 국세·가산금·체납처분비의 징수순위는 체납처분비, 국세, 가산금 순서에 의한다.

판례 국세징수법상의 체납처분절차를 통하여 압류재산을 매각한 후 그 매각대금을 배분함에 있어서 국세와 다른 채권 간의 우선순위는 압류재산의 매각대금을 배분하기 위하여 국세징수법상의 배분계산서를 작성한 때에 비로소 확정되고, 국세징수법에 의한 부동산 공매절차에서 압류에 관계되는 국세의 법정기일보다 앞서 근저당권설정등기를 경료한 자가 당해 부동산의 매수인이 된 경우에도 매수대금 납부기일에는 그 근저당부 채권과 다른 채권 간의 우선순위 및 배분액이 확정되지 아니하므로 매수인은 그 근저당부 채권에 기하여 배분받을 채권이 있음을 전제로 이를 자동채권으로 하여 납부하여야 할 매수대금과 대등액에서 상계할 수는 없다(대판 1996. 4. 23, 95누6052).

③ **체납처분의 중지** … 체납처분의 목적물인 총재산의 추산가액이 체납처분비에 충당하고 남을 여지가 없는 때에는 체납처분을 중지하여야 한다.

(4) 구제수단

독촉 또는 체납처분이 위법한 경우에는 취소·변경을 청구할 수 있다. 행정심판에 대하여는 「국세기본법」이 별도의 규정을 두고 있으므로 행정심판법의 적용이 배제된다. 그러한 규정이 없는 때에는 행정심판법과 행정소송법에 의한다.

Point 팁 행정상 강제집행과 대상의무
ⓐ 대집행 : 대체적 작위의무
ⓑ 이행강제금(집행벌) : 비대체적 작위의무, 부작위의무(헌법재판소 결정에 의하면 대체적 작위의무에 대해서도 이행강제금 부과 가능)
ⓒ 직접강제 : 작위의무(대체적·비대체적 작위의무), 부작위의무, 수인의무, 급부의무
ⓓ 행정상 강제징수 : 급전납부의무

2020 지방직 9급

1 행정상 강제집행 중 대집행에 대한 설명으로 옳지 않은 것은? (다툼이 있는 경우 판례에 의함)

① 대집행의 대상은 원칙적으로 대체적 작위의무에 한하며, 부작위의무위반의 경우 대체적 작위의무로 전환하는 규정을 두고 있지 아니하는 한 대집행의 대상이 되지 않는다.

② 행정청이 계고를 함에 있어 의무자가 스스로 이행하지 아니하는 경우 대집행의 내용과 범위가 구체적으로 특정되어야 하며, 대집행의 내용과 범위는 반드시 대집행 계고서에 의해서만 특정되어야 한다.

③ 대집행을 함에 있어 계고요건의 주장과 입증책임은 처분행정청에 있는 것이지, 의무불이행자에 있는 것이 아니다.

④ 대집행 비용은 원칙상 의무자가 부담하며 행정청은 그 비용액과 납기일을 정하여 의무자에게 문서로 납부를 명하여야 한다.

2020 지방직 9급

2 행정의 실효성 확보수단으로서 이행강제금에 대한 설명으로 옳지 않은 것은? (다툼이 있는 경우 판례에 의함)

① 이행강제금은 침익적 강제수단이므로 법적 근거를 요한다.

② 형사처벌과 이행강제금은 병과될 수 있다.

③ 대체적 작위의무 위반에 대해서는 이행강제금이 부과될 수 없다.

④ 「건축법」상 이행강제금은 반복하여 부과·징수될 수 있다.

2020 국가직 9급

3 「행정대집행법」상 대집행에 대한 설명으로 옳지 않은 것은? (다툼이 있는 경우 판례에 의함)

① 「공익사업을 위한 토지 등의 취득 및 보상에 관한 법률」상의 협의취득시에 매매대상 건물에 대한 철거의무를 부담하겠다는 취지의 약정을 건물소유자가 하였다고 하더라도, 그 철거의무는 대집행의 대상이 되지 않는다.

② 공유수면에 설치한 건물을 철거하여 공유수면을 원상회복하여야 할 의무는 대체적 작위의무에 해당하므로 행정대집행의 대상이 된다.

③ 행정청이 건물 철거의무를 행정대집행의 방법으로 실현하는 과정에서, 건물을 점유하고 있는 철거의무자들에 대하여 제기한 건물퇴거를 구하는 소송은 적법하다.

④ 철거대상건물의 점유자들이 적법한 행정대집행을 위력을 행사하여 방해하는 경우, 행정청은 필요하다면 「경찰관 직무집행법」에 근거한 위험발생 방지조치 차원에서 경찰의 도움을 받을 수 있다.

2021 국가직 9급

4 「행정대집행법」상 대집행과 이행강제금에 대한 甲과 乙의 대화 중 乙의 답변이 옳지 않은 것은? (다툼이 있는 경우 판례에 의함)

① 甲 : 행정대집행의 절차가 인정되는 경우에도 행정청이 민사상 강제집행수단을 이용할 수 있나요?

　乙 : 행정대집행의 절차가 인정되어 실현할 수 있는 경우에는 따로 민사소송의 방법을 이용할 수 없습니다.

② 甲 : 대집행의 적용대상은 무엇인가요?

　乙 : 대집행은 공법상 대체적 작위의무의 불이행이 있는 경우에 행할 수 있습니다.

③ 甲 : 행정청은 대집행의 대상이 될 수 있는 것에 대하여 이행강제금을 부과할 수도 있나요?

　乙 : 행정청은 개별사건에 있어서 위법건축물에 대하여 대집행과 이행강제금을 선택적으로 활용할 수 있습니다.

④ 甲 : 만약 이행강제금을 부과받은 사람이 사망하였다면 이행강제금의 납부의무는 상속인에게 승계되나요?

　乙 : 이행강제금의 납부의무는 상속의 대상이 되므로, 상속인이 납부의무를 승계합니다.

2021 국가직 9급

5 행정의 실효성 확보수단의 예와 그 법적 성질의 연결이 옳지 않은 것은? (다툼이 있는 경우 판례에 의함)

① 「건축법」에 따른 이행강제금의 부과 – 집행벌

② 「식품위생법」에 따른 영업소 폐쇄 – 직접강제

③ 「공유재산 및 물품 관리법」에 따른 공유재산 원상복구명령의 강제적 이행 – 즉시강제

④ 「부동산등기 특별조치법」에 따른 과태료의 부과 – 행정벌

2021 지방직 9급

6 이행강제금에 대한 설명으로 옳지 않은 것은? (다툼이 있는 경우 판례에 의함)

① 이행강제금은 대체적 작위의무의 위반에 대하여도 부과될 수 있다.

② 이미 사망한 사람에게 「건축법」상의 이행강제금을 부과하는 내용의 처분이나 결정은 당연무효이다.

③ 「부동산 실권리자명의 등기에 관한 법률」상 장기미등기자가 이행강제금 부과 전에 등기신청의무를 이행하였더라도 동법에 규정된 기간이 지나서 등기신청의무를 이행하였다면 이행강제금을 부과할 수 있다.

④ 「건축법」상 위법건축물에 대한 이행강제수단으로 대집행과 이행강제금이 인정되고 있는데, 행정청은 개별사건에 있어서 위반내용, 위반자의 시정의지 등을 감안하여 대집행과 이행강제금을 선택적으로 활용할 수 있다.

2021 지방직 9급

7 행정대집행에 대한 설명으로 옳지 않은 것은?(다툼이 있는 경우 판례에 의함)

① 도시공원시설 점유자의 퇴거 및 명도 의무는 「행정대집행법」에 의한 대집행의 대상이 아니다.

② 후행처분인 대집행비용납부명령 취소청구 소송에서 선행처분인 계고처분이 위법하다는 이유로 대집행비용납부명령의 취소를 구할 수 없다.

③ 대집행에 요한 비용을 징수하였을 때에는 그 징수금은 사무비의 소속에 따라 국고 또는 지방자치단체의 수입으로 한다.

④ 대집행에 대하여는 행정심판을 제기할 수 있다.

2020 국가직 7급

8 「행정대집행법」상 행정대집행에 대한 설명으로 옳은 것은? (다툼이 있는 경우 판례에 의함)

① 대집행계고 시 대집행할 행위의 내용 및 범위는 반드시 대집행계고서에 의해서만 특정되어야 하는 것은 아니다.

② 관계 법령에 위반하여 장례식장 영업을 하고 있는 자에 대한 장례식장 사용중지의무는 대집행의 대상이 된다.

③ 대체적 작위의무가 법률의 위임을 받은 조례에 의해 직접 부과된 경우에는 대집행의 대상이 되지 아니한다.

④ 대집행의 계고는 대집행의 의무적 절차의 하나이므로 생략할 수 없지만, 철거명령과 계고처분을 1장의 문서로 동시에 행할 수는 있다.

2020 지방직 7급

9 「행정대집행법」상 대집행에 대한 설명으로 옳지 않은 것은? (다툼이 있는 경우 판례에 의함)

① 행정청은 해가 지기 전에 대집행을 착수한 경우라도 해가 진 후에는 대집행을 할 수 없다.

② 무허가증축부분으로 인하여 건물의 미관이 나아지고 증축부분을 철거하는 데 비용이 많이 소요된다고 하더라도 건물철거대집행계고처분을 할 요건에 해당된다.

③ 계고처분의 후속절차인 대집행에 위법이 있다고 하더라도, 그와 같은 후속절차에 위법성이 있다는 점을 들어 선행절차인 계고처분이 부적법하다는 사유로 삼을 수는 없다.

④ 「건축법」에 위반하여 증·개축함으로써 철거의무가 있더라도 그 철거의무를 대집행하기 위한 계고처분을 하려면 다른 방법으로는 그 이행의 확보가 어렵고, 그 불이행을 방치함이 심히 공익을 해하는 것으로 인정되는 경우에 한한다.

10 행정상 강제집행에 대한 판례의 입장으로 옳은 것은?

① 「건축법」상 무허가 건축행위에 대한 형사 처분과 시정명령 위반에 대한 이행강제금의 부과는 헌법 제13조 제1항이 금지하는 이중처벌에 해당한다.

② 이행강제금은 부작위의무나 비대체적 작위의무에 대한 강제집행 수단이므로, 대체적 작위의무의 위반의 경우에 이행강제금은 부과할 수 없다.

③ 구 「토지수용법」상 피수용자가 기업자에 대하여 부담하는 수용대상 토지의 인도의무에는 명도도 포함되고, 이러한 명도의무는 특별한 사정이 없는 한 「행정대집행법」상 대집행의 대상이 된다.

④ 「국제징수법」상 압류재산에 대한 공매에서 체납자에 대한 공매통지는 항고소송의 대상이 되지 아니한다.

11 행정의 실효성 확보수단에 대한 설명으로 옳지 않은 것은? (다툼이 있는 경우 판례에 의함)

① 「행정대집행법」 절차에 따라 「국세징수법」의 예에 의하여 대집행비용을 징수할 수 있음에도 민사소송절차에 의하여 그 비용의 상환을 청구할 수 있다.

② 이행강제금은 대체적 작위의무의 위반에 대하여도 부과될 수 있다.

③ 계고처분시 대집행할 행위의 내용 및 범위는 반드시 대집행계고서에 의하여서만 특정되어야 하는 것은 아니다.

④ 이행강제금과 행정벌은 병과하여도 헌법상 이중처벌금지의 원칙에 위반되지 않는다.

12 다음 중 대집행에 관한 설명 중 옳지 않은 것은?

① 대집행을 하기 위해서는 상당한 이행기한을 정하여 그 기한까지 이행되지 아니할 때 대집행을 한다는 뜻의 최고가 우선하는데 이를 계고라 한다.

② 대집행에서 필요한 비용의 징수는 실제에 요한 비용액과 그 납기일을 정하여 의무자에게 문서로써 그 납부를 명하여야 한다.

③ 의무자가 계고를 받고 지정기한까지 그 의무를 이행하지 아니할 때에는 당해 행정청은 대집행영장으로써 대집행을 할 시기, 대집행을 시키기 위하여 파견하는 집행책임자의 성명과 대집행에 요하는 비용의 개산에 의한 견적액을 의무자에게 통지하여야 한다.

④ 대집행에 관하여 불복이 있더라도 행정심판을 제기할 수 없다.

13 다음 중 행정상 강제징수에 관한 설명 중 옳지 않은 것은?

① 행정상 강제징수란 행정주체에 대한 공법상의 금전납부의무를 이행하지 않은 경우에 행정청이 의무자의 재산에 실력을 가하여 의무가 이행된 것과 같은 상태를 실현하는 강제집행을 말한다.

② 일반적으로 국세체납처분의 예에 따라 강제징수를 한다.

③ 과세처분의 하자는 체납처분에 승계된다.

④ 체납처분은 재산의 압류, 압류재산의 매각, 청산의 3단계로 진행한다.

14 이행강제금에 대한 다음의 설명 중 옳지 않은 것은?

① 이행강제금은 장래를 향한 이행강제가 그 직접적인 목적인 데 비하여, 행정벌은 과거의 의무 위반에 대한 제재적 성격을 갖는 것이다.

② 이행강제금에는 일사부재리 원칙이 적용되지 않기 때문에 동일한 의무불이행에 대하여 반복하여 부과할 수 있다.

③ 이행강제금과 행정벌을 병행하여 부과할 경우에도 이중처벌금지의 원칙에 반하지 않는다.

④ 이행강제금은 의무이행을 위해 설정한 기한을 경과한 후에 의무의 이행이 있는 경우에도 부과할 수 있다.

15 다음 중 집행벌(이행강제금)에 대한 설명으로 옳지 않은 것은?

① 집행벌은 과거의 의무 위반에 대한 제재라는 점에서 행정벌과 구별된다.

② 행정벌과 병과하여 부과할 수 있다.

③ 불이행시 반복이 허용되며 일사부재리원칙이 적용되지 않는다.

④ 「건축법」에 따른 이행강제금부과처분은 행정소송의 대상이 되는 행정처분이 아니라는 것이 판례이다.

정답및해설

1	②	2	③	3	③	4	④	5	③
6	③	7	②	8	①	9	①	10	④
11	①	12	④	13	③	14	④	15	④

1 ② 행정청이 대집행계고를 함에 있어서는 의무자가 스스로 이행하지 아니하는 경우에 대집행할 행위의 내용 및 범위가 구체적으로 특정되어야 하나, 그 행위의 내용 및 범위는 반드시 대집행계고서에 의하여서만 특정되어야 하는 것이 아니고, 계고처분 전후에 송달된 문서나 기타 사정을 종합하여 행위의 내용이 특정되거나 실제건물의 위치, 구조, 평수 등을 계고서의 표시와 대조·검토하여 대집행의무자가 그 이행의무의 범위를 알 수 있을 정도로 하면 족하다(대판1996.10.11.96누8086).

① 단순한 부작위의무의 위반의 경우에는 당해 법령에서 그 위반자에 대하여 위반에 의하여 생긴 유형적 결과의 시정을 명하는 행정처분의 권한을 인정하는 규정을 두고 있지 아니한 이상, 법치주의의 원리에 비추어 볼 때 위와 같은 부작위의무로부터 그 의무를 위반함으로써 생긴 결과를 시정하기 위한 작위의무를 당연히 끌어낼 수는 없으며, 위 금지규정으로부터 작위의무, 즉 위반결과의 시정을 명하는 권한이 당연히 추론(推論)되는 것도 아니다(대판1996.6.28.96누4374).

③ 철거의무를 대집행하기 위한 계고처분을 하려면 다른 방법으로는 이행의 확보가 어렵고 불이행을 방치함이 심히 공익을 해하는 것으로 인정될 때에 한하여 허용되고 이러한 요건의 주장·입증책임은 처분 행정청에 있다(대판1996.10.11.96누8086).

④ 대집행에 요한 비용의 징수에 있어서는 실제에 요한 비용액과 그 납기일을 정하여 의무자에게 문서로써 그 납부를 명하여야 한다(행정대집행법 제5조).

2 ③ 전통적으로 행정대집행은 대체적 작위의무에 대한 강제집행수단으로, 이행강제금은 부작위의무나 비대체적 작위의무에 대한 강제집행수단으로 이해되어 왔으나, 이는 이행강제금제도의 본질에서 오는 제약은 아니며, 이행강제금은 대체적 작위의무의 위반에 대하여도 부과될 수 있다(헌재결 2004.2.26. 2002헌바26).

① 이행강제금 부과는 명령적 행정행위인 하명에 해당하므로 법률유보원칙에 따라 법적근거를 요한다. 일반법은 없으나, 건축법·농지법 등 개별법에 규정되어 있다.

② 이행강제금은 과거의 일정한 법률위반 행위에 대한 제재로서의 형벌이 아니라 장래의 의무이행의 확보를 위한 강제수단일 뿐이어서 범죄에 대하여 국가가 형벌권을 실행한다고 하는 과벌에 해당하지 아니하므로 헌법 제13조 제1항이 금지하는 이중처벌금지의 원칙이 적용될 여지가 없다(헌재결 2011. 10. 25. 2009헌바140).

④ 허가권자는 최초의 시정명령이 있었던 날을 기준으로 하여 1년에 2회 이내의 범위에서 해당 지방자치단체의 조례로 정하는 횟수만큼 그 시정명령이 이행될 때까지 반복하여 이행강제금을 부과·징수할 수 있다(건축법 제80조 제5항).

3 ③④ 관계 법령상 행정대집행의 절차가 인정되어 행정청이 행정대집행의 방법으로 건물의 철거 등 대체적 작위의무의 이행을 실현할 수 있는 경우에는 따로 민사소송의 방법으로 그 의무의 이행을 구할 수 없다. 한편 건물의 점유자가 철거의무자일 때에는 건물철거의무에 퇴거의무도 포함되어 있는 것이어서 별도로 퇴거를 명하는 집행권원이 필요하지 않다. 행정청이 행정대집행의 방법으로 건물철거의무의 이행을 실현할 수 있는 경우에는 건물철거 대집행 과정에서 부수적으로 건물의 점유자들에 대한 퇴거 조치를 할 수 있고, 점유자들이 적법한 행정대집행을 위력을 행사하여 방해하는 경우 형법상 공무집행방해죄가 성립하므로, 필요한 경우에는 '경찰관 직무집행법'에 근거한 위험발생 방지조치 또는 형법상 공무집행방해죄의 범행방지 내지 현행범체포의 차원에서 경찰의 도움을 받을 수도 있다(대판 2017. 4.28. 2016다213916).

① 구 공공용지의 취득 및 손실보상에 관한 특례법에 의한 협의취득시 건물소유자가 협의취득대상 건물에 대하여 약정한 철거의무는 공법상 의무가 아닐 뿐만 아니라, 공익사업을 위한 토지 등의 취득 및 보상에 관한 법률 제89조에서 정한 행정대집행법의 대상이 되는 '이 법 또는 이 법에 의한 처분으로 인한 의무'에도 해당하지 아니하므로 위 철거의무에 대한 강제적 이행은 행정대집행법상 대집행의 방법으로 실현할 수 없다(대판 2006.10.13. 2006두7096).

② 이 사건 건물을 철거하여 이 사건 공유수면을 원상회복하여야 할 의무는 대체적 작위의무에 해당하므로 행정대집행의 대상이 된다(대판 2017. 4.28. 2016다213916).

4 ④ 구 건축법상의 이행강제금은 구 건축법의 위반행위에 대하여 시정명령을 받은 후 시정기간 내에 당해 시정명령을 이행하지 아니한 건축주 등에 대하여 부과되는 간접강제의 일종으로서 그 이행강제금 납부의무는 상속인 기타의 사람에게 승계될 수 없는 일신전속적인 성질의 것이므로 이미 사망한 사람에게 이행강제금을 부과하는 내용의 처분이나 결정은 당연무효이고, 이행강제금을 부과받은 사람의 이의에 의하여 비송사건절차법에 의한 재판절차가 개시된 후에 그 이의한 사람이 사망한 때에는 사건 자체가 목적을 잃고 절차가 종료한다(대판 2006.12. 8. 2006마470).

① 관계 법령상 행정대집행의 절차가 인정되어 행정청이 행정대집행의 방법으로 건물의 철거 등 대체적 작위의무의 이행을 실현할 수 있는 경우에는 따로 민사소송의 방법으로 그 의무의 이행을 구할 수 없다. 한편 건물의 점유자가 철거의무자일 때에는 건물철거의무에 퇴거의무도 포함되어 있는 것이어서 별도로 퇴거를 명하는 집행권원이 필요하지 않다(대판2017. 4.28. 2016다213916).

②③ 이행강제금은 대체적 작위의무 위반의 경우에도 부과할 수 있기 때문에, 이 경우 대집행과 이행강제금을 선택적으로 활용할 수 있다. cf)전통적으로 행정대집행은 대체적 작위의무에 대한 강제집행수단으로, 이행강제금은 부작위의무나 비대체적 작위의무에 대한 강제집행수단으로 이해되어 왔으나, 이는 이행강제금제도의 본질에서 오는 제약은 아니며, 이행강제금은 대체적 작위의무의 위반에 대하여도 부과될 수 있다(헌재 2004.2.26. 2002헌바26).

5 ③ 공유재산 및 물품 관리법 제83조 제1항은 "지방자치단체의 장은 정당한 사유 없이 공유재산을 점유하거나 공유재산에 시설물을 설치한 경우에는 원상복구 또는 시설물의 철거 등을 명하거나 이에 필요한 조치를 할 수 있다."라고 규정하고, 제2항은 "제1항에 따른 명령을 받은 자가 그 명령을 이행하지 아니할 때에는 '행정대집행법'에 따라 원상복구 또는 시설물의 철거 등을 하고 그 비용을 징수할 수 있다."라고 규정하고 있다. 위 규정에 따라 지방자치단체장은 행정대집행의 방법으로 공유재산에 설치한 시설물을 철거할 수 있고, 이러한 행정대집행의 절차가 인정되는 경우에는 민사소송의 방법으로 시설물의 철거를 구하는 것은 허용되지 아니한다(대판 2017. 4.13. 2013다207941).

6 ③ 부동산실명법 제10조 제1항, 제4항, 제6조 제2항의 내용, 체계 및 취지 등을 종합하면, 부동산의 소유권이전을 내용으로 하는 계약을 체결하고 반대급부의 이행을 완료한 날로부터 3년 이내에 소유권이전등기를 신청하지 아니한 등기권리자 등에 대하여 부과되는 이행강제금은 소유권이전등기신청의무 불이행이라는 과거의 사실에 대한 제재인 과징금과 달리, 장기미등기자에게 등기신청의무를 이행하지 아니하면 이행강제금이 부과된다는 심리적 압박을 주어 의무의 이행을 간접적으로 강제하는 행정상의 간접강제 수단에 해당한다. 따라서 장기미등기자가 이행강제금 부과 전에 등기신청의무를 이행하였다면 이행강제금의 부과로써 이행을 확보하고자 하는 목적은 이미 실현된 것이므로 부동산실명법 제6조 제2항에 규정된 기간이 지나서 등기신청의무를 이행한 경우라 하더라도 이행강제금을 부과할 수 없다(대판 2016. 6.23. 2015두36454).

①④이행강제금은 부작위의무나 비대체적 작위의무 위반의 경우뿐만 아니라 대체적 작위의무 위반에 대하여도 부과될 수 있는 것이므로, 이 사건 법률조항에서 이행강제금을 규정하고 있다고 하여 이행강제금 제도의 본질에 반한다고 할 수 없다. 특히 오늘날 건축물의 대형화로 인하여 대집행에 과다한 비용이 들거나 고도의 전문기술이 요구됨으로 인하여 대집행에 의한 강제가 부적절한 경우도 발생할 수 있고, 대집행을 하는 경우 위반자의 격렬한 저항이 예상되는 경우 등에는 위반자에게 금전적인 제재를 부과하여 심리적인 압박을 가함으로써 자발적으로 의무를 이행하게 하는 이행강제금이 대집행보다 더 효과적인 강제수단이 될 수 있다. 그리고 행정대집행은 위반 행위자가 위법상태를 치유하지 않아 그 이행의 확보가 곤란하고 또한 이를 방치함이 심히 공익을 해할 것으로 인정될 때에 행정청 또는 제3자가 이를 치유하는 것인 반면, 이행강제금은 위반행위자 스스로가 이를 시정할 수 있는 기회를 부여하여 불필요한 행정력의 낭비를 억제하고 위반행위로 인한 경제적 이익을 환수하기 위한 제도로서 양 제도 각각의 장·단점이 있다. 따라서 개별사건에 있어서 위반내용, 위반자의 시정의지 등을 감안하여 허가권자는 행정대집행과 이행강제금을 선택적으로 활용할 수 있고, 행정대집행과 이행강제금 부과가 동시에 이루어지는 것이 아니라 허가권자의 합리적인 재량에 의해 선택하여 활용하는 이상 이를 중첩적인 제재에 해당한다고 볼 수 없다(헌재 2011.10.25. 2009헌바140).

② 구 건축법상의 이행강제금은 구 건축법의 위반행위에 대하여 시정명령을 받은 후 시정기간 내에 당해 시정명령을 이행하지 아니한 건축주 등에 대하여 부과되는 간접강제의 일종으로서 그 이행강제금 납부의무는 상속인 기타의 사람에게 승계될 수 없는 일신전속적인 성질의 것이므로 이미 사망한 사람에게 이행강제금을 부과하는 내용의 처분이나 결정은 당연무효이고, 이행강제금을 부과받은 사람의 이의에 의하여 비송사건절차법에 의한 재판절차가 개시된 후에 그 이의한 사람이 사망한 때에는 사건 자체가 목적을 잃고 절차가 종료한다(대판 2006.12. 8. 2006마470).

7 ② 대집행의 계고·대집행영장에 의한 통지·대집행의·실행·대집행에 요한 비용의 납부명령 등은, 타인이 대신하여 행할 수 있는 행정의무의 이행을 의무자의 비용부담하에 확보하고자 하는, 동일한 행정목적을 달성하기 위하여 단계적인 일련의 절차로 연속하여 행하여지는 것으로서, 서로 결합하여 하나의 법률효과를 발생시키는 것이므로, 선행처분인 계고처분이 하자가 있는 위법한 처분이라면, 비록 하자가 중대하고도 명백한 것이 아니어서 당연무효의 처분이라고 볼 수 없고 대집행의 실행이 이미 사실행위로서 완료되어 계고처분의 취소를 구할 법률상 이익이 없게 되었으며, 또 대집행비용납부명령 자체에는 아무런 하자가 없다 하더라도, 후행처분인 대집행비용납부명령의 취소를 청구하는 소송에서 청구원인으로 선행처분인 계고처분이 위법한 것이기 때문에 그 계고처분을 전제로 행하여진 대집행비용납부명령도 위법한 것이라는 주장을 할 수 있다(대판 1993.11. 9. 93누14271).

① 도시공원시설인 매점의 관리청이 그 공동점유자 중의 1인에 대하여 소정의 기간 내에 위 매점으로부터 퇴거하고 이에 부수하여 그 판매시설물 및 상품을 반출하지 아니할 때에는 이를 대집행하겠다는 내용의 계고처분은 그 주된 목적이 매점의 원형을 보존하기 위하여 점유자가 설치한 불법 시설물을 철거하고자 하는 것이 아니라, 매점에 대한 점유자의 점유를 배제하고 그 점유이전을 받는 데 있다고 할 것인데, 이러한 의무는 그것을 강제적으로 실현함에 있어 직접적인 실력행사가 필요한 것이지 대체적 작위의무에 해당하는 것은 아니어서 직접강제의 방법에 의하는 것은 별론으로 하고 행정대집행법에 의한 대집행의 대상이 되는 것은 아니다(대판 1998.10.23. 97누157).

③ 대집행에 요한 비용을 징수하였을 때에는 그 징수금은 사무비의 소속에 따라 국고 또는 지방자치단체의 수입으로 한다(행정대집행법 제6조 제3항).

④ 행정대집행법 제7조.

8 ①④ 대집행 계고와 대집행영장에 의한 통지 절차는 비상시 또는 위험이 절박한 경우 생략할 수 있다(행정대집행법 제3조 제3항).
계고서라는 명칭의 1장의 문서로서 일정기간 내에 위법건축물의 자진철거를 명함과 동시에 그 소정기한 내에 자진철거를 하지 아니할 때에는 대집행할 뜻을 미리 계고한 경우라도 건축법에 의한 철거명령과 행정대집행법에 의한 계고처분은 독립하여 있는 것으로서 각 그 요건이 충족되었다고 볼 것이다. 계고를 함에 있어서는 의무자가 이행하여야 할 행위와 그 의무불이행시 대집행할 행위의 내용 및 범위가 구체적으로 특정되어야 할 것이지만 그 특정여부는 실제건물의 위치, 구조, 평수 등을 계고서의 표시와 대조검토하여 대집행의무자가 그 이행의무의 범위를 알 수 있을 정도로 하면 족하다(대판 1992. 6.12. 91누13564).

② 행정대집행법 제2조는 '행정청의 명령에 의한 행위로서 타인이 대신하여 행할 수 있는 행위를 의무자가 이행하지 아니하는 경우'에 대집행할 수 있도록 규정하고 있는데, 이 사건 용도위반 부분을 장례식장으로 사용하는 것이 관계 법령에 위반한 것이라는 이유로 장례식장의 사용을 중지할 것과 이를 불이행할 경우 행정대집행법에 의하여 대집행하겠다는 내용의 이 사건 처분은, 이 사건 처분에 따른 '장례식장 사용중지 의무'가 원고 이외의 '타인이 대신'할 수도 없고, 타인이 대신하여 '행할 수 있는 행위'라고도 할 수 없는 비대체적 부작위 의무에 대한 것이므로, 그 자체로 위법함이 명백하다(대판 2005. 9.28. 2005두7464).

③ 행정대집행법 제2조는 대집행의 대상이 되는 의무를 '법률(법률의 위임에 의한 명령, 지방자치단체의 조례를 포함한다)에 의하여 직접 명령되었거나 또는 법률에 의거한 행정청의 명령에 의한 행위로서 타인이 대신하여 행할 수 있는 행위'라고 규정하고 있으므로, 대집행계고처분을 하기 위하여는 법령에 의하여 직접 명령되거나 법령에 근거한 행정청의 명령에 의한 의무자의 대체적 작위의무 위반행위가 있어야 한다(대판 1996. 6.28. 96누4374).

9 ① 행정대집행법 제4조 제1항 2호.

> 제4조(대집행의 실행 등) ① 행정청(제2조에 따라 대집행을 실행하는 제3자를 포함한다. 이하 이 조에서 같다)은 해가 뜨기 전이나 해가 진 후에는 대집행을 하여서는 아니 된다. 다만, 다음 각 호의 어느 하나에 해당하는 경우에는 그러하지 아니하다.
> 　1. 의무자가 동의한 경우
> 　2. 해가 지기 전에 대집행을 착수한 경우
> 　3. 해가 뜬 후부터 해가 지기 전까지 대집행을 하는 경우에는 대집행의 목적 달성이 불가능한 경우
> 　4. 그 밖에 비상시 또는 위험이 절박한 경우

　② 무허가증축부분으로 인하여 건물의 미관이 나아지고 위 증축부분을 철거하는 데 비용이 많이 소요된다고 하더라도 위 무허가증축부분을 그대로 방치한다면 이를 단속하는 당국의 권능이 무력화되어 건축행정의 원활한 수행이 위태롭게 되며 건축법 소정의 제한규정을 회피하는 것을 사전예방하고 또한 도시계획구역 안에서 토지의 경제적이고 효율적인 이용을 도모한다는 더 큰 공익을 심히 해할 우려가 있다고 보아 건물철거대집행계고처분을 할 요건에 해당된다(대판 1992. 3.10. 91누4140).

　③ 계고처분의 후속절차인 대집행에 위법이 있다고 하더라도, 그와 같은 후속절차에 위법성이 있다는 점을 들어 선행절차인 계고처분이 부적법하다는 사유로 삼을 수는 없다(대판 1997. 2.14. 96누15428).

　④ 건축법에 위반하여 증, 개축함으로써 철거의무가 있더라도 행정대집행법 제2조에 의하여 그 철거의무를 대집행하기 위한 계고처분을 하려면 다른 방법으로는 그 이행의 확보가 어렵고, 그 불이행을 방치함이 심히 공익을 해하는 것으로 인정되는 경우에 한한다(대판 1989. 7.11. 88누11193).

10 ① 「건축법」 제78조에 의한 무허가 건축행위에 대한 형사 처분과 「건축법」 제83조 제1항에 의한 시정명령 위반에 대한 이행강제금의 부과는 그 처벌 내지 제재대상이 되는 기본적 사실관계로서의 행위를 달리하며, 또한 그 보호법익과 목적에서도 차이가 있으므로 헌법 제13조 제1항이 금지하는 이중처벌에 해당한다고 할 수 없다(헌재결 2004. 2. 26, 2001헌바80).

　② 대체적작위의무는 대집행이 가능하나 이행강제금 부과 역시 가능하다.

　③ 인도나 명도는 대집행의 대상이 아니다.

11 ① 대한주택공사가 구 「대한주택공사법」(2009.5.22. 법률 제9706호 한국토지주택공사법 부칙 제2조로 폐지) 및 구 「대한주택공사법」 시행령(2009.9.21. 대통령령 제21744호 한국토지주택공사법 시행령 부칙 제2조로 폐지)에 의하여 대집행권한을 위탁받아 공무인 대집행을 실시하기 위하여 지출한 비용을 「행정대집행법」 절차에 따라 「국세징수법」의 예에 의하여 징수할 수 있음에도 민사소송절차에 의하여 그 비용의 상환을 청구한 사안에서, 「행정대집행법」이 대집행비용의 징수에 관하여 민사소송절차에 의한 소송이 아닌 간이하고 경제적인 특별구제절차를 마련해 놓고 있으므로, 위 청구는 소의 이익이 없어 부적법하다고 본 원심판단을 수긍(대판 2011. 9. 8, 2010다48240).

12 ④ 대집행에 대하여는 행정심판을 제기할 수 있다〈행정대집행법 제7조〉.

13 ③ 과세처분과 체납처분은 서로 다른 별개의 행위이므로 과세처분의 하자가 체납처분에 승계되지는 않는다.

14 ④ 이행강제금은 현재 존속하고 있는 의무불이행만을 대상으로 하며 의무이행이 있는 때에는 설령 이행시기가 의무이행을 위하여 설정한 기한을 경과한 뒤라도 부과할 수 없으며 또한 의무자가 의무를 이행하지 아니한 경우에도 의무의 내용이 다른 방법으로 사실상 실현되었을 때에는 부과할 수 없다.

15 ①② 집행벌은 장래의 의무이행을 확보하려는 행정상 강제집행의 한 수단인 점에서 과거의 의무 위반에 대한 제재인 행정벌과 구별된다. 따라서 양자는 목적, 성질 등이 다르므로 병과될 수 있다.

　④ 건축법의 개정으로 이행강제금부과처분은 행정소송의 대상이 되는 행정처분이다.

03 행정상 즉시강제와 행정조사

기출문제

문 행정상 즉시강제에 해당하지 않는 것은?
▶ 2011. 5. 14. 상반기 지방직
① 「행정대집행법」에 의한 무허가 건물의 강제철거
② 「소방기본법」에 의한 강제처분
③ 「경찰관직무집행법」에 의한 범죄의 예방과 제지
④ 「재난 및 안전관리 기본법」에 의한 응급조치

section 1 의의

(1) 개념

행정상 즉시강제란 목전의 급박한 행정상 장해를 제거하여야 할 필요가 있으나 미리 의무를 명할 시간적 여유가 없을 때 또는 그 성질상 의무를 명해서는 목적 달성이 곤란한 때 직접 국민의 신체 또는 재산에 실력을 가하여 행정상 필요한 상태를 실현하는 행정작용을 말한다.

(2) 구별개념

① **행정상 강제집행과의 구별** … 행정상 강제집행은 의무의 부과를 그 전제로 하나, 즉시강제는 의무가 없어도 실행할 수 있다.

② **직접강제와의 구별** … 직접강제는 강제집행의 일종이므로 의무가 전제되어야 하나, 즉시강제는 의무가 없이도 실행할 수 있다.

③ **행정벌과의 구별** … 즉시강제는 즉시 그 목적을 실현하는 직접적인 의무이행확보 수단이나, 행정벌은 과거의 의무 위반에 대한 제재로서 간접적인 의무이행확보 수단이다.

④ **행정조사와의 구별** … 권력적 행정조사와 구별이 어려우나 일반적으로 즉시강제는 그 자체가 목적이지만, 행정조사는 그 자체로서는 다른 처분을 하기 위한 준비적 · 보조적 수단에 불과하다. 또한 즉시강제는 급박성을 요건으로 하나 행정조사는 그렇지 않다.

(3) 성질

즉시강제는 권력적 사실행위이므로 행정쟁송의 대상인 처분에 해당한다.

(4) 법적 근거

즉시강제는 의무 없이 행정청이 일방적으로 집행할 수 있는 수단이므로 엄격한 실정법적 근거를 요한다. 경찰관 직무집행과 관련된 즉시강제의 일반법으로서 「경찰관직무집행법」이 있고 개별법으로서 「마약류관리에 관한 법률」, 「감염병 예방 및 관리에 관한 법률」, 「소방기본법」, 「식품위생법」, 「검역법」 등이 있다.

┃정답 ①

※ 최근 제정된 행정기본법 제33조는 즉시강제에 관한 규정을 두고 있지만, 그 시행을 2023년 3월 24일로 규정하고 있다.

> 제33조(즉시강제)
> ① 즉시강제는 다른 수단으로는 행정목적을 달성할 수 없는 경우에만 허용되며, 이 경우에도 최소한으로만 실시하여야 한다.
> ② 즉시강제를 실시하기 위하여 현장에 파견되는 집행책임자는 그가 집행책임자임을 표시하는 증표를 보여 주어야 하며, 즉시강제의 이유와 내용을 고지하여야 한다.
> [시행일 : 2023. 3. 24.]

section 2 종류

(1) 대인적 강제

① **의의** … 사람의 신체에 실력을 가하여 행정상 필요한 상태를 실현시키는 즉시강제이다.

② **종류** … 「경찰관 직무집행법」상 불심검문, 보호조치, 위험발생방지조치, 범죄예방제지, 장구 · 무기사용, 「감염병 예방 및 관리에 관한 법률」상 강제격리 · 강제건강진단 · 교통차단, 「관세법」상 동행명령, 「마약류관리에 관한 법률」상 강제수용, 「소방기본법」상 원조강제 등이 있다.

(2) 대물적 강제

① **의의** … 물건에 대해 실력을 가하여 행정상 필요한 상태를 실현시키는 즉시강제이다.

② **종류** … 「경찰관 직무집행법」상 무기 등 물건의 임시영치, 「식품위생법」 · 「검역법」 · 「약사법」 · 「형의 집행 및 수용자의 처우에 관한 법률」상 물건의 압수 · 폐기, 「도로교통법」상 장해물의 제거, 「청소년보호법」 · 「관세법」상 물건의 영치 · 몰수 등이 있다.

(3) 대가택적 강제

① **의의** … 점유자 · 소유자의 의사와 무관하게 가택, 창고, 영업소 등에 출입하여 행정상 필요한 상태를 실현하는 작용을 말한다.

② **종류** … 「경찰관 직무집행법」상 위험방지를 위한 가택출입, 임검(현장 검증) · 검사 및 수색 등이 있다.

section ③ 행정상 즉시강제의 한계

(1) 일반적 한계

행정상 즉시강제는 급박성, 보충성, 소극성, 최소침해성, 비례성 등을 충족해야 한다.

① **급박성** … 사회통념상 위험의 발생이 확실하여야 한다. 미국에서 형성된 '현존하고 명백한 위험의 법리'와 같은 의미이다.

② **보충성** … 다른 조치로는 당해 목적을 달성할 수 없을 때 비로소 사용되어야 한다.

③ **소극성** … 소극적으로 사회공공의 질서를 유지하기 위한 경우에 사용되어야 하고 적극적으로 행정목적을 달성하기 위해 사용되어서는 안 된다.

④ **최소침해성** … 당해 수단은 목적을 위해 필요한 최소한도에 그쳐야 한다.

⑤ **비례성** … 비례의 원칙을 준수하여야 한다. 이에는 적합성의 원칙, 필요성의 원칙, 상당성의 원칙 등이 있다.

(2) 절차적 한계(즉시강제와 영장제도)

헌법 제12조에 규정된 형사상의 영장주의가 행정상의 즉시강제에도 적용되는가가 문제된다. 대법원은 행정상의 즉시강제에도 원칙적으로 영장주의가 적용되지만 급박하고 불가피한 경우에 한해 영장주의의 예외를 인정할 수 있다는 입장이지만, 헌법재판소는 원칙적으로 영장주의가 적용되지 않는다고 보고 있다.

> **판례** 사전영장주의는 인신보호를 위한 헌법상의 기속원리이기 때문에 인신의 자유를 제한하는 모든 국가작용의 영역에서 존중되어야 하지만, <u>헌법 제12조 제3항 단서도 사전영장주의의 예외를 인정하고 있는 것처럼 사전영장주의를 고수하다가는 도저히 행정목적을 달성할 수 없는 지극히 예외적인 경우에는</u> 형사절차에서와 같은 예외가 인정되므로, 구 사회안전법(1989. 6. 16. 법률 제4132호에 의해 '보안관찰법'이란 명칭으로 전문 개정되기 전의 것) 제11조 소정의 동행보호규정은 재범의 위험성이 현저한 자를 상대로 긴급히 보호할 필요가 있는 경우에 한하여 단기간의 동행보호를 허용한 것으로서 그 요건을 엄격히 해석하는 한, 동 규정 자체가 사전영장주의를 규정한 헌법규정에 반한다고 볼 수는 없다(대판 1997. 6.13. 96다56115).
>
> 영장주의가 행정상 즉시강제에도 적용되는지에 관하여는 논란이 있으나, 행정상 즉시강제는 상대방의 임의이행을 기다릴 시간적 여유가 없을 때 하명 없이 바로 실력을 행사하는 것으로서, 그 본질상 급박성을 요건으로 하고 있어 법관의 영장을 기다려서는 그 목적을 달성할 수 없다고 할 것이므로, <u>원칙적으로 영장주의가 적용되지 않는다고 보아야 할 것이다.</u> 이 사건 법률조항이 영장 없는 수거를 인정한다고 하더라도 이를 두고 헌법상 영장주의에 위배되는 것으로는 볼 수 없고, 구 음반·비디오물및게임물에관한법률 제24조 제4항에서 관계공무원이 당해 게임물 등을 수거한 때에는 그 소유자 또는 점유자에게 수거증을 교부하도록 하고 있고, 동조 제6항에서 수거 등 처분을 하는 관계공무원이나 협회 또는 단체의 임·직원은 그 권한을 표시하는 증표를 지니고 관계인에게 이를 제시하도록 하는 등의 절차적 요건을 규정하고 있으므로, 이 사건 법률조항이 적법절차의 원칙에 위배되는 것으로 보기도 어렵다(헌재결 2002.10.31. 2000헌가12).

section 4 행정상 즉시강제에 대한 구제

(1) 적법한 즉시강제에 대한 구제

적법한 즉시강제로 인해 특정인에게 특별한 손실이 발생한 때에는 그에 대해 손실보상을 청구할 수 있다.

(2) 위법한 즉시강제에 대한 구제

① **정당방위** … 위법한 즉시강제에 대해서는 정당방위가 인정된다.

② **행정쟁송** … 행정상 즉시강제는 권력적 사실행위로서 행정쟁송의 대상인 처분에 해당한다. 그러나 즉시강제는 단시간에 종료되는 것이 보통이므로 소의 실익이 인정되는 경우가 많지 않다.

③ **손해배상청구** … 위법한 즉시강제로 손해를 입었을 경우에는 국가에 대한 손해배상청구가 가장 실효성 있는 구제수단이라고 할 수 있다.

④ **기타** … 감독청에 의한 취소·정지, 공무원에 대한 형사책임, 징계책임, 고소, 청원 등이 있다.

section 5 행정조사

(1) 정의

행정기관이 정책을 결정하거나 직무를 수행하는 데 필요한 정보나 자료를 수집하기 위하여 현장조사·문서열람·시료채취 등을 하거나 조사대상자에게 보고요구·자료제출요구 및 출석·진술요구를 행하는 활동을 말한다.

(2) 행정상 즉시강제와의 구별

① 즉시강제는 그 자체로서 목적이고 급박한 경우에 사용되는 반면, 행정조사는 다른 작용을 위한 수단이고 급박성을 요하지 않는다는 점에서 차이가 있다.

② 즉시강제는 직접적인 실력행사이나 행정조사는 실력행사에 한정되지 않는다.

(3) 종류

① **대인적 조사** … 불심검문, 신체수색 등

② **대물적 조사** … 장부의 열람, 시설검사, 물품의 검사 등

③ **대가택 조사** … 가택수색, 창고·영업소 출입검사 등

🔑 **행정조사에 대한 설명으로 옳지 않은 것은?** (다툼이 있는 경우 판례에 의함)

▶ 2016. 4. 9. 인사혁신처

① 행정조사는 조사목적을 달성하는 데 필요한 최소한의 범위 안에서 실시하여야 한다.

② 위법한 행정조사로 손해를 입은 국민은 「국가배상법」에 따른 손해배상을 청구할 수 있다.

③ 위법한 세무조사를 통하여 수집된 과세자료에 기초하여 과세처분을 하였더라도 그러한 사정만으로 그 과세처분이 위법하게 되는 것은 아니다.

④ 우편물 통관검사절차에서 이루어지는 우편물 개봉 등의 검사는 행정조사의 성격을 가지는 것으로서 수사기관의 강제처분이라고 할 수 없으므로, 압수·수색영장 없이 검사가 진행되었다 하더라도 특별한 사정이 없는 한 위법하다고 볼 수 없다.

정답 ③

(4) 한계

① **법적 한계** ··· 우리 현행법상 행정조사에 대한 일반법으로 「행정조사기본법」이 있으며, 각 개별법에 규정으로는 「식품위생법」, 「통계법」, 「약사법」 등이 있다.

② **조리상의 한계** ··· 행정조사는 적합성·상당성·필요성·보충성의 원칙 등 조리상의 한계 내에서 이루어져야 한다.

(5) 「행정조사기본법」상의 내용

① **행정조사의 기본원칙**〈행정조사기본법 제4조〉
　⊙ 행정조사는 조사목적을 달성하는 데 필요한 최소한의 범위 안에서 실시하여야 하며, 다른 목적 등을 위하여 조사권을 남용하여서는 아니된다.
　ⓛ 행정기관은 조사목적에 적합하도록 조사대상자를 선정하여 행정조사를 실시하여야 한다.
　ⓒ 행정기관은 유사하거나 동일한 사안에 대하여는 공동조사 등을 실시함으로써 행정조사가 중복되지 아니하도록 하여야 한다.
　ⓔ 행정조사는 법령 등의 위반에 대한 처벌보다는 법령 등을 준수하도록 유도하는 데 중점을 두어야 한다.
　ⓜ 다른 법률에 따르지 아니하고는 행정조사의 대상자 또는 행정조사의 내용을 공표하거나 직무상 알게 된 비밀을 누설하여서는 아니된다.
　ⓗ 행정기관은 행정조사를 통하여 알게 된 정보를 다른 법률에 따라 내부에서 이용하거나 다른 기관에 제공하는 경우를 제외하고는 원래의 조사목적 이외의 용도로 이용하거나 타인에게 제공하여서는 아니된다.

② **조사방법** ··· 출석·진술 요구, 보고요구, 자료제출의 요구, 현장조사, 시료채취, 자료 등의 영치가 있다.

③ **조사의 실시**
　⊙ **행정조사의 사전통지**〈행정조사기본법 제17조〉: 행정조사를 실시하고자 하는 행정기관의 장은 출석요구서, 보고요구서·자료제출요구서 및 현장출입조사서를 조사개시 7일 전까지 조사대상자에게 서면으로 통지하여야 한다.
　ⓛ **조사결과의 통지**〈행정조사기본법 제24조〉: 행정기관의 장은 법령 등에 특별한 규정이 있는 경우를 제외하고는 행정조사의 결과를 확정한 날부터 7일 이내에 그 결과를 조사대상자에게 통지하여야 한다.

④ **정보통신수단을 통한 행정조사**〈행정조사기본법 제28조〉 ··· 행정기관의 장은 인터넷 등 정보통신망을 통하여 조사대상자로 하여금 자료의 제출 등을 하게 할 수 있다.

기출문제

문 행정조사에 대한 설명으로 옳지 않은 것은? (다툼이 있는 경우 판례에 의함)
▶ 2018. 4. 7. 인사혁신처

① 「행정조사기본법」에 따르면, 행정기관은 법령 등에서 행정조사를 규정하고 있는 경우에 한하여 행정조사를 실시할 수 있지만 조사대상자가 자발적으로 협조하는 경우에는 법령 등에서 행정조사를 규정하고 있지 않더라도 행정조사를 실시할 수 있다.
② 「행정조사기본법」에 따르면, 행정조사를 실시하는 경우 조사개시 7일 전까지 조사대상자에게 출석요구서, 보고요구서·자료제출요구서, 현장출입조사서를 서면으로 통지하여야 하나, 조사대상자의 자발적인 협조를 얻어 행정조사를 실시하는 경우에는 미리 서면으로 통지하지 않고 행정조사의 개시와 동시에 이를 조사대상자에게 제시할 수 있다.
③ 헌법 제12조제1항에서 규정하고 있는 적법절차의 원칙은 형사소송절차에 국한되지 않고 모든 국가작용 전반에 대하여 적용되는 원칙이므로 세무공무원의 세무조사권의 행사에서도 적법절차의 원칙은 준수되어야 한다.
④ 행정조사는 처분성이 인정되지 않으므로 세무조사결정이 위법하더라도 이에 대해서는 항고소송을 제기할 수 없다.

▌정답 ④

기출문제

(6) 행정조사에 대한 구제

① **적법한 행정조사에 대한 구제** … 적법한 행정조사로 인하여 손실을 받은 경우에는 손실보상을 청구할 수 있다.

② **위법한 행정조사에 대한 구제** … 권력적 강제조사는 권력적 사실행위로서 처분에 해당하므로 행정쟁송의 대상이 된다. 다만, 비권력적 행정조사는 처분에 포함되지 않으므로 손해배상을 청구할 수 있을 뿐이다. 이외에 청원, 공무원의 형사책임·징계책임 등을 통해 간접적으로 구제받을 수 있다.

판례 납세자에 대한 부가가치세부과처분이, 종전의 부가가치세 경정조사와 같은 세목 및 같은 과세기간에 대하여 중복하여 실시된 <u>위법한 세무조사에 기초하여 이루어진 것이어서 위법</u>하다(대판 2006. 6. 2. 2004두12070)

관세법 제246조 제1항, 제2항, 제257조, '국제우편물 수입통관 사무처리' 제1-2조 제2항, 제1-3조, 제3-6조, 구 '수출입물품 등의 분석사무 처리에 관한 시행세칙' 등과 관세법이 관세의 부과·징수와 아울러 수출입물품의 통관을 적정하게 함을 목적으로 한다는 점(관세법 제1조)에 비추어 보면, <u>우편물 통관검사절차에서 이루어지는 우편물의 개봉, 시료채취, 성분분석 등의 검사는 수출입물품에 대한 적정한 통관 등을 목적으로 한 행정조사의 성격을 가지는 것으로서 수사기관의 강제처분이라고 할 수 없으므로, 압수·수색영장 없이 우편물의 개봉, 시료채취, 성분분석 등 검사가 진행되었다 하더라도 특별한 사정이 없는 한 위법하다고 볼 수 없다</u>(대판 2013. 9.26. 2013도7718).

2021 국가직 9급

1 행정상 즉시강제에 대한 설명으로 옳지 않은 것은? (다툼이 있는 경우 판례에 의함)

① 행정상 즉시강제는 국민의 권리침해를 필연적으로 수반하므로, 이에 대해서는 항상 영장주의가 적용된다.

② 행정상 즉시강제는 직접강제와는 달리 행정상 강제집행에 해당하지 않는다.

③ 구「음반·비디오물 및 게임물에 관한 법률」상 불법게임물에 대한 수거 및 폐기 조치는 행정상 즉시강제에 해당한다.

④ 다른 수단으로는 행정목적을 달성할 수 없는 경우에만 허용되며, 이 경우에도 최소한으로만 실시하여야 한다.

2 행정조사에 대한 다음 설명 중 옳지 않은 것은?

① 행정조사는 조사를 통해 법령 등의 위반사항을 발견하고 처벌하는 데 중점을 두어야 한다.

② 행정기관은 유사하거나 동일한 사안에 대하여는 공동조사 등을 실시함으로써 행정조사가 중복되지 아니하도록 하여야 한다.

③ 행정조사는 조사목적을 달성하는 데 필요한 최소한의 범위 안에서 실시하여야 한다.

④ 행정기관은 조사목적에 적합하도록 조사대상자를 선정하여 행정조사를 실시하여야 한다.

3 행정상의 즉시강제에 관한 설명 중 옳지 않은 것은?

① 실력으로써 행정상 필요한 상태를 실현시키는 사실작용이다.

② 목전의 급박한 장해를 제거하거나 의무를 명할 시간적 여유가 없는 경우에 사용된다.

③ 행정의 긴급권이라는 자연법 사상에 기초한 것으로 별도의 법적 근거를 요하지 않는다.

④ 조리상의 한계로서 현존하는 명백한 위험의 원칙 및 보충성의 원칙 등이 있다.

4 행정조사에 관한 설명으로 옳은 것을 모두 고르면?

> ㉠ 위법한 행정조사에 기초하여 내려진 행정처분은 위법한 처분이다.
> ㉡ 강제적 행정조사의 경우 처분성이 인정되지 않는다.
> ㉢ 현대국가에 있어서는 행정조사의 수요가 점차 증가하고 있다.
> ㉣ 행정조사를 거부, 방해하는 자에 대해서는 직접적인 실력행사 자체가 허용되는 것으로 보는 것이 일반적이다.
> ㉤ 형사상 소추할 목적으로 하는 행정조사에서는 영장제시가 불필요한 것으로 본다.

① ㉠㉢   ② ㉠㉤
③ ㉡㉣   ④ ㉢㉤

5 행정상 즉시강제에 대한 설명으로 옳은 것은? (다툼이 있는 경우 판례에 의함)

① 구 「음반·비디오물 및 게임물에 관한 법률」상 등급분류를 받지 아니한 게임물을 발견한 경우 관계행정청이 관계공무원으로 하여금 이를 수거·폐기하게 할 수 있도록 한 규정은 헌법상 영장주의와 피해 최소성의 요건을 위배하는 과도한 입법으로 헌법에 위반된다.

② 재범의 위험성이 현저한 자를 상대로 긴급히 보호할 필요가 있는 경우에 단기간의 동행보호를 허용한 구 「사회안전법」상 동행보호규정은 사전영장주의를 규정한 헌법규정에 반한다.

③ 「식품위생법」상 영업소 폐쇄명령을 받은 후에도 계속하여 영업을 하는 경우 해당 영업소를 폐쇄하는 조치는 행정상 즉시강제의 수단에 해당한다.

④ 손실발생의 원인에 대하여 책임이 없는 자가 경찰관의 적법한 보호조치에 자발적으로 협조하여 재산상의 손실을 입은 경우, 국가는 손실을 입은 자에 대하여 정당한 보상을 하여야 한다.

6 **행정상 즉시강제에 관한 설명 중 옳지 않은 것은?**

① 행정상 즉시강제는 급박성, 보충성, 소극성, 최소침해성, 비례성 등을 충족해야 한다.

② 원칙적으로 행정상 즉시강제에도 영장주의가 적용되지만 급박하고 불가피한 경우에 한해 영장주의의 예외를 인정할 수 있다.

③ 위법한 행정상 즉시강제에 대한 직접적이고도 실질적인 권리구제수단은 「국가배상법」에 의한 손해배상의 청구 또는 원상회복의 청구이다.

④ 위법한 즉시강제에 대해서 정당방위는 인정되지 않는다.

정답및해설

1	①	2	①	3	③	4	①		④
6	④								

1 ① 이 사건 법률조항은 앞에서 본바와 같이 급박한 상황에 대치하기 위한 것으로서 그 불가피성과 정당성이 충분히 인정되는 경우이므로, 이 사건 법률조항이 영장 없는 수거를 인정한다고 하더라도 이를 두고 헌법상 영장주의에 위배되는 것으로는 볼 수 없고, 위 구 음반·비디오물및게임물에관한법률 제24조 제4항에서 관계공무원이 당해 게임물 등을 수거한 때에는 그 소유자 또는 점유자에게 수거증을 교부하도록 하고 있고, 동조 제6항에서 수거 등 처분을 하는 관계공무원이나 협회 또는 단체의 임·직원은 그 권한을 표시하는 증표를 지니고 관계인에게 이를 제시하도록 하는 등의 절차적 요건을 규정하고 있으므로, 이 사건 법률조항이 적법절차의 원칙에 위배되는 것으로 보기도 어렵다(헌재 2002.10.31. 2000헌가12).

2 ① 행정조사는 행정작용의 자료를 얻기 위한 준비적, 보조적 수단이다.
   ②「행정조사기본법」제4조 제3항
   ③「행정조사기본법」제4조 제1항
   ④「행정조사기본법」제4조 제2항

3 ③ 행정상 즉시강제는 예측가능성과 법적 안정성을 위협하는 전형적인 침해행정임을 고려해 볼 때, 법치행정의 원칙상 별도의 법적 근거를 필요로 하는 것은 당연하다(다수설·판례).

4 ㉡ 강제적 행정조사의 경우에는 처분성이 인정된다.
   ㉣ 행정조사를 거부, 방해하는 자에 대해서는 직접적인 실력행사는 허용되지 않고, 행정벌을 부과할 수 있을 뿐이라는 것이 다수설이다.
   ㉤ 형사상 소추할 목적으로 하는 행정조사에는 영장이 필요하다.

5 ①② 대법원은 사회안전법 사건에서, 헌법재판소는「음반비디오물 및 게임물에 관한 법률」에 대한 위헌법률심판제청사건에서 각각 절충설에 입각하여 판시하였다. 단, 다수설과 대법원은 절충설에 있어 원칙은 영장이 필요하나 예외를 허용하는 형식이나 헌법재판소는 즉시강제가 급박성을 본질로 하여 영장의 필요를 원칙으로 하면 목적달성이 아니 된다고 보아 원칙적으로 영장주의가 적용되지 아니하고 예외적으로 영장이 필요하다고 보는 입장이다.
   ③「식품위생법」제79조의 영업소의 폐쇄조치는 직접강제 사례이다.

6 ④ 위법한 즉시강제에 대해서는 정당방위가 인정된다.

04 행정벌

section 1 의의

(1) 개념

행정벌이란 행정법상의 의무위반행위(행정목적상의 명령·금지 위반)에 대하여 일반통치권에 의거하여 일반 사인에게 제재로서 과하는 처벌을 말한다. 이는 과거의 의무 위반에 대한 제재로서 의무이행을 간접적으로 강제하고 확보하는 기능을 수행한다.

(2) 구별개념

① **징계벌과의 구별** ··· 행정벌은 일반통치권에 기하여 발동되므로 특별행정법관계에서 그 내부질서를 유지하기 위하여 행하는 징계벌과 다르다. 따라서 양자는 일사부재리의 원칙이 적용되지 않고, 형사소추우선의 원칙도 인정되지 않으며 병과가 가능하다.

② **이행강제금(집행벌)과의 구별** ··· 행정벌은 과거의 의무 위반에 대하여 과하는 제재이므로 장래에 대해 그 이행을 확보하기 위한 이행강제금(집행벌)과 구별된다.

③ **형사벌과의 구별** ··· 행정벌과 형사벌의 구별은 상대적인 것으로 행정벌과 형사벌을 구별하지 않는 소수설도 있으나 구별긍정설이 다수설이다. 긍정설 중에서도 피침해규범의 성질을 기준으로 구별하는 견해와 피침해이익의 성질을 기준으로 구별하는 견해가 있으나 실정법에 의해 비로소 의무가 발생하는 법정범을 처벌하기 위한 것이 행정벌이고 실정법 이전에 반윤리성·반사회성이 명백한 자연범을 처벌하기 위한 것이 형사벌이라는 전자가 통설이다.

형사범	행정범
• 자연범	• 법정범
• 실정법 제정 이전에도 반사회성 인정	• 법으로 규정함으로써 반사회성 인정
• 국가의 기본질서	• 국가의 파생질서

(3) 법적 근거

① **죄형법정주의** ··· 행정벌에도 법적 근거가 필요하며 죄형법정주의가 적용된다.

② **행정벌의 위임** ··· 법률이 명령에 벌칙규정을 위임할 수 있으나 처벌의 대상이 되는 행위의 종류와 형량의 최고한도를 구체적으로 범위를 정하여 위임하여야 한다. 또한 조례로써도 행정벌을 규정할 수 있다.

문 행정벌에 대한 설명으로 옳은 것으로만 묶은 것은? (다툼이 있는 경우 판례에 의함)
▶ 2020. 6. 13. 지방직/서울특별시

ㄱ. 행정청의 과태료 부과에 불복하는 자는 서면으로 이의제기를 할 수 있으나, 이의제기가 있더라도 과태료 부과처분은 그 효력을 유지한다.

ㄴ. 「도로교통법」상 범칙금 통고처분은 항고소송의 대상이 되는 행정처분에 해당하지 않는다.

ㄷ. 과징금은 어떤 경우에도 영업정지에 갈음하여 부과할 수 없다.

ㄹ. 「질서위반행위규제법」에 따른 과태료는 행정청의 과태료 부과처분이나 법원의 과태료 재판이 확정된 후 5년간 징수하지 아니하거나 집행하지 아니하면 시효로 소멸한다.

① ㄱ, ㄴ
② ㄱ, ㄷ
③ ㄴ, ㄷ
④ ㄴ, ㄹ

| 정답 ④

(4) 종류(처벌의 내용에 따라)

① **행정형벌** … 형법에 형명이 있는 형벌이 과하여지는 행정벌을 말한다. 사형·징역·금고·자격상실·자격정지·벌금·구류·과료·몰수 등이 이에 해당한다.

② **행정질서벌** … 행정상의 질서유지를 위하여 일정한 행정상의 의무위반행위에 대해 과태료를 부과하는 벌칙을 말한다.

(5) 행정형벌의 행정질서벌화

행정법규에는 위반시 단기자유형과 벌금형을 과하는 경우가 많은데 이는 형법상의 형벌인 바 전과자 양산이라는 문제가 있다. 이에 단기자유형과 벌금형은 행정질서벌로 전환하고 불필요한 행정형벌은 정비하는 등 행정벌에 대한 법제도를 개선할 필요성이 제기되고 있다.

section 2 행정형벌

(1) 의의

행정형벌이란 형법에 형명이 있는 형벌이 과하여지는 행정벌을 말한다. 이에는 죄형법정주의와 형법총칙이 적용된다.

(2) 행정형벌의 특수성

① **범의(고의·과실)** … 형법상 형사범의 성립에는 원칙적으로 고의가 있음을 요건으로 하고, 과실에 의한 행위는 법률에 특별한 규정이 있는 경우에만 처벌하도록 하고 있다. 고의의 성립에는 사실의 인식 외에도 위법성의 인식가능성이 있어야 한다. 이러한 원칙은 행정형벌에도 적용된다(통설·판례).

> **판례** 구 「공중위생법」 제12조 제2항 제1호 다목은 "숙박업자는 손님에게 도박 기타 사행행위를 하게 하거나 이를 하도록 내버려 두어서는 아니된다."고 규정하고 있는 바, 숙박업자가 알지도 못하고 있는 상태에서 손님이 도박을 한 경우에는 숙박업자가 위 규정에 위반한 것으로 볼 수 없는 것이다(대판 1994. 1. 11, 93누22173).

② **법인의 책임** … 형법상 법인은 범죄능력이 없는 것으로 보나 행정법규는 그 실효성 확보를 위해 법인에 대하여도 재산형을 과할 것을 규정하는 경우가 많다. 이를 양벌규정이라 한다.

③ **타인의 행위에 대한 책임** … 행정법규에는 사업주를 처벌하거나, 미성년자·피성년후견인·피한정후견인의 법정대리인을 처벌하도록 하는 양벌규정을 두는 경우가 있다. 이는 자기의 생활범위 내에 있는 자가 법령에 위반하지 않도록 주의·감독할 의무를 태만히 한 데 대한 과실책임이므로 책임주의원칙에 반하는

것은 아니며, 처벌은 명문의 규정이 있는 경우에 한한다. 이 경우 종업원의 범죄 성립이나 처벌이 영업주 처벌의 전제조건이 될 필요는 없다(대판 2006. 2.24. 2005도7673).

> **판례** 국가가 본래 그의 사무의 일부를 지방자치단체의 장에게 위임하여 그 사무를 처리하게 하는 기관위임사무의 경우에는 지방자치단체는 국가기관의 일부로 볼 수 있는 것이지만, 지방자치단체가 그 고유의 자치사무를 처리하는 경우에는 지방자치단체는 국가기관의 일부가 아니라 국가기관과는 별도의 독립한 공법인이므로, <u>지방자치단체 소속 공무원이 지방자치단체 고유의 자치사무를 수행하던 중 도로법 제81조 내지 제85조의 규정에 의한 위반행위를 한 경우에는 지방자치단체는 도로법 제86조의 양벌규정에 따라 처벌대상이 되는 법인에 해당한다.</u> 지방자치단체 소속 공무원이 압축트럭 청소차를 운전하여 고속도로를 운행하던 중 제한축중을 초과 적재 운행함으로써 도로관리청의 차량운행제한을 위반한 사안에서, 해당 지방자치단체가 도로법 제86조의 양벌규정에 따른 처벌대상이 된다(대판 2005.11.10. 2004도2657).
>
> 법령상 지방자치단체의 장이 처리하도록 하고 있는 사무가 자치사무인지, 기관위임사무에 해당하는지 여부를 판단하는 때에는 그에 관한 법령의 규정 형식과 취지를 우선 고려하여야 하며, 그 외에도 그 사무의 성질이 전국적으로 통일적인 처리가 요구되는 사무인지 여부나 그에 관한 경비부담과 최종적인 책임귀속의 주체 등도 아울러 고려하여 판단하여야 한다. 지방자치단체 소속 공무원이 지정항만순찰 등의 업무를 위해 관할관청의 승인 없이 개조한 승합차를 운행함으로써 구 자동차관리법을 위반한 사안에서, 지방자치법, 구 항만법, 구 항만법 시행령 등에 비추어 <u>위 항만순찰 등의 업무가 지방자치단체의 장이 국가로부터 위임받은 기관위임사무에 해당하여, 해당 지방자치단체가 구 자동차관리법 제83조의 양벌규정에 따른 처벌대상이 될 수 없다</u>(대판 2009. 6.11. 2008도6530).

④ **책임능력** … 형사범의 경우에는 심신장애인에 대하여 형을 감경하거나 벌하지 않고 14세 미만인 자의 행위에 대하여는 벌하지 않지만 행정범에 있어서는 이들 규정의 적용을 배제·제한하는 경우가 있다.

⑤ **공범·교사범·누범·경합범** … 행정범에 대하여는 종범·경합범 등에 관한 형법의 적용을 배제하는 경우가 많다〈담배사업법 제31조〉.

(3) 행정형벌의 과벌절차

① **일반절차** … 행정형벌도 형사소송법이 정하는 절차에 따르는 것이 원칙이다.

② **특별절차** … 예외적으로 통고처분, 즉결심판 등의 과벌절차가 있다.

 ㉠ **통고처분**

  • 의의 : 주로 조세범·관세범·출입국사범·도로교통사범·경범죄사범 등에 대해 행정청이 정식재판에 갈음하여 절차의 간이와 신속함을 주어 일정한 벌금 또는 과료에 해당하는 금액 또는 물품의 납부를 명하는 제도이다.

  • 통고처분권자 : 국세청장, 지방국세청장, 세무서장, 관세청장, 세관장, 출입국관리소장, 경찰서장 등이 있다.

  • 내용 : 벌금 또는 과료에 상당하는 금액, 몰수에 해당하는 물품, 추징금에 상당하는 금액 기타 비용 등의 납부를 통고하는 것이다.

기출문제

💬 통고처분에 대한 설명으로 옳은것은? (다툼이 있는 경우 판례에 의함)
 ▶ 2015. 6. 27. 제1회 지방직

① 「조세범 처벌절차법」에 근거한 범칙자에 대한 세무관서의 통고처분은 행정소송의 대상이 되는 행정처분이다.

② 법률에 따라 통고처분을 할 수 있으면 행정청은 통고처분을 하여야 하며, 통고처분 이외의 조치를 취할 재량은 없다.

③ 행정법규 위반자가 법정기간 내에 통고처분에 의해 부과된 금액을 납부하지 않으면 「비송사건절차법」에 의해 처리된다.

④ 행정법규 위반자가 통고처분에 의해 부과된 금액을 납부하면 과벌절차가 종료되며 동일한 사건에 대하여 다시 처벌받지 아니한다.

┃정답 ④

- 효과 : 통고처분을 받은 자가 이를 행하지 않으면 통고처분은 당연히 효력을 상실하고 경찰서장 등 행정기관의 고발에 의하여 통상의 형사소송절차로 이행된다. 이에 대한 불복이 있는 경우에는 소송을 제기함이 없이 그대로 방치하면 효력이 소멸하므로 이는 행정쟁송법상 처분에 해당하지 않는다(통설·판례).

> **판례** 도로교통법 제118조에서 규정하는 경찰서장의 통고처분은 행정소송의 대상이되는 행정처분이 아니므로 그 처분의 취소를 구하는 소송은 부적법하고, 도로교통법상의 통고처분을 받은 자가 그 처분에 대하여 이의가 있는 경우에는 통고처분에 따른 범칙금의 납부를 이행하지 아니함으로써 경찰서장의 즉결심판청구에 의하여 법원의 심판을 받을 수 있게 될 뿐이다(대판 1995. 6.29. 95누4674).

범칙자가 통고처분을 불이행하였더라도 기소독점주의의 예외를 인정하여 경찰서장의 즉결심판청구를 통하여 공판절차를 거치지 않고 사건을 간이하고 신속·적정하게 처리함으로써 소송경제를 도모하되, 즉결심판 선고 전까지 범칙금을 납부하면 형사처벌을 면할 수 있도록 함으로써 범칙자에 대하여 형사소추와 형사처벌을 면제받을 기회를 부여하고 있다. 따라서 경찰서장이 범칙행위에 대하여 통고처분을 한 이상, 범칙자의 위와 같은 절차적 지위를 보장하기 위하여 통고처분에서 정한 범칙금 납부기간까지는 원칙적으로 경찰서장은 즉결심판을 청구할 수 없고, 검사도 동일한 범칙행위에 대하여 공소를 제기할 수 없다고 보아야 한다(대판 2020. 4.29. 2017도13409).

ⓒ **즉결심판** : 20만 원 이하의 벌금, 구류 또는 과료에 해당하는 행정형벌은 즉결심판에 의해 과하여지는데, 경찰서장에 의해 청구되고 법원에 의해 결정되며 경찰서장에 의해 집행된다. 즉결심판에 불복하는 자는 그 선고 고지일로부터 7일 이내에 정식재판을 청구할 수 있다(즉결심판법 제2조, 제3조 제1항, 제14조 제1항).

> **Point 팁** 통고처분에 대한 불복의 경우 통고처분에 따른 범칙금을 납부하지 않으면 통고처분의 효력이 상실하지만, 과태료의 경우에는 이의를 제기해야 과태료의 효력이 상실하게 된다.

section 3 행정질서벌

(1) 과태료

① 질서위반에 대한 제재로서 부과·징수되는 금전(金錢)을 말한다.

② 간접적으로 행정상의 질서에 장애를 줄 우려가 있는 정도의 단순한 의무태만에 대하여 과하는 데에 반하여, 행정형벌은 직접적으로 행정 목적이나 사회법익을 침해하는 경우에 과하는 것이다.

③ 과태료는 형벌이 아니므로 형법총칙의 규정이 자동적으로 적용되지 않는다.

④ 과태료는 전과(前科)로 되지 아니하고 다른 형벌과 누범관계가 생기지 않는다.

ㄱ. 행정청이 질서위반행위에 대하여 과태료를 부과하고자 하는 때에는 미리 당사자에게 대통령령으로 정하는 사항을 통지하고, 10일 이상의 기간을 정하여 의견을 제출할 기회를 주어야 한다.

ㄴ. 행정청에 의해 부과된 과태료는 질서위반행위가 종료된 날(다수인이 질서위반행위에 가담한 경우에는 최종행위가 종료된 날을 말한다)부터 5년간 징수하지 아니하거나 집행하지 아니하면 시효로 인하여 소멸한다.

ㄷ. 과태료 사건은 다른 법령에 특별한 규정이 있는 경우를 제외하고는 과태료 부과관청의 소재지의 지방법원 또는 그 지원의 관할로 한다.

ㄹ. 다른 법률에 특별한 규정이 없는 경우, 14세가 되지 아니한 자의 질서위반행위는 과태료를 부과하지 아니한다.

① ㄱ, ㄹ ② ㄴ, ㄹ
③ ㄱ, ㄴ, ㄷ ④ ㄱ, ㄷ, ㄹ

정답 ①

⑤ 과태료는 종래 개별 법령에서 규정되어 통일적인 부과·징수절차가 없었으나, 「질서위반행위규제법」이 제정되어 행정질서벌로서의 과태료에 관하여 부과·징수절차를 통일적·일원적으로 규정하고 있다.

⑥ 질서위반행위규제법상의 과태료 부과처분은 항고소송의 대상인 행정처분이 아니다. 과태료 부과처분에 이의제기가 있는 경우에는 과태료 부과처분은 그 효력을 상실하기 때문에(질서위반행위규제법 제20조 제2항) 항고소송의 대상적격인 처분성을 인정할 수 없다.

(2) 질서위반행위규제법

① **목적** ··· 법률상 의무의 효율적인 이행을 확보하고 국민의 권리와 이익을 보호하기 위하여 질서위반행위의 성립요건과 과태료의 부과·징수 및 재판 등에 관한 사항을 규정하는 것을 목적으로 한다.

② **질서위반행위의 성립**

　㉠ 질서위반행위 법정주의 : 법률에 따르지 아니하고는 어떤 행위도 질서위반행위로 과태료를 부과하지 아니한다.

　㉡ 고의 또는 과실이 없는 질서위반행위는 과태료를 부과하지 않고, 자신의 행위가 위법하지 아니한 것으로 오인하고 행한 질서위반행위는 그 오인에 정당한 이유가 있는 때에 한하여 과태료를 부과하지 아니한다. 14세가 되지 아니한 자의 질서위반행위는 다른 법률에 특별한 규정이 있는 경우를 제외하고 과태료를 부과하지 아니한다. 그리고 심신(心神)장애로 인하여 행위의 옳고 그름을 판단할 능력이 없거나 그 판단에 따른 행위를 할 능력이 없는 자의 질서위반행위는 과태료를 부과하지 아니하며, 심신장애로 인하여 행위의 옳고 그름을 판단할 능력이 이나 판단에 따른 행위를 할 능력이 미약한 자의 질서위반행위는 과태료를 감경한다. 또한 2인 이상이 질서위반행위에 가담한 때에는 각자가 질서위반행위를 한 것으로 보며, 신분에 의하여 성립하는 질서위반행위에 신분이 없는 자가 가담한 때에는 신분이 없는 자에 대하여도 질서위반행위가 성립한다. 신분에 의하여 과태료를 감경 또는 가중하거나 과태료를 부과하지 아니하는 때에는 그 신분의 효과는 신분이 없는 자에게는 미치지 아니한다. 하나의 행위가 2 이상의 질서위반행위에 해당하는 경우에는 각 질서위반행위에 대하여 정한 과태료 중 가장 중한 과태료를 부과하며, 이 경우를 제외하고 2 이상의 질서위반행위가 경합하는 경우에는 다른 법령(지방자치단체의 조례를 포함)에 특별한 규정이 있는 경우 외에는 각 질서위반행위에 대하여 정한 과태료를 각각 부과한다.

기출문제

문 **과태료에 대한 설명으로 옳지 않은 것은? (다툼이 있는 경우 판례에 의함)**

▶ 2016. 4. 9. 인사혁신처

① 행정법규 위반행위에 대하여 과하여지는 과태료는 행정형벌이 아니라 행정질서벌에 해당한다.
② 「질서위반행위규제법」에 따르면 고의 또는 과실이 없는 질서위반행위에는 과태료를 부과하지 아니한다.
③ 지방자치단체의 조례도 과태료 부과의 근거가 될 수 있다.
④ 「질서위반행위규제법」에 따른 과태료부과처분은 항고소송의 대상인 행정처분에 해당한다.

ⓒ 과태료의 시효 : 과태료는 행정청의 과태료 부과처분이나 법원의 과태료 재판이 확정된 후 5년간 징수하지 아니하거나 집행하지 아니하면 시효로 인하여 소멸한다.

③ 행정청의 과태료 부과 및 징수
  ㉠ 행정청이 과태료를 부과하고자 하는 때에는 10일 이상의 기간을 정하여 당사자에게 의견을 제출할 기회를 부여한 후 과태료를 부과·징수한다.
  ㉡ 과태료 부과의 제척기간은 질서위반행위가 종료된 날(다수인이 질서위반행위에 가담한 경우에는 최종행위가 종료된 날)부터 5년으로 한다.
  ㉢ 과태료 부과에 대하여 당사자가 이의를 제기하면 이를 법원에 통보하여 재판을 받도록 하는 방식으로 과태료 부과·징수절차를 정한다.

④ 과태료 재판과 집행절차
  ㉠ 과태료 재판 절차에 관한 상세한 규정을 마련함으로써 과태료 재판 절차의 미비점을 보완하고, 행정청이 법원의 허가를 받아 재판에 참여할 수 있도록 하며, 검사는 과태료 집행을 행정청에 위탁할 수 있도록 하고, 지방자치단체의 장이 위탁받는 경우에는 그 집행한 과태료를 지방자치단체의 수입이 되도록 하였다.
  ㉡ 당사자가 과태료를 자진 납부하는 경우 감경하여 주고, 질서위반행위의 발생 여부 및 과태료 부과·징수를 위하여 행정청에 질서위반행위에 대한 조사권한과 공공기관에 대한 자료제공요청권한을 부여하였다.
  ㉢ 과태료를 체납하는 경우에는 가산금을 부과하고, 관허사업을 제한하며, 고액·상습체납자에 대하여는 신용정보기관에 관련 정보를 제공하고, 법원의 재판을 통하여 30일의 범위 내에서 감치(監置)할 수 있도록 하였다.

> **Point 팁** 과태료 부과에 대한 이의제기 및 과태료 재판
> 행정청의 과태료 부과에 불복하는 당사자는 과태료 부과 통지를 받은 날부터 60일 이내에 해당 행정청에 서면으로 이의제기를 할 수 있다. 이의제기가 있는 경우에는 행정청의 과태료 부과처분은 그 효력을 상실한다. 이의제기를 받은 행정청은 이의제기를 받은 날부터 14일 이내에 이에 대한 의견 및 증빙서류를 첨부하여 관할 법원에 통보하여야 한다. 과태료 재판은 이유를 붙인 결정으로써 하며 비송사건절차법 규정이 준용된다.

정답 ④

판례 헌법 제13조 제1항이 정한 "이중처벌금지의 원칙"은 동일한 범죄행위에 대하여 국가가 형벌권을 거듭 행사할 수 없도록 함으로써 국민의 기본권 특히 신체의 자유를 보장하기 위한 것이므로, 그 "처벌"은 원칙으로 범죄에 대한 국가의 형벌권 실행으로서의 과벌을 의미하는 것이고, 국가가 행하는 일체의 제재나 불이익처분을 모두 그에 포함된다고 할 수는 없다. 구 건축법 제54조 제1항에 의한 형사처벌의 대상이 되는 범죄의 구성요건은 당국의 허가 없이 건축행위 또는 건축물의 용도변경행위를 한 것이고, 동법 제56조의2 제1항에 의한 과태료는 건축법령에 위반되는 위법건축물에 대한 시정명령을 받고도 건축주 등이 이를 시정하지 아니할 때 과하는 것이므로, 양자는 처벌 내지 제재대상이 되는 기본적 사실관계로서의 행위를 달리하는 것이다. 구 건축법 제54조 제1항에 의한 무허가건축행위에 대한 형사처벌과 동법 제56조2 제1항에 의한 과태료의 부과는 헌법 제13조 제1항이 금지하는 이중처벌에 해당한다고 할 수 없다(헌재결 1994. 6.30. 92헌바38).

2020 지방직 9급

1 행정벌에 대한 설명으로 옳은 것으로만 묶은 것은? (다툼이 있는 경우 판례에 의함)

> ㉠ 행정청의 과태료 부과에 불복하는 자는 서면으로 이의제기를 할 수 있으나, 이의제기가 있더라도 과태료 부과처분은 그 효력을 유지한다.
>
> ㉡ 「도로교통법」상 범칙금 통고처분은 항고소송의 대상이 되는 행정처분에 해당하지 않는다.
>
> ㉢ 과징금은 어떤 경우에도 영업정지에 갈음하여 부과할 수 없다.
>
> ㉣ 「질서위반행위규제법」에 따른 과태료는 행정청의 과태료 부과처분이나 법원의 과태료 재판이 확정된 후 5년간 징수하지 아니하거나 집행하지 아니하면 시효로 소멸한다.

① ㉠, ㉡

② ㉠, ㉢

③ ㉡, ㉢

④ ㉡, ㉣

2020 국가직 9급

2 「질서위반행위 규제법」의 내용으로 옳은 것만을 모두 고르면?

> ㉠ 행정청이 질서위반행위에 대하여 과태료를 부과하고자 하는 때에는 미리 당사자에게 대통령령으로 정하는 사항을 통지하고, 10일 이상의 기간을 정하여 의견을 제출할 기회를 주어야 한다.
>
> ㉡ 행정청에 의해 부과된 과태료는 질서위반행위가 종료된 날(다수인이 질서위반행위에 가담한 경우에는 최종행위가 종료된 날을 말한다)부터 5년간 징수하지 아니하거나 집행하지 아니하면 시효로 인하여 소멸한다.
>
> ㉢ 과태료 사건은 다른 법령에 특별한 규정이 있는 경우를 제외하고는 과태료 부과관청의 소재지의 지방법원 또는 그 지원의 관할로 한다.
>
> ㉣ 다른 법률에 특별한 규정이 없는 경우, 14세가 되지 아니한 자의 질서위반행위는 과태료를 부과하지 아니한다.

① ㉠, ㉣

② ㉡, ㉣

③ ㉠, ㉡, ㉢

④ ㉠, ㉢, ㉣

2021 지방직 9급

3 행정벌에 대한 설명으로 옳지 않은 것은?(다툼이 있는 경우 판례에 의함)

① 법률에 따르지 아니하고는 어떤 행위도 질서위반행위로 과태료를 부과하지 아니한다.

② 경찰서장이 범칙행위에 대하여 통고처분을 한 이상, 통고처분에서 정한 범칙금 납부 기간까지는 원칙적으로 경찰서장은 즉결심판을 청구할 수 없고, 검사도 동일한 범칙행위에 대하여 공소를 제기할 수 없다.

③ 행정청의 과태료 부과에 대해 이의가 제기된 경우에는 행정청의 과태료 부과처분은 그 효력을 상실한다.

④ 신분에 의하여 성립하는 질서위반행위에 신분이 없는 자가 가담한 경우 신분이 없는 자에 대하여는 질서위반 행위가 성립하지 않는다.

4 행정벌에 대한 설명으로 옳지 않은 것은? (다툼이 있는 경우 판례에 의함)

① 조세범처벌절차에 의하여 범칙자에 대한 세무관서의 통고 처분은 행정소송의 대상이 아니다.

② 구 「대기환경보전법」에 따라 배출허용기준을 초과하는 배출가스를 배출하는 자동차를 운행하는 행위를 처벌하는 규정은 과실범의 경우에 적용하지 아니한다.

③ 행정청은 질서위반행위가 종료된 날(다수인이 질서위반행위에 가담한 경우에는 최종행위가 종료된 날을 말한다)부터 5년이 경과한 경우에는 해당 질서위반행위에 대하여 과태료를 부과할 수 없다.

④ 임시운행허가기간을 벗어난 무등록차량을 운행한 자는 과태료와 별도로 형사 처분의 대상이 된다.

5 과태료 부과 · 징수절차에 관한 설명으로 옳지 않은 것은?

① 행정청이 질서위반행위에 대하여 과태료를 부과하고자 하는 때에는 미리 당사자에게 대통령령으로 정하는 사항을 통지하고, 20일 이상의 기간을 정하여 의견을 제출할 기회를 주어야 한다.

② 당사자가 행정청의 지정된 기일까지 의견 제출이 없는 경우에는 의견이 없는 것으로 본다.

③ 당사자는 의견 제출 기한 이내에 대통령령으로 정하는 방법에 따라 행정청에 의견을 진술하거나 필요한 자료를 제출할 수 있다.

④ 행정청은 당사자가 제출한 의견에 상당한 이유가 있는 경우에는 과태료를 부과하지 아니하거나 통지한 내용을 변경할 수 있다.

6 다음 중 행정벌에 관한 설명으로 옳지 않은 것은?

① 행정질서벌의 부과에는 원칙적으로 행위자의 고의·과실을 요건으로 한다.

② 통고처분에 이의가 있는 자는 법정기간 내에 취소소송을 제기하여야 한다.

③ 행정벌은 자연인뿐만 아니라 법인에도 부과될 수 있다.

④ 과태료는 법률만이 아니라 조례에 의하여도 부과될 수 있다.

7 다음 중 통고처분에 관한 설명으로 옳지 않은 것은?

① 통고처분은 조세범·관세범 등에 대해 인정되고 있다.

② 통고처분에 따라 납부하여야 하는 금액의 성질은 형법상의 벌금이 아니다.

③ 통고처분은 검사가 부과하며 형사소송절차에 따라 형사처벌을 하기 위한 선행절차이다.

④ 헌법재판소 판례는 통고처분에 대해 행정쟁송대상으로서의 처분성을 부정하고 있다.

8 질서위반행위에 관련한 설명으로 옳지 않은 것은?

① 심신장애로 인하여 행위의 옳고 그름을 판단할 능력이 없거나 그 판단에 따른 행위를 할 능력이 없는 자의 질서위반행위는 과태료를 부과하지 아니한다.

② 심신장애로 인하여 능력이 미약한 자의 질서위반행위는 과태료를 감면한다.

③ 법인의 대표자, 법인 또는 개인의 대리인·사용인 및 그 밖의 종업원이 업무에 관하여 법인 또는 그 개인에게 부과된 법률상의 의무를 위반한 때에는 법인 또는 그 개인에게 과태료를 부과한다.

④ 2인 이상이 질서위반행위에 가담한 때에는 각자가 질서위반행위를 한 것으로 본다.

9 행정청의 과태료 부과 및 징수에 관한 설명 중 옳지 않은 것은?

① 행정청은 의견 제출 절차를 마친 후에 서면으로 과태료를 부과하여야 한다.

② 행정청은 당사자가 의견 제출 기한 이내에 과태료를 자진하여 납부하고자 하는 경우에는 과태료를 감면할 수 있다.

③ 당사자가 감경된 과태료를 납부한 경우에는 해당 질서위반행위에 대한 과태료 부과 및 징수절차는 종료한다.

④ 행정청은 질서위반행위가 종료된 날부터 5년이 경과한 경우에는 해당 질서위반행위에 대하여 과태료를 부과할 수 없다.

10 행정청의 과태료 부과 및 징수에 관한 설명으로 옳지 않은 것은?

① 행정청이 과태료를 부과하고자 하는 때에는 10일 이상의 기간을 정하여 당사자에게 의견을 제출할 기회를 부여한 후 과태료를 부과·징수한다.

② 과태료부과의 제척기간은 질서위반행위가 종료한 날부터 5년으로 한다.

③ 과태료 부과에 대하여 당사자가 이의를 제기하면 이를 법원에 통보하여 재판을 받도록 하는 방식으로 과태료 부과·징수절차를 정한다.

④ 과태료는 행정청의 과태료 부과처분이나 법원의 과태료 재판이 확정된 후 3년간 징수하지 아니하거나 집행하지 아니하면 시효로 인하여 소멸한다.

정답및해설

1	④	2	①	3	④	4	②	5	①
6	②	7	③	8	②	9	②	10	④

1 ㉡ 도로교통법에서 규정하는 경찰서장의 통고처분은 행정소송의 대상이되는 행정처분이 아니므로 그 처분의 취소를 구하는 소송은 부적법하고, 도로교통법상의 통고처분을 받은 자가 그 처분에 대하여 이의가 있는 경우에는 통고처분에 따른 범칙금의 납부를 이행하지 아니함으로써 경찰서장의 즉결심판청구에 의하여 법원의 심판을 받을 수 있게 될 뿐이다(대판1995.6.29.95누4674).

㉣ 과태료는 행정청의 과태료 부과처분이나 법원의 과태료 재판이 확정된 후 5년간 징수하지 아니하거나 집행하지 아니하면 시효로 인하여 소멸한다(질서위반행위규제법 제15조 제1항).

㉠ 행정청의 과태료 부과에 불복하는 당사자는 과태료 부과 통지를 받은 날부터 60일 이내에 해당 행정청에 서면으로 이의제기를 할 수 있다. 이의제기가 있는 경우에는 행정청의 과태료 부과처분은 그 효력을 상실한다(질서위반행위규제법 제20조 제1항·2항).

㉢ 국토교통부장관은 건설업자가 다음 각 호의 어느 하나에 해당하면 6개월 이내의 기간을 정하여 그 건설업자의 영업정지를 명하거나 영업정지를 갈음하여 1억원 이하의 과징금을 부과할 수 있다(건설산업기본법 제82조 제1항).

2 ㉠ 행정청이 질서위반행위에 대하여 과태료를 부과하고자 하는 때에는 미리 당사자에게 대통령령으로 정하는 사항을 통지하고, 10일 이상의 기간을 정하여 의견을 제출할 기회를 주어야 한다(질서위반행위규제법 제16조 제1항).

㉣ 14세가 되지 아니한 자의 질서위반행위는 과태료를 부과하지 아니한다. 다만, 다른 법률에 특별한 규정이 있는 경우에는 그러하지 아니하다(질서위반행위규제법 제9조).

㉡ 과태료는 행정청의 과태료 부과처분이나 법원의 과태료 재판이 확정된 후 5년간 징수하지 아니하거나 집행하지 아니하면 시효로 인하여 소멸한다(질서위반행위규제법 제15조).

㉢ 과태료 사건은 다른 법령에 특별한 규정이 있는 경우를 제외하고는 당사자의 주소지의 지방법원 또는 그 지원의 관할로 한다(질서위반행위규제법 제25조).

3 ④ 신분에 의하여 성립하는 질서위반행위에 신분이 없는 자가 가담한 때에는 신분이 없는 자에 대하여도 질서위반행위가 성립한다(질서위반행위규제법 제12조 제2항).

① 질서위반행위의 성립과 과태료 처분은 행위 시의 법률에 따른다(동법 제3조 제1항).

② 범칙자가 통고처분을 불이행하였더라도 기소독점주의의 예외를 인정하여 경찰서장의 즉결심판 청구를 통하여 공판절차를 거치지 않고 사건을 간이하고 신속·적정하게 처리함으로써 소송경제를 도모하되, 즉결심판 선고 전까지 범칙금을 납부하면 형사처벌을 면할 수 있도록 함으로써 범칙자에 대하여 형사소추와 형사처벌을 면제받을 기회를 부여하고 있다. 따라서 경찰서장이 범칙행위에 대하여 통고처분을 한 이상, 범칙자의 위와 같은 절차적 지위를 보장하기 위하여 통고처분에서 정한 범칙금 납부기간까지는 원칙적으로 경찰서장은 즉결심판을 청구할 수 없고, 검사도 동일한 범칙행위에 대하여 공소를 제기할 수 없다고 보아야 한다(대판 2020. 4.29. 2017도13409).

③ 행정청의 과태료 부과에 불복하는 당사자는 과태료 부과 통지를 받은 날부터 60일 이내에 해당 행정청에 서면으로 이의제기를 할 수 있고(동법 제20조 제1항), 제1항에 따른 이의제기가 있는 경우에는 행정청의 과태료 부과처분은 그 효력을 상실한다(동법 제20조 제2항).

4 ② 구 대기환경보전법(1992.12.8. 법률 제4535호로 개정되기 전의 것)의 입법목적이나 제반 관계규정의 취지 등을 고려하면, 법정의 배출허용기준을 초과하는 배출가스를 배출하면서 자동차를 운행하는 행위를 처벌하는 위 법 제57조 제6호의 규정은 자동차의 운행자가 그 자동차에서 배출되는 배출가스가 소정의 운행 자동차 배출허용기준을 초과한다는 점을 실제로 인식하면서 운행한 고의범의 경우는 물론 과실로 인하여 그러한 내용을 인식하지 못한 과실범의 경우도 함께 처벌하는 규정이다.(대법원 1993. 9. 10, 92도1136)

① 대판 1995. 6. 29, 95누4674

③ 질서위반행위규제법 제19조 제1항

④ 대판 1996. 4. 12, 96도158

5 ① 행정청이 질서위반행위에 대하여 과태료를 부과하고자 하는 때에는 미리 당사자에게 대통령령으로 정하는 사항을 통지하고, 10일 이상의 기간을 정하여 의견을 제출할 기회를 주어야 한다〈질서위반행위규제법 제16조 제1항〉.

6 ② 통고처분은 그 내용을 상대방이 이행하지 않으면 그 효력이 소멸되는 바, 항고소송의 대상이 되는 처분성이 인정되지 않는다.

7 ③ 정식재판에 갈음하는 제도이므로 형사처벌을 하기 위한 선행절차가 아니다.

※ 통고처분

ㄱ 의의 : 주로 조세범·관세범·출입국사범·교통사범·경범죄사범 등에 대해 행정청이 일정한 벌금·과료·몰수를 명하는 제도이다.

ㄴ 통고처분권자 : 국세청장, 지방국세청장, 세무서장, 관세청장, 세관장, 출입국사무소장, 경찰서장 등이다.

ㄷ 효과 : 통고처분을 받은 자가 이행하지 않으면 통고처분은 효력을 상실하며, 경찰서장 등 행정기관의 고발에 의하여 통상의 형사소송절차로 이행 불복시 소송을 제기함이 없이 그대로 방치하면 효력이 소멸하므로 이는 행정쟁송법상 처분에 해당하지 않는다〈통설·판례〉.

8 ② 심신장애로 인하여 능력이 미약한 자의 질서위반행위는 과태료를 감경한다〈질서위반행위규제법 제10조 제2항〉.

9 ② 행정청은 당사자가 의견 제출 기한 이내에 과태료를 자진하여 납부하고자 하는 경우에는 과태료를 감경할 수 있다〈질서위반행위규제법 제18조 제1항〉.

10 ④ 과태료는 행정청의 과태료 부과처분이나 법원의 과태료 재판이 확정된 후 5년간 징수하지 아니하거나 집행하지 아니하면 시효로 인하여 소멸한다〈질서위반행위규제법 제15조 제1항〉.

05 새로운 의무이행확보수단

기출문제

📖 과징금에 대한 설명으로 옳은 것은? (다툼이 있는 경우 판례에 의함)
▶ 2018. 5. 19. 제1회 지방직
① 과징금은 원칙적으로 행위자의 고의·과실이 있는 경우에 부과한다.
② 과징금부과처분의 기준을 규정하고 있는 구「청소년보호법 시행령」제40조 [별표 6]은 행정규칙의 성질을 갖는다.
③ 부과관청이 추후에 부과금 산정기준이 되는 새로운 자료가 나올 경우 과징금액이 변경될 수도 있다고 유보하며 과징금을 부과했다면, 새로운 자료가 나온 것을 이유로 새로이 부과처분을 할 수 있다.
④ 자동차운수사업면허조건 등을 위반한 사업자에 대한 과징금 부과처분이 법이 정한 한도액을 초과하여 위법한 경우 법원은 그 처분 전부를 취소하여야 한다.

┃정답 ④

section 1 의의

(1) 개념

새로운 의무이행확보수단이란 적극적인 행정의 형성적 활동이 강조되는 현대 복지국가에서 의무이행의 실효성을 높이고 전통적인 의무이행확보수단의 한계를 보완하기 위해 등장한 수단들을 총칭한다. 이에는 과징금, 공급거부, 명단공표, 관허사업의 제한 등이 있다.

(2) 문제점

새로운 의무이행확보수단은 급부행정의 비중이 큰 현대 복지국가에서 그 실효성이 높은 만큼 이를 부과하게 되면 국민의 생존권을 크게 위협할 수 있다. 또한 부당결부의 문제, 프라이버시권의 침해문제 등이 발생할 수 있으며 구제수단이 미흡하다는 문제점이 있다.

section 2 과징금

(1) 의의

과징금은 행정청이 법령등에 따른 의무를 위반한 자에 대하여 법률로 정하는 바에 따라 그 위반행위에 대한 제재로서 부과하는 금전적인 제재이다. 과징금의 근거가 되는 법률에는 부과·징수 주체, 부과 사유, 상한액, 가산금을 징수하려는 경우 그 사항, 과징금 또는 가산금 체납 시 강제징수를 하려는 경우 그 사항을 명확하게 규정하여야 한다(행정기본법 제28조).

(2) 종류

① 본래적 의미의 과징금 … 「독점규제 및 공정거래에 관한 법률」에 최초로 도입된 과징금을 말한다. 이는 주로 시장독점적 기업이 경제법상 의무(가격인하의무 등)를 위반하는 경우 공정거래위원회가 그 불법적인 이익을 박탈하기 위해 부과된다.

② 변형된 과징금 … 변형된 과징금이란 인·허가사업의 주체가 의무를 위반하는 경우 그 인·허가사업을 취소·정지시킨다면 국민에게 제공되는 편익의 감소 등 공익에 현저한 지장을 초래할 우려가 있을 때 취소·정지처분에 갈음하여 부과하는 과징금을 말한다. 그 종류로는 「대기환경보전법」상의 과징금, 「여객자동차운수사업법」상의 과징금 등이 있다.

(3) 법적성질

① **처분성** … 과징금 부과행위는 침익적 행정행위로서 행정쟁송의 대상이 되는 처분에 해당한다.

② **재량행위 여부** … 판례는 과징금 부과처분을 원칙적으로 재량행위로 보고 있으나, 부동산 실명법상의 과징금 부과처분은 기속행위로 보고 있다.

> **판례** 공정거래위원회는 법 위반행위에 대하여 과징금을 부과할 것인지 여부와 만일 과징금을 부과할 경우 법과 시행령이 정하고 있는 일정한 범위 안에서 과징금의 액수를 구체적으로 얼마로 정할 것인지에 관하여 재량을 가지고 있다고 할 것이므로, 공정거래위원회의 법 위반행위자에 대한 과징금 부과처분은 재량행위라 할 것이고, 다만 이러한 재량을 행사함에 있어 과징금 부과의 기초가 되는 사실을 오인하였거나, 비례·평등의 원칙에 위배하는 등의 사유가 있다면 이는 재량권의 일탈·남용으로서 위법하다(대판 2010. 3.11. 2008두15176).
>
> 부동산 실권리자명의 등기에 관한 법률 제3조 제1항, 제5조 제1항, 같은 법 시행령 제3조 제1항의 규정을 종합하면, 명의신탁자에 대하여 과징금을 부과할 것인지 여부는 기속행위에 해당하므로, 명의신탁이 조세를 포탈하거나 법령에 의한 제한을 회피할 목적이 아닌 경우에 한하여 그 과징금을 일정한 범위 내에서 감경할 수 있을 뿐이지 그에 대하여 과징금 부과처분을 하지 않거나 과징금을 전액 감면할 수 있는 것은 아니다(대판 2007. 7.12. 2005두17287).

③ 법령에 규정되어 있는 과징금 수액의 의미에 대해 일반적으로는 그 수액은 특정 금액이 아니라 최고한도액(상한)을 규정한 것으로 본다(대판 2001.3.9. 99두5207). 다만, 부동산과 관련된 이행강제금의 부과기준 수액의 경우 위반행위 유형별로 계산된 특정 금액을 규정한 것으로 기속행위라고 보는 것이 판례의 입장이다(대판 2014.11.27. 2013두8653).

> **판례** 관할 행정청이 사업정지처분을 갈음하는 과징금 부과처분을 하기로 선택하는 경우에도 사업정지처분의 경우와 마찬가지로 여러 가지 위반행위에 대하여 1회에 부과할 수 있는 과징금 총액의 최고한도액은 5,000만 원이라고 보는 것이 타당하다. 관할 행정청이 여객자동차운송사업자의 여러 가지 위반행위를 인지하였다면 전부에 대하여 일괄하여 5,000만 원의 최고한도 내에서 하나의 과징금 부과처분을 하는 것이 원칙이고, 인지한 여러 가지 위반행위 중 일부에 대해서만 우선 과징금 부과처분을 하고 나머지에 대해서는 차후에 별도의 과징금 부과처분을 하는 것은 다른 특별한 사정이 없는 한 허용되지 않는다(대판 2021. 2. 4. 2020두48390).

④ 과징금 부과 처분이 법이 정한 한도액을 초과하여 위법한 경우 과징금 부과처분 전부를 취소하여야 한다.

> **판례** 자동차운수사업면허조건 등을 위반한 사업자에 대하여 행정청이 행정제재수단으로 사업 정지를 명할 것인지, 과징금을 부과할 것인지, 과징금을 부과키로 한다면 그 금액은 얼마로 할 것인지에 관하여 재량권이 부여되었다 할 것이므로 과징금부과처분이 법이 정한 한도액을 초과하여 위법할 경우 법원으로서는 그 전부를 취소할 수밖에 없고, 그 한도액을 초과한 부분이나 법원이 적정하다고 인정되는 부분을 초과한 부분만을 취소할 수 없다(대판 1998. 4.10. 98두2270).

기출문제

(4) 효과

① 일반공중에 불편을 초래함 없이 위반자에 대한 제재가 가능하다.

② 벌금이 아니므로 전과자 양산의 우려가 없다.

(5) 부과 · 징수

과징금은 행정청이 부과하고, 「국세징수법」에 의해 징수한다. 과징금은 한꺼번에 납부하는 것을 원칙으로 한다. 다만, 행정청은 과징금을 부과받은 자가 ⅰ)재해 등으로 재산에 현저한 손실을 입은 경우, ⅱ)사업 여건의 악화로 사업이 중대한 위기에 처한 경우, ⅲ)과징금을 한꺼번에 내면 자금 사정에 현저한 어려움이 예상 되는 경우, ⅳ)그 밖에 ⅰ)에서 ⅲ)까지에 준하는 경우로서 대통령령으로 정하는 사유가 있는 경우 등의 사유로 과징금 전액을 한꺼번에 내기 어렵다고 인정될 때 에는 그 납부기한을 연기하거나 분할 납부하게 할 수 있으며, 이 경우 필요하다고 인정하면 담보를 제공하게 할 수 있다(행정기본법 제29조).

(6) 권리구제

과징금 부과는 행정처분에 해당하므로 그에 대해 행정쟁송을 제기할 수 있고, 위 법한 과징금 부과로 인해 손해를 입은 자는 국가배상법에 의해 손해배상을 청구 할 수 있다.

section 3 기타 금전상의 제재

(1) 가산금 제도 폐지

비슷한 제도를 중첩적으로 운영하여 발생하는 납세자의 혼란을 완화하기 위하여 납세자가 세법에 따른 납부기한까지 세금을 완납하지 아니한 경우에 납부고지 전에 적용되는 「국세기본법」에 따른 납부불성실가산세와 납부고지 후에 적용되 는 「국세징수법」의 가산금을 일원화하여 「국세기본법」에 따른 납부지연가산세로 규정하였다(2020. 1. 1. 시행).

(2) 가산세 부과

① 가산세란 국세기본법 및 세법에서 규정하는 의무의 성실한 이행을 확보하기 위 하여 세법에 따라 산출한 세액에 가산하여 징수하는 금액을 말한다. 정부는 세 법에서 규정한 의무를 위반한 자에게 국세기본법 또는 세법에서 정하는 바에 따라 가산세를 부과할 수 있다.

② 가산세의 종류로는 무신고가산세, 과소신고 · 초과환급신고가산세, 납부지연가산 세, 원천징수 등 납부지연가산세 등이 있다.

(3) 부과금

일반적으로 어떤 사업을 수행하기 위하여 필요한 경비를 다수의 관계자로부터 징수하는 금전적 부담을 의미한다. 이에는 「대기환경보전법」상 배출부과금, 「축산법」상 초과사육부과금 등이 있다.

section 4 공급거부

(1) 의의

행정법상 의무위반자에 대해 일정한 행정상의 역무·재화의 공급을 거부하는 행위를 말한다. 오늘날 행정에 의하여 공급되는 재화·역무는 국민생활에 필수적이라는 점에서 매우 실효적이라 할 수 있다.

(2) 법적 근거

종전에는 「건축법」, 「대기환경보전법」 등에서 공급거부에 대한 규정을 두고 있었지만 현재는 모두 삭제되었다.

(3) 한계

① 법률이 허용하는 경우에 한하여 공급거부가 가능하며, 법률이 특별한 규정을 두지 않았다면 행정법상 의무와 공급거부 내용 간에 실질적 관련이 있어야 한다(부당결부금지의 원칙).

② 공급거부가 행해질 경우 침해되는 사익이 보호되는 공익보다 크게 되면 비례의 원칙에 위반된다.

(4) 구제수단

당해 급부가 공법적 형식인가 사법적 형식인가에 따라 행정소송 또는 민사소송에 의해 구제받을 수 있다. 대법원은 수도공급관계를 공법관계로 보아 단수처분을 행정처분이라 하였다(대판 1979.12.28. 79누218).

section 5 의무확보수단으로서의 공표

(1) 의의

① 개념 … 행정법상의 의무 위반 또는 그 불이행에 대해 행정청이 그 사실을 일반에 공표함으로써 심리적·간접적 강제로 그 의무이행을 확보하려는 제도를 말한다. 고액조세체납자의 명단공표, 공해배출업소명단의 공개 등이 그 예이다.

② 장점

    ㉠ 적극적으로 공표가 본래 공권력을 행사하는 것이 아니므로 절차의 제약을 받음 없이 간략·신속하게 발동할 수 있다.

    ㉡ 행정상의 의무 위반에 관해 일반적으로 사용되고 있는 행정형벌은 과형절차가 번잡하기 때문에 공표가 보다 경제적이다.

    ㉢ 실효성이 높으며, 직접 물리력을 행사하지 않고 목적을 달성할 수 있다.

③ 문제점

    ㉠ 공표가 남용될 경우 특히 사전절차와 같은 현실적인 구제방법이 확립되어 있지 않으므로 구제가 곤란하다.

    ㉡ 개인의 프라이버시권과의 어떻게 조화를 이룰 것인가의 문제가 제기된다.

(2) 성질

공표 그 자체는 어떠한 법적 효과도 따르지 않는 비권력적 사실행위에 불과하다. 따라서 이를 대상으로 취소소송을 제기할 수 없다.

(3) 법적 근거

일반법적 근거는 없으나 몇몇 개별법이 이를 규정하고 있다. 「공직자윤리법」, 「아동·청소년의 성보호에 관한 법률」, 「국세기본법」과 국세청 훈령인 국세징수사무처리규정이 고액체납자의 명단공표를 규정하고 있고 그 외 「식품위생법」, 「자원의 절약과 재활용 촉진에 관한 법률」 등이 이를 규정하고 있다.

(4) 한계

① 헌법 제17조에서 규정하고 있는 사생활의 비밀과 자유 내지 프라이버시권이 국민의 알 권리 등 다른 기본권과 충돌하는 경우에는 그 이익을 비교·형량하여야 하며, 국민의 알 권리에 보다 우선적인 가치를 부여할 수 있을 때에는 설사 공표가 프라이버시를 침해하더라도 법률이 정하는 범위 내에서 허용된다고 할 것이다.

② 그러나 이 경우에도 헌법 제37조 제2항에 따라 기본권제한입법의 한계를 준수해야 하며, 법에 적합하게 행사하여야 하는 법규상의 한계 내지 비례원칙에 의한 한계가 있다.

(5) 구제수단

행정쟁송법상의 처분에 해당하지 않으므로 취소소송을 제기할 수 없다. 그러나 행정상 손해배상이나 정정공고, 형법상 명예훼손죄 등을 통해 구제받을 수 있다. 이는 침해되는 개인의 프라이버시권과 이를 통해 보호되는 공익을 비교형량하여 종합적으로 판단해야 한다. 판례는 선거출마자의 전과사실을 공표한 것은 공익성에 비추어 위법성이 조각된다고 한 바 있다(대판 1996. 6. 28. 96도977).

section 6 관허사업의 제한

(1) 의의

관허사업의 제한이란 행정법상의 의무위반자에 대해서 각종의 인·허가 발급을 거부하여 간접적으로 의무이행을 확보하는 수단이다. 이는 부당결부금지의 원칙에 위배되는가가 문제된다.

> **Point 팁** 광의의 관허사업의 제한
> ㉠ 행정행위의 철회·정지 : 행정법규에 의하여 인·허가를 받은 자가 그 인·허가업을 수행하는 과정에서 행정상의 의무를 위반한 경우에 당해 법률에 근거하여 인·허가를 취소·정지하는 경우
> ㉡ 협의의 관허사업의 제한 : 특정한 행정상의 의무와 직접적인 관련이 없는 각종의 인·허가를 행하지 아니하거나 이미 행한 인·허가를 취소·정지하는 경우

(2) 실정법상 예

행정청은 「건축법」상 의무위반자에 대해 시장, 군수, 구청장으로 하여금 당해 건축물을 사용하는 영업행위를 허가하지 않도록 요청할 수 있다. 그 외 「국세징수법」상 국세체납자에 대한 인·허가 제한 등이 있다.

section 7 기타의 수단

(1) 취업제한

「병역법」 제76조 제1항은 국가기관, 지방자치단체의 장 또는 고용주는 ⅰ)병역판정검사, 재병역판정검사 또는 확인신체검사를 기피하고 있는 사람, ⅱ)징집·소집을 기피하고 있는 사람, ⅲ)군복무 및 사회복무요원 또는 대체복무요원 복무를 이탈하고 있는 사람 중의 어느 하나에 해당하는 경우 그 사람을 공무원이나 임직원으로 임용하거나 채용할 수 없으며, 재직 중인 경우에는 해직하여야 한다고 규정하고 있다.

(2) 위반물건운반자면허 등 취소 및 운반자동차 등의 사용정지

자동차 등을 이용해서 범죄행위를 한 경우나 교통사고를 일으키고 구호조치를 하지 아니한 경우 또는 다른 사람의 자동차 등을 훔치거나 빼앗은 경우 등이 해당된다.

(3) 고액체납자 등의 국외여행 제한

고액체납자의 국외여행에 대하여는 출입국관리법에 의거 제한이 가능하다. 그러나 고액체납자의 여권발급은 제한 대상이 아니다. 여권발급은 준법률적 행정행위 중 공증에 해당한다. 따라서 세금체납에 의한 여권발급 제한은 비례의 원칙과 과잉금지 원칙에 위배되기 때문에 여권의 발급에는 영향을 미치지 않는다.

Point 팁 여권 발급 제한 사유〈여권법 제12조(여권의 발급 등의 거부제한)〉

① 외교부장관은 다음 각 호의 어느 하나에 해당하는 사람에 대하여는 여권의 발급 또는 재발급을 거부할 수 있다.

1. 장기 2년 이상의 형(刑)에 해당하는 죄로 인하여 기소(起訴)되어 있는 사람 또는 장기 3년 이상의 형에 해당하는 죄로 인하여 기소중지되거나 체포영장·구속영장이 발부된 사람 중 국외에 있는 사람

2. 제24조부터 제26조까지에 규정된 죄를 범하여 형을 선고받고 그 집행이 종료되지 아니하거나 집행을 받지 아니하기로 확정되지 아니한 사람
   • 제24조 : 3년 이하의 징역 또는 3천만 원 이하의 벌금
   −여권 등의 발급이나 재발급을 받기 위하여 제출한 서류에 거짓된 사실을 적은 사람
   −부정한 방법으로 여권 등의 발급, 재발급을 받은 사람이나 이를 알선한 사람
   • 제25조 : 2년 이하의 징역 또는 2천만 원 이하의 벌금
   −다른 사람 명의의 여권 등을 사용한 사람
   −여권 등을 다른 사람에게 양도·대여하거나 이를 알선한 사람
   • 제26조 : 1년 이하의 징역 또는 1천만 원 이하의 벌금
   −다른 사람 명의의 여권 등을 양도받거나 대여받은 사람
   −채무이행의 담보로 여권 등을 제공하거나 제공받은 사람
   −방문 및 체류가 금지된 국가나 지역으로 고시된 사정을 알면서도 허가를 받지 아니하고 해당 국가나 지역에서 여권 등을 사용하거나 해당 국가나 지역을 방문하거나 체류한 사람

3. 제2호 외의 죄를 범하여 금고 이상의 형을 선고받고 그 집행이 종료되지 아니하거나 그 집행을 받지 아니하기로 확정되지 아니한 사람

4. 국외에서 대한민국의 안전보장·질서유지나 통일·외교정책에 중대한 침해를 일으킬 우려가 있는 경우로서 다음 각 목의 어느 하나에 해당하는 사람
   • 출국할 경우 테러 등으로 생명이나 신체의 안전이 침해될 위험이 큰 사람
   • 「보안관찰법」 제4조에 따라 보안관찰처분을 받고 그 기간 중에 있으면서 같은 법 제22조에 따라 경고를 받은 사람

② 외교부장관은 제1항 제4호에 해당하는 사람인지의 여부를 판단하려고 할 때에는 미리 법무부장관과 협의하고 제18조에 따른 여권정책심의위원회의 심의를 거쳐야 한다.

③ 외교부장관은 다음 각 호의 어느 하나에 해당하는 사람에 대해서는 대통령령으로 정하는 바에 따라 그 사실이 있는 날부터 1년 이상 3년 이하의 기간 동안 여권의 발급 또는 재발급을 제한할 수 있다.

1. 제1항 제2호에서 규정하는 죄를 범하여 그 형의 집행을 종료하거나 그 형의 집행을 받지 아니하기로 확정된 사람

2. 외국에서 위법한 행위 등으로 국위(國威)를 크게 손상시키는 행위로서 대통령령으로 정하는 행위를 하여 그 사실이 재외공관 또는 관계 행정기관으로부터 통보된 사람

2020 국가직 9급

1 행정의 실효성확보수단에 대한 설명으로 옳지 않은 것은? (다툼이 있는 경우 판례에 의함)

① 대집행과 이행강제금 중 어떠한 강제수단을 선택할 것인지에 대하여 행정청의 재량이 인정된다.

② 「건축법」상 시정명령을 받은 의무자가 이행강제금이 부과되기 전에 그 의무를 이행한 경우에는 비록 시정명령에서 정한 기간을 지나서 이행한 경우라도 이행강제금을 부과할 수 없다.

③ 「여객자동차 운수사업법」상 과징금부과처분은 원칙적으로 위반자의 고의·과실을 요하지 않는다.

④ 「국세징수법」상 공매통지에 하자가 있는 경우, 다른 특별한 사정이 없는 한 체납자는 공매통지 자체를 항고소송의 대상으로 삼아 그 취소 등을 구할 수 있다.

2020 국가직 7급

2 행정의 실효성 확보수단에 대한 설명으로 옳지 않은 것은? (다툼이 있는 경우 판례에 의함)

① 하나의 납세고지서에 의하여 본세와 가산세를 함께 부과할 때 납세고지서에 본세와 가산세 각각의 세액과 산출근거 등을 구분하여 기재하여야 한다.

② 「농지법」상 이행강제금 부과처분은 항고소송의 대상이 되는 처분에 해당하므로 이에 불복하는 경우 항고소송을 제기할 수 있다.

③ 지방자치단체 소속 공무원이 지방자치단체 고유의 자치사무를 수행하던 중 「도로법」 규정에 의한 위반행위를 한 경우 지방자치단체는 「도로법」의 양벌규정에 따라 처벌대상이 되는 법인에 해당한다.

④ 구「여객자동차 운수사업법」상 과징금부과처분은 원칙적으로 위반자의 고의·과실을 요하지 아니하나, 위반자의 의무 해태를 탓할 수 없는 정당한 사유가 있는 등의 특별한 사정이 있는 경우에는 이를 부과할 수 없다.

3 행정의 실효성확보 수단 중 ㉠에 들어갈 말로 옳은 것은?

> 「대기환경보전법」 제37조 ① 시·도지사는 다음 각 호의 어느 하나에 해당하는 배출시설을 설치·운영하는 사업자에 대하여 제36조에 따라 조업정지를 명하여야 하는 경우로서 그 조업정지가 주민의 생활, 대외적인 신용·고용·물가 등 국민경제, 그 밖에 공익에 현저한 지장을 줄 우려가 있다고 인정되는 경우 등 그 밖에 대통령령으로 정하는 경우에는 조업정지처분을 갈음하여 2억원 이하의 (㉠)을(를) 부과할 수 있다.
> 1. 「의료법」에 따른 의료기관의 배출시설
> 2. 사회복지시설 및 공동주택의 냉난방시설
> 3. 발전소의 발전 설비
> 4. 「집단에너지사업법」에 따른 집단에너지시설
> 5. 「초·중등교육법」 및 「고등교육법」에 따른 학교의 배출시설
> 6. 제조업의 배출시설
> 7. 그 밖에 대통령령으로 정하는 배출시설

① 과태료 ② 과징금
③ 가산금 ④ 이행강제금

4 다음 중 대법원 판례에 관한 내용 중 옳지 않은 것은?

① 대집행계고를 함에 있어서 의무자가 스스로 이행하지 아니하는 경우에 대집행할 행위의 내용 및 범위가 구체적으로 특정되어야 하나, 그 행위의 내용 및 범위는 반드시 대집행계고서에 의하여서만 특정되어야 하는 것이 아니고 계고처분 전후에 송달된 문서나 기타 사정을 종합하여 행위의 내용이 특정되면 족하다.

② 행정대집행상의 철거명령은 행정소송법상의 처분에 해당하지 않는다.

③ 국세징수상 국세와 다른 채권 간의 우선순위의 확정시기는 「국세징수법」상 배분계산서 작성시이다.

④ 산림청장이나 그로부터 권한을 위임받은 행정청이 「산림기본법」 등이 정하는 바에 따라 국유임야를 대부하거나 매각하는 행위는 행정처분이라고 할 수 없다.

5 명단공표에 대한 다음 설명 중 가장 옳지 않은 것은?

① 이는 행정법상의 의무위반사항을 불특정 다수인이 주지할 수 있도록 알리는 것이다.

② 의무위반자의 명예·신용의 침해를 위협하여 의무이행을 간접적으로 강제하는 수단이다.

③ 명단공표에 관한 일반법으로 「공공기관의 정보공개에 관한 법률」이 있다.

④ 명단공표 그 자체로는 아무런 법적 효과도 발생하지 아니한다.

6 다음은 행정의 실효성 확보수단에 대해 설명한 것이다. 가장 적절하지 않은 것은? (다툼이 있으면 판례에 의함)

① 공급거부란 행정법상의 의무를 위반하거나 불이행한 자에 대해 일정한 재화나 서비스의 공급을 거부하는 행정작용을 말한다.

② 가산금은 세법상의 의무의 성실한 이행을 확보하기 위하여 세법에 의하여 산출된 세액에 가산하여 징수하는 금액을 말한다.

③ 이행강제금은 의무의 불이행시에 일정액수의 금전납부의무가 부과될 것임을 의무자에게 미리 계고함으로써 의무의 이행을 확보하는 수단을 말한다.

④ 명단의 공표란 행정법상의 의무 위반 또는 불이행이 있는 경우 그 위반자의 성명, 위반사실 등을 일반에게 공개하여 명예 또는 신용에 침해를 가함으로써 심리적인 압박을 가하여 행정법상 의무이행을 확보하는 수단을 말한다.

7 다음 관허사업의 제한에 관한 내용 중 가장 옳은 것은?

① 관허사업의 제한을 하기 위해서는 의무 위반과 직접적인 관련이 있는 사업이어야 한다.

② 실정법은 행정법상의 의무 위반과 직접적인 관련이 없는 관허사업의 제한을 인정하는 것이 보통이다.

③ 관허사업의 제한은 행정형벌에 의한 처벌을 받은 자가 의무 위반을 한 경우에 그에 대한 제재로서 행하는 규제수단이다.

④ 관허사업의 제한과 부당결부금지원칙과는 관계가 없다.

8 행정의 실효성 확보수단에 대한 설명으로 옳지 않은 것은?

① 고의 또는 과실이 없는 질서위반행위는 과태료를 부과하지 아니한다.
② 행정법상 의무위반자에 대한 명단의 공표는 법적인 근거가 없더라도 허용된다.
③ 법원의 과태료부과결정에 불복하는 자는 즉시항고 할 수 있다.
④ 과태료처분을 받고 이를 납부한 후에 형사처벌을 한다고 하여 일사부재리원칙에 반하지 않는다는 것이 대법원의 입장이다.

9 행정의 실효성 확보수단에 대한 설명으로 옳지 않은 것은? (다툼이 있는 경우 판례에 의함)

① 재량행위인 과징금부과처분이 해당 법령이 정한 한도액을 초과하여 부과된 경우 이러한 과징금부과처분은 법이 정한 한도액을 초과하여 위법하므로 법원으로서는 그 전부를 취소할 수밖에 없고, 그 한도액을 초과한 부분만 취소할 수는 없다.
② 세법상 가산세를 부과할 때 납세자에게 조세납부를 거부 또는 지연하는 데 고의 또는 과실이 있었는지는 원칙적으로 고려하지 않지만, 납세의무자의 의무해태를 탓할 수 없는 정당한 사유가 있는 경우에는 가산세를 부과할 수 없다.
③ 「건축법」상 이행강제금은 시정명령의 불이행이라는 과거의 위반행위에 대한 제재이므로, 건축주가 장기간 시정명령을 이행하지 않았다면 그 기간 중에 시정명령의 이행 기회가 제공되지 않았다가 뒤늦게 이행 기회가 제공된 경우라 하더라도 이행 기회가 제공되지 않은 과거의 기간에 대한 이행강제금까지 한꺼번에 부과할 수 있다.
④ 질서위반행위에 대하여 과태료를 부과하는 근거 법령이 개정되어 행위 시의 법률에 의하면 과태료 부과대상이었지만 재판 시의 법률에 의하면 부과대상이 아니게 된 때에는 개정 법률의 부칙 등에서 행위 시의 법률을 적용하도록 명시하는 등 특별한 사정이 없는 한 재판 시의 법률을 적용하여야 한다.

정답및해설

1	④	2	②	3	②	4	②	5	③
6	②	7	②	8	②	9	③		

1 ④ 공매처분을 하면서 체납자 등에게 공매통지를 하지 않았거나 공매통지를 하였더라도 그것이 적법하지 아니한 경우에는 절차상의 흠이 있어 그 공매처분이 위법하게 되는 것이지만, 공매통지 자체가 그 상대방인 체납자 등의 법적 지위나 권리·의무에 직접적인 영향을 주는 행정처분에 해당한다고 할 것은 아니므로 다른 특별한 사정이 없는 한 체납자 등은 공매통지의 결여나 위법을 들어 공매처분의 취소 등을 구할 수 있는 것이지 공매통지 자체를 항고소송의 대상으로 삼아 그 취소 등을 구할 수는 없다(대판 2011. 3.24. 2010두25527).

① 개별사건에 있어서 위반내용, 위반자의 시정의지 등을 감안하여 허가권자는 행정대집행과 이행강제금을 선택적으로 활용할 수 있고, 행정대집행과 이행강제금 부과가 동시에 이루어지는 것이 아니라 허가권자의 합리적인 재량에 의해 선택하여 활용하는 이상 이를 중첩적인 제재에 해당한다고 볼 수 없다(헌재결 2011.10.25. 2009헌바140).

② 건축법상의 이행강제금은 시정명령의 불이행이라는 과거의 위반행위에 대한 제재가 아니라, 의무자에게 시정명령을 받은 의무의 이행을 명하고 그 이행기간 안에 의무를 이행하지 않으면 이행강제금이 부과된다는 사실을 고지함으로써 의무자에게 심리적 압박을 주어 의무의 이행을 간접적으로 강제하는 행정상의 간접강제 수단에 해당한다. 이러한 이행강제금의 본질상 시정명령을 받은 의무자가 이행강제금이 부과되기 전에 그 의무를 이행한 경우에는 비록 시정명령에서 정한 기간을 지나서 이행한 경우라도 이행강제금을 부과할 수 없다(대판 2018. 1.25. 2015두35116).

③ 과징금부과처분은 제재적 행정처분으로서 여객자동차 운수사업에 관한 질서를 확립하고 여객의 원활한 운송과 여객자동차 운수사업의 종합적인 발달을 도모하여 공공복리를 증진한다는 행정목적의 달성을 위하여 행정법규 위반이라는 객관적 사실에 착안하여 가하는 제재이므로 반드시 현실적인 행위자가 아니라도 법령상 책임자로 규정된 자에게 부과되고 원칙적으로 위반자의 고의·과실을 요하지 아니하나, 위반자의 의무 해태를 탓할 수 없는 정당한 사유가 있는 등의 특별한 사정이 있는 경우에는 이를 부과할 수 없다(대판 2014.10.15. 2013두5005).

2 ② 농지법은 농지 처분명령에 대한 이행강제금 부과처분에 불복하는 자가 그 처분을 고지받은 날부터 30일 이내에 부과권자에게 이의를 제기할 수 있고, 이의를 받은 부과권자는 지체 없이 관할 법원에 그 사실을 통보하여야 하며, 그 통보를 받은 관할 법원은 비송사건절차법에 따른 과태료 재판에 준하여 재판을 하도록 정하고 있다. 따라서 농지법 제62조 제1항에 따른 이행강제금 부과처분에 불복하는 경우에는 비송사건절차법에 따른 재판절차가 적용되어야 하고, 행정소송법상 항고소송의 대상은 될 수 없다(대판 2019. 4.11. 2018두42955).

① 하나의 납세고지서에 의하여 본세와 가산세를 함께 부과할 때에는 납세고지서에 본세와 가산세 각각의 세액과 산출근거 등을 구분하여 기재하여야 하고, 여러 종류의 가산세를 함께 부과하는 경우에는 가산세 상호 간에도 종류별로 세액과 산출근거 등을 구분하여 기재하여야 한다. 본세와 가산세 각각의 세액과 산출근거 및 가산세 상호 간의 종류별 세액과 산출근거 등을 제대로 구분하여 기재하지 않은 채 본세와 가산세의 합계액 등만을 기재한 경우에도 과세처분은 위법하다(대판 2018.12.13. 2018두128).

③ 국가가 본래 그의 사무의 일부를 지방자치단체의 장에게 위임하여 그 사무를 처리하게 하는 기관위임사무의 경우에는 지방자치단체는 국가기관의 일부로 볼 수 있는 것이지만, 지방자치단체가 그 고유의 자치사무를 처리하는 경우에는 지방자치단체는 국가기관의 일부가 아니라 국가기관과는 별도의 독립한 공법인이므로, 지방자치단체 소속 공무원이 지방자치단체 고유의 자치사무를 수행하던 중 도로법 제81조 내지 제85조의 규정에 의한 위반행위를 한 경우에는 지방자치단체는 도로법 제86조의 양벌규정에 따라 처벌대상이 되는 법인에 해당한다. 지방자치단체 소속 공무원이 압축트럭 청소차를 운전하여 고속도로를 운행하던 중 제한축중을 초과 적재 운행함으로써 도로관리청의 차량운행제한을 위반한 사안에서, 해당 지방자치단체가 도로법 제86조의 양벌규정에 따른 처벌대상이 된다(대판 2005.11.10. 2004도2657).

④ 구 여객자동차 운수사업법 제88조 제1항의 과징금부과처분은 제재적 행정처분으로서 여객자동차 운수사업에 관한 질서를 확립하고 여객의 원활한 운송과 여객자동차 운수사업의 종합적인 발달을 도모하여 공공복리를 증진한다는 행정목적의 달성을 위하여 행정법규 위반이라는 객관적 사실에 착안하여 가하는 제재이므로 반드시 현실적인 행위자가 아니라도 법령상 책임자로 규정된 자에게 부과되고 원칙적으로 위반자의 고의·과실을 요하지 아니하나, 위반자의 의무 해태를 탓할 수 없는 정당한 사유가 있는 등의 특별한 사정이 있는 경우에는 이를 부과할 수 없다(대판 2014.10.15. 2013두5005).

3 「대기환경보전법」 제37조(과징금 처분) 제1항 … 시·도지사는 다음 각 호의 어느 하나에 해당하는 배출시설을 설치·운영하는 사업자에 대하여 제36조(허가의 취소 등)에 따라 조업정지를 명하여야 하는 경우로서 그 조업정지가 주민의 생활, 대외적인 신용·고용·물가 등 국민경제, 그 밖에 공익에 현저한 지장을 줄 우려가 있다고 인정되는 경우 등 그 밖에 대통령령으로 정하는 경우에는 조업정지처분을 갈음하여 2억 원 이하의 과징금을 부과할 수 있다.
1. 「의료법」에 따른 의료기관의 배출시설
2. 사회복지시설 및 공동주택의 냉난방시설
3. 발전소의 발전 설비
4. 「집단에너지사업법」에 따른 집단에너지시설
5. 「초·중등교육법」 및 「고등교육법」에 따른 학교의 배출시설
6. 제조업의 배출시설
7. 그 밖에 대통령령으로 정하는 배출시설

4 ② 구 건축법 제5조에 위반한 것을 이유로 한 철거명령은 행정청이 구체적 사실에 관한 법집행으로서 같은 법 제42조에 의하여 하는 공권력의 행사이므로 행정처분이다(대판 1994. 2. 22, 93누10644).

5 ③ 명단공표에 관한 일반법은 우리나라에는 존재하지 않으며 개별법으로 「공직자윤리법」, 「아동·청소년의 성보호에 관한 법률」, 「국세기본법」, 「식품위생법」, 「자원의 절약과 재활용촉진에 관한 법률」 등이 있다.

6 ② 가산세에 대한 설명이다. 가산금은 국가 또는 지방자치단체에 대한 납세의무자가 그 납기까지 조세를 납부 또는 납입하지 아니한 경우에, 조세체납처분을 하기 위한 전제로서 납세의무의 이행을 최고(催告)하기 위하여 과세권자가 독촉을 하면서 징수하는 금액이다. 2020. 1. 1. 이후로 납부고지 전에 적용되는 「국세기본법」에 따른 납부불성실가산세와 납부고지 후에 적용되는 「국세징수법」의 가산금이 「국세기본법」에 따른 납부지연가산세로 일원화되어 시행된다.

7 ② 의무 위반과 직접적인 관련이 없는 관허사업의 제한을 인정하는 것이 보통이며, 이는 부당결부금지와 영업의 자유와 관련하여 문제가 있다. 의무 위반과 직접 관련이 있는 경우에는 행정행위의 철회의 문제라는 견해도 있다.

8 ② 공표는 비권력적 사실행위에 해당하지만 법적 근거를 요한다고 보는 것이 일반적인 견해이다.
① 질서위반행위규제법 제7조
③ 질서위반행위규제법 제38조 제1항
④ 대법원 1989. 6. 13. 88도1983

9   ③ 건축주 등이 장기간 시정명령을 이행하지 아니하였다 하더라도, 그 기간 중에는 시정명령의 이행 기회가 제공되지 아니하였다가 뒤늦게 시정명령의 이행 기회가 제공된 경우라면, 그 시정명령의 이행 기회 제공을 전제로 한 1회분의 이행강제금만을 부과할 수 있고, 시정명령의 이행 기회가 제공되지 아니한 과거의 기간에 대한 이행강제금까지 한꺼번에 부과할 수는 없다고 보아야 한다(대법원 2016.7.14, 2015두 46598).

04

행정구제법

01 행정구제제도

기출문제

section 1 행정구제

(1) 의의

행정구제란 행정작용으로 인해 자기의 권리·이익이 침해되었거나 침해될 것으로 주장하는 자가 행정기관이나 법원에 손해전보·원상회복 또는 당해 행정작용의 취소·변경 기타 피해구제 및 예방을 청구하고 이에 대해 행정기관 또는 법원이 심리하여 권리·이익 보호에 관한 판정을 내리는 것을 말한다.

> **Point 팁** 행정구제법의 기본관념
> ㉠ 법원에 의한 권리구제
> ㉡ 행정국가주의에서 사법국가주의로
> ㉢ 사후구제제도와 사전구제제도의 상호 보완

(2) 종류

① 사전구제제도 … 「행정절차법」과 행정정보공개제도, 개인정보보호제도, 「행정규제기본법」, 청원제도, 옴부즈만제도, 민원처리제도 등이 있다.

② 사후구제제도
  ㉠ 행정상 손해전보제도 : 손해배상제도, 손실보상제도가 있다.
  ㉡ 행정쟁송제도 : 행정심판, 행정소송이 있다.

section 2 청원

(1) 의의

청원이란 국민이 국가의 공권력 행사와 관련하여 여러 이해관계 또는 국정에 관한 자신의 의견·희망을 개진하거나 시정을 요구할 수 있는 「헌법」상의 기본권을 말한다.

(2) 법적 근거

헌법 제26조 제1항은 '모든 국민은 법률이 정하는 바에 의하여 국가기관에 문서로 청원할 권리를 가진다.'고 규정하고 있다. 이를 위한 일반법으로 「청원법」이 제정되어 있다.

(3) 청원인

모든 국민은 청원권을 가진다. 자연인·법인을 불문하며 이해관계가 없는 자도 청원을 제기할 수 있다.

(4) 청원기관

모든 국가기관에 대하여 청원할 수 있다. 모든 입법·행정·사법기관을 포함하며 처분청·감독청 여하를 불문한다.

(5) 청원사항

「청원법」상 청원사항으로는 피해의 구제, 공무원의 위법·부당한 행위에 대한 시정이나 징계의 요구, 법률·명령·조례·규칙 등의 제정·개정 또는 폐지, 공공의 제도·시설 운영, 기타 국가기관의 권한에 속하는 사항 등이 있다. 그러나 재판에 관여하는 것과 국가기관을 중상모략하는 것 등은 청원할 수 없다.

(6) 청원의 효과

청원을 받은 기관은 청원을 성실·공정·신속하게 심사·처리하고 그 결과를 청원인에게 통지하여야 한다. 여기서 심사·처리결과의 통지는 행정소송법상 처분에 해당하지 않는다.

> **판례** 청원을 수리한 국가기관은 이를 성실, 공정, 신속히 심사·처리하여 그 결과를 청원인에게 통지하는 이상의 법률상 의무를 지는 것은 아니라고 할 것이고, 따라서 국가기관이 그 수리한 청원을 받아들여 구체적인 조치를 취할 것인지 여부는 국가기관의 자유재량에 속한다고 할 것일 뿐만 아니라 이로써 청원자의 권리의무, 그 밖의 법률관계에는 하등의 영향을 미치는 것이 아니므로 청원에 대한 심사처리결과의 통지 유무는 행정소송의 대상이 되는 행정처분이라고 할 수 없다(대판 1990. 5. 25, 90누1458).

section 3 옴부즈만제도

(1) 의의

옴부즈만제도란 의회에 의해 선출된 옴부즈만이 행정기관·법원 등 공공기관의 업무 수행을 감시함으로써 행정의 기능 확대로 인한 전통적 행정구제제도의 결점을 보완하고 부적정한 행정으로부터 국민의 권익을 보다 실효적으로 보호하기 위한 제도이다.

(2) 특징

① 옴부즈만은 1809년 스웨덴의 헌법에서 최초로 창설되어, 핀란드·덴마크 등 북구 여러 나라에서 일반적으로 사용되고 있다.

② 옴부즈만의 권한이나 기능은 국가에 따라 차이가 있으나 그 일반적 유형에 있어서는 행정기능의 확대나 그 작용형식의 다양화 등으로 인한 전통적인 행정구제제도의 결점을 보완하여 부적정한 행정에 대하여 국민의 권익을 보다 실효적으로 보호하려는 데 그 기본적인 존재 의의가 있다.

(3) 기능

권리보호의 사각지대에 국민의 대표기관인 의회가 개입시도하여 국민의 권익구제에 기여하는 기능을 한다.

(4) 장점

① 타 구제수단에 비해 시민들의 접근이 용이하다.

② 보통 의회에서 선출되므로 의회의 행정통제기능을 강화한다.

③ 신속하고 저렴하게 신축적인 민원처리가 가능하다.

④ 대민행정과 인구가 적은 사회에서 유용하다.

(5) 한계

① 특정 행정작용이 위법·부당하더라도 직접 취소·변경할 수는 없고 시정권고, 언론에 대한 공표 등만이 가능하다.

② 실질적·법적 권한보다 사회적 신망·권위 등을 통한 여론형성 등에 의존한다.

③ 행정의 책임성과 비밀성을 침해할 우려가 있다.

④ 기능이 중복될 수 있다.

section 4 우리나라의 민원처리제도

(1) 의의

감사원·대통령실·국무총리실이 민원사항을 처리하고 있으며, 이러한 민원처리기관은 옴부즈만에 가까운 제도라 할 수 있다. 그리고 최근에는 「부패방지 및 국민권익위원회의 설치와 운영에 관한 법률」이 제정되어 국민의 고충민원의 처리를 위한 기관으로서 국민권익위원회를 설치하였다.

(2) 감사원

감사원은 직권 또는 이해관계인의 심사청구에 의하여 각급 행정기관의 직무감찰을 시행하고 감찰결과의 흠이나 행정상 모순을 발견한 때에는 관계기관에 대하여 그 시정이나 개선을 요구하며, 관계자의 문책을 요구하거나 고발조치를 취할 수 있다.

(3) 국민권익위원회

① 의의 ··· 행정기관의 위법·부당한 행위나 불합리한 행정제도 등으로 인한 권리의 침해나 불편·부당에 대한 민원을 국민권익위원회를 통하여 처리해주는 제도를 말한다.

② 근거 ··· 「부패방지 및 국민권익위원회의 설치와 운영에 관한 법률」에 의하여 <u>국무총리 소속하에 국민권익위원회를 둔다</u>. 이는 외국의 옴부즈만제도에 상응하는 제도이다.

③ 국민권익위원회의 업무

   ⊙ 국민의 권리보호·권익구제 및 부패방지를 위한 정책의 수립 및 시행

   ⊙ 고충민원의 조사와 처리 및 이와 관련된 시정권고 또는 의견표명

   ⊙ 고충민원을 유발하는 관련 행정제도 및 그 제도의 운영에 개선이 필요하다고 판단되는 경우 이에 대한 권고 또는 의견표명

   ⊙ 위원회가 처리한 고충민원의 결과 및 행정제도의 개선에 관한 실태조사와 평가

   ⊙ 공공기관의 부패방지를 위한 시책 및 제도개선 사항의 수립·권고와 이를 위한 공공기관에 대한 실태조사

   ⊙ 공공기관의 부패방지시책 추진상황에 대한 실태조사·평가

   ⊙ 부패방지 및 권익구제 교육·홍보 계획의 수립·시행

   ⊙ 비영리 민간단체의 부패방지활동 지원 등 위원회의 활동과 관련된 개인·법인 또는 단체와의 협력 및 지원

   ⊙ 위원회의 활동과 관련된 국제협력

   ⊙ 부패행위 신고 안내·상담 및 접수 등

   ⊙ 신고자의 보호 및 보상

   ⊙ 법령 등에 대한 부패유발요인 검토

   ⊙ 부패방지 및 권익구제와 관련된 자료의 수집·관리 및 분석

   ⊙ 공직자 행동강령의 시행·운영 및 그 위반행위에 대한 신고의 접수·처리 및 신고자의 보호

   ⊙ 민원사항에 관한 안내·상담 및 민원사항 처리실태 확인·지도

㉯ 온라인 국민참여포털의 통합 운영과 정부민원안내콜센터의 설치·운영

㉰ 시민고충처리위원회의 활동과 관련한 협력·지원 및 교육

㉱ 다수인 관련 갈등 사항에 대한 중재·조정 및 기업애로 해소를 위한 기업고충민원의 조사·처리

㉲ 「행정심판법」에 따른 중앙행정심판위원회의 운영에 관한 사항

㉳ 다른 법령에 따라 위원회의 소관으로 규정된 사항

㉴ 그 밖에 국민권익 향상을 위하여 국무총리가 위원회에 부의하는 사항

④ **국민권익위원회의 구성 및 고충민원의 신청**

㉠ 위원회는 위원장 1명을 포함한 15명의 위원(부위원장 3명과 상임위원 3명을 포함)으로 구성한다. 이 경우 부위원장은 각각 고충민원, 부패방지업무 및 중앙행정심판위원회의 운영업무로 분장하여 위원장을 보좌한다. 다만, 중앙행정심판위원회의 구성에 관한 사항은 「행정심판법」에서 정하는 바에 따른다.

㉡ 위원장, 부위원장과 위원은 고충민원과 부패방지에 관한 업무를 공정하고 독립적으로 수행할 수 있다고 인정되는 자로서 다음 중 어느 하나에 해당하는 자 중에서 임명 또는 위촉한다.

• 대학이나 공인된 연구기관에서 부교수 이상 또는 이에 상당하는 직에 8년 이상 있거나 있었던 자

• 판사·검사 또는 변호사의 직에 10년 이상 있거나 있었던 자

• 3급 이상 공무원 또는 고위공무원단에 속하는 공무원의 직에 있거나 있었던 자

• 건축사·세무사·공인회계사·기술사·변리사의 자격을 소지하고 해당 직종에서 10년 이상 있거나 있었던 자

• 시민고충처리위원회 위원으로 위촉되어 그 직에 4년 이상 있었던 자

• 그 밖에 사회적 신망이 높고 행정에 관한 식견과 경험이 있는 자로서 시민사회단체로부터 추천을 받은 자

㉢ 위원장 및 부위원장은 국무총리의 제청으로 대통령이 임명하고, 상임위원은 위원장의 제청으로 대통령이 임명하며, 상임이 아닌 위원은 대통령이 임명 또는 위촉한다. 이 경우 상임이 아닌 위원 중 3명은 국회가, 3명은 대법원장이 각각 추천하는 자를 임명 또는 위촉한다. 위원장과 위원의 임기는 각각 3년으로 하되 1차에 한하여 연임할 수 있다.

㉣ 누구든지(국내에 거주하는 외국인을 포함) 권익위원회에 고충민원을 신청할 수 있다. 이 경우 하나의 권익위원회에 대하여 고충민원을 제기한 신청인은 다른 권익위원회에 대하여도 고충민원을 신청할 수 있다. 권익위원회에 고충민원을 신청하고자 하는 자는 문서(전자문서를 포함)로 이를 신청하여야 한다. 다만, 문서에 의할 수 없는 특별한 사정이 있는 경우에는 구술로 신청할 수 있다.

⑤ **국민권익위원회 조사** … 권익위원회는 고충민원을 접수한 경우에는 지체 없이 그 내용에 관하여 필요한 조사를 하여야 한다. 다만, 다음에 해당하는 경우에는 조사를 하지 아니할 수 있다.

 ㉠ 고충민원의 각하사항

  • 고도의 정치적 판단을 요하거나 국가기밀 또는 공무상 비밀에 관한 사항

  • 국회 · 법원 · 헌법재판소 · 선거관리위원회 · 감사원 · 지방의회에 관한 사항

  • 수사 및 형집행에 관한 사항으로서 그 관장기관에서 처리하는 것이 적당하다고 판단되는 사항 또는 감사원의 감사가 착수된 사항

  • 행정심판, 행정소송, 헌법재판소의 심판이나 감사원의 심사청구 그 밖에 다른 법률에 따른 불복구제절차가 진행 중인 사항

  • 법령에 따라 화해 · 알선 · 조정 · 중재 등 당사자 간의 이해조정을 목적으로 행하는 절차가 진행 중인 사항

  • 판결 · 결정 · 재결 · 화해 · 조정 · 중재 등에 따라 확정된 권리관계에 관한 사항 또는 감사원이 처분을 요구한 사항

  • 사인 간의 권리관계 또는 개인의 사생활에 관한 사항

  • 행정기관 등의 직원에 관한 인사행정상의 행위에 관한 사항

 ㉡ 고충민원의 내용이 거짓이거나 정당한 사유가 없다고 인정되는 사항

 ㉢ 그 밖에 고충민원에 해당하지 아니하는 경우 등 권익위원회가 조사하는 것이 적절하지 아니하다고 인정하는 사항

⑥ **합의의 권고 및 조정**

 ㉠ **합의의 권고** : 권익위원회는 조사 중이거나 조사가 끝난 고충민원에 대한 공정한 해결을 위하여 필요한 조치를 당사자에게 제시하고 합의를 권고할 수 있다.

 ㉡ **합의의 조정** : 권익위원회는 다수인이 관련되거나 사회적 파급효과가 크다고 인정되는 고충민원의 신속하고 공정한 해결을 위하여 필요하다고 인정하는 경우에는 당사자의 신청 또는 직권에 의하여 조정을 할 수 있다. 조정은 당사자가 합의한 사항을 조정서에 기재한 후 당사자가 기명날인하거나 서명하고 권익위원회가 이를 확인함으로써 성립한다.

⑦ **시정의 권고 및 의견표명**

 ㉠ 권익위원회는 고충민원에 대한 조사결과 처분 등이 위법 · 부당하다고 인정할 만한 상당한 이유가 있는 경우에는 관계 행정기관 등의 장에게 적절한 시정을 권고할 수 있다.

 ㉡ 권익위원회는 고충민원에 대한 조사결과 신청인의 주장이 상당한 이유가 있다고 인정되는 사안에 대하여는 관계 행정기관 등의 장에게 의견을 표명할 수 있다.

⑧ 처리결과의 통보 등

  ㉠ 권익위원회는 고충민원을 조사·처리하는 과정에서 법령 그 밖의 제도나 정책 등의 개선이 필요하다고 인정되는 경우에는 관계 행정기관 등의 장에게 이에 대한 합리적인 개선을 권고하거나 의견을 표명할 수 있다.

  ㉡ 권고 또는 의견을 받은 관계 행정기관 등의 장은 이를 존중하여야 하며, 그 권고 또는 의견을 받은 날부터 30일 이내에 그 처리결과를 권익위원회에 통보하여야 한다.

  ㉢ 권고를 받은 관계 행정기관 등의 장이 그 권고내용을 이행하지 아니하는 경우에는 그 이유를 권익위원회에 문서로 통보하여야 한다.

  ㉣ 권익위원회는 관계 행정기관 등의 장에게서 통보받은 내용을 신청인에게 지체 없이 통보하여야 한다.

⑨ 감사의 의뢰 … 고충민원의 조사·처리 과정에서 관계 행정기관 등의 직원이 고의 또는 중대한 과실로 위법·부당하게 업무를 처리한 사실을 발견한 경우 위원회는 감사원에, 시민고충처리위원회는 당해 지방자치단체에 감사를 의뢰할 수 있다.

(4) 시민고충처리위원회

① 지방자치단체 및 그 소속 기관에 관한 고충민원의 처리와 행정제도의 개선 등을 위하여 각 지방자치단체에 시민고충처리위원회를 둘 수 있다. 시민고충처리위원회 위원의 임기는 4년으로 하되, 연임할 수 없다.

② 시민고충처리위원회의 업무

  ㉠ 지방자치단체 및 그 소속 기관에 관한 고충민원의 조사와 처리

  ㉡ 고충민원과 관련된 시정권고 또는 의견표명

  ㉢ 고충민원의 처리과정에서 관련 행정제도 및 그 제도의 운영에 개선이 필요하다고 판단되는 경우 이에 대한 권고 또는 의견표명

  ㉣ 시민고충처리위원회가 처리한 고충민원의 결과 및 행정제도의 개선에 관한 실태조사와 평가

  ㉤ 민원사항에 관한 안내, 상담 및 민원처리 지원

  ㉥ 시민고충처리위원회의 활동과 관련한 교육 및 홍보

  ㉦ 시민고충처리위원회의 활동과 관련된 국제기구 또는 외국의 권익구제기관 등과의 교류 및 협력

  ㉧ 시민고충처리위원회의 활동과 관련된 개인·법인 또는 단체와의 협력 및 지원

  ㉨ 그 밖에 다른 법령에 따라 시민고충처리위원회에 위탁된 사항

1 다음 중 국민권익위원회의 관할 업무내용으로 옳지 않은 것은?

① 고충민원의 조사와 처리 및 이와 관련된 시정권고 또는 의견표명

② 공공기관의 부패방지를 위한 시책 및 제도개선 사항의 수립·권고와 이를 위한 공공기관에 대한 실태조사

③ 행정기관 등의 직원에 관한 인사행정상의 행위에 관한 사항

④ 부패행위 신고 안내·상담 및 접수 등

2 다음 중 옴부즈만제도의 장점에 관한 설명으로 옳지 않은 것은?

① 신축적인 민원처리가 가능하다.

② 의회의 행정통제기능을 강화한다.

③ 의회의 행정간섭이 심화될 수 있다.

④ 전통적인 행정구제제도의 기능을 보완한다.

3 다음 중 국민권익위원회에 대한 설명으로 옳지 않은 것은?

① 대통령 소속하에 설치된 합의제 행정기관이다.

② 조사 결과처분 등이 위법·부당하다고 판단될 경우에는 관계기관의 장에게 적절한 시정조치를 권고할 수 있다.

③ 위원회의 위원, 전문위원 또는 직원이나 그 직에 있었던 자 및 위원회에 파견되거나 위원회의 위촉에 의하여 위원회의 업무를 수행하거나 수행하였던 자는 업무처리 중 알게 된 비밀을 누설하여서는 아니 된다.

④ 위원회가 고충민원을 접수한 때에는 즉시 필요한 사항을 조사하여야 한다.

4　행정구제는 사전적 구제를 그의 이상으로 하는 바, 다음 중 사전구제제도로서 기능할 수 없는 것은?

① 옴부즈만제도　　　　　　　　　　② 청원

③ 행정심판　　　　　　　　　　　　④ 행정절차

5　다음 중 국민권익위원회의 민원의 처리에 관한 설명으로 옳지 않은 것은?

① 권익위원회는 조정회의의 원활한 진행을 위하여 고충민원의 신청인과 책임 있는 관계 행정기관 등의 직원에게 출석을 요구할 수 있으며, 신청인의 요청이 있거나 효율적인 조정을 위하여 필요하다고 인정되는 경우에는 이해관계인·참고인 등으로 하여금 조정회의에 출석하여 의견을 진술하게 할 수 있다.

② 권익위원회는 신청인이 동일한 내용의 고충민원을 정당한 사유 없이 2회 이상 반복하여 신청한 경우로서 3회 이상 그 처리결과를 통지한 후에 신청되는 사안에 대하여는 종결처리 할 수 있다.

③ 권익위원회는 접수된 고충민원을 접수일부터 60일 이내에 처리하여야 한다.

④ 신고 내용의 특정에 필요한 사항을 확인하기 위한 보완 등이 필요하다고 인정되는 경우에는 그 처리기간을 30일 이내에서 연장할 수 있다.

정답및해설

1	③	2	③	3	①	4	③	5	②

1 ③ 권익위원회는 접수된 고충민원이 행정기관 등의 직원에 관한 인사행정상의 행위에 관한 사항일 경우에는 이를 각하하거나 관계 기관에 이송할 수 있다〈부패방지 및 국민권익위원회의 설치와 운영에 관한 법률 제43조 제1항 제8호〉.

2 ③ 의회의 행정간섭이 심해질 우려가 있다는 점은 옴부즈만제도의 단점이다.
　※ 옴부즈만제도의 장·단점
　　㉠ 장점
　　　• 전통적인 행정구제제도를 보완하고 국민의 권익을 보다 실효성 있게 보호한다.
　　　• 보통 의회에서 선출되므로 의회의 행정통제기능을 강화한다.
　　　• 신속하고 저렴하게 신축적인 민원처리가 가능하다.
　　㉡ 단점
　　　• 특정 행정작용이 위법·부당하더라도 직접 취소·변경할 수는 없고 시정권고, 언론에 대한 공표 등만이 가능하다.
　　　• 실질적·법적 권한보다 사회적 신망·권위 등을 통한 여론형성 등에 의존한다.
　　　• 행정의 책임성과 비밀성을 침해할 우려가 있다.
　　　• 의회의 행정간섭이 심화될 우려가 있다.

3 ① 국민권익위원회는 국무총리 소속이다.

4 행정심판은 행정청의 위법·부당한 처분의 시정을 구하는 것으로 사후적 구제제도에 해당한다.

5 ② 권익위원회는 신청인이 동일한 내용의 고충민원을 정당한 사유 없이 3회 이상 반복하여 신청한 경우로서 2회 이상 그 처리결과를 통지한 후에 신청되는 사안에 대하여는 종결처리 할 수 있다〈부패방지 및 국민권익위원회의 설치와 운영에 관한 법률 시행령 제43조 제1항〉.

02 행정상 손해전보제도

기출문제

section 1 의의

(1) 개념

행정상 손해전보제도란 국가 또는 공공기관의 작용에 의하여 개인에게 발생한 손해 또는 손실을 금전적으로 전보하여 주는 제도를 말한다. 현행법상 손해전보제도에는 손해배상제도와 손실보상제도가 있다.

(2) 손해배상과 손실보상의 이론적 토대

① 전통적으로 손해배상은 개인주의적·보상적 정의에 입각하여 인정되었고, 손실보상은 단체주의적·배분적 정의에 입각하여 인정되었다.

② 손해배상은 행위자의 주관적 책임과 행위의 객관적 위법성에 의해 성립되는 반면, 손실보상은 개인에게 부과된 부담의 불평등성으로 인해 성립된다.

(3) 손해배상과 손실보상의 구별

① 공통점

    ㉠ 양자는 손해전보로서 사후구제제도인 점에서 행정절차 등 사전구제제도와 구별된다.

    ㉡ 실체적 구제제도인 점에서 행정쟁송 등 절차적 구제제도와 구별된다.

② 차이점

    ㉠ 발생원인

      • 손해배상: 개인주의 사상을 기저로, 개인적·도의적 과실책임주의를 기초로 한다.

      • 손실보상: 단체주의적 사상을 기저로, 사회적·공평부담적 무과실책임주의의 실현을 기초로 한다.

    ㉡ 법적 근거

      • 손해배상: 헌법 제29조를 근거로 일반법인 「국가배상법」의 적용을 받으며 보충적으로 민법이 적용된다.

      • 손실보상: 헌법 제23조 제3항을 근거로 하나 일반법은 없고 개별법에 의존한다.

    ㉢ 청구권의 성질

      • 손해배상청구권: 공권설(다수설)·사권설(판례)로 견해가 대립되며, 양도·압류가 금지되는 경우가 있다.

      • 손실보상청구권: 공권설(다수설)·사권설(판례)로 견해가 대립되며, 양도·압류가 가능하다.

ⓔ 전보의 기준 및 내용
- 손해배상 : 가해·하자와 상당인과관계의 모든 손해를 기준으로, 재산상·비재산상 손해를 포함한다.
- 손실보상 : 원칙적으로 정당한 보상을 기준으로, 재산상 손실에 한한다.

⑷ 손해배상과 손실보상의 상호 접근

오늘날 사회적 위험의 증대로 피해자 구제의 필요성이 높아짐에 따라 과실의 객관화나 입증책임전환의 법리 등을 통해 손해배상책임의 주된 기준이 주관적·도의적 과실책임으로부터 무과실책임으로 옮겨가는 등 손해배상제도와 손실보상제도가 상호 접근하는 경향이 두드러지고 있다.

section 2 행정상 손해전보제도의 종류

⑴ 의의

행정상 손해전보제도에는 손해배상제도와 손실보상제도가 있다. 손해배상제도는 위법한 행정작용으로 인한 손해를 배상하여 주는 제도이고 손실보상은 적법한 행정작용으로 인한 손실을 보상하여주는 제도이다.

⑵ 손해배상제도와 손실보상제도

① 손해배상제도
   ㉠ 위법한 공권력의 행사에 적용된다.
   ㉡ 일반법인 「국가배상법」이 있다.
   ㉢ 재산상의 피해뿐만 아니라 생명·신체·정신적 피해까지도 그 대상으로 한다.

② 손실보상제도
   ㉠ 적법한 공권력의 행사에 적용된다.
   ㉡ 일반법이 없이 개별법에 규정되어 있다.
   ㉢ 재산적 손실에 대해서만 보상한다.

기출문제

1 행정상 손해배상과 손실보상의 비교 설명 중 바르지 못한 것은?

① 행정상 손해배상은 개인적 과실책임주의를 이념으로 한다고 할 수 있다.

② 우리 「헌법」상 행정상 손해배상에 관한 근거규정은 있으나 손실보상에 관한 근거규정은 없다.

③ 행정상 손실보상은 사회적 공평부담주의를 기초이념으로 한다.

④ 행정상 손해배상은 위법한 행정작용으로 인하여 국민의 권리·이익이 침해된 경우에 인정된다.

2 행정상 손해배상과 손실보상의 공통점이 아닌 것은?

① 실체적 행정구제제도

② 사후적 구제제도

③ 금전적 전보제도

④ 재산상의 손해에 대한 전보제도

3 행정상 손해배상에 관한 설명으로 옳은 것은?

① 공법상 계약과 같은 비권력적 작용은 직무에 포함되지 않는다.

② 공무원에게 고의·중과실이 있는 경우에만 불법행위가 성립한다.

③ 판례는 공무원에 대한 직접 청구를 부인한다.

④ 공무원의 직무행위 여부는 객관적·외형적으로 결정되고, 부작위도 포함된다.

정답및해설

1	②	2	④	3	④				

1 ①③④ 손해배상은 위법한 공권력의 행사로 국민의 권리·이익이 침해된 경우를 위한 구제제도이며 손실보상은 특별히 희생당한 국민의 손실을 공평부담의 견지에서 국민 전체가 부담하는 제도이다.

② 손해배상은 헌법 제29조 제1항에, 손실보상은 헌법 제23조 제3항에 근거를 두고 있다.

※ 손해배상제도와 손실보상제도

　㉠ 손해배상은 위법한 공권력의 행사, 손실보상은 적법한 공권력의 행사에 적용된다.

　㉡ 손해배상제도는 일반법으로서 국가배상법이 있으나, 손실보상제도는 각 단행법에서 개별적으로 규정하고 있다.

　㉢ 손해배상은 재산상의 피해는 물론 생명·신체·정신적 피해까지 그 대상으로 하나, 손실보상은 재산적 손실에 대해서만 보상한다.

2 ④ 손실보상제도는 재산상의 손실을 대상으로 하는 것인 데 반하여 손해배상제도는 재산적 손해뿐만 아니라 비재산적 손해(생명·신체·정신적 침해 등)까지도 대상으로 한다. 다만, 그 배상은 비재산적 손해에 대해서도 금전으로 한다.

3 ④ 통설 및 판례에 의하면 직무행위와 관련된 부수적 행위는 물론, 직무행위의 외관을 띠고 있는 직무 아닌 행위도 포함된다고 한다(외형설).

① 직무행위 속에 관리행위도 포함된다.

② 불법행위의 성립은 고의·과실로 족하다.

③ 고의·중과실은 선택적 청구를 인정하지만, 경과실은 선택적 청구를 부인한다.

03 행정상 손해배상제도

기출문제

🔍 국가배상제도에 대한 설명으로 옳은 것은? (단, 다툼이 있는 경우 판례에 의함)

▶ 2017. 3. 18. 제1회 서울특별시

① 사인이 받은 손해란 생명·신체·재산상의 손해는 인정하지만, 정신상의 손해는 인정하지 않는다.

② 국가배상책임에 있어서 공무원의 행위는 '법령에 위반한 것이'이어야 하고, 법령위반이라 함은 엄격한 의미의 법령 위반뿐만 아니라 인권존중, 권력남용금지, 신의성실 등의 위반도 포함하여 그 행위가 객관적인 정당성을 결여하고 있음을 의미한다.

③ 「국가배상법」이 정한 손해배상청구의 요건인 '공무원의 직무'에는 권력적 작용뿐만 아니라 비권력적 작용과 단순한 사경제의 주체로서 하는 작용도 포함된다.

④ 부작위로 인한 손해에 대한 국가배상청구는 공무원의 작위의무를 명시한 형식적 의미의 법령에 위배된 경우에 한한다.

❙정답 ②

section 1 의의

(1) 개념

손해배상제도란 국가 또는 공공단체의 위법한 행정작용으로 인하여 발생한 개인의 손해를 국가 등의 행정기관이 배상하여 주는 제도를 말한다. 손해배상청구권을 보장함으로써 법치국가원리를 최종적으로 담보하는 수단으로서의 의미를 갖는다.

(2) 각국의 손해배상제도

① **프랑스** … 꽁세유데따의 블랑꼬 판결을 통해 최초로 국가의 불법적인 공역무작용으로 인한 손해를 배상하는 과실책임이 인정되었다. 오늘날에는 행정상의 위험에 대한 무과실책임도 점차 인정하고 있다.

② **독일** … 국가무책임사상을 전제로 하여 공무원의 책임을 국가가 대신 부담하여 주는 대위책임으로서 인정되고 있다.

③ **영·미** … 전통적으로 '국왕은 잘못을 행하지 않는다'는 주권면책론이 지배하였으나, 근래 들어 영국의 국왕소추법과 미국의 연방불법행위청구권법에 의해 국가의 불법행위책임이 인정되게 되었다.

(3) 우리나라의 행정상 손해배상제도

① 「**헌법**」적 근거 … 공무원의 직무상 불법행위로 인하여 손해를 받은 국민은 법률이 정하는 바에 의하여 국가 또는 공공단체에 정당한 배상을 청구할 수 있다. 이 경우 공무원 자신의 책임은 면제되지 아니한다〈헌법 제29조 제1항〉.

② 「**국가배상법**」 … 손해배상제도에 관한 일반법이다. 제2조의 '공무원의 위법한 직무행위로 인한 손해배상'과 제5조의 '공공영조물의 설치·관리상의 하자로 인한 손해배상'의 경우로 나누어 규정하고 있다.

section 2 국가배상법

(1) 의의

① 개념 … 국가 또는 지방자치단체의 불법행위로 인한 손해배상책임에 관한 일반법이다.

② **성격**

　ㄱ **공법설** : 공사법의 이원적 체계, 생명·신체의 침해로 인한 국가배상청구권은 양도·압류될 수 없다는 점 등을 이유로 「국가배상법」을 공법으로 본다. 이 설에 따르면 국가배상소송은 공법상 당사자소송에 의해야 한다(다수설).

　ㄴ **사법설** : 「국가배상법」을 「민법」의 특별법인 사법으로 보는 견해이다. 판례는 국가배상소송을 민사소송으로 처리함으로써 사법설을 따르고 있다.

③ **배상책임자** … 배상의 주체는 국가 또는 지방자치단체이다. 「헌법」은 '국가 또는 공공단체'를 배상책임자로 규정하고 있으나, 「국가배상법」은 '국가 또는 지방자치단체'로 제한하고 있어 위헌의 문제가 제기되고 있다. 지방자치단체가 아닌 공공단체의 불법행위로 인한 손해에 대해서는 「민법」상의 불법행위책임에 관한 규정이 적용된다. 국가를 상대로 하는 손해배상청구소송에서 국가를 대표하는 자는 법무부장관이다.

④ **배상청구권자**

　ㄱ **원칙** : 손해배상을 청구할 수 있는 자는 위법한 행정작용으로 인해 손해를 입은 국민이다. 이에는 자연인과 법인이 모두 포함된다. 외국인은 상호주의에 따라 한국인의 손해배상을 인정하고 있는 국가의 국민에 대해서만 배상청구권을 인정한다.

　ㄴ **예외** : 군인, 군무원, 경찰공무원, 예비군 대원이 전투·훈련중 입은 손해에 대해서는 다른 법령에 의해 보상을 지급받은 때에는 이 법에 의한 손해배상을 청구할 수 없다(이중배상금지). 다만, 판례는 이들의 배상청구권을 인정해 주기 위해 군인, 군무원, 경찰, 전투·훈련의 범위를 좁히는 경향이 있다.

판례 국가배상법 제2조 제1항 단서 소정의 "경찰공무원"이 "경찰공무원법상 경찰공무원"에 한정된다고 단정하기 어렵고, 오히려 경찰업무의 위험성을 고려하여 "경찰조직의 구성원을 이루는 공무원"을 특별취급하려는 것으로 보아야 할 것이므로 <u>전투경찰순경은 국가배상법 제2조 제1항 단서 소정의"경찰공무원"에 해당한다</u>고 보아야 한다(대판 1995. 3.24. 94다25414).

<u>공익근무요원</u>이 국가배상법 제2조 제1항 단서의 규정에 의하여 국가배상법상 손해배상청구가 제한되는 <u>군인·군무원·경찰공무원 또는 향토예비군대원에 해당한다고 할 수 없다</u>(대판 1997. 3.28. 97다4036).

현역병으로 입영하여 소정의 군사교육을 마치고 병역법 제25조의 규정에 의하여 전임되어 구 교정시설경비교도대설치법 제3조에 의하여 <u>경비교도로 임용된</u> 자는, 군인의 신분을 상실하고 군인과는 다른 경비교도로서의 신분을 취득하게 되었다고 할 것이어서 <u>국가배상법 제2조 제1항 단서가 정하는 군인 등에 해당하지 아니한다</u>(대판 1998. 2.10. 97다45914).

향토예비군의 직무는 그 성질상 고도의 위험성을 내포하는 공공적 성격의 직무이므로, 국가배상법 제2조 제1항 단서가 그러한 직무에 종사하는 향토예비군대원에 대하여 다른 법령의 규정에 의한 사회보장적 보상제도를 전제로 이중보상으로 인한 일반인들과의 불균형을 제거하고 국가재정의 지출을 절감하기 위하여 임무수행 중 상해를 입거나 사망한 개별 <u>향토예비군대원의 국가배상청구권을 금지</u>하고 있는 데에는 그 목적의 정당성, 수단의 상당성 및 침해의 최소성, 법익의 균형성이 인정되어 기본권제한규정으로서 헌법상 요청되는 과잉금지의 원칙에 반한다고 할 수 없고, 나아가 그 자체로서 평등의 원리에 반한다거나 향토예비군대원의 재산권의 본질적인 내용을 침해하는 위헌규정이라고 할 수 없다(헌재결 1996. 6.13. 94헌바20).

기출문제

문 「국가배상법」에 대한 설명으로 옳지 않은 것은?
▶ 2015. 3. 14. 사회복지직

① 「국가배상법」은 국가배상책임의 주체를 국가 또는 공공단체로 규정하고 있다.

② 피해자가 손해를 입은 동시에 이익을 얻은 경우에는 손해배상액에서 그 이익에 상당하는 금액을 빼야 한다.

③ 국가배상소송은 배상심의회에 배상신청을 하지 아니하고도 제기할 수 있다.

④ 국가배상청구권은 피해자나 그 법정대리인이 그 손해 및 가해자를 안 날로부터 3년간 이를 행사하지 아니하면 시효로 인하여 소멸한다.

정답 ①

(2) 공무원의 위법한 직무행위로 인한 손해배상〈국가배상법 제2조〉

① 배상책임의 성질

    ㉠ **자기책임설** : 국가의 배상책임은 공무원의 책임을 대신하여 지는 것이 아니고 직접 국가가 자신의 책임으로 배상한다는 이론이다. 우리나라 헌법학계의 다수설이다.

    ㉡ **대위책임설** : 공무원의 위법한 직무행위로 인한 손해배상책임은 원칙적으로 공무원이 져야 하나 피해자에 대한 충분한 배상을 위해 국가 등이 가해 공무원을 대신하여 배상책임을 진다는 이론이다. 우리나라 행정법학계의 다수설이다.

    ㉢ **중간설**(절충설) : 공무원의 고의·중과실에 대한 국가의 배상책임은 대위책임이나 경과실의 경우에는 자기책임의 성질을 가진다는 이론이다. 그 논거로서 국가배상법 제2조 제2항이 고의 또는 중과실의 경우에만 공무원에 대한 구상권을 인정하고 경과실에 대해서는 구상권을 인정하지 않는다는 것을 들고 있다.

> **판례** 공무원이 직무를 수행함에 있어 경과실로 타인에게 손해를 입힌 경우에는 그 직무수행상 통상 예기할 수 있는 흠이 있는 것에 불과하므로, 이러한 공무원의 행위는 여전히 국가 등의 기관의 행위로 보아 그로 인하여 발생한 손해에 대한 <u>배상책임도 전적으로 국가 등에만 귀속시키고</u> 공무원 개인에게는 그로 인한 책임을 부담시키지 아니하여 공무원의 공무집행의 안정성을 확보하고, 반면에 <u>공무원의 위법행위가 고의·중과실에 기한 경우에는</u> 비록 그 행위가 그의 직무와 관련된 것이라고 하더라도 그와 같은 행위는 그 본질에 있어서 기관행위로서의 품격을 상실하여 국가 등에게 그 책임을 귀속시킬 수 없으므로 <u>공무원 개인에게 불법행위로 인한 손해배상책임을 부담</u>시키되, 다만 이러한 경우에도 그 행위의 외관을 객관적으로 관찰하여 공무원의 직무집행으로 보여질 때에는 피해자인 국민을 두텁게 보호하기 위하여 국가 등이 공무원 개인과 중첩적으로 배상책임을 부담하되 국가 등이 배상책임을 지는 경우에는 공무원 개인에게 구상할 수 있도록 함으로써 궁극적으로 그 책임이 공무원 개인에게 귀속되도록 하려는 것이라고 봄이 합당하다(대판 1996. 2.15. 95다38677(전합)).

② **배상책임의 요건** … 국가배상법 제2조는 '공무원이 직무를 집행하면서 고의 또는 과실로 법령을 위반하여 타인에게 손해를 발생하게 하거나 「자동차손해배상 보상법」에 따라 손해배상의 책임이 있을 때'로 규정하고 있다.

    ㉠ **공무원** : 「국가공무원법」·「지방공무원법」상의 모든 공무원(입법·행정·사법 모두 포함)뿐만 아니라 널리 공무를 위탁받아 그에 종사하는 모든 자를 포함한다(통설·판례). 판례는 검사, 통장, 집달관, 소집중인 향토예비군, 미군부대의 카투사, 시 청소차 운전사, 철도차장, 조세의 원천징수의무자, 별정우체국장, 소방원, 지자체에서 공무를 위탁받은 교통할아버지, 국가·지자체에서 근무하는 청원경찰 등을 공무원의 범위에 포함시키고 있다. 그러나 국가기관 그 자체, 의용소방대원은 공무원의 범위에 포함시키지 않고 있다.

판례 한국토지공사는 구 한국토지공사법 제2조, 제4조에 의하여 정부가 자본금의 전액을 출자하여 설립한 법인이고, 본래 시·도지사나 시장·군수 또는 구청장의 업무에 속하는 대집행권한을 한국토지공사에게 위탁하도록 되어 있는바, 한국토지공사는 이러한 법령의 위탁에 의하여 대집행을 수권받은 자로서 공무인 대집행을 실시함에 따르는 권리·의무 및 책임이 귀속되는 행정주체의 지위에 있다고 볼 것이지 지방자치단체 등의 기관으로서 국가배상법 제2조 소정의 공무원에 해당한다고 볼 것은 아니다(대판 2010. 1.28. 2007다82950).

ⓛ 직무행위

• 권력작용과 관리작용은 포함되나 국고작용은 포함되지 않는다는 광의설이 다수설이다.

• 입법·행정·사법작용이 모두 포함되며 행정행위와 권력적 사실행위 등의 행사·불행사가 모두 포함된다. 다만, 입법·사법작용에 대해 배상책임을 인정하기는 현실적으로 쉽지 않다.

• 직무 자체는 물론이고 객관적으로 직무행위의 외형을 갖추고 있는 행위도 포함된다는 외형설이 통설·판례이다. 판례는 퇴근 중의 사고, 상관의 명에 의한 이삿짐 운반, 훈련중인 군인의 휴식 중 꿩사격 등을 외형상 직무행위라고 하였고 부대이탈 후 민간인 사살, 불법휴대한 소총으로 보리밭에서의 꿩 사격, 군인의 휴식중 비둘기사냥, 결혼식 참석을 위한 군용차 운행 등은 외형상 직무행위가 아니라고 하였다.

판례 국가배상법이 정한 배상청구의 요건인 '공무원의 직무'에는 권력적 작용만이 아니라 행정지도와 같은 비권력적 작용도 포함되며 단지 행정주체가 사경제주체로서 하는 활동만 제외된다(대판 1998. 7.10. 96다38971).

국가배상법 제2조 제1항의 '직무를 집행함에 당하여'라 함은 직접 공무원의 직무집행행위이거나 그와 밀접한 관련이 있는 행위를 포함하고, 이를 판단함에 있어서는 행위 자체의 외관을 객관적으로 관찰하여 공무원의 직무행위로 보여질 때에는 비록 그것이 실질적으로 직무행위가 아니거나 또는 행위자로서는 주관적으로 공무집행의 의사가 없었다고 하더라도 그 행위는 공무원이 '직무를 집행함에 당하여' 한 것으로 보아야 한다(대판 2005. 1.14. 2004다26805).

ⓒ **위법성**: 성문의 법령뿐 아니라 평등의 원칙, 신의성실의 원칙 위반도 위법에 포함된다(통설·판례). 그러나 부당에 그치는 행위는 위법성이 인정되지 않으므로 손해배상책임이 발생하지 않는다. 다만, 재량의 일탈·남용은 위법이므로 요건에 해당되고 재량권이 영(0)으로 수축하는 경우에도 이를 행하지 않으면 위법성이 인정되어 국가배상책임을 진다. 위법성에 대한 입증책임은 피해자가 진다.

판례 헌법재판소 재판관이 청구기간 내에 제기된 헌법소원심판청구 사건에서 청구기간을 오인하여 각하결정을 한 경우, 이에 대한 불복절차 내지 시정절차가 없는 때에는 국가배상책임(위법성)을 인정할 수 있다(2003. 7.11. 99다24218).

국가배상책임에 있어 공무원의 가해행위는 법령을 위반한 것이어야 하고, 법령을 위반하였다 함은 엄격한 의미의 법령 위반뿐 아니라 인권존중, 권력남용금지, 신의성실과 같이 공무원으로서 마땅히 지켜야 할 준칙이나 규범을 지키지 아니하고 위반한 경우를 포함하여 널리 그 행위가 객관적인 정당성을 결여하고 있음을 뜻하는 것이므로, 경찰관이 범죄수사를 함에 있어 경찰

기출문제

❓ 국가배상책임에 대한 설명으로 가장 옳지 않은 것은?
▶ 2018. 6. 23. 제2회 서울특별시

① 국가배상책임에서의 법령위반에는 널리 그 행위가 객관적인 정당성을 결여하고 있는 경우도 포함된다.

② 담당공무원이 주택구입대부제도와 관련하여 지급보증서 제도에 관해 알려주지 않은 조치는 법령위반에 해당하지 않는다.

③ 공무원의 직무집행이 법령이 정한 요건과 절차에 따라 이루어진 것이라도, 그 과정에서 개인의 권리가 침해되면 법령위반에 해당한다.

④ 교육공무원 성과상여금 지급지침에서 기간제 교원을 성과상여금 지급대상에서 제외하여도 이에 대해 국가배상책임이 있다고 할 수 없다.

정답 ③

385

관으로서 의당 지켜야 할 법규상 또는 조리상의 한계를 위반하였다면 이는 법령을 위반한 경우에 해당한다. 성폭력범죄의 처벌 및 피해자보호 등에 관한 법률 제21조는 성폭력범죄의 수사 또는 재판을 담당하거나 이에 관여하는 공무원에 대하여 피해자의 인적사항과 사생활의 비밀을 엄수할 직무상 의무를 부과하고 있고, <u>성폭력범죄의 수사를 담당하거나 수사에 관여하는 경찰 관이 위와 같은 직무상 의무에 반하여 피해자의 인적사항 등을 공개 또는 누설하였다면 국가는 그로 인하여 피해자가 입은 손해를 배상하여야 한다</u>(대판 2008. 6.12. 2007다64365).

어린이가 '미니컵 젤리'를 먹다가 질식하여 사망한 사안에서, 식품의약품안전청장 등이 그 사고 발생 시까지 구 식품위생법상의 규제 권한을 행사하여 미니컵 젤리의 수입·유통 등을 금지하거나 그 기준과 규격, 표시 등을 강화하고 그에 필요한 검사 등을 실시하는 조치를 취하지 않은 것이 현저하게 합리성을 잃어 사회적 타당성이 없다거나 객관적 정당성을 상실하여 위법하다고 할 수 있을 정도에까지 이르렀다고 보기 어렵고, 그 권한 불행사에 과실이 있다고 할 수도 없다(대판2010. 9. 9. 2008다77795).

ㄹ **고의·과실**

• 「국가배상법」은 과실책임주의에 입각하여 공무원의 고의·과실을 요하고 있다. 그러나 최근에는 직무상 요구되는 주의 의무를 공무원 개개인의 능력과 관계없이 객관적으로 그 직책과 지위상 요구되는 주의 의무로 본다. 또한 공무원의 과실을 입증하기 위해 가해 공무원을 특정해야 할 필요는 없다. 이는 프랑스의 공역무과실, 독일의 조직과실과 같은 관념이다.

• 고의·과실의 입증책임은 피해자인 원고에게 있다. 그러나 피해자가 과실을 입증하기란 용이한 일이 아니므로 민법상의 일응추정이론에 따라 피해가 발생하면 일응 과실이 있는 것으로 추정하고 피고측에서 무과실을 입증하도록 하는 것이 바람직하다.

판례 공무원의 직무집행상의 과실이라 함은 공무원이 그 직무를 수행함에 있어 <u>당해직무를 담당 하는 평균인이 보통(통상) 갖추어야 할 주의의무를 게을리한 것을 말한다</u>(대판1987. 9.22. 87 다카1164).

법령의 해석이 복잡 미묘하여 어렵고 학설, 판례가 통일되지 않을 때에 공무원이 신중을 기해 그 중 어느 한 설을 취하여 처리한 경우에는 그 해석이 결과적으로 위법한 것이었다 하더라도 국가배상법상 공무원의 과실을 인정할 수 없다(대판 1973.10.10. 72다2583).

법령에 대한 해석이 복잡, 미묘하여 워낙 어렵고, 이에 대한 학설, 판례조차 귀일되어 있지 않는 등의 특별한 사정이 없는 한 일반적으로 공무원이 관계 법규를 알지 못하거나 필요한 지식을 갖추지 못하고 법규의 해석을 그르쳐 행정처분을 하였다면 그가 법률전문가가 아닌 행정직 공무원이라고 하여 과실이 없다고는 할 수 없다(대판 2001. 2. 9. 98다52988).

<u>어떠한 행정처분이 후에 항고소송에서 취소되었다고 할지라도 그 기판력에 의하여 당해 행정처 분이 곧바로 공무원의 고의 또는 과실로 인한 것으로서 불법행위를 구성한다고 단정할 수는 없 는 것이고</u>, 그 행정처분의 담당공무원이 보통 일반의 공무원을 표준으로 하여 볼 때 객관적 주 의의무를 결하여 그 행정처분이 객관적 정당성을 상실하였다고 인정될 정도에 이른 경우에 국 가배상법 제2조 소정의 국가배상책임의 요건을 충족하였다(대판 2000. 5.12. 99다70600).

Point 팁 **과실의 일응추정이론** … 가해 공무원의 고의·과실의 입증책임은 원칙적으로 원고가 지 지만 그 입증이 어려운 경우가 많으므로 피해자구제의 관점에서 피해의 발생으로 일응 과실의 존재를 추정하고 피고측이 무과실을 입증하지 아니하는 한 배상책임을 지게 된 다는 이론이다.

ⓗ **타인에 대하여 발생**: 여기서의 타인이란 가해자인 공무원과 그 불법행위에 가담한 자를 제외한 모든 자를 말한다(자연인, 법인, 피해자로서의 공무원). 다만, 헌법과 국가배상법은 군인, 군무원, 경찰공무원, 예비군 대원에 대하여는 이중배상금지의 특례를 규정하고 있다.

판례 (1) 경찰공무원이 낙석사고 현장 주변 교통정리를 위하여 사고현장 부근으로 순찰차를 운전하고 가다가 산에서 떨어진 대형 낙석이 순찰차를 덮쳐 사망한 사안에서, 사망이 지방자치단체의 도로에 관한 설치·관리상 하자로 인하여 발생하였다고 본 원심판단을 정당하다. (2) 경찰공무원이 낙석사고 현장 주변 교통정리를 위하여 사고현장 부근으로 이동하던 중 대형 낙석이 순찰차를 덮쳐 사망하자, 도로를 관리하는 지방자치단체가 국가배상법 제2조 제1항 단서에 따른 면책을 주장한 사안에서, 경찰공무원 등이 '전투·훈련 등 직무집행과 관련하여' 순직 등을 한 경우 같은 법 및 민법에 의한 손해배상책임을 청구할 수 없다고 정한 국가배상법 제2조 제1항 단서의 면책조항은 구 국가배상법 제2조 제1항 단서의 면책조항과 마찬가지로 전투·훈련 또는 이에 준하는 직무집행뿐만 아니라 '일반 직무집행에 관하여도 국가나 지방자치단체의 배상책임을 제한하는 것이라고 해석하여, 위 면책 주장을 받아들인 원심판단을 정당하다(대판 2011. 3. 10. 2010다85942).

ⓗ **손해의 발생**: 재산적 손해는 물론 생명·신체 등 비재산적 손해를 모두 포함한다.

판례 선행처분에 불가쟁력이 생겨 그 효력을 다툴 수 없게 되었더라도, 선행처분의 상대방이 입었다고 주장하는 피해가 선행처분 자체로 인하여 생긴 것이 아니라, 위 선행처분에 연속하여 나중에 이루어지는 별도의 후행처분에 의하여 장차 부과될 의무와 관련된 것이고, 사실심 변론종결 시점에 후행처분이 실제로 이루어질 가능성에 의문이 제기되는 등의 예외적인 상황이 존재하며, 실제로 행정관청에서 장기간 후행처분을 하지 않고 있을 뿐만 아니라 제반 사정에 비추어 볼 때 앞으로도 후행처분이 이루어지지 아니할 가능성을 배제할 수 없는 경우라면, 가까운 장래에 선행처분의 상대방에게 후행처분이 이루어질 개연성을 인정하기 부족하여 후행처분에 의하여 부과될 의무이행을 위한 비용 상당의 손해가 확정적으로 발생하였다고 보기는 어렵다. 그리고 불법행위로 인한 손해배상청구에서 위와 같은 손해의 발생 사실은 행정처분을 받은 당사자인 피해자가 이를 증명하여야 한다(대판 2020. 10. 15. 2017다278446).

③ **손해배상책임**

㉠ **배상책임자**: 가해 공무원이 소속된 국가 또는 지방자치단체이다. 「헌법」은 국가 또는 공공단체를 배상책임자로 하고 있으나 「국가배상법」은 국가 또는 지방자치단체로 한정하고 있다. 공무원의 선임·감독자와 비용부담자가 서로 다른 경우에는 비용부담자도 손해배상의 책임을 부담한다. 따라서 피해자는 양자 중 선택하여 청구할 수 있다.

㉡ **선택적 청구의 문제**: 청구권자가 국가와 가해 공무원 중에서 선택하여 청구할 수 있는가의 문제이다. 헌법 제29조 제1항 단서가 공무원 자신의 책임은 면제되지 않는다고 규정한 것을 근거로 선택적 청구를 긍정하는 견해와 헌법 제29조 제1항 단서는 국가의 구상권을 규정하는 것일 뿐이라고 주장하는 선택적 청구를 부정하는 견해가 있다. 판례는 절충적인 입장을 취하여 공무원에게 고의·중과실이 있는 경우에는 선택적 청구를 인정하나 경과실일 뿐인 경우에는 선택적 청구를 인정하지 않는다(대판 2011. 9. 8. 2011다34521).

기출문제

🔵 **국가배상에 대한 설명으로 옳지 않은 것은? (다툼이 있는 경우 판례에 의함)**

▶ **2020. 6. 13. 지방직/서울특별시**

① 국가배상책임에서의 법령위반은, 인권존중·권력남용금지·신의성실·공서양속 등의 위반도 포함해 널리 그 행위가 객관적인 정당성을 결여하고 있음을 의미한다.

② 공무원에게 부과된 직무상 의무는 전적으로 또는 부수적으로 사회구성원 개인의 안전과 이익을 보호하기 위해 설정된 것이어야 국가배상책임이 인정된다.

③ 배상심의회의 결정은 대외적인 법적 구속력을 가지므로 배상신청인과 상대방은 그 결정에 항상 구속된다.

④ 판례는 구 「국가배상법」(67. 3. 3. 법률 제1899호) 제3조의 배상액 기준은 배상심의회 배상액 결정의 기준이 될 뿐 배상 범위를 법적으로 제한하는 규정이 아니므로 법원을 기속하지 않는다고 보았다.

┃정답 ③

┃**387**

© 공무원에 대한 구상 : 「국가배상법」은 공무원의 고의 또는 중대한 과실이 있는 때에는 국가 또는 지방자치단체는 그 공무원에게 구상할 수 있다고 규정하고 있다. 경과실의 경우에는 공무원의 근무의욕 저하와 위축을 방지하기 위한 정책적 배려에서 구상권을 인정하지 않는다.

② 공무원의 선임·감독자와 비용부담자가 다른 경우의 구상 : 공무원의 선임·감독자와 비용부담자가 다른 경우에는 양쪽 모두가 배상책임을 지며, 배상을 한 자는 내부관계에서 그 손해를 배상할 책임이 있는 자에게 구상할 수 있다. 여기서 내부관계에서 손해를 배상할 책임이 있는 자란 공무원의 선임·감독자를 의미한다.

판례 경과실이 있는 공무원이 피해자에 대하여 손해배상책임을 부담하지 아니함에도 피해자에게 손해를 배상하였다면 그것은 채무자 아닌 사람이 타인의 채무를 변제한 경우에 해당하고, 이는 민법 제469조의 '제3자의 변제' 또는 민법 제744조의 '도의관념에 적합한 비채변제'에 해당하여 피해자는 공무원에 대하여 이를 반환할 의무가 없고, 그에 따라 피해자의 국가에 대한 손해배상청구권이 소멸하여 국가는 자신의 출연 없이 채무를 면하게 된다. 공중보건의인 甲에게 치료를 받던 乙이 사망하자 乙의 유족들이 甲 등을 상대로 손해배상청구의 소를 제기하였고, 甲의 의료과실이 인정된다는 이유로 甲 등의 손해배상책임을 인정한 판결이 확정되어 甲이 乙의 유족들에게 판결금 채무를 지급한 사안에서, 甲은 공무원으로서 직무 수행 중 경과실로 타인에게 손해를 입힌 것이어서 乙과 유족들에 대하여 손해배상책임을 부담하지 아니함에도 乙의 유족들에 대한 패소판결에 따라 그들에게 손해를 배상한 것이고, 이는 민법 제744조의 도의관념에 적합한 비채변제에 해당하여 乙과 유족들의 국가에 대한 손해배상청구권은 소멸하고 국가는 자신의 출연 없이 채무를 면하였으므로, 甲은 국가에 대하여 변제금액에 관하여 구상권을 취득한다(대판2014. 8.20. 2012다54478).

④ 손해배상액 ··· 가해행위와 상당인과관계에 있는 모든 손해를 정당한 가격으로 환산한 가액이다. 피해자가 손해를 입은 동시에 이익을 얻은 경우에는 손해배상액에서 그 이익에 상당하는 금액을 공제하여야 한다. 「국가배상법」이 정하는 배상기준은 배상액의 상한을 정한 규정이라고 보는 한정액설도 있으나 단순한 기준에 불과하다는 기준액설이 다수설과 판례이다.

⑤ 배상청구권의 양도·압류 금지 ··· 생명·신체의 침해에 대한 손해배상청구권은 이를 양도하거나 압류하지 못한다.

(3) 영조물의 설치·관리상의 하자로 인한 손해배상〈국가배상법 제5조〉

① 의의 ··· 국가배상법 제5조는 '도로·하천, 그 밖의 공공의 영조물의 설치나 관리에 하자가 있기 때문에 타인에게 손해를 발생하게 하였을 때에는 국가나 지방자치단체는 그 손해를 배상하여야 한다.'고 규정하고 있다. 이는 제2조의 배상책임과 달리 공무원의 고의·과실을 요건으로 하지 않고 하자라는 객관적 사실만 발생하면 인정되는 것이므로 무과실책임의 성질을 가진다.

② **배상책임의 요건**

㉠ **공공의 영조물** : 영조물은 인적·물적 종합시설이라는 본래적 의미의 영조물이 아니라 국가나 공공단체 등의 행정주체에 의하여 공공목적에 제공된 유체물, 즉 공물을 말한다. 여기에는 자연공물(하천, 호수 등)과 인공공물(도로, 수도, 제방, 청사 등)과 동물(경찰견) 등이 포함된다. 그러나 국·공유재산이라도 행정목적에 직접 제공되지 아니한 일반재산으로 인한 손해에는 「민법」이 적용된다.

판례 국가배상법 제5조 제1항 소정의 '공공의 영조물'이라 함은 국가 또는 지방자치단체에 의하여 특정 공공의 목적에 공여된 유체물 내지 물적 설비를 말하며, 국가 또는 지방자치단체가 소유권, 임차권 그 밖의 권한에 기하여 관리하고 있는 경우뿐만 아니라 사실상의 관리를 하고 있는 경우도 포함된다. 국가배상법 제5조 제1항 소정의 '설치상의 하자'라 함은 공공의 목적에 공여된 영조물이 그 용도에 따라 통상 갖추어야 할 안전성을 갖추지 못한 상태에 있음을 말한다(대판 1998.10.23. 98다17381).

㉡ **설치 또는 관리의 하자**

• 영조물이 통상 갖추어야 할 안전성을 결여한 것을 말하며 하자의 유무는 구조·환경·이용상황 등 모든 사정을 종합적으로 판단하여야 한다.

• 하자의 발생에 있어 관리자의 귀책사유도 있어야 하는가에 대하여 견해의 대립이 있으나 관리자의 법령 위반이나 과실의 유무와는 관계없이 객관적으로 하자가 발생하면 배상책임을 진다는 객관설이 통설·판례이다.

• 하자의 입증책임은 피해자인 원고에게 있다. 그러나 피해자의 권리구제 차원에서 하자의 일응추정이론을 적용하여 피해자의 입증책임을 경감하여주는 것이 바람직하다.

판례 영조물 설치의 「하자」라 함은 영조물의 축조에 불완전한 점이 있어 이 때문에 영조물 자체가 통상 갖추어야 할 완전성을 갖추지 못한 상태에 있음을 말한다고 할 것인바 그 「하자」 유무는 객관적 견지에서 본 안전성의 문제이고 그 설치자의 재정사정이나 영조물의 사용목적에 의한 사정은 안전성을 요구하는데 대한 정도 문제로서 참작사유에는 해당할지언정 안전성을 결정지을 절대적 요건에는 해당하지 아니한다 할 것이다(대판 1967. 2.21. 66다1723).

주관적 사정도 함께 판단

국가배상법 제5조 제1항 소정의 영조물의 설치 또는 관리의 하자라 함은 영조물이 그 용도에 따라 통상 갖추어야 할 안전성을 갖추지 못한 상태에 있음을 말하는 것으로서, 영조물이 완전 무결한 상태에 있지 아니하고 그 기능상 어떠한 결함이 있다는 것만으로 영조물의 설치 또는 관리에 하자가 있다고 할 수 없는 것이고, 위와 같은 안전성의 구비 여부를 판단함에 있어서는 당해 영조물의 용도, 그 설치장소의 현황 및 이용 상황 등 제반 사정을 종합적으로 고려하여 설치 관리자가 그 영조물의 위험성에 비례하여 사회통념상 일반적으로 요구되는 정도의 방호조치의무를 다하였는지 여부를 그 기준으로 삼아야 할 것이며, 객관적으로 보아 시간적·장소적으로 영조물의 기능상 결함으로 인한 손해발생의 예견가능성과 회피가능성이 없는 경우, 즉 그 영조물의 결함이 영조물의 설치관리자의 관리행위가 미칠 수 없는 상황 아래에 있는 경우에는 영조물의 설치·관리상의 하자를 인정할 수 없다(대판 2007. 9.21. 2005다65678).

강설에 대처하기 위하여 완벽한 방법으로 도로 자체에 융설 설비를 갖추는 것이 현대의 과학기술 수준이나 재정사정에 비추어 사실상 불가능하다고 하더라도, 최저 속도의 제한이 있는 고속

기출문제

문 甲은 A 지방자치단체가 관리하는 도로를 운행하던 중 도로에 방치된 낙하물로 인하여 손해를 입었고, 이를 이유로 「국가배상법」상 손해배상을 청구하려고 한다. 이에 대한 설명으로 옳지 않은 것은? (다툼이 있는 경우 판례에 의함)
▶ 2020. 7. 11. 인사혁신처

① A 지방자치단체가 위 도로를 권원 없이 사실상 관리하고 있는 경우에는 A 지방자치단체의 배상책임은 인정될 수 없다.

② 위 도로의 설치·관리상의 하자가 있는지 여부는 위 도로가 그 용도에 따라 통상 갖추어야 할 안전성을 갖추었는지 여부에 따라 결정된다.

③ 위 도로가 국도이며 그 관리권이 A 지방자치단체의 장에게 위임되었다면, A 지방자치단체가 도로의 관리에 필요한 일체의 경비를 대외적으로 지출하는 자에 불과하더라도 甲은 A 지방자치단체에 대해 국가배상을 청구할 수 있다.

④ 甲이 배상을 받기 위하여 소송을 제기하는 경우에는 민사소송을 제기하여야 한다.

정답 ①

도로의 경우에 있어서는 도로관리자가 도로의 구조, 기상예보 등을 고려하여 사전에 충분한 인적·물적 설비를 갖추어 강설시 신속한 제설작업을 하고 나아가 필요한 경우 제때에 교통통제 조치를 취함으로써 고속도로로서의 기본적인 기능을 유지하거나 신속히 회복할 수 있도록 하는 관리의무가 있다. 폭설로 차량 운전자 등이 고속도로에서 장시간 고립된 사안에서, <u>고속도로의 관리자가 고립구간의 교통정체를 충분히 예견할 수 있었음에도 교통제한 및 운행정지 등 필요한 조치를 충실히 이행하지 아니하였으므로 고속도로의 관리상 하자가 있다</u>(대판 2008. 3.13. 2007다29287).

Point 팁 하자의 일응추정이론 … 영조물의 설치·관리상의 하자의 입증책임은 원칙적으로 원고가 지지만 그 입증이 어려운 경우가 많으므로 피해자구제의 관점에서 사고의 발생으로 일응 하자의 존재를 추정하고 영조물의 관리자인 국가 등이 하자 없었음을 입증하지 아니하는 한 배상책임을 지게 된다는 이론이다.

ⓒ **타인에게 발생**: 타인은 제2조의 경우와 마찬가지로 가해자를 제외한 모든 국민이다. 군인·군무원·경찰 등은 이중배상이 금지된다.
ⓔ **손해의 발생**: 영조물의 설치·관리상의 하자로 인하여 손해가 발생하여야 하는 바, 이 경우 영조물의 하자와 손해 사이에는 상당인과관계가 있어야 한다.
ⓜ **면책사유**
• 불가항력: 통상의 안전성이 구비되어 있으면 손해가 발생하여도 그것은 불가항력으로 인정되어 국가 등의 배상책임이 발생하지 아니한다. 예컨대, 태풍으로 인하여 제방이 붕괴되어 수해가 발생한 경우 제방이 당시의 과학기술수준에 비추어 적정하게 축조된 것이라면 손해발생은 불가항력에 의한 것이므로 국가는 배상책임을 지지 아니한다. 다만, 제방 등의 시설 자체에도 흠결이 있었던 경우에는 그 한도에서 국가는 배상책임을 진다.
• 예산부족: 판례는 예산부족이 면책사유가 되지 않는다고 한다.

판례 가변차로에 설치된 신호등의 용도와 오작동시에 발생하는 사고의 위험성과 심각성을 감안할 때, 만일 가변차로에 설치된 두 개의 신호기에서 서로 모순되는 신호가 들어오는 고장을 예방할 방법이 없음에도 그와 같은 신호기를 설치하여 그와 같은 고장을 발생하게 한 것이라면, <u>그 고장이 자연재해 등 외부요인에 의한 불가항력에 기인한 것이 아닌 한 그 자체로 설치·관리자의 방호조치의무를 다하지 못한 것으로서 신호등이 그 용도에 따라 통상 갖추어야 할 안전성을 갖추지 못한 상태에 있었다고 할 것이고, 따라서 설령 적정전압보다 낮은 저전압이 원인이 되어 위와 같은 오작동이 발생하였고 그 고장은 현재의 기술수준상 부득이한 것이라고 가정하더라도 그와 같은 사정만으로 손해발생의 예견가능성이나 회피가능성이 없어 영조물의 하자를 인정할 수 없는 경우라고 단정할 수 없다</u>(대판 2001. 7.27. 2000다56822).

<u>100년 발생빈도의 강우량을 기준으로 책정된 계획홍수위를 초과하여 600년 또는 1,000년 발생빈도의 강우량에 의한 하천의 범람은 예측가능성 및 회피가능성이 없는 불가항력적인 재해로서 그 영조물의 관리청에게 책임을 물을 수 없다</u>(대판 2003.10.23. 2001다48057).

비교판례 집중호우로 제방도로가 유실되어 보행자가 사망한 사안에서 <u>50년 빈도의 최대강우량에 해당한다는 사실만으로 불가항력에 기인한 것으로 볼 수 없다</u>고 판시하였다(대판2000. 5.26. 99다53247).

③ 배상책임자

   ㉠ 배상책임자 : 제5조상의 요건이 충족되는 때에 국가 또는 지방자치단체는 배상책임을 진다.

   ㉡ 영조물의 설치·관리자와 비용부담자가 다른 경우 : 영조물의 설치·관리를 맡은 자(관리주체)와 그 비용을 부담하는 자(경제주체)가 다른 때에는 비용부담자도 손해를 배상할 책임이 있으므로 피해자는 어느 한 쪽에 대하여 선택적으로 배상을 청구할 수 있다. 이 경우 손해를 배상한 자는 내부관계에서 그 손해를 배상할 책임이 있는 자에게 구상할 수 있다. 내부관계에서 손해를 배상할 책임이 있는 자, 즉 최종적 배상책임자가 누구인가와 관련하여 관리자책임설과 비용부담자설이 대립하고 있으나 관리자책임설이 다수설이다. 한편, 판례는 비용부담자도 영조물의 설치·관리자가 부담하는 책임과는 별개로 고유한 책임을 부담한다고 본다.

   ㉢ 원인책임자에 대한 구상권 : 국가 또는 지방자치단체가 손해를 배상한 경우, 손해의 원인에 대하여 책임을 질 자(부실공사를 한 자 등)가 따로 있을 때에는 국가 또는 지방자치단체는 그 자에 대하여 구상할 수 있다.

④ 배상액 … 배상액은 영조물의 설치·관리의 하자와 상당 인과관계가 있는 모든 손해액이다. 그 산정은 공무원의 직무행위로 인한 손해배상에 관한 기준을 정하고 있는 제3조의 규정이 준용된다.

(4) 손해배상절차

① 임의적 결정전치주의 … 종래에는 필요적 결정전치주의에 따라 소송을 제기하기 전에 반드시 배상심의회의 결정을 거쳐야 했으나, 개정된 현행 「국가배상법」은 임의적 결정전치주의를 채택하여 배상심의회와 법원 중 선택하여 청구할 수 있게 하였다.

② 배상심의회 … 배상심의회는 합의제 행정관청으로 법무부에 본부심의회를 두고 국방부에 특별심의회를 두며 그 외 지구심의회를 둔다.

③ 배상결정절차

   ㉠ 배상은 지구심의회에 신청한다. 배상심의회는 신청이 있은 후 4주 내에 지급 또는 기각을 결정한다. 배상심의회의 배상결정에 대하여 신청인이 동의하는 경우에는 배상결정이 효력을 발휘한다.

   ㉡ 종래 「국가배상법」 제16조는 신청인이 동의하거나 지방자치단체가 배상금을 지급한 때에는 민사소송법상의 재판상 화해가 성립된 것으로 본다고 규정하였으나, 이 조항은 헌법재판소에 의해 위헌결정되었으므로 현재는 신청인이 배상결정에 동의하거나 지방자치단체가 배상금을 지급한 때에도 신청인은 국가배상소송을 제기할 수 있다.

ⓒ 재심신청은 결정 정본의 송달일로부터 2주일 이내에 본부 또는 특별심의회에 한다.

④ **사법절차** … 배상심의회의 결정에 불복하는 경우에는 일반적인 재판절차를 거치게 된다. 우리 재판실무에 있어서 국가배상청구소송은 민사소송절차에 의한다. 국가배상청구소송에서도 일반적인 민사소송에서와 마찬가지로 가집행선고를 할 수 있다.

2020 지방직 9급

1 국가배상에 대한 설명으로 옳지 않은 것은? (다툼이 있는 경우 판례에 의함)

① 국가배상책임에서의 법령위반은, 인권존중 · 권력남용금지 · 신의성실 · 공서양속 등의 위반도 포함해 널리 그 행위가 객관적인 정당성을 결여하고 있음을 의미한다.

② 공무원에게 부과된 직무상 의무는 전적으로 또는 부수적으로 사회구성원 개인의 안전과 이익을 보호하기 위해 설정된 것이어야 국가배상책임이 인정된다.

③ 배상심의회의 결정은 대외적인 법적 구속력을 가지므로 배상 신청인과 상대방은 그 결정에 항상 구속된다.

④ 판례는 구「국가배상법」(67. 3. 3. 법률 제1899호) 제3조의 배상액 기준은 배상심의회 배상액 결정의 기준이 될 뿐 배상 범위를 법적으로 제한하는 규정이 아니므로 법원을 기속하지 않는다고 보았다.

2020 국가직 9급

2 甲은 A 지방자치단체가 관리하는 도로를 운행하던 중 도로에 방치된 낙하물로 인하여 손해를 입었고, 이를 이유로 「국가배상법」상 손해배상을 청구하려고 한다. 이에 대한 설명으로 옳지 않은 것은? (다툼이 있는 경우 판례에 의함)

① A 지방자치단체가 위 도로를 권원 없이 사실상 관리하고 있는 경우에는 A 지방자치단체의 배상책임은 인정될 수 없다.

② 위 도로의 설치 · 관리상의 하자가 있는지 여부는 위 도로가 그 용도에 따라 통상 갖추어야 할 안전성을 갖추었는지 여부에 따라 결정된다.

③ 위 도로가 국도이며 그 관리권이 A 지방자치단체의 장에게 위임되었다면, A 지방자치단체가 도로의 관리에 필요한 일체의 경비를 대외적으로 지출하는 자에 불과하더라도 甲은 A 지방자치단체에 대해 국가배상을 청구할 수 있다.

④ 甲이 배상을 받기 위하여 소송을 제기하는 경우에는 민사소송을 제기하여야 한다.

2021 국가직 9급

3 「국가배상법」상 공무원의 위법한 직무행위로 인한 손해배상에 대한 설명으로 옳은 것은? (다툼이 있는 경우 판례에 의함)

① 일반적으로 공무원이 필요한 지식을 갖추지 못하고 법규의 해석을 그르쳐 행정처분을 하였다면 그가 법률전문가가 아닌 행정직공무원이라고 하여 과실이 없다고는 할 수 없다.

② 국가배상의 요건인 '공무원의 직무'에는 국가나 지방자치단체의 비권력적 작용과 사경제 주체로서 하는 작용이 포함된다.

③ 손해배상책임을 묻기 위해서는 가해 공무원을 특정하여야 한다.

④ 국가가 가해 공무원에 대하여 구상권을 행사하는 경우 국가가 배상한 배상액 전액에 대하여 구상권을 행사하여야 한다.

2021 지방직 9급

4 국가배상에 대한 설명으로 옳지 않은 것은?(다툼이 있는 경우 판례에 의함)

① 국가나 지방자치단체가 손해를 배상할 책임이 있는 경우에 공무원의 선임·감독 또는 영조물의 설치·관리를 맡은 자와 공무원의 봉급·급여, 그 밖의 비용 또는 영조물의 설치·관리 비용을 부담하는 자가 동일하지 아니하면 그 비용을 부담하는 자도 손해를 배상하여야 한다.

② 국가배상책임에 있어서 국가는 직무상의 의무 위반과 피해자가 입은 손해 사이에 상당인과관계가 인정되는 범위 내에서만 배상책임을 지는 것이고, 이 경우 상당인과관계가 인정되기 위해서는 공무원에게 부과된 직무상 의무의 내용이 전적으로 또는 부수적으로 사회구성원 개인의 안전과 이익을 보호하기 위하여 설정된 것이어야 한다.

③ 「국가배상법」상 '공공의 영조물'은 지방자치단체가 소유권, 임차권 그밖의 권한에 기하여 관리하고 있는 경우는 포함하지만, 사실상의 관리를 하고 있는 경우는 포함하지 않는다.

④ 공무원 개인이 고의 또는 중과실이 있는 경우에는 불법행위로 인한 손해배상책임을 진다고 할 것이지만, 공무원의 위법행위가 경과실에 기한 경우에는 공무원은 손해배상책임을 부담하지 않는다.

2020 국가직 7급

5 「국가배상법」 제5조상 영조물의 설치·관리의 하자로 인한 손해배상책임에 대한 설명으로 옳지 않은 것은? (다툼이 있는 경우 판례에 의함)

① '공공의 영조물'에는 철도시설물인 대합실과 승강장 및 도로 상에 설치된 보행자 신호기와 차량 신호기도 포함된다.

② 하천의 제방이 계획홍수위를 넘고 있더라도, 하천이 그 후 새로운 하천시설을 설치할 때 '하천시설기준'으로 정한 여유고(餘裕高)를 확보하지 못하고 있다면 그 사정만으로 안정성이 결여된 하자가 있다고 보아야 한다.

③ 국가나 지방자치단체가 손해를 배상할 책임이 있는 경우에 영조물의 설치·관리를 맡은 자와 영조물의 설치·관리 비용을 부담하는 자가 동일하지 아니하면 그 비용을 부담하는 자도 손해를 배상하여야 한다.

④ 사실상 군민(郡民)의 통행에 제공되고 있던 도로라고 하여도 군(郡)에 의하여 노선인정 기타 공용개시가 없었던 이상 이 도로를 '공공의 영조물'이라 할 수 없다.

2020 지방직 7급

6 국가배상에 대한 설명으로 옳은 것은? (다툼이 있는 경우 판례에 의함)

① 행정처분의 담당공무원이 주관적 주의의무를 결하여 그 행정처분이 주관적 정당성을 상실하였다고 인정될 정도에 이른 경우에 「국가배상법」 제2조의 요건을 충족하였다고 봄이 상당하다.

② 「국가배상법」 제6조 제1항에 의하면 지방자치단체장이 설치하여 관할 지방경찰청장에게 관리권한이 위임된 교통신호기의 고장으로 인하여 교통사고가 발생한 경우, 지방자치단체가 손해배상책임을 지고 국가는 피해자에 대하여 배상책임을 지지 않는다.

③ 국민이 법령에 정하여진 수질기준에 미달한 상수원수로 생산된 수돗물을 마심으로써 건강상의 위해 발생에 대한 염려 등에 따른 정신적 고통을 받았다고 하더라도, 이러한 사정만으로는 국가 또는 지방자치단체가 국민에게 손해배상책임을 부담하지 아니한다.

④ 「국가배상법」 제5조 제1항 소정의 '공공의 영조물'이라 함은 국가 또는 지방자치단체에 의하여 특정 공공의 목적에 공여된 유체물 내지 물적 설비를 말하며, 국가 또는 지방자치단체가 소유권, 임차권, 그 밖의 권한에 기하여 관리하고 있는 경우로 한정되고, 사실상의 관리를 하고 있는 경우는 포함되지 않는다.

7 행정상 손해배상에 관한 설명으로 옳지 않은 것은? (다툼이 있는 경우 판례에 의함)

① 「국가배상법」이 정한 손해배상청구의 요건인 '공무원의 직무'에는 국가나 지방자치단체의 권력적 작용뿐만 아니라 비권력적 작용도 포함되지만 단순한 사경제의 주체로서 하는 작용은 포함되지 않는다.

② 지방자치단체장이 설치하여 관할 지방경찰청장에게 관리권한이 위임된 교통신호기 고장에 의한 교통사고가 발생한 경우 해당 지방자치단체뿐만 아니라 국가도 손해배상책임을 진다.

③ 어떠한 행정처분이 후에 항고소송에서 취소되었다면 그 기판력에 의하여 당해 행정처분은 곧바로 공무원의 고의 또는 과실로 인한 것으로서 불법행위를 구성한다.

④ 생명 · 신체의 침해로 인한 국가배상을 받을 권리는 양도하거나 압류하지 못한다.

8 다음 중 「국가배상법」상 배상책임에 대한 설명으로 옳지 않은 것은?

① 「국가배상법」상 배상책임의 주체는 국가 또는 지방자치단체이다.

② 국가나 지방자치단체가 손해를 배상할 책임이 있는 경우에 공무원의 선임 · 감독 또는 영조물의 설치 · 관리를 맡은 자와 공무원의 봉급 · 급여, 그 밖의 비용 또는 영조물의 설치 · 관리 비용을 부담하는 자가 동일하지 아니하면 그 비용을 부담하는 자도 손해를 배상하여야 한다.

③ 피해자가 손해를 입은 동시에 이익을 얻은 경우에는 손해배상액에서 그 이익에 상당하는 금액을 빼야 한다.

④ 생명 · 신체의 침해로 인한 국가배상을 받을 권리는 이를 양도하지는 못하나 압류할 수는 있다.

9 공무원의 직무상 불법행위로 인한 국가배상책임에 관한 설명으로 옳지 않은 것은?

① 도로 · 하천, 그 밖의 공공의 영조물의 설치나 관리에 하자가 있기 때문에 타인에게 손해를 발생하게 하였을 때에는 국가나 지방자치단체는 그 손해를 배상하여야 한다.

② 국가나 지방자치단체가 손해를 배상할 책임이 있는 경우에 공무원의 선임 · 감독 또는 영조물의 설치 · 관리를 맡은 자와 공무원의 봉급 · 급여, 그 밖의 비용 또는 영조물의 설치 · 관리 비용을 부담하는 자가 동일하지 아니하면 그 비용을 부담하는 자도 손해를 배상하여야 한다.

③ 외국인이 피해자인 경우에도 당연히 「국가배상법」이 적용된다.

④ 군인 · 군무원 · 경찰공무원 또는 예비군대원이 전투 · 훈련 등 직무 집행과 관련하여 전사 · 순직하거나 공상을 입은 경우에 본인이나 그 유족이 다른 법령에 따라 재해보상금 · 유족연금 · 상이연금 등의 보상을 지급받을 수 있을 때에는 손해배상을 청구할 수 없다.

10 국가배상책임에 관한 설명 중 대법원 판례의 입장과 합치되는 것은?

① 국가배상청구소송은 행정소송으로 제기하여야 한다.

② 법관이 재판에서 법령규정을 따르지 아니한 잘못이 있는 경우에는 그것만으로 국가배상책임이 인정되어야 한다.

③ 「국가배상법」은 생명·신체의 침해에 대한 배상금의 지급만을 규정하고 있으므로 재산권 침해에 대해서는 배상금을 청구할 수 없다.

④ 현역병으로 입대하여 소정의 군사교육을 마친 다음 교도소의 경비교도로 전임된 자는 국가배상법 제2조 제1항 단서 소정의 어느 신분에도 해당하지 않으므로 국가배상을 청구하는 것을 방해받지 않는다.

11 다음 중 우리나라 판례의 내용으로 옳지 않은 것은?

① 공무원이 직무수행 중 불법행위로 타인에게 손해를 입힌 경우에 국가 등이 국가배상책임을 부담하는 외에 공무원 개인도 고의 또는 중과실이 있는 경우에는 불법행위로 인한 손해배상책임을 진다고 할 것이지만, 공무원에게 경과실뿐인 경우에는 공무원 개인은 손해배상책임을 부담하지 아니한다.

② 공무원이 통상적으로 근무하는 근무지로 출근하기 위하여 자기 소유의 자동차를 운행하다가 자신의 과실로 교통사고를 일으킨 경우에는 특별한 사정이 없는 한 직무행위에 해당하지 아니한다.

③ 군병원에 입원중이던 사병들이 탈영하여 강도살인 행위를 한 경우에 있어 위 병원의 일직사령과 당직 군의관이 위 사병들의 탈영을 방지하지 못한 당직의무를 해태한 과실이 있을지라도 이는 위 탈영병들의 강도살인 행위와 '상당인과 관계가 있다고'까지는 볼 수 없으므로 위 일직사령 등의 과실을 원인으로 하여 국가에게 배상책임을 인정하기 위하여는 위 사병들이 강도의 모의를 하고 탈영하여 강도 또는 강도살인 행위를 할 것이라는 특별한 사정을 알았거나 알 수 있었다는 사실이 인정되어야 한다.

④ 탈영병의 총기난사 행위로 인한 피해는 지휘관의 병력관리 소홀과 지휘관 및 위병소 근무자들의 군무집행을 함에 있어서 법령에 규정된 의무를 다하지 아니한 과실로 인한 것으로 인정할 수 없다.

12 국가배상책임의 요건에 대한 판례의 입장으로 옳은 것은?

① 사인이 지방자치단체로부터 공무를 위탁받아 공무에 종사하는 경우 공무의 위탁이 일시적이고 한정적인 사항에 관한 활동이라면 국가배상법상 공무원에 해당하지 아니한다.

② 국가배상법상 공무원의 직무에는 사경제의 주체로서 하는 작용이 포함된다.

③ 인사업무담당 공무원이 다른 공무원의 공무원증 등을 위조하여 대출받은 경우, 인사업무담당 공무원의 공무원증 위조행위는 실질적으로 직무행위에 속하지 아니하므로 대출은행은 국가배상청구를 할 수 없다.

④ 유흥주점의 화재로 여종업원들이 사망한 경우, 담당 공무원의 유흥주점의 용도변경, 무허가 영업 및 시설기준에 위배된 개축에 대하여 시정명령 등 식품위생법상 취하여야 할 조치를 게을리 한 직무상 의무위반행위와 여종업원들의 사망 사이에는 상당인과관계가 존재하지 아니한다.

13 행정상 손해배상에 대한 설명으로 옳지 않은 것은 몇 개인가? (다툼이 있는 경우 판례에 의함)

> ○ 법령해석에 여러 견해가 있어 관계 공무원이 신중한 태도로 어느 일설을 취하여 처분한 경우, 위법한 것으로 판명되었다고 하더라도 그것만으로 배상책임을 인정할 수 없다.
>
> ○ 법령에 명시적으로 공무원의 작위의무가 규정되어 있지 않은 경우라 할지라도 공무원의 부작위로 인한 국가배상 책임을 인정할 수 있다.
>
> ○ 실질적으로 직무행위가 아니거나 또는 직무행위를 수행한다는 행위자의 주관적 의사가 없는 공무원의 행위는 국가배상법 상 공무원의 직무행위가 될 수 없다.
>
> ○ 국가배상법 상 과실을 판단할 경우 보통 일반의 공무원을 그 표준으로 하고 반드시 누구의 행위인지 가해 공무원을 특정하여야 한다.
>
> ○ 재판행위로 인한 국가배상에 있어서 위법은 판결 자체의 위법이 아니라 법관의 공정한 재판을 위한 직무수행상의무의 위반으로서의 위법이다.
>
> ○ 서울특별시 강서구 교통할아버지사건과 같은 경우 공무를 위탁받아 수행하는 일반 사인(私人)은 국가배상법 제2조 제1항에 따른 공무원이 될 수 없다.

① 2개 ② 3개
③ 4개 ④ 5개

정답및해설

1	③	2	①	3	①	4	③	5	②
6	③	7	③	8	④	9	③	10	④
11	④	12	④	13	②				

1 ③ 국가배상법 제15조 제3항은 배상결정을 받은 신청인이 배상금 지급을 청구하지 아니하거나 지방자치단체가 대통령령으로 정하는 기간 내(배상금지급 청구를 받은 때로부터 2주이내)에 배상금을 지급하지 아니하면 그 결정에 동의하지 아니한 것으로 본다고 규정하고 있어서, 신청인은 배상심의회의 결정에 부동의할 수 있다.
① 국가배상책임에 있어 공무원의 가해행위는 법령을 위반한 것이어야 하고, 법령을 위반하였다 함은 엄격한 의미의 법령 위반뿐 아니라 인권존중, 권력남용금지, 신의성실과 같이 공무원으로서 마땅히 지켜야 할 준칙이나 규범을 지키지 아니하고 위반한 경우를 포함하여 널리 그 행위가 객관적인 정당성을 결여하고 있음을 뜻하는 것이다(대판 2008. 6.12. 2007다64365).
② 공무원에게 부과된 직무상 의무의 내용이 단순히 공공일반의 이익을 위한 것이거나 행정기관 내부의 질서를 규율하기 위한 것이 아니고 전적으로 또는 부수적으로 사회구성원 개인의 안전과 이익을 보호하기 위하여 설정된 것이라면, 공무원이 그와 같은 직무상 의무를 위반함으로 인하여 피해자가 입은 손해에 대하여는 상당인과관계가 인정되는 범위 내에서 국가나 지방자치단체가 손해배상책임을 지는 것이다(대판 2006. 2.24. 2005다29207).
④ 구 국가배상법 제3조 제1항, 제3항 규정의 손해배상기준은 배상심의회의 배상금지급기준을 정함에 있어서의 하나의 기준을 정한 것에 불과하다(대판 1970. 3.10. 69다1772).

2 ① 국가배상법 제5조 제1항 소정의 '공공의 영조물'이라 함은 국가 또는 지방자치단체에 의하여 특정 공공의 목적에 공여된 유체물 내지 물적 설비를 말하며, 국가 또는 지방자치단체가 소유권, 임차권 그 밖의 권한에 기하여 관리하고 있는 경우뿐만 아니라 사실상의 관리를 하고 있는 경우도 포함된다(대판 1998.10.23. 98다17381). 따라서, 도로를 권원 없이 사실상 관리하고 있는 지방자치단체도 배상책임이 인정된다.
② 공작물의 설치 또는 보존상의 하자란 공작물이 그 용도에 따라 통상 갖추어야 할 안전성을 갖추지 못한 상태에 있음을 말한다. 이와 같은 안전성을 갖추었는지는 당해 공작물의 설치 또는 보존자가 그 공작물의 위험성에 비례하여 사회통념상 일반적으로 요구되는 정도의 방호조치의무를 다하였는지 여부를 기준으로 판단하여야 한다(대판 2015. 2.12. 2013다61602).
③ 국가배상법 제6조 제1항은 국가배상법 제5조에 따라 국가나 지방자치단체가 영조물의 설치·관리의 하자를 이유로 손해배상책임을 부담하는 경우 영조물의 설치·관리를 맡은 자와 그 비용부담자가 동일하지 아니하면 비용부담자도 손해배상책임이 있다는 취지로 규정하고 있으므로, 국가배상법 제5조 제1항은 영조물의 설치·관리를 맡은 자, 즉 영조물의 설치·관리사무의 귀속주체를 그 배상책임자로 규정하고 있다고 볼 수 있다(대판 2015. 9.10. 2012다200622).
④ 공무원의 직무상 불법행위로 손해를 받은 국민이 국가 또는 공공단체에 배상을 청구하는 경우 국가 또는 공공단체에 대하여 그의 불법행위를 이유로 손해배상을 구함은 국가배상법이 정한 바에 따른다 하여도 이 역시 민사상의 손해배상 책임을 특별법인 국가배상법이 정한데 불과하다(대판 1972.10.10. 69다701).

3 ① 법령에 대한 해석이 복잡, 미묘하여 워낙 어렵고, 이에 대한 학설, 판례조차 귀일되어 있지 않는 등의 특별한 사정이 없는 한 일반적으로 공무원이 관계 법규를 알지 못하거나 필요한 지식을 갖추지 못하고 법규의 해석을 그르쳐 행정처분을 하였다면 그가 법률전문가가 아닌 행정직 공무원이라고 하여 과실이 없다고는 할 수 없다(대판 2001. 2. 9. 98다52988).
② 국가배상법이 정한 손해배상청구의 요건인 '공무원의 직무'에는 국가나 지방자치단체의 권력적 작용뿐만 아니라 비권력적 작용도 포함되지만 단순한 사경제의 주체로서 하는 작용은 포함되지 않는다(대판 2004. 4. 9. 2002다10691).
③ 국가배상책임은 공무원의 위법한 직무집행으로 인해 발생한 손해를 국가 등이 배상하는 것이므로 요건에 해당하는 한 가해 공무원을 특정할 것을 요하지 않는다.

④ 국가배상법 제2조는, 공무원이 직무를 집행하면서 고의 또는 과실로 법령을 위반하여 타인에게 손해를 입힌 때에는 국가나 지방자치단체가 배상책임을 부담하고(제1항), 국가 등이 그 책임을 이행한 경우에 해당 공무원에게 고의 또는 중대한 과실이 있으면 그 공무원에게 구상할 수 있다(제2항)고 규정하고 있다. 이 경우 국가나 지방자치단체는 해당 공무원의 직무내용, 불법행위의 상황과 손해발생에 대한 해당 공무원의 기여 정도, 평소 근무태도, 불법행위의 예방이나 손실분산에 관한 국가 또는 지방자치단체의 배려의 정도 등 제반 사정을 참작하여 손해의 공평한 분담이라는 견지에서 신의칙상 상당하다고 인정되는 한도 내에서 구상권을 행사할 수 있다(대판 2016. 6. 9. 2015다200258).

4 ③ 국가배상법 제5조 제1항 소정의 '공공의 영조물'이라 함은 국가 또는 지방자치단체에 의하여 특정 공공의 목적에 공여된 유체물 내지 물적 설비를 말하며, 국가 또는 지방자치단체가 소유권, 임차권 그 밖의 권한에 기하여 관리하고 있는 경우뿐만 아니라 사실상의 관리를 하고 있는 경우도 포함된다(대판 1998.10.23. 98다17381).

① 국가배상법 제6조 제1항.

② 공무원에게 부과된 직무상 의무의 내용이 단순히 공공 일반의 이익을 위한 것이거나 행정기관 내부의 질서를 규율하기 위한 것이 아니고 전적으로 또는 부수적으로 사회구성원 개인의 안전과 이익을 보호하기 위하여 설정된 것이라면, 공무원이 그와 같은 직무상 의무를 위반함으로 인하여 피해자가 입은 손해에 대하여는 상당인과관계가 인정되는 범위 내에서 국가나 지방자치단체가 배상책임을 지는 것이고, 이때 상당인과관계의 유무를 판단함에 있어서는 일반적인 결과 발생의 개연성은 물론 직무상 의무를 부과하는 법령 기타 행동규범의 목적, 그 수행하는 직무의 목적 내지 기능으로부터 예견가능한 행위 후의 사정, 가해행위의 태양 및 피해의 정도 등을 종합적으로 고려하여야 한다(대판 2012. 5. 9. 2012다9294).

④ 공무원이 직무수행 중 불법행위로 타인에게 손해를 입힌 경우에 국가 등이 국가배상책임을 부담하는 외에 공무원 개인도 고의 또는 중과실이 있는 경우에는 불법행위로 인한 손해배상책임을 진다고 할 것이지만, 공무원에게 경과실뿐인 경우에는 공무원 개인은 손해배상책임을 부담하지 아니한다고 해석하는 것이 헌법 제29조 제1항 본문과 단서 및 국가배상법 제2조의 입법취지에 조화되는 올바른 해석이다(대판 1996. 2.15. 95다38677).

5 ② 관리상의 특질과 특수성을 감안한다면, 하천의 관리청이 관계 규정에 따라 설정한 계획홍수위를 변경시켜야 할 사정이 생기는 등 특별한 사정이 없는 한, 이미 존재하는 하천의 제방이 계획홍수위를 넘고 있다면 그 하천은 용도에 따라 통상 갖추어야 할 안전성을 갖추고 있다고 보아야 하고, 그와 같은 하천이 그 후 새로운 하천시설을 설치할 때 기준으로 삼기 위하여 제정한 '하천시설기준'이 정한 여유고를 확보하지 못하고 있다는 사정만으로 바로 안전성이 결여된 하자가 있다고 볼 수는 없다. 100년 발생빈도의 강우량을 기준으로 책정된 계획홍수위를 초과하여 600년 또는 1,000년 발생빈도의 강우량에 의한 하천의 범람은 예측가능성 및 회피가능성이 없는 불가항력적인 재해로서 그 영조물의 관리청에게 책임을 물을 수 없다(대판 2003.10.23. 2001다48057).

① 국가배상법 제5조 제1항에 규정된 '영조물 설치·관리상의 하자'는 공공의 목적에 공여된 영조물이 그 용도에 따라 통상 갖추어야 할 안전성을 갖추지 못한 상태에 있음을 말한다. 그리고 위와 같은 안전성의 구비 여부는 영조물의 설치자 또는 관리자가 그 영조물의 위험성에 비례하여 사회통념상 일반적으로 요구되는 정도의 방호조치의무를 다하였는지를 기준으로 판단하여야 하고, 아울러 그 설치자 또는 관리자의 재정적·인적·물적 제약 등도 고려하여야 한다. 따라서 영조물인 도로의 경우도 그 설치 및 관리에 있어 완전무결한 상태를 유지할 정도의 고도의 안전성을 갖추지 아니하였다고 하여 하자가 있다고 단정할 수는 없고, 그것을 이용하는 자의 상식적이고 질서 있는 이용 방법을 기대한 상대적인 안전성을 갖추는 것으로 족하다고 할 것이다(대판 2002. 8.23. 2002다9158). 공공의 목적에 공여된 철도시설물인 대합실과 승강장(대판 1999. 6. 22. 99다7008) 및 도로상에 설치된 신호기(대판 2001. 7.27. 2000다56822) 등도 공공의 영조물에 해당한다.

③ 국가배상법 제6조 제1항.

> **제6조(비용부담자 등의 책임)**
> ① 제2조(배상책임)·제3조(배상기준) 및 제5조(공공시설 등의 하자로 인한 책임)에 따라 국가나 지방자치단체가 손해를 배상할 책임이 있는 경우에 공무원의 선임·감독 또는 영조물의 설치·관리를 맡은 자와 공무원의 봉급·급여, 그 밖의 비용 또는 영조물의 설치·관리 비용을 부담하는 자가 동일하지 아니하면 그 비용을 부담하는 자도 손해를 배상하여야 한다.
> ② 제1항의 경우에 손해를 배상한 자는 내부관계에서 그 손해를 배상할 책임이 있는 자에게 구상할 수 있다.

④ 국가배상법 제5조 소정의 공공의 영조물이란 공유나 사유임을 불문하고 행정주체에 의하여 특정공공의 목적에 공여된 유체물 또는 물적 설비를 의미하므로 사실상 군민의 통행에 제공되고 있던 도로 옆의 암벽으로부터 떨어진 낙석에 맞아 소외인이 사망하는 사고가 발생하였다고 하여도 동 사고지점 도로가 피고 군에 의하여 노선인정 기타 공용개시가 없었으면 이를 영조물이라 할 수 없다(대판 1981. 7. 7. 80다2478).

6 ③ 상수원수의 수질을 환경기준에 따라 유지하도록 규정하고 있는 관련 법령의 취지·목적·내용과 그 법령에 따라 국가 또는 지방자치단체가 부담하는 의무의 성질 등을 고려할 때, 국가 등에게 일정한 기준에 따라 상수원수의 수질을 유지하여야 할 의무를 부과하고 있는 법령의 규정은 국민에게 양질의 수돗물이 공급되게 함으로써 국민 일반의 건강을 보호하여 공공 일반의 전체적인 이익을 도모하기 위한 것이지, 국민 개개인의 안전과 이익을 직접적으로 보호하기 위한 규정이 아니므로, 국민에게 공급된 수돗물의 상수원의 수질이 수질기준에 미달한 경우가 있고, 이로 말미암아 국민이 법령에 정하여진 수질기준에 미달한 상수원수로 생산된 수돗물을 마심으로써 건강상의 위해 발생에 대한 염려 등에 따른 정신적 고통을 받았다고 하더라도, 이러한 사정만으로는 국가 또는 지방자치단체가 국민에게 손해배상책임을 부담하지 아니한다(대판 2001.10.23. 99다36280).

① 행정청의 처분을 구하는 신청에 대하여 상당한 기간 처분 여부 결정이 지체되었다고 하여 곧바로 공무원의 고의 또는 과실에 의한 불법행위를 구성한다고 단정할 수는 없고, 행정처분의 담당공무원이 보통 일반의 공무원을 표준으로 하여 볼 때 객관적 주의의무를 결하여 처분 여부 결정을 지체함으로써 객관적 정당성을 상실하였다고 인정될 정도에 이른 경우에 비로소 국가배상법 제2조가 정한 국가배상책임의 요건을 충족한다. 이때 객관적 정당성을 상실하였는지는 신청의 대상이 된 처분이 기속행위인지 재량행위인지 등 처분의 성질, 처분의 지연에 따라 신청인이 입은 불이익의 내용과 정도, 행정처분의 담당공무원이 정당한 이유 없이 처리를 지연하였는지 등을 종합적으로 고려하되, 손해의 전보책임을 국가 또는 지방자치단체에게 부담시킬 만한 실질적인 이유가 있는지도 살펴서 판단하여야 한다(대판 2015.11.27. 2013다6759).

② 지방자치단체장이 교통신호기를 설치하여 그 관리권한이 도로교통법 제71조의2 제1항의 규정에 의하여 관할 지방경찰청장에게 위임되어 지방자치단체 소속 공무원과 지방경찰청 소속 공무원이 합동 근무하는 교통종합관제센터에서 그 관리업무를 담당하던 중 위 신호기가 고장난 채 방치되어 교통사고가 발생한 경우, 국가배상법 제2조 또는 제5조에 의한 배상책임을 부담하는 것은 지방경찰청장이 소속된 국가가 아니라, 그 권한을 위임한 지방자치단체장이 소속된 지방자치단체라고 할 것이나, 한편 국가배상법 제6조 제1항은 같은 법 제2조, 제3조 및 제5조의 규정에 의하여 국가 또는 지방자치단체가 손해를 배상할 책임이 있는 경우에 공무원의 선임·감독 또는 영조물의 설치·관리를 맡은 자와 공무원의 봉급·급여 기타의 비용 또는 영조물의 설치·관리의 비용을 부담하는 자가 동일하지 아니한 경우에는 그 비용을 부담하는 자도 손해를 배상하여야 한다고 규정하고 있으므로 교통신호기를 관리하는 지방경찰청장 산하 경찰관들에 대한 봉급을 부담하는 국가도 국가배상법 제6조 제1항에 의한 배상책임을 부담한다(대판 1999. 6.25. 99다11120).

④ 국가배상법 제5조 제1항 소정의 "공공의 영조물"이라 함은 국가 또는 지방자치단체에 의하여 특정 공공의 목적에 공여된 유체물 내지 물적 설비를 지칭하며, 특정 공공의 목적에 공여된 물이라 함은 일반공중의 자유로운 사용에 직접적으로 제공되는 공공용물에 한하지 아니하고, 행정주체 자신의 사용에 제공되는 공용물도 포함하며 국가 또는 지방자치단체가 소유권, 임차권 그밖의 권한에 기하여 관리하고 있는 경우뿐만 아니라 사실상의 관리를 하고 있는 경우도 포함한다(대판 1995. 1.24. 94다45302).

7 ③ 행정청이 관계 법령의 해석이 확립되기 전에 어느 한 설을 취하여 업무를 처리한 것이 결과적으로 위법하게 되어 그 법령의 부당집행이라는 결과를 빚었다고 하더라도 처분 당시 그와 같은 처리 방법 이상의 것을 성실한 평균적 공무원에게 기대하기 어려웠던 경우라면 특별한 사정이 없는 한 이를 두고 공무원의 과실로 인한 것이라고는 할 수 없기 때문에, 그 행정처분이 후에 항고소송에서 취소되었다고 할지라도 당해 행정처분이 곧바로 공무원의 고의 또는 과실로 인한 불법행위를 구성한다고 단정할 수는 없다(대판 1997. 7. 11. 97다7608).

8 ④ 생명·신체의 침해로 인한 국가배상을 받을 권리는 양도하거나 압류하지 못한다〈국가배상법 제4조〉.

9 ③ 외국인이 피해자인 경우에는 해당 국가와 상호 보증이 있을 때에만 적용한다〈국가배상법 제7조〉.

10 ④ 대법원은 "현역병으로 입영하여 소정의 군사교육을 마치고 병역법 제25조의 규정에 의하여 전임되어 구 교정시설경비교도대설치법 제3조에 의하여 경비교도로 임용된 자는 군인의 신분을 상실하고 군인과는 다른 경비교도로서의 신분을 취득하게 되었다고 할 것이어서 국가배상법 제2조 제1항 단서가 정하는 군인 등에 해당하지 아니한다."고 판시하였다(대판 1998. 2. 10, 97다45914).

① 국가배상청구소송은 실무상 민사소송절차에 의한다.

② 대법원은 "법관의 재판상 직무집행에 있어서 법령의 오해 또는 간과로 인한 허물이 있었다 하더라도 그 법관에게 당사자의 어느 편을 유리 또는 불리하게 이끌어가려는 고의가 있었다는 등 다른 특단의 사정이 없는 한 이는 사회통념상 허용될 만한 상당성이 있는 것으로서 위법성은 결여된다."고 판시하였다(대판 1983. 6. 15, 81나1281. 대판 2001. 4. 24, 2000다16114).

③ 대법원은 "국가배상법 제3조 제5항에 생명, 신체에 대한 침해로 인한 배상금의 지급을 규정하였을 뿐이고 재산권 침해에 대한 배상금의 지급에 관하여 명시적인 규정을 두지 아니하였으나 제3조 제4항의 규정이 재산권 침해로 인한 배상금의 지급의무를 배제하는 것이라고 볼 수는 없다."고 판시하였다(대판 1990. 12. 21, 90다6033).

11 ④ 탈영병의 총기난사 행위로 인한 피해는 지휘관의 병력관리 소홀과 지휘관 및 위병소 근무자들의 군무집행을 함에 있어서 법령에 규정된 의무를 다하지 아니한 과실로 인한 것으로 인정할 수 있다(대판 1985. 7. 9, 84다카1115).

12 ④ 소방공무원이 화재 전 유흥주점에 대하여 구 소방법상 시정조치를 명하지 않은 직무상 의무 위반으로 인한 유흥주점 화재사고에 따른 여종업원들의 사망에 대하여 인과관계를 인정하였으나(대판 2008. 4. 20, 2005다48994) 동일한 사안에서 공무원의 식품위생법상 취하여야 할 조치를 게을리한 직무상 의무위반행위와 사망은 인과관계를 부정하였다.

① 일시적이고 한정적인 경우도 공무원으로 본다.

② 사경제 활동은 직무집행으로 보지 아니하는 광의설이 다수설과 판례이다.

③ 공무원의 위조에 의한 것은 국가배상의 대상이 된다.

13 ⓒ '직무를 집행함에 당하여(현행법상 직무를 집행하면서)'라 함은 행위 자체의 외관을 객관적으로 관찰하여 공무원의 직무행위로 보여질 때에는 비록 그것이 실질적으로 직무행위가 아니거나 또는 행위자로서는 주관적으로 공무집행의 의사가 없었다고 하더라도 그 행위는 공무원이 '직무를 집행함에 당하여' 한 것으로 보아야 한다(대판 2005. 1. 14, 2004다26805).

ⓔ 국가배상법 과실은 행정처분의 담당공무원이 보통 일반의 공무원을 표준으로 하여 볼 때 객관적 주의의무를 결하여 그 행정처분이 객관적 정당성을 상실하였다고 인정될 정도에 이른 경우를 말한다(대판 2003. 11. 27, 2001다33789·33796·33802·33819). 그러나 가해공무원이 반드시 개별적으로 특정될 필요는 없다(대판 1995. 11. 10, 95다23897).

ⓗ 지방자치단체가 '교통할아버지 봉사활동 계획'을 수립한 후 관할 동장으로 하여금 '교통할아버지'를 선정하게 하여 어린이 보호, 교통안내, 거리질서 확립 등의 공무를 위탁하여 이를 집행하게 하였다면 '교통할아버지' 활동을 하는 범위 내에서는 국가배상법 제2조에 규정된 지방자치단체의 '공무원'에 해당한다(=지방자치단체의 손해배상책임 인정). (대판 2001. 1. 5, 98다39060)

□4 행정상 손실보상제도

section 1 의의

(1) 개념

공공필요에 의한 적법한 공권력 행사에 의하여 개인의 재산에 가하여진 특별한 손해에 대하여 평등부담의 견지에서 행하여지는 재산적 보상을 말한다. 손실보상은 공공필요에 의한 국민의 재산권에 대한 공권적 침해, 즉 공용수용 시에 발생한다. 공용수용에는 수용, 사용, 제한이 있다.

(2) 한계

손실보상은 특정인에게 부과된 특별한 희생을 공평부담의 차원에서 보상해주는 제도이다. 따라서 피해자에게 손해를 감수하여야 할 원인이 있는 경우나 재산권에 대한 제한이 재산권의 내재적 한계 내의 것인 때에는 손실보상이 성립되지 않는다.

(3) 성질

통설은 손실보상청구권을 공권으로 보아 그에 관한 소송은 공법상 당사자소송에 의해야 한다고 하나, 판례는 이를 사권으로 보아 민사소송에 의해야 한다고 판시해왔지만, 최근에는 당사자소송으로 보는 판례도 존재한다.

> **판례** 구 수산업법에 의한 손실보상청구권이나 손실보상 관련 법령의 유추적용에 의한 손실보상청구권은 사업시행자를 상대로 한 민사소송의 방법에 의하여 행사하여야 하나, 구 공유수면매립법 제16조 제1항에 정한 권리를 가진 자가 위 규정에 의하여 취득한 손실보상청구권은 민사소송의 방법으로 행사할 수 없고 위 법 제16조 제2항, 제3항이 정한 바에 따라 협의가 성립되지 아니하거나 협의할 수 없을 경우에 토지수용위원회의 재정을 거쳐 토지수용위원회를 상대로 재정에 대한 행정소송을 제기하는 방법에 의하여 행사하여야 한다(대판 2005. 9.29. 2002다73807).
>
> '법률 제3782호 하천법 중 개정법률 부칙 제2조의 규정에 의한 보상청구권의 소멸시효가 만료된 하천구역 편입토지 보상에 관한 특별조치법' 제2조는 개정 하천법 부칙 제2조 제1항에 해당하는 토지로서 개정 하천법 부칙 제2조 제2항에서 규정하고 있는 소멸시효의 만료로 보상청구권이 소멸되어 보상을 받지 못한 토지에 대하여는 시·도지사가 그 손실을 보상하도록 규정하고 있는바, 위 각 규정들에 의한 손실보상청구권은 모두 종전의 하천법 규정 자체에 의하여 하천구역으로 편입되어 국유로 되었으나 그에 대한 보상규정이 없었거나 보상청구권이 시효로 소멸되어 보상을 받지 못한 토지들에 대하여, 국가가 반성적 고려와 국민의 권리구제 차원에서 그 손실을 보상하기 위하여 규정한 것으로서, 그 법적 성질은 하천법 본칙(本則)이 원래부터 규정하고 있던 하천구역에의 편입에 의한 손실보상청구권과 하등 다를 바가 없는 것이어서 공법상의 권리임이 분명하므로 그에 관한 쟁송도 행정소송절차에 의하여야 한다(대판 2006. 5.18. 2004다6207(전합)).

문 행정상 손실보상제도에 대한 설명으로 옳지 않은 것은?

▶ 2017. 6. 17. 제1회 지방직

① 헌법 제23조 제1항의 규정이 재산권의 존속을 보호하는 것이라면 제23조 제3항의 수용제도를 통해 존속보장은 가치보장으로 변하게 된다.

② 평등의 원칙으로부터 파생된 '공적 부담 앞의 평등'은 손실보상의 이론적 근거가 될 수 있다.

③ 헌법 제23조 제3항을 불가분조항으로 볼 경우, 보상규정을 두지 아니한 수용법률은 헌법위반이 된다.

④ 대법원은 구 「하천법」 부칙 제2조와 이에 따른 특별조치법에 의한 손실보상청구권의 법적 성질을 사법상의 권리로 보아 그에 대한 쟁송은 행정소송이 아닌 민사소송절차에 의하여야 한다고 판시하고 있다.

정답 ④

section 2 행정상 손실보상의 근거

(1) 이론적 근거

① 보상의 이유 … 손해배상과는 달리 손실보상은 행정권의 재산권 침해 그 자체는 적법한 것임에도 불구하고 그로 인한 손실을 전보하여 주는 것이므로 그러한 보상의 합리적 이유 내지 근거가 문제된다.

   ⊙ 특별희생설(통설) : 정의·공평원칙에 입각하여 공익을 위하여 개인에게 부과된 특별한 희생은 이를 전체의 부담으로 하여 보상하는 것이 정의·공평의 요구에 합치되는 것이라고 본다. 이는 재산권 보장의 원칙과 헌법상 평등원칙에서 그 근거를 찾을 수 있다.

   ⊙ 은혜설 : 적법한 공권력 행사에 의하여 국민의 재산을 침해한 경우 그에 대하여 당연히 보상이 주어져야 하는 것은 아니나 국가가 단지 은혜로서 보상하는 것이라고 본다.

   ⓒ 기득권설 : 자연법적인 기득권불가침원칙을 전제로 하여 그 기득권이 침해된 경우에는 보상을 하여야 한다는 이론이다.

② 특별한 희생의 판단기준 … 특별한 희생이 있는 경우에 보상이 주어진다면 그 다음으로는 어떤 경우가 특별한 희생에 해당하는지가 문제된다.

   ⊙ 형식설 : 평등원칙을 형식적으로 해석하여 재산권의 침해를 받는 자가 특정되어 있는가의 여부에 따라 보상을 요하는 경우와 요하지 않는 경우로 구별하려는 입장이다.

   ⊙ 실질설 : 재산권의 내재적 제약과 그 제약을 넘어선 보상을 요하는 제한의 구별은 당해 제한의 성립 및 정도에 따라 결정하여야 한다는 입장이다.

   ⓒ 종합검토설(통설) : 형식적 기준과 실질적 기준을 종합적으로 검토하여 구체적으로 판단하여야 한다는 입장이다.

Point, 팁 | 실질설의 주요 이론들

   ⊙ 보호가치성설(W. Jellinek) : 개인의 보호가치 있는 재산권에 대한 제한은 보상되어야 한다는 주장이다.

   ⊙ 수인기대가능성설(Maunz) : 재산권의 제한이 보상을 요하는가의 문제는 그 침해가 보상 없이도 수인될 것으로 기대할 수 있는지의 여부에 따라 결정되어야 한다는 주장이다.

   ⓒ 사적효용설(Reinhardt) : 당해 재산권의 본래의 효용이 본질적으로 침해되는 경우에 보상을 요하는 특별한 희생이 된다고 한다.

   ⓔ 목적위배설(Forsthoff) : 개인의 재산권에 대해 본래적 기능을 박탈하는 경우에는 당사자에게 그로 인한 손실이 보상되어야 한다고 본다.

손실보상에 대한 설명으로 옳은 것은? (다툼이 있는 경우 판례에 의함)
▶ 2019. 6. 15. 제1회 지방직

① 「공익사업을 위한 토지 등의 취득 및 보상에 관한 법률」에 의한 잔여지 수용청구를 받아들이지 않은 토지수용위원회의 재결에 대하여 토지소유자가 불복하여 제기하는 소송은 항고소송에 해당한다.

② 「공익사업을 위한 토지 등의 취득 및 보상에 관한 법률」에 따른 사업폐지 등에 대한 보상청구권은 사법상 권리로서 그에 관한 소송은 민사소송절차에 의하여야 한다.

③ 「공익사업을 위한 토지 등의 취득 및 보상에 관한 법률」에 의한 보상합의는 공공기관이 사경제주체로서 행하는 사법상 계약의 실질을 가진다.

④ 공유수면매립면허의 고시가 있는 경우 그 사업이 시행되고 그로 인하여 직접 손실이 발생한다고 할 수 있으므로, 관행어업권자는 공유수면매립면허의 고시를 이유로 손실보상을 청구할 수 있다.

| 정답 ③

ⓜ 사회적 구속성설: 보상 여부의 판단은 당해 재산권의 사회적 구속성에서 출발한다는 주장이다.
ⓗ 상황구속성설: 동종의 재산권이라 하더라도 그것이 처하여 있는 구체적 위치나 상황에 따라 그에 대한 사회적 제약에는 차이가 있는 것이므로 보상 여부의 결정에 있어서도 이러한 구체적 상황이 감안되어야 한다고 본다.

(2) 손실보상의 법적 근거

① 「헌법」적 근거 … '공공필요에 의한 재산권의 수용, 사용 또는 제한 및 그에 대한 보상은 법률로써 하되 정당한 보상을 지급하여야 한다〈헌법 제23조 제3항〉.'라고 규정하고 있다.

② 법률적 근거 … 현재 손실보상에 관해 통칙적 규정을 둔 일반법은 없으나 토지의 수용과 보상에 관한 규정을 둔 「공익사업을 위한 토지 등의 취득 및 보상에 관한 법률」(토지보상법)을 일반법이라 볼 수 있다. 이 법률은 「토지수용법」과 「공공용지의 취득 및 손실보상에 관한 특례법」을 통합한 법률로서 2003년 1월 1일부터 시행에 들어갔다. 이 외에도 「부동산 가격공시에 관한 법률」 등이 개별적인 보상규정을 두고 있다.

③ 보상규정이 없는 경우 … 손실보상에 대한 일반법이 없는 결과 법률이 보상규정을 두고 있지 아니한 경우 재산권의 침해를 받은 개인이 보상을 청구할 수 있는지가 문제된다.
　㉠ 방침규정설: 헌법 제23조 제3항은 입법에 대한 방침규정이므로 당해 법률에 보상규정이 없는 경우에는 보상받지 못한다고 한다.
　㉡ 직접효력설: 직접 헌법 제23조 제3항에 의거하여 보상을 청구할 수 있다고 한다.
　㉢ 위헌무효설(다수설): 보상규정을 두지 아니한 법률은 위헌이므로 무효라는 주장이다. 따라서 당해 법률에 기하여 이루어지는 재산권에 대한 침해는 법률상의 근거가 없는 위법한 것이므로 피해자는 국가 등에 대하여 손해배상을 청구할 수 있다고 한다. 그러나 손해배상을 인정하려면 위법·유책이어야 하는데 보상규정이 없는 법률에 기한 공무원의 처분은 위법·무과실이므로 손해배상을 청구할 수 없게 된다. 이를 해결하기 위한 법리가 바로 수용유사침해이론이나 우리나라 판례는 이 법리를 채택하지 않고 있으므로 결국 법률에 보상규정이 없는 경우 피해자는 보상을 받을 수 없다.
　㉣ 유추적용설: 「헌법」상 재산권보장조항과 평등원칙 등에 근거하여 유추적용을 통해 보상을 청구할 수 있다는 이론이다.

기출문제

🔎 행정상 손실보상에 대한 설명으로 가장 옳은 것은?
▶ 2018. 6. 23. 제2회 서울특별시
① 헌법재판소는 공용침해로 인한 특별한 손해에 대한 보상규정이 없는 경우에 관련 보상규정을 유추적용하여 보상하려는 경향이 있다.
② 공공용물에 관하여 적법한 개발행위 등이 이루어져 일정범위의 사람들의 일반사용이 종전에 비하여 제한받게 되었다 하더라도 특별한 사정이 없는 한 이는 특별한 손실에 해당한다고 할 수 없다.
③ 공익사업의 시행으로 토석채취허가를 연장 받지 못한 경우 그로 인한 손실은 적법한 공권력의 행사로 가하여진 재산상의 특별한 희생으로서 손실보상의 대상이 된다.
④ 개발제한구역 지정으로 인한 지가의 하락은 원칙적으로 토지소유자가 감수해야 하는 사회적 제약의 범주에 속하나, 지가의 하락이 20% 이상으로 과도한 경우에는 특별한 희생에 해당한다.

┃정답 ②

판례 행정주체의 행정행위를 신뢰하여 그에 따라 재산출연이나 비용지출 등의 행위를 한 자가 그 후에 공공필요에 의하여 수립된 적법한 행정계획으로 인하여 재산권행사가 제한되고 이로 인한 공공사업의 시행 결과 공공사업시행지구 밖에서 발생한 간접손실에 관하여 그 피해자와 사업시행자 사이에 협의가 이루어지지 아니하고, 그 보상에 관한 명문의 근거 법령이 없는 경우라고 하더라도, 헌법 제23조 제3항 및 구 토지수용법 등의 개별 법률의 규정, 구 공공용지의취득및손실보상에관한특례법 제3조 제1항 및 같은법시행규칙(2002. 12. 31. 건설교통부령 제23조의2 내지 7 등의 규정 취지에 비추어 보면, 공공사업의 시행으로 인하여 그러한 손실이 발생하리라는 것을 쉽게 예견할 수 있고, 그 손실의 범위도 구체적으로 이를 특정할 수 있는 경우에는 그 손실의 보상에 관하여 구 공공용지의취득및손실보상에관한특례법시행규칙의 관련 규정 등을 유추적용할 수 있다(대판 2004. 9.23. 2004다25581).

도시계획법 제21조에 의한 재산권의 제한은 개발제한구역으로 지정된 토지를 원칙적으로 지정 당시의 지목과 토지현황에 의한 이용방법에 따라 사용할 수 있는 한, 재산권에 내재하는 사회적 제약을 비례의 원칙에 합치하게 합헌적으로 구체화한 것이라고 할 것이나, 종래의 지목과 토지현황에 의한 이용방법에 따른 토지의 사용도 할 수 없거나 실질적으로 사용·수익을 전혀 할 수 없는 예외적인 경우에도 아무런 보상없이 이를 감수하도록 하고 있는 한, 비례의 원칙에 위반되어 당해 토지소유자의 재산권을 과도하게 침해하는 것으로서 헌법에 위반된다(헌재결 1998.12.24. 89헌마214).

section 3 손실보상의 요건

(1) 개설

손실보상을 받기 위해서는 공공필요를 위해 재산권에 대해 적법한 공권력의 침해가 있고 이로 인해 개인에게 특별한 희생이 있어야 한다.

(2) 구체적 요건

① 재산권에 대한 공권적 침해

ㄱ 재산권 : 소유권뿐만 아니라 법에 의하여 보호되고 있는 모든 재산적 권리로 물권, 채권, 저작권 등 사권뿐 아니라 공법상의 권리도 포함한다. 그러나 기대이익, 문화적·학술적 가치는 손실보상의 대상이 되지 않는다.

판례 토지수용법상의 사업인정 고시 이전에 건축되고 공공사업용지 내의 토지에 정착한 지장물인 건물은 통상 적법한 건축허가를 받았는지 여부에 관계없이 손실보상의 대상이 되나, 주거용 건물이 아닌 위법 건축물의 경우에는 관계 법령의 입법 취지와 그 법령에 위반된 행위에 대한 비난가능성과 위법성의 정도, 합법화될 가능성, 사회통념상 거래 객체가 되는지 여부 등을 종합하여 구체적·개별적으로 판단한 결과 그 위법의 정도가 관계 법령의 규정이나 사회통념상 용인할 수 없을 정도로 크고 객관적으로도 합법화될 가능성이 거의 없어 거래의 객체도 되지 아니하는 경우에는 예외적으로 수용보상 대상이 되지 아니한다(대판 2001. 4.13. 2000두6411).

ㄴ 재산권 행사의 제약 : 헌법은 제23조 제3항에서 수용·사용·제한을 규정하고 있으나, 이외에도 재산권이 침해되는 일체의 작용을 모두 포함한다.

ⓒ **침해의 직접성** : 개인의 재산권에 대한 침해가 공권력의 행사·불행사로 인하여 직접 침해받았거나 최소한 개인의 재산권의 손실에 대한 직접적인 원인이 되어야 한다.

② **공공의 필요** … 불확정개념으로서 비례의 원칙에 따라 모든 이익의 형량을 통해 결정되어야 한다.

> **판례** 헌법 제23조 제3항은 재산권 수용의 주체를 한정하지 않고 있다. 위 헌법조항의 핵심은 당해 수용이 공공필요에 부합하는가, 정당한 보상이 지급되고 있는가 여부 등에 있는 것이지, 그 수용의 주체가 국가인지 민간기업인지 여부에 달려 있다고 볼 수 없다. 또한 국가 등의 공적 기관이 직접 수용의 주체가 되는 것이든 그러한 공적 기관의 최종적인 허부판단과 승인결정하에 민간기업이 수용의 주체가 되는 것이든, 양자 사이에 공공필요에 대한 판단과 수용의 범위에 있어서 본질적인 차이를 가져올 것으로 보이지 않는다. 따라서 <u>위 수용 등의 주체를 국가 등의 공적 기관에 한정하여 해석할 이유가 없다.</u> 산업입지법상 규정들은 산업단지개발사업의 시행자인 민간기업이 자신의 이윤추구에 치우친 나머지 애초 산업단지를 조성함으로써 달성, 견지하고자 한 공익목적을 해태하지 않도록 규율하고 있다는 점도 함께 고려한다면, 이 사건 수용조항은 헌법 제23조 제3항의 '공공필요성'을 갖추고 있다고 보인다(헌재결 2009. 9.24. 2007헌바114).

③ **적법성** … 재산권 침해는 법률에 근거가 있어야 한다.

④ **보상규정** … 재산권에 대한 침해는 보상이 이루어져야 한다. 독일에서는 보상규정을 불가분조항이라 하고 있다. 「헌법」은 보상규정에 관하여 법률로써 정하도록 하고 있는데 법률에 보상규정이 없는 경우 문제가 된다. 헌법재판소는 보상규정을 두지 않고 개발제한구역을 지정한 구 도시계획법 제21조가 헌법에 위반된다고 한 바 있다(헌재 1998. 12. 24, 89헌마214 등 병합).

⑤ **특별한 희생** … 통설에 따라 특별한 희생이 있는 경우에는 보상이 이루어진다. 언제 특별한 희생이 발생하는가는 종합검토설에 따라 형식적 기준과 실질적 기준을 모두 고려하여 종합적으로 판단한다.

> **판례** 일반 공중의 이용에 제공되는 공공용물에 대하여 특허 또는 허가를 받지 않고 하는 일반사용은 다른 개인의 자유이용과 국가 또는 지방자치단체 등의 공공목적을 위한 개발 또는 관리·보존행위를 방해하지 않는 범위 내에서만 허용된다 할 것이므로, <u>공공용물에 관하여 적법한 개발행위 등이 이루어짐으로 말미암아 이에 대한 일정범위의 사람들의 일반사용이 종전에 비하여 제한받게 되었다 하더라도 특별한 사정이 없는 한 그로 인한 불이익은 손실보상의 대상이 되는 특별한 손실에 해당한다고 할 수 없다</u>(대판 2002. 2.26. 99다35300).
>
> 개발제한구역의 지정으로 인한 개발가능성의 소멸과 그에 따른 지가의 하락이나 지가상승률의 상대적 감소는 토지소유자가 감수해야 하는 사회적 제약의 범주에 속하는 것으로 보아야 한다. <u>자신의 토지를 장래에 건축이나 개발목적으로 사용할 수 있으리라는 기대가능성이나 신뢰 및 이에 따른 지가상승의 기회는 원칙적으로 재산권의 보호범위에 속하지 않는다.</u> 구역지정 당시의 상태대로 토지를 사용·수익·처분할 수 있는 이상, 구역지정에 따른 단순한 토지이용의 제한은 원칙적으로 재산권에 내재하는 사회적 제약의 범주를 넘지 않는다. 도시계획법 제21조에 규정된 개발제한구역제도 그 자체는 원칙적으로 합헌적인 규정인데, 다만 개발제한구역의 지정으로 말미암아 일부 토지소유자에게 사회적 제약의 범위를 넘는 가혹한 부담이 발생하는 예외

적인 경우에 대하여 보상규정을 두지 않은 것에 위헌성이 있는 것이고, 보상의 구체적 기준과 방법은 헌법재판소가 결정할 성질의 것이 아니라 광범위한 입법형성권을 가진 입법자가 입법정책적으로 정할 사항이다(헌재결 1998.12.24. 89헌마114).

section 4 손실보상의 내용

(1) 손실보상의 기준

① 학설 … 헌법 제23조 제3항은 정당한 보상을 지급한다고 규정하고 있는데 이정당한 보상의 내용에 대해서는 완전보상설과 상당보상설이 대립하고 있다. 헌법재판소는 완전보상을 의미한다고 하였다.

  ㉠ 완전보상설 : 재산권의 침해에 관한 보상은 완전한 보상이어야 한다는 개념이다. 피침해재산의 시기와 거래가격에 의한 객관적 가치, 부대적 손실 모두를 보상한다.

  ㉡ 상당보상설 : 재산침해행위의 공공적 중요성에 비추어 객관적으로 공정·타당한 보상이어야 한다는 개념이다. 원칙은 완전보상이나 그를 하회하는 보상도 허용된다.

  ㉢ 절충설 : 작은 재산침해에 대하여는 완전보상을, 큰 재산침해에 대하여는 그를 하회하는 보상을 허용한다는 개념이다.

② 헌법상의 보상기준

  ㉠ 제1·2공화국 헌법 : 상당한 보상

  ㉡ 제3공화국 헌법 : 정당한 보상

  ㉢ 제4공화국 헌법 : 보상의 기준과 방법은 법률로 정한다.

  ㉣ 제5공화국 헌법 : 보상은 공익 및 관계자의 이익을 정당하게 형량하여 법률로 정한다.

  ㉤ 현행 헌법 : 보상은 법률로써 하되 정당한 보상을 지급하여야 한다.

③ 공익사업을 위한 토지 등의 취득 및 보상에 관한 법률(토지보상법)의 보상기준 … 토지보상법의 손실보상은 부대손실의 보상도 포함하는 완전보상을 내용으로 하고 있다.

(2) 재산권의 보상

① 보상액의 산정시기 … 토지소유자와 사업시행자 간의 협의의 경우에는 협의 성립 당시의 가격을 기준으로 하고, 토지수용위원회의 재결의 경우에는 수용 또는 사용의 재결 당시의 가격을 기준으로 한다.

② 보상액의 산정방법

⊙ 협의 성립 또는 재결에 의해 취득하는 토지 : 「부동산 가격공시 및 감정평가에 관한 법률」에 의한 공시지가를 기준으로 보상하되, 그 공시기준일부터 가격시점까지의 관계법령에 의한 당해 토지의 이용계획, 당해 공익사업으로 인한 지가의 영향을 받지 아니하는 지역의 대통령령이 정하는 지가변동률, 생산자물가상승률 기타 토지의 위치와 형상, 환경, 이용상황 등을 고려하여 평가한 적정가격으로 보상액을 정한다. 이는 시가보상원칙에 대한 예외이다. 그러나 헌법재판소는 공시지가제도를 합헌이라 판시하였다(헌재결 2000. 8.31. 99헌바104).

⊙ 협의 또는 재결에 의하여 사용하는 토지 : 그 토지와 인근 유사토지의 지료 · 임대료 · 사용방법 · 사용기간 및 그 토지의 가격 등을 고려하여 평가한 적정가격으로 보상하여야 한다.

③ 개발이익환수제도

⊙ 의의 : 국가 등의 개발사업으로 인해 개발사업지 인근의 토지를 수용당하지 않은 자가 토지가격 상승 등으로 얻는 이익에 대하여 토지를 수용당한 자와의 형평 등을 고려하여 이를 환수하는 제도이다. 그 구체적인 사항에 대해서는 「개발이익환수에 관한 법률」이 규정하고 있다.

⊙ 효과 : 개발이익환수는 부동산투기에 대한 사전예방, 부의 배분, 지가안정으로 인한 토지의 원활한 공급, 정부재정수입 증대 등의 효과가 있다.

(3) 생활보상 · 사업손실보상 · 정신보상

① 생활보상 … 재산권보상만이 아닌 생활기초의 박탈에 대한 보상을 말한다. 댐의 건설에 따른 다수 주민의 동시이주 등이 이에 해당한다. 이는 헌법 제34조의 인간다운 생활을 할 권리 등을 통해 도출될 수 있으나 현행 법령에 직접적인 보상규정을 둔 예는 없다. 다만, 「공익사업을 위한 토지 등의 취득 및 보상에 관한 법률 시행규칙」에 이주정착금, 주거이전비, 이농비, 소수잔존자보상 등을 규정하고 있다.

판례 공공용지의취득및손실보상에관한특례법상의 이주대책은 공공사업의 시행에 필요한 토지 등을 제공함으로 인하여 생활의 근거를 상실하게 되는 이주자들을 위하여 사업시행자가 기본적인 생활시설이 포함된 택지를 조성하거나 그 지상에 주택을 건설하여 이주자들에게 이를 그 투입비용 원가만의 부담하에 개별 공급하는 것으로서, 그 본래의 취지에 있어 이주자들에 대하여 종전의 생활상태를 원상으로 회복시키면서 동시에 인간다운 생활을 보장하여 주기 위한 이른바 생활보상의 일환으로 국가의 적극적이고 정책적인 배려에 의하여 마련된 제도이다(대판 1994. 5.24. 92다35783(전합)).

뉴타운개발 사업시행자가 사업시행으로 생활근거 등을 상실하는 주민들을 위한 주거대책 및 생활대책을 공고함에 따라 화훼도매업을 하던 甲이 사업시행자에게 생활대책신청을 하였으나, 사

기출문제

문 「공익사업을 위한 토지 등의 취득 및 보상에 관한 법률」상 손실보상의 원칙에 관한 설명으로 옳지 않은 것은?

▶ 2017. 6. 24. 제2회 서울특별시

① 동일한 사업지역에 보상시기를 달리하는 동일인 소유의 토지 등이 여러 개 있는 경우 토지소유자나 관계인이 요구할 때에는 한꺼번에 보상금을 지급하도록 하여야 한다.

② 공익사업에 필요한 토지 등의 취득 또는 사용으로 인하여 토지소유자나 관계인이 입은 손실은 사업시행자가 보상하여야 한다.

③ 보상액의 산정은 협의에 의한 경우에는 협의 성립 당시의 가격을, 재결에 의한 경우에는 수용 또는 사용의 재결 당시의 가격을 기준으로 한다.

④ 보상액을 산정할 경우에 해당 공익사업으로 인하여 토지 등의 가격이 변동되었을 때에는 이를 고려하여야 한다.

정답 ④

업시행자가 甲은 위 주거대책 및 생활대책에서 정한 '이주대책 기준일 3개월 이전부터 사업자등록을 하고 영업을 계속한 화훼영업자'에 해당하지 않는다는 이유로 화훼용지 공급대상자에서 제외한 사안에서, 사업시행자의 거부행위가 행정처분에 해당한다고 본 원심판단을 정당하다(대판 2011.10.13. 2008두17905).

공익사업을 위한 토지 등의 취득 및 보상에 관한 법률상의 공익사업시행자가 하는 이주대책대상자 확인·결정은 구체적인 이주대책상의 수분양권을 부여하는 요건이 되는 행정작용으로서의 처분이지 이를 단순히 절차상의 필요에 따른 사실행위에 불과한 것으로 평가할 수는 없다. 따라서 수분양권의 취득을 희망하는 이주자가 소정의 절차에 따라 이주대책대상자 선정신청을 한데 대하여 사업시행자가 이주대책대상자가 아니라고 하여 위 확인·결정 등의 처분을 하지 않고 이를 제외시키거나 거부조치한 경우에는, 이주자로서는 사업시행자를 상대로 항고소송에 의하여 제외처분이나 거부처분의 취소를 구할 수 있다(대판 2014. 2.27. 2013두10885).

② **사업손실보상**(간접손실보상) … 사업손실이란 공공사업의 실시 또는 완성 후의 시설이 기업지 밖에 미치는 손실을 말한다.

- ㉠ **물리적·기술적 손실** : 공사중의 소음진동, 교통난, 시설물로 인한 일조감소, 전파장해 등
- ㉡ **경제적·사회적 손실** : 댐 건설로 인한 어업활동의 쇠퇴 등
- ㉢ **토지보상법** : 잔여지의 가격하락으로 인한 손실보상, 댐 건설에 따른 어업상의 피해에 대한 보상 등은 인정하나 소음진동, 교통난 등으로 인한 사업손실에 대한 보상은 인정하지 않고 있다.

판례 국민의 재산권을 침해하는 행위 그 자체는 반드시 형식적 법률에 근거하여야 하며, 토지수용법 등의 개별 법률에서 공익사업에 필요한 재산권 침해의 근거와 아울러 그로 인한 손실보상 규정을 두고 있는 점, 공공용지의취득및손실보상에관한특례법 제3조 제1항은 "공공사업을 위한 토지 등의 취득 또는 사용으로 인하여 토지 등의 소유자가 입은 손실은 사업시행자가 이를 보상하여야 한다."고 규정하고, 같은법시행규칙 제23조의2 내지 7에서 공공사업시행지구 밖에 위치한 영업과 공작물 등에 대한 간접손실에 대하여도 일정한 조건하에서 이를 보상하도록 규정하고 있는 점에 비추어, 공공사업의 시행으로 인하여 그러한 손실이 발생하리라는 것을 쉽게 예견할 수 있고 그 손실의 범위도 구체적으로 이를 특정할 수 있는 경우라면 그 손실의 보상에 관하여 공공용지의취득및손실보상에관한특례법시행규칙의 관련 규정 등을 유추적용할 수 있다고 해석함이 상당하다(대판 1999.10. 8. 99다27231).

사업시행자가 동일한 토지소유자에 속하는 일단의 토지 일부를 취득함으로 인하여 잔여지의 가격이 감소하거나 그 밖의 손실이 있을 때 등에는 잔여지를 종래의 목적으로 사용하는 것이 가능한 경우라도 잔여지 손실보상의 대상이 되며, 잔여지를 종래의 목적에 사용하는 것이 불가능하거나 현저히 곤란한 경우이어야만 잔여지 손실보상청구를 할 수 있는 것이 아니다. 마찬가지로 잔여 영업시설 손실보상의 요건인 "공익사업에 영업시설의 일부가 편입됨으로 인하여 잔여시설에 그 시설을 새로이 설치하거나 잔여시설을 보수하지 아니하고는 그 영업을 계속할 수 없는 경우"란 잔여 영업시설에 시설을 새로이 설치하거나 잔여 영업시설을 보수하지 아니하고는 그 영업이 전부 불가능하거나 곤란하게 되는 경우만을 의미하는 것이 아니라, 공익사업에 영업시설 일부가 편입됨으로써 잔여 영업시설의 운영에 일정한 지장이 초래되고, 이에 따라 종전처럼 정상적인 영업을 계속하기 위해서는 잔여 영업시설에 시설을 새로 설치하거나 잔여 영업시설을 보수할 필요가 있는 경우도 포함된다고 해석함이 타당하다(대판 2018. 7.20. 2015두4044).

③ **정신적 보상** … 댐의 건설로 다수 주민이 이주하는 경우 촌락공동체의 파괴로 인한 주관적 가치관이나 정서상 피해에 대한 보상을 말한다. 우리나라에는 이에 대한 어떠한 보상규정도 없는 실정이다.

(4) 보상의 지급방법

① **금전보상의 원칙** … 손실보상의 원칙적인 방법은 금전보상이다. 금전의 지급방법은 선불(예외적으로 후불), 개별불(예외적으로 일괄불), 전액일시불(예외적으로 분할불)을 원칙으로 한다.

② **그 밖의 방법**

ⓒ **현물보상** : 수용할 물건에 대신하여 일정한 시설물이나 다른 토지를 제공하는 보상방법이다.

ⓒ **매수보상** : 물건에 대한 이용제한에 따라 종래의 이용목적에 따라 물건을 사용하기가 곤란하게 된 경우에 상대방에게 그 물건의 매수청구권을 인정하고 그에 따라 그 물건을 매수함으로써 실질적으로 보상을 행하는 방법이다.

ⓒ **채권보상** : 사업시행자가 국가, 지방자치단체, 그 밖에 대통령령으로 정하는 「공공기관의 운영에 관한 법률」에 따라 지정·고시된 공공기관 및 공공단체인 경우로서, 다음에 해당되는 경우에는 해당 사업시행자가 발행하는 채권으로 지급할 수 있다〈공익사업을 위한 토지 등의 취득 및 보상에 관한 법률 제63조 제7항〉.

• 토지소유자나 관계인이 원하는 경우
• 사업인정을 받은 사업의 경우에는 대통령령으로 정하는 부재부동산 소유자의 토지에 대한 보상금이 대통령령으로 정하는 일정금액(1억 원)을 초과하는 경우로서 그 초과하는 금액에 대하여 보상하는 경우

(5) 손실보상액의 결정절차

보상절차에 관한 일반법이 없으므로 각 단행법에서 그 절차를 개별적으로 규정하고 있다.

① **당사자 협의** … 사업인정을 받은 사업시행자는 토지조서 및 물건조서의 작성, 보상계획의 공고·통지 및 열람, 보상액의 산정과 토지소유자 및 관계인과의 협의 절차를 거쳐야 한다〈공익사업을 위한 토지 등에 대한 보상에 관한 법률 제26조 제1항〉.

② **토지수용위원회의 재결** … 토지수용위원회는 수용하거나 사용할 토지의 구역 및 사용방법, 손실보상, 수용 또는 사용의 개시일과 기간 및 그 밖에 이 법 및 다른 법률에서 규정한 사항에 대해 재결할 수 있다〈공익사업을 위한 토지 등에 대한 보상에 관한 법률 제50조〉.

기출문제

[문] 행정상 손실보상에 대한 설명으로 옳지 않은 것은?

▶ 2016. 6. 25. 서울특별시

① 민간기업을 토지수용의 주체로 정한 법률조항도 헌법 제23조 제3항에서 정한 '공공필요'를 충족하면 헌법에 위반되지 아니한다.

② 수용대상 토지의 보상가격이 당해 토지의 개별공시지가를 기준으로 하여 산정한 것보다 저렴하게 되었다는 사정만으로 그 보상액 산정이 위법한 것은 아니다.

③ 공익사업의 시행으로 지가가 상승하여 발생한 개발이익을 손실보상금에 포함시키지 않더라도 헌법이 규정한 정당 보상의 원리에 어긋나는 것은 아니다.

④ 토지소유자가 손실보상금의 액수를 다투고자 할 경우에는 사업시행자가 아니라 토지수용위원회를 상대로 보상금의 증액을 구하는 소송을 제기하여야 한다.

|정답 ④

③ 자문기관의 심의를 거쳐 행정청이 결정하는 경우 … 보상요율의 사정(査定)과 그 조정을 하기 위하여 국방부에 징발보상심의회를 둔다〈징발법 제24조〉.

④ 행정청이 일방적으로 결정하는 경우 … 특허를 받을 수 있는 권리가 공유인 경우에는 공유자 모두가 공동으로 특허출원을 하여야 한다〈특허법 제44조〉.

section 5 손실보상에 대한 구제

(1) 재산권의 수용 자체에 불복이 있는 경우(수용재결 취소소송)

공권력에 의한 재산권의 수용은 처분에 해당하므로 행정심판을 제기함으로 이의신청을 하거나 행정소송을 제기할 수 있다. 사업시행자, 토지소유자 또는 관계인은 수용 재결에 불복할 때에는 재결서를 받은 날부터 90일 이내에, 이의신청을 거쳤을 때에는 이의신청에 대한 재결서를 받은 날부터 60일 이내에 각각 행정소송을 제기할 수 있다(토지보상법 제85조 제1항).

(2) 보상금액의 액수에만 불복이 있는 경우(보상금 증감청구소송)

보상금의 액수에 대해서만 불복이 있는 경우에는 취소소송을 제기할 필요 없이 공법상 당사자소송에 의해 토지소유자와 사업시행자가 대등한 관계에서 증액 또는 감액을 다툰다. 이때의 당사자소송은 형식적 당사자소송을 말한다.

> **판례** 공익사업을 위한 토지 등의 취득 및 보상에 관한 법률(이하 '토지보상법') 제72조의 문언, 연혁 및 취지 등에 비추어 보면, 위 규정이 정한 수용청구권은 토지보상법 제74조 제1항이 정한 잔여지 수용청구권과 같이 손실보상의 일환으로 토지소유자에게 부여되는 권리로서 그 청구에 의하여 수용효과가 생기는 형성권의 성질을 지니므로, 토지소유자의 토지수용청구를 받아들이지 아니한 토지수용위원회의 재결에 대하여 토지소유자가 불복하여 제기하는 소송은 토지보상법 제85조 제2항에 규정되어 있는 '보상금의 증감에 관한 소송'에 해당하고, 피고는 토지수용위원회가 아니라 사업시행자로 하여야 한다(대판 2015. 4. 9. 2014두46669).

> [1] 공익사업으로 인하여 공익사업시행지구 밖에서 영업을 휴업하는 자가 사업시행자로부터 공익사업을 위한 토지 등의 취득 및 보상에 관한 법률 시행규칙 제47조 제1항에 따라 영업손실에 대한 보상을 받기 위해서는, 토지보상법 제34조, 제50조 등에 규정된 재결절차를 거친 다음 그 재결에 대하여 불복이 있는 때에 비로소 토지보상법 제83조 내지 제85조에 따라 권리구제를 받을 수 있을 뿐이다. 이러한 재결절차를 거치지 않은 채 곧바로 사업시행자를 상대로 손실보상을 청구하는 것은 허용되지 않는다. [2] 어떤 보상항목이 공익사업을 위한 토지 등의 취득 및 보상에 관한 법령상 손실보상대상에 해당함에도 관할 토지수용위원회가 사실을 오인하거나 법리를 오해함으로써 손실보상대상에 해당하지 않는다고 잘못된 내용의 재결을 한 경우에는, 피보상자는 관할 토지수용위원회를 상대로 그 재결에 대한 취소소송을 제기할 것이 아니라, 사업시행자를 상대로 공익사업을 위한 토지 등의 취득 및 보상에 관한 법률 제85조 제2항에 따른 보상금 증감소송을 제기하여야 한다(대판 2019.11.28. 2018두227).

2020 국가직 7급

1 「공익사업을 위한 토지 등의 취득 및 보상에 관한 법률」상 토지수용절차 및 보상에 대한 설명으로 옳지 않은 것은? (다툼이 있는 경우 판례에 의함)

① 토지수용위원회가 토지에 대하여 사용재결을 하는 경우 사용할 토지의 위치와 면적, 권리자, 손실보상액, 사용 개시일뿐만 아니라 사용방법, 사용기간도 구체적으로 재결서에 특정하여야 한다.

② 사업인정기관은 어떠한 사업이 외형상 토지 등을 수용 또는 사용할 수 있는 사업에 해당한다 하더라도, 사업시행자에게 해당 공익사업을 수행할 의사와 능력이 없다면 사업인정을 거부할 수 있다.

③ 협의취득으로 인한 사업시행자의 토지에 대한 소유권 취득은 승계취득이므로 관할 토지수용위원회에 의한 협의 성립의 확인이 있었더라도 사업시행자는 수용재결의 경우와 동일하게 그 토지에 대한 원시취득의 효과를 누릴 수 없다.

④ 사업시행자의 이주대책 수립·실시의무 및 이주대책의 내용에 관한 규정은 당사자의 합의 또는 사업시행자의 재량에 의하여 적용을 배제할 수 없는 강행법규이다.

2020 국가직 7급

2 「공익사업을 위한 토지 등의 취득 및 보상에 관한 법률」상 손실보상에 대한 설명으로 옳지 않은 것은? (다툼이 있는 경우 판례에 의함)

① 잔여지 수용청구권은 그 요건을 구비한 때에는 잔여지를 수용하는 토지수용위원회의 재결이 없더라도 그 청구에 의하여 수용의 효과가 발생하는 형성권적 성질을 가진다.

② 공익사업에 영업시설 일부가 편입됨으로 인하여 잔여 영업시설에 손실을 입은 자는 재결절차를 거치지 않은 채 곧바로 사업시행자를 상대로 잔여 영업시설의 손실에 대한 보상을 청구할 수 있다.

③ 국가 등의 공적 기관이 직접 수용의 주체가 되는 것이든 그러한 공적 기관의 최종적인 허부판단과 승인결정 하에 민간기업이 수용의 주체가 되는 것이든, 양자 사이에 공공필요에 대한 판단과 수용의 범위에 있어서 본질적인 차이가 있는 것은 아니다.

④ 손실보상금 산정을 위한 감정평가 중 어느 한 가지 점이라도 위법사유가 있으면 그것으로써 감정평가결과는 위법하게 되나, 법원은 그 감정내용 중 위법하지 않은 부분을 추출하여 판결에서 참작할 수 있다.

2019 국가직 7급

3 손실보상에 대한 판례의 입장으로 옳은 것은?

① 이주대책은 이른바 생활보상에 해당하는 것으로서 헌법 제23조 제3항이 규정하는 손실보상의 한 형태로 보아야 하므로, 법률이 사업시행자에게 이주대책의 수립·실시의무를 부과하였다면 이로부터 사업시행자가 수립한 이주대책상의 택지분양권 등의 구체적 권리가 이주자에게 직접 발생한다.

② 공공사업 시행으로 사업시행지 밖에서 발생한 간접손실은 손실 발생을 쉽게 예견할 수 있고 손실 범위도 구체적으로 특정할 수 있더라도, 사업시행자와 협의가 이루어지지 않고 그 보상에 관한 명문의 근거 법령이 없는 경우에는 보상의 대상이 아니다.

③ 공익사업으로 인해 농업손실을 입은 자가 사업시행자에게서 「공익사업을 위한 토지 등의 취득 및 보상에 관한 법률」에 따른 보상을 받으려면 재결절차를 거쳐야 하고, 이를 거치지 않고 곧바로 민사소송으로 보상금을 청구하는 것은 허용되지 않는다.

④ 「공익사업을 위한 토지 등의 취득 및 보상에 관한 법률」상 주거용 건축물 세입자의 주거이전비 보상청구권은 사법상의 권리이고, 주거이전비 보상청구소송은 민사소송에 의해야 한다.

4 손실보상에 대한 다음 설명 중 옳지 않은 것은? (다툼이 있을 경우 판례에 의함)

① 「헌법」 제23조 제3항이 헌법적 근거가 된다.

② 손실보상청구권을 발생시키는 침해는 재산권에 대한 것이면 족하며 재산권의 종류는 불문한다.

③ 피수용재산의 객관적인 재산가치를 완전하게 보상한다는 것은 불가능하므로 보상은 상당한 보상이면 족하다는 것이 대법원의 입장이다.

④ 최근에는 재산권보상뿐만 아니라 생활보상의 개념도 등장하였다.

5 「공익사업을 위한 토지 등의 취득 및 보상에 관한 법률」상 손실보상의 원칙에 대한 설명으로 옳지 않은 것은?

① 공익사업에 필요한 토지 등의 취득 또는 사용으로 인하여 토지소유자나 관계인이 입은 손실은 사업시행자가 보상하여야 한다.

② 사업시행자는 동일한 사업지역에 보상시기를 달리하는 동일인 소유의 토지 등이 여러 개 있는 경우 토지소유자나 관계인이 요구할 때에는 한꺼번에 보상금을 지급하도록 하여야 한다.

③ 재결에 의한 수용 또는 사용의 경우 보상액의 산정은 재결 당시의 가격을 기준으로 하고, 해당 공익사업으로 인하여 토지 등의 가격이 변동되었을 때에는 이를 고려하여야 한다.

④ 사업시행자는 동일한 소유자에게 속하는 일단의 토지의 일부를 취득하거나 사용하는 경우 해당 공익사업의 시행으로 인하여 잔여지의 가격이 증가하거나 그 밖의 이익이 발생한 경우에도 그 이익을 그 취득 또는 사용으로 인한 손실과 상계할 수 없다.

6 다음 중 행정상 손실보상에 관한 설명으로 옳지 않은 것은?

① 사회적 공평부담의 견지에서 인정되는 제도이다.

② 오늘날에는 재산권 침해뿐만 아니라 생활권 침해도 보상하는 경우가 있다.

③ 행정상 손실보상제도는 재산권 가치보장이 존속보장으로 변한 것이다.

④ 의욕된 침해가 대상이나 의욕되지 않은 침해도 보상대상이 될 수 있다.

7 공용침해에 대해 법규가 손실보상규정을 두고 있지 않은 경우에 관한 설명 중 옳은 것은?

① 입법방침설에 의하면 재산권을 침해당한 자에 대한 보상 여부는 입법자가 자유로이 결정할 문제는 아니다.

② 유추적용설은 독일에서 발전된 수용유사침해이론을 도입하여 손실보상의 문제를 해결하려는 입장이다.

③ 위헌무효설에 의하면 손실보상은 청구할 수 있으나 손해배상은 청구할 수 없다.

④ 직접효력설에 의하면 피해자의 보상구제는 「공익사업을 위한 토지 등의 취득 및 보상에 관한 법률」의 보상절차에 의한다.

8 행정상 손실보상에 대한 판례의 입장으로 옳은 것은?

① 정비기반시설과 그 부지의 소유·관리·유지관계를 정한 「도시 및 주거환경정비법」 제65조 제2항의 전단에 따른 정비기반시설의 소유권 귀속은 헌법 제23조 제3항의 수용에 해당한다.

② 법률 제3782호 「하천법」 중 개정법률 부칙 제2조의 규정에 의한 보상청구권의 소멸시효가 만료된 구 「하천구역 편입토지보상에 관한 특별조치법」 제2조에 의한 손실보상청구권은 사법상의 권리이고 그에 관한 쟁송도 민사소송절차에 의하여야 한다.

③ 헌법재판소는 구 「도시계획법」상 개발제한구역의 지정으로 일부 토지소유자에게 사회적 제약의 범위를 넘는 가혹한 부담이 발생하는 경우에 보상규정을 두지 않은 것은 위헌성이 있는 것이고, 보상의 구체적 기준과 방법은 입법자가 입법정책적으로 정할 사항이라고 결정하였다.

④ 헌법재판소는 생업의 근거를 상실하게 된 자에 대하여 일정 규모의 상업용지 또는 상가분양권 등을 공급하는 생활대책이 헌법 제23조 제3항이 규정하는 정당한 보상에 포함된다고 결정하였다.

9 다음 중 행정상 손실보상의 방법 및 절차에 관한 설명으로 옳지 않은 것은?

① 손실보상은 사업시행자에 의한 현물보상을 원칙으로 한다.

② 손실보상은 토지소유자 또는 관계인에게 개인별로 행하여야 한다.

③ 사업시행자는 동일한 사업지역 안에 보상시기를 달리하는 동일인 소유의 토지 등이 수개 있는 경우 토지소유자 또는 관계인의 요구가 있는 때에는 일괄하여 보상금을 지급하도록 하여야 한다.

④ 사업시행자는 동일한 토지소유자에 속하는 일단의 토지의 일부를 취득 또는 사용하는 경우 당해 공익사업의 시행으로 인하여 잔여지의 가격이 증가하거나 그 밖의 이익이 발생한 때에도 그 이익을 그 취득 또는 사용으로 인한 손실과 상계할 수 없다.

10 공용수용의 보통절차순서가 옳게 연결된 것은?

> ㉠ 토지·물건의 조서작성   ㉡ 협의
> ㉢ 사업인정   ㉣ 토지수용위원회의 재결·화해

① ㉠㉡㉢㉣   ② ㉠㉢㉡㉣
③ ㉢㉠㉡㉣   ④ ㉢㉡㉠㉣

11 손실보상의 지급방법에 대한 설명으로 옳은 것은?

① 손실보상의 원칙적인 방법은 금전보상이다. 금전의 지급방법은 후불, 일괄불, 분할불을 원칙으로 한다.
② 현물보상이란 수용할 물건에 대신하여 일정한 시설물이나 다른 토지를 제공하는 보상방법이다.
③ 채권보상이란 물건에 대한 이용제한으로 종래의 이용목적에 따라 물건을 사용하기 곤란해진 경우 상대방에게 그 물건의 매수청구권을 인정하고 물건을 매수함으로써 실질적으로 보상을 행하는 방법이다.
④ 사업인정을 받은 사업의 경우 대통령령으로 정하는 부재부동산 소유자의 토지에 대한 보상금이 대통령령으로 정하는 일정 금액을 초과할 경우 그 금액에 대해서는 채권보상을 할 수 없다.

정답및해설

1	③	2	②	3	③	4	③	5	③
6	③	7	②	8	③	9	①	10	③
11	②								

1 ③ 토지보상법상 수용은 일정한 요건하에 그 소유권을 사업시행자에게 귀속시키는 행정처분으로서 이로 인한 효과는 소유자가 누구인지와 무관하게 사업시행지기 그 소유권을 취득하게 하는 원시취득이다. 반면, 토지보상법상 '협의취득'의 성격은 사법상 매매계약이므로 그 이행으로 인한 사업시행자의 소유권 취득도 승계취득이다. 그런데 토지보상법 제29조 제3항에 따른 신청이 수리됨으로써 협의 성립의 확인이 있었던 것으로 간주되면, 토지보상법 제29조 제4항에 따라 그에 관한 재결이 있었던 것으로 재차 의제되고, 그에 따라 사업시행자는 사법상 매매의 효력만을 갖는 협의취득과는 달리 확인대상 토지를 수용재결의 경우와 동일하게 원시취득하는 효과를 누리게 된다(대판 2018.12.13. 2016두51719).

① 공익사업을 위한 토지 등의 취득 및 보상에 관한 법령이 재결을 서면으로 하도록 하고, '사용할 토지의 구역, 사용의 방법과 기간을 재결사항의 하나로 규정한 취지는, 재결에 의하여 설정되는 사용권의 내용을 구체적으로 특정함으로써 재결 내용의 명확성을 확보하고 재결로 인하여 제한받는 권리의 구체적인 내용이나 범위 등에 관한 다툼을 방지하기 위한 것이다. 따라서 관할 토지수용위원회가 토지에 관하여 사용재결을 하는 경우에는 재결서에 사용할 토지의 위치와 면적, 권리자, 손실보상액, 사용 개시일 외에도 사용방법, 사용기간을 구체적으로 특정하여야 한다(대판 2019. 6.13. 2018두42641).

② 공익사업을 수행하여 공익을 실현할 의사나 능력이 없는 자에게 타인의 재산권을 공권력적·강제적으로 박탈할 수 있는 수용권을 설정하여 줄 수는 없으므로, 사업시행자에게 해당 공익사업을 수행할 의사와 능력이 있어야 한다는 것도 사업인정의 한 요건이라고 보아야 한다(대판 2019. 2.28. 2017두71031).

④ 구 공익사업법은 공익사업에 필요한 토지 등을 협의 또는 수용에 의하여 취득하거나 사용함에 따른 손실의 보상에 관한 사항을 규정함으로써 공익사업의 효율적인 수행을 통하여 공공복리의 증진과 재산권의 적정한 보호를 도모함을 목적으로 하고 있고, 위 법에 의한 이주대책은 공익사업의 시행에 필요한 토지 등을 제공함으로 인하여 생활의 근거를 상실하게 되는 이주대책대상자들에게 종전의 생활상태를 원상으로 회복시키면서 동시에 인간다운 생활을 보장하여 주기 위하여 마련된 제도이므로, 사업시행자의 이주대책 수립·실시의무를 정하고 있는 구 공익사업법 제78조 제1항은 물론 그 이주대책의 내용에 관하여 규정하고 있는 같은 법 제78조 제4항 본문 역시 당사자의 합의 또는 사업시행자의 재량에 의하여 그 적용을 배제할 수 없는 강행법규이다(대판 2013. 6.28. 2011다40465).

2 ② 공익사업에 영업시설 일부가 편입됨으로 인하여 잔여 영업시설에 손실을 입은 자가 사업시행자로부터 구 공익사업을 위한 토지 등의 취득 및 보상에 관한 법률 시행규칙에 따라 잔여 영업시설의 손실에 대한 보상을 받기 위해서는, 토지보상법에 규정된 재결절차를 거친 다음 그 재결에 대하여 불복이 있는 때에 비로소 토지보상법에 따라 권리구제를 받을 수 있을 뿐이다. 이러한 재결절차를 거치지 않은 채 곧바로 사업시행자를 상대로 손실보상을 청구하는 것은 허용되지 않는다(대판 2018. 7.20. 2015두4044).

① 잔여지 수용청구권은 손실보상의 일환으로 토지소유자에게 부여되는 권리로서 그 요건을 구비한 때에는 잔여지를 수용하는 토지수용위원회의 재결이 없더라도 그 청구에 의하여 수용의 효과가 발생하는 형성권적 성질을 가지므로, 잔여지 수용청구를 받아들이지 않은 토지수용위원회의 재결에 대하여 토지소유자가 불복하여 제기하는 소송은 위 법 제85조 제2항에 규정되어 있는 '보상금의 증감에 관한 소송'에 해당하여 사업시행자를 피고로 하여야 한다(대판 2010. 8.19. 2008두822).

③ 헌법 제23조 제3항은 정당한 보상을 전제로 하여 재산권의 수용 등에 관한 가능성을 규정하고 있지만, 수용의 주체를 한정하지 않고 있으므로 위 헌법조항의 핵심은 그 수용의 주체가 국가인지 민간개발자인지에 달려 있다고 볼 수 없다. 관광단지의 지정은 시장·군수·구청장의 신청에 의하여 시·도지사가 사전에 문화체육관광부장관 및 관계 행정기관의 장과 협의하여 정하도록 되어 있어, 민간개발자가 수용의 주체가 된다 하더라도 궁극적으로 수용에 요구되는 공공의 필요성 등에 대한 최종적인 판단권한은 공적 기관에 유보되어 있음을 알 수 있다(헌재결 2013. 2.28. 2011헌바250).

④ 감정은 법원이 어떤 사항을 판단하기 위하여 특별한 지식과 경험을 필요로 하는 경우 판단의 보조수단으로 그러한 지식이나 경험을 이용하는 데 지나지 아니하는 것이므로, 보상금의 증감에 관한 소송에서 동일한 사실에 관하여 상반되는 여러 개의 감정평가가 있고, 그 중 어느 하나의 감정평가가 오류가 있음을 인정할 자료가 없는 이상 법원이 각 감정평가 중 어느 하나를 채용하거나 하나의 감정평가 중 일부만에 의거하여 사실을 인정하였다 하더라도 그것이 논리나 경험의 법칙에 반하지 않는 한 위법하다고 할 수 없다. 그리고 손실보상금 산정을 위한 감정평가 중 어느 한 가지 점이라도 위법사유가 있으면 그것으로써 감정평가결과는 위법하게 되나, 감정평가가 위법하다고 하여도 법원은 그 감정내용 중 위법하지 않은 부분을 추출하여 판결에서 참작할 수 있다(대판 2014.12.11. 2012두1570).

3 ③ 공익사업으로 인하여 농업의 손실을 입게 된 자가 사업시행자로부터 구 공익사업법 제77조 제2항에 따라 농업손실에 대한 보상을 받기 위해서는 구 공익사업법 제34조, 제50조 등에 규정된 재결절차를 거친 다음 그 재결에 대하여 불복이 있는 때에 비로소 구 공익사업법 제83조 내지 제85조에 따라 권리구제를 받을 수 있다(대판 2011.10.13. 2009다43461).

① 이러한 수분양권은 위와 같이 이주자가 이주대책을 수립 실시하는 사업시행자로부터 이주대책대상자로 확인·결정을 받음으로써 취득하게 되는 택지나 아파트 등을 분양받을 수 있는 공법상의 권리라고 할 것이므로, 이주자가 사업시행자에 대한 이주대책대상자 선정신청 및 이에 따른 확인·결정 등 절차를 밟지 아니하여 구체적인 수분양권을 아직 취득하지도 못한 상태에서 곧바로 분양의무의 주체를 상대방으로 하여 민사소송이나 공법상 당사자소송으로 이주대책상의 수분양권의 확인 등을 구하는 것은 허용될 수 없고, 나아가 그 공급대상인 택지나 아파트 등의 특정부분에 관하여 그 수분양권의 확인을 소구하는 것은 더더욱 불가능하다고 보아야 한다(대판 1994. 5.24. 92다35783(전합)).

② (1)택지개발촉진법에 따른 공공사업의 시행 결과 공공사업의 기업지 밖에서 간접손실이 발생한 경우, 택지개발촉진법 제12조 제4항에 의하여 준용되는 토지수용법 제51조에서 보상하여야 하는 손실로 규정한 '영업상의 손실'이란 수용의 대상이 된 토지·건물 등을 이용하여 영업을 하다가 그 토지·건물 등이 수용됨으로 인하여 영업을 할 수 없거나 제한을 받게 됨으로 인하여 생기는 직접적인 손실, 즉 수용손실을 말하는 것일 뿐이고 공공사업의 시행 결과 그 공공사업의 시행이 기업지 밖에 미치는 간접손실을 말하는 것은 아니므로, 그 영업상의 손실에 대한 보상액 산정에는 토지수용법 제57조의2에 따라 공공용지의취득및손실보상에관한특례법시행규칙 제23조의6 등의 간접보상에 관한 규정들을 준용할 수 없고, 따라서 토지수용법 제51조에 근거하여 간접손실에 대한 손실보상청구권이 발생한다고 할 수 없다. (2)공공사업의 시행으로 인하여 그러한 손실이 발생하리라는 것을 쉽게 예견할 수 있고 그 손실의 범위도 구체적으로 이를 특정할 수 있는 경우라면 그 손실의 보상에 관하여 공공용지의취득및손실보상에관한특례법시행규칙의 관련 규정 등을 유추적용할 수 있다고 해석함이 상당하다(대판 1999. 6.11. 97다56150).

④ 적법하게 시행된 공익사업으로 인하여 이주하게 된 주거용 건축물 세입자의 주거이전비 보상청구권은 공법상의 권리이고, 따라서 그 보상을 둘러싼 쟁송은 민사소송이 아니라 공법상의 법률관계를 대상으로 하는 행정소송에 의하여야 한다(대판 2008. 5.29. 2007다8129).

4 ③ 헌법재판소와 대법원은 헌법의 정당한 보상은 피침해재산의 객관적인 재산가치를 완전하게 보상하여야 한다는 완전보상을 뜻한다고 하고 있다.

5 보상액의 가격시점 등〈공익사업을 위한 토지 등의 취득 및 보상에 관한 법률 제67조〉
ⓐ 보상액의 산정은 협의에 의한 경우에는 협의 성립 당시의 가격을, 재결에 의한 경우에는 수용 또는 사용의 재결 당시의 가격을 기준으로 한다.
ⓑ 보상액을 산정할 경우에 해당 공익사업으로 인하여 토지 등의 가격이 변동되었을 때에는 이를 고려하지 아니한다.

6 ③ 행정상 손실보상제도는 존속보장이 재산권 가치보장으로 변한 것이다.

7 ① 입법방침설에 의하면 입법자의 자유로운 결정문제로 본다.

③ 위헌무효설은 보상규정이 없는 경우 손실보상은 청구할 수 없으나 손해배상은 청구할 수 있다고 본다.

④ 직접효력설은 개인의 손실보상청구권은 헌법규정으로부터 직접 도출된다는 입장에서 법률에 보상규정이 없는 경우에는 헌법 제23조 제3항에 근거하여 보상을 청구할 수 있다고 한다.

※ 보상규정이 없는 경우에 관한 학설 : 손실보상에 대한 일반법이 없는 결과 법률이 보상규정을 두지 않은 경우 재산권의 침해를 받은 개인이 보상을 청구할 수 있는지가 문제된다.

    ㉠ 방침규정설 : 헌법 제23조 제3항은 입법에 대한 방침규정이므로 당해 법률에 보상규정이 없는 경우에는 보상받지 못한다고 한다.

    ㉡ 직접효력설 : 직접 헌법 제23조 제3항에 의거하여 보상을 청구할 수 있다고 한다.

    ㉢ 위헌무효설(다수설) : 보상규정을 두지 아니한 법률은 위헌이므로 무효라는 주장이다. 따라서 당해법률에 기하여 이루어지는 재산권에 대한 침해는 법률상의 근거가 없는 위법한 것이므로 피해자는 국가 등에 대하여 손해배상을 청구할 수 있다고 한다. 그러나 손해배상을 인정하려면 위법·유책이어야 하는데 보상규정이 없는 법률에 기한 공무원의 처분은 위법·무과실이므로 손해배상을 청구할 수 없게 된다. 이를 해결하기 위한 법리가 바로 수용유사침해이론이나 우리나라 판례는 이 법리를 채택하지 않고 있으므로 결국 법률에 보상규정이 없는 경우 피해자는 보상을 받을 수 없다.

    ㉣ 유추적용설 : 헌법상 재산권보장조항과 평등원칙 등에 근거하여 유추적용을 통해 보상을 청구할 수 있다는 이론이다.

8 ① 정비기반시설과 그 부지의 소유·관리·유지관계를 정한 「도시 및 주거환경정비법」 제65조 제2항의 전단에 따른 정비 기반시설의 소유권 귀속은 헌법 제23조 제3항의 수용에 해당하지 않고 이 사건 법률조항이 그에 대한 보상의 의미를 가지는 것도 아니므로 정당한 보상의 원칙은 문제되지 않는다(헌재 2013. 10. 23, 2011헌바355).

③ 개발제한구역제도 자체는 합헌, 단 예외적인 경우 위헌이라 하여 보상이 아니라, 보상입법의무의 부과를 통해 문제를 해결한다. 「도시계획법」 제21조에 규정된 개발제한구역제도 그 자체는 원칙적으로 합헌적인 규정인데, 다만 개발제한구역의 지정으로 말미암아 일부 토지소유자에게 사회적 제약의 범위를 넘는 가혹한 부담이 발생하는 예외적인 경우에 대하여 보상규정을 두지 않은 것에 위헌성이 있는 것이다. 어떠한 수단에 의하든 비례원칙을 유지할 수 있는 합리적인 권리구제수단이면 족한 것이고, 보상의 구체적 기준과 방법은 헌법재판소가 결정할 성질의 것이 아니라 광범위한 입법형성권을 가진 입법자가 입법정책적으로 정할 사항이므로, 입법자가 보상입법을 마련함으로써 위헌적인 상태를 제거할 때까지 위 조항을 형식적으로 존속케 하기 위하여 헌법불합치결정을 하는 것인바, 입법자는 되도록 빠른 시일 내에 보상입법을 하여 위헌적 상태를 제거할 의무가 있고, 행정청은 보상입법이 마련되기 전에는 새로 개발제한구역을 지정하여서는 아니 되며, 토지소유자는 보상입법을 기다려 그에 따른 권리행사를 할 수 있을 뿐 개발제한구역의 지정이나 그에 따른 토지재산권의 제한 그 자체의 효력을 다투거나 위 조항에 위반하여 행한 자신들의 행위의 정당성을 주장할 수는 없다(헌재 1988. 12. 24, 89헌마214).

9 ① 손실보상은 사업시행자에 의한 금전보상을 원칙으로 한다(공익사업을 위한 토지 등의 취득 및 보상에 관한 법률 제63조 제1항).

10 공용수용의 보통절차로는 사업의 준비절차(수용대상인 토지의 측량·조사, 장해물의 제거 등)도 이에 포함시킬 수 있으나, 그 내용적 절차로서 '사업인정 → 토지조서·물건조서의 작성 → 협의 → 재결·화해'의 4단계에 한정하는 것이 보통이다.

11 ① 손실보상의 원칙적인 방법은 금전보상이다. 금전의 지급방법은 선불, 개별불, 전액일시불을 원칙으로 한다.

③ 매수보상에 대한 설명이다.

④ 채권보상은 사업시행자가 국가, 지방자치단체, 그 밖의 대통령령으로 정하는 「공공기관의 운영에 관한 법률」에 따라 지정·고시된 공공기관 및 공공단체인 경우에 토지소유자나 관계인이 원하는 경우 또는 사업인정을 받은 사업의 경우 대통령령으로 정하는 부재부동산 소유자의 토지에 대한 보상금이 대통령령으로 정하는 일정 금액을 초과하는 경우로서 그 초과금액에 대해 보상하는 경우에 해당 사업시행자가 발행하는 채권으로 지급할 수 있다(공익사업을 위한 토지 등의 취득 및 보상에 관한 법률 제63조 제7항).

05 손해전보를 위한 그 밖의 제도

기출문제

section 1 의의

(1) 전통적 손해전보제도의 흠결

① **위법·무과실의 경우** … 전통적으로 손해배상은 위법·과실(유책)을 요건으로 하고, 손실보상은 적법·무과실(무책)을 요건으로 한다. 따라서 위법·무과실의 경우에 대한 구제수단은 흠결로 남게 된다.

② **비의도적인 경우** … 손해배상과 손실보상 모두 의도적인 행위로 인한 피해를 구제하기 위한 제도이므로 비의도적인 행위로 인한 피해를 구제할 수 있는 방법이 없게 된다.

Point 팁 손해보전제도의 요건

구분	위법	적법
과실	손해배상제도	존재불능
무과실	수용유사침해이론	손실보상제도

(2) 종류

① **수용유사침해이론** … 위법·무과실의 행정작용에 대한 침해구제

② **수용적 침해이론** … 비의도적인 행정작용으로 인한 침해구제

③ **기타** … 희생보상청구권, 결과제거청구권 등

section 2 수용유사 침해이론

(1) 의의

법률에 의한 처분 등에 의하여 개인의 재산권에 특별한 희생이 가해졌으나 당해 법률에 보상규정이 없는 경우 그 손실을 전보해주기 위한 법리로서 독일에서 정립된 이론이다.

(2) 성립배경

보상규정을 두지 않은 법률에 따라 행정작용을 집행한 경우 보상규정을 두지 않은 당해 법률은 위법하고 따라서 당해 작용을 집행한 공무원의 행위도 위법하나 법률에 따라 업무를 수행한 공무원에게 과실이 있다고는 할 수 없게 된다. 위법·무과실의 행정작용으로 손해배상과 손실보상 어느 법제에 의해서도 보상을 할 수 없는 불합리한 결과를 배제하기 위하여 이 이론이 정립되었다.

(3) 성립요건

① **공권력의 행사** … 작위·부작위가 모두 포함된다.

② **공용침해** … 공공필요에 의하여 국민의 재산권을 침해하여야 한다.

③ **재산권에 대한 침해** … 재산권은 모든 재산적 가치 있는 권리(소유권은 물론, 무체 재산권 그 밖의 공·사법상의 일체의 권리가 포함)이다.

④ **특별한 희생** … 재산권자에게 특별한 희생이 있어야 한다.

⑤ **침해의 위법성** … 침해에 대한 보상규정이 없어 위법하여야 한다.

⑥ **공무원의 과실** … 당해 공무원에게 과실이 없어야 한다.

Point 팁 국가배상과의 구별

구분	국가배상	수용유사침해
청구권 성립요건	공무원의 불법행위	위법한 공용침해
보상의 범위	완전배상 원칙	완전보상 원칙
특별법상 제한	특별법상 제한 다수	없음
청구절차	임의적 전심절차	전심절차 없음
기타	상당 인과관계에 있는 모든 손해에 대한 배상	공익 및 관계자의 이익을 형량한 보상

(4) 독일에서의 성립과정

① **인정범위** … 독일에서는 이 법리가 널리 인정되어 보상규정이 없더라도 모두 손실보상을 받을 수 있게 되었다. 나아가 수용적 침해이론도 인정하여 행정작용의 비정형적이고 예상하지 못한 침해에 대해서도 손실보상을 인정하게 되었다.

② **인정범위의 제한** … 부작용이 대두되자 독일연방헌법재판소는 자갈채취판결을 통해 손실보상규정이 없는 경우에는 손실보상을 청구할 수 없고 당해 행위의 취소소송만을 제기할 수 있도록 하였다. 이 판결로 인해 더 이상 이 법리가 인정될 수 없게 되었다는 견해도 지적되었으나 법리 자체는 인정하되 그 적용을 다소 제한하는 것이라는 견해가 지배적이다.

(5) 우리나라에서의 인정 문제

① **문화방송주식사건** … 우리나라는 아직 이 법리를 인정하지 않고 있다. 문화방송주식사건에서 서울고등법원은 이 법리를 인정하여 손실보상을 결정하였으나 대법원은 이 법리의 존재를 언급하였을 뿐 채택 여부를 결정하지 않았고 이후의 판례들은 이 법리를 채택하지 않고 있다.

> **판례** 수용유사적 침해의 이론은 국가 기타 공권력의 주체가 위법하게 공권력을 행사하여 국민의 재산권을 침해하였고 그 효과가 실제에 있어서 수용과 다름없을 때에는 적법한 수용이 있는 것과 마찬가지로 국민이 그로 인한 손실의 보상을 청구할 수 있다는 것인데, <u>1980.6.말경의 비상계엄 당시 국군보안사령부 정보처장이 언론통폐합조치의 일환으로 사인 소유의 방송사 주식을 강압적으로 국가에 증여하게 한 것이 위 수용유사행위에 해당되지 않는다</u>(대판 1993.10.26. 93다6409).

② **구「도시계획법」** … 구「도시계획법」상 개발제한구역으로 지정되면 대지의 사용이 제한되므로 손실보상규정이 있어야 하나 구 도시계획법에는 보상규정이 없었다. 따라서 이 법리에 의해 손실을 보상할 것인가가 논의되었으나 판례는 단지 위헌판결을 하여 효력을 상실시킴에 그쳤고, 수용유사침해의 채택여부에 대해 판단하지 않았다. 이후 「개발제한구역의 지정 및 관리에 관한 특별조치법」이 제정되어 보상규정을 마련하게 되었다.

> **판례** 도시계획법 제21조에 의한 재산권의 제한은 개발제한구역으로 지정된 토지를 원칙적으로 지정 당시의 지목과 토지현황에 의한 이용방법에 따라 사용할 수 있는 한, 재산권에 내재하는 사회적 제약을 비례의 원칙에 합치하게 합헌적으로 구체화한 것이라고 할 것이나, <u>종래의 지목과 토지현황에 의한 이용방법에 따른 토지의 사용도 할 수 없거나 실질적으로 사용·수익을 전혀 할 수 없는 예외적인 경우에도 아무런 보상없이 이를 감수하도록 하고 있는 한, 비례의 원칙에 위반되어 당해 토지소유자의 재산권을 과도하게 침해하는 것으로서 헌법에 위반된다</u>(헌재결 1998.12.24. 89헌마214).

section 3 수용적 침해이론

(1) 의의

독일에서 정립된 것으로 적법한 공행정작용의 비정형적이고 비의도적인 부수적 효과로서 발생한 개인의 재산권에 대한 손해를 전보하여 주기 위한 법리를 말한다. 장기간에 걸친 지하철공사로 인한 인근상가의 고객감소 등이 이에 해당한다. 적법한 행정작용이라 하더라도 그 수인한도를 넘으면 특별한 희생이 되므로 손실을 보상하여야 하나 예측이 어려워 보상규정을 두기가 쉽지 않다. 여기에 이 법리의 의의가 있다.

기출문제

(2) 수용유사침해이론과의 차이

수용유사침해이론과 달리 적법한 행위에 의한 손해의 전보이고 예측할 수 없는 비의도적인 침해에 대한 구제제도이다.

(3) 성립요건

① 적법한 행정작용에 의한 침해이어야 한다.

② 그 침해는 예상하지 못한 비정형적이고 부수적인 것이어야 한다.

③ 재산권에 대한 침해이어야 한다.

④ 특별한 희생이 있어야 한다.

(4) 우리나라에서의 인정 문제

헌법 제23조 제3항을 유추적용하여 이 법리를 인정하려는 견해와 법률에 규정이 없으면 손실보상은 불가능하므로 인정될 수 없다는 견해가 대립하고 있다.

Point 팁
경계이론과 분리이론
경계이론은 재산권의 수용·사용·제한이 재산권에 내재하는 사회적 제약을 넘어 특별한 희생을 발생시킨 경우 보상을 요하는 공용침해에 해당한다는 이론을 말한다. 반면에 분리이론은 처음부터 입법자에 의해 보상할 필요가 없는 내용한계형성 규정과 보상을 해야 하는 공용침해규정이 분리되어 있으므로, 내용한계형성 규정이 공용침해 규정으로 전환되는 것은 아니라는 이론을 말한다. 헌법재판소는 분리이론의 입장에서 판시하고 있다.

판례 개발제한구역을 지정하여 그 안에서는 건축물의 건축 등을 할 수 없도록 하고 있는 도시계획법 제21조는 헌법 제23조 제1항, 제2항에 따라 토지재산권에 관한 권리와 의무를 일반·추상적으로 확정하는 규정으로서 재산권을 형성하는 규정인 동시에 공익적 요청에 따른 재산권의 사회적 제약을 구체화하는 규정인바, 토지재산권은 강한 사회성, 공공성을 지니고 있어 이에 대하여는 다른 재산권에 비하여 보다 강한 제한과 의무를 부과할 수 있으나, 그렇다고 하더라도 다른 기본권을 제한하는 입법과 마찬가지로 비례성원칙을 준수하여야 하고, 재산권의 본질적 내용인 사용·수익권과 처분권을 부인하여서는 아니된다. 개발제한구역 지정으로 인하여 토지를 종래의 목적으로도 사용할 수 없거나 또는 더 이상 법적으로 허용된 토지이용의 방법이 없기 때문에 실질적으로 토지의 사용·수익의 길이 없는 경우에는 토지소유자가 수인해야 하는 사회적 제약의 한계를 넘는 것으로 보아야 한다(헌재결 1998.12.24. 89헌마214).

도시정비법 제65조 제2항은 정비기반시설의 설치와 관련된 비용의 적정한 분담과 그 시설의 원활한 확보 및 효율적인 유지·관리의 관점에서 정비기반시설과 그 부지의 소유·관리·유지 관계를 정한 규정인데, 같은 항 전단에 따른 정비기반시설의 소유권 귀속은 헌법 제23조 제3항의 수용에 해당하지 않고, 이 사건 법률조항이 그에 대한 보상의 의미를 가지는 것도 아니므로, 이 사건 법률조항에 관하여 정당한 보상의 원칙이 적용될 여지가 없다(헌재결 2013.10.24. 2011헌바355).

문 「감염병의 예방 및 관리에 관한 법률」 제54조의 2에 의할 경우 국가는 동법규정에 의해 예방접종을 받은 자가 그 예방접종으로 인하여 질병에 걸리거나 장애인이 된 경우나 사망한 경우에는 대통령령이 정하는 기준과 절차에 따라서 보상을 하여야 하는데 이러한 보상과 관련이 깊은 것은?

▶ 2006. 9. 24. 중앙선거관리위원회

① 생활보상
② 희생보상청구권
③ 간접손실보상
④ 「헌법」상의 결과제거청구권

정답 ②

section 4 희생보상청구권

(1) 의의

희생보상이란 생명·건강·명예·자유 등 비재산적 법익의 침해에 대한 보상을 말한다. 적법·무과실의 작용으로 인한 피해의 구제라는 점에서 손실보상과 같으나 비재산적 침해에 대한 구제라는 점에서 차이가 있다. 예컨대, 범인을 향해 발사한 총탄이 범인을 관통하여 옆사람에게 상해를 입힌 경우 등이다.

(2) 성립요건

① 행정상 적법한 공권력 행사에 의한 침해이어야 한다.

② 공공필요에 의한 침해이어야 한다.

③ 생명·건강·명예·자유 등 비재산권에 대한 침해이어야 한다.

④ 특별한 희생이 있어야 한다.

(3) 우리나라에서의 인정 문제

실정법상 일반적으로 희생보상청구권을 인정하고 있지는 않다. 다만 「소방기본법」, 「산림자원의 조성 및 관리에 관한 법률」, 「감염병의 예방 및 관리에 관한 법률」 등에서 개별적으로 인정하는 경우가 있다. 판례도 실정법상 근거가 없는 경우에는 이 권리를 인정하지 않고 있다.

section 5 결과제거청구권

(1) 의의

행정작용으로 인한 위법한 권리침해상태가 지속되어 법률상의 이익을 침해받고 있는 자가 그 위법한 상태를 제거하여 침해 이전의 상황을 회복하여 줄 것을 청구하는 권리를 말한다. 위법하게 설치된 시설의 철거, 공무원의 명예훼손적인 발언의 취소 등을 구하는 경우 등이 이에 해당한다.

(2) 인정근거

「헌법」 제10조, 제23조, 제37조 등 기본권 조항에서 찾는 견해도 있고 「민법」 제214조 등 방해배제청구권조항에서 찾는 견해도 있다.

기출문제

문 다음 중 결과제거청구권의 요건에 해당하지 않는 것은?
▶ 2006. 6. 11. 경상남도
① 고의·과실의 존재
② 위법한 상태의 계속
③ 법률상 이익의 침해
④ 위법한 상태의 존재

정답 ①

(3) 성립요건

① 행정작용(권력작용, 사실행위 등 모두 포함)으로 인한 침해가 있어야 한다.

② 위법한 상태가 지속되고 있어야 한다.

③ 개인의 법률상의 이익이 침해되고 있어야 한다.

④ 원상회복이 가능하고 법적으로 허용되며 행정청의 수인한계 내의 것인 때에만 인정된다. 원상회복조치에 과다한 비용이 소요되는 경우에는 인정되지 않고 그로 인한 손해배상만이 인정된다.

(4) 구제절차

결과제거청구권을 공권으로 보는 견해와 사권으로 보는 견해가 대립하고 있다. 공권으로 본다면 그 쟁송절차는 공법상의 당사자소송에 의해야 한다. 다만, 우리의 소송실무상으로는 민사소송으로 다루고 있다.

1 다음 중 수용유사침해에 대한 설명으로 옳은 것은?

① 수용유사침해란 타인의 재산권에 대한 위법·무책한 공용침해를 말한다.

② 독일의 자갈채취사건에서 수용유사침해법리를 적용하여 손실보상의 청구가 가능하다고 판결하고 있다.

③ 우리나라 대법원은 문화방송주식사건에서 이 법리를 명시적으로 인정하였다.

④ 전통적인 손해전보제도의 흠결을 보완해주지 못한다.

2 다음 중 수용유사침해에 해당하는 것은?

① 공무원의 공석에서의 명예훼손발언

② 제방의 설치 하자로 인한 수해

③ 개발제한구역의 지정

④ 지하철공사로 인한 인근상점의 매출 감소

3 다음 중 수용적 침해이론에 관한 설명으로 옳지 않은 것은?

① 예측할 수 없는 피해 등 보상규정을 두기 어려운 경우에 적용된다.

② 적법한 행정작용으로 인한 비정형적 손실이 발생한 경우에 관한 이론이다.

③ 우리나라 대법원도 이를 인정하고 있다.

④ 행정기관이 의도하지 않은 손실이 발생하는 경우에 대상이 된다.

4 다음 중 희생보상청구권의 요건에 해당하지 않는 것은?

① 행정상 공권력 행사
② 적법한 행위
③ 재산권 침해
④ 특별한 희생

5 행정상 결과제거청구권의 내용에 관한 설명으로 옳지 않은 것은?

① 당해 행정작용으로 인한 부수적인 불이익의 제거도 행정상 결과제거청구권의 대상이 될 수 있다.
② 행정상 결과제거청구권은 원칙적으로 제3자에게 일정한 행위를 하도록 요구할 수 있는 것은 아니다.
③ 행정상 결과제거청구권은 결과제거로 인하여 원래의 상태나 이와 같은 가치를 갖는 상태의 회복이 사실상 가능하고 법률상 허용되어야 한다.
④ 행정상 결과제거청구권은 위법적인 상태가 그 사이에 적법하게 된 경우에는 더 이상 주장되지 못한다.

정답및해설

1	①	2	③	3	③	4	③	5	①

1 ① 수용유사침해란 법률에 재산권의 수용·사용·제한 등을 규정하고 있으면서도 보상규정은 두고 있지 않아, 당해 법률은 위헌이 되고 그에 기한 재산권의 침해행위는 위법이 되지만 집행한 공무원에게 고의·과실이 있다고 보기 어려우므로 유책이라 할 수 없는 경우에 적용되는 이론이다.

② 독일 연방 헌법재판소는 자갈채취사건에서 수용유사침해법리에 따른 보상청구를 제한하는 판결을 하고 있다.

③ 문화방송주식사건에서 고등법원은 수용유사침해이론을 인정하였으나 대법원은 이 이론의 인정을 유보하였다.

④ 위법·유책인 경우에 적용되는 손해배상제도와 적법·무책인 경우에 적용되는 손실보상제도 사이의 괴리를 메우는 기능을 한다.

2 수용유사침해란 보상규정을 결한 법률에 근거한 공용침해를 말하는 것으로 구 도시계획법은 개발제한구역의 지정을 규정하면서도 보상규정을 두지 않아 학계에서는 이를 수용유사침해에 해당한다고 설명하였다. 다만, 판례는 위헌 무효로 판결함에 그치고 보상을 인정하지는 않았다.

① 결과제거청구권이 발생한다.

② 손해배상청구권이 발생한다.

④ 수용적 침해이론이 적용된다.

3 독일 연방사법재판소에 의하여 정립된 이론으로서 적법한 공행정작용의 비전형적이고 비의도적인 부수적 효과로서 발생한 개인의 재산권에 대한 피해를 전보하려는 것을 그 내용으로 한다. 이러한 손해에 대해 보상규정이 없는 경우 그 침해의 위법성을 불문하고 이를 전보하고자 구성한 법리이다.

③ 우리나라 대법원은 아직 이를 명시적으로 언급한 판결이 없다.

4 ③ 희생보상청구권은 생명·건강·명예·자유 등과 같은 비재산적 법익의 침해에 대한 보상을 말하므로 재산권 침해는 그 요건이 될 수 없다.

※ 희생보상청구권의 요건

　⑦ 행정상 적법한 공권력 행사에 의한 침해이어야 한다.

　ⓒ 공공필요에 의한 침해이어야 한다.

　ⓒ 생명·건강·명예·자유 등 비재산권에 대한 침해이어야 한다.

　ⓔ 특별한 희생이 있어야 한다.

5 ① 행정상 결과제거청구권은 행정작용으로 발생한 직접적인 위법적 결과만을 대상으로 한다. 당해 행정작용으로 인한 부수적인 불이익의 제거는 다른 청구권의 대상이 될 뿐이다.

※ 행정상 결과제거청구권의 성립요건

　⑦ 행정작용(권력작용, 사실행위 등 모두 포함)으로 인한 침해가 있어야 한다.

　ⓒ 위법한 상태가 지속되고 있어야 한다.

　ⓒ 개인의 법률상의 이익이 침해되고 있어야 한다.

　ⓔ 원상회복이 가능하고 법적으로 허용되며 행정청의 수인한계 내의 것인 때에만 인정된다. 원상회복조치에 과다한 비용이 소요되는 경우에는 이 권리는 인정되지 않고 그로 인한 손해배상만이 인정된다.

06 행정쟁송

기출문제

section 1 의의

(1) 의의

행정쟁송이란 행정상 법률관계에 있어서의 다툼을 심리·판정하는 절차를 말한다. 행정주체의 위법·부당한 행정작용으로 인하여 권리·이익을 침해받은 자가 직접 그 효력을 다툴 수 있게 하고 일정한 판정기관이 그에 대한 유권적 판단을 하는 제도를 통해 법치주의와 국민의 기본권 보장을 구현함이 목적이다.

① 개념
   ㉠ 광의 : 행정상의 분쟁에 대한 유권적 판정절차를 총칭하는 것으로서 심판기관(행정기관 또는 법원)이나 심판절차(정식절차 또는 약식절차)를 가리지 아니한다.
   ㉡ 협의 : 행정기관(일반 행정청 또는 행정부 소속 특별행정재판소)이 행정상의 분쟁을 판정하는 절차를 의미한다.

② 행정쟁송과 행정소송의 관계 … 행정쟁송이 광·협의 의미를 가지고 있는 데 비하여, 행정소송은 행정상 분쟁의 판정기관이 독립한 재판소의 구조를 가지고 정식소송절차를 거쳐 판정하는 경우를 의미한다.

Point 팁 ┌ 행정상 분쟁의 판정기관
   ㉠ 일반 사법재판소인 경우 : 영·미법계 국가의 사법국가형
   ㉡ 독립된 행정재판소인 경우 : 독일, 프랑스 등 대륙법계 국가의 행정국가형

(2) 우리나라의 행정쟁송제도

① 사법국가형 … 우리나라는 독립된 행정재판소를 두지 않고 행정사건도 일반법원의 관할로 하는 사법제도국가이다〈헌법 제107조 제2항〉.

② 행정쟁송제도의 특수성 … 행정사건에 대하여 행정의 자율적 통제기회의 보장 또는 구제수단으로서의 간이성·신속성 등 제도적 장점을 이유로 행정심판전치주의를 취하고 있었으나, 1994년 7월 14일의 행정소송법 개정에 의하여 행정심판을 임의적 절차로 규정하는 한편, 1995년 12월 6일 행정심판법 개정을 통해 행정심판의 권리구제기능을 강화하고 있다.

section ② 행정쟁송의 종류

(1) 정식쟁송과 약식쟁송(절차에 의한 분류)

① 정식쟁송 … 심판기관이 독립된 지위를 가지며 당사자에게 구두변론의 기회가 보장되는 절차를 말한다. 행정소송이 이에 해당한다.

② 약식쟁송 … 심판기관의 독립성이나 구두변론의 기회가 제한되는 등의 절차를 말한다. 당사자주의가 채택되어 있지 않은 쟁송으로 행정심판이 이에 해당한다.

(2) 시심적 쟁송과 복심적 쟁송(단계에 의한 분류)

① 시심적 쟁송 … 행정법관계의 형성 또는 존부를 결정하는 쟁송을 말한다. 학문상 재결신청과 같은 당사자쟁송이 이에 해당한다.

② 복심적 쟁송 … 이미 행하여진 행정작용의 위법·부당성을 심판하는 절차를 말한다. 항고쟁송(행정심판, 행정소송 등)이 이에 해당한다.

(3) 항고쟁송과 당사자쟁송(성질에 의한 분류)

① 항고쟁송 … 이미 행하여진 행정청의 처분의 위법·부당을 이유로 그 취소·변경을 구하는 쟁송으로서 실정법상 이의신청, 심판청구, 행정심판, 항고소송 등으로 불린다. 취소심판, 무효등확인심판, 의무이행심판, 취소소송, 무효등확인소송, 부작위위법확인소송 등이 이에 해당한다.

② 당사자쟁송 … 행정법상 대등한 두 당사자 사이에서의 법률관계의 형성·존부에 관한 다툼에 대하여 그 심판을 구하는 절차로서 실정법상으로는 재결, 당사자소송 등으로 불린다. 형식적 당사자소송과 실질적 당사자소송 등이 이에 해당한다.
※ 항고쟁송은 모두 복심적 쟁송이고 당사자쟁송은 모두 시심적 쟁송이다.

(4) 주관적 쟁송과 객관적 쟁송(목적에 의한 분류)

① 주관적 쟁송 … 행정청의 처분으로 인하여 개인의 권리·이익이 침해된 경우에 그 구제를 구하는 쟁송을 말한다. 항고쟁송, 당사자쟁송 등이 이에 해당한다.

② 객관적 쟁송 … 개인적인 권익의 보호와는 관계없이 공익의 보호 또는 법규적용의 객관적인 적정을 직접 목적으로 하는 쟁송이다. 즉, 행정작용의 적법·타당성을 확보하기 위해 인정되는 것으로서 개인의 권익 침해를 요건으로 하지 않는다. 이는 법률의 명시적 규정이 있는 경우에만 인정된다. 민중쟁송, 기관쟁송 등이 이에 해당한다.

기출문제

🔲 「행정소송법」에서 규정하고 있는 항고소송이 아닌 것은?
▶ 2020. 6. 13. 지방직/서울특별시
① 기관소송
② 무효등 확인소송
③ 부작위위법확인소송
④ 취소소송

🔲 주관적 소송에 속하지 않는 것은?
▶ 2013. 9. 7. 서울특별시
① 취소소송
② 부작위위법확인소송
③ 당사자소송
④ 기관소송
⑤ 무효등확인소송

❙정답 ①, ④

기출문제

(5) 민중쟁송과 기관쟁송(주체에 의한 분류)

① **민중쟁송** … 적정한 행정법규의 적용을 확보하기 위하여 선거인 등 일반 민중에 의하여 제기되는 쟁송을 말한다. 「공직선거법」상의 선거소송이 이에 해당한다.

② **기관쟁송** … 법규 적용의 적정을 확보하기 위하여 국가 또는 공공단체의 기관 상호 간의 관계에 있어 인정되는 쟁송을 말한다. 「지방자치법」상 지방자치단체의 장이 지방의회 의결의 위법을 이유로 대법원에 제소하는 경우 등이 이에 해당한다.

(6) 행정심판과 행정소송(심판기관에 의한 분류)

① **행정심판** … 행정기관이 행정법상의 분쟁에 대하여 심리·판정하는 절차를 말한다.

② **행정소송** … 법원이 행정법상의 분쟁에 대하여 심리·판정하는 절차를 말한다. 「행정소송법」상 행정심판은 원칙적으로 임의절차이나, 예외적으로 공무원관계법률, 「도로교통법」, 조세관계법률은 행정심판전치주의를 취한다.

Point, 팁 행정쟁송의 구분

ⓐ 분쟁의 전제 여부에 의한 구분
- 실질적 쟁송 : 분쟁의 존재를 전제로 하여 이를 해결하기 위한 절차(행정심판, 행정소송)
- 형식적 쟁송 : 분쟁을 전제로 하지 않고 청문 등을 거침으로써 사전에 분쟁을 예방하는 절차(행정절차)

ⓑ 목적에 의한 구분
- 주관적 쟁송 : 쟁송제기권자의 개인적 권익의 보호를 직접 목적으로 하는 쟁송(항고쟁송, 당사자쟁송)
- 객관적 쟁송 : 개인적인 권익의 보호와 관계없이 공익의 보호 또는 적용법규의 객관적 적정을 직접 목적으로 하는 쟁송(민중쟁송, 기관쟁송)

[행정심판과 행정소송]

구분	행정심판	행정소송
공통점	소송대상의 개괄주의, 불고불리의 원칙, 불이익변경금지의 원칙, 직권 증거조사주의, 단기제소기간, 집행부정지원칙, 사정재결·사정판결	
본질	행정통제적 성격	행정구제적 성격
대상	위법·부당한 처분, 부작위	위법한 처분, 부작위
판정기관	행정심판위원회	법원
절차	약식쟁송	정식쟁송
제소기간	처분이 있음을 안 날로부터 90일, 처분이 있은 날로부터 180일 이내	• 행정심판을 거치는 경우 : 재결서의 정본을 송달받은 날부터 90일, 재결이 있은 날로부터 1년 이내 • 행정심판을 거치지 않는 경우 : 처분 등이 있음을 안 날부터 90일, 처분 등이 있은 날로부터 1년 이내
심리	구술·서면심리	구두변론
공개	비공개원칙	공개원칙
내용	적극적 변경 가능	소극적 변경(일부 취소)만 가능
종류	취소심판, 무효등확인심판, 의무이행심판, 당사자심판, 민중심판, 기관심판	취소소송, 무효등확인소송, 부작위 위법확인소송, 당사자소송, 민중소송, 기관소송

기출문제

기출문제

section 3 행정쟁송의 분류

현행법상 행정쟁송은 행정심판과 행정소송으로 나눌 수 있다. 행정심판은 취소심판, 무효등확인심판, 의무이행심판으로 나뉜다. 행정소송은 주관적 소송과 객관적 소송으로 나누고 주관적 소송은 다시 항고소송과 당사자소송, 객관적 소송은 민중소송과 기관소송으로 나뉜다.

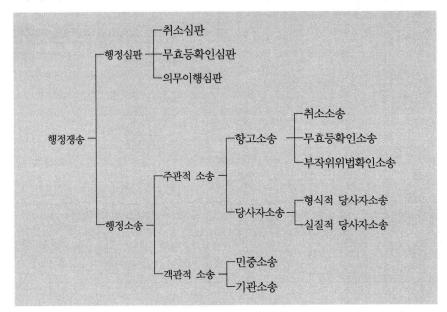

1 다음 중 의무이행심판에 대한 설명으로 옳은 것은?

① 항고쟁송   ② 정식쟁송

③ 시심적 쟁송   ④ 객관적 쟁송

2 무효인 관세처분을 다투기 위한 관세과오납금반환청구소송은 어느 것에 해당하는가?

① 시심적 쟁송   ② 복심적 쟁송

③ 항고쟁송   ④ 약식쟁송

3 다음 중 행정심판에 관한 설명으로 옳지 않은 것은?

① 행정청의 자기통제 및 사법작용의 보충기능을 수행한다.

② 행정소송에 대한 전심적 절차에 해당한다.

③ 행정심판이 제기되어도 관련처분의 집행은 정지되지 않는다.

④ 재결에 대해 불복이 있는 처분청은 행정소송을 제기할 수 있다.

4 다음 중 행정심판과 행정소송의 관계에 관한 설명으로 옳지 않은 것은?

① 행정심판의 판정기관은 행정기관이나 행정소송의 판정기관은 법원이다.

② 현재 임의적 행정심판전치주의가 채택되고 있다.

③ 행정심판은 위법성과 부당성을 모두 심사할 수 있으나, 행정소송은 위법성만을 심사할 수 있다.

④ 행정심판에는 집행부정지의 원칙이 적용되나, 행정소송에서는 집행부정지의 원칙이 적용되지 않는다.

5 행정쟁송의 기능에 관하여 가장 바르게 설명한 것은?

① 법치국가의 실현

② 행정의 자율성 보장

③ 국민의 권익구제와 행정통제

④ 사법의 독립성 보호

정답및해설

1	①	2	①	3	④	4	④	5	③

1 ① 의무이행심판은 약식쟁송이고 복심적 쟁송이며 주관적 쟁송 중 항고쟁송에 해당한다.

※ 행정쟁송의 종류
  ㉠ 절차에 의한 분류
  • 정식쟁송 : 심판기관이 독립된 지위를 가지며 당사자에게 구두변론의 기회가 보장되는 절차를 말한다. 행정소송이 이에 해당한다.
  • 약식쟁송 : 심판기관의 독립성이나 구두변론의 기회가 제한되는 등의 절차를 말한다. 행정심판이 이에 해당한다.
  ㉡ 단계에 의한 분류
  • 시심적 쟁송 : 행정법관계의 형성 또는 존부를 결정하는 쟁송을 말한다. 당사자쟁송이 이에 해당한다.
  • 복심적 쟁송 : 이미 행하여진 행정작용의 위법·부당성을 심판하는 절차를 말한다. 항고쟁송이 이에 해당한다.
  ㉢ 성질에 의한 분류
  • 항고쟁송 : 이미 행하여진 행정청의 처분의 위법·부당을 이유로 그 취소·변경을 구하는 쟁송으로서 실정법상 이의신청, 심판청구, 행정심판, 항고소송 등으로 불린다. 취소심판, 무효등확인심판, 의무이행심판, 취소소송, 무효등확인소송, 부작위법확인소송 등이 이에 해당한다.
  • 당사자쟁송 : 행정법상 대등한 두 당사자 사이에서의 법률관계의 형성·존부에 관한 다툼에 대하여 그 심판을 구하는 절차로서 실정법상으로는 재결, 당사자소송 등으로 불린다. 형식적 당사자소송과 실질적 당사자소송 등이 이에 해당한다.
  ㉣ 목적에 의한 분류
  • 주관적 쟁송 : 행정청의 처분으로 인하여 개인의 권리·이익이 침해된 경우에 그 구제를 구하는 쟁송을 말한다. 항고쟁송, 당사자쟁송 등이 이에 해당한다.
  • 객관적 쟁송 : 행정작용의 적법·타당성을 확보하기 위해 인정되는 것으로서 개인의 권익 침해를 요건으로 하지 않는다. 이는 법률의 명시적 규정이 있는 경우에만 인정된다. 민중쟁송, 기관쟁송 등이 이에 해당한다.
  ㉤ 주체에 의한 분류
  • 민중쟁송 : 적정한 행정법규의 적용을 확보하기 위하여 선거인 등 일반 민중에 의하여 제기되는 쟁송을 말한다. 공직선거법상의 선거소송이 이에 해당한다.
  • 기관쟁송 : 국가 또는 공공단체의 기관 상호 간의 관계에 있어 인정되는 쟁송을 말한다. 지방자치법상 지방자치단체의 장이 지방의회 의결의 위법을 이유로 대법원에 제소하는 경우 등이 이에 해당한다.
  ㉥ 심판기관에 의한 분류
  • 행정심판 : 행정기관이 행정법상의 분쟁에 대하여 심리·판정하는 절차를 말한다.
  • 행정소송 : 법원이 행정법상의 분쟁에 대하여 심리·판정하는 절차를 말한다. 행정소송법상 행정심판은 원칙적으로 임의절차이나 예외적으로 공무원관계법률, 도로교통법, 조세관계법률은 행정심판전치주의를 취한다.

2 ① 관세과오납금반환청구소송은 처분의 효력 자체를 다투는 것이 아니므로 당사자쟁송에 의한다. 당사자쟁송은 시심적 쟁송에 해당한다.

3 ④ 청구인은 행정심판의 재결에 대해 취소소송 등을 제기해 이를 다툴 수 있으나 처분청은 이를 제기할 수 없다.

4 ④ 행정심판과 행정소송 모두 집행부정지의 원칙이 적용된다. 이외에 사정재결·사정판결도 양자 모두에 적용된다.

5 ③ 행정쟁송은 국민의 권익구제기능과 행정의 자기통제기능을 가진다. 오늘날 권익구제기능이 주된 기능이고, 행정통제기능은 부수적 기능에 해당한다.

section 1 의의

(1) 개념

행정심판이란 널리 행정법상의 다툼에 대한 심리 · 판정이 행정기관에 의해 이루어지는 행정쟁송절차를 말한다. 실정법상 이의신청, 심사청구, 심판청구 등의 용어가 사용되고 있으나 그 실질은 행정심판에 해당한다.

(2) 유사개념과의 구별

① 이의신청과의 구별
  ㉠ 처분청의 상급행정청에 제기하는 행정심판과 달리, 이의신청은 처분청에 재심사를 구하는 절차를 말한다. 다만, 토지보상법상의 이의신청은 행정심판의 성질을 가진다.
  ㉡ 행정심판은 일반법이 존재하나, 이의신청은 개별법의 규정에 따른다.

  판례 국가유공자법 제74조의18 제1항이 정한 이의신청을 받아들이지 아니하는 결정은 이의신청인의 권리 · 의무에 새로운 변동을 가져오는 공권력의 행사나 이에 준하는 행정작용이라고 할 수 없으므로 <u>원결정과 별개로 항고소송의 대상이 되지는 않는다.</u> 국가유공자 비해당결정 등 원결정에 대한 이의신청이 받아들여지지 아니한 경우에도 이의신청인으로서는 원결정을 대상으로 항고소송을 제기하여야 하고, 국가유공자 등 예우 및 지원에 관한 법률 제74조의18 제4항이 이의신청을 하여 그 결과를 통보받은 날부터 90일 이내에 행정심판법에 따른 행정심판의 청구를 허용하고 있고, 행정소송법 제18조 제1항 본문이 "취소소송은 법령의 규정에 의하여 당해 처분에 대한 행정심판을 제기할 수 있는 경우에도 이를 거치지 아니하고 제기할 수 있다."라고 규정하고 있는 점 등을 종합하면, <u>이의신청을 받아들이지 아니하는 결과를 통보받은 자는 통보받은 날부터 90일 이내에 행정심판법에 따른 행정심판 또는 행정소송법에 따른 취소소송을 제기할 수 있다</u>(대판 2016. 7.27. 2015두45953).

② 청원과의 구별
  ㉠ 행정심판은 권리구제를 위한 행정쟁송이고, 청원은 국정에 대한 국민의 의사표시 보장제도이다.
  ㉡ 행정심판은 불가쟁력 · 불가변력 등의 효력이 발생하지만, 청원은 발생하지 않는다.

③ 직권취소와의 구별
  ㉠ 행정의 자율적 통제수단이라는 공통점이 있다.
  ㉡ 행정심판은 권익을 침해당한 자의 심판제기로 개시되나, 직권취소는 행정청 스스로 발의한다는 차이가 있다.

④ 진정과의 구별

　　㉠ 진정은 권리 행사가 아닌 단순한 희망을 진술하는 행위라는 점에서 행정심판과의 차이를 가지며, 진정을 받아들여 행정청이 취소·변경을 하더라도 직권에 의한 행위일 뿐이다.

　　㉡ 판례는 처분청으로부터 공작물 설치 허가를 받은 자가 그 허가대로 공작물을 설치하게 되면 저수가 되어 진정인 경영의 광산이 물에 잠겨 채광을 할 수 없게 되니 이 문제를 잘 처리하여 달라는 내용의 <u>진정서</u>는 장차 발생될 손해보상 등의 조치를 강구하여 달라는 취지로 볼 것이 아니라 <u>그 처분의 취소 또는 변경을 구하는 취지라고 보아야 할 것</u>이라고 판시(대판 1987. 5.12. 85누762)하여 진정이 행정심판에 해당하는지는 그 실질에 따라 판단하고 있다.

(3) 행정심판의 존재 의의

행정심판은 행정기관이 스스로 심리·판정함으로써 심판받아야 할 자가 오히려 심판자의 지위에 서게 되어 공정한 구제절차로 보기 어렵다. 그럼에도 불구하고 다음과 같은 이유에서 그 존재 의의를 찾을 수 있다.

① **자율적 행정통제** … 행정권의 자율적인 자기통제를 통해 행정의 적법·타당성을 확보할 수 있다.

② **행정기능의 보완** … 양적으로 확대되고 질적으로 전문화된 행정상의 다양한 분쟁에 관해 행정권이 사법법원보다 더 합리적인 해결을 도모할 수 있다.

③ **소송의 비용·시간 경감** … 소송에 따르는 비용과 시간을 줄일 수 있다.

④ **법원의 부담 경감** … 행정심판단계에서 일정 정도의 분쟁이 일차적으로 해결됨으로써 법원의 업무 부담을 줄일 수 있다.

section 2 행정심판의 종류

(1) 개설

행정심판도 행정쟁송이므로 그 성질에 따라 주관적 쟁송과 객관적 쟁송으로 나눌 수 있으나, 현행 「행정심판법」은 이 중 항고심판만을 규정하고 있다. 행정권 내의 심판기관을 기준으로 처분청 자신이 직접 심판하는 이의신청과 처분청의 상급행정청이 행하는 행정심판으로 구분할 수도 있다.

(2) 행정심판법상 행정심판의 종류

① 취소심판

  ㉠ 의의 : 행정청의 위법 또는 부당한 처분의 취소 또는 변경을 구하는 심판이다. 복심적 쟁송이자 항고쟁송으로서 행정심판의 주류를 이룬다.

  ㉡ 성질 : 취소심판은 위법·부당 처분을 취소·변경함으로써 당해 법률관계를 소멸·변경시키는 형성적 성질을 가진다(통설).

  ㉢ 특징 : 단기제소기간, 서면심리주의, 비공개원칙, 집행부정지의 원칙, 사정재결 등이 적용된다.

  ㉣ 재결 : 의원회는 원처분을 다른 처분으로 변경할 것을 명하거나(변경명령재결), 원처분을 직접 취소·변경할 수 있다(취소재결, 변경재결).

② 무효등확인심판

  ㉠ 의의 : 행정청의 처분의 효력 유무 또는 존재 여부에 대한 확인을 구하는 심판으로 외관이 존재하는 처분의 유·무효 또는 존재 여부에 대한 유권적 확정의 필요에서 인정되는 행정심판이다. 여기에는 유효·무효·실효·존재·부존재확인심판이 있다.

  ㉡ 성질 : 형식적으로는 형성적 쟁송이나 실질적으로는 확인적 쟁송이다(통설).

  ㉢ 특징 : 취소심판과는 달리 청구기간의 제한, 사정재결이 적용되지 않는다.

  ㉣ 재결 : 청구가 이유있는 경우에 위원회는 처분의 유효·무효·실효·존재·부존재확인재결을 한다.

③ 의무이행심판

  ㉠ 의의 : 행정청의 위법·부당한 거부처분 또는 부작위에 대하여 일정한 처분을 하도록 하는 심판이다. 이는 소극적 행정작용으로 인한 국민의 권익 침해를 구제하기 위한 쟁송수단이다. 「행정소송법」에는 의무이행소송 대신 부작위위법확인소송만을 규정하고 있다.

  ㉡ 성질 : 의무이행심판은 행정청에 일정한 처분을 할 것을 명하는 재결을 구하는 것이므로 이행적 쟁송의 성질을 가진다.

  ㉢ 특징 : 거부처분에 대한 의무이행심판은 청구기간의 제한을 받지만 부작위에 대한 의무이행심판은 청구기간의 제한을 받지 않는다. 의무이행심판에는 집행부정지의 원칙이 적용되지 않는다.

  ㉣ 재결 : 위원회는 청구가 이유 있다고 인정할 때에는 지체 없이 신청에 따른 처분을 하거나 이를 행할 것을 처분청에 명할 수 있다.

[취소심판 · 무효등확인심판 · 의무이행심판]

구분	취소심판	무효등확인심판	의무이행심판
공통점	불고불리의 원칙, 직권심리주의, 서면심리주의, 구술심리주의, 비공개의 원칙, 재결청이 처분을 명하거나 직접 · 처분을 할 수 있음		
성질	형성적	• 형식상 형성적 • 실질상 확인적	이행적
단기제소 기간	적용됨	적용 안됨	• 거부처분은 적용됨 • 부작위는 적용 안됨
집행부정지의 원칙	적용됨	적용됨	적용 안됨
사정재결	적용됨	적용 안됨	적용됨

Point 팁

행정심판법 제4조 제1항의 특별행정심판

공무원연금급여 재심위원회에 대한 심사청구 제도의 입법 취지와 심사청구기간, 행정심판법에 따른 일반행정심판의 적용 배제, 구 공무원연금법 제80조 제3항의 위임에 따라 구 공무원연금법 시행령 제84조 내지 제95조의2에서 정한 공무원연금급여 재심위원회의 조직, 운영, 심사절차에 관한 사항 등을 종합하면, 구 공무원연금법상 공무원연금급여 재심위원회에 대한 심사청구 제도는 사안의 전문성과 특수성을 살리기 위하여 특히 필요하여 행정심판법에 따른 일반행정심판을 갈음하는 특별한 행정불복절차(행정심판법 제4조 제1항), 즉 특별행정심판에 해당한다(대판 2019. 8. 9. 2019두38656).

section 3 행정심판의 대상

심판사항에 대하여 개괄주의를 채택함으로써 행정청의 위법 · 부당한 처분 또는 부작위에 대하여 일반적으로 행정심판을 제기할 수 있다. 다만, 대통령의 처분 · 부작위에 대하여는 다른 법률에 특별한 규정이 있는 경우를 제외하고는 행정심판을 제기할 수 없고, 직접 행정소송을 제기하도록 하였다.

(1) 행정청

행정심판은 행정청의 처분 또는 부작위를 대상으로 한다. 여기서 행정청이라 함은 국가 또는 지방자치단체의 행정에 관한 의사를 결정 · 표시할 수 있는 권한을 가진 행정기관을 의미한다. 이에는 법령에 의하여 권한의 위임이나 위탁을 받은 행정기관 및 공공단체나 사인도 포함된다.

기출문제

문 **행정심판위원회에 관한 설명 중 옳지 않은 것은?**
▶ 2013. 9. 7. 국회사무처

① 행정심판위원회는 심판청구사건에 대하여 심리권과 재결권을 가진다.
② 행정심판위원회는 당사자의 신청 또는 직권에 의하여 집행정지결정을 할 수 있다.
③ 행정심판위원회는 처분 또는 부작위가 위법 · 부당하다고 상당히 의심되는 경우로서 당사자가 받을 우려가 있는 중대한 불이익이나 급박한 위험을 막기 위하여 필요한 경우 직권으로 또는 당사자의 신청에 의하여 임시처분을 결정할 수 있다.
④ 중앙행정심판위원회는 심판청구의 심리 · 재결시 처분 또는 부작위의 근거가 되는 명령 등이 크게 불합리한 경우 관계 행정기관에 그 개정 · 폐지 등 적절한 시정조치를 요청할 수 있다.
⑤ 행정심판위원회는 처분의 이행을 명하는 재결에도 불구하고 피청구인이 처분을 하지 않는 경우에는 당사자의 신청 또는 직권으로 기간을 정하여 서면으로 시정을 명하고 그 기간에도 이행하지 않으면 직접 처분을 할 수 있다.

정답 ⑤

기출문제

(2) 처분

「행정심판법」은 "행정심판대상으로서의 처분이란 행정청이 행하는 구체적 사실에 관한 법 집행으로서의 공권력의 행사 또는 그 거부와 그 밖에 이에 준하는 행정작용을 말한다."고 규정하고 있다.

① **공권력의 행사** … 공권력의 행사에는 학문상의 행정행위뿐 아니라 권력적 사실행위도 포함된다.

② **거부처분** … 현재의 법률상태를 변동시키지 않으려는 의사의 표현으로서 소극적 공권력 행사를 말한다. 이에는 명시적으로 거부의 의사를 표시하는 거부처분 외에도 법령에 일정한 기간 내에 처분이 없으면 이를 거부한 것으로 본다는 규정이 있는 경우 거부처분으로 의제되는 간주거부가 있다. 거부처분에 대해서는 취소심판을 제기할 수도 있고 의무이행심판을 제기할 수도 있다.

> **Point 팁** **간주거부와 부작위** … 모두 행정청이 아무런 행위도 하지 않고 있다는 점에서 외형상 같으나, 간주거부는 거부처분에 해당하므로 제소기간의 제한을 받으나 부작위는 제소기간의 제한을 받지 않는다.

③ **그 밖에 이에 준하는 행정작용** … 행정심판의 대상을 넓히기 위한 일종의 포괄적인 개념으로서 행정수단이 다양화되고 있는 오늘날 이에 해당하는 행정작용을 규명하고 정리하는 것은 학계의 과제로 남아있다.

(3) 부작위

행정심판법상 부작위란 행정청이 당사자의 신청에 대하여 상당기간 내에 일정한 처분을 해야 할 법률상의 의무가 있음에도 불구하고 이를 하지 않는 것을 말한다.

section 4 행정심판기관

(1) 행정심판위원회의 설치

① 다음의 행정청 또는 그 소속 행정청(행정기관의 계층구조와 관계없이 그 감독을 받거나 위탁을 받은 모든 행정청을 말하되, 위탁을 받은 행정청은 그 위탁받은 사무에 관하여는 위탁한 행정청의 소속 행정청으로 봄)의 처분 또는 부작위에 대한 행정심판의 청구(이하 심판청구)에 대하여는 다음의 행정청에 두는 행정심판위원회에서 심리·재결한다.

　㉠ 감사원, 국가정보원장, 그 밖에 대통령령으로 정하는 대통령 소속기관의 장

ⓒ 국회사무총장 · 법원행정처장 · 헌법재판소사무처장 및 중앙선거관리위원회사무총장

ⓒ 국가인권위원회, 그 밖에 지위 · 성격의 독립성과 특수성 등이 인정되어 대통령령으로 정하는 행정청

② 다음의 행정청의 처분 또는 부작위에 대한 심판청구에 대하여는 「부패방지 및 국민권익위원회의 설치와 운영에 관한 법률」에 따른 국민권익위원회에 두는 중앙행정심판위원회에서 심리 · 재결한다.

㉠ ①에 따른 행정청 외의 국가행정기관의 장 또는 그 소속 행정청

ⓒ 특별시장 · 광역시장 · 특별자치시장 · 도지사 · 특별자치도지사(특별시 · 광역시 · 특별자치시 · 도 또는 특별자치도의 교육감을 포함) 또는 특별시 · 광역시 · 도 · 특별자치시 · 도의 의회(의장, 위원회의 위원장, 사무처장 등 의회 소속 모든 행정청을 포함)

ⓒ 「지방자치법」에 따른 지방자치단체조합 등 관계 법률에 따라 국가 · 지방자치단체 · 공공법인 등이 공동으로 설립한 행정청. 단, ③의 ⓒ에 해당하는 행정청은 제외한다.

③ 다음의 행정청의 처분 또는 부작위에 대한 심판청구에 대하여는 시 · 도지사 소속으로 두는 행정심판위원회에서 심리 · 재결한다.

㉠ 시 · 도 소속 행정청

ⓒ 시 · 도의 관할구역에 있는 시 · 군 · 자치구의 장, 소속 행정청 또는 시 · 군 · 자치구의 의회(의장, 위원회의 위원장, 사무국장, 사무과장 등 의회 소속 모든 행정청을 포함)

ⓒ 시 · 도의 관할구역에 있는 둘 이상의 지방자치단체(시 · 군 · 자치구) · 공공법인 등이 공동으로 설립한 행정청

④ ②의 ㉠에도 불구하고 대통령령으로 정하는 국가행정기관 소속 특별지방행정기관의 장의 처분 또는 부작위에 대한 심판청구에 대하여는 해당 행정청의 직근 상급행정기관에 두는 행정심판위원회에서 심리 · 재결한다.

⑤ 국가공무원법 · 지방공무원법에 따른 소청심사위원회, 국세기본법에 따른 조세심판원, 토지보상법에 따른 중앙토지수용위원회 등과 같이 개별법에서 제3의 기관을 통해 심리 · 재결하게 하는 경우도 있다.

판례 교원소청심사위원회의 결정은 학교법인 등에 대하여 기속력을 가지고 이는 그 결정의 주문에 포함된 사항뿐 아니라 그 전제가 된 요건사실의 인정과 판단, 즉 불리한 처분 등의 구체적 위법사유에 관한 판단에까지 미친다. 따라서 교원소청심사위원회가 사립학교 교원의 소청심사청구를 인용하여 불리한 처분 등을 취소한 데 대하여 행정소송이 제기되지 아니하거나 그에 대하여 학교법인 등이 제기한 행정소송에서 법원이 교원소청심사위원회 결정의 취소를 구하는 청구를 기

問 국민권익위원회에 두는 중앙행정심판위원회가 심리 · 재결하는 행정처분이 아닌 것은?
▶ 2014. 4. 19. 안전행정부
① 국가정보원장의 행정처분
② 서울특별시 의회의 행정처분
③ 대구광역시 교육감의 행정처분
④ 해양경찰청장의 행정처분

問 「행정심판법」상의 행정심판에 대한 설명으로 옳지 않은 것은? (다툼이 있는 경우 판례에 의함)
▶ 2020. 6. 13. 지방직/서울특별시
① 행정청의 부당한 처분을 변경하는 행정심판은 현행법상 허용된다.
② 당사자의 신청에 대한 행정청의 부당한 거부처분에 대하여 일정한 처분을 하도록 하는 행정심판은 현행법상 허용된다.
③ 당사자의 신청에 대한 행정청의 위법한 부작위에 대하여 행정청의 부작위가 위법하다는 것을 확인하는 행정심판은 현행법상 허용되지 않는다.
④ 당사자의 신청에 대한 행정청의 부당한 거부처분을 취소하는 행정심판은 현행법상 허용되지 않는다.

정답 ①, ④

각하여 그 결정이 그대로 확정되면, 결정의 주문과 그 전제가 되는 이유에 관한 판단만이 학교법인 등을 기속하게 되고, 설령 판결 이유에서 교원소청심사위원회의 결정과 달리 판단된 부분이 있더라도 이는 기속력을 가질 수 없다. 그러므로 사립학교 교원이 어떠한 불리한 처분을 받아 교원소청심사위원회에 소청심사청구를 하였고, 이에 대하여 교원소청심사위원회가 그 사유 자체가 인정되지 않는다는 이유로 양정의 당부에 대해서는 나아가 판단하지 않은 채 처분을 취소하는 결정을 한 경우, 그에 대하여 학교법인 등이 제기한 행정소송 절차에서 심리한 결과 처분사유 중 일부 사유는 인정된다고 판단되면 법원으로서는 교원소청심사위원회의 결정을 취소하여야 한다(대판 2018. 7.12. 2017두65821).

(2) 행정심판위원회의 구성

① 행정심판위원회(중앙행정심판위원회는 제외)는 위원장 1인을 포함한 50인 이내의 위원으로 구성한다.

② 행정심판위원회의 위원장은 그 행정심판위원회가 소속된 행정청이 되며, 위원장이 없거나 부득이한 사유로 직무를 수행할 수 없거나 위원장이 필요하다고 인정하는 경우에는 ⅰ) 위원장이 사전에 지명한 위원, ⅱ) ③에 따라 지명된 공무원인 위원(2명 이상인 경우에는 직급 또는 고위공무원단에 속하는 공무원의 직무등급이 높은 위원 순서로, 직급 또는 직무등급도 같은 경우에는 위원 재직기간이 긴 위원 순서로, 재직기간도 같은 경우에는 연장자 순서로 한다)순서에 따라 위원이 위원장의 직무를 대행한다.

③ 행정심판위원회의 위원은 해당 행정심판위원회가 소속된 행정청이 다음의 어느 하나에 해당하는 사람 중에서 성별을 고려하여 위촉하거나 그 소속 공무원 중에서 지명한다.

㉠ 변호사 자격을 취득한 후 5년 이상의 실무 경험이 있는 사람

㉡ 「고등교육법」규정에 의한 학교에서 조교수 이상으로 재직하거나 재직하였던 사람

㉢ 행정기관의 4급 이상 공무원 또는 고위공무원단에 속하는 공무원이었던 사람

㉣ 박사학위를 취득한 후 해당 분야에서 5년 이상 근무한 경험이 있는 사람

㉤ 그 밖에 행정심판에 관한 지식과 경험이 있는 사람

(3) 중앙행정심판위원회의 구성

① 중앙행정심판위원회는 위원장 1인을 포함한 70인 이내의 위원으로 구성하되, 위원 중 상임위원은 4인 이내로 한다.

② 중앙행정심판위원회의 위원장은 국민권익위원회의 부위원장 중 1명이 되며, 위원장이 없거나 부득이한 사유로 직무를 수행할 수 없거나 위원장이 필요하다고 인정하는 경우에는 상임위원(상임으로 재직한 기간이 긴 위원 순서로, 재직기간이 같은 경우에는 연장자 순서로)이 위원장의 직무를 대행한다.

③ 중앙행정심판위원회의 상임위원은 일반직공무원으로서 「국가공무원법」 제26조의5에 따른 임기제공무원으로 임명하되, 3급 이상 공무원 또는 고위공무원단에 속하는 일반직공무원으로 3년 이상 근무한 사람이나 그 밖에 행정심판에 관한 지식과 경험이 풍부한 사람 중에서 중앙행정심판위원회 위원장의 제청으로 국무총리를 거쳐 대통령이 임명한다.

④ 중앙행정심판위원회 상임위원의 임기는 3년으로 하며, 1차에 한하여 연임할 수 있다.

⑤ 중앙행정심판위원회의 비상임위원은 중앙행정심판위원회 위원장의 제청으로 국무총리가 성별을 고려하여 위촉한다.

⑥ 중앙행정심판위원회의 회의는 위원장, 상임위원과 위원장이 회의마다 지정하는 비상임위원을 포함하여 총 9인으로 구성한다.

기출문제

section 5 행정심판의 당사자와 관계인

(1) 당사자

행정심판의 당사자에는 청구인과 피청구인이 있다. 행정심판은 대립되는 이해관계를 가진 청구인과 피청구인의 대심구조를 취하며 서면심리와 구술심리를 통해 결정을 내린다.

① **청구인** … 행정심판의 대상인 행정청의 처분 또는 부작위에 불복하여 그 취소·변경을 위해 행정심판을 제기하는 자를 말한다.

　㉠ **취소심판의 청구인적격**: 자연인, 법인을 불문하며 처분의 상대방과 제3자를 모두 포함하고 법인이 아닌 사단 또는 재단으로서 대표자 또는 관리인이 정해져 있는 경우에는 그 이름으로 행정심판을 청구할 수 있다.

　㉡ **무효등확인심판의 청구인적격**: 처분의 효력 유무 또는 존재 여부에 대한 확인을 구할 법률상의 이익이 있는 자가 가진다.

　㉢ **의무이행심판의 청구인적격**: 행정청의 거부처분이나 부작위에 대하여 일정한 처분을 구할 법률상의 이익이 있는 자가 가진다.

② **피청구인** … 심판대상인 처분 또는 부작위를 한 행정청이 된다.

　㉠ **피청구인적격**: 원래 행정청은 국가 또는 지방자치단체 등의 기관에 불과하므로 권리·의무주체인 국가나 지방자치단체 등이 피청구인이 되어야 할 것이나 공격·방어의 용이성 기타 절차진행상의 기술적인 편의를 위해 처분청이나 부작위청을 직접 피청구인으로 한 것이다. 법령에 의하여 처분이나 부작위에 관계되는 행정권한이 다른 행정기관, 공공단체 및 그 기관 또는 사인에 위임·위탁·승계된 때에는 그 권한을 위임·위탁·승계받은 자가 피청구인이 된다.

기출문제

ⓒ **피청구인의 경정**: 청구인이 피청구인을 잘못 지정한 때 경정할 수 있다.

> **Point 팁** 청구인의 지위 승계
> ㉠ 당연승계: 상속인 또는 법인의 합병에 의한 승계
> ㉡ 허가승계: 심판청구의 대상과 관계되는 권리나 이익을 양수한 자가 위원회의 허가를 받아 행하는 승계

(2) 관계인

① **참가인** … 행정심판의 결과에 대해 이해관계에 있는 제3자 또는 행정청은 위원회의 허가를 받아 심판에 참가할 수 있다.

② **대리인** … 행정심판의 청구인과 피청구인은 각각 대리인을 선임하여 당해 심판청구에 관한 행위를 하게 할 수 있다.

section 6 행정심판청구의 제기

(1) 심판청구기간

① 행정심판은 처분이 있음을 알게 된 날부터 90일 이내에 청구하여야 한다. 청구인이 천재지변, 전쟁, 사변(事變), 그 밖의 불가항력으로 인하여 처분이 있음을 알게 된 날부터 90일 이내에 심판청구를 할 수 없었을 때에는 그 사유가 소멸한 날부터 14일 이내에 행정심판을 청구할 수 있다. 다만, 국외에서 행정심판을 청구하는 경우에는 그 기간을 30일로 한다. 이 기간은 불변기간(不變期間)으로 한다.

② 행정심판은 처분이 있었던 날부터 180일이 지나면 청구하지 못한다. 다만, 정당한 사유가 있는 경우에는 그러하지 아니하다.

③ 행정청이 심판청구 기간을 ①에 규정된 기간보다 긴 기간으로 잘못 알린 경우 그 잘못 알린 기간에 심판청구가 있으면 그 행정심판은 ①에 규정된 기간에 청구된 것으로 본다. 행정청이 심판청구 기간을 알리지 아니한 경우에는 ②에 규정된 기간에 심판청구를 할 수 있다. 무효등확인심판청구와 부작위에 대한 의무이행심판청구에는 심판청구기간을 적용하지 아니한다. ①과 ②의 기간 중 어느 하나라도 먼저 경과하면 심판청구를 제기할 수 없게 된다.

판례 행정심판법 제18조 제1항 소정의 '처분이 있음을 안 날'이라 함은 당사자가 통지·공고 기타의 방법에 의하여 당해 처분이 있었다는 사실을 현실적으로 안 날을 의미하고, 추상적으로 알 수 있었던 날을 의미하는 것은 아니라 할 것이며, 다만 처분을 기재한 서류가 당사자의 주소에 송달되는 등으로 사회통념상 처분이 있음을 당사자가 알 수 있는 상태에 놓여진 때에는 반증이 없는 한 그 처분이 있음을 알았다고 추정할 수는 있다. 아파트 경비원이 관례에 따라 부재중인 납부의무자에게 배달되는 과징금부과처분의 납부고지서를 수령한 경우, 납부의무자가 아파트 경비원에게 우편물 등의 수령권한을 위임한 것으로 볼 수는 있을지언정, 과징금부과처분의 대상으로 된 사항에 관하여 납부의무자를 대신하여 처리할 권한까지 위임한 것으로 볼 수는 없고, 설사 위 경비원이 위 납부고지서를 수령한 때에 위 부과처분이 있음을 알았다고 하더라도 이로써 납부의무자 자신이 그 부과처분이 있음을 안 것과 동일하게 볼 수는 없다(대판 2002. 8. 27. 2002두3850).

(2) 행정심판청구서 제출

① 피청구인인 행정청 또는 위원회에 제출한다.

② 심판청구서를 받은 행정청은 그 심판청구가 이유있다고 인정할 때에는 심판청구의 취지에 따르는 처분을 취소·변경하거나 확인을 하고, 처분을 할 수 있다. 이 경우 서면으로 청구인에게 알려야 한다.

(3) 심판청구의 방식

심판청구는 서면으로 하여야 한다.

(4) 심판청구의 변경

청구인이 심판청구를 제기한 후 일정한 사유가 있을 때에는 청구인의 편의와 심판절차의 촉진을 위해 청구의 기초에 변경이 없는 한 의결 전까지 청구의 변경을 할 수 있다.

(5) 행정심판제기의 효과

① **행정심판위원회의 심리·의결** … 심판청구가 제기되면 행정심판위원회가 지체없이 심리·의결하도록 하여야 한다.

② **집행부정지의 원칙** … 행정심판이 제기되어도 이는 원칙적으로 처분의 효력이나 집행 또는 절차의 진행에 영향을 주지 않는다. 이는 공정력의 결과가 아니라 행정심판의 남용방지와 행정목적의 원활한 수행이라는 입법정책적 고려에 따른 것이다.

③ **집행정지**(행정심판법 제30조) ··· 위원회는 ⅰ) 집행정지의 대상인 처분이 존재하고, ⅱ) 심판청구가 행정심판위원회에 계속되고 있고, ⅲ) 처분이나 그 집행 또는 절차의 속행 때문에 중대한 손해가 생기는 것을 예방할 긴급한 필요가 존재하고, ⅳ) 공공복리에 중대한 영향을 미칠 우려가 없고, ⅴ) 본안의 이유 없음이 명백하지 않은 경우 당사자의 신청이나 직권에 의해 처분의 효력이나 그 집행 또는 절차의 속행의 전부 또는 일부의 정지를 결정할 수 있다. 다만, 처분의 효력정지는 처분의 집행 또는 절차의 속행을 정지함으로써 목적을 달성할 수 있는 때에는 허용되지 않는다.

④ **임시처분**(행정심판법 제31조) ··· 위원회는 ⅰ) 처분 또는 부작위가 위법·부당하다고 상당히 의심되고, ⅱ) 행정심판청구가 계속되고 있으며, ⅲ) 처분 또는 부작위 때문에 당사자가 받을 우려가 있는 중대한 불이익이나 당사자에게 생길 급박한 위험이 존재하고, ⅳ) 이를 막기 위해 임시의 지위를 정하여야 할 필요가 존재하고, ⅴ) 공공복리에 중대한 영향을 미칠 우려가 없는 경우 당사자의 신청이나 직권에 의해 임시처분을 결정할 수 있다. 다만, 임시처분은 집행정지로 목적을 달성할 수 있는 경우에는 허용되지 않는다.

section 7 행정심판의 심리

(1) 의의

재결의 기초가 될 사실관계와 법률관계를 명확히 하기 위하여 당사자와 관계인의 증언을 듣고 증거자료를 수집·조사하는 과정이다.

(2) 요건심리와 본안심리

① **요건심리** ··· 당해 심판청구가 적법한 심판청구요건을 갖추었는지를 형식적으로 심리하는 것으로 요건심리를 갖추지 못한 경우에는 각하된다. 다만, 경미한 경우에는 위원회가 직권으로 보정할 수 있다.

② **본안심리** ··· 요건심리의 결과 심판청구를 적법한 것으로 받아들인 경우에 당해 심판청구의 내용에 관하여 실질적으로 심사하는 것으로 본안심리의 결과 심판청구가 적법하면 인용하고 그렇지 않으면 기각한다.

(3) 심리의 범위

① 불고불리의 원칙 … 당사자의 심판청구에 의해 절차를 시작하고 당사자가 주장하거나 원용하는 사항·내용에 대해서만 심리하며 주장하지 않은 사항에 대해서는 심리하지 않는다는 원칙을 말한다.

② 불이익변경금지의 원칙 … 재결청은 원처분보다 당사자에게 불리하게 변경하지 못한다.

(4) 심리절차

① 대심주의 … 행정심판은 청구인과 피청구인이라는 당사자 쌍방의 공격·방어 방법을 기초로 하여 심리하는 대심주의를 취하고 있다.

② 직권심리주의 … 당사자주의에 대한 것으로서 심리기관의 직권으로 심리를 진행하고 필요한 자료를 수집하도록 하는 제도이다. 이는 행정쟁송이 가지는 공익성에 따른 것이다.

③ 서면심리주의 … 「행정심판법」 제40조 제1항은 '행정심판의 심리는 구술심리 또는 서면심리로 한다. 다만, 당사자가 구술심리를 신청한 때에는 서면심리만으로 결정할 수 있다고 인정되는 경우 외에는 구술심리를 하여야 한다.'고 규정하고 있다. 이는 서면심리와 구술심리를 모두 인정하되 서면심리주의를 원칙으로 하는 것으로 해석된다(다수설).

④ 비공개주의 … 명문의 규정은 없으나 행정심판법의 구조상 비공개주의를 원칙으로 한 것으로 해석된다.

⑤ 중앙행정심판위원회의 시정조치 요청 … 중앙행정심판위원회는 심판청구를 심리·의결함에 있어 처분 또는 부작위의 근거가 되는 명령·규칙 등이 상위법령에 위배되거나 현저하게 불합리하다고 인정되는 경우에는 관계행정기관에 명령·규칙의 개정·폐지 등 적절한 시정조치를 요청할 수 있다. 이 경우 관계행정기관은 정당한 사유가 없는 한 이에 따라야 한다.

(5) 관련청구의 병합과 분리

행정심판위원회는 필요하면 관련되는 심판청구를 병합하여 심리하거나 병합된 관련 청구를 분리하여 심리할 수 있다. 이는 심리의 신속성·경제성·능률성을 위한 것이다.

section 8 행정심판의 재결

(1) 의의

심판청구의 심리결과에 따라 판단하는 행위이며 행정청의 종국적 판단인 의사표시를 가리킨다.

(2) 재결기간

재결은 피청구인인 행정청 또는 위원회가 심판청구를 받은 날부터 60일 이내에 하여야 하나, 부득이한 사정이 있는 경우 위원장이 직권으로 30일을 연장할 수 있다.

(3) 재결의 방식

재결은 서면, 즉 재결서로 한다.

(4) 재결의 범위

① 불고불리의 원칙 … 위원회는 심판청구의 대상이 되는 처분 또는 부작위 외의 사항에 대하여는 재결하지 못한다.

② 불이익변경금지의 원칙 … 위원회는 심판청구의 대상이 되는 처분보다 청구인에게 불이익한 재결을 할 수 없다.

(5) 재결의 종류

① 각하재결 … 요건심리 결과 요건에 흠이 있어 본안심리를 거부하는 재결을 말한다. 심판청구기간이 경과한 후에 제기된 심판청구 등이 이에 해당한다.

② 기각재결 … 본안심리의 결과 심판청구가 이유없다고 하여 청구를 배척하고 원처분을 시인하는 재결을 말한다.

③ 사정재결

   ⊙ 의의 : 청구인의 심판청구가 이유있는 경우에도 이를 인용하는 것이 현저히 공공복리에 어긋난다고 인정되는 때에 위원회의 의결에 의하여 심판청구를 기각하는 재결을 말한다.

   ⓛ 절차 : 위원회가 사정재결을 하고자 할 때에는 재결의 주문에 당해 처분 또는 부작위가 위법·부당함을 명시하여야 한다.

   ⓒ 구제방법 : 손해배상이나 재해시설의 설치 등의 청구인에 대한 상당한 구제방법을 취하여야 한다.

ⓔ **적용범위**: 사정재결은 취소심판과 의무이행심판에만 인정되고 무효등확인심판에는 적용되지 않는다.

④ **인용재결** … 본안심리의 결과 심판청구가 이유있다고 인정하여 청구의 취지를 받아들이는 재결을 말한다.

Point 팁 취소심판의 인용재결: 취소재결, 변경재결, 변경명령재결
의무이행심판의 인용재결: 처분재결, 처분명령재결

---

(6) 재결의 효력

재결도 하나의 행정행위이므로 그것이 당연무효인 경우 외에는 다른 행정행위와 마찬가지로 공정력, 기속력, 불가쟁력 등을 가진다. 또한 취소소송의 대상인 '처분 등'에 해당하여 그 자체에 고유한 위법이 있는 경우에는 이를 대상으로 소송을 제기할 수 있다.

판례 재결의 기속력은 재결의 주문 및 그 전제가 된 요건사실의 인정과 판단, 즉 처분 등의 구체적 위법사유에 관한 판단에 대하여만 미치고, 종전 처분이 재결에 의하여 취소되었더라도 종전 처분 시와는 다른 사유를 들어 처분을 하는 것은 기속력에 저촉되지 아니한다. 여기서 동일한 사유인지 다른 사유인지는 종전 처분에 관하여 위법한 것으로 재결에서 판단된 사유와 기본적 사실관계에 있어 동일성이 인정되는 사유인지에 따라 판단하여야 한다. 기본적 사실관계의 동일성 유무는 처분사유를 법률적으로 평가하기 이전의 구체적인 사실에 착안하여 그 기초인 사회적 사실관계가 기본적인 점에서 동일한지에 따라 결정되고, 추가 또는 변경된 사유가 종전 처분 당시에 그 사유를 명기하지 아니하였을 뿐 이미 존재하고 있었고 당사자도 그 사실을 알고 있었다고 하여 당초의 처분사유와 동일성이 있는 것이라고 할 수 없다(대판 2015.11.27. 2013다6759).

Point 팁 처분명령재결의 경우 직접처분과 간접강제 모두 가능하고, 거부처분취소재결(또는 거부처분무효확인재결)의 경우에는 간접강제만 가능하다.
  ⊙ **직접처분**(행정심판법 제50조)
  위원회는 ⅰ)처분명령재결에도 불구하고 피청구인이 처분을 하지 아니하고, ⅱ)청구인의 신청에 따라 기간을 정하여 시정을 명하였으나 피청구인이 그 기간 내에 시정명령을 이행하지 않았고, ⅳ)처분의 성질이나 그 밖의 불가피한 사유로 위원회가 직접 처분을 할 수 없는 경우에 해당하지 않는 경우 직접 처분을 할 수 있다.
  ⓛ **간접강제**(행정심판법 제50조의2)
  위원회는 ⅰ)거부처분취소재결(또는 거부처분무효확인재결)이나 처분명령재결에도 불구하고 피청구인이 처분을 하지 아니하고, ⅱ)청구인의 신청에 따라 위원회가 결정으로 상당한 기간을 정하고 피청구인이 그 기간 내에 이행하지 아니한 경우 그 지연기가에 따라 일정한 배상을 하도록 명하거나 즉시 배상할 것을 명할 수 있다. 청구인은 위원회의 간접강제 결정에 불복하는 경우 행정소송을 제기할 수 있다.

기출문제

🔲 행정심판제도에 대한 설명으로 가장 옳지 않은 것은?
  ▶ 2018. 6. 23. 제2회 서울특별시
① 행정심판청구는 엄격한 형식을 요하지 않는 서면행위로 해석된다.
② 행정처분이 있은 날이라 함은 그 행정처분의 효력이 발생한 날을 의미한다.
③ 행정심판의 가구제 제도에는 집행정지제도와 임시처분제도가 있다.
④ 행정심판 재결의 기속력은 인용재결뿐만 아니라 각하재결과 기각재결에도 인정되는 효력이다.

┃정답 ④

(7) 재결에 대한 불복

재결에 대한 불복이 있는 경우 행정소송은 원처분주의를 취하고 있으므로 재결의 대상이었던 원래의 처분을 대상으로 소송을 제기하여야 한다. 다만, 재결 자체에 고유한 위법이 있는 경우에만 재결을 대상으로 행정소송을 제기할 수 있다.

section 9 행정심판청구의 고지제도

(1) 의의

① **고지제도** … 행정청이 처분을 함에 있어 그 상대방 또는 이해관계인에게 당해 처분에 대한 불복가능성의 여부 및 그를 위한 필요사항 등을 알려주는 제도를 말한다. 이는 국민에 대한 행정구제의 기회를 보다 실질적으로 보장하려는 데 그 의의가 있다.

② **필요성**
  ㉠ 행정심판제기의 기회보장
  ㉡ 행정의 적정화

(2) 성질

고지는 비권력적 사실행위로서 그 자체로는 아무런 법적 효과도 발생하지 않는다.

(3) 직권에 의한 고지

① **고지의 대상**
  ㉠ 처분을 서면으로 하는 경우
  ㉡ 예외 : 신청에 의한 처분의 경우, 신청대로 처분을 한 경우, 수익적인 결과의 처분(각종 하명의 직권취소처분)

② **고지의 내용**
  ㉠ 행정심판을 제기할 수 있는지의 여부
  ㉡ 심판청구절차
  ㉢ 청구기간
  ㉣ **고지방법** : 제한이 없음(서면 혹은 구술)
  ㉤ **고지의 시기** : 원처분시(사후 고지도 가능)

Point 팁 청구에 의한 고지
  ㉠ 고지를 청구할 수 있는 자 : 이해관계인
  ㉡ 고지를 청구할 수 있는 대상 : 모든 처분(행정심판의 대상 여부 불문)

(4) 오고지와 불고지

① 오고지 … 행정청이 착오로 심판청구기간을 실제보다 길게 고지한 때에는 그 고지된 기간 내에만 심판청구를 제기하면 실제 청구기간이 지났다 하더라도 이를 적법한 것으로 인정한다.

② 불고지 … 심판청구기간을 고지하지 아니한 때에는 심판청구기간은 당해 처분이 있은 날로부터 180일이 된다.

(5) 고지의무위반의 효과

판례는 고지의무를 불이행 경우에도 처분 자체가 위법하게 되는 것은 아니라고 판시하였다(대판 1987.11.24. 87누529).

기출문제

2020 지방직 9급

1 「행정심판법」상의 행정심판에 대한 설명으로 옳지 않은 것은? (다툼이 있는 경우 판례에 의함)

① 행정청의 부당한 처분을 변경하는 행정심판은 현행법상 허용된다.

② 당사자의 신청에 대한 행정청의 부당한 거부처분에 대하여 일정한 처분을 하도록 하는 행정심판은 현행법상 허용된다.

③ 당사자의 신청에 대한 행정청의 위법한 부작위에 대하여 행정청의 부작위가 위법하다는 것을 확인하는 행정심판은 현행법상 허용되지 않는다.

④ 당사자의 신청에 대한 행정청의 부당한 거부처분을 취소하는 행정심판은 현행법상 허용되지 않는다.

2020 국가직 9급

2 「행정심판법」에 의해 행정청이 행정심판위원회의 재결의 취지에 따라 재처분을 할 의무가 있음에도 그 의무를 이행하지 않은 경우에 행정심판위원회가 직접 처분을 할 수 있는 재결은?

① 당사자의 신청에 따른 처분을 절차가 부당함을 이유로 취소하는 재결

② 당사자의 신청을 거부한 처분의 이행을 명하는 재결

③ 당사자의 신청을 거부하는 처분을 취소하는 재결

④ 당사자의 신청을 거부하는 처분을 부존재로 확인하는 재결

2020 국가직 9급

3 「행정심판법」상 행정심판위원회가 취소심판의 청구가 이유가 있다고 인정하는 경우에 행할 수 있는 재결에 해당하지 않는 것은?

① 처분을 취소하는 재결

② 처분을 할 것을 명하는 재결

③ 처분을 다른 처분으로 변경하는 재결

④ 처분을 다른 처분으로 변경할 것을 명하는 재결

2020 지방직 9급

4 「행정심판법」상 행정심판에 대한 설명으로 옳지 않은 것은? (다툼이 있는 경우 판례에 의함)

① 심판청구기간의 기산점인 '처분이 있음을 안 날'이라 함은 당사자가 통지·공고 기타의 방법에 의하여 당해 처분이 있었다는 사실을 현실적으로 안 날을 의미한다.

② 행정청의 부작위에 대한 의무이행심판은 심판청구기간 규정의 적용을 받지 않고, 사정재결이 인정되지 아니한다.

③ 심판청구에 대한 재결이 있으면 그 재결 및 같은 처분 또는 부작위에 대하여 다시 행정심판을 청구할 수 없다.

④ 재결이 확정된 경우에도 처분의 기초가 된 사실관계나 법률적 판단이 확정되고 당사자들이나 법원이 이에 기속되어 모순되는 주장이나 판단을 할 수 없게 되는 것은 아니다.

2020 지방직 9급

5 재결의 기속력에 대한 설명으로 옳은 것만을 모두 고르면? (다툼이 있는 경우 판례에 의함)

> ㉠ 재결에 의하여 취소되거나 무효 또는 부존재로 확인되는 처분이 당사자의 신청을 거부하는 것을 내용으로 하는 경우에는 그 처분을 한 행정청은 재결의 취지에 따라 다시 이전의 신청에 대한 처분을 하여야 한다.
> ㉡ 재결의 기속력은 인용재결의 경우에만 인정되고, 기각재결에서는 인정되지 않는다.
> ㉢ 기속력은 재결의 주문에만 미치고, 처분 등의 구체적 위법사유에 관한 판단에는 미치지 않는다.
> ㉣ 행정심판 인용재결에 따른 행정청의 재처분 의무에도 불구하고 행정청이 인용재결에 따른 처분을 하지 아니하는 경우에, 행정심판위원회는 청구인의 신청이 없어도 결정으로 일정한 배상을 하도록 명할 수 있다.

① ㉠, ㉡

② ㉠, ㉡, ㉣

③ ㉠, ㉢, ㉣

④ ㉡, ㉢, ㉣

2020 지방직 7급

6 행정심판에 대한 설명으로 옳은 것은?

① 「행정심판법」은 당사자심판을 규정하여 당사자소송과 연동시키고 있다.

② 피청구인의 경정은 행정심판위원회에서 결정하며 언제나 당사자의 신청을 전제로 한다.

③ 조정은 당사자가 합의한 사항을 조정서에 기재한 후 당사자가 서명 또는 날인함으로써 완성된다.

④ 법령의 규정에 따라 공고하거나 고시한 처분이 재결로써 취소되거나 변경되면 처분을 한 행정청은 지체 없이 그 처분이 취소 또는 변경되었다는 것을 공고하거나 고시하여야 한다.

2019 국가직 7급

7 행정심판의 재결의 기속력에 대한 설명으로 옳지 않은 것은? (다툼이 있는 경우 판례에 의함)

① 재결이 확정된 경우에는 처분의 기초가 된 사실관계나 법률적 판단이 확정되고 당사자들이나 법원은 이에 기속되어 모순되는 주장이나 판단을 할 수 없게 된다.

② 재결에 의하여 취소되거나 무효 또는 부존재로 확인되는 처분이 당사자의 신청을 거부하는 것을 내용으로 하는 경우에는 그 처분을 한 행정청은 재결의 취지에 따라 다시 이전의 신청에 대한 처분을 하여야 한다.

③ 재결의 기속력은 재결의 주문 및 그 전제가 된 요건사실의 인정과 판단에 대하여만 미친다.

④ 당사자의 신청을 받아들이지 않은 거부처분이 재결에서 취소된 경우, 그 재결의 취지에 따라 이전의 신청에 대하여 다시 어떠한 처분을 하여야 할지는 처분을 할 때의 법령과 사실을 기준으로 판단하여야 하므로, 행정청은 종전 거부처분 또는 재결 후에 발생한 새로운 사유를 내세워 다시 거부처분을 할 수 있다.

8 행정심판에 대한 설명으로 옳은 것은?

① 행정심판위원회는 직접 처분을 하였을 때에는 그 사실을 해당 행정청에 통보하여야 하며, 그 통보를 받은 행정청은 행정심판위원회가 한 처분을 자기가 한 처분으로 보아 관계 법령에 따라 관리·감독 등 필요한 조치를 하여야 한다.

② 임시처분은 집행정지와 보충성 관계가 없고, 행정심판위원회는 집행정지로 목적을 달성할 수 있는 경우에도 임시처분 결정을 할 수 있다.

③ 취소심판의 인용재결에는 취소재결, 취소명령재결, 변경재결, 변경명령재결이 있다.

④ 행정심판법에서는 재결의 집행력을 확보하는 수단으로서 간접강제제도를 두고 있다.

9 행정심판에 대한 설명으로 옳지 않은 것은?

① 행정심판은 행정의 자기통제절차이므로 심판청구의 대상이 되는 처분보다 청구인에게 불리한 재결을 하는 것도 가능하다.

② 기속력은 인용재결에만 발생하고 각하재결이나 기각재결에는 발생하지 않는다.

③ 처분청은 기각재결을 받은 후에도 정당한 이유가 있으면 원처분을 취소·변경할 수 있다.

④ 무효등확인심판의 경우에는 사정재결이 인정되지 않는다.

10 다음 중 중앙행정심판위원회에 대한 설명으로 옳지 않은 것은?

① 중앙행정심판위원회는 위원장 1인을 포함한 70인 이내의 위원으로 구성하되, 위원 중 상임위원은 4인 이내로 한다.

② 중앙행정심판위원회의 위원장은 국민권익위원회의 부위원장 중 1명이 되며, 필요한 경우에는 상임위원으로 하여금 그 직무를 대행하게 한다.

③ 국무총리 및 중앙행정기관의 장이 재결청이 되는 심판청구를 심리·의결하기 위하여 대통령 소속하에 중앙행정심판위원회를 둔다.

④ 중앙행정심판위원회의 상임위원은 중앙행정심판위원회 위원장의 제청으로 국무총리를 거쳐 대통령이 임명하고, 그 임기는 3년으로 하며, 1차에 한하여 연임할 수 있다.

11 의무이행심판에 대한 다음 설명 중 옳지 않은 것은?

① 당사자의 신청에 대한 행정청의 위법 또는 부당한 거부 처분이나 부작위에 대하여 일정한 처분을 하도록 하는 행정심판을 말한다.

② 행정청의 적극적인 행위로 인한 침해로부터 권익을 보호하는 기능을 한다.

③ 부작위에 대한 의무이행심판에는 심판청구의 기간상 제한이 따르지 않는다.

④ 의무이행심판에도 사정재결의 적용이 있다.

12 다음 중 행정심판위원회에 관한 설명으로 옳지 않은 것은?

① 위원회가 심판청구를 받은 후 법령의 개폐 또는 피청구인의 경정결정에 의하여 당해 심판청구에 대한 재결을 행할 권한을 잃게 된 때에는 해당 위원회는 심판청구서·관계서류 및 그 밖의 자료를 새로 재결할 권한을 가지게 된 위원회에 송부하여야 한다.

② 송부를 받은 위원회는 지체없이 그 사실을 심판 청구인, 피청구인 및 참가인에게 통지하여야 한다.

③ 중앙행정심판위원회의 회의는 위원장, 상임위원과 위원장이 매 회의마다 지정하는 비상임위원을 포함하여 총 9인으로 구성한다.

④ 행정심판위원회 및 중앙행정심판위원회는 위원장 1인을 포함한 30인 이내의 위원으로 구성한다.

13 다음 중 사정재결에 관한 설명으로 옳지 않은 것은?

① 사정재결은 취소심판과 의무이행심판에 적용되고 무효등확인심판에는 적용되지 않는다.

② 사정재결을 할 때에는 재결의 이유에서 그 처분 또는 부작위가 위법 또는 부당함을 명시하여야 한다.

③ 사정재결을 할 때에는 재결청이 청구인에 대하여 상당한 구제방법을 취해야 한다.

④ 사정재결제도는 법치주의를 훼손할 우려가 있다.

정답및해설

1	④	2	②	3	②	4	②	5	①
6	④	7	①	8	①	9	①	10	③
11	②	12	④	13	②				

1 ④ 행정심판법 제5조 1호, 제2조 1호의 해석을 통해 거부처분 취소심판도 인정된다. 판례도 '당사자의 신청을 거부하는 처분을 취소하는 재결이 있는 경우에는 행정청은 그 재결의 취지에 따라 이전의 신청에 대한 처분을 하여야 하는 것'이라고 판시하고 있다(대판1998.12.13. 88누7880).
　① 행정심판법 제5조 1호
　② 행정심판법 제5조 3호
　③ 위법한 부작위에 대해서는 의무이행심판을 제기할 수 있다(행정심판법 제5조 3호). 부작위위법확인심판은 현행법상 인정되지 않는다.

2 당사자의 신청을 거부하거나 부작위로 방치한 처분의 이행을 명하는 재결이 있으면 행정청은 지체 없이 이전의 신청에 대하여 재결의 취지에 따라 처분을 하여야 한다. 행정심판위원회는 그럼에도 불구하고 행정청이 처분을 하지 아니하는 경우에는 당사자가 신청하면 기간을 정하여 서면으로 시정을 명하고 그 기간에 이행하지 아니하면 직접 처분을 할 수 있다(행정심판법 제50조 제1항). 따라서, 행정심판위원회는 당사자의 신청을 거부한 처분의 이행을 명하는 재결(②)을 할 수 있다.

3 위원회는 취소심판의 청구가 이유가 있다고 인정하면 처분을 취소 또는 다른 처분으로 변경하거나 처분을 다른 처분으로 변경할 것을 피청구인에게 명한다(행정심판법 제43조 제3항).

4 ② 심판청구 기간에 관한 규정은 무효등확인심판청구와 부작위에 대한 의무이행심판청구에는 적용하지 아니하고(행정심판법 제27조 제7항), 의무이행심판에도 사정재결은 인정된다.
　① 국세기본법의 적용을 받는 처분과 달리 행정심판법의 적용을 받는 처분인 과징금부과처분에 대한 심판청구기간의 기산점인 행정심판법 제18조 제1항 소정의 '처분이 있음을 안 날'이라 함은 당사자가 통지·공고 기타의 방법에 의하여 당해 처분이 있었다는 사실을 현실적으로 안 날을 의미하고, 추상적으로 알 수 있었던 날을 의미하는 것은 아니라 할 것이며, 다만 처분을 기재한 서류가 당사자의 주소에 송달되는 등으로 사회통념상 처분이 있음을 당사자가 알 수 있는 상태에 놓여진 때에는 반증이 없는 한 그 처분이 있음을 알았다고 추정할 수는 있다(대판 2002. 8.27. 2002두3850).
　③ 심판청구를 인용하는 재결은 피청구인과 그 밖의 관계 행정청을 기속하기 때문에(행정심판법 제49조 제1항) 행정청은 재결의 취지에 따른 일정한 처분을 하여야 하며, 동일한 사안에 대하여 다시 행정심판을 청구할 수는 없다.
　④ 행정심판의 재결은 피청구인인 행정청을 기속하는 효력을 가지므로 재결청이 취소심판의 청구가 이유 있다고 인정하여 처분청에 처분을 취소할 것을 명하면 처분청으로서는 재결의 취지에 따라 처분을 취소하여야 하지만, 나아가 재결에 판결에서와 같은 기판력이 인정되는 것은 아니어서 재결이 확정된 경우에도 처분의 기초가 된 사실관계나 법률적 판단이 확정되고 당사자들이나 법원이 이에 기속되어 모순되는 주장이나 판단을 할 수 없게 되는 것은 아니다(대판 2015.11.27. 2013다6759).

5 ① 행정심판법 제49조 제2항.
　② 심판청구를 인용하는 재결은 피청구인과 그 밖의 관계 행정청을 기속(羈束)한다(행정심판법 제49조 제1항).
　③ 재결의 기속력은 재결의 주문 및 그 전제가 된 요건사실의 인정과 판단, 즉 처분 등의 구체적 위법사유에 관한 판단에만 미친다고 할 것이고, 종전 처분이 재결에 의하여 취소되었다 하더라도 종전 처분시와는 다른 사유를 들어서 처분을 하는 것은 기속력에 저촉되지 않는다고 할 것이며, 여기에서 동일 사유인지 다른 사유인지는 종전 처분에 관하여 위법한 것으로 재결에서 판단된 사유와 기본적 사실관계에 있어 동일성이 인정되는 사유인지 여부에 따라 판단되어야 한다(대판 2005.12. 9. 2003두7705).
　④ 청구인의 신청이 있어야 지연기간에 따라 일정한 배상을 하도록 명하거나 즉시 배상을 할 것을 명할 수 있다(행정심판법 제50조의2 제1항).

6 ④ 행정심판법 제49조 제5항.
　① 행정심판의 종류에는 취소심판, 무효등확인심판, 의무이행심판이 있으며, 당사자심판은 현행법상 인정되지 않는다(행정심판법 제5조).
　② 청구인이 피청구인을 잘못 지정한 경우에는 위원회는 직권으로 또는 당사자의 신청에 의하여 결정으로써 피청구인을 경정할 수 있다(행정심판법 제17조 제2항).
　③ 조정은 당사자가 합의한 사항을 조정서에 기재한 후 당사자가 서명 또는 날인하고 위원회가 이를 확인함으로써 성립한다(행정심판법 제43조의2 제3항).

7 ① 행정심판의 재결은 피청구인인 행정청을 기속하는 효력을 가지므로 재결청이 취소심판의 청구가 이유 있다고 인정하여 처분청에 처분을 취소할 것을 명하면 처분청으로서는 재결의 취지에 따라 처분을 취소하여야 하지만, 나아가 재결에 판결에서와 같은 기판력이 인정되는 것은 아니어서 재결이 확정된 경우에도 처분의 기초가 된 사실관계나 법률적 판단이 확정되고 당사자들이나 법원이 이에 기속되어 모순되는 주장이나 판단을 할 수 없게 되는 것은 아니다(대판 2015.11.27. 2013다6759).
　② 행정심판법 제49조 제2항.
　③ 재결의 기속력은 재결의 주문 및 그 전제가 된 요건사실의 인정과 판단, 즉 처분 등의 구체적 위법사유에 관한 판단에만 미친다고 할 것이고, 종전 처분이 재결에 의하여 취소되었다 하더라도 종전 처분시와는 다른 사유를 들어서 처분을 하는 것은 기속력에 저촉되지 않는다고 할 것이며, 여기에서 동일 사유인지 다른 사유인지는 종전 처분에 관하여 위법한 것으로 재결에서 판단된 사유와 기본적 사실관계에 있어 동일성이 인정되는 사유인지 여부에 따라 판단되어야 한다(대판 2005.12. 9. 2003두7705).
　④ 행정청이 한 처분 등의 취소를 구하는 소송은 처분에 의하여 발생한 위법 상태를 배제하여 원래 상태로 회복시키고 처분으로 침해된 권리나 이익을 구제하고자 하는 것이다. 따라서 해당 처분 등의 취소를 구하는 것보다 실효적이고 직접적인 구제수단이 있음에도 처분 등의 취소를 구하는 것은 특별한 사정이 없는 한 분쟁해결의 유효적절한 수단이라고 할 수 없어 법률상 이익이 있다고 할 수 없다. 그런데 당사자의 신청을 받아들이지 않은 거부처분이 재결에서 취소된 경우에 행정청은 종전 거부처분 또는 재결 후에 발생한 새로운 사유를 내세워 다시 거부처분을 할 수 있다(대판 2017.10.31. 2015두45045).

8 ② 임시처분은 거부처분만을 대상으로 규정하지 않고 처분이라고 규정하고 있으나, 적극적 처분의 경우에는 임시처분의 대상이 되기 어렵다. 이는 「행정심판법」 제31조 제3항은 "임시처분은 제30조 제2항에 따른 집행정지로 목적을 달성할 수 있는 경우에는 허용되지 아니한다."고 규정함으로써 임시처분에 보충성을 요하고 있기 때문이다.
　③ 취소명령재결은 없다.
　④ 행정심판은 권력분립의 문제가 발생하지 아니하므로 간접강제가 아니라 직접강제할 수 있다.

9 ① 「행정심판법」 제47조(재결의 범위) 제2항에서는 '위원회는 심판청구의 대상이 되는 처분보다 청구인에게 불리한 재결을 하지 못한다.'고 규정하고 있다.

10 ③ 국민권익위원회에서 행정심판 관련 사무를 수행하는 내용으로 부패방지 및 국민권익위원회의 설치와 운영에 관한 법률이 제정됨에 따라 국민권익위원회에 중앙행정심판위원회를 둔다.

11 ② 「행정심판법」 제5조 제3호 … 의무이행심판은 당사자의 신청에 대한 행정청의 위법 또는 부당한 거부처분이나 부작위에 대하여 일정한 처분을 하도록 하는 행정심판이다.

12 ④ 행정심판위원회는 위원장 1인을 포함한 50인 이내의 위원으로 구성하고, 중앙행정심판위원회는 위원장 1인을 포함한 70명 이내의 위원으로 구성한다.

13 ② 사정재결은 재결의 이유가 아니라 주문에서 위법 또는 부당함을 명시하여야 한다.

section 1 의의

(1) 개념

행정소송이란 법원이 행정법상 법률관계에 관한 분쟁에 대하여 당사자의 소의 제기에 의해 이를 심리·판단하는 정식재판절차를 말한다.

(2) 행정소송의 특수성

기본적으로 행정소송은 일반소송과 같으나 몇 가지 특수성이 인정된다. 행정법원의 설치, 임의적 행정심판전치주의, 피고적격, 제소기간의 제한, 직권심리제도, 행정청의 소송참가, 관련청구의 병합, 집행부(不)정지의 원칙, 사정판결, 취소판결의 대세적 효력 등이 이에 해당한다.

(3) 행정심판과의 비교

① 행정심판은 위법·부당한 처분을 모두 심사할 수 있으나, 행정소송은 위법한 처분만을 대상으로 한다.

② 단기의 제소기간을 둔 점은 행정심판과 행정소송 모두 동일하나 기간에 있어서는 차이가 있다.

③ 「행정심판법」은 항고심판만을 규정하고 있으나 「행정소송법」은 항고소송, 당사자소송, 민중소송, 기관소송 등을 규정하고 있다.

(4) 한계

① 「헌법」에 의한 한계 … 「헌법」상 국회의원의 징계·자격심사에 관한 사항, 헌법재판소의 권한에 관한 사항, 군사법원의 권한에 관한 사항 등은 행정소송의 대상에서 제외된다.

② 사법권 본질에 의한 한계

　㉠ 구체적 사건성을 결여한 경우 : 학문·예술 등 가치의 문제, 법률문제가 아닌 사실문제 등은 행정소송의 대상이 되지 않는다.

　㉡ 주관적 소송의 원칙 : 일반적으로 소송은 개인의 권리보호를 목적으로 하므로 공익이나 타인의 이익을 위한 객관적 소송 또는 단체소송은 법률에 규정이 있는 경우에만 예외적으로 인정된다. 독일의 단체소송, 미국의 집단소송, 우리나라의 민중소송과 기관소송 등이 이에 해당한다.

행정소송에 대한 설명으로 옳지 않은 것은? (다툼이 있는 경우 판례에 의함)

▶ 2019. 6. 15. 제1회 지방직

① 검사의 불기소결정은 「행정소송법」상 처분에 해당되어 항고소송을 제기할 수 있다.

② 납세의무부존재확인의 소는 공법상의 법률관계 그 자체를 다투는 소송으로서 당사자소송이다.

③ 행정청의 부작위에 대하여 행정심판을 거치지 않고 부작위위법확인소송을 제기하는 경우에는 제소기간의 제한을 받지 않는다.

④ 거부처분에 대하여 무효확인 판결이 확정된 경우, 행정청에 대해 판결의 취지에 따른 재처분의무가 인정될 뿐 그에 대하여 간접강제까지 허용되는 것은 아니다.

▌정답 ①

③ 권력분립의 원칙에 의한 한계

ⓐ 권력분립의 원칙상 통치행위나 재량행위는 심사의 대상에서 제외된다. 그러나 통치행위가 국민의 기본권을 침해하는 경우, 재량행위가 재량권을 일탈·남용하는 경우에는 사법심사의 대상이 된다.

ⓑ 취소소송에 의해 처분을 변경하는 경우 그 일부만을 취소하는 소극적 변경은 가능하나 원처분을 새로운 처분으로 대체하는 적극적 변경은 인정되지 않는다.

ⓒ 행정심판과 달리 부당에 그치는 처분은 심사대상이 되지 않는다.

ⓓ 부작위위법확인소송만이 인정될 뿐 의무이행소송은 인정되지 않는다.

ⓔ 부작위위법확인소송에서 처분청이 법원의 결정에 따르지 않을 경우 이를 직접 강제하지 못하고 간접적으로 손해배상을 명할 수 있을 뿐이다.

(5) 행정소송의 종류(내용에 따른 분류)

① 항고소송

ⓐ 법정항고소송

• 취소소송 : 행정청의 위법한 처분 등의 취소·변경을 구하는 소송이다(행정처분의 위법성이 소송대상이 된다).

• 무효등확인소송 : 행정청의 처분 등의 효력유무 또는 존재유무를 확인하는 소송이다. 이에는 유효·무효·실효·존재·부존재확인소송이 있다. (직권심리주의의 가미, 집행부정지의 원칙은 준용되나 임의적 행정심판전치주의, 제소기간의 제한, 사정판결, 간접강제는 준용되지 않는다.)

• 부작위위법확인소송 : 행정청의 부작위가 위법함을 확인하는 소송이다. (임의적 행정심판전치주의는 적용되나 제소기간의 제한(행정심판을 거치지 않은 경우), 집행부정지의 원칙, 사정판결 등은 적용되지 않는다. 내용상으로 항고소송, 성질상으로 확인소송이다.)

> **판례** 부작위위법확인의 소는 부작위상태가 계속되는 한 그 위법의 확인을 구할 이익이 있다고 보아야 하므로 원칙적으로 제소기간의 제한을 받지 않는다. 그러나 행정소송법 제38조 제2항이 제소기간을 규정한 같은 법 제20조를 부작위위법확인소송에 준용하고 있는 점에 비추어 보면, 행정심판 등 전심절차를 거친 경우에는 행정소송법 제20조가 정한 제소기간 내에 부작위위법확인의 소를 제기하여야 한다(대판 2009. 7.23. 2008두10560).

ⓑ 무명항고소송(비법정항고소송)의 문제 : 「행정소송법」이 규정하고 있는 항고소송의 형태는 취소소송, 무효등확인소송, 부작위위법확인소송의 3종인 바, 행정소송법상의 항고소송의 종류에 관한 규정을 열거규정으로 보는가 예시규정으로 보는가에 따라 법정소송 이외의 소송형태가 인정될 수 있는지가 결정된다. 구체적으로 의무이행소송, 작위의무확인소송, 예방적 부작위소송 등을 상정해 볼 수 있으나 우리 대법원은 이를 모두 인정하지 않고 있다.

판례 현행 행정소송법상 행정청으로 하여금 일정한 행정처분을 하도록 명하는 <u>이행판결을 구하는</u> <u>소송이나</u> 법원으로 하여금 행정청이 일정한 행정처분을 행한 것과 같은 효과가 있는 행정처분을 직접 행하도록 하는 <u>형성판결을 구하는 소송은 허용되지 아니한다</u>(대판1997. 9.30. 97누3200).

건축건물의 준공처분을 하여서는 아니된다는 내용의 <u>부작위를 구하는</u> 청구는 행정소송에서 <u>허용되지 아니하는 것이므로 부적법하다</u>(대판 1987. 3.24. 86누182).

행정심판법 제4조 제3호가 의무이행심판청구를 인정하고 있고 항고소송의 제1심 관할법원이 행정청의 소재지를 관할하는 고등법원으로 되어 있다고 하더라도, 행정소송법상 <u>행정청의 부작위에 대하여는 부작위위법인소송만 인정되고 작위의무의 이행이나 확인을 구하는 행정소송은 허용될 수 없다</u>(대판 1992.11.10. 92누1629).

② **당사자소송** … 행정청의 처분 등을 원인으로 하는 법률관계에 관한 소송, 그 밖에 공법상 법률관계에 관한 소송으로서 그 법률관계의 한쪽 당사자를 피고로 하는 소송을 의미한다.

　㉠ **형식적 당사자소송** : 행정청의 처분 등을 원인으로 하는 법률관계에 관한 소송으로서 그 법률관계의 한쪽 당사자를 피고로 하는 소송을 말한다. 토지보상법상 토지수용에 따른 보상금액의 증감에 관한 토지소유자와 사업시행자 간의 소송 등이 이에 해당한다.

　㉡ **실질적 당사자소송** : 공법상의 법률관계에 관한 소송으로서 그 법률관계의 한쪽 당사자를 피고로 하는 소송을 말한다. 공법상의 신분 또는 지위의 확인에 관한 소송, 공법상 계약에 관한 소송 등이 이에 해당한다. 임의적 행정심판 전치주의, 원고적격, 집행부정지의 원칙, 사정판결 등은 준용되지 않는다.

③ **민중소송**

　㉠ 국가 또는 공공단체의 기관이 법률에 위반되는 행위를 한 때에 직접 자신의 법률상 이익과 관계없이 행정의 적정한 작용을 위해 일반 국민이 제기하는 소송이다.

　㉡ 일반 선거인이 제기하는 선거소송과 일반 투표인이 제기하는 국민투표무효소송 등이 있다.

④ **기관소송**

　㉠ 국가 또는 공공단체의 기관 상호 간에 그 권한의 존부 또는 그 행사에 관한 다툼이 있을 때 제기하는 소송이다.

　㉡ 지방자치단체의 장이 지방의회의 재의결사항이 법령에 위배되는 것임을 이유로 의회를 피고로 하여 대법원에 제소하는 것 등이 있다.

기출문제

section 2 항고소송

(1) 취소소송

① 의의 … 행정청의 위법한 처분 등에 대하여 그 취소·변경을 구할 법률상 이익이 있는 자가 처분 등을 행한 행정청을 피고로 하여 제기하는 소송을 말한다. 취소소송은 항고소송 중 가장 중심이 되는 소송이며 실제 제기되는 소송의 대다수를 차지한다.

② 취소소송의 재판관할

ㄱ 원칙 : 취소소송의 제1심 관할법원은 피고의 소재지를 관할하는 행정법원으로 한다. 그러나 중앙행정기관, 중앙행정기관의 부속기관과 합의제행정기관 또는 그 장, 국가의 사무를 위임 또는 위탁받은 공공단체 또는 그 장에 해당하는 피고에 대하여 취소소송을 제기하는 경우에는 대법원소재지를 관할하는 행정법원에 제기할 수 있다. 토지의 수용 기타 부동산 또는 특정의 장소에 관계되는 처분 등에 대한 취소소송은 그 부동산 또는 장소의 소재지를 관할하는 행정법원에 이를 제기할 수 있다.

ㄴ 관할 법원에의 이송 : 법원은 소송의 전부 또는 일부가 그 관할에 속하지 아니함을 인정할 때에는 결정으로 관할 법원에 이송한다.

ㄷ 관련청구소송의 이송·병합 : 관련되는 청구를 하나의 소송절차에서 통일적으로 심판함으로써 소송경제를 도모하고, 판결의 모순·저촉을 방지하기 위함이다.

• 관련청구의 범위
- 당해 처분이나 재결과 관련되는 손해배상·부당이득반환·원상회복 등의 청구소송
- 당해 처분이나 재결과 관련되는 취소소송

• 관련청구의 이송 : 취소소송과 관련청구소송이 각각 다른 법원에 계속되고 있는 경우에 관련청구소송이 계속된 법원이 상당하다고 인정할 때에는 당사자의 신청 또는 직권에 의하여 이를 취소소송이 계속된 법원으로 이송하는 것을 말한다.
- 요건 : 취소소송과 관련청구소송이 각각 다른 법원에 계속 중이고, 이송하는 데 상당성이 인정되어야 하며, 당사자의 신청 또는 직권에 의하여야 한다.
- 이송재판 : 이송결정은 이송받은 법원을 기속하며, 이송결정과 이송신청의 기각결정에 대하여는 즉시 항고할 수 있고, 이송결정이 확정된 때에는 당해 관련청구소송은 처음부터 이송을 받은 법원에 계속된 것으로 본다.

• 관련청구소송의 병합 : 관련청구소송을 병합하여 하나의 소송절차에서 심리하는 것을 말한다.

문 취소소송의 적법요건에 대한 설명으로 옳지 않은 것은? (다툼이 있는 경우 판례에 의함)
▶ 2015. 3. 14. 사회복지직
① 무효인 처분에 대하여 무효선언을 구하는 취소소송을 제기하는 경우 제소기간을 준수하여야 한다.
② 제소기간의 적용에 있어 '처분이 있음을 안 날'이란 처분의 존재를 현실적으로 안 날을 의미하는 것이 아니라 처분의 위법 여부를 인식한 날을 말한다.
③ 부령인 시행규칙의 형식으로 정한 처분기준에서 선행처분을 받은 것을 가중사유나 전제요건으로 삼아 후행처분을 하도록 정한 경우, 선행처분을 받은 상대방은 비록 그 처분에서 정한 제재기간이 경과하였다 하더라도 선행처분의 취소소송을 제기할 법률상 이익이 있다.
④ 취소소송의 원고적격은 소송요건의 하나이므로 사실심 변론종결시는 물론 상고심에서도 존속하여야 하고 이를 흠결하면 부적법한 소가 된다.

정답 ②

–종류와 형태

객관적 병합	주관적 병합
• 단수당사자(하나의 원고·피고) 사이에 있어서의 복수청구의 병합 • 병합제기, 추가적 병합	• 복수당사자에 의한(수인의 또는 수인에 대한) 복수청구의 병합 • 단순 주관적 병합, 주관적·예비적 병합, 주관적·추가적 병합

–요건 : 병합하기 위해서는 본체인 취소소송이 적법해야 하고, 사실심 변론종결 이전이어야 하며, 취소소송이 계속된 법원에 병합하여야 한다.

판례 행정소송법 제10조 제1항 제1호는 행정소송에 병합될 수 있는 관련청구에 관하여 '당해 처분 등과 관련되는 손해배상·부당이득반환·원상회복 등의 청구'라고 규정함으로써 그 병합요건으로 본래의 행정소송과의 관련성을 요구하고 있는바, 이는 행정소송에서 계쟁 처분의 효력을 장기간 불확정한 상태에 두는 것은 바람직하지 않다는 관점에서 병합될 수 있는 청구의 범위를 한정함으로써 사건의 심리범위가 확대·복잡화되는 것을 방지하여 그 심판의 신속을 도모하려는 취지라 할 것이므로, 손해배상청구 등의 민사소송이 행정소송에 관련청구로 병합되기 위해서는 그 청구의 내용 또는 발생원인이 행정소송의 대상인 처분 등과 법률상 또는 사실상 공통되거나, 그 처분의 효력이나 존부 유무가 선결문제로 되는 등의 관계에 있어야 함이 원칙이다(대판 2000.10.27. 99두561).

행정소송법 제38조, 제10조에 의한 관련청구소송의 병합은 본래의 항고소송이 적법할 것을 요건으로 하는 것이어서 본래의 항고소송이 부적법하여 각하되면 그에 병합된 관련청구도 소송요건을 흠결한 부적합한 것으로 각하되어야 한다(대판 2001.11.27. 2000두698).

행정소송법 제10조는 처분의 취소를 구하는 취소소송에 당해 처분과 관련되는 부당이득반환소송을 관련 청구로 병합할 수 있다고 규정하고 있는바, 취소소송에 병합할 수 있는 당해 처분과 관련되는 부당이득반환소송에는 당해 처분의 취소를 선결문제로 하는 부당이득반환청구가 포함되고, 이러한 부당이득반환청구가 인용되기 위해서는 그 소송절차에서 판결에 의해 당해 처분이 취소되면 충분하고 그 처분의 취소가 확정되어야 하는 것은 아니라고 보아야 한다(대판 2009. 4. 9. 2008두23153).

ㄹ **소의 변경**

• 의의 및 종류 : 소송 계속 중 원고가 소송대상인 청구를 변경하는 것을 말한다. 소의 변경에는 i) 소 종류의 변경(행정소송법 제21조), ii) 처분변경으로 인한 소의 변경(행정소송법 제22조), iii) 민사소송과 행정소송 사이의 소의 변경이 있다.

• 소 종류의 변경

–취소소송을 당사자소송 또는 취소소송 외의 항고소송으로의 변경(행정소송법 제21조 제1항)

–무효등 확인소송이나 부작위법확인소송을 취소소송 또는 당사자소송으로 변경(행정소송법 제37조)

–당사자소송을 항고소송으로 변경(행정소송법 제42조)

–무효등 확인소송과 부작위위법확인소송 사이의 소의 변경은 규정은 없지만, 학설은 긍정

기출문제

문 「행정소송법」상 소의 종류의 변경에 대한 설명으로 옳은 것을 〈보기〉에서 모두 고른 것은?

▶ 2018. 6. 23. 제2회 서울특별시

〈보기〉
㉠ 소의 종류의 변경은 직권으로도 가능하다.
㉡ 항소심에서도 소의 종류의 변경은 가능하다.
㉢ 당사자소송을 항고소송으로 변경하는 것은 허용되지 않는다.
㉣ 소의 종류의 변경의 요건을 갖춘 경우 면직처분취소소송을 공무원보수지급청구소송으로 변경하는 것은 가능하다.

① ㉠, ㉡　　　② ㉠, ㉣
③ ㉡, ㉢　　　④ ㉡, ㉣

문 행정소송과 그 피고에 대한 연결이 옳은 것만을 모두 고르면?

▶ 2018. 5. 19. 제1회 지방직

㉠ 대통령의 검사임용처분에 대한 취소소송 – 법무부장관
㉡ 국토교통부장관으로부터 권한을 내부위임받은 국토교통부차관이 처분을 한 경우에 그에 대한 취소소송 – 국토교통부차관
㉢ 헌법재판소장이 소속직원에게 내린 징계처분에 대한 취소소송 – 헌법재판소 사무처장
㉣ 환경부장관의 권한을 위임받은 서울특별시장이 내린 처분에 대한 취소소송 – 서울특별시장

① ㉠, ㉡
② ㉢, ㉣
③ ㉠, ㉢, ㉣
④ ㉠, ㉡, ㉢, ㉣

│정답 ④, ③

－법원은 소를 변경하는 것이 상당하다고 인정할 때에는 청구의 기초에 변경이 없는 한 사실심의 변론종결시까지 원고의 신청에 의하여 결정으로써 소의 변경을 허가할 수 있다. 소의 변경을 허가 하는 경우 피고를 달리하게 될 때에는 법원은 새로이 피고로 될 자의 의견을 들어야 하며, 허가결정에 대하여는 즉시항고할 수 있다. 법원은 결정의 정본을 새로운 피고에게 송달하여야 하고, 새로운 피고에 대한 소송은 처음에 소를 제기한 때에 제기된 것으로 보며, 종전의 피고에 대한 소송은 취하된 것으로 본다.

• 처분변경으로 인한 소의 변경

－법원은 행정청이 소송의 대상인 처분을 소가 제기된 후 변경한 때에는 원고의 신청에 의하여 결정으로써 청구의 취지 또는 원인의 변경을 허가할 수 있다.

－원고의 신청은 처분의 변경이 있음을 안 날로부터 60일 이내에 하여야 하며, 변경되는 청구는 필요적 행정심판전치에 해당하는 경우에도 그 요건을 갖춘 것으로 본다.

• 민사소송과 행정소송 사이의 소의 변경

－현행법상 이에 관한 명문 규정은 없지만, 판례는 이를 긍정하고 있다.

판례 원고가 고의 또는 중대한 과실 없이 행정소송으로 제기하여야 할 사건을 민사소송으로 잘못 제기한 경우, 수소법원으로서는 만약 행정소송에 대한 관할도 동시에 가지고 있다면 이를 행정소송으로 심리·판단하여야 하고, 행정소송에 대한 관할을 가지고 있지 아니하다면 당해 소송이 이미 행정소송으로서의 전심절차 및 제소기간을 도과하였거나 행정소송의 대상이 되는 처분 등이 존재하지도 아니한 상태에 있는 등 행정소송으로서의 소송요건을 결하고 있음이 명백하여 행정소송으로 제기되었더라도 어차피 부적법하게 되는 경우가 아닌 이상 이를 부적법한 소라고 하여 각하할 것이 아니라 관할법원에 이송하여야 한다(대판 2017. 11. 9. 2015다215526).

행정소송법상 취소소송은 처분 등이 있음을 안 날부터 90일 이내에 제기하여야 하고, 처분 등이 있은 날부터 1년을 경과하면 제기하지 못한다(행정소송법 제20조 제1항, 제2항). 그리고 청구취지를 변경하여 구 소가 취하되고 새로운 소가 제기된 것으로 변경되었을 때에 새로운 소에 대한 제소기간의 준수 등은 원칙적으로 소의 변경이 있은 때를 기준으로 하여야 한다. 그러나 선행 처분에 대하여 제소기간 내에 취소소송이 적법하게 제기되어 계속 중에 행정청이 선행 처분서 문언에 일부 오기가 있어 이를 정정할 수 있음에도 선행 처분을 직권으로 취소하고 실질적으로 동일한 내용의 후행 처분을 함으로써 선행 처분과 후행 처분 사이에 밀접한 관련성이 있고 선행 처분에 존재한다고 주장되는 위법사유가 후행 처분에도 마찬가지로 존재할 수 있는 관계인 경우에는 후행 처분의 취소를 구하는 소변경의 제소기간 준수 여부는 따로 따질 필요가 없다(대판 2019. 7. 4. 2018두58431).

③ 취소소송의 당사자 등

㉠ 당사자적격 : 소송에 있어 당사자란 원고, 피고, 참가인을 말한다. 당사자가 될 수 있는 당사자능력은 자연인과 법인이 가지나 법인격 없는 사단과 재단도 대표자 또는 관리인이 있으면 단체의 이름으로 당사자가 될 수 있다.

㉡ 취소소송의 원고적격 : 행정소송법은 "취소소송은 처분의 취소를 구할 법률상 이익이 있는 자가 제기할 수 있다."고 규정하고 있다. 단순한 반사적 이익은 여기서 제외된다(법률상 보호되고 있는 이익구제설, 통설·판례).

판례 행정처분의 직접 상대방이 아닌 제3자라 하더라도 당해 행정처분으로 법률상 보호되는 이익을 침해당한 경우에는 취소소송을 제기하여 당부의 판단을 받을 자격이 있다. 여기에서 말하는 법률상 보호되는 이익은 당해 처분의 근거 법규 및 관련 법규에 의하여 보호되는 개별적·직접적·구체적 이익이 있는 경우를 말하고, 공익보호의 결과로 국민 일반이 공통적으로 가지는 일반적·간접적·추상적 이익과 같이 사실적·경제적 이해관계를 갖는 데 불과한 경우는 여기에 포함되지 아니한다(대판 2015. 7.23. 2012두19496).

행정처분의 직접 상대방이 아닌 제3자라 하더라도 당해 행정처분으로 인하여 법률상 보호되는 이익을 침해당한 경우에는 그 처분의 무효확인을 구하는 행정소송을 제기하여 그 당부의 판단을 받을 자격이 있다 할 것이며, 환경영향평가 대상지역 안의 주민들이 공유수면매립면허처분 등과 관련하여 갖고 있는 위와 같은 환경상의 이익은 주민 개개인에 대하여 개별적으로 보호되는 직접적·구체적 이익으로서 그들에 대하여는 특단의 사정이 없는 한 환경상의 이익에 대한 침해 또는 침해우려가 있는 것으로 사실상 추정되어 공유수면매립면허처분 등의 무효확인을 구할 원고적격이 인정된다. 한편, 환경영향평가 대상지역 밖의 주민이라 할지라도 공유수면매립면허처분 등으로 인하여 그 처분 전과 비교하여 수인한도를 넘는 환경피해를 받거나 받을 우려가 있는 경우에는, 공유수면매립면허처분 등으로 인하여 환경상 이익에 대한 침해 또는 침해우려가 있다는 것을 입증함으로써 그 처분 등의 무효확인을 구할 원고적격을 인정받을 수 있다(대판 2006. 3.16. 2006두330(전합)).

판례는 보다 많은 피해자가 소송을 통해 구제받을 수 있도록 법률상 이익을 확대하여 원고적격을 넓게 인정하는 경향을 보이고 있다.

Point 팁 ⑦ 원고적격에 관한 판례

판례 지방법무사회가 법무사의 사무원 채용승인 신청을 거부하거나 채용승인을 얻어 채용 중인 사람에 대한 채용승인을 취소하면, 상대방인 법무사로서도 그 사람을 사무원으로 채용할 수 없게 되는 불이익을 입게 될 뿐만 아니라, 그 사람도 법무사 사무원으로 채용되어 근무할 수 없게 되는 불이익을 입게 된다. 법무사규칙 제37조 제4항이 이의신청 절차를 규정한 것은 채용승인을 신청한 법무사뿐만 아니라 사무원이 되려는 사람의 이익도 보호하려는 취지로 볼 수 있다. 따라서 지방법무사회의 사무원 채용승인 거부처분 또는 채용승인 취소처분에 대해서는 처분 상대방인 법무사뿐만 아니라 그 때문에 사무원이 될 수 없게 된 사람도 이를 다툴 원고적격이 인정되어야 한다(대판 2020. 4. 9. 2015다34444).

건설교통부장관은 지방자치단체의 장이 기관위임사무인 국토이용계획 사무를 처리함에 있어 자신과 의견이 다를 경우 법원에 의한 판결을 받지 않고서도 행정권한의 위임 및 위탁에 관한 규정이나 구 지방자치법에서 정하고 있는 지도·감독을 통하여 직접 지방자치단체의 장의 사무처리에 대하여 시정명령을 발하고 그 사무처리를 취소 또는 정지할 수 있으며, 지방자치단체의 장에게 기간을 정하여 직무이행명령을 하고 지방자치단체의 장이 이를 이행하지 아니할 때에는 직접 필요한 조치를 할 수도 있으므로, 국가가 국토이용계획과 관련한 지방자치단체의 장의 기관위임사무의 처리에 관하여 지방자치단체의 장을 상대로 취소소송을 제기하는 것은 허용되지 않는다(대판 2007. 9.20. 2005두6935).

甲이 국민권익위원회에 부패방지 및 국민권익위원회의 설치와 운영에 관한 법률에 따른 신고와 신분보장조치를 요구하였고, 국민권익위원회가 甲의 소속기관 장인 乙 시·도선거관리위원회 위원장에게 '甲에 대한 중징계요구를 취소하고 향후 신고로 인한 신분상 불이익처분 및 근무조건상의 차별을 하지 말 것을 요구'하는 내용의 조치요구를 한 사안에서, 국가기관 일방의 조치요구에 불응한 상대방 국가기관에 국민권익위원회법상의 제재규정과 같은 중대한 불이익을 직접적으로 규정한 다른 법령의 사례를 찾아보기 어려운 점, 그럼에도 乙이 국민권익위원회의 조

기출문제

치요구를 다툴 별다른 방법이 없는 점 등에 비추어 보면, 처분성이 인정되는 위 조치요구에 불복하고자 하는 乙로서는 조치요구의 취소를 구하는 항고소송을 제기하는 것이 유효·적절한 수단이므로 비록 乙이 국가기관이더라도 당사자능력 및 원고적격을 가진다고 보는 것이 타당하고, 乙이 위 조치요구 후 甲을 파면하였다고 하더라도 조치요구가 곧바로 실효된다고 할 수 없고 乙은 여전히 조치요구를 따라야 할 의무를 부담하므로 乙에게는 위 조치요구의 취소를 구할 법률상 이익도 있다(대판 2013. 7. 25. 2011두1214).

재단법인 甲 수녀원이, 매립목적을 택지조성에서 조선시설용지로 변경하는 내용의 공유수면매립목적 변경 승인처분으로 인하여 법률상 보호되는 환경상 이익을 침해받았다면서 행정청을 상대로 처분의 무효 확인을 구하는 소송을 제기한 사안에서, 공유수면매립목적 변경 승인처분으로 甲 수녀원에 소속된 수녀 등이 쾌적한 환경에서 생활할 수 있는 환경상 이익을 침해받는다고 하더라도 이를 가리켜 곧바로 甲 수녀원의 법률상 이익이 침해된다고 볼 수 없고, 자연인이 아닌 甲 수녀원은 쾌적한 환경에서 생활할 수 있는 이익을 향수할 수 있는 주체가 아니므로 위 처분으로 위와 같은 생활상의 이익이 직접적으로 침해되는 관계에 있다고 볼 수도 없으며, 위 처분으로 환경에 영향을 주어 甲 수녀원이 운영하는 쨈 공장에 직접적이고 구체적인 재산적 피해가 발생한다거나 甲 수녀원이 폐쇄되고 이전해야 하는 등의 피해를 받거나 받을 우려가 있다는 점 등에 관한 증명도 부족하다는 이유로, 甲 수녀원에 처분의 무효 확인을 구할 원고적격이 없다(대판 2012. 6. 28. 2010두2005).

사증발급의 법적 성질, 출입국관리법의 입법 목적, 사증발급 신청인의 대한민국과의 실질적 관련성, 상호주의원칙 등을 고려하면, 우리 출입국관리법의 해석상 외국인에게는 사증발급 거부처분의 취소를 구할 법률상 이익이 인정되지 않는다(대판 2018. 5. 15. 2014두42506).

행정처분에 있어서 불이익처분의 상대방은 직접 개인적 이익의 침해를 받은 자로서 원고적격이 인정되지만 수익처분의 상대방은 그의 권리나 법률상 보호되는 이익이 침해되었다고 볼 수 없으므로 달리 특별한 사정이 없는 한 취소를 구할 이익이 없다(대판 1995. 8. 22. 94누8129).

ⓒ 수익적 처분의 제3자의 원고적격
- 경업자: 기존업자에게 특허가 있는 경우는 원고적격 긍정되고, 허가가 있는 경우에는 법이 기존업자의 이익도 보호하는 것으로 해석되는 경우가 아닌한 원고적격 부정.

판례 담배사업법령에 담배일반소매인간 거리제한 규정에 대해서는 기존 일반소매인의 원고적격을 긍정하지만(2007두23811), 담배일반소매인과 구내소매인의 거리제한 규정에서 기존 일반소매인의 원고적격을 부정(2008두402)하였다.

판례 일반적으로 면허나 인·허가 등의 수익적 행정처분의 근거가 되는 법률이 해당 업자들 사이의 과당경쟁으로 인한 경영의 불합리를 방지하는 것도 그 목적으로 하고 있는 경우, 다른 업자에 대한 면허나 인·허가 등의 수익적 행정처분에 대하여 미리 같은 종류의 면허나 인·허가 등의 수익적 행정처분을 받아 영업을 하고 있는 기존의 업자는 경업자에 대하여 이루어진 면허나 인·허가 등 행정처분의 상대방이 아니라 하더라도 당해 행정처분의 취소를 구할 당사자적격이 있다. 시외버스운송사업계획변경인가처분으로 인하여 기존의 시내버스운송사업자의 노선 및 운행계통과 시외버스운송사업자들의 그것들이 일부 중복되게 되고 기존업자의 수익감소가 예상된다면, 기존의 시내버스운송사업자와 시외버스운송사업자들은 경업관계에 있는 것으로 봄이 상당하다 할 것이어서 기존의 시내버스운송사업자에게 시외버스운송사업계획변경인가처분의 취소를 구할 법률상의 이익이 있다(대판 2002. 10. 25. 2001두4450).

• 경원자 : 일방에 대한 인·허가 등이 타방에 대한 불허가로 귀결되므로 원고적격이 긍정

판례 인가·허가 등 수익적 행정처분을 신청한 여러 사람이 서로 경원관계에 있어서 한 사람에 대한 허가 등 처분이 다른 사람에 대한 불허가 등으로 귀결될 수밖에 없을 때 허가 등 처분을 받지 못한 사람은 신청에 대한 거부처분의 직접 상대방으로서 원칙적으로 자신에 대한 거부처분의 취소를 구할 원고적격이 있고, 취소판결이 확정되는 경우 판결의 직접적인 효력으로 경원자에 대한 허가 등 처분이 취소되거나 효력이 소멸되는 것은 아니더라도 행정청은 취소판결의 기속력에 따라 판결에서 확인된 위법사유를 배제한 상태에서 취소판결의 원고와 경원자의 각 신청에 관하여 처분요건의 구비 여부와 우열을 다시 심사하여야 할 의무가 있으며, 재심사 결과 경원자에 대한 수익적 처분이 직권취소되고 취소판결의 원고에게 수익적 처분이 이루어질 가능성을 완전히 배제할 수는 없으므로, 특별한 사정이 없는 한 경원관계에서 허가 등 처분을 받지 못한 사람은 자신에 대한 거부처분의 취소를 구할 소의 이익이 있다(대판 2015.10.29. 2013두27517).

• 인인(이웃)소송 : 처분의 근거·관련법규가 공익과 함께 인근 주민의 개별적 이익도 보호하고 있다고 해석되면 원고적격 긍정.

판례 연탄공장(73누96), 납골당(2009두6766), 원자로(97누19588), 공장설립승인(2007두16127), 공설화장장(94누14544)사건에서 원고적격을 긍정하였고 / 상수원보호구역(94누14544), 생태·자연도(2011두29052)사건에서는 원고적격 부정

납골묘, 납골탑, 가족 또는 종중·문중 납골당 등 사설납골시설의 설치장소에 제한을 둔 것은, 이러한 사설납골시설을 인가가 밀집한 지역 인근에 설치하지 못하게 함으로써 주민들의 쾌적한 주거, 경관, 보건위생 등 생활환경상의 개별적 이익을 직접적·구체적으로 보호하려는 데 취지가 있으므로, 이러한 납골시설 설치장소에서 500m 내에 20호 이상의 인가가 밀집한 지역에 거주하는 주민들은 납골당 설치에 대하여 환경상 이익 침해를 받거나 받을 우려가 있는 것으로 사실상 추정된다. 다만 사설납골시설 중 종교단체 및 재단법인이 설치하는 납골당에 대하여는 그와 같은 설치 장소를 제한하는 규정을 명시적으로 두고 있지 않지만, 종교단체나 재단법인이 설치한 납골당이라 하여 납골당으로서 성질이 가족 또는 종중, 문중 납골당과 다르다고 할 수 없고, 인근 주민들이 납골당에 대하여 가지는 쾌적한 주거, 경관, 보건위생 등 생활환경상의 이익에 차이가 난다고 볼 수 없다. 따라서 납골당 설치장소에서 500m 내에 20호 이상의 인가가 밀집한 지역에 거주하는 주민들에게는 납골당이 누구에 의하여 설치되는지를 따질 필요 없이 납골당 설치에 대하여 환경 이익 침해 또는 침해 우려가 있는 것으로 사실상 추정되어 원고적격이 인정된다고 보는 것이 타당하다(대판 2011. 9. 8. 2009두6766).

환경부장관이 생태·자연도 1등급으로 지정되었던 지역을 2등급 또는 3등급으로 변경하는 내용의 생태·자연도 수정·보완을 고시하자, 인근 주민 甲이 생태·자연도 등급변경처분의 무효확인을 청구한 사안에서, 생태·자연도의 작성 및 등급변경의 근거가 되는 구 자연환경보전법(2011. 7. 28. 법률 제10977호로 개정되기 전의 것) 제34조 제1항 및 그 시행령 제27조 제1항, 제2항에 의하면, 생태·자연도는 토지이용 및 개발계획의 수립이나 시행에 활용하여 자연환경을 체계적으로 보전·관리하기 위한 것일 뿐, 1등급 권역의 인근 주민들이 가지는 생활상 이익을 직접적이고 구체적으로 보호하기 위한 것이 아님이 명백하고, 1등급 권역의 인근 주민들이 가지는 이익은 환경보호라는 공공의 이익이 달성됨에 따라 반사적으로 얻게 되는 이익에 불과하므로, 인근 주민에 불과한 甲은 생태·자연도 등급권역을 1등급에서 일부는 2등급으로, 일부는 3등급으로 변경한 결정의 무효 확인을 구할 원고적격이 없다(대판 2014. 2.21. 2011두29052).

ⓒ **취소소송의 피고적격** : 취소소송의 피고는 행정청(처분청, 재결기관)이 된다. 소송의 피고는 판결의 효과가 귀속되는 권리·의무주체인 국가나 공공단체가 되는 것이 원칙이나, 「행정소송법」은 소송수행의 편의를 위하여 처분청을 피고로 하고 있다.

Point 팁 피고적격

- 원칙적으로 처분 등을 행한 행정청(처분청)이 피고가 된다.

  다만, ㉠ 공무원 등에 대한 불이익처분의 처분청이 대통령인 경우 <u>소속장관</u>이 피고가 되고, ㉡ 대법원장이 행한 처분의 경우 <u>법원행정처장</u>/헌법재판소장이 행한 처분의 경우 <u>헌법재판소사무처장</u>/국회의장이 행한 처분의 경우 <u>국회사무총장</u>이 피고가 된다. ㉢ 처분 등이 있은 뒤에 그 권한이 다른 행정청에 승계된 때에는 이를 <u>승계한 행정청</u>이 피고가 되고, ㉣ 처분 등이 있은 뒤에 행정청이 없어진 경우에는 그 처분에 관한 <u>사무가 귀속되는 국가 또는 공공단체</u>가 피고가 된다.

- 합의제 행정청의 경우에는 원칙적으로 <u>합의제 행정청</u>이 피고. 다만, 중앙노동위원회의 경우 <u>중앙노동위원회 위원장</u>이 피고

- 처분적 조례가 국민의 기본권을 침해하는 경우에는 <u>지방자치단체 장</u>이 피고 (교육·학예에 관한 조례 : 시·도교육감)

- 지방의회 의결의 경우에는 소속의원에 대한 징계의결(93누7341), 의장에 대한 불신임의결(94두23), 의장선거(94누2602)는 지방의회 이름으로 행해지는 처분이므로 <u>지방의회</u>가 피고

- 권한의 위임·위탁의 경우에는 자신의 명의로 처분을 하는 <u>수임청·수탁청</u>이 피고

판례 [1] 항고소송은 원칙적으로 소송의 대상인 행정처분 등을 외부적으로 그의 명의로 행한 행정청을 피고로 하여야 하는 것으로서, 그 행정처분을 하게 된 연유가 상급행정청이나 타행정청의 지시나 통보에 의한 것이라 하여 다르지 않고, <u>권한의 위임이나 위탁을 받아 수임행정청이 자신의 명의로 한 처분에 관하여도 마찬가지이다.</u> 그리고 위와 같은 지시나 통보, 권한의 위임이나 위탁은 행정기관 내부의 문제일 뿐 국민의 권리의무에 직접 영향을 미치는 것이 아니어서 항고소송의 대상이 되는 행정처분에 해당하지 않는다. [2] 근로복지공단이 甲 지방자치단체에 고용보험료 부과처분을 하자, 甲 지방자치단체가 구 고용보험 및 산업재해보상보험의 보험료징수 등에 관한 법률 제4조 등에 따라 국민건강보험공단을 상대로 위 처분의 무효확인 및 취소를 구한 사안에서, 근로복지공단이 甲 지방자치단체에 대하여 고용보험료를 부과·고지하는 처분을 한 후, 국민건강보험공단이 위 법 제4조에 따라 종전 근로복지공단이 수행하던 보험료의 고지 및 수납 등의 업무를 수행하게 되었고, 위 법 부칙 제5조가 '위 법 시행 전에 종전의 규정에 따른 근로복지공단의 행위는 국민건강보험공단의 행위로 본다'고 규정하고 있어, <u>甲 지방자치단체에 대한 근로복지공단의 고용보험료 부과처분에 관계되는 권한 중 적어도 보험료의 고지에 관한 업무는 국민건강보험공단이 그 명의로 고용노동부장관의 위탁을 받아서 한 것으로 보아야 하므로, 위 처분의 무효확인 및 취소 소송의 피고는 국민건강보험공단이 되어야 함에도,</u> 이와 달리 위 처분의 주체는 여전히 근로복지공단이라고 본 원심판결에 고용보험료 부과고지권자와 항고소송의 피고적격에 관한 법리를 오해한 위법이 있다(대판 2013. 2. 28. 2012두22904).

- 내부위임과 대리의 경우에는 권한이 이전되지 않으므로 <u>위임청과 피대리청</u>이 피고. 다만, 내부위임을 받은 기관이 자신의 이름으로 권한을 행사한 경우에도 국민의 인식가능성을 기준으로 실제로 처분을 한 행정청이 피고가 됨.

> [판례] 행정처분을 행할 적법한 권한 있는 상급행정청으로부터 내부위임을 받은 데 불과한 <u>하급행정청이 권한 없이 행정처분을 한 경우에도 실제로 그 처분을 행한 하급행정청을 피고로 하여야할 것이지 그 처분을 행할 적법한 권한 있는 상급행정청을 피고로 할 것은 아니다</u>(대판 1994. 8.12. 94누2763).

> 대리권을 수여받은 데 불과하여 그 자신의 명의로는 행정처분을 할 권한이 없는 행정청의 경우 <u>대리관계를 밝힘이 없이 그 자신의 명의로 행정처분을 하였다면 그에 대하여는 처분명의자인 당해 행정청이 항고소송의 피고가 되어야 하는 것이 원칙이지만</u>, 비록 대리관계를 명시적으로 밝히지는 아니하였다 하더라도 처분명의자가 피대리 행정청 산하의 행정기관으로서 실제로 피대리 행정청으로부터 대리권한을 수여받아 피대리 행정청을 대리한다는 의사로 행정처분을 하였고 처분명의자는 물론 그 상대방도 그 행정처분이 피대리 행정청을 대리하여 한 것임을 알고서 이를 받아들인 예외적인 경우에는 피대리 행정청이 피고가 되어야 한다. 근로복지공단의 이사장으로부터 보험료의 부과 등에 관한 대리권을 수여받은 지역본부장이 대리의 취지를 명시적으로 표시하지 않고서 산재보험료 부과처분을 한 경우, <u>그 부과처분에 대한 항고소송의 피고적격이 근로복지공단에 있다</u>(대판 2006. 2.23. 2005부4).

- 처분청과 처분을 통지한 자가 다른 경우에는 <u>처분청</u>이 피고

> [판례] 국무회의에서 건국훈장 독립장이 수여된 망인에 대한 서훈취소를 의결하고 대통령이 결재함으로써 서훈취소가 결정된 후 국가보훈처장이 망인의 유족 甲에게 '독립유공자 서훈취소결정 통보'를 하자 甲이 국가보훈처장을 상대로 서훈취소결정의 무효 확인 등의 소를 제기한 사안에서, <u>甲이 서훈취소 처분을 행한 행정청(대통령)이 아니라 국가보훈처장을 상대로 제기한 위 소는 피고를 잘못 지정한 경우에 해당하므로</u>, 법원으로서는 석명권을 행사하여 정당한 피고로 경정하게 하여 소송을 진행해야 함에도 국가보훈처장이 서훈취소 처분을 한 것을 전제로 처분의 적법 여부를 판단한 원심판결에 법리오해 등의 잘못이 있다(대판 2014. 9.26. 2013두2518).

> ※ 피고경정(행정소송법 제14조, 제21조)
> 피고경정은 소송의 계속 중에 ① 원고가 피고를 잘못 지정한 경우(법 제14조 제1항), ② 행정청의 권한이 승계되거나 행정청이 없게 된 경우(법 제14조 제6항), ③ 소의 종류를 변경하는 경우(법 제21조, 제42조)에 피고를 변경하거나 추가하는 것을 의미한다. 행정소송의 피고 경정은 민사소송과는 달리 사실심변론종결시까지 가능하고, 피고의 동의를 요하지 않으며, 구두신청도 가능하다.

ⓒ 협의의 소의 이익(협의의 소익)

- 의의 : 협의의 소익은 원고의 소제기가 법원의 판단을 받을 실익이나 필요성이 있는가를 의미한다. 소송요건의 하나이며 법원의 직권조사사항이고 상고심에서도 존속해야 한다.
- 처분이 기간의 경과, 직권취소 등으로 소멸된 경우에는 협의의 소익이 없는 것이 원칙이다. 다만, 판례는 그 처분이 외형상 잔존함으로 인해 법률상 이익이 침해되고 있다고 인정되는 특별한 사정(가중적 제재처분이 존재하는 경우, 반복되는 위험을 방지하기 위한 경우)이 있는 경우에는 그 처분의 취소를 구할 협의의 소익이 있다고 판시하고 있다.

기출문제

문 행정소송의 피고적격에 대한 설명으로 가장 옳지 않은 것은?

▶ 2018. 6. 23. 제2회 서울특별시

① 조례가 항고소송의 대상이 되는 경우 피고는 지방자치단체의 의결기관으로서 조례를 제정한 지방의회이다.

② 대리권을 수여받은 데 불과하여 그 자신의 명의로는 행정처분을 할 권한이 없는 행정청의 경우 대리관계를 밝힘이 없이 그 자신의 명의로 행정처분을 하였다면 그에 대하여는 처분명의자인 당해 행정청이 항고소송의 피고가 되어야 하는 것이 원칙이다.

③ 취소소송은 다른 법률에 특별한 규정이 없는 한 그 처분등을 행한 행정청을 피고로 하며, 당사자소송은 국가·공공단체 그 밖의 권리주체를 피고로 한다.

④ 「국가공무원법」에 의한 처분, 기타 본인의 의사에 반한 불리한 처분이나 부작위에 관한 행정소송을 제기할 때에 대통령의 처분 또는 부작위의 경우에는 소속 장관을 피고로 한다.

판례 국민의 재판청구권을 보장한 헌법 제27조 제1항의 취지와 행정처분으로 인한 권익침해를 효과적으로 구제하려는 행정소송법의 목적 등에 비추어 행정처분의 존재로 인하여 국민의 권익이 실제로 침해되고 있는 경우는 물론이고 권익침해의 구체적·현실적 위험이 있는 경우에도 이를 구제하는 소송이 허용되어야 한다는 요청을 고려하면, 규칙이 정한 바에 따라 선행처분을 가중사유 또는 전제요건으로 하는 후행처분을 받을 우려가 현실적으로 존재하는 경우에는, 선행처분을 받은 상대방은 비록 그 처분에서 정한 제재기간이 경과하였다 하더라도 그 처분의 취소소송을 통하여 그러한 불이익을 제거할 권리보호의 필요성이 충분히 인정된다고 할 것이므로, 선행처분의 취소를 구할 법률상 이익이 있다고 보아야 한다(대판 2006. 6.22. 2003두1684(전합)).

임시이사 선임처분에 대하여 취소를 구하는 소송의 계속중 임기만료 등의 사유로 새로운 임시이사들로 교체된 경우, 선행 임시이사 선임처분의 효과가 소멸하였다는 이유로 그 취소를 구할 법률상 이익이 없다고 보게 되면, 원래의 정식이사들로서는 계속중인 소를 취하하고 후행 임시이사 선임처분을 별개의 소로 다툴 수밖에 없게 되며, 그 별소 진행 도중 다시 임시이사가 교체되면 또 새로운 별소를 제기하여야 하는 등 무익한 처분과 소송이 반복될 가능성이 있으므로, 취임승인이 취소된 학교법인의 정식이사들로서는 그 취임승인취소처분 및 임시이사 선임처분에 대한 각 취소를 구할 법률상 이익이 있고, 나아가 선행 임시이사 선임처분의 취소를 구하는 소송 도중에 선행 임시이사가 후행 임시이사로 교체되었다고 하더라도 여전히 선행 임시이사 선임처분의 취소를 구할 법률상 이익이 있다(대판 2007. 7.19. 2006두19297(전합)).

행정처분의 무효 확인 또는 취소를 구하는 소가 제소 당시에는 소의 이익이 있어 적법하였는데, 소송계속 중 해당 행정처분이 기간의 경과 등으로 그 효과가 소멸한 때에 처분이 취소되어도 원상회복이 불가능하다고 보이는 경우라도, 무효 확인 또는 취소로써 회복할 수 있는 다른 권리나 이익이 남아 있거나 또는 그 행정처분과 동일한 사유로 위법한 처분이 반복될 위험성이 있어 행정처분의 위법성 확인 내지 불분명한 법률문제에 대한 해명이 필요한 경우에는 행정의 적법성 확보와 그에 대한 사법통제, 국민의 권리구제 확대 등의 측면에서 예외적으로 그 처분의 취소를 구할 소의 이익을 인정할 수 있다. 여기에서 '그 행정처분과 동일한 사유로 위법한 처분이 반복될 위험성이 있는 경우'란 불분명한 법률문제에 대한 해명이 필요한 상황에 대한 대표적인 예시일 뿐이며, 반드시 '해당 사건의 동일한 소송 당사자 사이에서' 반복될 위험이 있는 경우만을 의미하는 것은 아니다(대판 2020.12.24. 2020두30450).

• 처분이 취소되어도 원상회복이 불가능하다면 협의의 소익은 없는 것이 원칙이지만, 이 경우에도 부수적 이익의 회복이 가능하다면 예외적으로 협의의 소익이 인정된다.

판례 위법한 행정처분의 취소를 구하는 소는 위법한 처분에 의하여 발생한 위법상태를 배제하여 원상으로 회복시키고 그 처분으로 침해되거나 방해받은 권리와 이익을 보호 구제하고자 하는 소송이므로 비록 그 위법한 처분을 취소한다 하더라도 원상회복이 불가능한 경우에는 그 취소를 구할 이익이 없다. 건축허가가 건축법 소정의 이격거리를 두지 아니하고 건축물을 건축하도록 되어 있어 위법하다 하더라도 건축허가에 기하여 건축공사가 완료되었다면 그 건축허가를 받은 대지와 접한 대지의 소유자인 원고가 위 건축허가처분의 취소를 받아 이격거리를 확보할 단계는 지났으며 민사소송으로 위 건축물 등의 철거를 구하는 데 있어서도 위 처분의 취소가 필요한 것이 아니므로 원고로서는 위 처분의 취소를 구할 법률상의 이익이 없다(대판1992.4.24.91누11131).

지방의회 의원에 대한 제명의결 취소소송 계속중 의원의 임기가 만료된 사안에서, 제명의결의 취소로 의원의 지위를 회복할 수는 없다 하더라도 제명의결시부터 임기만료일까지의 기간에 대한 월정수당의 지급을 구할 수 있는 등 여전히 그 제명의결의 취소를 구할 법률상 이익이 있다(대판2009. 1.30. 2007두13487).

정답 ①

부당해고 구제명령제도에 관한 근로기준법의 규정 내용과 목적 및 취지, 임금 상당액 구제명령의 의의 및 법적 효과 등을 종합적으로 고려하면, 근로자가 부당해고 구제신청을 하여 해고의 효력을 다투던 중 정년에 이르거나 근로계약기간이 만료하는 등의 사유로 원직에 복직하는 것이 불가능하게 된 경우에도 해고기간 중의 임금 상당액을 지급받을 필요가 있다면 임금 상당액 지급의 구제명령을 받을 이익이 유지되므로 구제신청을 기각한 중앙노동위원회의 재심판정을 다툴 소의 이익이 있다고 보아야 한다. 해고기간 중의 임금 상당액을 지급받기 위하여 민사소송을 제기할 수 있다는 사정이 소의 이익을 부정할 이유가 되지는 않는다. 위와 같은 법리는 근로자가 근로기준법 제30조 제3항에 따라 금품지급명령을 신청한 경우에도 마찬가지로 적용된다(대판 2020. 2.20. 2019두52386(전합)).

[1] 행정처분의 무효확인 또는 취소를 구하는 소에서, 비록 행정처분의 위법을 이유로 무효확인 또는 취소 판결을 받더라도 그 처분으로 발생한 위법상태를 원상으로 회복시킬 수 없는 경우에는 원칙적으로 무효확인 또는 취소를 구할 법률상 이익이 없다. 다만 원상회복이 불가능하더라도 무효확인 또는 취소로써 회복할 수 있는 다른 권리나 이익이 남아 있거나, 동일한 소송 당사자 사이에서 동일한 사유로 위법한 처분이 반복될 위험이 있어 행정처분의 위법성 확인 또는 불분명한 법률문제에 대한 해명이 필요하다고 판단되는 경우 등에는 행정의 적법성 확보와 그에 대한 사법통제, 국민의 권리구제 확대 등의 측면에서 예외적으로 처분의 취소를 구할 소의 이익을 인정할 수 있다. [2] 세무사 자격 보유 변호사 甲이 관할 지방국세청장에게 조정반 지정 신청을 하였으나 지방국세청장이 '甲의 경우 세무사등록부에 등록되지 않았기 때문에 2015년도 조정반 구성원으로 지정할 수 없다'는 이유로 거부처분을 하자, 甲이 거부처분의 취소를 구하는 소를 제기한 사안에서, 2015년도 조정반 지정의 효력기간이 지났으므로 거부처분을 취소하더라도 甲이 2015년도 조정반으로 지정되고자 하는 목적을 달성할 수 없고 장래의 조정반 지정 신청에 대하여 동일한 사유로 위법한 처분이 반복될 위험성이 있다거나 행정처분의 위법성 확인 또는 불분명한 법률문제에 대한 해명이 필요한 경우도 아니어서 소의 이익을 예외적으로 인정할 필요도 없으므로, 위 소는 부적법함에도 본안판단으로 나아가 청구를 인용한 원심판단에 법리를 오해한 잘못이 있다(대판 2020. 2.27. 2018두67152).

[1] 행정처분을 다툴 소의 이익은 개별·구체적 사정을 고려하여 판단하여야 한다. 행정처분의 무효확인 또는 취소를 구하는 소가 제소 당시에는 소의 이익이 있어 적법하였더라도, 소송 계속 중 처분청이 다툼의 대상이 되는 행정처분을 직권으로 취소하면 그 처분은 효력을 상실하여 더 이상 존재하지 않는 것이므로, 존재하지 않는 처분을 대상으로 한 항고소송은 원칙적으로 소의 이익이 소멸하여 부적법하다고 보아야 한다. 다만 처분청의 직권취소에도 완전한 원상회복이 이루어지지 않아 무효확인 또는 취소로써 회복할 수 있는 다른 권리나 이익이 남아 있거나 또는 동일한 소송 당사자 사이에서 그 행정처분과 동일한 사유로 위법한 처분이 반복될 위험성이 있어 행정처분의 위법성 확인 내지 불분명한 법률문제에 대한 해명이 필요한 경우 행정의 적법성 확보와 그에 대한 사법통제, 국민의 권리구제의 확대 등의 측면에서 예외적으로 그 처분의 취소를 구할 소의 이익을 인정할 수 있다. [2] 일반적으로 면허나 인허가 등의 수익적 행정처분의 근거가 되는 법률이 해당 업자들 사이의 과당경쟁으로 인한 경영의 불합리를 방지하는 것도 목적으로 하고 있는 경우, 다른 업자에 대한 면허나 인허가 등의 수익적 행정처분에 대하여 미리 같은 종류의 면허나 인허가 등의 수익적 행정처분을 받아 영업을 하고 있는 기존의 업자는 경업자에 대하여 이루어진 면허나 인허가 등 행정처분의 상대방이 아니라고 하더라도 당해 행정처분의 무효확인 또는 취소를 구할 이익이 있다. 그러나 경업자에 대한 행정처분이 경업자에게 불리한 내용이라면 그와 경쟁관계에 있는 기존의 업자에게는 특별한 사정이 없는 한 유리할 것이므로 기존의 업자가 그 행정처분의 무효확인 또는 취소를 구할 이익은 없다고 보아야 한다(대판 2020. 4. 9. 2019두49953).

• 명예회복의 필요성이 있는 경우에도 협의의 소익이 인정된다.

판례 고등학교졸업이 대학입학자격이나 학력인정으로서의 의미밖에 없다고 할 수 없으므로 고등학교졸업학력검정고시에 합격하였다 하여 고등학교 학생으로서의 신분과 명예가 회복될 수 없는 것이니 퇴학처분을 받은 자로서는 퇴학처분의 위법을 주장하여 그 취소를 구할 소송상의 이익이 있다(대판 1992. 7.14. 91누4737).

• 처분 이후 사정변경이 있어도 권리 침해상태가 해소되지 않은 경우에는 협의의 소익이 있다.

판례 사법시험 제1차 시험에 합격하였다고 할지라도 그것은 합격자가 사법시험령 제6조, 제8조 제1항의 각 규정에 의하여 당회의 제2차 시험과 차회의 제2차 시험에 응시할 자격을 부여받을 수 있는 전제요건이 되는 데 불과한 것이고, 그 자체만으로 합격한 자의 법률상의 지위가 달라지게 되는 것이 아니므로, 제1차 시험 불합격 처분 이후에 새로이 실시된 사법시험 제1차 시험에 합격하였을 경우에는 더 이상 위 불합격 처분의 취소를 구할 법률상 이익이 없다(대판 1996. 2.23. 95누2685).

현역병입영대상자로 병역처분을 받은 자가 그 취소소송중 모병에 응하여 현역병으로 자진 입대한 경우, 그 처분의 위법을 다툴 실제적 효용 내지 이익이 없다는 이유로 소의 이익이 없다(대판 1998. 9. 8. 98두9165).

현역입영대상자로서는 현실적으로 입영을 하였다고 하더라도, 입영 이후의 법률관계에 영향을 미치고 있는 현역병입영통지처분 등을 한 관할지방병무청장을 상대로 위법을 주장하여 그 취소를 구할 소송상의 이익이 있다(대판 2003.12.26. 2003두1875).

관련판례 병무청장이 병역법에 따라 병역의무 기피자의 인적사항 등을 인터넷 홈페이지에 게시하는 등의 방법으로 공개한 경우 병무청장의 공개결정을 항고소송의 대상이 되는 행정처분으로 보아야 한다. 관할 지방병무청장이 1차로 공개 대상자 결정을 하고, 그에 따라 병무청장이 같은 내용으로 최종적 공개결정을 하였다면, 공개 대상자는 병무청장의 최종적 공개결정만을 다투는 것으로 충분하고, 관할 지방병무청장의 공개 대상자 결정을 별도로 다툴 소의 이익은 없어진다(대판 2019. 6.27. 2018두49130).

㉺ 소송참가 : 이해관계인의 이익보호 및 충분한 소송자료의 확보를 위해 계속중인 소송에 제3자가 참가하는 것을 말한다. 제3자의 소송참가와 행정청의 소송참가가 있으며 소송참가제도는 항고소송 및 당사자소송에서 인정된다.

구분	제3자의 소송참가	행정청의 소송참가
요건	• 타인의 취소소송의 계속중일 것 • 소송의 결과에 대해 이해관계를 가질 것 • 당사자 또는 제3자의 신청 또는 직권에 의하여 결정으로써 할 것	• 타인의 취소소송의 계속중일 것 • 다른 행정청일 것 • 법원이 소송에 참가시킬 필요가 있다고 인정할 것 • 당사자 또는 당해 행정청의 신청 또는 직권에 의하여 결정으로써 할 것

④ 취소소송의 대상

　㉠ 처분 등 : 취소소송은 처분 등을 대상으로 한다. '처분'이란 행정청이 행하는 구체적 사실에 관한 법 집행으로서의 공권력의 행사 또는 그 거부와 그 밖에 이에 준하는 작용을 말한다.

판례 교도소장이 수형자 甲을 '접견내용 녹음·녹화 및 접견 시 교도관 참여대상자'로 지정한 사안에서, 위 지정행위는 수형자의 구체적 권리의무에 직접적 변동을 가져오는 행정청의 공법상 행위로서 항고소송의 대상이 되는 '처분'에 해당한다(대판 2014. 2.15. 2013두20899).

상표원부에 상표권자인 법인에 대한 청산종결등기가 되었음을 이유로 상표권의 말소등록이 이루어졌다고 해도 이는 상표권이 소멸하였음을 확인하는 사실적·확인적 행위에 지나지 않고, 말소등록으로 비로소 상표권 소멸의 효력이 발생하는 것이 아니어서, 상표권의 말소등록은 국민의 권리의무에 직접적으로 영향을 미치는 행위라고 할 수 없다. 한편 상표법 제39조 제3항의 위임에 따른 특허권 등의 등록령(이하 '등록령'이라 한다) 제27조는 "말소한 등록의 회복을 신청하는 경우에 등록에 대한 이해관계가 있는 제3자가 있을 때에는 신청서에 그 승낙이나 그에 대항할 수 있는 재판의 등본을 첨부하여야 한다."고 규정하고 있는데, 상표권 설정등록이 말소된 경우에도 등록령 제27조에 따른 회복등록의 신청이 가능하고, 회복신청이 거부된 경우에는 거부처분에 대한 항고소송이 가능하다. 이러한 점들을 종합하면, 상표권자인 법인에 대한 청산종결등기가 되었음을 이유로 한 상표권의 말소등록행위는 항고소송의 대상이 될 수 없다(대판 2015.10.29. 2014두2362).

조달청장이 '중소기업제품 구매촉진 및 판로지원에 관한 법률 제8조의2 제1항에 해당하는 자는 입찰 참여를 제한하고, 계약체결 후 해당 기업으로 확인될 경우 계약해지 및 기 배정한 물량을 회수한다'는 내용의 레미콘 연간 단가계약을 위한 입찰공고를 하고 입찰에 참가하여 낙찰받은 甲 주식회사 등과 레미콘 연간 단가계약을 각 체결하였는데, 甲 회사 등으로부터 중소기업청장이 발행한 참여제한 문구가 기재된 중소기업 확인서를 제출받고 甲 회사 등에 '중소기업자 간 경쟁입찰 참여제한 대상기업에 해당하는 경우 물량 배정을 중지하겠다'는 내용의 통보를 한 사안에서, 위 통보가 중소기업청장의 확인처분과 구 판로지원법 제8조의2 제1항 등에 근거한 후속 집행행위로서 상대방인 甲 회사 등의 권리·의무에도 직접 영향을 미치므로, 행정청인 조달청장이 행하는 구체적 사실에 관한 법 집행으로서의 공권력의 행사이고 따라서 항고소송의 대상이 된다(대판 2019. 5.10. 2015두46987).

[1] 병무청장이 병역법 제81조의2 제1항에 따라 병역의무 기피자의 인적사항 등을 인터넷 홈페이지에 게시하는 등의 방법으로 공개한 경우 병무청장의 공개결정을 항고소송의 대상이 되는 행정처분으로 보아야 한다. 관할 지방병무청장이 1차로 공개 대상자 결정을 하고, 그에 따라 병무청장이 같은 내용으로 최종적 공개결정을 하였다면, 공개 대상자는 병무청장의 최종적 공개결정만을 다투는 것으로 충분하고, 관할 지방병무청장의 공개 대상자 결정을 별도로 다툴 소의 이익은 없어진다. [2] 행정처분의 무효확인 또는 취소를 구하는 소가 제소 당시에는 소의 이익이 있어 적법하였더라도, 소송 계속 중 처분청이 다툼의 대상이 되는 행정처분을 직권으로 취소하면 그 처분은 효력을 상실하여 더 이상 존재하지 않는 것이므로, 존재하지 않는 그 처분을 대상으로 한 항고소송은 원칙적으로 소의 이익이 소멸하여 부적법하다. 다만 처분청의 직권취소에도 불구하고 완전한 원상회복이 이루어지지 않아 무효확인 또는 취소로써 회복할 수 있는 다른 권리나 이익이 남아 있거나 또는 동일한 소송 당사자 사이에서 그 행정처분과 동일한 사유로 위법한 처분이 반복될 위험성이 있어 행정처분의 위법성 확인 내지 불분명한 법률문제에 대한 해명이 필요한 경우 행정의 적법성 확보와 그에 대한 사법통제, 국민의 권리구제의 확대 등의 측면에서 예외적으로 그 처분의 취소를 구할 소의 이익을 인정할 수 있을 뿐이다(대판 2019. 6.27. 2018두49130).

기출문제

문 항고소송의 대상적격에 관한 설명으로 옳은 것은? (단, 다툼이 있는 경우 판례에 의함)
▶ 2017. 3. 18. 제1회 서울특별시
① 국유재산의 대부계약에 따른 대부료 부과는 처분성이 있다.
② 행정재산의 사용료 부과는 처분성이 없다.
③ 농지개량조합의 직원에 대한 징계처분은 처분성이 인정된다.
④ 한국마사회가 기수의 면허를 취소하는 것은 처분성이 인정된다.

문 「행정소송법」상 필요적 전치주의가 적용되는 사안에서, 행정심판을 청구하여야 하나 당해 처분에 대한 행정심판의 재결을 거치지 아니하고 취소소송을 제기할 수 있는 경우에 해당하는 것은?
▶ 2017. 6. 17. 제1회 지방직
① 동종사건에 관하여 이미 행정심판의 기각재결이 있는 경우
② 서로 내용상 관련되는 처분 또는 같은 목적을 위하여 단계적으로 진행되는 처분 중 어느 하나가 이미 행정심판의 재결을 거친 경우
③ 처분의 집행 또는 절차의 속행으로 생길 중대한 손해를 예방하여야 할 긴급한 필요가 있는 경우
④ 처분을 행한 행정청이 행정심판을 거칠 필요가 없다고 잘못 알린 경우

|정답 ③, ③

기출문제

[1] 신문을 발행하려는 자는 신문의 명칭('제호'라는 용어를 사용하기도 한다) 등을 주사무소 소재지를 관할하는 시·도지사(이하 '등록관청'이라 한다)에게 등록하여야 하고, 등록을 하지 않고 신문을 발행한 자에게는 2천만 원 이하의 과태료가 부과된다(신문 등의 진흥에 관한 법률 제9조 제1항, 제39조 제1항 제1호). 따라서 <u>등록관청이 하는 신문의 등록은 신문을 적법하게 발행할 수 있도록 하는 행정처분에 해당한다</u>. [2] 甲 주식회사로부터 '제주일보' 명칭 사용을 허락받아 신문 등의 진흥에 관한 법률(이하 '신문법')에 따라 등록관청인 도지사에게 신문의 명칭 등을 등록하고 제주일보를 발행하고 있던 乙 주식회사가, 丙 주식회사가 甲 회사의 사업을 양수하였음을 원인으로 하여 사업자 지위승계신고 및 그에 따른 발행인·편집인 등의 등록사항 변경을 신청한 데 대하여 도지사가 이를 수리하고 변경등록을 하자, 사업자 지위승계신고 수리와 신문사업변경등록에 대한 무효확인 또는 취소를 구하는 소를 제기한 사안에서, <u>신문사업자의 지위는 신문법상 등록에 따라 보호되는 직접적·구체적인 이익으로 사법상 '특정 명칭의 사용권'과 구별되고, 甲 회사와 乙 회사 사이에 신문의 명칭 사용 허락과 관련하여 민사상 분쟁이 있더라도 법원의 판단이 있기 전까지 乙 회사의 신문법상 지위는 존재하기 때문에, 위 처분은 乙 회사가 '제주일보' 명칭으로 신문을 발행할 수 있는 신문법상 지위를 불안정하게 만드는 것이므로, 乙 회사에는 무효확인 또는 취소를 구할 법률상 이익이 인정된다</u>는 이유로, 이와 달리 사법상 권리를 상실하면 신문법상 지위도 당연히 소멸한다는 전제에서 乙 회사의 원고적격을 부정한 원심판단에 법리를 오해한 잘못이 있다(대판 2019. 8. 30. 2018두47189).

ⓛ **원처분주의**: 「행정소송법」은 취소소송의 대상을 원칙적으로 원처분으로 하고 재결에 대해서는 재결 자체에 고유한 위법이 있는 경우에 한하여 소 제기를 허용하는 원처분주의를 채택하고 있다.

판례 항고소송의 대상이 되는 행정청의 처분이라 함은 원칙적으로 <u>행정청의 공법상의 행위로서 특정사항에 대하여 법규에 의한 권리의 설정 또는 의무의 부담을 명하거나 기타 법률상의 효과를 직접 발생하게 하는 등 국민의 권리의무에 직접 관계가 있는 행위</u>를 말하므로, 행정청의 내부적인 의사결정 등과 같이 상대방 또는 관계자들의 법률상 지위에 직접적인 법률적 변동을 일으키지 아니하는 행위는 그에 해당하지 아니한다(대판 1999. 8. 20. 97누6889).

Point 팁 처분의 범위
ㄱ 처분은 행정행위를 중심으로 하되 권력적 사실행위도 포함한다(다수설).
ㄴ 행정행위인 한 법률행위적 행정행위, 준법률행위적 행정행위가 모두 포함되고 예비결정, 부분허가 등도 각각이 독립적인 행정행위이므로 처분에 해당한다.
ㄷ 거부처분도 처분이므로 취소소송의 대상이 된다.
ㄹ 행정행위의 부관 중 부담은 독립한 취소소송의 대상이 된다.
ㅁ 일반·구체적 규율인 일반처분도 처분에 포함된다.
ㅂ 일반·추상적 규율인 행정입법은 취소소송의 대상이 되지 아니하나 행정입법에 의하여 직접 권리가 침해되는 경우에는 처분성이 인정된다(두밀분교폐지조례).
ㅅ 행정심판의 재결은 원처분주의의 원칙상 원칙적으로 취소소송의 대상이 될 수 없으나 재결 자체에 고유한 위법이 있는 경우에는 예외적으로 취소소송의 대상이 될 수 있다.
ㅇ 통치행위, 단순한 법령의 해석, 비권력적 사실행위, 행정지도, 공법상 계약, 행정청의 내부적 행위, 행정기관 상호 간의 행위는 처분이 아니므로 취소소송의 대상이 되지 아니한다.

[처분성에 관한 구체적 판례]

처분성을 인정한 판례	처분성을 부인한 판례
• 지방의회의 의장선거 • 지방의회의장에 대한 불신임의결 • 소속장관의 변상명령 • 대집행의 계고 • 도시계획결정 • 공시지가결정 • 입찰참가자격제한조치, 등록취소 및 일정 기간의 거래제한조치 • 국유재산사용료부과처분 • 행정재산사용·수익의 허가·취소 • 직접 국민의 권리에 영향을 미치는 조례 • 국립교육대학 학생에 대한 퇴학처분 • 환지등기의 등기촉탁신청거부행위 • 행정규칙에 근거한 처분 • 지목변경신청반려처분 • 소멸등록된 실용신안권 회복신청의 거부 • 국유재산의 무단점유자에 대한 변상금부과처분 • 유족연금수급권 이전 청구서 제출에 대한 국방부 장관의 결정 • 근로복지공단의 사업주에 대한 개별 사업장의 사업종류 변경결정 • 지방자치단체장의 우선협상대상자 선정행위와 그 지위 배제행위 • 검사에 대한 경고조치	• 공정거래위원회의 고발조치 및 고발의결 • 검사의 불기소처분 • 검찰총장의 재항고기각결정 • 교통법규위반에 대한 벌점부과행위 • 경찰서장의 통고처분 • 내신성적산정기준에 관한 시행지침 • 행정청간 국유재산이관협정 • 고충심사결정 • 토지대장·가옥대장에의 등재 • 자동차운전면허대장에의 등재 • 당연퇴직의 통보 • 상수원보호구역지정통보 • 의료보호진료비 심사결과통지 • 도지사의 어업권등록행위 • 환지계획 • 재결결과의 통보

⑤ **취소소송의 제기**

　㉠ **임의적 행정심판전치주의**

　　• 의의 : 「행정소송법」은 임의적 행정심판전치주의를 채택하여 법령의 규정에 의하여 당해 처분에 대한 행정심판을 제기할 수 있는 경우에도 이를 거치지 않고 바로 행정소송을 제기할 수 있도록 하였다. 여기서 말하는 행정심판이란 「행정심판법」상의 행정심판뿐만 아니라 이의신청, 심사청구 기타 행정청에 대한 불복신청 등 모든 행정심판을 의미한다.

　　• 예외 : 다른 법률에 반드시 행정심판을 거치도록 규정되어 있으면 이를 이행한 후 행정소송을 제기하여야 한다. 현행법상 행정심판을 거치도록 규정한 법률로는 공무원관계법률(국가공무원법, 지방공무원법, 교육공무원법), 국세기본법, 관세법, 도로교통법 등이 있다.

　　• 적용범위 : 행정심판전치주의는 취소소송과 부작위위법확인소송에만 적용된다. 따라서 무효등확인소송과 당사자소송에는 적용되지 않는다.

ⓒ 제소기간 : 법률관계의 조속한 안정을 위해 단기로 규정하고 있다.

• 행정심판의 재결을 거쳐 행정소송을 제기하는 경우 : 행정심판의 재결서의 정본을 송달받은 날로부터 90일, 재결이 있은 날로부터 1년 이내에 제기해야 한다. 90일의 기간은 불변기간이므로 법원이 직권으로 이를 조절할 수 없다. 다만, 1년이 지나더라도 정당한 사유가 있는 때에는 제기할 수 있다.

• 행정심판을 제기하지 않거나 그 재결을 거치지 아니하는 경우 : 취소소송은 처분 등이 있음을 안 날로부터 90일, 처분 등이 있은 날로부터 1년이 경과하면 소를 제기하지 못한다. 90일의 기간은 불변기간이므로 법원이 직권으로 이를 조절할 수 없다. 다만, 1년이 경과하더라도 정당한 사유가 있는 때에는 제기할 수 있다.

※ '처분이 있은 날'이란 당해 처분이 외부에 표시되어 효력을 발생한 날을 말하며, '처분이 있음을 안 날'이란 통지, 공고 기타의 방법에 의하여 당해 처분이 있었다는 것을 현실적으로 안 날을 말한다.

판례 '처분이 있음을 안 날'이라 함은 당사자가 통지·공고 기타의 방법에 의하여 <u>당해 처분이 있었다는 사실을 현실적으로 안 날</u>을 의미하고, 추상적으로 알 수 있었던 날을 의미하는 것은 아니지만, 처분에 관한 서류가 당사자의 주소지에 송달되는 등 사회통념상 처분이 있음을 당사자가 알 수 있는 상태에 놓여진 때에는 반증이 없는 한 그 처분이 있음을 알았다고 추정할 수 있다. <u>아르바이트 직원이 납부고지서를 수령한 경우, 납부의무자는 그 때 부과처분이 있음을 알았다고 추정할 수 있다</u>(대판 1999.12.28. 99두9742).

아파트 경비원이 관례에 따라 부재중인 납부의무자에게 배달되는 과징금부과처분의 납부고지서를 수령한 경우, 납부의무자가 아파트 경비원에게 우편물 등의 수령권한을 위임한 것으로 볼 수는 있을지언정, 과징금부과처분의 대상으로 된 사항에 관하여 납부의무자를 대신하여 처리할 권한까지 위임한 것으로 볼 수는 없고, 설사 위 경비원이 위 납부고지서를 수령한 때에 위 부과처분이 있음을 알았다고 하더라도 이로써 납부의무자 자신이 그 부과처분이 있음을 안 것과 동일하게 볼 수는 없다(대판 2002. 8.27. 2002두3850).

<u>통상 고시 또는 공고에 의하여 행정처분을 하는 경우에는 그 처분의 상대방이 불특정 다수인이고 그 처분의 효력이 불특정 다수인에게 일률적으로 적용되는 것이므로, 그 행정처분에 이해관계를 갖는 자가 고시 또는 공고가 있었다는 사실을 현실적으로 알았는지 여부에 관계없이 고시가 효력을 발생하는 날 행정처분이 있음을 알았다고 보아야 한다</u>(대판 2007. 6.14. 2004두619).

행정소송법 제20조 제1항 소정의 제소기간 기산점인 '처분이 있음을 안 날'이라 함은 당사자가 통지, 공고 기타의 방법에 의하여 당해 처분이 있었다는 사실을 현실적으로 안 날을 의미하는 바, 특정인에 대한 행정처분을 주소불명 등의 이유로 송달할 수 없어 <u>관보·공보·게시판·일간신문 등에 공고한 경우에는, 공고가 효력을 발생하는 날에 상대방이 그 행정처분이 있음을 알았다고 볼 수는 없고, 상대방이 당해 처분이 있었다는 사실을 현실적으로 안 날에 그 처분이 있음을 알았다고 보아야 한다</u>(대판 2006. 4.28. 2005두14851).

ⓒ 취소소송제기의 효과

• 법원 등에 대한 효과(주관적 효과) : 소가 제기되면 사건은 법원에 계속되어 법원은 이를 심리·판결할 구속을 받고, 당사자는 동일 사건에 대하여 다시 소를 제기하지 못한다.

• 처분에 대한 효과(객관적 효과) : 취소소송의 제기가 처분에 대하여 어떠한 영향을 미치는가에 대하여 「행정소송법」은 집행부정지를 원칙으로 하고 그에 대한 예외를 인정하고 있다.

문 행정소송상 가구제제도에 대한 설명으로 옳지 않은 것은? (다툼이 있는 경우 판례에 의함)

▶ 2016. 6. 18. 제1회 지방직

① 무효등확인소송의 제기는 처분의 효력이나 그 집행 또는 절차의 속행에 영향을 주지 아니한다.

② 취소소송을 제기한 경우 법원은 당사자의 신청이나 직권으로 「민사집행법」상 가처분을 내릴 수 있다.

③ 신청에 대한 거부처분의 효력을 정지하더라도 거부처분이 있기 전의 신청 시 상태로 되돌아가는 데에 불과하므로, 신청인에게는 거부처분에 대한 효력정지를 구할 이익이 없다.

④ 처분의 효력정지는 처분등의 집행 또는 절차의 속행을 정지함으로써 목적을 달성할 수 있는 경우에는 허용되지 아니한다.

‖정답 ②

ⓔ **집행부정지의 원칙**:「행정소송법」은 집행부정지를 원칙으로 한다. 따라서 소송이 제기되어도 당해 처분은 계속 진행된다. 이는 공정력에서 도출되는 효과라는 견해도 있으나 입법정책적 고려에서 인정되는 원칙이라는 견해가 다수설이다. 다만, 처분등이나 그 집행 또는 절차의 속행으로 인하여 생길 회복하기 어려운 손해를 예방하기 위하여 긴급한 필요가 있다고 인정할 때에는 본안이 계속되고 있는 법원은 당사자의 신청 또는 직권에 의하여 처분등의 효력이나 그 집행 또는 절차의 속행의 전부 또는 일부의 정지(집행정지)를 결정할 수 있다. 처분의 효력정지는 처분등의 집행 또는 절차의 속행을 정지함으로써 목적을 달성할 수 있는 경우에는 허용되지 아니하며, 집행정지는 공공복리에 중대한 영향을 미칠 우려가 있을 때에는 허용되지 아니한다.

ⓜ **가처분의 인정문제**: 가처분이란 금전 이외의 특정한 급부를 목적으로 하는 청구권의 집행보전을 도모하거나 쟁의있는 권리관계에 관하여 임시의 지위를 정함을 목적으로 하는 가구제제도를 말한다. 민사집행법 제300조는 ⅰ) 다툼의 대상에 관한 가처분과 ⅱ)다툼이 있는 권리관계에 관하여 임시의 지위를 정하기 위한 가처분을 규정하고 있다. 문제는 행정소송법 제8조 제2항에 따라 민사집행법상 가처분 규정을 항고소송에 준용할 수 있는가에 있다. 판례는 이를 부정하고 있다.

> **판례** 구 도시 및 주거환경정비법에 따른 주택재건축정비사업조합은 관할 행정청의 감독 아래 위법상 주택재건축사업을 시행하는 공법인으로서, 그 목적 범위 내에서 법령이 정하는 바에 따라 일정한 행정작용을 행하는 행정주체의 지위를 가진다 할 것인데, 재건축정비사업조합이 이러한 행정주체의 지위에서 위 법에 기초하여 수립한 <u>사업시행계획은 인가·고시를 통해 확정되면 이해관계인에 대한 구속적 행정계획으로서 독립된 행정처분에 해당</u>하고, 이와 같은 사업시행계획안에 대한 조합 총회결의는 그 행정처분에 이르는 절차적 요건 중 하나에 불과한 것으로서, 그 계획이 확정된 후에는 항고소송의 방법으로 계획의 취소 또는 무효확인을 구할 수 있을 뿐, 절차적 요건에 불과한 총회결의 부분만을 대상으로 그 효력 유무를 다투는 확인의 소를 제기하는 것은 허용되지 아니하고, 한편 <u>이러한 항고소송의 대상이 되는 행정처분의 효력이나 집행 혹은 절차속행 등의 정지를 구하는 신청은 행정소송법상 집행정지신청의 방법으로서만 가능할 뿐 민사소송법상 가처분의 방법으로는 허용될 수 없다</u>(대판 2009.11. 2. 2009마596).

⑥ **취소소송의 심리**

ⓞ **요건심리와 본안심리**

- **요건심리** : 요건심리의 대상은 제소기간, 전심절차, 관할권, 피고의 지정 등 주로 형식적 요건에 관한 것으로서 이는 법원의 직권조사사항이다. 요건심리 결과 요건을 갖추지 못한 것으로 인정되면 각하된다.

> **판례** 행정소송에서 쟁송의 대상이 되는 <u>행정처분의 존부는 소송요건으로서 직권조사사항이고, 자백의 대상이 될 수 없는 것</u>이므로, 설사 그 존재를 당사자들이 다투지 아니한다 하더라도 그 존부에 관하여 의심이 있는 경우에는 이를 직권으로 밝혀 보아야 할 것이고, <u>사실심에서 변론종결시까지 당사자가 주장하지 않던 직권조사사항에 해당하는 사항을 상고심에서 비로소 주장하는 경우 그 직권조사사항에 해당하는 사항은 상고심의 심판범위에 해당한다</u>(대판 2004.12.24. 2003두15195).

❓ 항고소송에 대한 설명으로 옳은 것은? (다툼이 있는 경우 판례에 의함)
▶ 2018. 5. 19. 제1회 지방직

① 취소소송의 소송물을 처분의 위법성 일반으로 보게 되면, 어떠한 처분에 대한 청구기각의 확정판결이 있는 경우에도 후에 제기되는 취소소송에서 그 처분의 위법성을 주장할 수 있다.

② 소송에 있어서 처분권주의는 사적자치에 근거를 둔 민질서에 뿌리를 두고 있으므로 취소소송에는 적용되지 않는다.

③ 취소소송의 심리에 있어서 주장책임은 직권탐지주의를 보충적으로 인정하고 있는 한도 내에서 그 의미가 완화된다.

④ 부작위위법확인소송에서 사인의 신청권의 존재여부는 부작위의 성립과 관련하므로 원고적격의 문제와는 관련이 없다.

정답 ③

기출문제

문 행정소송에 대한 설명으로 옳지
않은 것은? (다툼이 있는 경우 판례
에 의함)

▶ 2016. 4. 9. 인사혁신처
① 재량행위의 경우 법원은 독자의
   결론을 도출함이 없이 당해 행
   위에 재량권의 일탈·남용이 있
   는지의 여부만을 심사한다.
② 사정판결을 하는 경우 처분의
   위법성은 변론종결시를 기준으
   로 판단하여야 한다.
③ 조례가 집행행위의 개입 없이도
   그 자체로서 직접 국민의 구체
   적인 권리·의무나 법적 이익에
   영향을 미치는 경우에는 항고소
   송의 대상이 된다.
④ 취소소송의 기각판결이 확정되
   면 기판력은 발생하나 기속력은
   발생하지 않는다.

- 본안심리 : 요건심리 결과 적법한 것으로 수리된 소에 대해 구체적 내용을 심리하여 원고의 청구가 이유있는지의 여부를 심사하여 원고의 청구가 이유있을 때에는 인용판결을, 이유없을 때에는 기각판결을 한다.

ⓒ **심리의 범위** : 민사소송, 행정심판과 마찬가지로 불고불리의 원칙이 적용되어 법원은 소송제기가 없으면 재판할 수 없고 또한 당사자의 청구의 범위를 넘어서 심리·판단할 수 없다. 예외적으로 법원이 필요하다고 인정할 때에는 당사자가 주장하지 아니한 사항에 대하여도 판단할 수 있다.

> **판례** 행정소송에 있어서도 행정소송법 제14조에 의하여 민사소송법 제188조가 준용되어 법원은 당사자가 신청하지 아니한 사항에 대하여는 판결할 수 없는 것이고, 행정소송법 제26조에서 직권심리주의를 채용하고 있으나 이는 행정소송에 있어서 원고의 청구범위를 초월하여 그 이상의 청구를 인용할 수 있다는 의미가 아니라 원고의 청구범위를 유지하면서 그 범위내에서 필요에 따라 주장외의 사실에 관하여도 판단할 수 있다는 뜻이다(대판 1987.11.10. 86누491).

ⓒ **심리의 원칙** : 민사소송의 심리와 마찬가지로 심리에 관한 일반적인 원칙으로서 당사자주의, 처분권주의, 변론주의, 구술심리주의, 공개심리주의 등이 적용된다.
- 당사자주의 : 당사자인 원고·피고에 의해 소송이 제기, 진행된다.
- 처분권주의 : 절차의 개시, 심판의 대상 및 절차의 종결을 당사자의 의사에 일임하는 것을 말한다.
- 변론주의 : 재판의 기초가 되는 소송자료의 수집·제출책임을 당사자에게 지우는 것을 말한다. 행정소송에 있어서도 변론주의가 원칙이나 예외적으로 직권주의가 인정된다.
- 구술심리주의 : 원고와 피고의 구술에 의해 심리를 진행한다.
- 공개심리주의 : 특별한 사유가 없는 한 심리는 공개한다.

ⓔ **행정소송의 특수한 절차**
- 직권증거조사주의(직권탐지주의) : 재판의 기초가 되는 소송자료의 수집·제출책임을 법원이 지는 것을 말한다. 행정소송에서는 변론주의를 원칙으로 하되, 예외적으로 직권증거조사주의가 인정된다. 취소소송의 결과는 공공복리와 밀접한 관련이 있기 때문에 법원의 소송에의 관여를 인정한 것이다.

> **판례** 행정소송법 제26조가 법원은 필요하다고 인정할 때에는 직권으로 증거조사를 할 수 있고, 당사자가 주장하지 아니한 사실에 대하여도 판단할 수 있다고 규정하고 있지만, 이는 행정소송의 특수성에 연유하는 당사자주의, 변론주의에 대한 일부 예외 규정일 뿐 법원이 아무런 제한 없이 당사자가 주장하지 아니한 사실을 판단할 수 있는 것은 아니고, 일건 기록에 현출되어 있는 사항에 관하여서만 직권으로 증거조사를 하고 이를 기초로 하여 판단할 수 있을 따름이고, 그것도 법원이 필요하다고 인정할 때에 한하여 청구의 범위내에서 증거조사를 하고 판단할 수 있을 뿐이다(대판 1994.10.11. 94누4820).

- 행정심판기록제출명령 : 법원은 당사자의 신청이 있는 때에는 결정으로써 재결을 행한 행정청에 대하여 행정심판기록제출을 명할 수 있다.

▌정답 ②

ⓜ **주장책임과 입증책임**

- **주장책임** : 변론주의를 채택하는 소송에 있어서 당사자가 필요한 사실을 주장하여야 하는 책임을 주장책임이라 한다. 주장책임의 분배의 문제는 원칙적으로 입증책임의 분배의 문제와 내용을 같이한다.
- **입증책임** : 입증책임의 분배에 관하여는 「행정소송법」상 명문의 규정이 없으나, 「민사소송법」상의 분배원칙인 법률요건분류설(입증책임분배설-법률규정의 형식에 따라 각자 자기에게 유리한 요건사실 입증)이 다수설·판례이다.

ⓑ **위법판단의 기준시** : 행정처분의 위법 여부의 판단은 처분시의 법령 및 사실을 기준으로 판단하여야 한다. 다만, 부작위위법확인소송의 경우에는 처분이라고 할 만한 작용이 없으므로 판결시를 기준으로 한다(통설·판례).

판례 행정소송에서 행정처분의 위법 여부는 <u>행정처분이 행하여졌을 때의 법령과 사실상태를 기준으로 하여 판단하여야 하고,</u> 처분 후 법령의 개폐나 사실상태의 변동에 의하여 영향을 받지는 않는다(대판 2007. 5.11. 2007두1811).

<u>행정처분의 위법 여부는 행정처분이 있을 때의 법령과 사실 상태를 기준으로 판단하여야 하며, 법원은 행정처분 당시 행정청이 알고 있었던 자료뿐만 아니라 사실심 변론종결 당시까지 제출된 모든 자료를 종합하여 처분 당시 존재하였던 객관적 사실을 확정하고 그 사실에 기초하여 처분의 위법 여부를 판단할 수 있다.</u> 행정청으로부터 행정처분을 받았으나 나중에 그 행정처분이 행정쟁송절차에서 취소되었다면, 그 행정처분은 처분 시에 소급하여 효력을 잃게 된다(대판 2019. 7.25. 2017두55077).

ⓢ **처분사유의 추가·변경**

- **의의** : 처분당시에 존재했지만 처분시에 처분사유로 제시되지 않았던 사실상·법률상 근거를 행정청(처분청)이 소송 중에 새롭게 추가하거나 변경하여 위법상 판단에 고려하는 것을 의미한다.
- **인정여부** : 처분사유의 추가·변경의 인정여부에 대해 긍정설(일회적인 분쟁해결), 부정설(처분 상대방의 예기치 못한 불이익 발생의 방지), 제한적 긍정설(당초의 처분사유와 기본적 사실관계의 동일성이 인정되는 범위 내에서만 인정)이 대립하고 있다. 판례는 제한적 긍정설을 취하고 있다.

판례 행정처분의 취소를 구하는 소송에 있어서는 실질적 법치주의와 행정처분의 상대방인 국민에 대한 신뢰보호라는 견지에서, <u>처분청은 당초의 처분사유와 기본적 사실관계에 있어서 동일성이 인정되는 한도 내에서만 새로운 처분사유를 추가하거나 변경할 수 있을 뿐,</u> 기본적 사실관계와 동일성이 없는 별개의 사실을 들어 처분사유로서 주장함은 허용되지 아니하고, 법원으로서도 당초 처분사유와 기본적 사실관계의 동일성이 없는 사실은 이를 처분사유로 인정할 수 없다고 할 것이며, 여기서 <u>기본적 사실관계의 동일성 유무는 처분사유를 법률적으로 평가하기 이전의 구체적인 사실에 착안하여 그 기초가 되는 사회적 사실관계가 기본적인 점에서 동일한지 여부에 따라 결정된다.</u> 의료보험요양기관 지정취소처분의 당초의 처분사유인 구 의료보험법 제33조 제1항이 정하는 <u>본인부담금 수납대장을 비치하지 아니한 사실</u>과 항고소송에서 새로 주장한 처분사유인 같은 법 제33조 제2항이 정하는 <u>보건복지부장관의 관계서류 제출명령에 위반하였다는 사실</u>은 기본적 사실관계의 동일성이 없다(대판 2001. 3.23. 99두6392).

정답 ③

• 인정 범위: 처분 사유의 추가·변경은 ⅰ) 사실심 변론종결시까지만 가능하고, ⅱ) 취소소송의 소송물의 범위 내에서만 가능하며(소송물이 변경되면 소의 변경으로), ⅲ) 위법판단의 기준시를 처분시(통설·판례)로 본다면 처분시에 존재하였던 사유만이 추가·변경의 대상이 된다(처분시 이후에 발생한 사유는 추가·변경할 수 없음).

⑦ **취소소송의 판결**

㉠ **각하판결**: 소송요건을 결여하고 있는 경우에 이를 각하하는 판결이다.

㉡ **기각판결**: 원고의 청구가 이유없다고 하여 배척하는 판결이다. 적법한 경우는 물론 단순히 부당에 그치는 경우에도 기각된다.

㉢ **청구인용판결**: 원고의 청구가 이유있는 경우에 그 전부 또는 일부를 받아들이는 판결을 말한다. 행정소송법 제4조 1호는 취소소송을 행정청의 위법한 처분등을 취소 또는 변경하는 소송으로 규정하고 있는데, 판례는 변경을 일부취소로 보고 있다. 따라서 인용판결이 있더라도 위법한 처분의 전부 또는 일부취소만 인정될 뿐 적극적인 변경은 인정되지 않는다.

> **판례** 법원이 행정청의 정보공개거부처분의 위법 여부를 심리한 결과 공개를 거부한 정보에 비공개대상정보에 해당하는 부분과 공개가 가능한 부분이 혼합되어 있고 공개청구의 취지에 어긋나지 아니하는 범위 안에서 두 부분을 분리할 수 있음을 인정할 수 있을 때에는, 위 정보 중 공개가 가능한 부분을 특정하고 판결의 주문에 행정청의 위 거부처분 중 공개가 가능한 정보에 관한 부분만을 취소한다고 표시하여야 한다(대판 2003. 3.11. 2001두6425).
>
> 자동차운수사업면허조건 등을 위반한 사업자에 대하여 행정청이 행정제재수단으로 사업 정지를 명할 것인지, 과징금을 부과할 것인지, 과징금을 부과키로 한다면 그 금액은 얼마로 할 것인지에 관하여 재량권이 부여되었다 할 것이므로 과징금부과처분이 법이 정한 한도액을 초과하여 위법할 경우 법원으로서는 그 전부를 취소할 수밖에 없고, 그 한도액을 초과한 부분이나 법원이 적정하다고 인정되는 부분을 초과한 부분만을 취소할 수 없다(금 1,000,000원을 부과한 당해 처분 중 금 100,000원을 초과하는 부분은 재량권 일탈·남용으로 위법하다며 그 일부분만을 취소한 원심판결을 파기한 사례)(대판 1998. 4.10. 98두2270).

㉣ **사정판결**

• 의의: 원고의 청구에 이유있다고 인정하는 경우에도 처분 등을 취소하는 것이 현저히 공공복리에 적합하지 아니하다고 인정하는 때에 법원이 원고의 청구를 기각하는 판결을 말한다.

• 근거: 공공복리의 관점에서 기성사실을 존중하여야 할 필요성이 있는 경우에 인정된다.

• 판결의 주문에 명시: 사정판결을 하는 경우에는 법원은 판결의 주문에서 그 처분 등이 위법함을 명시하여야 한다.

• 효과: 사정판결은 중대한 공공복리를 보호하기 위하여 그 위법성에도 불구하고 당해 처분의 효력을 존속시키는 것이므로 원고의 권익구제를 위해 손해배상 등 적절한 구제방법을 보장해야 한다. 원고는 피고인 행정청이 속하는 국가 또는 공공단체를 상대로 손해배상 기타 적당한 구제방법의 청구를 당해 취소소송 등이 계속된 법원에 병합하여 제기할 수 있다.

- 소송비용 : 사정판결은 처분 등이 위법함을 인정하는 것이므로 그 소송비용은 승소한 피고가 부담한다.
- 적용범위 : 사정판결은 취소소송에만 적용되고 무효등확인소송과 부작위위법확인소송, 당사자소송 등에는 적용되지 않는다.

판례 행정처분이 위법한 때에는 이를 취소함이 원칙이고 <u>그 위법한 처분을 취소·변경함이 도리어 현저히 공공의 복리에 적합하지 않은 경우에 극히 예외적으로 위법한 행정처분의 취소를 허용하지 않는다는 사정판결을 할 수 있으므로 사정판결의 적용은 극히 엄격한 요건 아래 제한적으로 하여야 하고</u>, 그 요건인 현저히 공공복리에 적합하지 아니한가의 여부를 판단함에 있어서는 <u>위법·부당한 행정처분을 취소·변경하여야 할 필요와 그 취소·변경으로 인하여 발생할 수 있는 공공복리에 반하는 사태 등을 비교·교량하여 그 적용 여부를 판단하여야 한다</u>(전남대에 대한 이 사건 인가처분을 취소하고 다시 심의하는 것은 무익한 절차의 반복에 그칠 것으로 보이는 점 등을 종합하여, 전남대에 대한 이 사건 인가처분이 법 제13조에 위배되었음을 이유로 취소하는 것은 현저히 공공복리에 적합하지 아니하다고 판단)(대판 2009. 1. 30. 2008두19550).

관리처분계획의 수정을 위한 조합원총회의 재결의를 위하여 시간과 비용이 많이 소요된다는 등의 사정만으로는 <u>재결의를 거치지 않음으로써 위법한 관리처분계획을 취소하는 것이 현저히 공공복리에 적합하지 아니하다고 볼 수 없다는 이유로 사정판결의 필요성을 부정하였다</u>(대판 2001.10.12. 2000두4279).

ⓓ **취소판결의 효력** : 판결의 일반적 효력으로서 기판력과 불가쟁력 외에 취소판결의 고유한 효력으로서 형성력, 기속력, 집행력 등이 있다.

- 기판력(실질적 확정력) : 종국판결이 내려지면 이후 동일사항이 문제되는 경우에 있어 당사자가 그에 반하는 주장을 하여 다툴 수 없게 되는 힘을 말한다(일사부재리효). 기판력은 당사자와 피고인 행정청이 속하는 모든 국가·공공단체에 미치지만 제3자에게는 미치지 않는다. 기판력은 사실심의 변론종결시를 기준으로 하여 발생한다.

판례 과세처분 취소소송의 피고는 처분청이므로 행정청을 피고로 하는 취소소송에 있어서의 <u>기판력은 당해 처분이 귀속하는 국가 또는 공공단체에 미친다</u>(대판 1998. 7.24. 98다10854).

확정판결의 기판력은 그 판결의 주문에 포함된 것, 즉 <u>소송물로 주장된 법률관계의 존부에 관한 판단의 결론 그 자체에만 미치는 것</u>이고 판결이유에서 설시된 그 전제가 되는 법률관계의 존부에까지 미치는 것은 아니다(대판 2000. 2.25. 99다55472).

- 형성력 : 일반적으로 확정판결이 판결의 취지에 따라 법률관계의 발생·변경·소멸을 가져오는 효력을 말한다. 즉, 행정처분의 취소판결이 있게 되면 처분청의 별도의 행위를 기다릴 것 없이 처분의 효력이 소급하여 소멸함으로써 처분이 없었던 것과 같은 상태로 된다. 형성력은 당해 소송의 당사자에게만 미치는 것이 아니라 그 밖의 제3자에도 미친다(제3자효).
- 기속력(구속력) : 당사자인 행정청과 관계행정청이 판결의 취지에 따라 행동해야 하는 의무를 발생시키는 효과를 말한다. 취소판결이 확정되면 처분청 및 그 밖의 모든 관계행정청은 동일한 사안에 대해 동일한 당사자에 대하여 동일한 내용의 처분을 해서는 안된다.

Point 팁 ㉠ **기속력의 내용**

– 반복금지의무

판례 과세처분시 납세고지서에 과세표준, 세율, 세액의 산출근거 등이 누락되어 있어 이러한 <u>절차 내지 형식의 위법을 이유로 과세처분을 취소하는 판결이 확정된 경우에 그 확정판결의 기판력은 확정판결에 적시된 절차 내지 형식의 위법사유에 한하여 미친다고 할 것이므로 과세처분권자가 그 확정판결에 적시된 위법사유를 보완하여 행한 새로운 과세처분은 확정판결에 의하여 취소된 종전의 과세처분과는 별개의 처분으로서 확정판결의 기판력에 저촉되는 것은 아니다</u>(대판 1986.11.11. 85누231).

– 재처분의무

판례 행정소송법 제30조 제2항에 의하면, 행정청의 거부처분을 취소하는 판결이 확정된 경우에는 처분을 행한 행정청이 판결의 취지에 따라 이전 신청에 대하여 재처분을 할 의무가 있다. 행정처분의 적법 여부는 행정처분이 행하여진 때의 법령과 사실을 기준으로 판단하는 것이므로 확정판결의 당사자인 처분 행정청은 종전 처분 후에 발생한 새로운 사유를 내세워 다시 거부처분을 할 수 있고, 그러한 처분도 위 조항에 규정된 재처분에 해당한다. 여기에서 '<u>새로운 사유</u>'인지는 종전 처분에 관하여 위법한 것으로 판결에서 판단된 사유와 기본적 사실관계의 동일성이 인정되는 사유인지에 따라 판단되어야 하고, 기본적 사실관계의 동일성 유무는 처분사유를 법률적으로 평가하기 이전의 구체적인 사실에 착안하여 그 기초인 사회적 사실관계가 기본적인 점에서 동일한지에 따라 결정되며, 추가 또는 변경된 사유가 처분 당시에 그 사유를 명기하지 않았을 뿐 이미 존재하고 있었고 당사자도 그 사실을 알고 있었다고 하여 당초 처분사유와 동일성이 있는 것이라고 할 수는 없다(대판 2011.10.27. 2011두14401).

– 결과제거의무(원상회복의무)

판례 행정청의 위법한 처분으로 인해 발생된 상태를 제거해야 할 의무를 말하며, 행정소송법 제30조 제1항을 근거로 일반적으로 인정된다.

㉡ **기판력과 기속력에 관한 판례**

판례 행정소송법 제30조 제1항은 "처분 등을 취소하는 확정판결은 그 사건에 관하여 당사자인 행정청과 그 밖의 관계행정청을 기속한다."라고 규정하고 있다. 이러한 <u>취소 확정판결의 '기속력'은 취소 청구가 인용된 판결에서 인정되는 것으로서 당사자인 행정청과 그 밖의 관계행정청에게 확정판결의 취지에 따라 행동하여야 할 의무를 지우는 작용을 한다.</u> 이에 비하여 행정소송법 제8조 제2항에 의하여 행정소송에 준용되는 민사소송법 제216조, 제218조가 규정하고 있는 '기판력'이란 <u>기판력 있는 전소 판결의 소송물과 동일한 후소를 허용하지 않음과 동시에, 후소의 소송물이 전소의 소송물과 동일하지는 않더라도 전소의 소송물에 관한 판단이 후소의 선결문제가 되거나 모순관계에 있을 때에는 후소에서 전소 판결의 판단과 다른 주장을 하는 것을 허용하지 않는 작용을 한다.</u> 취소 확정판결의 기속력은 판결의 주문 및 전제가 되는 처분 등의 구체적 위법사유에 관한 판단에도 미치나, 종전 처분이 판결에 의하여 취소되었더라도 종전 처분과 다른 사유를 들어서 새로이 처분을 하는 것은 기속력에 저촉되지 않는다(대판 2016. 3.24. 2015두48235).

- 불가쟁력(형식적 확정력) : 판결에 대하여 불복이 있는 경우에는 상고를 통하여 그 효력을 다툴 수 있으나 상고기간의 도과, 상소의 취하, 상소권의 포기 기타 사유가 있을 때는 상고할 수 없다. 이처럼 그 효력을 더 이상 다툴 수 없게 되는 힘을 불가쟁력이라 한다.

- 집행력 : 「행정소송법」상 거부처분에 대한 취소판결 및 부작위위법확인판결이 확정되면 판결의 기속력에 의하여 행정청은 당해 판결의 취지에 따르는 처분을 할 의무를 진다. 그러나 행정청이 이 재처분의무를 이행하지 않는 경우에 법원이 직접 이를 집행할 수 있는가가 문제되는데 권력분립의 원칙상 법원이 직접 판결의 취지에 따르는 처분을 할 수는 없다고 본다. 다만, 행정청에 상당한 기간을 정하여 처분의무를 부과하고 이 기간 내에 이행하지 아니하는 때에는 일정한 손해배상을 할 것을 명할 수 있을 뿐이다. 즉, 행정소송에 있어서는 간접적 강제력만이 인정되는 것이다.

판례 거부처분에 대한 취소의 확정판결이 있음에도 <u>행정청이 아무런 재처분을 하지 아니하거나, 재처분을 하였다 하더라도 그것이 종전 거부처분에 대한 취소의 확정판결의 기속력에 반하는 등으로 당연무효라면</u> 이는 아무런 재처분을 하지 아니한 때와 마찬가지라 할 것이므로 이러한 경우에는 행정소송법 제30조 제2항, 제34조 제1항 등에 의한 간접강제신청에 필요한 요건을 갖춘 것으로 보아야 한다(대판 2002.12.11. 2002무22).

- 간접강제
  - 간접강제는 ⅰ) 거부처분취소판결 · 부작위위법확인판결이 확정되었음에도 불구하고 ⅱ) 행정청이 판결의 기속력에 따른 처분을 하지 아니하는 때에는 ⅲ) 제1심수소법원은 당사자의 신청에 의하여 결정으로써 상당한 기간을 정하고 행정청이 그 기간내에 이행하지 아니하는 때에는 그 지연기간에 따라 일정한 배상을 할 것을 명하거나 즉시 손해배상을 할 것을 명하는 것을 말한다(행정소송법 제34조 제1항, 제38조 제2항).
  - 간접강제에 관한 결정이 확정된 때에는 피고 또는 참가인이었던 행정청이 소속하는 국가 또는 공공단체에 그 효력을 미친다. 또한 간접강제 결정은 변론 없이 할 수 있지만 결정하기 전에 행정청을 심문하여야 한다(행정소송법 34조 제2항).
  - 행정소송법 제38조 제1항에 의하면 무효등 확인소송의 경우 재처분의무에 대해서는 준용규정이 있지만, 간접강제에 대해서는 준용규정을 두고 있지 않아 무효등 확인판결에도 간접강제가 허용되는지 문제된다. 판례는 이 경우 간접강제를 부정하고 있다.

판례 행정소송법 제34조는 취소판결의 간접강제에 관하여 규정하면서 제1항에서 행정청이 같은 법 제30조 제2항의 규정에 의한 처분을 하지 아니한 때에 간접강제를 할 수 있도록 규정하고 있고, 같은 법 제30조 제2항은 "판결에 의하여 취소되는 처분이 당사자의 신청을 거부하는 것을 내용으로 하는 경우에는 그 처분을 행한 행정청은 판결의 취지에 따라 다시 이전의 신청에 대한 처분을 하여야 한다."라고 규정함으로써 취소판결에 따라 취소된 행정처분이 거부처분인 경우에 행정청에 다시 처분을 할 의무가 있음을 명시하고 있으므로, 결국 같은 <u>법상 간접강제가 허용되는 것은 취소판결에 의하여 취소된 행정처분이 거부처분인 경우라야 할 것이다.</u> 행정소송법 제38조 제1항이 무효확인 판결에 관하여 취소판결에 관한 규정을 준용함에 있어서 같은 법 제30조 제2항을 준용한다고 규정하면서도 같은 법 제34조는 이를 준용한다는 규정을 두지 않고 있으므로, <u>행정처분에 대하여 무효확인 판결이 내려진 경우에는 그 행정처분이 거부처분인 경우에도 행정청에 판결의 취지에 따른 재처분의무가 인정될 뿐 그에 대하여 간접강제까지 허용되는 것은 아니라고 할 것이다</u>(대판 1998.12.24. 98무37).

기출문제

❓ 행정소송에 대한 설명으로 옳지 않은 것은? (다툼이 있는 경우 판례에 의함)
▶ 2016. 6. 25. 서울특별시
① 사정판결을 함에 있어서는 그 판결의 주문에서 그 처분 등이 위법함을 명시하여야 한다.
② 법원은 처분 등을 취소하는 것이 현저히 공공복리에 적합하지 아니하다고 인정하는 때에는 원고의 청구가 이유 있다고 인정하는 경우에도 원고의 청구를 기각할 수 있다.
③ 법원이 사정판결을 함에 있어서는 미리 원고가 그로 인하여 입게 될 손해의 정도와 배상방법, 그 밖의 사정을 조사하여야 한다.
④ 사정판결이 있는 경우 원고는 피고인 행정청이 속하는 국가 또는 공공단체를 상대로 손해배상청구를 당해 취소소송 등이 계속된 법원에 병합하여 제기할 수 없다.

정답 ④

⑧ 제3자의 소송참가 및 재심청구

   ⊙ 의의: 처분 등을 취소하는 판결에 의하여 권리 또는 이익을 침해받은 제3자는 자기에게 책임없는 사유로 소송에 참가하지 못함으로써 판결의 결과에 영향을 미칠 공격 또는 방어방법을 제출하지 못한 때 이를 이유로 확정된 종국판결에 대하여 재심을 청구할 수 있다.

   ⓒ 재심청구의 기간: 제3자에 의한 재심의 청구는 확정판결이 있음을 안 날로부터 30일 이내, 판결이 확정된 날로부터 1년 이내에 제기하여야 한다. 이 기간은 불변기간이다.

(2) 무효등확인소송

① 의의 … 행정청의 처분 등의 효력 유무 또는 존재 여부를 확인하는 소송을 말한다. 여기에는 처분이나 재결의 무효확인소송, 유효확인소송, 실효확인소송, 존재확인소송, 부존재확인소송 등 5가지가 있다. 현행 행정소송법은 무효등확인소송을 취소소송과 함께 항고소송의 일종으로 규정하고 취소소송에 관한 대부분의 규정을 이 소송에 준용하도록 하고 있다. 다만 행정심판전치주의, 제소기간, 사정판결, 간접강제에 관한 규정은 준용되지 않는다.

② 재판관할 … 취소소송에 관한 규정이 준용되어 피고의 소재지를 관할하는 행정법원이 제1심 관할 법원이 된다.

③ 당사자 … 취소소송에 관한 규정이 준용되므로 원고는 법률상의 이익이 있어야 한다.

④ 소의 제기 … 취소소송과는 달리 제소기간상의 제한규정은 적용되지 아니한다. 그러나 무효원인인 하자와 취소원인인 하자의 구별은 상대적인 것이므로 취소소송에서와 같이 집행부정지제도는 인정된다.

⑤ 심리 … 취소소송의 규정이 준용된다. 즉 변론주의 원칙, 예외적 직권증거조사주의, 구술심리주의, 공개심리의 원칙 등이 적용된다.

⑥ 판결 … 취소판결의 효력 및 기속력에 관한 규정이 준용된다. 따라서 제3자에 대하여도 효력이 있고 당사자인 행정청과 그 밖의 행정청을 구속하므로 이들 관계 행정청은 동일처분을 반복할 수 없다. 거부처분의 무효가 확인되는 경우에는 처분청은 판결의 취지에 따라 재처분할 의무를 진다. 다만, 무효 또는 부존재인 처분에 있어서는 처분의 효력이 처음부터 발생하지 아니하므로 취소소송에 있어서의 사정판결에 관한 규정이 적용될 여지는 없다.

⑦ 제3자의 소송참가 및 재심청구 … 무효등확인판결은 취소판결과 마찬가지로 제3자에 대하여도 효력이 미치므로 제3자의 권익을 보호하기 위하여 제3자의 소송참가 및 재심청구에 관한 규정이 준용된다.

⊙ 「행정소송법」상 취소소송에 대한 사항으로 무효등 확인소송의 경우에 준용되는 것은?

▶ 2016. 3. 19. 사회복지직

① 행정심판전치주의의 적용
② 취소소송의 대상
③ 제소기간
④ 사정판결

∥정답 ②

판례 무효확인소송과 취소소송의 관계

행정처분에 대한 무효확인과 취소청구는 서로 양립할 수 없는 청구로서 <u>주위적·예비적 청구로서만 병합이 가능하고</u> 선택적 청구로서의 병합이나 단순 병합은 허용되지 아니한다(대판 1999. 8.20. 97누6889).

무효사유인데 무효확인소송이 아니라 취소소송을 제기

행정처분의 당연무효를 선언하는 의미에서 그 취소를 청구하는 행정소송을 제기하는 경우에도 소원의 전치와 제소기간의 준수등 <u>취소소송의 제소요건을 갖추어야 한다</u>(대판1984.5.29. 84누175).

취소사유인데 취소소송이 아니라 무효확인소송을 제기(취소소송의 소송요건은 갖춘 경우)

<u>일반적으로 행정처분의 무효확인을 구하는 소에는</u> 원고가 그 처분의 취소를 구하지 아니한다고 밝히지 아니한 이상 그 처분이 만약 당연무효가 아니라면 <u>그 취소를 구하는 취지도 포함되어 있는 것으로 보아야 한다</u>(대판 1994.12.23. 94누477).

무효확인소송의 보충성

행정소송법 제4조에서는 무효확인소송을 항고소송의 일종으로 규정하고 있고, 행정소송법 제38조 제1항에서는 처분 등을 취소하는 확정판결의 기속력 및 행정청의 재처분 의무에 관한 행정소송법 제30조를 무효확인소송에도 준용하고 있으므로 무효확인판결 자체만으로도 실효성을 확보할 수 있다. 그리고 무효확인소송의 보충성을 규정하고 있는 외국의 일부 입법례와는 달리 우리나라 행정소송법에는 명문의 규정이 없어 이로 인한 명시적 제한이 존재하지 않는다. 이와 같은 사정을 비롯하여 행정에 대한 사법통제, 권익구제의 확대와 같은 행정소송의 기능 등을 종합하여 보면, <u>행정처분의 근거 법률에 의하여 보호되는 직접적이고 구체적인 이익이 있는 경우에는 행정소송법 제35조에 규정된 '무효확인을 구할 법률상 이익'이 있다고 보아야 하고, 이와 별도로 무효확인소송의 보충성이 요구되는 것은 아니므로 행정처분의 무효를 전제로 한 이행소송 등과 같은 직접적인 구제수단이 있는지 여부를 따질 필요가 없다</u>고 해석함이 상당하다(대판 2008.3.20. 2007두6342(전합)).

(3) 부작위위법확인소송

① **의의** … 행정청이 상대방의 신청에 대하여 상당한 기간 내에 일정한 처분을 하여야 할 법률상 의무가 있음에도 불구하고 이를 하지 아니한 경우에 법원이 이러한 행정청의 부작위가 위법한 것임을 확인하는 소송이다.

② **입법배경** … 행정청의 부작위에 대한 행정쟁송제도로는 의무이행소송, 의무확인소송 등이 상정될 수 있다. 그러나 이들 소송에 대하여는 권력분립의 원칙을 침해할 우려가 있다고 보아 일단 행정권에 대한 간섭의 정도가 가장 적은 부작위위법확인소송을 도입하는 데 그친 것으로 보인다.

③ **적용법규** … 원칙적으로 취소소송에 관한 규정이 준용된다. 그러나 제소기간의 제한(행정심판을 거치지 않은 경우), 처분변경으로 인한 소의 변경, 집행부정지 원칙, 사정판결 등의 규정은 준용되지 않는다.

④ **재판관할·당사자적격** … 취소소송의 규정이 준용되어 피고인 행정청의 소재지를 관할하는 행정법원이 제1심 관할 법원이 된다. 또한 원고적격은 법률상 이익이 있는 자에게만 인정되고 피고적격은 당해 부작위를 행한 행정청에 인정된다.

⑤ 제소기간 … 행정심판을 거치는 경우에는 행정심판재결서의 정본을 송달받은 날로부터 90일 이내에 제기하여야 한다. 이 기간은 불변기간이다. 그러나 행정심판을 거치지 않는 경우에는 제소기간에 대한 명문의 규정이 없기 때문에 제소기간의 제한을 받지 않는다고 보아야 할 것이다.

판례 부작위위법확인의 소는 부작위상태가 계속되는 한 그 위법의 확인을 구할 이익이 있다고 보아야 하므로 원칙적으로 제소기간의 제한을 받지 않는다. 그러나 행정소송법 제38조 제2항이 제소기간을 규정한 같은 법 제20조를 부작위위법확인소송에 준용하고 있는 점에 비추어 보면, 행정심판 등 전심절차를 거친 경우에는 행정소송법 제20조가 정한 제소기간 내에 부작위위법확인의 소를 제기하여야 한다(대판 2009. 7.23. 2008두10560).

⑥ 심리 … 취소소송의 규정이 준용되므로 대심주의, 변론주의, 구술심리주의, 공개주의, 직권증거조사주의, 행정심판기록의 제출명령 등이 적용된다.

⑦ 심리의 범위

　　㉠ 부작위위법확인소송에서 법원은 행정청의 부작위의 위법성 여부만을 심리해야 하는지, 신청한 처분의 실체적 내용까지도 심리할 수 있는지에 대해 ⅰ) 행정소송법 제4조 제3호가 부작위위법확인소송을 행정청의 부작위가 위법하다는 것을 확인하는 소송으로 정의하고 있으므로 위법성 여부만을 심리해야 한다는 절차적 심리설(소극설)과 ⅱ) 무용한 소송의 반복을 피하여 당사자의 권리구제의 실효성을 확보할 수 있다는 것을 근거로 하는 실체적 심리설(적극설)의 견해대립이 있다.

　　㉡ 판례는 절차적 심리설을 취하고 있다.

판례 행정소송법 제4조 제3호에 규정된 부작위위법확인의 소는 행정청이 당사자의 신청에 대하여 상당한 기간 내에 일정한 처분을 하여야 할 법률상 의무가 있음에도 불구하고 이를 하지 아니하는 경우에 그 부작위가 위법하다는 것을 확인함으로써 행정청의 응답을 신속하게 하여 부작위 내지 무응답이라고 하는 소극적인 위법상태를 제거하는 것을 목적으로 하는 것인 만큼, 당사자의 신청에 대한 행정청의 처분이 존재하지 아니하는 경우에 허용되는 것이고, 행정청이 당사자의 신청에 대하여 거부처분을 한 것으로 보여질 때에는 그 거부처분에 대하여 취소소송을 제기하여야 하는 것이지 행정처분의 부존재를 전제로 한 부작위위법확인의 소는 제기할 수 없다(대판 1992. 9.14. 91누8807).

⑧ 판결 … 취소판결의 효력에 관한 규정이 준용되나 사정판결의 규정은 적용되지 않는다. 또한 부작위위법확인소송에 있어서는 엄격한 의미의 처분은 존재하지 않으므로 위법판단의 기준시는 판결시로 한다.

section ③ 당사자소송

(1) 의의

① **개념** … 행정청의 처분 등을 원인으로 하는 법률관계에 관한 소송, 그 밖에 행정법상의 법률관계에 관한 소송으로서 그 법률관계의 일방 당사자를 피고로 하는 소송이다.

② **항고소송과의 차이점** … 항고소송은 행정청의 공권력 행사(처분)를 직접 소송물로 하고 행정청을 피고로 하는 데 비하여, 당사자소송은 행정청에 의한 공권력의 행사·불행사의 결과로 생긴 법률관계 또는 그 밖의 공법상의 법률관계에 관해 대등한 당사자 사이에 법률상의 분쟁을 해결하기 위한 소송이다.

③ **민사소송과의 차이점** … 당사자소송은 대등한 당사자 사이의 소송이라는 점에서 민사소송과 같으나 당사자소송은 공법상의 법률관계를 소송물로 한다는 점에서 사법상의 법률관계를 소송물로 하는 민사소송과 구별된다.

④ **종류** … 공법상 당사자소송은 그 내용상 형식적 당사자소송과 실질적 당사자소송으로 나눌 수 있다. 「행정소송법」상의 당사자소송은 주로 실질적 당사자소송을 의미한다.

Point 팁 제소기간 … 당사자소송에 관하여는 특별히 달리 정하고 있는 경우를 제외하고는 원칙적으로 제소기간의 제한이 없다.

(2) 형식적 당사자소송

① **의의** … 행정청의 처분이나 재결에 의하여 형성된 법률관계에 관하여 다툼이 있는 경우 당해 처분 또는 재결의 효력은 다투지 않고 직접 그 처분·재결에 의하여 형성된 법률관계에 대하여 그 일방당사자를 피고로 하여 제기하는 소송을 말한다. 이는 처분·재결에 불복하는 항고소송으로서의 성질을 가지고 있으나 법령의 규정에 의하여 권리주체 간의 당사자소송의 형식에 의하고 있다.

② **필요성** … 당사자가 불복하여 다투는 것은 처분 또는 재결 그 자체가 아니고 그에 의하여 형성된 법률관계(보상금액의 다과 등)이며, 이는 재산상의 평가에 관한 것이므로 특별히 처분청을 피고로 하는 항고소송의 형식을 취할 실익이 없고, 직접 이해관계자를 소송당사자로 하여 다투도록 하는 것이 분쟁의 해결에 보다 적절하다.

③ **입법례** … 토지보상법에서 보상금의 증감에 관한 소송은 당사자소송에 의하도록 규정하고 있다. 그 외 특허법, 실용신안법, 상표법 등에 규정이 있다.

④ 당사자적격 … 원고적격에 관한 규정은 일반 민사소송에 관한 규정이 준용된다. 피고적격은 항고소송과 달리 행정청을 피고로 하지 않고 국가, 공공단체, 그 밖의 권리주체를 피고로 한다.

⑤ 재판 관할 … 당사자소송의 제1심 관할 법원은 피고의 소재지를 관할하는 행정법원이다.

⑥ 적용규정 … 당사자소송은 민사소송과 유사한 형태의 소송이므로 원칙적으로 민사소송의 규정이 적용되지만 그 소송물이 공법상의 법률관계에 관한 것이라는 점에서 일정한 한도 내에서는 항고소송의 규정이 준용된다.

　　㉠ 항고소송의 규정이 적용되는 경우 : 관련청구의 이송·병합, 피고경정, 공동소송, 소의 변경, 직권심사주의 등 주로 소송의 신속한 처리나 실체적 진실의 발견, 재판의 적정을 기하기 위한 규정들은 항고소송의 규정이 적용된다.

　　㉡ 항고소송의 규정이 적용되지 않는 경우 : 원고적격, 피고적격, 행정심판전치주의, 대상적격, 제소기간, 집행부정지의 원칙, 사정판결, 확정판결의 제3자효, 제3자에 의한 재심청구, 간접강제 등은 준용되지 않는다.

(3) 실질적 당사자소송

① 의의 … 공법상의 법률관계에 관한 소송으로서 그 일방 당사자를 피고로 하는 소송을 말한다.

② 종류

　　㉠ 처분 등을 원인으로 하는 법률관계에 관한 소송 : 처분 등의 직접적 결과로서 성립된 법률관계는 모두 공법상의 관계로 보아 이에 관한 소송은 당사자소송이 된다. 공법상의 부당이득반환청구소송이 해당한다. 공무원의 직무상 불법행위로 인한 국가배상청구소송도 해당한다고 할 수 있으나 실무상 국가배상청구소송은 민사소송으로 취급하고 있다.

　　㉡ 공법상의 신분·지위 등 확인소송 : 공무원, 지방의회 의원, 국·공립학교학생 등의 신분이나 지위의 확인을 구하는 소송 등이 이에 속한다.

> **판례** 현행 실정법이 지방전문직공무원 채용계약 해지의 의사표시를 일반공무원에 대한 징계처분과는 달리 항고소송의 대상이 되는 처분 등의 성격을 가진 것으로 인정하지 아니하고, 지방전문직공무원규정 제7조 각호의 1에 해당하는 사유가 있을 때 지방자치단체가 채용계약관계의 한쪽 당사자로서 대등한 지위에서 행하는 의사표시로 취급하고 있는 것으로 이해되므로, 지방전문직공무원 채용계약 해지의 의사표시에 대하여는 대등한 당사자간의 소송형식인 공법상 당사자소송으로 그 의사표시의 무효확인을 청구할 수 있다(대판 1993. 9.14. 92누4611).
>
> 재개발조합은 조합원에 대한 법률관계에서 적어도 특수한 존립목적을 부여받은 특수한 행정주체로서 국가의 감독하에 그 존립 목적인 특정한 공공사무를 행하고 있다고 볼 수 있는 범위 내에서는 공법상의 권리의무 관계에 서 있다. 따라서 조합을 상대로 한 쟁송에 있어서 강제가입제를 특색으로 한 조합원의 자격 인정 여부에 관하여 다툼이 있는 경우에는 그 단계에서는 아

당사자소송의 대상이 아닌 것은? (단, 다툼이 있는 경우 판례에 의함)

▶ 2017. 3. 18. 제1회 서울특별시

① 구 「도시재개발법」상 재개발조합의 조합원 자격 확인
② 구 「석탄산업법」상 석탄가격안정지원금의 지급청구
③ 납세의무자의 부가가치세 환급세액 지급청구
④ 구 「공익사업을 위한 토지 등의 취득 및 보상에 관한 법률」상 환매금액의 증감청구

▮정답 ④

직 조합의 어떠한 처분 등이 개입될 여지는 없으므로 공법상의 당사자소송에 의하여 그 조합원 자격의 확인을 구할 수 있고, 한편 분양신청 후에 정하여진 관리처분계획의 내용에 관하여 다툼이 있는 경우에는 그 관리처분계획은 토지 등의 소유자에게 구체적이고 결정적인 영향을 미치는 것으로서 조합이 행한 처분에 해당하므로 항고소송에 의하여 관리처분계획 또는 그 내용인 분양거부처분 등의 취소를 구할 수 있다(대판 1996. 2.15.94다31235(전합)).

ⓒ **공법상 금전지급청구소송** : 공무원보수, 연금의 지급청구, 손실보상청구, 공법상 사무관리비용청구소송 등이 있다.

판례 부가가치세법령의 내용, 형식 및 입법 취지 등에 비추어 보면, 납세의무자에 대한 국가의 부가가치세 환급세액 지급의무는 그 납세의무자로부터 어느 과세기간에 과다하게 거래징수된 세액 상당을 국가가 실제로 납부받았는지와 관계없이 부가가치세법령의 규정에 의하여 직접 발생하는 것으로서, 그 법적 성질은 정의와 공평의 관념에서 수익자와 손실자 사이의 재산상태 조정을 위해 인정되는 부당이득 반환의무가 아니라 부가가치세법령에 의하여 그 존부나 범위가 구체적으로 확정되고 조세 정책적 관점에서 특별히 인정되는 공법상 의무라고 봄이 타당하다. 그렇다면 납세의무자에 대한 국가의 부가가치세 환급세액 지급의무에 대응하는 국가에 대한 납세의무자의 부가가치세 환급세액 지급청구는 민사소송이 아니라 행정소송법 제3조 제2호에 규정된 당사자소송의 절차에 따라야 한다(대판 2013. 3.21. 2011다95564(전합)).

광주민주화운동관련자보상등에관한법률 제15조 본문의 규정에서 말하는 광주민주화운동관련자 보상심의위원회의 결정을 거치는 것은 보상금 지급에 관한 소송을 제기하기 위한 전치요건에 불과하다고 할 것이므로 위 보상심의위원회의 결정은 취소소송의 대상이 되는 행정처분이라고 할 수 없다. 같은 법에 의거하여 관련자 및 유족들이 갖게 되는 보상 등에 관한 권리는 헌법 제23조 제3항에 따른 재산권침해에 대한 손실보상청구나 국가배상법에 따른 손해배상청구와는 그 성질을 달리하는 것으로서 법률이 특별히 인정하고 있는 공법상의 권리라고 하여야 할 것이므로 그에 관한 소송은 행정소송법 제3조 제2호 소정의 당사자소송에 의하여야 할 것이며 보상금 등의 지급에 관한 법률관계의 주체는 대한민국이다(대판 1992.12.24. 92누3335).

비교판례 '민주화운동관련자 명예회복 및 보상 심의위원회'에서 심의·결정을 받아야만 비로소 보상금 등의 지급 대상자로 확정될 수 있다. 따라서 그와 같은 심의위원회의 결정은 국민의 권리의무에 직접 영향을 미치는 행정처분에 해당하므로, 관련자 등으로서 보상금 등을 지급받고자 하는 신청에 대하여 심의위원회가 관련자 해당 요건의 전부 또는 일부를 인정하지 아니하여 보상금 등의 지급을 기각하는 결정을 한 경우에는 신청인은 심의위원회를 상대로 그 결정의 취소를 구하는 소송을 제기하여 보상금 등의 지급대상자가 될 수 있다(대판 2008. 4.17. 2005두16185(전합)).

ⓔ **공법상 계약에 관한 소송** : 국가·지방자치단체 등 행정주체 상호 간 또는 행정주체와 사인 사이에 체결되는 공법상 계약에 관한 분쟁이 해당한다.

ⓜ **조합총회결의에 관한 소송** : 도시 및 주거환경정비법상 행정주체인 주택재건축정비사업조합을 상대로 관리처분계획안에 대한 조합 총회결의의 효력 등을 다투는 소송은 행정처분에 이르는 절차적 요건의 존부나 효력 유무에 관한 소송으로서 그 소송결과에 따라 행정처분의 위법 여부에 직접 영향을 미치는 공법상 법률관계에 관한 것이므로, 이는 행정소송법상의 당사자소송에 해당한다(대판2009.9.17.2007다2428(전합)).

기출문제

기출문제

③ **당사자적격** … 형식적 당사자소송에서와 같이 원고적격에는 민사소송에 관한 규정이 적용된다. 피고는 행정청이 아니라 국가, 공공단체 그 밖의 권리주체가 된다.

④ **재판 관할** … 형식적 당사자소송과 같이 제1심 관할 법원은 피고의 소재지를 관할하는 행정법원이다.

⑤ **적용법규** … 형식적 당사자소송과 동일하다.

Point 팁 **심리절차** … 심리절차에 소의 병합, 소의 변경, 행정심판기록의 제출명령, 직권탐지주의 가미, 처분권주의, 변론주의, 구술심리주의, 직접심리주의, 쌍방심문주의, 법관의 석명의무, 입증책임분배에 관한 원칙 등이 적용된다.

(4) 소송의 종료

① **판결의 기판력과 구속력** … 판결의 기판력은 당사자소송에서는 원칙적으로 소송의 당사자 및 그 승계인에 대하여서만 효력이 발생한다. 따라서 취소소송에 있어서와 같은 판결의 제3자효는 당사자소송에는 인정되지 않는다. 그러나 판결의 기속력 조항은 당사자소송에 준용된다.

② **가집행선고** … 행정소송법 제43조는 "국가를 상대로 하는 당사자소송의 경우에는 가집행선고를 할 수 없다."고 규정하고 있다. 그러나 같은 내용의 규정을 둔 소송촉진 등에 관한 특례법 제6조 제1항 단서가 위헌결정(헌재결 1989. 1. 25. 88헌가7)으로 삭제된 후 행정소송법 규정의 효력에 관해 견해가 대립하고 있다.

판례 행정소송법 제8조 제2항에 의하면 행정소송에도 민사소송법의 규정이 일반적으로 준용되므로 법원으로서는 공법상 당사자소송에서 재산권의 청구를 인용하는 판결을 하는 경우 가집행선고를 할 수 있다(대판 2000. 11. 28. 99두3416).

[취소소송 · 무효등확인소송 · 부작위위법확인소송 · 당사자소송]

구분	취소소송	무효등확인소송	부작위위법확인소송	당사자소송
공통점	변론주의, 직권심리주의, 구술심리주의, 공개심리주의			
임의적 행정심판 전치주의	적용됨	적용 안됨	적용됨	적용 안됨
제소기간	적용됨	적용 안됨	적용 안됨 (행정심판을 거치지 않은 경우)	적용 안됨
처분변경으로 인한 소의 변경	적용됨	적용됨	적용 안됨	적용됨
집행부정지의 원칙	적용됨	적용됨	적용 안됨	적용 안됨
사정판결	적용됨	적용 안됨	적용 안됨	적용 안됨
판결의 간접강제	적용됨	적용 안됨	적용됨	적용 안됨

문 객관소송에 관한 설명으로 가장 옳지 않은 것은?

▶ 2010. 11. 7. 국회사무처

① 「행정소송법」 제46조는 법률에서 민중소송을 허용하고 있는 경우에 한하여 그 재판절차를 규정한 것에 불과하다.

② 「공공기관의 정보공개에 관한 법률」 제5조에 따른 일반적 정보공개청구권을 다투는 소송은 민중소송이라는 것이 다수설과 판례의 입장이다.

③ 국가기관 상호간의 권한의 존부에 관한 다툼이 있는 경우 행정소송인 기관소송을 제기할 수 없다.

④ 우리나라에서 객관소송은 당사자의 구체적인 권리 · 의무에 관한 분쟁해결이 아니라 행정 감독적 견지에서 행정법규의 정당한 적용을 확보하거나 선거 등의 공정의 확보를 위한 소송으로 이해된다.

⑤ 「지방교육자치에 관한 법률」 제28조 제3항에 따라 교육감이 시 · 도의회 또는 교육위원회를 상대로 대법원에 제기하는 소송은 객관소송이다.

정답 ②

section 4 객관적 소송

(1) 의의

개인의 주관적 권리보호를 목적으로 하는 것이 아니라 공익적 목적에서 행정법규의 적정한 적용, 즉 행정작용의 적법성을 보장하기 위하여 법률이 허용하고 있는 소송을 말한다. 그 종류로는 민중소송과 기관소송이 있다.

(2) 민중소송

① **의의** … 국가 또는 공공단체의 기관이 행정법규에 위반되는 행위를 한 때에 일반 국민이 직접적인 자기의 법률상 이익과 무관하게 선거인의 지위에서 그 시정을 구하기 위하여 제기하는 소송이다. 이는 법률의 명시적 규정이 있는 때에만 인정된다.

② **종류**

    ㉠ **선거무효소송** : 대통령·국회의원선거에 관한 소송과 지방의회 의원·지방자치단체장의 선거에 관한 소송이 있다.

    ㉡ **국민투표무효소송** : 국민투표의 효력에 관하여 이의가 있는 투표인이 일정 요건하에서 제기할 수 있다.

③ **당사자적격**

    ㉠ **원고적격** : 민중소송은 법률이 정한 자가 제기할 수 있다. 이는 주관적 소송과는 달리 자기의 법률상 이익이 침해된 자에게만 원고적격이 인정되는 것이 아니고 널리 선거인·투표인의 지위에서 원고적격이 인정된다.

    ㉡ **피고적격** : 대통령 선거의 경우에는 중앙선거관리위원회 위원장이 피고가 되고, 국회의원 선거의 경우에는 관할 선거구 선거관리위원회 위원장이 피고가 되며, 지방의회의원 선거의 경우에는 당해 선거구 선거관리위원회 위원장이 피고가 된다.

④ **재판관할** … 대통령 선거, 국회의원 선거 및 시·도지사 선거의 경우에는 대법원이 관할하고, 지방의회의원 선거 및 시·군·자치구의 장 선거는 고등법원이 관할한다.

(3) 기관소송

① **의의** … 국가 또는 공공단체의 행정기관 상호 간에 권한의 존부 또는 권한 행사에 관한 분쟁이 있는 경우 이를 해결하기 위해 제기하는 소송을 말한다. 다만, 헌법재판소법 제2조의 규정에 의하여 헌법재판소의 관할 사항인 국가기관 상호 간, 국가기관과 지방자치단체 간, 지방자치단체 상호 간의 권한쟁의에 관한 소송은 여기서의 기관소송에서 제외된다. 현행 행정법상 인정되는 기관소송으로는 지방의회나 교육위원회의 의결무효소송과 주무부장관이나 상급지방자치단체장의 감독처분에 대한 이의소송이 있다.

② **당사자적격** … 원고적격, 피고적격 모두 민중소송의 경우와 같이 법률의 규정에 따라 결정된다.

③ **재판 관할** … 의결무효소송 및 이의소송은 대법원이 관할한다.

 행정소송

2020 지방직 9급

1 「행정소송법」에서 규정하고 있는 항고소송이 아닌 것은?

① 기관소송
② 무효등 확인소송
③ 부작위위법확인소송
④ 취소소송

2020 지방직 9급

2 다음은 「행정소송법」상 제소 기간에 대한 설명이다. ㉠~㉤에 들어갈 내용은?

> 취소소송은 처분등이 (㉠)부터 (㉡) 이내에 제기하여야 한다. 다만, 행정심판청구를 할 수 있는 경우 또는 행정청이 행정심판청구를 할 수 있다고 잘못 알린 경우에 행정심판청구가 있은 때의 기간은 (㉢)을 (㉣)부터 기산한다. 한편 취소소송은 처분등이 있은 날부터 (㉤)을 경과하면 이를 제기하지 못한다. 다만, 정당한 사유가 있는 때에는 그러하지 아니하다.

	㉠	㉡	㉢	㉣	㉤
①	있은 날	30일	결정서의 정본	통지받은 날	180일
②	있음을 안 날	90일	재결서의 정본	송달받은 날	1년
③	있은 날	1년	결정서의 부본	통지받은 날	2년
④	있음을 안 날	1년	재결서의 부본	송달받은 날	3년

2020 지방직 9급

3 판례상 항고소송의 대상으로 인정되는 것만을 모두 고르면?

> ㉠ 교도소장이 특정 수형자를 '접견내용 녹음·녹화 및 접견 시 교도관 참여대상자'로 지정한 행위
> ㉡ 행정청이 토지대장상의 소유자명의변경신청을 거부한 행위
> ㉢ 지방경찰청장의 횡단보도 설치 행위
> ㉣ 상표권자인 법인에 대한 청산종결등기가 되었음을 이유로 특허청장이 행한 상표권 말소등록 행위

① ㉠, ㉡   ② ㉠, ㉢

③ ㉡, ㉣   ④ ㉢, ㉣

2020 지방직 9급

4 행정소송의 소송요건 등에 대한 설명으로 옳지 않은 것은? (다툼이 있는 경우 판례에 의함)

① 고시 또는 공고에 의하여 행정처분을 하는 경우 그 행정처분에 이해관계를 갖는 사람이 고시 또는 공고가 있었다는 사실을 현실적으로 알았는지 여부에 관계없이 고시 또는 공고가 효력을 발생한 날에 행정처분이 있음을 알았다고 보아야 한다.

② 「행정소송법」상 제3자 소송참가의 경우 참가인이 상소를 하였더라도, 소송당사자 본인인 피참가인은 참가인의 의사에 반하여 상소취하나 상소포기를 할 수 있다.

③ 무효인 과세처분에 근거하여 세금을 납부한 경우 부당이득반환청구의 소로써 직접 위법상태의 제거를 구할 수 있는지 여부와 관계없이 「행정소송법」 제35조에 규정된 '무효확인을 구할 법률상 이익'을 가진다.

④ 공법상 당사자소송으로서 납세의무부존재확인의 소는 과세처분을 한 과세관청이 아니라 「행정소송법」 제3조제2호, 제39조에 의하여 그 법률관계의 한쪽 당사자인 국가·공공단체, 그 밖의 권리주체가 피고적격을 가진다.

2020 국가직 9급

5 「행정소송법」상 피고 및 피고의 경정에 대한 설명으로 옳은 것은? (다툼이 있는 경우 판례에 의함)

① 취소소송에서 원고가 처분청 아닌 행정관청을 피고로 잘못 지정한 경우, 법원은 석명권의 행사 없이 소송요건의 불비를 이유로 소를 각하할 수 있다.

② 소의 종류의 변경에 따른 피고의 변경은 교환적 변경에 한 한다고 봄이 상당하므로 예비적 청구만이 있는 피고의 추가경정신청은 예외적 규정이 있는 경우를 제외하고는 원칙적으로 허용되지 않는다.

③ 상급행정청의 지시에 의해 하급행정청이 자신의 명의로 처분을 하였다면, 당해 처분에 대한 취소소송에서는 지시를 내린 상급행정청이 피고가 된다.

④ 취소소송에서 피고가 될 수 있는 행정청에는 대외적으로 의사를 표시할 수 있는 기관이 아니더라도 국가나 공공단체의 의사를 실질적으로 결정하는 기관이 포함된다.

2020 국가직 9급

6 「행정소송법」상 취소소송에서 확정된 청구인용판결의 효력에 대한 설명으로 옳지 않은 것은? (다툼이 있는 경우 판례에 의함)

① 취소판결의 효력은 원칙적으로 소급적이므로, 취소판결에 의해 취소된 영업허가취소처분 이후의 영업행위는 무허가영업에 해당하지 않는다.

② 취소된 행정처분을 기초로 하여 새로 형성된 제3자의 권리가 취소판결 자체의 효력에 의해 당연히 그 행정처분 전의 상태로 환원되는 것은 아니다.

③ 취소판결의 기속력은 주로 판결의 실효성 확보를 위하여 인정되는 효력으로서 판결의 주문뿐만 아니라 그 전제가 되는 처분 등의 구체적 위법사유에 관한 이유 중의 판단에 대하여도 인정된다.

④ 행정처분이 판결에 의해 취소된 경우, 취소된 처분의 사유와 기본적 사실관계에서 동일성이 인정되지 않는 다른 사유를 들어 새로이 처분을 하는 것은 기속력에 반한다.

7 다음 사례에 대한 설명으로 옳은 것은? (다툼이 있는 경우 판례에 의함)

> - 2020. 1. 6. 인기 아이돌 가수인 甲의 노래가 수록된 음반이 청소년 유해 매체물로 결정 및 고시되었는데, 여성가족부장관은 이 고시를 하면서 그 효력발생 시기를 구체적으로 밝히지 않았다.
> - A시의 시장이 「식품위생법」 위반을 이유로 乙에 대해 영업허가를 취소하는 처분을 하고자 하나 송달이 불가능하다.

① 「행정 효율과 협업 촉진에 관한 규정」에 따르면 여성가족부장관의 고시의 효력은 2020. 1. 20.부터 발생한다.

② 甲의 노래가 수록된 음반을 청소년 유해 매체물로 지정하는 결정 및 고시는 항고소송의 대상이 될 수 없다.

③ A시의 시장이 영업허가취소처분을 송달하려면 乙이 알기 쉽도록 관보, 공보, 게시판, 일간신문 중 하나 이상에 공고하고 인터넷에도 공고하여야 한다.

④ 乙의 영업허가취소처분이 공보에 공고된 경우, 乙이 자신에 대한 영업허가취소처분이 있음을 알고 있지 못하더라도 영업허가취소처분에 대한 취소소송을 제기하려면 공고가 효력을 발생한 날부터 90일 안에 제기해야 한다.

8 판례의 입장으로 옳은 것은?

① 변상금부과처분이 당연무효인 경우, 당해 변상금부과처분에 의하여 납부한 오납금에 대한 납부자의 부당이득 반환청구권의 소멸시효는 변상금부과처분의 부과시부터 진행한다.

② 행정소송에서 쟁송의 대상이 되는 행정처분의 존부에 관한 사항이 상고심에서 비로소 주장된 경우에 행정처분의 존부에 관한 사항은 상고심의 심판범위에 해당한다.

③ 어떠한 처분의 근거나 법적인 효과가 행정규칙에 규정되어 있다면, 그 처분이 행정규칙의 내부적 구속력에 의하여 상대방의 권리 의무에 직접 영향을 미치는 행위라도 항고소송의 대상이 되는 행정처분이라 볼 수 없다.

④ 어떠한 허가처분에 대하여 타법상의 인·허가가 의제된 경우, 의제된 인·허가는 통상적인 인·허가와 동일한 효력을 갖는 것은 아니므로 '부분 인·허가 의제'가 허용되는 경우에도 의제된 인·허가에 대한 쟁송취소는 허용되지 않는다.

2020 국가직 9급

9 「행정소송법」상 부작위위법확인소송에 대한 설명으로 옳지 않은 것은? (다툼이 있는 경우 판례에 의함)

① 어떠한 처분에 대하여 그 근거 법률에서 행정소송 이외의 다른 절차에 의하여 불복할 것을 예정하고 있는 경우, 그 처분이 「행정소송법」상 처분의 개념에 해당한다고 하더라도 그 처분의 부작위는 부작위위법확인소송의 대상이 될 수 없다.

② 어떠한 행정처분에 대한 법규상 또는 조리상의 신청권이 인정되지 않는 경우, 그 처분의 신청에 대한 행정청의 무응답이 위법하다고 하여 제기된 부작위위법확인소송은 적법하지 않다.

③ 취소소송의 제소기간에 관한 규정은 부작위위법확인소송에 준용되지 않으므로 행정심판 등 전심절차를 거친 경우에도 부작위위법확인소송에 있어서는 제소기간의 제한을 받지 않는다.

④ 처분의 신청 후에 원고에게 생긴 사정의 변화로 인하여, 그 처분에 대한 부작위가 위법하다는 확인을 받아도 종국적으로 침해되거나 방해받은 원고의 권리·이익을 보호·구제받는 것이 불가능하게 되었다면, 법원은 각하판결을 내려야 한다.

2021 국가직 9급

10 취소소송의 제소기간에 대한 설명으로 옳은 것(○)과 옳지 않은 것(×)을 바르게 연결한 것은? (다툼이 있는 경우 판례에 의함)

㉠ 행정청이 행정심판청구를 할 수 있다고 잘못 알려 행정심판을 청구한 경우에는 재결서 정본을 송달받은 날이 아닌 처분이 있음을 안 날로부터 제소기간이 기산된다.

㉡ 행정심판을 청구하였으나 심판청구기간을 도과하여 각하된 후 제기하는 취소소송은 재결서를 송달받은 날부터 90일 이내에 제기하면 된다.

㉢ '처분이 있음을 안 날'은 처분이 있었다는 사실을 현실적으로 안 날을 의미하므로, 처분서를 송달받기 전 정보공개청구를 통하여 처분을 하는 내용의 일체의 서류를 교부받았다면 그 서류를 교부받은 날부터 제소기간이 기산된다.

㉣ 동일한 처분에 대하여 무효확인의 소를 제기하였다가 그 처분의 취소를 구하는 소를 추가적으로 병합한 경우, 주된 청구인 무효확인의 소가 적법한 제소기간 내에 제기되었다면 추가로 병합된 취소청구의 소도 적법하게 제기된 것으로 볼 수 있다.

	㉠	㉡	㉢	㉣
①	×	×	○	×
②	○	○	×	○
③	○	×	○	×
④	×	×	×	○

2021 국가직 9급

11 판례상 항고소송의 원고적격이 인정되는 경우만을 모두 고르면?

> ㉠ 중국 국적자인 외국인이 사증발급 거부처분의 취소를 구하는 경우
>
> ㉡ 소방청장이 처분성이 인정되는 국민권익위원회의 조치요구에 불복하여 조치요구의 취소를 구하는 경우
>
> ㉢ 지방법무사회가 법무사의 사무원 채용승인 신청을 거부하여 사무원이 될 수 없게 된 자가 지방법무사회를 상대로 거부처분의 취소를 구하는 경우
>
> ㉣ 개발제한구역 중 일부 취락을 개발제한구역에서 해제하는 내용의 도시관리계획변경결정에 대하여 개발제한구역 해제대상에서 누락된 토지의 소유자가 위 결정의 취소를 구하는 경우

① ㉠, ㉡   ② ㉡, ㉢

③ ㉢, ㉣   ④ ㉠, ㉢, ㉣

2021 국가직 9급

12 甲 회사는 '토석채취허가지 진입도로와 관련 우회도로 개설 등은 인근 주민들과의 충분한 협의를 통해 민원발생에 따른 분쟁이 생기지 않도록 조치 후 사업을 추진할 것'이란 조건으로 토석채취허가를 받았다. 그러나 甲은 위 조건이 법령에 근거가 없다는 이유로 이행하지 아니하였고, 인근 주민이 민원을 제기하자 관할 행정청은 甲에게 공사중지명령을 하였다. 甲은 공사중지명령의 해제를 신청하였으나 거부되자 거부처분 취소소송을 제기하였다. 이에 대한 설명으로 옳지 않은 것은? (다툼이 있는 경우 판례에 의함)

① 일반적으로 기속행위의 경우 법령의 근거 없이 위와 같은 조건을 부가하는 것은 위법하다.

② 공사중지명령의 원인사유가 해소되었다면 甲은 공사중지명령의 해제를 신청할 수 있고, 이에 대한 거부는 처분성이 인정된다.

③ 甲에게는 공사중지명령 해제신청 거부처분에 대한 집행정지를 구할 이익이 인정되지 아니한다.

④ 甲이 앞서 공사중지명령 취소소송에서 패소하여 그 판결이 확정되었더라도, 甲은 그 후 공사중지명령의 해제를 신청한 후 해제신청 거부처분 취소소송에서 다시 그 공사중지명령의 적법성을 다툴 수 있다.

13 다음 사례에 관한 설명으로 옳은 것은? (다툼이 있는 경우 판례에 의함)

> • 甲은 자신의 토지에 대한 개별공시지가결정을 통지받은 후 90일이 넘어 과세처분을 받았는데, 과세처분이 위법한 개별공시지가결정에 기초하였다는 이유로 과세처분의 취소를 구하고자 한다.
> • 甲은 토지대장에 전(田)으로 기재되어 있는 지목을 대(垈)로 변경하고자 지목변경신청을 하였다.
> • 乙은 甲의 토지가 사실은 자신 소유라고 주장하면서 토지대장상의 소유자명의변경을 신청하였으나 거부되었다.

① 甲은 과세처분이 있기 전에는 개별공시지가결정에 대해서 취소소송을 제기할 수 없다.

② 甲은 과세처분의 위법성이 인정되지 않더라도 과세처분 취소소송에서 개별공시지가결정의 위법을 독립된 위법사유로 주장할 수 있다.

③ 토지대장에 등재된 사항을 변경하는 행위는 행정사무집행의 편의와 사실증명의 자료로 삼기 위한 것이므로, 甲은 지목변경신청이 거부되더라도 이에 대하여 취소소송으로 다툴 수 없다.

④ 乙에 대한 토지대장상의 소유자명의변경신청 거부는 처분성이 인정된다.

14 다음 사례에 관한 설명으로 옳지 않은 것은?(다툼이 있는 경우 판례에 의함)

> A도(道) B군(郡)에서 식품접객업을 하는 甲은 청소년에게 술을 팔다가 적발되었다. 「식품위생법」은 위법하게 청소년에게 주류를 제공한 영업자에게 "6개월 이내의 기간을 정하여 그 영업의 전부 또는 일부를 정지할 수 있다."라고 규정하고, 「식품위생법 시행규칙」 [별표 23]은 청소년 주류제공(1차 위반)시 행정처분기준을 '영업정지 2개월'로 정하고 있다. B군수는 甲에게 2개월의 영업정지처분을 하였다.

① 甲은 영업정지처분에 불복하여 A도 행정심판위원회에 행정심판을 청구할 수 있다.

② 甲은 행정심판을 청구하지 않고 영업정지처분에 대한 취소소송을 제기할 수 있다.

③ 「식품위생법 시행규칙」의 행정처분기준은 행정규칙의 형식이나, 「식품위생법」의 내용을 보충하면서 「식품위생법」의 규정과 결합하여 위임의 범위 내에서 대외적인 구속력을 가진다.

④ 甲이 취소소송을 제기하는 경우 법원은 재량권의 일탈·남용이 인정되면 영업정지처분을 취소할 수 있다.

2021 지방직 9급

15 사정판결에 대한 설명으로 옳지 않은 것은? (다툼이 있는 경우 판례에 의함)

① 사정판결은 본안심리 결과 원고의 청구가 이유 있다고 인정됨에도 불구하고 처분을 취소하는 것이 현저히 공공복리에 적합하지 아니하다고 인정하는 때 원고의 청구를 기각하는 판결을 말한다.

② 사정판결은 항고소송 중 취소소송 및 무효등확인소송에서 인정되는 판결의 종류이다.

③ 법원이 사정판결을 함에 있어서는 미리 원고가 그로 인하여 입게 될 손해의 정도와 배상방법 그 밖의 사정을 조사하여야 한다.

④ 원고는 피고인 행정청이 속하는 국가 또는 공공단체를 상대로 손해배상, 제해시설의 설치 그 밖에 적당한 구제방법의 청구를 당해 취소소송등이 계속된 법원에 병합하여 제기할 수 있다.

2021 지방직 9급

16 「행정소송법」에 따른 집행정지에 대한 설명으로 옳지 않은 것은? (다툼이 있는 경우 판례에 의함)

① 처분의 효력정지결정을 하려면 그 효력정지를 구하는 당해 행정처분에 대한 본안소송이 법원에 제기되어 계속중임을 요건으로 한다.

② 거부처분의 효력정지는 그 거부처분으로 인하여 신청인에게 생길 손해를 방지하는 데 필요하므로 신청인에게는 그 효력정지를 구할 이익이 있다.

③ 처분의 효력정지는 처분의 집행 또는 절차의 속행을 정지함으로써 목적을 달성할 수 있는 경우에는 허용되지 아니한다.

④ 신청인의 본안청구의 이유 없음이 명백할 때는 집행정지가 인정되지 않는다.

2021 지방직 9급

17 행정소송상 협의의 소익에 대한 설명으로 옳은 것만을 모두 고르면? (다툼이 있는 경우 판례에 의함)

> ㉠ 월정수당을 받는 지방의회 의원에 대한 제명의결 취소소송 계속중 의원의 임기가 만료된 경우 지방의회 의원은 그 제명의결의 취소를 구할 법률상 이익이 있다.
> ㉡ 파면처분 취소소송의 사실심 변론종결 전에 금고 이상의 형을 선고받아 당연퇴직된 경우에도 해당 공무원은 파면처분의 취소를 구할 이익이 있다.
> ㉢ 공익근무요원 소집해제신청을 거부한 후에 원고가 계속하여 공익근무요원으로 복무함에 따라 복무기간 만료를 이유로 소집해제처분을 한 경우, 원고는 거부처분의 취소를 구할 소의 이익이 있다.

① ㉠

② ㉡

③ ㉠, ㉡

④ ㉡, ㉢

2021 지방직 9급

18 판례의 입장으로 옳지 않은 것은?

① 개인의 고유성, 동일성을 나타내는 지문은 그 정보주체를 타인으로부터 식별가능하게 하는 개인정보이다.

② 거부처분의 처분성을 인정하기 위한 전제 요건이 되는 신청권은 신청인이 그 신청에 따른 단순한 응답을 받을 권리를 넘어서 신청의 인용이라는 만족적 결과를 얻을 권리를 의미한다.

③ 지적공부 소관청의 지목변경신청 반려행위는 국민의 권리관계에 영향을 미치는 것으로서 항고소송의 대상이 되는 행정처분에 해당한다.

④ 산업단지개발계획상 산업단지 안의 토지 소유자로서 산업단지개발계획에 적합한 시설을 설치하여 입주하려는 자는 산업단지지정권자 또는 그로부터 권한을 위임받은 기관에 대하여 산업단지개발계획의 변경을 요청할 수 있는 법규상 또는 조리상 신청권이 있다.

2020 국가직 7급

19 행정소송에 대한 설명으로 옳지 않은 것은? (다툼이 있는 경우 판례에 의함)

① 무효확인소송에서 '무효확인을 구할 법률상 이익'이 있는지를 판단할 때, 행정처분의 무효를 전제로 한 이행소송 등과 같은 직접적인 구제수단이 있는지를 먼저 따질 필요는 없다.

② 「국토의 계획 및 이용에 관한 법률」상 토지소유자 등이 도시·군계획시설 사업시행자의 토지의 일시 사용에 대하여 정당한 사유 없이 동의를 거부한 경우, 사업시행자가 토지소유자를 상대로 동의의 의사표시를 구하는 소송은 당사자소송으로 보아야 한다.

③ 합의제행정청의 처분에 대하여는 합의제행정청이 피고가 되므로 부당노동행위에 대한 구제명령 등 중앙노동위원회의 처분에 대한 소송에서는 중앙노동위원회가 피고가 된다.

④ 권한의 내부위임이 있는 경우 내부수임기관이 착오 등으로 원처분청의 명의가 아닌 자기명의로 처분을 하였다면, 내부수임기관이 그 처분에 대한 항고소송의 피고가 된다.

2020 국가직 7급

20 「행정소송법」상 당사자소송에 대한 설명으로 옳은 것만을 모두 고르면? (다툼이 있는 경우 판례에 의함)

> ㉠ 공법상 당사자소송에서 재산권의 청구를 인용하는 판결을 하는 경우 가집행선고를 할 수 있다.
> ㉡ 소송형태는 당사자소송의 형식을 취하지만 실질적으로는 처분 등의 효력을 다투는 항고소송의 성질을 가지는 소송은 현행법상 인정되지 아니한다.
> ㉢ 「도시 및 주거환경정비법」상 행정주체인 주택재건축정비사업조합을 상대로 관리처분계획안에 대한 조합 총회결의의 효력 등을 다투는 소송은 민사상 법률관계에 관한 것이므로 민사소송에 해당한다.
> ㉣ 「석탄산업법」과 관련하여 피재근로자는 석탄산업합리화사업단이 한 재해위로금 지급거부의 의사표시에 불복이 있는 경우 공법상의 당사자소송을 제기하여야 한다.

① ㉠, ㉡   ② ㉠, ㉣

③ ㉡, ㉢   ④ ㉢, ㉣

2019 국가직 7급

21 항고소송의 원고적격에 대한 판례의 입장으로 옳지 않은 것은?

① 일반면허를 받은 시외버스운송사업자에 대한 사업계획변경 인가처분으로 인하여 노선 및 운행계통의 일부 중복으로 기존에 한정면허를 받은 시외버스운송사업자의 수익감소가 예상된다면, 기존의 한정면허를 받은 시외버스운송사업자는 일반면허 시외버스운송사업자에 대한 사업계획변경 인가처분의 취소를 구할 법률상의 이익이 있다.

② 처분의 근거 법규 또는 관련 법규에 그 처분으로써 이루어지는 행위 등 사업으로 인하여 환경상 침해를 받으리라고 예상되는 영향권의 범위가 구체적으로 규정되어 있는 경우, 그 영향권 내의 주민들에 대하여는 특단의 사정이 없는 한 환경상 이익에 대한 침해 또는 침해 우려가 있는 것으로 사실상 추정된다.

③ 「출입국관리법」상의 체류자격 및 사증발급의 기준과 절차에 관한 규정들은 대한민국의 출입국 질서와 국경관리라는 공익을 보호하려는 취지로 해석될 뿐이므로, 동법상 체류자격변경 불허가처분, 강제퇴거명령 등을 다투는 외국인에게는 해당 처분의 취소를 구할 법률상 이익이 인정되지 않는다.

④ 법령이 특정한 행정기관으로 하여금 다른 행정기관에 제재적 조치를 취할 수 있도록 하면서, 그에 따르지 않으면 그 행정기관에 과태료 등을 과할 수 있도록 정하는 경우, 권리구제나 권리보호의 필요성이 인정된다면 예외적으로 그 제재적 조치의 상대방인 행정기관에게 항고소송의 원고적격을 인정할 수 있다.

22 항고소송의 제소기간에 대한 설명으로 옳지 않은 것은?

① 취소소송의 제소기간은 불변기간이다.

② 법원은 취소소송의 제소기간을 확장하거나 단축할 수 없으나 주소 또는 거소가 멀리 떨어진 곳에 있는 자를 위하여 부가기간을 정할 수 있다.

③ 행정청이 행정심판청구를 할 수 있다고 잘못 알려 행정심판청구를 한 경우 취소소송의 제소기간은 행정심판 재결서 정본을 송달받은 날부터 기산한다.

④ 부작위위법확인소송은 행정심판 등 전심절차를 거친 경우에도 제소기간의 제한을 받지 않는다는 것이 판례의 입장이다.

23 「행정소송법」상 취소소송에 관한 규정 중 부작위위법확인소송에 준용되는 것을 모두 옳게 고른 것은?

> ㉠ 행정심판과의 관계   ㉡ 제소기간
> ㉢ 집행정지   ㉣ 사정판결
> ㉤ 거부처분취소판결의 간접강제

① ㉠, ㉣

② ㉠, ㉡, ㉤

③ ㉠, ㉡, ㉢, ㉣

④ ㉠, ㉡, ㉢, ㉤

24 행정처분에 대한 판례의 태도로 옳지 않은 것은?

① 과세처분이 있은 후 조세부과의 근거가 되었던 법률규정에 대해 위헌결정이 내려진 경우 그 조세채권의 집행을 위한 체납처분은 그 하자가 중대·명백하여 당연무효이다.

② 부당한 공동행위의 자진신고자가 한 감면신청에 대해 공정거래위원회가 감면불인정 통지를 한 것은 항고소송의 대상인 행정처분으로 볼 수 없다.

③ 행정주체가 구체적인 행정계획을 입안·결정할 때 가지는 형성의 자유의 한계에 관한 법리는 주민의 입안 제안 또는 변경신청을 받아들여 도시관리계획결정을 할 때에도 동일하게 적용된다.

④ 한국방송공사 사장에 대한 해임처분의 무효확인 또는 취소소송 계속 중 임기가 만료되어 그 해임처분의 무효확인 또는 취소로 그 지위를 회복할 수는 없더라도 해임처분일부터 임기만료일까지 기간에 대한 보수 지급을 구할 수 있는 경우에는 해임처분의 무효확인 또는 취소를 구할 법률상 이익이 있다.

25 판례상 원고적격이 인정되지 않은 것은?

① 원자로 시설부지 인근 주민들이 방사성물질 등에 의한 생명 · 신체의 안전침해를 이유로 부지사전승인처분의 취소를 구하는 경우

② 환경영향평가대상지역 안의 주민들이 전원개발사업 실시계획승인처분의 취소를 구할 경우

③ 1일 50t의 쓰레기를 소각하는 시설의 부지경계선으로부터 300m 안의 주민들이 폐기물소각시설의 입지지역을 결정 · 고시한 처분의 무효확인을 구하는 경우

④ 담배 일반소매인으로 지정되어 있는 기존업자가 신규 담배 구내소매인 지정처분을 다투는 경우

정답및해설

1	①	2	②	3	②	4	②	5	②
6	④	7	③	8	②	9	③	10	④
11	②	12	④	13	②	14	③	15	②
16	②	17	③	18	②	19	③	20	②
21	③	22	④	23	②	24	②	25	④

1 항고소송에는 취소소송, 무효등 확인소송, 부작위위법확인소송이 있다(행정소송법 제4조).

2 취소소송은 처분등이 (있음을 안 날)부터 (90일) 이내에 제기하여야 한다. 행정심판청구를 할 수 있는 경우 또는 행정청이 행정심판청구를 할 수 있다고 잘못 알린 경우에 행정심판청구가 있은 때의 기간은 (재결서의 정본)을 (송달받은 날)부터 기산한다. 취소소송은 처분등이 있은 날부터 (1년)을 경과하면 이를 제기하지 못한다. 다만, 정당한 사유가 있는 때에는 그러하지 아니하다(행정소송법 제20조).

3 ㉠ 교도소장이 수형자 甲을 '접견내용 녹음·녹화 및 접견 시 교도관 참여대상자'로 지정한 사안에서, 위 지정행위는 수형자의 구체적 권리의무에 직접적 변동을 가져오는 행정청의 공법상 행위로서 항고소송의 대상이 되는 '처분'에 해당한다(대판 2014. 2.13. 2013두20899).
ⓒ 지방경찰청장의 횡단보도 설치행위는 물적 행정행위로서 일반처분에 해당한다. 판례는 횡단보도 설치행위를 국민의 권리의무에 직접 관계가 있는 행위로서 행정처분이라고 판시하였다(대판 2000.10.27. 98두896).
ⓛ 토지대장에 기재된 일정한 사항을 변경하는 행위는, 그것이 지목의 변경이나 정정 등과 같이 토지소유권 행사의 전제요건으로서 토지소유자의 실체적 권리관계에 영향을 미치는 사항에 관한 것이 아닌 한 행정사무집행의 편의와 사실증명의 자료로 삼기 위한 것일 뿐이어서, 그 소유자 명의가 변경된다고 하여도 이로 인하여 당해 토지에 대한 실체상의 권리관계에 변동을 가져올 수 없고 토지 소유권이 지적공부의 기재만에 의하여 증명되는 것도 아니다. 따라서 소관청이 토지대장상의 소유자명의변경신청을 거부한 행위는 이를 항고소송의 대상이 되는 행정처분이라고 할 수 없다(대판 2012. 1.12. 2010두12354).
ⓔ 상표원부에 상표권자인 법인에 대한 청산종결등기가 되었음을 이유로 상표권의 말소등록이 이루어졌다고 해도 이는 상표권이 소멸하였음을 확인하는 사실적·확인적 행위에 지나지 않고, 말소등록으로 비로소 상표권 소멸의 효력이 발생하는 것이 아니어서, 상표권의 말소등록은 국민의 권리의무에 직접적으로 영향을 미치는 행위라고 할 수 없다. 상표권자인 법인에 대한 청산종결등기가 되었음을 이유로 한 상표권의 말소등록행위는 항고소송의 대상이 될 수 없다(대판 2015.10.29. 2014두2362).

4 ② 소송의 목적된 법률관계가 그 성질상 당사자간에 합일적으로 확정되여야 할 안건에 있어서는 피참가인 및 참가인은 그 전원을 위하여 이익되는 효력을 발생할 소송행위만을 할 수 있는 동시에 불이익되는 소송행위는 할 수 없으므로 피참가인의 취한 상고권포기 및 상고취하행위는 참가인의 불이익되는 행위라 할 것이니 참가인에 대한 관계에 있어서는 효력이 없다(대판 1952. 8.19. 4285행상).
① 통상 고시 또는 공고에 의하여 행정처분을 하는 경우에는 그 처분의 상대방이 불특정 다수인이고 그 처분의 효력이 불특정 다수인에게 일률적으로 적용되는 것이므로, 그 행정처분에 이해관계를 갖는 자가 고시 또는 공고가 있었다는 사실을 현실적으로 알았는지 여부에 관계없이 고시가 효력을 발생하는 날 행정처분이 있음을 알았다고 보아야 한다(대판 2007. 6.14. 2004두619).
③ 행정처분의 근거 법률에 의하여 보호되는 직접적이고 구체적인 이익이 있는 경우에는 행정소송법 제35조에 규정된 '무효 등 확인을 구할 법률상 이익'이 있다고 보아야 한다. 이와 별도로 무효 등 확인소송의 보충성이 요구되는 것은 아니므로 행정처분의 유·무효를 전제로 한 이행소송 등과 같은 직접적인 구제수단이 있는지 여부를 따질 필요가 없다(대판2019. 2.14. 2017두62587).
④ 납세의무부존재확인의 소는 공법상의 법률관계 그 자체를 다투는 소송으로서 당사자소송이라 할 것이므로 행정소송법 제3조 제2호, 제39조에 의하여 그 법률관계의 한쪽 당사자인 국가·공공단체 그 밖의 권리주체가 피고적격을 가진다(대판 2000. 9. 8. 99두2765).

5 ② 소위 주관적, 예비적 병합은 행정소송법 제28조 제3항과 같은 예외적 규정이 있는 경우를 제외하고는 원칙적으로 허용되지 않는 것이고, 또 행정소송법상 소의 종류의 변경에 따른 당사자(피고)의 변경은 교환적 변경에 한 한다고 봄이 상당하므로 예비적 청구만이 있는 피고의 추가경정신청은 허용되지 않는다(대판 1989.10.27. 89두1).

① 행정소송에서 원고가 처분청이 아닌 행정관청을 피고로 잘못 지정하였다면 법원으로서는 석명권을 행사하여 원고로 하여금 피고를 처분청으로 경정하게 하여 소송을 진행케 하여야 할 것이다(대판 1990. 1.12. 89누1032).

③④ 취소소송은 다른 법률에 특별한 규정이 없는 한 처분 등을 행한 행정청을 피고로 한다(행정소송법 제13조 제1항). 여기서 '행정청'이란 국가 또는 공공단체의 기관으로서 국가나 공공단체의 의견을 결정하여 외부에 표시할 수 있는 권한, 즉 처분 권한을 가진 기관을 말한다(대판 2019. 4. 3. 2017두52764).

6 ③④ 취소 확정판결의 기속력은 판결의 주문 및 전제가 되는 처분 등의 구체적 위법사유에 관한 판단에도 미치나, 종전 처분이 판결에 의하여 취소되었더라도 종전 처분과 다른 사유를 들어서 새로이 처분을 하는 것은 기속력에 저촉되지 않는다. 여기에서 동일 사유인지 다른 사유인지는 확정판결에서 위법한 것으로 판단된 종전 처분사유와 기본적 사실관계에서 동일성이 인정되는지 여부에 따라 판단되어야 하고, 기본적 사실관계의 동일성 유무는 처분사유를 법률적으로 평가하기 이전의 구체적인 사실에 착안하여 그 기초인 사회적 사실관계가 기본적인 점에서 동일한지에 따라 결정된다(대판 2016. 3.24. 2015두48235).

① 영업의 금지를 명한 영업허가취소처분 자체가 나중에 행정쟁송절차에 의하여 취소되었다면 그 영업허가취소처분은 그 처분시에 소급하여 효력을 잃게 되며, 그 영업허가취소처분에 복종할 의무가 원래부터 없었음이 확정되었다고 봄이 타당하고, 영업허가취소처분이 장래에 향하여서만 효력을 잃게 된다고 볼 것은 아니므로 그 영업허가취소처분 이후의 영업행위를 무허가영업이라고 볼 수는 없다(대판 1993. 6.25. 93도277).

② 행정소송법 제29조 제1항은 처분 등을 취소하는 확정판결은 제3자에 대하여도 효력이 있다고 규정하고 있기 때문에 제3자가 불측의 손해를 입을 가능성이 있다. 이러한 제3자를 보호하기 위해 행정소송법은 제3자의 소송참가(동법 제16조), 제3자에 의한 재심청구(동법 제31조)규정을 두고 있다. 따라서, 취소판결 자체의 효력에 의해 당연히 제3자의 권리가 소멸되는 것은 아니다.

7 ③ 처분의 송달이 불가능한 경우 송달받을 자가 알기 쉽도록 관보, 공보, 게시판, 일간신문 중 하나 이상에 공고하고 인터넷에도 공고하여야 한다(행정절차법 제14조 제4항).

① 공고문서는 그 문서에서 효력발생 시기를 구체적으로 밝히고 있지 않으면 그 고시 또는 공고 등이 있은 날부터 5일이 경과한 때에 효력이 발생한다(행정효율과협업촉진에관한규정 제6조제3항).

② 청소년유해매체물 결정 및 고시처분은 당해 유해매체물의 소유자 등 특정인만을 대상으로 한 행정처분이 아니라 일반 불특정 다수인을 상대방으로 하여 일률적으로 표시의무, 포장의무, 청소년에 대한 판매·대여 등의 금지의무 등 각종 의무를 발생시키는 행정처분이다(대판 2007. 6.14. 2004두619).

④ 행정소송법 제20조 제1항 소정의 제소기간 기산점인 '처분이 있음을 안 날'이라 함은 당사자가 통지, 공고 기타의 방법에 의하여 당해 처분이 있었다는 사실을 현실적으로 안 날을 의미하는바, 특정인에 대한 행정처분을 주소불명 등의 이유로 송달할 수 없어 관보·공보·게시판·일간신문 등에 공고한 경우에는, 공고가 효력을 발생하는 날에 상대방이 그 행정처분이 있음을 알았다고 볼 수는 없고, 상대방이 당해 처분이 있었다는 사실을 현실적으로 안 날에 그 처분이 있음을 알았다고 보아야 한다(대판 2006. 4.28. 2005두14851).

8 ② 행정소송에서 쟁송의 대상이 되는 행정처분의 존부는 소송요건으로서 직권조사사항이고, 자백의 대상이 될 수 없는 것이므로, 설사 그 존재를 당사자들이 다투지 아니한다 하더라도 그 존부에 관하여 의심이 있는 경우에는 이를 직권으로 밝혀 보아야 할 것이고, 사실심에서 변론종결시까지 당사자가 주장하지 않던 직권조사사항에 해당하는 사항을 상고심에서 비로소 주장하는 경우 그 직권조사사항에 해당하는 사항은 상고심의 심판범위에 해당한다(대판 2004.12.24. 2003두15195).

① 지방재정법 제87조 제1항에 의한 변상금부과처분이 당연무효인 경우에 이 변상금부과처분에 의하여 납부자가 납부하거나 징수당한 오납금은 지방자치단체가 법률상 원인 없이 취득한 부당이득에 해당하고, 이러한 오납금에 대한 납부자의 부당이득반환청구권은 처음부터 법률상 원인이 없이 납부 또는 징수된 것이므로 납부 또는 징수시에 발생하여 확정되며, 그 때부터 소멸시효가 진행한다(대판 2005. 1.27. 2004다50143).

③ 항고소송의 대상이 되는 행정처분이라 함은 원칙적으로 행정청의 공법상 행위로서 특정 사항에 대하여 법규에 의한 권리의 설정 또는 의무의 부담을 명하거나 기타 법률상 효과를 발생하게 하는 등으로 일반 국민의 권리 의무에 직접 영향을 미치는 행위를 가리키는 것이지만, 어떠한 처분의 근거나 법적인 효과가 행정규칙에 규정되어 있다고 하더라도, 그 처분이 행정규칙의 내부적 구속력에 의하여 상대방에게 권리의 설정 또는 의무의 부담을 명하거나 기타 법적인 효과를 발생하게 하는 등으로 그 상대방의 권리 의무에 직접 영향을 미치는 행위라면, 이 경우에도 항고소송의 대상이 되는 행정처분에 해당한다(대판 2002. 7.26. 2001두3532).

④ 의제된 인허가는 통상적인 인허가와 동일한 효력을 가지므로, 적어도 '부분 인허가 의제'가 허용되는 경우에는 그 효력을 제거하기 위한 법적 수단으로 의제된 인허가의 취소나 철회가 허용될 수 있고, 이러한 직권 취소ㆍ철회가 가능한 이상 그 의제된 인허가에 대한 쟁송 취소 역시 허용된다(대판 2018.11.29. 2016두38792).

9 ③ 부작위위법확인의 소는 부작위상태가 계속되는 한 그 위법의 확인을 구할 이익이 있다고 보아야 하므로 원칙적으로 제소기간의 제한을 받지 않는다. 그러나 행정소송법 제38조 제2항이 제소기간을 규정한 같은 법 제20조를 부작위위법확인소송에 준용하고 있는 점에 비추어 보면, 행정심판 등 전심절차를 거친 경우에는 행정소송법 제20조가 정한 제소기간 내에 부작위위법확인의 소를 제기하여야 한다(대판 2009. 7.23. 2008두10560).

① 행정소송법 제2조 소정의 행정처분이라고 하더라도 그 처분의 근거 법률에서 행정소송 이외의 다른 절차에 의하여 불복할 것을 예정하고 있는 처분은 항고소송의 대상이 될 수 없다(대판 2000. 3.28. 99두11264).

②④ 행정소송법 제4조 제3호에 규정된 부작위위법확인의 소는 행정청이 당사자의 법규상 또는 조리상의 권리에 기한 신청에 대하여 상당한 기간 내에 신청을 인용하는 적극적 처분 또는 각하하거나 기각하는 등의 소극적 처분을 하여야 할 법률상 응답의무가 있음에도 불구하고 이를 하지 아니하는 경우 부작위가 위법하다는 것을 확인함으로써 행정청의 응답을 신속하게 하여 부작위 또는 무응답이라고 하는 소극적 위법상태를 제거하는 것을 목적으로 하는 제도이다. 부작위위법확인소송은 처분의 신청을 한 자로서 부작위의 위법확인을 구할 법률상 이익이 있는 자만이 제기할 수 있다 할 것이며 이를 통하여 구하는 행정청의 응답행위는 행정소송법 제2조 제1항 제1호 소정의 처분에 관한 것이라야 하므로 당사자가 행정청에 대하여 어떠한 행정행위를 하여 줄 것을 신청하지 아니하였거나 신청을 하였더라도 당사자가 행정청에 대하여 그러한 행정행위를 하여 줄 것을 요구할 수 있는 법규상 또는 조리상 권리를 갖고 있지 아니하든지 또는 행정청이 당사자의 신청에 대하여 거부처분을 한 경우에는 원고적격이 없거나 항고소송의 대상인 위법한 부작위가 있다고 볼 수 없어 그 부작위위법확인의 소는 부적법하다(대판 1993. 4.23. 92누17099).

10 ⊙ (×)행정소송법 제20조 제1항에 의하면 취소소송은 원칙적으로 처분 등이 있음을 안 날부터 90일 이내에 제기하여야 하나, 행정청이 행정심판청구를 할 수 있다고 잘못 알려 행정심판의 청구를 한 경우에는 그 제소기간은 행정심판 재결서의 정본을 송달받은 날부터 기산하여야 한다(대판 2006. 9. 8. 2004두947).

ⓛ (×)행정처분이 있음을 알고 처분에 대하여 곧바로 취소소송을 제기하는 방법을 선택한 때에는 처분이 있음을 안 날부터 90일 이내에 취소소송을 제기하여야 하고, 행정심판을 청구하는 방법을 선택한 때에는 처분이 있음을 안 날부터 90일 이내에 행정심판을 청구하고 행정심판의 재결서를 송달받은 날부터 90일 이내에 취소소송을 제기하여야 한다. 따라서 처분이 있음을 안 날부터 90일 이내에 행정심판을 청구하지도 않고 취소소송을 제기하지도 않은 경우에는 그 후 제기된 취소소송은 제소기간을 경과한 것으로서 부적법하고, 처분이 있음을 안 날부터 90일을 넘겨 청구한 부적법한 행정심판청구에 대한 재결이 있은 후 재결서를 송달받은 날부터 90일 이내에 원래의 처분에 대하여 취소소송을 제기하였다고 하여 취소소송이 다시 제소기간을 준수한 것으로 되는 것은 아니다(대판 2011.11.24. 2011두18786).

ⓒ (×)지방보훈청장이 허혈성심장질환이 있는 甲에게 재심 서면판정 신체검사를 실시한 다음 종전과 동일하게 전(공)상군경 7급 국가유공자로 판정하는 '고엽제후유증증환 재심신체검사 무변동처분' 통보서를 송달하자 甲이 위 처분의 취소를 구한 사안에서, 위 처분이 甲에게 고지되어 처분이 있다는 사실을 현실적으로 알았을 때 행정소송법 제20조 제1항에서 정한 제소기간이 진행한다고 보아야 함에도, 甲이 통보서를 송달받기 전에 자신의 의무기록에 관한 정보공개를 청구하여 위 처분을 하는 내용의 통보서를 비롯한 일체의 서류를 교부받은 날부터 제소기간을 기산하여 위 소는 90일이 지난 후 제기한 것으로서 부적법하다고 본 원심판결에 법리를 오해한 위법이 있다(대판 2014. 9.25. 2014두8254).

② (o)하자 있는 행정처분을 놓고 이를 무효로 볼 것인지 아니면 단순히 취소할 수 있는 처분으로 볼 것인지는 동일한 사실관계를 토대로 한 법률적 평가의 문제에 불과하고, 행정처분의 무효확인을 구하는 소에는 특단의 사정이 없는 한 그 취소를 구하는 취지도 포함되어 있다고 보아야 하는 점 등에 비추어 볼 때, 동일한 행정처분에 대하여 무효확인의 소를 제기하였다가 그 후 그 처분의 취소를 구하는 소를 추가적으로 병합한 경우, 주된 청구인 무효확인의 소가 적법한 제소기간 내에 제기되었다면 추가로 병합된 취소청구의 소도 적법하게 제기된 것으로 봄이 상당하다(대판 2005.12.23. 2005두3554).

11 ⓒ 甲이 국민권익위원회에 부패방지 및 국민권익위원회의 설치와 운영에 관한 법률에 따른 신고와 신분보장조치를 요구하였고, 국민권익위원회가 甲의 소속기관 장인 乙 시·도선거관리위원회 위원장에게 '甲에 대한 중징계요구를 취소하고 향후 신고로 인한 신분상 불이익처분 및 근무조건상의 차별을 하지 말 것을 요구'하는 내용의 조치요구를 한 사안에서, 국가기관 일방의 조치요구에 불응한 상대방 국가기관에 국민권익위원회법상의 제재규정과 같은 중대한 불이익을 직접적으로 규정한 다른 법령의 사례를 찾아보기 어려운 점, 그럼에도 乙이 국민권익위원회의 조치요구를 다툴 별다른 방법이 없는 점 등에 비추어 보면, 처분성이 인정되는 위 조치요구에 불복하고자 하는 乙로서는 조치요구의 취소를 구하는 항고소송을 제기하는 것이 유효·적절한 수단이므로 비록 乙이 국가기관이더라도 당사자능력 및 원고적격을 가진다고 보는 것이 타당하고, 乙이 위 조치요구 후 甲을 파면하였다고 하더라도 조치요구가 곧바로 실효된다고 할 수 없고 乙은 여전히 조치요구를 따라야 할 의무를 부담하므로 乙에게는 위 조치요구의 취소를 구할 법률상 이익도 있다(대판 2013. 7.25. 2011두1214).

ⓒ 지방법무사회가 법무사의 사무원 채용승인 신청을 거부하거나 채용승인을 얻어 채용 중인 사람에 대한 채용승인을 취소하면, 상대방인 법무사로서도 그 사람을 사무원으로 채용할 수 없게 되는 불이익을 입게 될 뿐만 아니라, 그 사람도 법무사 사무원으로 채용되어 근무할 수 없게 되는 불이익을 입게 된다. 법무사규칙 제37조 제4항이 이의신청 절차를 규정한 것은 채용승인을 신청한 법무사뿐만 아니라 사무원이 되려는 사람의 이익도 보호하려는 취지로 볼 수 있다. 따라서 지방법무사회의 사무원 채용승인 거부처분 또는 채용승인 취소처분에 대해서는 처분 상대방인 법무사뿐만 아니라 그 때문에 사무원이 될 수 없게 된 사람도 이를 다툴 원고적격이 인정되어야 한다(대판 2020. 4. 9. 2015다34444).

㉠ 사증발급의 법적 성질, 출입국관리법의 입법 목적, 사증발급 신청인의 대한민국과의 실질적 관련성, 상호주의원칙 등을 고려하면, 우리 출입국관리법의 해석상 외국인에게는 사증발급 거부처분의 취소를 구할 법률상 이익이 인정되지 않는다(대판 2018. 5.15. 2014두42506).

② 개발제한구역 중 일부 취락을 개발제한구역에서 해제하는 내용의 도시관리계획변경결정에 대하여, 개발제한구역 해제대상에서 누락된 토지의 소유자는 위 결정의 취소를 구할 법률상 이익이 없다(대판 2008. 7.10. 2007두10242).

12 ④ 행정청이 관련 법령에 근거하여 행한 공사중지명령의 상대방이 명령의 취소를 구한 소송에서 패소함으로써 그 명령이 적법한 것으로 이미 확정되었다면, 이후 이러한 공사중지명령의 상대방은 그 명령의 해제신청을 거부한 처분의 취소를 구하는 소송에서 그 명령의 적법성을 다툴 수 없다. 그와 같은 공사중지명령에 대하여 그 명령의 상대방이 해제를 구하기 위해서는 명령의 내용 자체로 또는 성질상으로 명령 이후에 원인사유가 해소되었음이 인정되어야 한다(대판 2014.11.27. 2014두37665).

① 일반적으로 기속행위나 기속적 재량행위에는 부관을 붙일 수 없고 가사 부관을 붙였다 하더라도 무효이다(대판 1995. 6.13. 94다56883).

② 행정소송에서 행정처분의 위법 여부는 행정처분이 행하여졌을 때의 법령과 사실상태를 기준으로 하여 판단하여야 하고, 처분 후 법령의 개폐나 사실상태의 변동에 의하여 영향을 받지는 않는다. 지방자치단체장이 공장시설을 신축하는 회사에 대하여 사업승인 내지 건축허가 당시 부가하였던 조건을 이행할 때까지 신축공사를 중지하라는 명령을 한 경우, 위 회사에게는 중지명령의 원인사유가 해소되었음을 이유로 당해 공사중지명령의 해제를 요구할 수 있는 권리가 조리상 인정된다(대판 2007. 5.11. 2007두1811).

③ 허가신청에 대한 거부처분은 그 효력이 정지되더라도 그 처분이 없었던 것과 같은 상태를 만드는 것에 지나지 아니하는 것이고 그 이상으로 행정청에 대하여 어떠한 처분을 명하는 등 적극적인 상태를 만들어 내는 경우를 포함하지 아니하는 것이므로, 교도소장이 접견을 불허한 처분에 대하여 효력정지를 한다 하여도 이로 인하여 위 교도소장에게 접견의 허가를 명하는 것이 되는 것도 아니고 또 당연히 접견이 되는 것도 아니어서 접견허가거부처분에 의하여 생길 회복할 수 없는 손해를 피하는 데 아무런 보탬도 되지 아니하니 접견허가거부처분의 효력을 정지할 필요성이 없다(대결 1991. 5. 2. 91두15).

13 ②① 개별공시지가결정은 이를 기초로 한 과세처분 등과는 별개의 독립된 처분으로서 서로 독립하여 별개의 법률효과를 목적으로 하는 것이나, 개별공시지가는 이를 토지소유자나 이해관계인에게 개별적으로 고지하도록 되어 있는 것이 아니어서 토지소유자 등이 개별공시지가결정 내용을 알고 있었다고 전제하기도 곤란할 뿐만 아니라 결정된 개별공시지가가 자신에게 유리하게 작용될 것인지 또는 불이익하게 작용될 것인지 여부를 쉽사리 예견할 수 있는 것도 아니며, 더욱이 장차 어떠한 과세처분 등 구체적인 불이익이 현실적으로 나타나게 되었을 경우에 비로소 권리구제의 길을 찾는 것이 우리 국민의 권리의식임을 감안하여 볼 때 토지소유자 등으로 하여금 결정된 개별공시지가를 기초로 하여 장차 과세처분 등이 이루어질 것에 대비하여 항상 토지의 가격을 주시하고 개별공시지가결정이 잘못된 경우 정해진 시정절차를 통하여 이를 시정하도록 요구하는 것은 부당하게 높은 주의의무를 지우는 것이라고 아니할 수 없고, 위법한 개별공시지가결정에 대하여 그 정해진 시정절차를 통하여 시정하도록 요구하지 아니하였다는 이유로 위법한 개별공시지가를 기초로 한 과세처분 등 후행 행정처분에서 개별공시지가결정의 위법을 주장할 수 없도록 하는 것은 수인한도를 넘는 불이익을 강요하는 것으로서 국민의 재산권과 재판받을 권리를 보장한 헌법의 이념에도 부합하는 것이 아니라고 할 것이므로, 개별공시지가결정에 위법이 있는 경우에는 그 자체를 행정소송의 대상이 되는 행정처분으로 보아 그 위법 여부를 다툴 수 있음은 물론 이를 기초로 한 과세처분 등 행정처분의 취소를 구하는 행정소송에서도 선행처분인 개별공시지가결정의 위법을 독립된 위법사유로 주장할 수 있다고 해석함이 타당하다(대판 1994. 1.25. 93누8542).

③ 구 지적법 제20조, 제38조 제2항의 규정은 토지소유자에게 지목변경신청권과 지목정정신청권을 부여한 것이고, 한편 지목은 토지에 대한 공법상의 규제, 개발부담금의 부과대상, 지방세의 과세대상, 공시지가의 산정, 손실보상가액의 산정 등 토지행정의 기초로서 공법상의 법률관계에 영향을 미치고, 토지소유자는 지목을 토대로 토지의 사용·수익·처분에 일정한 제한을 받게 되는 점 등을 고려하면, 지목은 토지소유권을 제대로 행사하기 위한 전제요건으로서 토지소유자의 실체적 권리관계에 밀접하게 관련되어 있으므로 지적공부 소관청의 지목변경신청 반려행위는 국민의 권리관계에 영향을 미치는 것으로서 항고소송의 대상이 되는 행정처분에 해당한다(대판 2004. 4.22. 2003두9015).

④ 토지대장에 기재된 일정한 사항을 변경하는 행위는, 그것이 지목의 변경이나 정정 등과 같이 토지소유권 행사의 전제요건으로서 토지소유자의 실체적 권리관계에 영향을 미치는 사항에 관한 것이 아닌 한 행정사무집행의 편의와 사실증명의 자료로 삼기 위한 것일 뿐이어서, 그 소유자 명의가 변경된다고 하여도 이로 인하여 당해 토지에 대한 실체상의 권리관계에 변동을 가져올 수 없고 토지 소유권이 지적공부의 기재만에 의하여 증명되는 것도 아니다. 따라서 소관청이 토지대장상의 소유자명의변경신청을 거부한 행위는 이를 항고소송의 대상이 되는 행정처분이라고 할 수 없다(대판 2012. 1.12. 2010두12354).

14 ③ 식품위생법시행규칙 제53조에서 별표 15로 식품위생법 제58조에 따른 행정처분의 기준을 정하였다고 하더라도, 이는 형식은 부령으로 되어 있으나 그 성질은 행정기관 내부의 사무처리준칙을 정한 것에 불과한 것으로서, 보건사회부장관이 관계행정기관 및 직원에 대하여 그 직무권한행사의 지침을 정하여 주기 위하여 발한 행정명령의 성질을 가지는 것이지 식품위생법 제58조 제1항의 규정에 의하여 보장된 재량권을 기속하는 것이라고 할 수는 없고, 대외적으로 국민이나 법원을 기속하는 힘이 있는 것은 아니다(대판 1991. 5.14. 90누9780).

cf)재량준칙은 일반적으로 행정조직 내부에서만 효력을 가질 뿐 대외적인 구속력을 갖는 것은 아니므로 행정처분이 이를 위반하였다고 하여 그러한 사정만으로 곧바로 위법하게 되는 것은 아니다. 다만 그 재량준칙이 정한 바에 따라 되풀이 시행되어 행정 관행이 이루어지게 되면 평등의 원칙이나 신뢰보호의 원칙에 따라 행정기관은 상대방에 대한 관계에서 그 규칙에 따라야 할 자기구속을 받게 되므로, 이러한 경우에는 특별한 사정이 없는 한 그에 반하는 처분은 평등의 원칙이나 신뢰보호의 원칙에 어긋나 재량권을 일탈·남용한 위법한 처분이 된다(대판 2013. 11. 14. 2011두28783).

① 도의 관할구역에 있는 군의 군수가 행한 처분 또는 부작위에 대한 심판청구는 도지사 소속으로 두는 행정심판위원회에서 심리, 재결한다(행정심판법 제6조 제3항).

② 임의적 행정심판전치주의(행정소송법 제18조 제1항)

15 ② 무효등확인소송, 부작위위법확인소송에는 취소소송에서 인정되는 사정판결을 준용하는 규정이 없으므로(행정소송법 제38조) 현행법상 사정판결은 인정되지 않는다.
①③④ 행정소송법 제28조.

16 ② 신청에 대한 거부처분의 효력을 정지하더라도 거부처분이 없었던 것과 같은 상태, 즉 거부처분이 있기 전의 신청시의 상태로 되돌아가는 데에 불과하고 행정청에게 신청에 따른 처분을 하여야 할 의무가 생기는 것이 아니므로, 거부처분의 효력정지는 그 거부처분으로 인하여 신청인에게 생길 손해를 방지하는 데 아무런 보탬이 되지 아니하여 그 효력정지를 구할 이익이 없다(대판 1995. 6.21. 95두26).
① 행정처분의 효력정지는 소위 행정처분집행부정지의 원칙에 대한 예외로서 인정되는 일시적인 응급처분이므로 그러한 신청은 행정소송법 제23조에 의한 효력정지결정을 구하는 방법에 의해야 하고 위의 방법에 의한 행정처분효력정지결정을 하려면 그 효력정지를 구하는 당해 행정처분에 대한 본안소송이 법원에 제기되어 계속중임을 요건으로 한다(대판 1988. 6.14. 88두6).
③ 행정소송법 제23조 제2항 단서.
④ 본안소송에서의 처분의 취소가능성이 없음에도 불구하고 처분의 효력정지를 인정한다는 것은 제도의 취지에 반하므로, 효력정지사건 자체에 의하여도 신청인의 본안청구가 이유 없음이 명백할 때에는 행정처분의 효력정지를 명할 수 없다(대판 1994.10.11. 94두23).

17 ㉠ 지방의회 의원에 대한 제명의결 취소소송 계속중 의원의 임기가 만료된 사안에서, 제명의결의 취소로 의원의 지위를 회복할 수는 없다 하더라도 제명의결시부터 임기만료일까지의 기간에 대한 월정수당의 지급을 구할 수 있는 등 여전히 그 제명의결의 취소를 구할 법률상 이익이 있다(대판 2009. 1.30. 2007두13487).
㉡ 파면처분취소소송의 사실심변론종결전에 동원고가 허위공문서등작성 죄로 징역 8월에 2년간 집행유예의 형을 선고받아 확정되었다면 원고는 지방공무원법 제61조의 규정에 따라 위 판결이 확정된 날 당연퇴직되어 그 공무원의 신문을 상실하고, 당연퇴직이나 파면이 퇴직급여에 관한 불이익의 점에 있어 동일하다 하더라도 최소한도 이 사건 파면처분이 있은 때부터 위 법규정에 의한 당연퇴직일자까지의 기간에 있어서는 파면처분의 취소를 구하여 그로 인해 박탈당한 이익의 회복을 구할 소의 이익이 있다 할 것이다(대판 1985. 6.25. 85누39).
㉢ 공익근무요원 소집해제신청을 거부한 후에 원고가 계속하여 공익근무요원으로 복무함에 따라 복무기간 만료를 이유로 소집해제처분을 한 경우, 원고가 입게 되는 권리와 이익의 침해는 소집해제처분으로 해소되었으므로 위 거부처분의 취소를 구할 소의 이익이 없다(대판 2005. 5.13. 2004두4369).

18 ② 거부처분의 처분성을 인정하기 위한 전제요건이 되는 신청권의 존부는 구체적 사건에서 신청인이 누구인가를 고려하지 않고 관계 법규의 해석에 의하여 일반 국민에게 그러한 신청권을 인정하고 있는가를 살펴 추상적으로 결정되는 것이고, 신청인이 그 신청에 따른 단순한 응답을 받을 권리를 넘어서 신청의 인용이라는 만족적 결과를 얻을 권리를 의미하는 것은 아니므로, 국민이 어떤 신청을 한 경우에 그 신청의 근거가 된 조항의 해석상 행정발동에 대한 개인의 신청권을 인정하고 있다고 보이면 그 거부행위는 항고소송의 대상이 되는 처분으로 보아야 하고, 구체적으로 그 신청이 인용될 수 있는가 하는 점은 본안에서 판단하여야 할 사항이다(대판 2009. 9.10. 2007두20638).
① 지문은 관련 규정의 해석상 개인정보보호법상 보호되는 개인정보에 해당한다(개인정보보호법 제2조 제1호).
③ 구 지적법 제20조, 제38조 제2항의 규정은 토지소유자에게 지목변경신청권과 지목정정신청권을 부여한 것이고, 한편 지목은 토지에 대한 공법상의 규제, 개발부담금의 부과대상, 지방세의 과세대상, 공시지가의 산정, 손실보상가액의 산정 등 토지행정의 기초로서 공법상의 법률관계에 영향을 미치고, 토지소유자는 지목을 토대로 토지의 사용·수익·처분에 일정한 제한을 받게 되는 점 등을 고려하면, 지목은 토지소유권을 제대로 행사하기 위한 전제요건으로서 토지소유자의 실체적 권리관계에 밀접하게 관련되어 있으므로 지적공부 소관청의 지목변경신청 반려행위는 국민의 권리관계에 영향을 미치는 것으로서 항고소송의 대상이 되는 행정처분에 해당한다(대판 2004. 4.22. 2003두9015).
④ 산업단지개발계획상 산업단지 안의 토지 소유자로서 산업단지개발계획에 적합한 시설을 설치하여 입주하려는 자는 산업단지지정권자 또는 그로부터 권한을 위임받은 기관에 대하여 산업단지개발계획의 변경을 요청할 수 있는 법규상 또는 조리상 신청권이 있고, 이러한 신청에 대한 거부행위는 항고소송의 대상이 되는 행정처분에 해당한다(대판 2017. 8.29. 2016두44186).

19 ③ 노동위원회법 제27조.

> 제27조(중앙노동위원회의 처분에 대한 소송)
> ① 중앙노동위원회의 처분에 대한 소송은 중앙노동위원회 위원장을 피고로 하여 처분의 송달을 받은 날부터 15일 이내에 제기하여야 한다.
> ② 이 법에 따른 소송의 제기로 처분의 효력은 정지하지 아니한다.
> ③ 제1항의 기간은 불변기간으로 한다.

① 행정소송법 제4조에서는 무효확인소송을 항고소송의 일종으로 규정하고 있고, 행정소송법 제38조 제1항에서는 처분 등을 취소하는 확정판결의 기속력 및 행정청의 재처분 의무에 관한 행정소송법 제30조를 무효확인소송에도 준용하고 있으므로 무효확인판결 자체만으로도 실효성을 확보할 수 있다. 그리고 무효확인소송의 보충성을 규정하고 있는 외국의 일부 입법례와는 달리 우리나라 행정소송법에는 명문의 규정이 없어 이로 인한 명시적 제한이 존재하지 않는다. 이와 같은 사정을 비롯하여 행정에 대한 사법통제, 권익구제의 확대와 같은 행정소송의 기능 등을 종합하여 보면, 행정처분의 근거 법률에 의하여 보호되는 직접적이고 구체적인 이익이 있는 경우에는 행정소송법 제35조에 규정된 '무효확인을 구할 법률상 이익'이 있다고 보아야 하고, 이와 별도로 무효확인소송의 보충성이 요구되는 것은 아니므로 행정처분의 무효를 전제로 한 이행소송 등과 같은 직접적인 구제수단이 있는지 여부를 따질 필요가 없다고 해석함이 상당하다(대판 2008. 3.20. 2007두6342).

② 국토의 계획 및 이용에 관한 법률 제130조 제3항에서 정한 토지의 소유자·점유자 또는 관리인이 사업시행자의 일시 사용에 대하여 정당한 사유 없이 동의를 거부하는 경우, 사업시행자는 해당 토지의 소유자 등을 상대로 동의의 의사표시를 구하는 소를 제기할 수 있다. 이와 같은 토지의 일시 사용에 대한 동의의 의사표시를 할 의무는 '국토의 계획 및 이용에 관한 법률'에서 특별히 인정한 공법상의 의무이므로, 그 의무의 존부를 다투는 소송은 '공법상의 법률관계에 관한 소송으로서 그 법률관계의 한쪽 당사자를 피고로 하는 소송', 즉 행정소송법 제3조 제2호에서 규정한 당사자소송이라고 보아야 한다(대판 2019. 9. 9. 2016다262550).

④ 항고소송은 원칙적으로 소송의 대상인 행정처분 등을 외부적으로 그의 명의로 행한 행정청을 피고로 하여야 하는 것으로서, 그 행정처분을 하게 된 연유가 상급행정청이나 타 행정청의 지시나 통보에 의한 것이라 하여 다르지 않고, 권한의 위임이나 위탁을 받아 수임행정청이 정당한 권한에 기하여 수임행정청 명의로 한 처분에 대하여도 마찬가지이다(대판 1994. 6.14. 94누1197).

20 ㉠ 행정소송법 제8조 제2항에 의하면 행정소송에도 민사소송법의 규정이 일반적으로 준용되므로 법원으로서는 공법상 당사자소송에서 재산권의 청구를 인용하는 판결을 하는 경우 가집행선고를 할 수 있다(대판 2000.11.28. 99두3416).

㉣ 석탄산업법 각 규정의 취지를 모아보면, 피재근로자가 석탄산업합리화사업단에 대하여 가지는 재해위로금의 지급청구권은 위 규정이 정하는 지급요건이 충족되면 당연히 발생함과 아울러 그 금액도 확정되는 것이지 위 사업단의 지급결정 여부에 의하여 그 청구권의 발생이나 금액이 좌우되는 것이 아니므로 위 사업단이 그 재해위로금의 전부 또는 일부에 대하여 지급거부의 의사표시를 하였다고 하더라도 그 의사표시는 재해위로금청구권을 형성·확정하는 행정처분이 아니라 공법상의 법률관계의 한쪽 당사자로서 그 지급의무의 존부 및 범위에 관하여 나름대로의 사실상·법률상 의견을 밝힌 것에 불과하다고 할 것이므로, 위 사업단이 표시한 재해위로금 지급거부의 의사표시에 불복이 있는 경우에는 위 사업단을 상대로 그 지급거부의 의사표시에 대한 항고소송을 제기하여야 하는 것이 아니라 직접 공법상의 당사자소송을 제기하여야 한다(대판 1999. 1.26. 98두12598).

㉡ 실질은 처분 등의 효력을 다투지만 당사자소송의 형태로 제기하는 소송을 형식적 당사자 소송이라고 한다. 현행법상 토지보상법 제85조 제2항의 보상금증감청구소송이 형식적 당사자소송에 해당한다.

㉢ 도시 및 주거환경정비법(이하 '도시정비법')상 행정주체인 주택재건축정비사업조합을 상대로 관리처분계획안에 대한 조합 총회결의의 효력을 다투는 소송은 행정처분에 이르는 절차적 요건의 존부나 효력 유무에 관한 소송으로서 소송결과에 따라 행정처분의 위법 여부에 직접 영향을 미치는 공법상 법률관계에 관한 것이므로, 이는 행정소송법상 당사자소송에 해당한다. 그리고 이러한 당사자소송에 대하여는 행정소송법 제23조 제2항의 집행정지에 관한 규정이 준용되지 아니하므로(행정소송법 제44조 제1항 참조), 이를 본안으로 하는 가처분에 대하여는 행정소송법 제8조 제2항에 따라 민사집행법상 가처분에 관한 규정이 준용되어야 한다(대판 2015. 8.21. 2015무26).

21 ③ 사증발급 거부처분을 다투는 외국인은, 아직 대한민국에 입국하지 않은 상태에서 대한민국에 입국하게 해달라고 주장하는 것으로, 대한민국과의 실질적 관련성 내지 대한민국에서 법적으로 보호가치 있는 이해관계를 형성한 경우는 아니어서, 해당 처분의 취소를 구할 법률상 이익을 인정하여야 할 법정책적 필요성도 크지 않다. 반면, 국적법상 귀화불허가처분이나 출입국관리법상 체류자격변경 불허가처분, 강제퇴거명령 등을 다투는 외국인은 대한민국에 적법하게 입국하여 상당한 기간을 체류한 사람이므로, 이미 대한민국과의 실질적 관련성 내지 대한민국에서 법적으로 보호가치 있는 이해관계를 형성한 경우이어서, 해당 처분의 취소를 구할 법률상 이익이 인정된다고 보아야 한다(대판 2018. 5.15. 2014두42506).

① 한정면허를 받은 시외버스운송사업자라고 하더라도 다 같이 운행계통을 정하고 여객을 운송하는 노선여객자동차운송사업을 한다는 점에서 일반면허를 받은 시외버스운송사업자와 본질적인 차이가 없으므로, 일반면허를 받은 시외버스운송사업자에 대한 사업계획변경 인가처분으로 인하여 기존에 한정면허를 받은 시외버스운송사업자의 노선 및 운행계통과 일반면허를 받은 시외버스운송사업자의 그것이 일부 중복되게 되고 기존업자의 수익감소가 예상된다면, 기존의 한정면허를 받은 시외버스운송사업자와 일반면허를 받은 시외버스운송사업자는 경업관계에 있는 것으로 보는 것이 타당하고, 따라서 기존의 한정면허를 받은 시외버스운송사업자는 일반면허 시외버스운송사업자에 대한 사업계획변경인가처분의 취소를 구할 법률상의 이익이 있다(대판 2018. 4.26. 2015두53824).

② 행정처분의 근거 법규 또는 관련 법규에 그 처분으로써 이루어지는 행위 등 사업으로 인하여 환경상 침해를 받으리라고 예상되는 영향권의 범위가 구체적으로 규정되어 있는 경우에는, 그 영향권 내의 주민들에 대하여는 당해 처분으로 인하여 직접적이고 중대한 환경피해를 입으리라고 예상할 수 있고, 이와 같은 환경상의 이익은 주민 개개인에 대하여 개별적으로 보호되는 직접적 · 구체적 이익으로서 그들에 대하여는 특단의 사정이 없는 한 환경상 이익에 대한 침해 또는 침해 우려가 있는 것으로 사실상 추정되어 법률상 보호되는 이익으로 인정됨으로써 원고적격이 인정되며, 그 영향권 밖의 주민들은 당해 처분으로 인하여 그 처분 전과 비교하여 수인한도를 넘는 환경피해를 받거나 받을 우려가 있다는 자신의 환경상 이익에 대한 침해 또는 침해 우려가 있음을 증명하여야만 법률상 보호되는 이익으로 인정되어 원고적격이 인정된다(대판 2010. 4.15. 2007두16127).

④ 행정기관의 제재적 조치의 내용에 따라 '구체적 사실에 대한 법집행으로서 공권력의 행사'에 해당할 수 있고, 그러한 조치의 상대방인 행정기관이 입게 될 불이익도 명확하다. 그런데도 그러한 제재적 조치를 기관소송이나 권한쟁의심판을 통하여 다툴 수 없다면, 제재적 조치는 그 성격상 단순히 행정기관 등 내부의 권한 행사에 머무는 것이 아니라 상대방에 대한 공권력 행사로서 항고소송을 통한 주관적 구제대상이 될 수 있다고 보아야 한다. 기관소송 법정주의를 취하면서 제한적으로만 이를 인정하고 있는 현행 법령의 체계에 비추어 보면, 이 경우 항고소송을 통한 구제의 길을 열어주는 것이 법치국가 원리에도 부합한다. 따라서 이러한 권리구제나 권리보호의 필요성이 인정된다면 예외적으로 그 제재적 조치의 상대방인 행정기관 등에게 항고소송 원고로서의 당사자능력과 원고적격을 인정할 수 있다. 국민권익위원회가 소방청장에게 인사와 관련하여 부당한 지시를 한 사실이 인정된다며 이를 취소할 것을 요구하기로 의결하고 그 내용을 통지하자 소방청장이 국민권익위원회 조치요구의 취소를 구하는 소송을 제기한 사안에서, 처분성이 인정되는 국민권익위원회의 조치요구에 불복하고자 하는 소방청장으로서는 조치요구의 취소를 구하는 항고소송을 제기하는 것이 유효 · 적절한 수단으로 볼 수 있으므로 소방청장이 예외적으로 당사자능력과 원고적격을 가진다(대판 2018. 8. 1. 2014두35379).

22 ④ 부작위위법확인의 소는 부작위상태가 계속되는 한 그 위법의 확인을 구할 이익이 있다고 보아야 하므로 원칙적으로 제소기간의 제한을 받지 않는다. 그러나 행정소송법 제38조 제2항이 제소기간을 규정한 같은 법 제20조를 부작위위법확인소송에 준용하고 있는 점에 비추어 보면, 행정심판 등 전심절차를 거친 경우에는 행정소송법 제20조가 정한 제소기간(처분 등이 있음을 안 날부터 90일) 내에 부작위위법확인의 소를 제기하여야 한다(대판 2009. 7. 23. 2008두10560).

23 ② 부작위위법확인소송은 법집행을 대상으로 하는 소송이 아니므로 집행정지신청은 준용하지 아니하며, 사정판결도 인정되지 않는다.

24 ② 부당한 공동행위 자진신고자 등의 시정조치 또는 과징금 감면신청에 대한 감면불인정 통지는 항고소송의 대상이 되는 행정처분에 해당한다고 보아야 한다(대판 2012. 9. 27. 2010두3541).
① 대판 2012. 2. 16. 2010두10907
③ 대판 2012. 1. 12. 2010두5806
④ 대판 2012. 2. 23. 2011두5001

25 ④ 구내소매인과 일반소매인 사이에서는 구내소매인의 영업소와 일반소매인의 영업소 간에 거리 제한을 두지 아니할 뿐 아니라 건축물 또는 시설물의 구조와 상주인원 및 이용인원 등을 고려하여 동일 시설물 내 2개소 이상의 장소에 구내소매인을 지정할 수 있으며, 이 경우 일반소매인이 지정된 장소가 구내소매인 지정대상이 된 때에는 동일 건축물 또는 시설물 안에 지정된 일반소매인은 구내소매인으로 보고, 구내소매인이 지정된 건축물 등에는 일반소매인을 지정할 수 없으며, 구내소매인은 담배진열장 및 담배소매점 표시판을 건물 또는 시설물의 외부에 설치하여서는 아니 된다고 규정하는 등 일반소매인의 입장에서 구내 소매인과의 과당경쟁으로 인한 경영의 불합리를 방지하는 것을 그 목적으로 할 수 있다고 보기 어려우므로, 일반소매인으로 지정되어 영업을 하고 있는 기존업자의 신규 구내소매인에 대한 이익은 법률상 보호되는 이익이 아니라 단순한 사실상의 반사적 이익이라고 해석함이 상당하므로, 기존 일반소매인은 신규 구내소매인 지정처분의 취소를 구할 원고적격이 없다(대판 2008. 4. 10, 2008두402).

부록

최신 기출문제 분석

1 신뢰보호의 원칙에 대한 설명으로 옳지 않은 것은?(다툼이 있는 경우 판례에 의함)

① 건축주와 그로부터 건축설계를 위임받은 건축사가 관계 법령에서 정하고 있는 건축한계선의 제한이 있다는 사실을 간과한 채 건축설계를 하고 이를 토대로 건축물의 신축 및 증축허가를 받은 경우, 그 신축 및 증축허가가 정당하다고 신뢰한 데에는 귀책사유가 있다.

② 행정청이 상대방에게 장차 어떤 처분을 하겠다고 공적 견해표명을 하였더라도 그 후에 그 전제로 된 사실적·법률적 상태가 변경되었다면, 그와 같은 공적 견해표명은 효력을 잃게 된다.

③ 수강신청 후에 징계요건을 완화하는 학칙개정이 이루어지고 이어 시험이 실시되어 그 개정학칙에 따라 대학이 성적 불량을 이유로 학생에 대하여 징계처분을 한 경우라면 이는 이른바 부진정소급효에 관한 것으로서 특별한 사정이 없는 한 위법이라고 할 수 없다.

④ 병무청 담당부서의 담당공무원에게 공적 견해의 표명을 구하지 아니한 채 민원봉사 담당공무원이 상담에 응하여 안내한 것을 신뢰한 경우에도 신뢰보호의 원칙이 적용된다.

Point

④ 병무청 담당부서의 담당공무원에게 공적 견해의 표명을 구하는 정식의 서면질의 등을 하지 아니한 채 총무과 민원팀장에 불과한 공무원이 민원봉사차원에서 상담에 응하여 안내한 것을 신뢰한 경우, 신뢰보호 원칙이 적용되지 아니한다(대판 2003.12.26. 2003두1875).

① 일반적으로 행정상의 법률관계에 있어서 행정청의 행위에 대하여 신뢰보호의 원칙이 적용되기 위하여는, 첫째 행정청이 개인에 대하여 신뢰의 대상이 되는 공적인 견해표명을 하여야 하고, 둘째 행정청의 견해표명이 정당하다고 신뢰한 데에 대하여 그 개인에게 귀책사유가 없어야 하며, 셋째 그 개인이 그 견해표명을 신뢰하고 이에 상응하는 어떠한 행위를 하였어야 하고, 넷째 행정청이 그 견해표명에 반하는 처분을 함으로써 그 견해표명을 신뢰한 개인의 이익이 침해되는 결과가 초래되어야 하며, 마지막으로 위 견해표명에 따른 행정처분을 할 경우 이로 인하여 공익 또는 제3자의 정당한 이익을 현저히 해할 우려가 있는 경우가 아니어야 하는바, 둘째 요건에서 말하는 귀책사유라 함은 행정청의 견해표명의 하자가 상대방 등 관계자의 사실은폐나 기타 사위의 방법에 의한 신청행위 등 부정행위에 기인한 것이거나 그러한 부정행위가 없다고 하더라도 하자가 있음을 알았거나 중대한 과실로 알지 못한 경우 등을 의미한다고 해석함이 상당하고, 귀책사유의 유무는 상대방과 그로부터 신청행위를 위임받은 수임인 등 관계자 모두를 기준으로 판단하여야 한다. 건축주와 그로부터 건축설계를 위임받은 건축사가 상세계획지침에 의한 건축한계선의 제한이 있다는 사실을 간과한 채 건축설계를 하고 이를 토대로 건축물의 신축 및 증축허가를 받은 경우, 그 신축 및 증축허가가 정당하다고 신뢰한 데에 귀책사유가 있다(대판 2002.11. 8. 2001두1512).

② 행정청이 상대방에게 장차 어떤 처분을 하겠다고 확약 또는 공적인 의사표명을 하였다고 하더라도, 그 자체에서 상대방으로 하여금 언제까지 처분의 발령을 신청을 하도록 유효기간을 두었는데도 그 기간 내에 상대방의 신청이 없었다거나 확약 또는 공적인 의사표명이 있은 후에 사실적·법률적 상태가 변경되었다면, 그와 같은 확약 또는 공적인 의사표명은 행정청의 별다른 의사표시를 기다리지 않고 실효된다(대판 1996. 8.20. 95누10877).

③ 소급효는 이미 과거에 완성된 사실관계를 규율의 대상으로 하는 이른바 진정소급효와 과거에 시작하였으나 아직 완성되지 아니하고 진행과정에 있는 사실관계를 규율대상으로 하는 이른바 부진정소급효를 상정할 수 있는 바, 대학이 성적불량을 이유로 학생에 대하여 징계처분을 하는 경우에 있어서 수강신청이 있은 후 징계요건을 완화하는 학칙개정이 이루어지고 이어 당해 시험이 실시되어 그 개정학칙에 따라 징계처분을 한 경우라면 이는 이른바 부진정소급효에 관한 것으로서 구 학칙의 존속에 관한 학생의 신뢰보호가 대학당국의 학칙개정의 목적달성보다 더 중요하다고 인정되는 특별한 사정이 없는 한 위법이라고 할 수 없다(대판 1989. 7.11. 87누1123).

2 **행정행위의 효력에 대한 설명으로 옳지 않은 것은?(다툼이 있는 경우 판례에 의함)**

① 영업허가취소처분이 나중에 행정쟁송절차에 의하여 취소되었더라도, 그 영업허가취소처분 이후의 영업행위는 무허가영업이다.

② 연령미달 결격자가 다른 사람 이름으로 교부받은 운전면허는 당연무효가 아니고 취소되지 않는 한 유효하므로 그 연령미달 결격자의 운전행위는 무면허운전에 해당하지 아니한다.

③ 구「도시계획법」상 원상회복 등의 조치명령을 받고도 이를 따르지 않은 자에 대해 형사처벌을 하기 위해서는 적법한 조치명령이 전제되어야 하며, 이때 형사법원은 그 적법여부를 심사할 수 있다.

④ 조세부과처분을 취소하는 행정판결이 확정된 경우 부과처분의 효력은 처분 시에 소급하여 효력을 잃게 되므로 확정된 행정판결은 조세포탈에 대한 무죄를 인정할 명백한 증거에 해당한다.

> **Point**
>
> ① 영업의 금지를 명한 영업허가취소처분 자체가 나중에 행정쟁송절차에 의하여 취소되었다면 그 영업허가취소처분은 그 처분시에 소급하여 효력을 잃게 되며, 그 영업허가취소처분에 복종할 의무가 원래부터 없었음이 확정되었다고 봄이 타당하고, 영업허가취소처분이 장래에 향하여서만 효력을 잃게 된다고 볼 것은 아니므로 그 영업허가취소처분 이후의 영업행위를 무허가영업이라고 볼 수는 없다(대판 1993. 6.25. 93도277).
>
> ② 연령미달의 결격자인 피고인이 소외인의 이름으로 운전면허시험에 응시, 합격하여 교부받은 운전면허는 당연무효가 아니고 도로교통법 제65조 제3호의 사유에 해당함에 불과하여 취소되지 않는 한 유효하므로 피고인의 운전행위는 무면허운전에 해당하지 아니한다(대판 1982. 6. 8. 80도2646).
>
> ③ 구 도시계획법 제78조 제1항에 정한 처분이나 조치명령을 받은 자가 이에 위반한 경우 이로 인하여 같은 법 제92조에 정한 처벌을 하기 위하여는 그 처분이나 조치명령이 적법한 것이라야 하고, 그 처분이 당연무효가 아니라 하더라도 그것이 위법한 처분으로 인정되는 한 같은 법 제92조 위반죄가 성립될 수 없다(대판 1992. 8.18. 90도1709).*조치명령의 적법여부에 대해 형사법원이 판단할 수 있다는 취지.
>
> ④ 조세의 부과처분을 취소하는 행정소송판결이 확정된 경우 그 조세부과처분의 효력은 처분시에 소급하여 효력을 잃게 되고 따라서 그 부과처분을 받은 사람은 그 처분에 따른 납부의무가 없다고 할 것이므로 위 확정된 행정판결은 조세포탈에 대한 무죄 내지 원판결이 인정한 죄보다 경한 죄를 인정할 명백한 증거라 할 것이다(대판 1985.10.22. 83도2933).

3 다단계행정결정에 대한 설명으로 옳지 않은 것은?(다툼이 있는 경우 판례에 의함)

① 「공유재산 및 물품 관리법」에 근거하여 공모제안을 받아 이루어지는 민간투자사업 '우선협상대상자 선정행위'나 '우선협상대상자 지위배제행위'에서 '우선협상대상자 지위배제행위'만이 항고소송의 대상인 처분에 해당한다.

② 구「원자력법」상 원자로 및 관계 시설의 부지사전승인처분 후 건설허가처분까지 내려진 경우, 선행처분은 후행처분에 흡수되어 건설허가처분만이 행정쟁송의 대상이 된다.

③ 공정거래위원회가 부당한 공동행위를 한 사업자에게 과징금 부과처분을 한 뒤 다시 자진신고 등을 이유로 과징금 감면처분을 한 경우, 선행처분은 후행처분에 흡수되어 소멸하므로 선행처분의 취소를 구하는 소는 부적법하다.

④ 자동차운송사업 양도·양수인가신청에 대하여 행정청이 내인가를 한 후 그 본인가신청이 있음에도 내인가를 취소한 경우, 다시 본인가에 대하여 별도로 인가여부의 처분을 한다는 사정이 보이지 않는다면 내인가취소는 행정처분에 해당한다.

⚬⚬⚬Point

① 지방자치단체의 장이 공유재산법에 근거하여 기부채납 및 사용·수익허가 방식으로 민간투자사업을 추진하는 과정에서 사업시행자를 지정하기 위한 전 단계에서 공모제안을 받아 일정한 심사를 거쳐 <u>우선협상대상자를 선정하는 행위와 이미 선정된 우선협상대상자를 그 지위에서 배제하는 행위는</u> 민간투자사업의 세부내용에 관한 협상을 거쳐 공유재산법에 따른 공유재산의 사용·수익허가를 우선적으로 부여받을 수 있는 지위를 설정하거나 또는 이미 설정한 지위를 박탈하는 조치이므로 <u>모두 항고소송의 대상이 되는 행정처분으로 보아야 한다</u>(대판 2020. 4. 29. 2017두31064).

② <u>원자로 및 관계 시설의 부지사전승인처분은</u> 그 자체로서 건설부지를 확정하고 사전공사를 허용하는 법률효과를 지닌 독립한 행정처분이기는 하지만, 건설허가 전에 신청자의 편의를 위하여 미리 그 건설허가의 일부 요건을 심사하여 행하는 사전적 부분 건설허가처분의 성격을 갖고 있는 것이어서 <u>나중에 건설허가처분이 있게 되면 그 건설허가처분에 흡수되어 독립된 존재가치를 상실함으로써 그 건설허가처분만이 쟁송의 대상이 되는 것</u>이므로, 부지사전승인처분의 취소를 구하는 소는 소의 이익을 잃게 되고, 따라서 부지사전승인처분의 위법성은 나중에 내려진 건설허가처분의 취소를 구하는 소송에서 이를 다투면 된다(대판 1998. 9. 4. 97누19588).

③ 공정거래위원회가 부당한 공동행위를 행한 사업자로서 구 독점규제 및 공정거래에 관한 법률 제22조의2에서 정한 자진신고자나 조사협조자에 대하여 과징금 부과처분(이하 '선행처분')을 한 뒤, 독점규제 및 공정거래에 관한 법률 시행령 제35조 제3항에 따라 다시 자진신고자 등에 대한 사건을 분리하여 자진신고 등을 이유로 한 과징금 감면처분(이하 '후행처분')을 하였다면, <u>후행처분은 자진신고 감면까지 포함하여 처분 상대방이 실제로 납부하여야 할 최종적인 과징금액을 결정하는 종국적 처분이고, 선행처분은 이러한 종국적 처분을 예정하고 있는 일종의 잠정적 처분으로서 후행처분이 있을 경우 선행처분은 후행처분에 흡수되어 소멸한다.</u> 따라서 위와 같은 경우에 <u>선행처분의 취소를 구하는 소는 이미 효력을 잃은 처분의 취소를 구하는 것으로 부적법</u>하다(대판 2015. 2.12. 2013두987).

④ 자동차운송사업양도양수계약에 기한 양도양수인가신청에 대하여 피고 시장이 내인가를 한 후 위 내인가에 기한 본인가신청이 있었으나 자동차운송사업 양도양수인가신청서가 합의에 의한 정당한 신청서라고 할 수 없다는 이유로 위 내인가를 취소한 경우, 위 내인가의 법적 성질이 행정행위의 일종으로 볼 수 있든 아니든 그것이 행정청의 상대방에 대한 의사표시임이 분명하고, <u>피고가 위 내인가를 취소함으로써 다시 본인가에 대하여 따로이 인가 여부의 처분을 한다는 사정이 보이지 않는다면 위 내인가취소를 인가신청을 거부하는 처분으로 보아야 할 것</u>이다(대판 1991. 6.28. 90누4402).

4 행정행위의 하자에 대한 설명으로 옳지 않은 것은?(다툼이 있는 경우 판례에 의함)

① 이미 불가쟁력이 발생한 보충역편입처분에 하자가 있다고 하더라도 그것이 당연무효의 사유가 아닌 한 공익근무요원소집처분에 승계되는 것은 아니다.

② 건물철거명령이 당연무효가 아니고 불가쟁력이 발생하였다면 건물철거명령의 하자를 이유로 후행 대집행계고처분의 효력을 다툴 수 없다.

③ 도시계획시설사업 시행자 지정 처분이 처분 요건을 충족하지 못하여 당연무효인 경우, 도시계획시설사업의 시행자가 작성한 실시계획을 인가하는 처분도 무효이다.

④ 선행처분인 공무원직위해제처분과 후행 직권면직처분 사이에는 하자의 승계가 인정된다.

Point

① 지방자치단체의 장이 공유재산법에 근거하여 기부채납 및 사용·수익허가 방식으로 민간투자사업을 추진하는 과정에서 사업시행자를 지정하기 위한 전 단계에서 공모제안을 받아 일정한 심사를 거쳐 <u>우선협상대상자를 선정하는 행위와 이미 선정된 우선협상대상자를 그 지위에서 배제하는 행위는 민간</u>

④ 구 경찰공무원법 제50조 제1항에 의한 <u>직위해제처분</u>과 같은 제3항에 의한 <u>면직처분</u>은 후자가 전자의 처분을 전제로 한 것이기는 하나 <u>각각 단계적으로 별개의 법률효과를 발생하는 행정처분이어서 선행직위 해제처분의 위법사유가 면직처분에는 승계되지 아니한다 할 것이므로 선행된 직위해제 처분의 위법사유를 들어 면직처분의 효력을 다툴 수는 없다</u>(대판 1984. 9.11. 84누191).

① 공익근무요원소집처분은 보충역편입처분을 받은 공익근무요원소집대상자에게 기초적 군사훈련과 구체적인 복무기관 및 복무분야를 정한 공익근무요원으로서의 복무를 명하는 구체적인 행정처분이므로, 위 두 처분은 후자의 처분이 전자의 처분을 전제로 하는 것이기는 하나 각각 단계적으로 별개의 법률효과를 발생하는 독립된 행정처분이라고 할 것이므로, 따라서 보충역편입처분의 기초가 되는 신체등위 판정에 잘못이 있다는 이유로 이를 다투기 위하여는 신체등위 판정을 기초로 한 보충역편입처분에 대하여 쟁송을 제기하여야 할 것이며, 그 처분을 다투지 아니하여 이미 불가쟁력이 생겨 그 효력을 다툴 수 없게 된 경우에는, 병역처분변경신청에 의하는 경우는 별론으로 하고, <u>보충역편입처분에 하자가 있다고 할지라도 그것이 당연무효라고 볼만한 특단의 사정이 없는 한 그 위법을 이유로 공익근무요원소집처분의 효력을 다툴 수 없다</u>(대판 2002.12.10. 2001두5422).

② 건물철거명령이 당연무효가 아닌 이상 행정심판이나 소송을 제기하여 그 위법함을 소구하는 절차를 거치지 아니하였다면 위 <u>선행행위인 건물철거명령은 적법한 것으로 확정되었다고 할 것이므로 후행행위인 대집행계고처분에서는 그 건물이 무허가건물이 아닌 적법한 건축물이라는 주장이나 그러한 사실인정을 하지 못한다</u>(대판 1998. 9. 8. 97누20502).

③ 선행처분과 후행처분이 서로 독립하여 별개의 법률효과를 목적으로 하는 때에도 선행처분이 당연무효이면 선행처분의 하자를 이유로 후행처분의 효력을 다툴 수 있다. 도시계획시설사업의 시행자가 작성한 실시계획을 인가하는 처분은 도시계획시설사업 시행자에게 도시계획시설사업의 공사를 허가하고 수용권을 부여하는 처분으로서 <u>선행처분인 도시계획시설사업 시행자 지정 처분이 처분 요건을 충족하지 못하여 당연무효인 경우에는 사업시행자 지정 처분이 유효함을 전제로 이루어진 후행처분인 실시계획 인가처분도 무효라고 보아야 한다</u>(대판 2017. 7.11. 2016두35120).

5 다음 사례에 대한 설명으로 옳은 것은?(다툼이 있는 경우 판례에 의함)

> 민간시민단체 A는 관할 행정청 B에게 개발사업의 승인과 관련한 정보공개를 청구하였으나 B는 현재 재판 진행 중인 사안이 포함되어 있다는 이유로 「공공기관의 정보공개에 관한 법률」 제9조 제1항 제4호의 사유를 들어 A의 정보공개청구를 거부하였다.

① A는 공개청구한 정보에 대해 개별·구체적 이익이 없는 경우에도 B의 정보공개거부에 대해 취소소송으로 다툴 수 있다.

② A가 공개청구한 정보에 대해 직접적인 이해관계가 있는 경우에는 B의 정보공개거부에 대해 정보공개의 이행을 구하는 당사자소송을 제기하여 다툴 수 있다.

③ A가 공개청구한 정보의 일부가 「공공기관의 정보공개에 관한 법률」상 비공개사유에 해당하는 때에는 그 나머지 정보만을 공개하는 것이 가능한 경우라 하더라도 법원은 공개가능한 정보에 관한 부분만의 일부취소를 명할 수는 없다.

④ B의 비공개사유가 정당화되기 위해서는 A가 공개청구한 정보가 진행 중인 재판의 소송기록 자체에 포함된 내용이어야 한다.

Point

①② 공공기관의정보공개에관한법률 제6조 제1항(현, 제5조 제1항)은 "모든 국민은 정보의 공개를 청구할 권리를 가진다."고 규정하고 있는데, 여기에서 말하는 국민에는 자연인은 물론 법인, 권리능력 없는 사단·재단도 포함되고, 법인, 권리능력 없는 사단·재단 등의 경우에는 설립목적을 불문하며, 한편 정보공개청구권은 법률상 보호되는 구체적인 권리이므로 청구인이 공공기관에 대하여 정보공개를 청구하였다가 거부처분을 받은 것 자체가 법률상 이익의 침해에 해당한다(대판 2003.12.12. 2003두8050).

- 청구인에게는 특정한 공개방법을 지정하여 정보공개를 청구할 수 있는 법령상 신청권이 있다. 따라서 공공기관이 공개청구의 대상이 된 정보를 공개는 하되, 청구인이 신청한 공개방법 이외의 방법으로 공개하기로 하는 결정을 하였다면, 이는 정보공개청구 중 정보공개방법에 관한 부분에 대하여 일부 거부처분을 한 것이고, 청구인은 그에 대하여 항고소송으로 다툴 수 있다(대판 2016.11.10. 2016두44674).

  상기 판례에 의할 때, 민간시민단체 A도 이해관계 유무를 불문하고 일반적으로 정보공개를 청구할 수 있으며, 관할 행정청 B가 공개를 거부한 경우 그 거부처분에 대해 취소소송을 제기하여 다툴 수 있다.

③ 법원이 행정기관의 정보공개거부처분의 위법 여부를 심리한 결과 공개를 거부한 정보에 비공개대상 정보에 해당하는 부분과 공개가 가능한 부분이 혼합되어 있고 공개청구의 취지에 어긋나지 아니하는 범위 안에서 두 부분을 분리할 수 있음을 인정할 수 있을 때에는 청구취지의 변경이 없더라도 공개가 가능한 정보에 관한 부분만의 일부취소를 명할 수 있다 할 것이고, 공개청구의 취지에 어긋나지 아니하는 범위 안에서 비공개대상 정보에 해당하는 부분과 공개가 가능한 부분을 분리할 수 있다고 함은, 이 두 부분이 물리적으로 분리가능한 경우를 의미하는 것이 아니고 당해 정보의 공개방법 및 절차에 비추어 당해 정보에서 비공개대상 정보에 관련된 기술 등을 제외 내지 삭제하고 그 나머지 정보만을 공개하는 것이 가능하고 나머지 부분의 정보만으로도 공개의 가치가 있는 경우를 의미한다고 해석하여야 한다(대판 2004.12. 9. 2003두12707).

④ 정보공개법의 입법 목적, 정보공개의 원칙, 위 비공개대상정보의 규정 형식과 취지 등을 고려하면, 법원 이외의 공공기관이 위 규정이 정한 '진행 중인 재판에 관련된 정보'에 해당한다는 사유로 정보공개를 거부하기 위하여는 반드시 그 정보가 진행 중인 재판의 소송기록 그 자체에 포함된 내용의 정보일 필요는 없으나, 재판에 관련된 일체의 정보가 그에 해당하는 것은 아니고 진행 중인 재판의 심리 또는 재판결과에 구체적으로 영향을 미칠 위험이 있는 정보에 한정된다고 할 것이다(대판 2012. 4.12. 2010두24913).

6 항고소송에서 수소법원의 판결에 대한 설명으로 옳지 않은 것은?(다툼이 있는 경우 판례에 의함)

① 행정처분의 취소를 구하는 소에서, 비록 행정처분의 위법을 이유로 취소판결을 받더라도 처분에 의하여 발생한 위법상태를 원상회복시키는 것이 불가능한 경우에는 원칙적으로 취소를 구할 법률상 이익이 없으므로, 수소법원은 소를 각하하여야 한다.

② 해임처분 취소소송 계속 중 임기가 만료되어 해임처분의 취소로 지위를 회복할 수는 없다고 할지라도, 그 취소로 해임처분일부터 임기만료일까지 기간에 대한 보수 지급을 구할 수 있는 경우에는 해임처분의 취소를 구할 법률상 이익이 있으므로, 수소법원은 본안에 대하여 판단하여야 한다.

③ 관할청이 「농지법」상의 이행강제금 부과처분을 하면서 재결청에 행정심판을 청구하거나 관할 행정법원에 행정소송을 할 수 있다고 잘못 안내한 경우 행정법원의 항고소송 재판관할이 생긴다.

④ 「행정소송법」 제19조에서 말하는 '재결 자체에 고유한 위법'이란 원처분에는 없고 재결에만 있는 재결청의 권한 또는 구성의 위법, 재결의 절차나 형식의 위법, 내용의 위법 등을 뜻한다.

Point

③ 관할청이 이행강제금 부과처분을 하면서 재결청에 행정심판을 청구하거나 관할 행정법원에 행정소송을 할 수 있다고 잘못 안내하거나 관할 행정심판위원회가 각하재결이 아닌 기각재결을 하면서 관할 법원에 행정소송을 할 수 있다고 잘못 안내하였다고 하더라도, 그러한 잘못된 안내로 행정법원의 항고소송 재판관할이 생긴다고 볼 수도 없다(대판 2019. 4.11. 2018두42955).

① 행정처분의 무효확인 또는 취소를 구하는 소에서, 비록 행정처분의 위법을 이유로 무효확인 또는 취소 판결을 받더라도 처분에 의하여 발생한 위법상태를 원상으로 회복시키는 것이 불가능한 경우에는 원칙적으로 무효확인 또는 취소를 구할 법률상 이익이 없고, 다만 원상회복이 불가능하더라도 무효확인 또는 취소로써 회복할 수 있는 다른 권리나 이익이 남아 있는 경우 예외적으로 법률상 이익이 인정될 수 있을 뿐이다(대판 2016. 6.10. 2013두1638).

② 해임처분 무효확인 또는 취소소송 계속 중 임기가 만료되어 해임처분의 무효확인 또는 취소로 지위를 회복할 수는 없다고 할지라도, 그 무효확인 또는 취소로 해임처분일부터 임기만료일까지 기간에 대한 보수 지급을 구할 수 있는 경우에는 해임처분의 무효확인 또는 취소를 구할 법률상 이익이 있다. 해임권자와 보수지급의무자가 다른 경우에도 마찬가지이다(대판 2012. 2. 23. 2011두5001).

④ 행정소송법 제19조에서 말하는 '재결 자체에 고유한 위법'이란 원처분에는 없고 재결에만 있는 재결청의 권한 또는 구성의 위법, 재결의 절차나 형식의 위법, 내용의 위법 등을 뜻하고, 그 중 내용의 위법에는 위법·부당하게 인용재결을 한 경우가 해당한다(대판 1997. 9.12. 96누14661).

7 **행정법관계에 대한 설명으로 옳지 않은 것은?(다툼이 있는 경우 판례에 의함)**

① 군인연금법령상 급여를 받으려고 하는 사람이 국방부장관에게 급여지급을 청구하였으나 거부된 경우, 곧바로 국가를 상대로 한 당사자소송으로 급여의 지급을 청구할 수 있다.

② 법무사가 사무원을 채용할 때 소속 지방법무사회로부터 승인을 받아야 할 의무는 공법상 의무이다.

③ 사무처리의 긴급성으로 인하여 해양경찰의 직접적인 지휘를 받아 보조로 방제작업을 한 경우, 사인은 그 사무를 처리하며 지출한 필요비 내지 유익비의 상환을 국가에 대하여 민사소송으로 청구할 수 있다.

④ 「공익사업을 위한 토지 등의 취득 및 보상에 관한 법률」상 환매권의 존부에 관한 확인을 구하는 소송 및 환매금액의 증감을 구하는 소송은 민사소송이다.

Point

① 국방부장관 등이 하는 급여지급결정은 단순히 급여수급 대상자를 확인·결정하는 것에 그치는 것이 아니라 구체적인 급여수급액을 확인·결정하는 것까지 포함한다. 구 군인연금법령상 급여를 받으려고 하는 사람은 <u>우선 관계 법령에 따라 국방부장관 등에게 급여지급을 청구하여 국방부장관 등이 이를 거부하거나 일부 금액만 인정하는 급여지급결정을 하는 경우 그 결정을 대상으로 항고소송을 제기하는 등으로 구체적 권리를 인정받은 다음 비로소 당사자소송으로 그 급여의 지급을 구해야 한다. 이러한 구체적인 권리가 발생하지 않은 상태에서 곧바로 국가를 상대로 한 당사자소송으로 급여의 지급을 소구하는 것은 허용되지 않는다</u>(대판 2021.12.16. 2019두45944).

② 법무사의 사무원 채용승인 신청에 대하여 <u>소속 지방법무사회가 '채용승인을 거부'하는 조치 또는 일단 채용승인을 하였으나 법무사규칙 제37조 제6항을 근거로 '채용승인을 취소'하는 조치는 공법인인 지방법무사회가 행하는 구체적 사실에 관한 법집행으로서 공권력의 행사 또는 그 거부에 해당하므로 항고소송의 대상인 '처분'이라고 보아야 한다</u>. 법무사 사무원 채용승인은 본래 법무사에 대한 감독권한을 가지는 소관 지방법원장에 의한 국가사무였다가 지방법무사회로 이관되었으나, 이후에도 소관 지방법원장은 지방법무사회로부터 채용승인 사실의 보고를 받고 이의신청을 직접 처리하는 등 지방법무사회의 업무수행 적정성에 대한 감독을 하고 있다. 또한 법무사가 사무원 채용에 관하여 법무사법이나 법무사규칙을 위반하는 경우에는 소관 지방법원장으로부터 징계를 받을 수 있으므로, <u>법무사에 대하여 지방법무사회로부터 채용승인을 얻어 사무원을 채용할 의무는 법무사법에 의하여 강제되는 공법적 의무이다</u>(대판 2020. 4. 9. 2015다34444).

③ 사무관리가 성립하기 위하여는 우선 사무가 타인의 사무이고 타인을 위하여 사무를 처리하는 의사, 즉 관리의 사실상 이익을 타인에게 귀속시키려는 의사가 있어야 하며, 나아가 사무의 처리가 본인에게 불리하거나 본인의 의사에 반한다는 것이 명백하지 아니할 것을 요한다. 다만 타인의 사무가 국가의 사무인 경우, 원칙적으로 사인이 법령상 근거 없이 국가의 사무를 수행할 수 없다는 점을 고려하면, <u>사인이 처리한 국가의 사무가 사인이 국가를 대신하여 처리할 수 있는 성질의 것으로서, 사무 처리의 긴급성 등 국가의 사무에 대한 사인의 개입이 정당화되는 경우에 한하여 사무관리가 성립하고, 사인은 그 범위 내에서 국가에 대하여 국가의 사무를 처리하면서 지출된 필요비 내지 유익비의 상환을 청구할 수 있다</u>(대판 2014.12.11. 2012다15602).

④ 구 공익사업을 위한 토지 등의 취득 및 보상에 관한 법률(이하 '구 공익사업법') 제91조에 규정된 환매권은 상대방에 대한 의사표시를 요하는 형성권의 일종으로서 재판상이든 재판 외이든 위 규정에 따른 기간 내에 행사하면 매매의 효력이 생기는 바, 이러한 <u>환매권의 존부에 관한 확인을 구하는 소송 및 구 공익사업법 제91조 제4항에 따라 환매금액의 증감을 구하는 소송 역시 민사소송에 해당한다</u>(대판 2013. 2.28. 2010두22368).

8 행정법규의 양벌규정에 대한 설명으로 옳지 않은 것은?(다툼이 있는 경우 판례에 의함)

① 양벌규정은 행위자에 대한 처벌규정임과 동시에 그 위반행위의 이익귀속주체인 영업주에 대한 처벌규정이다.

② 종업원의 범죄성립이나 처벌이 영업주 처벌의 전제조건이 되는 것은 아니다.

③ 법인 대표자의 법규위반행위에 대한 법인의 책임은 법인 자신의 법규위반행위로 평가될 수 있는 행위에 대한 법인의 직접책임이다.

④ 양벌규정에 의한 법인의 처벌은 어디까지나 행정적 제재처분일 뿐 형벌과는 성격을 달리한다.

Point

④③폐기물관리법에서 위와 같이 양벌규정을 따로 둔 취지는, 이 사건 법률조항이 적용되는 위반행위는 통상 개인적인 차원보다는 법인의 업무와 관련하여 반복적·계속적으로 이루어질 가능성이 크다는 점을 감안하여, 법인의 대표자가 그 업무와 관련하여 위반행위를 저지른 경우에는 그 법인도 형사처벌 대상으로 삼음으로써 위와 같은 위반행위 발생을 방지하고 위 조항의 규범력을 확보하려는 데 있다. 또한, 법인은 기관을 통하여 행위하므로 법인이 대표자를 선임한 이상 그의 행위로 인한 법률효과는 법인에게 귀속되어야 하고, 법인 대표자의 범죄행위에 대하여는 법인 자신이 책임을 져야 하는바, 법인 대표자의 법규위반행위에 대한 법인의 책임은 법인 자신의 법규위반행위로 평가될 수 있는 행위에 대한 법인의 직접책임으로서, 대표자의 고의에 의한 위반행위에 대하여는 법인 자신의 고의에 의한 책임을, 대표자의 과실에 의한 위반행위에 대하여는 법인 자신의 과실에 의한 책임을 지는 것이다(대판 2010. 9.30. 2009도3876).

① 양벌규정은 업무주가 아니면서 당해 업무를 실제로 집행하는 자가 있는 때에 위 벌칙규정의 실효성을 확보하기 위하여 그 적용대상자를 당해 업무를 실제로 집행하는 자에게까지 확장함으로써 그러한 자가 당해 업무집행과 관련하여 위 벌칙규정의 위반행위를 한 경우 위 양벌규정에 의하여 처벌할 수 있도록 한 행위자의 처벌규정임과 동시에 그 위반행위의 이익귀속주체인 업무주에 대한 처벌규정이라고 할 것이다(대판 2005.12.22. 2003도3984).

② 양벌규정에 의한 영업주의 처벌은 금지위반행위자인 종업원의 처벌에 종속하는 것이 아니라 독립하여 그 자신의 종업원에 대한 선임감독상의 과실로 인하여 처벌되는 것이므로 종업원의 범죄성립이나 처벌이 영업주 처벌의 전제조건이 될 필요는 없다(대판 2006. 2.24. 2005도7673).

9 과징금 부과처분에 대한 설명으로 옳지 않은 것은?(다툼이 있는 경우 판례에 의함)

① 「독점규제 및 공정거래에 관한 법률」상의 과징금은 법이 규정한 범위 내에서 그 부과처분 당시까지 부과관청이 확인한 사실을 기초로 일의적으로 확정되어야 할 것이지, 추후에 부과금 산정기준이 되는 새로운 자료가 나왔다고 하여 새로운 부과처분을 할 수 있는 것은 아니다.

② 영업정지에 갈음하여 부과되는 이른바 변형된 과징금의 부과 여부는 통상 행정청의 재량행위이다.

③ 과징금은 행정상 제재금이고 범죄에 대한 국가 형벌권의 실행이 아니므로 행정법규 위반에 대해 벌금 이외에 과징금을 부과하는 것은 이중처벌금지의 원칙에 위반되지 않는다.

④ 「부동산 실권리자명의 등기에 관한 법률」상 명의신탁자에 대한 과징금의 부과 여부는 행정청의 재량행위이다.

> **Point**
>
> ④ 명의신탁자에 대하여 과징금을 부과할 것인지 여부는 기속행위에 해당하여, 명의신탁이 조세를 포탈하거나 법령에 의한 제한을 회피할 목적이 아닌 경우에 한하여 그 과징금을 일정한 범위 내에서 감경할 수 있을 뿐이지 그에 대하여 과징금 부과처분을 하지 않거나 과징금을 전액 감면할 수 있는 것은 아니라고 할 것이다(대판 2007. 7.12. 2005두17287).
>
> ① 과징금은 원칙적으로 행정법상의 의무를 위반한 자에 대하여 당해 위반행위로 얻게 된 경제적 이익을 박탈하기 위한 목적으로 부과하는 금전적인 제재이므로, 법이 규정한 범위 내에서 그 부과처분 당시까지 부과관청이 확인한 사실을 기초로 일의적으로 확정되어야 할 것이지, 추후에 부과금 산정기준이 되는 새로운 자료가 나왔다고 하여 새로운 부과처분을 할 수 있는 것은 아니다(대판 2002. 5.28. 2000두6121).
>
> ② 건설업자의 위반행위에 대한 제재 규정으로서의 관련 규정의 체계 및 내용 등에 비추어 보면, 이 사건 처분기준 중 영업정지처분 조항은, 행정청에 영업정지 또는 그를 갈음한 과징금 중 하나를 선택할 수 있도록 재량을 부여하면서도, 다만 앞서 본 바와 같이 일정한 사유에 해당되면 행정청이 영업정지를 갈음한 과징금을 부과할 수 없도록 함으로써 그 재량 행사의 한계를 규정한 것이라고 봄이 타당하다(대판 2017.10.12. 2017두43968).
>
> ③ 공정거래법에서 형사처벌과 아울러 과징금의 병과를 예정하고 있더라도 이중처벌금지원칙에 위반된다고 볼 수 없으며, 이 과징금 부과처분에 대하여 공정력과 집행력을 인정한다고 하여 이를 확정판결 전의 형벌집행과 같은 것으로 보아 무죄추정의 원칙에 위반된다고도 할 수 없다(헌재 2003. 7.24. 2001헌가25).

10 행정상 손해배상에 대한 설명으로 옳지 않은 것은?(다툼이 있는 경우 판례에 의함)

① 국가배상청구권의 소멸시효 기간은 지났으나 국가가 소멸시효 완성을 주장하는 것이 신의성실의 원칙에 반하는 권리남용으로 허용될 수 없어 배상책임을 이행한 경우, 국가는 원칙적으로 해당 공무원에 대해 구상권을 행사할 수 있다.

② 공무원이 관계 법령의 해석이 확립되기 전에 어느 한 설을 취하여 업무를 처리한 것이 결과적으로 위법하더라도 처분 당시 그 이상의 업무처리를 성실한 평균적 공무원에게 기대하기 어려웠던 경우라면 원칙적으로 공무원의 과실을 인정할 수 없다.

③ 공무원이 직무를 수행하면서 그 근거가 되는 법령의 규정에 따라 구체적으로 의무를 부여받았어도 그것이 국민의 이익과 관계없이 순전히 행정기관 내부의 질서를 유지하기 위한 것이라면 그 의무에 위반하여 국민에게 손해를 가하여도 국가 등은 배상책임을 부담하지 않는다.

④ 행정처분이 후에 항고소송에서 취소되었다고 할지라도 그 기판력에 의하여 당해 행정처분이 곧바로 공무원의 고의 또는 과실로 인한 것으로서 불법행위를 구성한다고 단정할 수는 없다.

Point

① 공무원의 불법행위로 손해를 입은 피해자의 국가배상청구권의 소멸시효 기간이 지났으나 국가가 소멸시효 완성을 주장하는 것이 신의성실의 원칙에 반하는 권리남용으로 허용될 수 없어 배상책임을 이행한 경우에는, 소멸시효 완성 주장이 권리남용에 해당하게 된 원인행위와 관련하여 공무원이 원인이 되는 행위를 적극적으로 주도하였다는 등의 특별한 사정이 없는 한, 국가가 공무원에게 구상권을 행사하는 것은 신의칙상 허용되지 않는다(대판 2016. 6.10. 2015다217843).

② 행정청이 관계 법령의 해석이 확립되기 전에 어느 한 설을 취하여 업무를 처리한 것이 결과적으로 위법하게 되어 그 법령의 부당집행이라는 결과를 빚었다고 하더라도 처분 당시 그와 같은 처리 방법 이상의 것을 성실한 평균적 공무원에게 기대하기 어려웠던 경우라면 특별한 사정이 없는 한 이를 두고 공무원의 과실로 인한 것이라고는 할 수 없기 때문에, 그 행정처분이 후에 항고소송에서 취소되었다고 할지라도 당해 행정처분이 곧바로 공무원의 고의 또는 과실로 인한 불법행위를 구성한다고 단정할 수는 없다(자동차정비업에 대한 허가신청을 받은 행정관청이 주민들의 민원이 해소되지 않았다는 이유로 내린 허가거부처분이 후에 항고소송으로 취소된 경우, 그 거부처분을 행한 경우에 비추어 담당 공무원에게 직무상 과실이 없다고 한 사례)(대판 1997. 7.11. 97다7608).

③ 공무원이 직무를 수행하면서 근거되는 법령의 규정에 따라 구체적으로 의무를 부여받았어도 그것이 국민의 이익과는 관계없이 순전히 행정기관 내부의 질서를 유지하기 위한 것이거나, 또는 국민의 이익과 관련된 것이라도 직접 국민 개개인의 이익을 위한 것이 아니라 전체적으로 공공 일반의 이익을 도모하기 위한 것이라면 그 의무를 위반하여 국민에게 손해를 가하여도 국가 또는 지방자치단체는 배상책임을 부담하지 아니한다. 이때 공무원이 준수하여야 할 직무상 의무가 오로지 공공 일반의 전체적인 이익을 도모하기 위한 것에 불과한지 혹은 국민 개개인의 안전과 이익을 보호하기 위하여 설정된 것인지는 결국 근거 법령 전체의 기본적인 취지·목적과 그 의무를 부과하고 있는 개별 규정의 구체적 목적·내용 및 직무의 성질, 가해행위의 태양 및 피해의 정도 등의 제반 사정을 개별적·구체적으로 고려하여 판단하여야 한다(대판 2015. 5.28. 2013다41431).

④ 어떠한 행정처분이 후에 항고소송에서 취소되었다고 할지라도 그 기판력에 의하여 당해 행정처분이 곧바로 공무원의 고의 또는 과실로 인한 것으로서 불법행위를 구성한다고 단정할 수는 없는 것이고, 그 행정처분의 담당공무원이 보통 일반의 공무원을 표준으로 하여 볼 때 객관적 주의의무를 결하여 그 행정처분이 객관적 정당성을 상실하였다고 인정될 정도에 이른 경우에 국가배상법 제2조가 정한 국가배상책임의 요건을 충족하였다고 봄이 상당할 것이다(대판 2012. 5.24. 2012다11297).

Answer   9.④ 10.①

┃11~12┃ 다음 사례에 대한 설명으로 옳지 않은 것을 고르시오(다툼이 있는 경우 판례에 의함).

11

> 건축주 甲은 토지소유자 乙과 매매계약을 체결하고 乙로부터 토지사용승낙서를 받아 乙의 토지 위에 건축물을 건축하는 건축허가를 관할 행정청인 A시장으로부터 받았다. 매매계약서에 의하면 甲이 잔금을 기일 내에 지급하지 못하면 즉시 매매계약이 해제될 수 있고 이 경우 토지사용승낙서는 효력을 잃으며 甲은 건축허가를 포기·철회하기로 甲과 乙이 약정하였다. 乙은 甲이 잔금을 기일 내에 지급하지 않자 甲과의 매매계약을 해제하였다.

① 착공에 앞서 甲의 귀책사유로 해당 토지를 사용할 권리를 상실한 경우, 乙은 A시장에 대하여 건축허가의 철회를 신청할 수 있다.

② 건축허가는 대물적 성질을 갖는 것이어서 행정청으로서는 그 허가를 할 때에 건축주 또는 토지소유자가 누구인지 등 인적 요소에 관하여는 형식적 심사만 한다.

③ A시장은 건축허가 당시 별다른 하자가 없었고 철회의 법적근거가 없으므로 건축허가를 철회할 수 없다.

④ 철회권의 행사는 기득권의 침해를 정당화할 만한 중대한 공익상의 필요 또는 제3자의 이익을 보호할 필요가 있고, 공익상의 필요 등이 상대방이 입을 불이익을 정당화할 만큼 강한 경우에 한해 허용될 수 있다.

⁂Point

건축허가는 대물적 성질을 갖는 것이어서 행정청으로서는 허가를 할 때에 건축주 또는 토지소유자가 누구인지 등 인적 요소에 관하여는 형식적 심사만 한다. 건축주가 토지 소유자로부터 토지사용승낙서를 받아 그 토지 위에 건축물을 건축하는 대물적(對物的) 성질의 건축허가를 받았다가 착공에 앞서 건축주의 귀책사유로 해당 토지를 사용할 권리를 상실한 경우, 건축허가의 존재로 말미암아 토지에 대한 소유권 행사에 지장을 받을 수 있는 토지 소유자로서는 건축허가의 철회를 신청할 수 있다고 보아야 한다. 따라서 토지 소유자의 위와 같은 신청을 거부한 행위는 항고소송의 대상이 된다. 행정행위를 한 처분청은 비록 처분 당시에 별다른 하자가 없었고, 처분 후에 이를 철회할 별도의 법적 근거가 없더라도 원래의 처분을 존속시킬 필요가 없게 된 사정변경이 생겼거나 중대한 공익상 필요가 발생한 경우에는 그 효력을 상실케 하는 별개의 행정행위로 이를 철회할 수 있다. 다만 수익적 행정행위를 취소 또는 철회하거나 중지시키는 경우에는 이미 부여된 국민의 기득권을 침해하는 것이 되므로, 비록 취소 등의 사유가 있다고 하더라도 그 취소권 등의 행사는 기득권의 침해를 정당화할 만한 중대한 공익상의 필요 또는 제3자의 이익을 보호할 필요가 있고, 이를 상대방이 받는 불이익과 비교·교량하여 볼 때 공익상의 필요 등이 상대방이 입을 불이익을 정당화할 만큼 강한 경우에 한하여 허용될 수 있다(대판 2017. 3.15. 2014두41190).

12

> A시 시장은 「학교용지 확보 등에 관한 특례법」 관계 조항에 따라 공동주택을 분양받은 甲, 乙, 丙, 丁 등에게 각각 다른 시기에 학교용지 부담금을 부과하였다. 이후 해당 조항에 대하여 법원의 위헌법률심판제청에 따라 헌법재판소가 위헌결정을 하였다. (단, 甲, 乙, 丙, 丁은 모두 위헌법률심판제청신청을 하지 않은 것으로 가정함)

① 甲이 부담금을 납부하였고 부담금부과처분에 불가쟁력이 발생한 상태라면, 해당 조항이 위헌으로 결정되더라도 이미 납부한 부담금을 반환받을 수 없다.

② 乙은 부담금을 납부한 후 부담금부과처분에 대해 행정소송을 제기하였고 현재 소가 계속 중인 경우에도, 乙이 위헌법률심판제청신청을 하지 않았으므로 乙에게 위헌결정의 소급효는 미치지 않는다.

③ 丙이 부담금부과처분에 대한 행정심판청구를 하여 기각재결서를 송달받았으나, 재결서 송달일로부터 90일 이내에 취소소송을 제기하였다면 丙의 청구는 인용될 수 있다.

④ 부담금부과처분에 대한 제소기간이 경과하여 丁의 부담금 납부의무가 확정되었고 위헌결정 전에 丁의 재산에 대한 압류가 이루어진 상태라도, 丁에 대해 부담금 징수를 위한 체납처분을 속행할 수는 없다.

Point

② 헌법재판소의 위헌결정의 효력은, 위헌제청을 한 당해 사건, 위헌결정이 있기 전에 이와 동종의 위헌여부에 관하여 헌법재판소에 위헌여부심판제청을 하였거나 법원에 위헌여부심판제청신청을 한 경우의 당해 사건과 따로 위헌제청신청은 아니하였지만 당해 법률 또는 법률의 조항이 재판의 전제가 되어 법원에 계속중인 사건뿐만 아니라 위헌결정 이후에 위와 같은 이유로 제소된 일반사건에도 미친다 (대판 1994.10.25. 93다42740).

① 위헌결정의 소급효가 인정된다고 해서 위헌인 법률에 근거한 행정처분이 당연무효가 된다고는 할 수 없고, 이미 취소소송의 제기기간을 경과하여 불가쟁력이 발생한 행정처분에는 위헌결정의 소급효가 미치지 않는다(대판 1994.10.28. 93다41860).

③ 행정소송법 제20조 제1항

> **행정소송법 제20조(제소기간)**
> ① 취소소송은 처분등이 있음을 안 날부터 90일 이내에 제기하여야 한다. 다만, 제18조 제1항 단서에 규정한 경우와 그 밖에 행정심판청구를 할 수 있는 경우 또는 행정청이 행정심판청구를 할 수 있다고 잘못 알린 경우에 행정심판청구가 있은 때의 기간은 재결서의 정본을 송달받은 날부터 기산한다.
> ② 소소송은 처분등이 있은 날부터 1년(제1항 단서의 경우는 재결이 있은 날부터 1년)을 경과하면 이를 제기하지 못한다. 다만, 정당한 사유가 있는 때에는 그러하지 아니하다.
> ③ 1항의 규정에 의한 기간은 불변기간으로 한다.

④ 조세 부과의 근거가 되었던 법률규정이 위헌으로 선언된 경우, 비록 그에 기한 과세처분이 위헌결정 전에 이루어졌고, 과세처분에 대한 제소기간이 이미 경과하여 조세채권이 확정되었으며, 조세채권의 집행을 위한 체납처분의 근거규정 자체에 대하여는 따로 위헌결정이 내려진 바 없다고 하더라도, 위와 같은 위헌결정 이후에 조세채권의 집행을 위한 새로운 체납처분에 착수하거나 이를 속행하는 것은 더 이상 허용되지 않고, 나아가 이러한 위헌결정의 효력에 위배하여 이루어진 체납처분은 그 사유만으로 하자가 중대하고 객관적으로 명백하여 당연무효라고 보아야 한다(대판 2012. 2.16. 2010두10907).

13 **행정입법에 대한 설명으로 옳지 않은 것은?(다툼이 있는 경우 판례에 의함)**

① 부령의 형식으로 정해진 제재적 행정처분의 기준은 그 규정의 성질과 내용이 행정청 내부의 사무처리준칙을 정한 것에 불과하므로 대외적으로 국민이나 법원을 구속하는 것은 아니다.

② 항정신병 치료제의 요양급여 인정기준에 관한 보건복지부 고시가 다른 집행행위의 매개 없이 그 자체로서 직접 국민의 구체적인 권리의무와 법률관계를 규율하는 성격을 가질 때에는 항고소송의 대상이 되는 행정처분에 해당한다.

③ 법률의 위임에 의하여 효력을 갖는 법규명령이 법개정으로 위임의 근거가 없어지게 되더라도 효력을 상실하지 않는다.

④ 한국수력원자력 주식회사가 조달하는 기자재, 용역 및 정비공사, 기기수리의 공급자에 대한 관리업무 절차를 규정함을 목적으로 제정·운용하고 있는 '공급자관리지침' 중 등록취소 및 그에 따른 일정 기간의 거래제한조치에 관한 규정들은 상위 법령의 구체적 위임 없이 정한 것이어서 대외적 구속력이 없는 행정규칙이다.

> ░░Point⟩
>
> ③ 일반적으로 법률의 위임에 의하여 효력을 갖는 법규명령의 경우, 구법에 위임의 근거가 없어 무효였더라도 사후에 법개정으로 위임의 근거가 부여되면 그 때부터는 유효한 법규명령이 되나, 반대로 구법의 위임에 의한 유효한 법규명령이 법개정으로 위임의 근거가 없어지게 되면 그 때부터 무효인 법규명령이 되므로, 어떤 법령의 위임 근거 유무에 따른 유효 여부를 심사하려면 법개정의 전·후에 걸쳐 모두 심사하여야만 그 법규명령의 시기에 따른 유효·무효를 판단할 수 있다(대판 1995. 6.30. 93추83).
>
> ① 공중위생법 제23조 제1항은 처분권자에게 영업자가 법에 위반하는 종류와 정도의 경중에 따라 제반사정을 참작하여 위 법에 규정된 것 중 적절한 종류를 선택하여 합리적인 범위내의 행정처분을 할 수 있는 재량권을 부여한 것이고, 이를 시행하기 위하여 동 제4항에 의하여 마련된 공중위생법시행규칙 제41조 별표 7에서 위 행정처분의 기준을 정하고 있더라도 위 시행규칙은 형식은 부령으로 되어 있으나 그 성질은 행정기관 내부의 사무처리준칙을 규정한 것에 불과한 것으로서 보건사회부장관이 관계 행정기관 및 직원에 대하여 그 직무권한 행사의 지침을 정하여 주기 위하여 발한 행정명령(행정규칙)의 성질을 가지는 것이지, 위 법 제23조 제1항에 의하여 보장된 재량권을 기속하거나 대외적으로 국민을 기속하는 것은 아니다(대판 1991. 3. 8. 90누6545).
>
> ② 항정신병 치료제의 요양급여 인정기준에 관한 보건복지부 고시가 다른 집행행위의 매개 없이 그 자체로서 제약회사, 요양기관, 환자 및 국민건강보험공단 사이의 법률관계를 직접 규율한다는 이유로 항고소송의 대상이 되는 행정처분에 해당한다(대판 2003.10. 9. 2003무23).
>
> ④ 공공기관의 운영에 관한 법률(이하 '공공기관운영법')이나 그 하위법령은 공기업이 거래상대방 업체에 대하여 공공기관운영법 제39조 제2항 및 공기업·준정부기관 계약사무규칙 제15조에서 정한 범위를 뛰어넘어 추가적인 제재조치를 취할 수 있도록 위임한 바 없다. 따라서 한국수력원자력 주식회사가 조달하는 기자재, 용역 및 정비공사, 기기수리의 공급자에 대한 관리업무 절차를 규정함을 목적으로 제정·운용하고 있는 '공급자관리지침' 중 등록취소 및 그에 따른 일정 기간의 거래제한 조치에 관한 규정들은 공공기관으로서 행정청에 해당하는 한국수력원자력 주식회사가 상위법령의 구체적 위임 없이 정한 것이어서 대외적 구속력이 없는 행정규칙이다(대판 2020. 5.28. 2017두66541).

14 행정작용에 대한 설명으로 옳은 것은?(다툼이 있는 경우 판례에 의함)

① 구체적인 계획을 입안함에 있어 지침이 되거나 특정 사업의 기본방향을 제시하는 내용의 행정계획은 항고소송의 대상인 행정처분에 해당하지 않는다.

② 공법상 계약이 법령 위반 등의 내용상 하자가 있는 경우에도 그 하자가 중대명백한 것이 아니면 취소할 수 있는 하자에 불과하고 이에 대한 다툼은 당사자소송에 의하여야 한다.

③ 지도, 권고, 조언 등의 행정지도는 법령의 근거를 요하고 항고소송의 대상이 된다.

④ 「국가를 당사자로 하는 계약에 관한 법률」에 따라 국가가 당사자가 되는 이른바 공공계약에 관한 법적 분쟁은 원칙적으로 행정법원의 관할 사항이다.

Point

① 이 사건 정부기본계획 등은 4대강 정비사업과 그 주변 지역의 관련 사업을 체계적으로 추진하기 위하여 수립한 종합계획이자 '4대강 살리기 사업'(그중 낙동강 부분을 '이 사건 사업')의 기본방향을 제시하는 계획으로서, 이는 행정기관 내부에서 사업의 기본방향을 제시하는 것일 뿐, 국민의 권리·의무에 직접 영향을 미치는 것은 아니라고 할 것이어서 행정처분에 해당하지 아니한다(대한 2015.12.10. 2012두6322).

② 공법상 계약에는 공정력이 인정되지 않으므로, 내용상 하자가 있는 경우 무효라고 보는 것이 학설의 일반적 견해이다. cf. 공법상 계약과 관련된 법률관계에 관한 분쟁은 공법상 당사자소송에 의한다.

③ 법령의 근거가 없어도 행정지도를 할 수 있으며, 행정지도는 비권력적 사실행위로서 처분성이 부정되어 항고소송의 대상이 되지 않는다.

④ 국가계약법에 따라 국가가 당사자가 되는 이른바 공공계약은 사경제의 주체로서 상대방과 대등한 위치에서 체결하는 사법상의 계약으로서 그 본질적인 내용은 사인 간의 계약과 다를 바가 없으므로, 그에 관한 법령에 특별한 정함이 있는 경우를 제외하고는 사적 자치와 계약자유의 원칙 등 사법의 원리가 그대로 적용된다고 할 것이다(대판 2012. 9.20. 2012마1097).

Answer 13.③ 14.①

15 「행정절차법」상 처분의 사전통지 및 의견제출 절차에 대한 설명으로 옳지 않은 것은?(다툼이 있는 경우 판례에 의함)

① 법령등에서 요구된 자격이 없거나 없어지게 되면 반드시 일정한 처분을 하여야 하는 경우에 그 자격이 없거나 없어지게 된 사실이 법원의 재판에 의하여 객관적으로 증명된 경우에는 사전통지를 생략할 수 있다.

② 행정청의 처분으로 의무가 부과되거나 권익이 제한되는 경우라도 당사자가 의견진술의 기회를 포기한다는 뜻을 명백히 표시한 경우에는 의견청취를 생략할 수 있다.

③ 별정직 공무원인 대통령기록관장에 대한 직권면직 처분에는 처분의 사전통지 및 의견청취 등에 관한 「행정절차법」 규정이 적용되지 않는다.

④ 대통령이 한국방송공사 사장을 해임하면서 사전통지절차를 거치지 않은 경우에는 그 해임처분은 위법하다.

> **Point**
>
> ③ 공무원 인사관계 법령에 의한 처분에 관한 사항이라 하더라도 그 전부에 대하여 행정절차법의 적용이 배제되는 것이 아니라, 성질상 행정절차를 거치기 곤란하거나 불필요하다고 인정되는 처분이나 행정절차에 준하는 절차를 거치도록 하고 있는 처분의 경우에만 행정절차법의 적용이 배제되는 것으로 보아야 하고, 이러한 법리는 '공무원 인사관계 법령에 의한 처분'에 해당하는 별정직 공무원에 대한 직권면직 처분의 경우에도 마찬가지로 적용된다고 할 것이다(대판 2013. 1. 16. 2011두30687).
>
> ① 행정절차법 제21조 제4항 제2호.
>
> ┌───
> │ **행정절차법 제21조(처분의 사전 통지)**
> │ ④ 다음 각 호의 어느 하나에 해당하는 경우에는 제1항에 따른 통지를 하지 아니할 수 있다.
> │ ① 공공의 안전 또는 복리를 위하여 긴급히 처분을 할 필요가 있는 경우
> │ ② 법령등에서 요구된 자격이 없거나 없어지게 되면 반드시 일정한 처분을 하여야 하는 경우에 그 자격이 없거나 없어지게 된 사실이 법원의 재판 등에 의하여 객관적으로 증명된 경우
> │ ③ 해당 처분의 성질상 의견청취가 현저히 곤란하거나 명백히 불필요하다고 인정될 만한 상당한 이유가 있는 경우
> └───
>
> ② 행정절차법 제22조 제4항
>
> ┌───
> │ **행정절차법 제22조(의견청취)**
> │ ① 행정청이 처분을 할 때 다음 각 호의 어느 하나에 해당하는 경우에는 청문을 한다.
> │   1. 다른 법령등에서 청문을 하도록 규정하고 있는 경우
> │   2. 행정청이 필요하다고 인정하는 경우
> │   3. 다음 각 목의 처분을 하는 경우 〈개정 2022. 1. 11.〉 [시행일: 2022. 7. 12.]
> │   가. 인허가 등의 취소   나. 신분ㆍ자격의 박탈   다. 법인이나 조합 등의 설립허가의 취소
> │ ② 행정청이 처분을 할 때 다음 각 호의 어느 하나에 해당하는 경우에는 공청회를 개최한다.
> │   1. 다른 법령등에서 공청회를 개최하도록 규정하고 있는 경우
> │   2. 해당 처분의 영향이 광범위하여 널리 의견을 수렴할 필요가 있다고 행정청이 인정하는 경우
> │   3. 국민생활에 큰 영향을 미치는 처분으로서 대통령령으로 정하는 처분에 대하여 대통령령으로 정하는 수 이상의 당사자등이 공청회 개최를 요구하는 경우
> │ ③ 행정청이 당사자에게 의무를 부과하거나 권익을 제한하는 처분을 할 때 제1항 또는 제2항의 경우 외에는 당사자등에게 의견제출의 기회를 주어야 한다.
> │ ④ 제1항부터 제3항까지의 규정에도 불구하고 제21조제4항 각 호의 어느 하나에 해당하는 경우와 당사자가 의견진술의 기회를 포기한다는 뜻을 명백히 표시한 경우에는 의견청취를 하지 아니할 수 있다.
> │ ⑤ 행정청은 청문ㆍ공청회 또는 의견제출을 거쳤을 때에는 신속히 처분하여 해당 처분이 지연되지 아니하도록 하여야 한다.
> │ ⑥ 행정청은 처분 후 1년 이내에 당사자등이 요청하는 경우에는 청문ㆍ공청회 또는 의견제출을 위하여 제출받은 서류나 그 밖의 물건을 반환하여야 한다.
> └───

④ 대통령의 한국방송공사 사장의 해임 절차에 관하여 방송법이나 관련 법령에도 별도의 규정을 두지 않고 있고, 행정절차법의 입법 목적과 행정절차법 제3조 제2항 제9호와 관련 시행령의 규정 내용 등에 비추어 보면, <u>이 사건 해임처분이 행정절차법과 그 시행령에서 열거적으로 규정한 예외 사유에 해당한다고 볼 수 없으므로 이 사건 해임처분에도 행정절차법이 적용된다</u>고 할 것이다(대판 2012. 2.23. 2011두5001).

16 「행정소송법」상 취소소송에 대한 설명으로 옳지 않은 것은?(다툼이 있는 경우 판례에 의함)

① 대한민국에서 출생하여 오랜 기간 대한민국 국적을 보유하면서 거주한 재외동포는 사증발급 거부처분의 취소를 구할 법률상 이익이 있다.

② 국민권익위원회가 소방청장에게 일정한 의무를 부과하는 내용의 조치요구를 한 경우 소방청장은 조치요구의 취소를 구할 당사자능력 및 원고적격이 인정되지 않는다.

③ 임용지원자가 특별채용 대상자로서 자격을 갖추고 있고 유사한 지위에 있는 자에 대하여 정규교사로 특별채용한 전례가 있다 하더라도, 교사로의 특별채용을 요구할 법규상 또는 조리상의 권리가 있다고 할 수 없다.

④ 피해자의 의사와 무관하게 주민등록번호가 유출된 경우, 조리상 주민등록번호의 변경을 요구할 신청권을 인정함이 타당하다.

⠿ Point

② 부패방지 및 국민권익위원회의 설치와 운영에 관한 법률은 소방청장에게 국민권익위원회의 조치요구에 따라야 할 의무를 부담시키는 외에 별도로 그 의무를 이행하지 않을 경우 과태료나 형사처벌까지 정하고 있으므로 위와 같은 조치요구에 불복하고자 하는 '소속기관 등의 장'에게는 조치요구를 다툴 수 있는 소송상의 지위를 인정할 필요가 있는 점에 비추어, <u>처분성이 인정되는 국민권익위원회의 조치요구에 불복하고자 하는 소방청장으로서는 조치요구의 취소를 구하는 항고소송을 제기하는 것이 유효·적절한 수단으로 볼 수 있으므로 소방청장은 예외적으로 당사자능력과 원고적격을 가진다</u>(대판 2018. 8. 1. 2014두35379).

① <u>대한민국에서 출생하여 오랜 기간 대한민국 국적을 보유하면서 거주한 사람이므로 이미 대한민국과 실질적 관련성이 있거나 대한민국에서 법적으로 보호가치 있는 이해관계를 형성하였다고 볼 수 있다. 또한 재외동포의 대한민국 출입국과 대한민국 안에서의 법적 지위를 보장함을 목적으로 「재외동포의 출입국과 법적 지위에 관한 법률」(이하 '재외동포법')이 특별히 제정되어 시행 중이다. 따라서 원고는 이 사건 사증발급 거부처분의 취소를 구할 법률상 이익이 인정된다</u>(대판 2019. 7.11. 2017두38874).

③ 교사에 대한 임용권자가 교육공무원법 제12조에 따라 임용지원자를 특별채용하는 경우, <u>임용지원자가 임용권자에게 자신의 임용을 요구할 법규상 또는 조리상 권리가 없다</u>(대판 2005. 4. 15. 2004두11626).

④ <u>피해자의 의사와 무관하게 주민등록번호가 유출된 경우에는 조리상 주민등록번호의 변경을 요구할 신청권을 인정함이 타당하고, 구청장의 주민등록번호 변경신청 거부행위는 항고소송의 대상이 되는 행정처분에 해당한다</u>(대판 2017. 6.15. 2013두2945).

17 행정상 즉시강제에 대한 설명으로 옳은 것만을 모두 고르면?

> ㉠ 항고소송의 대상이 되는 처분의 성질을 갖는다.
> ㉡ 과거의 의무위반에 대하여 가해지는 제재이다.
> ㉢ 목전에 급박한 장해를 예방하기 위한 경우에는 예외적으로 법률의 근거가 없이도 발동될 수 있다는 것이 일반적인 견해이다.
> ㉣ 강제 건강진단과 예방접종은 대인적 강제수단에 해당한다.
> ㉤ 위법한 즉시강제작용으로 손해를 입은 자는 국가나 지방자치단체를 상대로 「국가배상법」이 정한 바에 따라 손해배상을 청구할 수 있다.

① ㉡, ㉢   ② ㉠, ㉡, ㉤
③ ㉠, ㉣, ㉤   ④ ㉢, ㉣, ㉤

㉠ (o)권력적 사실행위인 행정상 즉시강제는 항고소송의 대상이 된다.
㉡ (x)행정상 즉시강제는 과거의 의무위반에 대한 제재가 아니라, 목전의 급박한 장해를 제거할 필요가 있는 경우에 행해지는 제재이다.
㉢ (x)행정상 즉시강제는 실정법적 근거를 필요로 한다.
㉣ (o)
㉤ (o)

18 다음 중 「행정심판법」에 따른 행정심판을 제기할 수 없는 경우만을 모두 고르면?(다툼이 있는 경우 판례에 의함)

> ㉠ 「공공기관의 정보공개에 관한 법률」상 정보공개와 관련한 공공기관의 비공개결정에 대하여 이의신청을 한 경우
> ㉡ 「공익사업을 위한 토지 등의 취득 및 보상에 관한 법률」상 토지수용위원회의 수용재결에 이의가 있어 중앙토지수용위원회에 이의를 신청한 경우
> ㉢ 「난민법」상 난민불인정결정에 대해 법무부장관에게 이의신청을 한 경우
> ㉣ 「민원 처리에 관한 법률」상 법정민원에 대한 행정기관의 장의 거부처분에 대해 그 행정기관의 장에게 이의신청을 한 경우

① ㉠, ㉡   ② ㉠, ㉣
③ ㉡, ㉢   ④ ㉢, ㉣

Point

ⓒ 토지보상법 제85조

> **토지보상법 제85조(행정소송의 제기)**
> ① 사업시행자, 토지소유자 또는 관계인은 제34조에 따른 재결에 불복할 때에는 재결서를 받은 날부터 90일 이내에, 이의신청을 거쳤을 때에는 이의신청에 대한 재결서를 받은 날부터 60일 이내에 각각 행정소송을 제기할 수 있다. 이 경우 사업시행자는 행정소송을 제기하기 전에 제84조에 따라 늘어난 보상금을 공탁하여야 하며, 보상금을 받을 자는 공탁된 보상금을 소송이 종결될 때까지 수령할 수 없다.
> ② 제1항에 따라 제기하려는 행정소송이 보상금의 증감(增減)에 관한 소송인 경우 그 소송을 제기하는 자가 토지소유자 또는 관계인일 때에는 사업시행자를, 사업시행자일 때에는 토지소유자 또는 관계인을 각각 피고로 한다.

ⓒ 난민법 제21조 제2항

> **난민법 제21조(이의신청)**
> ① 제18조제2항 또는 제19조에 따라 난민불인정결정을 받은 사람 또는 제22조에 따라 난민인정이 취소 또는 철회된 사람은 그 통지를 받은 날부터 30일 이내에 법무부장관에게 이의신청을 할 수 있다. 이 경우 이의신청서에 이의의 사유를 소명하는 자료를 첨부하여 지방출입국 · 외국인관서의 장에게 제출하여야 한다.
> ② 제1항에 따른 이의신청을 한 경우에는 「행정심판법」에 따른 행정심판을 청구할 수 없다.

㉠ 정보공개법 제19조

> **정보공개법 제19조(행정심판)**
> ① 청구인이 정보공개와 관련한 공공기관의 결정에 대하여 불복이 있거나 정보공개 청구 후 20일이 경과하도록 정보공개 결정이 없는 때에는 「행정심판법」에서 정하는 바에 따라 행정심판을 청구할 수 있다. 이 경우 국가기관 및 지방자치단체 외의 공공기관의 결정에 대한 감독행정기관은 관계 중앙행정기관의 장 또는 지방자치단체의 장으로 한다.
> ② 청구인은 제18조에 따른 이의신청 절차를 거치지 아니하고 행정심판을 청구할 수 있다.

㉣ 민원처리법 제35조 제3항

> **민원처리법 제35조(거부처분에 대한 이의신청)**
> ① 법정민원에 대한 행정기관의 장의 거부처분에 불복하는 민원인은 그 거부처분을 받은 날부터 60일 이내에 그 행정기관의 장에게 문서로 이의신청을 할 수 있다.
> ② 행정기관의 장은 이의신청을 받은 날부터 10일 이내에 그 이의신청에 대하여 인용 여부를 결정하고 그 결과를 민원인에게 지체 없이 문서로 통지하여야 한다. 다만, 부득이한 사유로 정하여진 기간 이내에 인용 여부를 결정할 수 없을 때에는 그 기간의 만료일 다음 날부터 기산(起算)하여 10일 이내의 범위에서 연장할 수 있으며, 연장 사유를 민원인에게 통지하여야 한다.
> ③ 민원인은 제1항에 따른 이의신청 여부와 관계없이 「행정심판법」에 따른 행정심판 또는 「행정소송법」에 따른 행정소송을 제기할 수 있다.

┃19~20┃ 다음 사례에 대한 설명으로 옳은 것을 고르시오.(다툼이 있는 경우 판례에 의함)

19

> 건설회사 A는 택지개발사업을 위해 관련 법령에 따른 절차를 거쳐 甲 소유의 토지 등을 취득하고자 甲과 보상에 관한 협의를 하였으나 협의가 성립되지 않았다. 이에 관할 지방토지수용위원회에 재결을 신청하여 토지의 수용 및 보상금에 대한 수용재결을 받았다.

① 甲이 수용재결에 대하여 이의신청을 제기하면 사업의 진행 및 토지의 수용 또는 사용을 정지시키는 효력이 있다.

② 甲이 수용 자체를 다투는 경우 관할 지방토지수용위원회를 상대로 수용재결에 대하여 취소소송을 제기할 수 있다.

③ 甲은 보상금 증액을 위해 A를 상대로 손실보상을 구하는 민사소송을 제기할 수 있다.

④ 甲이 계속 거주하고 있는 건물과 토지의 인도를 거부할 경우 행정대집행의 대상이 될 수 있다.

⟐⟐Point⟩

②①토지보상법 제85조, 제88조

> **토지보상법 제85조(행정소송의 제기)**
> ① 사업시행자, 토지소유자 또는 관계인은 제34조에 따른 <u>재결에 불복할 때에는 재결서를 받은 날부터 90일 이내에</u>, 이의신청을 거쳤을 때에는 이의신청에 대한 재결서를 받은 날부터 60일 이내에 각각 행정소송을 제기할 수 있다. 이 경우 사업시행자는 행정소송을 제기하기 전에 제84조에 따라 늘어난 보상금을 공탁하여야 하며, 보상금을 받을 자는 공탁된 보상금을 소송이 종결될 때까지 수령할 수 없다.
> ② 제1항에 따라 제기하려는 <u>행정소송이 보상금의 증감(增減)에 관한 소송인 경우 그 소송을 제기하는 자가 토지소유자 또는 관계인일 때에는 사업시행자를, 사업시행자일 때에는 토지소유자 또는 관계인을 각각 피고로 한다.</u>
> **제88조(처분효력의 부정지)**
> 제83조에 따른 <u>이의의 신청이나 제85조에 따른 행정소송의 제기는 사업의 진행 및 토지의 수용 또는 사용을 정지시키지 아니한다.</u>

③ 보상금의 증감에 관한 소송은 행정소송(형식적 당사자소송)에 해당한다(토지보상법 제85조 제2항).

④ 대집행의 대상은 대체적 작위의무이어야 한다. 건물·토지의 인도는 점유의 이전인데, 이것은 대체적 작위의무가 아니어서 대집행의 대상이 되지 않는다.

20

> A시 시장은 식품접객업주 甲에게 청소년고용금지업소에 청소년을 고용하였다는 사유로 식품위생법령에 근거하여 영업정지 2개월 처분에 갈음하는 과징금부과처분을 하였고, 甲은 부과된 과징금을 납부하였다. 그러나 甲은 이후 과징금부과처분에 하자가 있음을 알게 되었다.

① 甲은 납부한 과징금을 돌려받기 위해 관할 행정법원에 과징금반환을 구하는 당사자소송을 제기할 수 있다.

② A시 시장이 과징금부과처분을 함에 있어 과징금부과통지서의 일부 기재가 누락되어 이를 이유로 甲이 관할 행정법원에 과징금부과처분의 취소를 구하는 소를 제기한 경우, A시 시장은 취소소송 절차가 종결되기 전까지 보정된 과징금부과처분 통지서를 송달하면 일부 기재 누락의 하자는 치유된다.

③ 「식품위생법」이 청소년을 고용한 행위에 대하여 영업허가를 취소하거나 6개월 이내의 기간을 정하여 그 영업의 전부 또는 일부를 정지하거나 영업소 폐쇄를 명할 수 있다고 하면서 행정처분의 세부기준은 총리령으로 위임한다고 정하고 있는 경우에, 총리령에서 정하고 있는 행정처분의 기준은 재판규범이 되지 못한다.

④ 甲이 자신은 청소년을 고용한 적이 없다고 주장하면서 제기한 과징금부과처분의 취소소송 계속 중에 A시 시장은 甲이 유통기한이 경과한 식품을 판매한 사실을 처분사유로 추가·변경할 수 있다.

⁂Point

③ 총리령·부령형식(시행규칙)의 행정처분기준은 행정기관 내부의 사무처리준칙인 행정규칙에 해당하여 국민이나 법원을 구속하지 못한다.
cf. <u>식품위생법 제58조에 따른 행정처분의 기준을 정하였다고 하더라도 이는 형식만 부령으로 되어 있을 뿐, 그 성질은 행정기관 내부의 사무처리준칙을 정한 것으로서 행정명령(행정규칙)의 성질을 가지는 것이고,</u> 대외적으로 국민이나 법원을 기속하는 힘이 있는 것은 아니므로 같은 법 제58조 제1항에 의한 처분의 적법 여부는 같은 법 시행 규칙에 적합한 것인가의 여부에 따라 판단할 것이 아니라 같은 법의 규정 및 그 취지에 적합한 것인가의 여부에 따라 판단하여야 한다(대판 1995. 3.28. 94누6925).

① 과징금 반환을 받기 위해서는 과징금부과처분에 대한 취소소송을 제기하여 공정력을 제거한 후, 이 판결을 기초로 민법상 부당이득 반환을 구해야 한다.
cf. <u>행정상대방이 행정청에 이미 납부한 돈이 민법상 부당이득에 해당한다고 주장하면서 그 반환을 청구하는 것은 민사소송절차를 따라야</u> 한다(대판 1995. 4.28. 94다55019).

② 행정행위 하자의 치유는 행정쟁송 제기 이전에만 가능하다.
cf. <u>세액산출근거가 기재되지 아니한 납세고지서에 의한 부과처분은 강행법규에 위반하여 취소대상이 된다 할 것이므로 이와 같은 하자는 납세의무자가 전심절차에서 이를 주장하지 아니하였거나, 그 후 부과된 세금을 자진납부하였다거나, 또는 조세채권의 소멸시효기간이 만료되었다 하여 치유되는 것이라고는 할 수 없다(대판 1985. 4. 9. 84누431).</u>

④ 행정처분의 취소를 구하는 소송에 있어서는 실질적 법치주의와 행정처분의 상대방인 국민에 대한 신뢰보호라는 견지에서, <u>처분청은 당초의 처분사유와 기본적 사실관계에 있어서 동일성이 인정되는 한도 내에서만 새로운 처분사유를 추가하거나 변경할 수 있을 뿐,</u> 기본적 사실관계와 동일성이 없는 별개의 사실을 들어 처분사유로서 주장함은 허용되지 아니하고, 법원으로서도 당초 처분사유와 기본적 사실관계의 동일성이 없는 사실은 이를 처분사유로 인정할 수 없다고 할 것이며, 여기서 <u>기본적 사실관계의 동일성 유무는 처분사유를 법률적으로 평가하기 이전의 구체적인 사실에 착안하여 그 기초가 되는 사회적 사실관계가 기본적인 점에서 동일한지 여부에 따라 결정된다(</u>대판 2001. 3.23. 99두6392).
*판례에 의할 때 청소년을 고용한 적이 없다는 주장과 유통기한이 경과한 식품을 판매한 사실은 기본적 사실관계의 동일성이 인정되지 않아 처분사유 추가·변경할 수 없다.

Answer 19.② 20.③

1 「행정심판법」에 대한 설명으로 옳지 않은 것은?

① 행정작용은 법률에 위반되어서는 아니 되며, 국민의 권리를 제한하거나 의무를 부과하는 경우와 그 밖에 국민생활에 중요한 영향을 미치는 경우에는 법률에 근거하여야 한다.

② 행정청은 권한 행사의 기회가 있음에도 불구하고 장기간 권한을 행사하지 아니하여 국민이 그 권한이 행사되지 아니할 것으로 믿을 만한 정당한 사유가 있는 경우에는 그 권한을 행사해서는 아니 된다. 다만, 공익 또는 제3자의 이익을 현저히 해칠 우려가 있는 경우는 예외로 한다.

③ 즉시강제는 다른 수단으로는 행정목적을 달성할 수 없는 경우에만 허용되며, 이 경우에도 최소한으로만 실시하여야 한다.

④ 행정청은 법률로 정하는 바에 따라 처분에 재량이 있는 경우에도 완전히 자동화된 시스템으로 처분을 할 수 있다.

Point

④ 행정기본법 제20조 단서

> **행정기본법 제20조(자동차 처분)**
> 행정청은 법률로 정하는 바에 따라 완전히 자동화된 시스템(인공지능 기술을 적용한 시스템을 포함한다)으로 처분을 할 수 있다. 다만, <u>처분에 재량이 있는 경우는 그러하지 아니하다.</u>

① 행정기본법 제8조(법치행정의 원칙)

② 행정기본법 제12조 제2항

> **행정기본법 제12조(신뢰보호의 원칙)**
> ① 행정청은 공익 또는 제3자의 이익을 현저히 해칠 우려가 있는 경우를 제외하고는 행정에 대한 국민의 정당하고 합리적인 신뢰를 보호하여야 한다.
> ② <u>행정청은 권한 행사의 기회가 있음에도 불구하고 장기간 권한을 행사하지 아니하여 국민이 그 권한이 행사되지 아니할 것으로 믿을 만한 정당한 사유가 있는 경우에는 그 권한을 행사해서는 아니 된다. 다만, 공익 또는 제3자의 이익을 현저히 해칠 우려가 있는 경우는 예외로 한다.</u>

③ 행정기본법 제33조 제1항

> **행정기본법 제33조(즉시강제)**
> ① <u>즉시강제는 다른 수단으로는 행정목적을 달성할 수 없는 경우에만 허용되며, 이 경우에도 최소한으로만 실시하여야 한다.</u>
> ② 즉시강제를 실시하기 위하여 현장에 파견되는 집행책임자는 그가 집행책임자임을 표시하는 증표를 보여 주어야 하며, 즉시강제의 이유와 내용을 고지하여야 한다.

2 **행정행위의 하자로서 무효사유가 아닌 것은?(다툼이 있는 경우 판례에 의함)**

① 국토계획법령이 정한 도시계획시설사업의 대상 토지의 소유와 동의요건을 갖추지 못하였음에도 도시계획시설사업의 사업시행자 지정처분을 한 경우

② 조세부과처분의 근거가 되었던 법률규정에 대하여 위헌결정이 내려진 후 체납처분을 한 경우

③ 학교환경위생정화위원회의 심의절차를 누락한 채 학교환경위생정화구역에서의 금지행위 및 시설해제 여부에 관한 행정처분을 한 경우

④ 납세자가 아닌 제3자의 재산을 대상으로 압류처분을 한 경우

> **Point**
>
> ③ 행정청이 구 학교보건법 소정의 학교환경위생정화구역 내에서 금지행위 및 시설의 해제 여부에 관한 행정처분을 함에 있어 학교환경위생정화위원회의 심의를 거치도록 한 취지는 그에 관한 전문가 내지 이해관계인의 의견과 주민의 의사를 행정청의 의사결정에 반영함으로써 공익에 가장 부합하는 민주적 의사를 도출하고 행정처분의 공정성과 투명성을 확보하려는 데 있고, 나아가 그 심의의 요구가 법률에 근거하고 있을 뿐 아니라 심의에 따른 의결내용도 단순히 절차의 형식에 관련된 사항에 그치지 않고 금지행위 및 시설의 해제 여부에 관한 행정처분에 영향을 미칠 수 있는 사항에 관한 것임을 종합해 보면, 금지행위 및 시설의 해제 여부에 관한 행정처분을 하면서 절차상 위와 같은 심의를 누락한 흠이 있다면 그와 같은 흠을 가리켜 위 행정처분의 효력에 아무런 영향을 주지 않는다거나 경미한 정도에 불과하다고 볼 수는 없으므로, 특별한 사정이 없는 한 이는 행정처분을 위법하게 하는 취소사유가 된다(대판 2007. 3. 15. 2006두15806).
>
> ① 국토계획법이 사인을 도시·군계획시설사업의 시행자로 지정하기 위한 요건으로 소유 요건과 동의 요건을 둔 취지는 사인이 시행하는 도시·군계획시설사업의 공공성을 보완하고 사인에 의한 일방적인 수용을 제어하기 위한 것이다. 그러므로 만일 국토계획법령이 정한 도시계획시설사업의 대상 토지의 소유와 동의 요건을 갖추지 못하였는데도 사업시행자로 지정하였다면, 이는 국토계획법령이 정한 법규의 중요한 부분을 위반한 것으로서 특별한 사정이 없는 한 그 하자가 중대하다고 보아야 한다(대판 2017. 7. 11. 2016두35120).
>
> ② 조세 부과의 근거가 되었던 법률규정이 위헌으로 선언된 경우, 비록 그에 기한 과세처분이 위헌결정 전에 이루어졌고, 과세처분에 대한 제소기간이 이미 경과하여 조세채권이 확정되었으며, 조세채권의 집행을 위한 체납처분의 근거규정 자체에 대하여는 따로 위헌결정이 내려진 바 없다고 하더라도, 위와 같은 위헌결정 이후에 조세채권의 집행을 위한 새로운 체납처분에 착수하거나 이를 속행하는 것은 더 이상 허용되지 않고, 나아가 이러한 위헌결정의 효력에 위배하여 이루어진 체납처분은 그 사유만으로 하자가 중대하고 객관적으로 명백하여 당연무효라고 보아야 한다(대판 2012. 2. 16. 2010두10907).
>
> ④ 체납처분으로서 압류의 요건을 규정한 국세징수법 제24조 각 항의 규정을 보면 어느 경우에나 압류의 대상을 납세자의 재산에 국한하고 있으므로, 납세자가 아닌 제3자의 재산을 대상으로 한 압류처분은 그 처분의 내용이 법률상 실현될 수 없는 것이어서 당연무효이다(대판 1993. 4. 27. 92누12117).

Answer) 1.④ 2.③

3 **행정행위의 취소와 철회에 대한 설명으로 옳지 않은 것은?(다툼이 있는 경우 판례에 의함)**

① 과세관청은 과세처분의 취소를 다시 취소함으로써 이미 효력을 상실한 원부과처분을 소생시킬 수 없다.

② (구)「영유아보육법」상 어린이집 평가인증의 취소는 철회에 해당하므로, 평가인증의 효력을 과거로 소급하여 상실시키기 위해서는 특별한 사정이 없는 한 별도의 법적 근거가 필요하다.

③ 행정처분을 한 행정청은 처분의 성립에 하자가 있는 경우라도 별도의 법적 근거가 없으면 직권으로 이를 취소할 수 없다.

④ 세무조사가 과세자료의 수집 또는 신고내용의 정확성 검증이라는 본연의 목적이 아니라 부정한 목적을 위하여 행하여진 것이라면 이는 세무조사에 중대한 위법사유가 있는 경우에 해당하고, 이러한 세무조사에 의하여 수집된 과세자료를 기초로 한 과세처분 역시 위법하다.

⠿ Point

③ 행정행위를 한 처분청은 그 행위에 흠이 있는 경우 별도의 법적 근거가 없더라도 스스로 이를 취소할 수 있고, 다만 수익적 행정처분을 취소할 때에는 이를 취소하여야 할 공익상의 필요와 그 취소로 인하여 당사자가 입게 될 기득권과 신뢰보호 및 법률생활 안정의 침해 등 불이익을 비교·교량한 후 공익상의 필요가 당사자가 입을 불이익을 정당화할 만큼 강한 경우에 한하여 취소할 수 있으나, 수익적 행정처분의 흠이 당사자의 사실은폐나 기타 사위의 방법에 의한 신청행위에 기인한 것이라면 당사자는 처분에 의한 이익이 위법하게 취득되었음을 알아 취소 가능성도 예상하고 있었다고 할 것이므로, 그 자신이 처분에 관한 신뢰이익을 원용할 수 없음은 물론 행정청이 이를 고려하지 아니하였다고 하여도 재량권의 남용이 되지 않는다(대판 2006. 5. 25. 2003두4669).

① 행정행위(과세처분)의 취소처분의 위법이 중대하고 명백하여 당연무효이거나, 그 취소처분에 대하여 소원 또는 행정소송으로 다툴 수 있는 명문규정이 있는 경우는 별론, 행정행위의 취소처분의 취소에 의하여 이미 효력을 상실한 행정행위를 소생시킬 수 없고, 그러기 위하여는 원 행정행위와 동일내용의 행정행위를 다시 행할 수밖에 없다(대판 1979. 5. 8. 77누61).

② 영유아보육법 제30조 제5항 제3호에 따른 평가인증의 취소는 평가인증 당시에 존재하였던 하자가 아니라 그 이후에 새로이 발생한 사유로 평가인증의 효력을 소멸시키는 경우에 해당하므로, 법적 성격은 평가인증의 '철회'에 해당한다. 그런데 행정청이 평가인증을 철회하면서 그 효력을 철회의 효력발생일 이전으로 소급하게 하면, 철회 이전의 기간에 평가인증을 전제로 지급한 보조금 등의 지원이 그 근거를 상실하게 되어 이를 반환하여야 하는 법적 불이익이 발생한다. 이는 장래를 향하여 효력을 소멸시키는 철회가 예정한 법적 불이익의 범위를 벗어나는 것이다. 이처럼 행정청이 평가인증이 이루어진 이후에 새로이 발생한 사유를 들어 영유아보육법 제30조 제5항에 따라 평가인증을 철회하는 처분을 하면서도, 평가인증의 효력을 과거로 소급하여 상실시키기 위해서는, 특별한 사정이 없는 한 영유아보육법 제30조 제5항과는 별도의 법적 근거가 필요하다(대판 2018. 6. 28. 2015두58195).

④ 국세기본법은 제81조의4 제1항에서 "세무공무원은 적정하고 공평한 과세를 실현하기 위하여 필요한 최소한의 범위에서 세무조사를 하여야 하며, 다른 목적 등을 위하여 조사권을 남용해서는 아니 된다."라고 규정하고 있다. 이 조항은 세무조사의 적법 요건으로 객관적 필요성, 최소성, 권한 남용의 금지 등을 규정하고 있는데, 이는 법치국가원리를 조세절차법의 영역에서도 관철하기 위한 것으로서 그 자체로서 구체적인 법규적 효력을 가진다. 따라서 세무조사가 과세자료의 수집 또는 신고내용의 정확성 검증이라는 본연의 목적이 아니라 부정한 목적을 위하여 행하여진 것이라면 이는 세무조사에 중대한 위법사유가 있는 경우에 해당하고 이러한 세무조사에 의하여 수집된 과세자료를 기초로 한 과세처분 역시 위법하다(대판 2016. 12. 15. 2016두47659).

4 신뢰보호의 원칙에 대한 설명으로 옳지 않은 것은?(다툼이 있는 경우 판례에 의함)

① 행정청이 공적인 견해에 반하는 행정처분을 함으로써 달성하려는 공익이 행정청의 공적 견해표명을 신뢰한 개인이 그 행정처분으로 인하여 입게 되는 이익의 침해를 정당화할 수 있을 정도로 강한 경우에는 그 행정처분은 위법하지 않다.

② 과세관청이 질의회신 등을 통하여 어떤 견해를 대외적으로 표명하였더라도 그것이 중요한 사실관계와 법적인 쟁점을 제대로 드러내지 아니한 채 질의한 데 따른 것이라면, 공적인 견해표명에 의하여 정당한 기대를 가지게 할 만한 신뢰가 부여된 경우로 볼 수 없다.

③ 폐기물처리업에 대하여 관할 관청의 사전 적정통보를 받고 막대한 비용을 들여 요건을 갖춘 다음 허가신청을 한 경우, 행정청이 청소업자의 난립으로 효율적인 청소업무의 수행에 지장이 있다는 이유로 불허가처분을 하였다 할지라도 신뢰보호의 원칙에 반하지 아니한다.

④ 법원이 「질서위반행위규제법」에 따라서 하는 과태료 재판은 원칙적으로 행정소송에서와 같은 신뢰보호의 원칙 위반 여부가 문제되지 아니한다.

> **Point**
>
> ③ 일반적으로 행정상의 법률관계 있어서 행정청의 행위에 대하여 신뢰보호의 원칙이 적용되기 위하여는, 행정청이 개인에 대하여 신뢰의 대상이 되는 공적인 견해표명을 하여야 하고, 행정청의 견해표명이 정당하다고 신뢰한 데에 대하여 그 개인에게 귀책사유가 없어야 하며, 그 개인이 그 견해표명을 신뢰하고 이에 어떠한 행위를 하였어야 하고, 행정청이 위 견해표명에 반하는 처분을 함으로써 그 견해표명을 신뢰한 개인의 이익이 침해되는 결과가 초래되어야 하며, 어떠한 행정처분이 이러한 요건을 충족할 때에는, 공익 또는 제3자의 정당한 이익을 현저히 해할 우려가 있는 경우가 아닌 한, 신뢰보호의 원칙에 반하는 행위로서 위법하게 된다. <u>폐기물처리업에 대하여 사전에 관할 관청으로부터 적정통보를 받고 막대한 비용을 들여 허가요건을 갖춘 다음 허가신청을 하였음에도 다수 청소업자의 난립으로 안정적이고 효율적인 청소업무의 수행에 지장이 있다는 이유로 한 불허가처분이 신뢰보호의 원칙 및 비례의 원칙에 반하는 것으로서 재량권을 남용한 위법한 처분이다</u>(대판 1998. 5. 8. 98두4061).
>
> ① 행정처분이 이러한 요건을 충족하는 경우라고 하더라도 행정청이 앞서 표명한 공적인 견해에 반하는 행정처분을 함으로써 달성하려는 공익이 행정청의 공적 견해표명을 신뢰한 개인이 그 행정처분으로 인하여 입게 되는 이익의 침해를 정당화할 수 있을 정도로 강한 경우에는 신뢰보호의 원칙을 들어 그 행정처분이 위법하다고는 할 수 없다(대판 2005. 11. 25. 2004두6822).
>
> ② 과세관청의 행위에 대하여 신의성실의 원칙 또는 신뢰보호의 원칙을 적용하기 위해서는, 과세관청이 공적인 견해표명 등을 통하여 부여한 신뢰가 평균적인 납세자로 하여금 합리적이고 정당한 기대를 가지게 할 만한 것이어야 한다. <u>비록 과세관청이 질의회신 등을 통하여 어떤 견해를 표명하였다고 하더라도 그것이 중요한 사실관계와 법적인 쟁점을 제대로 드러내지 아니한 채 질의한 데 따른 것이라면 공적인 견해표명에 의하여 정당한 기대를 가지게 할 만한 신뢰가 부여된 경우라고 볼 수 없다.</u> 또한 비과세 관행 존중의 원칙도 비과세에 관하여 일반적으로 납세자에게 받아들여진 세법의 해석 또는 국세행정의 관행이 존재하여야 적용될 수 있는 것으로서, 이는 비록 잘못된 해석 또는 관행이라도 특정 납세자가 아닌 불특정한 일반 납세자에게 정당한 것으로 이의 없이 받아들여져 납세자가 그와 같은 해석 또는 관행을 신뢰하는 것이 무리가 아니라고 인정될 정도에 이른 것을 의미하고, 단순히 세법의 해석기준에 관한 공적인 견해의 표명이 있었다는 사실만으로 그러한 해석 또는 관행이 있다고 볼 수는 없으며, 그러한 해석 또는 관행의 존재에 대한 증명책임은 그 주장자인 납세자에게 있다(대판 2013. 12. 26. 2011두5940).
>
> ④ 법원이 비송사건절차법에 따라서 하는 과태료 재판은 관할 관청이 부과한 과태료처분에 대한 당부를 심판하는 행정소송절차가 아니라 법원이 직권으로 개시·결정하는 것이므로, 원칙적으로 과태료 재판에서는 행정소송에서와 같은 신뢰보호의 원칙 위반 여부가 문제로 되지 아니하고, 다만 위반자가 그 의무를 알지 못하는 것이 무리가 아니었다고 할 수 있어 그것을 정당시할 수 있는 사정이 있을 때 또는 그 의무의 이행을 그 당사자에게 기대하는 것이 무리라고 하는 사정이 있을 때 등 그 의무 해태를 탓할 수 없는 정당한 사유가 있는 때에는 이를 부과할 수 없다(대판 2006. 4. 28. 2003마715).

Answer 3.③ 4.③

5 법치행정의 원리에 대한 설명으로 옳지 않은 것은?(다툼이 있는 경우 판례에 의함)

① 국회가 형식적 법률로 직접 규율해야 할 필요성은 규율대상이 기본권 및 기본적 의무와 관련된 중요성을 가질수록, 그에 관한 공개적 토론의 필요성 또는 상충하는 이익 사이의 조정 필요성이 클수록 더 증대된다.

② 국가계약의 본질적인 내용은 사인 간의 계약과 다를 바가 없어 법령에 특별한 규정이 있는 경우를 제외하고는 사법의 규정 내지 법원리가 그대로 적용되므로, 국가와 사인간의 계약은 국가계약법령에 따른 요건과 절차를 거치지 않더라도 유효하다.

③ 지방의회의원에 대하여 유급보좌인력을 두기 위해서는 법률의 근거가 필요하다.

④ 납세의무자에게 조세의 납부의무뿐만 아니라 스스로 과세표준과 세액을 계산하여 신고하여야 하는 의무까지 부과하는 경우에는 신고의무불이행에 따른 불이익의 내용을 법률로 정하여야 한다.

Point

② 구 지방재정법 제63조는 지방자치단체를 당사자로 하는 계약에 관하여 이 법 및 다른 법령에서 정한 것을 제외하고는 '국가를 당사자로 하는 계약에 관한 법률'의 규정을 준용한다고 규정하고 있고, 이에 따른 준용조문인 국가를 당사자로 하는 계약에 관한 법률 제11조 제1항, 제2항에 의하면 지방자치단체가 계약을 체결하고자 할 때에는 계약의 목적, 계약금액, 이행기간, 계약보증금, 위험부담, 지체상금 기타 필요한 사항을 명백히 기재한 계약서를 작성하여야 하고, 그 담당공무원과 계약상대자가 계약서에 기명·날인 또는 서명함으로써 계약이 확정된다고 규정하고 있는바, 위 각 규정의 취지에 의하면 <u>지방자치단체가 사경제의 주체로서 사인과 사법상의 계약을 체결함에 있어서는 위 법령에 따른 계약서를 따로 작성하는 등 그 요건과 절차를 이행하여야 하고, 설사 지방자치단체와 사인 사이에 사법상의 계약 또는 예약이 체결되었다 하더라도 위 법령상의 요건과 절차를 거치지 않은 계약 또는 예약은 그 효력이 없다</u>(대판 2009. 12. 24. 2009다51288).

① 헌재 2004. 3. 25. 2001헌마882

③ <u>지방의회의원에 대하여 유급 보좌 인력을 두는 것은 지방의회의원의 신분·지위 및 처우에 관한 현행 법령상의 제도에 중대한 변경을 초래하는 것으로서 국회의 법률로 규정하여야 할 입법사항이다</u>(대판 2017. 3. 30. 2016추5087).

④ 국민에게 납세의 의무를 부과하기 위해서는 조세의 종목과 세율 등 납세의무에 관한 기본적, 본질적 사항은 국민의 대표기관인 국회가 제정한 법률로 규정하여야 하고, 법률의 위임 없이 명령 또는 규칙 등의 행정입법으로 과세요건 등 납세의무에 관한 기본적, 본질적 사항을 규정하는 것은 헌법이 정한 조세법률주의 원칙에 위배된다. 특히 <u>법인세, 종합소득세와 같이 납세의무자에게 조세의 납부의무뿐만 아니라 스스로 과세표준과 세액을 계산하여 신고하여야 하는 의무까지 부과하는 경우에는 신고의무 이행에 필요한 기본적인 사항과 신고의무불이행 시 납세의무자가 입게 될 불이익 등은 납세의무를 구성하는 기본적, 본질적 내용으로서 법률로 정하여야 한다</u>(대판 2015. 8. 20. 2012두23808).

6 **행정입법에 대한 설명으로 옳지 않은 것은?(다툼이 있는 경우 판례에 의함)**

① 법률의 시행령이나 시행규칙은 법률의 위임이 없으면 개인의 권리·의무에 관한 내용을 변경·보충하거나 법률이 규정하지 아니한 새로운 내용을 정할 수는 없으므로, 모법에 이에 관하여 직접 위임하는 규정을 두지 아니하였다면 당연히 이를 무효라고 보아야 한다.

② 법률에서 군법무관의 보수의 구체적 내용을 시행령에 위임했음에도 불구하고 행정부가 정당한 이유 없이 시행령을 제정하지 않은 것은 불법행위이므로 이에 대하여 국가배상청구를 할 수 있다.

③ 일반적으로 법률의 위임에 따라 효력을 갖는 법규명령의 경우에 위임의 근거가 없어 무효였더라도 나중에 법개정으로 위임의 근거가 부여되면 그때부터는 유효한 법규명령으로 볼 수 있다.

④ 행정처분이 법규성이 없는 내부지침 등의 규정에 위배된다고 하더라도 그 이유만으로 처분이 위법하게 되는 것은 아니며, 내부지침 등에서 정한 요건에 부합한다고 하여 반드시 그 처분이 적법한 것이라고 할 수도 없다.

Point

① 법률 하위의 법규명령은 법률에 의한 위임이 없으면 개인의 권리·의무에 관한 내용을 변경·보충하거나 법률이 규정하지 아니한 새로운 내용을 정할 수는 없지만, 법률의 시행령이나 시행규칙의 내용이 모법의 입법 취지와 관련 조항 전체를 유기적·체계적으로 살펴보아 모법의 해석상 가능한 것을 명시한 것에 지나지 아니하거나 모법 조항의 취지에 근거하여 이를 구체화하기 위한 것인 때에는 모법의 규율 범위를 벗어난 것으로 볼 수 없으므로, 모법에 이에 관하여 직접 위임하는 규정을 두지 아니하였다고 하더라도 이를 무효라고 볼 수는 없다(대판 2020. 4. 9. 2015다34444).

② 입법부가 법률로써 행정부에게 특정한 사항을 위임했음에도 불구하고 행정부가 정당한 이유 없이 이를 이행하지 않는다면 권력분립의 원칙과 법치국가 내지 법치행정의 원칙에 위배되는 것으로서 위법함과 동시에 위헌적인 것이 되는바, 구 군법무관임용법 제5조 제3항과 군법무관임용 등에 관한 법률 제6조가 군법무관의 보수를 법관 및 검사의 예에 준하도록 규정하면서 그 구체적 내용을 시행령에 위임하고 있는 이상, 위 법률의 규정들은 군법무관의 보수의 내용을 법률로써 일차적으로 형성한 것이고, 위 법률들에 의해 상당한 수준의 보수청구권이 인정되는 것이므로, 위 보수청구권은 단순한 기대이익을 넘어서는 것으로서 법률의 규정에 의해 인정된 재산권의 한 내용이 되는 것으로 봄이 상당하고, 따라서 행정부가 정당한 이유 없이 시행령을 제정하지 않은 것은 위 보수청구권을 침해하는 불법행위에 해당한다(대판 2007. 11. 29. 2006다3561).

③ 일반적으로 법률의 위임에 따라 효력을 갖는 법규명령의 경우에 위임의 근거가 없어 무효였더라도 나중에 법 개정으로 위임의 근거가 부여되면 그때부터는 유효한 법규명령으로 볼 수 있다. 그러나 법규명령이 개정된 법률에 규정된 내용을 함부로 유추·확장하는 내용의 해석규정이어서 위임의 한계를 벗어난 것으로 인정될 경우에는 법규명령은 여전히 무효이다(대판 2017. 4. 20. 2015두45700).

④ 행정처분이 법규성이 없는 내부지침 등의 규정에 위배된다고 하더라도 그 이유만으로 처분이 위법하게 되는 것은 아니고, 또 내부지침 등에서 정한 요건에 부합한다고 하여 반드시 그 처분이 적법한 것이라고 할 수도 없다. 처분의 적법 여부는 그러한 내부지침 등에서 정한 요건에 합치하는지 여부가 아니라 일반 국민에 대하여 구속력을 가지는 법률 등 법규성이 있는 관계 법령의 규정을 기준으로 판단하여야 한다(대판 2018. 6. 15. 2015두40248).

Answer 5.② 6.①

7 「개인정보 보호법」상 개인정보 보호제도에 대한 설명으로 옳은 것은?

① 살아 있는 개인에 관하여 알아볼 수 있는 정보라도 가명처리함으로써 원래의 상태로 복원하기 위한 추가 정보의 사용·결합 없이는 특정 개인을 알아볼 수 없게된 정보는 이 법에 따른 개인정보에 해당하지 아니한다.

② 개인정보 보호위원회는 대통령 직속 기관으로 대통령이 직접 지휘·감독한다.

③ 정보주체가 자신의 개인정보에 대한 열람을 공공기관에 요구하고자 할 때에는 공공기관에 직접 열람을 요구하거나 대통령령으로 정하는 바에 따라 개인정보 보호위원회를 통하여 열람을 요구할 수 있다.

④ 개인정보처리자는 딩초 수집 목적과 합리적으로 관련된 범위에서 정보주체에게 불이익이 발생하는지 여부, 암호화 등 안전성 확보에 필요한 조치를 하였는지 여부 등을 고려하더라도 정보주체의 동의 없이는 개인정보를 제3자에게 제공할 수 없다.

③ 개인정보보호법 제35조 제2항

> 개인정보보호법 제35조(개인정보의 열람)
> ① 정보주체는 개인정보처리자가 처리하는 자신의 개인정보에 대한 열람을 해당 개인정보처리자에게 요구할 수 있다.
> ② 제1항에도 불구하고 정보주체가 자신의 개인정보에 대한 열람을 공공기관에 요구하고자 할 때에는 공공기관에 직접 열람을 요구하거나 대통령령으로 정하는 바에 따라 보호위원회를 통하여 열람을 요구할 수 있다.

① 개인정보보호법 제2조 제1호 다목

> 개인정보보호법 제2조(정의) 이 법에서 사용하는 용어의 뜻은 다음과 같다.
> 1. "개인정보"란 살아 있는 개인에 관한 정보로서 다음 각 목의 어느 하나에 해당하는 정보를 말한다.
>   가. 성명, 주민등록번호 및 영상 등을 통하여 개인을 알아볼 수 있는 정보
>   나. 해당 정보만으로는 특정 개인을 알아볼 수 없더라도 다른 정보와 쉽게 결합하여 알아볼 수 있는 정보. 이 경우 쉽게 결합할 수 있는지 여부는 다른 정보의 입수 가능성 등 개인을 알아보는 데 소요되는 시간, 비용, 기술 등을 합리적으로 고려하여야 한다.
>   다. 가목 또는 나목을 제1호의2에 따라 가명처리함으로써 원래의 상태로 복원하기 위한 추가 정보의 사용·결합 없이는 특정 개인을 알아볼 수 없는 정보(이하 "가명정보"라 한다)
> 1의2. "가명처리"란 개인정보의 일부를 삭제하거나 일부 또는 전부를 대체하는 등의 방법으로 추가 정보가 없이는 특정 개인을 알아볼 수 없도록 처리하는 것을 말한다.

② 개인정보 보호에 관한 사무를 독립적으로 수행하기 위하여 국무총리 소속으로 개인정보 보호위원회를 둔다.(개인정보보호법 제7조 제1항)

④ 개인정보처리지는 당초 수집 목적과 합리적으로 관련된 범위에서 정보주체에게 불이익이 발생하는지 여부, 암호화 등 안전성 확보에 필요한 조치를 하였는지 여부 등을 고려하여 대통령령으로 정하는 바에 따라 정보주체의 동의 없이 개인정보를 이용할 수 있다(개인정보보호법 제15조 제3항).

8 신문사 기자 갑(甲)은 A광역시가 보유·관리하고 있던 시의원 을(乙)과 관련이 있는 정보를 사본 교부의 방법으로 공개하여 줄 것을 청구하였다. 이에 대한 설명으로 옳지 않은 것은?(다툼이 있는 경우 판례에 의함)

① 정보공개청구권자가 선택한 공개방법에 따라 정보를 공개하여야 하므로, 원칙적으로 A광역시는 사본 교부가 아닌 열람의 방법으로는 공개할 수 없다.

② 을(乙)의 비공개 요청이 있는 경우 A광역시는 공개를 하여서는 아니 되고, 만일 공개하였다면 을(乙)에 대하여 손해배상책임을 지게 된다.

③ 을(乙)의 의견을 듣고 A광역시가 공개를 거부하였다면, 갑(甲)과 을(乙) 사이에 아무런 법률상 이해관계가 없다고 할지라도 갑(甲)은 A광역시의 거부에 대하여 항고소송으로 다툴 수 있다.

④ A광역시가 「공공기관의 정보공개에 관한 법률」상 비공개 대상 정보임을 이유로 비공개 결정을 한 경우, A광역시는 당초 처분의 근거로 삼은 사유와 기본적 사실관계가 동일성이 있다고 인정되는 한도 내에서만 항고소송에서 다른 공개거부 사유를 추가하거나 변경할 수 있다.

Point

② 을의 비공개 요청이 있더라도 A광역시는 공개결정을 할 수 있으며, 이 경우 그 이유와 공개실시일을 분명히 밝혀 지체 없이 문서로 통지하여야 한다.

> **공공기관의 정보공개에 관한 법률 제11조(정보공개 여부의 결정)**
> ③ 공공기관은 공개 청구된 공개 대상 정보의 전부 또는 일부가 제3자와 관련이 있다고 인정할 때에는 그 사실을 제3자에게 지체 없이 통지하여야 하며, 필요한 경우에는 그의 의견을 들을 수 있다.
> **제21조(제3자의 비공개 요청 등)**
> ① 제11조 제3항에 따라 공개 청구된 사실을 통지받은 제3자는 그 통지를 받은 날부터 3일 이내에 해당 공공기관에 대하여 자신과 관련된 정보를 공개하지 아니할 것을 요청할 수 있다.
> ② 제1항에 따른 비공개 요청에도 불구하고 공공기관이 공개 결정을 할 때에는 공개 결정 이유와 공개 실시일을 분명히 밝혀 지체 없이 문서로 통지하여야 하며, 제3자는 해당 공공기관에 문서로 이의신청을 하거나 행정심판 또는 행정소송을 제기할 수 있다. 이 경우 이의신청은 통지를 받은 날부터 7일 이내에 하여야 한다.
> ③ 공공기관은 제2항에 따른 공개 결정일과 공개 실시일 사이에 최소한 30일의 간격을 두어야 한다.

① 정보공개를 청구하는 자가 공공기관에 대해 정보의 사본 또는 출력물의 교부의 방법으로 공개방법을 선택하여 정보공개청구를 한 경우에 공개청구를 받은 공공기관으로서는 법 제8조 제2항에서 규정한 정보의 사본 또는 복제물의 교부를 제한할 수 있는 사유에 해당하지 않는 한 정보공개청구자가 선택한 공개방법에 따라 정보를 공개하여야 하므로 그 공개방법을 선택할 재량권이 없다고 해석함이 상당하다(대판 2003. 3. 11. 2002두2918).

③ 국민의 정보공개청구권은 법률상 보호되는 구체적인 권리이므로, 공공기관에 대하여 정보공개를 청구하였다가 공개거부처분을 받은 청구인은 행정소송을 통해 공개거부처분의 취소를 구할 법률상 이익이 인정되고, 그 밖에 추가로 어떤 이익이 있어야 하는 것은 아니다(대판 2022. 5. 26. 2022두33439).

④ 행정처분의 취소를 구하는 항고소송에 있어서, 처분청은 당초 처분의 근거로 삼은 사유와 기본적 사실관계가 동일성이 있다고 인정되는 한도 내에서만 다른 사유를 추가하거나 변경할 수 있고, 여기서 기본적 사실관계의 동일성 유무는 처분사유를 법률적으로 평가하기 이전의 구체적인 사실에 착안하여 그 기초인 사회적 사실관계가 기본적인 점에서 동일한지 여부에 따라 결정되며, 이와 같이 기본적 사실관계와 동일성이 인정되지 않는 별개의 사실을 들어 처분사유로 주장하는 것이 허용되지 않는다고 해석하는 이유는 행정처분의 상대방의 방어권을 보장함으로써 실질적 법치주의를 구현하고 행정처분의 상대방에 대한 신뢰를 보호하고자 함에 그 취지가 있다(대판 1999. 3. 9. 98두18565).

Answer 7.③ 8.②

9 행정입법의 사법적 통제에 대한 설명으로 옳지 않은 것은?(다툼이 있는 경우 판례에 의함)

① 조례가 집행행위의 개입 없이도 그 자체로서 직접 국민의 권리의무나 법적 이익에 영향을 미치는 등의 법률 상 효과를 발생하는 경우 그 조례는 항고소송의 대상이 되는 행정처분에 해당한다.

② 행정청이 행정입법 등 추상적인 법령을 제정하지 아니하는 행위는 법률이 시행되지 못하게 됨으로써 행정입 법을 통해 구체화되는 개인의 권리를 침해하는 것으로, 항고소송의 대상이 된다.

③ 어떠한 처분의 근거나 법적인 효과가 행정규칙에 규정되어 있다고 하더라도, 그 처분이 상대방의 권리의무에 직접 영향을 미치는 행위라면 항고소송의 대상이 되는 행정처분에 해당한다.

④ 법령의 규정이 특정 행정기관에게 법령 내용의 구체적 사항을 정하도록 권한을 부여하여 특정 행정기관이 행 정규칙을 정하였으나 그 행정규칙이 상위 법령의 위임 범위를 벗어났다면, 그러한 행정규칙은 대외적 구속력 을 가지는 법규명령으로서의 효력이 인정되지 않는다.

Point

② 행정소송은 구체적 사건에 대한 법률상 분쟁을 법에 의하여 해결함으로써 법적 안정을 기하자는 것이므로 부작위위법확인소송의 대상 이 될 수 있는 것은 구체적 권리의무에 관한 분쟁이어야 하고 <u>추상적인 법령에 관하여 제정의 여부 등은 그 자체로서 국민의 구체적 인 권리의무에 직접적 변동을 초래하는 것이 아니어서 그 소송의 대상이 될 수 없다</u>(대판 1992. 5. 8. 91누11261).

① <u>조례가 집행행위의 개입 없이도 그 자체로서 직접 국민의 구체적인 권리의무나 법적 이익에 영향을 미치는 등의 법률상 효과를 발생 하는 경우 그 조례는 항고소송의 대상이 되는 행정처분에 해당하고</u>, 이러한 <u>조례에 대한 무효확인소송을</u> 제기함에 있어서 행정소송법 제38조 제1항, 제13조에 의하여 <u>피고적격이 있는 처분</u> 등을 행한 행정청은, 행정주체인 지방자치단체 또는 지방자치단체의 내부적 의 결기관으로 지방자치단체의 의사를 외부에 표시한 권한이 없는 지방의회가 아니라, 구 지방자치법 제19조 제2항, 제92조에 의하여 지방자치단체의 집행기관으로서 조례로서의 효력을 발생시키는 공포권이 있는 <u>지방자치단체의 장이다</u>(대판 1996. 9. 20. 95누8003).

③ 항고소송의 대상이 되는 행정처분이란 원칙적으로 행정청의 공법상 행위로서 특정 사항에 대하여 법규에 의한 권리의 설정 또는 의무 의 부담을 명하거나 기타 법률상 효과를 발생하게 하는 등으로 일반 국민의 권리 의무에 직접 영향을 미치는 행위를 가리키는 것이지 만, <u>어떠한 처분의 근거나 법적인 효과가 행정규칙에 규정되어 있다고 하더라도, 그 처분이 행정규칙의 내부적 구속력에 의하여 상대 방에게 권리의 설정 또는 의무의 부담을 명하거나 기타 법적인 효과를 발생하게 하는 등으로 그 상대방의 권리 의무에 직접 영향을 미치는 행위라면, 이 경우에도 항고소송의 대상이 되는 행정처분에 해당한다고 보아야</u> 한다(대판 2021. 2. 10. 2020두47564).

④ 상급행정기관이 하급행정기관에 대하여 업무처리지침이나 법령의 해석적용에 관한 기준을 정하여 발하는 이른바 행정규칙은 일반적으 로 행정조직 내부에서만 효력을 가질 뿐 대외적인 구속력을 갖는 것은 아니다. 하지만 <u>법령의 규정이 특정 행정기관에 그 법령 내용 의 구체적 사항을 정할 수 있는 권한을 부여하면서 그 권한 행사의 절차나 방법을 특정하고 있지 아니한 관계로 수임행정기관이 행정 규칙의 형식으로 그 법령의 내용이 될 사항을 구체적으로 정하고 있다면</u> 그와 같은 행정규칙은 위에서 본 행정규칙이 갖는 일반적 효 력으로서가 아니라, 행정기관에 법령의 구체적 내용을 보충할 권한을 부여한 법령 규정의 효력에 의하여 그 내용을 보충하는 기능을 갖게 된다. 따라서 <u>이와 같은 행정규칙은 해당 법령의 위임한계를 벗어나지 않는 한 그것들과 결합하여 대외적인 구속력이 있는 법규 명령으로서의 효력을 가진다</u>(대판 2019. 10. 17. 2014두3020, 3037).

10 사인의 공법행위에 대한 설명으로 옳지 않은 것은?(다툼이 있는 경우 판례에 의함)

① 주민등록신고는 행정청이 수리한 경우에 비로소 신고의 효력이 발생한다.

② 장기요양기관의 폐업신고와 노인의료복지시설의 폐지신고는 행정청이 그 신고를 수리한 경우, 신고서 위조 등의 사유가 있더라도 그대로 유효하다.

③ 「의료법」에 따라 정신과의원을 개설하려는 자가 법령에 규정되어 있는 요건을 갖추어 개설신고를 한 경우 행정청은 원칙적으로 이를 수리하여 신고필증을 교부하여야 하고, 법령에서 정한 요건 이외의 사유를 들어 의원급 의료기관 개설신고의 수리를 거부할 수는 없다.

④ 가설건축물 존치기간을 연장하려는 건축주 등이 법령에 규정되어 있는 제반 서류와 요건을 갖추어 행정청에 연장신고를 한 때에는 행정청은 원칙적으로 이를 수리하여 신고필증을 교부하여야 하고, 법령에서 정한 요건 이외의 사유를 들어 수리를 거부할 수는 없다.

Point

② 장기요양기관의 폐업신고와 노인의료복지시설의 폐지신고는, 행정청이 관계 법령이 규정한 요건에 맞는지를 심사한 후 수리하는 이른바 '수리를 필요로 하는 신고'에 해당한다. 그러나 행정청이 그 신고를 수리하였다고 하더라도, 신고서 위조 등의 사유가 있어 신고행위 자체가 효력이 없다면, 그 수리행위는 유효한 대상이 없는 것으로서, 수리행위 자체에 중대·명백한 하자가 있는지를 따질 것도 없이 당연히 무효이다(대판 2018. 6. 12. 2018두33593).

① 주민등록은 단순히 주민의 거주관계를 파악하고 인구의 동태를 명확히 하는 것 외에도 공법관계상의 여러 가지 법률효과를 발생시키는 것으로서, 주민등록의 신고는 행정청에 도달함으로써 바로 신고로서의 효력이 발생하는 것이 아니라 행정청이 수리한 경우에 비로소 그 효력이 발생한다(대판 2009. 1. 30. 2006다9255).

③ 의료법이 의료기관의 종류에 따라 허가제와 신고제를 구분하여 규정하고 있는 취지는, 신고 대상인 의원급 의료기관 개설의 경우 행정청이 법령에서 정하고 있는 요건 이외의 사유를 들어 신고 수리를 반려하는 것을 원칙적으로 배제함으로써 개설 주체가 신속하게 해당 의료기관을 개설할 수 있도록 하기 위함이다. 앞서 본 관련 법령의 내용과 이러한 신고제의 취지를 종합하면, 정신과의원을 개설하려는 자가 법령에 규정되어 있는 요건을 갖추어 개설신고를 한 때에, 행정청은 원칙적으로 이를 수리하여 신고필증을 교부하여야 하고, 법령에서 정한 요건 이외의 사유를 들어 의원급 의료기관 개설신고의 수리를 거부할 수는 없다(대판 2018. 10. 25. 2018두44302).

④ 가설건축물은 건축법상 '건축물'이 아니므로 건축허가나 건축신고 없이 설치할 수 있는 것이 원칙이지만 일정한 가설건축물에 대하여는 건축물에 준하여 위험을 통제하여야 할 필요가 있으므로 신고 대상으로 규율하고 있다. 이러한 신고제도의 취지에 비추어 보면, 가설건축물 존치기간을 연장하려는 건축주 등이 법령에 규정되어 있는 제반 서류와 요건을 갖추어 행정청에 연장신고를 한 때에는 행정청은 원칙적으로 이를 수리하여 신고필증을 교부하여야 하고, 법령에서 정한 요건 이외의 사유를 들어 수리를 거부할 수는 없다. 따라서 행정청으로서는 법령에서 요구하고 있지도 아니한 '대지사용승낙서' 등의 서류가 제출되지 아니하였거나, 대지소유권자의 사용승낙이 없다는 등의 사유를 들어 가설건축물 존치기간 연장신고의 수리를 거부하여서는 아니 된다(대판 2018. 1. 25. 2015두35116).

11 **행정계획에 대한 설명으로 옳지 않은 것은?(다툼이 있는 경우 판례에 의함)**

① 행정청은 구체적인 행정계획의 입안·결정에 관하여 광범위한 형성의 재량을 가진다.

② 행정청이 행정계획을 입안·결정할 때 이익형량을 전혀 행하지 아니하였다면, 그 행정계획 결정은 재량권을 일탈·남용한 것으로 위법하다.

③ (구)「도시계획법」 및 지방자치단체의 도시계획조례상 규정된 도시기본계획은 장기적·종합적인 개발계획으로서 행정청에 대한 직접적 구속력을 가지지 않는다.

④ 개발제한구역으로 지정되어 있는 부지에 묘지공원과 화장장 시설들을 설치하기로 하는 도시계획시설결정은 위법하다.

Point

④ 개발제한구역은 도시의 무질서한 확산을 방지하고 도시 주변의 자연환경을 보전하여 도시민의 건전한 생활환경을 확보하기 위하여 도시의 개발을 제한할 필요에 의하여 지정되는 것이어서 원칙적으로 개발제한구역에서의 개발행위는 제한되는 것이기는 하지만 위와 같은 개발제한구역의 지정목적에 위배되지 않는다면 허용될 수 있는 것인바, 도시계획시설인 묘지공원과 화장장 시설의 설치가 위와 같은 개발제한구역의 지정목적에 위배된다고 보이지 않으므로, 시장이 이미 개발제한구역으로 지정되어 있는 부지에 묘지공원과 화장장 시설들을 설치하기로 하는 내용의 도시계획시설결정을 하였다 하더라도 이를 두고 위법하다고 할 수 없다(대판 2007. 4. 12. 2005두1893).

①② 행정계획은 특정한 행정목표를 달성하기 위하여 전문적·기술적 판단을 기초로 관련되는 행정수단을 종합·조정함으로써 장래의 일정한 시점에 일정한 질서를 실현하기 위한 활동기준으로 설정된 것으로서, 국토계획법 등 관계 법령에서 추상적인 행정목표와 절차가 규정되어 있을 뿐 행정계획의 내용에 관하여는 별다른 규정을 두고 있지 않으므로 행정주체는 구체적인 행정계획의 입안·결정에 관하여 광범위한 형성의 재량을 가진다. 다만 그러한 형성의 재량은 무제한적인 것이 아니라, 관련되는 제반 공익과 사익을 비교·형량하여야 한다는 제한이 있다. 행정주체가 행정계획을 입안·결정할 때 이러한 이익형량을 전혀 하지 않거나 이익형량의 고려 대상에 마땅히 포함시켜야 할 사항을 누락한 경우, 또는 이익형량을 하였으나 정당성과 객관성이 결여된 경우에는 재량권을 일탈·남용한 것으로 위법하다고 보아야 한다(대판 2007. 4. 12. 2005두1893).

③ '도시계획법' 제19조 제1항 및 이 사건 도시계획시설결정 당시의 서울특별시 도시계획조례 제3조 제3항에서는, 도시계획은 도시기본계획에 부합되어야 한다고 규정되어 있으나, 도시기본계획이라는 것은 도시의 장기적 개발방향과 미래상을 제시하는 도시계획 입안의 지침이 되는 장기적·종합적인 개발계획으로서 직접적인 구속력은 없는 것이다(대판 1998. 11. 27. 96누13927).

12 **행정벌에 대한 설명으로 옳지 않은 것은?(다툼이 있는 경우 판례에 의함)**

① 지방자치단체 소속 공무원이 지방자치단체 고유의 자치사무를 처리하면서 위반행위를 한 경우 지방자치단체도 양벌규정에 따라 처벌대상이 되는 법인에 해당한다.

② 지방국세청장이 조세범칙행위에 대하여 고발을 한 후에 동일한 조세범칙행위에 대하여 통고처분을 하는 경우, 이러한 통고처분은 법적 권한 소멸 후 이루어진 것으로 특별한 사정이 없는 한 효력이 없고 조세범칙 행위자가 이를 이행하였더라도 일사부재리의 원칙이 적용될 수 없다.

③ 경찰서장이 범칙행위에 대하여 통고처분을 하더라도 통고처분에서 정한 납부기간까지는 검사가 공소를 제기할 수 있다.

④ 하나의 행위가 둘 이상의 질서위반행위에 해당하는 경우에는 각 질서위반행위에 대하여 정한 과태료 중 가장 중한 과태료를 부과한다.

Point

③ 경찰서장이 범칙행위에 대하여 통고처분을 한 이상, 범칙자의 절차적 지위를 보장하기 위하여 통고처분에서 정한 범칙금 납부기간까지는 원칙적으로 경찰서장은 즉결심판을 청구할 수 없고, 검사도 동일한 범칙행위에 대하여 공소를 제기할 수 없다. 또한 범칙자가 범칙금 납부기간이 지나도록 범칙금을 납부하지 아니하였다면 경찰서장이 즉결심판을 청구하여야 하고, 검사는 동일한 범칙행위에 대하여 공소를 제기할 수 없다(대판 2020. 4. 29. 2017도13409).

① 국가가 본래 그의 사무의 일부를 지방자치단체의 장에게 위임하여 그 사무를 처리하게 하는 기관위임사무의 경우에는 지방자치단체는 국가기관의 일부로 볼 수 있는 것이지만, 지방자치단체가 그 고유의 자치사무를 처리하는 경우에는 지방자치단체는 국가기관의 일부가 아니라 국가기관과는 별도의 독립한 공법인이므로, 지방자치단체 소속 공무원이 지방자치단체 고유의 자치사무를 수행하던 중 도로법 제81조 내지 제85조의 규정에 의한 위반행위를 한 경우에는 지방자치단체는 도로법 제86조의 양벌규정에 따라 처벌대상이 되는 법인에 해당한다(대판 2005. 11. 10. 2004도2657).

② 지방국세청장 또는 세무서장이 조세범 처벌절차법 제17조 제1항에 따라 통고처분을 거치지 아니하고 즉시 고발하였다면 이로써 조세범칙사건에 대한 조사 및 처분 절차는 종료되고 형사사건 절차로 이행되어 지방국세청장 또는 세무서장으로서는 동일한 조세범칙행위에 대하여 더 이상 통고처분을 할 권한이 없다. 따라서 지방국세청장 또는 세무서장이 조세범칙행위에 대하여 고발을 한 후에 동일한 조세범칙행위에 대하여 통고처분을 하였더라도, 이는 법적 권한 소멸 후에 이루어진 것으로서 특별한 사정이 없는 한 효력이 없고, 조세범칙행위자가 이러한 통고처분을 이행하였더라도 조세범 처벌절차법 제15조 제3항에서 정한 일사부재리의 원칙이 적용될 수 없다(대판 2016. 9. 28. 2014도10748).

④ 질서위반행위규제법 제13조 제1항

13 「행정심판법」에 대한 설명으로 옳지 않은 것은?

① 청구인이 피청구인을 잘못 지정한 경우에는 위원회는 직권으로 또는 당사자의 신청에 의하여 결정으로써 피청구인을 경정할 수 있다.

② 행정심판위원회는 심판청구의 대상이 되는 처분보다 청구인에게 불리한 재결을 할 수 있다.

③ 중앙행정심판위원회는 위법 또는 불합리한 명령 등의 시정조치를 관계 행정기관에 요청할 수 있다.

④ 법령의 규정에 따라 공고하거나 고시한 처분이 재결로써 취소되거나 변경되면 처분을 한 행정청은 지체 없이 그 처분이 취소 또는 변경되었다는 것을 공고하거나 고시하여야 한다.

Point

② 위원회는 심판청구의 대상이 되는 처분보다 <u>청구인에게 불리한 재결을 하지 못한다</u>(행정심판법 제47조 제2항).

① 행정심판법 제17조 제2항

③ 행정심판법 제59조 제1항

> **행정심판법 제59조(불합리한 법령 등의 개선)**
> ① 중앙행정심판위원회는 심판청구를 심리 · 재결할 때에 처분 또는 부작위의 근거가 되는 명령 등(대통령령 · 총리령 · 부령 · 훈령 · 예규 · 고시 · 조례 · 규칙 등을 말한다. 이하 같다)이 <u>법령에 근거가 없거나 상위 법령에 위배되거나 국민에게 과도한 부담을 주는 등 크게 불합리하면 관계 행정기관에 그 명령 등의 개정 · 폐지 등 적절한 시정조치를 요청할 수 있다.</u> 이 경우 중앙행정심판위원회는 시정조치를 요청한 사실을 법제처장에게 통보하여야 한다.

④ 행정심판법 제49조 제5항

14 행정행위에 대한 설명으로 옳지 않은 것은?(다툼이 있는 경우 판례에 의함)

① 재량에 의한 행정처분이 그 재량권의 한계를 벗어난 것이어서 위법하다는 점은 그 행정처분의 효력을 다투는 자가 이를 주장·입증하여야 하고, 처분청이 그 재량권의 행사가 정당한 것이었다는 점까지 주장·입증할 필요는 없다.

② 행정청이 제재처분 양정을 하면서 처분 상대방에게 법령에서 정한 임의적 감경사유가 있는 경우, 그 감경사유까지 고려하고도 감경하지 않은 채 개별처분기준에서 정한 상한으로 처분을 한 경우에는 재량권을 일탈·남용하였다고 보아야 한다.

③ 허가신청 후 허가기준이 변경된 경우에는 원칙적으로 처분시의 기준인 변경된 허가기준에 따라서 처분하여야 한다.

④ 학교법인의 임원이 교비회계 자금을 법인회계로 부당 전출하였고, 업무 집행에 있어서 직무를 태만히 하여 학교법인이 이를 시정하기 위한 노력을 하였으나 결과적으로 대부분의 시정 요구 사항이 이행되지 아니하였던 점 등을 고려하면, 교육부장관의 임원승인취소처분은 재량권을 일탈·남용한 것으로 볼 수 없다.

∴Point

② 행정청이 제재처분 양정을 하면서 공익과 사익의 형량을 전혀 하지 않았거나 이익형량의 고려대상에 마땅히 포함하여야 할 사항을 누락한 경우 또는 이익형량을 하였으나 정당성·객관성이 결여된 경우에는 제재처분은 재량권을 일탈·남용한 것이라고 보아야 한다. 처분상대방에게 법령에서 정한 임의적 감경사유가 있는 경우에, 행정청이 감경사유까지 고려하고도 감경하지 않은 채 개별처분기준에서 정한 상한으로 처분을 한 경우에는 재량권을 일탈·남용하였다고 단정할 수는 없으나, 행정청이 감경사유를 전혀 고려하지 않았거나 감경사유에 해당하지 않는다고 오인하여 개별처분기준에서 정한 상한으로 처분을 한 경우에는 마땅히 고려대상에 포함하여야 할 사항을 누락하였거나 고려대상에 관한 사실을 오인한 경우에 해당하여 재량권을 일탈·남용한 것이라고 보아야 한다(대판 2020. 6. 25. 2019두52980).

① 대판 1987. 12. 8. 87누861

③ 허가 등의 행정처분은 원칙적으로 처분시의 법령과 허가기준에 의하여 처리되어야 하고 허가신청 당시의 기준에 따라야 하는 것은 아니며, 비록 허가신청 후 허가기준이 변경되었다 하더라도 그 허가관청이 허가신청을 수리하고도 정당한 이유 없이 그 처리를 늦추어 그 사이에 허가기준이 변경된 것이 아닌 이상 변경된 허가기준에 따라서 처분을 하여야 한다(대판 1996. 8. 20. 95누10877).

④ 대판 2007. 7. 19. 2006두19297

15 **행정행위에 대한 설명으로 옳은 것은?(다툼이 있는 경우 판례에 의함)**

① 건축물의 건축이 「국토의 계획 및 이용에 관한 법률」상 개발행위에 해당할 경우 그 건축의 허가권자는 개발행위허가가 의제되는 건축허가신청이 국토계획법령이 정한 개발행위허가기준에 부합하지 아니하면 이를 거부할 수 있다.

② 주택건설사업계획 승인처분에 따라 의제된 인·허가의 위법함을 다투고자 하는 이해관계인은 의제된 인·허가의 취소를 구할 것이 아니라, 주된 처분인 주택건설사업계획 승인처분의 취소를 구하여야 한다.

③ 「하천법」에 의한 하천의 점용허가는 강학상 허가에 해당한다.

④ 「출입국관리법」상 체류자격 변경허가는 기속행위이므로 신청인이 관계법령에서 정한 요건을 충족하면 허가권자는 신청을 받아들여 허가해야 한다.

① 건축물의 건축이 국토계획법령상 개발행위에 해당할 경우 그에 대한 건축허가를 하는 허가권자는 건축허가에 배치·저촉되는 관계 법령상 제한 사유의 하나로 국토계획법령의 개발행위허가기준을 확인하여야 하므로, 국토계획법상 건축물의 건축에 관한 개발행위허가가 의제되는 건축허가신청이 국토계획법령이 정한 개발행위허가기준에 부합하지 아니하면 허가권자로서는 이를 거부할 수 있고, 이는 건축법 제16조 제3항에 의하여 개발행위허가의 변경이 의제되는 건축허가사항의 변경허가에서도 마찬가지이다(대판 2016. 8. 24. 2016두35762).

② 주택건설사업계획 승인권자가 관계 행정청의 장과 미리 협의한 사항에 한하여 승인처분을 할 때에 인허가 등이 의제될 뿐이고, 각호에 열거된 모든 인허가 등에 관하여 일괄하여 사전협의를 거칠 것을 주택건설사업계획 승인처분의 요건으로 규정하고 있지 않다. 따라서 인허가 의제 대상이 되는 처분에 어떤 하자가 있더라도, 그로써 해당 인허가 의제의 효과가 발생하지 않을 여지가 있게 될 뿐이고, 그러한 사정이 주택건설사업계획 승인처분 자체의 위법사유가 될 수는 없다. 또한 의제된 인허가는 통상적인 인허가와 동일한 효력을 가지므로, 적어도 '부분 인허가 의제'가 허용되는 경우에는 그 효력을 제거하기 위한 법적 수단으로 의제된 인허가의 취소나 철회가 허용될 수 있고, 이러한 직권 취소·철회가 가능한 이상 그 의제된 인허가에 대한 쟁송취소 역시 허용된다. 따라서 주택건설사업계획 승인처분에 따라 의제된 인허가가 위법함을 다투고자 하는 이해관계인은, 주택건설사업계획 승인처분의 취소를 구할 것이 아니라 의제된 인허가의 취소를 구하여야 하며, 의제된 인허가는 주택건설사업계획 승인처분과 별도로 항고소송의 대상이 되는 처분에 해당한다(대판 2018. 11. 29. 2016두38792).

③ 하천의 점용허가권은 특허에 의한 공물사용권의 일종으로서 하천의 관리주체에 대하여 일정한 특별사용을 청구할 수 있는 채권에 지나지 아니하고 대세적 효력이 있는 물권이라 할 수 없다(대판 2015. 1. 29. 2012두27404).

④ 체류자격 변경허가는 신청인에게 당초의 체류자격과 다른 체류자격에 해당하는 활동을 할 수 있는 권한을 부여하는 일종의 설권적 처분의 성격을 가지므로, 허가권자는 신청인이 관계 법령에서 정한 요건을 충족하였더라도, 신청인의 적격성, 체류 목적, 공익상의 영향 등을 참작하여 허가 여부를 결정할 수 있는 재량을 가진다. 다만 재량을 행사할 때 판단의 기초가 된 사실인정에 중대한 오류가 있는 경우 또는 비례·평등의 원칙을 위반하거나 사회통념상 현저하게 타당성을 잃는 등의 사유가 있다면 이는 재량권의 일탈·남용으로서 위법하다(대판 2016. 7. 14. 2015두48846).

16 행정행위의 부관에 대한 설명으로 옳은 것은?(다툼이 있는 경우 판례에 의함)

① 수익적 행정처분에 있어서는 법령에 특별한 근거규정이 있는 경우에 한하여 부관을 붙일 수 있다.

② 행정처분에 붙인 부관인 부담이 무효가 되면 그 부담의 이행으로 한 사법상 법률행위도 당연히 무효가 된다.

③ 사정변경으로 인하여 당초에 부담을 부가한 목적을 달성할 수 없게 된 경우에도 부관의 사후변경은 허용되지 않는다.

④ 행정청이 종교단체에 대하여 기본재산전환인가를 하면서 인가조건을 부가하고 그 불이행시 인가를 취소할 수 있도록 한 경우, 인가조건의 의미는 철회권을 유보한 것이다.

④ 대판 2003. 5. 30. 2003다6422

① <u>수익적 행정처분에 있어서는 법령에 특별한 근거규정이 없다고 하더라도 그 부관으로서 부담을 붙일 수 있고, 그와 같은 부담은 행정청이 행정처분을 하면서 일방적으로 부가할 수도 있지만 부담을 부가하기 이전에 상대방과 협의하여 부담의 내용을 협약의 형식으로 미리 정한 다음 행정처분을 하면서 이를 부가할 수도 있다</u>(대판 2009. 2. 12. 2005다65500).

② 행정청이 수익적 행정처분을 하면서 부가한 부담의 위법 여부는 처분 당시 법령을 기준으로 판단하여야 하고, 부담이 처분 당시 법령을 기준으로 적법하다면 처분 후 부담의 전제가 된 주된 행정처분의 근거 법령이 개정됨으로써 행정청이 더 이상 부관을 붙일 수 없게 되었다 하더라도 곧바로 위법하게 되거나 그 효력이 소멸하게 되는 것은 아니다. 따라서 <u>행정처분의 상대방이 수익적 행정처분을 얻기 위하여 행정청과 사이에 행정처분에 부가할 부담에 관한 협약을 체결하고 행정청이 수익적 행정처분을 하면서 협약상의 의무를 부담으로 부가하였으나 부담의 전제가 된 주된 행정처분의 근거 법령이 개정됨으로써 행정청이 더 이상 부관을 붙일 수 없게 된 경우에도 곧바로 협약의 효력이 소멸하는 것은 아니다</u>(대판 2009. 2. 12. 2005다65500).

③ 행정기본법 제17조 제3항 3호

> **행정기본법 제17조(부관)**
> ① 행정청은 처분에 재량이 있는 경우에는 부관(조건, 기한, 부담, 철회권의 유보 등을 말한다. 이하 이 조에서 같다)을 붙일 수 있다.
> ② 행정청은 처분에 재량이 없는 경우에는 법률에 근거가 있는 경우에 부관을 붙일 수 있다.
> ③ 행정청은 부관을 붙일 수 있는 처분이 다음 각 호의 어느 하나에 해당하는 경우에는 <u>그 처분을 한 후에도 부관을 새로 붙이거나 종전의 부관을 변경할 수 있다.</u>
>   1. 법률에 근거가 있는 경우
>   2. 당사자의 동의가 있는 경우
>   3. <u>사정이 변경되어 부관을 새로 붙이거나 종전의 부관을 변경하지 아니하면 해당 처분의 목적을 달성할 수 없다고 인정되는 경우</u>

〈관련판례〉 행정처분에 이미 부담이 부가되어 있는 상태에서 그 의무의 범위 또는 내용 등을 변경하는 <u>부관의 사후변경</u>은, 법률에 <u>명문의 규정</u>이 있거나 그 변경이 <u>미리 유보</u>되어 있는 경우 또는 <u>상대방의 동의</u>가 있는 경우에 한하여 허용되는 것이 원칙이지만, <u>사정변경</u>으로 인하여 당초에 부담을 부가한 목적을 달성할 수 없게 된 경우에도 그 목적달성에 필요한 범위 내에서 예외적으로 허용된다(대판 1997. 5. 30. 97누2627).

17 행정절차의 하자에 대한 설명으로 옳지 않은 것은?(다툼이 있는 경우 판례에 의함)

① 환경영향평가를 거쳐야 하는 대상사업에 대하여 환경영향평가를 거치지 아니하였음에도 불구하고 승인 등 처분이 행해진 경우, 그 행정처분은 당연무효이다.

② 행정청이 사전환경성검토협의를 거쳐야 할 대상사업에 관하여 법의 해석을 잘못한 나머지 세부용도지역이 지정되지 않은 개발사업 부지에 대하여 사전환경성검토협의를 할지 여부를 결정하는 절차를 생략한 채 승인 등의 처분을 하였다면, 그 행정처분은 당연무효이다.

③ 환경영향평가를 거쳐야 할 대상사업에 대해 환경영향평가 절차를 거쳤으나 그 내용이 다소 부실한 경우, 그 부실의 정도가 환경영향평가를 하지 아니한 것과 같은 정도가 아닌 한 당해 승인 등 처분이 위법하게 되는 것은 아니다.

④ 환경영향평가 대상지역 밖의 주민이라 할지라도 공유수면매립면허처분 등으로 인하여 그 처분 전과 비교하여 수인한도를 넘는 환경피해를 받거나 받을 우려가 있는 경우에는, 이를 입증함으로써 그 처분 등의 무효확인을 구할 원고적격을 인정받을 수 있다.

② 행정청이 사전환경성검토협의를 거쳐야 할 대상사업에 관하여 법의 해석을 잘못한 나머지 세부용도지역이 지정되지 않은 개발사업 부지에 대하여 사전환경성검토협의를 할지 여부를 결정하는 절차를 생략한 채 승인 등의 처분을 한 사안에서, <u>그 하자가 객관적으로 명백하다고 할 수 없다</u>(대판 2009. 9. 24. 2009두2825). *무효사유가 아니라는 판시

①③환경영향평가법령에서 정한 환경영향평가를 거쳐야 할 대상사업에 대하여 그러한 환경영향평가를 거치지 아니하였음에도 승인 등 처분을 하였다면 그 처분은 위법하다 할 것이나, 그러한 절차를 거쳤다면, 비록 그 환경영향평가의 내용이 다소 부실하다 하더라도, 그 부실의 정도가 환경영향평가제도를 둔 입법 취지를 달성할 수 없을 정도이어서 환경영향평가를 하지 아니한 것과 다를 바 없는 정도의 것이 아닌 이상, 그 부실은 당해 승인 등 처분에 재량권 일탈·남용의 위법이 있는지 여부를 판단하는 하나의 요소로 됨에 그칠 뿐, 그 부실로 인하여 당연히 당해 승인 등 처분이 위법하게 되는 것이 아니다(대판 2006. 3. 16. 2006두330(전합)).

④ 공유수면매립과 농지개량사업시행으로 인하여 직접적이고 중대한 환경피해를 입으리라고 예상되는 환경영향평가 대상지역 안의 주민들이 전과 비교하여 수인한도를 넘는 환경침해를 받지 아니하고 쾌적한 환경에서 생활할 수 있는 개별적 이익까지도 이를 보호하려는 데에 있다고 할 것이므로, 위 주민들이 공유수면매립면허처분 등과 관련하여 갖고 있는 위와 같은 환경상의 이익은 주민 개개인에 대하여 개별적으로 보호되는 직접적·구체적 이익으로서 그들에 대하여는 특단의 사정이 없는 한 환경상의 이익에 대한 침해 또는 침해 우려가 있는 것으로 사실상 추정되어 공유수면매립면허처분 등의 무효확인을 구할 원고적격이 인정된다. 한편, <u>환경영향평가 대상지역 밖의 주민이라 할지라도 공유수면매립면허처분 등으로 인하여 그 처분 전과 비교하여 수인한도를 넘는 환경피해를 받거나 받을 우려가 있는 경우에는, 공유수면매립면허처분 등으로 인하여 환경상 이익에 대한 침해 또는 침해우려가 있다는 것을 입증함으로써 그 처분 등의 무효확인을 구할 원고적격을 인정받을 수 있다</u>(대판 2006. 3. 16. 2006두330(전합)).

18 행정상 손해배상에 대한 설명으로 옳은 것은?(다툼이 있는 경우 판례에 의함)

① 국회의원은 원칙적으로 정치적 책임을 질 뿐이므로 헌법에 따른 구체적 입법의무를 부담하고 있음에도 그 입법에 필요한 상당한 기간이 경과하도록 고의 또는 과실로 그 입법의무를 이행하지 아니하는 경우 그 배상책임이 인정되기 어렵다.

② 주무 부처인 중앙행정기관이 입법 예고를 통해 법령안의 내용을 국민에게 예고한 적이 있다면, 그것이 법령으로 확정되지 아니하였다고 하더라도 국가는 위 법령안에 관련된 사항에 대해 이해관계자들에게 어떠한 신뢰를 부여한 것으로 볼 수 있다.

③ 공무원에게 부과된 직무상 의무의 내용이 전적으로 또는 부수적으로 사회구성원 개인의 안전과 이익을 보호하기 위하여 설정된 것이라면, 공무원이 그와 같은 직무상 의무를 위반함으로써 피해자가 입은 손해에 대해서는 상당인과관계가 인정되는 범위에서 국가가 배상책임을 진다.

④ 「금융위원회의 설치 등에 관한 법률」의 입법 취지에 비추어 볼 때, 금융감독원에 금융기관에 대한 검사·감독의무를 부과한 법령의 목적이 금융상품에 투자한 투자자 개인의 이익을 직접 보호하기 위한 것이라고 할 수 있으므로, 피고 금융감독원 및 그 직원들의 위법한 직무집행과 해당 저축은행의 후순위사채에 투자한 원고들이 입은 손해 사이에 상당인과관계가 인정된다.

Point

③ 공무원에게 부과된 직무상 의무의 내용이 단순히 공공 일반의 이익을 위한 것이거나 행정기관 내부의 질서를 규율하기 위한 것이 아니고 전적으로 또는 부수적으로 사회구성원 개인의 안전과 이익을 보호하기 위하여 설정된 것이라면, 공무원이 그와 같은 직무상 의무를 위반함으로 인하여 피해자가 입은 손해에 대하여는 상당인과관계가 인정되는 범위 내에서 국가가 배상책임을 진다. 상당인과관계의 유무를 판단할 때에는 일반적인 결과 발생의 개연성은 물론 직무상 의무를 부과하는 법령 기타 행동규범의 목적이나 가해행위의 태양 및 피해의 정도 등을 종합적으로 고려하여야 한다(대판 2017. 11. 9. 2017다228083).

① 우리 헌법이 채택하고 있는 의회민주주의하에서 국회는 다원적 의견이나 각가지 이익을 반영시킨 토론과정을 거쳐 다수결의 원리에 따라 통일적인 국가의사를 형성하는 역할을 담당하는 국가기관으로서 그 과정에 참여한 국회의원은 입법에 관하여 원칙적으로 국민 전체에 대한 관계에서 정치적 책임을 질 뿐 국민 개개인의 권리에 대응하여 법적 의무를 지는 것은 아니므로, 국회의원의 입법행위는 그 입법 내용이 헌법의 문언에 명백히 위배됨에도 불구하고 국회가 굳이 당해 입법을 한 것과 같은 특수한 경우가 아닌 한 국가배상법 제2조 제1항 소정의 위법행위에 해당한다고 볼 수 없고, 같은 맥락에서 국가가 일정한 사항에 관하여 헌법에 의하여 부과되는 구체적인 입법의무를 부담하고 있음에도 불구하고 그 입법에 필요한 상당한 기간이 경과하도록 고의 또는 과실로 이러한 입법의무를 이행하지 아니하는 등 극히 예외적인 사정이 인정되는 사안에 한정하여 국가배상법 소정의 배상책임이 인정될 수 있으며, 위와 같은 구체적인 입법의무 자체가 인정되지 않는 경우에는 애당초 부작위로 인한 불법행위가 성립할 여지가 없다(대판 2008. 5. 29. 2004다33469).

② 정책의 주무 부처인 중앙행정기관이 그 소관 사항에 대하여 입안한 법령안은 법제처 심사 등의 절차를 거쳐 공포함으로써 확정되므로, 법령이 확정되기 이전에는 법적 효과가 발생할 수 없다. 따라서 입법 예고를 통해 법령안의 내용을 국민에게 예고한 적이 있다고 하더라도 그것이 법령으로 확정되지 아니한 이상 국가가 이해관계자들에게 위 법령안에 관련된 사항을 약속하였다고 볼 수 없으며, 이러한 사정만으로 어떠한 신뢰를 부여하였다고 볼 수도 없다(대판 2008. 5. 29. 2004다33469).

④ 금융위원회의 설치 등에 관한 법률의 입법 취지 등에 비추어 볼 때, 피고 금융감독원에 금융기관에 대한 검사·감독의무를 부과한 법령의 목적이 금융상품에 투자한 투자자 개인의 이익을 직접 보호하기 위한 것이라고 할 수 없으므로, 피고 금융감독원 및 그 직원들의 위법한 직무집행과 부산2저축은행의 후순위사채에 투자한 원고들이 입은 손해 사이에 상당인과관계가 있다고 보기 어렵다(대판 2015. 12. 23. 2015다210194).

19 행정상 손실보상에 대한 설명으로 옳지 않은 것은?(다툼이 있는 경우 판례에 의함)

① 손실보상과 손해배상은 근거규정 및 요건·효과를 달리하지만 손실보상청구권에 '손해 전보'라는 요소가 포함되어 있어 실질적으로 같은 내용의 손해에 관하여 양자의 청구권이 동시에 성립한다면 청구권자는 어느 하나만을 선택적으로 행사할 수 있을 뿐이다.

② 공공사업시행지구 밖에서 발생한 간접손실에 관하여 그 피해자와 사업시행자 사이에 협의가 이루어지지 아니하고, 그 보상에 관한 명문의 근거 법령이 없는 경우라고 하더라도 공공사업의 시행으로 인하여 그러한 손실이 발생하리라는 것을 쉽게 예견할 수 있고, 그 손실의 범위도 구체적으로 특정할 수 있다면 그 손실보상에 관하여 관련 규정 등을 유추적용할 수 있다.

③ 수용재결에 불복하여 취소소송을 제기하는 때에는 이의신청을 거친 경우에도 이의신청에 대한 재결 자체에 고유한 위법이 없는 한 수용재결을 한 중앙토지수용위원회 또는 지방토지수용위원회를 피고로 하여 수용재결의 취소를 구하여야 한다.

④ 어떤 보상항목이 공익사업을 위한 토지 등의 취득 및 보상에 관한 법령상 손실보상대상에 해당함에도 관할 토지수용위원회가 법리를 오해함으로써 손실보상대상에 해당하지 않는다고 잘못된 내용의 재결을 한 경우에는, 피보상자는 관할 토지수용위원회를 상대로 그 재결에 대한 취소소송을 제기하여야 한다.

Point

④ 어떤 보상항목이 토지보상법령상 손실보상대상에 해당하는데도 관할 토지수용위원회가 사실을 오인하거나 법리를 오해함으로써 손실보상대상에 해당하지 않는다고 잘못된 내용의 재결을 한 경우에는, 피보상자는 관할 토지수용위원회를 상대로 그 재결에 대한 취소소송을 제기할 것이 아니라 사업시행자를 상대로 토지보상법 제85조 제2항에 따른 보상금 증감의 소를 제기하여야 한다(대판 2010. 8. 19. 2008두822).

① 공익사업을 위한 토지 등의 취득 및 보상에 관한 법률(이하 '토지보상법') 제79조 제2항에 따른 손실보상과 환경정책기본법 제44조 제1항(환경오염의 피해에 대한 무과실책임)에 따른 손해배상은 근거 규정과 요건·효과를 달리하는 것으로서, 각 요건이 충족되면 성립하는 별개의 청구권이다. 다만 손실보상청구권에는 이미 '손해 전보'라는 요소가 포함되어 있어 실질적으로 같은 내용의 손해에 관하여 양자의 청구권을 동시에 행사할 수 있다고 본다면 이중배상의 문제가 발생하므로, 실질적으로 같은 내용의 손해에 관하여 양자의 청구권이 동시에 성립하더라도 영업자는 어느 하나만을 선택적으로 행사할 수 있을 뿐이고, 양자의 청구권을 동시에 행사할 수는 없다. 또한 '해당 사업의 공사완료일로부터 1년'이라는 손실보상 청구기간(토지보상법 제79조 제5항, 제73조 제2항)이 도과하여 손실보상청구권을 더 이상 행사할 수 없는 경우에도 손해배상의 요건이 충족되는 이상 여전히 손해배상청구는 가능하다(대판 2019. 11. 28. 2018두227).

② 대판 2002. 11. 26. 2001다44352

③ 공익사업을 위한 토지 등의 취득 및 보상에 관한 법률 제85조 제1항 전문의 문언 내용과 같은 법 제83조, 제85조가 중앙토지수용위원회에 대한 이의신청을 임의적 절차로 규정하고 있는 점, 행정소송법 제19조 단서가 행정심판에 대한 재결은 재결 자체에 고유한 위법이 있음을 이유로 하는 경우에 한하여 취소소송의 대상으로 삼을 수 있도록 규정하고 있는 점 등을 종합하여 보면, 수용재결에 불복하여 취소소송을 제기하는 때에는 이의신청을 거친 경우에도 수용재결을 한 중앙토지수용위원회 또는 지방토지수용위원회를 피고로 하여 수용재결의 취소를 구하여야 하고, 다만 이의신청에 대한 재결 자체에 고유한 위법이 있음을 이유로 하는 경우에는 그 이의재결을 한 중앙토지수용위원회를 피고로 하여 이의재결의 취소를 구할 수 있다고 보아야 한다(대판 2010. 1. 28. 2008두1504).

20 항고소송의 대상에 대한 설명으로 옳지 않은 것은?(다툼이 있는 경우 판례에 의함)

① 병무청장의 요청에 따른 법무부장관의 입국금지결정은 법무부장관의 의사가 공식적인 방법으로 외부에 표시되어 입국 자체를 금지하는 것으로서 그 입국금지결정은 항고소송의 대상이 될 수 있는 처분에 해당한다.

② 병무청장이 「병역법」에 따라 병역의무 기피자의 인적사항 등을 인터넷 홈페이지에 게시하는 등의 방법으로 공개한 경우 병무청장의 공개결정을 항고소송의 대상이 되는 행정처분으로 보아야 한다.

③ 시장이 감사원으로부터 「감사원법」에 따라 징계의 종류를 정직으로 정한 징계 요구를 받게 되자 감사원에 징계 요구에 대한 재심의를 청구하였고, 감사원이 재심의청구를 기각한 경우, 감사원의 징계 요구와 재심의결정은 항고소송의 대상이 되는 행정처분이라고 할 수 없다.

④ 「국방전력발전업무훈령」에 따른 연구개발확인서 발급은 개발업체가 전력지원체계 연구개발사업을 성공적으로 수행하여 군사용 적합판정을 받고 경우에 따라 사업관리기관이 개발업체에게 수의계약의 방식으로 국방조달계약을 체결할 수 있는 지위가 있음을 인정해 주는 확인적 행정행위로서 처분에 해당한다.

> **Point**
>
> ① 병무청장이 법무부장관에게 '가수 甲이 공연을 위하여 국외여행허가를 받고 출국한 후 미국 시민권을 취득함으로써 사실상 병역의무를 면탈하였으므로 재외동포 자격으로 재입국하고자 하는 경우 국내에서 취업, 가수활동 등 영리활동을 할 수 없도록 하고, 불가능할 경우 입국 자체를 금지해 달라'고 요청함에 따라 법무부장관이 甲의 입국을 금지하는 결정을 하고, 그 정보를 내부전산망인 '출입국관리정보시스템'에 입력하였으나, 甲에게는 통보하지 않은 사안에서, 행정청이 행정의사를 외부에 표시하여 행정청이 자유롭게 취소·철회할 수 없는 구속을 받기 전에는 '처분'이 성립하지 않으므로 법무부장관이 출입국관리법 제11조 제1항 제3호 또는 제4호, 출입국관리법 시행령 제14조 제1항, 제2항에 따라 위 입국금지결정을 했다고 해서 '처분'이 성립한다고 볼 수는 없고, 위 입국금지결정은 법무부장관의 의사가 공식적인 방법으로 외부에 표시된 것이 아니라 단지 그 정보를 내부전산망인 '출입국관리정보시스템'에 입력하여 관리한 것에 지나지 않으므로, 위 입국금지결정은 항고소송의 대상이 될 수 있는 '처분'에 해당하지 않는다(대판 2019. 7. 11. 2017두38874).
> ② 대판 2019. 6. 27. 2018두49130
> ③ 甲시장이 감사원으로부터 감사원법 제32조에 따라 乙에 대하여 징계의 종류를 정직으로 정한 징계 요구를 받게 되자 감사원법 제36조 제2항에 따라 감사원에 징계 요구에 대한 재심의를 청구하였고, 감사원이 재심의청구를 기각하자 乙이 감사원의 징계 요구와 그에 대한 재심의결정의 취소를 구하고 甲 시장이 감사원의 재심의결정 취소를 구하는 소를 제기한 사안에서, 징계 요구는 징계 요구를 받은 기관의 장이 요구받은 내용대로 처분하지 않더라도 불이익을 받는 규정도 없고, 징계 요구 내용대로 효과가 발생하는 것도 아니며, 징계 요구에 의하여 행정청이 일정한 행정처분을 하였을 때 비로소 이해관계인의 권리관계에 영향을 미칠 뿐, 징계 요구 자체만으로는 징계 요구 대상 공무원의 권리·의무에 직접적인 변동을 초래하지도 아니하므로, 행정청 사이의 내부적인 의사결정의 경로로서 '징계 요구, 징계 절차 회부, 징계'로 이어지는 과정에서의 중간처분에 불과하여, 감사원의 징계 요구와 재심의결정이 항고소송의 대상이 되는 행정처분이라고 할 수 없다(대판 2016. 12. 27. 2014두5637).
> ④ 국방전력발전업무훈령 제113조의5 제1항에 의한 연구개발확인서 발급은 개발업체가 '업체투자연구개발' 방식 또는 '정부·업체공동투자연구개발' 방식으로 전력지원체계 연구개발사업을 성공적으로 수행하여 군사용 적합판정을 받고 국방규격이 제·개정된 경우에 사업관리기관이 개발업체에게 해당 품목의 양산과 관련하여 경쟁입찰에 부치지 않고 수의계약의 방식으로 국방조달계약을 체결할 수 있는 지위(경쟁입찰의 예외사유)가 있음을 인정해 주는 '확인적 행정행위'로서 공권력의 행사인 '처분'에 해당하고, 연구개발확인서 발급 거부는 신청에 따른 처분 발급을 거부하는 '거부처분'에 해당한다(대판 2020. 1. 16. 2019다264700).

1 행정입법에 대한 설명으로 옳지 않은 것은?(다툼이 있는 경우 판례에 의함)

① 자치조례에 대한 법률의 위임은 반드시 구체적으로 범위를 정하여 할 필요가 없으며 포괄적인 것으로 족하다.

② 부령 형식으로 정해진 제재적 행정처분의 기준은 법규성이 있어서 대외적으로 국민이나 법원을 기속하는 효력이 있다.

③ 고시가 법령의 수권에 의하여 법령을 보충하는 사항을 정하는 경우 위임의 한계를 벗어나지 않는 한 그 근거 법령과 결합하여 대외적으로 구속력이 있는 법규명령으로서의 효력을 가진다.

④ 법률의 시행령이 형사처벌에 관한 사항을 규정하면서 법률의 명시적인 위임 범위를 벗어나 처벌의 대상을 확장하는 것은 위임입법의 한계를 벗어난 것으로 그 시행령은 무효이다.

Point

② 제재적 행정처분의 기준이 부령의 형식으로 규정되어 있더라도 그것은 행정청 내부의 사무처리준칙을 정한 것에 지나지 아니하여 대외적으로 국민이나 법원을 기속하는 효력이 없고, 당해 처분의 적법 여부는 위 처분기준만이 아니라 관계 법령의 규정 내용과 취지에 따라 판단되어야 하므로, 위 처분기준에 적합하다 하여 곧바로 당해 처분이 적법한 것이라고 할 수는 없지만, 위 처분기준이 그 자체로 헌법 또는 법률에 합치되지 아니하거나 위 처분기준에 따른 제재적 행정처분이 그 처분사유가 된 위반행위의 내용 및 관계 법령의 규정 내용과 취지에 비추어 현저히 부당하다고 인정할 만한 합리적인 이유가 없는 한 섣불리 그 처분이 재량권의 범위를 일탈하였거나 재량권을 남용한 것이라고 판단해서는 안 된다(대판 2007. 9. 20. 2007두6946).

① 조례의 제정권자인 지방의회는 지역적인 민주적 정당성을 지니고 있으며, 헌법이 지방자치단체에 대해 포괄적인 자치권을 보장하고 있는 취지에 비추어, 조례에 대한 법률의 위임은 반드시 구체적으로 범위를 정하여 할 필요가 없으며 포괄적인 것으로 족하다(헌재 2019. 11. 28. 2017헌마1356).

③ 행정규칙인 부령이나 고시가 법령의 수권에 의하여 법령을 보충하는 사항을 정하는 경우에는 그 근거 법령규정과 결합하여 대외적으로 구속력이 있는 법규명령으로서의 성질과 효력을 가진다 할 것인데, 보충규범인 행정규칙의 내용에 해당되는 행위가 공소사실이나 범죄사실로 기재되어 있고, 법률의 적용란에 근거 법령규정이 명시되어 있다면 보충규범이 법률의 적용란에 따로 명시되어 있지 않다고 하더라도 이를 들어 판결에 영향을 미친 위법이 있다고는 할 수 없다(대판 2007. 5. 10. 2005도591).

④ 법률의 시행령은 모법인 법률의 위임 없이 법률이 규정한 개인의 권리·의무에 관한 내용을 변경·보충하거나 법률에서 규정하지 아니한 새로운 내용을 규정할 수 없고, 특히 법률의 시행령이 형사처벌에 관한 사항을 규정하면서 법률의 명시적인 위임 범위를 벗어나 그 처벌의 대상을 확장하는 것은 죄형법정주의의 원칙에도 어긋나므로, 그러한 시행령은 위임입법의 한계를 벗어난 것으로서 무효이다(대판 2017. 2. 21. 2015도14966).

2 행정행위의 부관에 대한 설명으로 옳은 것은?(다툼이 있는 경우 판례에 의함)

① 행정처분에 부가한 부담이 무효인 경우에는 그 부담의 이행으로 이루어진 사법상 법률행위도 무효가 된다.

② 부관의 사후변경은 종전의 부관을 변경하지 아니하면 해당 처분의 목적을 달성할 수 없는 경우가 아니라면 인정되지 않는다.

③ 행정처분과 실제적 관련성이 없어 부관을 붙일 수 없는 경우에도 사법상 계약의 형식으로 공법상 제한을 회피할 수 있다.

④ 행정재산에 대한 기한부 사용 · 수익허가를 받은 경우, 그 사용 · 수익허가의 기간에 대하여 독립하여 행정소송을 제기할 수 없다.

Point

④ 행정행위의 부관은 부담인 경우를 제외하고는 독립하여 행정소송의 대상이 될 수 없는바, 기부채납받은 행정재산에 대한 사용 · 수익허가에서 공유재산의 관리청이 정한 사용 · 수익허가의 기간은 그 허가의 효력을 제한하기 위한 행정행위의 부관으로서 이러한 사용 · 수익허가의 기간에 대해서는 독립하여 행정소송을 제기할 수 없다(대판 2001. 6. 15. 99두509).

① 행정처분에 부담인 부관을 붙인 경우 부관의 무효화에 의하여 본체인 행정처분 자체의 효력에도 영향이 있게 될 수는 있지만, 그 처분을 받은 사람이 부담의 이행으로 사법상 매매 등의 법률행위를 한 경우에는 그 부관은 특별한 사정이 없는 한 법률행위를 하게 된 동기 내지 연유로 작용하였을 뿐이므로 이는 법률행위의 취소사유가 될 수 있음은 별론으로 하고 그 법률행위 자체를 당연히 무효화하는 것은 아니다(대판 2009. 6. 25. 2006다18174).

② 행정기본법 제17조 제3항

> **행정기본법 제17조(부관)**
> ③ 행정청은 부관을 붙일 수 있는 처분이 다음 각 호의 어느 하나에 해당하는 경우에는 그 처분을 한 후에도 부관을 새로 붙이거나 종전의 부관을 변경할 수 있다.
>   1. 법률에 근거가 있는 경우
>   2. 당사자의 동의가 있는 경우
>   3. 사정이 변경되어 부관을 새로 붙이거나 종전의 부관을 변경하지 아니하면 해당 처분의 목적을 달성할 수 없다고 인정되는 경우

③ 공무원이 인 · 허가 등 수익적 행정처분을 하면서 상대방에게 그 처분과 관련하여 이른바 부관으로서 부담을 붙일 수 있다 하더라도, 그러한 부담은 법치주의와 사유재산 존중, 조세법률주의 등 헌법의 기본원리에 비추어 비례의 원칙이나 부당결부의 원칙에 위반되지 않아야만 적법한 것인바, 행정처분과 부관 사이에 실제적 관련성이 있다고 볼 수 없는 경우 공무원이 위와 같은 공법상의 제한을 회피할 목적으로 행정처분의 상대방과 사이에 사법상 계약을 체결하는 형식을 취하였다면 이는 법치행정의 원리에 반하는 것으로서 위법하다(대판 2009. 12. 10. 2007다63966).

Answer 1.② 2.④

3 **판례상 재량행위에 해당하는 것만을 모두 고르면?**

> ㉠ 「여객자동차 운수사업법」상 개인택시운송사업면허
> ㉡ 구「수도권대기환경특별법」상 대기오염물질 총량관리사업장 설치허가
> ㉢ 「국가공무원법」상 휴직 사유 소멸을 이유로 한 신청에 대한 복직명령
> ㉣ 「출입국관리법」상 체류자격 변경허가

① ㉠, ㉣

② ㉡, ㉢

③ ㉠, ㉡, ㉣

④ ㉠, ㉡, ㉢, ㉣

㉠ 여객자동차 운수사업법에 의한 개인택시운송사업의 면허는 특정인에게 권리나 이익을 부여하는 행정청의 재량행위이고, 위 법과 그 시행규칙의 범위 내에서 면허를 위하여 필요한 기준을 정하는 것 역시 행정청의 재량에 속하는 것이므로, 그 설정된 기준이 객관적으로 합리적이 아니라거나 타당하지 않다고 볼 만한 다른 특별한 사정이 없는 이상 행정청의 의사는 가능한 한 존중되어야 하는바, 행정청이 개인택시운송사업의 면허를 하면서, 택시 운전경력이 버스 등 다른 차종의 운전경력보다 개인택시의 운전업무에 더 유용할 수 있다는 점 등을 고려하여 택시의 운전경력을 다소 우대하는 것이 객관적으로 합리적이 아니라거나 타당하지 않다고 볼 수 없다(대판 2004. 11. 12. 2004두9463).

㉡ 구 수도권대기환경특별법 제14조 제1항에서 정한 대기오염물질 총량관리사업장 설치의 허가 또는 변경허가는 특정인에게 인구가 밀집되고 대기오염이 심각하다고 인정되는 수도권 대기관리권역에서 총량관리대상 오염물질을 일정량을 초과하여 배출할 수 있는 특정한 권리를 설정하여 주는 행위로서 그 처분의 여부 및 내용의 결정은 행정청의 재량에 속한다(대판 2013. 5. 9. 2012두22799).

㉣ 체류자격 변경허가는 신청인에게 당초의 체류자격과 다른 체류자격에 해당하는 활동을 할 수 있는 권한을 부여하는 일종의 설권적 처분의 성격을 가지므로, 허가권자는 신청인이 관계 법령에서 정한 요건을 충족하였더라도, 신청인의 적격성, 체류 목적, 공익상의 영향 등을 참작하여 허가 여부를 결정할 수 있는 재량을 가진다. 다만 재량을 행사할 때 판단의 기초가 된 사실인정에 중대한 오류가 있는 경우 또는 비례·평등의 원칙을 위반하거나 사회통념상 현저하게 타당성을 잃는 등의 사유가 있다면 이는 재량권의 일탈·남용으로서 위법하다(대판 2016. 7. 14. 2015두48846).

㉢ 구 교육공무원법 제44조 제1항 제7호는 '만 6세 이하의 초등학교 취학 전 자녀'를 양육대상으로 하여 '교육공무원이 그 자녀를 양육하기 위하여 필요한 경우'를 육아휴직의 사유로 규정하고 있으므로, 육아휴직 중 그 사유가 소멸하였는지는 해당 자녀가 사망하거나 초등학교에 취학하는 등으로 양육대상에 관한 요건이 소멸한 경우뿐만 아니라 육아휴직 중인 교육공무원에게 해당 자녀를 더 이상 양육할 수 없거나, 양육을 위하여 휴직할 필요가 없는 사유가 발생하였는지 여부도 함께 고려하여야 하고, 국가공무원법 제73조 제2항의 문언에 비추어 복직명령은 기속행위이므로 휴직사유가 소멸하였음을 이유로 신청하는 경우 임용권자는 지체 없이 복직명령을 하여야 한다(대판 2014. 6. 12. 2012두4852).

4 행정절차에 대한 설명으로 옳지 않은 것은?(다툼이 있는 경우 판례에 의함)

① 계약직공무원 채용계약해지의 의사표시는 「행정절차법」에 의하여 근거와 이유를 제시하여야 하는 것은 아니다.

② 교육부장관이 부적격사유가 없는 후보자들 사이에서 어떤 후보자를 상대적으로 더욱 적합하다고 판단하여 국립대학교의 총장으로 임용제청을 하였다면, 그러한 임용제청행위 자체로서 이유제시의무를 다한 것이다.

③ 「국가공무원법」상 직위해제처분에는 처분의 사전통지 및 의견청취 등에 관한 「행정절차법」의 규정이 적용된다.

④ 과세처분 시 납세고지서에 법으로 규정한 과세표준 등의 기재가 누락되면 그 과세처분 자체가 위법한 처분이 되어 취소의 대상이 된다.

> **Point**
>
> ③ 국가공무원법상 직위해제처분은 구 행정절차법 제3조 제2항 제9호, 구 행정절차법 시행령 제2조 제3호에 의하여 당해 행정작용의 성질상 행정절차를 거치기 곤란하거나 불필요하다고 인정되는 사항 또는 행정절차에 준하는 절차를 거친 사항에 해당하므로, 처분의 사전통지 및 의견청취 등에 관한 행정절차법의 규정이 별도로 적용되지 않는다(대판 2014. 5. 16. 2012두26180).
>
> ① 계약직공무원에 관한 현행 법령의 규정에 비추어 볼 때, 계약직공무원 채용계약해지의 의사표시는 일반공무원에 대한 징계처분과는 달라서 항고소송의 대상이 되는 처분 등의 성격을 가진 것으로 인정되지 아니하고, 일정한 사유가 있을 때에 국가 또는 지방자치단체가 채용계약 관계의 한쪽 당사자로서 대등한 지위에서 행하는 의사표시로 취급되는 것으로 이해되므로, 이를 징계해고 등에서와 같이 그 징계사유에 한하여 효력 유무를 판단하여야 하거나, 행정처분과 같이 행정절차법에 의하여 근거와 이유를 제시하여야 하는 것은 아니다(대판 2002. 11. 26. 2002두5948).
>
> ② 교육부장관이 어떤 후보자를 총장으로 임용제청하는 행위 자체에 그가 총장으로 더욱 적합하다는 정성적 평가 결과가 당연히 포함되어 있는 것으로, 이로써 행정절차법상 이유제시의무를 다한 것이라고 보아야 한다. 여기에서 나아가 교육부장관에게 개별 심사항목이나 고려요소에 대한 평가 결과를 더 자세히 밝힐 의무까지는 없다(대판 2018. 6. 15. 2016두57564).
>
> ④ 국세징수법 제9조 제1항은 "세무서장은 국세를 징수하려면 납세자에게 그 국세의 과세기간, 세목, 세액 및 그 산출근거, 납부기한과 납부장소를 적은 납세고지서를 발급하여야 한다."라고 규정하고 있다. 따라서 납세고지서에 해당 본세의 과세표준과 세액의 산출근거 등이 제대로 기재되지 않았다면 특별한 사정이 없는 한 그 징수처분은 위법하다(대판 2019. 7. 4. 2017두38645).

5 행정법의 일반원칙에 대한 설명으로 옳은 것만을 모두 고르면?(다툼이 있는 경우 판례에 의함)

> ㉠ 비례의 원칙은 법치국가원리에서 당연히 파생되는 헌법상의 기본원리이다.
>
> ㉡ 평등의 원칙은 본질적으로 같은 것을 자의적으로 다르게 취급함을 금지하는 것이므로, 위법한 행정처분이 수차례에 걸쳐 반복적으로 행하여졌다면 행정청에 대하여 자기구속력을 갖게 된다.
>
> ㉢ 국가가 임용결격사유가 있는 자에 대하여 결격사유가 있는 것을 알지 못하고 공무원으로 임용하였다가 나중에 결격사유가 있음을 발견하고 그 임용행위를 취소하는 경우 신의칙이 적용된다.
>
> ㉣ 지방자치단체장이 사업자에게 주택사업계획승인을 하면서 그 주택사업과는 아무런 관련이 없는 토지를 기부채납 하도록 하는 부관을 주택사업계획승인에 붙인 경우, 그 부관은 부당결부금지의 원칙에 위반되어 위법하다.

① ㉠, ㉡
② ㉠, ㉣
③ ㉡, ㉢
④ ㉢, ㉣

Point

㉠ 비례의 원칙은 법치국가 원리에서 당연히 파생되는 헌법상의 기본원리로서, 모든 국가작용에 적용된다. 행정목적을 달성하기 위한 수단은 목적달성에 유효·적절하고, 가능한 한 최소침해를 가져오는 것이어야 하며, 아울러 그 수단의 도입에 따른 침해가 의도하는 공익을 능가하여서는 안 된다(대판 2019. 7. 11. 2017두38874).

㉣ 지방자치단체장이 사업자에게 주택사업계획승인을 하면서 그 주택사업과는 아무런 관련이 없는 토지를 기부채납하도록 하는 부관을 주택사업계획승인에 붙인 경우, 그 부관은 부당결부금지의 원칙에 위반되어 위법하지만, 지방자치단체장이 승인한 사업자의 주택사업계획은 상당히 큰 규모의 사업임에 반하여, 사업자가 기부채납한 토지 가액은 그 100분의 1 상당의 금액에 불과한 데다가, 사업자가 그 동안 그 부관에 대하여 아무런 이의를 제기하지 아니하다가 지방자치단체장이 업무착오로 기부채납한 토지에 대하여 보상협조요청서를 보내자 그 때서야 비로소 부관의 하자를 들고 나온 사정에 비추어 볼 때 부관의 하자가 중대하고 명백하여 당연무효라고는 볼 수 없다(대판 1997. 3. 11. 96다49650).

㉡ 평등의 원칙은 본질적으로 같은 것을 자의적으로 다르게 취급함을 금지하는 것이고, 위법한 행정처분이 수차례에 걸쳐 반복적으로 행하여졌다 하더라도 그러한 처분이 위법한 것인 때에는 행정청에 대하여 자기구속력을 갖게 된다고 할 수 없다(대판 2009. 6. 25. 2008두13132).

㉢ 국가가 공무원임용결격사유가 있는 자에 대하여 결격사유가 있는 것을 알지 못하고 공무원으로 임용하였다가 사후에 결격사유가 있는 자임을 발견하고 공무원 임용행위를 취소하는 것은 당사자에게 원래의 임용행위가 당초부터 당연무효이었음을 통지하여 확인시켜 주는 행위에 지나지 아니하는 것이므로, 그러한 의미에서 당초의 임용처분을 취소함에 있어서는 신의칙 내지 신뢰의 원칙을 적용할 수 없고 또 그러한 의미의 취소권은 시효로 소멸하는 것도 아니다(대판 1987. 4. 14. 86누459).

6 행정행위에 대한 설명으로 옳지 않은 것은?(다툼이 있는 경우 판례에 의함)

① 건축허가는 대물적 성질을 갖는 것이어서 행정청으로서는 허가를 할 때에 건축주 또는 토지 소유자가 누구인지 등 인적 요소에 관하여는 형식적 심사만 한다.

② 시·도경찰청장이 횡단보도를 설치하여 보행자 통행방법 등을 규제하는 것은 국민의 권리·의무에 직접 관계가 있는 행위로서 행정처분이다.

③ 국유재산의 무단점유에 대한 변상금 징수의 요건은 「국유재산법」에 명백히 규정되어 있으므로 변상금을 징수할 것인가는 처분청의 재량을 허용하지 않는 기속행위이다.

④ 공유수면의 점용·사용허가는 특정인에게 공유수면 이용권이라는 독점적 권리를 설정하여 주는 처분이 아니라 일반적인 상대적 금지를 해제하는 처분이다.

> **Point**
>
> ④ 구 공유수면관리법에 따른 공유수면의 점·사용허가는 특정인에게 공유수면 이용권이라는 독점적 권리를 설정하여 주는 처분으로서 그 처분의 여부 및 내용의 결정은 원칙적으로 행정청의 재량에 속한다고 할 것이고, 이와 같은 재량처분에 있어서는 그 재량권 행사의 기초가 되는 사실인정에 오류가 있거나 그에 대한 법령적용에 잘못이 없는 한 그 처분이 위법하다고 할 수 없다(대판 2004. 5. 28. 2002두5016).
>
> ① 건축허가는 대물적 성질을 갖는 것이어서 행정청으로서는 그 허가를 할 때에 건축주 또는 토지 소유자가 누구인지 등 인적 요소에 관하여는 형식적 심사만 한다(대판 2010. 5. 13. 2010두2296).
>
> ② 시·도경찰청장의 횡단보도 설치행위는 물적 행정행위로서 일반처분에 해당한다.
>
> ③ 국유재산의 무단점유 등에 대한 변상금 징수의 요건은 국유재산법 제51조 제1항에 명백히 규정되어 있으므로 변상금을 징수할 것인가는 처분청의 재량을 허용하지 않는 기속행위이고, 여기에 재량권 일탈·남용의 문제는 생길 여지가 없다(대판 1998. 9. 22. 98두7602).

Answer 5.② 6.④

7 「공공기관의 정보공개에 관한 법률」상 정보공개에 대한 설명으로 옳지 않은 것은?(다툼이 있는 경우 판례에 의함)

① 정보공개 청구권자의 권리구제 가능성은 정보의 공개 여부 결정에 아무런 영향을 미치지 못한다.

② 학교환경위생구역 내 금지행위 해제결정에 관한 학교환경위생정화위원회의 회의록에 기재된 발언내용에 대한 해당 발언자의 인적사항 부분에 관한 정보는 비공개대상에 해당하지 아니한다.

③ 공공기관이 정보공개를 거부하는 경우에는 어느 부분이 어떠한 법익 또는 기본권과 충돌되어 비공개사유에 해당하는지를 주장·증명하여야 하고, 그에 이르지 아니한 채 개괄적인 사유만을 들어 공개를 거부하는 것은 허용되지 아니한다.

④ 공개를 구하는 정보를 공공기관이 한때 보유·관리하였으나 후에 그 정보가 담긴 문서등이 폐기되어 존재하지 않게 된 것이라면 그 정보를 더 이상 보유·관리하고 있지 아니하다는 점에 대한 증명책임은 공공기관에게 있다.

⟫Point⟫

② 학교환경위생구역 내 금지행위(숙박시설) 해제결정에 관한 학교환경위생정화위원회의 회의록에 기재된 발언내용에 대한 해당 발언자의 인적사항 부분에 관한 정보는 공공기관의 정보공개에 관한법률 제7조 제1항 제5호 소정의 비공개대상에 해당한다(대판 2003. 8. 22. 2002두12946).

① 공공기관의 정보공개에 관한 법률은 국민의 알권리를 보장하고 국정에 대한 국민의 참여와 국정 운영의 투명성을 확보함을 목적으로 하고(제1조), 공공기관이 보유·관리하는 정보는 국민의 알권리 보장 등을 위하여 적극적으로 공개하여야 한다는 정보공개의 원칙을 선언하고 있으며(제3조), 모든 국민은 정보의 공개를 청구할 권리를 가진다고 하면서(제5조 제1항) 비공개대상정보에 해당하지 않는 한 공공기관이 보유·관리하는 정보는 공개 대상이 된다고 규정하고 있을 뿐(제9조 제1항) 정보공개 청구권자가 공개를 청구하는 정보와 어떤 관련성을 가질 것을 요구하거나 정보공개청구의 목적에 특별한 제한을 두고 있지 아니하므로 정보공개 청구권자의 권리구제 가능성 등은 정보의 공개 여부 결정에 아무런 영향을 미치지 못한다(대판 2017. 9. 7. 2017두44558).

③ 구 공공기관의 정보공개에 관한 법률(이하 '정보공개법') 제13조 제4항은 공공기관이 정보를 비공개하는 결정을 한 때에는 비공개이유를 구체적으로 명시하여 청구인에게 그 사실을 통지하여야 한다고 규정하고 있다. 정보공개법 제1조, 제3조, 제6조는 국민의 알 권리를 보장하고 국정에 대한 국민의 참여와 국정운영의 투명성을 확보하기 위하여 공공기관이 보유·관리하는 정보를 모든 국민에게 원칙적으로 공개하도록 하고 있다. 그러므로 국민으로부터 보유·관리하는 정보에 대한 공개를 요구받은 공공기관으로서는, 정보공개법 제9조 제1항 각호에서 정하고 있는 비공개사유에 해당하지 않는 한 이를 공개하여야 한다. 이를 거부하는 경우라 할지라도, 대상이 된 정보의 내용을 구체적으로 확인·검토하여, 어느 부분이 어떠한 법익 또는 기본권과 충돌되어 정보공개법 제9조 제1항 몇 호에서 정하고 있는 비공개사유에 해당하는지를 주장·증명하여야만 하고, 그에 이르지 아니한 채 개괄적인 사유만을 들어 공개를 거부하는 것은 허용되지 아니한다(대판 2018. 4. 12. 2014두5477).

④ 정보공개제도는 공공기관이 보유·관리하는 정보를 그 상태대로 공개하는 제도로서 공개를 구하는 정보를 공공기관이 보유·관리하고 있을 상당한 개연성이 있다는 점에 대하여 원칙적으로 공개청구자에게 증명책임이 있다고 할 것이지만, 공개를 구하는 정보를 공공기관이 한 때 보유·관리하였으나 후에 그 정보가 담긴 문서등이 폐기되어 존재하지 않게 된 것이라면 그 정보를 더 이상 보유·관리하고 있지 아니하다는 점에 대한 증명책임은 공공기관에게 있다(대판 2004. 12. 9. 2003두12707).

8 행정처분의 위법성에 대한 설명으로 옳지 <u>않은</u> 것은?(다툼이 있는 경우 판례에 의함)

① 행정청이 행정처분을 하면서 상대방에게 불복절차에 관한 고지의무를 이행하지 않았다면 이는 절차적 하자로서 그 행정처분은 위법하게 된다.

② 행정처분이 나중에 항고소송에서 위법하다고 판단되어 취소되더라도 그러한 사실만으로 바로 행정처분이 공무원의 고의나 과실로 인한 불법행위를 구성한다고 할 수 없다.

③ 절차상의 하자를 이유로 행정처분을 취소하는 판결이 선고되어 확정된 경우, 그 확정판결의 기속력은 취소사유로 된 절차의 위법에 한하여 미치는 것이므로 행정청은 적법한 절차를 갖추어 동일한 내용의 처분을 다시할 수 있다.

④ 권한 없는 행정청이 한 위법한 행정처분을 취소할 수 있는 권한은 그 행정처분을 한 처분청에게 속하는 것이고, 그 행정처분을 할 수 있는 적법한 권한을 가지는 행정청에게 그 취소권이 귀속되는 것은 아니다.

°°°°Point

① 행정절차법 제26조는 "행정청이 처분을 할 때에는 당사자에게 그 처분에 관하여 행정심판 및 행정소송을 제기할 수 있는지 여부, 그밖에 불복을 할 수 있는지 여부, 청구절차 및 청구기간 그 밖에 필요한 사항을 알려야 한다."라고 규정하고 있다. 이러한 고지절차에 관한 규정은 행정처분의 상대방이 그 처분에 대한 행정심판의 절차를 밟는 데 편의를 제공하려는 것이어서 <u>처분청이 위 규정에 따른 고지의무를 이행하지 아니하였다고 하더라도 경우에 따라 행정심판의 제기기간이 연장될 수 있음에 그칠 뿐, 그 때문에 심판의 대상이 되는 행정처분이 위법하다고 할 수는 없다</u>(대판 2018. 2. 8. 2017두66633).

② <u>어떠한 행정처분이 뒤에 항고소송에서 취소되었다고 할지라도 그 자체만으로 그 행정처분이 곧바로 공무원의 고의 또는 과실로 인한 불법행위를 구성한다고 단정할 수는 없는바</u>, 그 이유는 행정청이 관계 법령의 해석이 확립되기 전에 어느 한 설을 취하여 업무를 처리한 것이 결과적으로 위법하게 되어 그 법령의 부당집행이라는 결과를 빚었다고 하더라도 처분 당시 그와 같은 처리방법 이상의 것을 성실한 평균적 공무원에게 기대하기 어려웠던 경우라면 특별한 사정이 없는 한 이를 두고 공무원의 과실로 인한 것이라고는 볼 수 없기 때문이다(대판 2001. 3. 13. 2000다20731).

③ <u>과세처분을 취소하는 확정판결의 기판력(기속력)은 확정판결에 나온 위법사유에 대하여만 미치므로</u> 과세처분권자가 확정판결에 나온 위법사유를 보완하여 한 새로운 과세처분은 확정판결에 의하여 취소된 종전의 과세처분과는 별개의 처분으로서 확정판결의 기판력(기속력)에 저촉되지 아니한다(대판 2002. 7. 23. 2000두6237).

④ <u>권한없는 행정기관이 한 당연무효인 행정처분을 취소할 수 있는 권한은 당해 행정처분을 한 처분청에게 속하고, 당해 행정처분을 할 수 있는 적법한 권한을 가지는 행정청에게 그 취소권이 귀속되는 것이 아니다</u>(대판 1984. 10. 10. 84누463).

Answer 7.② 8.①

9 영업의 양도와 영업자지위승계에 대한 설명으로 옳지 않은 것은?(다툼이 있는 경우 판례에 의함)

① 「식품위생법」상 허가영업자의 지위승계신고수리처분을 하는 경우 「행정절차법」 규정 소정의 당사자에 해당하는 종전의 영업자에게 행정절차를 실시하여야 한다.

② 관할 행정청은 여객자동차운송사업의 양도·양수에 대한인가를 한 후에도 그 양도·양수 이전에 있었던 양도인에 대한 운송사업면허 취소사유를 들어 양수인의 사업면허를 취소할 수 있다.

③ 영업양도행위가 무효임에도 행정청이 승계신고를 수리하였다면 양도자는 민사쟁송이 아닌 행정소송으로 신고수리처분의 무효확인을 구할 수 있다.

④ 사실상 영업이 양도·양수되었지만 승계신고 및 수리처분이 있기 전에 양도인이 허락한 양수인의 영업 중 발생한 위반행위에 대한 행정적 책임은 양수인에게 귀속된다.

Point

④ 사실상 영업이 양도·양수되었지만 아직 승계신고 및 그 수리처분이 있기 이전에는 여전히 종전의 영업자인 양도인이 영업허가자이고, 양수인은 영업허가자가 되지 못한다 할 것이어서 행정제재처분의 사유가 있는지 여부 및 그 사유가 있다고 하여 행하는 행정제재처분은 영업허가자인 양도인을 기준으로 판단하여 그 양도인에 대하여 행하여야 할 것이고, 한편 양도인이 그의 의사에 따라 양수인에게 영업을 양도하면서 양수인으로 하여금 영업을 하도록 허락하였다면 그 양수인의 영업 중 발생한 위반행위에 대한 행정적인 책임은 영업허가자인 양도인에게 귀속된다고 보아야 할 것이다(대판 1995. 2. 24. 94누9146).

① 행정청이 구 식품위생법 규정에 의하여 영업자지위승계신고를 수리하는 처분은 종전의 영업자의 권익을 제한하는 처분이라 할 것이고 따라서 종전의 영업자는 그 처분에 대하여 직접 그 상대가 되는 자에 해당한다고 봄이 상당하므로, 행정청으로서는 위 신고를 수리하는 처분을 함에 있어서 행정절차법 규정 소정의 당사자에 해당하는 종전의 영업자에 대하여 위 규정 소정의 행정절차를 실시하고 처분을 하여야 한다(대판 2003. 2. 14. 2001두7015).

② 구 여객자동차 운수사업법 제14조 제4항에 의하면 개인택시운송사업을 양수한 사람은 양도인의 운송사업자로서의 지위를 승계하므로, 관할 관청은 개인택시 운송사업의 양도·양수에 대한 인가를 한 후에도 그 양도·양수 이전에 있었던 양도인에 대한 운송사업면허 취소사유를 들어 양수인의 사업면허를 취소할 수 있다(대판 2010. 11. 11. 2009두14934).

③ 사업양도·양수에 따른 허가관청의 지위승계신고의 수리는 적법한 사업의 양도·양수가 있었음을 전제로 하는 것이므로 그 수리대상인 사업양도·양수가 존재하지 아니하거나 무효인 때에는 수리를 하였다 하더라도 그 수리는 유효한 대상이 없는 것으로서 당연히 무효라 할 것이고, 사업의 양도행위가 무효라고 주장하는 양도자는 민사쟁송으로 양도·양수행위의 무효를 구함이 없이 막바로 허가관청을 상대로 하여 행정소송으로 위 신고수리처분의 무효확인을 구할 법률상 이익이 있다(대판 2005. 12. 23. 2005두3554).

10 여객자동차운송사업을 하는 甲은 관련법규 위반을 이유로 사업정지 처분에 갈음하는 과징금부과처분을 받았다. 이에 대한 설명으로 옳지 않은 것은?(다툼이 있는 경우 판례에 의함)

① 甲이 현실적인 위반행위자가 아닌 법령상 책임자인 경우에도 甲에게 과징금을 부과할 수 있다.

② 甲에게 고의·과실이 없는 경우에는 과징금을 부과할 수 없다.

③ 과징금부과처분에 대해 甲은 취소소송을 제기하여 다툴 수 있다.

④ 甲에게 부과된 과징금이 법이 정한 한도액을 초과하여 위법한 경우, 법원은 그 초과부분에 대하여 일부 취소할 수 없고 그 전부를 취소하여야 한다.

> **Point**
>
> ②①행정법규 위반에 대한 제재처분은 행정목적의 달성을 위하여 행정법규 위반이라는 객관적 사실에 착안하여 가하는 제재이므로, 반드시 현실적인 행위자가 아니라도 법령상 책임자로 규정된 자에게 부과되고, 특별한 사정이 없는 한 위반자에게 고의나 과실이 없더라도 부과할 수 있다(대법원 2017. 5. 11. 선고 2014두8773).
>
> ③ 과징금부과처분은 침익적 행정행위로서 취소소송의 대상이 되는 처분에 해당한다.
>
> ④ 자동차운수사업면허조건 등을 위반한 사업자에 대하여 행정청이 행정제재수단으로 사업 정지를 명할 것인지, 과징금을 부과할 것인지, 과징금을 부과키로 한다면 그 금액은 얼마로 할 것인지에 관하여 재량권이 부여되었다 할 것이므로 과징금부과처분이 법이 정한 한도액을 초과하여 위법할 경우 법원으로서는 그 전부를 취소할 수밖에 없고, 그 한도액을 초과한 부분이나 법원이 적정하다고 인정되는 부분을 초과한 부분만을 취소할 수 없다(금 1,000,000원을 부과한 당해 처분 중 금 100,000원을 초과하는 부분은 재량권 일탈·남용으로 위법하다며 그 일부분만을 취소한 원심판결을 파기한 사례)(대판 1998. 4. 10. 98두2270).

11 국가배상제도에 대한 설명으로 옳은 것은?(다툼이 있는 경우 판례에 의함)

① 공무원에게 부과된 직무상 의무가 단순히 공공일반의 이익만을 위한 경우라면 그러한 직무상 의무 위반에 대해서는 국가배상책임이 인정되지 않는다.

② 국가의 비권력적 작용은 국가배상청구의 요건인 직무에 포함되지 않는다.

③ 경과실로 불법행위를 한 공무원이 피해자에게 손해를 배상하였다면 이는 타인의 채무를 변제한 경우에 해당하므로 피해자는 공무원에게 이를 반환할 의무가 있다.

④ 지방자치단체가 권원 없이 사실상 관리하고 있는 도로는 국가배상책임의 대상이 되는 영조물에 해당하지 않는다.

 Point

① 공무원이 고의 또는 과실로 그에게 부과된 직무상 의무를 위반하였을 경우라고 하더라도 국가는 그러한 직무상의 의무 위반과 피해자가 입은 손해 사이에 상당인과관계가 인정되는 범위 내에서만 배상책임을 지는 것이고, 이 경우 상당인과관계가 인정되기 위하여는 공무원에게 부과된 직무상 의무의 내용이 단순히 공공 일반의 이익을 위한 것이거나 행정기관 내부의 질서를 규율하기 위한 것이 아니고 전적으로 또는 부수적으로 사회구성원 개인의 안전과 이익을 보호하기 위하여 설정된 것이어야 한다(대판 2010. 9. 9. 2008다77795).

② 국가배상법이 정한 손해배상청구의 요건인 '공무원의 직무'에는 국가나 지방자치단체의 권력적 작용뿐만 아니라 비권력적 작용도 포함되지만, 단순한 사경제의 주체로서 하는 작용은 포함되지 아니한다(대판 1999. 11. 26. 98다47245).

③ 공무원이 직무수행 중 불법행위로 타인에게 손해를 입힌 경우에 국가 등이 국가배상책임을 부담하는 외에 공무원 개인도 고의 또는 중과실이 있는 경우에는 불법행위로 인한 손해배상책임을 지고, 공무원에게 경과실이 있을 뿐인 경우에는 공무원 개인은 손해배상책임을 부담하지 아니한다. 이처럼 경과실이 있는 공무원이 피해자에 대하여 손해배상책임을 부담하지 아니함에도 피해자에게 손해를 배상하였다면 그것은 채무자 아닌 사람이 타인의 채무를 변제한 경우에 해당하고, 이는 민법 제469조의 '제3자의 변제' 또는 민법 제744조의 '도의관념에 적합한 비채변제'에 해당하여 피해자는 공무원에 대하여 이를 반환할 의무가 없고, 그에 따라 피해자의 국가에 대한 손해배상청구권이 소멸하여 국가는 자신의 출연 없이 채무를 면하게 되므로, 피해자에게 손해를 직접 배상한 경과실이 있는 공무원은 특별한 사정이 없는 한 국가에 대하여 국가의 피해자에 대한 손해배상책임의 범위 내에서 공무원이 변제한 금액에 관하여 구상권을 취득한다고 봄이 타당하다(대판 2014. 8. 20. 2012다54478).

④ 국가배상법 제5조 제1항 소정의 '공공의 영조물'이라 함은 국가 또는 지방자치단체에 의하여 특정 공공의 목적에 공여된 유체물 내지 물적 설비를 말하며, 국가 또는 지방자치단체가 소유권, 임차권 그 밖의 권한에 기하여 관리하고 있는 경우뿐만 아니라 사실상의 관리를 하고 있는 경우도 포함된다(대판 1998. 10. 23. 98다17381).

12 행정벌에 대한 설명으로 옳은 것은?(다툼이 있는 경우 판례에 의함)

① 양벌규정에 의한 영업주의 처벌은 금지위반행위자인 종업원의 처벌에 종속되는 것이므로 영업주만 따로 처벌할 수는 없다.

② 통고처분은 법정기간 내에 납부하지 않는 것을 해제조건으로 하는 행정처분이므로 행정소송의 대상이 된다.

③ 행정청의 과태료 부과에 대해 서면으로 이의가 제기된 경우 과태료 부과처분은 그 효력을 상실한다.

④ 법원이 하는 과태료재판에는 원칙적으로 행정소송에서와 같은 신뢰보호의 원칙이 적용된다.

> **⁂Point**
>
> ③ 질서위반행위규제법 제20조 제1항, 제2항.
>
> > **제20조(이의제기)**
> > ① 행정청의 과태료 부과에 불복하는 당사자는 제17조 제1항에 따른 과태료 부과 통지를 받은 날부터 60일 이내에 해당 행정청에 서면으로 이의제기를 할 수 있다.
> > ② 제1항에 따른 이의제기가 있는 경우에는 행정청의 과태료 부과처분은 그 효력을 상실한다.
>
> ① 양벌규정에 의한 영업주의 처벌은 금지위반행위자인 종업원의 처벌에 종속하는 것이 아니라 독립하여 그 자신의 종업원에 대한 선임감독상의 과실로 인하여 처벌되는 것이므로 종업원의 범죄성립이나 처벌이 영업주 처벌의 전제조건이 될 필요는 없다(대판 1987. 11. 10. 87도1213).
>
> ② 도로교통법에서 규정하는 경찰서장의 통고처분은 행정소송의 대상이되는 행정처분이 아니므로 그 처분의 취소를 구하는 소송은 부적법하고, 도로교통법상의 통고처분을 받은 자가 그 처분에 대하여 이의가 있는 경우에는 통고처분에 따른 범칙금의 납부를 이행하지 아니함으로써 경찰서장의 즉결심판청구에 의하여 법원의 심판을 받을 수 있게 될 뿐이다(대판1995.6.29.95누4674).
>
> ④ 법원이 비송사건절차법에 따라서 하는 과태료 재판은 관할 관청이 부과한 과태료처분에 대한 당부를 심판하는 행정소송절차가 아니라 법원이 직권으로 개시·결정하는 것이므로, 원칙적으로 과태료 재판에서는 행정소송에서와 같은 신뢰보호의 원칙 위반 여부가 문제로 되지 아니하고, 다만 위반자가 그 의무를 알지 못하는 것이 무리가 아니었다고 할 수 있어 그것을 정당시할 수 있는 사정이 있을 때 또는 그 의무의 이행을 그 당사자에게 기대하는 것이 무리라고 하는 사정이 있을 때 등 그 의무 해태를 탓할 수 없는 정당한 사유가 있는 때에는 이를 부과할 수 없다(대판 2006. 4. 28. 2003마715).

13 행정상 강제집행에 대한 설명으로 옳은 것만을 모두 고르면?(다툼이 있는 경우 판례에 의함)

> ㉠ 행정청은 퇴거를 명하는 집행권원이 없더라도 건물철거 대집행 과정에서 부수적으로 철거의무자인 건물의 점유자들에 대해 퇴거 조치를 할 수 있다.
>
> ㉡ 권원 없이 국유재산에 설치한 시설물에 대하여 관리청이 행정대집행을 통해 철거를 하지 않는 경우 그 국유재산에 대하여 사용청구권을 가진 자는 국가를 대위하여 민사소송으로 그 시설물의 철거를 구할 수 있다.
>
> ㉢ 공유 일반재산의 대부료 지급은 사법상 법률관계이므로 행정상 강제집행절차가 인정되더라도 따로 민사소송으로 대부료의 지급을 구하는 것이 허용된다.
>
> ㉣ 관계법령에 위반하여 장례식장 영업을 하고 있는 자에게 부과된 장례식장 사용중지의무는 공법상 의무로서 행정대집행의 대상이 된다.

❶ ㉠, ㉡

② ㉠, ㉣

③ ㉡, ㉢

④ ㉢, ㉣

✿Point

㉠ 관계 법령상 행정대집행의 절차가 인정되어 행정청이 행정대집행의 방법으로 건물의 철거 등 대체적 작위의무의 이행을 실현할 수 있는 경우에는 따로 민사소송의 방법으로 그 의무의 이행을 구할 수 없다. 한편 건물의 점유자가 철거의무자일 때에는 건물철거의무에 퇴거의무도 포함되어 있는 것이어서 별도로 퇴거를 명하는 집행권원이 필요하지 않다. 행정청이 행정대집행의 방법으로 건물철거의무의 이행을 실현할 수 있는 경우에는 건물철거 대집행 과정에서 부수적으로 건물의 점유자들에 대한 퇴거 조치를 할 수 있고, 점유자들이 적법한 행정대집행을 위력을 행사하여 방해하는 경우 형법상 공무집행방해죄가 성립하므로, 필요한 경우에는 '경찰관 직무집행법'에 근거한 위험발생 방지조치 또는 형법상 공무집행방해죄의 범행방지 내지 현행범체포의 차원에서 경찰의 도움을 받을 수도 있다.(대판 2017. 4. 28. 2016다213916).

㉡ 대판 2009. 6. 11. 2009다1122

㉢ 공유 일반재산의 대부료와 연체료를 납부기한까지 내지 아니한 경우에도 공유재산 및 물품 관리법 제97조 제2항에 의하여 지방세 체납처분의 예에 따라 이를 징수할 수 있다. 이와 같이 공유 일반재산의 대부료의 징수에 관하여도 지방세 체납처분의 예에 따른 간이하고 경제적인 특별한 구제절차가 마련되어 있으므로, 특별한 사정이 없는 한 민사소송으로 공유 일반재산의 대부료의 지급을 구하는 것은 허용되지 아니한다(대판 2017. 4. 13. 2013다207941).

㉣ 행정대집행법 제2조는 '행정청의 명령에 의한 행위로서 타인이 대신하여 행할 수 있는 행위를 의무자가 이행하지 아니하는 경우'에 대집행할 수 있도록 규정하고 있는데, 이 사건 용도위반 부분을 장례식장으로 사용하는 것이 관계 법령에 위반한 것이라는 이유로 장례식장의 사용을 중지할 것과 이를 불이행할 경우 행정대집행법에 의하여 대집행하겠다는 내용의 이 사건 처분은, 이 사건 처분에 따른 '장례식장 사용중지 의무'가 원고 이외의 '타인이 대신'할 수도 없고, 타인이 대신하여 '행할 수 있는 행위'라고도 할 수 없는 비대체적 부작위 의무에 대한 것이므로, 그 자체로 위법함이 명백하다고 할 것인데도, 원심은 그 판시와 같은 이유를 들어 이 사건 처분이 적법하다고 판단하고 말았으니, 거기에는 대집행계고처분의 요건에 관한 법리를 오해한 위법이 있다고 할 것이다(대판 2005. 9. 28. 2005두7464).

14 선결문제에 대한 판례의 입장으로 옳지 않은 것은?

① 조세부과처분이 무효임을 이유로 이미 납부한 세금의 반환을 청구하는 민사소송에서 법원은 그 조세부과처분이 무효라는 판단과 함께 세금을 반환하라는 판결을 할 수 있다.

❷ 영업허가취소처분으로 손해를 입은 자가 제기한 국가배상청구소송에서 법원은 영업허가취소처분에 취소사유에 해당하는 하자가 있는 경우에는 영업허가취소처분의 위법을 이유로 배상청구를 인용할 수 없다.

③ 물품을 수입하고자 하는 자가 세관장에게 수입신고를 하여 그 면허를 받고 물품을 통관한 경우에는, 세관장의 수입면허가 중대하고도 명백한 하자가 있는 행정행위이어서 당연무효가 아닌 한 「관세법」 소정의 무면허수입죄가 성립될 수 없다.

④ 영업허가취소처분 이후에 영업을 한 행위에 대하여 무허가영업으로 기소되었으나 형사법원이 판결을 내리기 전에 영업허가취소처분이 행정소송에서 취소되면 형사법원은 무허가영업행위에 대해서 무죄를 선고하여야 한다.

Point

② 영업허가취소처분에 취소사유에 해당하는 하자가 있는 경우 처분에 대한 취소판결이 없이도 손해배상청구를 인용할 수 있다.
[관련판례] 위법한 행정대집행이 완료되면 그 처분의 무효확인 또는 취소를 구할 소의 이익은 없다 하더라도, <u>미리 그 행정처분의 취소판결이 있어야만 그 행정처분의 위법임을 이유로 한 손해배상 청구를 할 수 있는 것은 아니다.</u>(72다337)
① 행정행위의 효력유무가 선결문제인 경우 행정행위가 무효 또는 부존재인 때에는 민사법원이 직접 행정행위의 무효 또는 부존재를 판단 할 수 있다.
③ 대판 1989. 3. 28. 89도149
④ 영업의 금지를 명한 영업허가취소처분 자체가 나중에 행정쟁송절차에 의하여 취소되었다면 그 영업허가취소처분은 그 처분시에 소급하여 효력을 잃게 되며, 그 영업허가취소처분에 복종할 의무가 원래부터 없었음이 확정되었다고 봄이 타당하고, 영업허가취소처분이 장래에 향하여서만 효력을 잃게 된다고 볼 것은 아니므로 그 <u>영업허가취소처분 이후의 영업행위를 무허가영업이라고 볼 수는 없다</u>(대판 1993. 6.25. 93도277).

15 공법상 계약에 대한 설명으로 옳은 것은?(다툼이 있는 경우 판례에 의함)

① 지방자치단체가 일방 당사자가 되는 이른바 '공공계약'이 사법상 계약에 해당하는 경우에도 법령에 특별한 규정이 없다면 사적자치와 계약자유의 원칙 등 사법의 원리가 그대로 적용되지 않는다.

② 국립의료원 부설 주차장 위탁관리용역운영계약은 공법상 계약에 해당한다.

③ 공법상 계약이더라도 한쪽 당사자가 다른 당사자를 상대로 계약의 이행을 청구하는 소송은 민사소송으로 제기하여야 한다.

④ 지방자치단체가 A주식회사를 자원회수시설과 부대시설의 운영·유지관리 등을 위탁할 민간사업자로 선정하고 A주식회사와 체결한 위 시설에 관한 위·수탁 운영 협약은 사법상 계약에 해당한다.

④① 지방자치법 제104조 제3항은 지방자치단체의 장은 조례나 규칙으로 정하는 바에 따라 그 권한에 속하는 사무 중 조사·검사·검정·관리업무 등 주민의 권리·의무와 직접 관련되지 아니하는 사무를 법인·단체 또는 그 기관이나 개인에게 위탁할 수 있다고 규정하고 있다. 그리고 지방자치단체가 일방 당사자가 되는 이른바 '공공계약'이 사경제의 주체로서 상대방과 대등한 위치에서 체결하는 사법상 계약에 해당하는 경우 그에 관한 법령에 특별한 정함이 있는 경우를 제외하고는 사적 자치와 계약자유의 원칙 등 사법의 원리가 그대로 적용된다(대판 2017. 1. 25. 2015다205796).

② 국유재산 등의 관리청이 하는 행정재산의 사용·수익에 대한 허가는 순전히 사경제주체로서 행하는 사법상의 행위가 아니라 관리청이 공권력을 가진 우월적 지위에서 행하는 행정처분으로서 특정인에게 행정재산을 사용할 수 있는 권리를 설정하여 주는 강학상 특허에 해당한다. 국립의료원 부설 주차장에 관한 위탁관리용역운영계약의 실질은 행정재산에 대한 국유재산법 제24조 제1항의 사용·수익 허가이다(대판 2006. 3. 9. 2004다31074).

③ 서울특별시립무용단원의 공연 등 활동은 지방문화 및 예술을 진흥시키고자 하는 서울특별시의 공공적 업무수행의 일환으로 이루어진다고 해석될 뿐 아니라, 단원으로 위촉되기 위하여는 일정한 능력요건과 자격요건을 요하고, 계속적인 재위촉이 사실상 보장되며, 공무원연금법에 따른 연금을 지급받고, 단원의 복무규율이 정해져 있으며, 정년제가 인정되고, 일정한 해촉사유가 있는 경우에만 해촉되는 등 서울특별시립무용단원이 가지는 지위가 공무원과 유사한 것이라면, 서울특별시립무용단 단원의 위촉은 공법상의 계약이라고 할 것이고, 따라서 그 단원의 해촉에 대하여는 공법상의 당사자소송으로 그 무효확인을 청구할 수 있다(대판 1995.12.22. 95누4636).

16 취소소송의 판결에 대한 설명으로 옳은 것은?(다툼이 있는 경우 판례에 의함)

❶ 원고의 청구가 이유있다고 인정하는 경우에도 이를 인용하는 것이 현저히 공공복리에 적합하지 않다고 판단되면 법원은 피고 행정청의 주장이나 신청이 없더라도 사정판결을 할 수 있다.

② 영업정지처분에 대한 취소소송에서 취소판결이 확정되면 처분청은 영업정지처분의 효력을 소멸시키기 위하여 영업정지처분을 취소하는 처분을 하여야 할 의무를 진다.

③ 공사중지명령의 상대방이 제기한 공사중지명령취소소송에서 기각판결이 확정된 경우 특별한 사정변경이 없더라도 그 후 상대방이 제기한 공사중지명령해제신청 거부처분취소소송에서는 그 공사중지명령의 적법성을 다시 다툴 수 있다.

④ 행정청은 취소판결에서 위법하다고 판단된 처분사유와 기본적 사실관계의 동일성이 없는 사유이더라도 처분시에 존재한 사유를 들어 종전의 처분과 같은 처분을 다시 할 수 없다.

③ 행정소송법 제28조

> 제28조(사정판결)
> ① 원고의 청구가 이유있다고 인정하는 경우에도 처분등을 취소하는 것이 현저히 공공복리에 적합하지 아니하다고 인정하는 때에는 법원은 원고의 청구를 기각할 수 있다. 이 경우 법원은 그 판결의 주문에서 그 처분등이 위법함을 명시하여야 한다.
> ② 법원이 제1항의 규정에 의한 판결을 함에 있어서는 미리 원고가 그로 인하여 입게 될 손해의 정도와 배상방법 그 밖의 사정을 조사하여야 한다.
> ③ 원고는 피고인 행정청이 속하는 국가 또는 공공단체를 상대로 손해배상, 제해시설의 설치 그 밖에 적당한 구제방법의 청구를 당해 취소소송등이 계속된 법원에 병합하여 제기할 수 있다.

② 취소소송에서 취소판결이 확정되면 처분청의 별도의 행위 없이도 처분의 효력이 소급하여 소멸한다(형성력).

③ 행정청이 관련 법령에 근거하여 행한 공사중지명령의 상대방이 명령의 취소를 구한 소송에서 패소함으로써 그 명령이 적법한 것으로 이미 확정되었다면, 이후 이러한 공사중지명령의 상대방은 그 명령의 해제신청을 거부한 처분의 취소를 구하는 소송에서 그 명령의 적법성을 다툴 수 없다. 그와 같은 공사중지명령에 대하여 그 명령의 상대방이 해제를 구하기 위해서는 명령의 내용 자체로 또는 성질상으로 명령 이후에 원인사유가 해소되었음이 인정되어야 한다(대판 2014. 11. 27. 2014두37665).

④ 취소 확정판결의 기속력은 판결의 주문 및 전제가 되는 처분 등의 구체적 위법사유에 관한 판단에도 미치나, 종전 처분이 판결에 의하여 취소되었더라도 종전 처분과 다른 사유를 들어서 새로이 처분을 하는 것은 기속력에 저촉되지 않는다. 여기에서 동일 사유인지 다른 사유인지는 확정판결에서 위법한 것으로 판단된 종전 처분사유와 기본적 사실관계에서 동일성이 인정되는지 여부에 따라 판단되어야 하고, 기본적 사실관계의 동일성 유무는 처분사유를 법률적으로 평가하기 이전의 구체적인 사실에 착안하여 그 기초인 사회적 사실관계가 기본적인 점에서 동일한지에 따라 결정된다(대판 2016. 3. 24. 2015두48235).

17 다음 각 사례에 대한 설명으로 옳은 것은?(다툼이 있는 경우 판례에 의함)

- A시장으로부터 3월의 영업정지처분을 받은 숙박업자 甲은 이에 불복하여 행정쟁송을 제기하고자 한다.
- B시장으로부터 건축허가거부처분을 받은 乙은 이에 불복하여 행정쟁송을 제기하고자 한다.

① 甲이 취소소송을 제기하면서 집행정지신청을 한 경우 법원이 집행정지결정을 하는 데 있어 甲의 본안청구의 적법 여부는 집행정지의 요건에 포함되지 않는다.

② 甲이 2022. 1. 5. 영업정지처분을 통지받았고, 행정심판을 제기하여 2022. 3. 29. 1월의 영업정지처분으로 변경하는 재결이 있었고 그 재결서 정본을 2022. 4. 2. 송달받은 경우 취소소송의 기산점은 2022. 1. 5.이다.

③ 乙이 의무이행심판을 제기하여 처분명령재결이 있었음에도 B시장이 허가를 하지 않는 경우 행정심판위원회는 직권으로 시정을 명하고 이를 이행하지 아니하면 직접 건축허가처분을 할 수 있다.

④ 乙이 건축허가거부처분에 대해 제기한 취소소송에서 인용판결이 확정되었으나 B시장이 기속력에 위반하여 다시 거부처분을 한 경우 乙은 간접강제신청을 할 수 있다.

⠿⠿Point

④ 거부처분에 대한 취소의 확정판결이 있음에도 행정청이 아무런 재처분을 하지 아니하거나, 재처분을 하였다 하더라도 그것이 종전 거부처분에 대한 취소의 확정판결의 기속력에 반하는 등으로 당연무효라면 이는 아무런 재처분을 하지 아니한 때와 마찬가지라 할 것이므로 이러한 경우에는 행정소송법 제30조 제2항, 제34조 제1항 등에 의한 간접강제신청에 필요한 요건을 갖춘 것으로 보아야 한다(대판 2002. 12. 11. 2002무22).

> **행정소송법 제30조(취소판결등의 기속력)**
> ② 판결에 의하여 취소되는 처분이 당사자의 신청을 거부하는 것을 내용으로 하는 경우에는 그 처분을 행한 행정청은 판결의 취지에 따라 다시 이전의 신청에 대한 처분을 하여야 한다.
> **제34조(거부처분취소판결의 간접강제)**
> ① 행정청이 제30조제2항의 규정에 의한 처분을 하지 아니하는 때에는 제1심수소법원은 당사자의 신청에 의하여 결정으로써 상당한 기간을 정하고 행정청이 그 기간내에 이행하지 아니하는 때에는 그 지연기간에 따라 일정한 배상을 할 것을 명하거나 즉시 손해배상을 할 것을 명할 수 있다.

① 행정처분의 효력정지나 집행정지를 구하는 신청사건에서 행정처분 자체의 적법 여부는 원칙적으로 판단의 대상이 아니고, 그 행정처분의 효력이나 집행을 정지할 것인가에 관한 행정소송법 제23조 제2항 소정의 요건의 존부만이 판단의 대상이 된다. 다만, 집행정지는 행정처분의 집행부정지원칙의 예외로서 인정되는 것이고, 또 본안에서 원고가 승소할 수 있는 가능성을 전제로 한 권리보호수단이라는 점에 비추어 보면, 집행정지사건 자체에 의하여도 신청인의 본안청구가 적법한 것이어야 한다는 것을 집행정지의 요건에 포함시킴이 상당하다(대판 2013. 1. 31. 2011아73).

② 행정심판청구가 있은 때의 취소소송의 기산점은 재결서의 정본을 송달받은 날부터 기산한다.

③ 행정심판법 제50조 제1항G

> **제50조(위원회의 직접 처분)**
> ① 위원회는 피청구인이 제49조제3항에도 불구하고 처분을 하지 아니하는 경우에는 당사자가 신청하면 기간을 정하여 서면으로 시정을 명하고 그 기간에 이행하지 아니하면 직접 처분을 할 수 있다. 다만, 그 처분의 성질이나 그 밖의 불가피한 사유로 위원회가 직접 처분을 할 수 없는 경우에는 그러하지 아니하다.
> **제49조(재결의 기속력 등)**
> ③ 당사자의 신청을 거부하거나 부작위로 방치한 처분의 이행을 명하는 재결이 있으면 행정청은 지체 없이 이전의 신청에 대하여 재결의 취지에 따라 처분을 하여야 한다.

18 A행정청이 甲에게 한 처분에 대하여 甲은 B행정심판위원회에 행정심판을 청구하였다. 이에 대한 설명으로 옳은 것은?(다툼이 있는 경우 판례에 의함)

① B행정심판위원회의 기각재결이 있은 후에는 A행정청은 원처분을 직권으로 취소할 수 없다.

❷ 甲이 취소심판을 제기한 경우, B행정심판위원회는 심판청구가 이유가 있다고 인정하면 처분변경명령재결을 할 수 있다.

③ 甲이 무효확인심판을 제기한 경우, B행정심판위원회는 심판청구가 이유있다고 인정하면서도 이를 인용하는 것이 공공복리에 크게 위배된다고 인정하면 甲의 심판청구를 기각할 수 있다.

④ B행정심판위원회의 재결에 고유한 위법이 있는 경우에는 甲은 다시 행정심판을 청구할 수 있다.

Point

② 위원회는 취소심판의 청구가 이유가 있다고 인정하면 처분을 <u>취소</u> 또는 <u>다른 처분으로 변경</u>하거나 처분을 <u>다른 처분으로 변경할 것을</u> <u>피청구인에게 명한다</u>(행정심판법 제43조 제3항).

① 행정청은 위원회의 기각재결에도 불구하고 원처분을 직권으로 취소할 수 있다.

③ 행정심판법 제44조 제3항.

> **제44조(사정재결)**
> ① 위원회는 심판청구가 이유가 있다고 인정하는 경우에도 이를 인용(認容)하는 것이 공공복리에 크게 위배된다고 인정하면 그 심판청구를 기각하는 재결을 할 수 있다. 이 경우 위원회는 재결의 주문(主文)에서 그 처분 또는 부작위가 위법하거나 부당하다는 것을 구체적으로 밝혀야 한다.
> ② 위원회는 제1항에 따른 재결을 할 때에는 청구인에 대하여 상당한 구제방법을 취하거나 상당한 구제방법을 취할 것을 피청구인에게 명할 수 있다.
> ③ 제1항과 제2항은 무효등확인심판에는 적용하지 아니한다.

④ 위원회의 재결에 고유한 위법이 있는 경우 재결을 대상으로 취소소송을 제기해야 한다(행정소송법 제19조).

> **제19조(취소소송의 대상)**
> 취소소송은 처분등을 대상으로 한다. 다만, 재결취소소송의 경우에는 재결 자체에 고유한 위법이 있음을 이유로 하는 경우에 한한다.

19 다음 사례에 대한 설명으로 옳은 것은?(다툼이 있는 경우 판례에 의함)

> 「도시 및 주거환경정비법」에 따라 설립된 A주택재건축정비사업조합은 관할 B구청장으로부터 ㉠ 조합설립인가를 받은 후, 조합총회에서 재건축 관련 ㉡ 관리처분계획에 대한 의결을 하였고, 관할 B구청장으로부터 위 ㉢ 관리처분계획에 대한 인가를 받았다. 이후 조합원 甲은 위 관리처분계획의 의결에는 조합원 전체의 4/5 이상의 결의가 있어야 함에도 불구하고, 이를 위반하여 위법한 것임을 이유로 ㉣ 관리처분계획의 무효를 주장하며 소송으로 다투려고 한다.

① ㉠과 ㉢의 인가의 강학상 법적 성격은 동일하다.
② 甲이 ㉡에 대해 소송으로 다투려면 A주택재건축정비사업조합을 상대로 민사소송을 제기하여야 한다.
③ 甲이 ㉣에 대해 소송으로 다투려면 항고소송을 제기하여야 한다.
④ 甲이 ㉣에 대해 소송으로 다투려면 B구청장을 피고로 하여야 한다.

⁎⁑Point

③ 구 도시 및 주거환경정비법에 따른 주택재건축정비사업조합은 관할 행정청의 감독 아래 위 법상 주택재건축사업을 시행하는 공법인으로서, 그 목적 범위 내에서 법령이 정하는 바에 따라 일정한 행정작용을 행하는 행정주체의 지위를 가진다 할 것인데, 재건축정비사업조합이 이러한 행정주체의 지위에서 위 법에 기초하여 수립한 사업시행계획은 인가·고시를 통해 확정되면 이해관계인에 대한 구속적 행정계획으로서 독립된 행정처분에 해당하고, 이와 같은 사업시행계획안에 대한 조합 총회결의는 그 행정처분에 이르는 절차적 요건 중 하나에 불과한 것으로서, 그 계획이 확정된 후에는 항고소송의 방법으로 계획의 취소 또는 무효확인을 구할 수 있을 뿐, 절차적 요건에 불과한 총회결의 부분만을 대상으로 그 효력 유무를 다투는 확인의 소를 제기하는 것은 허용되지 아니하고, 한편 이러한 항고소송의 대상이 되는 행정처분의 효력이나 집행 혹은 절차속행 등의 정지를 구하는 신청은 행정소송법상 집행정지신청의 방법으로서만 가능할 뿐 민사소송법상 가처분의 방법으로는 허용될 수 없다(대판 2009.11. 2. 2009마596).
① 조합설립인가는 강학상 특허, 관리처분계획에 대한인가는 강학상 인가에 해당한다.
② 관리처분계획안에 대한 의결에 대해서 다투고자 하는 경우에는 당사자소송, 관리처분계획이 인가되어 확정된 경우에는 항고소송을 제기해야 한다.
[관련판례]
도시 및 주거환경정비법상 행정주체인 주택재건축정비사업조합을 상대로 관리처분계획안에 대한 조합 총회결의의 효력 등을 다투는 소송은 행정처분에 이르는 절차적 요건의 존부나 효력 유무에 관한 소송으로서 그 소송결과에 따라 행정처분의 위법 여부에 직접 영향을 미치는 공법상 법률관계에 관한 것이므로, 이는 행정소송법상의 당사자소송에 해당한다(대판2009.9.17.2007다2428(전합))
④ 관리처분계획의 무효확인소송은 행정주체인 A 주택재건축정비사업조합을 피고로 하여야 한다.

20 행정쟁송에 대한 설명으로 옳은 것은?(다툼이 있는 경우 판례에 의함)

① 행정심판의 재결에도 판결에서와 같은 기판력이 인정되는 것이어서 재결이 확정되면 처분의 기초가 된 사실관계나 법률적 판단이 확정되는 것이므로 당사자는 이와 모순되는 주장을 할 수 없게 된다.

② 무효인 처분에 대해 무효선언을 구하는 취소소송을 제기하는 경우에는 제소기간의 제한이 없다.

③ 거부행위가 항고소송의 대상인 처분이 되기 위해서는 그 거부행위가 신청인의 실체상의 권리관계에 직접적인 변동을 일으키는 것이어야 하며, 신청인이 실체상의 권리자로서 권리를 행사함에 중대한 지장을 초래하는 것만으로는 부족하다.

④ 처분시에 행정청으로부터 행정심판 제기기간에 관하여 법정 심판청구기간보다 긴 기간으로 잘못 통지받은 경우에 보호할 신뢰 이익은 그 통지받은 기간 내에 행정소송을 제기한 경우에까지 확대되지 않는다.

Point

④ 행정청이 법정 심판청구기간보다 긴 기간으로 잘못 알린 경우에 그 잘못 알린 기간 내에 심판청구가 있으면 그 심판청구는 법정 심판청구기간 내에 제기된 것으로 본다는 취지의 행정심판법 제18조 제5항의 규정은 행정심판 제기에 관하여 적용되는 규정이지, 행정소송 제기에도 당연히 적용되는 규정이라고 할 수는 없다(대판 2001. 5. 8. 2000두6916).

① 행정심판의 재결은 피청구인인 행정청을 기속하는 효력을 가지므로 재결청이 취소심판의 청구가 이유 있다고 인정하여 처분청에게 처분을 취소할 것을 명하면 처분청으로서는 그 재결의 취지에 따라 당해 처분을 취소하여야 하는 것이지만, 나아가 그 재결에 판결에서와 같은 기판력이 인정되는 것은 아니어서 재결이 확정된 경우에도 그 처분의 기초가 된 사실관계나 법률적 판단이 확정되고 당사자들이나 법원이 이에 기속되어 모순되는 주장이나 판단을 할 수 없게 되는 것은 아니다(대판 1993. 4. 13. 92누17181).

② 행정처분의 당연무효를 선언하는 의미에서 그 취소를 청구하는 행정소송을 제기하는 경우에도 소원의 전치와 제소기간의 준수등 취소소송의 제소요건을 갖추어야 한다(대판 1984. 5.29. 84누175).

③ 국민의 적극적 행위 신청에 대하여 행정청이 그 신청에 따른 행위를 하지 않겠다고 거부한 행위가 항고소송의 대상이 되는 행정처분에 해당하는 것이라고 하려면, 그 신청한 행위가 공권력의 행사 또는 이에 준하는 행정작용이어야 하고, 그 거부행위가 신청인의 법률관계에 어떤 변동을 일으키는 것이어야 하며, 그 국민에게 그 행위발동을 요구할 법규상 또는 조리상의 신청권이 있어야 하는바, 여기에서 '신청인의 법률관계에 어떤 변동을 일으키는 것'이라는 의미는 신청인의 실체상의 권리관계에 직접적인 변동을 일으키는 것은 물론, 그렇지 않다 하더라도 신청인이 실체상의 권리자로서 권리를 행사함에 중대한 지장을 초래하는 것도 포함한다(대판 2007. 10. 11. 2007두1316).

Answer 19.③ 20.④

상식
용어사전
시리즈

합격GO!

1 금융상식 2주 만에 완성하기

금융은행권, 단기간 공략으로 끝장낸다! 필기 걱정은 이제 NO! <금융상식 2주 만에 완성하기> 한 권으로 시간은 아끼고 학습효율은 높이자!

2 중요한 용어만 한눈에 보는 시사용어사전 1130

매일 접하는 각종 기사와 정보 속에서 현대인이 놓치기 쉬운, 그러나 꼭 알아야 할 최신 시사상식을 쏙쏙 뽑아 이해하기 쉽도록 정리했다!

3 중요한 용어만 한눈에 보는 경제용어사전 961

주요 경제용어는 거의 다 실었다! 경제가 쉬워지는 책, 경제용어사전!

4 중요한 용어만 한눈에 보는 부동산용어사전 1273

부동산에 대한 이해를 높이고 부동산의 개발과 활용, 투자 및 부동산 용어 학습에도 적극적으로 이용할 수 있는 부동산용어사전!

자격증 기출문제 총집합!

자격증 별로 정리된
기출문제로 깔끔하게 합격하자!

기출문제로 자격증 시험 준비하자!

건강운동관리사, 스포츠지도사, 손해사정사, 손해평가사,
농산물품질관리사, 수산물품질관리사, 관광통역안내사, 국내여행안내사, 보세사, 사회조사분석사